Reiner Schmidt · Ferdinand Wollenschläger
(Hrsg.)

Kompendium Öffentliches Wirtschaftsrecht

4. Auflage

Springer

Herausgeber

Reiner Schmidt
Juristische Fakultät
Universität Augsburg
Augsburg
Deutschland

Ferdinand Wollenschläger
Juristische Fakultät
Universität Augsburg
Augsburg
Deutschland

ISSN 0937-7433
Springer-Lehrbuch
ISBN 978-3-662-45578-4   ISBN 978-3-662-45579-1 (eBook)
DOI 10.1007/978-3-662-45579-1

Die Deutsche Nationalbibliothek verzeichnet diese Publikation in der Deutschen Nationalbibliografie; detaillierte bibliografische Daten sind im Internet über http://dnb.d-nb.de abrufbar.

Springer
© Springer-Verlag Berlin Heidelberg 2016

Gedruckt auf säurefreiem und chlorfrei gebleichtem Papier

Springer Berlin Heidelberg ist Teil der Fachverlagsgruppe Springer Science+Business Media
(www.springer.com)

Vorwort

Das vorliegende Buch ist eine Fortsetzung der dritten Auflage des von Rechtsanwalt Dr. *Thomas Vollmöller* und mir herausgegebenen Kompendiums Öffentliches Wirtschaftsrecht, 2007. Herr Dr. *Thomas Vollmöller* musste die Mitarbeit wegen seiner Belastung als Anwalt aufgeben. Ihm ist an dieser Stelle nochmals für die persönlich angenehme und die fachlich qualitätvolle Zusammenarbeit herzlich zu danken.

Die dynamische Entwicklung des öffentlichen Wirtschaftsrechts und die freundliche Aufnahme des Buchs legten eine neue Auflage nahe. Es freut mich ganz besonders, dass der Nachfolger auf meinen Lehrstuhl, Prof. Dr. *Ferdinand Wollenschläger*, diese neue Auflage angeregt und die Arbeit mit großem Enthusiasmus und in vorbildlichem Zusammenwirken mit mir übernommen hat. Ihm vor allem ist die Gewinnung eines leistungsfähigen jüngeren Autorenteams zu verdanken. Nur so konnte es gelingen, in kurzer Zeit eine aktuelle Fassung der wesentlichen Gebiete des Öffentlichen Wirtschaftsrechts zu erreichen und die Themen „Internationales Wirtschaftsrecht", „Energierecht" und „Finanz- und Börsenaufsicht" neu aufzunehmen.

Anliegen des Buches ist es weiterhin, vor allem den Studierenden an den Universitäten und Hochschulen eine komprimierte leserfreundliche Darstellung für die Examensvorbereitung zu bieten. Grafische Hervorhebungen, die Einfügung von Beispielen, die Beschränkung auf kurze vertiefende Literaturhinweise und Kontrollfragen dienen diesem Ziel. Daneben soll das Buch freilich auch Wissenschaftlern und Praktikern Grundstrukturen und Grundfragen der einzelnen Gebiete vermitteln.

Das Kompendium Öffentliches Wirtschaftsrecht ist eine Gemeinschaftsleistung. Neben den Autoren ist den wissenschaftlichen und studentischen Mitarbeitern des Lehrstuhls von Prof. Dr. *Ferdinand Wollenschläger* für die schnelle und zuverlässige redaktionelle Bearbeitung der Manuskripte zu danken, namentlich Cornelia Kibler, Katharina Höllriegl, Stephanie Miller, Johannes Baier, Sebastian Koch, Johannes Stapf sowie Andreas Steinbichler. Eine besondere Erwähnung verdient der äußerst große Arbeitseinsatz von Frau wissenschaftlicher Mitarbeiterin *Annika Schmidl*: sie hat die Beiträge gewissenhaft endbearbeitet, mit souveräner Übersicht die redaktionellen Arbeiten koordiniert, auf die Einhaltung des Zeitplans geachtet und so zu einer allgemeinen Qualitätsverbesserung beigetragen.

Augsburg, Dezember 2014

Reiner Schmidt
Ferdinand Wollenschläger

V

Inhaltsverzeichnis

Autorenverzeichnis

RA Dr. Simon Bulla Fachanwalt für Verwaltungsrecht, Scheidle & Partner, Augsburg, Lehrbeauftragter für Verwaltungsrecht an der Universität Augsburg.

RA Dr. Lars Diederichsen Fachanwalt für Verwaltungsrecht, Haldenwang Rechtsanwälte GbR, Frankfurt am Main.

Prof. Dr. Klaus Ferdinand Gärditz Inhaber des Lehrstuhls für Öffentliches Recht an der Juristischen Fakultät der Rheinischen Friedrich-Wilhelms-Universität Bonn.

Dr. Ann-Katrin Kaufhold Vertreterin des Lehrstuhls für Öffentliches Recht, insbesondere Verfassungsrecht, und Rechtsphilosophie (Prof. Dr. Christoph Möllers, LL.M.) an der Juristischen Fakultat der Humboldt Universität zu Berlin.

Prof. Dr. Jan Henrik Klement Inhaber des Lehrstuhls für Staats- und Verwaltungsrecht an der Juristischen Fakultät der Universität des Saarlandes.

Prof. Dr. Martin Kment Inhaber des Lehrstuhls für Öffentliches Recht und Europarecht, Umweltrecht und Planungsrecht an der Juristischen Fakultät der Universität Augsburg.

Prof. Dr. Matthias Knauff, LL.M. Eur. Inhaber des Lehrstuhls für Öffentliches Recht, insbesondere Öffentliches Wirtschaftsrecht, an der Rechtswissenschaftlichen Fakultät der Friedrich-Schiller-Universität Jena.

Priv.-Doz. Dr. Stefan Korte Wissenschaftlicher Mitarbeiter am Lehrstuhl für Öffentliches Recht und Europarecht (Prof. Dr. Christian Calliess LL.M. Eur.) an der Juristischen Fakultät der Freien Universität Berlin.

Prof. Dr. Markus Ludwigs Inhaber des Lehrstuhls für Öffentliches Recht und Europarecht an der Juristischen Fakultät der Julius-Maximilians-Universität Würzburg.

Ingo Renner Fachanwalt für Verwaltungsrecht, Haldenwang Rechtsanwälte GbR, Frankfurt am Main.

Prof. em. Dr. Reiner Schmidt em. Prof. an der Juristischen Fakultät der Universität Augsburg.

Prof. Dr. Jörg Terhechte Inhaber des Lehrstuhls für Öffentliches Recht, Europäisches und Internationales Recht sowie Regulierungs- und Kartellrecht an der Juristischen Fakultät der Leuphana Universität Lüneburg.

Priv.-Doz. Dr. Sebastian Unger Akademischer Oberrat auf Zeit am Lehrstuhl für Öffentliches Recht und Staatsphilosophie (Prof. Dr. Peter M. Huber) an der Juristischen Fakultät der Ludwig-Maximilians-Universität München.

Prof. Dr. Ferdinand Wollenschläger Inhaber des Lehrstuhls für Öffentliches Recht, Europarecht und Öffentliches Wirtschaftsrecht an der Juristischen Fakultät der Universität Augsburg.

Abkürzungsverzeichnis

BauGB	Baugesetzbuch
BauNVO	Baunutzungsverordnung
Bay	Bayern
BayBO	Bayerische Bauordnung
BayGO	Bayerische Gemeindeordnung
BayObLG	Bayerisches Oberstes Landesgericht
BayVBl.	Bayerische Verwaltungsblätter
BayVerfGHE	Entscheidungen des Bayerischen Verfassungsgerichtshofs
BB	Der Betriebs-Berater
BBankG	Bundesbankgesetz
Bbg	Brandenburg
Bd.	Band
BDSG	Bundesdatenschutzgesetz
Berl	Berlin
Beschl.	Beschluss
BEVVG	Bundeseisenbahnverkehrsverwaltungsgesetz
BFH	Bundesfinanzhof
BGB	Bürgerliches Gesetzbuch
BGBl.	Bundesgesetzblatt
BGG	Behindertengleichstellungsgesetz
BGH	Bundesgerichtshof
BGHZ	Entscheidungen des Bundesgerichtshofs für Zivilsachen
BHO	Bundeshaushaltsordnung
BImSchG	Bundes-Immissionsschutzgesetz
BIP	Bruttoinlandsprodukt
BITs	Bilateral Investment Treaties
BIZ	Bank für Internationalen Zahlungsausgleich
BK	Bonner Kommentar
BKartA	Bundeskartellamt
BKR	Zeitschrift für Bank- und Kapitalmarktrecht
BMF	Bundesministerium der Finanzen
BMVBS	Bundesministerium für Verkehr, Bau und Stadtentwicklung
BMWi	Bundesministerium für Wirtschaft und Energie
BNetzA	Bundesnetzagentur für Elektrizität, Gas, Telekommunikation, Post und Eisenbahnen
BörsG	Börsengesetz
BörsO	Börsenordnung für die Frankfurter Wertpapierbörse
BQRL	Berufsqualifikationsrichtlinie 2005/36/EG, zuletzt geändert durch RL 2013/55/EU
BRAO	Bundesrechtsanwaltsordnung
BR-Drs.	Bundesratsdrucksache
Brem	Bremen
BRRD	Bank Recovery and Resolution Directive, RL 2014/59/EU
BT	Besonderer Teil
BT-Drs.	Bundestagsdrucksache

BVerfG	Bundesverfassungsgericht
BVerfGE	Entscheidungen des Bundesverfassungsgerichts
BVerwG	Bundesverwaltungsgericht
BVerwGE	Entscheidungen des Bundesverwaltungsgerichts
BW	Baden-Württemberg
bzw.	beziehungsweise
CETA	Comprehensive Economic and Trade Agreement
CMA	Centrale Marketinggesellschaft der deutschen Agrarwirtschaft GmbH
CMLRev	Common Market Law Review
CRD IV-RL	Capital Requirements Directive IV, RL 2013/36/EU
CRR	Capital Requirements Regulation (EU) Nr. 575/2013
DAWI	Dienstleistungen von allgemeinem wirtschaftlichem Interesse
DAWI-Beschluss	Beschluss der Kommission vom 20.11.2011 über die Anwendung von Artikel 106 Absatz 2 des Vertrags über die Arbeitsweise der Europäischen Union auf staatliche Beihilfen in Form von Ausgleichsleistungen zugunsten bestimmter Unternehmen, die mit der Erbringung von Dienstleistungen von allgemeinem wirtschaftlichem Interesse betraut sind, ABl. EU 2012 L 7/3
DAWI-DMVO	DAWI-De-minimis-Verordnung (EU) Nr. 360/2012
DAWI-Mitteilung	Mitteilung der Kommission über die Anwendung der Beihilfevorschriften der Europäischen Union auf Ausgleichsleistungen für die Erbringung der Dienstleistungen von allgemeinem wirtschaftlichem Interesse, ABl. EU 2012 C 8/4
DAWI-Rahmen	Rahmen der Europäischen Union für staatliche Beihilfen in Form von Ausgleichsleistungen für die Erbringung öffentlicher Dienstleistungen, ABl. EU 2012 C 8/15
DB	Der Betrieb
DBP	Deutsche Bundespost
ders.	derselbe
DGO	Deutsche Gemeindeordnung
dies.	dieselbe(n)
DJT	Deutscher Juristentag
DLR	Dienstleistungsrichtlinie 2006/123/EG
DMVO	De-miminis-Verordnung (EU) Nr. 1407/2013
DÖV	Die Öffentliche Verwaltung
DSB	Dispute Settlement Body
DStR	Zeitschrift Deutsches Steuerrecht
DSU	Dispute Settlement Understanding (Vereinbarung über Regeln und Verfahren zur Beilegung von Streitigkeiten)
DVBl.	Deutsches Verwaltungsblatt
EAG	Europäische Atom-Gemeinschaft
EBA	Eisenbahn-Bundesamt oder European Banking Authority

EBA-VO	Europäische Bankenaufsichtsbehörden-Verordnung (EU) Nr. 1093/2010
ebd.	ebenda
EEG	Erneuerbare-Energien-Gesetz
EERL	Richtlinie zur Förderung der Nutzung von Energie aus erneuerbaren Quellen 2009/28/EG
EFAR	European Foreign Affairs Review
EFSF	Europäische Finanzstabilisierungsfazilität
EFSM	Europäischer Finanzstabilisierungsmechanismus
EFWZ	Europäischer Fonds für währungspolitische Zusammenarbeit
EG	Europäische Gemeinschaften
EGKS	Europäische Gemeinschaft für Kohle und Stahl
EGKSV	Vertrag über die Gründung der Europäischen Gemeinschaft für Kohle und Stahl
EGV	Vertrag zur Gründung der Europäischen Gemeinschaft
EIOPA-VO	Europäische Aufsichtsbehörde für das Versicherungswesen und die betriebliche Altersversorgung-Verordnung (EU) Nr. 1094/2010
EL	Ergänzungslieferung
EMRK	Europäische Menschenrechtskonvention
EnStRL	Energiesteuerrichtlinie 2003/96/EG
EnWG	Energiewirtschaftsgesetz
EnzEuR	Enzyklopädie Europarecht
ESAs	European Supervisory Authorities
ESM	Europäischer Stabilitätsmechanismus
ESMA	Europäische Wertpapier- und Marktaufsichtsbehörde
ESMA-VO	Europäische Wertpapier- und Marktaufsichtsbehörden-Verordnung (EU) Nr. 1095/2010
ESRB	European Systemic Risk Board
ESRB-VO	Europäischer Ausschuss für Systemrisiken-Verordnung (EU) Nr. 1092/2010
ESZB	Europäisches System der Zentralbanken
EU	Europäische Union
EU/EWR-HwV	EU/EWR-Handwerk-Verordnung
EuG	Europäisches Gericht
EuGH	Europäischer Gerichtshof
EuGRZ	Europäische Grundrechte-Zeitschrift
EuR	Europarecht
Euratom	Europäische Atomgemeinschaft
EUV	Vertrag über die Europäische Union
EuZW	Europäische Zeitung für Wirtschaftsrecht
EWG	Europäische Wirtschaftsgemeinschaft
EWGV	Vertrag zur Gründung der Europäischen Wirtschaftsgemeinschaft
EWR	Europäischer Wirtschaftsraum

EWS	Europäisches Wirtschafts- und Steuerrecht
EZB	Europäische Zentralbank
f./ff.	folgende
FinDAG	Gesetz über die Bundesanstalt für Finanzdienstleistungen
FinStabG	Gesetz zur Überwachung der Finanzstabilität
FS	Festschrift
FMSA	Bundesanstalt für Finanzmarktstabilisierung
Fn.	Fußnote
FSF	Financial Stability Forum
FTAA	Free Trade Area of the Americas
GATS	General Agreement on Trade in Services
GATT	General Agreement on Traffics and Trade
GastG	Gaststättengesetz
GEREK	Gremium Europäische Regulierungsstellen für elektronische Kommunikation
GewArch	Gewerbearchiv
GewO	Gewerbeordnung
GG	Grundgesetz
ggf.	gegebenenfalls
GmbH	Gesellschaft mit beschränkter Haftung
GmbHG	Gesetz betreffend die Gesellschaften mit beschränkter Haftung
GPA	Agreement on Government Procurement (Übereinkommen über das öffentliche Beschaffungswesen)
GRCH	Charta der Grundrechte der Europäischen Union
GRUR	Gewerblicher Rechtsschutz und Urheberrecht
GüKG	Güterkraftverkehrsgesetz
GVBl.	Gesetzes- und Verordnungsblatt
GVG	Gerichtsverfassungsgesetz
GWB	Gesetz gegen Wettbewerbsbeschränkungen
Hess	Hessen
HFR	Höchstrichterliche Finanzrechtsprechung
HGB	Handelsgesetzbuch
HGR	Handbuch der Grundrechte in Deutschland und Europa
HGrG	Haushaltsgrundsätzegesetz
h. M.	herrschende Meinung
Hmb	Hamburg
Hrsg.	Herausgeber
Hs.	Halbsatz
HStR	Handbuch des Staatsrechts der Bundesrepublik Deutschland
HwK	Handwerkskammer
HwO	Handwerksordnung
IAEA	International Atomic Energy Agency
IFC	International Finance-Corporation
IfSG	Infektionsschutzgesetz
IGH	Internationaler Gerichtshof

IHK	Industrie- und Handelskammer
IHKG	Gesetz zur vorläufigen Regelung des Rechts der Industrie- und Handelskammern
i. S. d.	im Sinne des/der
i. S. v.	im Sinne von
ITLOS	International Tribunal for the Law of the Sea
ITO	International Trade Organization
i. V. m.	in Verbindung mit
IWF	Internationaler Währungsfonds
JA	Juristische Arbeitsblätter
JGG	Jugendgerichtsgesetz
JIEL	Journal of International Economic Law
JöR	Jahrbuch des Öffentlichen Rechts
Jura	Juristische Ausbildung
JuS	Juristische Schulung
JuSchG	Jugendschutzgesetz
JZ	Juristenzeitung
K&R	Kommunikation und Recht
Kap.	Kapitel
KfW	Kreditanstalt für Wiederaufbau
KJ	Kritische Justiz
KMU	Kleine und mittlere Unternehmen
KredReorgG	Gesetz zur Reorganisation von Kreditinstituten
KrWG	Kreislaufwirtschaftsgesetz
KWG	Gesetz über das Kreditwesen
LBO	Landesbauordnung
Leitlinien Breitbandausbau	Leitlinien der EU für die Anwendung der Vorschriften über staatliche Beihilfen im Zusammenhang mit dem schnellen Breitbandausbau, ABl. EU 2013 C 25/1
LFGB	Lebens- und Futtermittelgesetzbuch
LGastG	Landesgaststättengesetz
lit.	Buchstabe
LKRZ	Zeitschrift für Landes- und Kommunalrecht Hessen/Rheinland-Pfalz/Saarland
LKV	Landes- und Kommunalverwaltung
LSA	Land Sachsen-Anhalt
LVwVfG	Landes-Verwaltungsverfahrensgesetz
MMRL	Marktmissbrauchsrichtlinie 2003/6/EG
MaComp	Mindestanforderungen an die Compliance-Funktion
m. Anm.	mit Anmerkung
MaRisk	Mindestanforderungen an das Risikomanagement
m. w. N.	mit weiteren Nachweisen
MiFID	Markets in Financial Instruments Directive, Finanzmarktrichtlinie 2004/39/EG
Mio.	Million(en)

MitbestG	Mitbestimmungsgesetz
Mrd.	Milliarde
MV	Mecklenburg-Vorpommern
NJW	Neue Juristische Wochenschrift
NJW-RR	NJW-Rechtsprechungsreport
MMR	Multimedia und Recht
MPG	Medizinproduktegesetz
N&R	Netzwirtschaft und Recht
NAFTA	North American Free Trade Agreement
Nds	Niedersachsen
n. F.	neue Fassung
NGO	Non-Governmental Organization/Nichtregierungsorganisation
NJOZ	Neue Juristische Online-Zeitschrift
Nr.	Nummer
NRW	Nordrhein-Westfalen
NuR	Natur und Recht
NVwZ	Neue Zeitschrift für Verwaltungsrecht
NVwZ-RR	NVwZ-Rechtsprechungsreport
NWVBl.	Nordrhein-westfälische Verwaltungsblätter
NZBau	Neue Zeitschrift für Baurecht
NZG	Neue Zeitschrift für Gesellschaftsrecht
OECD	Organisation for Economic Cooperation and Development
OEEC	Organisation for the Europeen Economic Cooperation
OLG	Oberlandesgericht
ÖPNV	Öffentlicher Personennahverkehr
ÖPP	Öffentlich-Private-Partnerschaft
OVG	Oberverwaltungsgericht
OWiG	Ordnungswidrigkeitengesetz
PBefG	Personenbeförderungsgesetz
PPP	Public-Private-Partnership
PVÜ	Pariser Verbandsübereinkunft
Rating-VO	Ratingverordnung (EG) Nr. 1060/2009
RegTP	Regulierungsbehörde für Telekommunikation und Post
RGBl.	Reichsgesetzblatt
RIW	Recht der internationalen Wirtschaft
RL	Richtlinie
RMR	Allgemeine Rechtsmittelrichtlinie 89/665/EWG
Rn.	Randnummer
RO	Agreement on Rules of Origin (Übereinkommen über Ursprungs-regeln)
RP	Rheinland-Pfalz
Rspr.	Rechtsprechung
S.	Seite oder Satz
SAG	Sanierungs- und Abwicklungsgesetz
Saarl	Saarland

Sächs	Sachsen
SCM	Agreement on Subsidies and Countervailing Measures (WTO-Übereinkommen über Subventionen und Ausgleichsmaßnahmen)
SEK	Sekretariat der Europäischen Kommission
SGB	Sozialgesetzbuch
SH	Schleswig-Holstein
SKR	Sektorenkoordinierungsrichtlinie 2004/17/EG
SKSV	Vertrag über Stabilität, Koordinierung und Steuerung in der Wirtschafts- und Währungsunion
Slg.	Sammlung
sog.	sogenannt
SPS	Agreement on Sanitary and Phytosanotary Measures (Übereinkommen über sanitäre und phytosanitäre Maßnahmen)
SRM-VO	Single Resolution Mechanism-Verordnung (EU) Nr. 806/2014
SSM	Single Supervisory Mechanism
SSM-VO	Single Supervisory Mechanism-Verordnung (EU) Nr. 1024/2013
StGB	Strafgesetzbuch
StIGH	Ständiger Internationaler Gerichtshof
St. Rspr.	ständige Rechtsprechung
StWStP	Staatswissenschaften und Staatenpraxis
StabG	Stabilitäts- und Wachstumsgesetz
TA-Lärm	Technische Anleitung zum Schutz gegen Lärm
TBT	Agreement on Technical Barriers to Trade (Übereinkommen über technische Handelshemmnisse)
Thür	Thüringen
TKG	Telekommunikationsgesetz
Transparenz-RL	Transparenzrichtlinie 2005/111/EG
TranspRLG	Transparenzrichtlinie-Gesetz
TRIMs	Agreement on Trade-Related Investment Measures (Übereinkommen über handelsbezogene Investitionsmaßnahmen)
TRIPS	Agreement on Trade-Related Aspects of Intellectual Property Rights
TTIP	Transatlantic Trade and Investment Partnership
TÜV	Technischer Überwachungsverein
u. a.	unter anderem/und andere
UAbs.	Unterabsatz
UNCITRAL	United Nations Commission on International Trade Law (Kommission der Vereinten Nationen für internationales Handelsrecht)
UNCTAD	United Nations Conference on Trade and Development (Konferenz der Vereinten Nationen für Handel und Entwicklung)
UNO	Vereinte Nationen
ÜOECD	Übereinkommen über die OECD
UPR	Umwelt- und Planungsrecht

Urt.	Urteil
UWG	Gesetz gegen den unlauteren Wettbewerb
ÜWTO	Marrakesh Agreement Establishing the World Trade Organization
v.	von/vom
VAG	Versicherungsaufsichtsgesetz
Var.	Variante
VBlBW	Verwaltungsblätter für Baden-Württemberg
Verf.	Verfassung
VergabeR	Vergaberecht
Vergabe-RL	Vergaberichtlinie 2004/18/EG
VerwArch	Verwaltungsarchiv
VG	Verwaltungsgericht
VGH	Verwaltungsgerichtshof
vgl.	vergleiche
VgV	Vergabeverordnung
VIG	Verbraucherinformationsgesetz
VK	Vergabekammer
VKR	Vergabekoordinierungsrichtlinie 2004/18/EG
VO	Verordnung
VOB/A	Vergabe- und Vertragsordnung für Bauleistungen
VOF	Verdingungsordnung für freiberufliche Leistungen
VOL/A	Verdingungsordnung für Leistungen
VR	Verwaltungsrundschau
VÜA	Vergabeüberwachungsausschuss
VVDStRL	Veröffentlichungen der Vereinigung der Deutschen Staatsrechtslehrer
VVO	EG-Beihilfenverfahrensverordnung (EG) Nr. 659/1999, zuletzt geändert durch VO (EU) Nr. 734/2013
VwGO	Verwaltungsgerichtsordnung
VwVfG	Verwaltungsverfahrensgesetz
WIPO	World Intellectual Property Organisation
WiVerw	Wirtschaft und Verwaltung
WM	Wertpapier-Mitteilungen
WpDVerOV	Verordnung zur Konkretisierung der Verhaltensregeln und Organisationsanforderungen für Wertpapierdienstleistungsunternehmen
WpHG	Wertpapierhandelsgesetz
WRV	Weimarer Reichsverfassung
WTO	World Trade Organization
WuW	Wirtschaft und Wettbewerb
ZAG	Zahlungsdiensteaufsichtsgesetz
z. B.	zum Beispiel
ZBB	Zeitschrift für Bankrecht und Bankwirtschaft
ZEuS	Zeitschrift für europäische Studien
ZfBR	Zeitschrift für deutsches und internationales Bau- und Vergaberecht
ZG	Zeitschrift für Gesetzgebung

ZHR	Zeitschrift für das gesamte Handelsrecht und Wirtschaftsrecht
Ziff.	Ziffer
ZIP	Zeitschrift für Wirtschaftsrecht
ZJS	Zeitschrift für das juristische Studium
ZUR	Zeitschrift für Umweltrecht

§ 1 Unionsrechtliche Grundlagen des Öffentlichen Wirtschaftsrechts

Ferdinand Wollenschläger

Inhaltsverzeichnis

F. Wollenschläger (✉)
Juristische Fakultät, Universität Augsburg, Universitätsstraße 24, 86159 Augsburg, Deutschland
E-Mail: ferdinand.wollenschlaeger@jura.uni-augsburg.de

© Springer-Verlag Berlin Heidelberg 2016
R. Schmidt, F. Wollenschläger (Hrsg.), *Kompendium Öffentliches Wirtschaftsrecht*,
Springer-Lehrbuch, DOI 10.1007/978-3-662-45579-1_1

1

I. Einführung

1   Schon die Anfänge des europäischen Integrationsprojekts als Wirtschaftsgemein-schaft unterstreichen die zentrale und im Laufe der Zeit stetig gewachsene Bedeu-tung des Unionsrechts für das Öffentliche Wirtschaftsrecht und das Wirtschaftsle-ben. Dies bestätigt ein Blick auf die in diesem Buch behandelten Rechtsgebiete, die teils, wie etwa das Vergabe-, das Netzregulierungs- sowie das Energierecht und die Finanz- und Börsenaufsicht, weitgehend eine Umsetzung EU-sekundärrechtlicher Vorgaben darstellen, und auch im Übrigen, wie etwa im Falle des Gewerbe- und Handwerksrechts oder des Rechts öffentlicher Unternehmen, erheblichen unions-rechtlichen Einflüssen unterliegen. Oftmals hat die Europäisierung die Gestalt der zuvor national regulierten Materien verändert: Man denke an grundfreiheitlich an-gestoßene Liberalisierungstendenzen, etwa im Handwerks- oder Telekommunika-tionsrecht, die Einführung von Rechtsschutz und subjektiven Rechten im Vergabe-recht oder die Konsequenzen der unionsrechtlich vorgezeichneten strikten Beihil-fenkontrolle, etwa für die Finanzierung öffentlicher Unternehmen.

2   Vor diesem Hintergrund stellt dieses Kapitel die unionale Wirtschaftsverfas-sung vor (II) und entfaltet zwei zentrale Eckpfeiler, nämlich die Grundfreiheiten (III) und die, gerade angesichts fortschreitender Regelungsaktivitäten auf Unions-ebene, zunehmend an Bedeutung gewinnenden Unionsgrundrechte (IV). Ein letzter Teil widmet sich der Kompetenzverteilung zwischen Union und Mitgliedstaaten im Bereich der Wirtschaftsregulierung (V).

II. Die unionale Wirtschaftsverfassung

3   Anders als das Grundgesetz (→ § 2 Rn. 3 ff.) enthält das EU-Primärrecht in Art. 3 Abs. 3 UAbs. 1 EUV eine explizite Aussage zur Wirtschaftsverfassung der Union, nämlich die Festlegung auf das *Binnenmarktziel* und auf eine *in hohem Maße wettbe-werbsfähige soziale Marktwirtschaft*: „Die Union errichtet einen Binnenmarkt. Sie wirkt auf die nachhaltige Entwicklung Europas auf der Grundlage eines ausgewoge-nen Wirtschaftswachstums und von Preisstabilität, eine in hohem Maße wettbewerbs-fähige soziale Marktwirtschaft, die auf Vollbeschäftigung und sozialen Fortschritt abzielt, sowie ein hohes Maß an Umweltschutz und Verbesserung der Umweltquali-tät hin …".[1] Diese Zielvorgabe, aus der angesichts ihrer Konkretisierungsbedürf-

---

[1] Näher zur EU-Wirtschaftsverfassung *Hatje*, in: von Bogdandy/Bast, S. 801.

tigkeit Einzelne keine Klagerechte ableiten können,[2] leitet die Wirtschaftspolitik in der Union an, die eine Koordinierung der mitgliedstaatlichen Wirtschaftspolitik einschließt (siehe Art. 119 Abs. 1, Art. 120 AEUV). Überdies stellt Art. 119 Abs. 3 AEUV *Stabilitätsgrundsätze* für Union und Mitgliedstaaten auf, nämlich „stabile Preise, gesunde öffentliche Finanzen und monetäre Rahmenbedingungen sowie eine tragfähige Zahlungsbilanz" (näher, auch zur Währungspolitik → § 5 Rn. 14 ff.).

Wesentliche *Eckpfeiler der unionalen Wirtschaftsverfassung*, die den Rahmen   **4** für die Regulierung der Wirtschafts- und Sozialordnung auf unionaler und mitgliedstaatlicher Ebene abstecken, stellen die der Realisierung des Binnenmarktziels dienenden Marktfreiheiten (→ Rn. 6 ff.) sowie die EU-Wirtschaftsgrundrechte (→ Rn. 84 ff.) dar. Hinzu kommen die einen unverfälschten Wettbewerb[3] sichernden Wettbewerbsregeln, namentlich das Kartellverbot (Art. 101 AEUV), das Verbot des Missbrauchs einer marktbeherrschenden Stellung (Art. 102 AEUV) und das Beihilfenverbot (Art. 107 AEUV; → § 8 Rn. 11 ff.).

Diese Vorgaben räumen, wie schon im Ziel einer in hohem Maße wettbewerbs-   **5** fähigen *sozialen* Marktwirtschaft zum Ausdruck kommt, Wettbewerb und Wettbewerbsfreiheit freilich keinen absoluten Vorrang ein, vielmehr sind Marktfreiheiten und unternehmerische Grundrechte einer Beschränkung aus überwiegenden Gemeinwohlbelangen zugänglich, etwa zum Schutz der Umwelt; gerade die Grundrechte-Charta normiert in ihrem Solidaritäts-Titel eine Vielzahl sozialstaatlich motivierter Belange, etwa den Schutz der Arbeitnehmer oder der Verbraucher (siehe Art. 27 ff. GRCH). Entsprechende Ausnahmen kennt auch das Beihilfenverbot, etwa um die Finanzierung defizitärer, aber für die Daseinsvorsorge bedeutsamer öffentlicher Einrichtungen wie Krankenhäuser oder Verkehrsbetriebe zu ermöglichen (→ § 8 Rn. 11). Überdies sieht Art. 106 Abs. 2 AEUV eine (begrenzte) Ausnahmemöglichkeit von den Wettbewerbsregeln für Unternehmen, die mit Dienstleistungen von allgemeinem wirtschaftlichem Interesse betraut sind, vor (→ § 8 Rn. 36 ff.).[4] Schließlich normiert Art. 345 AEUV „den Grundsatz der Neutralität der Verträge gegenüber der Eigentumsordnung in den Mitgliedstaaten" und überlässt damit den letzteren die Entscheidung über eine Verstaatlichung oder Privatisierung von Unternehmen. Damit sind die Mitgliedstaaten zwar nicht von einer Beachtung der Marktfreiheiten freigestellt; allerdings sind die der Zuordnung zugrunde liegenden Motive im Rahmen der Rechtfertigung zu berücksichtigen (→ § 7 Rn. 48).[5]

---

[2] EuGH, Rs. C-9/99, Slg. 2000, I-8207, Rn. 25 – Échirolles. Näher zu Adressaten und Justiziabilität *Terhechte*, in: Grabitz/Hilf/Nettesheim, Art. 3 EUV Rn. 27 f. (Stand: 41. EL Juli 2010).

[3] Vergleicht man Art. 3 Abs. 3 UAbs. 1 EUV mit seiner Vorgängerfassung, fällt auf, dass das noch in Art. 3 Abs. 1 lit. g EGV genannte Ziel, ein *System des unverfälschten Wettbewerbs* zu schaffen, nicht mehr ausdrücklich genannt ist. Diese auf französische Initiative zurückgehende Modifikation ändert indes nichts an der Rechtsverbindlichkeit des Wettbewerbsziels: Denn Protokoll Nr. 27 über den Binnenmarkt und den Wettbewerb, das gemäß Art. 51 EUV zum Primärrecht rechnet, bekräftigt, „dass der Binnenmarkt, wie er in Artikel 3 des Vertrags über die Europäische Union beschrieben wird, ein System umfasst, das den Wettbewerb vor Verfälschungen schützt". Siehe dazu *Terhechte*, in: Grabitz/Hilf/Nettesheim, Art. 3 EUV Rn. 41 (Stand: 41. EL Juli 2010). Allgemein auch *Drexl*, in: von Bogdandy/Bast, S. 905.

[4] Siehe auch *F. Wollenschläger*, in: Kirchhof/Korte/Magen, § 6 Rn. 40 ff.

[5] EuGH, verb. Rs. C-105/12–C-107/12, EU:C:2013:677, Rn. 29 ff. – Essent NV u. a. Dazu *Klement*, EuZW 2014, 57.

III. Grundfreiheiten

1. Das Binnenmarktziel

6 Bereits die durch die Römischen Verträge zum 01.01.1958 gegründete *Europäische Wirtschaftsgemeinschaft* sah die schrittweise Errichtung eines Gemeinsamen Marktes vor, namentlich durch die Abschaffung von Zöllen, die Einführung eines Gemeinsamen Zolltarifs sowie die Beseitigung von Hemmnissen für den freien Verkehr von Waren, Personen, Kapital und Dienstleistungen (Art. 2, 3 lit. a–c, 8 EWGV). Trotz beträchtlicher Fortschritte auf diesem Weg, etwa in Gestalt der Festlegung eines Gemeinsamen Zolltarifs (1968) oder der im Jahre 1977 erreichten Harmonisierung im Bereich indirekter Steuern, blieb der Gemeinsame Markt in den 1980er Jahren noch unvollendet; daher formulierte die Kommission in ihrem *Weißbuch zur Vollendung des Binnenmarktes* vom 14.06.1985, im Anschluss an politische Bekenntnisse des Rates, einen Zeitplan und ein Programm zur Realisierung dieses Integrationsziels mit knapp 300 Rechtsetzungsvorschlägen.[6] Hieran anknüpfend fand das Ziel, bis zum 31.12.1992 einen Binnenmarkt zu verwirklichen, mit der am 01.07.1987 in Kraft getretenen Einheitlichen Europäischen Akte Eingang in das Primärrecht (Art. 8a EWGV).

7   Die Schaffung eines Binnenmarktes stellt auch heute noch ein *zentrales Integrationsziel* dar (siehe Art. 3 Abs. 3 UAbs. 1 S. 1 EUV). Dieser umfasst gemäß der Definition in Art. 26 Abs. 2 AEUV „einen Raum ohne Binnengrenzen, in dem der freie Verkehr von Waren, Personen, Dienstleistungen und Kapital gemäß den Bestimmungen der Verträge gewährleistet ist." Die *Instrumente* zur Realisierung dieses Ziels sind zum einen die fünf Marktfreiheiten (→ Rn. 9 ff.) und zum anderen der Erlass von Maßnahmen auf Unionsebene, namentlich die Rechtsangleichung (siehe Art. 26 Abs. 1 AEUV, → Rn. 119). Insoweit ist zwischen *negativer und positiver Integration* zu unterscheiden: Während erstere auf den Abbau von Handelshemmnissen zielt, etwa in Gestalt des aus den Marktfreiheiten folgenden Verbots unverhältnismäßiger Qualifikationsanforderungen für die Erbringung bestimmter Dienstleistungen, besteht letztere in der Schaffung europaweit einheitlicher Standards, etwa in der Festlegung bestimmter Qualifikationsanforderungen.[7] Der derzeit 28 Mitgliedstaaten verbindende Binnenmarkt stellt den größten Wirtschaftsraum der Erde dar mit einer Einwohnerzahl von 507,4 Mio. Personen (Stand: 01.01.2014)[8] und einem BIP von 13,1 Billionen Euro[9].

8   Wesentliche *ökonomische Ziele* des Binnenmarktes sind die Erleichterung des europaweiten Absatzes von Produkten und die effiziente Allokation der Produktionsfaktoren, indem etwa die Niederlassungsfreiheit Selbstständigen ermöglicht,

---

[6] KOM(85) 310 endg.

[7] Siehe nur *Eger/Wagener*, EnzEuR I, § 3 Rn. 31 ff.

[8] Eurostat, http://epp.eurostat.ec.europa.eu/tgm/table.do?tab=table&init=1&plugin=1&language=de&pcode=tps00001 (08.08.2014).

[9] Eurostat, http://epp.eurostat.ec.europa.eu/tgm/refreshTableAction.do?tab=table&plugin=1&pcode=tec00001&language=de (08.08.2014).

an dem Ort unternehmerische Aktivitäten zu entfalten, an dem die besten Bedingungen herrschen.[10] Darüber hinaus ist die Marktintegration freilich auch in einem *markttranszendierenden Kontext* zu sehen.[11] So betonte schon die Präambel des EWGV das Ziel, „die Grundlagen für einen immer engeren Zusammenschluß der europäischen Völker zu schaffen" und durch den „Zusammenschluß [der] Wirtschaftskräfte Frieden und Freiheit zu wahren und zu festigen ...". Auch der vierte Erwägungsgrund der VO (EU) Nr. 492/2011 sieht die Arbeitnehmerfreizügigkeit nicht nur als Mittel, mit dem „der Bedarf der Wirtschaft der Mitgliedstaaten befriedigt wird", sondern auch als „ein Grundrecht der Arbeitnehmer und ihrer Familien. Die Mobilität der Arbeitskräfte innerhalb der Union soll für den Arbeitnehmer eines der Mittel sein, die ihm die Möglichkeit einer Verbesserung der Lebens- und Arbeitsbedingungen garantieren und damit auch seinen sozialen Aufstieg erleichtern".

2. Die Grundfreiheiten im Überblick

Das zentrale Instrument zur Realisierung des Binnenmarktziels, mithin zum Abbau   **9**
von Hindernissen für den freien Verkehr von Waren, Personen, Kapital und Dienstleistungen innerhalb der Europäischen Union, stellen die fünf Grundfreiheiten dar, nämlich

- die Warenverkehrsfreiheit (Art. 28 ff. AEUV),
- die Arbeitnehmerfreizügigkeit (Art. 45 ff. AEUV),
- die Niederlassungsfreiheit (Art. 49 ff. AEUV),
- die Dienstleistungsfreiheit (Art. 56 ff. AEUV) und
- die Kapitalverkehrsfreiheit (Art. 63 ff. AEUV).

Die *Freizügigkeit Nichterwerbstätiger* schützt das mit der Maastrichter Vertragsre-   **10**
form (1993) primärrechtlich verankerte, an den Status als Unionsbürger geknüpfte und damit von einer ökonomischen Aktivität unabhängige *allgemeine Freizügigkeitsrecht* (Art. 21 AEUV), das der EuGH zu einer „Grundfreiheit ohne Markt" ausgebaut hat.[12]

Obgleich das Primärrecht als völkerrechtlicher Vertrag lediglich die Mitglied-   **11**
staaten adressiert, können sich auch Einzelne auf die Grundfreiheiten berufen. In der bahnbrechenden Entscheidung van Gend und Loos vom 05.02.1963 hat der EuGH nämlich die *unmittelbare Anwendbarkeit* des Verbots der Zölle und Abgaben gleicher Wirkung (Art. 30 AEUV) mit Blick auf den besonderen Charakter des Gemeinschaftsrechts anerkannt:

---

[10] Siehe nur *F. Wollenschläger*, Grundfreiheit ohne Markt, S. 19 ff.
[11] Siehe dazu und zum Folgenden *F. Wollenschläger*, Grundfreiheit ohne Markt, S. 22 ff.
[12] Zu dieser Entwicklung *F. Wollenschläger*, Grundfreiheit ohne Markt; ferner *ders.*, EnzEuR I, § 8 Rn. 116 ff.

Das Ziel des EWG-Vertrages ist die Schaffung eines Gemeinsamen Marktes, dessen Funktionieren die der Gemeinschaft angehörigen Einzelnen unmittelbar betrifft; damit ist zugleich gesagt, dass dieser Vertrag mehr ist als ein Abkommen, das nur wechselseitige Verpflichtungen zwischen den vertragsschließenden Staaten begründet … [D]ie Gemeinschaft [stellt] eine neue Rechtsordnung des Völkerrechts dar …, zu deren Gunsten die Staaten, wenn auch in begrenztem Rahmen, ihre Souveränitätsrechte eingeschränkt haben, eine Rechtsordnung, deren Rechtssubjekte nicht nur die Mitgliedstaaten, sondern auch die einzelnen sind.[13]

Dieser Rechtsprechung ist der EuGH auch für die übrigen Grundfreiheiten gefolgt.[14]

12   In vielen Fällen hat der Unionsgesetzgeber *Anforderungen der Marktfreiheiten sekundärrechtlich konkretisiert*, etwa in der Dienstleistungsrichtlinie (DLR; näher → Rn. 42). In diesem Fall ist eine Lösung zunächst anhand des Sekundärrechtsakts zu suchen, dessen Anwendung freilich immer unter dem Vorbehalt seiner Primärrechtskonformität steht[15]. Bei einer abschließenden Harmonisierung durch EU-Rechtsakte gemäß Art. 114 AEUV verbleibt ein mitgliedstaatlicher Spielraum nur im Rahmen der Schutzklauseln (Art. 114 Abs. 4 ff. AEUV; → Rn. 126).

13   In sachlicher Hinsicht kommt den Marktfreiheiten nicht nur eine *negative Dimension* zu, indem sie den Mitgliedstaaten ungerechtfertigte Diskriminierungen und Beschränkungen der innerunionalen Mobilität verbieten; vielmehr implizieren sie auch (positive) *Handlungspflichten* für die Mitgliedstaaten (allgemein Art. 4 Abs. 3 UAbs. 2 EUV): So beinhalten sie Schutzpflichten (→ Rn. 20) und verlangen effektiven Rechtsschutz gegen Verstöße (siehe auch Art. 47 GRCH)[16] sowie eine ihrer Verwirklichung dienende Verfahrensgestaltung, was der EuGH in Gestalt von Ausschreibungs- und Transparenzpflichten namentlich im Vergaberecht ausbuchstabiert hat (→ § 7 Rn. 20, 95 ff.)[17].

3. Warenverkehrsfreiheit

14   Die Vorschriften über den freien Warenverkehr (Art. 28 ff. AEUV) umfassen die *Zollunion* und das *Verbot von mengenmäßigen Beschränkungen zwischen den Mit-*

---

[13] EuGH, Rs. 26/62, Slg. 1963, 3 (24 f.) – van Gend en Loos.

[14] Für die Warenverkehrsfreiheit im Übrigen EuGH, Rs. 83/78, Slg. 1978, I-2347, Rn. 66/67 – Redmond. Für die Arbeitnehmerfreizügigkeit Rs. 167/73, Slg. 1974, 359, Rn. 35 ff. – Kommission/Frankreich und Rs. 41/74, Slg. 1974, 1337, Rn. 4 ff. – van Duyn. Für die Niederlassungsfreiheit Rs. 2/74, Slg. 1974, 631, Rn. 3 ff. – Reyners. Für die Dienstleistungsfreiheit Rs. 33/74, Slg. 1974, 1299, Rn. 24/26 – van Binsbergen. Für die Kapitalverkehrsfreiheit Rs. C-163/94 u. a., Slg. 1995, I-4821, Rn. 43 – Sanz de Lera. Für das allgemeine Freizügigkeitsrecht Rs. C-413/99, Slg. 2002, I-7091, Rn. 80 ff. – Baumbast und R.

[15] Siehe nur EuGH, Rs. C-443/11, EU:C:2013:224, Rn. 41, 46 – Jeltes.

[16] EuGH, Rs. 222/86, Slg. 1987, 4097, Rn. 14 ff. – Heylens; Rs. C-340/89, Slg. 1991, I-2357, Rn. 22 – Vlassopoulou.

[17] Siehe EuGH, Rs. C-324/98, Slg. 2000, I-10745, Rn. 62 – Telaustria; Rs. C-458/03, Slg. 2005, I-8612, Rn. 49 – Parking Brixen; Rs. C-380/05, Slg. 2008, I-349, Rn. 99 ff., insbesondere Rn. 105 – Centro Europa 7 Srl; ferner *F. Wollenschläger*, Verteilungsverfahren, S. 126 ff.; *ders.*, NVwZ 2007, 388.

gliedstaaten. Die Zollunion beinhaltet zum einen das Verbot von Binnenzöllen, mithin von Ein- und Ausfuhrzöllen oder von Abgaben gleicher Wirkung zwischen den Mitgliedstaaten (Art. 30 AEUV), zum anderen die Einführung eines Gemeinsamen Zolltarifs gegenüber Drittstaaten (Art. 31 AEUV). Letzteres unterscheidet die Zollunion von einer Freihandelszone, die lediglich auf Binnenzölle verzichtet.[18] In der juristischen Ausbildung von besonderer Bedeutung ist das Verbot mengenmäßiger Ein- und Ausfuhrbeschränkungen sowie von Maßnahmen gleicher Wirkung (Art. 34 ff. AEUV), das im Mittelpunkt dieses Abschnitts steht (sog. nichttarifäre Handelshemmnisse). Schließlich findet sich in Art. 37 AEUV eine Sonderregel für staatliche Handelsmonopole.

a) Einführungsfall[19]

Nachdem sich die bisherigen Maßnahmen zur Reduktion des Stickstoffdioxidgehalts auf der Autobahn A 12 in Tirol, der wichtigsten Verbindung zwischen Süddeutschland und Norditalien, als nicht ausreichend erwiesen hatten, um Grenzwerte einzuhalten, ordnete der zuständige Landeshauptmann von Tirol u. a. ein Fahrverbot für Lastkraftwagen über 7,5 t an, die bestimmte Waren wie Abfall, Steine, Rundholz, Kraftfahrzeuge, Stahl und Marmor befördern. Das Fahrverbot bezweckt, den Transport dieser „bahnaffinen" Waren auf die Schiene zu verlagern, um die Luftqualität zum Schutz der menschlichen Gesundheit sowie des Tier- und Pflanzenbestandes zu verbessern. Kritiker machen geltend, das Verbot sei wegen der Ausnahme nicht bahnaffiner Güter sowie des regionalen und lokalen Verkehrs in sich widersprüchlich; überdies genüge ein Tempolimit. Dem hält die österreichische Regierung entgegen, dass das Tempolimit erfahrungsgemäß nicht eingehalten werde. Verstößt das Fahrverbot gegen die Warenverkehrsfreiheit?

b) Das Verbot mengenmäßiger Ein- und Ausfuhrbeschränkungen sowie von Maßnahmen gleicher Wirkung (Art. 34 ff. AEUV)

aa) Prüfungsschema

1. Anwendbarkeit
   a) Unmittelbare Anwendbarkeit (→ Rn. 11)
   b) Keine Spezialregelung im Sekundärrecht (→ Rn. 12)
2. Anwendungsbereich
   a) Verpflichtete: Mitgliedstaaten, Union und Private
   b) Berechtigte: Jedermann
   c) Sachlich: Ware
   d) Grenzüberschreitendes Element

15

16

---

[18] Siehe nur *Kahl*, Vorauflage, § 1 Rn. 49.
[19] Der Einführungsfall beruht auf EuGH, Rs. C-28/09, Slg. 2011, I-13525 – Kommission/Österreich.

3. Tatbestand
   a) Mengenmäßige Ein- oder Ausfuhrbeschränkung
   a) Maßnahme gleicher Wirkung
      aa) Dassonville- und Keck-Formel für Einfuhrbeschränkungen
      bb) Groenveld-Formel für Ausfuhrbeschränkungen
4. Rechtfertigung
   a) Geschriebene Rechtfertigungsgründe (Art. 36 AEUV)
   b) Ungeschriebene Rechtfertigungsgründe
      aa) Zwingende Erfordernisse des Gemeinwohls i. S. d. Cassis-Rechtsprechung
      bb) Kollidierende Unionsgrundrechte
   c) Verhältnismäßigkeit

bb) Anwendungsbereich

(1) Verpflichtete

17 Obgleich sich die Marktfreiheiten primär und auch historisch gegen mitgliedstaatliche Handelshemmnisse richten, ist heute anerkannt, dass sie nicht nur die *Mitgliedstaaten*, sondern auch die *EU* binden (vgl. auch Art. 15 Abs. 2, Art. 51 Abs. 1 S. 1, Art. 52 Abs. 2 GRCH)[20]. Zwar ist nur die Bundesrepublik Deutschland Mitglied der EU; als Kehrseite der institutionellen Autonomie der Mitgliedstaaten erfasst die Bindung an die Marktfreiheiten allerdings *alle Ebenen der Staatsgewalt*, mithin *Bund, Länder und Kommunen*.[21] Analog hat im Einführungsfall auch der Landeshauptmann von Tirol als Teil der Tiroler Landesregierung (Art. 44 Abs. 4, Art. 56 Verf. Tirol) die Warenverkehrsfreiheit zu beachten.

18   Überdies liegt dem Unionsrecht ein *weiter Staatsbegriff* zugrunde, so dass auch gegenüber dem Staat verselbstständigte, ihm aber zuzurechnende Einrichtungen die Marktfreiheiten zu beachten haben, und zwar unabhängig von ihrer Rechtsform[22]. Die Zurechenbarkeit ist eine Frage des Einzelfalls und bestimmt sich nach dem Grad des staatlichen Einflusses, wobei auf die Bestellung von Leitungsgremien, die überwiegende Finanzierung, die inhaltliche Steuerung der Tätigkeit, die staatliche Errichtung, die Wahrnehmung hoheitlicher oder im öffentlichen Interesse liegender Aufgaben sowie die Aufsicht abzustellen ist.[23] Demnach ist etwa ein in der Rechts-

---

[20] Zur Bindung der EU EuGH, Rs. 37/83, Slg. 1984, 1229, Rn. 18 – Rewe-Zentrale; *R. Streinz*, Europarecht, Rn. 849; *Leible/T. Streinz*, in: Grabitz/Hilf/Nettesheim, Art. 34 AEUV Rn. 36 (Stand: 42. EL September 2010).

[21] EuGH, Rs. C-17/00, Slg. 2000, I-9445, Rn. 27 – De Coster; *Leible/T. Streinz*, in: Grabitz/Hilf/Nettesheim, Art. 34 AEUV Rn. 36 (Stand: 42. EL September 2010).

[22] EuGH, Rs. 302/88, Slg. 1990, I-4625, Rn. 16 – Hennen Olie; Rs. C-325/00, Slg. 2002, I-9977, Rn. 17 – Kommission/Deutschland (CMA).

[23] Aus der Kasuistik des EuGH: Rs. C-325/00, Slg. 2002, I-9977, Rn. 18 – Kommission/Deutschland (CMA); ferner Rs. 71/76, Slg. 1977, 765, Rn. 15/18 – Thieffry; Rs. 249/81, Slg. 1982, 4005, Rn. 15 – Komission/Irland (Buy Irish); Rs. 222/82, Slg. 1983, 4083, Rn. 17 – Apple and Pears Council; Rs. 237/82, Slg. 1984, 483, Rn. 19 – Jongeneel Kaas; verb. Rs. 266/87 und 267/87,

form der AG organisiertes öffentliches Unternehmen, an dem der Staat alle Anteile hält, an die Marktfreiheiten gebunden (vgl. Art. 106 Abs. 1 AEUV). In der Rs. Buy Irish hat der EuGH die Bindung des Irish Goods Council, einer privatrechtlichen Gesellschaft, an die Warenverkehrsfreiheit bejaht, weil „die irische Regierung die Vorstandsmitglieder ... [berufen hat], ihn durch öffentliche Gelder, die den größeren Teil seiner Ausgaben decken, [unterstützt hat] und... schließlich in großen Zügen die Ziele der von dieser Einrichtung geführten Kampagne [bestimmt hat]".[24]

Eine *Drittwirkung der Warenverkehrsfreiheit*, mithin eine Bindung Privater, hat **19** der EuGH zunächst abgelehnt,[25] hiervon indes zwischenzeitlich eine *partielle* Abkehr in seinem Urteil in der Rs. Fra.bo vom 12.07.2012 vollzogen. Nach diesem ist die Warenverkehrsfreiheit „auf die Normungs- und Zertifizierungstätigkeiten einer privaten Einrichtung anzuwenden ..., wenn die Erzeugnisse, die von dieser Einrichtung zertifiziert wurden, nach den nationalen Rechtsvorschriften als mit dem nationalen Recht konform angesehen werden und dadurch ein Vertrieb von Erzeugnissen, die nicht von dieser Einrichtung zertifiziert wurden, erschwert wird."[26]

Strikt von der Frage einer Bindung Privater ist die Frage einer Verpflichtung des **20** Staates, gegen Beeinträchtigungen der Marktfreiheiten durch Private einzuschreiten, zu unterscheiden. Eine entsprechende *staatliche Schutzpflicht* hat der EuGH im Interesse einer effektiven Gewährleistung der Marktfreiheiten und aufgrund der Loyalitätspflicht der Mitgliedstaaten (Art. 4 Abs. 3 EUV) bejaht, und zwar mit Blick auf massive Gewalttaten Privater, die sich gegen importierte landwirtschaftliche Erzeugnisse richteten (Erdbeerenstreit), und auf die Blockade wichtiger Transitrouten durch Demonstranten (Brenner-Blockade-Fall). Freilich sind der Ermessensspielraum bei der Erfüllung von Schutzpflichten sowie gegenläufige Belange zu berücksichtigen, so dass im zuletzt genannten Fall die Versammlungsfreiheit ein Nichteinschreiten gegen die Demonstration rechtfertigte.[27]

(2) Berechtigte

Anders als bei den Personenverkehrsfreiheiten (→ Rn. 46) ist der persönliche Anwendungsbereich der Warenverkehrsfreiheit nicht auf Unionsbürger beschränkt; **21** den Unionsbezug stellt vielmehr das Erfordernis einer Unionsware (Art. 28 Abs. 2 AEUV) sicher (→ Rn. 22 f.). Berechtigt sind überdies juristische Personen.[28]

Slg. 1989, 1295, Rn. 14 ff. – Royal Pharmaceutical Society; Rs. 302/88, Slg. 1990, I-4625, Rn. 14 ff. – Hennen Olie; Rs. C-292/92, Slg. 1993, I-6787, Rn. 13 ff. – Hünermund; Rs. 197/84, Slg. 1985, 1819, Rn. 14 – Steinhauser. Im Einzelnen: *Frenz*, Hdb. EuR I, Rn. 313 ff.; *F. Wollenschläger*, NVwZ 2007, 388 (390). Orientierungsfunktion kommt auch den Kriterien des Art. 2 lit. b Transparenz-RL sowie des Art. 1 Abs. 9 Vergabe-RL zu.

[24] EuGH, Rs. 249/81, Slg. 1982, 4005, Rn. 15 – Kommission/Irland (Buy Irish).

[25] EuGH, Rs. 311/85, Slg. 1987, 3801, Rn. 30 – Vlaamse Reisebureaus.

[26] EuGH, Rs. C-171/11, EU:C:2012:453, Rn. 32 – Fra.bo.

[27] EuGH, Rs. C-265/95, Slg. 1997, I-6959, Rn. 24 ff. – Kommission/Frankreich; Rs. C-112/00, Slg. 2003, I-5659, Rn. 51 ff. – Schmidberger.

[28] Siehe nur *Leible/T. Streinz*, in: Grabitz/Hilf/Nettesheim, Art. 34 AEUV Rn. 32 (Stand: 42. EL September 2010).

(3) Sachlich: Ware

22   Waren i. S. d. Art. 28 ff. AEUV sind „Erzeugnisse …, die einen Geldwert haben
und deshalb Gegenstand von Handelsgeschäften sein können."[29] Hierunter fällt
auch Abfall.[30] Nachdem sich die Warenverkehrsfreiheit auch auf nichtkörperliche
Gegenstände erstreckt, ist auch der Handel mit Strom und Gas erfasst.[31] Obgleich
die Legalität des Warenaustauschs nicht entscheidend sein darf, da ansonsten die
Mitgliedstaaten durch entsprechende Verbote den Anwendungsbereich der Warenverkehrsfreiheit einschränken könnten (zur Parallelfrage bei Art. 12 Abs. 1 GG
→ § 2 Rn. 38), hat der EuGH im Kontext des Zollrechts den illegalen Handel mit
Betäubungsmitteln ausgeklammert[32]. Auch wenn Waren geliefert werden, kann eine
Schwerpunktbetrachtung die Einschlägigkeit einer anderen Marktfreiheit ergeben
(→ Rn. 55).

23   Die Anwendbarkeit der Bestimmungen über den freien Warenverkehr setzt überdies das Vorliegen einer *Unionsware* voraus; hierunter fallen „die aus den Mitgliedstaaten stammenden Waren sowie … diejenigen Waren aus dritten Ländern, die sich
in den Mitgliedstaaten im freien Verkehr befinden" (Art. 28 Abs. 2 AEUV).

(4) Grenzüberschreitendes Element

24   Die Anwendung der Warenverkehrsfreiheit setzt schließlich einen grenzüberschreitenden Bezug voraus (→ Rn. 82).

cc) Tatbestand: Mengenmäßige Ein- und Ausfuhrbeschränkung sowie Maßnahme gleicher Wirkung

25   Tatbestandlich erfasst die Warenverkehrsfreiheit zunächst mengenmäßige Ein- und
Ausfuhrbeschränkungen (Art. 34 f. AEUV). Hierunter fallen sowohl *Verbote* des
Warenimports bzw. -exports als auch dessen Kontingentierung (zahlenmäßige Beschränkung). Darüber hinaus steht die Warenverkehrsfreiheit auch Maßnahmen
gleicher Wirkung (wie mengenmäßigen Beschränkungen) entgegen. Dieser Begriff
ist primärrechtlich nicht definiert, hat aber in der Rechtsprechung des Gerichtshofs
eine Konkretisierung erfahren, ohne dass freilich alle Streitfragen gelöst wären. Zu
unterscheiden ist zwischen Beschränkungen der Ein- (1) und Ausfuhr (2).

(1) Dassonville- und Keck-Formel für Einfuhrbeschränkungen

26   Den Begriff der Maßnahme gleicher Wirkung im Kontext von Einfuhrbeschränkungen hat der EuGH in seinem Urteil in der Rs. Dassonville vom 11.07.1974 konkretisiert. Dieses Vorabentscheidungsverfahren hatte die Sanktionierung eines Verstoßes
gegen die Pflicht zur Vorlage eines Herkunftszertifikats zum Gegenstand, die für

---

[29] EuGH, Rs. 7/68, Slg. 1968, 617 (642) – Kommission/Italien.

[30] EuGH, Rs. C-2/90, Slg. 1992, I-4431, Rn. 23 – Kommission/Belgien.

[31] EuGH, Rs. 393/92, Slg. 1994, I-1477, Rn. 28 – Almelo; Rs. C-213/96, Slg. 1998, I-1777, Rn. 18
– Outokumpu; Rs. C-173/05, Slg. 2007, I-4917, Rn. 39 – Kommission/Italien.

[32] EuGH, Rs. 240/81, Slg. 1982, 3699, Rn. 12 ff. – Einberger; ferner für Falschgeld Rs. C-343/89,
Slg. 1990, I-4477, Rn. 10 ff. – Witzemann. A. A. *Leible/T. Streinz*, in: Grabitz/Hilf/Nettesheim,
Art. 34 AEUV Rn. 30 (Stand: 42. EL September 2010).

den Import von Waren mit Ursprungsbezeichnung galt, aber bei Importen aus Drittstaaten nur schwer erfüllt werden konnte. Nach der in diesem Urteil entwickelten *Dassonville-Formel* ist eine Maßnahme gleicher Wirkung „jede Handelsregelung der Mitgliedstaaten, die geeignet ist, den innergemeinschaftlichen Handel unmittelbar oder mittelbar, tatsächlich oder potentiell zu behindern".[33]

Hierunter hat der EuGH das sektorale Fahrverbot des Einführungsfalles subsumiert, da es – trotz Ausweichmöglichkeiten – aufgrund der Bedeutung der Autobahn A 12 für den Alpentransit und wegen des Zwangs, Alternativen zu finden, „geeignet [ist], den Warenverkehr zwischen dem nördlichen Europa und Norditalien erheblich zu beeinträchtigen."[34]   **27**

Um der zunehmend für problematisch erachteten Weite der Dassonville-Formel Herr zu werden, hat der EuGH den Tatbestand in seinem Urteil in der Rs. Keck und Mithouard vom 24.11.1993 eingeschränkt, indem er *nichtdiskriminierende Verkaufsmodalitäten* ausgeklammert hat. Denn   **28**

entgegen der bisherigen Rechtsprechung [ist] die Anwendung nationaler Bestimmungen, die bestimmte Verkaufsmodalitäten beschränken oder verbieten, auf Erzeugnisse aus anderen Mitgliedstaaten nicht geeignet, den Handel zwischen den Mitgliedstaaten im Sinne des Urteils Dassonville ... unmittelbar oder mittelbar, tatsächlich oder potentiell zu behindern, sofern diese Bestimmungen für alle betroffenen Wirtschaftsteilnehmer gelten, die ihre Tätigkeit im Inland ausüben, und sofern sie den Absatz der inländischen Erzeugnisse und der Erzeugnisse aus anderen Mitgliedstaaten rechtlich wie tatsächlich in der gleichen Weise berühren.[35]

Konsequenterweise hat der Gerichtshof das streitgegenständliche Verbot des Warenverkaufs unter Einstandspreis (Dumping) als bloße Verkaufsmodalität nicht unter Art. 34 AEUV subsumiert.[36] Selbiges gilt für Ladenschlussregelungen.[37] Keine Verkaufsmodalitäten stellen demgegenüber produkt- und herstellungsprozessbezogene Regelungen, etwa Vorgaben für die Verpackung von Produkten[38] oder für Herstellungsbedingungen[39], dar. Zwar als Verkaufsmodalität, allerdings als diskriminierend und damit nicht der Keck-Ausnahme unterfallend hat der EuGH das Erfordernis einer im Umfeld gelegenen ortsfesten Betriebsstätte für Bäcker, Fleischer und Lebensmittelhändler, die Waren im Reisegewerbe anbieten möchten, qualifiziert; denn diese Regelung zwinge Ausländer, die Lebensmittel im Reisegewerbe anbieten möchten, regelmäßig zur Niederlassung in Österreich und erhöhe

---

[33] EuGH, Rs. 8/74, Slg. 1974, 837, Rn. 5 – Dassonville.

[34] EuGH, Rs. C-28/09, Slg. 2011, I-13525, Rn. 114 ff. – Kommission/Österreich. So auch Rs. C-320/03, Slg. 2005, I-9871, Rn. 66 ff. – Kommission/Österreich.

[35] EuGH, verb. Rs. C-267/91 und C-268/91, Slg. 1993, I-6097, Rn. 16 – Keck und Mithouard; ferner verb. Rs. C-158/04 und C-159/04, Slg. 2006, I-8135, Rn. 16 – Alfa Vita Vassilopoulos AE u. a. Umfassend und differenziert *Leible/T. Streinz*, in: Grabitz/Hilf/Nettesheim, Art. 34 AEUV Rn. 72 ff. (Stand: 42. EL September 2010).

[36] EuGH, verb. Rs. C-267/91 und C-268/91, Slg. 1993, I-6097, Rn. 18 – Keck und Mithouard.

[37] EuGH, verb. Rs. C-69/93 und C-258/93, Slg. 1994, I-2355, Rn. 12 ff. – Punto Casa u. a.

[38] EuGH, Rs. C-470/93, Slg. 1995, I-1923, Rn. 13 – Verein gegen Unwesen in Handel und Gewerbe Köln/Mars.

[39] EuGH, verb. Rs. C-158/04 und C-159/04, Slg. 2006, I-8135, Rn. 17 ff. – Alfa Vita Vassilopoulos AE u. a.

damit deren Kosten. Nachdem jedenfalls auch Ausländer benachteiligt werden, ist überdies irrelevant, dass sich die Regelung auch zum Nachteil von Inländern auswirken kann.[40]

29 Bereits zuvor hatte der EuGH in seinem Urteil in der Rs. Krantz vom 07.03.1990, das die Vereinbarkeit der Möglichkeit einer Pfändung von unter Eigentumsvorbehalt gelieferten Sachen mit Art. 34 AEUV betraf, staatliche *Maßnahmen mit nur ungewissen und mittelbaren Auswirkungen auf den innergemeinschaftlichen* Handel nicht unter die Dassonville-Formel subsumiert: „Daß Bürger anderer Mitgliedstaaten zögern würden, Sachen an Käufer in dem betreffenden Mitgliedstaat auf Raten zu verkaufen, weil die Gefahr bestünde, daß diese Sachen vom Steuereinnehmer gepfändet würden, wenn die Käufer ihre niederländischen Steuerschulden nicht beglichen, ist weiter so ungewiß und von nur mittelbarer Bedeutung, daß eine nationale Bestimmung, die eine solche Pfändung zuläßt, nicht als geeignet angesehen werden kann, den Handel zwischen den Mitgliedstaaten zu behindern."[41]

(2) Groenveld-Formel für Ausfuhrbeschränkungen

30 Der EuGH zieht die weite, für Art. 34 AEUV entwickelte Dassonville-Formel nicht zur Konkretisierung des Begriffs der Maßnahme gleicher Wirkung im Kontext von Ausfuhrbeschränkungen heran, sondern hat eine eigenständige Dogmatik entwickelt. Um unter Art. 35 AEUV zu fallen, muss die nationale Maßnahme nach der im gleichnamigen Urteil vom 08.11.1979 entwickelten *Groenveld-Formel* eine „spezifische Beschränkun[g] der Ausfuhrströme bezwecken oder bewirken und damit unterschiedliche Bedingungen für den Binnenhandel innerhalb eines Mitgliedstaats und seinen Außenhandel schaffen, so daß die nationale Produktion oder der Binnenmarkt des betroffenen Staates zum Nachteil der Produktion oder des Handels anderer Mitgliedstaaten einen besonderen Vorteil erlangt."[42] Anliegen der engen Formel des EuGH ist zu verhindern, dass jedwede die Warenproduktion belastende Maßnahme, etwa Umweltauflagen, als Art. 35 AEUV unterfallendes Exporthindernis qualifiziert wird. In der Literatur wird die unterschiedliche Begriffsbildung teils kritisiert und ein Gleichlauf von Art. 34 und 35 AEUV gefordert.[43] In seinem Urteil in der Rs. Gysbrechts und Santurel Inter vom 16.12.2008 hat der Gerichtshof indes an der Groenveld-Formel festgehalten, diese gleichzeitig aber sehr weit gehandhabt: So hat er ein unterschiedslos geltendes Verbot, bei Fernabsatzverträgen vor Ablauf der Rücktrittsfrist Vorauskasse zu fordern, als Benachteiligung des grenzüberschreitenden gegenüber dem inländischen Warenhandel qualifiziert, da dieses wegen der erschwerten Forderungsdurchsetzung im Ausland den Außenhandel stärker als den Binnenhandel treffe.[44]

---

[40] EuGH, Rs. C-254/98, Slg. 2000, I-151, Rn. 24 ff. – TK-Heimdienst.

[41] EuGH, Rs. C-69/88, Slg. 1990, I-583, Rn. 11 – Krantz. Siehe ferner Rs. C-379/92, Slg. 1994, I-3453, Rn. 24 – Peralta.

[42] EuGH, Rs. 15/79, Slg. 1979, 3409, Rn. 7 – Groenveld.

[43] So etwa *Leible/T. Streinz*, in: Grabitz/Hilf/Nettesheim, Art. 35 AEUV Rn. 17.

[44] EuGH, Rs. C-205/07, Slg. 2008, I-9947, Rn. 38 ff. – Gysbrechts und Santurel Inter.

dd) Rechtfertigung

Beeinträchtigungen der Warenverkehrsfreiheit können mit geschriebenen (Art. 36   **31**
AEUV; dazu 1) und ungeschriebenen Rechtfertigungsgründen (Cassis-Formel und
Unionsgrundrechte; dazu 2) gerechtfertigt werden; in allen Fällen hat eine Verhält-
nismäßigkeitsprüfung stattzufinden (3).

(1) Geschriebene Rechtfertigungsgründe (Art. 36 AEUV)

Beschränkungen der Warenverkehrsfreiheit können zunächst aufgrund der *ge-*   **32**
schriebenen Rechtfertigungsgründe des Art. 36 S. 1 AEUV zulässig sein, mithin
„aus Gründen der öffentlichen Sittlichkeit, Ordnung und Sicherheit, zum Schutze
der Gesundheit und des Lebens von Menschen, Tieren oder Pflanzen, des nationalen Kulturguts von künstlerischem, geschichtlichem oder archäologischem Wert
oder des gewerblichen und kommerziellen Eigentums".

Das Schutzgut der *öffentlichen Sicherheit und Ordnung* hat eine andere (und en-   **33**
gere) Bedeutung im Unionsrecht als im nationalen Recht. Die öffentliche Sicherheit
erfasst lediglich eine „Beeinträchtigung des Funktionierens der Einrichtungen des
Staates und seiner wichtigen öffentlichen Dienste sowie das Überleben der Bevölkerung ebenso wie die Gefahr einer erheblichen Störung der auswärtigen Beziehungen oder des friedlichen Zusammenlebens der Völker oder eine Beeinträchtigung
der militärischen Interessen".[45] Die öffentliche Ordnung ist betroffen, wenn „eine
tatsächliche und hinreichend schwere Gefährdung vorliegt, die ein Grundinteresse
der Gesellschaft berührt".[46]

(2) Ungeschriebene Rechtfertigungsgründe

In seinem Urteil in der Rs. Cassis de Dijon vom 20.02.1979 hat der EuGH, auch als   **34**
Gegengewicht zum weit gefassten Tatbestand des Art. 34 AEUV,[47] überdies sonstige *zwingende Erfordernisse als ungeschriebene Rechtfertigungsgründe* anerkannt:
So sind Beschränkungen der Warenverkehrsfreiheit auch dann zulässig, wenn sie
„notwendig sind, um zwingenden Erfordernissen gerecht zu werden, insbesondere den Erfordernissen einer wirksamen steuerlichen Kontrolle, des Schutzes der
öffentlichen Gesundheit, der Lauterkeit des Handelsverkehrs und des Verbraucherschutzes."[48] Hierbei handelt es sich, wie auch aus dem Zusatz „insbesondere"
folgt, um keine abschließende Aufzählung; in der Folgezeit Anerkennung gefunden
hat etwa der Umweltschutz.[49] Demnach konnte sich die Bundesregierung in der

---

[45] EuGH, Rs. C-145/09, Slg. 2010, I-11979, Rn. 44 – Tsakouridis; ferner Rs. 72/83, Slg. 1984,
2727, Rn. 34 – Campus Oil.

[46] EuGH, Rs. 36/75, Slg. 1975, 1219, Rn. 26/28 – Rutili; Rs. C-54/99, Slg. 2000, I-1335, Rn. 17 –
Église de scientologie; Rs. C-36/02, Slg. 2004, I-9609, Rn. 30 – Omega.

[47] Siehe *Leible/T. Streinz*, in: Grabitz/Hilf/Nettesheim, Art. 34 AEUV Rn. 101 (Stand: 42. EL September 2010).

[48] EuGH, Rs. 120/78, Slg. 1979, 649, Rn. 8 – Rewe/Bundesmonopolverwaltung für Branntwein.
Zu Recht für ein Verständnis als Rechtfertigungsgrund, nicht als Tatbestandsausschluss *Leible/*
T. Streinz, in: Grabitz/Hilf/Nettesheim, Art. 34 AEUV Rn. 101 (Stand: 42. EL September 2010);
so auch die jüngere Rechtsprechung des EuGH, vgl. verb. Rs. C-158/04 und C-159/04, Slg. 2006,
I-8135, Rn. 20 – Alfa Vita Vassilopoulos AE u. a.

[49] EuGH, Rs. 302/86, Slg. 1988, 4607, Rn. 9 – Kommission/Dänemark; Rs. C-284/95, Slg. 1998,
I-4301, Rn. 64 – Safety Hi-Tech.

Rs. Cassis de Dijon zur Rechtfertigung des Erfordernisses eines Mindestweingeist-
gehalts für Trinkbrandweine, das der gleichnamige französische Likör nicht erfüll-
te, zwar u. a. auf den Verbraucherschutz berufen; allerdings hat der EuGH diesen in
casu für nicht hinreichend gewichtig erachtet, um eine Beschränkung der Warenverkehrsfreiheit zu rechtfertigen.[50]

35   Der Gerichtshof betont in ständiger Rechtsprechung, dass die ungeschriebenen
Rechtfertigungsgründe *nur für unterschiedslos anwendbare*, mithin ausländische
nicht gegenüber inländischen Waren benachteiligende Maßnahmen gelten.[51] Ob
eine Rechtfertigung wenigstens versteckt diskriminierender Maßnahmen in Betracht kommt, mithin solcher, die an ein anderes Merkmal als die Warenherkunft anknüpfen, im Ergebnis aber eine Schlechterstellung ausländischer Waren bewirken,
ist umstritten[52]; hierfür finden sich Anhaltspunkte in einer nicht immer kohärenten
Rechtsprechung des EuGH[53].

36   Als ungeschriebene Rechtfertigungsgründe hat der Gerichtshof zu Recht auch
den *Schutz von Unionsgrundrechten* anerkannt, womit diese als Schranken der
Grundfreiheiten fungieren.[54]

(3) Verhältnismäßigkeitsprüfung

37   Sowohl bei den geschriebenen als auch bei den ungeschriebenen Rechtfertigungsgründen ist eine *Verhältnismäßigkeitsprüfung* durchzuführen; dies ist sowohl in
Art. 36 S. 1 AEUV („gerechtfertigt") als auch im Begriff „zwingendes Erfordernis"
als auch in Art. 52 Abs. 1 GRCH angelegt. Die Beeinträchtigung des freien Warenverkehrs muss mithin zur Zielerreichung geeignet, erforderlich und angemessen
sein (zu diesen Punkten → Rn. 91). Im Rahmen der Verhältnismäßigkeitsprüfung

---

[50] EuGH, Rs. 120/78, Slg. 1979, 649, Rn. 12 ff. – Rewe/Bundesmonopolverwaltung für Branntwein.

[51] EuGH, Rs. 229/83, Slg. 1985, 1, Rn. 28 ff. – Leclerc/Au blé vert; verb. Rs. C-1/90 und C-176/90,
Slg. 1991, I-4151, Rn. 13 – Aragonesa de Publicidad; verb. Rs. C-158/04 und C-159/04, Slg. 2006,
I-8135, Rn. 20 – Alfa Vita Vassilopoulos AE u. a.

[52] Bejahend (nur für versteckte Diskriminierungen) *Forsthoff*, in: Grabitz/Hilf/Nettesheim, Art. 45
AEUV Rn. 373 (Stand: 42. EL September 2010). Weiter, nämlich von einer generellen Recht-
fertigungsmöglichkeit von (offenen und versteckten Diskriminierungen) ausgehend *Kingreen*, in:
Calliess/Ruffert, Art. 36 AEUV Rn. 84 f.; ebenso, indes auf Ausnahmefälle beschränkt *Leible/
T. Streinz*, in: Grabitz/Hilf/Nettesheim, Art. 34 AEUV Rn. 99 (Stand: 42. EL September 2010).

[53] In Bezug genommen wird etwa EuGH, Rs. C-2/90, Slg. 1992, I-4431, Rn. 34 ff. – Kommission/
Belgien.

[54] EuGH, Rs. C-390/12, EU:C:2014:281, Rn. 30 ff. – Pfleger u. a. (auch nach Inkrafttreten der
GRCH); Rs. C-288/89, Slg. 1991, I-4007, Rn. 22 f. – Stichting Collectieve Antennevoorziening
Gouda u. a.; Rs. C-368/95, Slg. 1997, I-3689, Rn. 18 – Familiapress; Rs. C-112/00, Slg. 2003,
I-5659, Rn. 74 ff. – Schmidberger; Rs. C-341/05, Slg. 2007, I-11767, Rn. 93 – Laval. So nun, wenn
auch kritisch, *Borowsky*, in: *Meyer*, Art. 51 Rn. 24, 24a, 29 ff.; ablehnend aber *Jacobs*, ELRev 26
(2001), 331 (338 f.); *Kingreen*, EuGRZ 2004, 570 (576); *F. Kirchhof*, NJW 2011, 3681 (3684). Für
eine Anwendbarkeit der Unionsgrundrechte im Rahmen einer Beschränkung von Grundfreiheiten
demgegenüber *von Danwitz*, Grundrechtsschutz im Anwendungsbereich des Gemeinschaftsrechts
nach der Charta der Grundrechte, in: FS Herzog, S. 19 (26 f.); *Trstenjak/Beysen*, ELRev 38 (2013),
293 (306 f.); *F. Wollenschläger*, EnzEuR I, § 8 Rn. 28 m. w. N.; *ders.*, EuZW 2014, 577.

sind auch die Unionsgrundrechte als Schranken-Schranken zu berücksichtigen.[55] Als absolute Grenze verbietet Art. 36 S. 2 AEUV eine willkürliche Diskriminierung und eine verschleierte Beschränkung des innergemeinschaftlichen Handels.

ee) Lösungshinweise zum Einführungsfall

Zur Rechtfertigung des Fahrverbots, das eine Maßnahme gleicher Wirkung i. S. d. Art. 34 AEUV darstellt (→ Rn. 26 f.), kann sowohl auf die geschriebenen Rechtfertigungsgründe des Schutzes der Gesundheit und des Lebens von Menschen, Tieren oder Pflanzen (Art. 36 AEUV) als auch auf den ungeschriebenen Belang des Umweltschutzes abgestellt werden. Freilich muss sich die Verfolgung dieser Ziele als verhältnismäßig mit Blick auf die Beschränkung der Warenverkehrsfreiheit erweisen.   **38**

Zunächst kann „[e]ine beschränkende Maßnahme … nur dann als geeignet angesehen werden, die Erreichung des angestrebten Ziels zu gewährleisten, wenn sie tatsächlich dem Anliegen gerecht wird, dieses Ziel in kohärenter und systematischer Weise zu erreichen".[56] Das Fahrverbot reduziert den Stickstoffausstoß und fördert damit die Realisierung der fraglichen Ziele. Es ist trotz der Ausklammerung des regionalen und lokalen Verkehrs auch nicht inkohärent gestaltet: Denn eine Verlagerung auch dieser Verkehrsströme „auf die Schiene [würde] eine Verlängerung der Strecken mit sich bringen, da zu den ursprünglichen Strecken noch die Fahrten zu den Bahnterminals hinzukämen; dies hätte eine Wirkung, die mit dem sektoralen Fahrverbot verfolgten Zweck zuwiderliefe."[57] Auch die Beschränkung auf „bahnaffine" Güter ist nicht zu beanstanden: Richtig ist zwar,   **39**

> dass die Verordnung zur Folge hat, dass das Befahren mit Lastkraftwagen, die mehr Schadstoffe ausstoßen, erlaubt ist, wenn sie Güter befördern, die nicht in den Anwendungsbereich des genannten Verbots fallen, während das Befahren mit Lastkraftwagen, die weniger Schadstoffe ausstoßen, verboten ist, wenn sie u. a. Keramikfliesen transportieren. Es kann jedoch nicht als inkohärent angesehen werden, dass ein Mitgliedstaat, der beschlossen hat, die Beförderung von Gütern im Einklang mit einem im Rahmen der gemeinsamen Verkehrspolitik anerkannten Ziel auf die Schiene zu lenken, eine Maßnahme erlässt, die auf Waren fokussiert ist, die sich für die Beförderung durch verschiedene Arten des Schienenverkehrs eignen.[58]

Somit ist die Eignung zu bejahen. Indes hat der EuGH das Fahrverbot, gerade auch angesichts des Gewichts der Beschränkung, als nicht erforderlich erachtet: Namentlich stellt ein dauerhaftes Tempolimit ein milderes, gleich wirksames Mittel dar. Die befürchtete Missachtung ändert hieran nichts: „Zwar kann die Auswirkung einer Geschwindigkeitsbegrenzung auf die tatsächliche Fahrgeschwindigkeit der

---

[55] EuGH, Rs. C-260/89, Slg. 1991, I-2925, Rn. 44 – ERT; Rs. C-368/95, Slg. 1997, I-3689, Rn. 24 ff. – Familiapress; Rs. C-390/12, EU:C:2014:281, Rn. 30 ff. – Pfleger u. a. Zur umstrittenen Anwendbarkeit der Unionsgrundrechte im Rahmen einer Beschränkung von Grundfreiheiten bereits Fn. 54.

[56] EuGH, Rs. C-28/09, Slg. 2011, I-13525, Rn. 126 – Kommission/Österreich.

[57] Ebd., Rn. 134.

[58] Ebd., Rn. 133.

Straßenbenutzer dadurch beeinflusst werden, wie diese die Maßnahme akzeptieren, gleichwohl ist es Aufgabe des betreffenden Mitgliedstaats, die tatsächliche Befolgung einer solchen Maßnahme durch den Erlass von – gegebenenfalls sanktionsbewehrten – Zwangsmaßnahmen zu gewährleisten."[59]

4. Personenverkehrsfreiheiten

a) Einführungsfall[60]

40 Ein in Gibraltar ansässiges Unternehmen erhielt dort eine Lizenz zur Vermarktung von Sportwetten, die sich allerdings auf die Vermarktung im Ausland beschränkt (sog. „offshore bookmaking"). Die zuständige deutsche Behörde hat indes die Erlaubnis für das Angebot solcher Wetten in Deutschland verweigert, da ein staatliches Monopol für die Veranstaltung von Sportwetten und Lotterien bestehe. Dieses bezweckt, der Glücksspielsucht und mit ihr einhergehender Gefahren entgegenzuwirken. Das Unternehmen wendet ein, dass eine Kontrolle Privater ausreiche und Deutschland im Übrigen für das zulässige staatliche Wettangebot intensiv werbe. Liegt ein Verstoß gegen die Marktfreiheiten vor?

b) Prüfung der Personenverkehrsfreiheiten

aa) Prüfungsschema

41
1. Anwendbarkeit
   a) Unmittelbare Anwendbarkeit (→ Rn. 11)
   b) Keine Spezialregelung im Sekundärrecht (→ Rn. 12)
2. Anwendungsbereich
   a) Verpflichtete: Mitgliedstaaten, Union und Private
   b) Berechtigte: Unionsbürger
   c) Sachlich: Arbeitnehmer/Niederlassung/Dienstleistung
   d) Grenzüberschreitendes Element
   e) Bereichsausnahme für die Ausübung öffentlicher Gewalt
      (Art. 45 Abs. 4, Art. 51, ggf. i. V. m. Art. 62 AEUV)
3. Tatbestand
   a) Aufenthaltsrecht
   b) Diskriminierungsverbot
   c) Beschränkungsverbot

---

[59] Ebd., Rn. 139 ff.

[60] Fall nach EuGH, Rs. C-46/08, Slg. 2010, I-8149 – Carmen Media Group, und Rs. C-243/01, Slg. 2003, I-13031 – Gambelli.

4. Rechtfertigung
   a) Geschriebene Rechtfertigungsgründe (Art. 45 Abs. 3, Art. 52 Abs. 1,
      ggf. i. V. m. Art. 62 AEUV)
   b) Ungeschriebene Rechtfertigungsgründe
      aa) bei offenen Diskriminierungen: nicht anwendbar (str.)
      bb) bei versteckten Diskriminierungen: objektive, von der Staats-
          angehörigkeit der Betroffenen unabhängige Erwägungen und
          Unionsgrundrechte
      cc) bei Beschränkungen: Gebhard-Formel und Unionsgrundrechte
   c) Verhältnismäßigkeit (→ Rn. 37)

bb) Anwendbarkeit – keine Spezialregelung im Sekundärrecht

Die Personenverkehrsfreiheiten haben in verschiedenen Sekundärrechtsakten wich- **42**
tige Konkretisierungen erfahren. Für die Arbeitnehmerfreizügigkeit zu nennen ist
namentlich die VO (EU) Nr. 492/2011 über die Freizügigkeit der Arbeitnehmer
innerhalb der Union,[61] und für die Niederlassungs- und Dienstleistungsfreiheit
die Dienstleistungs-Richtlinie (DLR). Letztere fiel, namentlich wegen teils erheblicher Widerstände in den Mitgliedstaaten, weniger ambitioniert aus als geplant,
was sich etwa an ihrem beschränkten Anwendungsbereich (siehe Art. 2, 3, 17) oder
der gescheiterten Verankerung des Herkunftslandprinzips ablesen lässt, enthält
aber nach wie vor bedeutsame Vorgaben für das Wirtschaftsverwaltungsrecht, etwa
mit Blick auf die Regelungen zum einheitlichen Ansprechpartner (Art. 6 ff.) oder
zu zulässigen Genehmigungserfordernissen, -kriterien und -verfahren (Art. 9 ff.,
16, 18). Details der Freizügigkeit (nicht nur Erwerbstätiger) regelt des Weiteren die
RL 2004/38/EG über das Recht der Unionsbürger und ihrer Familienangehörigen,
sich im Hoheitsgebiet der Mitgliedstaaten frei zu bewegen und aufzuhalten.[62] Umfangreiches Sekundärrecht existiert auch zur Frage der Anerkennung von im Ausland erworbenen Berufsqualifikationen (namentlich BQRL).

cc) Anwendungsbereich

(1) Verpflichtete
Die Personenverkehrsfreiheiten binden zunächst die Mitgliedstaaten und die Euro- **43**
päische Union (im Einzelnen → Rn. 17 f.), ferner, im sogleich zu skizzierenden
Umfang, Private.

---

[61] VO (EU) Nr. 492/2011 des Europäischen Parlaments und des Rates vom 05.04.2011 über die
Freizügigkeit der Arbeitnehmer innerhalb der Union, ABl. EU L 141/1.

[62] RL 2004/38/EG des Europäischen Parlaments und des Rates vom 29.04.2004 über das Recht
der Unionsbürger und ihrer Familienangehörigen, sich im Hoheitsgebiet der Mitgliedstaaten frei
zu bewegen und aufzuhalten, zur Änderung der VO (EWG) Nr. 1612/68 und zur Aufhebung der
RL 64/221/EWG, 68/360/EWG, 72/194/EWG, 73/148/EWG, 75/34/EWG, 75/35/EWG, 90/364/
EWG, 90/365/EWG und 93/96/EWG, ABl. EU L 158/77.

44   So hat der EuGH die Arbeitnehmerfreizügigkeit bereits in seinem Urteil in der
Rs. Walrave vom 12.12.1974 zunächst auf private Verbände und Institutionen erstreckt, denen, wie Gewerkschaften, Arbeitgeberverbänden oder Berufsorganisa-
tionen, kollektive Regelungsbefugnisse im Arbeitsleben zukommen. Angesichts
der Regelungsmacht dieser Verbände wäre nämlich bei einer ausschließlichen Verpflichtung staatlicher Stellen die Verwirklichung der Arbeitnehmerfreizügigkeit
gefährdet.[63] Diese Rechtsprechung gilt aus nämlichen Gründen für alle Personenverkehrsfreiheiten; mithin erfassen letztere, und zwar sowohl als Diskriminierungs-
als auch als Beschränkungsverbote,[64] „nicht nur … Akte der staatlichen Behörden,
sondern erstrecken sich auch auf Regelwerke anderer Art, die die abhängige Erwerbstätigkeit, die selbständige Arbeit und die Erbringung von Dienstleistungen
kollektiv regeln sollen".[65] Wegen dieser gegenständlichen Beschränkung besteht
freilich keine generelle Drittwirkung.

45   Eine solche hat der EuGH dann in seinem Urteil in der Rs. Angonese vom
06.06.2000 – indes nur für das Diskriminierungsverbot der Arbeitnehmerfreizügigkeit – bejaht, namentlich dessen Geltung für individualvertragliche Vereinbarungen.[66] Dies entspricht freilich schon dem seit Ende der 1960er Jahre geltenden
Sekundärrecht [siehe Art. 7 Abs. 4 VO (EWG) Nr. 1612/68 bzw. nunmehr Art. 7
Abs. 4 VO (EU) Nr. 492/2011]. Eine Erstreckung dieser Rechtsprechung auf das
Beschränkungsverbot ist wegen der damit einhergehenden weit reichenden Frei-
heitsbeschränkung Privater umstritten.[67]

(2) Berechtigte

46   Die Personenverkehrsfreiheiten berechtigen ausschließlich *Unionsbürger*, mithin
Angehörige der derzeit 28 EU-Mitgliedstaaten (anders für die Waren- und Kapitalverkehrsfreiheit → Rn. 21 bzw. 79).[68] Ein (abgeleitetes) Freizügigkeitsrecht räumt
das Sekundärrecht auch *drittstaatsangehörigen Familienangehörigen* von Unions-
bürgern ein.[69]

---

[63] EuGH, Rs. 36/74, Slg. 1974, 1405, Rn. 16/19 – Walrave; ferner Rs. C-415/93, Slg. 1995, I-4921,
Rn. 82 ff. – Bosman; Rs. C-94/07, Slg. 2008, I-5939, Rn. 42 ff. – Raccanelli. Prinzipiell zustimmend m. w. N. *Müller-Graff*, EnzEuR I, § 9 Rn. 37 ff.

[64] Vgl. EuGH, Rs. C-438/05, Slg. 2007, I-10779, Rn. 68 ff. – Viking Line; Rs. C-341/05, Slg. 2007,
I-11767, Rn. 97 ff. – Laval.

[65] EuGH, Rs. C-438/05, Slg. 2007, I-10779, Rn. 33 – Viking Line; ferner Rs. C-341/05, Slg. 2007,
I-11767, Rn. 98 – Laval; ebenso – für die Dienstleistungsfreiheit – bereits Rs. 36/74, Slg. 1974,
1405, Rn. 16/19 – Walrave. Ablehnend (für die Dienstleistungsfreiheit) *Kluth*, in: Calliess/Ruffert,
Art. 57 AEUV Rn. 49 f.

[66] EuGH, Rs. C-281/98, Slg. 2000, I-4139, Rn. 29 ff. – Angonese; ferner Rs. C-94/07, Slg. 2008,
I-5939, Rn. 45 f. – Raccanelli.

[67] Ablehnend *R. Streinz*, Europarecht, Rn. 850; a. A. *Brechmann*, in: Calliess/Ruffert, Art. 45
AEUV Rn. 55.

[68] Zum Kreis der Unionsbürger *F. Wollenschläger*, EnzEuR I, § 8 Rn. 127 f. m. w. N.

[69] Siehe im Einzelnen Art. 6 Abs. 2, Art. 7 Abs. 2, Art. 12 f., Art. 16 Abs. 3 f., Art. 18, 24
RL 2004/38/EG. Näher *Wendel*, EnzEuR II, § 18 Rn. 127 ff. Im Überblick zur Freizügigkeit
Drittstaatsangehöriger *Hahn/Dudenhofer*, EnzEuR X, § 15; *F. Wollenschläger*, in: Dreier, Art. 11
Rn. 50.

Auch *Gesellschaften* können sich unter den Voraussetzungen des Art. 54 AEUV   **47**
(ggf. i. V. m. Art. 62 AEUV) auf die Niederlassungs- und Dienstleistungsfreiheit
berufen. Erfasst sind „die Gesellschaften des bürgerlichen Rechts und des Handelsrechts einschließlich der Genossenschaften und die sonstigen juristischen Personen des öffentlichen und privaten Rechts mit Ausnahme derjenigen, die keinen
Erwerbszweck verfolgen". Mit der Einbeziehung öffentlicher Unternehmen geht
Art. 54 AEUV über den Kreis der Grundrechtsberechtigten gemäß Art. 19 Abs. 3
GG hinaus (→ § 2 Rn. 20; zur GRCH → Rn. 89). Erforderlich ist überdies, dass
sich satzungsmäßiger Sitz, Hauptverwaltung oder Hauptniederlassung innerhalb
der Union befindet. Entsprechendes gilt für die Arbeitnehmerfreizügigkeit und hat
mit Blick auf eine Einbeziehung des Arbeitgebers Bedeutung (→ Rn. 49).

(3) Sachlich: Arbeitnehmer/Niederlassung/Dienstleistung

Zur Ermittlung der einschlägigen Personenverkehrsfreiheit ist zunächst zwischen   **48**
selbstständig und unselbstständig tätigen Personen zu unterscheiden. Letztere
unterfallen der Arbeitnehmerfreizügigkeit, erstere der Niederlassungs- bzw. Dienstleistungsfreiheit.

Der für den sachlichen Anwendungsbereich der Arbeitnehmerfreizügigkeit ent-   **49**
scheidende Begriff des „*Arbeitnehmers*" ist wegen seines unionsrechtlichen Hinter-
grunds und im Interesse einer einheitlichen Anwendung des Unionsrechts unions-
rechtlich-autonom, mithin losgelöst von Begrifflichkeiten des nationalen Rechts
auszulegen.[70] Erfasst sind demnach auch Beamte, mag sie das nationale Arbeitsrecht auch nicht als Arbeitnehmer ansehen (zur Bereichsausnahme des Art. 45
Abs. 4 AEUV → Rn. 60).[71] Arbeitnehmer ist nach der Definition des EuGH jede
Person, die „während einer bestimmten Zeit für einen anderen nach dessen Weisung
Leistungen erbringt, für die … [sie] als Gegenleistung eine Vergütung erhält".[72] Am
Merkmal der Weisungsabhängigkeit erfolgt eine Abgrenzung zu Selbstständigen.
Der Begriff des Arbeitnehmers ist weit auszulegen.[73] Die Schwelle für die Quali-
fikation als Arbeitnehmer mit Blick auf Umfang, Vergütung und Art der Tätigkeit
ist gering, obgleich der EuGH „eine tatsächliche und echte Tätigkeit" verlangt und
„Tätigkeiten außer Betracht bleiben, die einen so geringen Umfang haben, dass
sie sich als völlig untergeordnet und unwesentlich darstellen"[74]. Einbezogen hat er
nämlich auch (vornehmlich in Streitigkeiten, die den im Vergleich zu Nichterwerbs-
tätigen privilegierten Zugang von Arbeitnehmern zu Sozialleistungen betrafen)
Praktikanten,[75] Teilzeitbeschäftigte mit einer Arbeitsleistung von 3 bis 14 Stunden

---

[70] EuGH, Rs. 75/63, Slg. 1964, 381 (396) – Unger; Rs. 66/85, Slg. 1986, 2121, Rn. 16 – Lawrie-
Blum; Rs. C-94/07, Slg. 2008, I-5939, Rn. 33 – Raccanelli.

[71] *Kahl*, Vorauflage, § 1 Rn. 66.

[72] EuGH, Rs. 66/85, Slg. 1986, 2121, Rn. 17 – Lawrie-Blum; Rs. C-85/96, Slg. 1998, I-2691,
Rn. 32 – Sala; Rs. C-94/07, Slg. 2008, I-5939, Rn. 33 f. – Raccanelli.

[73] EuGH, Rs. 53/81, Slg. 1982, 1035, Rn. 13 – Levin; Rs. 66/85, Slg. 1986, 2121, Rn. 16 – Lawrie-
Blum; Rs. C-94/07, Slg. 2008, I-5939, Rn. 33 – Raccanelli.

[74] EuGH, Rs. C-456/02, Slg. 2004, I-7573, Rn. 15 – Trojani.

[75] EuGH, Rs. C-27/91, Slg. 1991, 5531, Rn. 8 – URSSAF; Rs. C-3/90, Slg. 1992, I-1071, Rn. 15 f.
– Bernini.

pro Woche[76] oder Beschäftigte mit einer Vergütung in natura,[77] aus öffentlichen Mitteln[78] oder in einer Höhe, die einen Rekurs auf lohnergänzende Sozialleistungen erforderte[79]. Dass sich die Arbeitnehmerfreizügigkeit auf Arbeitnehmer bezieht, schließt nach der Rechtsprechung des EuGH schließlich nicht aus, dass sich auch *Arbeitgeber* und *Arbeitsvermittler* auf diese berufen können, etwa um Beschäftigungsverbote zulasten EU-ausländischer Arbeitnehmer anzugreifen.[80]

50 *Selbstständige Tätigkeiten* unterfallen der Niederlassungs- oder der Dienstleistungsfreiheit, je nachdem, ob sie in „stabiler und kontinuierlicher Weise" oder lediglich vorübergehend (vgl. Art. 57 UAbs. 3 AEUV) grenzüberschreitend ausgeübt werden.[81] Für die Abgrenzung zu berücksichtigen sind Dauer, Häufigkeit, regelmäßige Wiederkehr und Kontinuität der Leistung; das Vorhandensein einer Infrastruktur im EU-Ausland (z. B. Büroräume) kann, muss aber nicht für eine Niederlassung sprechen.[82]

51 Hinsichtlich der *Niederlassungsfreiheit* ist weiter zwischen der Primärniederlassung, mithin der erstmaligen Aufnahme einer selbstständigen Tätigkeit im EU-Ausland (Art. 49 UAbs. 1 S. 1 AEUV), und der Sekundärniederlassung, d. h. „der Gründung von Agenturen, Zweigniederlassungen oder Tochtergesellschaften durch Angehörige eines Mitgliedstaats, die im Hoheitsgebiet eines Mitgliedstaats ansässig sind", zu unterscheiden (Art. 49 UAbs. 1 S. 2 AEUV).[83] Geschützt ist auch die grenzüberschreitende Sitzverlagerung.[84]

52 *Dienstleistungen* definiert Art. 57 UAbs. 1 AEUV als „Leistungen, die in der Regel gegen Entgelt erbracht werden", wobei UAbs. 2 als Regelbeispiele gewerbliche, kaufmännische, handwerkliche und freiberufliche Tätigkeiten nennt. Die Dienstleistungsfreiheit umfasst nicht nur die Erbringung selbstständiger Tätigkeiten im

---

[76] EuGH, Rs. C-213/05, Slg. 2007, I-6347, Rn. 7, 17 – Geven; ferner Rs. 139/85, Slg. 1986, 1741, Rn. 11 f. – Kempf; Rs. C-317/93, Slg. 1995, I-4625, Rn. 19 – Nolte.

[77] EuGH, Rs. 196/87, Slg. 1988, 6159, Rn. 16 f. – Steymann.

[78] EuGH, Rs. 344/87, Slg. 1989, 1621, Rn. 15 – Bettray; Rs. C-1/97, Slg. 1998, I-7747, Rn. 28 – Birden.

[79] EuGH, Rs. 53/81, Slg. 1982, 1035, Rn. 11 ff. – Levin; Rs. 139/85, Slg. 1986, 1741, Rn. 13 ff. – Kempf; Rs. C-317/93, Slg. 1995, I-4625, Rn. 19 – Nolte; Rs. C-10/05, Slg. 2006, I-3145, Rn. 22 – Mattern.

[80] EuGH, Rs. C-350/96, Slg. 1998, I-2521, Rn. 20, 25 ff. – Clean Car; Rs. C-208/05, Slg. 2007, I-181, Rn. 23 – ITC.

[81] EuGH, Rs. C-55/94, Slg. 1995, I-4165, Rn. 25 f. – Gebhard.

[82] EuGH, Rs. C-55/94, Slg. 1995, I-4165, Rn. 27 – Gebhard. Siehe auch Rs. C-221/89, Slg. 1991, I-3905, Rn. 20 – The Queen/Secretary of State for Transport, ex parte Factortame: „Niederlassungsbegriff [umfasst] die tatsächliche Ausübung einer wirtschaftlichen Tätigkeit mittels einer festen Einrichtung in einem anderen Mitgliedstaat auf unbestimmte Zeit".

[83] Näher *Forsthoff*, in: Grabitz/Hilf/Nettesheim, Art. 49 AEUV Rn. 52 ff. (Stand: 43. EL März 2011).

[84] Dazu EuGH, Rs. C-212/97, Slg. 1999, I-1459 – Centros; Rs. C-208/00, Slg. 2002, I-9919 – Überseering; Rs. C-167/01, Slg. 2003, I-10155 – Inspire Art; Rs. C-411/03, Slg. 2005, I-10805 – Sevic; Rs. C-210/06, Slg. 2008, I-9641 – Cartesio; Rs. C-378/10, EU:C:2012:440 – VALE. Im Überblick *Forsthoff*, in: Grabitz/Hilf/Nettesheim, Art. 54 AEUV Rn. 23 ff. (Stand: 46. EL Oktober 2011).

EU-Ausland, wie die Reparatur eines Gebäudes in einem anderen Mitgliedstaat (*aktive Dienstleistungsfreiheit*; vgl. Art. 57 UAbs. 3 AEUV), sondern auch die *passive Dienstleistungsfreiheit*, mithin die Inanspruchnahme von Dienstleistungen im EU-Ausland, etwa touristischer[85] oder medizinischer[86] Art, *Korrespondenzdienstleistungen*, bei denen, wie bei der telefonischen anwaltlichen Beratung oder der Ausstrahlung von Rundfunkprogrammen, nur die Dienstleistung die Grenze überschreitet und den *Leistungsaustausch im Ausland*, bei dem sich sowohl der Dienstleistungserbringer als auch der Dienstleistungsempfänger ins EU-Ausland begeben (deutsche Reisegruppe mit deutscher Reiseleiterin in Italien).[87]

Das Anbieten von Sportwetten im Einführungsfall stellt eine Dienstleistung i. S. d. Art. 57 UAbs. 1 AEUV dar, denn es ist eine „Tätigkeit ..., die darin besteh[t], den Nutzern gegen Entgelt die Teilnahme an einem Glücksspiel zu ermöglichen".[88] Zudem kann sich das betroffene Unternehmen auch dann auf die Dienstleistungsfreiheit berufen, wenn es Dienstleistungen in einem anderen Mitgliedstaat als dem anbietet, in dem es ansässig ist und in dem Mitgliedstaat seiner Niederlassung selbst keine Erlaubnis besitzt, diese Dienstleistung dort anzubieten. Art. 57 AEUV verlangt nämlich nur, „dass der Leistungserbringer in einem anderen Mitgliedstaat ansässig ist als der Leistungsempfänger", und es ist irrelevant, ob er die Dienstleistung in dem Mitgliedstaat, in dem er niedergelassen ist, erbringt oder nicht.[89] Auf die Erlaubtheit der Dienstleistungserbringung kommt es, entsprechend den im Kontext der Warenverkehrsfreiheit erläuterten Gründen, nicht an (→ Rn. 22). **53**

Art. 57 UAbs. 1 AEUV ordnet die *Subsidiarität der Dienstleistungsfreiheit* an, wobei sich die Frage nach der Einschlägigkeit der Dienstleistungsfreiheit im Verhältnis zu den anderen Marktfreiheiten nach den soeben skizzierten Abgrenzungsregeln beantwortet. Die Entsendung von Arbeitnehmern unterfällt wegen des grenzüberschreitenden Dienstleistungsmoments der Dienstleistungsfreiheit.[90] **54**

Die Zuordnung der Erbringung von Dienstleistungen, die mit dem Einsatz von Waren verbunden ist, etwa von Bauaufträgen, erfolgt (wie auch die Abgrenzung im Übrigen) nach dem Schwerpunkt, so sich die Leistung nicht als trennbar erweist.[91] Die Lieferung bestimmter unkörperlicher Gegenstände, etwa von Strom und Gas, hat der EuGH der Warenverkehrsfreiheit zugeordnet (→ Rn. 22), den Verkauf von Losen für Lotterien demgegenüber der Dienstleistungsfreiheit[92]. **55**

---

[85] Siehe EuGH, Rs. 186/87, Slg. 1989, 195 – Cowan.

[86] Siehe nur EuGH, verb. Rs. 286/82 und 26/83, Slg. 1984, 377, Rn. 16 – Luisi und Carbone; Rs. C-158/96, Slg. 1998, I-1931, Rn. 29 – Kohll; Rs. C-372/04, Slg. 2006, I-4325, Rn. 86 ff. – Watts. Umfassend dazu *F. Wollenschläger*, EuR 2012, 149.

[87] *Kluth*, in: Calliess/Ruffert, Art. 57 AEUV Rn. 27 ff.; *Randelzhofer/Forsthoff*, in: Grabitz/Hilf/Nettesheim, Art. 57 AEUV Rn. 52 ff. (Stand: 43. EL März 2011).

[88] EuGH, Rs. C-46/08, Slg. 2010, I-8149, Rn. 40 f. – Carmen Media Group.

[89] Ebd., Rn. 43.

[90] Siehe nur EuGH, Rs. C-113/89, Slg. 1990, I-1417, Rn. 14 f. – Rush Portugesa; ferner Rs. C-341/05, Slg. 2007, I-11767, Rn. 54 ff. – Laval.

[91] EuGH, Rs. C-36/02, Slg. 2004, I-9609, Rn. 26 f. – Omega; Rs. C-452/04, Slg. 2006, I-9521, Rn. 34 – Fidium Finanz AG; *Randelzhofer/Forsthoff*, in: Grabitz/Hilf/Nettesheim, Art. 57 AEUV Rn. 37 f. (Stand: 43. EL März 2011).

[92] EuGH, Rs. C-275/92, Slg. 1994, I-1039, Rn. 21 ff. – Schindler.

56   Alle Betätigungsformen setzen überdies die *Teilnahme am Wirtschaftsleben* voraus, was bei einer Prägung der in Frage stehenden Tätigkeit durch (auch) nichtökonomische Aspekte problematisch sein kann. Indes vertritt der EuGH ein weites Verständnis des „Wirtschaftslebens" und schließt auch Bereiche wie Sport, Kultur, Kirchen, Religionsgemeinschaften oder karitative Einrichtungen nicht prinzipiell aus.[93] Ausgeklammert blieb lediglich der im Wesentlichen steuerfinanzierte Unterricht an öffentlichen Hochschulen.[94]

57   Die Freizügigkeit Nichterwerbstätiger, etwa Studierender an öffentlichen Hochschulen, schützt, was am Rande vermerkt sei, Art. 21 AEUV (→ Rn. 10).

(4) Grenzüberschreitendes Element

58   Die Personenverkehrsfreiheiten setzen, wie alle Marktfreiheiten, ein grenzüberschreitendes Element (→ Rn. 82) voraus. Musterbeispiel ist die Ausübung einer Berufstätigkeit im EU-Ausland. Dies schließt nicht aus, dass sich auch ein Inländer gegenüber seinem Heimatstaat auf die Grundfreiheiten berufen kann, etwa wenn ihm die Anerkennung eines im Ausland erworbenen Diploms verweigert oder erschwert wird. Eine in ihrer Reichweite noch klärungsbedürftige Ausnahme findet sich im Urteil in der Rs. Belgacom vom 14.11.2013, in dem der EuGH eine Klagemöglichkeit bei Verstößen der öffentlichen Hand gegen das im Kontext der öffentlichen Auftragsvergabe relevante, aus den Marktfreiheiten folgende Transparenzgebot (→ Rn. 13; § 7 Rn. 2, 98 ff.) „allen potenziellen Bietern" zuerkannt hat, „unabhängig davon, ob sie im selben Mitgliedstaat wie [die auftragsvergebende] Behörde niedergelassen sind."[95]

(5) Bereichsausnahme für die Ausübung öffentlicher Gewalt, Art. 45 Abs. 4, Art. 51 UAbs. 1, ggf. i. V. m. Art. 62 AEUV

59   Gemäß Art. 51 UAbs. 1 (ggf. i. V. m. Art. 62) AEUV greifen die Niederlassungs- und Dienstleistungsfreiheit nicht für „Tätigkeiten, die in einem Mitgliedstaat dauernd oder zeitweise mit der Ausübung öffentlicher Gewalt verbunden sind". Hintergrund dieser Bereichsausnahme ist die Vorstellung, dass derartige Tätigkeiten „ein Verhältnis besonderer Verbundenheit des [sie Ausübenden] zum Staat sowie die Gegenseitigkeit von Rechten und Pflichten voraussetzen, die dem Staatsangehörigkeitsband zugrunde liegen."[96] Als Ausnahme vom Grundsatz der Freizügig-

---

[93] Für den Sport: EuGH, Rs. 36/74, Slg. 1974, I-1405, Rn. 4/10 – Walrave; Rs. 13/76, Slg. 1976, 1333, Rn. 12/13 – Dona; Rs. C-415/93, Slg. 1995, I-4921, Rn. 73 – Bosman. Für Religionsgemeinschaften: Rs. 41/74, Slg. 1974, 1337 – van Duyn; Rs. 196/87, Slg. 1988, 6159, Rn. 11 f. – Steymann.

[94] EuGH, Rs. 263/86, Slg. 1988, 5365, Rn. 14 ff. – Humbel; Rs. C-109/92, Slg. 1993, I-6447, Rn. 15 f. – Wirth. Anders für Privatuniversitäten, siehe Rs. C-109/92, Slg. 1993, I-6447, Rn. 17 – Wirth.

[95] EuGH, Rs. C-221/12, EU:C:2013:736, Rn. 32 – Belgacom. Dazu *Gabriel/Voll*, NZBau 2014, 155. Kritisch gegenüber diesem Ansatz *F. Wollenschläger*, Verteilungsverfahren, S. 116 ff. ; *ders.*, Binnenmarktrelevanz statt grenzüberschreitender Aktivität – eine Neujustierung in der Dogmatik der Grundfreiheiten?, in: FS Müller- Graff, 2015, i. E.

[96] EuGH, Rs. 149/79, Slg. 1980, 3881, Rn. 10 – Kommission/Belgien I; ferner Rs. 66/85, Slg. 1986, 2121, Rn. 27 – Lawrie-Blum.

keit ist dieser Vorbehalt eng[97] und „so auszulegen, dass sich seine Tragweite auf das beschränkt, was zur Wahrung der Interessen, deren Schutz diese Bestimmung den Mitgliedstaaten erlaubt, unbedingt erforderlich ist"[98]. Die in Frage stehende Tätigkeit muss daher „als solche unmittelbar und spezifisch mit der Ausübung öffentlicher Gewalt verbunden" sein.[99] Charakteristisch hierfür sind (hoheitliche) Entscheidungsbefugnisse, Zwangsbefugnisse und der Einsatz von Zwangsmitteln.[100] Keinesfalls genügen Hilfs- oder Vorbereitungstätigkeiten.[101] Auch muss die Tätigkeit ihr wesentliches Gepräge durch hoheitliche Befugnisse erhalten, so dass etwa die – trotz Disziplinarbefugnissen und Benotung – im Wesentlichen durch den Unterricht gekennzeichnete Tätigkeit des Lehrers[102] oder – trotz einzelner hoheitlicher Befugnisse – Kapitäne[103] nicht von der Bereichsausnahme erfasst werden. Ausgeklammert bleiben lediglich hoheitliche Kernaufgaben, etwa im Bereich Justiz (Richter), Militär und Polizei.[104] (Deutsche) Notare hat der EuGH indes nicht unter Art. 51 UAbs. 1 AEUV subsumiert.[105] Für die Wahrnehmung hoheitlicher Befugnisse durch Private hat der EuGH die Einschlägigkeit der Bereichsausnahme verneint, wenn der Private einer aktiven behördlichen Überwachung unterliegt, so dass die Letztverantwortung beim Staat verbleibt.[106]

Auch für die *Arbeitnehmerfreizügigkeit* findet sich eine entsprechende Bereichsausnahme in Art. 45 Abs. 4 AEUV, die indes, anders als Art. 51 UAbs. 1 AEUV, nicht funktionell, sondern institutionell formuliert ist: Art. 45 AEUV gilt demnach nicht für eine „Beschäftigung in der öffentlichen Verwaltung." Nachdem es die Mitgliedstaaten bei einem wörtlichen Verständnis dieses Vorbehalts, das alle beim Staat Beschäftigten aus der Arbeitnehmerfreizügigkeit ausklammerte, in der Hand hätten, durch die Einbeziehung einer Tätigkeit in die öffentliche Verwaltung über den Anwendungsbereich dieser Marktfreiheit zu entscheiden, damit die einheitliche Anwendbarkeit des Unionsrechts gefährdet wäre und die Bereichsausnahme überdies eng auszulegen ist, hat der Gerichtshof das soeben entfaltete funktionale Verständnis auch für die Auslegung von Art. 45 Abs. 4 AEUV für maßgeblich erklärt.[107] Hat ein Mitgliedstaat einem EU-Ausländer Zugang zu einer Beschäftigung in der öffentlichen Verwaltung gewährt, kann er sich nicht mehr auf die Bereichsausnah-

60

---

[97] EuGH, Rs. C-54/08, Slg. 2011, I-4355, Rn. 85 – Kommission/Deutschland.

[98] Ebd.; ferner Rs. 66/85, Slg. 1986, 2121, Rn. 26 – Lawrie-Blum.

[99] EuGH, Rs. C-54/08, Slg. 2011, I-4355, Rn. 86 – Kommission/Deutschland.

[100] Ebd., Rn. 87.

[101] Ebd.

[102] EuGH, Rs. 66/85, Slg. 1986, 2121, Rn. 27 f. – Lawrie-Blum; ferner bereits Rs. 149/79, Slg. 1980, 3881, Rn. 11 ff. – Kommission/Belgien I.

[103] EuGH, Rs. C-405/01, Slg. 2003, I-10391, Rn. 44 – Colegio de Oficiales; Rs. C-47/02, Slg. 2003, I-10477, Rn. 63 – Anker u. a.

[104] *Ruthig/Storr*, Rn. 56.

[105] EuGH, Rs. C-54/08, Slg. 2011, I-4355, Rn. 88 ff. – Kommission/Deutschland.

[106] EuGH, Rs. C-438/08, Slg. 2009, I-10219, Rn. 37 – Kommission/Portugal.

[107] EuGH, Rs. 66/85, Slg. 1986, 2121, Rn. 26 f. – Lawrie-Blum.

me berufen, um dem Betroffenen den Schutz der Arbeitnehmerfreizügigkeit, etwa hinsichtlich Beschäftigungsbedingungen, vorzuenthalten.[108]

dd) Tatbestand

61 Die Personenverkehrsfreiheiten umfassen drei Gewährleistungsaspekte: ein Aufenthaltsrecht im Zielstaat als Basis der Entfaltung einer wirtschaftlichen Tätigkeit (1), ein Diskriminierungsverbot, d. h. ein Gebot der Gleichbehandlung mit den Angehörigen des Zielstaates (2), und ein Beschränkungsverbot, das sonstige Behinderungen der transnationalen Mobilität verbietet (3).

(1) Aufenthaltsrecht

62 Die Personenverkehrsfreiheiten gewährleisten das Recht auf Ausreise aus dem Heimatstaat und auf Einreise in den sowie Aufenthalt im Zielstaat.[109] Details regelt die Freizügigkeits-RL 2004/38/EG. Anders als das Freizügigkeitsrecht Nichterwerbstätiger (Art. 21 AEUV)[110] ist dasjenige ökonomisch aktiver Personen nicht von sozialen Kriterien wie ausreichenden Existenzmitteln und einem umfassenden Krankenversicherungsschutz abhängig (Art. 6 f. RL 2004/38/EG). Für beide gilt ein restriktiv gehandhabter Ordre-public-Vorbehalt, der aufenthaltsbeschränkende und -beendende Maßnahmen aus Gründen der öffentlichen Sicherheit, Ordnung und Gesundheit gestattet (Art. 27 ff. RL 2004/38/EG; zu diesen Tatbeständen → Rn. 32 f.).[111]

(2) Diskriminierungsverbot

63 Die Personenverkehrsfreiheiten umfassen des Weiteren ein Verbot der Diskriminierung aufgrund der Staatsangehörigkeit (Art. 45 Abs. 2, Art. 49 UAbs. 2, Art. 57 UAbs. 3 AEUV), ökonomisch aktive Personen genießen mithin einen *Anspruch auf Gleichbehandlung mit den Angehörigen des Aufenthaltsstaates*.

64 Obgleich die Diskriminierungsverbote erwerbstätigkeitsbezogen formuliert sind – Art. 45 Abs. 2 AEUV etwa verlangt nur „die Abschaffung jeder auf der Staatsangehörigkeit beruhenden unterschiedlichen Behandlung der Arbeitnehmer der Mitgliedstaaten in Bezug auf Beschäftigung, Entlohnung und sonstige Arbeitsbedingungen" –, hat in der Rechtsprechung des EuGH ein *gegenständlich umfassender Gleichbehandlungsanspruch* Anerkennung gefunden, um Mobilitätshindernisse umfassend zu beseitigen.[112] Dementsprechend besteht ein Inländerbehandlungs-

---

[108] EuGH, Rs. 152/73, Slg. 1974, 153, Rn. 4 – Sotgiu; Rs. C-195/98, Slg. 2000, I-10497, Rn. 37 – Österreichischer Gewerkschaftsbund.

[109] Siehe für die Arbeitnehmerfreizügigkeit Art. 45 Abs. 3 lit. b ff. AEUV; im Übrigen als „Annexfreiheit" anerkannt, vgl. *F. Wollenschläger*, Grundfreiheit ohne Markt, S. 27 f., 76 ff., 131, 330.

[110] Zu den ökonomischen Voraussetzungen des Aufenthaltsrechts Nichterwerbstätiger *F. Wollenschläger*, EnzEuR I, § 8 Rn. 131 ff. m. w. N.

[111] Im Einzelnen *F. Wollenschläger*, EnzEuR I, § 8 Rn. 134 f. m. w. N.

[112] EuGH, Rs. 305/87, Slg. 1989, 1461, Rn. 21 f. – Kommission/Griechenland; Rs. 63/86, Slg. 1988, 29, Rn. 14 ff. – Kommission/Italien; Rs. C-111/91, Slg. 1993, I-817, Rn. 17 – Kommission/Luxemburg; Rs. C-334/94, Slg. 1996, I-1307, Rn. 20 ff. – Kommission/Frankreich; Rs. C-151/96,

anspruch etwa für den Zugang zu Freizeitangeboten, wie der Registrierung eines Sportbootes.[113]

Tatbestandlich ist weiter zwischen *offenen* (oder: direkten bzw. unmittelba- **65** ren) und *versteckten* (oder: indirekten bzw. mittelbaren) *Diskriminierungen* zu unterscheiden. Erstere knüpfen unmittelbar an das Differenzierungskriterium der Staatsangehörigkeit an, wofür eine Norm, die die Gewährung bestimmter Sozialleistungen auf Inländer beschränkt, ein Beispiel darstellt. Letztere rekurrieren auf ein anderes Unterscheidungsmerkmal, das im Ergebnis aber auch eine Schlechterstellung von EU-Ausländern bewirkt. Deshalb ist es im Interesse eines effektiven Schutzes vor Diskriminierungen gerechtfertigt, auch versteckte Diskriminierungen einzubeziehen.[114] Musterbeispiel hierfür ist das Erfordernis einer bestimmten Wohnsitzdauer im Inland für die Gewährung von Sozialleistungen, das zuziehende Wanderarbeitnehmer typischerweise nicht erfüllen, oder das Erfordernis einer Niederlassung im Inland für die Gewerbeausübung. Der Rechtsprechung des EuGH liegt ein relativ *weites Verständnis des Konzepts der mittelbaren Diskriminierung* zugrunde. Denn es „braucht nicht festgestellt zu werden, dass die in Rede stehende Vorschrift in der Praxis einen wesentlich größeren Anteil der Wanderarbeitnehmer betrifft. Es genügt die Feststellung, dass die betreffende Vorschrift geeignet ist, eine solche Wirkung hervorzurufen."[115] Überdies muss die Maßnahme „nicht bewirken, dass alle Inländer begünstigt werden oder dass unter Ausschluss der Inländer nur die Staatsangehörigen der anderen Mitgliedstaaten benachteiligt werden".[116] Bedeutung hat dies etwa für das Erfordernis eines Wohnsitzes an einem bestimmten Ort im Inland, das der EuGH als mittelbar diskriminierend ansieht, obgleich es nicht nur EU-Ausländer, sondern auch einen Großteil der Inländer benachteiligt.

(3) Beschränkungsverbot

Nachdem sich Hindernisse für die transnationale Marktintegration nicht in einer **66** Benachteiligung EU-ausländischer Erwerbstätiger gegenüber Inländern erschöpfen, verstehen EuGH[117] und das überwiegende Schrifttum[118] die Marktfreiheiten

---

Slg. 1997, I-3327, Rn. 13 ff. – Kommission/Irland. Dazu *F. Wollenschläger*, Grundfreiheit ohne Markt, S. 34 ff.

[113] EuGH, Rs. C-334/94, Slg. 1996, I-1307, Rn. 20 ff. – Kommission/Frankreich.

[114] Siehe nur EuGH, Rs. 152/73, Slg. 1974, 153, Rn. 11 – Sotgiu; Rs. C-237/94, Slg. 1996, I-2617, Rn. 17 – O'Flynn.

[115] EuGH, Rs. C-237/94, Slg. 1996, I-2617, Rn. 21 – O'Flynn.

[116] EuGH, Rs. C-20/12, EU:C:2013:411, Rn. 45 – Giersch u. a.; ferner Rs. C-388/01, Slg. 2003, I-721, Rn. 14 – Kommission/Italien.

[117] Siehe namentlich EuGH, Rs. C-415/93, Slg. 1995, I-4921, Rn. 92 ff. – Bosman; ferner Rs. 8/74, Slg. 1974, 837, Rn. 5 – Dassonville; Rs. C-190/98, Slg. 2000, I-493, Rn. 18 – Graf; Rs. C-134/03, Slg. 2005, I-1167, Rn. 35 – Viacom; verb. Rs. C-544/03 und C-545/03, Slg. 2005, I-7723, Rn. 29 – Mobistar; Rs. C-370/05, Slg. 2007, I-1135, Rn. 24 f. – Festersen; Rs. C-169/07, Slg. 2009, I-1721, Rn. 33 – Hartlauer.

[118] *Ehlers*, Jura 2001, 266 (269 ff.); *Jarass*, EuR 2000, 705 (711 f.); *Weatherill*, CMLRev 33 (1996), 885 (901); *White*, Workers, establishment, and services in the European Union, 2004, S. 261 ff.; *F. Wollenschläger*, Grundfreiheit ohne Markt, S. 54 ff. m. w. N. A. A. – nämlich für

mittlerweile zu Recht und in Einklang mit ihrem Wortlaut (vgl. etwa Art. 45 Abs. 1 und 3 lit. c, Art. 49 UAbs. 1 S. 1, Art. 63 AEUV) auch als Beschränkungsverbote, mithin als freiheitsrechtliche Gewährleistungen, die Beeinträchtigungen der transnationalen Erwerbstätigkeit unabhängig davon erfassen, ob eine Schlechterstellung von Inlands- gegenüber Auslandssachverhalten vorliegt. Dementsprechend hat der Gerichtshof in seinem Urteil in der Rs. Bosman vom 15.12.1995, der Leitentscheidung im Kontext der Arbeitnehmerfreizügigkeit, eine Transferentschädigung im Berufsfussball an Art. 45 AEUV gemessen, obgleich diese sowohl für einen Vereinswechsel im Inland als auch in das Ausland anfiel.

67   Als Beschränkungsverbote erstrecken sich die Personenverkehrsfreiheiten auf alle nationalen Maßnahmen, die geeignet sind, die Ausübung des Freizügigkeitsrechts „zu behindern oder weniger attraktiv zu machen".[119] Angesichts der Weite dieser Formel bedarf es freilich tatbestandlicher Korrektive, um einer uferlosen Ausdehnung der Marktfreiheiten entgegenzuwirken und sie als Garantie der transnationalen Mobilität, nicht aber als allgemeine Wirtschaftsfreiheit zu konturieren.[120] Erforderlich ist zunächst eine *Beeinträchtigung des Marktzugangs*,[121] die freilich nicht nur bei einer Regelung des „Ob" einer beruflichen Betätigung (Berufszulassung), sondern – entgegen einer Literaturauffassung[122] und bei entsprechenden Konsequenzen – auch des „Wie" (Berufsausübung) vorliegen kann.[123] Maßnahmen mit zu ungewissen und nur indirekten Folgen für den Marktzugang bleiben ausgeklammert.[124] In einem Einzelfall hat der EuGH auch ein hinreichendes Gewicht der Belastung gefordert und die Erhebung moderater Kommunalabgaben für die Dienstleistungserbringung nicht als Mobilitätshindernis qualifiziert.[125] Schließlich hat der Gerichtshof in seinem Urteil in der Rs. Alpine Investments eine Anwendung der „Keck-Formel" (→ Rn. 28) im Rahmen der Dienstleistungsfreiheit mit der Begründung verneint, dass die streitgegenständliche Maßnahme („cold calling", d. h.

---

ein Verständnis der Marktfreiheiten lediglich als (materielle) Diskriminierungsverbote, die eine Benachteiligung transnationaler gegenüber rein inländischen Sachverhalten verbieten – *Davies*, Nationality Discrimination in the European Internal Market, 2003; *Kingreen*, Die Struktur der Grundfreiheiten des europäischen Gemeinschaftsrechts, 1999; *Marenco*, CDE 1984, 291. Umfassend zur Debatte *F. Wollenschläger*, Grundfreiheit ohne Markt, S. 41 ff. m. w. N.

[119] Siehe nur EuGH, Rs. C-169/07, Slg. 2009, I-1721, Rn. 33 – Hartlauer; ferner Rs. C-518/06, Slg. 2009, I-3491, Rn. 62 – Kommission/Italien.

[120] Näher *Forsthoff*, in: Grabitz/Hilf/Nettesheim, Art. 45 AEUV Rn. 188 ff. (Stand: 42. EL September 2010); *F. Wollenschläger*, Grundfreiheit ohne Markt, S. 56 ff. m. w. N.

[121] EuGH, Rs. C-415/93, Slg. 1995, I-4921, Rn. 103 – Bosman; Rs. C-190/98, Slg. 2000, I-493, Rn. 23 – Graf; Rs. C-518/06, Slg. 2009, I-3491, Rn. 64 – Kommission/Italien. Umfassend *Dietz/ T. Streinz*, EuR 2015, 50.

[122] So etwa *Ehlers*, Jura 2001, 482 (485).

[123] EuGH, Rs. C-464/02, Slg. 2005, I-7929, Rn. 34 ff. – Kommission/Dänemark; Rs. C-518/06, Slg. 2009, I-3491, Rn. 65 ff. – Kommission/Italien; *F. Wollenschläger*, Grundfreiheit ohne Markt, S. 56 f.

[124] EuGH, Rs. C-190/98, Slg. 2000, I-493, Rn. 25 – Graf.

[125] EuGH, Rs. C-134/03, Slg. 2005, I-1167, Rn. 38 – Viacom. Vgl. ferner verb. Rs. C-544/03 und C-545/03, Slg. 2005, I-7723, Rn. 31 ff. – Mobistar.

das Verbot der telefonischen Kontaktaufnahme mit potentiellen Kunden ohne deren vorherige Zustimmung) marktzugangsrelevant ist.[126] Das staatliche Monopol für Sportwetten des Einführungsfalls stellt eine Beschränkung der Dienstleistungsfreiheit dar, da es den Marktzugang im Inland vollständig sperrt.[127]

ee) Rechtfertigung

Auch im Kontext der Personenverkehrsfreiheiten ist zwischen geschriebenen und ungeschriebenen Rechtfertigungsgründen zu unterscheiden.   **68**

Als geschriebener Rechtfertigungsgrund findet sich bei allen Personenverkehrs-   **69** freiheiten der restriktiv zu handhabende Ordre-public-Vorbehalt (Art. 45 Abs. 3, Art. 52 Abs. 1, ggf. i. V. m. Art. 62 AEUV), der Ausnahmen aus Gründen der öffentlichen Ordnung, Sicherheit und Gesundheit rechtfertigt (→ Rn. 62). Vom Rechtfertigungsgrund der öffentlichen Ordnung gedeckt erachtet hat der EuGH etwa das mit Blick auf die Menschenwürde (Art. 1 Abs. 1 GG) verfügte Verbot von Unterhaltungsspielen mit simulierten Tötungshandlungen („Laserdrome").[128]

Eine *Rechtfertigung versteckter Diskriminierungen* kommt nach der in ständi-   **70** ger Rechtsprechung des Gerichtshofs verwendeten Formel in Betracht, wenn die „Vorschriften durch objektive, von der Staatsangehörigkeit der betroffenen Arbeitnehmer unabhängige Erwägungen gerechtfertigt sind und in einem angemessenen Verhältnis zu dem Zweck stehen, der mit den nationalen Rechtsvorschriften zulässigerweise verfolgt wird".[129]

Für die *Rechtfertigung von Beschränkungen* hat der EuGH die sog. Gebhard-   **71** Formel entwickelt, nach der „nationale Maßnahmen, die die Ausübung der durch den Vertrag garantierten grundlegenden Freiheiten behindern oder weniger attraktiv machen können, vier Voraussetzungen erfüllen müssen: Sie müssen in nichtdiskriminierender Weise angewandt werden, sie müssen aus zwingenden Gründen des Allgemeininteresses gerechtfertigt sein, sie müssen geeignet sein, die Verwirklichung des mit ihnen verfolgten Zieles zu gewährleisten, und sie dürfen nicht über das hinausgehen, was zur Erreichung dieses Zieles erforderlich ist".[130] Als zwingendes Erfordernis gilt auch der Schutz von Unionsgrundrechten, womit diese als Schranken der Personenverkehrsfreiheiten fungieren (→ Rn. 36).

Umstritten ist, ob auch Diskriminierungen aus zwingenden Gründen des All-   **72** gemeininteresses gerechtfertigt werden können. Für offene Diskriminierungen wird dies überwiegend verneint,[131] für versteckte Diskriminierungen, auch wegen einer inkohärenten Rechtsprechung des EuGH, überwiegend bejaht[132].

---

[126] EuGH, Rs. C-384/93, Slg. 1995, I-1141, Rn. 37 f. – Alpine Investment.

[127] Siehe nur EuGH, Rs. C-46/08, Slg. 2010, I-8149, Rn. 44, 55 – Carmen Media Group.

[128] EuGH, Rs. C-36/02, Slg. 2004, I-9609, Rn. 30 ff. – Omega.

[129] Siehe nur EuGH, Rs. C-237/94, Slg. 1996, I-2617, Rn. 19 – O'Flynn.

[130] EuGH, Rs. C-55/94, Slg. 1995, I-4165, Rn. 37 – Gebhard.

[131] Siehe nur EuGH, Rs. C-64/08, Slg. 2010, I-8219, Rn. 34 – Engelmann; ferner *Forsthoff*, in: Grabitz/Hilf/Nettesheim, Art. 45 AEUV Rn. 325 f. (Stand: 42. EL September 2010) m. w. N.; *Kluth*, in: Calliess/Ruffert, Art. 57 AEUV Rn. 72, 74.

[132] *Brechmann*, in: Calliess/Ruffert, Art. 45 AEUV Rn. 48; *Forsthoff*, in: Grabitz/Hilf/Nettesheim, Art. 45 AEUV Rn. 327 f. (Stand: 42. EL September 2010) m. w. N. Siehe auch *Kluth*, in: Calliess/

73   Von Bedeutung im Rahmen der Rechtfertigungsfähigkeit mitgliedstaatlicher
       Beschränkungen ist das vom EuGH namentlich in seiner Rechtsprechung zum
       Glücksspielwesen entwickelte *Kohärenzgebot*, das widerspruchsfreie und folge-
       richtige Regelungen fordert: Ein Verstoß hiergegen liegt etwa im Verbot des priva-
       ten Glücksspiels bei einer gleichzeitig aggressiven Werbung staatlicher Stellen für
       das staatliche Angebot.[133]

ff) Lösungshinweise zum Einführungsfall

74   Zur Rechtfertigung des Sportwettenmonopols, das eine Beschränkung der Dienst-
       leistungsfreiheit darstellt (→ Rn. 53, 67), kann sich Deutschland auf verschiedene
       zwingende Gründe des Allgemeininteresses berufen, wie „den Verbraucherschutz,
       die Betrugsvorbeugung und die Vermeidung von Anreizen für die Bürger zu über-
       mäßigen Ausgaben für das Spielen".[134]

75   Freilich müssen diese nach der Gebhard-Formel (→ Rn. 71) auch „geeignet sein,
       die Verwirklichung des mit ihnen verfolgten Zieles zu gewährleisten, und sie dürfen
       nicht über das hinausgehen, was zur Erreichung dieses Zieles erforderlich ist. Auf
       jeden Fall müssen sie in nichtdiskriminierender Weise angewandt werden."[135]

76   Was die *grundsätzliche Rechtfertigungsfähigkeit* von Beschränkungen im Be-
       reich des Glücksspiels betrifft, erachtet der EuGH die genannten Ziele prinzipiell
       für hinreichend gewichtig, um Einschränkungen, Verbote oder Monopole zu recht-
       fertigen: Denn es ist „insoweit Sache jedes Mitgliedstaats, zu beurteilen, ob es im
       Zusammenhang mit den von ihm verfolgten legitimen Zielen erforderlich ist, Tä-
       tigkeiten dieser Art vollständig oder teilweise zu verbieten, oder ob es genügt, sie
       zu beschränken und zu diesem Zweck mehr oder weniger strenge Kontrollformen
       vorzusehen, wobei die Notwendigkeit und die Verhältnismäßigkeit der erlassenen
       Maßnahmen allein im Hinblick auf die verfolgten Ziele und das von den betreffen-
       den nationalen Stellen angestrebte Schutzniveau zu beurteilen sind."[136] Namentlich
       hat der EuGH festgestellt, „dass die Bekämpfung der Kriminalität ein zwingender
       Grund des Allgemeininteresses sein kann, der geeignet ist, Beschränkungen hin-
       sichtlich der Wirtschaftsteilnehmer zu rechtfertigen, denen es gestattet ist, Dienst-
       leistungen im Glücksspielsektor anzubieten. Glücksspiele bergen nämlich in Anbe-
       tracht der Höhe der Beträge, die mit ihnen eingenommen werden können, und der
       Gewinne, die sie den Spielern bieten können, eine erhöhte Gefahr von Betrug und
       anderen Straftaten. Der Gerichtshof hat ferner anerkannt, dass eine begrenzte Er-
       laubnis von Spielen im Rahmen eines Ausschließlichkeitsrechts den Vorteil bietet,
       den Spielbetrieb in kontrollierte Bahnen zu lenken und die Gefahren eines auf Be-
       trug und andere Straftaten ausgerichteten Spielbetriebs auszuschalten".[137]

Ruffert, Art. 57 AEUV Rn. 75 ff.

[133] Siehe nur EuGH, Rs. C-243/01, Slg. 2003, I-13031, Rn. 67 ff. – Gambelli; ferner Rs. C-28/09,
Slg. 2011, I-13525, Rn. 126 – Kommission/Österreich.

[134] EuGH, Rs. C-46/08, Slg. 2010, I-8149, Rn. 55 – Carmen Media Group.

[135] EuGH, Rs. C-243/01, Slg. 2003, I-13031, Rn. 65 – Gambelli.

[136] EuGH, Rs. C-46/08, Slg. 2010, I-8149, Rn. 58 – Carmen Media Group.

[137] EuGH, Rs. C-42/07, Slg. 2009, I-7633, Rn. 63 f. – Liga Portuguesa.

Im Mittelpunkt der Auseinandersetzung steht daher meist, wie auch im vorlie-   **77**
genden Fall, die *Wahrung des Kohärenzgebots* (→ Rn. 73), das fordert, dass „Beschränkungen der Spieltätigkeiten durch zwingende Gründe des Allgemeininteresses ... dazu beitragen müssen, die Wetttätigkeiten in kohärenter und systematischer
Weise zu begrenzen".[138] Gemessen daran „können sich die Behörden eines Mitgliedstaats, soweit sie den Verbrauchern Anreize geben und sie dazu ermuntern, an
Lotterien, Glücksspielen oder Wetten teilzunehmen, damit der Staatskasse daraus
Einnahmen zufließen, nicht auf die öffentliche Sozialordnung mit der aus ihr folgenden Notwendigkeit, die Gelegenheiten zum Spiel zu verringern, berufen, um
restriktive Maßnahmen zu rechtfertigen".[139] Ein Verstoß gegen die Dienstleistungsfreiheit liegt damit vor.

5. Kapitalverkehrsfreiheit

a) Prüfungsschema

1. Anwendbarkeit   **78**
   a) Unmittelbare Anwendbarkeit (→ Rn. 11)
   b) Keine Spezialregelung im Sekundärrecht (→ Rn. 12)
2. Anwendungsbereich
   a) Verpflichtete: Mitgliedstaaten, Union und Private
   b) Persönlich: Unionsbürger und Drittstaatsangehörige
   c) Sachlich: Kapitalverkehrsvorgang
   d) Grenzüberschreitendes Element (→ Rn. 82)
3. Tatbestand
   a) Diskriminierungsverbot
   b) Beschränkungsverbot
4. Rechtfertigung
   a) Geschriebene Rechtfertigungsgründe, Art. 64–66 AEUV
   c) Ungeschriebene Rechtfertigungsgründe (→ Rn. 70 ff.)
   d) Verhältnismäßigkeit (→ Rn. 37)

b) Die Kapitalverkehrsfreiheit im Einzelnen

Die seit dem 01.01.1994 unmittelbar anwendbare Kapitalverkehrsfreiheit (Art. 63 ff.   **79**
AEUV) bindet zunächst Union und Mitgliedstaaten (→ Rn. 17); ihre Drittwirkung
ist, auch mangels Judikatur des EuGH, noch nicht abschließend geklärt[140]. Sie erfasst,

---

[138] EuGH, Rs. C-46/08, Slg. 2010, I-8149, Rn. 55 – Carmen Media Group; ferner Rs. C-243/01,
Slg. 2003, I-13031, Rn. 67 – Gambelli.

[139] EuGH, Rs. C-46/08, Slg. 2010, I-8149, Rn. 66 – Carmen Media Group; ferner Rs. C-243/01,
Slg. 2003, I-13031, Rn. 69 – Gambelli.

[140] Bejahend (nur für Private mit quasi-regulativen Befugnissen) *Ress/Ukrow*, in: Grabitz/Hilf/
Nettesheim, Art. 63 AEUV Rn. 116 ff. (Stand: 52. EL Januar 2014).

wie aus Art. 63 Abs. 1 AEUV folgt, nicht nur den Kapitalverkehr zwischen den Mitgliedstaaten, sondern auch im Verhältnis zu Drittstaaten.[141] Damit berechtigt sie, anders als die Personenverkehrsfreiheiten (→ Rn. 46), nicht nur Unionsbürger, sondern
auch Drittstaatsangehörige.[142] Bei Vorgängen mit Drittstaatsbezug stehen den Mitgliedstaaten indes weitergehende Rechtfertigungsmöglichkeiten zur Verfügung.[143]
Entsprechend Art. 54 AEUV berechtigt sind auch juristische Personen (→ Rn. 47),
wobei es nicht auf deren Ansässigkeit innerhalb der Union ankommen soll.[144]

80   Der EuGH hat den sachlichen Anwendungsbereich der Kapitalverkehrsfreiheit noch nicht abstrakt definiert; Orientierungsfunktion kommt aber Anhang I
RL 88/361/EWG zu, der Kapitalverkehrsvorgänge (nicht abschließend) auflistet.[145]
Die Kapitalverkehrsfreiheit erfasst *Investitionen im Ausland*, mithin die grenzüberschreitende „Übertragung von Geld- oder Sachkapital …, die primär zu Anlage-
zwecken erfolgt".[146] Hierunter fällt namentlich der Erwerb von Immobilien[147] und
Gesellschaftsanteilen[148]. Einbezogen ist auch die Darlehensvergabe.[149] Besonders
virulent ist die Frage der Abgrenzung der Kapitalverkehrsfreiheit von den übrigen
Grundfreiheiten, gerade auch mit Blick auf die Einbeziehung von Sachverhalten mit
Drittstaatsbezug.[150] Beim Erwerb von Gesellschaftsanteilen ist die Niederlassungsfreiheit einschlägig, wenn die Erlangung unternehmerischer Lenkungsmacht inmit-
ten steht, es mithin um eine Beteiligung geht, „die es [dem Investor] ermöglicht,
einen sicheren Einfluss auf die Entscheidungen dieser Gesellschaft auszuüben und
deren Tätigkeiten zu bestimmen" (sog. Kontroll- gegenüber einer schlichten Portfo-
liobeteiligung).[151] Für den Immobilienerwerb sind die Personenverkehrsfreiheiten
dann einschlägig, wenn er sich als Annex zu ihrer Ausübung darstellt, was etwa

---

[141] EuGH, Rs. C-446/04, Slg. 2006, I-11753, Rn. 169 – Test Claimants; Rs. C-101/05, Slg. 2007,
I-11531, Rn. 28 ff. – A.

[142] EuGH, Rs. C-446/04, Slg. 2006, I-11753, Rn. 169 – Test Claimants; *Ress/Ukrow*, in: Grabitz/
Hilf/Nettesheim, Art. 63 AEUV Rn. 120 f. (Stand: 52. EL Januar 2014). Siehe auch *Bröhmer*, in:
Calliess/Ruffert, Art. 63 AEUV Rn. 5 ff.

[143] EuGH, Rs. C-446/04, Slg. 2006, I-11753, Rn. 170 f. – Test Claimants; Rs. C-101/05, Slg. 2007,
I-11531, Rn. 37 – A.

[144] *Ress/Ukrow*, in: Grabitz/Hilf/Nettesheim, Art. 63 AEUV Rn. 121 (Stand: 52. EL Januar 2014).
Zurückhaltend mit Blick auf letzteres *Bröhmer*, in: Calliess/Ruffert, Art. 63 AEUV Rn. 7.

[145] EuGH, Rs. C-452/04, Slg. 2006, I-9521, Rn. 41 – Fidium Finanz AG.

[146] *Bröhmer*, in: Calliess/Ruffert, Art. 63 AEUV Rn. 8. Im Einzelnen *Ress/Ukrow*, in: Grab-
itz/Hilf/Nettesheim, Art. 63 AEUV Rn. 126 ff. (Stand: 52. EL Januar 2014). Vgl. auch EuGH,
Rs. C-112/05, Slg. 2007, I-8995, Rn. 18 – Kommission/Deutschland.

[147] Siehe etwa EuGH, Rs. C-302/97, Slg. 1999, I-3099, Rn. 22 – Konle; Rs. C-300/01, Slg. 2003,
I-4899, Rn. 39 – Salzmann.

[148] Siehe etwa EuGH, Rs. C-112/05, Slg. 2007, I-8995, Rn. 18 – Kommission/Deutschland.

[149] EuGH, Rs. C-478/98, Slg. 2000, I-7587, Rn. 18 – Kommission/Dänemark; Rs. C-452/04,
Slg. 2006, I-9521, Rn. 42 f. – Fidium Finanz AG; verb. Rs. C-578/10-C580/10, EU:C:2012:246,
Rn. 40 – van Putten u. a.

[150] Im Einzelnen *Bröhmer*, in: Calliess/Ruffert, Art. 63 AEUV Rn. 14 ff.; *Ress/Ukrow*, in: Grabitz/
Hilf/Nettesheim, Art. 63 AEUV Rn. 286 ff. (Stand: 52. EL Januar 2014).

[151] EuGH, Rs. C-112/05, Slg. 2007, I-8995, Rn. 13 – Kommission/Deutschland; ferner *Ress/
Ukrow*, in: Grabitz/Hilf/Nettesheim, Art. 63 AEUV Rn. 312 ff. (Stand: 52. EL Januar 2014). Zu

beim Erwerb einer Wohnung durch einen Wanderarbeitnehmer der Fall ist.[152] Bei Bankgeschäften, wie der gewerblichen Kreditvergabe, liegt der Schwerpunkt auf der Dienstleistungsfreiheit.[153] Abzugrenzen ist die Kapitalverkehrsfreiheit schließlich von der sog. *Freiheit des Zahlungsverkehrs*, die die Vergütung von in Ausübung der Marktfreiheiten erbrachten Leistungen betrifft (Art. 63 Abs. 2 AEUV).[154]

Die Kapitalverkehrsfreiheit erfasst Diskriminierungen und Beschränkungen **81** (vgl. Art. 63 Abs. 1 AEUV)[155]. Zulässig sind „nationale Regelungen …, die aus den in [Art. 65 AEUV] genannten Gründen oder aus zwingenden Gründen des Allgemeininteresses gerechtfertigt sind, soweit keine gemeinschaftliche Harmonisierungsmaßnahme vorliegt, die bereits die zur Gewährleistung des Schutzes dieser Interessen erforderlichen Maßnahmen vorsieht".[156] Weitere Ausnahmen finden sich in Art. 64 und 66 AEUV.

6. Inländerdiskriminierung

Aufgrund des Erfordernisses eines grenzüberschreitenden Bezugs (→ Rn. 24, 58) **82** können sich Inländer in reinen Inlandssachverhalten nicht auf die Grundfreiheiten berufen. Wegen des entsprechend sachlich beschränkten Anwendungsbereichs des Unionsrechts ist dies, trotz des allen Angehörigen der Mitgliedstaaten gemeinen Status als Unionsbürger, unionsrechtlich nicht zu beanstanden.[157] Konsequenz dessen ist, dass nationale Regeln, die gegen die Marktfreiheiten verstoßen, nicht auf EU-Ausländer, sehr wohl aber auf Inländer angewendet werden dürfen, und Inländer damit schlechter gestellt werden können (*Inländerdiskriminierung*).

Es stellt sich die Frage, ob dies vor dem Grundgesetz Bestand hat (am Beispiel **83** des Handwerksrechts → § 10 Rn. 126 ff.). Ob ein Verstoß gegen den *allgemeinen Gleichheitssatz* vorliegt, hat das BVerfG bislang offen gelassen.[158] Teile der Literatur verneinen dies mit dem Argument, dass die Ungleichbehandlung auf verschiedene Hoheitsträger zurückzuführen sei (EU und Mitgliedstaaten), Art. 3 Abs. 1 GG aber nur auf Maßnahmen desselben Normgebers Anwendung fände.[159] Nach-

---

neutralen Regelungen EuGH, Rs. C-47/12, ECLI:EU:C:2014:2200, Rn. 29 ff. – Kronos International Inc. m. Anm. *Unger*, EuZW 2015, 67.

[152] *Ress/Ukrow*, in: Grabitz/Hilf/Nettesheim, Art. 63 AEUV Rn. 291, 309 (Stand: 52. EL Januar 2014).

[153] EuGH, Rs. C-452/04, Slg. 2006, I-9521, Rn. 44 ff. – Fidium Finanz AG.

[154] Dazu EuGH, verb. Rs. 286/82 und 26/83, Slg. 1984, 377, Rn. 21 f. – Luisi und Carbone.

[155] EuGH, Rs. C-112/05, Slg. 2007, I-8995, Rn. 19 – Kommission/Deutschland.

[156] EuGH, Rs. C-112/05, Slg. 2007, I-8995, Rn. 72 – Kommission/Deutschland.

[157] EuGH, verb. Rs. C-64/96 und C-65/96, Slg. 1997, I-3171, Rn. 22 – Uecker und Jacquet; Rs. C-148/02, Slg. 2003, I-11613, Rn. 26 – Avello; Rs. C-434/09, Slg. 2011, I-3375, Rn. 45 – McCarthy. Ebenso *Gärditz*, VVDStRL 72 (2013), 49, (145 Fn. 322); *F. Wollenschläger*, Grundfreiheit ohne Markt, S. 85 f., 222 f., 341 ff. m. w. N. A. A. GA *Sharpston*, in: Rs. C-34/09, Slg. 2011, I-1177, Rn. 123 ff. – Ruiz Zambrano (mit qualifizierten Voraussetzungen); *Kochenov*, CY-ELS 15 (2012–2013), 197 (208 f., 224).

[158] BVerfG, NJW 1990, 1033 (1033); E 116, 135 (159 f.).

[159] *Frenz*, JZ 2007, 343 (347); *Ruthig/Storr*, Rn. 162; *Ziekow*, § 3 Rn. 43.

dem die Bundesrepublik Deutschland die Privilegierung von EU-Ausländern durch die Zustimmung zu den EU-Verträgen gebilligt hat, erscheint diese Argumentation jedoch fraglich.[160] Soweit die Einschlägigkeit des allgemeinen Gleichheitssatzes wegen des nur bei EU-Ausländern gegebenen grenzüberschreitenden Bezugs und damit mangels Vergleichbarkeit der Sachverhalte abgelehnt wird,[161] ist zu berücksichtigen, dass in beiden Fällen die Marktteilnahme im Inland in Frage steht. Erachtet man demnach Art. 3 Abs. 1 GG für einschlägig, stellt sich die Frage, ob die Ungleichbehandlung im konkreten Fall sachlich gerechtfertigt werden kann (→ § 2 Rn. 88 ff.).[162] Überdies kann die Berufsfreiheit einer Inländerdiskriminierung entgegenstehen: So kann sich eine Beschränkung als ungeeignet erweisen, wenn ihr Ziel aufgrund der gebotenen und in Anspruch genommenen Ausnahme von EU-Ausländern nicht erreicht werden kann, und wegen der Doppelstandards auch als unzumutbar.[163] Insgesamt ist zu berücksichtigen, dass ein strenger verfassungsrechtlicher Standard zu einer faktischen Harmonisierung führt, da dann die aus den Marktfreiheiten folgenden Anforderungen über die Grundrechte auch für Inlandssachverhalte verbindlich werden.[164]

IV. Unionsgrundrechte

84   Nicht zuletzt aufgrund zunehmender Gesetzgebungsaktivitäten auf Unionsebene wächst die Bedeutung der EU-Grundrechte für das öffentliche Wirtschaftsrecht stetig. Daher seien Grundlagen (1), Anwendungsbereich (2), Prüfungsaufbau (3) und wichtige Einzelgrundrechte (4) in den Blick genommen. Ein abschließender Exkurs widmet sich der EMRK (5).

1. Grundlagen

85   Mit Inkrafttreten des Vertrags von Lissabon zum 01.12.2009 hat die am 07.12.2000 vom Europäischen Rat von Nizza feierlich proklamierte und zwischenzeitlich mehrfach überarbeitete *GRCH Rechtsverbindlichkeit* erlangt (Art. 6 Abs. 1 UAbs. 1 EUV). Grundrechte bildeten freilich schon zuvor einen Bestandteil des Unionsrechts: Nach anfänglichem Zögern hat der Gerichtshof ab Ende der 1960er Jahre den Grundrechtsschutz nämlich als ungeschriebenen allgemeinen Rechtsgrundsatz des Primärrechts anerkannt und als Rechtserkenntnisquelle die gemeinsame Verfas-

---

[160] *Gundel*, DVBl. 2007, 269 (272); *Riese/Noll*, NVwZ 2007, 516 (520 f.). Siehe auch *Heun*, in: Dreier, Art. 3 Rn. 11.

[161] So *Frenz*, JZ 2007, 343 (347 f.); *Gundel*, DVBl. 2007, 269 (272).

[162] Für eine derartige Lösung auf Rechtfertigungsebene BVerwG, NVwZ-RR 2012, 23 (27 f.); vgl. ferner BGH, NJW 1990, 108 (109); *Jarass*, in: ders./Pieroth, Art. 3 Rn. 75a. Eine generelle Rechtfertigungsfähigkeit annehmend *P. M. Huber*, Integration, § 17 Rn. 77; insgesamt restriktiv *Riese/Noll*, NVwZ 2007, 516 (521).

[163] Vgl. BVerfG, GewArch 2006, 71 (72 f.); ferner *Ruthig/Storr*, Rn. 163 f.

[164] Siehe *Riese/Noll*, NVwZ 2007, 516 (520).

sungstradition der Mitgliedstaaten und völkerrechtliche Verträge zum Menschenrechtsschutz, namentlich die EMRK, herangezogen.[165] An dieser Herleitung hält Art. 6 Abs. 3 EUV parallel zur Geltung der GRCH fest; gleichwohl empfiehlt es sich, vorrangig auf die GRCH als geschriebenen Grundrechtskatalog abzustellen.[166]

Anders als das Grundgesetz gliedert die GRCH den Grundrechtskatalog thematisch, wobei sich für das Wirtschaftsleben relevante Grundrechte namentlich in Titel II (Freiheiten) finden. Titel VII enthält allgemeine Bestimmungen zur Auslegung und Anwendung der Charta, nämlich zum Anwendungsbereich (Art. 51 GRCH; → Rn. 87 ff.), zu den Anforderungen an die Einschränkung von Grundrechten (Art. 52 Abs. 1 GRCH; → Rn. 90) sowie Konkurrenz-, Konkordanz- und Auslegungsbestimmungen (Art. 52 Abs. 2 ff., Art. 53 GRCH).[167] Hinsichtlich letzterer ist insbesondere auf die Gebote einer Konkordanzauslegung mit der EMRK (Art. 52 Abs. 3 GRCH) und einer gebührenden Berücksichtigung der Erläuterungen zur GRCH[168] (Art. 6 Abs. 1 UAbs. 3 EUV; Art. 52 Abs. 7 GRCH) zu verweisen. **86**

2. Anwendungsbereich: Verpflichtete und Berechtigte

Die Unionsgrundrechte gelten gemäß Art. 51 Abs. 1 S. 1 GRCH zunächst für die Organe (Art. 13 Abs. 1 UAbs. 2 EUV), Einrichtungen und sonstigen Stellen der Union, mithin etwa für den Unionsgesetzgeber beim Richtlinienerlass.[169] Überdies binden die Unionsgrundrechte auch die Mitgliedstaaten, allerdings nur, wenn letztere im „Anwendungsbereich des Unionsrechts" handeln;[170] Art. 51 Abs. 1 S. 1 GRCH formuliert noch zurückhaltender und ordnet eine Grundrechtsbindung „ausschließlich bei der Durchführung des Rechts der Union" an. Drei (teils kontrovers diskutierte) Fallgruppen sind zu unterscheiden: die Bindung der Mitgliedstaaten bei einer Beschränkung von Grundfreiheiten (→ Rn. 36, 71), bei Umsetzung und Vollzug von EU-Sekundärrecht sowie bei Handeln mit sonstigen Bezügen zum Unionsrecht (→ § 2 Rn. 22 ff.).[171] **87**

Ob den Unionsgrundrechten *Drittwirkung* zukommt, diese mithin auch Private binden, ist in der GRCH nicht geregelt, obgleich sich zahlreiche vor allem auf Privatrechtsverhältnisse zugeschnittene Rechtspositionen finden (z. B. Art. 3 Abs. 2, **88**

---

[165] Aus der Anfangszeit: EuGH, Rs. 29/69, Slg. 1969, 419, Rn. 7 – Stauder; Rs. 11/70, Slg. 1970, 1125, Rn. 4 – Internationale Handelsgesellschaft; Rs. 4/73, Slg. 1974, 491, Rn. 13 – Nold. Aus jüngerer Zeit: Rs. C-112/00, Slg. 2003, I-5659, Rn. 71 – Schmidberger. Näher zur Genese des EU-Grundrechtsschutzes *F. Wollenschläger*, EnzEuR I, § 8 Rn. 4 ff. m. w. N.

[166] Näher zum Verhältnis der beiden Grundrechtsschichten *F. Wollenschläger*, EnzEuR I, § 8 Rn. 100 m. w. N.

[167] Näher zur EU-Grundrechtsdogmatik *F. Wollenschläger*, EnzEuR I, § 8 Rn. 43 ff., 79 ff. m. w. N.

[168] Abgedruckt in ABl. EU C 303 vom 14.12.2007, S. 17.

[169] Näher *F. Wollenschläger*, EnzEuR I, § 8 Rn. 56.

[170] EuGH, Rs. C-260/89, Slg. 1991, I-2925, Rn. 42 – ERT; Rs. C-368/95, Slg. 1997, I-3689, Rn. 24 – Familiapress; Rs. C-276/01, Slg. 2003, I-3735, Rn. 70 – Steffensen; Rs. C-256/11, Slg. 2011, I-11315, Rn. 72 – Dereci; Rs. C-206/13, EU:C:2014:126, Rn. 21 f. – Siragusa.

[171] Umfassend *F. Wollenschläger*, EnzEuR I, § 8 Rn. 16 ff. m. w. N.

Art. 23, 31 GRCH), und umstritten[172]. Aus chartasystematischen Gründen, insbesondere aber auch, um freiheitsbeschränkenden Rechtfertigungslasten Privater entgegenzuwirken, erscheint der auch im Kontext von EMRK und GG eingeschlagene Weg über staatliche Schutzpflichten und eine (nur) mittelbare Drittwirkung vorzugswürdig (zum GG → § 2 Rn. 15).[173]

89   Ob die Unionsgrundrechte neben natürlichen auch *juristische Personen* berechtigen, ist, anders als in Art. 19 Abs. 3 GG, nicht generell geregelt, aber wie dort nach der wesensmäßigen Anwendbarkeit auf diese zu beurteilen (→ § 2 Rn. 19), so ein einzelnes Charta-Recht nicht explizit juristische Personen ein- (siehe Art. 42–44 GRCH) oder durch die Wortwahl „Mensch" (siehe z. B. Art. 1–6 GRCH) ausschließt.[174] Die öffentliche Hand einschließlich von ihr beherrschte öffentliche Unternehmen, nicht aber staatsferne Einrichtungen in ihrem Tätigkeitsbereich (wie Rundfunkanstalten, Art. 11 GRCH), bleiben als Grundrechtsverpflichtete ausgeklammert;[175] in der Rechtsprechung des Gerichts deutet sich der gegenteilige Ansatz für öffentliche Unternehmen an[176].

3. Prüfungsaufbau

a) Allgemeines

90   Die *Prüfung* der abwehrrechtlichen Dimension der Freiheitsrechte erfolgt, wie im Kontext des Grundgesetzes auch, *dreistufig*, mithin in der Reihenfolge Schutzbereich – Eingriff – Rechtfertigung. Der Umfang des *Schutzbereichs* ist dem jeweiligen Einzelgrundrecht durch Auslegung zu entnehmen. Aufgrund des weiten *Eingriffsverständnisses* erstreckt sich der Grundrechtsschutz auch auf mittelbare Beeinträchtigungen, sofern die Auswirkungen auf den Grundrechtsträger beabsichtigt oder hinreichend gewichtig sind bzw. in einem direkten Kausalzusammenhang zur staatlichen Maßnahme stehen.[177] Nach der generellen *Schrankenregel* des Art. 52 Abs. 1 GRCH muss die Einschränkung eines Charta-Rechts gesetzlich vorgesehen sowie verhältnismäßig sein und dessen Wesensgehalt achten.[178]

---

[172] Grundsätzlich bejahend *Mahlmann*, ZEuS 2000, 419 (438); *Schmitz*, JZ 2001, 833 (840 f., 843). A. A. GA *Trstenjak*, in: Rs. C-282/10, EU:C:2012:33, Rn. 80 ff. – Dominguez; *P. M. Huber*, NJW 2011, 2385 (2389 f.).

[173] Näher m. w. N. *F. Wollenschläger*, EnzEuR I, § 8 Rn. 16 ff.

[174] Im Einzelnen *F. Wollenschläger*, EnzEuR I, § 8 Rn. 63 m. w. N.

[175] *Kingreen*, in: Calliess/Ruffert, Art. 51 GRCH Rn. 54; *F. Wollenschläger*, EnzEuR I, § 8 Rn. 64. A. A. bei Verselbstständigung *Calliess*, in: ders./Ruffert, Art. 17 GRCH Rn. 4.

[176] So jedenfalls für Drittstaatunternehmen EuG, Rs. T-494/10, EU:T:2013:59, Rn. 33 ff. – Bank Saderat Iran/Rat.

[177] EuGH, Rs. C-200/96, Slg. 1998, I-1953, Rn. 28 – Metronome Musik; verb. Rs. C-435/02 und C-103/03, Slg. 2004, I-8663, Rn. 49 – Springer; *F. Wollenschläger*, EnzEuR I, § 8 Rn. 68 m. w. N.

[178] Im Einzelnen *F. Wollenschläger*, EnzEuR I, § 8 Rn. 69 ff. m. w. N.; *ders.*, in: G/S/H, Art. 15 GRCH Rn. 27 ff. Weiter im Kontext der Berufsfreiheit *Ruffert*, in: Calliess/ders., Art. 15 GRCH Rn. 11 (auch nicht berufsspezifische Beeinträchtigungen).

Bei der *Verhältnismäßigkeitsprüfung* ist nach legitimem Zweck sowie Eignung,   **91**
Erforderlichkeit und Angemessenheit der Einschränkung zur Zweckrealisierung zu
fragen.[179] Gemeinwohlbelange sowie der Schutz von Rechten und Freiheiten Einzelner stellen chartalegitime Beschränkungsgründe dar (Art. 52 Abs. 1 S. 2 GRCH).
Geeignet sind der Zielerreichung förderliche Maßnahmen.[180] Stehen mehrere gleich
geeignete Maßnahmen zur Verfügung, ist nur das mildeste Mittel erforderlich.[181]
Im Rahmen der Angemessenheitsprüfung „ist anhand sämtlicher Umstände des
jeweiligen Einzelfalls festzustellen, ob das rechte Gleichgewicht zwischen diesen
Interessen gewahrt worden ist."[182] Gegebenenfalls können Härtefall- und Übergangsregeln erforderlich sein.[183] Gerade bei der Rechtfertigung wirtschaftspolitischer Maßnahmen ist festzustellen, dass der EuGH dem Unionsgesetzgeber oftmals
einen weiten Ermessensspielraum zugesteht,[184] was teils vehemente Kritik auf sich
zieht[185]; bedenklich und kritikwürdig ist freilich nicht die Zuerkennung von Beurteilungsspielräumen als solche, sondern nur deren unbesehene Annahme, zumal,
wenn dies mit einer insgesamt zu pauschalen Grundrechtsprüfung einhergeht.[186]

Wenn Art. 51 Abs. 1 S. 2 GRCH nicht nur von einer Pflicht zur Achtung, sondern   **92**
auch zur Förderung der Charta-Rechte spricht, verdeutlicht dies, dass diesen auch
eine positive (Leistungs-)Dimension innewohnt. Dementsprechend haben Schutzpflichten, Leistungsrechte sowie eine Verfahrens- und Rechtsschutzdimension Anerkennung gefunden.[187]

b) Schema

> 1. Feststellung der Verbindlichkeit der GRCH (Art. 6 Abs. 1 UAbs. 1 EUV;   **93**
>   → Rn. 85)
> 2. Handeln eines Grundrechtsverpflichteten, Art. 51 Abs. 1 S. 1 GRCH
>   a) Organe, Einrichtungen und sonstige Stellen der Union (→ Rn. 87)
>   b) Mitgliedstaaten „ausschließlich bei der Durchführung des Rechts der
>   Union" (→ Rn. 87; § 2 Rn. 22 ff.)

---

[179] Für eine derartige Prüfung – trotz des partiell abweichenden Wortlauts von Art. 52 Abs. 1
S. 2 GRCH – EuGH, Rs. C-283/11, EU:C:2013:28, Rn. 50 – Sky Österreich; ferner Rs. 265/87,
Slg. 1989, 2237, Rn. 21 – Schräder u. a.; *F. Wollenschläger*, EnzEuR I, § 8 Rn. 72 m. w. N.

[180] EuGH, Rs. C-280/93, Slg. 1994, I-4973, Rn. 86 – Deutschland/Rat.

[181] EuGH, Rs. 265/87, Slg. 1989, 2237, Rn. 21 – Schräder u. a.; verb. Rs. C-184/02 und C-223/02,
Slg. 2004, I-7789, Rn. 57 – Spanien und Finnland/EP und Rat.

[182] EuGH, Rs. C-112/00, Slg. 2003, I-5659, Rn. 81 – Schmidberger.

[183] EuGH, Rs. C-68/95, Slg. 1996, I-6065, Rn. 40 – T. Port; *F. Wollenschläger*, EnzEuR I, § 8
Rn. 73 m. w. N.

[184] Siehe nur EuGH, verb. Rs. C-296/93 und C-307/93, Slg. 1996, I-795, Rn. 31 – Frankreich und
Irland/EK.

[185] Siehe nur *Ruffert*, in: Calliess/ders., Art. 15 GRCH Rn. 17 f.; *Storr*, Der Staat 36 (1997), 547.
Positiver *Schroeder*, EuZW 2011, 462 (463).

[186] Im Einzelnen *F. Wollenschläger*, EnzEuR I, § 8 Rn. 75 ff. m. w. N.

[187] Näher *F. Wollenschläger*, EnzEuR I, § 8 Rn. 45 ff. m. w. N.

c) Private (unmittelbare Drittwirkung, str. und grundsätzlich abzulehnen
→ Rn. 88)
3. Schutzbereich
a) Persönlich (→ Rn. 89): natürliche Personen; Beschränkung auf
Unionsbürger und Berechtigung juristischer Personen des Privatrechts abhängig vom Einzelgrundrecht; grds. keine Berechtigung der
öffentlichen Hand (str.)
b) Sachlich (abhängig vom Einzelgrundrecht)
4. Eingriff
Weites Eingriffsverständnis (→ Rn. 90)
5. Rechtfertigung
a) Schranke: einheitlicher Gesetzesvorbehalt, Art. 52 Abs. 1 S. 1 GRCH;
nur ausnahmsweise spezieller Gesetzesvorbehalt (namentlich Art. 8
Abs. 2 S. 1 GRCH)
b) Schranken-Schranken
aa) Verhältnismäßigkeit, Art. 52 Abs. 1 S. 2 GRCH
bb) Wesensgehalt, Art. 52 Abs. 1 S. 1 GRCH

4. Wichtige Einzelgrundrechte

94 Die grundrechtlichen *Eckpfeiler der unionalen Wirtschaftsverfassung* stellen die
Freiheit der wirtschaftlichen Betätigung – Berufs- (Art. 15 GRCH) sowie unternehmerische Freiheit (Art. 16 GRCH) – und die Eigentumsfreiheit (Art. 17 GRCH)
dar.[188] Von Bedeutung für das Wirtschaftsleben sind des Weiteren der allgemeine Gleichheitssatz (Art. 20 GRCH) sowie die Garantien für das Arbeitsleben
(Art. 27 ff. GRCH).

a) Freiheit der wirtschaftlichen Betätigung, Art. 15 f. GRCH
95 Die Freiheit der wirtschaftlichen Betätigung rechnet zu den ersten Grundrechten,
die der EuGH ab Ende der 1960er Jahre als allgemeine Rechtsgrundsätze anerkannt
hat.[189] In der GRCH sieht sie sich in die Berufs- (Art. 15) und unternehmerische
Freiheit (Art. 16) aufgespalten. Der Abgrenzung kommt, jedenfalls wenn man der
vorzugswürdigen Auffassung eines strukturellen Gewährleistungsgleichlaufs der
beiden Garantien folgt (→ Rn. 99), keine praktische Bedeutung zu; Art. 16 GRCH
kann man als lex specialis für die selbstständige unternehmerische Betätigung ansehen.[190] In Abgrenzung zur Eigentumsfreiheit (Art. 17 GRCH) schützen Art. 15 f.

---

[188] *Frenz*, Hdb. EuR IV, Rn. 2494; *F. Wollenschläger*, in: G/S/H, vor Art. 15 f. GRCH Rn. 1.

[189] Siehe EuGH, Rs. 11/70, Slg. 1970, 1125, Rn. 4 ff. – Internationale Handelsgesellschaft;
Rs. 4/73, Slg. 1974, 491, Rn. 14 – Nold.

[190] Im Einzelnen *F. Wollenschläger*, in: G/S/H, vor Art. 15 f. GRCH Rn. 3 ff. Für eine Spezialität des Art. 16 GRCH für die unternehmerische Betätigung *Jarass*, GRCH, Art. 15 Rn. 4, Art. 16

GRCH den Erwerb am Markt, erstere bezieht sich demgegenüber auf Eingriffe in den Bestand (zur parallelen Abgrenzung von Art. 12/14 GG → § 2 Rn. 70).[191]

aa) Berufsfreiheit, Art. 15 GRCH

Art. 15 Abs. 1 GRCH gewährleistet jeder „Person … das Recht, zu arbeiten und einen   **96** frei gewählten oder angenommenen Beruf auszuüben." Der persönliche Schutzbereich ist ausweislich des Wortlauts nicht auf Unionsbürger beschränkt („Person").[192] Wegen der hier vertretenen Spezialität des Art. 16 GRCH für die selbstständige unternehmerische Betätigung (→ Rn. 100) unterfallen zum einen juristische Personen nur jener Bestimmung.[193] Zum anderen ist der sachliche Anwendungsbereich des Art. 15 Abs. 1 GRCH auf abhängig Beschäftigte beschränkt, wofür sich eine Parallelauslegung zu Art. 45 AEUV anbietet (→ Rn. 49);[194] anders als dort verbietet es sich indes, Beschäftigte im öffentlichen Dienst auch bei hoheitlicher Betätigung i. S. d. Art. 45 Abs. 4 AEUV aus Art. 15 Abs. 1 GRCH auszuklammern[195]. Beruf i. S. d. Art. 15 Abs. 1 GRCH kann in Anlehnung an die Rechtsprechung des BVerfG als „jede auf gewisse Dauer angelegte Tätigkeit, die der Schaffung und Erhaltung einer Lebensgrundlage dient", definiert werden.[196] Auf die Erlaubtheit der Betätigung kommt es, wie bei Art. 12 GG (→ § 2 Rn. 38), nicht an.[197]

Art. 15 Abs. 1 GRCH schützt die freie berufliche Betätigung umfassend und er-   **97** streckt sich sowohl auf die Wahl als auch auf die Ausübung eines Berufes.[198] Für die Bestimmung von Einschränkungen und deren Rechtfertigung gelten die entfalteten allgemeinen Grundsätze (→ Rn. 90 f.).[199] Die im Rahmen des Art. 12 Abs. 1 GG entwickelte Drei-Stufen-Theorie lässt sich wertungsmäßig heranziehen, ohne dass es sich hierbei freilich um eine dogmatische Figur des Unionsrechts handelt.[200]

In Art. 15 Abs. 2 GRCH finden sich die *Personenverkehrsfreiheiten* als Unions-   **98** grundrechte verankert,[201] wobei Art. 52 Abs. 2 GRCH eine Konkordanzauslegung mit dem AEUV sichert (zum Gewährleistungsgehalt → Rn. 48 ff.); Abs. 3 garantiert schließlich *Drittstaatsangehörigen* gleichartige Arbeitsbedingungen.

Rn. 4 f.; anders (Differenzierung zwischen natürlichen und juristischen Personen) *Sasse*, EuR 2012, 628 (629).

[191] Siehe nur EuGH, verb. Rs. C-154/04 und C-155/04, Slg. 2005, I-6451, Rn. 127 f. – Alliance for Natural Health u. a.; *F. Wollenschläger*, in: G/S/H, Art. 15 GRCH Rn. 11.

[192] *F. Wollenschläger*, in: G/S/H, Art. 15 GRCH Rn. 18.

[193] *F. Wollenschläger*, in: G/S/H, Art. 15 GRCH Rn. 19.

[194] *F. Wollenschläger*, in: G/S/H, Art. 15 GRCH Rn. 21.

[195] *F. Wollenschläger*, in: G/S/H, Art. 15 GRCH Rn. 25. A. A. *Bernsdorff*, in: Meyer, Art. 15 Rn. 19.

[196] *F. Wollenschläger*, in: G/S/H, Art. 15 GRCH Rn. 22, unter Verweis auf st. Rspr. BVerfG, z. B. E 7, 377 (397); 111, 10 (28).

[197] *F. Wollenschläger*, in: G/S/H, Art. 15 GRCH Rn. 23.

[198] EuGH, Rs. 44/79, Slg. 1979, 3727, Rn. 32 – Hauer; Rs. 116/82, Slg. 1986, 2519, Rn. 27 – Kommission/Deutschland; *F. Wollenschläger*, in: G/S/H, Art. 15 GRCH Rn. 20.

[199] Siehe auch *F. Wollenschläger*, in: G/S/H, Art. 15 GRCH Rn. 27 ff.

[200] *Frenz*, Hdb. EuR IV, Rn. 2610 ff.; *F. Wollenschläger*, in: G/S/H, Art. 15 GRCH Rn. 40.

[201] Zum Grundrechtscharakter der Personenverkehrsfreiheiten *F. Wollenschläger*, Grundfreiheit ohne Markt, S. 368 ff.

bb) Unternehmerische Freiheit, Art. 16 GRCH

99   Gemäß Art. 16 GRCH wird „[d]ie unternehmerische Freiheit ... nach dem Unionsrecht und den einzelstaatlichen Rechtsvorschriften und Gepflogenheiten anerkannt."
Diese von der Berufsfreiheit, die das „*Recht* [gewährt], zu arbeiten und einen frei
gewählten oder angenommenen Beruf auszuüben", abweichende Formulierung, die
sich im Übrigen vorwiegend bei den konkretisierungsbedürftigen sozialen Rechten
findet (siehe etwa Art. 27 f. GRCH), darf nicht dahin missverstanden werden, dass
die unternehmerische Freiheit unter einem Ausgestaltungsvorbehalt des Gesetzgebers steht und unter im Vergleich zu den übrigen Freiheiten erleichterten Voraussetzungen einschränkbar ist. Vielmehr streiten die Zuordnung zu den Freiheiten
(Titel I), die bisherige Rechtsprechung des EuGH und die gemäß Art. 52 Abs. 7
GRCH für die Auslegung maßgeblichen, Art. 52 Abs. 1 GRCH für anwendbar er-
klärenden Erläuterungen zur GRCH dafür, dass auch die unternehmerische Freiheit
ein klassisches Abwehrrecht darstellt.[202] Dementsprechend hat der EuGH in seinem
Urteil in der Rs. Sky Österreich vom 22.01.2013 zwar sowohl die spezifische Formulierung des Art. 16 GRCH als auch dessen erleichterte Einschränkbarkeit im Vergleich zu höchstpersönlichen Freiheitsrechten herausgestrichen, allerdings gleichzeitig die Maßgeblichkeit des Verhältnismäßigkeitsgrundsatzes betont.[203]

100   Vom persönlichen Schutzbereich erfasst sind natürliche und juristische
(→ Rn. 89, 96) Personen.[204] In sachlicher Hinsicht schützt Art. 16 GRCH die unternehmerische Betätigung, mithin „das Anbieten von Gütern oder Dienstleistungen
auf einem bestimmten Markt".[205] In Abgrenzung zu Art. 15 GRCH muss es sich
um eine selbstständige Tätigkeit handeln (→ Rn. 96); diese muss, wie im Kontext
der Berufsfreiheit, zwar nicht erlaubt, aber auf eine gewisse Dauer angelegt und auf
Erwerbszwecke ausgerichtet sein.[206]

101   Art. 16 GRCH vermittelt einen umfassenden Schutz der unternehmerischen Freiheit, der sich auf Aufnahme, Ausübung und Beendigung erstreckt.[207] Für Einschränkungen und deren Rechtfertigung gelten die entfalteten allgemeinen Grundsätze
(→ Rn. 90 f.).

---

[202] Im Einzelnen m. w. N. *F. Wollenschläger*, in: G/S/H, Art. 16 GRCH Rn. 1.

[203] EuGH, Rs. C-283/11, EU:C:2013:28, Rn. 45 ff. – Sky Österreich; Art. 15 und 16 GRCH pa-
rallelisierend ferner Rs. C-1/11, EU:C:2012:194, Rn. 43 – Interseroh Scrap and Metals Trading
GmbH; Rs. C-544/10, EU:C:2012:526, Rn. 54 – Deutsches Weintor.

[204] *F. Wollenschläger*, in: G/S/H, Art. 16 GRCH Rn. 6.

[205] *F. Wollenschläger*, in: G/S/H, Art. 16 GRCH Rn. 7 unter Bezugnahme auf u. a. EuGH,
Rs. C-205/03 P, Slg. 2006, I-6295, Rn. 25 – Fenin.

[206] *Bernsdorff*, in: Meyer, Art. 16 Rn. 10a; *Blanke*, in: Tettinger/Stern, Art. 16 Rn. 10; *F. Wollenschläger*, in: G/S/H, Art. 16 GRCH Rn. 7.

[207] EuGH, Rs. 116/82, Slg. 1986, 2519, Rn. 27 – Kommission/Deutschland; Rs. C-70/10,
Slg. 2011, I-11959, Rn. 46, 48 – Scarlet Extended SA; Rs. C-360/10, EU:C:2012:85, Rn. 44 ff. –
SABAM; *F. Wollenschläger*, in: G/S/H, Art. 16 GRCH Rn. 8.

b) Eigentumsrecht, Art. 17 GRCH

aa) Schutzbereich

Das nach Art. 1 1. ZP EMRK modellierte und in Einklang mit ihm gemäß Art. 52 **102** Abs. 3 GRCH auszulegende Eigentumsrecht (Art. 17 GRCH) berechtigt *natürliche und juristische Personen* (→ Rn. 89; zu Hintergrund und Bedeutung der Eigentumsgarantie → § 2 Rn. 69). Der unionsrechtliche *Eigentumsbegriff* umfasst „vermögenswerte Rechte, aus denen sich im Hinblick auf die Rechtsordnung eine gesicherte Rechtsposition ergibt, die eine selbstständige Ausübung dieser Rechte durch und zugunsten ihres Inhabers ermöglicht."[208] Hierunter fallen nicht nur das Mobiliar- und Immobiliarvermögen, sondern auch unkörperliche Gegenstände wie Forderungen, Gesellschaftsanteile, dingliche Sicherungsrechte und das geistige Eigentum (siehe Art. 17 Abs. 2 GRCH).[209] Die Beschränkung in Art. 17 Abs. 1 S. 1 GRCH auf rechtmäßig erworbene Positionen ist im Sinne eines wirksamen Eigentumserwerbs zu verstehen, da andernfalls Vorgaben für den Erwerbsvorgang über den Eigentumsschutz entscheiden könnten.[210]

Wie im nationalen Kontext auch wird das *Vermögen* als solches nicht dem Eigen- **103** tumsschutz zugeordnet und werden folglich Abgabenregelungen nicht an Art. 17 GRCH gemessen,[211] so diese keinen spezifischen Eigentumsbezug haben[212]; die jüngere und gemäß Art. 52 Abs. 3, 7 GRCH für die Auslegung des Art. 17 GRCH maßgebliche EMRK-Rechtsprechung bezieht indes die Abgabenerhebung in den Eigentumsschutz ein[213].[214] *Öffentlich-rechtliche Positionen* genießen Eigentumsschutz, wenn ihnen eine Eigenleistung zugrunde liegt.[215] Bedeutung hat dies etwa im Kontext Gemeinsamer Marktorganisationen erlangt, in deren Rahmen Quoten nur bei entgeltlichem Erwerb[216], nicht aber bei schlichter Zuteilung[217] unter Art. 17

---

[208] EuGH, Rs. C-283/11, EU:C:2013:28, Rn. 34 – Sky Österreich (in casu, Rn. 34 ff. aber zu restriktiv).

[209] *F. Wollenschläger*, in: G/S/H, Art. 17 GRCH Rn. 10 m. w. N.

[210] *F. Wollenschläger*, in: G/S/H, Art. 17 GRCH Rn. 12. A. A. *Calliess*, in: ders./Ruffert, Art. 17 GRCH Rn. 6. Vgl. auch EuGH, Rs. C-180/11, EU:C:2012:717, Rn. 76 ff. – Bericap Záródástechnikai bt.

[211] EuGH, verb. Rs. C-143/88 und C-92/89, Slg. 1991, I-415, Rn. 74 – Zuckerfabrik Süderdithmarschen und Zuckerfabrik Soest; *Calliess*, in: ders./Ruffert, Art. 17 GRCH Rn. 7. Siehe aber auch EuGH, Rs. 265/87, Slg. 1989, 2237, Rn. 21 – Schräder u. a.; verb. Rs. C-248/95 und C-249/95, Slg. 1997, I-4475, Rn. 72 ff. – SAM Schiffahrt und Stapf. A. A. (Einbeziehung von Abgabenpflichten) *Frenz*, Hdb. EuR IV, Rn. 2856 ff.

[212] *F. Wollenschläger*, in: G/S/H, Art. 17 GRCH Rn. 13.

[213] EGMR, Nr. 13378/05, Rn. 59 – Burden/Vereinigtes Königreich; vgl. ferner EGMR, Nr. 14902/04, Rn. 552 ff. – OAO Neftyanaya Kompaniya Yukos/Russland.

[214] Siehe *F. Wollenschläger*, in: G/S/H, Art. 17 GRCH Rn. 13.

[215] EuGH, Rs. C-2/92, Slg. 1994, I-955, Rn. 19 – Bostock; Rs. C-38/94, Slg. 1995, I-3875, Rn. 14 – Country Landowners Association; *Frenz*, Hdb. EuR IV, Rn. 2832 ff.; *F. Wollenschläger*, in: G/S/H, Art. 17 GRCH Rn. 15 (dort auch zum vorrangig Art. 34 GRCH unterfallenden Schutz von Sozialleistungen).

[216] EuGH, Rs. C-416/01, Slg. 2003, I-14083, Rn. 50 – ACOR.

[217] EuGH, Rs. C-44/89, Slg. 1991, I-5119, Rn. 27 – von Deetzen; Rs. C-2/92, Slg. 1994, I-955, Rn. 19 – Bostock. Partiell a. A. *Depenheuer*, in: Tettinger/Stern, Art. 17 Rn. 35.

GRCH fallen. Ob und inwieweit der *Gewerbebetrieb* als solcher Schutz genießt, ist umstritten.[218] Marktanteile unterfallen als dem Wandel unterworfene Positionen keinesfalls der Eigentumsgarantie, ebenso wenig mangels hinreichender Verfestigung Erwerbschancen[219]; auch sind für den Erwerb am Markt die Art. 15 f. GRCH speziell (→ Rn. 95). Bejaht wird Art. 17 GRCH indes teils bei substanzbezogenen[220] bzw. existenzvernichtenden[221] Eingriffen.

104   Aufgrund der Bedeutung des *geistigen Eigentums* streicht Art. 17 Abs. 2 GRCH schließlich dessen Schutz heraus, ohne dass für den Gewährleistungsgehalt andere als die soeben im Kontext von Abs. 1 entwickelten Grundsätze gelten.[222]

bb) Einschränkungen und ihre Rechtfertigung

105   Art. 17 Abs. 1 GRCH unterscheidet zwei – zu trennende[223] – Eingriffsformen: den Entzug des Eigentums (S. 2, dazu 1) und Nutzungsregelungen (S. 3, dazu 2); hinzu kommt ein ungeschriebener Auffangtatbestand (3).

(1) Entzug des Eigentums (Art. 17 Abs. 1 S. 2 GRCH)

106   Einen Entzug des Eigentums stellt zunächst die *dauerhafte und vollständige Aufhebung der Eigentümerposition* dar.[224] Die Abgrenzung zur Nutzungsbeschränkung erfolgt mit Blick auf die Zielsetzung der staatlichen Maßnahme; kein Eigentumsentzug liegt vor, wenn „es dem Eigentümer unbenommen bleibt, über sein Gut zu verfügen und es jeder anderen, nicht untersagten Nutzung zuzuführen".[225] Überdies impliziert ein Eigentumsentzug eine Übertragung des Eigentums auf Dritte („transfer of ownership"), so dass weder das Einfrieren von Konten Terrorverdächtiger[226] noch die Pflicht zur Vernichtung mit Krankheitserregern belasteter Fische[227] erfasst wird.

107   Ob und inwieweit gravierende, in ihrer Intensität einer Enteignung gleichkommende Nutzungsbeschränkungen gleichwohl einen Eigentumsentzug i. S. d. Art. 17 Abs. 1 S. 2 GRCH darstellen können, ist umstritten. Für Art. 1 1. ZP EMKR hat der EGMR, etwa für die Errichtung öffentlicher Gebäude auf einem Privatgrundstück

---

[218] Näher *F. Wollenschläger*, in: G/S/H, Art. 17 GRCH Rn. 16 m. w. N., auch zum EMRK-Kontext.

[219] Siehe nur EuGH, Rs. C-283/11, EU:C:2013:28, Rn. 34 – Sky Österreich; *F. Wollenschläger*, in: G/S/H, Art. 17 GRCH Rn. 14, 16.

[220] *Calliess*, in: ders./Ruffert, Art. 17 GRCH Rn. 8.

[221] Vgl. EuGH, verb. Rs. 154/78 u. a., Slg. 1980, 907, Rn. 89 – Valsabbia; *Jarass*, GRCH, Art. 17 Rn. 12.

[222] *F. Wollenschläger*, in: G/S/H, Art. 17 GRCH Rn. 39 f.

[223] EuGH, Rs. 44/79, Slg. 1979, 3727, Rn. 19 – Hauer.

[224] Siehe nur *Calliess*, in: ders./Ruffert, Art. 17 GRCH Rn. 14.

[225] EuGH, Rs. 44/79, Slg. 1979, 3727, Rn. 19 – Hauer; ferner verb. Rs. C-402/05 und C-415/05, Slg. 2008, I-6351, Rn. 358 – Kadi.

[226] EuGH, verb. Rs. C-402/05 und C-415/05, Slg. 2008, I-6351, Rn. 358 – Kadi; siehe aber auch EuG, Rs. T-85/09, Slg. 2010, II-5177, Rn. 150 – Kadi (zweifelnd jedenfalls bei zehnjähriger Dauer).

[227] EuGH, verb. Rs. C-20/00 und C-64/00, Slg. 2003, I-7411, Rn. 58 ff. – Booker Aquaculture und Hydro Seafood. Ebenso *Durner*, in: HGR VI/1, § 162 Rn. 53.

ohne förmliche Enteignung, die Figur der *De-facto-Enteignung* anerkannt.[228] Der EuGH hat jedenfalls das Einfrieren von Konten im Rahmen der Terrorismusbekämpfung nicht als (De-facto-)Enteignung qualifiziert,[229] diese Figur aber in einer anderen Entscheidung durchaus erwogen[230]. Insgesamt muss bezweifelt werden, dass die Anerkennung der schillernden Kategorie der De-facto-Enteignung neben dem Verbot unverhältnismäßiger Nutzungsbeschränkungen erforderlich ist.[231]

Ein Eigentumsentzug ist gemäß Art. 17 Abs. 1 S. 2 GRCH unter drei Voraussetzungen gerechtfertigt: Es bedarf Gründe des öffentlichen Interesses (Verhältnismäßigkeitsprüfung), einer gesetzlichen Grundlage und einer rechtzeitigen angemessenen, mithin regelmäßig am Marktwert orientierten Entschädigung.[232]   **108**

(2) Nutzungsregelungen (Art. 17 Abs. 1 S. 3 GRCH)

Der weit zu verstehende Begriff der Nutzungsregelung erfasst alle die Ausübung des Eigentumsrechts einschränkenden Regelungen; exemplarisch nennt Art. 17 Abs. 1 S. 3 GRCH das Recht, „Eigentum zu besitzen, zu nutzen, darüber zu verfügen und es zu vererben".[233] Einbezogen sind auch mittelbar-faktische Beeinträchtigungen mit hinreichendem Eigentumsbezug (→ Rn. 90).[234] Nutzungsregelungen sind gemäß Art. 17 Abs. 1 S. 3 GRCH gerechtfertigt, wenn sie auf einer gesetzlichen Grundlage beruhen und für das Wohl der Allgemeinheit erforderlich sind, was eine Prüfung der Verhältnismäßigkeit und der Wesensgehaltsgarantie verlangt (→ Rn. 90 f.).[235]   **109**

(3) Auffangtatbestand

Im Interesse eines umfassenden Eigentumsschutzes hat der EGMR den Auffangtatbestand der „interference with the peaceful enjoyment of property" entwickelt,[236] der auf Art. 17 GRCH zu übertragen ist[237] und namentlich nicht als Nutzungsrege-   **110**

---

[228] EGMR, Nr. 35941/03, Rn. 81 f. – Gianni u. a./Italien; ferner Nr. 35785/03, Rn. 84 f. – Köktepe/Türkei.

[229] EuGH, verb. Rs. C-402/05 und C-415/05, Slg. 2008, I-6351, Rn. 358 – Kadi.

[230] Siehe EuGH, Rs. C-347/03, Slg. 2005, I-3785, Rn. 122 – ERSA.

[231] Siehe *F. Wollenschläger*, in: G/S/H, Art. 17 GRCH Rn. 28. A. A. etwa *Bernsdorff*, in: Meyer, Art. 17 Rn. 20; *Jarass*, GRCH, Art. 17 Rn. 19.

[232] Im Einzelnen *F. Wollenschläger*, in: G/S/H, Art. 17 GRCH Rn. 31 ff. m. w. N.

[233] EuGH, Rs. 44/79, Slg. 1979, 3727, Rn. 19 – Hauer; *Calliess*, in: ders./Ruffert, Art. 17 GRCH Rn. 10, 12; *F. Wollenschläger*, in: G/S/H, Art. 17 GRCH Rn. 20.

[234] EuGH, Rs. C-84/95, Slg. 1996, I-3953, Rn. 22 – Bosphorus; *F. Wollenschläger*, in: G/S/H, Art. 17 GRCH Rn. 21.

[235] *F. Wollenschläger*, in: G/S/H, Art. 17 GRCH Rn. 36 f. m. w. N.

[236] EGMR, Nr. 7151/75 und 7152/75, Rn. 61 ff. – Sporrong und Lönnroth/Schweden; vgl. ferner Nr. 67099/01, Rn. 29 – Solodyuk/Russland. Dazu *Çoban*, Protection of Property Rights within the European Convention on Human Rights, 2004, S. 186 ff. (mit Kritik); *White/Ovey*, The European Convention on Human Rights, 5. Aufl. 2010, S. 478 f., 503 ff.

[237] *Jarass*, GRCH, Art. 17 Rn. 23; *F. Wollenschläger*, in: G/S/H, Art. 17 GRCH Rn. 29. Siehe demgegenüber aber auch *Calliess*, in: ders./Ruffert, Art. 17 GRCH Rn. 10, und *Frenz*, Hdb. EuR IV, Rn. 2892.

lung subsumierbare faktische Beeinträchtigungen, wie die Zerstörung von Eigentum, erfasst[238]. Ihre Rechtfertigung unterliegt den soeben für Nutzungsregelungen skizzierten Voraussetzungen (→ Rn. 109).[239]

c) Allgemeiner Gleichheitssatz, Art. 20 GRCH

111   Von Bedeutung für das öffentliche Wirtschaftsrecht ist des Weiteren der allgemeine Gleichheitssatz. Gemäß Art. 20 GRCH „dürfen vergleichbare Sachverhalte nicht unterschiedlich behandelt werden, es sei denn, daß eine Differenzierung objektiv gerechtfertigt wäre."[240] Mit Blick auf den Spielraum des Gesetzgebers für eine Beseitigung von Gleichheitsverstößen beschränkt sich der EuGH regelmäßig darauf, die Unvereinbarkeit einer Maßnahme mit Art. 20 GRCH festzustellen und die Neuregelung dem Unionsgesetzgeber zu überlassen.[241]

d) Garantien für das Arbeitsleben, Art. 27 ff. GRCH

112   In ihrem Solidaritäts-Titel enthält die GRCH für das Arbeitsleben relevante Bestimmungen, namentlich das Recht auf Unterrichtung und Anhörung der Arbeitnehmerinnen und Arbeitnehmer im Unternehmen (Art. 27), das Recht auf Kollektivverhandlungen und Kollektivmaßnahmen (Art. 28), das Recht auf Zugang zu einem Arbeitsvermittlungsdienst (Art. 29), das Recht auf Schutz bei ungerechtfertigter Entlassung (Art. 30), das Recht auf gerechte und angemessene Arbeitsbedingungen (Art. 31), das Verbot der Kinderarbeit und den Schutz der Jugendlichen am Arbeitsplatz (Art. 32), das Recht auf Vereinbarkeit von Familien- und Berufsleben (Art. 33 Abs. 2) sowie das Recht auf soziale Sicherheit (Art. 34 Abs. 1). Der spezifische Gehalt dieser Bestimmungen bedarf freilich einer sorgfältigen Präzisierung. Es verbietet sich, ihnen unbesehen unmittelbare Drittwirkung beizumessen (→ Rn. 88), und es dürfte sich meist um konkretisierungsbedürftige Schutzaufträge und Grundsätze (Art. 52 Abs. 5 GRCH) handeln[242]. Hinsichtlich ihrer Umsetzung ist der beschränkte Zuständigkeitsbereich der Union genauso wie die beschränkte Bindung der Mitgliedstaaten an die GRCH (→ Rn. 87) zu beachten.

5. Exkurs: EMRK

113   Die Bedeutung der EMRK im öffentlichen Wirtschaftsrecht hat sich, gerade wegen der schlagkräftigen grundgesetzlichen und marktfreiheitlichen Garantien, bislang als gering erwiesen. Dies mag auch daran liegen, dass die Konventionsparteien von der Aufnahme der Berufs- bzw. unternehmerischen Freiheit in die EMRK abgesehen haben, obgleich der EGMR dieses Schutzdefizit durch eine Heranziehung

---

[238] Vgl. EGMR, Nr. 57947/00, 57948/00 und 57949/00, Rn. 233 – Isayeva, Yusupova und Bazayeva/Russland; ferner *Jarass*, GRCH, Art. 17 Rn. 23.

[239] Siehe *F. Wollenschläger*, in: G/S/H, Art. 17 GRCH Rn. 38 m. w. N.

[240] EuGH, verb. Rs. 117/76 und 16/77, Slg. 1977, 1753, Rn. 7 – Ruckdeschel.

[241] Siehe nur EuGH, verb. Rs. 117/76 und 16/77, Slg. 1977, 1753, Rn. 13 – Ruckdeschel.

[242] Vgl. dazu *F. Wollenschläger*, EnzEuR I, § 8 Rn. 48 ff. m. w. N.

anderer Konventionsgarantien (partiell) schließt.[243] So hat der Berufszugang in gewissem Umfang am Recht auf Achtung des Privatlebens teil (Art. 8 EMRK).[244] Bei Bezug beschränkender Maßnahmen zu konkreten Eigentumspositionen aktiviert der EGMR überdies die Eigentumsgarantie des Art. 1 1. ZP EMRK, etwa bei der Aufhebung von Genehmigungen für einen Gewerbebetrieb oder dessen Untersagung (allgemein zum Schutz des Eigentums gemäß Art. 1 1. ZP EMRK bereits im Kontext von Art. 17 GRCH → Rn. 102).[245]

V. Kompetenzen

Ausgehend von den Grundsätzen, die die Kompetenzverteilung zwischen Europäischer Union und Mitgliedstaaten bestimmen (1), sei die für die Wirtschaftsregulierung bedeutsamste Unionskompetenz, nämlich die Befugnis zur Rechtsangleichung im Binnenmarkt (Art. 114 AEUV) entfaltet (2). Im Kontext der Liberalisierung mitgliedstaatlicher Monopole, namentlich in den Bereichen Post und Telekommunikation, hat überdies Art. 106 Abs. 3 AEUV Bedeutung erlangt (→ § 12 Rn. 39).[246]   **114**

1. Grundsätze der Kompetenzverteilung zwischen Europäischer Union und Mitgliedstaaten

Nach dem in Art. 5 Abs. 1 S. 1 und Abs. 2 EUV verankerten und auch vom deutschen Europaverfassungsrecht (Art. 23 Abs. 1 GG) vorgegebenen[247] *Grundsatz der begrenzten Einzelermächtigung* darf „die Union nur innerhalb der Grenzen der Zuständigkeiten tätig [werden], die die Mitgliedstaaten ihr in den Verträgen zur Verwirklichung der darin niedergelegten Ziele übertragen haben. Alle der Union nicht in den Verträgen übertragenen Zuständigkeiten verbleiben bei den Mitgliedstaaten" (Art. 5 Abs. 2 EUV).   **115**

Seit der Lissabonner Vertragsreform unterscheidet das Primärrecht, wie das GG und namentlich deutschen Forderungen folgend, zwischen *verschiedenen Kompe-*   **116**

---

[243] Näher dazu und zum Folgenden *F. Wollenschläger*, Verteilungsverfahren, S. 111 f. Siehe zur Bedeutung der EMRK in der deutschen Rechtsordnung allg. *ders.*, in: Dreier, 3. Aufl. 2015 (i.E.), Art. 25 Rn. 27.

[244] Siehe EGMR, Nr. 55480/00 und 59330/00, Rep. 2004-VIII, Rn. 47 f. – Sidabras und Džiautas/Litauen; Nr. 70665/01 und 74345/01, Rn. 34 f. – Rainys und Gasparavičius/Litauen. Siehe auch *Grabenwarter/Pabel*, § 25 Rn. 27 f.

[245] EGMR, Nr. 8543/79, 8674/79, 8675/79 und 8685/79, Serie A, Nr. 101, Rn. 41 f. – van Marle u. a.; Nr. 10873/84, Serie A, Nr. 159, Rn. 53 – Tre Traktörer Aktiebolag; Nr. 12033/86, Serie A, Nr. 192, Rn. 41 ff. – Fredin; Nr. 31107/96, Rn. 54 f.; Nr. 8803–8811/02, 8813/02 und 8815–8819/02, Rn. 138 f. Siehe auch (weit) *Grabenwarter/Pabel*, § 25 Rn. 4, 31.

[246] *Ruffert*, in: Ehlers/Fehling/Pünder, § 21 Rn. 7; *Jung*, in: Callies/Ruffert, Art. 106 AEUV Rn. 65 ff.; *Bieber/Epiney/Haag*, § 12 Rn. 50.

[247] Siehe nur BVerfGE 123, 267 (347, 350 ff.). Näher *F. Wollenschläger*, in: Dreier, 3. Aufl. 2015 (i.E.), Art. 23.

tenzarten, nämlich zwischen ausschließlichen Zuständigkeiten (Art. 2 Abs. 1, Art. 3 AEUV), geteilten Zuständigkeiten (Art. 2 Abs. 2, Art. 4 AEUV) sowie unterstützenden, koordinierenden und ergänzenden Zuständigkeiten (Art. 2 Abs. 5, Art. 6 AEUV). Art. 2 Abs. 3 und Art. 5 AEUV enthält darüber hinaus eine Sonderbestimmung für die Koordinierung der Wirtschafts- und Beschäftigungspolitik der Mitgliedstaaten durch die Europäische Union (→ § 5 Rn. 11 f.).

117   Im Bereich *ausschließlicher Zuständigkeiten* kann gemäß Art. 2 Abs. 1 AEUV „nur die Union gesetzgeberisch tätig werden und verbindliche Rechtsakte erlassen; die Mitgliedstaaten dürfen in einem solchen Fall nur tätig werden, wenn sie von der Union hierzu ermächtigt werden, oder um Rechtsakte der Union durchzuführen." Für das Öffentliche Wirtschaftsrecht bedeutsame ausschließliche Kompetenzen bestehen für die Zollunion, die Festlegung der für das Funktionieren des Binnenmarkts erforderlichen Wettbewerbsregeln, die Währungspolitik für die Euro-Mitgliedstaaten, die gemeinsame Handelspolitik und für das auswärtige Handeln (Art. 3 AEUV). Im Bereich *geteilter Zuständigkeiten* können gemäß Art. 2 Abs. 2 AEUV sowohl die Union als auch die Mitgliedstaaten Regelungen erlassen, wobei ein Vorrang der EU-Ebene besteht: Denn „[d]ie Mitgliedstaaten nehmen ihre Zuständigkeit [nur] wahr, sofern und soweit die Union ihre Zuständigkeit nicht ausgeübt hat. Die Mitgliedstaaten nehmen ihre Zuständigkeit erneut wahr, sofern und soweit die Union entschieden hat, ihre Zuständigkeit nicht mehr auszuüben." Unter diesen Kompetenztitel fallen im hier interessierenden Zusammenhang namentlich die Materien Binnenmarkt, Sozialpolitik, wirtschaftlicher, sozialer und territorialer Zusammenhalt, Landwirtschaft und Fischerei, Umwelt, Verbraucherschutz, Verkehr, transeuropäische Netze und Energie (Art. 4 Abs. 2 AEUV). *Unterstützende, koordinierende und ergänzende Zuständigkeiten* der Union, die mitgliedstaatliche Kompetenzen nicht ersetzen dürfen und für die ein Harmonisierungsverbot besteht (Art. 2 Abs. 5 AEUV), finden sich etwa für die Bereiche Industrie, Tourismus und berufliche Bildung (Art. 6 AEUV).

118   Mit den *Grundsätzen der Subsidiarität und der Verhältnismäßigkeit* enthält das Unionsrecht schließlich zwei *Kompetenzausübungsregeln*. Nach ersterem, der im Übrigen auch Element der Struktursicherungsklausel des Art. 23 Abs. 1 S. 1 GG ist,[248] darf die Union außerhalb ihrer ausschließlichen Zuständigkeiten „nur tätig [werden], sofern und soweit die Ziele der in Betracht gezogenen Maßnahmen von den Mitgliedstaaten weder auf zentraler noch auf regionaler oder lokaler Ebene ausreichend verwirklicht werden können, sondern vielmehr wegen ihres Umfangs oder ihrer Wirkungen auf Unionsebene besser zu verwirklichen sind" (Art. 5 Abs. 3 UAbs. 1 EUV). Der Grundsatz der Verhältnismäßigkeit verbietet der Union, „inhaltlich wie formal ... über das zur Erreichung der Ziele der Verträge erforderliche Maß hinaus[zugehen]" (Art. 5 Abs. 4 UAbs. 1 EUV). Diese beiden Kompetenzausübungsregeln haben bislang freilich nur in sehr begrenztem Maße kompetenzbeschränkend gewirkt. Immerhin hat das im Zuge der Lissabonner Vertragsreform novellierte Subsidiaritätsprotokoll[249] eine prozedurale Stärkung des Subsidiaritäts-

---

[248] Siehe *F. Wollenschläger*, in: Dreier, 3. Aufl. 2015 (i.E.), Art. 23.

[249] Protokoll (Nr. 2) über die Anwendung der Grundsätze der Subsidiarität und der Verhältnismäßigkeit.

grundsatzes bewirkt, indem es Anhörungs-, Beteiligungs-, Begründungs- und Berichtspflichten vorsieht; überdies stehen den nationalen Parlamenten mit dem Verfahren der Subsidiaritätsrüge Einspruchsrechte („Frühwarnsystem")[250] und mit der Subsidiaritätsklage[251] ein Rechtsbehelf vor dem EuGH zu. Damit ist das Subsidiaritätsprinzip justiziabel, obgleich der Gerichtshof eine nur zurückhaltende Kontrolle ausübt[252].

2. Die Kompetenz zur Rechtsangleichung im Binnenmarkt, Art. 114 AEUV

Der Realisierung des Binnenmarktziels dienen nicht nur die Marktfreiheiten, die   **119** Hindernisse für den freien Verkehr von Waren, Personen, Dienstleistungen und Kapital innerhalb der EU verbieten. Bedeutung kommt vielmehr auch dem Instrument der Rechtsangleichung zu, mithin dem Erlass von Normen, die unionsweit einheitliche Vorgaben für die wirtschaftliche Betätigung schaffen. Dies ermöglicht Unternehmen, Güter nach einem, europaweit geltenden Standard zu produzieren, ohne für jeden mitgliedstaatlichen Markt andere Bedingungen erfüllen zu müssen, senkt so die Kosten einer grenzüberschreitenden unternehmerischen Tätigkeit und dient damit dem Binnenmarktziel. Dementsprechend ruft Art. 26 Abs. 1 AEUV die Union auf, „die erforderlichen Maßnahmen [zu erlassen], um nach Maßgabe der einschlägigen Bestimmungen der Verträge den Binnenmarkt zu verwirklichen beziehungsweise dessen Funktionieren zu gewährleisten." Eine wesentliche Grundlage hierfür stellt die Kompetenz zur Rechtsangleichung im Binnenmarkt (Art. 114 AEUV) dar. Gestützt auf sie hat die Union zahlreiche bedeutsame Rechtsakte erlassen, deren Notwendigkeit sowie deren Binnenmarktbezug und damit die Tragfähigkeit des Art. 114 AEUV als Rechtsgrundlage indes oftmals in Frage gestellt wurden.

Prominente Beispiele für auf Art. 114 AEUV gestützte Harmonisierungsrechts-   **120** akte sind die – wegen eines Verstoßes gegen Unionsgrundrechte zwischenzeitlich für nichtig erklärte[253] – Richtlinie zur Vorratsdatenspeicherung, die Telekommunikationsregulierung (→ § 12 Rn. 9) oder die jüngst novellierte Tabakproduktrichtlinie[254].

---

[250] Siehe im Einzelnen Art. 6 f. Protokoll, § 11 IntVG, § 93a I, § 93c GOBT; zum Verfahren *Calliess*, ZG 2010, 1 (7 ff.); *Melin*, EuR 2011, 655 (667 ff.).

[251] Art. 8 Protokoll, Art. 23 Abs. 1a GG, § 12 IntVG, § 93d GOBT. Näher *F. Wollenschläger*, in: Dreier, 3. Aufl. 2015 (i.E.), Art. 23.

[252] Siehe nur EuGH, Rs. C-377/98, Slg. 2001, I-7079, Rn. 30 ff. – Niederlande/EP und Rat; Rs. C-58/08, Slg. 2010, I-4999, Rn. 72 ff. – Vodafone.

[253] EuGH, verb. Rs. C-293/12 und C-594/12, ECLI:EU:C:2014:238, Rn. 23 ff. – Digital Rights Ireland und Seitlinger u. a. Die Kompetenzkonformität bestätigt hatte indes EuGH, Rs. C-301/06, Slg. 2009, I-593, Rn. 56 ff. – Irland/EP und Rat. RL 2006/24/EG des Europäischen Parlaments und des Rates vom 15.03.2006 über die Vorratsspeicherung von Daten, die bei der Bereitstellung öffentlich zugänglicher elektronischer Kommunikationsdienste oder öffentlicher Kommunikationsnetze erzeugt oder verarbeitet werden, und zur Änderung der RL 2002/58/EG, ABl. EU L 105/54.

[254] RL 2014/40/EU des Europäischen Parlaments und des Rates vom 03.04.2014 zur Angleichung der Rechts- und Verwaltungsvorschriften der Mitgliedstaaten über die Herstellung, die Aufma-

a) Einführungsfall[255]

121 Die Europäische Union hat eine Richtlinie verabschiedet, die u. a. Emissionshöchstwerte für Teer, Nikotin und Kohlenmonoxid sowie sonstige Stoffe festsetzt und allgemeine Warnhinweise auf Packungen von Rauchtabakerzeugnissen verlangt. Die Richtlinie ist in erster Linie auf die Binnenmarktharmonisierungskompetenz des Art. 114 AEUV gestützt, da unterschiedliche Rechts- und Verwaltungsvorschriften der Mitgliedstaaten zu einem Hindernis für das reibungslose Funktionieren des Binnenmarkts führen. Ein betroffenes Tabakunternehmen erachtet diese Rechtsgrundlage wegen des offensichtlich verfolgten Ziels des Gesundheitsschutzes für nicht einschlägig.

b) Reichweite der Rechtsetzungsbefugnis

122 Art. 114 Abs. 1 S. 2 AEUV ermächtigt den Unionsgesetzgeber zum Erlass von „Maßnahmen zur Angleichung der Rechts- und Verwaltungsvorschriften der Mitgliedstaaten, welche die Errichtung und das Funktionieren des Binnenmarkts zum Gegenstand haben."

123   Hierbei handelt es sich, anders als bei Art. 74 Abs. 1 Nr. 11 GG für das Recht der Wirtschaft (→ § 2 Rn. 103), um *keine allgemeine Regelungskompetenz für Fragen des Binnenmarktes*. Eine solche Auslegung widerspricht nicht nur dem enger gefassten Wortlaut; vielmehr räumte sie der Union wegen des Binnenmarktbezugs zahlreicher Maßnahmen eine äußerst weitgehende, kaum zu konturierende Rechtsetzungsbefugnis ein und stellte damit den Grundsatz der begrenzten Einzelermächtigung in Frage.[256] Gedeckt sind vielmehr nur Maßnahmen, die darauf abzielen, „die Voraussetzungen für die Errichtung und das Funktionieren des Binnenmarktes zu verbessern".[257] Hierfür genügen nicht bereits Unterschiede in den nationalen Rechts- und Verwaltungsvorschriften; diese müssen überdies Handelshemmnisse oder spürbare Wettbewerbsverzerrungen bewirkt haben oder wenigstens wahrscheinlich erscheinen lassen.[258] Dabei versteht man unter einem Handelshemmnis eine Beeinträchtigung des freien Waren- und Dienstleistungsverkehrs zwischen den Mitgliedstaaten[259] und unter einer Wettbewerbsverzerrung eine Beeinträchtigung des Wettbewerbs aufgrund unterschiedlicher Wettbewerbsbedingungen für Unternehmen in den einzelnen Mitgliedstaaten[260].

---

chung und den Verkauf von Tabakerzeugnissen und verwandten Erzeugnissen und zur Aufhebung der RL 2001/37/EG, ABl. EU L 127/1.

[255] Vgl. die RL 2014/40/EU. Siehe für eine klausurmäßige Aufbereitung eines vergleichbaren Falles *F. Wollenschläger/Herrmann*, Iurratio 2009, 170.

[256] EuGH, Rs. C-376/98, Slg. 2000, I-8419, Rn. 83 – Deutschland/EP und Rat.

[257] EuGH, Rs. C-376/98, Slg. 2000, I-8419, Rn. 84 – Deutschland/EP und Rat; ferner Rs. C-58/08, Slg. 2010, I-4999, Rn. 32 – Vodafone u. a.

[258] EuGH, Rs. C-376/98, Slg. 2000, I-8419, Rn. 84 ff. – Deutschland/EP und Rat; Rs. C-491/01, Slg. 2002, I-11453, Rn. 60 f. – British American Tobacco; verb. Rs. C-154/04 und C-155/04, Slg. 2005, I-6451, Rn. 32 f. – Alliance for Natural Health u. a.; Rs. C-301/06, Slg. 2009, I-593, Rn. 64 – Irland/EP und Rat; Rs. C-58/08, Slg. 2010, I-4999, Rn. 32 f. – Vodafone u. a.

[259] EuGH, Rs. C-376/98, Slg. 2000, I-8419, Rn. 95 f. – Deutschland/EP und Rat; Rs. C-58/08, Slg. 2010, I-4999, Rn. 32 – Vodafone u. a.

[260] EuGH, Rs. C-376/98, Slg. 2000, I-8419, Rn. 106 ff. – Deutschland/EP und Rat.

Sind diese Voraussetzungen erfüllt, ist es unschädlich, wenn die Union bei der **124** Harmonisierung auch *Sekundäraspekte*, wie etwa den Gesundheitsschutz, berücksichtigt. Denn Art. 114 Abs. 3 AEUV (wie im Übrigen die Querschnittsklauseln der Art. 8 ff., 168 Abs. 1 UAbs. 1 AEUV) verpflichtet die Kommission, ihren Rechtsetzungsvorschlägen ein hohes Schutzniveau hinsichtlich Gesundheit, Sicherheit, Umweltschutz und Verbraucherschutz zugrundezulegen.[261]

Gemäß Art. 114 Abs. 1 S. 1 AEUV tritt die Binnenmarktharmonisierungskom- **125** petenz hinter spezielle Regelungsbefugnisse zurück, die sich etwa für die Verwirklichung der Marktfreiheiten finden (Art. 46 ff., 50, 53, 59 und 64 Abs. 2 f. AEUV). Ein prominentes Beispiel für letztere stellt die DLR dar. Art. 114 Abs. 2 AEUV schließt „Bestimmungen über die Steuern, die Bestimmungen über die Freizügigkeit und die Bestimmungen über die Rechte und Interessen der Arbeitnehmer" als mögliche Regelungsgegenstände aus. Die Verabschiedung der auf Art. 114 Abs. 1 AEUV gestützten Rechtsakte erfolgt im ordentlichen Gesetzgebungsverfahren (Art. 289, 294 AEUV); möglich ist der Erlass von Verordnungen, Richtlinien und Beschlüssen (Art. 114 Abs. 1 S. 2 i. V. m. Art. 289 Abs. 1 S. 1 AEUV).

Schließlich ermöglicht Art. 114 Abs. 4 ff. AEUV mitgliedstaatliche Abweichun- **126** gen vom Harmonisierungsniveau in begründeten Fällen und unter Wahrung bestimmter Verfahrensanforderungen.

c) Lösungshinweise zum Einführungsfall

Nach dem Prinzip der begrenzten Einzelermächtigung (Art. 5 Abs. 1 S. 1, Abs. 2 **127** EUV) darf die Union nur innerhalb der Grenzen ihrer Zuständigkeiten tätig werden. Nach Art. 4 Abs. 2 lit. a AEUV hat die Union für den Binnenmarkt nur eine geteilte Zuständigkeit; als Kompetenzgrundlage kommt Art. 114 AEUV in Betracht, der indes keine allgemeine Regelungsbefugnis für Fragen des Binnenmarktes verleiht. Vielmehr bedarf es Unterschiede in den nationalen Rechts- und Verwaltungsvorschriften, die Handelshemmnisse oder spürbare Wettbewerbsverzerrungen bewirkt haben oder wenigstens wahrscheinlich erscheinen lassen. Dies liegt nach dem Ausgangssachverhalt vor, da die Mitgliedstaaten divergierende Vorschriften erlassen haben, wodurch Hindernisse für den freien Verkehr mit Tabakerzeugnissen durch unterschiedliche Anforderungen an die Herstellung und Verpackung von Tabakerzeugnissen entstanden sind.[262] Daher „kann sich der [Unions]gesetzgeber auf diese Grundlage stützen, auch wenn dem Gesundheitsschutz bei den zu treffenden Entscheidungen maßgebende Bedeutung zukommt. Zudem ist nach [Art. 168 Abs. 1 UAbs. 1 AEUV] bei der Festlegung und Durchführung aller [Unions]politiken und -maßnahmen ein hohes Gesundheitsschutzniveau sicherzustellen, und [Art. 114

---

[261] EuGH, Rs. C-376/98, Slg. 2000, I-8419, Rn. 77 ff., 88 – Deutschland/EP und Rat; Rs. C-491/01, Slg. 2002, I-11453, Rn. 62 – British American Tobacco; verb. Rs. C-154/04 und C-155/04, Slg. 2005, I-6451, Rn. 36 – Alliance for Natural Health u. a.; Rs. C-58/08, Slg. 2010, I-4999, Rn. 36 – Vodafone u. a.

[262] Siehe auch EuGH, Rs. C-491/01, Slg. 2002, I-11453, Rn. 67 ff. – British American Tobacco (Investments) and Imperial Tobacco; Rs. C-376/98, Slg. 2000, I-8419, Rn. 96 ff. – Deutschland/ EP und Rat.

Abs. 3 AEUV] verlangt ausdrücklich, dass bei Harmonisierungen ein hohes Gesundheitsschutzniveau gewährleistet wird."[263]

128   VI. Kontrollfragen

1. Erläutern Sie die Wirtschaftsverfassung der Union und skizzieren Sie deren wesentliche Eckpfeiler! (→ Rn. 3 ff.) Bestehen Unterschiede zum Grundgesetz? (→ § 2 Rn. 3 ff.)
2. Erläutern sie den Binnenmarktbegriff! Was versteht man unter positiver und negativer Integration? Welche Instrumente enthält das Unionsrecht hierfür? (→ Rn. 6 ff.)
3. Berechtigen und verpflichten die Grundfreiheiten und die Unionsgrundrechte öffentliche Unternehmen? (→ Rn. 18, 47, 89)
4. Sind Private an die Grundfreiheiten und die Unionsgrundrechte gebunden? (→ Rn. 19, 44 f., 88)
5. Was versteht man unter einer Maßnahme gleicher Wirkung i. S. d. Art. 34 AEUV? Erläutern Sie dies am Beispiel von Ladenschlussregelungen und Verpackungsvorgaben für Produkte! (→ Rn. 26 ff.)
6. Fallen Umweltauflagen für die Produktion unter Art. 35 AEUV? (→ Rn. 30)
7. Unter welchen Voraussetzungen können Beeinträchtigungen der Warenverkehrsfreiheit gerechtfertigt werden? (→ Rn. 31 ff.)
8. Grenzen Sie die Personenverkehrsfreiheiten voneinander ab! (→ Rn. 48 ff.)
9. Finden die Personenverkehrsfreiheiten auf Beliehene Anwendung? (→ Rn. 59)
10. Erläutern Sie die Gewährleistungsaspekte der Personenverkehrsfreiheiten? (→ Rn. 61 ff.)
11. Können Beschränkungen der Personenverkehrsfreiheiten gerechtfertigt werden? (→ Rn. 68 ff.)
12. Worauf findet die Kapitalverkehrsfreiheit Anwendung? (→ Rn. 79 f.)
13. Erläutern Sie das Phänomen der Inländerdiskriminierung und dessen unions- sowie verfassungsrechtliche Problematik! (→ Rn. 82 f.)
14. Sind auch die Mitgliedstaaten an die Unionsgrundrechte gebunden? (→ Rn. 87)
15. Was unterscheidet GG und GRCH mit Blick auf den Gesetzesvorbehalt? (→ Rn. 90)
16. Welche Bedeutung hat die Unterscheidung zwischen Berufs- und unternehmerischer Freiheit im Unionsrecht? (→ Rn. 95)

---

[263] EuGH, Rs. C-491/01, Slg. 2002, I-11453, Rn. 62 – British American Tobacco (Investments) and Imperial Tobacco; ferner Rs. C-376/98, Slg. 2000, I-8419, Rn. 89 – Deutschland/EP und Rat.

17. Was ist Eigentum i. S. d. Art. 17 GRCH und welche Einschränkungsmöglichkeiten sind zu unterscheiden? (→ Rn. 102 ff.)
18. Welche Kompetenzarten unterscheidet das Unionsrecht? Bestehen Parallelen zum Grundgesetz? (→ Rn. 115 ff.)
19. Ist die Kompetenz zur Rechtsangleichung im Binnenmarkt nach Art. 114 AEUV wie Art. 74 Abs. 1 Nr. 11 GG auf Bundesebene als allgemeine Regelungskompetenz für Fragen des Binnenmarkts zu verstehen? (→ Rn. 122 f.)
20. Darf die Union bei der Harmonisierung nach Art. 114 AEUV auch Sekundäraspekte wie den Gesundheitsschutz berücksichtigen? (→ Rn. 124)

Literatur

Drexl, Wettbewerbsverfassung, in: von Bogdandy/Bast (Hrsg.), Europäisches Verfassungsrecht. Theoretische und dogmatische Grundzüge, 2. Aufl. 2009, S. 905

Eger/Wagener, Die wirtschaftswissenschaftlichen Grundlagen der europäischen Integration, in: Hatje/Müller-Graff (Hrsg.), Enzyklopädie Europarecht, Bd. 1: Europäisches Organisations- und Verfassungsrecht, 2014, § 3

Grabenwarter, Wirtschaftliche Grundrechte, in: ders. (Hrsg.), Enzyklopädie Europarecht, Bd. 2: Europäischer Grundrechtsschutz, 2014, § 13

Hatje, Wirtschaftsverfassung im Binnenmarkt, in: von Bogdandy/Bast (Hrsg.), Europäisches Verfassungsrecht. Theoretische und dogmatische Grundzüge, 2. Aufl. 2009, S. 801

Müller-Graff, Grundfreiheiten und Wettbewerbsordnung, in: Hatje/ders. (Hrsg.), Enzyklopädie Europarecht, Bd. 1: Europäisches Organisations- und Verfassungsrecht, 2014, § 9

F. Wollenschläger, Grundfreiheit ohne Markt. Die Herausbildung der Unionsbürgerschaft im unionsrechtlichen Freizügigkeitsregime, 2007

F. Wollenschläger, Freizügigkeit der Arbeitnehmer, in: Pache/Knauff (Hrsg.), Fallhandbuch Europäisches Wirtschaftsrecht, 2. Aufl. 2010, § 7

F. Wollenschläger, Grundrechtsschutz und Unionsbürgerschaft, in: Hatje/Müller-Graff (Hrsg.), Enzyklopädie Europarecht, Bd. 1: Europäisches Organisations- und Verfassungsrecht, 2014, § 8

F. Wollenschläger, Vorbemerkung zu Art. 15 f., Art. 15, 16 und 17 Grundrechte-Charta, in: von der Groeben/Schwarze/Hatje (Hrsg.), EUV-/AEUV-Kommentar, 7. Aufl. 2015, i.E.

N. Wunderlich, Das Grundrecht der Berufsfreiheit gemäß Artikel 15 der Grundrechtecharta, in: Becker/Hatje/Potacs/dies. (Hrsg.), Verfassung und Verwaltung in Europa, FS für Schwarze, 2014, S. 304

§ 2 Verfassungsrechtliche Grundlagen des Öffentlichen Wirtschaftsrechts

Ferdinand Wollenschläger

Inhaltsverzeichnis

F. Wollenschläger (✉)
Juristische Fakultät, Universität Augsburg, Universitätsstraße 24,
86159 Augsburg, Deutschland
E-Mail: ferdinand.wollenschlaeger@jura.uni-augsburg.de

© Springer-Verlag Berlin Heidelberg 2016
R. Schmidt, F. Wollenschläger (Hrsg.), *Kompendium Öffentliches Wirtschaftsrecht*,
Springer-Lehrbuch, DOI 10.1007/978-3-662-45579-1_2

I. Einführung

1   Dem Grundgesetz kommt eine nicht zu unterschätzende Bedeutung für das Öffentliche Wirtschaftsrecht und das Wirtschaftsleben zu, bildet es doch deren Rahmen.
Es stellt sich nicht nur die einleitend beleuchtete Frage nach den für die Wirtschafts-
und Sozialordnung grundlegenden Systementscheidungen, die die Verfassung als
„rechtliche Grundordnung des Gemeinwesens"[1] beantwortet (dazu II.). Vielmehr
bedingt der im Grundgesetz angelegte umfassende Freiheitsschutz, dass die Grundrechte eine weit reichende Maßstabsfunktion für wirtschaftsregulatorische Vorgaben
entfaltet haben: Von Ladenschlussregeln über die Unternehmensmitbestimmung bis
hin zum Atomausstieg – die Zulässigkeit all dieser und zahlloser weiterer Maßnahmen bildete den Gegenstand verfassungsrechtlicher Kontroversen, die bis hin
zum BVerfG ausgetragen wurden. Vor diesem Hintergrund entfaltet der Hauptteil
dieses Kapitels den grundrechtlichen Rahmen des Öffentlichen Wirtschaftsrechts
(III.). Ein kurzer Blick gilt weiteren grundgesetzlichen Strukturgewährleistungen
allgemeiner und besonderer Art, denen Relevanz für das Wirtschaftsleben zukommt
(IV.). Im deutschen Bundesstaat stellt sich schließlich die Frage nach der Verteilung
der Regelungskompetenzen zwischen Bund und Ländern für den Erlass wirtschaftsrechtlicher Regeln (V.).

2   Ausgeblendet bleibt in diesem Abschnitt das *Wirtschaftsverfassungsrecht
der Länder*. Dieses erweist sich zwar teils als recht detailliert – so umfasst etwa
der „Wirtschaft und Arbeit" gewidmete vierte Hauptteil der BayVerf. 27 Artikel
(Art. 151–177 BayVerf.); allerdings findet es sich durch weit reichende Gesetzgebungsbefugnisse und -aktivitäten des Bundes sowie durch die unitarische Grund-
rechtsgeltung im deutschen Bundesstaat (Art. 1 Abs. 3 GG) überlagert.[2]

II. Die Wirtschaftsverfassung des Grundgesetzes

3   Die Wirtschaftsverfassung umfasst die – im vorliegenden Kapitel näher entfalteten
– grundgesetzlichen Vorgaben für die Wirtschaftsordnung.[3] Das Grundgesetz enthält wegen seines ursprünglich provisorischen Charakters und der zunächst offenen

---

[1] *Hesse*, § 1 Rn 17.

[2] Im Überblick *Durner*, in: Ehlers/Fehling/Pünder, § 11 Rn. 39 ff. Siehe zur Bedeutung der
Art. 151 ff. BayVerf. nur die Einzelkommentierungen in Meder/Brechmann, BV.

[3] Ein weites Begriffsverständnis der Wirtschaftsverfassung bezieht sich demgegenüber nicht nur
auf die verfassungsrechtlichen, sondern auf die Gesamtheit der rechtlichen Vorgaben für die Wirtschaftsordnung, vgl. *P. M. Huber*, in: Schoch, Kap. 3 Rn. 17. Ablehnend gegenüber dem Konzept
der Teilverfassungen *Wahl*, Der Staat 1981, 485 (508 ff.).

Systemfrage[4] *keine ausdrückliche Entscheidung für ein bestimmtes Wirtschaftssystem* (→ § 5 Rn. 5), anders als etwa die Verfassung der ehemaligen DDR (Planwirtschaft mit Volkseigentum)[5] oder, mit einer Festlegung auf die soziale Marktwirtschaft, das Unionsrecht (→ § 1 Rn. 3 ff., § 5 Rn. 11, 13), einige Landesverfassungen (Art. 51 Verf. RP, Art. 38 ThürVerf.) sowie der Einigungsvertrag[6]; auch verzichtet das Grundgesetz, anders als etwa die WRV (Art. 151–165) oder die BayVerf. (Art. 151–177), auf Detailregelungen des Wirtschaftslebens. Ob dem Grundgesetz gleichwohl eine bestimmte Systementscheidung, etwa mit Hans Carl Nipperdey für die soziale Marktwirtschaft,[7] zugrunde liegt, wurde in den Anfangsjahren der Bundesrepublik kontrovers diskutiert.[8] In Positionierung hierzu hat das BVerfG in seinem Urteil zum Investitionshilfegesetz vom 20.07.1954 die *wirtschaftspolitische Neutralität des Grundgesetzes* und den mit ihr einhergehenden Spielraum des Gesetzgebers für die Ausgestaltung der Wirtschafts- und Sozialordnung betont.[9]

Diese „Offenheit der Verfassungsordnung", die „notwendig [ist], um einerseits   **4** dem geschichtlichen Wandel Rechnung zu tragen, der im besonderen Maße das wirtschaftliche Leben kennzeichnet, andererseits die normierende Kraft der Verfassung nicht aufs Spiel zu setzen", ist mit dem Mitbestimmungs-Urteil des BVerfG vom 01.03.1979 freilich nur eine „relative" und nicht mit einer carte blanche für den Gesetzgeber zu verwechseln.[10] Denn das Grundgesetz steckt einen Rahmen für die Regulierung der Wirtschafts- und Sozialordnung ab, der namentlich mit der Gewährleistung der Berufs- (Art. 12 GG) sowie Koalitionsfreiheit (Art. 9 Abs. 3 GG) und des Privateigentums (Art. 14 GG) einerseits und andererseits mit der prinzipiellen Einschränkbarkeit dieser Grundrechte im Interesse der Allgemeinheit und Dritter, der Möglichkeit einer Vergesellschaftung von Grund und Boden sowie von Naturschätzen und Produktionsmitteln (Art. 15 GG) sowie dem Bekenntnis zum Sozialstaat (Art. 20 Abs. 1 GG), unbeschadet des weiten gesetzgeberischen Gestaltungsspielraums, bedeutsame Weichenstellungen hin zu einer freiheitlichen, marktwirtschaftlichen, sozial fundierten Wirtschaftsverfassung enthält.[11] Verfassungsrechtlicher Prüfungsmaßstab für wirtschaftspolitische Maßnahmen bleibt freilich die grundgesetzliche Einzelnorm, nicht aber eine abstrakte Systementscheidung.

---

[4] Siehe *Durner*, in: Ehlers/Fehling/Pünder, § 11 Rn. 1 f.

[5] Art. 9 Abs. 1 S. 1, Abs. 3 S. 1 und 2, Art. 12 Verf. DDR.

[6] Art. 1 Abs. 3 Vertrag über die Schaffung einer Währungs-, Wirtschafts- und Sozialunion zwischen der Deutschen Demokratischen Republik und der Bundesrepublik Deutschland vom 18.05.1990, BGBl. II, S. 537. Näher *Rupp*, HStR[2] IX, § 203 Rn. 1 ff., 14 ff.

[7] *Nipperdey*, Die soziale Marktwirtschaft in der Verfassung der Bundesrepublik, 1954; siehe ferner *Rupp*, HStR[2] IX, § 203.

[8] Zu dieser Debatte *P. M. Huber*, in: Schoch, Kap. 3 Rn. 18 f.; *R. Schmidt*, HStR[3] IV, § 92 Rn. 16 ff.; *Stern* III/1, S. 879 ff.

[9] BVerfGE 4, 7 (17 f.); ferner 50, 290 (336 ff.).

[10] BVerfGE 50, 290 (338). Siehe auch *R. Schmidt*, HStR[3] IV, § 92 Rn. 25 ff.

[11] Siehe *Breuer*, HStR[3] VIII, § 170 Rn. 38 ff.; *Durner*, in: Ehlers/Fehling/Pünder, § 11 Rn. 5 f.; *P. M. Huber*, in: Schoch, Kap. 3 Rn. 23 ff.; *Ziekow*, § 3 Rn. 9; ferner – Ausschluss von Extremmodellen – *Ruthig/Storr*, Rn. 4.

5   Die Wirtschaftsverfassung des Grundgesetzes ist schließlich vor dem Hintergrund ihrer *Europäisierung* zu sehen. Der Befund, dass „sich die Grundordnung
des sozialen und politischen Lebens in der EU" nur aus einer „Zusammenschau"
von unionalem und nationalem Verfassungsrecht „erschließt",[12] mithin unionales
und nationales Verfassungsrecht „Teilordnungen eines einheitlichen Systems" darstellen,[13] gilt gerade auch für die Wirtschaftsverfassung. Deren Auslotung hat die
zahlreichen unionsrechtlichen Vorgaben für die Wirtschaftsordnung einzubeziehen,
die den Spielraum auf nationaler Ebene erheblich einschränken (→ § 1 Rn. 1; § 5
Rn. 7). In diesem Sinne gibt Art. 119 Abs. 1 AEUV nicht nur der Union, sondern
auch den Mitgliedstaaten „die Einführung einer Wirtschaftspolitik [vor], die auf
einer engen Koordinierung der Wirtschaftspolitik der Mitgliedstaaten, dem Binnenmarkt und der Festlegung gemeinsamer Ziele beruht und dem Grundsatz einer offenen Marktwirtschaft mit freiem Wettbewerb verpflichtet ist."

III. Grundrechtliche Vorgaben für das Öffentliche Wirtschaftsrecht

6   Die Entfaltung der grundrechtlichen Vorgaben für das Öffentliche Wirtschaftsrecht
– das Herzstück der grundgesetzlichen Wirtschaftsverfassung – setzt zunächst bei
allgemeinen Fragen der Grundrechtsdogmatik an (1.). So gilt es, angesichts der
Multifunktionalität der Grundrechte verschiedene Gewährleistungsdimensionen zu
unterscheiden (1.a) und den Kreis der Grundrechtsverpflichteten (1.b) sowie -be-
rechtigten (1.c) zu bestimmen, bedient sich der Staat doch mitunter Handlungs- und
Organisationsformen des Privatrechts, etwa öffentlicher Unternehmen; die Europäisierung des Öffentlichen Wirtschaftsrechts wirft des Weiteren die Fragen auf, ob und
inwieweit sich EU-Ausländer auf Deutschen-Grundrechte berufen können (1.d.) und
nationale Grundrechte überhaupt noch Anwendung finden (1.e.). Hieran schließt sich
eine Entfaltung für die Wirtschaftsverfassung zentraler Einzelgrundrechte an (2.).

1. Allgemeine Grundrechtsfragen

a) Grundrechtsfunktionen

7   Im Öffentlichen Wirtschaftsrecht kommen die Grundrechte in ihren verschiedenen
Dimensionen zum Tragen, die es zu unterscheiden gilt (zur Ausstrahlungswirkung
→ Rn. 15).[14]

---

[12] *P. M. Huber*, VVDStRL 60 (2001), 194 (208 ff.).

[13] *I. Pernice*, VVDStRL 60 (2001), 148 (172); ferner *P. M. Huber*, VVDStRL 60 (2001), 194
(208 ff.).

[14] Siehe zur Multifunktionalität der Grundrechte nur *Cremer*, Freiheitsgrundrechte, 2003,
S. 191 ff.; *Dreier*, in: ders., Vorb. Rn. 82 ff.; *Lindner*, Theorie der Grundrechtsdogmatik, 2005,
S. 11 ff.; *F. Wollenschläger*, Verteilungsverfahren, S. 46 ff. m. w. N. Kritisch *Poscher*, Grundrechte
als Abwehrrechte, 2003.

Die Freiheitsrechte stellen in den Worten der Lüth-Entscheidung des BVerfG „in   **8**
erster Linie *Abwehrrechte* des Bürgers gegen den Staat" dar.[15] In dieser Funktion
liegt auch im Öffentlichen Wirtschaftsrecht ihre Hauptrolle, beschränkt der Staat
doch in vielfacher Weise die freie berufliche respektive unternehmerische Betätigung: Exemplarisch genannt seien eine Berufsausübung Privater ausschließende
Verwaltungsmonopole, wie für den Betrieb von Spielbanken im Freistaat Bayern,[16]
die etwa im Taxengewerbe oder bei der Vergabe von Telekommunikationsfrequen-
zen (→ § 12 Rn. 41) zu findende Kontingentierung beruflicher Betätigungsmöglichkeiten,[17] Qualifikationsanforderungen, etwa im Gewerbe-, Handwerks- oder
Gaststättenrecht (→ § 9 Rn. 61 f., § 10 Rn. 14 ff., § 11 Rn. 27 ff.),[18] sowie Vorgaben
für die Art und Weise der Gewerbeausübung, etwa Ladenschlussregelungen[19] oder
Umweltauflagen[20].

Im modernen Staat ist die individuelle Freiheit indes nicht bereits dann effek-   **9**
tiv geschützt, wenn die öffentliche Gewalt Eingriffe in Freiheitsrechte der Bürger
unterlässt, vielmehr kann der Freiheitsschutz auch ein *Tätigwerden des Staates*
verlangen; dementsprechend haben weitere, neben die Abwehrfunktion tretende
Grundrechtsdimensionen Anerkennung gefunden, namentlich *Schutzpflichten, ori-*
ginäre Leistungsrechte und *derivative Teilhaberechte*.[21] Deren oftmals zu findende
Bezeichnung als „objektiv-rechtliche Dimension" der Freiheitsrechte[22] darf freilich
nicht darüber hinwegtäuschen, dass auch mit diesen Gewährleistungsaspekten subjektive Rechte korrespondieren,[23] mag dem Gesetzgeber bei der Realisierung von
Schutzpflichten und der Zuerkennung von Leistungsrechten auch ein weiter Gestaltungsspielraum zukommen[24].

Grundrechtliche *Schutzpflichten* spielen im Öffentlichen Wirtschaftsrecht in ers-   **10**
ter Linie als Schranke der freien unternehmerischen Betätigung eine Rolle, etwa
wenn der Gesetzgeber Rauchverbote in Gaststätten zum Schutz der Gesundheit von
Personal und Besuchern erlässt,[25] im Interesse des Verbraucher- und Gesundheitsschutzes eine behördliche Information der Öffentlichkeit über lebensmittelrecht-

---

[15] BVerfGE 7, 198 (LS 1) – Hervorhebung nicht im Original; ferner 1, 97 (104); 50, 290 (337);
68, 193 (205).

[16] Art. 2 Abs. 2 S. 1 BaySpielbG. Zur grundrechtlichen Relevanz von Verwaltungsmonopolen
→ Rn. 59.

[17] § 13 Abs. 2 und Abs. 4 PBefG; §§ 55 Abs. 10, 61 TKG.

[18] Vgl. z. B. §§ 34c, 34d GewO; § 7 HwO; § 4 GastG.

[19] § 3 LadSchlG.

[20] Vgl. z. B. §§ 47 ff., 59 KrWG.

[21] Siehe nur BVerfGE 33, 303 (330); 40, 237 (249); 56, 54 (73); 121, 317 (356); ferner die Nachweise in Fn. 14.

[22] *Stern* III/1, S. 918 ff.; *Dreier*, in: ders., Vorb. Rn. 94.

[23] BVerfGE 33, 303 (333); 46, 160; 53, 30 (57).

[24] Siehe nur BVerfGE 39, 1 (44); 121, 317 (356 f.) – Schutzpflichten; 33, 303 (333) – Leistungsrechte.

[25] BVerfGE 121, 317 (356).

liche Verstöße von Unternehmen vorsieht (§ 40 LFGB, § 6 Abs. 1 S. 3 VIG)[26] oder arbeitnehmerschützende Regelungen trifft[27]. *Originären Leistungsrechten* kommt demgegenüber keine besondere Bedeutung im Öffentlichen Wirtschaftsrecht zu, widerspricht die Ableitung von Leistungsansprüchen aus Grundrechten doch dem Gedanken des Wettbewerbs. So folgt etwa aus der Berufsfreiheit kein Anspruch auf Subventionierung[28] oder auf Verschaffung eines Arbeitsplatzes („Recht auf Arbeit")[29]. *Derivative Teilhaberechte* verbürgen einen Anspruch auf (gleichheits- konforme) Partizipation an bestehenden staatlichen Leistungen, wenn der Einzelne für die Ausübung von Freiheitsrechten hierauf in qualifizierter Weise angewiesen ist. Liegt eine solche (auch) freiheitsrechtlich relevante Teilhabesituation vor, gel- ten im Vergleich zur Einschlägigkeit nur des allgemeinen Gleichheitssatzes stren- ge Maßstäbe für die Bestimmung von Verteilungskriterien und -verfahren sowie der Gesetzesvorbehalt.[30] Das BVerfG hat eine derartige – an Art. 3 Abs. 1 i. V. m. Art. 12 Abs. 1 GG zu messende – Teilhabesituation für die Vergabe von Standplät- zen auf öffentlichen Märkten (→ § 9 Rn. 112 ff.)[31] und für die Vergabe von Linien- verkehrsgenehmigungen nach dem PBefG[32] angenommen; ein weiteres Beispiel stellt die Vergabe von (knappen) Funkfrequenzen für Telekommunikationsdienst- leistungen dar (→ § 12 Rn. 41)[33]. Bei der Vergabe öffentlicher Aufträge erscheint es demgegenüber – jedenfalls jenseits staatlicher Nachfragemonopole, etwa im Rüs- tungsbereich[34] – wegen des fehlenden Angewiesenseins auf die Berücksichtigung bei öffentlichen Aufträgen nicht gerechtfertigt, eine freiheitsrechtlich relevante Teilhabesituation anzunehmen.[35]

11   *Gleichheitsrechte* spielen im Öffentlichen Wirtschaftsrecht auch jenseits derarti- ger Teilhabesituationen eine Rolle (→ Rn. 88 ff.),[36] etwa als Maßstab für die Sub- ventionsgewährung (→ § 8 Rn. 10, 86) oder für die Vergabe öffentlicher Aufträge (→ § 7 Rn. 103 f.).

---

[26] Näher zur (grundrechtlichen) Problematik der behördlichen Öffentlichkeitsinformation *F. Wol- lenschläger*, VerwArch 102 (2011), 20.

[27] BVerfGE 81, 242 (254 f.). Näher *Wieland*, in: Dreier, Art. 12 Rn. 142 ff.

[28] BVerwGE 35, 268 (275). Siehe für die Eigentumsfreiheit BVerfGE 80, 124 (137).

[29] BVerfGE 84, 133 (146 f.); *Breuer*, HStR³ VIII, § 170 Rn. 7, 13 ff.; *H.-P. Schneider*, HGR V, § 113 Rn. 10 f.; *Wieland*, in: Dreier, Art. 12 Rn. 26.

[30] Umfassend *F. Wollenschläger*, Verteilungsverfahren, S. 69 ff. m. w. N.

[31] BVerfG, NJW 2002, 3691 (3692). Siehe auch *F. Wollenschläger*, Verteilungsverfahren, S. 78, 324 ff. m. w. N.

[32] BVerfG, NVwZ 2011, 113 (114).

[33] Siehe BVerwG, MMR 2012, 130 (133); *F. Wollenschläger*, Verteilungsverfahren, S. 419 ff. m. w. N.

[34] Befürwortend etwa *P. M. Huber*, JZ 2000, 877 (879 f.); ablehnend BVerfGE 116, 135 (153); *Gaier*, NZBau 2008, 289 (291).

[35] Siehe nur *F. Wollenschläger*, Verteilungsverfahren, S. 202 f. m. w. N.

[36] Allgemein zur Unterscheidung von Freiheits- und Gleichheitsrechten nur *Dreier*, in: ders., Vorb. Rn. 75 f.

Freiheits- und Gleichheitsrechten kommt des Weiteren eine *Verfahrensdimension* **12** zu, indem sie „eine den Grundrechtsschutz effektuierende Organisationsgestaltung und Verfahrensgestaltung" fordern.[37] Relevant ist diese Anforderung etwa bei der Vergabe öffentlicher Aufträge (→ § 7 Rn. 93 ff.): Hier fordert der Gleichheitssatz nicht nur, sachgerechte, der Ermittlung des besten Angebots dienende Vergabekriterien festzulegen, sondern auch eine diesem Ziel entsprechende Verfahrensgestaltung. Letzteres impliziert beispielsweise eine hinreichende Bekanntmachung der Auftragsvergabe, da andernfalls kein Wettbewerb um das beste Angebot entsteht.[38] Auch für die Vergabe von Linienverkehrsgenehmigungen hat das BVerfG „eine der Bedeutung der Berufsfreiheit" und „der Sicherung des chancengleichen Zugangs zur beruflichen Tätigkeit angemessene Verfahrensgestaltung" im Vorfeld der Auswahlentscheidung angemahnt.[39] Schließlich beinhalten Freiheits- und Gleichheitsrechte eine (neben Art. 19 Abs. 4 GG stehende[40]) *Rechtsschutzdimension*, die im Interesse der Durchsetzbarkeit grundrechtlicher Gewährleistungen effektiven Rechtsschutz fordert (→ Rn. 94).[41]

b) Grundrechtsverpflichtung

Gemäß Art. 1 Abs. 3 GG verpflichten die Grundrechte alle Staatsgewalten, mithin **13** Gesetzgebung, vollziehende Gewalt und Rechtsprechung. Nachdem der Staat bei der Vergabe öffentlicher Aufträge und bei der unternehmerischen Betätigung am Privatrechtsverkehr teilnimmt, stellt sich auch im Öffentlichen Wirtschaftsrecht die Frage nach der *Fiskalgeltung der Grundrechte* (→ § 6 Rn. 21, § 7 Rn. 7 f.).[42] Während der BGH[43] und Teile der Literatur[44] in diesem Fall zunächst eine Ausübung vollziehender Gewalt und damit eine Grundrechtsbindung mangels Einsatzes hoheitlicher Mittel verneinten, hat sich das BVerfG in seinem Urteil zum Vergaberechtsschutz unterhalb der Schwellenwerte vom 13.06.2006 jedenfalls für den allge-

---

[37] BVerfGE 69, 315 (355). Grundlegend 53, 30 (65); siehe bereits zuvor 6, 32 (44) und 45, 422 (430 ff.) sowie im Folgenden 84, 34 (45 f.); 118, 270 (275 f.). Siehe des Weiteren *Cremer*, Freiheitsgrundrechte, 2003, S. 394 ff.; *F. Wollenschläger*, Verteilungsverfahren, S. 38 ff., 70 ff., 82 ff. m. w. N.

[38] Siehe BVerfGE 116, 135 (153). Im Einzelnen *F. Wollenschläger*, Verteilungsverfahren, S. 38 ff. m. w. N.

[39] BVerfG, NVwZ 2011, 113 (114).

[40] Für den Vorrang dieser Gewährleistung *P. M. Huber*, in: von Mangoldt/Klein/Starck, Art. 19 Rn. 364.

[41] Siehe nur BVerfGE 24, 367 (401); 39, 276 (294); 107, 299 (311); *P. M. Huber*, in: von Mangoldt/Klein/Starck, Art. 19 Rn. 361 ff.; *Schulze-Fielitz*, in: Dreier, Art. 19 Abs. 4 Rn. 148.

[42] Umfassend dazu und dem hier folgend *F. Wollenschläger*, Verteilungsverfahren, S. 32 f. m. w. N., sowie *ders.*, in: Kirchhof/Korte/Magen, § 6 Rn. 58.

[43] BGH, NJW 1962, 196 (197 f.); ferner VG Chemnitz, NVwZ-RR 1997, 198 (198). Offen gelassen dann von BGH, DÖV 1967, 569 (570); NJW 2001, 1492 (1494).

[44] *Dürig*, in: Maunz/ders., Art. 3 Abs. 1 Rn. 490 (Stand: Grundwerk); *Forsthoff*, Der Staat als Auftraggeber, 1963, S. 13 f.

meinen Gleichheitssatz[45] und dann umfassend im Fraport-Urteil vom 22.02.2011[46] zu Recht der überwiegend vertretenen Gegenmeinung[47] angeschlossen. Für letztere spricht, dass auch privatrechtliches Handeln einen Ausdruck der vom Grundgesetz einheitlich konstituierten und entsprechend der Intention des Art. 1 Abs. 3 GG umfassend grundrechtsgebundenen Staatsgewalt darstellt, zumal der Staat auch insoweit keine Privatautonomie genießt, sondern dem Gemeinwohl verpflichtet bleibt.[48] Auch darf der Staat sich nicht durch die Wahl einer bestimmten Handlungsform grundrechtlichen Bindungen entziehen können (keine „Flucht ins Privatrecht").[49] Schließlich lässt sich auch nicht mit einer vermittelnden Auffassung[50] überzeugend weiter zwischen öffentlichen Aufgaben dienendem und damit grundrechtsgebundenem sowie sonstigem rein fiskalischem Privatrechtshandeln differenzieren.[51]

14   Ein Sonderproblem aus dem Recht öffentlicher Unternehmen stellt die Frage dar, ob auch *gemischt-wirtschaftliche Unternehmen*, mithin solche, an denen sowohl der Staat als auch Private beteiligt sind, einer Grundrechtsbindung gemäß Art. 1 Abs. 3 GG unterliegen (→ § 6 Rn. 109). Im bereits erwähnten Fraport-Urteil hat das BVerfG dies für staatlich beherrschte gemischt-wirtschaftliche Unternehmen bejaht, wobei eine Beherrschung in erster Linie bei einer staatlichen Mehrheitsbeteiligung vorliegt.[52] Nachdem kooperatives Handeln des Staates genauso wenig wie der Rekurs auf privatrechtliche Handlungsformen zu einem Dispens von der Grundrechtsbindung führen darf, ist dem zuzustimmen, zumal private Anteilseigner hierdurch nicht unangemessen belastet werden und eine Durchsetzung grundrechtlicher Standards über Einwirkungsmöglichkeiten des grundrechtsgebundenen staatlichen Anteilseigners auf das Unternehmen zu aufwändig und nicht immer Erfolg versprechend erscheint.[53]

15   Nicht grundrechtsgebunden sind demgegenüber Private; allein Art. 9 Abs. 3 S. 2 GG sieht abweichend hiervon eine unmittelbare *Drittwirkung* der Koalitionsfreiheit vor. Auch unterfallen Beliehene im Rahmen ihres hoheitlich übertragenen Aufgabenbereichs Art. 1 Abs. 3 GG.[54] Für das Verhältnis zwischen Privaten relevant sind die Grundrechte freilich insofern, als sie auf dieses als Ausdruck einer „objektiven Wertordnung" ausstrahlen und eine grundrechtskonforme Auslegung und

---

[45] BVerfGE 116, 135 (151, 153) – für Art. 12 Abs. 1 GG offen gelassen.

[46] BVerfGE 128, 226 (244 ff.).

[47] Siehe etwa BVerwGE 113, 208 (211); 129, 9 (16); *Dreier*, in: ders., Art. 1 Abs. 3 Rn. 67; *P. M. Huber*, Die unternehmerische Betätigung der öffentlichen Hand, in: FS Badura, S. 897 (910 f.); *F. Wollenschläger*, Verteilungsverfahren, S. 32 f.; *ders.*, in: Kirchhof/Korte/Magen, § 6 Rn. 58.

[48] Siehe nur BVerfGE 128, 226 (244 ff.); *Dreier*, in: ders., Art. 1 III Rn. 67 f.

[49] BVerfG, NVwZ 2009, 1282 (1283); E 128, 226 (244 f.).

[50] *Herdegen*, in: Maunz/Dürig, Art. 1 Abs. 3 Rn. 96 (Stand: 44. EL Februar 2005); *Ronellenfitsch*, HStR³ IV, § 98 Rn. 47 ff.

[51] *Dörr*, DÖV 2001, 1014 (1015 f.); *Dreier*, in: ders., Art. 1 Abs. 3 Rn. 67.

[52] BVerfGE 128, 226 (246 f.); ferner BVerwGE 113, 208 (211).

[53] *Gurlit*, NZG 2012, 249 (252); *F. Wollenschläger*, in: Kirchhof/Korte/Magen, § 6 Rn. 59 m. w. N.; *Ziekow*, § 7 Rn. 33. Offen gelassen *Dreier*, in: ders., Art. 1 Abs. 3 Rn. 71 f. A. A. *Höfling*, in: Sachs, Art. 1 Rn. 108 (lediglich Staat als Anteilseigner).

[54] Siehe nur *Dreier*, in: ders., Art. 1 Abs. 3 Rn. 39.

Anwendung auch des Privatrechts fordern, namentlich von Generalklauseln (mittelbare Drittwirkung);[55] überdies können aus Grundrechten vom Staat umzusetzende Schutzaufträge folgen (→ Rn. 9 f.). So verleiht etwa die Berufsfreiheit mit dem BVerfG keinen „unmittelbaren Schutz gegen den Verlust eines Arbeitsplatzes aufgrund privater Dispositionen. Insoweit obliegt dem Staat lediglich eine aus Art. 12 Abs. 1 GG folgende Schutzpflicht, der die geltenden Kündigungsvorschriften hinreichend Rechnung tragen."[56]

c) Grundrechtsberechtigung juristischer Personen

aa) Die Regelung des Art. 19 Abs. 3 GG

Art. 19 Abs. 3 GG erstreckt die Grundrechtsberechtigung auch auf inländische juristische Personen, soweit das fragliche Grundrecht seinem Wesen nach auf diese anwendbar ist.   **16**

Nachdem der *Begriff der juristischen Person* ein verfassungsrechtlicher ist, erfasst Art. 19 Abs. 3 GG nicht nur vollrechtsfähige juristische Personen i. S. d. Privatrechts, wie die AG (§ 1 Abs. 1 S. 1 AktG) oder die GmbH (§ 13 Abs. 1 GmbHG), sondern alle organisatorisch hinreichend verfestigten Entitäten und damit auch teilrechtsfähige Personenvereinigungen wie die OHG und KG (§ 124 Abs. 1, ggf. i. V. m. § 161 Abs. 2 HGB) oder die BGB-Gesellschaft.[57]   **17**

Maßgeblich für die *Inländer-Eigenschaft* einer juristischen Person ist der effektive (nicht der satzungsmäßige) Verwaltungssitz, mithin ein tatsächliches Aktionszentrum im Inland.[58] Mit Blick auf eine entsprechende Anforderung der Diskriminierungsverbote des Unionsrechts (→ § 1 Rn. 6 ff.) hat das BVerfG in seinem Beschluss vom 19.07.2011 Art. 19 Abs. 3 GG in erweiternder Auslegung auch auf juristische Personen aus dem EU-Ausland erstreckt, so ein hinreichender Inlandsbezug besteht und ihre Tätigkeit den unionsrechtlichen Diskriminierungsverboten unterfällt.[59] Auf *Prozessgrundrechte*, wie Art. 101 Abs. 1 S. 2 GG (Entzug des gesetzlichen Richters) oder Art. 103 Abs. 1 GG (rechtliches Gehör), können sich ausländische juristische Personen stets berufen, da diese allen Verfahrensbeteiligten zustehen.[60]   **18**

Eine *wesensmäßige Anwendbarkeit* von Grundrechten auf juristische Personen nimmt das BVerfG dann an, „wenn ihre Bildung und Betätigung Ausdruck der freien Entfaltung der natürlichen Personen sind, besonders wenn der ‚Durchgriff' auf die hinter den juristischen Personen stehenden Menschen dies als sinnvoll oder   **19**

---

[55] BVerfGE 7, 198 (205 f.); 81, 242 (255 f.); 84, 192 (194 f.); *Dreier*, in: ders., Vorb. Rn. 96 ff.

[56] BVerfGE 84, 133 (146 f.); ferner 81, 242 (254 f.).

[57] Siehe nur *Dreier*, in: ders., Art. 19 Abs. 3 Rn. 44 ff. Aus der Rechtsprechung: BVerfGE 4, 7 (12) für die OHG; 97, 67 (76) für die KG; NJW 2002, 3533 für die BGB-Gesellschaft.

[58] Siehe nur *Dreier*, in: ders., Art. 19 Abs. 3 Rn. 79 m. w. N.

[59] BVerfGE 129, 78 (94 ff.). Kritisch *Hillgruber*, JZ 2011, 1118. Näher *Dreier*, in: ders., Art. 19 Abs. 3 Rn. 83 ff. m. w. N.

[60] Siehe nur BVerfGE 18, 441 (447); 129, 78 (95).

erforderlich erscheinen läßt" (Theorie des personalen Substrats).[61] Das herrschende Schrifttum, das die eigenständige Berechtigung juristischer Personen durch Art. 19 Abs. 3 GG für sich hat, fragt demgegenüber nach einer „grundrechtstypischen Gefährdungslage", in der sich die juristische Person befindet.[62] Auf die zentralen wirtschaftsgrundrechtlichen Verbürgungen, namentlich den allgemeinen Gleichheitssatz (Art. 3 Abs. 1 GG) sowie die Berufs- (Art. 12 Abs. 1 GG) und Eigentumsgarantie (Art. 14 GG), können sich juristische Personen des Privatrechts nach beiden Auffassungen berufen.[63]

bb) Keine Grundrechtsberechtigung öffentlicher Unternehmen

20 Ein Sonderproblem stellen wiederum *öffentliche Unternehmen* dar (→ § 6 Rn. 22). Verneint man mit der h. M. eine Grundrechtsberechtigung des Staates, da dessen Grundrechtsverpflichtung gemäß Art. 1 Abs. 3 GG einer gleichzeitigen Grundrechtsberechtigung entgegensteht (Konfusionsargument) und auch nicht die Ausübung (kollektiv betätigter) individueller Freiheit in Frage steht,[64] scheidet konsequenterweise auch eine Grundrechtsberechtigung öffentlicher Unternehmen aus.[65] Analog zu den im Kontext der Grundrechtsverpflichtung entfalteten Grundsätzen (→ Rn. 13) kann auch nicht zwischen einer der Erledigung öffentlicher Aufgaben dienenden und einer rein privatwirtschaftlichen Betätigung eines öffentlichen Unternehmens differenziert werden.[66] *Gemischt-wirtschaftliche Unternehmen* sind, wie ebenfalls bereits im Kontext der Grundrechtsverpflichtung erörtert (→ Rn. 14), je nach dem Ausmaß ihrer staatlichen Beherrschung der staatlichen oder der gesellschaftlichen Sphäre zuzuordnen; nur im zweiten Fall kommt eine Grundrechtsberechtigung in Betracht.[67]

---

[61] Siehe nur BVerfGE 21, 362 (369); 75, 192 (195 f.). Dazu *Dreier*, in: ders., Art. 19 Abs. 3 Rn. 32 m. w. N.

[62] Siehe nur *Dreier*, in: ders., Art. 19 Abs. 3 Rn. 33 f. m. w. N.

[63] St. Rspr., siehe nur BVerfGE 95, 267 (317) – Art. 3 Abs. 1 GG; 102, 197 (212 f.) – Art. 12 Abs. 1 GG; 66, 116 (130) – Art. 14 GG; ferner *Dreier*, in: ders., Art. 19 Abs. 3 Rn. 37.

[64] Siehe nur BVerfGE 21, 362 (369); 128, 226 (247).

[65] BVerfGE 45, 63 (78); 128, 226 (247); NVwZ 2009, 1282 (1282 f.); NVwZ 2010, 373 (374); *Dreier*, in: ders., Art. 19 Abs. 3 Rn. 69 ff.; *Gersdorf*, Öffentliche Unternehmen im Spannungsfeld zwischen Demokratie- und Wirtschaftlichkeitsprinzip, 2000, S. 134 ff., 165 f.; *P. M. Huber*, in: Schoch, Kap. 3 Rn. 40; *F. Wollenschläger*, in: Kirchhof/Korte/Magen, § 6 Rn. 60 f. m. w. N.

[66] *F. Wollenschläger*, in: Kirchhof/Korte/Magen, § 6 Rn. 61; vgl. auch BVerfGE 75, 192 (195 f.). Anders aber BVerwG, NVwZ 2001, 1399 (1406) für die früher mehrheitlich in staatlichem Eigentum stehende Telekom AG unter Verweis auf deren „ausschließlich privatwirtschaftlich[e] Tätigkeit und Aufgabenstellung (Art. 87 f. II GG)".

[67] BVerfG, NJW 1990, 1783 (1783) – unter Nennung weiterer Aspekte (öffentliche Aufgabe, strikte Regulierung); E 128, 226 (246 f.); *Dreier*, in: ders., Art. 19 Abs. 3 Rn. 73 ff.; *Gersdorf*, Öffentliche Unternehmen im Spannungsfeld zwischen Demokratie- und Wirtschaftlichkeitsprinzip, 2000, S. 136 ff., 166; *P. M. Huber*, in: Schoch, Kap. 3 Rn. 40; *F. Wollenschläger*, in: Kirchhof/Korte/Magen, § 6 Rn. 62. A. A. *Sachs*, in: ders., Art. 19 Rn. 112. Differenzierend *Remmert*, in: Maunz/Dürig, Art. 19 Abs. 3 Rn. 69 ff. (Stand: 55. EL Mai 2009); *Storr*, Der Staat als Unternehmer, 2001, S. 238 ff.

d) Deutschen-Grundrechte und EU-Ausländer

Das zentrale Wirtschaftsgrundrecht, die Berufsfreiheit (Art. 12 Abs.   **21**
1 GG), berech-
tigt ausschließlich Deutsche (Deutschen-Grundrecht), ebenso im Übrigen die Vereinigungsfreiheit (Art. 9 Abs. 1 GG). Nachdem die marktfreiheitlichen Diskriminierungsverbote eine Gleichstellung EU-ausländischer Erwerbstätiger mit Inländern (nicht
nur) im Erwerbsleben verlangen (→ § 1 Rn. 64), besteht im Ergebnis Einigkeit, dass
ein identischer Schutz bestehen muss; nur die dogmatische Konstruktion ist strittig.
Nach einer Auffassung ist Art. 12 Abs. 1 GG auf EU-Ausländer zu erstrecken,[68] was,
jedenfalls bei Annahme einer erweiternden Auslegung, auf der Linie der jüngeren
Rechtsprechung des BVerfG zu Art. 19 Abs. 3 GG (→ Rn. 18) liegt; die Gegenauffas-
sung wendet unter Verweis namentlich auf den Wortlaut als Auslegungsgrenze Art. 2
Abs. 1 GG auf EU-Ausländer an und erhöht dessen Schutz auf das von Art. 12 Abs. 1
GG gebotene Niveau (insbesondere Rechtfertigungsanforderungen → Rn. 52 ff.)[69].

e) Grundrechtsbindung im EU-Kontext

Dass das Öffentliche Wirtschaftsrecht in zunehmendem Maße durch unionsrecht-   **22**
liche Vorgaben geprägt ist (→ § 1 Rn. 1), hat auch Auswirkungen auf den nationalen
Grundrechtsschutz. Es stellt sich nämlich die Frage, ob und inwieweit nationale
Grundrechte in diesem Fall noch Anwendung finden. Bedeutung hat die Abgrenzung der nationalen und EU-Grundrechtsordnung auch für die Prüfungskompetenz
des BVerfG, die auf eine Verletzung nationaler Grundrechte beschränkt ist (siehe
nur Art. 93 Abs. 1 Nr. 2, Nr. 4a GG). Der folgende Abschnitt erörtert lediglich die
Fallgruppe *Umsetzung und Vollzug von EU-Sekundärrecht*. Die Bindung der Mitgliedstaaten an die Unionsgrundrechte bei einer *Beschränkung von Grundfreiheiten*
wurde bereits im Kontext der letzteren dargelegt (→ § 1 Rn. 36). Jenseits dieser
beiden Fallgruppen ist des Weiteren strittig, ob die Unionsgrundrechte auch dann
greifen, wenn mitgliedstaatliches Handeln *sonstige Bezüge zum Unionsrecht* aufweist, etwa in den Bereich geteilter, aber auf EU-Ebene noch nicht aktualisierter
Zuständigkeiten fällt (Art. 4 AEUV) oder in Zusammenhang mit Zielen der Union
(Art. 3 EUV) sowie sonstigen Bestimmungen des Primärrechts steht. Nach der tendenziell weiten Entscheidung in der Rs. Fransson vom 26.02.2013[70] hat der EuGH
namentlich im Siragusa-Urteil vom 06.03.2014[71] und im Hernández-Urteil vom
10.07.2014,[72] wohl auch in Reaktion auf die kritischen Töne des BVerfG zu einer
expansiven Grundrechtsbindung der Mitgliedstaaten im Urteil zur Anti-Terror-
Datei vom 24.04.2013,[73] eine eher restriktive Linie verfolgt und eine hinreichende
Determinierung des Sachverhalts durch Unionsrecht verlangt.[74]

---

[68] So *Breuer*, HStR[3] VIII, § 170 Rn. 43; *Jarass*, in: ders./Pieroth, Art. 12 Rn. 12.

[69] *Dreier*, in: ders., Art. 2 Abs. 1 Rn. 17; *Wieland*, in: Dreier, Art. 12 Rn. 58; ferner – im Kontext
von Art. 9 Abs. 1 GG – *H. Bauer*, in: Dreier, Art. 9 Rn. 17.

[70] EuGH, Rs. C-617/10, EU:C:2013:105, Rn. 17 ff. – Fransson.

[71] EuGH, Rs. C-206/13, EU:C:2014:126, Rn. 21 f. – Siragusa.

[72] EuGH, Rs. C-198/13, EU:C:2014:2055, Rn. 32 ff. – Hernández.

[73] BVerfGE 133, 277 (315 f.).

[74] Näher m. w. N. *F. Wollenschläger*, EnzEuR I, § 8 Rn. 29 ff.

aa) Einführungsfälle

23   **Fall 1**[75] Eine EU-Verordnung[76] sieht eine Pflicht zur Veröffentlichung von Agrar-Subventionsempfängern im Internet mit Name, Anschrift und Subventionsbetrag im Interesse der Haushaltstransparenz vor. Nachdem das Amt für Ernährung, Landwirtschaft und Forsten (AELF) Augsburg die entsprechenden Angaben von Landwirt A im Internet veröffentlicht hat, wendet sich dieser an seinen Rechtsanwalt. Lässt sich ein Folgenbeseitigungsanspruch auf die Verletzung nationaler Grundrechte stützen?

24   **Fall 2** Eine EU-Richtlinie[77] verpflichtete die Mitgliedstaaten zur Speicherung von Telekommunikations-Verbindungsdaten für einen Zeitraum von sechs bis 24 Monaten. Der deutsche Gesetzgeber hat dies im TKG umgesetzt. Sind EU- oder nationale Grundrechte auf die Speicherungspflicht anwendbar?

bb) Abgrenzung der nationalen und EU-Grundrechtsordnung bei Umsetzung und Vollzug von EU-Sekundärrecht

25   Die in Frage stehenden Unionsrechtsakte (Fall 1: EU-Verordnung; Fall 2: EU-Richtlinie) selbst unterliegen den EU-Grundrechten (Art. 51 Abs. 1 S. 1 GRCH; → § 1 Rn. 87). Unter der (derzeit zu bejahenden) Voraussetzung eines im Wesentlichen vergleichbaren Grundrechtsschutzes auf EU-Ebene verzichtet das BVerfG nach seiner Solange-Rechtsprechung auf eine Prüfung des Unionsrechtsakts an nationalen Grundrechten.[78]

26   Fraglich ist, was für die nationalen Vollzugs- respektive Umsetzungsakte gilt, mithin die Veröffentlichung (Realakt) durch das AELF Augsburg (Fall 1) oder das

---

[75] Nach EuGH, verb. Rs. C-92/09 und C-93/09, Slg. 2010, I-11063 – Schecke u. a. Siehe zur Thematik auch *F. Wollenschläger*, AöR 135 (2010), 363.

[76] Art. 42 Nr. 8b und 44a der VO (EG) Nr. 1290/2005 des Rates vom 21.06.2005 über die Finanzierung der Gemeinsamen Agrarpolitik, ABl. EU L 209/1 und VO (EG) Nr. 259/2008 der Kommission vom 18.03.2008 mit Durchführungsbestimmungen zur VO (EG) Nr. 1290/2005 des Rates hinsichtlich der Veröffentlichung von Informationen über die Empfänger von Mitteln aus dem Europäischen Garantiefonds für die Landwirtschaft (EGFL) und dem Europäischen Landwirtschaftsfonds für die Entwicklung des ländlichen Raums (ELER), ABl. EU L 76/28, für nichtig erklärt durch EuGH, verb. Rs. C-92/09 und C-93/09, Slg. 2010, I-11063 – Schecke u. a.; jetzt Art. 111 der VO (EU) Nr. 1306/2013 des Europäischen Parlaments und des Rates vom 17.12.2013 über die Finanzierung, die Verwaltung und das Kontrollsystem der Gemeinsamen Agrarpolitik und zur Aufhebung der VO (EWG) Nr. 352/78, (EG) Nr. 165/94, (EG) Nr. 2799/98, (EG) Nr. 814/2000, (EG) Nr. 1290/2005 und (EG) Nr. 485/2008 des Rates, ABl. EU L 347/549.

[77] RL 2006/24/EG des Europäischen Parlaments und des Rates vom 15.03.2006 über die Vorratsspeicherung von Daten, die bei der Bereitstellung öffentlich zugänglicher elektronischer Kommunikationsnetze oder öffentlicher Kommunikationsnetze erzeugt oder verarbeitet werden, und zur Änderung der RL 2002/58/EG, ABl. EU L 105/54; vom EuGH wegen einer Verletzung von Grundrechten für nichtig erklärt EuGH, verb. Rs. C-293/12 und C-594/12, EU:C:2014:238 – Digital Rights Ireland.

[78] BVerfGE 73, 339 (376); ferner 129, 186 (207 f.). Näher *F. Wollenschläger*, EnzEuR I, § 8 Rn. 12 ff. m. w. N.

Umsetzungsgesetz des deutschen Gesetzgebers (Fall 2). Art. 1 Abs. 3 GG legt eine Bindung an deutsche Grundrechte nahe. Prüfte man jedoch auf *zwingenden Vorgaben des Unionsrechts* beruhende nationale Akte an nationalen Grundrechten, hingen der Vollzug respektive die Umsetzung des Unionsrechts vom jeweiligen nationalen Grundrechtsstandard ab; damit wären Vorrang und unionsweit einheitliche Anwendung des Unionsrechts in Frage gestellt. Um dies zu vermeiden, verzichtet das BVerfG nach den Grundsätzen der Solange-Rechtsprechung auch auf eine Prüfung nationaler Rechtsakte, die auf zwingenden unionsrechtlichen Vorgaben beruhen, am Maßstab der deutschen Grundrechte.[79] Prüfungsmaßstab – sowohl für den die Veröffentlichungspflicht der EU-Verordnung vollziehenden Realakt des AELF Augsburg (Fall 1) als auch für die in das nationale Recht umgesetzte Pflicht zur Vorratsdatenspeicherung (Fall 2) – sind vielmehr in Einklang mit der Rechtsprechung des EuGH[80] und Art. 51 Abs. 1 S. 1 GRCH, der eine Grundrechtsbindung der Mitgliedstaaten „bei der Durchführung des Unionsrechts" anordnet, (ausschließlich, Art. 4 Abs. 3 EUV) die Unionsgrundrechte.[81]

Kommt den Mitgliedstaaten *Ermessen* zu, namentlich aufgrund von Umsetzungsspielräumen wie etwa in Fall 2 hinsichtlich der Speicherungsdauer, bejaht das BVerfG die Anwendbarkeit nationaler Grundrechte.[82] Insoweit ist freilich zu berücksichtigen, dass von Ermessen auf mitgliedstaatlicher Ebene nur dann die Rede sein kann, wenn das Unionsrecht den Ermessensspielraum nicht begrenzt; dies ist vor einer Prüfung des Sachverhalts an nationalen Grundrechten zu ermitteln. An Fall 2 lässt sich dies illustrieren: So kann eine Prüfung der EU-Richtlinie an Unionsgrundrechten ergeben, dass die Vorratsdatenspeicherung angesichts ihrer Eingriffsintensität nur für maximal ein Jahr zulässig ist, der nach dem Wortlaut der Richtlinienbestimmung gegebene Umsetzungsspielraum zwischen sechs und 24 Monaten mithin unionsgrundrechtskonform zu reduzieren ist. Nur in diesem Rahmen ist dann noch Raum für eine nationale Grundrechtsprüfung.[83] Dementsprechend nimmt der EuGH eine Bindung der Mitgliedstaaten an die Unionsgrundrechte auch bei Ermessensspielräumen an,[84] lässt aber eine Parallelgeltung nationaler Grundrechte zu, wenn vorrangige unionsrechtliche Vorgaben nicht entgegenstehen: So „bestätigt Art. 53 der Charta, dass es den nationalen Behörden und Gerichten, wenn ein Unionsrechtsakt nationale Durchführungsmaßnahmen erforderlich macht, weiterhin freisteht, nationale Schutzstandards für die Grundrechte anzuwenden, sofern durch diese Anwendung weder das Schutzniveau der Charta, wie sie vom Ge-

27

---

[79] Grundlegend BVerfGE 118, 79 (95 ff.); bestätigt in st. Rspr., siehe etwa E 122, 1 (21 f.); 130, 151 (177 f.). Anerkannt im Übrigen bereits zuvor in NJW 2001, 1267 (1268) und NVwZ 2004, 1346 (1346 f.).

[80] Siehe nur EuGH, Rs. 5/88, Slg. 1989, 2609, Rn. 17 ff. – Wachauf.

[81] Näher m. w. N. *F. Wollenschläger*, EnzEuR I, § 8 Rn. 18 ff.

[82] Siehe die Nachweise in Fn. 79.

[83] Umfassend *F. Wollenschläger*, EnzEuR I, § 8 Rn. 18 ff. m. w. N.

[84] Siehe nur EuGH, Rs. C-540/03, Slg. 2006, I-5769, Rn. 104 f. – Parlament/Rat.

richtshof ausgelegt wird, noch der Vorrang, die Einheit und die Wirksamkeit des Unionsrechts beeinträchtigt werden"[85].

2. Einzelgrundrechte

28   Den wirtschaftsverfassungsrechtlichen Rahmen ziehen namentlich die Grundrechte des Grundgesetzes, allen voran die Berufsfreiheit (Art. 12 Abs. 1 GG; a), die Eigentumsgarantie (Art. 14 GG; b) sowie die Vereinigungs- und Koalitionsfreiheit (Art. 9 GG; c). Von Bedeutung sind aber auch der Schutz der Wohnung (Art. 13 GG; d), die allgemeine Handlungsfreiheit (Art. 2 Abs. 1 GG; e), der allgemeine Gleichheitssatz (Art. 3 Abs. 1 GG; f) sowie die Rechtsschutzgarantie (Art. 19 Abs. 4 GG; g).

a) Berufsfreiheit, Art. 12 Abs. 1 GG
29   Die Gewährleistung der Berufsfreiheit, mithin des Rechts, einen Beruf frei auszuwählen und auszuüben, stellt ein zentrales Element der Wirtschaftsverfassung des Grundgesetzes dar, ist sie doch entscheidende Voraussetzung für eine marktwirtschaftliche, dezentrale Wirtschaftsordnung.[86] Überdies kommt der Berufsfreiheit auch fundamentale Bedeutung für den Einzelnen zu, da die Berufstätigkeit nicht nur regelmäßig der Sicherung seiner materiellen Lebensgrundlage dient, sondern – freilich in unterschiedlichem Ausmaß – als „Lebensaufgabe" auch für die Persönlichkeit des Menschen relevant ist.[87] In den Worten des BVerfG „konkretisiert" die Berufsfreiheit „das Grundrecht auf freie Entfaltung der Persönlichkeit im Bereich der individuellen Leistung und Existenzerhaltung und zielt auf eine möglichst unreglementierte berufliche Betätigung ab".[88]
30   Im Vordergrund dieses Abschnitts steht die abwehrrechtliche Funktion der Berufsfreiheit; teilhabe-, leistungs- und verfahrensrechtliche Aspekte wurden bereits im Kontext der allgemeinen Erörterung der Grundrechtsfunktionen behandelt (→ Rn. 9 ff.).

aa) Einführungsfälle

31   **Fall 1** Um die mit dem Glücksspiel einhergehenden Sucht-, Betrugs-, Manipulations- und Kriminalitätsgefahren einzudämmen, knüpfen staatsvertragliche Regelungen die Veranstaltung von Sportwetten durch private Anbieter an das Innehaben einer Konzession, die nur in beschränkter Zahl und nur an zuverlässige Personen vergeben wird.[89] Verletzt diese Regelung die Berufsfreiheit?

---

[85] EuGH, Rs. C-399/11, EU:C:2013:107, Rn. 60 – Melloni.

[86] Siehe nur *H.-P. Schneider*, HGR V, § 113 Rn. 15.

[87] BVerfGE 7, 377 (397); ferner 97, 12 (25). Hinsichtlich der Persönlichkeitsrelevanz differenzierend *Wieland*, in: Dreier, Art. 12 Rn. 20 ff.

[88] BVerfGE 75, 284 (292); 97, 12 (25).

[89] Vgl. den Ersten Staatsvertrag zur Änderung des Staatsvertrages zum Glücksspielwesen in Deutschland (Erster Glücksspieländerungsstaatsvertrag – Erster GlüÄndStV), BayGVBl. 2012, 318.

Fall 2[90] Angesichts der Zunahme alkoholbeeinflusster Straftaten im öffentlichen   **32**
Raum zur Nachtzeit und der mit übermäßigem Alkoholkonsum einhergehenden
Gesundheitsgefahren hat der baden-württembergische Gesetzgeber das Landes-
ladenschlussgesetz um folgende Vorschrift ergänzt: „In Verkaufsstellen dürfen
alkoholische Getränke in der Zeit von 22 Uhr bis 5 Uhr nicht verkauft werden.
Hofläden sowie Verkaufsstellen von landwirtschaftlichen Genossenschaften, von
landwirtschaftlichen Betrieben und auf Verkehrsflughäfen innerhalb der Terminals
dürfen alkoholische Getränke abweichend von Satz 1 verkaufen." T, der in seinem
Tankshop u. a. alkoholische Getränke verkauft, erleidet infolge der Gesetzesänderung einen erheblichen Umsatzeinbruch und sieht in der Neuregelung einen Verstoß
gegen Art. 12 Abs. 1 GG. Zu Recht?

Fall 3 B betreibt eine Gaststätte, die in letzter Zeit mehrfach durch Hygienemän-   **33**
gel aufgefallen ist. Infolgedessen nimmt sie die für die Lebensmittelüberwachung
zuständige Behörde in eine im Internet veröffentlichte Liste auf, die Name und
Anschrift des Betriebs sowie Datum und Ergebnis der letzten Kontrolle enthält.
B ist der Auffassung, dass schon keine hinreichend bestimmte Rechtsgrundlage
diesen schweren Eingriff in die Berufsfreiheit trägt und er allein deshalb verfassungswidrig ist. Die Behörde macht geltend, dass die Berufsfreiheit nicht vor der
Verbreitung marktrelevanter, zutreffender Informationen schütze, und verweist im
Übrigen auf § 6 Abs. 1 S. 3 VIG und § 40 Abs. 1a Nr. 2 LFGB.

bb) Prüfungsschema[91]

34

1. Schutzbereich
   a) Persönlich
      Deutsche; inländische juristische Personen (Art. 19 Abs. 3 GG); Erstre-
      ckung auf EU-Ausländer und EU-ausländische juristische Personen;
      keine Berechtigung öffentlicher Unternehmen
   b) Sachlich
      Beruf: „jede auf Erwerb gerichtete Tätigkeit …, die auf Dauer angelegt
      ist und der Schaffung und Aufrechterhaltung einer Lebensgrundlage
      dient." Keine Beschränkung auf erlaubte Tätigkeiten. Umfassender
      Schutz des berufsbezogenen Verhaltens
   c) Keine Ausklammerung wettbewerbsimmanenter Handlungen des Staa-
      tes nach der Glykol- und Vergaberechts-Rechtsprechung des BVerfG.
      Betrifft staatliches Informationshandeln und die staatliche Marktteil-
      nahme als Anbieter und Nachfrage

---

[90] Nach BVerfG, NVwZ 2011, 355.
[91] Zitate im Prüfungsschema entstammen der Rechtsprechung des BVerfG und sind bei der folgenden Behandlung des Sachproblems nachgewiesen.

2. Eingriff
   a) Vorliegen eines Eingriffs
      Anforderungen des klassischen Eingriffsbegriffs erfüllt oder, wenn
      nicht, ist mittelbar-faktische Beeinträchtigung einem klassischen Ein-
      griff gleichzustellen?
   b) Berufsregelnde Tendenz (subjektiv oder objektiv)
3. Rechtfertigung
   a) Schranke: Einheitlicher Gesetzesvorbehalt
   b) Schranken-Schranken, namentlich Verhältnismäßigkeit (Drei-Stufen-
      Lehre)
      aa) 1. Stufe: Berufsausübungsregelungen
          Betreffen „Wie", Art und Weise der beruflichen Betätigung
          Gerechtfertigt, „soweit vernünftige Erwägungen des Gemein-
          wohls [sie] zweckmäßig erscheinen lassen"
      bb) 2. Stufe: Subjektive Berufswahlregelungen
          Betreffen „Ob" der Berufstätigkeit und beziehen sich auf sub-
          jektive Voraussetzungen (z. B. persönliche Eigenschaften und
          Qualifikationen)
          Gerechtfertigt, „soweit der Schutz besonders wichtiger Gemein-
          schaftsgüter [sie] zwingend erfordert"
      cc) 3. Stufe: Objektive Berufswahlregelungen
          Betreffen „Ob" der Berufstätigkeit und beziehen sich auf von Per-
          son des Betroffenen unabhängige Umstände (z. B. Verwaltungs-
          monopole, Kontingentierung oder Bedarfsklauseln)
          Gerechtfertigt zur „Abwehr nachweisbarer oder höchstwahr-
          scheinlicher schwerer Gefahren für ein überragend wichtiges
          Gemeinschaftsgut"

cc) Schutzbereich

(1) Persönlich

35   Die Berufsfreiheit steht Deutschen und, über Art. 19 Abs. 3 GG, inländischen juristischen Personen des Privatrechts[92] zu (zur Erstreckung des Schutzes auf EU-
Ausländer → Rn. 21 und auf Gesellschaften mit Sitz im EU-Ausland → Rn. 18;
zur mangelnden Grundrechtsberechtigung des Staates einschließlich öffentlicher
Unternehmen → Rn. 20).

(2) Sachlich: Beruf und Berufsbild, Arbeitsplatz

36   In sachlicher Hinsicht gewährleistet Art. 12 Abs. 1 GG die freie Wahl und Ausübung eines Berufs. Unter dem zentralen *Tatbestandsmerkmal des Berufs* ist „jede

---

[92] Siehe nur BVerfGE 102, 197 (212 f.). Zum Schutz freigemeinnütziger Einrichtungen *F. Wollen-*
schläger/Schmidl, VSSR 2014, 117 (149 ff.).

auf Erwerb gerichtete Tätigkeit zu verstehen, die auf Dauer angelegt ist und der Schaffung und Aufrechterhaltung einer Lebensgrundlage dient."[93] Die Anforderungen an Dauer und Einkommen dürfen nicht überspannt werden, vielmehr schützt die Berufsfreiheit auch Nebenberufe sowie nur gelegentliche Tätigkeiten.[94] Art. 12 Abs. 1 GG erfasst die selbstständige und unselbstständige berufliche Betätigung[95] einschließlich sog. „staatlich gebundener" Berufe, die in unterschiedlich starkem Ausmaß einer öffentlich-rechtlichen Regulierung unterliegen, wie der des Notars.[96]

Geschützt „sind nicht nur traditionell oder gesetzlich fixierte Berufsbilder, sondern auch aufgrund der fortschreitenden technischen, sozialen oder wirtschaftlichen Entwicklung neu entstandene Berufe".[97] Überdies impliziert Berufsfreiheit, dass der Einzelne den Inhalt seiner Berufstätigkeit frei bestimmen kann und somit auch untypische Tätigkeiten bzw. Tätigkeitskombinationen zu seinem Beruf machen darf.[98] Gleichwohl bleibt es dem Gesetzgeber grundsätzlich möglich, *Berufsbilder* zu fixieren, mithin neu zu schaffen, aus- sowie umzugestalten und auch wieder abzuschaffen. Dies kann zur Folge haben, dass die Ausübung bestimmter Tätigkeiten einem bestimmten Beruf vorbehalten bleibt, bestimmte Qualifikationsanforderungen (neu) greifen oder im Rahmen der Ausübung bestimmter Berufe bestimmte Tätigkeiten untersagt sind, und determiniert folglich die Berufswahl.[99] Wegen der damit einhergehenden Einschränkung individueller beruflicher Betätigungsmöglichkeiten bedarf die Fixierung von Berufsbildern einer Rechtfertigung vor der Berufsfreiheit (zur Fixierung von Berufsbildern und den Anforderungen → Rn. 61).[100]   **37**

Es verbietet sich, den Schutzbereich der Berufsfreiheit auf *erlaubte Tätigkeiten* zu beschränken, da dies nicht vom Wortlaut des Art. 12 Abs. 1 GG gedeckt ist und dem Gesetzgeber die Möglichkeit einräumte, bestimmte Berufe durch entsprechende Verbote vom Schutz durch die Berufsfreiheit auszuschließen;[101] „allenfalls" für denkbar erachtet das BVerfG noch die Ausklammerung „solcher Tätigkeiten ..., die schon ihrem Wesen nach als verboten anzusehen sind, weil sie aufgrund ihrer   **38**

---

[93] BVerfGE 102, 197 (212); ferner 110, 304 (321); 111, 10 (28); 115, 276 (300). Im Einzelnen *Wieland*, in: Dreier, Art. 12 Rn. 33 ff.

[94] Näher *Wieland*, in: Dreier, Art. 12 Rn. 41 f.

[95] BVerfGE 7, 377 (398 f.).

[96] BVerfGE 7, 377 (398). Zum erhöhten Spielraum des Gesetzgebers bei der Reglementierung staatlich gebundener Berufe ebd. sowie E 17, 371 (377); 73, 280 (292); 80, 257 (265) und NJW-RR 2003, 203 (203); kritisch hierzu etwa *Breuer*, HStR[2] VI, § 147 Rn. 51.

[97] BVerfGE 119, 59 (78); ferner 78, 179 (193); 97, 12 (25 f.).

[98] BVerfGE 7, 377 (397); 13, 97 (106); 17, 232 (241 f.); 78, 179 (193); 81, 70 (85 f.); *Breuer*, HStR[3] VIII, § 170 Rn. 59; *Wieland*, in: Dreier, Art. 12 Rn. 34.

[99] BVerfGE 13, 97 (106); 17, 232 (241 f.); 75, 284 (296); 78, 179 (193); 106, 62 (116); 119, 59 (79 f.); *Breuer*, HStR[3] VIII, § 170 Rn. 59 ff.; *Wieland*, in: Dreier, Art. 12 Rn. 35.

[100] BVerfGE 75, 284 (296); 78, 179 (193); 97, 12 (27); 106, 62 (116); 119, 59 (79 f.); *Breuer*, HStR[3] VIII, § 170 Rn. 60 ff.; *Wieland*, in: Dreier, Art. 12 Rn. 38 f.; *Ziekow*, § 3 Rn. 18.

[101] BVerfGE 115, 276 (300 f.); *Breuer*, HStR[3] VIII, § 170 Rn. 68 f.; *Wieland*, in: Dreier, Art. 12 Rn. 43; *Ziekow*, § 3 Rn. 17. Anders noch die ältere Rspr. des BVerfG, siehe etwa E 7, 377 (397); 13, 97 (106); 81, 70 (85 f.).

Sozial- und Gemeinschaftsschädlichkeit schlechthin nicht am Schutz durch das
Grundrecht der Berufsfreiheit teilhaben können"[102].

39   Die ebenfalls geschützte freie Wahl eines *Arbeitsplatzes* konkretisiert die freie
Berufswahl insofern, als sie „eine konkrete Betätigungsmöglichkeit oder ein bestimmtes Arbeitsverhältnis" betrifft; insoweit „bezieht sich die freie Arbeitsplatz-
wahl neben der Entscheidung für eine konkrete Beschäftigung auch auf den Willen
des Einzelnen, diese beizubehalten oder aufzugeben".[103]

(3) Wichtige Einzelausprägungen

40   Art. 12 Abs. 1 GG gewährleistet einen umfassenden Schutz der Berufsfreiheit,[104]
mithin die Wahl, Beibehaltung und Aufgabe eines bestimmten Berufs und Arbeitsplatzes sowie alle Aspekte der Ausübung einer beruflichen Tätigkeit, kurz: „das
berufsbezogene Verhalten einzelner Personen oder Unternehmen am Markt".[105]
Letzteres schließt „das Recht [mit ein], Art und Qualität der am Markt angebotenen
Güter und Leistungen selbst festzulegen … und damit den Kreis der angesprochenen Interessenten selbst auszuwählen."[106] Als Einzelausprägung Anerkennung gefunden haben die Gewerbefreiheit (§ 1 GewO; → § 9 Rn. 36), die (berufsbezogene)
Vertragsfreiheit[107] oder die Außendarstellung einschließlich der Werbung für berufliche bzw. geschäftliche Zwecke[108].

41   Auch der Schutz vor einer Offenlegung von *Geschäfts- und Betriebsgeheimnissen*
wird Art. 12 Abs. 1 GG – mitunter aber auch Art. 14 GG[109] oder einer Kombination
beider Grundrechte[110] – zugeordnet.[111] Hierunter fallen „alle auf ein Unternehmen
bezogene Tatsachen, Umstände und Vorgänge …, die nicht offenkundig, sondern
nur einem begrenzten Personenkreis zugänglich sind und an deren Nichtverbreitung
der Rechtsträger ein berechtigtes Interesse hat. Betriebsgeheimnisse umfassen im
Wesentlichen technisches Wissen im weitesten Sinne; Geschäftsgeheimnisse betreffen vornehmlich kaufmännisches Wissen. Zu derartigen Geheimnissen werden

---

[102] BVerfGE 115, 276 (300 f.). Auch insoweit ablehnend *Wieland*, in: Dreier, Art. 12 Rn. 43; *Ziekow*, § 3 Rn. 17.

[103] BVerfGE 84, 133 (146 f.).

[104] Siehe nur BVerfGE 97, 228 (253): Schutz des Berufes „in all seinen Aspekten"; ferner 121,
317 (345).

[105] BVerfGE 115, 205 (229). Ähnlich bereits 85, 248 (256); 94, 372 (389).

[106] BVerfGE 121, 317 (345).

[107] BVerfGE 116, 202 (221); K 12, 308 (221 f.).

[108] BVerfGE 9, 213 (221 f.); 60, 215 (229); 85, 248 (256); 94, 372 (389); 95, 173 (181); NJW
2008, 1686 (1686). Zum Schutz kommerzieller Werbung über Art. 5 Abs. 1 S. 1 GG (nur) bei
„wertende[m], meinungsbildenden Inhalt": BVerfGE 95, 173 (182); 102, 347 (359 f.); 107, 275
(280).

[109] OVG SH, NuR 2006, 327 (328 f.); *Berg*, GewArch 1996, 177 (178); *Gurlit*, DVBl. 2003, 1119
(1123).

[110] BVerwG, NVwZ 2004, 105 (107); NVwZ 2004, 745 (746); Beschl. v. 05.02.2009 – 20 F 3/08,
juris, Rn. 15; *Di Fabio*, in: Maunz/Dürig, Art. 2 Abs. 1 Rn. 172 (Stand: 39. EL Juli 2001).

[111] BVerfGE 115, 205 (230); BVerwGE 127, 282 (285); Beschl. v. 12.10.2009 – 20 F 1/09, juris, Rn. 15; BayVBl. 2010, 414 (416); *Wolff*, NJW 1997, 98 (98 ff.). Differenzierend *Frank*, Der
Schutz von Unternehmensgeheimnissen im Öffentlichen Recht, 2009, S. 173 f., 191 ff.

etwa Umsätze, Ertragslagen, Geschäftsbücher, Kundenlisten, Bezugsquellen, Konditionen, Marktstrategien, Unterlagen zur Kreditwürdigkeit, Kalkulationsunterlagen, Patentanmeldungen und sonstige Entwicklungs- und Forschungsprojekte gezählt, durch welche die wirtschaftlichen Verhältnisse eines Betriebs maßgeblich bestimmt werden können".[112]

Soweit schlagwortartig formuliert wird, dass die Berufsfreiheit keinen *Schutz vor Konkurrenz* gewähre,[113] ist dies grundrechtsdogmatisch zum einen dahin zu präzisieren, dass die Marktteilnahme Privater schon mangels Grundrechtsbindung derselben nicht Art. 12 Abs. 1 GG unterfällt (→ Rn. 15), und zum anderen dahin zu qualifizieren, dass die Grundrechtsrelevanz einer Betätigung öffentlicher Unternehmen vom umstrittenen Vorliegen eines Eingriffs und ggf. von Rechtfertigungsmöglichkeiten abhängt (→ Rn. 46). **42**

dd) Eingriff

(1) Klassischer und moderner Eingriffsbegriff

Eingriffe in die Berufsfreiheit stellen zunächst einmal staatliche Maßnahmen dar, die unter die *klassische Eingriffsdefinition* fallen. Nach dieser wird ein Eingriff als „ein rechtsförmiger Vorgang verstanden, der unmittelbar und gezielt (final) durch ein vom Staat verfügtes, erforderlichenfalls zwangsweise durchzusetzendes Ge- oder Verbot, also imperativ, zu einer Verkürzung grundrechtlicher Freiheiten führt."[114] Das (strafbewehrte, § 284 StGB) Erfordernis einer Konzession für die Veranstaltung von Sportwetten (Fall 1) sowie das Verbot des nächtlichen Alkoholverkaufs (Fall 2) erfüllen diese Merkmale ohne Weiteres. Bei Fall 3 ist dies demgegenüber nicht der Fall, stehen doch weder Rechtsakte noch Ge- oder Verbote im Raum und resultieren wirtschaftliche Nachteile für den Gastwirt nur mittelbar aus der behördlichen Information der Öffentlichkeit; unmittelbare Ursache ist ein geändertes Konsumverhalten der Verbraucher, die hygienisch bedenkliche Gaststätten meiden. Derartige mittelbar-faktische Beeinträchtigungen finden sich auch anderweitig im Öffentlichen Wirtschaftsrecht, etwa bei der Subventionierung von Konkurrenten, dem Setzen von Verhaltensanreizen (z. B. Erfüllung sozialer Kriterien, wie der Zahlung von Mindestlöhnen, als Voraussetzung für die Berücksichtigung bei der öffentlichen Auftragsvergabe) oder der unternehmerischen Betätigung der öffentlichen Hand. **43**

Nachdem ein effektiver Grundrechtsschutz auch die Auswirkung staatlicher Maßnahmen auf den Grundrechtsträger in den Blick nehmen muss, ist allgemein anerkannt, dass der handlungsbezogene klassische Eingriffsbegriff nicht alleine über das Vorliegen eines staatlichen Eingriffs entscheiden kann;[115] vielmehr können mittelbar-faktische Beeinträchtigungen mit dem BVerfG „in ihrer Zielsetzung und **44**

---

[112] BVerfGE 115, 205 (230 f.).

[113] BVerfG, NVwZ 2009, 977 (977); *Ziekow*, § 3 Rn. 20.

[114] BVerfGE 105, 279 (299 f.). Näher *Dreier*, in: ders., Vorb. Rn. 124.

[115] Siehe dazu und zum Folgenden *F. Wollenschläger*, Verteilungsverfahren, S. 58 ff. m. w. N.; ferner *Dreier*, in: ders., Vorb. Rn. 125 ff.

Wirkung einem normativen und direkten Eingriff gleichkommen und müssen dann wie dieser behandelt werden"[116]. Im Einzelnen sind die Kriterien, nach denen sich die Gleichstellung bemisst, umstritten.[117] Keinesfalls genügt das Vorliegen eines staatlicherseits (mit)verursachten Nachteils, da der Grundrechtsschutz sonst an Konturen verlöre.[118] Abzustellen ist vielmehr auf die Kriterien der Finalität, Intensität und Unmittelbarkeit der Beeinträchtigung, mithin ist im Rahmen einer wertenden Betrachtung zu fragen, ob der Staat freiheitsrechtlich geschütztes Verhalten zu beeinflussen sucht, und sind das Ausmaß der Beeinträchtigung des Grundrechtsträgers und der Kausalzusammenhang zwischen dieser und dem staatlichen Handeln in den Blick zu nehmen.[119]

45   Im Beispielsfall der *Verbraucherinformation* (Fall 3) lässt sich zunächst eine Steuerungsintention bejahen, da der Staat Anreize für ein lebensmittelrechtskonformes Verhalten des Gastwirts zu setzen und das Konsumverhalten der Verbraucher zu beeinflussen sucht. Überdies drohen gravierende Umsatzeinbußen und damit eine intensive ökonomische Betroffenheit. Zwischen letzterer und der Information besteht schließlich ein hinreichend enger, vorhersehbarer Kausalzusammenhang. Somit ist ein Eingriff zu bejahen (zur abzulehnenden Ausklammerung staatlichen Informationshandelns aus der Berufsfreiheit nach der Glykol-Rechtsprechung des BVerfG → Rn. 49 f.).[120]

46   Ebenso hat das BVerfG das Erfordernis einer *Tariftreueerklärung* als Voraussetzung für die Berücksichtigung bei öffentlichen Ausschreibungen als (gerechtfertigten) Eingriff in die Berufsfreiheit qualifiziert, da diese Regelung „aus wirtschafts- und sozialpolitischen Gründen darauf ab[zielt], die Arbeitgeber bei der Gestaltung ihrer arbeitsvertraglichen Beziehungen zu einem bestimmten Verhalten zu veranlassen."[121] Hinsichtlich der *Marktteilnahme öffentlicher Unternehmen* ist umstritten, ob erst bei Verunmöglichung einer privatwirtschaftlichen Betätigung aufgrund der staatlichen Konkurrenz ein Eingriff vorliegt[122] oder die Schwelle wegen der Sonderrolle des Staates als Marktakteur (etwa fehlendes Insolvenzrisiko oder bessere

---

[116] BVerfGE 110, 177 (191); ferner 116, 202 (222). Siehe zur neueren Rechtsprechung des BVerfG auch *F. Wollenschläger*, Verteilungsverfahren, S. 61 f.

[117] Siehe nur *F. Wollenschläger*, Verteilungsverfahren, S. 59 f. m. w. N.; ferner *Dreier*, in: ders., Vorb. Rn. 125 ff.

[118] Siehe nur BVerwGE 71, 183 (192); *Dreier*, in: ders., Vorb. Rn. 125; *F. Wollenschläger*, Verteilungsverfahren, S. 59.

[119] Im Einzelnen m. w. N. *F. Wollenschläger*, Verteilungsverfahren, S. 59 ff.; ferner *Di Fabio*, JZ 1993, 689 (694 ff.); *Dreier*, in: ders., Vorb. Rn. 126 f. Siehe zu (teilweise) abweichenden Konzeptionen nur *von Arnauld*, Die Freiheitsrechte und ihre Schranken, 1999, S. 101 ff.; *Cremer*, Freiheitsgrundrechte, 2003, S. 151 ff.; *Gallwas*, S. 41 ff.

[120] Näher *F. Wollenschläger*, VerwArch 102 (2011), 20 (37 f.) m. w. N.

[121] BVerfGE 116, 202 (222 f.). Näher zur Problematik Verteilung und Lenkung *F. Wollenschläger*, Verteilungsverfahren, S. 62 ff.

[122] So die herrschende Rechtsprechung, siehe nur VerfGH RP, NVwZ 2000, 801 (802); BVerwGE 39, 329 (337); 71, 183 (193); NJW 1995, 2938 (2939); VGH BW, NVwZ-RR 2006, 714 (716); OVG NRW, NVwZ-RR 2005, 738 (738 f.). Aus der Literatur: *P. M. Huber*, in: Schoch, Kap. 3 Rn. 268; *Wieland*, in: Dreier, Art. 12 Rn. 74.

Refinanzierungsbedingungen) tiefer liegt[123]. Insgesamt erscheint eine differenzierte Einzelfallbetrachtung angezeigt, die die Rolle des konkreten öffentlichen Unternehmens auf dem Markt sorgfältig analysiert und neben dem Marktanteil etwa nach Sondervorteilen, Lenkungsabsichten und einer Verdrängung privater Konkurrenten fragt (näher → § 6 Rn. 23 ff.).[124] Anhand der soeben entfalteten Kriterien der Finalität, Intensität und Unmittelbarkeit sind auch mittelbar-faktische Beeinträchtigungen durch eine Subventionierung und die Gewährung sonstiger Wettbewerbsvorteile zu beurteilen (im Einzelnen → § 8 Rn. 8). Eine intensive Betroffenheit durch wettbewerbsbezogene staatliche Maßnahmen liegt namentlich auf hochgradig regulierten, durch staatliche Lenkung, Finanzierung respektive Planung gekennzeichneten Märkten nahe.[125]

(2) Erfordernis einer berufsregelnden Tendenz

Um einen Eingriff in die Berufsfreiheit darzustellen, müssen Beeinträchtigungen der beruflichen Betätigung nach der Rechtsprechung des BVerfG eine berufsregelnde Tendenz aufweisen,[126] eine Anforderung, die in erster Linie für mittelbare respektive faktische Beeinträchtigungen relevant ist und den im Kontext des modernen Eingriffsbegriffs entwickelten Kriterien (→ Rn. 44) entspricht. Eine berufsregelnde Tendenz ist zum einen zu bejahen, wenn staatliche Regelungen „sich gerade auf die berufliche Betätigung beziehen und diese unmittelbar zum Gegenstand haben" (*subjektiv-berufsregelnde Tendenz*).[127] Dies ist „bei solchen Vorschriften [der Fall], die in Form von Zulassungsvoraussetzungen die Ausübung eines Berufes bei ihrem Beginn oder bei ihrer Beendigung regeln oder die als sogenannte reine Ausübungsregelungen die Art und Weise bestimmen, wie die Berufsangehörigen ihre Berufstätigkeit im einzelnen zu gestalten haben."[128] In den Fällen 1 und 2 wäre dies zu bejahen, nicht hingegen in Fall 3. Zum anderen kann auch bei Regelungen ohne eine derartige berufsbezogene Zielsetzung eine (*objektiv) berufsregelnde Tendenz* vorliegen, nämlich wenn sie „die Rahmenbedingungen der Berufsausübung verändern und infolge ihrer Gestaltung in einem … engen Zusammenhang mit der Ausübung des Berufs stehen", namentlich sich intensiv auf die Berufsausübung auswirken.[129] Dies ist aus den genannten Gründen bei der behördlichen Verbraucherinformation in Fall 3 gegeben (→ Rn. 45); nach diesen Grundsätzen sind auch Abgabenregelun-

47

---

[123] Siehe nur *Ehlers*, Gutachten E zum 64. DJT, 2002, S. E 40 f.; *Ruthig/Storr*, Rn. 715. Noch weiter *Frenz*, GewArch 2006, 100 (102); *Hösch*, DÖV 2000, 393 (398 f.).

[124] Im Einzelnen *F. Wollenschläger*, in: Kirchhof/Korte/Magen, § 6 Rn. 75 m. w. N.

[125] Siehe im Kontext der Krankenhausplanung BVerfG, NVwZ 2009, 977 (977); allgemein *Ziekow*, § 3 Rn. 20.

[126] Siehe nur BVerfGE 13, 181 (185 f.); 38, 61 (79); 70, 191 (214); 95, 267 (302); 97, 228 (253 f.); 123, 132 (139 f.); NVwZ 2012, 1535 (1536). Nicht erwähnt und ausschließlich an der Eingriffsdogmatik geprüft in 116, 202 (222 f.).

[127] Siehe nur BVerfGE 13, 181 (185); ferner *H.-P. Schneider*, HGR V, § 113 Rn. 109.

[128] BVerfGE 13, 181 (185).

[129] BVerfG, NVwZ 2012, 1535 (1536); ferner E 81, 108 (121 f.); *Pieroth/Schlink/Kingreen/Poscher*, Rn. 892.

gen zu beurteilen, ein weiterer Streitfall[130]. Verneint hat das BVerfG eine berufsregelnde Tendenz der Energiesteuerpflicht für Biodiesel und Pflanzenöl, da die mit
ihr „verbundene wirtschaftliche Belastung sämtliche Verbraucher dieser Kraftstoffe
gleichermaßen" trifft, mithin „nicht bestimmte Berufe, sondern de[r] Verbrauch an
Biokraftstoff generell beeinfluss[t]" werden sollen;[131] anderes gilt für wirtschafts-
lenkende und in unmittelbarem Zusammenhang mit der Berufsausübung stehende
Abgabenregelungen[132].

(3) Keine Sonderregeln für die staatliche Informationstätigkeit und die staatliche Marktteilnahme

48   Zwei jüngere Entscheidungen des BVerfG – der Glykol-Beschluss vom 26.06.2002
zur staatlichen Informationstätigkeit und der Beschluss zum Vergaberechtsschutz
unterhalb der Schwellenwerte vom 13.06.2006 – haben unter Preisgabe der überkommenen dreistufigen Prüfung einer Grundrechtsverletzung wettbewerbsimmanentes Staatshandeln, wie die Verbraucherinformation oder die staatliche Auftragsvergabe, aus dem Gewährleistungsbereich der Berufsfreiheit ausgeklammert.[133]

49   In der Glykol-Entscheidung hat das BVerfG die „Verbreitung zutreffender und
sachlich gehaltener Informationen am Markt, die für das wettbewerbliche Verhalten
der Marktteilnehmer von Bedeutung sein können, selbst" dann nicht dem Schutz der
Berufsfreiheit unterstellt, wenn sich „die Inhalte … auf einzelne Wettbewerbsposi-
tionen nachteilig auswirken."[134] Denn „die Teilhabe am Wettbewerb" sei nur „nach
Maßgabe seiner Funktionsbedingungen" grundrechtlich geschützt,[135] und zu diesen
Funktionsbedingungen zähle, da eine adäquate Information der Verbraucher die für
die Funktionsfähigkeit des Wettbewerbs unerlässliche Markttransparenz erhöhe, die
Möglichkeit Dritter, Kritik an der Qualität angebotener Produkte zu üben.[136] Somit
ist auch die staatliche Verbraucherinformation als wettbewerbsimmanentes Geschehen grundsätzlich nicht vom Gewährleistungsbereich der Berufsfreiheit erfasst (zu
den Grenzen der Glykol-Rechtsprechung sogleich), so dass in Fall 3 eine Rechts-

---

[130] Siehe etwa BVerfGE 13, 181 (184 ff.); 38, 61 (79); NVwZ 2007, 1168 (1169); NVwZ 2012, 1535 (1536); Urt. v. 05.11.2014 – 1 BvF 3/11, juris, Rn. 68 ff.; näher *Wieland*, in: Dreier, Art. 12 Rn. 71.

[131] BVerfG, NVwZ 2007, 1168 (1169). Ähnliches gilt für die Luftverkehrsteuer mit Blick auf Verbraucher, siehe BVerfG, Urt. v. 05.11.2014 – 1 BvF 3/11, juris, Rn. 69: „Eine solche berufsregelnde Tendenz ist dann nicht gegeben, wenn die Steuer alle Verbraucher ungeachtet ihrer beruflichen
Betätigung trifft … Dies trifft auf die Passagiere regelmäßig zu; Touristen, Berufstätige, Personen
in der Ausbildung, Fluggäste zu Familienbesuchen und andere sind unterschiedslos betroffen.
Auch soweit die berufliche Tätigkeit eines Fluggastes mit einer hohen Zahl von Flügen verbunden
ist, entfaltet die Steuer wegen der geringen Höhe im Vergleich zu den übrigen Flugkosten keine
berufsregelnde Wirkung."

[132] Siehe etwa BVerfGE 16, 147 (162 f.); 123, 132 (139 f.); Urt. v. 05.11.2014 – 1 BvF 3/11, juris,
Rn. 70 f.

[133] BVerfGE 105, 252 und 116, 135. Zu diesen und zum Folgenden bereits *F. Wollenschläger*,
Verteilungsverfahren, S. 200 ff.; *ders.*, VerwArch 102 (2011), 20 (38 f.).

[134] BVerfGE 105, 252 (266 f.).

[135] BVerfGE 105, 252 (265).

[136] BVerfGE 105, 252 (268).

grundlage entbehrlich erscheint, jedenfalls wenn man die Glykol-Rechtsprechung nicht auf gubernatives Handeln (staatsleitendes Handeln der Regierung, nicht Exekutivtätigkeit) beschränkt[137].

Indes ist die Glykol-Rechtsprechung abzulehnen.[138] Zunächst können staatliche   **50** und private Marktinformationen nicht gleichgesetzt werden, da dem Staat eine besondere Autorität zukommt, die sich gerade in seiner Grundrechtsbindung widerspiegelt.[139] Überdies bedeutet ein Schutz der Berufsfreiheit nach den – staatlicherseits vorgezeichneten – Funktionsbedingungen des Wettbewerbs einen Ausgestaltungsvorbehalt zugunsten des Gesetzgebers, was der als Abwehrrecht konzipierten Berufsfreiheit widerspricht.[140] Schließlich erscheint die in der Glykol-Rechtsprechung liegende Preisgabe der überkommen Grundrechtsdogmatik auch deshalb fragwürdig, weil das BVerfG Teilaspekte derselben inzident prüft:[141] So müsse „der Einfluss auf wettbewerbserhebliche Faktoren ohne Verzerrung der Marktverhältnisse nach Maßgabe der rechtlichen Vorgaben für staatliches Informationshandeln erfolg[en]. Verfassungsrechtlich von Bedeutung sind dabei das Vorliegen einer staatlichen Aufgabe und die Einhaltung der Zuständigkeitsordnung sowie die Beachtung der Anforderungen an die Richtigkeit und Sachlichkeit von Informationen."[142] Letztere sind zudem auf das auch unter Berücksichtigung der Position des betroffenen Unternehmens Erforderliche zu beschränken, und die Information darf sich nicht als Äquivalent zu einem Eingriff darstellen.[143]

Auch die im Beschluss zum Vergaberechtsschutz unterhalb der Schwellenwer-   **51** te vom 13.06.2006 erfolgte prinzipielle Ausklammerung der staatlichen Nachfrage aus der Berufsfreiheit – analog ließe sich im Übrigen für die unternehmerische Betätigung argumentieren[144] – vermag nicht zu überzeugen, da auch insoweit das Argument wettbewerbsimmanenten Handelns und die Gleichsetzung staatlicher und privater Marktteilnahme zu kurz greifen,[145] namentlich weil der Staat als grundrechtsgebundener, dem Gemeinwohl verpflichteter Akteur und nicht als Privatautonomie genießender Marktteilnehmer auftritt.[146] Dies bedeutet freilich nicht, dass die öffentliche Auftragsvergabe einen abwehrrechtlich relevanten Eingriff in die

---

[137] So *Holzner*, NVwZ 2010, 489 (490).

[138] Näher dazu und zum Folgenden *F. Wollenschläger*, VerwArch 102 (2011), 20 (38 f.). Ablehnend ferner *Gurlit*, DVBl. 2003, 1119 (1124 f.); *P. M. Huber*, JZ 2003, 290; *Kube*, ZLR 2007, 165 (180); *Martini*, DÖV 2010, 573 (576); *Murswiek*, NVwZ 2003, 1 (3 ff.); *F. Reimer*, JöR n. F. 58 (2010), 275 (293); *H.-P. Schneider*, HGR V, § 113 Rn. 112; *Schoch*, ZLR 2010, 121 (127 f.). Zustimmend *Pieroth/Schlink/Kingreen/Poscher*, Rn. 884.

[139] Siehe etwa *P. M. Huber*, ZLR 2004, 241 (257 f.); *Kahl*, Der Staat 43 (2004), 167 (189 ff.); *Murswiek*, NVwZ 2003, 1 (4); *Schoch*, ZLR 2010, 121 (133).

[140] *P. M. Huber*, ZLR 2004, 241 (258); *Murswiek*, NVwZ 2003, 1 (4).

[141] *P. M. Huber*, ZLR 2004, 241 (259 f.); *Ohler*, ZLR 2002, 631 (633 f.).

[142] BVerfGE 105, 252 (LS 1).

[143] BVerfGE 105, 252 (273).

[144] Siehe nur *F. Wollenschläger*, in: Kirchhof/Korte/Magen, § 6 Rn. 65 ff. m. w. N.

[145] So aber BVerfGE 116, 135 (152).

[146] Siehe nur *F. Wollenschläger*, Verteilungsverfahren, S. 201 f.; ferner *Puhl*, VVDStRL 60 (2001), 456 (481).

Berufsfreiheit darstellt; vielmehr ist sie lediglich gleichheitsrechtlich zu verarbeiten (→ Rn. 88 ff.).[147]

ee) Rechtfertigung

52 Ein Eingriff in die Berufsfreiheit ist gerechtfertigt, wenn er auf einer gesetzlichen Grundlage beruht (1) und die materiellen Anforderungen an Grundrechtseingriffe erfüllt, namentlich den Verhältnismäßigkeitsgrundsatz wahrt (2).

(1) Einheitlicher Gesetzesvorbehalt

53 Obgleich Art. 12 Abs. 1 GG die Berufswahl vorbehaltslos gewährleistet (S. 1) und einen Regelungsvorbehalt lediglich für die Berufsausübung formuliert (S. 2), hat das BVerfG in seinem Apotheken-Urteil vom 11.06.1958 die Berufsfreiheit als einheitliches Grundrecht verstanden und auch einen *einheitlichen Gesetzesvorbehalt* angenommen.[148] Eingriffe in Berufswahl und Berufsausübung bedürfen damit einer kompetenzgemäß erlassenen, hinreichend bestimmten gesetzlichen Grundlage. Letztere muss „Umfang und Grenzen des Eingriffs deutlich erkennen [lassen]. Dabei muß der Gesetzgeber selbst alle wesentlichen Entscheidungen treffen, soweit sie gesetzlicher Regelung zugänglich sind".[149]

54 In Fall 3 scheidet § 6 Abs. 1 S. 3 VIG als Rechtsgrundlage für Verbraucherinformationssysteme über die Einhaltung lebensmittelrechtlicher Standards durch Gastronomiebetriebe aus, da sein mageres Normprogramm nicht alle für eine Veröffentlichung wesentlichen Fragen regelt (namentlich Anforderungen an Verstoß, Veröffentlichungsdauer, Löschungsanspruch, Aufbereitung der Veröffentlichung);[150] § 40 Abs. 1a Nr. 2 LFGB erscheint demgegenüber (noch) hinreichend bestimmt[151].

(2) Verhältnismäßigkeit und Drei-Stufen-Lehre

55 Eingriffe in die Berufsfreiheit sind verhältnismäßig, „wenn sie durch ausreichende Gründe des Gemeinwohls gerechtfertigt werden und wenn sie dem Grundsatz der Verhältnismäßigkeit entsprechen, wenn also das gewählte Mittel zur Erreichung des verfolgten Zwecks geeignet und auch erforderlich ist und wenn bei einer Gesamtabwägung zwischen der Schwere des Eingriffs und dem Gewicht der ihn rechtfertigenden Gründe die Grenze der Zumutbarkeit noch gewahrt ist".[152] Für die Prüfung der Verhältnismäßigkeit eines Eingriffs in die Berufsfreiheit hat das BVerfG in seinem Apotheken-Urteil vom 11.06.1958 eine spezifische Dogmatik entwickelt, nämlich die sog. *Drei-Stufen-Lehre*.[153] Sie unterscheidet drei Eingriffsstufen (a),

---

[147] Näher *F. Wollenschläger*, Verteilungsverfahren, S. 198 ff.; a. A. *Puhl*, VVDStRL 60 (2001), 456 (481 f.).

[148] BVerfGE 7, 377 (400 ff.).

[149] BVerfGE 82, 209 (224 f.). Zum Regelungsspielraum von Selbstverwaltungskörperschaften BVerfGE 33, 125 (155 ff.).

[150] *Holzner*, NVwZ 2010, 489 (493 f.); *F. Wollenschläger*, VerwArch 102 (2011), 20 (39 f.).

[151] *F. Wollenschläger*, Stellungnahme Reform VIG, BT-Ausschuss-Drs. 17 (10) 735-H, S. 14. A. A. OVG NRW, NVwZ-RR 2013, 627 (627 f.).

[152] BVerfGE 95, 173 (183).

[153] BVerfGE 7, 377 (405 f.); kritisch zur Drei-Stufen-Lehre *Bulla*, Freiheit der Berufswahl, 2009, S. 182 ff.

nämlich Berufsausübungsregeln (1. Stufe), subjektive Berufswahlregelungen (2. Stufe) und objektive Berufswahlregelungen (3. Stufe), sieht diese in einem Verhältnis steigender Belastungsintensität für den Grundrechtsträger und stellt dementsprechend steigende Rechtfertigungsanforderungen auf (b). Abschließend seien diese Grundsätze auf die Beispielsfälle angewendet (c).

Bei der Verhältnismäßigkeitsprüfung sind Beurteilungs- und Prognosespiel-   **56** räume des Gesetzgebers zu berücksichtigen, namentlich bei komplexen Sachverhalten.[154] Für die Eignungsprüfung gilt, dass es zuvörderst dem Gesetzgeber obliegt, „auf der Grundlage seiner wirtschafts-, arbeitsmarkt- und sozialpolitischen Vorstellungen und Ziele unter Beachtung der Gesetzlichkeiten des betreffenden Sachgebiets zu entscheiden, welche Maßnahmen er im Interesse des Gemeinwohls ergreifen will".[155] Auch die gesetzgeberische Einschätzung der Erforderlichkeit kann „verfassungsrechtlich nur beanstandet werden, wenn nach den ihm bekannten Tatsachen und im Hinblick auf die bisher gemachten Erfahrungen feststellbar ist, dass Regelungen, die als Alternativen in Betracht kommen, die gleiche Wirksamkeit versprechen, die Betroffenen indessen weniger belasten".[156] Freilich reduzieren sich mit zunehmender Eingriffsintensität Spielräume.[157] Schließlich bestehen Korrekturpflichten bei sich als falsch herausstellenden Prognosen.[158]

(a) Eingriffsstufen

Die auf erster Stufe angesiedelten *Berufsausübungsregelungen* betreffen das „Wie"   **57** der beruflichen Betätigung, sie bestimmen mithin, „in welcher Art und Weise die Berufsangehörigen ihre Berufstätigkeit im einzelnen zu gestalten haben".[159] Typische Berufsausübungsregeln stellen Ladenschlussregelungen (Fall 2),[160] das Rauchverbot in Gaststätten,[161] Kennzeichnungs- und Verpackungsvorgaben,[162] Anforderungen an Produkte,[163] der Zwang zum Abschluss bestimmter Verträge,[164] inhaltliche Vorgaben für die Vertragsgestaltung, etwa die Zahlung von Mindestlöhnen,[165] oder Werbebeschränkungen[166] dar.

Berufswahl- respektive Berufszulassungsregelungen beziehen sich auf das „Ob"   **58** der beruflichen Betätigung, machen mithin „schon die Aufnahme der Berufstätig-

---

[154] Näher *Breuer*, HStR³ VIII, § 171 Rn. 23 ff.; *Wieland*, in: Dreier, Art. 12 Rn. 116 ff.

[155] BVerfGE 116, 202 (224).

[156] BVerfGE 116, 202 (225).

[157] Siehe nur *P. M. Huber*, in: Schoch, Kap. 3 Rn. 42.

[158] Siehe nur BVerfGE 123, 186 (242); *Wieland*, in: Dreier, Art. 12 Rn. 119.

[159] BVerfGE 7, 377 (405 f.).

[160] BVerfGE 13, 237 (239 f.); NVwZ 2011, 355 (356).

[161] BVerfGE 121, 317 (345).

[162] BVerfGE 46, 246 (256 ff.).

[163] BVerfGE 46, 246 (264 f.).

[164] BVerfGK 12, 308 (327 f.).

[165] BVerfGE 116, 202 (222 f.).

[166] BVerfGE 9, 213 (221 f.); 60, 215 (229); 85, 248 (256); 94, 372 (389); NJW 2008, 1686 (1686).

keit von der Erfüllung bestimmter Voraussetzungen abhängig".[167] Zu unterscheiden sind subjektive (2. Stufe) und objektive (3. Stufe) Berufswahlregelungen. Erstere stellen „‚subjektive' Voraussetzungen, vor allem solche der Vor- und Ausbildung" für die Berufszulassung auf. Hierunter fallen etwa die im Gewerbe-, Gaststätten- und Handwerksrecht zu findenden Anforderungen an die Zuverlässigkeit (z. B. § 4 Abs. 1 S. 1 Nr. 1 GastG; § 35 GewO; im Einzelnen → § 9 Rn. 50 ff., § 11 Rn. 40 ff.) und Qualifikation (z. B. § 4 Abs. 1 S. 1 Nr. 4 GastG; § 34a Abs. 1 S. 3 Nr. 3, S. 5 f. GewO; § 7 Abs. 2 HwO; im Einzelnen → § 9 Rn. 61 f., § 10 Rn. 57 ff., § 11 Rn. 39) oder die vergaberechtlichen Eignungsanforderungen (§ 97 Abs. 4 S. 1 GWB; → § 7 Rn. 108 ff.). Ein weiteres Beispiel stellen Höchstaltersgrenzen dar.[168]

59   Objektive Berufswahlregelungen statuieren „objektive Bedingungen der Zulassung, die mit der persönlichen Qualifikation des Berufsanwärters nichts zu tun haben und auf die er keinen Einfluß nehmen kann."[169] Hierunter fallen Verwaltungsmonopole[170] oder ein bedarfsabhängiger Berufszugang, wie etwa im Taxenverkehr (§ 13 Abs. 4 PBefG)[171] oder teils im Rettungsdienstwesen[172].

60   In Fall 1 stellt die bedürfnisabhängige Erteilung von Konzessionen für Sportwetten eine objektive Berufswahlregelung und das Zuverlässigkeitserfordernis eine subjektive Berufswahlregelung dar.

61   Überdies entscheidet die Enge bzw. Weite eines *Berufsbilds* darüber, ob sich Verbote bestimmter Tätigkeiten als Berufswahlregelung oder lediglich als Berufsausübungsregelung darstellen, je nachdem, ob das Verbot einen Beruf insgesamt oder lediglich Teilbereiche eines Berufs betrifft.[173] Für die Bestimmung eines Berufsbilds und damit die Abgrenzung einzelner Berufe ist auf Rechtstradition, Marktverhältnisse und gesellschaftliche Anschauungen abzustellen;[174] überdies indiziert die Existenz einer spezifischen Berufsausbildung das Vorliegen eines eigenständigen Berufs[175]. Vor diesem Hintergrund hat das BVerfG das Verbot, mehrere Apotheken zu betreiben, nicht als Berufswahl-, sondern als Berufsausübungsregelung qualifiziert, da das maßgebliche Berufsbild das des selbstständigen Apothekers ist und dieses sich nicht weiter in den Einzel- und Filialapotheker ausdifferenziere.[176] Auch die Tätigkeit als Kassenarzt, d. h. als zur Behandlung von deren Mitgliedern berech-

---

[167] BVerfGE 7, 377 (406).

[168] BVerfGE 9, 338 (344 f.); 64, 72 (82); GewArch 2007, 149 (149); NVwZ 2013, 1540 (1541).

[169] BVerfGE 7, 377 (406).

[170] *Badura*, HGR II, § 29 Rn. 24; *Breuer*, HStR[3] VIII, § 171 Rn. 89, 91 f.; *Durner*, in: Ehlers/Fehling/Pünder, § 11 Rn. 13; *P. M. Huber*, in: Schoch, Kap. 3 Rn. 52; *Ziekow*, § 3 Rn. 26; jedenfalls wenn Tätigkeit „als solche [e]iner beruflichen Ausübung durch Private zugänglich" und im Übrigen offen gelassen BVerfGE 115, 276 (302); ferner 126, 112 (137 f.). A. A. *Wieland*, in: Dreier, Art. 12 Rn. 65.

[171] BVerfGE 11, 168 (191); 81, 70 (87 f.); BVerwG, NJW 1961, 2274 (2274); E 79, 208 (210 ff.). Näher *F. Wollenschläger*, Verteilungsverfahren, S. 380 ff. m. w. N.

[172] BVerfGE 126, 112 (137 f.).

[173] Siehe *Wieland*, in: Dreier, Art. 12 Rn. 39 f.

[174] BVerfGE 17, 232 (241); 75, 166 (180 f.); 75, 284 (292 ff.); 97, 12 (33).

[175] BVerfGE 119, 59 (78 f.); *Wieland*, in: Dreier, Art. 12 Rn. 36.

[176] BVerfGE 17, 232 (240 ff.).

tigter Vertragsarzt der gesetzlichen Krankenkassen (§§ 72 ff. SGB V), rechnet zum Berufsbild des frei praktizierenden Arztes, so dass sich Zulassungsbeschränkungen im Kontext der vertragsärztlichen Versorgung (§§ 99 ff. SGB V) lediglich als Berufsausübungsregelung darstellen.[177] Eine Verselbstständigung hat das BVerfG indes für die hufpflegerische und huftechnische Tätigkeit gegenüber dem traditionellen Beruf des Hufbeschlagschmieds bejaht; denn diese Tätigkeiten haben sich von letzterem – zusätzlich zur eigenständigen Ausbildung – „durch die Ablehnung des Eisenbeschlags, die Entwicklung neuer Materialien und Verfahren zum Schutz des Hufs und die veränderten, einen Eisenbeschlag nicht stets erfordernden Bedürfnisse der Pferdehaltung gelöst und zu eigenständigen Berufen weiterentwickelt".[178]

(b) Rechtfertigungsanforderungen

Nach der Drei-Stufen-Lehre korrelieren mit der stufenweise steigenden Eingriffsintensität stufenweise steigende Rechtfertigungsanforderungen: So sind Berufsausübungsregeln bereits dann gerechtfertigt, „soweit vernünftige Erwägungen des Gemeinwohls [sie] zweckmäßig erscheinen lassen".[179] Subjektive Berufswahlregelungen sind demgegenüber nur zulässig, „soweit der Schutz besonders wichtiger Gemeinschaftsgüter [sie] zwingend erfordert".[180] Eine Rechtfertigung objektiver Berufswahlregelungen kommt schließlich nur zur „Abwehr nachweisbarer oder höchstwahrscheinlicher schwerer Gefahren für ein überragend wichtiges Gemeinschaftsgut" in Betracht.[181]   **62**

Überdies kommt das Stufenverhältnis auch auf der *Ebene der Erforderlichkeit*   **63** eines Eingriffs zum Tragen: Denn Eingriffe „müssen stets auf der ‚Stufe' vorgenommen werden, die den geringsten Eingriff in die Freiheit der Berufswahl mit sich bringt; die nächste ‚Stufe' darf der Gesetzgeber erst dann betreten, wenn mit hoher Wahrscheinlichkeit dargetan werden kann, daß die befürchteten Gefahren mit (verfassungsmäßigen) Mitteln der vorausgehenden ‚Stufe' nicht wirksam bekämpft werden können."[182]

Zu berücksichtigen ist des Weiteren, dass die *Drei-Stufen-Lehre kein starres*   **64** *Schema* darstellt, namentlich im Kontext der Berufsausübungsregelungen weiter zu differenzieren ist: Bei diesen besteht nämlich „eine breite Skala von Möglichkeiten …, der eine größere oder geringere Gestaltungsfreiheit auf der Seite des Gesetzgebers entspricht. Zwar ist er allgemein im Bereich der Ausübungsregelung freier als bei den Zulassungsregelungen. Das grundsätzliche Gebot der Differenzierung … gilt aber auch innerhalb der Ausübungsregelungen; der Gesetzgeber ist inhaltlich um so freier, je mehr er nur die Berufsausübung trifft, um so stärker gebunden, je mehr zugleich die Berufswahl berührt ist … Auch hier sind mithin das Maß der Beschränkung für den Einzelnen und die Notwendigkeit der Regelung zum Schutz der Allgemeinheit sorgfältig abzuwägen. Je einschneidender die Freiheit der Berufs-

---

[177] BVerfGE 11, 30 (41 f.).
[178] BVerfGE 119, 59 (78 f.).
[179] BVerfGE 7, 198 (LS 6a).
[180] BVerfGE 7, 198 (LS 6b).
[181] BVerfGE 7, 198 (LS 6c).
[182] BVerfGE 7, 198 (LS 6d).

ausübung beengt wird, desto höher müssen die Anforderungen an die Dringlichkeit der öffentlichen Interessen sein, die zur Rechtfertigung solcher Beengung ins Feld geführt werden."[183]

65   Einen intensiven, einer Zulassungsregelung gleichkommenden Eingriff und entsprechend hohe Rechtfertigungsanforderungen hat das BVerfG in Fall 2 hinsichtlich des nächtlichen Alkoholverkaufsverbots verneint: „Sie berührt zwar – weil mit dem nächtlichen Alkoholverkaufsverbot erhebliche Umsatzeinbußen für die betroffenen Verkaufsstellen verbunden sein können – die Ebene der Rentabilität einer beruflichen Tätigkeit. Da das Verbot aber nur einen Teil des Warensortiments und diesen auch nur für einen auf mehrere Nachtstunden begrenzten Zeitraum betrifft, sind Bedrohungen der wirtschaftlichen Existenz der Betreiber von Verkaufsstellen nicht dessen typische Folge."[184] Anders hat das BVerfG etwa für die Zulassung eines niedergelassenen Arztes zur Behandlung gesetzlich versicherter Patienten entschieden, da dieser hierauf für eine wirtschaftlich erfolgreiche Berufstätigkeit angewiesen ist.[185]

(c) Lösungshinweise zu den Beispielsfällen

66   In *Fall 1* unterliegen die bedürfnisabhängige Konzessionserteilung für Sportwetten als objektive Berufswahlregelung und das Zuverlässigkeitserfordernis als subjektive Berufswahlregelung unterschiedlichen Rechtfertigungsanforderungen. Beide Regelungen verfolgen jedoch das Ziel, die mit dem Glücksspiel einhergehenden Sucht-, Betrugs-, Manipulations- und Kriminalitätsgefahren einzudämmen. „Damit werden überragend wichtige Gemeinwohlziele verfolgt, die selbst objektive Berufswahlbeschränkungen zu rechtfertigen vermögen"[186], „da Spielsucht zu schwerwiegenden Folgen nicht nur für die Betroffenen selbst, sondern auch für ihre Familien und für die Gemeinschaft führen kann"[187]. Auch der Schutz vor Betrugs-, Manipulations- und Kriminalitätsgefahren[188] stellt – im Gegensatz zu rein fiskalischen Interessen des Staates[189] – ein legitimes Gemeinwohlziel dar. Die Konzession sowie das Zulässigkeitserfordernis sind unter Beachtung des gesetzgeberischen Beurteilungs- und Prognosespielraums grundsätzlich auch geeignet und erforderlich, um diese Ziele zu erreichen.[190] Mildere, gleich effektive Mittel sind nicht ersichtlich, insbesondere wurde mit der Kombination aus Konzession und Zulässigkeitserfordernis ein Mittel gewählt, das milder als ein ebenfalls als erforderlich erachtetes Sportwetten-Monopol ist.[191] Die Regelungen sind auch verhältnismäßig, da die mit ihnen verfolgten

---

[183] BVerfGE 11, 30 (42 f.); ferner 82, 209 (229); 86, 28 (41 f.); 102, 197 (214 f.); NJW 2008, 1293 (1294); NVwZ 2011, 355 (356). Siehe auch *Breuer*, HStR³ VIII, § 171 Rn. 16 ff.

[184] BVerfG, NVwZ 2011, 355 (356).

[185] BVerfGE 11, 30 (43 ff.).

[186] BVerfG, NVwZ 2008, 1338 (1340).

[187] BVerfGE 115, 276 (305); so auch EuGH, Rs. C-243/01, Slg. 2003, I-13076, Rn. 67 – Gambelli u. a.

[188] BVerfGE 115, 276 (306); NVwZ 2008, 1338 (1340).

[189] BVerfGE 115, 276 (307); *Wieland*, in: Dreier, Art. 12 Rn. 65.

[190] BVerfG, NVwZ 2008, 1338 (1340 f.).

[191] Dazu BVerfGE 115, 276 (308 f.).

Gemeinwohlinteressen, v. a. die Bekämpfung der Spielsucht, derart gewichtig sind, dass sie den Eingriff in die Berufsfreiheit zu rechtfertigen vermögen.[192]

In *Fall 2* liegt eine Berufsausübungsregelung vor, da dem T „die Möglichkeit   **67** genommen [wird], innerhalb der gesetzlich zulässigen Ladenöffnungszeiten selbst darüber zu entscheiden, zu welchen Zeiten [er] alkoholische Getränke verkaufen will."[193] Die vom Landesgesetzgeber verfolgte „Eindämmung der mit Alkoholmissbrauch verbundenen Gefahren für die öffentliche Sicherheit und Ordnung wie die Eindämmung der Gesundheitsgefahren [stellen] gewichtige Gemeinwohlziele dar."[194] Die Vorschrift ist zur Erreichung des Ziels auch geeignet, da sie dieses fördert und dem Gesetzgeber darüber hinaus auch ein weiter Einschätzungsspielraum zusteht.[195] Die zeitliche Einschränkung des Verkaufszeitraums und eine damit verbundene mögliche verstärkte Bevorratung im Zeitraum vor der Geltung des Verkaufsverbots stellen angesichts des nach bereits begonnenem Konsum meist spontanen und stimmungsabhängigen Erwerbs von Alkoholika durch Jugendliche die Geeignetheit nicht in Frage.[196] Sie ist zudem erforderlich, da keine milderen Mittel ersichtlich sind, die zur Zielerreichung ebenso wirksam wären.[197] Dies gilt insbesondere für die Beschränkung des Alkoholverbots auf bestimmte Arten von Alkoholika sowie ein einzelfallbezogenes Vorgehen auf der Grundlage des Polizeirechts, für welches eine Gefahr für die öffentliche Sicherheit und Ordnung schon bestehen muss.[198] Schließlich ist die Vorschrift auch angemessen, da die mit der Regelung verfolgten gewichtigen Gemeinwohlziele die Schwere des Eingriffs überwiegen.[199] Der Eingriff ist somit gerechtfertigt und eine Verletzung des Art. 12 Abs. 1 GG liegt folglich nicht vor.

In *Fall 3* bedarf es entgegen der Auffassung der für die Lebensmittelüberwa-   **68** chung zuständigen Behörde einer Rechtsgrundlage (→ Rn. 45, 49 f.); § 6 Abs. 1 S. 3 VIG scheidet mangels Bestimmtheit aus, § 40 Abs. 1a Nr. 2 LFGB kommt in Betracht (→ Rn. 53 f.).[200]

b) Eigentumsgarantie, Art. 14 GG

Anliegen der Eigentumsgarantie ist es, „dem Träger des Grundrechts einen Freiheits-   **69** raum im vermögensrechtlichen Bereich sicherzustellen und ihm damit eine eigenverantwortliche Gestaltung des Lebens zu ermöglichen".[201] Der Garantie des Privat-

---

[192] BVerfG, NVwZ 2008, 1338 (1342 f.).

[193] BVerfG, NVwZ 2011, 355 (355 f.).

[194] BVerfG, NVwZ 2011, 355 (356).

[195] BVerfG, NVwZ 2011, 355 (356 f.).

[196] BVerfG, NVwZ 2011, 355 (356).

[197] BVerfG, NVwZ 2011, 355 (357).

[198] BVerfG, NVwZ 2011, 355 (357).

[199] BVerfG, NVwZ 2011, 355 (357).

[200] Zur (hier nicht gefragten) Verhältnismäßigkeit *F. Wollenschläger*, VerwArch 102 (2011), 20 (40 ff.) und zu Rechtsschutzfragen *ders.*, DÖV 2013, 7.

[201] BVerfGE 30, 292 (334); ferner 115, 97 (110 f.). Näher zum Hintergrund *Depenheuer*, HGR V, § 111 Rn. 1 ff.

eigentums kommt freilich auch überindividuelle wirtschaftsverfassungsrechtliche Bedeutung zu, indem sie eine prinzipiell dezentrale, auf dem freien Einsatz von Produktionsmitteln und dem freien Austausch von Gütern beruhende Wirtschaftsordnung impliziert.[202] Einen Kontrapunkt hierzu setzt – der bislang praktisch unbedeutende[203] – Art. 15 GG, der die Vergesellschaftung von Grund und Boden sowie von Naturschätzen und Produktionsmitteln, freilich nur gegen Entschädigung, ermöglicht.

70 Art. 14 GG schützt das Eigentum natürlicher und juristischer Personen des Privatrechts (Art. 19 Abs. 3 GG)[204], nicht aber das der öffentlichen Hand (→ Rn. 20)[205]. Für die Abgrenzung der Eigentums- zur Berufsfreiheit gilt, dass „Art. 14 Abs. 1 GG … das Erworbene, das Ergebnis der Betätigung, Art. 12 Abs. 1 GG dagegen den Erwerb, die Betätigung selbst", schützt.[206] In modaler Hinsicht schützt Art. 14 GG, Eigentum „innezuhaben, zu nutzen, zu verwalten und [darüber] zu verfügen".[207]

aa) Prüfungsschema[208]

71

> 1. Schutzbereich
>   a) Persönlich
>   Jedermann; inländische juristische Personen (Art. 19 Abs. 3 GG); Erstreckung auf EU-ausländische juristische Personen; keine Berechtigung öffentlicher Unternehmen
>   b) Sachlich
>   Eigentum: „alle vermögenswerten Rechte, die dem Berechtigten von der Rechtsordnung in der Weise zugeordnet sind, dass dieser die damit verbundenen Befugnisse nach eigenverantwortlicher Entscheidung zu seinem privaten Nutzen ausüben darf"
>   Weiter als Zivilrecht (auch obligatorische Positionen)
>   (P) Öffentlich-rechtliche Positionen; Vermögen und Abgabentatbestände; eingerichteter und ausgeübter Gewerbebetrieb
>   Abgrenzung zu Art. 12 GG: dieser schützt den Erwerb, Art. 14 GG das Erworbene

---

[202] *Badura*, HGR II, § 29 Rn. 28; *Depenheuer*, HGR V, § 111 Rn. 20 ff.; *P. M. Huber*, in: Schoch, Kap. 3 Rn. 64.

[203] Zur Diskussion im Kontext der jüngeren Finanzkrise *Wieland*, in: Dreier, Art. 15 Rn. 21.

[204] Siehe nur BVerfGE 4, 7 (17); 66, 116 (130).

[205] BVerfGE 61, 82 (108 f.): Art. 14 GG „schützt nicht das Privateigentum, sondern das Eigentum Privater"; ferner NVwZ 2008, 778 (778 f.). Anders – für die Parallelnorm Art. 103 BayVerf. – BayVerfGHE 37, 101 (106 ff.); 54, 1 (5); näher *F. Wollenschläger*, in: Meder/Brechmann, BV, Art. 11 Rn. 61.

[206] BVerfGE 30, 292 (335).

[207] BVerfGE 115, 97 (110 f.).

[208] Zitate im Prüfungsschema entstammen der Rechtsprechung des BVerfG und sind bei der folgenden Behandlung des Sachproblems nachgewiesen.

2. Zulässigkeit von Ausgestaltungen und Beschränkungen
   a) Inhalts- und Schrankenbestimmung (Art. 14 Abs. 1 S. 2, Abs. 2 GG)
      Begriff: abstrakt-generelle Festlegung von Rechten und Pflichten des
      Eigentümers
      Anforderung: verhältnismäßiger Ausgleich von Privatnützigkeit
      (Art. 14 Abs. 1 S. 1 GG) und Sozialpflichtigkeit (Art. 14 Abs. 2 GG)
      ggf. Härtefall-, Ausnahme- und Übergangsregeln; im Ausnahmefall:
      Entschädigungspflicht
      Wahrung der Institutsgarantie
   b) Enteignung (Art. 14 Abs. 3 GG)
      Begriff: Zielgerichtete, vollständige oder teilweise Entziehung konkre-
      ter Eigentumspositionen zur Erfüllung bestimmter öffentlicher Aufga-
      ben; Legal- und Administrativenteignung
      Anforderung: im Wohl der Allgemeinheit; Junktim-Klausel: Art
      und Ausmaß der Entschädigung gesetzlich geregelt; gerechte
      Entschädigung

bb) Begriff des Eigentums

Als Eigentum definiert das BVerfG „alle vermögenswerten Rechte, die dem Be- **72**
rechtigten von der Rechtsordnung in der Weise zugeordnet sind, dass dieser die
damit verbundenen Befugnisse nach eigenverantwortlicher Entscheidung zu seinem privaten Nutzen ausüben darf".[209] Damit geht der verfassungsrechtliche Eigentumsbegriff über den zivilrechtlichen hinaus, indem er auch nicht dingliche und
andere absolute, mithin gegenüber jedermann wirkende Rechtspositionen erfasst.[210]
Geschützt sind folglich nicht nur das Sacheigentum (§ 903 BGB) und vergleichbare
absolute Rechte, wie Immaterialgüterrechte,[211] sondern auch obligatorische Rechte,
wie Forderungen,[212] das Anteilseigentum[213] oder das Recht des Mieters zum Besitz
der gemieteten Wohnung[214]. Nicht unter Art 14 GG fallen Chancen und Verdienst-
möglichkeiten.[215] Ebenso wenig enthält Art. 14 GG eine allgemeine Wertgarantie.[216]

Auch *öffentlich-rechtliche Positionen* können Art. 14 GG unterfallen. Für So- **73**
zialleistungsansprüche verlangt das BVerfG „eine vermögenswerte Rechtsposition,
die nach Art eines Ausschließlichkeitsrechts dem Rechtsträger als privatnützig zugeordnet ist; diese genießt den Schutz der Eigentumsgarantie dann, wenn sie auf
nicht unerheblichen Eigenleistungen des Versicherten beruht und zudem der Si-

---

[209] BVerfGE 115, 97 (110 f.); ferner 95, 267 (300).
[210] BVerfGE 95, 267 (300); ferner 115, 97 (110 f.).
[211] BVerfGE 31, 229 (239 f.); 77, 263 (270 f.) – Urheberrecht; 51, 193 (217–219) – Warenzeichen.
[212] BVerfGE 45, 142 (179); 83, 201 (208 f.).
[213] BVerfGE 132, 99 (119). Näher *Badura*, HGR II, § 29 Rn. 29 ff.
[214] BVerfGE 89, 1 (5 ff.).
[215] BVerfGE 30, 292 (334 f.); 105, 252 (277); NVwZ 2009, 1426 (1428).
[216] BVerfGE 105, 252 (277); 132, 99 (119 f.).

cherung seiner Existenz dient."[217] Das BVerfG hat diese Voraussetzungen für Ren-
tenansprüche[218] und das (sozialversicherungsbasierte) Arbeitslosengeld (§§ 136 ff.
SGB III)[219] bejaht, für „Sozialleistungen, die ausschließlich darauf beruhen, daß
der Staat sie in Erfüllung seiner Fürsorgepflicht durch Gesetz eingeräumt hat", wie
etwa Arbeitslosengeld II (§ 19 SGB II) oder Sozialhilfe (§ 8 SGB XII), verneint[220].
Öffentlich-rechtliche Genehmigungen, die eine berufliche Betätigung gestatten, wie
etwa die Gaststätten- oder Gewerbeerlaubnis, stellen grundsätzlich kein Eigentum
dar, fehlt es doch regelmäßig an einer erheblichen Eigenleistung für ihren Erhalt[221]
und gewähren sie lediglich Erwerbschancen[222].[223] Anderes gilt, wenn ein Anlagenbetreiber auf der Grundlage einer immissionsschutzrechtlichen Genehmigung erhebliche Investitionen getätigt hat; in diesem Fall genießt nicht nur das Sacheigentum an der Anlage, sondern wegen der „Verknüpfung der verwaltungsrechtlichen
Grundlagen des Anlagenbetriebs mit den privatwirtschaftlichen Eigenleistungen
des Anlagenbetreibers" auch die verwirklichte Genehmigung Eigentumsschutz.[224]
Anderes gilt auch, wenn der Erwerb der Genehmigung selbst erhebliche Eigenleistungen erfordert hat, was etwa auf die Ersteigerung von Lizenzen für die Nutzung
von Mobilfunkfrequenzen zutrifft (→ § 12 Rn. 41).[225] Die Aufhebung solcher Genehmigungen hat dann den Anforderungen des Eigentumsgrundrechts Rechnung zu
tragen, wobei sich Aufhebungstatbestände als Inhalts- und Schrankenbestimmungen darstellen und nicht zwingend eine Entschädigungspflicht voraussetzen.[226]

74   Nach h. M. erfasst der an konkrete Rechtspositionen gebundene Eigentumsschutz nicht das *Vermögen* als solches, da es „selber kein Recht, sondern den Inbe-
griff aller geldwerten Güter einer Person darstellt".[227] Damit unterfallen *Abgabentatbestände* grundsätzlich nicht Art. 14 GG (sondern Art. 2 Abs. 1 GG → Rn. 87),
sind diese doch „nicht mittels eines bestimmten Eigentumsobjekts zu erfüllen, sondern werden aus dem fluktuierenden Vermögen bestritten".[228] Hiervon sind zwei
Ausnahmen zu machen: Zum einen für Zahlungspflichten, die „den Betroffenen
übermäßig belasten und seine Vermögensverhältnisse so grundlegend beeinträchtigen, dass ihnen eine erdrosselnde Wirkung zukommt",[229] zum anderen, jedenfalls

---

[217] BVerfGE 69, 272 (300); ferner 72, 9 (18 f.); 100, 1 (32 f.); K 14, 287 (289).

[218] BVerfGE 69, 272 (304 ff.); 100, 1 (32 f.).

[219] BVerfGE 72, 9 (19 ff.).

[220] BVerfGE 69, 272 (301 f.); ferner 100, 1 (32 f.).

[221] In diese Richtung, wenn auch im Ergebnis offen gelassen BVerfG, NVwZ 2009, 1426 (1428);
ebenso bereits offen gelassen (für die Apotheken-Betriebserlaubnis) E 17, 232 (247 f.).

[222] BVerfGE 45, 142 (170 ff.).

[223] Grundsätzlich ablehnend auch *Depenheuer*, HGR V, § 111 Rn. 65; *Wieland*, in: Dreier, Art. 14
Rn. 76. Umfassend zur Thematik *M. Schröder*, Verfassungsrechtlicher Eigentumsschutz von Genehmigungen, in: FS Papier, S. 605.

[224] BVerfG, NVwZ 2010, 771 (772) – offen gelassen für die noch nicht aktualisierte Genehmigung.

[225] BVerwGE 140, 221 (235 ff.).

[226] Siehe etwa BVerfG, NVwZ 2010, 771 (772 ff.); BVerwGE 140, 221 (235 ff.).

[227] BVerfGE 95, 267 (300); ferner 4, 7 (17); *Wieland*, in: Dreier, Art. 14 Rn. 65 ff.

[228] BVerfGE 95, 267 (300 f.).

[229] BVerfG, NVwZ 2007, 1168 (1168 f.); ferner 95, 267 (300 f.).

nach der neueren Rechtsprechung des zweiten Senats, für an den Erwerb oder das Innehaben konkreter Eigentumspositionen anknüpfende Abgabentatbestände,[230] worunter – sehr weitgehend – die Einkommen- und Gewerbesteuer wegen ihres Anknüpfens an „den Hinzuerwerb von Eigentum" gefasst wurde[231].

Ob Art. 14 GG auch den *eingerichteten und ausgeübten Gewerbebetrieb*, mithin   **75** die „tatsächliche Zusammenfassung der zum Vermögen eines Unternehmens gehörenden Sachen und Rechte"[232] schützt, hat das BVerfG, anders als das BVerwG und der BGH,[233] bislang offen gelassen.[234] Eingriffe setzen jedenfalls einen Substanzbezug voraus.[235] Der Schutz des Gewerbebetriebs bezieht sich nach dem BVerfG jedenfalls „nur auf den konkreten Bestand an Rechten und Gütern"[236] und kann „nicht weiter gehen als der Schutz, den seine wirtschaftliche Grundlage genießt"[237]. Keinesfalls erfasst sind damit Umsatz- und Gewinnchancen,[238] der Ruf des Unternehmens[239] oder „tatsächliche Gegebenheiten ... wie die bestehenden Geschäftsverbindungen, de[r] erworben[e] Kundenstamm oder die Marktstellung"[240]. Weite Auffassungen nehmen indes nicht nur einen Eingriff bei Existenzgefährdung des Betriebs an;[241] sie beziehen in den Schutz vor allem „nicht nur den gegenständlichen Bestand des Betriebes [ein], sondern dessen gesamte Erscheinungsform, den Tätigkeitskreis und seinen Kundenstamm, kurz alles, was in seiner Gesamtheit den wirtschaftlichen Wert des konkreten Betriebes ausmacht" einschließlich des „Kontakt[s] nach außen"[242]. Denn auch diese Aspekte verkörperten die im Unternehmen geronnene Leistung des Unternehmers und konstituierten gerade den Wert des Betriebs.[243]

cc) Ausgestaltung und Beschränkung des Eigentums

Nachdem Eigentum, anders als etwa das menschliche Leben, kein rein natürli-   **76** ches Phänomen darstellt, bedarf es einer gesetzlichen Ausgestaltung.[244] Art. 14

---

[230] BVerfGE 115, 97 (110).

[231] BVerfGE 115, 97 (111 f.).

[232] So die Definition in BVerfG, NVwZ 2009, 1426 (1428).

[233] BVerwGE 95, 341 (348 f.) – offen gelassen dann aber in E 118, 226 (241) und 120, 54 (81); BGH, NJW 1967, 1857 (1857); Z 111, 349 (356 f.). Bejahend auch *P. M. Huber*, in: Schoch, Kap. 3 Rn. 72; *Ziekow*, § 3 Rn. 32. Ablehnend *Wieland*, in: Dreier, Art. 14 Rn. 61 ff.

[234] BVerfGE 51, 193 (221 f.); 105, 252 (278); NVwZ 2009, 1426 (1428).

[235] BVerfGE 13, 225 (229); BVerwGE 95, 341 (348 ff.); 118, 226 (241); BGH, NJW 1967, 1857 (1857); Z 111, 349 (356 f.).

[236] BVerfG, NVwZ 2009, 1426 (1428).

[237] BVerfG, NVwZ 2009, 1426 (1428).

[238] BVerfGE 77, 84 (118); 105, 252 (278); BVerwGE 95, 341 (348 ff.).

[239] BVerfGE 105, 252 (278).

[240] BVerfGE 77, 84 (118).

[241] BGHZ 111, 349 (357).

[242] BGHZ 55, 261 (263); ferner *Depenheuer*, HGR V, § 111 Rn. 63 f.; *P. M. Huber*, in: Schoch, Kap. 3 Rn. 72; *Leisner*, HStR³ VIII, § 173 Rn. 198 ff.

[243] *Depenheuer*, HGR V, § 111 Rn. 64; *Leisner*, HStR³ VIII, § 173 Rn. 199 f.

[244] BVerfGE 31, 229 (240); 58, 300 (330); NVwZ 2010, 771 (772); *Depenheuer*, HGR V, § 111 Rn. 44; *Leisner*, HStR³ VIII, § 173 Rn. 127 ff.

Abs. 1 S. 2 GG überantwortet dem Gesetzgeber, Inhalt und Schranken des Eigentums zu bestimmen, wobei verfassungsrechtliche Direktiven zu beachten sind (1). Derartige Inhalts- und Schrankenbestimmungen „legen generell und abstrakt die Rechte und Pflichten des Eigentümers fest, bestimmen also den ‚Inhalt' des Eigentums … Der Gesetzgeber schafft damit auf der Ebene des objektiven Rechts diejenigen Rechtssätze, die die Rechtsstellung des Eigentümers begründen und ausformen; sie können privatrechtlicher und öffentlich-rechtlicher Natur sein.“[245] Strikt zu unterscheiden sind Inhalts- und Schrankenbestimmungen, wie das BVerfG im Nassauskiesungs-Beschluss vom 15.07.1981 herausgearbeitet hat, vom Rechtsinstitut der Enteignung, das auf den Entzug konkreter Eigentumspositionen gerichtet ist (2).[246] Damit erhalten „Regelungen, die Inhalt und Schranken des Eigentums festlegen, … auch dann keinen enteignenden Charakter, wenn sie im Einzelfall die Eigentümerbefugnisse über das verfassungsrechtlich zulässige Maß hinaus einschränken. Eine verfassungswidrige Inhaltsbestimmung stellt nicht zugleich einen ‚enteignenden Eingriff' im verfassungsrechtlichen Sinn dar und kann wegen des unterschiedlichen Charakters von Inhaltsbestimmung und Enteignung auch nicht in einen solchen umgedeutet werden … Das gilt auch, wenn die Anwendung einer inhaltsbestimmenden Norm das Eigentum völlig entwertet.“[247]

77   So hat das BVerfG die Pflicht zur Ablieferung eines Belegexemplars von Druckwerken an eine öffentliche Bibliothek mit folgender Begründung als Inhalts- und Schrankenbestimmung, nicht aber als Enteignung qualifiziert: „Die Vorschrift enthält keine Ermächtigung für die Exekutive, durch Einzelakt auf ein bestimmtes von ihr benötigtes Vermögensobjekt zuzugreifen, sondern begründet in genereller und abstrakter Weise eine Naturalleistungspflicht in der Form einer Abgabe. Sie trifft diejenigen, die – in aller Regel in Ausübung eines Berufs – als Verleger Eigentum in den Verkehr bringen und ruht auf der Gesamtheit der zu einer Auflage gehörenden und im Eigentum des Verlegers stehenden Druckstücke, die das Gesetz als Druckwerk bezeichnet. Dieses Eigentum am Druckwerk ist schon bei seiner Entstehung mit der Verpflichtung zur Ablieferung eines Exemplars belastet. Die vom Verleger vorzunehmende Auswahl und Ablieferung eines beliebigen Druckstücks der Auflage aktualisiert die allgemein und im vorhinein diesem obliegende Verpflichtung. Die Pflichtexemplarregelung ist somit eine objektivrechtliche Vorschrift, die in allgemeiner Form den Inhalt des Eigentums am Druckwerk als der Gesamtheit aller Druckstücke bestimmt.“[248]

78   Im Folgenden nicht weiter thematisiert werden sonstige Eigentumsbeeinträchtigungen, namentlich enteignungsgleiche und enteignende Eingriffe.[249]

---

[245] BVerfGE 58, 300 (330); ferner 52, 1 (27 f.); 72, 66 (76).

[246] BVerfGE 58, 300 (330 ff.). Siehe auch *Wieland*, in: Dreier, Art. 14 Rn. 100.

[247] BVerfGE 102, 1 (16); ferner 58, 137 (145).

[248] BVerfGE 58, 137 (149 ff.).

[249] Umfassend zu diesen *Ossenbühl/Cornils*, Staatshaftungsrecht, 6. Aufl. 2013, S. 259 ff., 325 ff., und im Überblick *Pieroth/Schlink/Kingreen/Poscher*, Rn. 1025 ff.

(1) Anforderungen an Inhalts- und Schrankenbestimmungen

In materieller Hinsicht muss eine Inhalts- und Schrankenbestimmung verhältnis-   **79**
mäßig sein, mithin die Privatnützigkeit (Art. 14 Abs. 1 S. 1 GG) und die Sozialpflichtigkeit (Art. 14 Abs. 2 GG) des Eigentums in einen angemessenen Ausgleich
bringen. Die Anforderungen sind sachbereichsbezogen zu bestimmen: „Soweit das
Eigentum die persönliche Freiheit des Einzelnen im vermögensrechtlichen Bereich sichert, genießt es einen besonders ausgeprägten Schutz. Dagegen ist die Gestaltungsfreiheit des Gesetzgebers um so größer, je stärker der soziale Bezug des
Eigentumsobjekts ist ... Außerdem können grundlegende Veränderungen der wirtschaftlichen und gesellschaftlichen Verhältnisse den Regelungs- und Gestaltungsspielraum des Gesetzgebers erweitern."[250] Ggf. können Härtefall-, Ausnahme- und
Übergangsregeln erforderlich sein.[251] Zur Vermeidung unangemessener Härte einer
prinzipiell verfassungskonformen Inhalts- und Schrankenbestimmung im Einzelfall
kann eine Entschädigungsregelung geboten sein (ausgleichspflichtige Inhalts- und
Schrankenbestimmung).[252]

Eine äußerste Grenze zieht schließlich die in Art. 14 Abs. 1 S. 1 GG enthalte-   **80**
ne Institutsgarantie des Privateigentums, „das im wesentlichen durch die Privatnützigkeit und grundsätzliche Verfügungsfähigkeit über das Eigentumsobjekt gekennzeichnet ist".[253] Diese „Institutsgarantie gewährleistet einen Grundbestand von
Normen, der gegeben sein muß, um das Recht als ‚Privateigentum' bezeichnen zu
können."[254]

(2) Enteignung

Eine Enteignung „ist auf die vollständige oder teilweise Entziehung konkreter sub-   **81**
jektiver, durch Art. 14 Abs. 1 Satz 1 GG gewährleisteter Rechtspositionen zur Erfüllung bestimmter öffentlicher Aufgaben gerichtet".[255] Sie dient der hoheitlichen
Güterbeschaffung.[256]

Gemäß Art. 14 Abs. 3 S. 1 GG darf die öffentliche Hand „nur zum Wohle der All-   **82**
gemeinheit" enteignen.[257] Dies schließt eine Enteignung zugunsten Privater nicht
aus (privatnützige Enteignung).[258] Die Enteignung kann durch Gesetz (Legalenteignung) oder auf gesetzlicher Grundlage (Administrativenteignung) erfolgen,[259]

---

[250] BVerfGE 101, 54 (75 f.). Näher *Wieland*, in: Dreier, Art. 14 Rn. 103 ff.

[251] Zum „schonenden Übergang vom alten ins neue Recht" BVerfGE 53, 336 (351); 58, 300
(351 f.); *Schoch*, JZ 1995, 769 (770); *Wieland*, in: Dreier, Art. 14 Rn. 148 ff., 154.

[252] BVerfGE 58, 137 (150 f.). Näher (und kritisch) *Wieland*, in: Dreier, Art. 14 Rn. 151 ff.

[253] BVerfGE 31, 229 (240 f.); ferner 77, 263 (270 f.).

[254] BVerfGE 31, 229 (241); ferner 77, 263 (270 f.).

[255] BVerfGE 104, 1 (9 f.); ferner 52, 1 (27); 72, 66 (76); 101, 239 (259); 102, 1 (15 f.). Näher
Wieland, in: Dreier, Art. 14 Rn. 9 ff.

[256] BVerfGE 104, 1 (9 f.).

[257] Näher *Wieland*, in: Dreier, Art. 14 Rn. 116 ff.

[258] Siehe BVerfGE 74, 264 (284 ff.); WM 2009, 422 (423 f.). Näher *Wieland*, in: Dreier, Art. 14
Rn. 120 ff.

[259] Zum Ausnahmecharakter der Legalenteignung BVerfGE 95, 1 (22); kritisch *Wieland*, in: Dreier, Art. 14 Rn. 112.

wobei die gesetzliche Grundlage nach der sog. Junktim-Klausel „Art und Ausmaß der Entschädigung" regeln muss (Art. 14 Abs. 3 S. 2 GG)[260]. Die Höhe der Entschädigung ist gemäß Art. 14 Abs. 3 S. 3 GG „unter gerechter Abwägung der Interessen der Allgemeinheit und der Beteiligten zu bestimmen."[261]

c) Vereinigungs- und Koalitionsfreiheit, Art. 9 GG

83   Die *Vereinigungsfreiheit* (Art. 9 Abs. 1 GG) gewährleistet den Zusammenschluss Deutscher (zum Schutz von EU-Ausländern → Rn. 21) zu Vereinen und Gesellschaften, worunter auch Personen- und Kapitalgesellschaften fallen.[262] Verbürgt ist die „Gründungs- und Beitrittsfreiheit sowie die Freiheit, aus einer Vereinigung auszutreten oder ihr fernzubleiben".[263] Darüber hinaus kommt Art. 9 Abs. 1 GG nach h. M. eine kollektive Dimension zu, indem er den „Verband selbst in seinem Recht auf Selbstbestimmung über die eigene Organisation, das Verfahren der Willensbildung und die Führung der Geschäfte sowie das Recht auf Entstehen und Bestehen" schützt; ob diese auch Wirtschaftsvereinigungen zukommt, hat das BVerfG indes offen gelassen, da bei diesen „das personale Element bis hin zur Bedeutungslosigkeit zurück[tritt]".[264] Bejaht man dies,[265] ist Art. 9 Abs. 1 GG Maßstab für Regelungen der Mitbestimmung[266] oder der Fusionskontrolle. Die im Öffentlichen Wirtschaftsrecht vielfach anzutreffende *Zwangsmitgliedschaft Berufstätiger in Selbstverwaltungskörperschaften der Wirtschaft*, etwa für Gewerbetreibende in der IHK (§ 2 Abs. 1 IHKG) oder für Handwerker in der Handwerkskammer (§ 90 Abs. 2 ff. HwO), hat das BVerfG nicht an der (negativen) Vereinigungsfreiheit gemessen, da eine Vereinigung einen freiwilligen Zusammenschluss impliziere und einer Einbeziehung die Entstehungsgeschichte entgegenstünde; vielmehr liege mit Blick auf die Ziele der Selbstverwaltung (freiheitssichernde und sachnahe Interessenwahrnehmung durch Betroffene; Interessenbündelung) und die damit korrespondierende Notwendigkeit einer umfassenden Einbeziehung aller ein (gerechtfertigter) Eingriff in Art. 2 Abs. 1 GG vor (→ Rn. 87).[267]

84   Grundlegende Bedeutung für die Wirtschaftsverfassung kommt auch der *Koalitionsfreiheit* (Art. 9 Abs. 3 GG) zu, impliziert sie doch eine dezentrale Festlegung der Arbeitsbedingungen vorrangig durch die Koalitionen, mithin Arbeitgeberverbände und Gewerkschaften, und nicht durch den Staat: Letzterer „hat, soweit es

---

[260] Zur Junktim-Klausel *Wieland*, in: Dreier, Art. 14 Rn. 125 ff.

[261] Im Einzelnen *Wieland*, in: Dreier, Art. 14 Rn. 129 ff.

[262] BVerfGE 50, 290 (354); 124, 25 (34); *H. Bauer*, in: Dreier, Art. 9 Rn. 20, 35; *Durner*, in: Ehlers/Fehling/Pünder, § 11 Rn. 30.

[263] BVerfGE 50, 290 (354).

[264] BVerfGE 124, 25 (34 f.); ferner 50, 290 (354, 355 f.). E 80, 244 (252 f.) bezieht überdies „den Kernbereich … der Vereinstätigkeit" in den Schutz ein; mit *Durner*, in: Ehlers/Fehling/Pünder, § 11 Rn. 31, 33, ist insoweit indes auf das für die Vereinstätigkeit spezielle Freiheitsrecht abzustellen.

[265] So etwa *R. Schmidt*, Vorauflage, § 2 Rn. 69.

[266] BVerfGE 50, 290 (356 ff.).

[267] BVerfG, NVwZ 2002, 335 (336 f.); kritisch (zur Auslegung des Art. 9 Abs. 1 GG) *H. Bauer*, in: Dreier, Art. 9 Rn. 47.

um die Regelung des Inhalts von Arbeitsverträgen geht, gemäß Art. 9 Abs. 3 GG seine Zuständigkeit von vornherein weit zurückgenommen und die Befugnis der Koalitionen, selbst Rechtsregeln zu setzen und wieder aufzuheben, anerkannt."[268]

Die Koalitionsfreiheit berechtigt nicht nur den Einzelnen, sondern auch die Ko-   **85** alitionen selbst.[269] Als individuelles Freiheitsrecht gewährleistet Art. 9 Abs. 3 GG das Recht der Arbeitnehmer und Arbeitgeber, sich zu Koalitionen zusammenzuschließen und ihnen fernzubleiben.[270] In ihrer kollektiven Dimension schützt die Koalitionsfreiheit „auch die Koalition selbst in ihrem Bestand, ihrer organisatorischen Ausgestaltung und ihren Betätigungen, sofern diese der Förderung der Arbeits- und Wirtschaftsbedingungen dienen … Der Schutz erstreckt sich auf alle koalitionsspezifischen Verhaltensweisen und umfasst insbesondere auch die Tarifautonomie, die im Zentrum der den Koalitionen eingeräumten Möglichkeiten zur Verfolgung ihrer Zwecke steht".[271] Gewährleistet sind „als koalitionsmäßige Betätigung auch Arbeitskampfmaßnahmen, die auf den Abschluß von Tarifverträgen gerichtet sind. Sie werden jedenfalls insoweit von der Koalitionsfreiheit erfaßt, als sie erforderlich sind, um eine funktionierende Tarifautonomie sicherzustellen … Dazu gehört auch der Streik".[272] Die Koalitionsfreiheit entfaltet als einziges Grundrecht gemäß Art. 9 Abs. 3 S. 2 GG unmittelbare Drittwirkung (→ Rn. 15). In der Tariftreue-Verpflichtung bei der Vergabe öffentlicher Aufträge hat das BVerfG keinen Eingriff in Art. 9 Abs. 3 GG gesehen.[273] Ein solcher liegt freilich in der gesetzlichen Vorgabe eines Mindestlohnes gemäß dem zum 01.01.2015 in Kraft getretenen § 1 Mindesttlohngesetz.[274]

d) Schutz von Arbeits-, Betriebs- und Geschäftsräumen (Art. 13 GG)

Der von Art. 13 GG gewährleistete Schutz der Wohnung bezieht sich nach der   **86** Rechtsprechung des BVerfG auch auf *Arbeits-, Betriebs- und Geschäftsräume*; hierfür streiten – unbeschadet des Wortlauts („Wohnung") – Entstehungsgeschichte, Begriffstradition und die Persönlichkeitsrelevanz des Berufslebens.[275] Damit müssen sich behördliche Betretungsrechte, etwa im Bereich der Gewerbe- (§ 29 Abs. 2 S. 1 GewO), Handwerks- (§ 17 Abs. 2 HwO) oder Datenschutzaufsicht (§ 38 Abs. 4 BDSG), an Art. 13 GG messen lassen. Wegen ihrer „Offenheit nach außen" genießen Geschäftsräume freilich einen geringeren Schutz als die Privatwohnung, weshalb die strengen Anforderungen des qualifizierten Gesetzesvorbehalts des Art. 13 Abs. 7 GG auch nicht unbesehen auf Geschäftsräume übertragen werden dürfen. Vielmehr besteht ein Betretungsrecht unter den folgenden erleichterten Vorausset-

---

[268] BVerfGE 44, 322 (349 f.); ferner *Durner*, in: Ehlers/Fehling/Pünder, § 11 Rn. 34.

[269] BVerfGE 116, 202 (217 f.).

[270] BVerfGE 116, 202 (217 f.); ferner 92, 365 (393 f.).

[271] BVerfGE 116, 202 (219); ferner 92, 365 (393 f.).

[272] BVerfGE 92, 365 (393 f.); ferner 88, 103 (114); *H. Bauer*, in: Dreier, Art. 9 Rn. 84.

[273] BVerfGE 116, 202 (217 ff.).

[274] Näher, auch zur Verfassungskonformität *Barczak*, RdA 2014, 290; *Bayreuther*, NZA 2014, 865; *Henssler*, RdA 2015, 43; *Zeising/Weigert*, NZA 2015, 15.

[275] BVerfGE 32, 54 (69 ff.); ferner NVwZ 2007, 1049 (1050).

zungen: „a) eine besondere gesetzliche Vorschrift muß zum Betreten der Räume
ermächtigen; b) das Betreten der Räume, die Vornahme der Besichtigungen und
Prüfungen müssen einem erlaubten Zweck dienen und für dessen Erreichung erforderlich sein; c) das Gesetz muß den Zweck des Betretens, den Gegenstand und
den Umfang der zugelassenen Besichtigung und Prüfung deutlich erkennen lassen;
d) das Betreten der Räume und die Vornahme der Besichtigung und Prüfung ist nur
in den Zeiten statthaft, zu denen die Räume normalerweise für die jeweilige geschäftliche oder betriebliche Nutzung zur Verfügung stehen."[276]

e) Wirtschaftsrelevante Ausprägungen der allgemeinen Handlungsfreiheit, Art. 2 Abs. 1 GG

87   Nachdem Art. 12 Abs. 1 GG „das berufsbezogene Verhalten einzelner Personen
oder Unternehmen am Markt" umfassend schützt (→ Rn. 40),[277] bleibt kaum Raum
für eine aus dem subsidiären Auffanggrundrecht der allgemeinen Handlungsfreiheit abgeleitete unternehmerische Freiheit.[278] Gleichwohl kommt Art. 2 Abs. 1 GG
Bedeutung für das Öffentliche Wirtschaftsrecht zu. Zu nennen sind der Schutz von
Ausländern im sachlichen Anwendungsbereich der Deutschen-Grundrechte (siehe
auch → Rn. 21), die allgemeine, d. h. nicht berufsbezogene Vertragsfreiheit (etwa
des Verbrauchers),[279] die Auferlegung von Abgaben (soweit nicht von Art. 14 GG
erfasst → Rn. 74),[280] die (gerechtfertigte und mangels berufsregelnder Tendenz
nicht Art. 12 Abs. 1 GG unterfallende[281]) Zwangsmitgliedschaft in Selbstverwaltungskörperschaften der Wirtschaft (→ Rn. 83)[282] oder der Schutz vor deren Handeln jenseits ihres Aufgabenbereichs[283].

f) Allgemeiner Gleichheitssatz, Art. 3 Abs. 1 GG

88   Dem allgemeinen Gleichheitssatz (Art. 3 Abs. 1 GG) kommt im Öffentlichen Wirtschaftsrecht eine gewisse Relevanz zu, impliziert Wirtschaftsregulierung doch vielfach Differenzierung, etwa bei Steuerregelungen[284] oder Verteilungsentscheidungen
wie der Vergabe öffentlicher Aufträge[285] oder von Subventionen[286].[287]

---

[276] BVerfGE 32, 54 (72 ff.); ferner NVwZ 2007, 1049 (1050 f.).

[277] Siehe nur BVerfGE 115, 205 (229).

[278] So auch *P. M. Huber*, in: Schoch, Kap. 3 Rn. 48; *R. Schmidt*, Vorauflage, § 2 Rn. 79, 81; ferner
zur Bedeutung des Art. 2 Abs. 1 GG als allgemeine Wirtschaftsfreiheit *Di Fabio*, in: Maunz/Dürig,
Art. 2 Abs. 1 Rn. 77 ff., 116 ff. (Stand: 39. EL Juli 2001).

[279] BVerfGK 12, 308 (327 f.).

[280] Siehe nur BVerfGE 4, 7 (17); 113, 88 (103); *Dreier*, in: ders., Art. 2 Abs. 1 Rn. 33 m. w. N.

[281] Siehe BVerfGE 15, 235 (239).

[282] BVerfG, NVwZ 2002, 335 (336 f.); ferner BVerwG, NVwZ-RR 2010, 882 (883).

[283] BVerwG, NVwZ-RR 2010, 882 (883).

[284] BVerfGE 110, 274 (299); NJW 2015, 303 (306 ff.).

[285] BVerfGE 116, 135 (153 f.).

[286] BVerfGE 110, 274 (293).

[287] Umfassend zu den Anforderungen im Kontext von Verteilungsentscheidungen *F. Wollenschläger*, Verteilungsverfahren, S. 34 ff. m. w. N.

aa) Einführungsfall

Fall[288] Vom nächtlichen Alkoholverkaufsverbot (→ Rn. 32) hat der baden-würt-   **89**
tembergische Gesetzgeber Hofläden und weitere Verkaufsstellen ausgenommen,
nämlich von landwirtschaftlichen Genossenschaften, von landwirtschaftlichen
Betrieben sowie von Verkehrsflughäfen innerhalb der Terminals. T, der eine Tankstelle mit Tankshop betreibt, sieht in dieser Ausnahmeregelung eine Verletzung des
allgemeinen Gleichheitssatzes. Zu Recht?

bb) Prüfungsschema[289]

1. Ungleichbehandlung   **90**
   Wird wesentlich Gleiches ungleich respektive wesentlich Ungleiches
   gleich behandelt?
2. Sachliche Rechtfertigung
   a) Willkür- oder Neue Formel?
      (Strengere) Neue Formel, wenn Freiheitsrechte, Persönlichkeitsmerk-
      male oder nicht beeinflussbare Differenzierungskriterien betroffen,
      sonst Willkürformel
   b) Anforderungen
      aa) Willkürformel
         Ist „offenkundig …, dass sich für die angegriffene gesetzliche
         Regelung und die durch sie bewirkte Ungleichbehandlung kein
         sachlicher Grund finden lässt"?
      bb) Neue Formel
         Bestehen zwischen den Vergleichsgruppen „Unterschiede von sol-
         cher Art und solchem Gewicht …, daß sie die ungleiche Behand-
         lung rechtfertigen könnten"?

cc) Anforderungen des allgemeinen Gleichheitssatzes

Der allgemeine Gleichheitssatz ist nach überkommener Auffassung[290] zweistu-   **91**
fig zu prüfen, es ist mithin zu fragen, ob wesentlich Gleiches ungleich respektive
wesentlich Ungleiches gleich behandelt wird[291] und, falls dem so ist, ob sich die
(Un)Gleichbehandlung rechtfertigen lässt. Letzteres ist bei Vorliegen eines hinreichenden Sachgrundes für die Differenzierung zu bejahen; die Grenzen des gesetzgeberischen Spielraums können dabei „von gelockerten auf das Willkürverbot

---

[288] Nach BVerfG, NVwZ 2011, 355.

[289] Zitate im Prüfungsschema entstammen der Rechtsprechung des BVerfG und sind bei der folgenden Behandlung des Sachproblems nachgewiesen.

[290] Vgl. *Heun*, in: Dreier, Art. 3 Rn. 26 ff.

[291] Siehe nur BVerfG, NVwZ 2011, 355 (358). Im Überblick zur Vergleichsgruppenbildung *Heun*,
in: Dreier, Art. 12 Rn. 24 f.; *Pieroth/Schlink/Kingreen/Poscher*, Rn. 463 ff.

beschränkten Bindungen bis hin zu strengen Verhältnismäßigkeitserfordernissen reichen" und hängen von der betroffenen Sachmaterie und der Art des Unterscheidungsmerkmals ab.[292] Strenge Anforderungen gelten, wenn die Ungleichbehandlung Freiheitsrechte betrifft oder von Persönlichkeitsmerkmalen abhängt, namentlich wenn diese unverfügbar sind oder denen des Art. 3 Abs. 3 GG nahestehen;[293] auch die fehlende Beeinflussbarkeit der Differenzierungskriterien erhöht die Rechtfertigungslast.[294] In diesen Fällen greift die sog. „Neue Formel" des BVerfG, nach der eine Ungleichbehandlung den allgemeinen Gleichheitssatz verletzt, wenn zwischen den Vergleichsgruppen „keine Unterschiede von solcher Art und solchem Gewicht bestehen, daß sie die ungleiche Behandlung rechtfertigen könnten".[295] Demgegenüber misst das BVerfG Ungleichbehandlungen geringerer Intensität an der Willkür-Formel; nach dieser „verlangt Art. 3 Abs. 1 GG nicht, dass der Gesetzgeber unter mehreren möglichen Lösungen die zweckmäßigste oder vernünftigste wählt. Ein vom BVerfG zu beanstandender Verstoß gegen den allgemeinen Gleichheitssatz ist erst dann anzunehmen, wenn offenkundig ist, dass sich für die angegriffene gesetzliche Regelung und die durch sie bewirkte Ungleichbehandlung kein sachlicher Grund finden lässt".[296] Übertragen auf die Subventionierung bedeutet dieser Maßstab, dass der Gesetzgeber „seine Leistungen nicht nach unsachlichen Gesichtspunkten, also nicht willkürlich verteilen darf. Sachbezogene Gesichtspunkte stehen ihm in weitem Umfang zu Gebote, solange die Regelung sich nicht auf eine der Lebenserfahrung geradezu widersprechende Würdigung der jeweiligen Lebenssachverhalte stützt, insbesondere der Kreis der von der Maßnahme Begünstigten sachgerecht abgegrenzt ist".[297]

92   Im Beispielsfall, der eine Berufsausübungsregel betrifft (→ Rn. 57) und demnach strengeren Rechtfertigungsanforderungen unterliegt, hat das BVerfG eine Rechtfertigung der Ungleichbehandlung von „privilegierten und nicht privilegierten Verkaufsstellen" bejaht; ein Sachgrund „liegt … in dem nachvollziehbar begründeten unterschiedlichen Potential der Verkaufsstellen, zur Bildung von Szenetreffs und missbräuchlichem Alkoholkonsum und den mit diesem verbundenen gefährlichen Begleiterscheinungen beizutragen."[298]

dd) Selbstbindung der Verwaltung und Systemgerechtigkeit
93   Zwei (nicht nur) für das Öffentliche Wirtschaftsrecht bedeutsame Gewährleistungsaspekte des allgemeinen Gleichheitssatzes stellen die Grundsätze der Selbstbindung

---

[292] Siehe BVerfGE 129, 49 (68 f.). Dazu und zum Folgenden *F. Wollenschläger*, Verteilungsverfahren, S. 36 ff. m. w. N.

[293] Nach der Rechtsprechung des Ersten Senats des BVerfG kann sogar „eine Ungleichbehandlung von Sachverhalten mittelbar eine Ungleichbehandlung von Personengruppen bewirk[en]", siehe E 121, 317 (369 f.); ferner 101, 54 (101).

[294] Siehe nur BVerfGE 129, 49 (69); ferner 116, 135 (161).

[295] BVerfGE 55, 72 (88); ferner 81, 228 (236).

[296] BVerfGE 116, 135 (161); ferner 55, 72 (88 f.); 83, 1 (23); 99, 367 (389).

[297] BVerfGE 110, 274 (293).

[298] BVerfG, NVwZ 2011, 355 (358).

der Verwaltung und der Systemgerechtigkeit dar. Zum einen fungiert Art. 3 Abs. 1 GG als Grundlage der mittelbaren Außenwirkung von Verwaltungsvorschriften über die Figur der *Selbstbindung der Verwaltung*;[299] relevant ist dies für die kaum gesetzesdeterminierte Vergabe von Subventionen und von Aufträgen unterhalb der EU-Schwellenwerte. Zum anderen folgt der Grundsatz der *Systemgerechtigkeit* aus Art. 3 Abs. 1 GG, der dem Gesetzgeber widersprüchliche Regelungen, mithin eine „Verletzung der ‚vom Gesetz selbst statuierten Sachgesetzlichkeit‘" untersagt.[300] Im Kontext des Nichtraucherschutzes bedeutet dies: „Hat sich der Gesetzgeber aufgrund des ihm zukommenden Spielraums zu einer bestimmten Einschätzung des Gefahrenpotenzials entschlossen, auf dieser Grundlage die betroffenen Interessen bewertet und ein Regelungskonzept gewählt, so muss er diese Entscheidung auch folgerichtig weiterverfolgen. Gefahreinschätzungen sind nicht schlüssig, wenn identischen Gefährdungen in demselben Gesetz unterschiedliches Gewicht beigemessen wird".[301]

g) Rechtsschutzgarantie, Art. 19 Abs. 4 GG

Bereits die einzelnen materiellen Grundrechte beinhalten eine Rechtsschutzdimension (→ Rn. 12). Darüber hinaus verbürgt Art. 19 Abs. 4 S. 1 GG jedem, den die öffentliche Gewalt in seinen Rechten verletzt, nicht nur Zugang zu Gerichten, sondern auch effektiven Rechtsschutz vor diesen.[302] Daneben steht der im allgemeinen Rechtsstaatsprinzip wurzelnde und über Art. 2 Abs. 1 GG subjektivierte allgemeine Justizgewährleistungsanspruch, der sich auf Streitigkeiten zwischen Privatrechtssubjekten und Handlungen des Staates, die keine Ausübung öffentlicher Gewalt darstellen, bezieht;[303] letzteres soll nach der fragwürdigen Rechtsprechung des BVerfG auf die Vergabe öffentlicher Aufträge zutreffen[304]. Bedeutung kam der Rechtsschutzgarantie im Öffentlichen Wirtschaftsrecht für die Ausgestaltung

94

---

[299] Siehe etwa BVerfGE 116, 135 (153 f.); BVerwGE 104, 220 (223). Im Einzelnen *Maurer*, § 24 Rn. 21 ff. Zur Bedeutung für nicht vom Kartellvergaberecht erfasste Auftragsvergaben BVerfG, a. a. O.; *F. Wollenschläger*, Primärrechtsschutz außerhalb des Anwendungsbereichs des GWB, in: Müller-Wrede (Hrsg.), Kompendium des Vergaberechts, 2. Aufl. 2013, Kap. 26 Rn. 33, 57 ff.

[300] Siehe nur BVerfGE 34, 103 (115); 84, 239 (271); 127, 224 (245 f.). Zurückhaltend *Heun*, in: Dreier, Art. 12 Rn. 37; ferner abweichende Meinung des Richters *Bryde*, BVerfGE 121, 317 (380 f.): „Das Bundesverfassungsgericht darf keine Folgerichtigkeit und Systemreinheit einfordern, die kein demokratischer Gesetzgeber leisten kann. Zwingt man den Gesetzgeber unter solchen politischen Rahmenbedingungen in ein alles oder nichts, indem man ihm zwar theoretisch eine – politisch kaum durchsetzbare – Radikallösung erlaubt, aber Ausnahmen und Unvollkommenheiten benutzt, die erreichten Fortschritte zu kassieren, gefährdet das die Reformfähigkeit von Politik."

[301] BVerfGE 121, 317 (362 f.).

[302] Siehe nur BVerfGE 35, 263 (274); 65, 1 (70); 93, 1 (13); K 1, 107 (108); 11, 153 (158); NVwZ 2011, 35 (36); NVwZ 2012, 694 (695). Zu den Anforderungen im Einzelnen *P. M. Huber*, in: von Mangoldt/Klein/Starck, Art. 19 Rn. 445 ff.; *Schulze-Fielitz*, in: Dreier, Art. 19 IV Rn. 84 ff.; ferner – im Kontext des vorläufigen Rechtsschutzes – *F. Wollenschläger*, in: Gärditz, § 123 Rn. 18 ff.

[303] BVerfGE 116, 135 (150).

[304] BVerfGE 116, 135 (149 f.). Kritisch *Burgi*, NZBau 2005, 610 (616); *P. M. Huber*, Die Demontage des Öffentlichen Rechts, in: FS Stober, S. 547 (554 f.); *F. Wollenschläger*, DVBl. 2007, 589 (592).

des Rechtsschutzes bei multipolaren Konflikten zu, etwa im Kontext der öffentlichen Auftragsvergabe; insoweit hat das BVerfG den faktischen Ausschluss von Primärrechtsschutz bei nicht vom Kartellvergaberecht erfassten Auftragsvergaben, der aus der Anwendung des Grundsatzes „pacta sunt servanda" und der fehlenden Pflicht zur Information über die geplante Zuschlagserteilung resultiert, für rechtfertigungsfähig erachtet: „Es liegt [nämlich] im Hinblick auf Vergabeentscheidungen im gesetzgeberischen Gestaltungsspielraum, das Interesse des Auftraggebers an einer zügigen Ausführung der Maßnahmen und das des erfolgreichen Bewerbers an alsbaldiger Rechtssicherheit dem Interesse des erfolglosen Bieters an Primärrechtsschutz vorzuziehen und Letzteren regelmäßig auf Sekundärrechtsschutz zu beschränken."[305] Ein weiteres wichtiges Anwendungsfeld der Rechtsschutzgarantie (nicht nur) im Öffentlichen Wirtschaftsrecht sind Zulässigkeit und Grenzen einer Zuerkennung von Beurteilungsspielräumen an die Verwaltung, die etwa im Bereich der Telekommunikationsregulierung anzutreffen sind (§ 10 Abs. 2 S. 2 TKG; → § 12 Rn. 56).[306]

IV. Strukturgewährleistungen

95   Neben den Grundrechten prägen weitere grundgesetzliche Strukturgewährleistungen die Wirtschaftsverfassung und stecken damit den Rahmen für die Regulierung des Öffentlichen Wirtschaftsrechts ab. Zu nennen sind die Staatsstruktur- und Staatszielbestimmungen, namentlich das Rechtsstaatsprinzip (1.a), das Sozialstaatsprinzip (1.b) sowie das Staatsziel des Umwelt- und Tierschutzes (1.c), und die Vorgaben für die Infrastrukturregulierung (2.). Schließlich formuliert Art. 109 GG zentrale Anforderungen an die Haushaltswirtschaft, namentlich die Verpflichtung auf das gesamtwirtschaftliche Gleichgewicht (Abs. 2; ferner § 1 StabG; im Einzelnen → § 5 Rn. 31 ff.).

1. Staatsstruktur- und Staatszielbestimmungen

a) Rechtsstaatsprinzip

96   Obgleich nur hinsichtlich Einzelausprägungen explizit normiert (siehe etwa Art. 20 Abs. 3 GG für den Vorrang des Gesetzes), zählt das Rechtsstaatsprinzip zu den grundlegenden Staatsstrukturvorgaben für die Bundesrepublik Deutschland (siehe auch Art. 23 Abs. 1 S. 1, Art. 28 Abs. 1 S. 1 GG). Einer rechtsstaatlichen Ordnung

---

[305] BVerfGE 116, 135 (156). Strenger das EuG im Kontext des Art. 47 GRCH, siehe Rs. T-461/08, Slg. 2011, II-6367, Rn. 118 ff. – Evropaïki Dynamiki/EIB. Siehe ferner – in anderem Zusammenhang – BVerfG, NJW 2002, 3691 (3692); E 115, 205 (234). Näher zu den Anforderungen der Rechtsschutzgarantie bei multipolaren Konflikten *F. Wollenschläger*, Verteilungsverfahren, S. 87 ff. m. w. N.

[306] Dazu BVerfG, NVwZ 2012, 694 (694 ff.). Allgemein *P. M. Huber*, in: von Mangoldt/Klein/Starck, Art. 19 Rn. 509 ff.; *Schulze-Fielitz*, in: Dreier, Art. 19 Abs. 4 Rn. 116 ff.

kommt fundamentale Bedeutung gerade auch für das Wirtschaftsleben zu. So bedarf es für das Wirtschaften, etwa als Grundlage für Investitionsentscheidungen, verlässlicher, berechenbarer und klarer gesetzlicher Grundlagen. Dem dienen die rechtsstaatlichen Grundsätze des Vorrangs des Gesetzes, der Rechtssicherheit, der Normklarheit und Normbestimmtheit, des Vertrauensschutzes und des Rückwirkungsverbotes, die hier nur erwähnt werden können.[307] Überdies determiniert der rechtsstaatliche Grundsatz des Vorbehalts des Gesetzes, ob und inwieweit administratives Handeln einer gesetzlichen Grundlage bedarf (→ Rn. 53; speziell für Subventionen → § 8 Rn. 6 ff.).[308] Schließlich stellt auch die Garantie effektiven Rechtsschutzes ein zentrales Element einer rechtsstaatlichen Ordnung dar (→ Rn. 94).

b) Sozialstaatsprinzip, Art. 20 Abs. 1 GG

Die Wirtschafts- und Sozialordnung der Bundesrepublik Deutschland prägt auch   **97**
das Sozialstaatsprinzip (Art. 20 Abs. 1 GG), das auf die *Herstellung sozialer Sicherheit und sozialer Gerechtigkeit* gerichtet ist.[309] Obgleich es sich nicht lediglich um einen unverbindlichen Programmsatz, sondern um eine rechtsverbindliche Zielvorgabe handelt, obliegt die Ausgestaltung des Sozialstaates in erster Linie dem Gesetzgeber, dem ein weiter Spielraum zukommt.[310] Ansprüche des Einzelnen bestehen nur im Ausnahmefall, namentlich im Zusammenspiel mit grundrechtlichen Leistungsansprüchen, wie dies beim aus Art. 1 Abs. 1 i. V. m. Art. 20 Abs. 1 GG abgeleiteten Grundrecht auf Gewährleistung eines menschenwürdigen Existenzminimums der Fall ist.[311] Im Öffentlichen Wirtschaftsrecht kommt dem Sozialstaatsprinzip Bedeutung namentlich als Legitimationsgrundlage für Eingriffe in die wirtschaftliche Freiheit zu, etwa wenn Tariftreueregeln im Vergaberecht dem sozialstaatlichen Ziel dienen, die Arbeitslosigkeit zu bekämpfen,[312] oder die Privatautonomie beschränkt wird, um Vertragsparität herzustellen, mithin einem sozialen respektive wirtschaftlichen Ungleichgewicht abzuhelfen[313;314] flankierend stehen dann regelmäßig grundrechtliche Schutzpflichten im Raum (→ Rn. 9 f.)[315]. In diesem Kontext zu nennen ist ferner die Einführung eines gesetzlichen Mindestlohnes zum 01.01.2015 (→ Rn. 85).

---

[307] Siehe für eine konzise Darstellung *Degenhart*, Rn. 304 ff., 371 ff.; *R. Schmidt*, Vorauflage, § 2 Rn. 16 ff.

[308] Im Einzelnen *Degenhart*, Rn. 304, 313 ff.; *Maurer*, § 6 Rn. 3 ff.

[309] Siehe nur *Degenhart*, Rn. 597 ff.; *P. M. Huber*, in: Schoch, Kap. 3 Rn. 24; ferner BVerfGE 40, 121 (133).

[310] Siehe nur BVerfGE 40, 121 (133); *Degenhart*, Rn. 602, 604; *P. M. Huber*, in: Schoch, Kap. 3 Rn. 24; *R. Schmidt*, Vorauflage, § 2 Rn. 14.

[311] BVerfGE 125, 175 (222 f.); *Degenhart*, Rn. 601 ff.; *P. M. Huber*, in: Schoch, Kap. 3 Rn. 24 f.; *R. Schmidt*, Vorauflage, § 2 Rn. 14.

[312] BVerfGE 116, 202 (223).

[313] BVerfGE 81, 242 (254 f.).

[314] Siehe auch *Badura*, HGR II, § 29 Rn. 9 ff.; *Degenhart*, Rn. 607; *R. Schmidt*, Vorauflage, § 2 Rn. 14 f.

[315] Siehe BVerfGE 81, 242 (254 f.); 116, 202 (223).

c) Staatsziel Umwelt- und Tierschutz, Art. 20a GG

98   Die nachträglich in das Grundgesetz aufgenommenen Staatsziele des Umwelt-
(1994) und Tierschutzes (2002) verpflichten den Staat, diese Belange bei der Wirtschaftsregulierung zu berücksichtigen: Gemäß Art. 20a GG schützt der Staat „auch
in Verantwortung für die künftigen Generationen die natürlichen Lebensgrundla-
gen und die Tiere im Rahmen der verfassungsmäßigen Ordnung durch die Gesetzgebung und nach Maßgabe von Gesetz und Recht durch die vollziehende Gewalt
und die Rechtsprechung." Hinsichtlich des konkreten rechtlichen Gehalts dieses
Staatsziels kann auf die Ausführungen zum Sozialstaatsprinzip verwiesen werden
(→ Rn. 97).[316]

2. Gewährleistungsvorgaben für die Infrastrukturregulierung

99   Das Grundgesetz enthält des Weiteren Vorgaben für die Regulierung bedeutsamer netzgebundener Infrastrukturen (→ § 4 Rn. 20 ff.; § 12 Rn. 3, 8, 37), nämlich für die Sektoren Eisenbahn (Art. 87e GG) sowie Post und Telekommunikation
(Art. 87f GG). Art. 87f Abs. 2 S. 1 GG gibt die privatwirtschaftliche Erbringung
von Post- und Telekommunikationsdienstleistungen vor, und zwar nicht nur durch
die Nachfolgeunternehmen der Deutschen Bundespost, sondern auch durch private
Anbieter (vgl. demgegenüber Art. 87e Abs. 3 GG). Indes behält der Staat die Gewährleistungsverantwortung, hat der Bund doch durch regulatorische Vorgaben „im
Bereich des Postwesens und der Telekommunikation flächendeckend angemessene und ausreichende Dienstleistungen" sicherzustellen (Art. 87f Abs. 1 GG; siehe
auch Art. 87e Abs. 4 GG). Dem dient namentlich das Institut des Universaldienstes
(§§ 11 ff. PostG; §§ 78 ff. TKG). Diese beiden Gesetze sowie das AEG und das
EnWG stellen die zentralen einfach-gesetzlichen Regelungen der Netzregulierung
dar (näher zum Netzregulierungsrecht → § 12 Rn. 3, 33, 82).

V. Kompetenzverteilung im deutschen Bundesstaat

100   Im Bundesstaat stellt sich die Frage, welche Ebene, Bund oder Länder, für den
Erlass wirtschaftsrechtlicher Regeln zuständig ist (zur Kompetenzverteilung beim
Gesetzesvollzug → § 4 Rn. 14 ff.). Als Grundregel geht Art. 70 Abs. 1 GG von
einer Gesetzgebungsbefugnis der Länder aus, soweit das Grundgesetz keine Bun-
deskompetenzen begründet. Solche finden sich in den Katalogen des Art. 73 Abs. 1
GG (ausschließliche Gesetzgebung) und des Art. 74 Abs. 1 GG (konkurrierende
Gesetzgebung). Angesichts der europäischen Integration Deutschlands ist überdies
zu berücksichtigen, dass – auch ausdrücklich in diesen Katalogen normierte Zuständigkeiten – zwischenzeitlich auf die Europäische Union übertragen wurden (zu
EU-Kompetenzen im öffentlichen Wirtschaftsrecht → § 1 Rn. 114 ff.).

---

[316] Siehe auch *R. Schmidt*, Vorauflage, § 2 Rn. 30 ff.

1. Überblick

1. Zuständigkeitsübertragung auf die Europäische Union?   **101**
2. Grundsatz: Länderzuständigkeit (Art. 30, 70 Abs. 1 GG)
   Länder regelungsbefugt, soweit GG „nicht dem Bunde Gesetzgebungsbefugnisse verleiht" (Art. 70 Abs. 1 GG).
3. Bundeszuständigkeit?
   a) Ausschließliche Bundeszuständigkeit (Art. 71, 73 GG)
      aa) Kompetenztitel gemäß Art. 73 Abs. 1 GG vorhanden?
      bb) Verbleibende Länderzuständigkeit?
          Länder nur regelungsbefugt, „wenn und soweit sie hierzu in
          einem Bundesgesetze ausdrücklich ermächtigt werden" (Art. 71
          GG)
   b) Konkurrierende Bundeszuständigkeit (Art. 72, 74 GG)
      aa) Kompetenztitel gemäß Art. 74 Abs. 1 GG vorhanden?
          Wichtig: Recht der Wirtschaft (Art. 74 Abs. 11 Nr. 1 GG)
      bb) Wahrung der Erforderlichkeitsklausel, soweit anwendbar (Art. 72
          Abs. 2 GG)
      cc) Verbleibende Länderzuständigkeit?
          Länder regelungsbefugt, „solange und soweit der Bund von sei-
          ner Gesetzgebungszuständigkeit nicht durch Gesetz Gebrauch
          gemacht hat" (Art. 72 Abs. 1 GG); ggf. Abweichungsrecht
          (Art. 72 Abs. 3 GG)

2. Ausschließliche Zuständigkeiten des Bundes, Art. 71, 73 GG

Für das Öffentliche Wirtschaftsrecht relevante *ausschließliche Zuständigkeiten des*   **102**
Bundes finden sich namentlich im Bereich des Währungsrechts (Art. 73 Abs. 1 Nr. 4
GG; → § 5 Rn. 11, 44), der Außenwirtschaft (Nr. 5), des Regulierungsrechts (→ § 12
Rn. 38), so für das Eisenbahnwesen (Nr. 6a) und für Post sowie Telekommunikation
(Nr. 7),[317] des gewerblichen Rechtsschutzes, des Urheberrechts und des Verlagsrechts
(Nr. 9) sowie des Kernenergierechts (Nr. 14). In den beiden zuerst genannten Zu-
ständigkeitsbereichen sind zahlreiche Kompetenzen auf die Europäische Union über-
gegangen (→ § 1 Rn. 117).[318] Ein Tätigwerden der Länder kommt bei Vorliegen einer
ausschließlichen Zuständigkeit des Bundes gemäß Art. 71 GG nur in Betracht, „wenn
und soweit sie hierzu in einem Bundesgesetze ausdrücklich ermächtigt werden".

---

[317] Die Telekommunikationskompetenz des Art. 73 Abs. 1 Nr. 7 GG erstreckt sich nur auf Regelungen „der technischen Seite der Errichtung einer Telekommunikationsinfrastruktur und der In-
formationsübermittlung mit Hilfe von Telekommunikationsanlagen", nicht aber auf „Regelungen,
die auf die übermittelten Inhalte oder die Art der Nutzung der Telekommunikation gerichtet sind"
[BVerfGE 125, 260 (314)].

[318] Vgl. Art. 3 Abs. 1 AEUV: Zollunion; Währungspolitik für die Mitgliedstaaten, deren Währung
der Euro ist; gemeinsame Handelspolitik.

3. Konkurrierende Gesetzgebung, Art. 72, 74 GG

103   Aus dem Katalog der *konkurrierenden Zuständigkeiten* ist zunächst die Regelungsbefugnis des Bundes für das *Recht der Wirtschaft* zu nennen (Art. 74 Abs. 1 Nr. 11
GG), die eine weitgehende Bundeszuständigkeit für das Wirtschaftsrecht begründet. Das Grundgesetz selbst zählt einzelne Materien exemplarisch auf, nämlich
„Bergbau, Industrie, Energiewirtschaft, Handwerk, Gewerbe, Handel, Bank- und
Börsenwesen, privatrechtliches Versicherungswesen"[319] (anders, nämlich für eine
abschließende Aufzählung m. w. N. → § 4 Rn. 5). Im Übrigen ist dieser Kompetenztitel weit auszulegen und erfasst „nicht nur die Vorschriften, die sich in irgendeiner Form auf die Erzeugung, Herstellung und Verteilung von Gütern des wirtschaftlichen Bedarfs beziehen, sondern auch alle anderen das wirtschaftliche Leben
und die wirtschaftliche Betätigung als solche regelnde Normen" (restriktiv demgegenüber → § 4 Rn. 5).[320] Hierunter fallen die Wirtschaft regulierende oder lenkende Gesetze[321] sowie die Berufsausbildung und die Abgabenerhebung[322]. Auch
das Vergaberecht unterfällt diesem Kompetenztitel.[323] Um Regelungsspielräume
der Länder zu stärken, hat der verfassungsändernde Gesetzgeber im Zuge der zum
01.09.2006 in Kraft getretenen Föderalismusreform I[324] einzelne Materien aus dem
Kompetenztitel für das Recht der Wirtschaft explizit ausgeklammert und damit in
die ausschließliche Landeszuständigkeit überführt. Dies betrifft „das Recht des Ladenschlusses, der Gaststätten, der Spielhallen, der Schaustellung von Personen, der
Messen, der Ausstellungen und der Märkte". Seinerzeit bestehende Bundesregeln,
etwa das Gaststättengesetz oder in der Gewerbeordnung, gelten gemäß Art. 125a
Abs. 1 GG als Bundesrecht fort, können aber durch Landesrecht ersetzt werden;[325]
von den neuen Regelungsbefugnissen haben die Länder indes nur in begrenztem
Umfange Gebrauch gemacht (näher → § 9 Rn. 37 für das Gewerberecht und → § 11
Rn. 11 für das Gaststättenrecht).

---

[319] So *Stettner*, in: von Mangoldt/Klein/Starck, Art. 74 Rn. 56; *Rengeling/Szczekalla*, in: BK-GG,
Art. 74 Abs. 1 Nr. 11 Rn. 35 (Stand: 131. EL September 2007); die Frage, ob es sich um eine ab-
schließende oder exemplarische Aufzählung handelt, offenlassend BVerfGE 68, 319 (331); a. A.
Pieroth, in: Jarass/ders., Art. 74 Rn. 22.

[320] BVerfGE 55, 274 (308 f.); ferner 68, 319 (330); 116, 202 (215 f.); NVwZ 2004, 646 (647);
BVerwGE 139, 42 (45 ff.); *Rengeling/Szczekalla*, in: BK-GG, Art. 74 Abs. 1 Nr. 11 Rn. 36 (Stand:
131. EL September 2007). Kritisch gegenüber einer weiten Auslegung aber *Kunig,* in: von Münch/
ders., Art. 74 Rn. 38. Für eine Aufzählung der unter diesem Kompetenztitel erlassenen Gesetze
Sannwald, in: Schmidt-Bleibtreu/Hofmann/Henneke, Art. 74 Rn. 107.

[321] BVerfGE 68, 319 (330); 116, 202 (215 f.).

[322] BVerfGE 55, 274 (308 f.).

[323] BVerfGE 116, 202 (216).

[324] Zur Neuverteilung und Reform der Gesetzgebungskompetenzen im Kontext der Föderalismusreform I *F. Wollenschläger*, RdJB 2007, 8 (10 ff.). Speziell zum ausgeklammerten Recht des Ladenschlusses BVerfG, Beschl. v. 14.01.2015 – 1 BvR 931/12, juris, Rn. 31 ff.

[325] Näher, namentlich zur Frage gleichwohl fortbestehender Änderungsbefugnisse des Bundes,
Uhle, in: Maunz/Dürig, GG, Art. 125a I Rn. 27 f. (Stand: 46. EL März 2006).

Überdies bestehen konkurrierende Zuständigkeiten für das Arbeitsrecht (Art. 74   **104**
Abs. 1 Nr. 12 GG), die Verhütung des Missbrauchs wirtschaftlicher Machtstellung
(Nr. 16) und das Lebensmittelrecht (Nr. 20).

Im Bereich der konkurrierenden Gesetzgebung ist der Bund grundsätzlich umfas-   **105**
send regelungsbefugt; für bestimmte Materien, unter den hier erwähnten das Recht
der Wirtschaft und das Lebensmittelrecht, steht dem Bund nach Art. 72 Abs. 2 GG
ein Gesetzgebungsrecht indes nur zu, „wenn und soweit die Herstellung gleichwertiger Lebensverhältnisse im Bundesgebiet oder die Wahrung der Rechts- oder
Wirtschaftseinheit im gesamtstaatlichen Interesse eine bundesgesetzliche Regelung
erforderlich macht."[326] Abgesehen von diesem Fall der fehlenden Erforderlichkeit
einer Bundesregelung steht den Ländern gemäß Art. 72 Abs. 1 GG die Gesetzgebungsbefugnis zu, „solange und soweit der Bund von seiner Gesetzgebungszuständigkeit nicht durch Gesetz Gebrauch gemacht hat."[327] Die Abweichungsgesetzgebung (Art. 72 Abs. 3 GG) spielt im Öffentlichen Wirtschaftsrecht angesichts der von
ihr erfassten Materien, sieht man einmal vom Verwaltungsverfahrens- und -organi-
sationsrecht ab (Art. 84 Abs. 1 S. 2 ff. GG; → § 4 Rn. 18), keine Rolle.

4. Ausschließliche Landeskompetenzen

Soweit das Grundgesetz keine Gesetzgebungszuständigkeit des Bundes begründet,   **106**
sind die Länder gemäß Art. 70 Abs. 1 GG regelungsbefugt. Dies betrifft namentlich
die bereits erwähnten, aus dem Recht der Wirtschaft (Art. 74 Abs. 1 Nr. 11 GG) ausgeklammerten und den Ländern überantworteten Bereiche Ladenschluss, Gaststätten, Spielhallen, Schaustellung von Personen, Messen, Ausstellungen und Märkte
(→ Rn. 103). Das in die ausschließliche Landeszuständigkeit fallende Polizei- und
allgemeine Sicherheitsrecht kann Eingriffsbefugnisse mit Blick auf eine wirtschaftliche Betätigung begründen (zur Konkurrenz im Gewerberecht → § 9 Rn. 38 ff.).
Es kann auch die Regulierung eines Wirtschaftssektors tragen, wenn diese vorwiegend sicherheitsrechtliche, nicht aber wirtschaftsrechtliche Anliegen verfolgt.
Dementsprechend hat das BVerfG das Spielbankwesen wegen der im Vordergrund
stehenden Abwehr von Gefahren für die öffentliche Sicherheit und Ordnung dieser
ausschließlichen Landeskompetenz und nicht dem Recht der Wirtschaft zugeordnet[328]; für Sportwetten geht das Oddset-Urteil des BVerfG vom 28.03.2006 indes
nunmehr von einer Regelungsbefugnis (auch) des Bundes gemäß Art. 74 Abs. 1

---

[326] Zu den (strengen) Anforderungen der Erforderlichkeitsklausel BVerfGE 106, 62 (135 ff.); 110,
141 (174 ff.); 111, 10 (28 f.); 111, 226 (253 ff.); 112, 226 (243 ff.); NVwZ 2014, 646 (649 f.); NJW
2015, 303 (305); *Oeter*, in: von Mangoldt/Klein/Starck, Art. 72 Rn. 115 ff.; *Degenhart*, in: Sachs,
Art. 72 Rn. 6 ff. Siehe zur (gegenständlichen) Einschränkung der 1994 verschärften Erforderlichkeitsklausel im Kontext der Föderalismusreform I *F. Wollenschläger*, RdJB 2007, 8 (13).

[327] Siehe dazu nur BVerfG, Beschl. v. 14.01.2015 – 1 BvR 931/12, juris, Rn. 41 ff.

[328] BVerfGE 28, 119 (146 ff.).

Nr. 11 GG aus,[329] von der jedenfalls kein abschließender Gebrauch gemacht wurde
(§ 33h GewO; näher → § 9 Rn. 38)[330].

107 **VI. Kontrollfragen**

1. Was versteht man unter dem Begriff „Wirtschaftsverfassung"? Ist das
   Grundgesetz wirtschaftspolitisch neutral? (→ Rn. 3 ff.)
2. Welche Grundrechtsfunktionen lassen sich unterscheiden? Illustrieren
   Sie diese mit je einem Beispiel aus dem Öffentlichen Wirtschaftsrecht!
   (→ Rn. 7 ff.)
3. Kann sich eine Kommanditgesellschaft auf Grundrechte berufen?
   (→ Rn. 16 ff.)
4. Berechtigen oder verpflichten Grundrechte öffentliche Unternehmen
   oder gilt beides? Welche Rolle nehmen gemischt-wirtschaftliche Unternehmen insoweit ein? (→ Rn. 13 f., 20)
5. Inwiefern spielen Grundrechte im Privatrechtsverkehr eine Rolle?
   (→ Rn. 15)
6. Gelten die Grundrechte des Grundgesetzes auch für EU-Ausländer?
   (→ Rn. 21)
7. Sind die Grundrechte des Grundgesetzes maßgeblich, wenn ein deutsches Gesetz eine EU-Richtlinie umsetzt? (→ Rn. 22 ff.)
8. Übt die Notarin einen Beruf i. S. d. Art. 12 GG aus? (→ Rn. 36 ff.)
9. Sind staatliche Produktwarnungen an der Berufsfreiheit zu messen?
   (→ Rn. 45, 49 f.)
10. Was versteht man unter „berufsregelnder Tendenz" im Rahmen der
    Berufsfreiheit? (→ Rn. 47)
11. Erläutern Sie die Drei-Stufen-Lehre! (→ Rn. 55 ff.)
12. Kann sich ein Gastwirt auf Art. 14 GG berufen, um die Rücknahme sei-
    ner Gaststättenerlaubnis anzugreifen? (→ Rn. 72 f.)
13. Grenzen Sie Inhalts- und Schrankenbestimmungen von Enteignungen
    ab! Sind beide Maßnahmen entschädigungspflichtig? (→ Rn. 76 ff.)
14. Was schützt die Koalitionsfreiheit? (→ Rn. 84 f.)
15. Ist die allgemeine Handlungsfreiheit im Öffentlichen Wirtschaftsrecht
    von Bedeutung? (→ Rn. 87)
16. Wie prüft man eine Verletzung von Art. 3 Abs. 1 GG? Was versteht man
    in diesem Kontext unter der Neuen Formel? (→ Rn. 88 ff.)

---

[329] BVerfGE 115, 276 (318 f.). Für eine Übertragbarkeit auf Spielbanken *Ruthig/Storr*, Rn. 176.

[330] Staatsvertrag zum Glücksspielwesen in Deutschland (Glücksspielstaatsvertrag), verkündet als Artikel 1 des Ersten Staatsvertrags zur Änderung des Staatsvertrages zum Glücksspielwesen in Deutschland (Erster Glücksspieländerungsstaatsvertrag), BayGVBl. 2012, 318.

17. Erläutern Sie die Bedeutung des Rechtsstaatsprinzips für das Wirtschaftsleben! (→ Rn. 96)
18. Erläutern Sie die Grundsätze der Kompetenzverteilung im deutschen Bundesstaat! (→ Rn. 100 ff.)
19. Welche Materien unterfallen dem Kompetenztitel „Recht der Wirtschaft"? Wer ist für die Gesetzgebung zuständig? (→ Rn. 103 ff.)

Literatur

M. Bäcker, Wettbewerbsfreiheit als normgeprägtes Grundrecht, 2007
Badura, Grundrechte und Wirtschaftsordnung, in: Merten/Papier (Hrsg.), Handbuch der Grundrechte in Deutschland und Europa, Bd. II: Grundrechte in Deutschland – Allgemeine Lehren I, 2006, § 29
ders., Wirtschaftsverfassung und Wirtschaftsverwaltung, 4. Aufl. 2011
Breuer, Freiheit des Berufs, in: Isensee/Kirchhof (Hrsg.), Handbuch des Staatsrechts, Bd. VIII: Grundrechte: Wirtschaft, Verfahren, Gleichheit, 3. Aufl. 2010, § 170
ders., Staatliche Berufsregelung und Wirtschaftslenkung, in: Isensee/Kirchhof (Hrsg.), Handbuch des Staatsrechts, Bd. VIII: Grundrechte: Wirtschaft, Verfahren, Gleichheit, 3. Aufl. 2010, § 171
Bulla, Freiheit der Berufswahl. Verfassungs- und gemeinschaftsrechtliche Determinanten des Berufszugangs am Beispiel des Handwerksrechts, 2009
Depenheuer, Eigentum, in: Merten/Papier (Hrsg.), Handbuch der Grundrechte in Deutschland und Europa, Bd. V: Grundrechte in Deutschland – Einzelgrundrechte II, 2013, § 111
Durner, Wirtschaftsverfassung, in: Ehlers/Fehling/Pünder (Hrsg.), Besonderes Verwaltungsrecht, Bd. I: Öffentliches Wirtschaftsrecht, 3. Aufl. 2012, § 11
Hecker, Marktoptimierende Wirtschaftsaufsicht, 2007
H. M. Meyer, Vorrang der privaten Wirtschafts- und Sozialgestaltung als Rechtsprinzip, 2006
Nipperdey, Soziale Marktwirtschaft und Grundgesetz, 3. Aufl. 1965
Rupp, Die Soziale Marktwirtschaft in ihrer Verfassungsbedeutung, in: Isensee/Kirchhof (Hrsg.), Handbuch des Staatsrechts, Bd. IX: Die Einheit Deutschlands – Festigung und Übergang, 1. Aufl. 1997, § 203
R. Schmidt, Öffentliches Wirtschaftsrecht. Allgemeiner Teil, 1990
ders., Staatliche Verantwortung für die Wirtschaft, in: Isensee/Kirchhof (Hrsg.), Handbuch des Staatsrechts, Bd. IV: Aufgaben des Staates, 3. Aufl. 2006, § 92
F. Wollenschläger, Verteilungsverfahren. Die staatliche Verteilung knapper Güter: Verfassungs- und unionsrechtlicher Rahmen, Verfahren im Fachrecht, bereichsspezifische verwaltungsrechtliche Typen und Systembildung, 2010

§ 3 Grundlagen des Internationalen Wirtschaftsrechts

Jörg Philipp Terhechte

Inhaltsverzeichnis

J. P. Terhechte (✉)
Universität Lüneburg, Scharnhorststr. 1, 21335 Lüneburg, Deutschland
E-Mail: terhechte@leuphana.de

© Springer-Verlag Berlin Heidelberg 2016
R. Schmidt, F. Wollenschläger (Hrsg.), *Kompendium Öffentliches Wirtschaftsrecht*,
Springer-Lehrbuch, DOI 10.1007/978-3-662-45579-1_3

I. Einführung

1   Das Öffentliche Wirtschaftsrecht kann heute ohne seine internationalen Bezüge nicht mehr gedacht werden.[1] Im Zeitalter der Globalisierung sind die Handels- und Dienstleistungsströme weltumspannend, Fragen nach dem Schutz des geistigen Eigentums[2] stellen sich ebenso häufig wie die nach Garantien für stabile Währungen[3]. Daneben wächst auch die Bedeutung der rechtlichen Absicherungen von In-

---

[1] Siehe dazu etwa *Terhechte*, Grundlagen des Öffentlichen Wirtschaftsrechts II – Deutsches Öffentliches Wirtschaftsrecht, in: Stober/Paschke (Hrsg.), Deutsches und Internationales Wirtschaftsrecht, 2. Aufl. 2012, S. 401 (Rn. 1383).

[2] *Götting*, Internationaler Schutz des Geistigen Eigentums, in: Tietje, § 12; *Sell*, Global Economic Governance: Intellectual Property, in: Moschella/Weaver (Hrsg.), Handbook of Global Economic Governance, 2014, S. 70.

[3] Allgemein dazu die Beiträge von *Germain*, The Historical Origins and Development of Global Financial Governance und *Viola*, The G-20 and Global Financial Regulation, in: Moschella/Weaver (Hrsg.), Handbook of Global Economic Governance, 2014, S. 97 und 115; Espósito/Li/Bohoslavsky (Hrsg.), Sovereign Financing and International Law – The UNCTAD Principles on Responsible Sovereign Lending and Borrowing, 2013; zu währungsrechtlichen Fragen aus der Perspektive des WTO-Rechts *Hertogen*, The Forgotten GATT Articles on Exchange Rates, und *Chang*, An Optimal Global Regime for Regulating Credit Rating Agencies in the Post-Financial

vestitionen ausländischer Unternehmen.[4] Vor diesem Hintergrund verwundert es nicht, dass das Internationale Wirtschaftsrecht in den letzten Jahren in Wissenschaft und Praxis immense Aufmerksamkeit auf sich gezogen hat. So sind etwa die angestrebten Handelsabkommen zwischen der EU und den USA (*Transatlantic Trade and Investment Partnership*, TTIP)[5] bzw. zwischen der EU und Kanada (*Comprehensive Economic and Trade Agreement*, CETA)[6] seit geraumer Zeit Gegenstand kontroverser Diskussionen.[7] Ebenso werden seit Jahren die Verhängung von Wirtschaftssanktionen durch die USA und die EU gegenüber verschiedenen Staaten wie Russland, die entsprechenden ökonomischen Folgen und der damit verbundene außenpolitische Impetus rege erörtert.[8] Das Internationale Wirtschaftsrecht spielt so in der öffentlichen Wahrnehmung eine enorme Rolle und ist deshalb auch in der Auseinandersetzung mit dem Öffentlichen Wirtschaftsrecht zu berücksichtigen.

Trotz und vielleicht wegen der immensen Herausforderungen, welche die Globalisierung für das Recht und die Rechtswissenschaft bedeutet, ist es bislang aber nicht gelungen, einheitliche Regeln für den internationalen Wirtschaftsverkehr zu formulieren (zum umstrittenen Begriff des Internationalen Wirtschaftsrechts → Rn. 5). Zudem führte diese wichtige Materie lange Zeit ein Schattendasein; es handelte sich um ausgesprochenes Expertenrecht. Diese Situation hat sich insbesondere in der letzten Dekade geändert: Die auf dem Gebiet des Internationalen Wirtschaftsrechts tätigen Institutionen und Internationalen Organisationen spielen in der täglichen Berichterstattung

2

Crisis Era, in: Baetens/Caiado, Frontiers of International Economic Law, S. 3 und 22; *Footer*, Righting Socio-Economic Wrongs in Times of Financial and Economic Crisis, in: Liber Amicorum for Petersmann, S. 527.

[4] Vgl. Ehlers/Wolffgang/Schröder (Hrsg.), Rechtsfragen internationaler Investitionen, 2009; *Reinisch*, Internationales Investitionsschutzrecht, in: Tietje, § 8; Douglas/Pauwelyn/Vinuales (Hrsg.), The Foundations of International Investment Law, 2014; *Bonnitcha*, Substantive Protection under Investment Treaties, 2014; *Miles*, The Origins of International Investment Law, 2013; *Salacuse*, The Three Laws of International Investment, 2013; *Nadakavukaren Schefer*, International Investment Law, 2013; Baetens (Hrsg.), Investment Law within International Law, 2013; Brown/Miles (Hrsg.), Evolution in Investment Treaty Law and Arbitration, 2011.

[5] Informationen verfügbar auf der Homepage der Europäischen Kommission unter http://ec.europa.eu/trade/policy/in-focus/ttip/index_de.htm (04.11.2014).

[6] Informationen sowie der konsolidierte Text des Abkommens verfügbar auf der Homepage der Europäischen Kommission unter http://ec.europa.eu/trade/policy/in-focus/ceta/index_de.htm (10.11.2014); zum Entwicklungsprozess siehe *Deblock/Rioux*, International Journal 2010–11, 39.

[7] Siehe nur ifo Schnelldienst 67 (2014) mit diversen Beiträgen zum *Für und Wider des Investitionsschutzes im TTIP-Abkommen*.

[8] *Askari/Forrer/Teegen/Yang*, Economic Sanctions: Examining their Philosophy and Efficacy, 2003; *Hufbauer/Schott/Elliott/Oegg*, Economic Sanctions Reconsidered, 3. Aufl. 2007; *Farrall*, United Nations Sanctions and the Rule of Law, 2007; *Kern*, Economic Sanctions – Law and Public Policy, 2009; *Gordon*, Invisible War, 2010; *Eriksson*, Targeted Peace: Understanding UN and EU Targeted Sanctions, 2011; *Taillard*, Economics and Modern Warfare: the Invisible Fist of the Market, 2012; *Werthes*, Die Sanktionspolitik der Vereinten Nationen, 2013; *Giumelli*, The Success of Sanctions, 2013; Cameron (Hrsg.), EU Sanctions: Law and Policy Issues Concerning Restrictive Measures, 2013; *Schneider/Terhechte*, in: Grabitz/Hilf/Nettesheim, Art. 215 AEUV Rn. 1 ff. (Stand: 53. EL Mai 2014); *Eriksson*, Targeting Peace – Understanding UN and EU Targeted Sanctions, 2011; *Oette*, Die Vereinbarkeit der vom Sicherheitsrat nach Kapitel VII der UN-Charta verhängten Wirtschaftssanktionen mit den Menschenrechten und dem Humanitären Völkerrecht, 2003; *Starck*, Die Rechtmäßigkeit von UNO-Wirtschaftssanktionen in Anbetracht ihrer Auswirkungen auf die Zivilbevölkerung, 2000.

der Massenmedien eine wichtige, wenn auch nicht immer positive Rolle. So ist die Welthandelsorganisation (*World Trade Organization*, WTO) schon seit der Konferenz von Seattle im Dezember 1999 und den damit verbundenen Ausschreitungen zwischen sog. Globalisierungskritikern und den US-Sicherheitskräften Zielscheibe berechtigter und unberechtigter Kritik.[9] Globalisierungskritiker zeigen regelmäßig die Kehrseiten auf, welche die globale Liberalisierung des Handels mit sich bringt, wie etwa mangelnde Rücksichtnahme auf den (grenzüberschreitenden) Umweltschutz, die Achtung der Menschenrechte oder die Stellung der Entwicklungsländer und am wenigsten entwickelten Länder. Zunehmend spielen in der Kritik aber auch nationale Belange wie der Verlust von Arbeitsplätzen oder die Absenkung von arbeits- und sozial-rechtlichen Schutzstandards eine Rolle.[10] Diese Kritik konzentriert sich häufig auf die WTO, aber auch die transatlantischen Freihandelsabkommen dienen hierbei als prominente Beispiele, obwohl sie lediglich ein Baustein einer umfassenden, komplexen und globalen Entwicklung sind. Diese Kritik verdeutlicht jedoch exemplarisch das Spannungsfeld, in dem das Internationale Wirtschaftsrecht steht und in dem zunächst rein wirtschaftliche Interessen im Vordergrund stehen, die aber ausgehend von einem Internationalen Wirtschaftsrecht mit den Anforderungen an den Schutz von Menschenrechten, der Umwelt etc. in Einklang gebracht werden müssen.

3   Vor diesem Hintergrund sollen im Folgenden die *Grundstrukturen* und *Querverbindungen* dieses Rechtsgebietes zu anderen Rechtsgebieten näher beleuchtet werden. Zu diesem Zwecke werden zunächst die begrifflichen und rechtshistorischen *Grundlagen* des Internationalen Wirtschaftsrechts behandelt (→ Rn. 4 ff.). Darauf werden die maßgeblichen *Akteure und Institutionen* sowie die jeweiligen *Grundprinzipien* erläutert (→ Rn. 19 ff.). Anschließend stehen die unterschiedlichen *Referenzgebiete des Internationalen Wirtschaftsrechts*, wie z. B. der internationale Warenhandel (→ Rn. 68 ff.), der internationale Dienstleistungshandel (→ Rn. 88 ff.), der Schutz des geistigen Eigentums (→ Rn. 92 ff.), das Währungs- und Finanzrecht (→ Rn. 96 ff.) sowie das Investitionsschutzrecht (→ Rn. 99 ff.) im Mittelpunkt der Betrachtung. Darauf folgend wird auf die Rolle der *Streitbeilegung im Internationalen Wirtschaftsrecht* näher eingegangen (→ Rn. 103 ff.) sowie abschließend auf seine Beziehungen zu anderen Gebieten des Internationalen Rechts (*Menschenrechte* → Rn. 108, *Umwelt* → Rn. 109, *soziale Standards* → Rn. 110).

II. Grundlagen des Internationalen Wirtschaftsrechts

4   Das Internationale Wirtschaftsrecht ist bislang in seinen Strukturen nur rudimentär ausgeformt. Entsprechend kann es nicht verwundern, dass es zahlreiche Diskussionen über die Frage gibt, wie das Rechtsgebiet „Internationales Wirtschaftsrecht" eingegrenzt werden kann und welche Teildisziplinen zum Internationalen Wirtschaftsrecht gehören und es als eigenständiges Rechtsgebiet formen können

---

[9] *Oeter*, Welthandelsrecht im Spannungsfeld von Wirtschaft, Recht und Politik, in: Hilf/ders., § 1 Rn. 1; *Reusch*, Die Legitimation des WTO-Streitbeilegungsverfahrens, 2007, S. 27 ff.

[10] Dazu nur *Stiglitz*, Globalization and its Discontents, 2002.

(→ Rn. 5 ff.). Zu den Grundlagen des Internationalen Wirtschaftsrechts gehören zudem seine historische Entwicklung (→ Rn. 9 ff.).

1. Zum Begriff des Internationalen Wirtschaftsrechts

Kaum eine Frage wurde in den letzten Jahren in der Fachliteratur so rege disku- 5
tiert wie die Frage nach dem Gegenstand und der Definition des Internationalen Wirtschaftsrechts (bzw. in der englischen Übersetzung „International Economic Law").[11] Jede Begriffsbildung ist angesichts der Dynamik der Materie ein schwieriges Unterfangen und kann zunächst nur als Folie dienen. Das Internationale Wirtschaftsrecht wird etwa von *VerLoren van Themaat* wie folgt definiert: „… international economic law can be described in overall terms as the total range of norms (directly or indirectly based on treaties) of public international law with regard to transnational economic relations."[12] Die in dieser Definition des Internationalen Wirtschaftsrechts mitschwingende Fokussierung auf die in Deutschland dem Öffentlichen Recht zuzuordnenden Regelungsbereiche erscheint aber angesichts der im internationalen Wirtschaftsverkehr zu beobachtenden Verschleifung von Privatrecht und Öffentlichem Recht als zu eng.

Internationales Wirtschaftsrecht hebt vielmehr die mitunter artifiziellen *Grenzen* 6
zwischen Öffentlichem Recht und Privatrecht zumindest partiell auf, indem es dem Völkerrecht zugrundeliegende Annahmen über ausschließlich dem Staat zugeordnete Kompetenzen (*domaine reservé*) sowie die völkerrechtliche Stellung Privater (→ Rn. 102) verändert.[13] Entsprechend gibt es auch recht weite Definitionen des Internationalen Wirtschaftsrechts. So charakterisiert etwa *Brand* das Internationale Wirtschaftsrecht als die Gesamtheit der Regeln, welche die wirtschaftlichen Beziehungen zwischen Privaten, zwischen Souveränen sowie zwischen Privaten und Souveränen steuern.[14]

Diese Betrachtungsweise schließt bewusst die Regeln des nationalen Rechts mit 7
ein. Ein so verstandenes Internationales Wirtschaftsrecht transzendiert die Grenzen des Völkerrechts und ist damit breiter angelegt als das „klassische" *International Economic Law* wie es im anglo-amerikanischen Rechtskreis oft verstanden wird. Zudem fällt auf, dass das Internationale Wirtschaftsrecht nur teilweise deckungsgleich mit dem „Recht der internationalen Wirtschaftsbeziehungen"[15] ist, das eine eher politikwissenschaftliche Dimension aufweist. Auch wird das International

---

[11] Eingehende Analyse bei *Charnovitz*, 14 JIEL (2011), 3; *Charnovitz*, JIEL 17 (2014), 607; *Tietje*, Begriff, Geschichte und Grundlagen des Internationalen Wirtschaftssystems und Wirtschaftsrechts, in: ders., § 1 Rn. 6 ff.; *Dolzer*, Wirtschaft und Kultur, in: Graf Vitzthum/Proelß (Hrsg.), Völkerrecht, 6. Aufl. 2013, Abschnitt 6 Rn. 10 f.

[12] *VerLoren van Thermaat*, The Changing Structure of International Economic Law, 1981, S. 9.

[13] *Trachtman*, University of Pennsylvania Journal of International Economic Law 17 (1996), 33.

[14] *Brand*, University of Pennsylvania Journal of International Economic Law 17 (1996), 3 (4).

[15] *Doehring*, Völkerrecht, 2. Aufl. 2004, § 25; *Jackson/Davey/Sykes*; *Koch*, Internationale Wirtschaftsbeziehungen.

Economic Law noch vom *International Trade Law* abgegrenzt, wobei letzteres auf
den Handel zwischen Privaten abstellt und ersteres auf das Verhalten der Staaten im
Geflecht der Weltwirtschaft.[16] Im französischen Sprachraum ist vom *„Droit International de l'économie"* [17] die Rede, ohne dass sich aber inhaltlich Unterschiede
zum englischen oder deutschen Sprachgebrauch feststellen lassen.[18]

8   In diesem Beitrag sollen im *Kontext des Öffentlichen Wirtschaftsrechts die völ-
ker- und unionsrechtlichen Dimensionen* des Internationalen Wirtschaftsrechts im
Vordergrund stehen.

2. Historische Grundlagen

9   Grenzüberschreitender Handel ist kein neu aufkommendes Phänomen der letzten
Jahre, sondern findet schon seit Jahrtausenden statt.[19] Freilich herrschte in der Antike und dem Mittelalter in erster Linie ein regionaler Warenaustausch vor; Handels-
verkehr größeren Ausmaßes fand ursprünglich – wenn überhaupt – nur zwischen
unmittelbar benachbarten Staaten oder aber im Mittelmeerraum statt. Erst mit der
Kolonisierung ganzer (überseeischer) Länder, die insbesondere wirtschaftliche Motive verfolgte, nahm der Handel „globale" Züge an. Hierbei ging es aber überwiegend um die Verfolgung einseitiger Interessen durch die kolonisierenden Länder
(zunächst Spanien und Portugal, dann Frankreich, Großbritannien, die Niederlande
und Belgien und auch schließlich das Deutsche Reich, das nach dem bekannten
Ausspruch *von Bülows* ebenfalls seinen „Platz an der Sonne" erobern wollte[20]),
die teilweise zu einer hemmungslosen Ausbeutung der jeweiligen Schutzgebiete
und Kolonien führte. Trotzdem handelte es sich hierbei teilweise um wirtschafts-
völkerrechtliche Entwicklungen, denn im Zuge der Kolonisierung wurden tausende
völkerrechtliche (Handels-)Verträge abgeschlossen sowie Handelsstützpunkte und
Gesandtschaften eingerichtet.[21]

10   An dieser Stelle hier wird deutlich, dass eine Betrachtung der historischen Ent-
wicklung des Internationalen Wirtschaftsrechts in die allgemeine Entwicklung des
Völkerrechts eingebettet werden muss.[22] Deshalb kann man zunächst auch für das
Internationale Wirtschaftsrecht – in Anlehnung an die Entwicklung des „allgemei-

---

[16] *Herrmann/Weiß/Ohler*, Rn. 47.

[17] *Daillier/Forteau/Pellet*, Droit International Public, 8. Aufl. 2009, S. 964 f.

[18] Vgl. etwa *Daillier/Forteau/Pellet*, Droit International Public, 8. Aufl. 2009.

[19] *Herrmann/Weiß/Ohler*, Rn. 77 ff. Freilich wurde auch schon im Mittelalter Fernhandel getrie-
ben. Anschauliche Beispiele sind hier die quer durch Europa gehenden „Salzstraßen" oder die
asiatische „Seidenstraße".

[20] Insbesondere zur deutschen Kolonialgeschichte vgl. *Stelzer*, Die Deutschen und ihr Koloni-
alreich, 1984; *Graudenz/Schindler*, Die deutschen Kolonien, 3. Aufl. 1988; *Nipperdey*, Deutsche
Geschichte 1866–1918, Bd. 2, 3. Aufl. 1992, S. 286 ff., 450 ff. und 629 ff.; *Winkler*, Der lange Weg
nach Westen, Bd. 1, 7. Aufl. 2010, S. 251 ff.

[21] *Fisch*, Die europäische Expansion und das Völkerrecht, 1984, S. 37 ff.

[22] *Herrmann/Weiß/Ohler*, Rn. 77.

nen Völkerrechts" – ab dem 14. Jahrhundert[23] von verschiedenen Epochen sprechen: einer spanischen (1494–1648) einer französischen (1648–1815) und einer englischen Epoche (1815–1919).[24]

Die *spanische Epoche* ist durch den riesigen Besitzerwerb Spaniens und Portugals in den überseeischen Gebieten (Südamerika) geprägt, der schon früh dazu führte, dass Papst Alexander VI. mit der Bulle *Inter caetera divinae* (1493) die nichteuropäische Welt in eine spanische und eine portugiesische Herrschaftszone aufteilte.[25] Die völkerrechtliche Entwicklung wurde in dieser Zeit maßgeblich von den großen spanischen Gelehrten *de Vitoria* (ca. 1483–1546)[26] und *Suárez* (1548–1617)[27] beeinflusst, wobei sich ihr stark theologisch geprägtes Werk nur bedingt in der alltäglichen „Kolonialpraxis" niederschlug; *Graf Vitzthum* spricht in diesem Zusammenhang von „Gräuel im Zeichen des Goldes, kaum kaschiert durch den Mantel der Mission."[28] **11**

Mit dem Ende des Dreißigjährigen Kriegs durch den Westfälischen Frieden zu Münster (1648) wurde eine neue Epoche des (Wirtschafts-)Völkerrechts eingeleitet. Neue Staaten – und damit auch neue Kolonialstaaten – betraten die Bühne der Weltpolitik. Diese neuen Akteure ordneten sich aber nicht mehr der Autorität des Papstes unter. Als Beispiel seien die Niederlande genannt, die aufbauend auf dem Werk von *Grotius* (1583–1645) und der damit verbundenen Formel des *Mare Liberum* (Das Freie Meer)[29] mit der Expansion in Teilen Südostasiens (das heutige In- **12**

---

[23] Zum Völkerrecht der Antike und des Mittelalters vgl. etwa *Ziegler*, Völkerrechtsgeschichte, 2. Aufl. 2007, S. 10–116.

[24] In Anlehnung an *Grewe*, Epochen der Völkerrechtsgeschichte, 2. Aufl. 1988, S. 163 ff., 323 ff., 499 ff.; *Ziegler*, Völkerrechtsgeschichte, 2. Aufl. 2007, S. 1175 ff., 142 ff., 169 ff.; *Stadtmüller*, Geschichte des Völkerrechts, 1951, S. 103 ff., 126 ff., 176 ff.

[25] Nach der Bulle wurde eine Nord/Süd-Grenzlinie gezogen, die hundert spanische Meilen westlich der Azoren „vom arktischen zum antarktischen Pol" verlief, dazu Pleticha (Hrsg.), Weltgeschichte, Bd. 7, 1996, S. 30 f.; *Herdegen*, Völkerrecht, 13. Aufl. 2014, § 2 Rn. 2. Die Bulle war die bedeutsamste Tat des spanischen Papstes Alexander VI., dessen Pontifikat ansonsten den „absoluten Tiefpunkt" des Papsttums darstellt, vgl. *Franzen*, Kleine Kirchengeschichte, 26. Aufl. 2014, S. 240 ff.

[26] Zu de Vitoria siehe nur *Wright*, Catholic Founders of Modern International Law, 1934, S. 13 ff.; *Stadtmüller*, Geschichte des Völkerrechts, 1951, S. 107–111.

[27] Dazu etwa *Soder*, Franciso Suárez und das Völkerrecht, 1973, insbesondere S. 310 ff. zum Kolonialrecht und zur Rechtfertigung der spanischen Kolonisierung zwecks Verbreitung des Evangeliums. Eine Sammlung der bedeutsamsten Schriften Suárez in deutscher Sprache bietet *de Vries* (Hrsg.), Francisco Suárez, Ausgewählte Texte zum Völkerrecht, 1965.

[28] *Graf Vitzthum*, Begriff, Geschichte und Rechtsquellen des Völkerrechts, in: ders./Proelß (Hrsg.), Völkerrecht, 6. Aufl. 2013, Abschnitt 1 Rn. 99.

[29] *Grotius*, Mare Liberum Sive De Iure Quod Batavis Competit Ad Indicana Commercia, 1609. Eine von *van Deman Magoffin* übersetzte Version des Textes von 1633 ist unter dem Titel „The Freedom of the Seas or the Right which Belongs to the Dutch to Take Part in the East Indian Trade", 1916 erschienen. Dazu auch *Feenstra*, Mare Liberum – Contexte Historique et Concepts Fondamentaux, in: *Dufour/Haggenmacher/Toman* (Hrsg.), Grotius et L'ordre Juridique International, 1985, S. 37 ff.; zu Grotius auch *Vreeland*, Hugo Grotius – The Father of the Modern Science of International Law, 1917.

donesien) begannen, das vormals zum portugiesischen Einflussgebiet zählte.[30] Die Zunahme der Akteure verkomplizierte die Lage einerseits erheblich, andererseits ist diese Tatsache auch als Grundlage der Herausbildung konsensualer Strukturen des Völkerrechts anzusehen, denn von 1648 an mussten Spanien und Portugal sich mit weiteren „Global Playern" arrangieren.

13   Der Zeitraum bis 1815, also bis zum *Wiener Kongress*, wird als „französische Epoche" bezeichnet, weil in dieser Zeit sowohl im politisch-militärischen als auch im kulturellen und diplomatischen Bereich eine Vormachtstellung Frankreichs bestand, die ihren Höhepunkt in der Herrschaft *Napoleons* fand.[31] Auch dieser Abschnitt der Geschichte ist durch zahlreiche Bezüge zum Internationalen Wirtschaftsrecht gekennzeichnet, so ist etwa der Konflikt zwischen Großbritannien und Frankreich, den das Vereinigte Königreich und Preußen bei der Schlacht von Waterloo (1814) für sich entscheiden konnten, auch durch handelspolitische und wirtschaftskriegerische Elemente geprägt worden, die zumeist aus Embargomaßnahmen bestanden (Stichwort: *Kontinentalsperre*).

14   Doch schon während der französischen Epoche zeichnete sich eine immer stärkere Expansion Englands ab, das aufgrund seiner riesigen Flotte eine dominierende Rolle auf den Weltmeeren spielen konnte. Mit dem „Erwerb" Indiens, Kanadas und Australiens, sowie weiter Teile Afrikas (Kap Kolonie) konnte England seine globale Hegemonialstellung stetig ausbauen.[32] Unterstützt wurde diese Entwicklung durch die Erfindung der Dampfmaschine und die damit einhergehende Industrialisierung, die in England ihren Ausgang nahm. England konnte seine globale Dominanz mehr oder minder bis zum 1. Weltkrieg verteidigen, in dem schließlich die USA und (später freilich) auch die Sowjetunion endgültig als neue Akteure (spätere „Supermächte") im weltpolitischen Szenario auftraten.

15   Erst die Entwicklungen nach dem 1. Weltkrieg (Stichwort: *Weltwirtschaftskrise*) und der völlige Zusammenbruch vieler Volkswirtschaften in Folge des 2. Weltkriegs beendeten die Zeiten unilateraler Dominanzen und führten zu der Einsicht, dass globale Regelungen der internationalen Wirtschaftsbeziehungen benötigt wurden. Schon die Gründung des Völkerbundes 1919 ist Ausdruck dieses Umdenkens.[33] Dem Bedürfnis nach weltweit stabilen Währungsverhältnissen kam das Abkommen von *Bretton Woods* (USA) aus dem Jahre 1944 nach, das den Grundstein eines weltweit funktionierenden Handels bildet, indem es ein System der freien Konvertibilität von Währungen verbunden mit festen Wechselkursen einführte; das Abkommen rief sowohl den *Internationalen Währungsfonds* (IWF) als auch die *Weltbank* ins Leben (→ Rn. 32 ff., → § 5 Rn. 83 ff.).

---

[30] Zum Einfluss der niederländischen Kolonialherrschaft auf die indonesische Wirtschaft vgl. *Dick/Houben/Lindblad/Wie*, The Emergence of a National Economy – An Economic History of Indonesia 1800–2000, 2002; zum Einfluss auf das indonesische Rechtssystem siehe *Terhechte*, RIW 2003, 532 (535).

[31] *Ziegler*, Völkerrechtsgeschichte, 2. Aufl. 2007, S. 142.

[32] Vgl. *Ziegler*, Völkerrechtsgeschichte, 2. Aufl. 2007, S. 169 f.

[33] Dazu *Göppert*, Der Völkerbund, 1938, S. 1 ff.

Doch erst in der Phase ab 1945, die zwar schnell durch den sog. Kalten Krieg **16** und der damit verbundenen „Konkurrenz" der beiden Supermächte USA und Sowjetunion geprägt wurde, gab es eine Reihe vielversprechender Entwicklungen: Mit der Gründung der *Vereinten Nationen* (VN oder UNO) 1945, dem Abschluss des *Allgemeinen Zoll- und Handelsabkommens* (*General Agreement on Tariffs and Trade*, GATT 47)[34] 1947 und der Gründung der *Europäischen Gemeinschaft für Kohle und Stahl* (EGKS) im Jahre 1951 wurden entscheidende Schritte für die Kodifizierung eines Internationalen Wirtschaftsrechts geleistet. Zwar scheiterten die Verhandlungen über die Schaffung einer *International Trade Organization* (ITO) 1950 endgültig am Widerstand des US-amerikanischen Kongresses. Der Trend zur zunehmenden Verflechtung der Binnenwirtschaften konnte hierdurch aber nicht mehr aufgehalten werden. Insbesondere die 1957 durch die Römischen Verträge ins Leben gerufenen *Europäischen Gemeinschaften* (die *Europäische Atomgemeinschaft* und die *Europäische Wirtschaftsgemeinschaft*) stehen für diese Entwicklung.[35]

Der vorläufige Höhepunkt wird aber durch die Schaffung der WTO im Jahre **17** 1995 markiert. Zum ersten Mal war es gelungen, eine Internationale Organisation zu errichten, die „Spielregeln" für den weltweiten Handel bereithält und ihre Einhaltung effektiv überwacht. Materiell-rechtlich sind unter dem Dach der WTO verschiedene Abkommen vereint, wie das GATT 1994[36] oder *das Allgemeine Abkommen über den Handel mit Dienstleistungen* (*General Agreement on Trade in Services*, GATS)[37] (→ Rn. 89 ff.). Während die ersten Jahre der WTO durchaus als Erfolgsgeschichte gewertet werden können, hat sich aber nach und nach gezeigt, dass es insbesondere nach der Jahrtausendwende immer schwieriger wurde, die unterschiedlichen Interessen der WTO-Mitglieder in Einklang zu bringen. Besonders deutlich wird dies an den stockenden Verhandlungen über den Ausbau der Handelsbeziehungen im Rahmen der 2001 gestarteten sog. Doha-Runde.

Die historische Entwicklung des Internationalen Wirtschaftsrechts ist so durch **18** ein permanentes Auf und Ab gekennzeichnet. In den letzten Jahren wurden globalisierungskritische Stimmen immer lauter. Die Wirtschafts- und Staatsschuldenkrisen in den USA und der EU – die zugleich globale Dimensionen aufwiesen – haben dieser Kritik zusätzlichen Nährboden verschafft. Insgesamt befindet sich die Idee eines wirtschaftlichen Liberalismus, wie er durch die klassische Außenhandelstheorie[38] (→ § 5 Rn. 1) vertreten wird, in einer grundlegenden Krise. Mehr noch: Die Idee einheitlicher Regelungen für eine „globale Rechtsgemeinschaft" wird heute nicht einmal mehr von Utopisten aufrechterhalten. Vielmehr scheinen sich regionale oder gar bilaterale Formen der wirtschaftlichen Zusammenarbeit immer stärker als die eigentlichen Arenen des Internationalen Wirtschaftsrechts zu etablieren. Insofern gilt es im Folgenden auch, diese Entwicklung näher zu beleuchten (→ Rn. 87 und Rn. 53 ff.).

---

[34] Abgedruckt in 55 U.N.T.S. 194.
[35] Zur Geschichte der europäischen (wirtschaftlichen) Integration vgl. nur *Brunn*, Die Europäische Einigung, 3. Aufl. 2009; *Oppermann/Classen/Nettesheim*, § 1; *Nicolaysen* I, S. 23 ff.
[36] Abgedruckt in ILM 33 (1994), 1154 und ABl. EG 1994 L 336/11.
[37] Abgedruckt in ILM 33 (1994), 1168 und ABl. EG 1994 L 336/190.
[38] Basierend auf *Ricardo*, On the Principles of Political Economy and Taxation, 1817.

III. Akteure des Internationalen Wirtschaftsrechts

19   Die zukünftige Entwicklung des Internationalen Wirtschaftsrechts hängt maßgeblich von den beteiligten Akteuren ab. Wer hierzu zu zählen ist, bestimmt sich nicht zuletzt danach, wie man den Begriff des Internationalen Wirtschaftsrechts definiert (→ Rn. 5 ff.). Soweit nationale wie auch privatrechtliche Regelungen unter den Begriff des Internationalen Wirtschaftsrechts subsumiert werden, hat dies zur Folge, dass neben originären und derivativen Völkerrechtssubjekten (*Staaten und Internationale Organisationen*) auch der *Einzelne*, sowie *transnationale Wirtschaftsunternehmen* sowie Regelungen und Institutionen des nationalen Rechts zu berücksichtigen sind. Unbestritten ist aber, dass einige Internationale Organisationen wie z. B. die WTO oder die UNO sowie regionale und supranationale Organisationen im Rahmen internationaler Verträge das Grundgerüst des Internationalen Wirtschaftsrechts errichtet haben. Ausgangspunkt bildet insoweit die Rolle der sie konstituierenden Staaten. Daneben wird man sich aber auch mit dem Einfluss neuer Institutionen wie *Nichtregierungsorganisationen* (NGOs), „*Netzwerken*" oder speziellen Vereinigungen von sog. Globalisierungskritikern (z. B. Attac) auseinandersetzen müssen[39], die wichtige Beiträge für die künftige Ausgestaltung des Internationalen Wirtschaftsrechts liefern bzw. intellektuelle Impulse für dessen Optimierung und Weiterentwicklung geben.

1. Staaten

20   Die Rolle der Staaten als Akteure des Wirtschaftsvölkerrechts wird als „doppelfunktional" angesehen (*Herdegen*). Zum einen sind sie Träger von Regelungsgewalt, handeln aber auch selbst wirtschaftlich, etwa im Rahmen des Handels mit Rohstoffen.[40] Als Träger von Regelungsgewalt im Bereich des Internationalen Wirtschaftsrechts kommt den Staaten mit der Globalisierung eine zunehmend wichtige Rolle zu, denn nur die Gesamtheit der Staaten ist in der Lage, Regeln auszuhandeln, die sowohl Staaten als auch Private binden, und so im besten Falle einen Ausgleich herzustellen, sofern sich widerstreitende ökonomische und soziale Interessen gegenüberstehen. Dieser Verantwortung sind sich aber nicht alle Staaten bewusst, zudem neigen einige von ihnen auch auf dem Parkett des internationalen Handels immer wieder zu „unilateralen" Vorstößen, die dem Internationalen Wirtschaftsrecht eher Schaden denn Nutzen bringen (man denke etwa an US-amerikanische Politik im Rahmen der WTO, die letztendlich im September 2003 zum Scheitern der Konferenz von Cancún führte). Doch auch die Staaten als „souveräne" Träger des Wirtschaftsvölkerrechts sind auf Foren angewiesen, in denen gemeinsame Regeln und Standards erarbeitet und durchgesetzt werden. Diese Foren bilden insbesondere eine Reihe von Internationalen Organisationen.

---

[39] *Nowrot*, Steuerungssubjekte und -mechanismen im Internationalen Wirtschaftsrecht (einschließlich regionale Wirtschaftsintegration), in: Tietje, § 2 Rn. 30 ff.

[40] *Herdegen*, Internationales Wirtschaftsrecht, § 4 Rn. 10.

Treten Staaten als „einfache" Wirtschaftsteilnehmer auf, kann dies diverse Pro- **21** bleme nach sich ziehen, die ihrer besonderen Stellung geschuldet sind. So genießen Staaten z. B. im Völkerrecht einige Privilegien (Immunität etc.), welche die Durchsetzung von Forderungen erschweren oder gar unmöglich machen.[41] Auch wenn der Staat selbst als Anbieter von Leistungen auf dem Markt in Erscheinung tritt (Energie, Telekommunikation, Wasser etc.), unterliegt er oftmals einer bevorzugten Behandlung (vgl. etwa Art. 106 AEUV, → § 6 Rn. 36 ff.), konkurriert aber teilweise mit Privaten. Auf der anderen Seite hat der Staat auch grundrechtliche Verpflichtungen gegenüber Privaten zu beachten, selbst wenn er am Wirtschaftsverkehr teilnimmt (→ § 2 Rn. 6 ff.). Das führt im nationalen Verfassungsrecht zu mitunter schwierigen Abgrenzungsfragen, die sich ebenso auf supranationaler und internationaler Ebene stellen – wenn auch unter anderen Vorzeichen.

2. Internationale Organisationen

Neben Staaten formen insbesondere Internationale Organisationen wie die WTO **22** (→ Rn. 23 ff.), der IWF und die Weltbank (→ Rn. 32 ff.), die UNO (→ Rn. 38 ff.) oder die *Organisation für wirtschaftliche Zusammenarbeit und Entwicklung* (*Organisation for Economic Co-operation and Development*, OECD) (→ Rn. 43 ff.) das Internationale Wirtschaftsrecht. In der öffentlichen Wahrnehmung wie in der rechtlichen Debatte und Praxis spielt die WTO eine derart hervorgehobene Rolle, dass sie meist im Mittelpunkt der im Völkerrecht geführten Konstitutionalisierungsdebatte steht.[42] Insofern hängt von der Funktionsfähigkeit der WTO und ihrer Organe ab, ob das Internationale Wirtschaftsrecht dauerhaft durch globale Rechtsregime geprägt wird oder eher durch regionale Entwicklungen (→ Rn. 46 ff., 53 ff., 87).

a) Die Welthandelsorganisation

aa) Gründung und Ziele der WTO
Das *Übereinkommen zur Errichtung der Welthandelsorganisation* (*Marrakesh Ag-* **23** *reement Establishing the World Trade Organization*[43], ÜWTO), das am 01.01.1995 in Kraft trat, schuf erstmals eine Internationale Organisation, die auf globaler Ebene einen *institutionellen Rahmen* zur Koordinierung der *internationalen Handelsbeziehungen* bereitstellt (vgl. Art. II:1 ÜWTO).[44] Hervorgegangen ist die WTO ins-

---

[41] Siehe z. B. BVerfGE 117, 141; ausführlich zur Immunität von Staaten und Staatseigentum im Völkerrecht O'Keefe/Tams (Hrsg.), The United Nations Convention on Jurisdictional Immunities of States and Their Property, 2013.

[42] Siehe dazu nur *Oeter*, Welthandelsrecht im Spannungsfeld von Wirtschaft, Recht und Politik, in: Hilf/ders., § 1 Rn. 54 ff.; *Krajewski*, Verfassungsperspektiven und Legitimation des Rechts der Welthandelsorganisation (WTO), 2001, insbesondere S. 120 ff.; *Howse/Nicolaidis*, Governance 16 (2003), 73.

[43] Abgedruckt in ILM 33 (1994), 1144 und ABl. EG 1994 L 336/3.

[44] Zur WTO und zum WTO-Recht vgl. auch *Lee*, World Trade Regulation – International Trade under the WTO Mechanism, 2012; *Beise*, Die Welthandelsorganisation, 2001; *Heselhaus*, JA 1999,

besondere aus dem GATT aus dem Jahre 1947. Das GATT sollte ursprünglich ein Abkommen unter dem Dach der ITO bilden, deren Gründung jedoch am Widerstand des US-Kongresses scheiterte. Das GATT trat dennoch in Kraft und entwickelte sich im Laufe der Zeit zu einer sog. de-facto Internationalen Organisation.[45] Zunehmend traten jedoch die Unvollkommenheiten dieses Systems zutage, die sich insbesondere in der mangelnden institutionellen Struktur des GATT sowie den Schwächen der Streitbeilegungsmechanismen bemerkbar machten. Die Gründung der WTO als Internationale Organisation sollte diese Probleme beheben und auch weitergehende Bereiche des internationalen Handels regeln. Das Ende des Kalten Krieges und damit des Systemdualismus veranlasste die Gründungsstaaten, die WTO auf eine Zielsetzung zu verpflichten, die über den Abbau von Zollschranken hinausgehen sollte. Entsprechend standen nicht nur institutionelle Verbesserungen auf der damaligen Gründungsagenda der WTO. Auch deshalb betont die Präambel des ÜWTO, dass die Handels- und Wirtschaftsbeziehungen der Mitglieder auf eine Erhöhung des Lebensstandards, auf die Sicherung der Vollbeschäftigung und eines hohen und ständig steigenden Umfangs des Realeinkommens und der wirksamen Nachfrage sowie die Ausweitung der Produktion und des Handels mit Waren und Dienstleistungen abzielen.

bb) Abkommen unter dem Dach der WTO

24 Unter dem Dach der WTO finden sich heute insgesamt 46 Abkommen in Form von Anlagen zum ÜWTO,[46] darunter das GATT, das GATS sowie das *Übereinkommen über handelsbezogene Aspekte geistigen Eigentums* (*Agreement on Trade-Related Aspects of Intellectual Property Rights*, TRIPS)[47] (→ Rn. 92 ff.). Eine der Funktionen der WTO ist es, die Umsetzung, Durchführung und Verwaltung dieser verschiedenen Abkommen zu erleichtern (Art. III:1 ÜWTO). Dafür formen das ÜWTO, die *Vereinbarung über Regeln und Verfahren zur Beilegung von Streitigkeiten* (*Dispute Settlement Understanding*, DSU[48]) sowie der *Mechanismus zur Überprüfung der Handelspolitik* (*Trade Policy Review Mechanism*, TPRM) den institutionellen Rahmen (vgl. Art. III:3–4 ÜWTO). Um sich in den verschiedenen Abkommen zurechtzufinden, ist es wichtig zu beachten, dass die sog. „Multilateralen Abkommen" (Art. II:2 ÜWTO), wie z. B. das GATT, GATS und das TRIPS, für alle Mitglieder verbindlich sind, während die „Plurilateralen Abkommen" (Art. II:3 ÜWTO) nur für die Mitglieder verbindlich sind, die sie ausdrücklich angenommen haben, wie

---

76; Hilf/Oeter; *Jackson*, World Trade Organization, 1998; Krueger (Hrsg.), The WTO as an International Organization, 1998; *Matsushita/Schoenbaum/Mavroidis*, The World Trade Organization, 2. Aufl. 2006; Prieß/Berrisch; *Senti*, WTO – System und Funktionsweise der Welthandelsordnung, 2000; *Stoll/Schorkopf*; *Wolfrum/Stoll*.

[45] Siehe dazu *Neugärtner*, GATT 1947, in: Hilf/Oeter, § 3 Rn. 26 ff.; *Wolfrum/Stoll*, Rn. 14; allgemein zum GATT auch *Benedek*, Die Rechtsordnung des GATT aus völkerrechtlicher Sicht, 1990; *Jackson*, Restructuring the GATT System, 1990.

[46] *Wolfrum/Stoll*, Rn. 51.

[47] Abgedruckt in ILM 33 (1994), 1197 und ABl. EG 1994 L 336/213.

[48] Abgedruckt in ILM 33 (1994), 1226 und ABl. EG 1994 L 336/234.

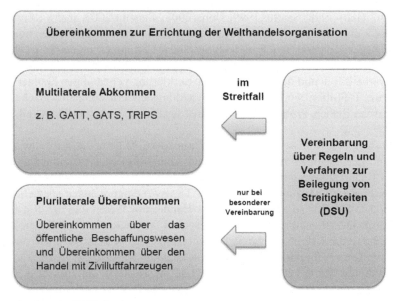

Abb. 1 Struktur des WTO-Rechts

etwa das *Übereinkommen über das öffentliche Beschaffungswesen* (*Agreement on Government Procurement*, GPA)[49]. Darüber hinaus dient die WTO den Mitgliedern als Forum zur Verhandlung über ihre multilateralen Handelsbeziehungen (Art. III:2 ÜWTO). Gleichwohl geht die Bedeutung der WTO weit über ihre Rolle als diplomatische Plattform hinaus, die Besonderheit dieser Organisation liegt vielmehr in ihrem Streitbeilegungsmechanismus (Art. III:3 ÜWTO). Hierzu wurde eigens das DSU geschaffen, das ein ausdifferenziertes, obligatorisches (Art. 23.1 DSU) System und Verfahren zur Schlichtung von Streitigkeiten zwischen den Mitgliedern vorsieht (→ Rn. 28 ff.). Insgesamt ergibt sich damit die in Abb. 1 abgebildete Struktur.

cc) Organe der WTO

Oberstes Organ der WTO ist die Ministerkonferenz, die aus Repräsentanten aller Mitglieder besteht, alle zwei Jahre tagt und die Funktionen der WTO ausführen soll (Art. IV:1 ÜWTO).[50] Seit 1995 hat es neun Ministerkonferenzen gegeben (Singa- **25**

---

[49] Abgedruckt in 1915 U.N.T.S. 103 und ABl. EG 1994 L 336/273, geändertes Abkommen vom 02.04.2012, abgedruckt in ABl. EU 2014 L 68/2; dazu ausführlich *Kunnert*, WTO-Vergaberecht, 1998; *Bungenberg*, Vergaberecht im Wettbewerb der Systeme, 2008; *ders.*, Vergaberecht als Vorbild des Internationalen Kartell- und Fusionskontrollverfahrensrechts, in: Terhechte (Hrsg.), Internationales Kartell- und Fusionskontrollverfahrensrecht, 2009, § 89 Rn. 12 ff.; Arrowsmith/Anderson (Hrsg.), The WTO Regime on Government Procurement: Challenge and Reform, 2011.

[50] Siehe auch *Terhechte*, Der Rechtsrahmen der Welthandelsorganisation (WTO) und der Europäischen Union (EU) für den Export, in: Paschke/Graf/Olbrisch (Hrsg.), Hamburger Handbuch des Exportrechts, 2. Aufl. 2014, Abschnitt 28 Rn. 11.

pur 1996, Genf 1998, Seattle 1999, Doha 2001, Cancún 2003, Hong Kong 2005, Genf 2009 und 2011 sowie Bali 2013), die jedoch stets von den widerstreitenden Interessen der Industrie- und Entwicklungsländer bestimmt wurden. So ist etwa die Konferenz in Cancún gescheitert, weil sich die Mitglieder nicht über den Abbau von Agrarbeihilfen und den Text der Schlusserklärung verständigen konnten.[51] Der Abbau der Beihilfen würde es den Entwicklungsländern einfacher machen, ihre landwirtschaftlichen Produkte in die Industrienationen zu exportieren (allgemein → § 8).[52]

26   Zwischen den Ministerkonferenzen nimmt der „Allgemeine Rat" ihre Aufgaben wahr, der ebenfalls aus Repräsentanten aller Mitglieder zusammengesetzt ist und bei Bedarf zusammenkommt (Art. IV:2 ÜWTO). Er leitet außerdem die für die verschiedenen Abkommen (GATT, GATS usw.) eingerichteten speziellen Räte (Art. IV:5 ÜWTO),[53] so z. B. den Rat für Handel mit Waren und den Rat für den Handel mit Dienstleistungen.[54] Die Ministerkonferenz sowie der Allgemeine Rat werden durch das Sekretariat der WTO unterstützt, das seinen Sitz in Genf hat und von einem Generaldirektor geleitet wird (momentan: *Roberto Azevêdo*).

27   Im Rahmen der WTO werden Beschlüsse in der Regel im Konsensverfahren gefasst, wonach ein Beschluss angenommen ist, sofern keines der anwesenden Mitglieder förmlich Einspruch erhebt; eine Abstimmung findet zunächst *nicht* statt (Art. IX:1 ÜWTO).[55] Erst sofern sich kein Konsens finden lässt, d. h. bei Einlegen eines Einspruchs durch ein Mitglied, wird über die Sache abgestimmt, wobei die erforderlichen Mehrheiten von der jeweiligen Materie abhängen (Art. IX und X ÜWTO).[56] *Jeder* Staat verfügt über eine Stimme.[57]

---

[51] *Jones*, The Doha Blues, 2010; siehe zum Scheitern von Cancún *Kerremans*, EFAR 9 (2004), 363.

[52] Zur Problematik der Landwirtschaftsbeihilfen und Exportsubventionen vgl. *Tietje*, Die institutionelle Ordnung der WTO, in: Prieß/Berrisch, A.III. Rn. 17 ff.; *McMahon*, The WTO Agreement on Agriculture, 2006, S. 89 ff.; *Meléndez-Ortiz/Bellmann/Hepburn* (Hrsg.), Agricultural Subsidies in the WTO Green Box, 2009.

[53] *Hilf*, WTO: Organisationsstruktur und Verfahren, in: ders./Oeter, § 6 Rn. 8; *Tietje*, WTO und Recht des Weltwarenhandels, in: ders., § 3 Rn. 24.

[54] *Terhechte*, Der Rechtsrahmen der Welthandelsorganisation (WTO) und der Europäischen Union (EU) für den Export, in: Paschke/Graf/Olbrisch (Hrsg.), Hamburger Handbuch des Exportrechts, 2. Aufl. 2014, Abschnitt 30 Rn. 12.

[55] Dazu *Beise*, Die Welthandelsorganisation, 2001, S. 199 ff.; *Matsushita/Schoenbaum/Mavroidis*, The World Trade Organization, 2. Aufl. 2006, S. 12.

[56] Siehe ausführlich zur Beschlussfassung in der WTO *Herrmann/Weiß/Ohler*, Rn. 193 ff.; siehe auch *Terhechte*, Der Rechtsrahmen der Welthandelsorganisation (WTO) und der Europäischen Union (EU) für den Export, in: Paschke/Graf/Olbrisch (Hrsg.), Hamburger Handbuch des Exportrechts, 2. Aufl. 2014, Abschnitt 28 Rn. 14.

[57] Vgl. zu den Besonderheiten, die für die EG gelten, *Hilpold*, Die EU im GATT/WTO-System, 3. Aufl. 2009, S. 123 ff.; *Beise*, Die Welthandelsorganisation, 2001.

dd) Streitbeilegung in der WTO

Das Streitbeilegungsverfahren, das im Rahmen der WTO errichtet wurde, stellt **28** eine Erfolgsgeschichte der Entwicklung des Internationalen Wirtschaftsrechts dar. Was die Effektivität, obligatorische Unterwerfung und Bereitstellung einer zweiten Entscheidungsinstanz angeht, ist es auch als Spruchkörper in der Völkerrechtsordnung als singulär zu bezeichnen. Das DSU hat die als ineffizient erachtete Streitbeilegungskultur des GATT (vgl. Art. XXIII GATT 47) abgelöst und ein effektives Rechtsschutzsystem bereitgestellt, dessen praktische Bedeutung stetig zunimmt.[58] Das Ziel des Streitbeilegungssystems, die Garantie von *Sicherheit* und *Vorhersehbarkeit* im multilateralen Handelssystem (Art. 3.2 DSU) mit den Mitteln des Rechts zu gewährleisten, hat der WTO Züge einer „Rechtsgemeinschaft" verliehen. Der weitere Ausbau des Welthandelssystems ist damit nicht zuletzt auch ein „Verrechtlichungsprozess".[59] Die Verwirklichung dieser Ziele ist zwei Instanzen übertragen: Zum einen den sog. *Panels* und zum anderen dem *Appellate Body* als Revisionsinstanz, deren Beschlüsse jeweils vom *Dispute Settlement Body* (DSB) angenommen werden müssen. Die Zusammensetzung des DSB entspricht im Wesentlichen der des Allgemeinen Rats der WTO und seine Zuständigkeit umfasst u. a. die Einsetzung der sog. *Panels*. Die Panels werden jeweils für einen Rechtsstreit aus drei bis fünf Experten zusammengestellt (siehe Art. 8 DSU), deren Aufgabe es ist, den DSB zu unterstützen (Art. 11 DSU). Dies geschieht in Form eines Berichts, der die Fakten- und Rechtslage bewertet und eine Entscheidungsempfehlung abgibt.

Im Wesentlichen zeichnet sich das Streitbeilegungsverfahren durch drei Phasen **29** aus: Wenn ein Mitglied der Ansicht ist, dass das Verhalten eines anderen WTO-Mitglieds ihn in seinen durch das „Welthandelsrecht" zugesicherten Rechten beeinträchtigt (Art. 3.3 DSU), werden zunächst gegenseitige Verhandlungen aufgenommen (sog. Konsultationsphase[60]). Der (vermeintlich) verletzende Staat ist dazu verpflichtet, innerhalb von zehn Tagen auf die Anfrage des (vermeintlich) verletzten Staates zu reagieren und binnen 30 Tagen Konsultationen zu beginnen; bereits von diesem *request for consultations* ist der DSB zu unterrichten (zum Ganzen vgl. Art. 4 DSU). Sofern die Konsultationen der beteiligten Mitglieder zu keiner Einigung führen, kann die beschwerte Partei die Errichtung eines Panels beim DSB beantragen (Art. 4.7, 4.3 a. E. und 6 DSU).[61] Das Panel hat grund-

---

[58] Dazu *Ohlhoff*, Streitbeilegung in der WTO, in: Prieß/Berrisch, C.I.2.; *Herrmann/Weiß/Ohler*, Rn. 250 ff.; *Folsom/Gordon/Spanogle*, International Trade and Investment, 2. Aufl. 2000, S. 79 ff., *Stoll/Schorkopf*, Rn. 416 ff.

[59] Vgl. dazu auch *Hilf*, Allgemeine Prinzipien in der welthandelsrechtlichen Streitbeilegung – Die WTO auf dem Weg zu einer Rechtsgemeinschaft?, in: Hatje (Hrsg.), Das Binnenmarktrecht als Daueraufgabe, 2002, S. 173; siehe auch *Terhechte*, JuS 2004, 959 (961); für die Ebene des EG-Rechts vgl. *Terhechte*, Die ungeschriebenen Tatbestandsmerkmale des europäischen Wettbewerbsrechts, 2004, S. 21 ff.

[60] Hierzu *Marceau*, Consultations and the Panel Process in the WTO Dispute Settlement System, in: Yerxa/Wilson (Hrsg.), Key Issues in WTO Dispute Settlement, 2005, S. 29 (31 f.); *Schorkopf*, in: Wolfrum/Stoll/Kaiser (Hrsg.), WTO – Institutions and Dispute Settlement, 2006, Art. 4 DSU Rn. 1 ff.

[61] Zu den formalen Anforderungen an diesen Antrag vgl. *Mavroidis*, in: Wolfrum/Stoll/Kaiser (Hrsg.), WTO – Institutions and Dispute Settlement, 2006, Art. 6 DSU Rn. 1 ff.; *Herrmann/Weiß/Ohler*, Rn. 280.

sätzlich innerhalb von sechs Monaten einen Bericht über den Fall anzufertigen (Art. 12.8 DSU), der dem DSB vorgelegt wird und angenommen werden muss (sog. Berichtsphase). Die Entscheidung über die Annahme des Berichts ergeht im sog. *negativen Konsens*, d. h. die *Nichtannahme* des Berichts bedarf der Einigkeit aller Mitglieder (Art. 16.4 DSU).[62] Wenn die Streitparteien der Ansicht sind, dass die Entscheidung rechtsfehlerhaft ist, können sie sich in der sog. Revisionsphase an den *Appellate Body* wenden. Dieser entscheidet nur noch über *Rechtsfragen* (Art. 17.6 DSU)[63] und auch dieser Bericht bedarf der Annahme durch den DSB im negativen Konsens. An die Empfehlungen des DSB sind die Parteien unwiderruflich gebunden.[64]

30   2013 gingen 20 Konsultationsersuche beim DSB ein, die bislang dritthöchste Anzahl innerhalb der vergangenen zehn Jahre. Es wurden zwölf Panels in 14 Rechtssachen errichtet. Darüber hinaus waren 28 Verfahren vor Panels, dem Appellate Body und im Schiedsverfahren anhängig.[65] *Alle* vier Panel- und zwei Appellate Body-Berichte wurden vom DSB angenommen. Dies ist auf das Erfordernis der Annahme im negativen Konsens zurückzuführen ist. Der Abbau von Zöllen ist in den Streitigkeiten kaum noch von Bedeutung. Dies verwundert nicht, denn im Jahre 2009 lag der durchschnittliche Zollsatz unter WTO-Mitgliedern bei nur noch 4 %.[66] Die Verfahren betreffen vermehrt Fragen der Nichtdiskriminierung[67] und sog. Querschnittsgebiete (Umweltschutz etc., sog. Bereiche des *„trade and"*). Hierbei spielen Beschränkungen des Handelsverkehrs zum Schutze der Gesundheit und Umwelt eine gewichtige Rolle.[68] Das funktionierende Rechtsschutzsystem der WTO ist ein wichtiger Faktor des Ausbaus und der Verrechtlichung der Welthandelsordnung. Abb. 2 visualisiert die Entwicklung und Inanspruchnahme des WTO-Streitschlichtungssystems.

31   Die Durchsetzbarkeit der Panelempfehlungen wird ebenfalls durch das DSU abgesichert. Der obsiegenden Partei wird das Recht gegeben, beim DSB gemäß

---

[62] Die Umkehrung des Konsensprinzips darf als ein wesentlicher Schritt in der Entwicklung des Internationalen Wirtschaftsrechts angesehen werden, der den Streitbeilegungsmechanismus im Rahmen der WTO weitgehend unabhängig von politischen Einflussnahmen macht, dazu *Jackson*, Designing and Implementing Effective Dispute Settlement Procedures, in: Krueger (Hrsg.), The WTO as an International Organization, 1998, S. 161 (162); *Beise*, Die Welthandelsorganisation, 2001, S. 220 f.

[63] *Ohlhoff*, Streitbeilegung in der WTO, in: Prieß/Berrisch, C.I.2. Rn. 105; *Oesch*, Standards of Review in WTO Dispute Resolution, 2003, S. 21 f.

[64] Zum Ganzen *Herrmann/Weiß/Ohler*, Rn. 309.

[65] Vgl. WTO Annual Report 2014, S. 82.

[66] WTO World Trade Report 2011, S. 124.

[67] *Canada – Certain Measures Affecting the Renewable Energy Generation Sector*, WT/DS412 (24.05.2013); *European Communities – Measures Prohibiting the Importation and Marketing of Seal Products*, WT/DS401 (18.06.2014).

[68] *United States – Measures Affecting the Production and Sale of Clove Cigarettes*, WT/DS406 (24.04.2012); *United States – Import Prohibition of Certain Shrimp and Shrimp Products*, WT/DS58 (06.11.1998); *European Communities – Measures Concerning Meat and Meat Products (Hormones)*, WT/DS26 (13.02.1998).

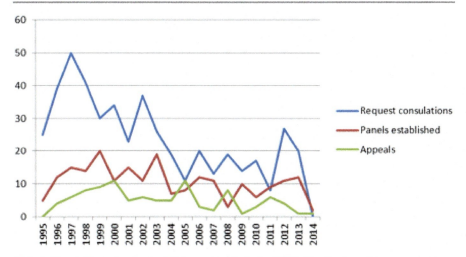

Abb. 2 Entwicklung der Streitschlichtung innerhalb der WTO [Quelle: http://www.wto.org/english/tratop_e/dispu_e/jfried_13_e.htm (07.11.2014)]

Art. 22.2 DSU die Bewilligung der einseitigen *Aussetzung von Zugeständnissen* oder anderer Pflichten gegenüber der unterlegenen Partei gemäß den in Art. 22.3 DSU statuierten Grundsätzen zu beantragen für den Fall, dass die Panelentscheidung von der unterlegenen Partei *nicht fristgerecht umgesetzt* wird. Über diesen Antrag hat der DSB innerhalb von 30 Tagen im negativen Konsensverfahren zu entscheiden. Grundsätzlich gilt, dass Zugeständnisse nach Möglichkeit zunächst auf demselben Sektor, in dem die Rechtsverletzung stattgefunden hat, ausgesetzt werden sollen (Art. 22.3(a) DSU). Dies ist aber nicht immer praktikabel oder effektiv, z. B. wenn das unterlegene Mitglied in dem entsprechenden Sektor keine nennenswerten Mengen in das Gebiet des obsiegenden Mitglieds exportiert. Hierfür sieht Art. 22.3(c) DSU die Möglichkeit der sog. *cross retaliation* vor, d. h. die Aussetzung von Zugeständnissen aus anderen Sektoren des Übereinkommens oder aus anderen Übereinkommen.[69] Sofern Uneinigkeit über den Umfang der Aussetzung von Zugeständnissen besteht, kann ein Schiedsverfahren nach Art. 22.6 DSU eröffnet und das ursprüngliche Panel oder (ein oder mehrere) Schiedsrichter mit der Sache befasst werden. Diese Einsetzung entfaltet einen *Suspensiveffekt*, d. h. während das Schiedsverfahren läuft, dürfen keine Zugeständnisse ausgesetzt werden. Kommt es zwischen den Parteien zu einem Streit darüber, ob die unterlegene Partei den Bericht des DSB überhaupt bzw. vollständig umgesetzt hat, kann gemäß Art. 21.5 DSU erneut ein Panel eingesetzt werden. Dieses soll möglichst in seiner ursprünglichen Zusammensetzung innerhalb von 90 Tagen zu dem neuen Streit

---

[69] Siehe insgesamt zur Aussetzung von Zugeständnissen in der WTO *Sacerdoti*, The Nature of WTO Arbitrations on Retaliation, und *Pauwelyn*, The Calculation and Design of Trade Retaliation in Context: What is the Goal of Suspending WTO Obligations?, in: Bown/Pauwelyn (Hrsg.), The Law, Economics and Politics of Retaliation in WTO Dispute Settlement, 2010, S. 23 und 34.

über die Umsetzung einen Bericht erstellen, der wiederum vom DSB angenommen werden muss, wobei die unterlegene Partei auch hier Revision beim *Appellate Body* einlegen kann. Dieses Verfahren über die Überprüfung der Umsetzung hat *keinen Suspensiveffekt* für die gemäß Art. 22 DSU ausgesetzten Zugeständnisse.[70]

b) Der Internationale Währungsfond und die Weltbank

aa) Gründung und Ziele von IWF und Weltbank

32 Der freie, internationale Warenhandel setzt einen freien Zahlungsverkehr voraus. Der Mangel an stabilen Wechselkursen oder die übermäßige (sog. galoppierende) Inflation können den freien grenzüberschreitenden Warenaustausch mitunter massiv beeinträchtigen.[71] Zur Gewährleistung dieser grundlegenden Bedingungen errichtete die Staatengemeinschaft (44 Staaten) 1944 auf der Konferenz von *Bretton Woods* den IWF[72] und die Weltbank[73] (→ § 5 Rn. 83 ff.). Sie sollten das internationale Währungssystem neu strukturieren, das im Vorfeld und aufgrund des 2. Weltkriegs mehr oder minder kollabiert war.[74] Die beiden Institutionen sollen außerdem den Schutz der nationalen Zahlungsbilanzen sicherstellen.[75]

33 Das IWF-Abkommen schuf ein System fester Wechselkurse in Kopplung an den US-Dollar, über den wiederum auch der Goldpreis festgesetzt wurde (sog. Gold-Dollar-Standard).[76] Angesichts des steigenden Liquiditätsbedarfs wuchsen Ende der 1960er Jahre die Vorbehalte gegenüber diesem System der festen Wechselkursbindung. Im Jahre 1971 wurde es schließlich aufgegeben und durch das System sog. *Sonderziehungsrechte* (*special drawing rights*) reformiert.[77] Es handelt sich dabei um eine künstliche Währungseinheit, deren Wert sich nach einem Querschnitt

---

[70] *Stoll/Schorkopf*, Rn. 502; *Renouf*, A Brief Introduction to Countermeasures in the WTO Dispute Settlement System, in: Yerxa/Wilson (Hrsg.), Key Issues in WTO Dispute Settlement, 2005, S. 110.

[71] Vgl. Art. I IWF-Statut; *Welfens*, Grundlagen der Wirtschaftspolitik, 1995, S. 309 ff.; *Södersten/Reed*, International Economics, 3. Aufl. 1994, S. 659 ff.; *Samuelson/Nordhaus*, Volkswirtschaftslehre, 4. Aufl. 2010, S. 803 ff.

[72] Im Internet unter www.imf.org (07.11.2014).

[73] Im Internet unter www.worldbank.org (07.11.2014).

[74] Vgl. das Übereinkommen über den Internationalen Währungsfonds, abgedruckt in 726 U.N.T.S. 266 sowie Bek. v. 03.05.1978, BGBl. II, S. 838 und das Abkommen über die Internationale Bank für Wiederaufbau und Entwicklung (Weltbank), abgedruckt in 2 U.N.T.S. 39 sowie Bek. v. 16.09.1992, BGBl. II, S. 1134; dazu etwa *Herdegen*, Internationales Wirtschaftsrecht, § 20 Rn. 6 ff.; *Doehring*, Völkerrecht, 2. Aufl. 2004, Rn. 1223 f.; *Malanczuk*, Akenhurst's Modern Introduction to International Law, 7. Aufl. 1997, S. 225 ff.

[75] *Herrmann/Weiß/Ohler*, Rn. 727.

[76] *Södersten/Reed*, International Economics, 3. Aufl. 1994, S. 662.

[77] *Terhechte*, JuS 2004, 959 (961); ausführlich dazu *Giovanoli*, A New Architecture for the Global Financial Market, in: ders. (Hrsg.), International Monetary Law, 2000, S. 3; *Willms*, Internationale Währungspolitik, 3. Aufl. 2008, S. 146 ff.; *Södersten/Reed*, International Economics, 3. Aufl. 1994, S. 668; *Folsom/Gordon/Spanogle/Van Alstine*, International Trade and Economic Relations in a Nutshell, 5. Aufl. 2009, S. 84 ff.

diverser Leitwährungen bestimmt.[78] Diese Sonderziehungsrechte können vom In- haber in Devisen umgetauscht werden, die eine wichtige Grundvoraussetzung für die Teilnahme am Weltmarkt darstellen.

Aufgrund dieses Systems werden auch IWF-Mitglieder mit stark inflationärer **34** oder wenig konvertibler Währung in die Lage versetzt, Devisen zu erwerben. Der Umfang der einem Mitglied zugewiesenen Sonderziehungsrechte richtet sich nach der Höhe seiner Einlage im IWF (sog. Quoten[79]). Diese Einlagen bilden auch das „Grundkapital" des IWF, das zur Kreditvergabe an Mitglieder sowie zur Entwick- lungsfinanzierung verwendet wird.

Auch die Weltbank hat die Aufgabe, durch die Vergabe von langfristigen Kre- **35** diten (i. d. R. 15 Jahre), die wirtschaftliche Entwicklung in den Mitgliedstaaten zu fördern (vgl. Art. 1 des Abkommens über die Internationale Bank für Wiederaufbau und Entwicklung[80]).[81] Sie wurde ursprünglich zum Zwecke des Wiederaufbaus von Europa nach dem 2. Weltkrieg errichtet, leistet heute aber überwiegend Aufbauhilfe in Entwicklungsländern. Bei beiden Organisationen hat die teilweise übereilte Ver- gabe von Krediten in Verbindung mit harten Auflagen für die Neustrukturierung der heimischen Wirtschaft für viel Protest gesorgt, der die zukünftige Politik des IWF und der Weltbank sicher nicht unbeeindruckt lässt.[82]

bb) Organe des IWF und der Weltbank

Der sog. Gouverneursrat bildet das oberste Organ des IWF, dem jeweils ein Gou- **36** verneur pro Mitgliedstaat angehört (derzeit 188), vgl. Art. XII Abschn. 2 des IWF- Abkommens. Die Gouverneure kommen jährlich zusammen und die Wahrnehmung der Geschäfte obliegt in der Zwischenzeit dem sog. Exekutivdirektorium. Es be- steht aus 25 Direktoren, welche die Wirtschafts- und Währungspolitik der Mitglied- staaten überwachen und sich regelmäßig treffen.

Unter dem Dach der Weltbank sind fünf verschiedene Organisationen angesie- **37** delt (sog. *Weltbankgruppe*), die jeweils bei gleicher Organisationsstruktur die ver- schiedenen Spezialbereiche ihrer gemeinsamen Hauptaufgabe der Armutsbekämp- fung bearbeiten. In organisatorischer Hinsicht bestehen keine wesentlichen Unter- schiede zur Struktur des IWF.

---

[78] *Terhechte*, JuS 2004, 959 (961); *Folsom/Gordon/Spanogle/Van Alstine*, International Trade and Economic Relations in a Nutshell, 5. Aufl. 2009, S. 85.

[79] Siehe dazu z. B. *Bergthaler/Giddings*, Recent Quota and Governance Reforms at the Internati- onal Monetary Fund, in: Herrmann/Krajewski/Terhechte (Hrsg.), European Yearbook of Internati- onal Economic Law 2013, 2013, S. 371.

[80] Im Internet unter http://siteresources.worldbank.org/BODINT/Resources/278027-1215526322295/ IBRDArticlesOfAgreement_English.pdf (06.11.2014).

[81] *Terhechte*, JuS 2004, 959 (962).

[82] Vgl. dazu *Stiglitz*, Globalization and its Discontents, 2002, S. 195 ff. und *von Weizsäcker*, Logik der Globalisierung, 3. Aufl. 2003, S. 132 ff. mit zahlreichen Beispielen; siehe auch *Herdegen*, Internationales Wirtschaftsrecht, § 26 Rn. 15 f.; *Bergthaler/Bossu*, Recent Legal Developments in the International Monetary Fund, in: Herrmann/Terhechte (Hrsg.), European Yearbook of Interna- tional Economic Law 2010, 2010, S. 391.

c) Die Vereinten Nationen

38 Jenseits der WTO ist es auch Angelegenheit der UNO, den internationalen Handel zu fördern und zu organisieren.[83] Entsprechend ist in Art. 55 lit. b der UN-Charta[84] niedergelegt, dass die UNO die Lösung *internationaler Probleme wirtschaftlicher Art* fördern soll. Zur Erfüllung dieser Aufgabe wurden verschiedene Unterorganisationen gegründet. Besonders zwei dieser Organisationen aus der „UNO-Familie"[85] sind im Rahmen des Internationalen Wirtschaftsrechts von besonderem Belang und verdienen es, hervorgehoben zu werden: Die *Kommission der Vereinten Nationen für internationales Handelsrecht* (*United Nations Commission on International Trade Law*, UNCITRAL) und die *Konferenz der Vereinten Nationen für Handel und Entwicklung* (*United Nations Conference on Trade and Development*, UNCTAD).[86] Daneben gibt es zwar noch eine ganze Reihe von weiteren Unterorganisationen der UNO, deren Darstellung muss allerdings ausführlicheren Untersuchungen vorbehalten bleiben.[87]

aa) UNCITRAL

39 UNCITRAL ist ein Nebenorgan der UNO-Generalversammlung und wurde im Jahre 1966 gegründet.[88] Ihre vorrangige Funktion besteht darin, die Divergenzen der Handelsrechte der Mitglieder zu verringern, da diese ein substanzielles Hemmnis im internationalen Handel darstellen.[89] Zu diesem Zwecke erarbeitet bzw. überarbeitet die Kommission Verträge, UN-Resolutionen und eigene Leitlinien des internationalen Handelsrechts.[90] So gehen etwa das mittlerweile in Ausbildung und Praxis höchst relevante UN-Kaufrecht[91] oder Seefrachtrecht[92] auf die Arbeit der UNCITRAL zurück.

40 Die Kommission wird von der Generalversammlung der UNO nach einem regionalen Verteilungsschlüssel gewählt und setzt sich aus bestimmten Staaten der UNO-Mitglieder zusammen (derzeit 60).[93] Diese Staaten entsenden Spezialisten aus dem

---

[83] Im Internet unter www.un.org (07.11.2014).

[84] Abgedruckt in BGBl. II 1973, S. 430.

[85] Siehe dazu www.unsystem.org (07.11.2014).

[86] Die Rechtsgrundlage für die Schaffung der UNCTAD ist nicht letztverbindlich festzumachen, dazu *Marxen*, UNCTAD – Konferenz der Vereinten Nationen für Handel und Entwicklung (Welthandels- und Entwicklungskonferenz), in: Wolfrum (Hrsg.), Handbuch Vereinte Nationen, 2. Aufl. 1991, Kap. 121 Rn. 3.

[87] Dazu etwa Wolfrum (Hrsg.), Handbuch Vereinte Nationen, 2. Aufl. 1991.

[88] Vgl. Resolution der Generalversammlung der UNO Nr. 2205 (XXI) v. 17.12.1966.

[89] *Wolfrum*, in: Simma (Hrsg.), Charta der Vereinten Nationen, 1991, Art. 55 (a, b) Rn. 30; *Käde*, in: Wolfrum (Hrsg.), Handbuch Vereinte Nationen, 2. Aufl. 1991, Kap. 120 Rn. 2 ff.

[90] *Käde*, UNCITRAL – Kommission der Vereinten Nationen für internationales Handelsrecht, in: Wolfrum (Hrsg.), Handbuch Vereinte Nationen, 2. Aufl. 1991, Kap. 120 Rn. 9.

[91] Dazu *Witz/Salger/Lorenz*, International Einheitliches Kaufrecht, 2. Aufl. 2014, S. 23 ff.

[92] *Käde*, UNCITRAL – Kommission der Vereinten Nationen für internationales Handelsrecht, in: Wolfrum (Hrsg.), Handbuch Vereinte Nationen, 2. Aufl. 1991, Kap. 120 Rn. 11 ff.

[93] Resolution der Generalversammlung der UNO Nr. 57/20 v. 19.11.2002.

Bereich des internationalen Handelsrechts in die Kommission. Sie tagt jährlich für ca. zwei Wochen entweder in New York oder in Wien, während die Arbeit zwischen den Treffen vom Sekretariat und permanenten Arbeitsgruppen ausgeführt wird.[94]

bb) UNCTAD

UNCTAD wurde 1964 gegründet und beschäftigt sich mit den Herausforderungen, die im Spannungsfeld von Wirtschaft und Entwicklung und ggf. auch im Zuge der widerstreitenden Interessen von Entwicklungs- und Industrieländern entstehen.[95] Die Gründung von UNCTAD geht auf die Initiative von Entwicklungsländern zurück, die ihre Interessen im Rahmen des GATT nicht ausreichend berücksichtigt sahen, und ist ein Spezialorgan der UNO-Generalversammlung mit Sitz in Genf.[96] Zu Beginn verfolgte UNCTAD vornehmlich das Ziel der Reformierung des Systems der Rohstoffabkommen; dies war allerdings nur teilweise erfolgreich.[97] Nunmehr ist die Aufgabenwahrnehmung der UNCTAD umfassender angelegt und dient der Förderung der fairen Integration von Entwicklungsländern in die Weltwirtschaft in Bezug auf internationalen Handel und Investitionen. U. a. soll dies mit Hilfe der finanziellen Unterstützung technischer Projekte erreicht werden, von denen es zur Zeit über 260 in mehr als 100 verschiedenen Ländern[98] gibt. **41**

Alle vier Jahre tagt die UNCTAD *Konferenz* (zuletzt UNCTAD XIII im Jahre 2012 in Doha), die auch das oberste Entscheidungsgremium der Organisation darstellt und der alle Mitgliedstaaten der UNO, ihrer Sonderorganisationen oder der *International Atomic Energy Agency* (IAEA) angehören.[99] Zwischen diesen Konferenzen nimmt der Handels- und Entwicklungsrat (*Trade and Development Board*) die Aufgaben der Konferenz wahr, der seinerseits durch das ständige UNCTAD Sekretariat in Genf unterstützt wird.[100] **42**

---

[94] Zu den Einzelheiten vgl. die Gründungsresolution der Generalversammlung der UNO von UN-CITRAL Nr. 2205 (XXI) v. 17.12.1966 und *Käde*, UNCITRAL – Kommission der Vereinten Nationen für internationales Handelsrecht, in: Wolfrum (Hrsg.), Handbuch Vereinte Nationen, 2. Aufl. 1991, Kap. 120 Rn. 6 ff.

[95] UNCTAD wurde mit der Resolution der Generalversammlung der UNO Nr. 1995 (XIX) v. 30.12.1964 ins Leben gerufen, im Internet unter www.unctad.org (07.11.2014).

[96] *Marxen*, UNCTAD – Konferenz der Vereinten Nationen für Handel und Entwicklung (Welthandels- und Entwicklungskonferenz), in: Wolfrum (Hrsg.), Handbuch Vereinte Nationen, 2. Aufl. 1991, Kap. 121 Rn. 1.

[97] *Marxen*, UNCTAD – Konferenz der Vereinten Nationen für Handel und Entwicklung (Welthandels- und Entwicklungskonferenz), in: Wolfrum (Hrsg.), Handbuch Vereinte Nationen, 2. Aufl. 1991, Kap. 121 Rn. 16.

[98] UNCTAD, A Guide to UNCTAD Technical Cooperation, unctad/dom/2009/2/Rev.1 (2012), S. 4.

[99] Zu den Einzelheiten vgl. *Marxen*, UNCTAD – Konferenz der Vereinten Nationen für Handel und Entwicklung (Welthandels- und Entwicklungskonferenz), in: Wolfrum (Hrsg.), Handbuch Vereinte Nationen, 2. Aufl. 1991, Kap. 121 Rn. 16.

[100] *Terhechte*, JuS 2004, 959 (962).

d) Die Organisation für wirtschaftliche Zusammenarbeit und Entwicklung

aa) Gründung und Ziele der OECD

43   Abgesehen von der WTO und der UNO existieren noch weitere Internationale Organisationen, die im Bereich des Internationalen Wirtschaftsrechts von Bedeutung sind. Zu nennen ist hier insbesondere die 1960 gegründete OECD mit Sitz in Paris, die aus der 1948 gegründeten *Organization for European Economic Co-Operation* (OEEC), die den Wiederaufbau Europas nach dem. 2. Weltkrieg organisieren sollte, hervorgegangen ist.[101] Obwohl der OECD 34 Staaten von beinahe allen Kontinenten der Welt angehören, ist sie vor allem ein Forum der Industrienationen – oder plakativer formuliert: ein *Klub der Reichen.*

44   Zu den erklärten Zielen der OECD gehört die Ausweitung des Welthandels (vgl. Art. 1 lit. c des Übereinkommens über die OECD, ÜOECD)[102].[103] Als Mittel zur Verwirklichung dieses Ziels dienen insbesondere fortlaufende gegenseitige Unterrichtungen (Art. 3 lit. a ÜOECD), Konsultationen und die Koordination des mitgliedstaatlichen Handelns auf diesem Gebiet (Art. 3 lit. b, c ÜOECD). Im Bereich der internationalen Wirtschaft ist diese Koordinierung der mitgliedstaatlichen Wirtschafts- und Währungspolitik von beachtlicher Bedeutung, denn immerhin handelt es sich dabei um Staaten, die über 70 % der Güter des weltweiten Handels herstellen.[104] Gerade im faktischen Bereich entfaltet die OECD ihre Wirkmacht, so etwa in Form der vergleichenden Studien zu bestimmten Aspekten der Wirtschaft und Bildung, die von der OECD veröffentlicht werden und in regelmäßigen Abständen durch die Presse gehen.[105] Darüber hinaus ist z. B. der von der OECD verabschiedete *Kodex zur Liberalisierung des Kapitalverkehrs* zwischen ihren Mitgliedern von erheblicher Bedeutung.[106]

bb) Organe der OECD

45   Das oberste Organ der OECD bildet gemäß Art. 7 des ÜOECD der Rat. Er besteht aus allen Mitgliedern der Organisation und setzt sich entweder aus den entsprechenden Fachministern der Mitgliedstaaten („Fachministerrat") oder aus ständigen Vertretern zusammen. Die laufenden Geschäfte der OECD werden von einem Generalsekretariat ausgeführt, dem ein Generalsekretär vorsteht (derzeit *Angel Gurría*), der für eine Amtszeit von fünf Jahren berufen wird (Art. 10 ÜOECD).

---

[101] Zur OECD *Reindl*, EnzEuR I, § 33; *Schiavone*, International Organizations, 7. Aufl. 2008, S. 223 ff.; *Hahn/Weber*, Die OECD – Die Organisation für wirtschaftliche Entwicklung und Zusammenarbeit, 1976; weitere Informationen sind auf der Homepage der OECD unter www.oecd. org (07.11.2014) erhältlich.

[102] Convention on the Organisation for Economic Co-operation and Development, abgedruckt in 888 U.N.T.S. 181.

[103] *Hahn*, OECD, in: Seidl-Hohenveldern (Hrsg.), Lexikon des Rechts/Völkerrecht, 3. Aufl. 2001, S. 301.

[104] *Herdegen*, Internationales Wirtschaftsrecht, § 4 Rn. 31.

[105] Etwa die PISA-Studien oder Studien zur Einkommensverteilung.

[106] *Hahn*, OECD, in: Seidl-Hohenveldern (Hrsg.), Lexikon des Rechts/Völkerrecht, 3. Aufl. 2001, S. 301.

Die OECD verfügt über die Kompetenz, Beschlüsse zu fassen, die ihre Mitglieder binden (Art. 5 lit. a ÜOECD), allerdings muss dies einstimmig geschehen (Art. 6 ÜOECD). Dieses Erfordernis, das eine nicht unbeträchtliche Hürde darstellt, mag einer der Gründe sein, weshalb die OECD bislang keine übergeordnete Wirkmacht erreicht hat.

3. Supranationale Organisationen (EU und EAG)

Die heutige Europäische Union ist seit dem Lissabonner Reformvertrag[107], der seit **46** 01.12.2009 in Kraft ist, eine supranationale Organisation, die ihren Anfang mit der sog. *Montanunion* (Europäische Gemeinschaft für Kohle und Stahl, EGKS) im Jahre 1951 und der EAG bzw. der Europäischen Gemeinschaft (EG) im Jahre 1957 (Stichwort: Römische Verträge) nahm. Damit sind neue Organisationsgebilde geschaffen worden, die sich durch das Charakteristikum der „Supranationalität" und der damit einhergehenden Integrationsdichte stark von „herkömmlichen" Internationalen Organisationen unterscheiden. Die „Supranationalität" der Union ist auf drei Wesenszüge des Unionsrechts zurückzuführen: die Selbstständigkeit des Unionsrechts gegenüber den Rechtsordnungen der Mitgliedstaaten[108], die unmittelbare innerstaatliche Anwendbarkeit des Unionsrechts[109] und sein Vorrang vor nationalem Recht[110]. Am 23.07.2002 lief der Vertrag über die *Montanunion* (EGKSV) aus, ihre Architektur diente aber in vielerlei Bereichen dem EGV und EAGV als Vorbild.[111]

Euratom[112] verwaltet in erster Linie die Entwicklung und Forschung auf dem **47** Gebiet der Kernenergie, ist europaweit für die Sicherheitsüberwachung auf diesem Feld zuständig und auch bei der Versorgung mit spaltbarem Material von großer Bedeutung (vgl. Art. 2 Euratom); ihre Organisations- und Kompetenzstruktur ähnelt stark der ehemaligen EG.[113] Aufgrund ihrer Regulierungsaufgaben ist sie auch auf dem Gebiet des Internationalen Wirtschaftsrechts von einiger Bedeutung, denn es gibt auch global agierende Organisationen auf dem Gebiet der Kernenergie, wie z. B. die IAEA.

Als eines ihrer Hauptziele definiert die EU die Errichtung eines *Binnenmarktes* **48** (→ § 1 Rn. 6 ff.) und einer *Wirtschafts- und Währungsunion* (→ § 5 Rn. 11 ff.), vgl. Art. 3 Abs. 3 S. 1, Abs. 4 EUV. Der Binnenmarkt umfasst die Beseitigung aller Hemmnisse im innerunionalen Handel mit dem Ziele der Verschmelzung der nationalen Märkte zu einem einheitlichen Markt, dessen Bedingungen denjenigen

---

[107] Siehe zum Vertrag von Lissabon *Craig*, The Lisbon Treaty – Law, Politics, and Treaty Reform, 2010; Hummer/Obwexer (Hrsg.), Der Vertrag von Lissabon, 2009.

[108] EuGH, Rs. C-6/64, Slg. 1964, 1251 (1270) – Costa/E.N.E.L.

[109] EuGH, Rs. C-26/62, Slg. 1963, 1 (25) – van Gend & Loos.

[110] EuGH, Rs. C-6/64, Slg. 1964, 1251 (1270) – Costa/E.N.E.L.

[111] *Nicolaysen* I, S. 29 ff.

[112] ABl. EU 2012 C 327/1.

[113] *Nicolaysen* I, S. 38; umfassend zur EAG *Grunwald*, Das Energierecht der Europäischen Gemeinschaften, 2003.

eines wirklichen Binnenmarktes möglichst nahe kommt (vgl. auch Art. 26 Abs. 2
AEUV).[114] Das Ziel der wirtschaftlichen Integration in Europa ist damit die möglichst enge Verschmelzung der mitgliedstaatlichen Volkswirtschaften. Der AEUV
hält eine Vielzahl von Maßnahmen und Instrumenten bereit, mit denen dieses Ziel
erreicht werden soll. An erster Stelle sind einerseits die Grundfreiheiten zu nennen,
nämlich die Warenverkehrsfreiheit (Art. 34 f. AEUV), die Arbeitnehmerfreizügigkeit (Art. 45 AEUV), die Niederlassungsfreiheit (Art. 49 AEUV), die Dienstleistungsfreiheit (Art. 56 AEUV) und die Freiheit des Kapital- und Zahlungsverkehrs
(Art. 63 AEUV),[115] (→ §1 Rn. 9 ff.) sowie andererseits das europäische Wettbewerbsrecht (Art. 101 ff. AEUV)[116].

49   Der Binnenmarkt weist zudem eine „Außenkomponente" auf, denn die EU koordiniert die gesamte Handelspolitik im EU-Raum (Art. 206 ff. AEUV).[117] Diese umfasst die Schaffung einer Zollunion (Art. 28 ff. AEUV), welche auch den
Gemeinsamen Außenzoll gemäß Art. 28 Abs. 1, 31 AEUV beinhaltet, womit die
EU weit über die Organisationsform der „Freihandelszone" hinausgeht, die lediglich der Abschaffung der Binnenzölle dient. Das Ziel der Währungsunion ist durch
die Vollendung der sog. dritten Stufe der Währungsunion am 01.01.1999 erreicht
(→ § 5 Rn. 7), die Verwirklichung einer „Wirtschaftsunion" ist dagegen eine Daueraufgabe der europäischen Integration.[118]

50   Aufgrund der Zuweisung von Aufgaben an die EU durch die Mitgliedstaaten
durchdringt ihr Einfluss auf die Mitgliedstaaten nunmehr beinahe sämtliche Le-
bensbereiche (z. B. Umwelt-, Verbraucherschutz-, Gesundheits-, Kultur-, Verkehrs-
und Industriepolitik). Ihr Charakter geht somit weit über das eines rein „wirtschaftlichen Integrationsprojektes" hinaus, was zwei entscheidende Grundbedingungen
voraussetzt: einerseits das Merkmal der *Supranationalität*, das zu einer größeren
Unabhängigkeit der Union von den Gründungsstaaten führte, andererseits den Charakter der EU als sog. *Rechtsgemeinschaft*. Letzteres bedeutet, dass Auseinandersetzungen mit Mitteln des Rechts gelöst werden und die daraus folgende anhaltende
Schaffung von Recht den „Motor der Integration" darstellt.[119]

---

[114] EuGH, Rs. 15/81, Slg. 1982, 1409, Rn. 33 – Gaston Schul.

[115] Zu den Grundfreiheiten vgl. etwa *Kingreen*, in: von Bogdandy/Bast, S. 705; Ehlers.

[116] Zum europäischen Wettbewerbsrecht *Frenz*, Europarecht, 2011, Rn. 335 ff.; Schröter/Jakob/
Klotz/Mederer (Hrsg.), Europäisches Wettbewerbsrecht, 2. Aufl. 2014; zum Beihilfenrecht *Frenz*,
Europarecht, 2011, Rn. 413 ff.; Birnstiel/Bungenberg/Heinrich.

[117] Siehe *Terhechte*, Der Rechtsrahmen der Welthandelsorganisation (WTO) und der Europäischen
Union (EU) für den Export, in: Paschke/Graf/Olbrisch (Hrsg.), Hamburger Handbuch des Exportrechts, 2. Aufl. 2014, Abschnitt 28 Rn. 58; *Terhechte*, JuS 2004, 959 (963).

[118] *Terhechte*, Der Rechtsrahmen der Welthandelsorganisation (WTO) und der Europäischen Union
(EU) für den Export, in: Paschke/Graf/Olbrisch (Hrsg.), Hamburger Handbuch des Exportrechts,
2. Aufl. 2014, Abschnitt 28 Rn. 59; *Terhechte*, JuS 2004, 959 (963); dazu auch Hatje (Hrsg.), Das
Binnenmarktrecht als Daueraufgabe, 2002; *Becker*, in: Schwarze/Becker/Hatje/Schoo, Art. 3 EUV
Rn. 15; *Häde*, in: Calliess/Ruffert, Art. 120 AEUV Rn. 2.

[119] Dazu *von Bogdandy*, in: ders./Bast, S. 13 (36 ff.); siehe auch *Terhechte*, Der Rechtsrahmen der
Welthandelsorganisation (WTO) und der Europäischen Union (EU) für den Export, in: Paschke/
Graf/Olbrisch (Hrsg.), Hamburger Handbuch des Exportrechts, 2. Aufl. 2014, Abschnitt 28 Rn. 60.

Die Organe der Union steuern diesen Prozess in effektiver Weise (Art. 13 EUV). **51**
Der steigende Einfluss des Europäischen Parlaments (vgl. Art. 14 EUV, Art. 223 ff.
AEUV) lässt einen verstärkten Demokratisierungsprozess auch für den Bereich
des europäischen Wirtschaftsrechts erkennen,[120] der die wichtige Bedeutung der
Kommission (Art. 17 EUV, Art. 244 ff. AEUV) und des Ministerrats (Art. 16 EUV,
Art. 237 ff. AEUV)[121] etwa im Bereich des Wettbewerbsrechts bislang aber nicht be-
rührt. Die wirtschaftspolitischen Leitlinien werden darüber hinaus von den Staats-
und Regierungschefs bestimmt, die im Europäischen Rat vertreten sind (Art. 15
EUV, Art. 235 f. AEUV).

Eine besondere Rolle spielt aber nach wie vor der EuGH (Art. 19 EUV, **52**
Art. 251 ff. AEUV), dessen Rechtsprechung in diesem Prozess von enormer praktischer Bedeutung ist. Ganz besonders gilt das im Bereich des Wirtschaftsrechts, wo
der Gerichtshof aber insbesondere seit Inkrafttreten der Europäischen Grundrechtecharta mehr denn je gefordert ist, Wirtschaftsinteressen mit sozialen und grundrechtlichen Garantien in Einklang zu bringen.[122] Zudem muss er eine Reihe von
Querschnittsmaterien bei seiner Rechtsprechung im Auge behalten und kann hier
Vorbildwirkungen für das Internationale Wirtschaftsrecht entfalten (→ Rn. 107 ff.).

4. Regionale Organisationen

Das Internationale Wirtschaftsrecht hat in den letzten Jahren unterschiedliche Ent- **53**
wicklungspfade eingeschlagen. Während auf der einen Seite bilaterale Handelsabkommen zusehends an Bedeutung gewinnen, ist auf der anderen Seite eine steti-
ge Fortentwicklung der entsprechenden Rechtssätze und Prinzipien durch diverse
internationale und regionale Organisationen zu beobachten. Insbesondere die regionale Integration in Südamerika und Nordamerika, aber auch in Asien hat hierbei
beachtliche Fortschritte gemacht. Das Verhältnis dieser regionalen Organisationen
zur WTO ist in Art. XXIV GATT geregelt, sofern damit auch Freihandelszonen errichtet werden (→ Rn. 87).

a) Der Mercado Común del Sur

Der Mercosur wurde 1991 von mehreren südamerikanischen Staaten mit dem Ziel **54**
errichtet, Handelsbeschränkungen abzubauen und einen Gemeinsamen Markt zu
schaffen. Derzeitige Mitglieder[123] sind Argentinien, Brasilien, Paraguay, Uruguay
und Venezuela; Bolivien befindet sich im Beitrittsprozess. Die wichtigsten Grün-

---

[120] Die unzureichende demokratische Legitimation auf europäischer Ebene wird bis heute oft kritisiert, vgl. *Lübbe-Wolff*, VVDStRL 60 (2001), 246.

[121] Diese Bezeichnung des Rats ist nicht ganz unproblematisch, vgl. *Hix*, in: Schwarze/Becker/
Hatje/Schoo, Art. 16 EUV Rn. 2 m. w. N.

[122] Dazu *Müller-Graff*, Die Verdichtung des Binnenmarktrechts zwischen Handlungsfreiheiten
und Sozialgestaltung, in: Hatje (Hrsg.), Das Binnenmarktrecht als Daueraufgabe, 2002, S. 7.

[123] Assoziierte Mitglieder sind Chile, Kolumbien, Peru, Ecuador, Guyana und Suriname.

dungsverträge sind der *Vertrag von Asunción*[124] von 1991 sowie das *Protokoll von Ouro Preto*[125] von 1994. Der Verwirklichung des Gemeinsamen Marktes („Mercado Común") dienen der freie Verkehr von Waren, Dienstleistungen und Produktionsfaktoren, die Errichtung einer Zollunion, die Einführung eines gemeinsamen Außenzolls, einer gemeinsamen Handelspolitik und die Koordination anderer, sog. *sektorieller Politiken* (z. B. Landwirtschafts-, Industrie-, und Wettbewerbspolitik) (vgl. Art. 1 des Vertrages von Ascunión).[126] Die Parallelen zur EU sind unverkennbar.[127]

55   Der Vertrag bestimmt jedoch gerade nicht, *wie* dieses Ziel zu erreichen ist; auch in Bezug auf die Struktur der Organisation (Organe, Handlungsformen etc.) besteht eine Ausformung lediglich in Ansätzen. Allerdings erfolgte gemäß Art. 18 des Vertrags von Asunción die Festlegung von Rahmenbedingungen durch das Protokoll von *Ouro Preto*.[128] Am 01.01.1995 entfielen zwischen den Mitgliedstaaten des Mercosur die Binnenzölle und der gemeinsame Außenzoll (*arancel externo común*) trat in Kraft. Jedoch stellt die Schaffung und Sicherung des Gemeinsamen Marktes – wie auf der Ebene der EU – eine Daueraufgabe dar.[129]

56   Gemäß Art. 3 ff. des Protokolls von Ouro Preto ist das oberste politische Organ des Mercosur der Rat des Gemeinsamen Marktes (*Consejo der Mercado Común*) und setzt sich aus den Außen- und Wirtschaftsministern der Mitgliedstaaten des Mercosur zusammen. Eine vornehmlich exekutivische Funktion kommt gemäß Art. 10 ff. des Protokolls von Ouro Preto der „Gemeinsame Markt Gruppe" (*Grupo Mercado Común*) zu, indem sie die Beschlüsse des Rates vorbereitet und ausführt. Hierbei wird sie von der Handelskommission (*Comisión de Comercio del MERCOSUR*) unterstützt, deren primäre Aufgabe es ist, die gemeinsame Handelspolitik durchzusetzen (vgl. Art. 16–19 des Protokolls von Ouro Preto).

57   Das Rechtsschutzsystem des Mercosur ist dem der WTO ähnlicher als dem der EU und verdeutlicht, dass der Mercosur in punkto Integrationsdichte deutlich hinter der EU zurückbleibt. So gibt es etwa keinen Gerichtshof,[130] sondern im Falle von Streitigkeiten sind zunächst gegenseitige Konsultationen durchzuführen, um die

---

[124] Abgedruckt in ILM 30 (1991), 1034.

[125] Abgedruckt in ILM 34 (1995), 1244; die Gründungsverträge und wichtigsten Rechtsakte des Mercosur sind in deutscher Übersetzung abgedruckt bei Max-Planck-Institut für ausländisches und internationales Privatrecht (Hrsg.), Rechtsquellen des MERCOSUR, 2000; vgl. auch *Salomao Filho/Samtleben*, WM 1992, 1345 und 1385; *Samtleben*, WM 1996, 1997; *Martins*, RIW 1999, 851; *Herdegen*, Internationales Wirtschaftsrecht, § 9 Rn. 33 ff.; *Wehner*, Der MERCOSUR, 1999; *Schiavone*, International Organizations, 7. Aufl. 2008, S. 243 ff.; *Ramos da Silva*, Rechtsangleichung im MERCOSUL, 2002. Im Internet unter http://www.mercosur.int/ (07.11.2014) zu erreichen.

[126] *Terhechte*, JuS 2004, 959 (964); weiterführend dazu auch *Samtleben*, WM 1996, 1997.

[127] Zum Vergleich von Mercosur und EG vgl. etwa *Wehner*, Der MERCOSUR, 1999, S. 111 ff.; *Loschky*, Mercosur und EU, 1998.

[128] Trotz der Bezeichnung als „Protokoll" handelt es sich hierbei um konstitutives Primärrecht des Mercosur, vgl. *Wehner*, Der MERCOSUR, 1999, S. 78 f.

[129] *Samtleben*, WM 1996, 1997 (2002 f.).

[130] *Wehner*, Der MERCOSUR, 1999, S. 99.

Auseinandersetzung zu beenden. Der grundsätzliche Ablauf dieses Verfahrens ist im *Protokoll von Olivos*[131] geregelt.[132]

b) Das Nordamerikanische Freihandelsabkommen

In Nordamerika gibt es seit 1992 das *Nordamerikanische Freihandelsabkommen* **58** (*North American Free Trade Agreement*, NAFTA[133]). Schon aufgrund der wirtschaftlichen Stärke der beteiligten Staaten (USA, Kanada und Mexiko) kommt diesem Abkommen ein hohes Gewicht zu. So tauschen die NAFTA-Partner täglich Waren im Wert von 2,6 Mrd. US$ aus.[134] Allerdings ist zu beachten, dass es sich bei NAFTA zunächst „nur" um die Errichtung einer Freihandelszone handelt, ohne dass die Schaffung eines Gemeinsamen Marktes vorgesehen wäre. Das Abkommen ist aus der kanadisch/US-amerikanischen Freihandelszone von 1988 hervorgegangen, die eine erfolgreiche Entwicklung hinter sich hatte.[135] Die Aufnahme von Mexiko stieß damals auf Kritik, da man eine Reihe von Problemen wie die starke Korruption und äußerst protektionistische Handelspolitik befürchtete.[136] Seit sich aber Mexiko zum am schnellsten wachsenden Markt für US-Produkte und Dienstleistungen entwickelt hat, ist auch die Kritik allmählich schwächer geworden und hat einem gewissen Optimismus Platz gemacht. Nunmehr sind Kanada und Mexiko die größten Abnehmer von US-Exporten.[137]

Die zentralen Ziele des Abkommens liegen in der Beseitigung der Handelsbe- **59** schränkungen, der Sicherstellung eines fairen Wettbewerbs sowie der Förderung der Prosperität in der gesamten Region. Instrumente zur Verwirklichung dieser Bestrebungen sind der Abbau von Zöllen (Art. 302 NAFTA „Tariff Elimination") oder das Gebot der gegenseitigen Nicht-Diskriminierung.

Die Free Trade Commission stellt das wichtigste Organ der NAFTA dar. Sie setzt **60** sich aus Vertretern auf Ministerebene zusammen (Art. 2001 NAFTA) und trifft sich einmal im Jahr unter rotierendem Vorsitz. Die Free Trade Commission spielt auch eine wichtige Rolle im Streitschlichtungsverfahren (Art. 2003 ff. NAFTA).[138] Ein ständiges Sekretariat (Art. 2002 NAFTA) mit einer kanadischen, einer US-amerika-

---

[131] Abgedruckt in ILM 42 (2003), 2.

[132] Dazu *Herdegen*, Internationales Wirtschaftsrecht, § 12 Rn. 38; *Wehner*, Der MERCOSUR, 1999, S. 98 ff.

[133] Text abgedruckt in ILM 32 (1993), 289; dazu *Sagasser/Kau*, RIW 1993, 573; *Meub*, EuZW 1993, 532; *Folsom/Gordon/Spanogle*, International Trade and Investment, 2. Aufl. 2000, S. 345 ff.; *Herdegen*, Internationales Wirtschaftsrecht, § 12 Rn. 27 ff.; *Schiavone*, International Organizations, 7. Aufl. 2008, S. 253 ff. Im Internet unter www.nafta-sec-alena.org (07.11.2014) zu erreichen.

[134] Siehe http://www.naftanow.org/results/default_en.asp (21.10.2014).

[135] Abgedruckt in ILM 27 (1988), 281; dazu *Folsom/Gordon/Spanogle*, International Trade and Investment, 2. Aufl. 2000, S. 346–360; *Weber*, RIW 1990, 975.

[136] *Folsom/Gordon/Spanogle*, International Trade and Investment, 2. Aufl. 2000, S. 360.

[137] Im Jahre 2013 Kanada i. H. v. 300,3 Mrd. US$, Mexiko mit 226,6 Mrd. US$, siehe http://www.ustr.gov/trade-agreements/free-trade-agreements/north-american-free-trade-agreement-nafta (04.11.2014).

[138] *Folsom/Gordon/Spanogle*, International Trade and Investment, 2. Aufl. 2000, S. 384 ff.; vgl. auch *Müller*, Die Lösung von Streitigkeiten in der NAFTA insbesondere durch Schiedsverfahren, 1999 m. w. N.

nischen und einer mexikanischen *Section* (mit Sitz in Ottawa, Washington und Mexico City) unterstützt die Free Trade Commission bei der Erfüllung ihrer Aufgaben.

61   Das Streitbeilegungssystem der NAFTA weist ebenso wie das des Mercosur einige Parallelen zu dem der WTO auf. Treten Streitigkeiten auf, so sind zunächst gegenseitige Konsultationen durchzuführen (Art. 2006 NAFTA). Kommt es innerhalb von 30 bzw. 45 Tagen zu keiner Einigung zwischen den Parteien, kann die Free Trade Commission einberufen werden (Art. 2007.1 NAFTA). Diese kann ein *Panel* bestehend aus fünf Experten einsetzten, sofern innerhalb von 90 Tagen keine Lösung gefunden wird (Art. 2011.1 lit. a NAFTA), das den Fall begutachtet und eine verbindliche Entscheidung vorgibt (Art. 2008 NAFTA).[139] Allerdings variieren die Streitbeilegungsmechanismen im Rahmen des NAFTA-Abkommens abhängig von der Materie, so gibt es z. B. ein spezielles Verfahren bei „Antidumping-Maßnahmen" (Kap. 19) und ein anderes im Falle von Investitionsstreitigkeiten (Kap. 11).

62   Im Rahmen des Abkommens ist für den Abbau der Handelshemmnisse in der NAFTA-Zone eine Menge geschehen.[140] Obwohl bis Ende der 1990er Jahre eine Erweiterung der NAFTA (insbesondere durch Chile) diskutiert wurde, sind dahingehende Bemühungen mittlerweile eingeschlafen. Ebenso vorerst gescheitert ist die für 2005 geplante *Free Trade Area of the Americas* (FTAA), die eine der größten Freihandelszonen der Welt mit einem umfassenden Abbau von Handelshemmnissen werden sollte.[141] Der letzte Gipfel der beteiligten Staaten fand 2005 in Mar Del Plata statt, seitdem gab es jedoch keine weiteren Verhandlungen.[142]

c) Association of Southeast Asian Nations und Asiatisch-pazifische wirtschaftliche Zusammenarbeit

63   Die Gründung der *Association of South-East Asian Nations* (ASEAN) im Jahre 1967 erfolgte durch die sog. Bangkok-Erklärung.[143] Sie sollte ursprünglich als Schutzwall gegen den Kommunismus dienen.[144] Mittlerweile und insbesondere seit 1993 konzentrieren sich die Bemühungen auf die Schaffung einer asiatischen Freihandelszone (*ASEAN Free Trade Agreement*, AFTA). Das AFTA-Abkommen sieht vor, dass die ASEAN Mitgliedstaaten[145] ihre Zölle bis auf maximal 5 % des jeweiligen Warenwertes beschränken sollen und räumt den verschiedenen Mitgliedstaaten unterschiedliche Umsetzungsfristen ein. Daneben sollen Handelsbeschränkungen aller Art abgebaut werden und insgesamt gelang so die Senkung der durchschnitt-

---

[139] Dazu *Herdegen*, Internationales Wirtschaftsrecht, § 12 Rn. 31.

[140] Aktuelle Informationen unter www.nafta-sec-alena.org (07.11.2014).

[141] Weitere Informationen im Internet unter www.ftaa-alca.org (07.11.2014); siehe außerdem Verkündung auf dem *Summit of the Americas* 1994 zum FTAA in ILM 34 (1995), 808 (811 f., 821 f.).

[142] Siehe zum FTAA *Moreira Formiga*, Free Trade Area of the Americas (FTAA), MPEPIL (1/2010).

[143] Abgedruckt in ILM 6 (1967), 1233; außerdem im Internet unter http://www.asean.org (07.11.2014) zu finden; dazu auch *Schiavone*, International Organizations, 7. Aufl. 2008, S. 49 ff.

[144] *Herdegen*, Internationales Wirtschaftsrecht, § 12 Rn. 41.

[145] Derzeit sind folgende Staaten Mitglied des ASEAN: Indonesien (1967), Singapur (1967), Malaysia (1967), Thailand (1967), Philippinen (1967), Brunei Darussalam (1984), Vietnam (1995), Myanmar (1997), Laos (1999) und Kambodscha (1999).

lichen Zollraten unter den Mitgliedstaaten auf nunmehr 2,68 %. Zwischen 1993 und 2007 stieg der Handel zwischen den ASEAN-Staaten von 79 Mrd. US$ auf 404 Mrd. US$ an.[146] Die Mitgliedstaaten hatten bereits in der Erklärung von Bangkok die Schaffung mehrerer Organe beschlossen, nämlich den jährlich stattfindenden Außenministergipfel, die ständige Kommission und weitere Sachreferate sowie nationale Büros.[147] Für den Sitz des Sekretariats wählten sie Jakarta (Indonesien). Detailliertere Ziele wurden im Rahmenübereinkommen festgelegt.[148]

1989 wurde in Canberra die *Asiatisch-pazifische wirtschaftliche Zusammen-* **64** *arbeit (Asia-Pacific Economic Cooperation, APEC)* gegründet. Im Laufe der Zeit wuchs die Zahl der Mitgliedstaaten um weitere asiatische und amerikanische Länder wie die USA, Japan, China, Russland aber auch um Australien und Neuseeland. Sie diente zunächst als informelle Diskussionsplattform, wandelte sich aber mit der Deklaration von Seoul vom 14.11.1991 zu einem gigantischen Freihandelsprojekt,[149] und wird teils auch als asiatisch-amerikanische OECD bezeichnet. Das ständige Sekretariat der APEC hat seinen Sitz in Singapur, daneben sind die Ministertreffen von großer Bedeutung. In der sog. *Bogor Declaration*[150] von 1994 einigten sich die APEC-Staaten darauf, bis 2010 nachhaltige Erfolge auf dem Gebiet der Handelsliberalisierung und der Investitionsfreiheit zu realisieren, und implementierten zur Erreichung dieses Ziels 1995 die *Osaka Action Agenda*[151]. Daneben sollen die nationalen Handelsrechte harmonisiert werden. Streitbeilegungsmechanismen existieren im Rahmen der APEC lediglich in Form von gegenseitigen Konsultationen. Rechtsstreitigkeiten werden im Forum der WTO ausgetragen.[152] Aufgrund der gigantischen Größe der APEC, deren Mitglieder 40 % der Weltbevölkerung sowie 44 % des Welthandels und 53 % des realen weltweiten BIP (in PPP$) ausmachen[153], bleibt die weitere Entwicklung der APEC spannend. Derzeit wird das ambitionierte Projekt der Errichtung einer Asiatisch-Pazifischen Freihandelszone diskutiert.[154]

---

[146] *Malanczuk*, Association of South-East Asian Nations (ASEAN), MPEPIL (5/2011), Rn. 20.

[147] *Terhechte*, JuS 2004, 959 (965).

[148] Vgl. zum ASEAN auch *Pfeifer*, Die ASEAN im Wandel, 2011; *Fukase/Martin*, The Case of ASEAN, 2001; *Sin*, Die ASEAN und die EU: eine vergleichende Analyse der regionalen Integrationsprozesse, 2000; *Wu*, The ASEAN Economic Community Under the ASEAN Charter, Its External Economic Relations and Dispute Settlement Mechanism, in: Herrmann/Terhechte (Hrsg.), European Yearbook of International Economic Law 2010, 2010, S. 331.

[149] Im Internet unter http://www.apec.org (07.11.2014) zu erreichen; zur APEC auch *Schiavone*, International Organizations, 7. Aufl. 2008, S. 44 ff.

[150] Abgedruckt in ILM 34 (1995), 758.

[151] Abgedruckt in ILM 35 (1996), 1111.

[152] Vgl. APEC Economic Leaders Declaration of Common Resolve, Bogor, Indonesia, 15.11.1994, § 9; abgedruckt bei *O'Connor*, Encyclopedia of the Global Economy, 2006, S. 76.

[153] Siehe http://www.apec.org/About-Us/About-APEC/Achievements-and-Benefits.aspx (10.11.2014).

[154] *Grote*, Asia-Pacific Economic Cooperation (APEC), MPEPIL (6/2009), Rn. 13; *Bergsten/Noland/Schott*, ADBI Working Paper Series Nr. 336 (2011).

5. Private im Internationalen Wirtschaftsrecht

a) Private

65 Im Internationalen Wirtschaftsrecht existieren nur wenige Partikularordnungen, die den Einzelnen mit Rechten ausstatten und ihm auch Instrumente zu deren Durchsetzung zugestehen. Ein gutes Beispiel hierfür ist die EU. Der Unionsbürger kann z. B. Klagen vor dem Gerichtshof erheben, ist aber auch unmittelbar durch das EU-Recht betroffen. Das Unionsrecht kennt zudem weitere Möglichkeiten der Einbeziehung des Einzelnen, etwa im Bereich der Gemeinsamen Handelspolitik.[155] Schließlich spielen diverse menschen- und grundrechtliche Garantien (GG, EU-Grundrechte, EMRK, UNO-Pakte) im Internationalen Wirtschaftsrecht eine zunehmend wichtige Rolle.

66 Auf der Ebene des Unternehmensrechts drängen insbesondere die regionalen Organisationen auf eine fortwährende Harmonisierung der Regeln. Dabei geht es etwa um Fragen der Sitzverlegung von Gesellschaften, des Steuer- und Konkursrechts oder der Angleichung nationaler Handelsrechte. Es existieren aber auch globale Ansätze zur Regelung des grenzüberschreitenden Handels der Unternehmen (Stichwort: UN-Kaufrecht).[156] Abgesehen vom Investitionsschutzrecht steht die „Streitführungsbefugnis" aber allein den Staaten als Völkerrechtssubjekten zu. Streitigkeiten entstehen jedoch häufig gerade aus Problemen Privater. Daneben sind in erster Linie die international tätigen Unternehmen durch die Regelungen des Wirtschaftsvölkerrechts betroffen, sei es, dass sie durch Zollabbau in fremde Märkte eindringen können, sei es dass sie durch die Beseitigung von Niederlassungsbeschränkungen Zweigstellen in anderen Staaten unterhalten oder ihren Firmensitz dorthin verlegen.[157] Innerhalb der EU gibt deshalb die Handelshemmnisverordnung betroffenen Unternehmen die Möglichkeit, einen Antrag auf Einleitung eines Verfahrens im Rahmen der WTO zu stellen.

b) Transnationale Wirtschaftsunternehmen

67 Ein besonderes Gewicht wird inzwischen im Rahmen des Internationalen Wirtschaftsrechts auf die Behandlung und die Rolle *transnationaler Wirtschaftsunternehmen* gelegt. Hier stellen sich weniger Fragen der Grund- und Menschenrechte (auch wenn diese Fragen nicht völlig ignoriert werden dürfen, etwa im Investitionsschutzrecht), sondern zunächst Fragen der Beteiligung bei Standardisierungs-

---

[155] Sog. Handelshemmnisverordnung, VO (EG) Nr. 3286/94 des Rates vom 22.12.1994 zur Festlegung der Verfahren der Gemeinschaft im Bereich der gemeinsamen Handelspolitik zur Ausübung der Rechte der Gemeinschaft nach internationalen Handelsregeln, insbesondere den im Rahmen der Welthandelsorganisation vereinbarten Regeln, ABl. EG L 349/71, geändert durch VO (EG) Nr. 356/95 des Rates vom 20.02.1995, ABl. EG L 41/3.

[156] Dazu *Herdegen*, Internationales Wirtschaftsrecht, § 13 Rn. 13 ff.

[157] *Herdegen*, Internationales Wirtschaftsrecht, § 4 Rn. 63 ff.; vgl. allgemein zu dieser Problematik *Behrens*, Die private Durchsetzung von WTO-Recht, in: Nowak/Cremer (Hrsg.), Individualrechtsschutz in der EG und der WTO, 2002, S. 201.

prozessen[158] oder der Ausgestaltung zollrechtlicher Regime. Darin zeigt sich eine Eigenart des Internationalen Wirtschaftsrechts, die mit seinen ausgeprägten völkerrechtlichen Wurzeln zu tun hat, dass die eigentlichen Akteure dieses Rechtsbereichs keine Hauptrolle spielen, sondern Randfiguren sind.

IV. Regelungen und Prinzipien des Internationalen Wirtschaftsrechts

1. Internationaler Warenhandel

Der internationale Warenhandel wird im Wesentlichen durch die entsprechenden **68** internationalen und regionalen Verträge und Abkommen geregelt. Dies sollte jedoch nicht zu der Annahme verleiten, dass dieser Bereich eine einheitliche Rechtsordnung darstellt. Vielmehr kommt es hier mitunter zu Friktionen und Unklarheiten wie z. B. bei der Frage des Verhältnisses zwischen dem WTO- und Unionsrecht.

a) Das Allgemeine Zoll- und Handelsabkommen

Das wichtigste völkerrechtliche Regelwerk über den internationalen Warenhandel **69** stellt das GATT aus dem Jahre 1947 dar. Zentrale Regelungsgegenstände des GATT bilden der Abbau von Ein- und Ausfuhrzöllen sowie die völlige Abschaffung sog. nicht-tarifärer Handelshemmnisse, d. h. also aller Maßnahmen außer Abgaben und Zöllen. Im Rahmen des GATT ist eine Senkung der durchschnittlichen Zölle auf unter 4 % des jeweiligen Warenwerts gelungen.[159] Ergänzend zum GATT finden sich als Bestandteil der WTO-Vertragstexte weitere multilaterale Übereinkommen (zum Begriff → Rn. 24) zum Warenhandel, wie z. B. das *Übereinkommen über technische Handelshemmnisse* (*Agreement on Technical Barriers to Trade*, TBT)[160] (→ Rn. 78), das die Harmonisierung von technischen Standards anstrebt (vgl. Präambel zum TBT).

Was den Abbau von Zöllen und nicht-tarifären Handelshemmnissen anbelangt, **70** gehen die verschiedenen regionalen Integrationsprojekte deutlich weiter als die WTO i. R. d. GATT. So existiert in der EU ein völliges Verbot von Ein- und Ausfuhrzöllen zwischen den Mitgliedstaaten (Art. 28 AEUV, → § 1 Rn. 14) und sonstigen nicht-tarifären Handelsbeschränkungen (mengenmäßige Beschränkungen und sog. Maßnahmen gleicher Wirkung, Art. 34 f. AEUV, → § 1 Rn. 25 ff.). Das Gleiche gilt für den Mercosur (Art. 1 des Vertrags von Ascunión)[161] sowie die NAFTA.[162]

Das materielle Recht der WTO zum Warenhandel ist überwiegend im GATT **71** und den entsprechenden Zusatzabkommen niedergelegt. Das GATT regelt sowohl

---

[158] *Nowrot*, Steuerungssubjekte und -mechanismen im Internationalen Wirtschaftsrecht (einschließlich regionale Wirtschaftsintegration), in: Tietje, § 2 Rn. 3.

[159] *Herrmann/Weiß/Ohler*, Rn. 373.

[160] Abgedruckt in 1868 U.N.T.S. 120 und ABl. EG 1994 L 336/86.

[161] *Samtleben*, WM 1996, 1997.

[162] *Sagasser/Kau*, RIW 1993, 573.

den Grenzübertritt von Waren sowie die Behandlung von ausländischen Waren, die sich bereits auf dem heimischen Markt befinden. Die wichtigsten materiellen Grundprinzipien in Bezug auf den Grenzübertritt von Waren sind der Grundsatz der Meistbegünstigung[163], die Bindung der Zollsätze nach Art. II GATT und das Verbot mengenmäßiger und sonstiger Beschränkungen[164]. Innerstaatliche Maßnahmen haben dem Inländergleichbehandlungsgebot des Art. III GATT zu genügen.[165] Zudem enthalten das GATT sowie seine Zusatzabkommen Regelungen hinsichtlich handelspolitischer Schutzinstrumente, welche es den WTO-Mitgliedern erlauben, Antidumping-, Ausgleichs- oder Schutzzölle auf Einfuhren zu erheben (sog. *trade remedies*[166]).

72   Art. I, III und XI GATT enthalten die beiden wichtigsten Prinzipien des WTO-Rechts: das Prinzip der *Meistbegünstigung*[167] (Most-Favoured-Nation Treatment, MFN, Art. I) sowie das *Gebot der Nichtdiskriminierung*[168] (National Treatment, Art. III, XI). Nach dem Prinzip der Meistbegünstigung sind sämtliche Vorteile (z. B. verringerte Zollsätze), die den Waren eines Staates gewährt werden, sofort und bedingungslos auch den gleichartigen Waren zu gewähren, die aus dem Gebiet eines Mitglieds stammen. Art. III GATT findet Anwendung auf sich bereits auf dem Markt befindende Waren, denen die gleiche Behandlung zuzukommen ist wie gleichartigen Waren heimischen Ursprungs.

73   Art. XI:1 GATT untersagt den Mitgliedern die Einführung und Beibehaltung von Ein- und Ausfuhrbeschränkungen oder -verboten, die nicht in Form von Zöllen, Abgaben oder sonstigen Belastungen erhoben werden. Als verbotene Maßnahmen nennt die Norm explizit Kontingente, Einfuhr- oder Ausfuhrbewilligungen sowie Beschränkungen in Form von anderen Maßnahmen. Damit besteht für mengenmäßige Beschränkungen und Quoten (z. B. Einfuhrquoten) ein grundsätzliches Verbot. Zölle hingegen sollen gemäß Art. II GATT zwar gesenkt, müssen aber nicht völlig abgeschafft werden. WTO-Mitglieder können nicht-tarifäre Handelshemmnisse gegebenenfalls durch Zölle ersetzen (sog. *tariffication*).[169] Aufgrund der Annahme, dass Zölle vergleichsweise transparente und wenig handelsverzerrende Maßnahmen darstellen,[170] billigt das GATT somit im Grundsatz allein Zölle als legitimes staatliches Instrument zur unmittelbaren Lenkung des Warenhandels.[171]

---

[163] Art. I GATT.

[164] Art. XI GATT.

[165] Siehe Rn. 40 ff.; siehe dazu auch *Terhechte*, Der Rechtsrahmen der Welthandelsorganisation (WTO) und der Europäischen Union (EU) für den Export, in: Paschke/Graf/Olbrisch (Hrsg.), Hamburger Handbuch des Exportrechts, 2. Aufl. 2014, Abschnitt 28 Rn. 24.

[166] Insgesamt hierzu Wolfrum/Stoll/Koebele (Hrsg.), WTO – Trade Remedies, 2008.

[167] Siehe nur *Lee*, World Trade Regulation – International Trade under the WTO Mechanism, 2012, S. 36 ff.; *Herrmann/Weiß/Ohler*, Rn. 378 ff.

[168] Siehe nur *Lee*, World Trade Regulation – International Trade under the WTO Mechanism, 2012, S. 18 ff.; *Herrmann/Weiß/Ohler*, Rn. 509 ff.

[169] Vgl. *Bender*, GATT 1994, in: Hilf/Oeter, § 10 Rn. 16 ff.

[170] *Wolfrum*, in: ders./Stoll/Seibert-Fohr (Hrsg.), WTO – Technical Barriers and SPS Measures, 2007, Art. XI Rn. 3; *Bender*, GATT 1994, in: Hilf/Oeter, § 10 Rn. 17.

[171] *Terhechte*, Der Rechtsrahmen der Welthandelsorganisation (WTO) und der Europäischen Union (EU) für den Export, in: Paschke/Graf/Olbrisch (Hrsg.), Hamburger Handbuch des Exportrechts, 2. Aufl. 2014, Abschnitt 28 Rn. 25.

Der Begriff der „anderen Maßnahmen" in Art. XI:1 GATT wird in der Streit- **74**
beilegungspraxis weit ausgelegt und umfasst so *alle handelsbeschränkenden Maß-*
nahmen beim Grenzübergang einer Ware[172]. Art. XI:1 GATT geht jedoch nicht so
weit, dass – wie im EU-Recht – auch nicht-diskriminierende Maßnahmen, die wie
mengenmäßige Beschränkungen wirken, erfasst würden (→ § 1 Rn. 26 ff.).[173]

Eine wichtige Rolle im Rahmen der Art. I, III und XI GATT spielt die Voraus- **75**
setzung der *Gleichartigkeit der Waren* („likeness"), um von der jeweiligen Norm
erfasst zu sein. Grundsätzlich werden vier Kriterien zur Beurteilung der Gleichartigkeit herangezogen:

- Eigenschaften, Qualität und Natur der Produkte;
- Endverbrauch;
- Vorlieben und Geschmack der Konsumenten; sowie
- Zollklassifizierung.

Je nach den Umständen des Einzelfalls sind diese Kriterien unterschiedlich zu ge-
wichten. Darüber hinaus bestehen auch im Hinblick auf den Anwendungsbereich
Unterschiede, die sich aus dem Kontext der jeweiligen Norm ergeben.[174]

Das GATT hält eine ganze Reihe von *Ausnahmen* bereit. Am wichtigsten sind **76**
hier die *Allgemeinen Ausnahmen* des Art. XX GATT.[175] Die Norm enthält eine abschließende Liste von Gründen, welche die Mitglieder dazu berechtigen, von den
Verpflichtungen des GATT abzuweichen, z. B. wenn eine Maßnahme notwendig
ist zum Schutze des Lebens von Menschen, Tieren oder Pflanzen (lit. b) oder er-
schöpflicher Naturschätze (lit. g).[176] Solche Maßnahmen müssen allerdings auch
den Anforderungen des *chapeau* des Art. XX GATT genügen, wonach sie nicht in
einer Weise angewandt werden dürfen, „… which would constitute a means of ar-
bitrary or unjustifiable discrimination between countries where like conditions pre-
vail, or a disguised restriction on international trade…". Daneben gibt es *spezielle*
Ausnahmen, etwa in Art. XI:2 und XII GATT. Zur Verhütung oder Behebung eines
kritischen Mangels an Lebensmitteln oder anderer für das Mitglied unentbehrlicher
Produkte dürfen gemäß Art. XI:2(a) GATT *vorübergehend* Maßnahmen angewendet werden, die unter Art. XI:1 GATT eigentlich verboten sind. Auch Art. XI:2(b)
und (c) GATT stellen vergleichbare Ausnahmen bereit, wenn diese notwendig sind

---

[172] *Terhechte*, Der Rechtsrahmen der Welthandelsorganisation (WTO) und der Europäischen Union (EU) für den Export, in: Paschke/Graf/Olbrisch (Hrsg.), Hamburger Handbuch des Exportrechts, 2. Aufl. 2014, Abschnitt 28 Rn. 26.

[173] *Terhechte*, Der Rechtsrahmen der Welthandelsorganisation (WTO) und der Europäischen Union (EU) für den Export, in: Paschke/Graf/Olbrisch (Hrsg.), Hamburger Handbuch des Exportrechts, 2. Aufl. 2014, Abschnitt 28 Rn. 26; *Bender*, GATT 1994, in: Hilf/Oeter, § 10 Rn. 22.

[174] WTO-Streitigkeit *Japan – Taxes on Alcoholic Beverages*, WT/DS8/AB/R (01.11.1996), S. 21;
siehe außerdem ausführlich zur Gleichartigkeit *Choi*, 'Like Products' in International Trade Law,
2003.

[175] Eine beinahe identische Norm findet sich mit Art. XIV GATS.

[176] Ausführlich zu Art. XX GATT *Tietje*, WTO und Recht des Weltwarenhandels, in: ders., § 3
Rn. 88 ff.

zur Anwendung bzw. Durchsetzung von Normen und Vorschriften über die Sortie-
rung, die Einteilung von Güteklassen und den Absatz von Waren (lit. b) bzw. für die
Einfuhr von *Erzeugnissen der Landwirtschaft oder Fischerei*.[177] Weiterhin erlaubt
z. B. Art. XII GATT Importbeschränkungen zum *Schutze der nationalen Zahlungsbilanzen*[178]. Gemäß Art. XIII GATT sind mengenmäßige Beschränkungen jedoch
in nicht-diskriminierender Weise anzuwenden, d. h. sie haben dem Meistbegünsti-
gungsgebot zu genügen.

b) Landwirtschaftliche Erzeugnisse

77   Das GATT enthält *Sonderregeln* für den Handel mit *landwirtschaftlichen Erzeugnissen*, z. B. Ausnahmen vom Verbot der mengenmäßigen Ein- und Ausfuhrbeschränkungen gemäß Art. XI:2(a)–(c) GATT (→ Rn. 73 f.), sowie ein *Vermeidungs-
gebot für Ausfuhrsubventionen* in diesem Bereich gemäß Art. XVI:3 GATT.[179] Weitere und speziellere Regelungen finden sich im *Übereinkommen zur Landwirtschaft*
(*Agreement on Agriculture*, AoA)[180] (→ Rn. 86).

c) Das Übereinkommen über technische Handelshemmnisse

78   Abgesehen von den Regelungen im GATT existieren spezielle Vereinbarungen zu
nicht-tarifären Handelshemmnissen wie etwa das TBT[181] und das SPS. Laut Präambel dient das TBT der Sicherstellung, dass technische Regelungen und Standards
sowie Konformitätsbewertungen keine unnötigen Hindernisse im internationalen
Handel errichten. Gleichzeitig ist das TBT aber um einen Ausgleich zwischen dem
freien Warenhandel einerseits und der Verfolgung legitimer staatlicher Interessen
andererseits bemüht. Entsprechend dürfen technische Maßnahmen nicht handelsbe-
schränkender sein als notwendig, um u. a. die nationale Sicherheit, die menschliche
Gesundheit oder Sicherheit oder die Umwelt zu schützen (Art. 2.2 TBT). Allerdings ist die Beurteilung des Bestehens einer Gefahr für die jeweiligen Schutzgüter
auf verfügbare wissenschaftliche Erkenntnisse zu stützen und nicht länger als nötig aufrechtzuerhalten (Art. 2.3 TBT). Sofern internationale Standards existieren,
sind diese als Grundlage heranzuziehen (Art. 2.4 TBT) und unterliegen dann der
widerleglichen Vermutung, kein unnötiges Handelshemmnis darzustellen (Art. 2.5

---

[177] Vgl. *Terhechte*, Der Rechtsrahmen der Welthandelsorganisation (WTO) und der Europäischen
Union (EU) für den Export, in: Paschke/Graf/Olbrisch (Hrsg.), Hamburger Handbuch des Exportrechts, 2. Aufl. 2014, Abschnitt 28 Rn. 27; ausführlich dazu *Bender*, GATT 1994, in: Hilf/Oeter,
§ 10 Rn. 23.

[178] Zu den Voraussetzungen siehe *Horlick/Dubeck*, in: Wolfrum/Stoll/Hestermeyer (Hrsg.), WTO
– Trade in Goods, 2010, Art. XII Rn. 15 ff.; ausführlich zu Zahlungsbilanzen allgemein und in
GATT und GATS *Herrmann/Weiß/Ohler*, Rn. 735 ff.

[179] Dazu *Prieß/Pitschas*, Das Übereinkommen über die Landwirtschaft, in: Prieß/Berrisch, B.I.2.
Rn. 1 ff.

[180] Abgedruckt in 1867 U.N.T.S. 410 und ABl. EG 1994 L 336/22.

[181] Dazu ausführlich *Schick*, Das Abkommen über technische Handelshemmnisse im Recht der
WTO, 2004; *Matsushita/Schoenbaum/Mavroidis*, The World Trade Organization, 2. Aufl. 2006,
S. 483 ff.; vgl. die Kommentierungen in Wolfrum/Stoll/Seibert-Fohr (Hrsg.), WTO – Technical
Barriers and SPS Measures, 2007, S. 167–364; *Cottier/Oesch*, International Trade Regulation,
2005, S. 750 ff.

a. E. TBT). Technische Vorschriften und Normen dürfen aber grundsätzlich nicht zu einer Diskriminierung zwischen gleichartigen Waren führen (Art. 2.1 TBT).

d) Übereinkommen über sanitäre und phytosanitäre Maßnahmen

Das *Übereinkommen über sanitäre und phytosanitäre Maßnahmen* (*Agreement on*   **79**
Sanitary and Phytosanitary Measures, SPS)[182] findet auf sämtliche Maßnahmen Anwendung, die dem Schutz des Lebens oder der Gesundheit von Menschen, Tieren und Pflanzen dienen und sich mittelbar oder unmittelbar auf den internationalen Handel auswirken können (Art. 1.1 SPS). Art. 2.1 SPS bekräftigt das Recht der Mitglieder, gesundheitspolizeiliche und pflanzenschutzrechtliche Maßnahmen einzuführen, allerdings nur sofern sie den Anforderungen der Regelungen des SPS genügen. So schreibt Art. 2.1 SPS etwa vor, dass Maßnahmen nur in dem notwendigen Umfang angewendet werden dürfen und gemäß Art. 2.3 SPS darf es zu keiner Diskriminierung oder verschleierten Beschränkung des internationalen Handels kommen. Auch im Rahmen des SPS sind Maßnahmen nach Möglichkeit auf internationale Standards zu stützen (Art. 3.1 SPS), wobei die Vermutung gilt, dass solche Maßnahmen im Einklang mit dem GATT und insbesondere Art. XX(b) GATT stehen (Art. 2.4 SPS).[183]

e) Das Übereinkommen über handelsbezogene Investitionsmaßnahmen

Das *Übereinkommen über handelsbezogene Investitionsmaßnahmen* (*Agreement*   **80**
on Trade-Related Investment Measures, TRIMs)[184] spielt im Bereich des internationalen Investitionsschutzrechts (→ Rn. 99 ff.) eine relativ untergeordnete Rolle.[185] Dies liegt zum einen am stark eingeschränkten Anwendungsbereich des Übereinkommens, das eben nur bei *handelsbezogenen* Investitionsmaßnahmen zum Tragen kommt und zum anderen daran, dass bei Errichtung einer gewerblichen Präsenz in Form einer Direktinvestition durch einen ausländischen Dienstleistungserbringer das GATS eingreift (→ Rn. 88). Eine Definition handelsbezogener Investitionsmaßnahmen hält das TRIMs nicht bereit. Unter Investitionsmaßnahmen wird jede staatliche Maßnahme verstanden, die den Investor zu bestimmtem unternehmensbezogenem Handeln bewegen soll.[186] Grundlegend verpflichtet Art. 2.1 TRIMs die Mitglieder dazu, Maßnahmen zu unterlassen, die gegen Art. III und XI des GATT

---

[182] Abgedruckt in 1867 U.N.T.S. 493 und ABl. EG 1994 L 336/40.

[183] Ausführlich zum SPS *Herrmann/Weiß/Ohler*, Rn. 544 ff.; *Scott*, The WTO Agreement on Sanitary and Phytosanitary Measures, 2007; *Kamann*, Das Übereinkommen über die Anwendung gesundheitspolizeilicher und pflanzenschutzrechtlicher Maßnahmen, in: Prieß/Berrisch, B.I.3. Rn. 1 ff.; *Matsushita/Schoenbaum/Mavroidis*, The World Trade Organization, 2. Aufl. 2006, S. 502 ff.; vgl. die Kommentierungen in Wolfrum/Stoll/Seibert-Fohr (Hrsg.), WTO – Technical Barriers and SPS Measures, 2007, S. 365–549; *Cottier/Oesch*, International Trade Regulation, 2005, S. 779 ff.

[184] Abgedruckt in 1868 U.N.T.S. 186 und ABl. EG 1994 L 336/100.

[185] *Lowenfeld*, Columbia Journal of Transnational Law 42 (2003), 123 (124).

[186] *Michaelis/Salomon*, Handelsbezogene Investitionsmaßnahmen (TRIMs), in: Hilf/Oeter, § 15 Rn. 23.

verstoßen. Darüber hinaus stellt eine Anlage eine nicht abschließende Liste von Maßnahmen zur Verfügung, die gegen das TRIMs verstoßen (Art. 2.2 TRIMs). Besonders hervorzuheben sind dabei sog. *local content requirements* (Abs. 1(a) der Anlage zum TRIMs). Dabei handelt es sich um Maßnahmen, die den Investor dazu verpflichten, Produkte heimischen Ursprungs zu erwerben oder zu verwenden.[187]

f) Anti-Dumping-Übereinkommen

81   Anti-Dumping-Maßnahmen sind in der WTO-rechtlichen Praxis von ausgesprochen großer Bedeutung. Von den bislang knapp 500 Konsultationsersuchen, die beim DSB eingegangen sind, spielte das *Anti-Dumping-Übereinkommen* (*Agreement on Implementation of Article VI of the General Agreement on Tariffs and Trade 1994*, ADA)[188] in 106 Fällen eine Rolle. Bereits unter dem GATT 1947 gab es mit Art. VI eine Norm zur Regelung von Anti-Dumping-Maßnahmen. Mit der Errichtung der WTO wurde das ADA eingeführt, das detaillierte Vorgaben für die Verhängung von Anti-Dumping-Maßnahmen bereithält.[189] Für die legitime Verhängung von Anti-Dumping-Maßnahmen durch ein WTO-Mitglied müssen eine Reihe von Voraussetzungen erfüllt sein. Zunächst muss es sich um Dumping handeln. Dies ist gemäß Art. VI:1 GATT und Art. 2.1 des ADA der Fall, wenn ein Produkt auf dem Exportmarkt zu einem niedrigeren Preis verkauft wird als das gleichartige Produkt auf dem Ursprungsmarkt. Weiterhin muss eine bedeutende Beeinträchtigung oder die Gefahr einer bedeutenden Beeinträchtigung für die heimische Industrie bestehen (Art. VI:1 GATT sowie Art. 3 und 4 ADA), die durch das Dumping verursacht wurde (Kausalzusammenhang, Art. 3.5 ADA). Die Höhe der sog. *dumping margin* (Art. 2.4.2 ADA), d. h. die Differenz zwischen Dumping- und Normalpreisen, nach der sich auch die Höhe des erlaubten Anti-Dumping-Zolls richtet, bemisst sich nach komplexen Berechnungsverfahren, für deren Ermittlung strenge Verfahrensvorschriften gelten (Art. 5 und 6 ADA).[190]

g) Subventionen und Ausgleichsmaßnahmen

82   Es liegt auf der Hand, dass positive staatliche Stützungs- und Ausgleichsmaßnahmen durch die Verzerrung von Wettbewerbsbedingungen im Welthandel Probleme verursachen können. Für den Bereich der staatlichen Subventionen gibt es im Rahmen der WTO deshalb seit 1994 ein multilaterales *Übereinkommen über Subventionen und Ausgleichmaßnahmen* (*Agreement on Subsidies and Countervailing Mea-*

---

[187] Siehe dazu WTO-Streitigkeit *Canada – Certain Measures Affecting the Renewable Energy Generation Sector*, WT/DS412 (24.05.2013); ausführlich zum TRIMs *Michaelis/Salomon*, Handelsbezogene Investitionsmaßnahmen (TRIMs), in: Hilf/Oeter, § 15; *Sidhu*, ZEuS 2004, 335; *Cottier/Oesch*, International Trade Regulation, 2005, S. 975 ff.; *Matsushita/Schoenbaum/Mavroidis*, The World Trade Organization, 2. Aufl. 2006, S. 838 ff.

[188] Abgedruckt in 1868 U.N.T.S. 201 und ABl. EG 1994 L 336/103.

[189] Siehe zur Entstehungsgeschichte *Bender/Michaelis*, Dumping, in: Hilf/Oeter, § 12 Rn. 8 ff.; *Vermulst*, The WTO Anti-Dumping Agreement, 2005, S. 2 f.

[190] Siehe hierzu ausführlich *Bender/Michaelis*, Dumping, in: Hilf/Oeter, § 12 Rn. 14 ff.; *Vermulst*, The WTO Anti-Dumping Agreement, 2005; vgl. die Kommentierungen in Wolfrum/Stoll/Koebele (Hrsg.), WTO – Trade Remedies, 2008, S. 1–251.

sures, SCM[191])[192]. Daneben enthält das WTO-Recht in Art. XVI GATT Regelungen
über Subventionen.[193]

Gemäß Art. 1.1 SCM liegt eine Subvention dann vor, wenn eine Regierung, öf-   **83**
fentliche Körperschaft oder ein beliehener Privater im Gebiet eines Mitglieds eine
finanzielle Beihilfe durch den direkten oder potentiellen Transfer von Geldern, den
Verzicht auf normalerweise zu entrichtende Abgaben oder die Bereitstellung von
Waren oder Dienstleistungen, die nicht zur normalen Infrastruktur gehören, leis-
tet oder irgendeine Form der Einkommens- oder Preisstützung i. S. d. Art. XVI
GATT besteht und dadurch ein Vorteil gewährt wird.[194] Unterfällt eine staatliche
Maßnahme diesem Subventionsbegriff, so muss, damit die Regelungen des SCM
Anwendung finden, *Spezifität* gemäß Art. 2 SCM vorliegen. Das Merkmal der
Spezifität soll allgemein zugängliche Subventionen von solchen mit wettbewerbs-
verzerrenden Wirkungen trennen. Es ist zwischen der unwiderlegbaren Vermutung
der Spezifität, etwa bei Exportsubventionen (Art. 2.3 i. V. m. Art. 3 SCM) (→ § 8
Rn. 45 mit Fn. 180), und der gesonderten Feststellung der Spezifität nach Art. 2.1
SCM zu unterscheiden.

Das SCM differenziert zwischen verbotenen und anfechtbaren Subventionen.   **84**
Anders als z. B. im Recht der EU (→ § 8 Rn. 11 ff.) besteht somit *kein umfassendes Verbot* jeder Subvention mit einer Beseitigungspflicht bei Verstoß. Verboten
sind lediglich alle in Art. 3 SCM aufgeführten Subventionen, namentlich *Exportsubventionen*. Als anfechtbar gelten nach Art. 5, 6 SCM solche Subventionen, die
spezifisch i. S. d. Art. 2 SCM sind und nachteilige Auswirkungen auf die Interessen
eines anderen WTO-Mitglieds haben. Erlaubt sind dagegen die in Art. 8 SCM aufgeführten Subventionen.

Gegen verbotene und anfechtbare Subventionen gibt es zwei *Vorgehensmöglich-*   **85**
keiten. Zunächst können Mitglieder unter Benutzung des Streitbeilegungsverfah-
rens, wobei das SCM bestimmte Verfahrensmodifikationen enthält, vor der WTO
die Entscheidung herbeiführen, dass ein anderes Mitglied Subventionen zurücknehmen muss. Zum anderen kann ein WTO-Mitglied auf Antrag aus der Privatwirtschaft im Wege seiner internen Antisubventionsvorschriften, die mit Art. 10 ff.
SCM konform gehen müssen, autonom *Ausgleichszölle* auf subventionierte Import-
waren verhängen.[195]

---

[191] Abgedruckt in 1869 U.N.T.S. 14 und ABl. EG 1994 L 336/156.

[192] Vgl dazu *Senti*, WTO – System und Funktionsweise der Welthandelsordnung, 2000, Rn. 840 ff.;
Grawe, Der Begriff der Subventionen im WTO-Übereinkommen über Subventionen und Ausgleichsmaßnahmen, 2002; *Herrmann/Weiß/Ohler*, Rn. 683 ff.

[193] Ausführlich dazu Ehlers/Wolffgang/Schröder (Hrsg.), Subventionen im WTO- und EG-Recht,
2007; *Horlick*, JWT (2013), 447; *Luengo Hernandez de Madrid*, Regulation of Subsidies and State
Aids in WTO and EC Law, 2007, S. 35 ff.

[194] Siehe dazu *Adamantopoulos*, in: Wolfrum/Stoll/Koebele (Hrsg.), WTO – Trade Remedies,
2008, Art. 1 SCMA Rn. 6 ff.; *Matsushita/Schoenbaum/Mavroidis*, The World Trade Organization,
2. Aufl. 2006, S. 336 ff.

[195] Vgl. zum Antisubventionsrecht der EU *Herrmann*, in: Terhechte, § 30 Rn. 31 f.

h) Sonstige Abkommen

86 Des Weiteren zu erwähnen ist zunächst das AoA[196], das besondere Regeln über Schutzmaßnahmen (Art. 5 AoA) und (Export-)Subventionen (Art. 6–11 AoA) enthält, die den Schutz der heimischen Agrarwirtschaft erleichtern. Diese Regelungen stehen insbesondere seitens der Entwicklungsländer in der Kritik und die Neuverhandlung von Regelungen für den Handel mit Agrarprodukten spielt eine maßgebliche Rolle bei den stockenden Doha-Verhandlungen. Eine in der Praxis wichtige Rolle spielen die sog. Ursprungsregeln, zu denen sich Normen im *Übereinkommen über Ursprungsregeln* (*Agreement on Rules of Origin*, RO)[197] finden. Ihre Bedeutung resultiert daraus, dass selbstverständlich lediglich diejenigen Waren die im Rahmen der WTO ausgehandelten Bedingungen genießen (Zollsätze, Meistbegünstigung, Nicht-Diskriminierung etc.), die aus dem Gebiet eines Mitglieds stammen. Darüber hinaus gelten eine Vielzahl weitergehender präferentieller Behandlungen z. B. für Entwicklungsländer und am wenigsten entwickelte Länder in der WTO sowie in bilateralen oder regionalen Freihandelszonen. Aufgrund globalisierter und langer Zulieferer- und Produktionsketten, ist es kaum verwunderlich, dass es sich bei der Bestimmung des Ursprungs häufig um ein hochkomplexes Unterfangen handelt, das am Ende auch bedeutende, wirtschaftliche Auswirkungen haben kann. Im Wesentlichen ist bei der Beurteilung die Frage zu beantworten, wo die wesentliche Be- oder Verarbeitung stattgefunden hat (Art. 9.1(b) RO). Das RO[198] enthält dabei selbst keine Regelungen, sondern formuliert in Art. 9 insbesondere Ziele der (internationalen) Einheitlichkeit sowohl in Bezug auf die Regeln, als auch auf die kohärente Anwendung dieser Regeln, um handelsbeschränkende und -verzerrende Auswirkungen[199] zu vermeiden.[200]

i) Exkurs: Freier Warenhandel und regionale Wirtschaftsintegration

87 Seit einigen Jahrzehnten zeichnet sich ein so großer Trend hin zu regionalen Handelsabkommen ab, dass der von dem Ökonom *Bhagwati* in den 1990er Jahren geprägte Begriff der *spaghetti bowl*[201] mittlerweile zum geflügelten Wort geworden ist. Im System der WTO sind solche Freihandelsabkommen oder Zollunionen in Art. XXIV GATT und Art. V GATS vorgesehen, welche die rechtliche Grundlage bilden, um vom Meistbegünstigungsprinzip und Diskriminierungsverbot abzuweichen. Hierfür muss aber insbesondere die Voraussetzung erfüllt sein, dass die Wirtschaftsintegration der Parteien sich auf „substantially all the trade" erstreckt

---

[196] Ausführlich zum AoA *Matsushita/Schoenbaum/Mavroidis*, The World Trade Organization, 2. Aufl. 2006, S. 295 ff.; *McMahon*, The WTO Agreement on Agriculture, 2006.

[197] Abgedruckt in 1868 U.N.T.S. 397 und ABl. EG L 336/144.

[198] Ausführlich zum RO *Hirsch*, in: Wolfrum/Stoll/Hestermeyer (Hrsg.), WTO – Trade in Goods, 2010, S. 1101–1154.

[199] Vgl. *Augier/Gasiorek/Tong*, Economic Policy 20 (2005), 567.

[200] Allgemein zu den Ursprungsregeln *Inama*, Rules of Origin in International Trade, 2009; *Puth/Stranz*, Zölle und allgemeine Fragen des Marktzugangs, in: Hilf/Oeter, § 11 Rn. 48 ff.; *Herrmann/Weiß/Ohler*, Rn. 424 ff.

[201] Siehe dazu *Bhagwati*, Law and Policy in International Business 27 (1996), 865.

(Art. XXIV:8 GATT) bzw. „substantial sector coverage" und den Abbau von „substantially all discrimination" (Art. V GATS). Im Einzelfall können sich hier durchaus Beurteilungsschwierigkeiten ergeben, ob das „substantially"-Kriterium erfüllt ist.[202] Darüber hinaus werden intensiv die Folgen dieser „Regionalisierung" auf das multilaterale Handelssystem diskutiert,[203] es ist sogar bereits von einem „least-favoured-nation treatment"[204] im Rahmen der WTO die Rede.

2. Internationaler Dienstleistungshandel

Der internationale Dienstleistungshandel entwickelt sich im Zuge der Globalisierung ähnlich rasant wie der internationale Warenhandel, auch wenn die Hindernisse und Barrieren hier mitunter anderer Art sind. Auf der Ebene des internationalen Rechts spielt insbesondere das allgemeine Abkommen über den Handel mit Dienstleistungen (GATS) eine wichtige Rolle (→ Rn. 89); daneben kennen viele regionale Verbünde besondere Vorschriften (→ Rn. 90).   **88**

a) Das Allgemeine Abkommen über den Handel mit Dienstleistungen

Als multilaterales Abkommen bietet das GATS einen rechtlichen Rahmen für den internationalen Handel mit Dienstleistungen.[205] Zwar zielt das GATS auf die fortschreitende Liberalisierung des grenzüberschreitenden Dienstleistungshandels, erkennt aber ebenso die Sensibilität dieses Bereichs an, der nicht selten die staatliche Regulierungsautonomie und das Fremdenrecht berührt (vgl. Präambel). Der Anwendungsbereich umfasst die „Erbringung einer Dienstleistung" (Art. I:2 GATS), also die Produktion, den Vertrieb, die Vermarktung, den Verkauf und die Bereitstellung einer Dienstleistung (Art. XXVIII(b) GATS), und geschützt sind Dienstleistungen sowie Dienstleistungserbringer (vgl. z. B. Art. XVI:1, XVII:1 GATS). Das GATS unterscheidet zwischen vier verschiedenen sog. Erbringungsmodalitäten, die in Art. I:2(a)–(d) GATS aufgeführt sind (im Kontext der EU-Dienstleistungsfreiheit → § 1 Rn. 52):   **89**

---

[202] *Mathis*, Regional Trade Agreements in the GATT/WTO: GATT Article XXIV and the Internal Trade Requirement, 2001, S. 181 ff.

[203] Vgl. die Beiträge in Steger (Hrsg.), Redesigning the World Trade Organization for the Twenty-first Century, 2010, Teil VI; *Senti*, Regional Trade Agreements in the World Trade Order, in: Herrmann/Terhechte (Hrsg.), European Yearbook of International Economic Law 2010, 2010, S. 227; Bartels/Ortino (Hrsg.), Regional Trade Agreements and the WTO Legal System, 2006; *Schaefer*, JIEL 10 (2007), 585; *Picker*, University of Pennsylvania Journal of International Economic Law 26 (2005), 267; *Crawford/Laird*, The North American Journal of Economics and Finance 12 (2001), 193.

[204] *Sutherland/Bhagwati/Botchwey/FitzGerald/Hamada/Jackson/Lafer/de Montbrial*, The Future of the WTO, 2004, Abs. 60; *Cottier*, JIEL 8 (2005), 595.

[205] Siehe dazu ausführlich *Michaelis*, Dienstleistungshandel (GATS), in: Hilf/Oeter, § 20; *Herrmann/Weiß/Ohler*, Rn. 810 ff.; *Weiss*, CMLRev 32 (1995), 1177; siehe außerdem *Krajewski*, Services Trade Liberalisation and Regulation: New Developments and Old Problems, in: Herrmann/Terhechte (Hrsg.), European Yearbook of International Economic Law 2010, 2010, S. 153.

- Dienstleistungserbringung von dem Gebiet eines Mitgliedstaats auf das Gebiet eines anderen Mitgliedstaats (sog. *cross border supply*, nur die Dienstleistung überschreitet die Grenze);
- Dienstleistungserbringung auf dem Gebiet eines Mitgliedstaats an den Konsumenten eines anderen Mitgliedstaats (sog. *consumption abroad*, i. d. R.[206] überschreitet der Dienstleistungsempfänger die Grenze);
- Dienstleistungserbringung durch die gewerbliche Präsenz eines Dienstleistungserbringers auf dem Gebiet eines anderen Mitgliedstaats (sog. *commercial presence*) und
- Dienstleistungserbringung durch die Präsenz einer natürlichen Person auf dem Gebiet eines anderen Mitgliedstaats (sog. *presence of a natural person*).

Das GATS verfügt über diverse Anlagen, in denen besondere Regelungen für ausgewählte Dienstleistungssektoren vereinbart sind. Diese Anlagen betreffen als integraler Bestandteil des GATS (Art. XXIX GATS) See- und Lufttransportdienstleistungen, Finanzdienstleistungen sowie Telekommunikationsdienstleistungen. Die Anlagen enthalten gegenüber dem GATS sowohl weitergehende als auch einschränkende Regelungen.[207]

b) Weitere Regelungen

90 Neben dem GATS spielt der Handel mit Dienstleistungen auch in regionalen und supranationalen Integrationsverbünden eine große Rolle. So enthält der AEUV mit Art. 56 ff. AEUV ausgereifte Regelungen, die Beschränkungen des freien Dienstleistungsverkehrs nahezu vollständig beseitigen bzw. für die Zukunft verhindern sollen (→ § 1 Rn. 61 ff.). Auch andere regionale Verbünde wie das NAFTA (→ Rn. 58 ff.) oder der ASEAN (→ Rn. 63) beschäftigen sich mit der Liberalisierung des tertiären Sektors.

c) Grundprinzipien

91 Einige Regeln des GATS finden nur Anwendung auf Dienstleistungssektoren, in denen die Mitglieder spezifische Verpflichtungen (sog. *specific commitments*) übernommen haben. Diese sind in Listen (*schedules*) aufgeführt und geben den WTO-Mitgliedern die Möglichkeit, ihren Markt gezielt und nur für die gewünschten Sektoren und Erbringungsmodalitäten zu öffnen. In den ungebundenen Bereichen, d. h. in solchen, in denen keine spezifischen Verpflichtungen übernommen wurden, haben die Mitglieder grundsätzlich nur das Meistbegünstigungsprinzip zu beachten (Art. II:1 GATT). In gebunden Bereichen hingegen gelten z. B. das Verbot der mengenmäßigen Beschränkungen (Art. XVI GATS) oder die Verpflichtung zur Inländergleichbehandlung (Art. XVII GATS).

---

[206] *Michaelis*, Dienstleistungshandel (GATS), in: Hilf/Oeter, § 20 Rn. 32.
[207] Ausführlich dazu *Hernekamp*, Ausgewählte Dienstleistungssektoren, in: Hilf/Oeter, § 21; *Herrmann/Weiß/Ohler*, Rn. 898 ff.

3. Schutz des geistigen Eigentums

Der Schutz des geistigen Eigentums muss in dem Maße wichtiger werden, in dem   92
der Waren- und Dienstleistungsaustausch auf der internationalen Ebene zunimmt.
Es liegt auf der Hand, dass sich Private und Unternehmen fragen, wie ihr geisti-
ges Eigentum im Ausland geschützt werden kann. Unter die Überschrift „geistiges
Eigentum" werden hierbei Immaterialgüter gefasst wie sie z. B. im Patentrecht,
Urheberrecht, Markenrecht oder Geschmacksmusterrecht geschützt werden.[208] Ins-
besondere unter dem Dach der WTO existiert mit dem TRIPS ein nahezu globaler
Standard, der durch weitere völkerrechtliche Verträge ergänzt wird. Im Rahmen der
EU zeichnet sich zudem eine stärkere Vereinheitlichung ab.

a) Regelungsstrukturen
In einer globalisierten und digital vernetzten Welt ist dem Schutz des geistigen   93
Eigentums im Internationalen Wirtschaftsrecht eine große Bedeutung beizumes-
sen, die sich im Rahmen der WTO in Form des TRIPS niedergeschlagen hat.[209]
Anders als die anderen WTO-Abkommen findet es in Deutschland unmittelbare
Anwendung[210], wobei diese unmittelbare Anwendbarkeit seit dem Inkrafttreten des
Lissabonner Reformvertrags angesichts des Kompetenzzuwachses der EU auch in
diesem Bereich eigentlich über das Unionsrechts vermittelt wird, zumindest soweit
das TRIPS auch investitionsschutzrechtliche Bereiche berührt.[211]

Neben dem TRIPS gibt es eine Reihe weiterer internationaler Verträge und Or-   94
ganisationen, die sich mit Fragen des geistigen Eigentums beschäftigen. Zu nennen
sind hier etwa diverse Verträge im Rahmen der *World Intellectual Property Organisation (WIPO)*[212], wie die Pariser Verbandsübereinkunft (PVÜ)[213] für den Bereich
des gewerblichen Rechtsschutzes und die Berner Übereinkunft zum Schutz von
Werken der Literatur und Kunst[214] für den Bereich des Urheberrechts. Im Rahmen

---

[208] Siehe dazu *Götting*, Internationaler Schutz des geistigen Eigentums, in: Tietje, § 12 Rn. 6 ff.

[209] Siehe ausführlich zum geistigen Eigentumsschutz in der WTO Wolfrum/Stoll/Arend (Hrsg.),
WTO – Trade-Related Aspects of Intellectual Property Rights, 2009; Correa (Hrsg.), Research
Handbook on the Protection of Intellectual Property Under WTO Rules, 2010; Cottier (Hrsg.),
Trade and Intellectual Property Protection in WTO Law, 2007.

[210] BGH, NJW 1999, 1953 (1958).

[211] *Johannsen*, Beiträge zum Transnationalen Wirtschaftsrecht 87 (2009), S. 8.

[212] Convention Establishing the World Intellectual Property Organization, abgedruckt in 828
U.N.T.S. 3; im Internet unter www.wipo.int (07.11.2014); siehe auch *Niemann*, Geistiges Eigen-
tum in konkurrierenden völkerrechtlichen Vertragsordnungen: Das Verhältnis zwischen WIPO und
WTO/TRIPS, 2008.

[213] Paris Convention for the Protection of Industrial Property, as last revised at the Stockholm
Revision Conference, 14.07.1967, abgedruckt in 828 U.N.T.S. 303.

[214] Berne Convention for the Protection of Literary and Artistic Works, 09.09.1886, in der überarbeiteten Fassung von Stockholm, 14.07.1967, abgedruckt in 828 U.N.T.S. 222 und Berne Convention for the Protection of Literary and Artistic Works, 09.09.1886, in der überarbeiteten Fassung
von Paris, 24.07.1971, abgedruckt in 1161 U.N.T.S. 30.

der EU zeichnet sich zudem eine starke Zentralisierung insbesondere des Patent-
rechts ab, das bis dahin recht zersplittert war.[215]

b) Grundprinzipien

95 Auch das TRIPS statuiert das *Gebot der Inländergleichbehandlung* und das *Meistbegünstigungsprinzip* (Art. 3 f. TRIPS). Art. 9–40 TRIPS beinhalten umfassend[216]
die Standards betreffend die Verfügbarkeit, den Umfang und die Nutzung geisti-
ger Eigentumsrechte. Dazu gehören Urheberrechte und verwandte Schutzrechte
(Art. 9–14), Markenschutz (Art. 15–21), Geographische Angaben (Art. 22–24),
Gewerbliche Muster und Modelle (Art. 25 f.), Patente (Art. 27–34) sowie Topo-
graphien integrierter Schaltkreise (Art. 35–38). Weiterhin hält es Mechanismen
bereit, die der Durchsetzung bzw. dem Schutz gewerblicher Schutzrechte dienen
(Art. 40 ff. TRIPS). Von besonderer Bedeutung ist im TRIPS die Sozialpflichtigkeit
des geistigen Eigentums (z. B. die Möglichkeit von Entwicklungsländern, Medikamente herzustellen, die in den Industrienationen entwickelt wurden und hier gewerblichen Schutzrechten unterliegen, bzw. die Möglichkeit, Zwangslizenzen für
den Import dieser Medikamente zu erhalten).[217] Ähnliche Prinzipien sind in den
anderen erwähnten internationalen Verträgen zu finden.[218]

4. Währungs- und Finanzrecht

96 Mit der Banken- und Staatsschuldenkrise der letzten Jahre ist einmal mehr das Be-
wusstsein dafür geweckt worden, welche überragende Rolle ein stabiles Währungs-
und Finanzsystem für die globale Wirtschaft spielt. Dies gilt insbesondere auch für
die Ebene der EU, die mit der gemeinsamen Währung des Euro große Herausforderungen zu bestehen hatte.[219] Überhaupt zeigt sich, dass die Frage verlässlicher Wäh-
rungs- und Finanzpolitik und der korrespondierenden Regelungsstrukturen in den
letzten Jahren in das Zentrum der rechtswissenschaftlichen Debatte gerückt ist.[220]

---

[215] Siehe dazu *Terhechte*, in: Grabitz/Hilf/Nettesheim, Art. 262 AEUV Rn. 6 (Stand: 53. EL Mai
2014).

[216] Vgl. *Doane*, American University Journal of International Law and Policy 9 (1993), 465
(477 ff.); ausführlich zum TRIPS Taubman/Wager/Watal (Hrsg.), A Handbook on the WTO TRIPS
Agreement, 2013.

[217] Vgl. Art. 7 TRIPS; dazu auch *Terhechte*, JuS 2004, 1054 (1056); siehe zu der Problematik
Herrmann/Weiß/Ohler, Rn. 966 f., 1106; *Reichmann*, The Journal of Law, Medicine and Ethics 37
(2009), 247; *Matsushita/Schoenbaum/Mavroidis*, The World Trade Organization, 2. Aufl. 2006,
S. 719 f.

[218] *Götting*, Internationaler Schutz des geistigen Eigentums, in: Tietje, § 12 Rn. 64, 72 und 77.

[219] *Thiele*, Das Mandat der EZB und die Krise des Euro, 2013; *Straubhaar/Vöpel*, ifo Schnelldienst 65 (2012), 4; *Kuhn*, Wirtschaftsdienst 91 (2011), 347.

[220] *Thiele*, Finanzaufsicht – Der Staat und die Finanzmärkte, 2014; *Crawford Lichtenstein*, Ref-
lections on the Intellectual History of the International Regulation of Monetary Affairs, und *Man-
ger-Nestler*, Interaction for Monetary and Financial Stability: Central Banks as Main Actors in
the Global Financial System, in: Herrmann/Krajewski/Terhechte (Hrsg.), European Yearbook of
International Economic Law 2014, 2014, S. 3 und 33; *Zimmermann*, A Contemporary Concept of
Monetary Sovereignty, 2013; *Herrmann*, Währungshoheit, Währungsverfassung und subjektive

a) Regelungsstrukturen

Das Währungs- und Finanzrecht ergibt sich in der Summe aus den jeweiligen Grün-   **97**
dungsverträgen der Internationalen Organisationen in diesem Bereich, also dem
IWF-Statut bzw. dem Weltbank-Übereinkommen usw. Es lassen sich auf dieser
Grundlage allerdings nur schwer allgemeine Prinzipien des Währungs- und Finanz-
rechts entwickeln, weil die Zielsetzungen der jeweiligen Organisationen unterschiedlich sind. Hauptziel eines globalen Währungsrechts muss aber die Sicherstellung der *Stabilität und Konvertibilität der Währungen* im globalen Wirtschaftsverkehr sein (vgl. auch Art. IV, VIII IWF-Statut).[221]

b) Europäische Wirtschafts- und Währungsunion

Eine Besonderheit verkörpert die enge Zusammenarbeit der EU-Mitgliedstaaten   **98**
im Rahmen der Wirtschafts- und Währungsunion.[222] Das wichtigste Ziel der europäischen Währungspolitik ist hierbei die Sicherstellung der Preisstabilität (vgl.
Art. 119 Abs. 1, 127 AEUV) sowie die Koordinierung der Staaten, die den Euro
bereits als gemeinsame Währung besitzen (derzeit 18). Für diese Staaten gelten
mit den Art. 136 ff. AEUV besondere Bestimmungen (eingehend dazu auch → § 5
Rn. 43 ff.).

5. Investitionsschutzrecht

Mit der Globalisierung der Wirtschaftsbeziehungen hat sich die Bedeutung von   **99**
Auslandsinvestitionen sprunghaft gesteigert.[223] Im Jahre 2010 betrug das Volumen
von Direktinvestitionen ca. 1200 Mrd. US$.[224] Angesichts dieser Entwicklung ver-
wundert es nicht, dass das Investitionsschutzrecht sowohl in der Praxis als auch in
der wissenschaftlichen Auseinandersetzung zu einem wichtigen Referenzgebiet des
Internationalen Wirtschaftsrechts geworden ist.[225] Es unterscheidet sich hierbei fast
in allen Bereichen grundlegend von anderen Bereichen des Internationalen Wirt-

---

Rechte, 2010; *Ohler*, International Regulation and Supervision of Financial Markets After the
Crisis, in: Herrmann/Terhechte (Hrsg.), European Yearbook of International Economic Law 2010,
2010, S. 3.

[221] *Posner/Sykes*, Economic Foundations of International Law, 2013, S. 313 ff.; *Schlemmer-Schul-
te*, Internationales Währungs- und Finanzrecht, in: Tietje, § 9 Rn. 29.

[222] Siehe *Schwarze*, Europäisches Wirtschaftsrecht – Grundlagen, Gestaltungsformen, Grenzen,
2007, S. 205 ff.; *Herdegen*, Internationales Wirtschaftsrecht, § 25 Rn. 1 ff.

[223] Siehe dazu *Schill*, The Multilateralization of International Investment Law, 2009, S. 3 ff.

[224] *Hofmann/Tsolakidis*, in: Ehlers/Fehling/Pünder, § 8 Rn. 1.

[225] Eingehend dazu etwa *Dolzer/Schreuer*, Principles of International Investment Law, 2. Aufl.
2012; Muchlinski/Ortino/Schreuer (Hrsg.), The Oxford Handbook of International Investment
Law, 2008; *Reinisch*, Internationales Investitionsschutzrecht, in: Tietje, § 8; siehe auch *von Arnauld*, Völkerrecht, 2. Aufl. 2014, Rn. 963 ff.; *Bungenberg/Titi*, Developments in International Investment Law, in: Herrmann/Krajewski/Terhechte (Hrsg.), European Yearbook of International
Economic Law 2013, 2013, S. 441.

schaftsrechts, sei es in seinen Regelungsstrukturen oder hinsichtlich der Mechanismen der Streitschlichtung.

a) Regelungsstrukturen

100 Im Gegensatz zu den meisten Gebieten des Internationalen Wirtschaftsrechts existiert für den Bereich des Investitionsschutzrechts bislang kein völkerrechtlicher Vertrag, der diesem Rechtsgebiet eine klare Struktur geben würde. Im Zentrum stehen hier vielmehr *bilaterale Investitionsschutzabkommen* (*Bilateral Investment Treaties*, BITs), deren Zahl inzwischen die schwindelerregende Höhe von annährend 3000 erreicht hat.[226] Daneben bestehen vereinzelt investitionsschutzrechtliche Regelungen in regionalen Organisationen (z. B. NAFTA oder auch Bestrebungen in CETA und TTIP). Das nationale bzw. supranationale Recht entfaltet hier indes auch seine Wirkungen. So hat etwa die EU durch den Lissabonner Vertrag eine ausschließliche Kompetenz (Art. 207 Abs. 1 S. 1 AEUV) für die Regelung ausländischer Direktinvestitionen erhalten, was künftig für eine starke unionsrechtliche Durchformung des Investitionsschutzrechts sorgen dürfte.[227] Insgesamt sind Bemühungen, ein globales Investitionsschutzabkommen zu schaffen, in der Vergangenheit erfolglos geblieben, so etwa die Initiative zu dem Multilateralen Abkommen über Investitionen (Multilateral Agreement on Investment)[228], das unter dem Dach der OECD verhandelt wurde, aber u. a. an massivem zivilgesellschaftlichem Widerstand scheiterte.[229]

b) Grundprinzipien

101 Die dem Investitionsschutzrecht zugrundeliegenden Prinzipien und Schutzstandards haben sich im Laufe der Zeit aus dem völkerrechtlichen Fremdenrecht entwickelt[230] und werden in den entsprechenden BITs konkretisiert. Von besonderer Bedeutung sind hier – ähnlich wie im Recht des internationalen Warenhandels – zunächst das Meistbegünstigungsprinzip und das Prinzip der Inländergleichbehandlung. Daneben spielen spezielle Prinzipien wie das Prinzip der gerechten und fairen

---

[226] Siehe Projekt der UNCTAD International Investment Agreement Navigator unter http://investmentpolicyhub.unctad.org/IIA (28.10.2014).

[227] *Schmitt*, Die Kompetenzen der Europäischen Union für ausländische Investitionen in und aus Drittstaaten, 2013; *Tietje*, Beiträge zum Transnationalen Wirtschaftsrecht 8 (2009), 13; kritisch *Bungenberg*, The Division of Competences Between the EU and Its Member States in the Area of Investment Politics, sowie *Reinisch*, The Division of Powers Between the EU and Its Member States "After Lisbon", in: Bungenberg/Griebel/Hindelang (Hrsg.), European Yearbook of International Economic Law – Special Issue: International Investment Law and EU Law, 2011, S. 29 (40 ff.) und S. 43 (46 ff.) und *Weiss/Steiner*, The Investment Regime under Article 207 of the TFEU – a legal Conundrum: the Scope of 'Foreign Direct Investment' and the Future of Intra-EU BITs, in: Baetens (Hrsg.), Investment Law within International Law – Integrationist Perspectives, 2013, S. 355.

[228] Siehe hierzu *Reinisch*, Internationales Investitionsschutzrecht, in: Tietje, § 8 Rn. 14.

[229] *Neumayer*, Wirtschaftspolitische Blätter 46 (1999), 618.

[230] *Reinisch*, Internationales Investitionsschutzrecht, in: Tietje, § 8 Rn. 8; *von Arnauld*, Völkerrecht, 2. Aufl. 2014, Rn. 966.

Behandlung sowie Regelungen über Enteignungen und damit korrespondierende Entschädigungen eine wichtige Rolle in nahezu allen BITs.[231] Durch diese Prinzipien soll Investitionen im Ausland ein Mindestmaß an Rechtssicherheit gewährleistet werden.

c) Besonderheiten der Streitschlichtung

Eine weitere Besonderheit des Investitionsschutzrechts besteht darin, dass Streitigkeiten im Wesentlichen durch diverse *Schiedsgerichtsbarkeiten* beigelegt werden, d. h. dass sowohl staatliche als auch internationale Gerichte wie der IGH spürbar an Bedeutung in diesem Referenzgebiet des Internationalen Wirtschaftsrechts verloren haben. Die heutige Generation der BITs sieht regelmäßig die Möglichkeit für sog. gemischte Schiedsgerichtsbarkeiten vor, in denen sich Investoren und Staaten unmittelbar gegenüberstehen.[232] Besondere Bedeutung haben hier etwa die *ICSID-Konvention*[233] und die *UNCITRAL Arbitration Rules*.[234] Die Streitbeilegung durch Schiedsgerichte hat in den letzten Jahren zu zahlreichen Debatten geführt. Insbesondere im Zuge der Verhandlungen des TTIP und CETA hat etwa die angestrebte Etablierung von Schiedsgerichten für anhaltende Kritik gesorgt, die eine etwaige „Privatisierung" und eine befürchtete Intransparenz möglicher Verfahren adressierte (→ Rn. 104).

102

V. Streitbeilegung im Internationalen Wirtschaftsrecht

In den letzten Jahren hat die Frage, wie eine effektive Streitschlichtung im Internationalen Wirtschaftsrecht zu organisieren ist, grundlegende Debatten entfacht.[235] Letztlich haben sich in den letzten Dekaden recht unterschiedliche Formen der Streitbeilegung im Internationalen Wirtschaftsrecht etabliert. Neben dem komplexen Streitbeilegungsmechanismus unter dem Dach der WTO (→ Rn. 28 ff.) ist insbesondere die Rolle der Schiedsgerichtsbarkeit diskutiert worden. Dagegen spielen im Bereich des Internationalen Wirtschaftsrechts staatliche Gerichte bzw. internationale Gerichtshöfe und Tribunale sicher eine bedeutende Rolle (etwa der EuGH),

103

---

[231] Eingehend dazu etwa *Hofmann/Tsolakidis*, in: Ehlers/Fehling/Pünder, § 8 Rn. 34 ff.; *Reinisch*, Internationales Investitionsschutzrecht, in: Tietje, § 8 Rn. 40 ff.

[232] *Choi*, JIEL 10 (2007), 725; *Reinisch*, Die Beilegung von Investitionsstreitigkeiten, in: Tietje, § 18 Rn. 14 ff.

[233] Abgedruckt in ILM 4 (1965), 524 ff.

[234] Abgedruckt in der geänderten Fassung vom 12.07.2010 in ILM 49 (2010), 1644; eingehend dazu etwa *Hofmann/Tsolakidis*, in: Ehlers/Fehling/Pünder, § 8 Rn. 62.

[235] Siehe *Reinisch*, Die internationale Handelsschiedsgerichtsbarkeit und andere Formen der Streitbeilegung im Internationalen Wirtschaftsrecht, in: Tietje, § 16 Rn. 66 ff.; zur Streitbeilegung im Internationalen Wirtschaftsrecht siehe *Bubrowski*, Internationale Investitionsschiedsverfahren und nationale Gerichte, 2013; Esplugues (Hrsg.), Civil and Commercial Mediation in Europe, 2013; *Born*, International Arbitration: Law and Practice, 2012.

es lässt sich aber ein ausgesprochener Trend zur „Privatisierung"[236] und „Entformalisierung" der Streitschlichtung erkennen. Das Thema der Streitbeilegung ist allerdings nicht damit erschöpft, sich auf die entsprechenden Instanzen und Institutionen zu konzentrieren. Vielmehr spielen konsensuale Techniken der Streitschlichtung (Stichworte: „Alternative Dispute Resolution", „Mediation" oder traditionell „Gute Dienste") eine ebenso große Rolle und sind der förmlichen Streitbeilegung häufig vorgeschaltet.

1. Alternative Formen der Streitbeilegung

104   Zahlreiche Streitschlichtungsinstrumente auf der Ebene des Internationalen Wirtschaftsrechts setzen vor der Einleitung eines förmlichen Verfahrens vor einer Streitschlichtungsinstanz zunächst ein Bemühen der Streitparteien um eine einvernehmliche Lösung voraus. Entsprechend enthält Art. 4 DSU die dem förmlichen Verfahren vorgelagerte Konsultationspflicht. Außerdem hebt Art. 3.7 DSU ausdrücklich hervor, dass eine einvernehmliche Lösung dem förmlichen Verfahren „klar vorzuziehen" sei,[237] und das DSU hält entsprechend auch selbst Regeln zur sog. *Alternativen Streitbeilegung*[238] (*Alternative Dispute Resolution*, ADR) bereit (Gute Dienste, Art. 5 DSU; Schiedsverfahren, Art. 25 DSU). So haben in den letzten Jahren diverse Formen der ADR gezeigt, dass sie verlässliche, effiziente und für die Streitparteien akzeptable Schieds- und Mediationsvereinbarungen herstellen können. Eine besondere Bedeutung kommt im Internationalen Wirtschaftsrecht hierbei den Schiedsgerichten zu (→ Rn. 102, 106).

2. Internationale und staatliche Gerichtsbarkeit

105   Neben den alternativen Formen der Streitbeilegung bzw. besonderer Verfahren wie etwa unter dem Dach der WTO spielen auch originäre Gerichtsbarkeiten für das Internationale Wirtschaftsrecht eine wichtige Rolle. Hier ist allerdings zu beobachten, dass institutionalisierte Gerichte wie der IGH oder ITLOS nur sehr punktuell Einfluss auf das Internationale Wirtschaftsrecht ausüben.[239] Ihr Einfluss wird dann prägend, wenn sie sich mit völkerrechtlichen Rechtssätzen beschäftigen, die auch für das Internationale Wirtschaftsrecht von Bedeutung sind (Immunität[240], Voll-

---

[236] Siehe hierzu Aufsätze in Wolfrum/Gätzschmann (Hrsg.), International Dispute Settlement: Room for Innovation?, 2013, Teil V, S. 331–441.

[237] *Stoll*, in: Wolfrum/ders./Kaiser (Hrsg.), WTO – Institutions and Dispute Settlement, 2006, Art. 3 DSU Rn. 68.

[238] Siehe dazu *Barrett/Barrett*, A History of Alternative Dispute Resolution, 2004.

[239] Siehe z. B. ITLOS, *Southern Bluefin Tuna Cases (New Zealand v. Japan; Australia v. Japan)*, Cases no. 3 and 4 (27.08.1999); IGH, *Barcelona Traction, Light and Power Company, Limited (Belgium v. Spain)*, Judgment, I.C.J. Reports 1964, 6.

[240] Zur Staatenimmunität O'Keefe/Tams (Hrsg.), The United Nations Convention on Jurisdictional Immunities of States and their Property, 2013; *von Arnauld*, Völkerrecht, 2. Aufl. 2014, Rn. 322 ff.

streckung[241], etc.). Im Rahmen der WTO kann sicherlich in Bezug auf das DSU nicht wirklich von einer Gerichtsbarkeit gesprochen werden, sondern vielmehr von einem Streitschlichtungsverfahren eigener Art (→ Rn. 104). Dagegen spielt der EuGH als „echtes" Gericht gerade für das Europäische Wirtschaftsrecht und mitunter auch für das Internationale Wirtschaftsrecht eine äußerst wichtige Rolle.[242] Jenseits der überstaatlichen Gerichtsbarkeiten können wirtschaftsrechtliche Streitigkeiten aber auch vor nationalen Gerichten – zumeist Zivilgerichten – ausgetragen werden. Hier stehen dann regelmäßig Fragen des anwendbaren Rechts, des Forums, der Vollstreckung etc. im Vordergrund, die durch das IPR des jeweiligen Forumstaates geregelt werden. Zudem können in den entsprechenden Verträgen besondere Rechtsregime wie z. B. das UN-Kaufrecht zugrunde gelegt werden. Allerdings ist insbesondere im transnationalen Wirtschaftsverkehr wiederholt eine Scheu zu erkennen, sich auf das Risiko ausländischer Foren etc. einzulassen. Diese Scheu erklärt zu guten Teilen die immer weiter steigende Bedeutung alternativer Streitschlichtungsmethoden und hier auch den offenbar nicht aufzuhaltenden Siegeszug der Schiedsgerichtsbarkeit.

3. Schiedsgerichte

Wie schon für den Bereich des Investitionsschutzrechts angedeutet, haben Schiedsgerichte inzwischen einen zunehmend wichtigen Platz im Rahmen der Streitschlichtung bei internationalen Wirtschaftsstreitigkeiten erlangt.[243] Diese Entwicklung ist aber nicht nur für den Bereich des Investitionsschutzrechts zu beobachten, sondern allgemein für wirtschaftliche Streitigkeiten. Offenbar kommen weniger formale und auf Effizienz ausgerichtete Streitschlichtungsstrukturen den Bedürfnissen der Wirtschaft in besonderer Weise nach. Ob Schiedsgerichte aus der Warte von Öffentlichkeitsbeteiligung und Transparenz bzw. der demokratischen Legitimation größere Probleme als staatliche oder überstaatliche Gerichte verursachen, steht hierbei auf einem anderen Blatt.[244]

106

---

[241] IGH, *Jurisdictional Immunities of the State (Germany v. Italy: Greece intervening)*, Judgment, I.C.J. Reports 2012, 99; siehe außerdem ITLOS, *The „ARA Libertad Case (Argentina v. Ghana)*, Case no. 20 (15.12.2012).

[242] Siehe dazu *Schwarze*, Europäisches Wirtschaftsrecht – Grundlagen, Gestaltungsformen, Grenzen, 2007, S. 274 ff.

[243] So das *Internationale Zentrum zur Beilegung von Investitionsstreitigkeiten* (ICSID), der *Internationale Schiedsgerichtshof London* (LCIA) oder auch der *Ständige Schiedshof* (PCA); siehe auch *Mattli/Dietz*, in: dies. (Hrsg.), International Arbitration and Global Governance – Contending Theories and Evidence, 2014, S. 1; *Reinisch*, Die internationale Handelsschiedsgerichtsbarkeit und andere Formen der Streitbeilegung im Internationalen Wirtschaftsrecht, in: Tietje, § 16.

[244] *Brower/Schill*, Chicago Journal of International Law 9 (2008–2009), 471; *Franck*, Fordham Law Review 73 (2004–2005), 1521.

VI. Querschnittsthemen

107   Das Internationale Wirtschaftsrecht hat in den letzten Jahren zahlreiche Diskussionen ausgelöst, die sich in erster Linie um Fragen der Menschenrechte, des Umweltschutzes und der Sicherung sozialer Standards drehen. Die Themen sind dabei vielfältig: Wie geht das Internationale Wirtschaftsrecht mit Problemen wie Kinder- und Zwangsarbeit, dem Handel mit Blutdiamanten oder der Umweltverschmutzung um? Zwar wurde etwa im Rahmen des WTO-Rechts schon Anfang der 2000er Jahre die Parole des „Greening the Treaties" ausgegeben[245], eine nachhaltige Verbindung dieser Themenfelder mit originär wirtschaftsrechtlichen Themen ist aber bislang nur in Ansätzen vorhanden. Selbst im EU-Recht, das zumindest über die normative Infrastruktur (vgl. Art. 9 ff. AEUV) für eine Einbeziehung dieser Fragen in wirtschaftsrechtliche Entscheidungen verfügt, sind kaum Tendenzen zu erkennen, eine Art „Gesamtperspektive" zu entwickeln.

1. Internationales Wirtschaftsrecht und Menschenrechte

108   Eine insbesondere im Rahmen des WTO-Rechts seit Jahren geführte Debatte betrifft die Frage der Möglichkeit, durch Embargomaßnahmen und Handelsbeschränkungen die Durchsetzung von unabdingbaren *Menschenrechtsstandards* zu erzwingen.[246] Aus juristischer Sicht fehlen hierfür jedoch explizite rechtliche Grundlagen (z. B. ließen sich solche Maßnahmen wohl nicht auf Art. XX(e) GATT stützen); oftmals vorgeschlagen wird eine „menschenrechtskonforme" Auslegung bestimmter Vorschriften, welche aber auch nur in begrenztem Maße weiterführt.[247] Zudem wird mit Recht die Nützlichkeit solcher Maßnahmen bezweifelt, da sie die betroffenen Staaten und damit die Bevölkerung möglicherweise in noch größere wirtschaftliche Schwierigkeiten bringen können.[248] Zur Klärung dieser schwierigen und drängenden Fragen wäre die Schaffung normativer Grundlagen äußerst wünschenswert; die WTO-Mitglieder sind aufgerufen, für Klarheit auf diesem überaus wichtigen Feld zu sorgen.

2. Internationales Wirtschaftsrecht und Umweltschutz

109   Die Präambel zum ÜWTO nennt ausdrücklich das Ziel, „den Schutz und die Erhaltung der Umwelt und gleichzeitig die Steigerung der dafür erforderlichen Mittel

---

[245] Steinberg (Hrsg.), The Greening of Trade Law, 2002; *Charnovitz*, Yale Journal of International Law 27 (2002), 59; *Shaffer*, Harvard Environmental Law Review 25 (2001), 1.

[246] Dazu *Stoll/Schorkopf*, Rn. 754 ff.; allgemein zum Thema etwa *Faßbender*, JZ 2006, 1100; *Joseph*, Blame it on the WTO? – A Human Rights Critique, 2011; Abbott/Breining-Kaufmann/Cottier (Hrsg.), International Trade and Human Rights, 2006.

[247] *Herrmann/Weiß/Ohler*, Rn. 1108 f.; Cottier/Pauwelyn/Bürgi (Hrsg.), Human Rights and International Trade, 2005.

[248] *Stoll/Schorkopf*, Rn. 754 ff.

zu erreichen."[249] In der EU gilt es gar, bei der Festlegung und Durchführung aller sog. sektoriellen Politiken (vgl. Art. 11 AEUV) Belange der Umwelt zu berücksichtigen. Auch im Rahmen des Mercosur werden grundlegende Bestimmungen zum Schutz der Umwelt erarbeitet.[250] Da der sich ausweitende internationale Handel oftmals mit negativen Umweltauswirkungen einhergeht, stehen der Umweltschutz und ökonomische Interessen in einem Spannungsverhältnis.[251] Andererseits dient der Umweltschutz häufig genug als Vorwand zur Verschleierung protektionistischer Maßnahmen.[252] Trotzdem bietet das Internationale Wirtschaftsrecht mit der WTO und den zahlreichen regionalen Organisationen die Möglichkeit und die Chance, Belange des transnationalen Umweltschutzes konstruktiv mitzugestalten, da sie als Verhandlungsforen dienen können, die bereits über wertvolle institutionelle Strukturen verfügen. So existieren auch schon gewisse Übereinkünfte, welche die Verbringung bestimmter (umweltbelastender) Güter verbieten, oder aber Privilegierungen wirtschaftlicher Sachverhalte, die die dem Umweltschutz dienen (z. B. sog. Umweltabsprachen im Rahmen von Kartellen[253]). Insgesamt muss dieses Feld aber auf globaler Ebene noch wesentlich ernster genommen werden. Dagegen spielt der Umweltschutz in der EU mittlerweile eine große Rolle. Es gibt inzwischen kaum Bereiche des EU-Rechts, in denen die Belange des Umweltschutzes nicht beachtet werden müssen (siehe auch Art. 11 AEUV); zudem ist die Kommission bemüht, die europäische Umweltpolitik (Art. 191 f. AEUV) effizient durchzusetzen, dies wird etwa an zahlreichen neuen Informationsansprüchen[254] deutlich.

3. Internationales Wirtschaftsrecht und soziale Standards

Im Zuge einiger schwerer Unglücksfälle in der Textilbranche in Indien und Bangladesch ist die Frage, wie das Verhältnis des Internationalen Wirtschaftsrechts zu sozialen Standards beschaffen ist, in den Vordergrund der gesellschaftlichen Diskussion über die Bedeutung des globalen Handels getreten.[255] Jedenfalls können

110

---

[249] Vgl. *Sampson*, Trade, Environment, and the WTO, 2000; *Bernauer/Ruloff*, Handel und Umwelt – Zur Frage der Kompatibilität internationaler Regime, 1999; *Stoll/Schorkopf*, Rn. 715 ff. m. w. N; zum Handel in Umweltdienstleistungen siehe *Cossy*, Environmental Services and the General Agreement on Trade in Services (GATS): Legal Issues and Negotiating Stakes at the WTO, in: Herrmann/Terhechte (Hrsg.), European Yearbook of International Economic Law 2011, 2011, S. 239.

[250] Vgl. MERCOSUR – Regionales Strategiepapier der Europäischen Kommission 2007–2013 v. 02.08.2007, S. 14 f.

[251] *Charnovitz*, Ariz. J. Int'l & Comp. L. 14 (1997), 341; siehe dazu *Esty*, The Journal of Economic Perspectives 15 (2001), 113 (115 ff.).

[252] Siehe dazu *Esty*, The Journal of Economic Perspectives 15 (2001) 3, 113 (117 f.).

[253] Dazu *Terhechte*, ZUR 2001, 274.

[254] Z. B. aus dem Umweltinformationsgesetz, vgl. *Terhechte*, in: Fehling/Kastner/Störmer, § 44a Rn. 9.

[255] *Scherrer/Langhammer/Matthes/Pies/Seele/Knebel*, Wirtschaftsdienst 93 (2013), 215; *Lund-Thomsen/Lindgreen*, Journal of Business Ethics 123 (2014), 11; *Taplin*, Critical Perspectives on

niedrige Sozialstandards, Kinderarbeit und mangelhafter Arbeitsschutz nicht mehr einfach als „komparative Vorteile" i. S. d. klassischen Außenhandelstheorie angesehen werden, sondern stellen ebenso wie Fragen der Grundrechte sowie des Klima- und Umweltschutzes eine gewaltige Herausforderung für das Internationale Wirtschaftsrecht de lege lata dar. Während der Handel mit Waren und Dienstleistungen längst durch internationale Verträge vorgeformt ist, scheinen soziale Fragestellungen regelmäßig nur auf nationaler Ebene behandelt zu werden – das Internationale Recht trifft so auf Strukturen, die von nationalen Standards und Traditionen geprägt sind. Schon im Rahmen des EU-Rechts hat sich in den letzten Jahren die Sprengkraft des damit vorprogrammierten Konflikts deutlich abgebildet. Auf der multilateralen Ebene jedoch hat die Ministerkonferenz der WTO der Integration von Arbeits- und Sozialstandards in das Welthandelssystem eine klare Absage erteilt, indem sie die Kompetenz hierfür der Internationalen Arbeitsorganisation zuwies.[256] In den vergangenen Jahren zeichnet sich jedoch ein Trend zur Einbeziehung von Arbeitnehmerrechten in regionalen und bilateralen Freihandelsabkommen ab.[257] Die Schutzstandards sind hier unterschiedlich, und teilweise beschränken sich die Abkommen auf die Verpflichtung, nationale Gesetze zum Arbeitnehmerschutz einzuhalten, um Handelsverzerrungen zu vermeiden – eine solche Verpflichtung ist dann aber auch durchsetzbar. So haben die USA ein Verfahren gegen Guatemala wegen Nichteinhaltung von Arbeitnehmerschutzstandards im Rahmen des *Dominican Republic-Central America-United States Free Trade Agreement* angestrengt und Anfang November 2014 einen entsprechenden Schriftsatz[258] eingereicht.

VII. Fazit

111 Das Öffentliche Wirtschaftsrecht wird zu guten Teilen vom Internationalen Wirtschaftsrecht beeinflusst bzw. überlagert. Hierbei sind Interdependenzen sowohl auf der Mikro- als auch auf der Makroebene zu beobachten: Während internationale Verträge und die durch sie zum Teil konstituierten Internationalen Organisationen letztlich die Bedingungen für einen erfolgreichen globalen Wirtschaftsverkehr garantieren, sorgen Wirtschaftsunternehmen und Private dafür, dass dieser Prozess kontinuierlich ausdifferenziert wird. Hier gibt es durchaus gegenläufige Tendenzen. Während etwa das WTO-Recht für einen globalen Ansatz steht, zeichnet sich parallel ein Trend hin zu verstärkten bilateralen und regionalen Integrationsbemühungen ab. Die Aufgabe des Internationalen Wirtschaftsrechts besteht hier darin, diese ver-

---

International Business 10 (2014), 72; *Berik/Van Der Meulen*, Journal of International Development 22 (2010), 56.

[256] Erklärung der Ministerkonferenz Singapur 1996, WT/MIN(96)/DEC, Abs. 4; siehe hierzu auch *Brown*, Journal of Economic Perspectives 15 (2001), 89.

[257] Siehe dazu *Doumbia-Henry/Gravel*, International Labour Review 145 (2006), 185; *Manley/Lauredo*, Emory International Law Review 18 (2004), 85; *Polaski*, University of California Davis Journal of International Law and Policy 10 (2003), 13.

[258] Abrufbar unter http://www.ustr.gov/sites/default/files/US%20sub1.fin_.pdf (10.11.2014).

schiedenen Entwicklungen zu strukturieren und wechselseitig zu befruchten. Hierbei müssen die Belange des Menschenrechts- und Umweltschutzes ebenso Berücksichtigung finden wie auch der Schutz sozialer Standards.

VIII. Kontrollfragen

112

1. Wie lässt sich der Begriff des „Internationalen Wirtschaftsrechts" definieren? (→ Rn. 5 ff.)
2. Schildern Sie die historische Entwicklung dieses Rechtsgebiets! Welche Beziehungen hat die historische Entwicklung des Internationalen Wirtschaftsrechts zum Völkerrecht? (→ Rn. 9 ff.)
3. Welche Akteure des Internationalen Wirtschaftsrechts werden gewöhnlich unterschieden? (→ Rn. 19 ff.)
4. Welche Ziele verfolgt die WTO und mit welchen anderweitigen Zielen tritt sie in Konflikt? (→ Rn. 23)
5. Welche internationalen Verträge werden unter dem Dach der WTO administriert? (→ Rn. 24)
6. Fassen Sie die wesentlichen Inhalte des GATT, GATS und TRIPS zusammen! (→ Rn. 69 ff., 88 ff., 95)
7. Welche Rolle spielen Einzelne und Wirtschaftsunternehmen im Internationalen Wirtschaftsrecht? (→ Rn. 65 ff.)
8. Welche Regelungen über den Warenhandel gibt es neben dem GATT unter dem Dach der WTO? Wieso gibt es diese speziellen Regelungen? (→ Rn. 77 ff.)
9. Welche Grundprinzipien kennt das GATT für den Warenhandel unter den WTO-Mitgliedern? (→ Rn. 69 ff.)
10. Beschreiben Sie die Regelungsstrukturen und Grundprinzipien des internationalen Rechts der Dienstleistungen! (→ Rn. 88 ff.)
11. Beschreiben Sie die Regelungsstrukturen und Grundprinzipien des internationalen Rechts des geistigen Eigentums! (→ Rn. 92 ff.)
12. Beschreiben Sie die Regelungsstrukturen und Grundprinzipien des internationalen Währungsrechts! (→ Rn. 96 ff.)
13. Beschreiben Sie die Regelungsstrukturen und Grundprinzipien des Investitionsschutzrechts! (→ Rn. 100 f.)
14. Welche Rolle spielen Schiedsgerichte für die Streitschlichtung im Investitionsschutzrecht? (→ Rn. 102)
15. Wie funktioniert die Streitschlichtung im Internationalen Wirtschaftsrecht? Welche Institutionen der Streitschlichtung gibt es in diesem Bereich? (→ Rn. 103 ff.)
16. Welche Instrumente gibt es im Internationalen Wirtschaftsrecht, um Querschnittsbereiche mit in die Betrachtungsweise zu integrieren? Benennen Sie konkrete Themenfelder! (→ Rn. 108 ff.)

Literatur

1. Allgemeine Literatur

Baetens/Caiado (Hrsg.), Froniters of International Economic Law – Legal Tools to confront Inter-
disciplinary Challenges, Leiden, 2014
Charnovitz, What is International Economic Law?, Journal of International Economic Law 14
(2011), 3
ders., The Field of International Economic Law, Journal of International Economic Law 17 (2014),
607
Herdegen, Principles of International Economic Law, Oxford/New York, 2013
Hilf/Oeter (Hrsg.), WTO-Recht, 2. Aufl. 2010
Jackson/Davey/Sykes, Legal Problems of International Economic Relations, St. Paul, 6. Aufl. 2013
Koch, Internationale Wirtschaftsbeziehungen, 3. Aufl. 2006
Krajewski, Wirtschaftsvölkerrecht, 3. Aufl. 2012
Lowenfeld, International Economic Law, Oxford/New York, 2. Aufl. 2008
Petersmann, International Economic Law in the 21st Century: Constitutional Pluralism and Mul-
tilevel Governance of Interdependent Public Goods, Oxford/Portland, 2012
Terhechte, Einführung in das Wirtschaftsvölkerrecht, JuS 2004, 959 (Teil 1) und 1052 (Teil 2)
Tietje (Hrsg.), Internationales Wirtschaftsrecht, 2009
Wolfrum/Stoll, WTO – World Economic Order, World Trade Law, Leiden, 2006
Wouters/Odermatt, Comparing the ‚Four Pillars' of Global Economic Governance: A Critical Ana-
lysis of the Institutional Design of the FSB, IMF, World Bank and WTO, Journal of Internatio-
nal Economic Law 17 (2014), 49

2. Textsammlungen

Evans (Hrsg.), Blackstone's International Law Documents, Oxford, 11. Aufl. 2013
Schwartmann (Hrsg.), Völker- und Europarecht – Mit WTO-Recht und Zusatztexten im Internet,
9. Aufl. 2013
Sodan (Hrsg.), Öffentliches, Privates und Europäisches Wirtschaftsrecht, 14. Aufl. 2013
Tams/Tietje (Hrsg.), Documents in International Economic Law – Trade, Investment, and Finance,
Oxford, 2012
Tams/Tzanakopoulos (Hrsg.), Basic Documents on the Settlement of International Disputes, Ox-
ford/Portland, 2012
Terhechte (Hrsg.), Europarecht/European Law/Droit Européen, Baden-Baden, 2012
Tietje (Hrsg.), WTO – Welthandelsorganisation, 5. Aufl. 2013

§ 4 Die Organisation der Wirtschaftsverwaltung

Klaus Ferdinand Gärditz

Inhaltsverzeichnis

K. F. Gärditz (✉)
Lehrstuhl für Öffentliches Recht, Universität Bonn, Adenauerallee 24-42,
53113 Bonn, Deutschland
E-Mail: gaerditz@jura.uni-bonn.de

© Springer-Verlag Berlin Heidelberg 2016
R. Schmidt, F. Wollenschläger (Hrsg.), *Kompendium Öffentliches Wirtschaftsrecht*,
Springer-Lehrbuch, DOI 10.1007/978-3-662-45579-1_4

I. Einleitung

1 Das Organisationsrecht ist Rückgrat des Verwaltungsrechts.[1] Es legt fest, wer für eine Entscheidung zuständig, wem eine Entscheidung zuzurechnen[2] und wie die zuständige Entscheidungseinheit intern verfasst ist. Es ist die Matrix, über die Legitimationsmittlung organisiert wird.[3] Organisation verteilt Herrschaftsmacht und schützt hierdurch die Freiheit des Einzelnen.[4] Das Organisationsrecht verknüpft Aufgaben und Organisation zur Kompetenz und[5] weist zudem einer Verwaltungseinheit die Kognitionskompetenz zu, den maßgeblichen Sachverhalt festzustellen. Hierin liegt eine ganz wesentliche Eigenleistung von Verwaltungsverfahren. Denn die stets wertungsabhängige Feststellung des Sachverhalts ist mehr als die Abbildung einer verfahrensexternen Wirklichkeit, sondern vielmehr konstitutive Kreationsleistung des Verfahrens,[6] damit aber letztlich Kompetenzfrage, mit der entschieden wird, wessen Perspektive auf die Tatsachen die maßgebliche ist.[7]

2 Diese Funktionen des Organisationsrechts betreffen zwar alle Gebiete des Verwaltungsrechts; sie sind aber im Wirtschaftsverwaltungsrecht besonders bedeutend, weil sich hier eine Vielfalt an atypischen Organisationsformen findet, die gerade unter Auspizien demokratischer Legitimation von Bedeutung sind, etwa die Verdünnung der sachlich-inhaltlichen Legitimation durch Errichtung unabhängiger Behörden im Regulierungsrecht oder die Etablierung funktionaler Selbstverwaltung.[8] Organisationsrechtliche Diversifizierung ist auch eine Antwort des Rechts auf kom-

---

[1] Zur Organisationsabhängigkeit des Verwaltungshandelns nur *Schmidt-Aßmann*, Das allgemeine Verwaltungsrecht als Ordnungsidee, 2. Aufl. 2004, S. 27, 239 ff.

[2] *John-Koch*, Organisationsrechtliche Aspekte der Aufgabenwahrnehmung im modernen Staat, 2005, S. 163; *Schmidt-De Caluwe*, JA 1993, 77 (80).

[3] *Schmidt-Aßmann*, Verwaltungsorganisationsrecht als Steuerungsressource, in: ders./Hoffmann-Riem (Hrsg.), Verwaltungsorganisationsrecht als Steuerungsressource, 1997, S. 9 (56 ff.); *Wißmann*, in: Hoffmann-Riem/Schmidt-Aßmann/Voßkuhle, GVwR[2] I, § 15 Rn. 59 ff.

[4] Hierzu *Gärditz*, in: HStR[3] IX, § 189 Rn. 2 ff.

[5] *Jestaedt*, in: Hoffmann-Riem/Schmidt-Aßmann/Voßkuhle, GVwR[2] I, § 14 Rn. 42.

[6] Hierzu *I. Augsberg*, Informationsverwaltungsrecht, 2014, S. 204 ff.; *Gärditz*, Gerichtliche Feststellung genereller Tatsachen (legislative facts) im Öffentlichen Recht, in: FS Puppe, S. 1557; *Hufen/Siegel*, Fehler im Verwaltungsverfahren, 5. Aufl. 2013, Rn. 192 ff., 199.

[7] *Kelsen*, Reine Rechtslehre, 2. Aufl. 1960, S. 244 ff.

[8] Im Regulierungsrecht drehen sich letztlich die zentralen Fragen um die Verteilung institutioneller Macht, vgl. *Gärditz*, The Creation of Regulated Competition Markets and the Rise of Bureaucratic Autonomy in the German Law of Telecommunications, in: Schulz/Schmoeckel/Hausman (Hrsg.), Regulation between Legal Norms and Economic Reality, 2014, S. 245 (254 f.); *Kühling*, Sektorspezifische Regulierung in den Netzwirtschaften, 2004, S. 436 f.

plexe Aufgabenstrukturen und Interessenkonflikte.[9] Gerade im Regulierungsrecht ist das Organisationsrecht daher auch Projektionsfläche für einen gesteigerten Bedarf nach Wissensgenerierung.[10] Es ist folglich notwendig, auch die administrative Binnendifferenzierung rechtlich angemessen zu erfassen.[11]

II. Verfassungsrechtliche Grundlagen der Verwaltungsorganisation

1. Gesetzgebungskompetenzen im Wirtschaftsverwaltungsrecht

Ausgangspunkt der Organisation der Wirtschaftsverwaltung ist die bundesstaatliche   **3** Verteilung der Gesetzgebungskompetenzen. Die Länder haben – in Konkretisierung der föderalen Basisverteilungsvorschrift des Art. 30 GG[12] – nach Art. 70 Abs. 1 GG das Recht der Gesetzgebung, soweit das GG nicht dem Bund Gesetzgebungsbefugnisse verleiht. Im Bereich des Wirtschaftsverwaltungsrechts verfügt der Bund traditionell über ein breites Spektrum an Gesetzgebungskompetenzen, schon weil die Rechts- und Wirtschaftseinheit als von zentraler volkswirtschaftlicher Bedeutung für den bundesstaatlichen Zusammenhalt wahrgenommen wird. Nach Fortfall der alten Rahmengesetzgebungskompetenz unterscheidet das Grundgesetz zwischen konkurrierenden und ausschließlichen Gesetzgebungskompetenzen, die sich vor allem durch eine gegenläufige Richtung des Verteilungsmechanismus für legislative Regelungsmacht unterscheiden: Im Bereich der ausschließlichen Gesetzgebung des Bundes haben die Länder nach Art. 71 GG die Befugnis zur Gesetzgebung nur, wenn und soweit sie hierzu in einem Bundesgesetz ausdrücklich ermächtigt werden. Im Bereich der konkurrierenden Gesetzgebung haben die Länder nach Art. 72 Abs. 1 GG hingegen die Befugnis zur Gesetzgebung, solange und soweit der Bund von seiner Gesetzgebungszuständigkeit nicht durch Gesetz Gebrauch gemacht hat. Die Rechtsprechung hat daneben noch in eng begrenzten Ausnahmefällen ungeschriebene Gesetzgebungskompetenzen kraft Natur der Sache oder als Annexkompetenz/Kompetenz kraft Sachzusammenhangs anerkannt.[13]

Eine spezifische Fokussierung auf die Kompetenzverteilung im Bereich der   **4** Wirtschaft wird freilich dadurch erschwert, dass das Thema „Wirtschaft" eher Querschnittscharakter hat und ökonomische Fragestellungen ubiquitär sind.[14] So sind etwa auch das allgemeine Privatrecht, das (Wirtschafts-)Strafrecht oder das Steuerrecht unverkennbar wirtschaftlich relevant. Der nachfolgende Überblick konzentriert sich daher auf ausgewählte Materien, die sowohl einen spezifischen Wirtschaftsbezug haben als auch Grundlage öffentlich-rechtlicher Normen sind.

---

[9] *Schmidt-Aßmann*, Das allgemeine Verwaltungsrecht als Ordnungsidee, 2. Aufl. 2004, S. 256 f.

[10] Hierzu *Gärditz*, DVBl. 2009, 69; *B. Wollenschläger*, Wissensgenerierung im Verfahren, 2009, S. 138 ff.

[11] *Groß*, Kollegialprinzip, S. 10 f.; *Schmidt-Aßmann*, Das allgemeine Verwaltungsrecht als Ordnungsidee, 2. Aufl. 2004, S. 239 ff.; *Schmidt-De Caluwe*, JA 1993, 77 (80).

[12] *Seiler*, in: Epping/Hillgruber (Hrsg.), GG, 2. Aufl. 2013, Art. 70 Rn. 11.

[13] Nachweise bei *Seiler*, in: Epping/Hillgruber (Hrsg.), GG, 2. Aufl. 2013, Art. 70 Rn. 22 ff.

[14] Vgl. auch BVerfGE 106, 62 (147).

a) Konkurrierende Gesetzgebungskompetenzen

5 Herzstück der Kompetenzen des Bundes auf dem Gebiet der Wirtschaftsverwaltung ist Art. 74 Abs. 1 Nr. 11 GG. Hiernach hat der Bund eine konkurrierende Gesetzgebungskompetenz für „das *Recht der Wirtschaft* (Bergbau, Industrie, Energiewirtschaft, Handwerk, Gewerbe, Handel, Bank- und Börsenwesen, privatrechtliches Versicherungswesen) ohne das Recht des Ladenschlusses, der Gaststätten, der Spielhallen, der Schaustellung von Personen, der Messen, der Ausstellungen und der Märkte"[15]. Der Begriff des Rechts der Wirtschaft, das in der Fassung des Herrenchiemsee-Entwurfs noch als „Wirtschaftsrecht" firmierte,[16] wird weit verstanden und im Sinne aller Regelungen, die – ohne Ansehung der Rechtsform[17] – das wirtschaftliche Leben und die wirtschaftliche Betätigung erfassen, interpretiert.[18] Erfasst ist nicht nur das private, sondern auch das öffentliche Wirtschaftsrecht.[19] Über die Organisation von Wirtschaftszweigen hinaus soll auch die gesamte Steuerung der Wirtschaft erfasst sein.[20] Richtigerweise ist der *Klammerzusatz* eine Legaldefinition der erfassten Bereiche, also insoweit *abschließend* und nicht nur eine exemplarische Aufzählung (anders, nämlich für eine exemplarische Aufzählung → § 2 Rn. 103).[21] Hierfür spricht heute schon die semantische Struktur als Regel- und Ausnahmebestimmung, die die Norm im Rahmen der Föderalismusreform I erlangt hat, auch um einer Auszehrung der Landeskompetenzen entgegenzuwirken. Aus diesem Grund überzeugt jedenfalls heute auch die These, Art. 74 Abs. 1 Nr. 11 GG sei weit auszulegen (siehe zu dieser Auffassung → § 2 Rn. 103),[22] nicht mehr.[23] Als generelle Auffangregelung tritt Art. 74 Abs. 1 Nr. 11 GG hinter spezielleren Regelungen mit wirtschaftlichem Bezug zurück.[24]

6 Flankierend tritt eine Gesetzgebungskompetenz nach Art. 74 Abs. 1 Nr. 16 GG für die *Verhütung des Missbrauchs wirtschaftlicher Machtstellung* hinzu, auf deren Grundlage das GWB erlassen wurde, das sich gegen unzulässige Kartellabsprachen sowie den Missbrauch einer marktbeherrschenden Stellung richtet und – im Sinne eines zweispurigen Systems[25] – neben privatrechtlichen Unterlassungsansprüchen

---

[15] Hervorhebung durch Verfasser.

[16] JöR 1 n.F. (1951), 516 ff.

[17] BVerfG-K, JZ 1982, 288 (289); *Kunig*, in: von Münch/ders., Art. 74 Rn. 39; ablehnend *Knemeyer/Emmert*, JZ 1982, 284 (285).

[18] BVerfGE 55, 274 (308 f.); 68, 319 (330); 116, 202 (215 f.); *Pieroth*, in: Jarass/ders., Art. 74 Rn. 21.

[19] *Kunig*, in: von Münch/ders., Art. 74 Rn. 39.

[20] BVerfGE 67, 256 (275); *Pieroth*, in: Jarass/ders., Art. 74 Rn. 21.

[21] *Pieroth*, in: Jarass/ders., Art. 74 Rn. 22. Anders *Stettner*, in: Dreier, Art. 74 Rn. 58; *Umbach/Clemens*, in: dies., Art. 74 Rn. 46. Offen gelassen BVerfGE 68, 319 (331). Differenzierend *Seiler*, in: Epping/Hillgruber (Hrsg.), GG, 2. Aufl. 2013, Art. 74 Rn. 43.

[22] *Badura*, AöR 92 (1967), 382 (387); *Emmerich*, BB 1972, 457.

[23] Berechtigte Kritik bei *Kunig*, in: von Münch/ders., Art. 74 Rn. 38.

[24] *Pieroth*, in: Jarass/ders., Art. 74 Rn. 24.

[25] Hierzu sowie zu den damit verbundenen Konflikten stellvertretend *Koch*, JZ 2013, 390; *Roth*, in: Basedow (Hrsg.), Private Enforcement of EC Competition Law, 2007, S. 61 ff.; namentlich zu prozessualen Fragen *Lahme*, Die Eignung des Zivilverfahrens zur Durchsetzung des Kartellrechts:

(§ 33 GWB) auch hoheitliche Eingriffskompetenzen (§§ 32 ff. GWB) sowie mit der Zusammenschlusskontrolle ein behördliches Genehmigungsverfahren für wettbewerbsrelevante Unternehmenszusammenschlüsse (§§ 35 ff. GWB) enthält. Missbrauch soll eine Abweichung vom normalen, von der Rechtsordnung gebilligten Gebrauch wirtschaftlicher Macht sein, was durch ein illegitimes Ziel, durch eine missbräuchliche Zweck-Mittel-Relation oder eine missbilligte Wirkung indiziert sein kann.[26] Auch das einschlägige Sanktionenrecht ist mitumfasst.[27] Eine besondere ethische Aufladung oder ein Schuldvorwurf wird nicht vorausgesetzt. Presserechtliche Regelungen erfasst Nr. 16 nur, sofern hiermit keine pressespezifischen Ziele verfolgt werden.[28]

Daneben finden sich verstreut weitere konkurrierende *Gesetzgebungskompetenzen von wirtschaftsverwaltungsrechtlicher Relevanz*, etwa das Berufsrecht der Rechtsanwälte (Nr. 1), die Agrarwirtschaft (Nr. 17), die Zulassung zu ärztlichen und anderen Heilberufen und zum Heilgewerbe, das Recht des Apothekenwesens, der Arzneien, der Medizinprodukte und der Heilmittel (Nr. 19), das Recht der Lebensmittel, Genussmittel, Bedarfsgegenstände und Futtermittel (Nr. 20), das Schiffereirecht (Nr. 21) und das Abfallwirtschaftsrecht (Nr. 24). Von Wirtschaftsrelevanz ist auch die konkurrierende Gesetzgebungskompetenz im Steuerrecht nach Art. 105 Abs. 2 GG. 7

Grundsätzlich haben die Länder im Bereich der konkurrierenden Gesetzgebung die Möglichkeit, legislativ tätig zu werden, solange und soweit der Bund keine Regelungen erlassen hat (Art. 72 Abs. 1 GG).[29] Freilich hat der Bund gerade im Bereich des Wirtschaftsrechts, soweit die genannten Regelungskompetenzen nach Art. 74 Abs. 1 GG reichen, ein engmaschiges Regelungssystem geschaffen, das den Ländern praktisch keine Räume mehr zur eigenständigen Gesetzgebung belässt. Die Länder haben allerdings im Zuge der Föderalismusreform I zusätzliche Gestaltungsspielräume dadurch erlangt, dass der Bund seine Gesetzgebungskompetenz aus Art. 74 Abs. 1 Nr. 11 GG über die explizite Rückausnahme zu Gunsten *ausschließlicher Länderkompetenzen* erheblich zurückgestutzt hat. Bisheriges Bundesrecht, das heute als solches nicht mehr erlassen werden könnte – etwa das Ladenschlussgesetz oder das GastG – gilt hiernach zwar als Bundesrecht fort, kann aber durch Landesrecht ersetzt werden (Art. 125a Abs. 1 GG).[30] 8

Da Fragen des Wirtschaftsverwaltungsrechts oftmals Querschnittsmaterien sind, die unterschiedliche Kompetenzbereiche berühren, stellt sich – ähnlich wie im Um- 9

Eine Untersuchung unter besonderer Berücksichtigung des zivilprozessualen Beweisrechts, 2010; *Papadelli*, Beweislastverteilung bei der privaten Durchsetzung des Kartellrechts, 2011; *Westhoff*, Der Zugang zu Beweismitteln bei Schadensersatzklagen im Kartellrecht, 2010.

[26] *Pieroth*, in: Jarass/ders., Art. 74 Rn. 40.

[27] BGHZ 110, 371 (375).

[28] BVerfG-K, NJW 1986, 1743; BGHZ 76, 55 (64 ff.); *Pieroth*, in: Jarass/ders., Art. 74 Rn. 40; *Stettner*, in: Dreier, Art. 74 Rn. 86.

[29] Eingehend zu den Voraussetzungen *Oeter*, in: von Mangoldt/Klein/Starck, Art. 72 Rn. 64 ff.

[30] Hierzu *Dürr*, GewArch 2009, 286; *Guckelberger/Heimpel*, LKRZ 2013, 1; *Heß*, GewArch 2012, 236; *Lehmann*, GewArch 2009, 291.

weltrecht[31] – die Frage, inwiefern der Bund einheitliche Gesetze auf eine *Mosaik-kompetenz* stützen kann, die sich aus mehreren Titeln zusammensetzt. Dies ist, auch wenn man der systematischen Trennung der einzelnen Kompetenztitel eine Ord-nungsfunktion zubilligt, jedenfalls dann möglich, wenn sich sämtliche Regelungs-gegenstände innerhalb des durch Addition zu bestimmenden Kompetenzradius be-wegen.[32]

b) Die Erforderlichkeitsklausel

10   Im Übrigen ist eine Inanspruchnahme der konkurrierenden Gesetzgebungskompe-tenz im Recht der Wirtschaft seit der *Verfassungsreform 1994* dadurch nicht un-erheblich erschwert worden, dass die Kompetenzausübung der verschärften Erfor-derlichkeitsregelung des Art. 72 Abs. 2 GG unterworfen wurde. Zwar wurde diese Klausel – mit Blick auf vom BVerfG entwickelte Anforderungen,[33] die die Bundes-gesetzgebung zu lähmen drohten[34] – im Rahmen der *Föderalismusreform I* im Jahr 2006 bereinigt und ihr Anwendungsbereich auf wenige enumerierte Kompetenztitel begrenzt. Das Recht der Wirtschaft unterliegt aber weiterhin der Erforderlichkeits-klausel. Will der Bund hier legislativ tätig werden, hat er nach Art. 72 Abs. 2 GG das Gesetzgebungsrecht, wenn und soweit die Herstellung gleichwertiger Lebens-verhältnisse im Bundesgebiet oder die Wahrung der Rechts- oder Wirtschaftsein-heit im gesamtstaatlichen Interesse eine bundesgesetzliche Regelung erforderlich macht. Die in Art. 72 Abs. 3 GG geregelte *Abweichungsgesetzgebung* der Länder hat auf Grund der Begrenzung auf die dort genannten Bereiche keine spezifische Bedeutung für das Wirtschaftsverwaltungsrecht.

11   *Gleichwertige Lebensverhältnisse* sind nach der Systematik der Verfassung kein Ziel der Bundesgesetzgebung,[35] sondern eine (optionale) Voraussetzung der Kom-petenzausübung. Zur Herstellung gleichwertiger Lebensverhältnisse ist nach dem BVerfG eine bundesgesetzliche Regelung erst dann erforderlich, „wenn sich die Lebensverhältnisse in den Ländern der Bundesrepublik in erheblicher, das bundes-staatliche Sozialgefüge beeinträchtigender Weise auseinander entwickelt haben oder sich eine derartige Entwicklung konkret abzeichnet".[36] Vielfalt und föderaler Pluralismus der Regelungsansätze ist der Kompetenzverteilung nach den Art. 70 ff. GG inhärent, sodass die *Rechtseinheit* – auch im Bereich des Wirtschaftsrechts – kein Selbstzweck ist. Die Wahrung der Rechtseinheit im gesamtstaatlichen In-teresse rechtfertigt eine bundesrechtliche Regelung daher erst, wenn anderenfalls

---

[31] Vgl. *Gramm*, DÖV 1999, 540; *Kloepfer*, § 3 Rn. 262; *Peine*, NuR 2001, 421; *Rengeling*, Ge-setzgebungskompetenzen für den integrierten Umweltschutz, 1999; *Sparwasser/Engel/Voßkuhle*, Umweltrecht, 5. Aufl. 2003, § 1 Rn. 176.

[32] Vgl. BVerfGE 97, 198 (218 ff.).

[33] Grundlegend BVerfGE 106, 62 (135 ff.). Vertiefend zur Rechtsprechungsentwicklung *Batt*, ZParl 2004, 753; *Depenheuer*, ZG 2005, 83 (85 ff.); *Hufen*, JuS 2005, 67; *Janz*, JuS 2004, 852; *Möstl*, Jura 2005, 48; *Pestalozza*, NJW 2004, 1840 (1843 f.); *Waldhoff*, JuS 2005, 391 (394 ff.).

[34] Vgl. hierzu *Krausnick*, DÖV 2005, 902; *Oeter*, in: von Mangoldt/Klein/Starck, Art. 72 Rn. 51.

[35] Vgl. *Selmer*, VVDStRL 52 (1993), 10 (27 f.). Zu den verwaltungsrechtlichen Konsequenzen *Kersten*, UPR 2006, 245; *ders.*, DVBl. 2006, 942.

[36] BVerfGE 112, 226 (244).

eine „Rechtszersplitterung mit problematischen Folgen" drohe, „die im Interesse sowohl des Bundes als auch der Länder nicht hingenommen werden kann", weil „das gesamtstaatliche Rechtsgut der Rechtseinheit, verstanden als Erhaltung einer funktionsfähigen Rechtsgemeinschaft", gefährdet wäre.[37] „Der Erlass von Bundesgesetzen zur Wahrung der *Wirtschaftseinheit* steht dann im gesamtstaatlichen, also im gemeinsamen Interesse von Bund und Ländern, wenn Landesregelungen oder das Untätigbleiben der Länder erhebliche Nachteile für die Gesamtwirtschaft mit sich bringen".[38]

Ob die Anforderungen an die Erforderlichkeit nach Art. 72 Abs. 2 GG erfüllt sind, ist *justitiabel*:[39] Das BVerfG prüft die Erforderlichkeit – auch mit Blick auf das hierfür gesondert eingeführte Verfahren nach Art. 93 Abs. 1 Nr. 2a GG – nach rechtlichen Kriterien; ein politischer Beurteilungsspielraum des Gesetzgebers wird nicht mehr anerkannt.[40] Hat der Gesetzgeber allerdings seiner Einschätzung, mit der die Erforderlichkeit begründet wird, sorgfältig ermittelte, plausible und diskriminierungsfreie Sachverhaltsannahmen zu Grunde gelegt, räumt ihm das BVerfG eine *Einschätzungsprärogative in tatsächlicher Hinsicht* ein.[41]   **12**

Prüfungsaufbau konkurrierende Gesetzgebungskompetenzen:
- Verteilungsschlüssel nach Art. 70 Abs. 1 GG
- Bestehen einer bundesrechtlichen Regelung, die in zeitlicher und gegenständlicher Hinsicht eine eigenständige Landesgesetzgebungskompetenz ausschließt („solange und soweit") nach Art. 72 Abs. 1 GG
- Konkurrierender Kompetenztitel des Bundes, insbesondere aus Art. 74 Abs. 1, 105 Abs. 2 GG
- Voraussetzung der Inanspruchnahme der Gesetzgebungskompetenz nach Art. 72 Abs. 2 GG, soweit die zu Grunde liegende Kompetenz unter den dortigen Katalog fällt:
  - gleichwertige Lebensverhältnisse im Bundesgebiet; *oder*
  - Wahrung der Rechtseinheit; *oder*
  - Wahrung der Wirtschaftseinheit

---

c) Ausschließliche Gesetzgebungskompetenzen im Wirtschaftsverwaltungsrecht

Im Bereich der ausschließlichen Gesetzgebungskompetenzen finden sich ebenfalls Gebiete von wirtschaftsverwaltungsrechtlicher Bedeutung, namentlich das Luftverkehrsrecht (Art. 73 Abs. 1 Nr. 6 GG), das Verkehrsrecht der Eisenbahnen des Bun-   **13**

---

[37] BVerfGE 106, 62 (145).

[38] BVerfGE 106, 62 (147) – Hervorhebung nicht im Original; ferner BVerfGE 112, 226 (249).

[39] BVerfGE 106, 62 (150); eingehend zur Entwicklung *Kenntner*, Justitiabler Föderalismus: Zur Konzeption föderaler Kompetenzzuweisungen als subjektive Rechtspositionen, 2000.

[40] BVerfGE 106, 62 (135 ff.); 110, 141 (175).

[41] BVerfGE 106, 62 (152 f.); 111, 226 (255); 125, 141 (154); *Pieroth*, in: Jarass/ders., Art. 72 Rn. 23.

des (Art. 73 Abs. 1 Nr. 6a GG)[42] sowie das Post- und das Telekommunikationsrecht (Art. 73 Abs. 1 Nr. 7 GG).

2. Verwaltungskompetenzen

14   Von entscheidender Bedeutung für die Organisation der Wirtschaftsverwaltung ist die Verteilung der Verwaltungskompetenzen zwischen Bund und Ländern. Die Länder führen die *Bundesgesetze* nach Art. 83 GG als eigene Angelegenheit aus, soweit das Grundgesetz nichts anderes bestimmt oder zulässt. Enthält das *Landesrecht* materielles Wirtschaftsverwaltungsrecht, wird dieses ebenfalls von den Ländern ausgeführt. Der Bundesvollzug von Landesrecht ist dem Grundgesetz unbekannt.[43] Vom Vollzug zu unterscheiden ist allerdings die bloße Beachtung des Landesrechts; auch Bundesbehörden haben grundsätzlich diejenigen Landesgesetze zu beachten, die allgemein – und damit fachfremd – am Standort der Behörde respektive am Vornahmeort der Verwaltungshandlung gelten (z. B. das Bauordnungsrecht).[44]

15   Der Bund kann demnach durch eigene Behörden im Bereich der Wirtschaftsverwaltung nur dort tätig werden, wo er durch eine ausdrückliche (oder ausnahmsweise ungeschriebene) Kompetenz hierzu ermächtigt wird. Dies bedingt es, dass das Wirtschaftsverwaltungsrecht des Bundes eine weitgehend *dezentrale Vollzugsstruktur* aufweist. Die Art. 83 ff. GG legen die Kompetenzgrenzen zwischen Bund und Ländern im Bereich der Verwaltung verbindlich fest.[45] Weder der Bund noch die Länder können über ihre Kompetenzen disponieren.[46] Namentlich ist auch eine Kompetenzverschiebung auf Grund freiwilliger Kooperationsvereinbarung unzulässig.

Das Grundgesetz kennt folgende Typen der Verwaltungskompetenz:
- Vollzug des Landesrechts durch Landesbehörden
- Vollzug des Bundesrechts durch Landesbehörden (Art. 83, 84 GG)
- Bundesauftragsverwaltung (Art. 85 GG)
- Bundeseigenverwaltung (Art. 86 GG)

---

a) Verwaltung in Privatrechtsform und erwerbswirtschaftliche Tätigkeit

16   Die überwiegende Auffassung geht davon aus, dass die Art. 83 ff. GG auch für Verwaltungshandeln in Privatrechtsform gelten.[47] In der schlichten Anwendung

---

[42] Für Schienenbahnen, die nicht im Eigentum des Bundes stehen, siehe Art. 74 Abs. 1 Nr. 23 GG.

[43] BVerfGE 21, 312 (325).

[44] BVerwGE 29, 52 (57 f.); 81, 220 (226); 82, 17 (21); 114, 232 (238 f.).

[45] *F. Kirchhof*, in: Maunz/Dürig, Art. 83 Rn. 47 (Stand: 54. EL Januar 2009).

[46] BVerfGE 63, 1 (39); 119, 331 (364 f.); *Broß/Mayer*, in: von Münch/Kunig, Art. 83 Rn. 4; *Oebbecke*, in: HStR³ VI, § 136 Rn. 2. Allgemein BVerfGE 4, 115 (139).

[47] *Hermes*, in: Dreier, Art. 86 Rn. 40; *Jestaedt*, in: Umbach/Clemens, Art. 87 Rn. 50; *Korioth*, in: Maunz/Dürig, Art. 30 Rn. 19 (Stand: 46. EL März 2006); *Oebbecke*, in: HStR³ VI, § 136 Rn. 7; entsprechend für Art. 30 GG *Pernice*, in: Dreier, Art. 30 Rn. 28; *Pieroth*, in: Jarass/ders., Art. 30 Rn. 3.

privatrechtlicher Vorschriften liegt zwar noch keine „Ausführung" i. S. d. Art. 83
GG, schon weil das Privatrecht der Verwaltung keinen Auftrag zum Vollzug erteilt,
sondern der Staat hier auf Gleichordnungsebene mit den Bürgern im allgemeinen
– kompetenzindifferenten – Privatrechtsverkehr auftritt.[48] Dies ändert sich aber
dann, wenn das Privatrecht als Vehikel eingesetzt wird, öffentlich-rechtliche Verwaltungszwecke zu erfüllen.[49] Anderenfalls könnte der Bund durch ein Ausweichen
auf privatrechtliche Handlungsformen die Kompetenzordnung unterlaufen, sich
also materiellen Regelungszugriff auf Regelungsbereiche verschaffen, die nach der
bundesstaatlichen Ordnung den Ländern zugewiesen sind. Dies zeigt sich insbesondere bei der Erreichung von Verwaltungszwecken durch Subventionierung (→ § 8).
Hier verfügt die Verwaltung traditionell über eine Wahlfreiheit, ob das Subven-
tionsrechtsverhältnis privat- oder öffentlich-rechtlich ausgestaltet sein soll.[50] Die
Formenwahl setzt aber voraus, dass es sich um gleichwertige Handlungsoptionen
desselben Verwaltungsträgers handelt. Wäre der Bund für den Erlass eines Förder-
bescheides nach Art. 83 GG unzuständig, kann er nicht – dann ggf. in Konkurrenz
mit den Ländern – das Regelungsziel konsensual durch Vertragsschluss erreichen.

    Ob auch eine *erwerbswirtschaftliche Betätigung* der öffentlichen Hand (→ § 6) **17**
an den Art. 83 ff. GG zu messen ist, ist umstritten.[51] Die Besonderheit besteht darin, dass anders als im Verwaltungsprivatrecht das Ziel der Tätigkeit nicht in der
Verfolgung konkreter Verwaltungszwecke liegt, sondern in der Gewinnerzielung.
Erwerbswirtschaftliches Handeln, das keine spezifischen Verwaltungszwecke verfolgt, soll daher kompetenzfrei bleiben[52] bzw. nach den Regeln über das Finanz-
vermögen zu behandeln sein.[53] Wirtschaftliche Hilfstätigkeiten, die einem Verwal-
tungszweck dienen, namentlich *fiskalische Hilfsgeschäfte*, lassen sich ganz allgemein als funktionaler Annex den Art. 83 ff. GG zuordnen.[54] Dies gilt namentlich
für die *Beschaffung* (→ § 7).[55] Die Disposition über das Staatsvermögen als solche
– namentlich Veräußerung, Belastung und Erwerb von Vermögensgegenständen
oder privaten Rechten – fällt hingegen nicht unter die Art. 83 ff. GG, sondern ist
unmittelbarer Ausfluss der Staatsvermögensfähigkeit von Bund, Ländern und Gemeinden.

---

[48] *Pietzcker*, in: HStR³ VI, § 134 Rn. 18.

[49] Hierzu etwa *R. Schmidt*, ZGR 1996, 345; *Wahl*, Privatorganisationsrecht, S. 301 ff.

[50] *Schulte*, Grundfragen der Errichtung, Umwandlung und Auflösung von Stiftungen der öffentlichen Hand, in: GS Walz, S. 689. Zu Diskussion und Einwänden *Wahl*, Privatorganisationsrecht,
S. 327 ff.

[51] Bejahend *Ehlers*, Verwaltung in Privatrechtsform, 1984, S. 114; *März*, in: von Mangoldt/Klein/
Starck, Art. 30 Rn. 45; *Oebbecke*, in: HStR³ VI, § 136 Rn. 7; *Pieroth*, in: Jarass/ders., Art. 30
Rn. 3. Verneinend *Heitsch*, Die Ausführung der Bundesgesetze durch die Länder, 2001, S. 156 f.;
Klein, Verwaltungskompetenzen von Bund und Ländern in der Rechtsprechung des Bundesverfas-
sungsgerichts, in: Starck (Hrsg.), Bundesverfassungsgericht und Grundgesetz, Bd. II, 1976, S. 277
(279); *Isensee*, in: HStR³ VI, § 133 Rn. 108; *Jestaedt*, in: Umbach/Clemens, Art. 87 Rn. 50; für
Art. 30 GG *Pietzcker*, in: HStR³ VI, § 134 Rn. 18.

[52] *Isensee*, in: HStR³ VI, § 133 Rn. 108; *Pietzcker*, in: HStR³ VI, § 134 Rn. 22 f.

[53] *Oebbecke*, in: HStR³ VI, § 136 Rn. 7.

[54] *Isensee*, in: HStR³ VI, § 133 Rn. 108.

[55] Hierfür *Pernice*, in: Dreier, Art. 30 Rn. 21; *Pietzcker*, in: HStR³ VI, § 134 Rn. 19.

b) Verwaltungsorganisation

18 Führen die Länder die Bundesgesetze nach Art. 83 GG als eigene Angelegenheit aus, so regeln sie nach Art. 84 Abs. 1 S. 1 GG auch die *Einrichtung der Behörden* und das Verwaltungsverfahren. Damit liegt die Organisationshoheit auch im Bereich der Wirtschaftsverwaltung grundsätzlich bei den Ländern. Zwar lässt es Art. 84 Abs. 1 S. 2 GG zu, dass Bundesgesetze etwas anderes bestimmen, sprich: Organisations- und Verfahrensregelungen enthalten; in diesem Fall können die Länder aber davon abweichende Regelungen treffen. In Ausnahmefällen kann der Bund nach Art. 84 Abs. 1 S. 5 GG wegen eines besonderen Bedürfnisses nach bundeseinheitlicher Regelung das Verwaltungsverfahren ohne Abweichungsmöglichkeit für die Länder regeln. Diese Gesetze bedürfen nach Art. 84 Abs. 1 S. 6 GG der Zustimmung des Bundesrates. Durch Bundesgesetz dürfen Gemeinden und Gemeindeverbänden nach Art. 84 Abs. 1 S. 7 GG Aufgaben generell nicht übertragen werden, was vor allem bezweckt, eine Aushebelung der inzwischen in fast allen Landesverfassungen enthaltenen Konnexitätsregelungen (z. B. Art. 78 Abs. 3 Verf. NW) zu verhindern;[56] da eine Aufgabenübertragung auf Kommunen innerhalb des jeweiligen Landes nunmehr nur noch durch den Landesgesetzgeber erfolgen kann, der an die Landesverfassung gebunden ist, werden die Gemeinden vor neuen Aufgaben ohne Mehrkostenausgleich geschützt.

c) Bundesauftragsverwaltung

19 Im Wege der Bundesauftragsverwaltung werden Gesetze nur ausgeführt, soweit das Grundgesetz dies vorsieht. Von wirtschaftsrechtlicher Relevanz sind hier die *Luftverkehrsverwaltung* (Art. 87d Abs. 2 GG) und die *Atomaufsicht* (Art. 87c GG). Die Einrichtung der Behörden nach Art. 85 Abs. 1 S. 1 GG bleibt weiterhin Angelegenheit der Länder, soweit nicht Bundesgesetze mit Zustimmung des Bundesrates etwas anderes bestimmen. Die Landesbehörden unterstehen hierbei aber nach Art. 85 Abs. 3 S. 1 GG den Weisungen der zuständigen obersten Bundesbehörden. Die Bundesaufsicht erstreckt sich nach Art. 85 Abs. 4 S. 1 GG auf *Gesetzmäßigkeit und Zweckmäßigkeit* der Ausführung.

d) Bundeseigenverwaltung

20 Der Bund verfügt nur punktuell über wirtschaftsverwaltungsrechtliche Kompetenzen der Bundeseigenverwaltung. Nach Art. 87e Abs. 1 S. 1 GG wird die *Eisenbahnverkehrsverwaltung* für Eisenbahnen des Bundes[57] in bundeseigener Verwaltung geführt, darüber hinaus werden dies nach Art. 87e Abs. 2 GG durch bundesgesetzliche Übertragung auch die sonstigen Aufgaben der Eisenbahnverkehrsverwaltung. Grund für die Bundeskompetenz ist die Sicherstellung der Einheitlichkeit des Netzes.[58] Zuständig sind nach §§ 1 ff. BEVVG[59] das Bundesverkehrsministerium so-

---

[56] *Suerbaum*, in: Epping/Hillgruber (Hrsg.), GG, 2. Aufl. 2013, Art. 84 Rn. 28.

[57] Zum Begriff eingehend *Möstl*, in: Maunz/Dürig, Art. 87e Rn. 77 ff. (Stand: 48. EL November 2006).

[58] Historisch *Hermes*, Staatliche Infrastrukturverantwortung, 1998, S. 268.

[59] Bundeseisenbahnverkehrsverwaltungsgesetz vom 27.12.1993, BGBl. I, S. 2378, 2394, zuletzt geändert durch Gesetz vom 07.08.2013, BGBl. I, S. 3154.

wie das EBA, wobei seit 2006 die (nichtverkehrsrechtliche) *Regulierung* des Eisen-
bahninfrastrukturzugangs (§§ 14 ff. AEG)[60] auf der Grundlage von Art. 87 Abs. 3
S. 1 GG der BNetzA übertragen wurde (§ 4 BEVVG).[61] Von der Verwaltung zu
unterscheiden ist der gewinnwirtschaftliche Betrieb der Eisenbahnen des Bundes.
Diese werden nach Art. 87 Abs. 3 S. 1 GG als Wirtschaftsunternehmen in privatrechtlicher Form geführt.

aa) Post- und Telekommunikationsregulierung

Von besonderer Bedeutung für das Wirtschaftsverwaltungsrecht sind die Kompe-   **21**
tenzen im Bereich der Telekommunikation (→ § 12). Ausgangspunkt ist der Infrastrukturgewährleistungsauftrag des Art. 87f Abs. 1 GG, der an die Privatisierung
der Post- und Telekommunikationsdienstleistungen ansetzt. Entsprechende Dienstleistungen werden nämlich seit der Postreform II nicht mehr in Eigenverwaltung
des Bundes, sondern nach Art. 87f Abs. 2 S. 1 GG als privatwirtschaftliche Tätigkeiten durch die aus dem Sondervermögen Deutsche Bundespost hervorgegangenen Unternehmen und durch andere private Anbieter erbracht. Nach Maßgabe
eines Bundesgesetzes, das der Zustimmung des Bundesrates bedarf, gewährleistet
der Bund hiernach im Bereich des Postwesens und der Telekommunikation flächendeckend angemessene und ausreichende Dienstleistungen. Hierdurch wird
zum einen eine *ausschließliche Gesetzgebungskompetenz* des Bundes begründet.[62]
Soweit der Wettbewerb im Telekommunikationsbereich nicht hinreichend funktioniert, namentlich auf lukrative Bereiche begrenzt bleibt (‚Rosinenpicken‘), soll – in
Konkretisierung des Sozialstaatsprinzips[63]   „der Infrastruktursicherungsauftrag
des Bundes verhindern, dass es bei und nach der Privatisierung und Liberalisierung
des Post- und Telekommunikationswesens zu einer Unterversorgung der Bevölkerung mit den entsprechenden Dienstleistungen kommt".[64] Die Gewährleistungsver-
pflichtung adressiert zum anderen ausschließlich den Bund,[65] d. h. Landesbehörden
können den Infrastrukturgewährleistungsauftrag gegenüber privaten Unternehmen,
die entsprechende Dienstleistungen erbringen, nicht durchsetzen[66] und dürfen auf
dessen Erfüllung auch keinen mitbestimmenden Einfluss ausüben[67].

---

[60] Zu den regulierten Bereichen *Gerstner*, in: Hermes/Sellner (Hrsg.), AEG, 2. Aufl. 2014, § 14
Rn. 8 ff.

[61] Zur Zuständigkeitsverteilung *Fehling*, Das Recht der Eisenbahnregulierung, in: Lüdemann
(Hrsg.), Telekommunikation, Energie, Eisenbahn, 2008, S. 118 (136 f.); *Staebe/Schmitt*, Rechtsgrundlagen der Eisenbahnregulierung, in: dies. (Hrsg.), Einführung in das Eisenbahnregulierungsrecht, 2010, Rn. 18 ff.

[62] *Pieroth*, in: Jarass/ders., Art. 87f Rn. 4.

[63] *Windthorst*, in: Gröpl/ders./von Coelln (Hrsg.), GG, 2013, Art. 87f Rn. 1.

[64] BVerfGE 130, 52 (72).

[65] *Remmert*, in: Epping/Hillgruber (Hrsg.), GG, 2. Aufl. 2013, Art. 87f Rn. 8.

[66] Zweifelhaft daher BVerwGE 121, 205 (208), wonach der Infrastrukturgewährleistungsauftrag
auch steuernde Festsetzungen einer Kommune durch Bauleitplanung rechtfertigen soll, wenn die
Nutzungszuordnung im Raum der Erfüllung des Auftrags dient.

[67] *Möstl*, in: Maunz/Dürig, Art. 87e Rn. 100 (Stand: 48. EL November 2006); *Pieroth*, in: Jarass/
ders., Art. 87f Rn. 1. Der nach § 120 TKG, § 44 PostG zur Wahrung von Länderinteressen ein-

22   Hoheitsaufgaben im Bereich des Postwesens und der Telekommunikation werden nach Art. 87f Abs. 2 S. 2 GG *in bundeseigener Verwaltung* (Verbandskompetenz[68]) ausgeführt. Der Begriff der Hoheitsaufgaben ist weit zu verstehen. Er erfasst
alle „wirtschaftsverwaltungsrechtlichen Ordnungs- und Steuerungsaufgaben im
Bereich des Postwesens und der Telekommunikation"[69], also neben der Netzzu-
gangs- und Netzentgeltregulierung z. B. auch Aufgaben der Infrastruktursicherung,
der sektoralen Gefahrenabwehr und der Frequenzverwaltung. Hierin liegt die Begründung einer (*ausschließlichen* und damit nicht auf die Länder delegierbaren)
Kompetenz zur Bundeseigenverwaltung i. S. d. Art. 83 GG.[70] Anders als Art. 87
Abs. 3 GG (→ Rn. 24) verhält sich Art. 87f Abs. 2 GG nicht zur Frage der *vertika-
len* Organisationsstruktur innerhalb der Bundesverwaltung, namentlich zum Verwaltungsunterbau. Die überwiegende Auffassung hält einen fakultativen – bislang
nicht institutionalisierten – Verwaltungsunterbau für zulässig.[71]

23   Der Vergleich von Art. 87f Abs. 2 GG mit Abs. 3 zeigt, dass eine *rechtliche Verselbstständigung* nicht zulässig ist, Abs. 2 S. 2 also ausschließlich den Aufbau einer
bundesunmittelbaren Verwaltung fordert und zulässt.[72] Tatsächlich wurde bislang
zur Ausübung der Bundeskompetenzen mit der BNetzA gezielt nur eine Bundesoberbehörde ohne Verwaltungsunterbau errichtet (§ 116 TKG, § 44 PostG).[73] Diese
Zentralisierung hat einerseits die effektive Organisation von notwendiger Expertise
ermöglicht, führt aber andererseits dazu, dass mit der Diversifikation der Marktstruktur auch die BNetzA zunehmend dezentrale Regulierungskonzepte entwickeln
muss, um entsprechend § 2 Abs. 3 Nr. 5 TKG den Besonderheiten kleinräumigerer
Märkte gerecht zu werden.[74]

---

gerichtete Beirat verstößt nicht hiergegen, weil er zum einen vom Bundesrat (einem Bundesorgan)
aus mitbesetzt wird und zum anderen lediglich konsultative Aufgaben hat; zutreffend *Ruffert*, in:
Säcker, TKG, § 118 Rn. 3; *Uerpmann-Wittzack*, in: von Münch/Kunig, Art. 87f Rn. 25.

[68] *Mayen*, in: Friauf/Höfling (Hrsg.), GG, Art. 87f Rn. 230 (Stand: 40. EL Dezember 2012); *Möstl*,
in: Maunz/Dürig, Art. 87e Rn. 99 (Stand: 48. EL November 2006).

[69] *Uerpmann-Wittzack*, in: von Münch/Kunig, Art. 87f Rn. 21.

[70] *Remmert*, in: Epping/Hillgruber (Hrsg.), GG, 2. Aufl. 2013, Art. 87f Rn. 10.

[71] *Mayen*, in: Friauf/Höfling (Hrsg.), GG, Art. 87f Rn. 233 (Stand: 40. EL Dezember 2012); *Remmert*, in: Epping/Hillgruber (Hrsg.), GG, 2. Aufl. 2013, Art. 87f Rn. 11.

[72] *Mayen*, in: Friauf/Höfling (Hrsg.), GG, Art. 87f Rn. 231 (Stand: 40. EL Dezember 2012);
Möstl, in: Maunz/Dürig, Art. 87e Rn. 101 (Stand: 48. EL November 2006); *Pieroth*, in: Jarass/
ders., Art. 87f Rn. 1; *Ruffert/Schmidt*, in: Säcker, TKG, § 116 Rn. 8; *Uerpmann-Wittzack*, in: von
Münch/Kunig, Art. 87f Rn. 23.

[73] Vgl. *Attendorn/Geppert*, in: Beck'scher TKG-Kommentar, § 116 Rn. 9 ff.

[74] Vgl. auch das zugrunde liegende Regionalisierungsziel nach Art. 8 Abs. 5 lit. e und Art. 15
Abs. 3 RL Nr. 2009/140/EG des Europäischen Parlaments und des Rates vom 25.11.2009 zur
Änderung der RL 2002/21/EG über einen gemeinsamen Rechtsrahmen für elektronische Kommunikationsnetze und -dienste, der RL 2002/19/EG über den Zugang zu elektronischen Kommunikationsnetzen und zugehörigen Einrichtungen sowie deren Zusammenschaltung und der RL
2002/20/EG über die Genehmigung elektronischer Kommunikationsnetze und -dienste, ABl. EU L
337/37; hierzu *Gärditz*, N&R Beilage 2/2011, 1 (30 f.). Zum darin liegenden Nachteil einer organisationsrechtlichen Zentralisierung *Lüdemann*, Wettbewerb und Regulierung in der Telekommunikation, in: ders. (Hrsg.), Telekommunikation, Energie, Eisenbahn, 2008, S. 69 (88).

bb) Selbstständige Bundesoberbehörden

Nach Art. 87 Abs. 3 S. 1 GG können für Angelegenheiten, für die dem Bund die **24** Gesetzgebung zusteht, selbstständige Bundesoberbehörden und neue bundesunmittelbare Körperschaften und Anstalten des öffentlichen Rechts durch Bundesgesetz errichtet werden. Hierbei handelt es sich um Behörden, die – wie der Vergleich zu Art. 87 Abs. 3 S. 2 GG zeigt[75] – über keinen eigenen Verwaltungsunterbau verfügen und die zugleich für das gesamte Bundesgebiet zuständig sind.[76] Erforderlich ist daher, dass die jeweilige Aufgabe für eine *zentrale Wahrnehmung geeignet* ist.[77] Dies ist namentlich dann nicht der Fall, wenn eine wirtschaftsverwaltungsrechtliche Aufgabe in erster Linie kleinräumige oder gar lokale Märkte betrifft. Bei Art. 87 Abs. 3 S. 1 GG handelt es sich um eine Auffangkompetenz, auf deren Grundlage namentlich das BKartA und die BAFin[78] errichtet wurden.

Die *Ministererlaubnis* im Verfahren der Zusammenschlusskontrolle nach § 42 **25** GWB lässt sich als solche nur schwer in die Struktur des Art. 87 Abs. 3 S. 1 GG einfügen, weil ein Regierungsmitglied als Ressortleiter (Art. 65 S. 2 GG) *oberste* Bundesbehörde ist. Allenfalls lässt sich ein solches – vom Grundgesetz nicht vorgesehenes – Interventionsrecht in einem konkreten Verwaltungsverfahren auf eine verfahrensrechtliche Annexkompetenz zum auf der Grundlage des Art. 87 Abs. 3 S. 1 GG errichteten BKartA stützen, weil keine Bundesbehörde für eine Verwaltungsaufgabe errichtet, sondern nur die kraft Verfassung bestehende Regierung unselbstständig durch Erlaubnisvorbehalt in das von Art. 87 Abs. 3 S. 1 GG gedeckte Verfahren vor dem BKartA einbezogen wird.

3. Legitimation

Das Verwaltungsorganisationsrecht ist die Matrix, auf der die Mechanismen demo- **26** kratischer Legitimation aufbauen.[79] Damit alle Staatsgewalt vom Volke ausgeht, wie es das Demokratieprinzip (Art. 20 Abs. 2 S. 1 GG) fordert, bedarf es einer Verknüpfung (*Zurechnungszusammenhang*), die das *Legitimationsobjekt* (Herrschaftsgewalt) mit dem *Legitimationssubjekt* (Volk) als Legitimationsquelle verbindet

---

[75] Die dortigen Voraussetzungen der Errichtung von Behörden sind sowohl formell als auch materiell höher: Erwachsen dem Bund auf Gebieten, für die ihm die Gesetzgebung zusteht, (1) *neue Aufgaben* (zum Problem *Höfling*, Gutachten F zum 68. DJT, 2010, S. 50), so können bei (2) *dringendem Bedarf* bundeseigene Mittel- und Unterbehörden (3) *mit Zustimmung des Bundesrates* und der (4) *Mehrheit der Mitglieder des Bundestages* (Art. 121 GG) errichtet werden.

[76] BVerfGE 14, 197 (211); 110, 33 (49 f.); K 14, 402 (413); BVerwGE 35, 141 (145); 124, 47 (68 f.); *Durner*, DVBl. 2011, 853 (857); *Pieroth*, in: Jarass/ders., Art. 87 Rn. 8.

[77] BVerfGK 14, 402 (414); *Broß/Mayer*, in: von Münch/Kunig, Art. 87 Rn. 24; *Suerbaum*, in: Epping/Hillgruber (Hrsg.), GG, 2. Aufl. 2013, Art. 87 Rn. 28; ferner *Britz*, DVBl. 1998, 1167 (1173); *Burgi*, NVwZ 2005, 247 (251).

[78] Errichtet durch Finanzdienstleistungsaufsichtsgesetz vom 22.04.2002, BGBl. I, S. 1310, das durch Gesetz vom 15.07.2014, BGBl. I, S. 934 geändert worden ist.

[79] *Schmidt-Aßmann*, Verwaltungsorganisationsrecht als Steuerungsressource, in: ders./Hoffmann-Riem (Hrsg.), Verwaltungsorganisationsrecht als Steuerungsressource, 1997, S. 9 (56 ff.).

und dadurch legitimiert. Da Legitimation im demokratischen Rechtsstaat nicht aus „richtigen" Inhalten folgt,[80] sondern aus formalen Verfahren zur Begründung institutionell gebundener Herrschaft, die Selbstbestimmung des Volkes über Inhalte ermöglichen, muss die Verknüpfung formal hergestellt werden. Und da demokratische Herrschaft immer nur Herrschaft auf Zeit ist,[81] bildet das periodisch durch demokratische Wahlen konstituierte Parlament den Ausgangspunkt der Legitimation innerhalb der Staatswillensbildung. Hierauf gründet das der verfassungsgerichtlichen Rechtsprechung zugrunde liegende *Legitimationskettenmodell* (→ Rn. 27). Verwaltungslegitimation wird hiernach nicht durch eine besondere Sachkunde oder Problemlösungsfähigkeit (expertokratisches Herrschaftsmodell) vermittelt, sondern durch das – inhaltlich kontingente, aber durch Wahlakt legitimierte – demokratische Recht sowie ergänzend durch die demokratische Verantwortlichkeit der Verwaltung gegenüber dem Parlament.

a) Das hierarchische Legitimationskettenmodell

27   Parlamentarische Verantwortlichkeit der Exekutive wird grundsätzlich vermittelt durch den jeweiligen Ressortminister,[82] und zwar *organisatorisch-personell*, indem jeder Amtswalter, der hoheitliche Gewalt (amtliches Handeln mit Entscheidungscharakter[83]) ausübt, von einem demokratisch legitimierten Amtswalter ernannt bzw. eingestellt wurde. Die im Ausgangspunkt unverzichtbare, aber vergleichsweise dünne und sich im Zeitablauf verflüchtigende Legitimation des Ernennungsakts bedarf einer Ergänzung durch eine hinreichende *sachlich-inhaltliche Legitimation* der Verwaltung. Ausgangspunkt der materiellen Legitimation ist die Bindung an das demokratische Gesetz (Art. 20 Abs. 3 GG). Das Gesetz räumt indes der Verwaltung in unterschiedlichem Maße qua Delegation Letztentscheidungsrechte ein (Ermessen, Beurteilungsspielraum, Planungsermessen, Regulierungsermessen). Zudem setzt die Rechtsanwendung erhebliche Interpretationsleistungen voraus, für deren Inhalt (gleich ob richtig oder falsch bestimmt) jemand demokratische Verantwortung übernehmen können muss. Und auch die Feststellung des für die Rechtsanwendung relevanten Sachverhalts enthält ihrerseits einzelfallbezogene Wertungen, die das

---

[80] *C. Möllers*, Demokratie – Zumutungen und Versprechen, 2008, S. 43 f. Vgl. zur Offenheit des demokratischen Gemeinwohlkonzepts *Engel*, Rechtstheorie 32 (2001), 23 (25 ff.); *Häberle*, Öffentliches Interesse als juristisches Problem, 2. Aufl. 2006, S. 60, 208 ff., 499 ff., 709 f., 771; *Schuppert*, Gemeinwohldefinition im kooperativen Staat, in: Münkler/Fischer (Hrsg.), Gemeinwohl und Gemeinsinn im Recht, 2002, S. 67 (74 f.).

[81] *Böckenförde*, in: HStR³ II, § 24 Rn. 50; *Dreier*, in: ders., Art. 20 (Demokratie) Rn. 79; *P. Kirchhof*, in: HStR³ II, § 21 Rn. 76.

[82] Im Einzelnen BVerfGE 97, 37 (66 f.); 107, 59 (87 f.); *Böckenförde*, in: HStR³ II, § 24 Rn. 16 ff. Kritik etwa bei *Blanke*, Funktionale Selbstverwaltung und Demokratieprinzip, in: Redaktion Kritische Justiz (Hrsg.), Demokratie und Grundgesetz, 2000, S. 33 (39); *Bryde*, StWStP 1994, 305 (315 ff.); *Frankenberg*, Vorsicht Demokratie! Kritik der juridischen Versicherung einer Gesellschaft gegen die Risiken der Selbstregierung, in: Redaktion Kritische Justiz (Hrsg.), Demokratie und Grundgesetz, 2000, S. 177 (179).

[83] BVerfGE 107, 59 (94); zutreffend für ein weites, auch kognitive Asymmetrie erfassendes Verständnis *Rixen*, DVBl. 2014, 949 (952).

abstrakt-generelle Gesetz nicht vorzeichnen kann.[84] Wer zur verbindlichen Feststellung des Sachverhalts zuständig ist, ist Kompetenzfrage (→ Rn. 1) und löst insoweit Legitimationsbedarf aus, wenn hoheitliche Entscheidungen getroffen werden. Kurzum bleiben auch die Eigenleistungen der Rechtsanwender, die die abstrakt-generelle Gesetzesbindung nicht vorzeichnet, gesondert legitimationsbedürftig.

Daher bedarf es komplementär einer sachlich-inhaltlichen Legitimation, die **28** eine demokratisch verantwortbare Einflussnahme auf den Prozess der Rechtsanwendung ermöglicht. Grundsätzlich sind daher *ununterbrochene Weisungsketten* des Ressortministers bzw. der Ressortministerin bis hin zum einzelnen Amtswalter notwendig. Das Weisungsrecht besteht – notabene – nicht, um eine Gesetzesausführung im Sinne des Parlaments zu befördern oder die Rechtsanwender unter permanente Gubernativaufsicht zu stellen – beides wären sowohl unrealistische als auch dem Sinn gestuft-arbeitsteiliger Gewaltengliederung zuwider laufende Optionen. Das Weisungsrecht soll vielmehr zum einen gewährleisten, dass für administrative Entscheidungen politische Verantwortlichkeit besteht. Zum anderen soll einer Autonomisierung bürokratischer Herrschaft vom demokratisch-politischen Prozess entgegengewirkt werden. Sogenannte ministerialfreie Verwaltungseinheiten sind nur aus besonderen, verfassungsimmanent zu rechtfertigenden Gründen zulässig.[85] Die Rechtsprechung hält allerdings Abstriche bei einem Legitimationsstrang für zulässig, wenn diese durch anderweitige Legitimationsgewinne kompensiert werden und insgesamt ein hinreichendes *Legitimationsniveau* besteht.[86]

Daneben sind im Wirtschaftsverwaltungsrecht noch Formen der *funktionalen Selbstverwaltung* verbreitet, bei der ergänzend zur demokratischen eine mitgliedschaftliche Legitimation tritt (→ Rn. 54 f.).

Elemente der demokratischen Verwaltungslegitimation durch Organisationsrecht
- Organisatorisch-personelle Legitimation durch Ernennung der Amtswalter durch demokratisch legitimiertes Organ
- Sachlich-inhaltliche Legitimation durch Bindung der Verwaltung an das demokratische Gesetz (Art. 20 Abs. 3 GG)
- Sachlich-inhaltliche Legitimation durch ununterbrochene Weisungsabhängigkeit der Amtswalter gegenüber der Exekutivspitze (Ressortminister/-in)
- Bei wertender Gesamtbetrachtung: hinreichendes Legitimationsniveau

---

[84] Hieraus folgt zugleich, dass die demokratische Verantwortung für die Norm und die für den Vollzug nicht auf das gleiche Legitimationssubjekt rückführbar sein müssen. Verfehlt daher die Kritik bei *Groß*, Die Verwaltung 47 (2014), 197 (201 f.).

[85] Vgl. *Böckenförde*, in: HStR³ II, § 24 Rn. 24; *Dreier*, in: ders., Art. 20 Rn. 126 f.; *Ludwigs*, Die Verwaltung 44 (2011), 41 (48).

[86] BVerfGE 83, 60 (72); 107, 59 (87).

b) Abweichende unionsrechtliche Legitimationsmodelle

29   Das Modell, bei dem demokratische Verantwortlichkeit vor allem durch eine hierarchische Steuerung mittels Weisungen hergestellt wird, ist unter unionsrechtlichen
Druck geraten. Ein gegenläufiges Leitbild der Verwaltungsorganisation insbesondere im Wirtschaftsverwaltungsrecht ist das der *unabhängigen Verwaltungsbehörde*.
Unabhängige Behörden sind im Rechtsvergleich durchaus nicht unüblich,[87] wobei
auch hier das Problem der demokratischen Verantwortlichkeit gesehen, in der Regel
aber auf kompensatorische Legitimationsmechanismen verwiesen wird.[88] Zunächst
organisiert das Unionsrecht im Bereich der *Eigenverwaltung* teils *Agenturen* selbst
als unabhängige Behörden. Dies ist etwa der Fall im Bereich der europäischen Bankenaufsicht (→ § 14 Rn. 97 ff.).[89] Auch dem Unionsrecht liegt hierbei ausweislich
Art. 10 Abs. 1 f. EUV ein Demokratiemodell zugrunde, in dessen (dezentralen)
Knotenpunkten, an denen Legitimation ihren Ausgang nimmt, das Europäische
Parlament und die parlamentarisch verantwortlichen nationalen Regierungen stehen. Dies setzt einer Autonomisierung der Exekutive auch auf europäischer Ebene
Grenzen bzw. fordert positiv, insgesamt hinreichende Legitimation sicherzustellen.[90] Das Unionsrecht erscheint hierbei – auch auf Grund der Erfahrung mit sehr
unterschiedlichen Formen der Organisation von Legitimation in den Mitgliedstaaten – offener, auch andere Steuerungs- und Kontrollpfade als Legitimationsbeitrag
zu akzeptieren.[91]

30   Zudem verlangt das Unionsrecht in bestimmten sekundärrechtlich besonders
ausgeformten Regelungsbereichen aber auch die Unabhängigkeit nationaler Behörden, sofern diese Unionsrecht im indirekten Vollzug (*Unionsverwaltungsrecht*)
anwenden. Dies zeigt sich z. B. im wirtschaftsverwaltungsrechtlich relevanten Bereich der Datenschutzkontrolle (unabhängiger Datenschutzbeauftragter[92]) und im
Regulierungsrecht[93]. Ursprünglich sollte hier lediglich sichergestellt werden, dass
die nationalen Regulierungsbehörden ihre Unabhängigkeit gegenüber den regulierten Unternehmen behielten (etwa Art. 23 Abs. 1 S. 2 RL 2003/54/EG; Art. 25 Abs. 1
S. 2 RL 2003/55/EG), was als solches keine politische Weisungsfreiheit erfordert.[94]

---

[87] Vergleichend *Groß*, Die Verwaltung 47 (2014), 197 (200 ff.).

[88] Für die EU *Craig*, EU Administrative Law, 2. Aufl. 2012, S. 157 ff.; für Frankreich *Vilain*, Demokratische Legitimität und Verfassungsmäßigkeit unabhängiger Regulierungsbehörden: Von den
ursprünglichen Bedenken bis zur richterlichen Eingliederung in das französische Verwaltungssystem, in: Masing/Marcou, S. 9 (20 ff.).

[89] Art. 1 Abs. 5 UAbs. 3, Art. 42, 46, 49, 52, 59 EBA-VO.

[90] *Gärditz*, AöR 135 (2010), 251 (276 ff.); *Görisch*, Demokratische Verwaltung durch Unions-
agenturen, 2009, S. 392 ff.

[91] In diesem Sinne *Groß*, VVDStRL 66 (2007), 152 (171 ff.); *ders.*, Die Verwaltung 47 (2014), 197
(216 ff.); *Peuker*, JZ 2014, 764 (770).

[92] Art. 28 Abs. 1 RL 95/46/EG des Europäischen Parlaments und des Rates vom 24.10.1995 zum
Schutz natürlicher Personen bei der Verarbeitung personenbezogener Daten und zum freien Daten-
verkehr, ABl. EG L 281/31.

[93] Eingehend *Ludwigs*, Die Verwaltung 44 (2011), 41 (44 ff.).

[94] *Von Danwitz*, DÖV 2004, 977 (979); *Kühling*, Sektorspezifische Regulierung in den Netzwirtschaften, 2004, S. 380; *Mayen*, DÖV 2004, 45 (51); anders aber *Hermes*, Gemeinschaftsrecht,
„neutrale" Entscheidungsträger und Demokratieprinzip, in: FS Zuleeg, S. 410 (416 f.).

Mitgliedstaaten sind freilich oftmals noch Mehrheitseigentümer ihrer privatisierten vormaligen Staatsmonopole. Dies birgt das Risiko, dass politische Kontroll- und Weisungsrechte des Ressortministers gegenüber der Regulierungsbehörde missbraucht werden können, den materiellen Wettbewerbszielen der Regulierung zuwider laufende Eigentümerinteressen zum Nachteil anderer Unternehmen durchzusetzen. In diesem Sinne fordert die TK-Rahmenrichtlinie, dass die Mitgliedstaaten, sofern sie weiterhin an Telekommunikationsunternehmen beteiligt sind, eine wirksame strukturelle Trennung der hoheitlichen Funktion von Tätigkeiten im Zusammenhang mit dem Eigentum oder der Kontrolle sicherstellen müssen.[95] Art. 3 Abs. 3a der RL verlangt durch RL 2009/140/EG darüber hinaus die politische Unabhängigkeit der Behörde, lässt aber ausdrücklich Aufsichtsrechte nach nationalem Recht zu, was im Zusammenspiel zu gewisser Unklarheit führt (zur Unabhängigkeit der BNetzA → § 12 Rn. 22 ff.).[96] Im Bereich des Energiewirtschaftsrechts wird ebenfalls explizit die politische Unabhängigkeit von sämtlichen öffentlichen Stellen gefordert (dazu auch → § 13 Rn. 13).[97]

Der EuGH hat in seiner Entscheidung zum unabhängigen Datenschutzbeauftragten für das Unionsrecht – auch unter Verweis auf die organisationsrechtliche Vielfalt der mitgliedstaatlichen Rechtsordnungen – entschieden, dass dessen *Demokratiegebot* (jetzt Art. 10 Abs. 1–2 EUV) nicht durchweg die Weisungsabhängigkeit von Behörden verlange.[98] Auch der EuGH geht freilich davon aus, dass ein hinreichender parlamentarischer Einfluss erhalten bleiben muss, wobei er die Regelungen der Kompetenzen der unabhängigen Behörde durch parlamentarische Gesetzgebung sowie etwaige Berichtspflichten an das Parlament betont.[99] Unter diesen Voraussetzungen könne das Unionsrecht den Mitgliedstaaten auch die Unabhängigstellung von Verwaltungsbehörden abverlangen. Wie sich hieraus zwangsläufig folgende Konflikte in Einklang mit demokratischen Bedürfnissen nach politischem Einfluss bringen und die unionsrechtlichen Anforderungen in die tendenziell gegenläufigen Anforderungen des nationalen Staatsorganisationsrechts einpassen lassen, erscheint bislang kaum gelöst.   **31**

c) Konflikte im Wirtschaftsverwaltungsrecht

Das traditionelle Legitimationsmodell (→ Rn. 26 ff.) ist überdies nicht nur allgemein und aus unterschiedlichen Gründen umstritten. Es stößt gerade im Wirtschaftsregulierungsverwaltungsrecht auf Widerstand, weil hier die – demokratisch   **32**

---

[95] Art. 3 Abs. 2 RL 2002/21/EG in der Fassung der RL 2009/140/EG.

[96] Hierzu *Ludwigs*, Die Verwaltung 44 (2011), 41 (45 f.); *Möstl*, in: Maunz/Dürig, Art. 87e Rn. 102 (Stand: 48. EL November 2006).

[97] Art. 35 Abs. 4 RL 2009/72/EG des Europäischen Parlaments und des Rates vom 13.07.2009 über gemeinsame Vorschriften für den Elektrizitätsbinnenmarkt und zur Aufhebung der RL 2003/54/ EG, ABl. EU L 211/55; Art. 39 Abs. 4 RL 2009/73/EG des Europäischen Parlaments und des Rates vom 13.07.2009 über gemeinsame Vorschriften für den Erdgasbinnenmarkt und zur Aufhebung der RL 2003/55/EG, ABl. EU L 211/94.

[98] EuGH, Rs. C-518/07, Slg. 2010, I-1885, Rn. 42 – Datenschutzbeauftragter.

[99] EuGH, Rs. C-518/07, Slg. 2010, I-1885, Rn. 43 ff. – Datenschutzbeauftragter.

positiv konnotierte – politische Einflussnahme als Risiko einer sachlichen und rein marktorientierten Regulierung gesehen wird.[100] Eine der gegenwärtig kontrovers diskutierten Fragen ist, inwiefern es weitere Legitimationsbausteine gibt, die das hierarchische Legitimationsmodell partiell ersetzen können.[101] Dies gilt namentlich für die Unabhängigkeit von Verwaltungsbehörden,[102] die im Regulierungsrecht und jüngst im Recht der Bankenaufsicht als Modell effektiver zielprogrammierter Verwaltung diskutiert und unionsrechtlich forciert werden (→ Rn. 30 f.). Hier stehen einerseits output-orientierte Legitimationsbausteine in Rede, die Legitimation auch an den Ergebnissen des administrativen Vollzugs messen wollen.[103] Da Legitimation im demokratischen Rechtsstaat, der sich aus individueller und demokratischer Selbstbestimmung und damit grundsätzlich ergebnisoffen legitimiert, nicht aus bestimmten Inhalten folgt (→ Rn. 26), kann ein Output allenfalls insoweit legitimieren, als Inhalte im demokratischen Rechtsetzungsverfahren vorab definiert wurden.[104] Gerade dort, wo rechtlich nicht determinierte Entscheidungskompetenzen (mitunter unvermeidbar) auf die Verwaltung delegiert werden (nicht zuletzt bei der vom Gesetzgeber nicht zu erbringenden fallbezogenen Feststellung des maßgeblichen Sachverhalts), lässt sich daher aus einem Output keine Legitimation gewinnen, weil der demokratisch verantwortete Maßstab fehlt. Dies zeigt sich mit besonderer Schärfe im Regulierungsrecht, weil hier der EuGH sogar die Notwendigkeit weiter *Beurteilungsspielräume* der nationalen Regulierungsbehörden betont hat.[105] Man mag sowohl die Unabhängigstellung einer Behörde als auch weite Beurteilungsspielräume jeweils für sich betrachtet als gebietsspezifische Ausnahmen, mit denen organisationsrechtlich auf strukturelle Probleme des jeweiligen Wirtschaftsbereichs reagiert wird, noch rechtfertigen. Die Kombination beider Elemente trägt jedoch die Gefahr einer demokratieunverträglichen Verselbstständigung von Teilen der Ver-

---

[100] Deutlich herausgearbeitet bei *Herzmann*, Konsultationen – Eine Untersuchung von Prozessen kooperativer Maßstabskonkretisierung in der Energieregulierung, 2010, S. 241 f.; *Masing*, Gutachten D zum 66. DJT, 2006, S. 83 ff.; ferner *Ruffert*, in: Säcker, TKG, § 116 Rn. 21. Skeptisch gegenüber der angeblichen Problemlösungsfähigkeit vermeintlich unpolitischen Sachverstands *Gärditz*, Die Rolle des parlamentarischen Gesetzgebers im Regulierungsrecht – ein Werkstattbericht, in: Kurth/Schmoeckel (Hrsg.), Regulierung im Telekommunikationssektor, 2012, S. 67 (76 ff.).

[101] Siehe *Groß*, Die Verwaltung 47 (2014), 197 (218); *Ruffert*, in: Säcker, TKG, § 116 Rn. 18.

[102] Etwa *Wiedemann*, Unabhängige Verwaltungsbehörden und die Rechtsprechung des Bundesverfassungsgerichts zur demokratischen Legitimation, in: Masing/Marcou, S. 39 (47 f.).

[103] Etwa *Groß*, VVDStRL 66 (2007), 152 (172 ff.); *Peters*, Elemente einer Theorie der Verfassung Europas, 2001, S. 647 ff.; *Lübbe-Wolff*, VVDStRL 60 (2001), 246 (284 f.). Mit Recht skeptisch *C. Möllers*, CMLRev 43 (2006), 313 (320 ff.).

[104] *Gärditz*, AöR 135 (2010), 251 (279); *Groß*, VVDStRL 66 (2007), 152 (173 f.); *Masing*, Die Regulierungsbehörde im Spannungsfeld von Unabhängigkeit und parlamentarischer Verantwortung, in: FS Schmidt, S. 521 (528).

[105] EuGH, Rs. C-424/07, Slg. 2009, I-11431, Rn. 91 – Kommission/Deutschland. Zutreffend *Ludwigs*, Die Verwaltung 44 (2011), 41 (52).

waltung in sich, die dann über die wirtschaftliche Freiheit der Bürger weitgehend diskretionär und demokratisch unverantwortet disponieren kann.[106]

Anderen verfahrensbezogenen Bausteinen wie *Betroffenenpartizipation*[107] oder *Sachverstand*[108] mag rechtsstaatlicher Eigenwert zukommen. Selbstständige demokratische Legitimationseignung ist ihnen schon deshalb nicht inhärent, weil Demokratie inklusiv auf der gleichen Freiheit aller Mitglieder des Legitimationssubjekts gründet, eine Voraussetzung, die gruppenspezifischer Einfluss auf ein Verfahren, das allgemeine Angelegenheiten und nicht nur in die Selbstverwaltung ausgliederungsfähige Sonderinteressen betrifft, ebenso wenig zu erfüllen vermag wie Professionalität. Die Eröffnung von exklusivem Zugang für Interessengruppen („Zivilgesellschaft") erhöht das demokratische Legitimationsniveau nicht, sondern höhlt es eher zusätzlich aus, weil unter Vernachlässigung der demokratischen Gleichheit Sonderinteressen privilegiert werden. Und der Rekurs auf einen – demokratisch völlig indifferenten[109] – Sachverstand befördert eher elitäre Expertokratien, die sich dann gegenüber dem demokratischen Willensbildungsprozess als steuerungsresistent zeigen. Transparenz und Öffentlichkeit schließlich sind Bedingungen der Politisierbarkeit und damit allgemeine Voraussetzung demokratischer Rechtsetzung, leisten aber keinen *zusätzlichen* Legitimationsbeitrag.

Diskutabel bleiben damit Legitimationsbausteine, die demokratische Legitimation nicht über die Regierung, sondern durch direkte Pfade von der nachgeordneten Verwaltung gegenüber dem Parlament herstellen sollen (z. B. über *Parlamentsausschüsse* und *Berichtspflichten*).[110] Solche Modelle sind zwar als Kompensation für fehlende Weisungsrechte nicht von vornherein ungeeignet, ihre Wirksamkeit hängt aber von den Reaktionsmöglichkeiten des Parlaments ab. Berichtspflichten müssen im Falle parlamentarischer Missbilligung auch Grundlage von wirksamen Sanktionen sein; eine folgenlose Negativevaluation[111] ersetzt keine formalisierten Interventionsrechte. Das Haushaltsbewilligungsrecht kann diese Funktion kaum übernehmen, wenn der Haushalt der Behörde im Wesentlichen mittel- bis langfristig gebundene Personalkosten sind. Und die Möglichkeit der reaktiven Rechtsänderung[112] ist nicht nur unrealistisch, sondern vor allem funktional verfehlt, wenn es

---

[106] Kritisch daher *Durner*, VVDStRL 70 (2011), 398 (436 ff.); *Gärditz*, JZ 2010, 198; *Mayen*, in: Friauf/Höfling (Hrsg.), GG, Art. 87f Rn. 237 (Stand: 40. EL Dezember 2012).

[107] Hier meist in Bezug auf die Marktakteure, vgl. *Herzmann*, Konsultationen – Eine Untersuchung von Prozessen kooperativer Maßstabskonkretisierung in der Energieregulierung, 2010, S. 243 f.

[108] Prononciert *Peuker*, Bürokratie und Demokratie in Europa, 2011, S. 222 ff.; mit Recht skeptisch *C. Möllers*, Gewaltengliederung, 2005, S. 122.

[109] Auch Diktaturen oder Monarchien können sich oft auf wissenschaftlich-technischen Sachverstand stützen, ohne dass hieraus irgendein legitimationstheoretisch darstellbarer Mehrwert fließt, jedenfalls wenn man die Selbstbestimmung des Einzelnen als notwendigen Ausgangspunkt von Legitimation setzt.

[110] *Groß*, JZ 2012, 1089 (1092); *Ludwigs*, Die Verwaltung 44 (2011), 41 (54 ff.).

[111] Die Wirkung überschätzend *Groß*, JZ 2012, 1089 (1092).

[112] Vgl. *Groß*, JZ 2012, 1089 (1092); *Häde*, EuZW 2011, 662 (664); *Vilain*, Demokratische Legitimität und Verfassungsmäßigkeit unabhängiger Regulierungsbehörden: Von den ursprünglichen Bedenken bis zur richterlichen Eingliederung in das französische Verwaltungssystem, in: Masing/Marcou, S. 9 (20).

um die – legislativ nicht sachgerecht zu bewältigende[113] – Korrektur von situations-
bezogenen Wettbewerbseingriffen in dynamische Märkte[114] geht. Eine allgemeine
Steuerung der Regulierungsverwaltung durch *gubernative Verwaltungsvorschriften*
– sprich: eine Begrenzung des Weisungsrechts auf abstrakt-generelle Vorgaben –
mag ein gangbarer Mittelweg zur Legitimationssicherung sein,[115] dürfte aber nicht
zuletzt im Regulierungsrecht die Forderung nach Unabhängigkeit nicht befriedigen,
weil gerade die (praktisch gesetzesvertretenden, damit besonders legitimationsbe-
dürftigen) abstrakt-generellen Regulierungsstrategien staatsfrei gehalten und von
politischer Einflussnahme abgeschirmt werden sollen[116].

III. Typen der Wirtschaftsverwaltung und ihre Organisation

1. Wirtschaftsaufsicht

35   Die klassische Wirtschaftsaufsicht durch staatliche Verwaltungsbehörden, die im
Wesentlichen mit traditionellen ordnungsrechtlichen Instrumenten ausgestattet
sind, um im Wege der Rechtsaufsicht gegenüber privaten Wirtschaftssubjekten
Rechtsverstöße präventiv oder repressiv zu verhindern (namentlich Eröffnungs-
kontrollen, Untersagungsbefugnisse bei Rechtsverstößen),[117] bildet auch weiterhin die Basis des Wirtschaftsverwaltungsrechts. Organisationsrechtlich dominiert
hier die reguläre hierarchische Behördenstruktur. Meist ist Träger der jeweiligen
Wirtschaftsaufsichtsbehörde das Land oder der Bund, gelegentlich auch die örtlich
betroffene Kommune. Wirtschaftsaufsichtsbehörden sind dann *weisungsabhängig*
und ohne rechtliche Verselbstständigung in die normale *Behördenstruktur des Staates* eingebunden, die ihrerseits nach sachlichen und örtlichen Zuständigkeiten differenziert ist. Behörde i. S. d. § 1 Abs. 4 VwVfG ist die jeweilige Exekutivspitze der
Verwaltungseinheit („Behördenleiter"). Beispiele für die traditionelle Wirtschaftsaufsicht sind das Gaststättenrecht, das Ladenschlussrecht, die Gewerbeaufsicht, das
Bundesinstitut für Arzneimittel und Medizinprodukte bzw. das Bundesamt für Verbraucherschutz und Lebensmittelsicherheit (§ 77 Abs. 1, 2 AMG, § 32 Abs. 1 MPG)
oder das Eisenbahn-Bundesamt (EBA) (→ Rn. 20).

36   In Regelungsbereichen mit sehr überschaubaren Sachverhalten und einfachen
rechtlichen Bewertungen kommt die Wirtschaftsaufsicht ohne anspruchsvolle Organisationsstruktur aus, etwa im Gewerberecht, wo es im Wesentlichen um die Er-

---

[113] Vgl. zur Instabilität des Wissens *B. Wollenschläger*, Wissensgenerierung im Verfahren, 2009,
S. 120 f.

[114] Analytisch *Fetzer*, Staat und Wettbewerb in dynamischen Märkten, 2013, S. 346 ff.

[115] *Groß*, Die Verwaltung 47 (2014), 197 (218 f.).

[116] Vgl. *Herzmann*, Konsultationen – Eine Untersuchung von Prozessen kooperativer Maßstabskonkretisierung in der Energieregulierung, 2010, S. 241; *Masing*, Gutachten D zum 66. DJT, 2006,
S. 84.

[117] Hierzu vertiefend *Berringer*, Regulierung als Erscheinungsform der Wirtschaftsaufsicht, 2004,
S. 3 ff.; *Ehlers*, Ziele der Wirtschaftsaufsicht, 1997.

teilung und die Aufhebung von Kontrollerlaubnissen sowie die Intervention bei Rechtsverletzungen auf der Grundlage schlicht gefasster Tatbestände geht (§§ 4, 15 GastG, §§ 29 ff., 35 GewO; → § 9). Wirtschaftsaufsicht kann, vor allem dort, wo es um die Kontrolle funktionierenden Wettbewerbs geht, aber mitunter sehr anspruchsvolle Tatsachenfeststellungen und ökonomische Wertungen erfassen, worauf das Organisationsrecht in der Regel durch Ausdifferenzierung der Binnenorganisation und Konzentration der Entscheidungskompetenzen bei spezifischen Fachbehörden reagiert.

Dies gilt namentlich für das BKartA, das als selbstständige Bundesoberbehörde nach Art. 87 Abs. 3 GG[118] errichtet wurde (§ 51 Abs. 1 S. 1 GWB) und als hoch spezialisierte Fachbehörde agiert,[119] was arbeitsteilige Modelle einer anlassbezogenen zurückgenommenen gerichtlichen Kontrolle von Tatsachenfeststellungen ermöglicht.[120] Auch die dem BKartA und den Landeskartellbehörden (vgl. § 48 Abs. 1 GWB) anvertraute wettbewerbliche Marktverhaltensaufsicht nach Maßgabe des GWB folgt grundsätzlich dem Muster der Wirtschaftsaufsicht; namentlich unterliegt das Amt ministeriellen Weisungen (vgl. § 52 GWB).[121] Allerdings führt die Entscheidungszuständigkeit von *Beschlussabteilungen* des BKartA (§ 51 Abs. 2 S. 1 GWB), die in der Besetzung mit einem oder einer Vorsitzenden und zwei Beisitzern entscheiden (§ 51 Abs. 3 GWB), faktisch zu einer relativen Unabhängigkeit. Insoweit greift das *Kollegialprinzip*, das eine Binnenkontrolle institutionalisiert (Mehraugenprinzip), subjektive Wertungen durch moderate Pluralisierung ausbalanciert, Verfahren freiheitsschützend rationalisiert und zugleich breitere Wissensressourcen einbindet.[122] Im Kartellrecht zeigt sich zugleich eine weitere – im Regulierungsrecht zur Blüte getriebene (→ Rn. 45) – Besonderheit, mit der das Organisationsrecht der Wirtschaftsverwaltung auf Entscheidungskomplexität reagiert: Das BKartA ist, soweit es nach § 50 Abs. 1 GWB die Art. 101 f. AEUV anwendet, auf der Grundlage der VO (EG) Nr. 1/2003[123] in ein europäisches Netzwerk der Kartellbehörden eingebunden (§ 50a GWB). Die Wertungsoffenheit methodisch höchst anspruchsvoller Entscheidungen[124] wird hier durch kooperative Vernetzung in organisierten Kommunikationsprozessen aufgefangen, indem sich verschiedene Behörden (auch

37

---

[118] Vgl. *Bechtold*, GWB, § 51 Rn. 2.

[119] Explizit BGHZ 170, 299 (303).

[120] Anschaulich BGHZ 155, 214 (221 f.); 178, 285 (294); OLG Düsseldorf, WuW DE-R 2798 (2804).

[121] *Bechtold*, GWB, § 52 Rn. 2 f.; streitig.

[122] Siehe zu den Funktionen im Einzelnen *Dagtoglou*, Kollegialorgane und Kollegialakte der Verwaltung, 1960, S. 22 ff.; *Gärditz*, Hochschulorganisation, S. 467 ff.; *Groß*, Kollegialprinzip, S. 51 ff., 105 ff.; *Sodan*, Kollegiale Funktionsträger als Verfassungsproblem, 1987, S. 44 ff.; *Voßkuhle*, Rechtsschutz gegen den Richter, 1994, S. 258, 294.

[123] VO (EG) Nr. 1/2003 des Rates vom 16.12.2002 zur Durchführung der in den Artikeln 81 und 82 des Vertrags niedergelegten Wettbewerbsregeln, ABl. EG L 1/1.

[124] *Ackermann*, Europäisches Kartellrecht, in: Riesenhuber (Hrsg.), Europäische Methodenlehre, 2. Aufl. 2010, § 21 Rn. 12 ff.

fallübergreifend) in ihrer Verwaltungspraxis abstimmen und zugleich administrativ spezifisches Fachwissen durch kooperative Informationsbeschaffung generieren.[125]

38   Über eine komplexere Organisationsstruktur verfügt auch die – rechtsfähige (§ 1 Abs. 1 FinDAG) und dienstherrenfähige (§ 9a FinDAG) – *BAFin* (→ Rn. 24; zur BaFin als Finanzaufsichtsbehörde → § 14 Rn. 72 ff.), deren Organe das Direktorium inklusive Präsident oder Präsidentin (§ 6 FinDAG) und der Verwaltungsrat (§ 7 FinDAG) als Kontrollorgan sind. Unterstützt wird die Bundesanstalt durch zwei Beiräte (§§ 8, 8a FinDAG). Auch *Börsen*, die eine komplexe Zwitterstellung zwischen Aufsichtsorgan und Akteur einnehmen, sind als (teilrechtsfähige) Anstalten des öffentlichen Rechts mit eigenen Organen organisiert (§ 2 Abs. 1 S. 1 BörsG) (zur Börsenaufsicht → § 14 Rn. 111 ff.).[126]

▶   **Beachte** Im Bereich der traditionellen Wirtschaftsaufsicht sind vor diesem Hintergrund lediglich folgende Zuständigkeitsfragen zu prüfen: Verbandskompetenz des Rechtsträgers (Bund/Land/Kommune); sachliche Zuständigkeit und (bei Behördenmehrheit) örtliche Zuständigkeit (§ 3 VwVfG). Fragen der inneren Organisation – namentlich die sog. Organzuständigkeit – sind demgegenüber ohne (außen-)rechtliche Relevanz. Handelt demgegenüber eine Behörde (wie die BAFin), die über eine gesetzlich ausdifferenzierte Binnenstruktur verfügt, ist zusätzlich die Organkompetenz des Organs zu prüfen, das die jeweilige Maßnahme erlassen hat.[127] So wäre es etwa ein Rechtsfehler, wenn ein an ein Unternehmen gerichteter Verwaltungsakt vom internen Aufsichtsgremium (Verwaltungsrat) erlassen würde.

2. Regulierung

a) Hintergrund

39   Gerade im Regulierungsrecht (→ § 12) haben sich – nicht zuletzt beeinflusst durch unionsrechtliche Regulierungskonzepte (→ Rn. 29 ff.) – Sonderformen der Verwaltungsorganisation herausgebildet. Das Telekommunikationsgesetz (TKG) 1996[128] errichtete erstmalig eine Behörde, die mit der Regulierung der Märkte in den Bereichen Telekommunikation und Post betraut wurde, die seinerzeitige „Regulierungsbehörde für Telekommunikation und Post" (RegTP), die 2005 durch das BNet-

---

[125] Strukturell hierzu *I. Augsberg*, Informationsverwaltungsrecht, 2014, S. 99 ff.; ferner *D. Curtin*, Executive Power of the European Union, 2009, S. 168 f.

[126] Zur Zuordnung zum Wirtschaftsverwaltungsrecht *Ruthig/Storr*, Rn. 195. Zum zweigleisigen Modell *Eisele*, JZ 2014, 703 (706 ff.).

[127] Zu den Begriffen *Jestaedt*, in: Hoffmann-Riem/Schmidt-Aßmann/Voßkuhle, GVwR² I, § 14 Rn. 43 ff.

[128] TKG vom 25.07.1996, BGBl. I, S. 1120.

zAG[129] – dem erweiterten Aufgabenkreis entsprechend – in „Bundesnetzagentur für Elektrizität, Gas, Telekommunikation, Post und Eisenbahnen" (BNetzA) umbenannt wurde. Die *Telekommunikations- und Postmärkte* waren aus dem gesetzlichen Monopol des Sondervermögens Deutsche Bundespost entlassen und dem Wettbewerb überantwortet worden (vgl. Art. 87f Abs. 2 S. 1 GG), befanden sich aber faktisch weiterhin ausschließlich in der Hand der privatisierten Unternehmen des Bundes (Deutsche Telekom AG, Deutsche Post AG). Die Aufgabe der Regulierungsbehörde bestand und besteht darin, den Wettbewerb zu fördern und zugleich eine flächendeckend angemessene und ausreichende Versorgung mit entsprechenden Dienstleistungen (Universaldienst[130]) sicherzustellen (vgl. auch Art. 87f Abs. 1 GG, → Rn. 21 ff.).

Was als Postprivatisierungsfolgenrecht (→ § 12 Rn. 2) begann, entwickelte sich mehr und mehr zu einem allgemeinen Problem, in sogenannten Netzwirtschaften potentiellen Wettbewerbern angemessenen Zugang zu den vitalen Netzinfrastrukturen zu verschaffen.[131] Die Aufgabe einer Regulierungsbehörde besteht in erster Linie darin, diskriminierungsfreien Netzzugang für Wettbewerber sicherzustellen, und zwar zu wirtschaftlich tragbaren Bedingungen. Entsprechend dem erweiterten Bedarf an einer Regulierung der Netzwirtschaften wurde daher – ohne damit sämtliche potentielle Regulierungskandidaten zu erfassen – auch der Netzzugang in den Bereichen der ebenfalls aus einem ehemaligen Bundesmonopol heraus privatisierten *Eisenbahn* (vgl. Art. 87e Abs. 3 GG) und der *leitungsgebundenen Energiewirtschaft* (Elektrizität, Gas) der Regulierung durch die BNetzA unterworfen.

b) Die Organisationsstruktur der Bundesnetzagentur

Die von der Behörde anzuwendenden Regulierungsvorschriften finden sich verstreut über verschiedene Gesetze (PostG, TKG, AEG i. V. m. § 4 BEVVG, EnWG) nebst untergesetzlichem Regelungswerk. Die BNetzA ist nach § 1 S. 2 BNetzAG eine *selbstständige Bundesoberbehörde* im Geschäftsbereich des Bundeswirtschaftsministeriums und mit Sitz in Bonn. Verfassungsrechtlich folgt die Kompetenz des Bundes zur Errichtung der BNetzA aus Art. 87f Abs. 2 S. 2, Art. 87 Abs. 3 S. 1 i. V. m. Art. 73 Abs. 1 Nr. 7, Art. 74 Abs. 1 Nr. 11 und Nr. 23 GG (vgl. → Rn. 20, 22, 24). Auch die Organisationsstruktur der BNetzA entspricht der einer hochspezialisierten Fachbehörde, die marktbezogenes Wissen generiert und speichert,[132] namentlich hierdurch die verfahrensübergreifende[133] Kohärenz der Regulierungspraxis (anschaulich § 27 Abs. 2, § 132 Abs. 4 S. 1 TKG) gewährleistet. Der

40

41

---

[129] Gesetz über die Bundesnetzagentur für Elektrizität, Gas, Telekommunikation, Post und Eisenbahnen vom 07.07.2005, BGBl. I, S. 1970, 2009, zuletzt geändert durch Gesetz vom 26.07.2011, BGBl. I, S. 1554.

[130] Hierzu weiterführend *Ritter*, Die Grundversorgung mit Postdienstleistungen, 2001, S. 5 ff.; *Schweitzer*, Daseinsvorsorge, „service public", Universaldienst, 2002; *Windthorst*, Der Universaldienst im Bereich der Telekommunikation, 2000.

[131] Eingehend *Kühling*, Sektorspezifische Regulierung in den Netzwirtschaften, 2004, S. 65 ff.

[132] BVerwGE 130, 39 (49); eingehend *Broemel*, Strategisches Verhalten, S. 268 ff.

[133] Vgl. *Attendorn/Geppert*, in: Beck'scher TKG-Kommentar, § 132 Rn. 25.

iterative Prozess der regulierungsspezifischen Wissensgenerierung[134] spiegelt sich insoweit in der organisationsrechtlichen Behördenstruktur wider.[135] Auch die Binnenorganisation ist daher – wie beim BKartA – stärker differenziert.

42   Die BNetzA wird von einem Präsidenten bzw. einer Präsidentin geleitet (§ 3 Abs. 1 S. 1 BNetzAG), dem/der zwei Vizepräsidenten oder -präsidentinnen zugeordnet sind (§ 3 Abs. 2 BNetzAG). Nach § 5 Abs. 1 BNetzAG verfügt die BNetzA über einen Beirat, der aus jeweils 16 Mitgliedern des Bundestages und 16 Vertretern des Bundesrates besteht. Die Vertreter des Bundesrates müssen hierbei Mitglied einer Landesregierung sein oder diese politisch vertreten, was institutionell die partiell politische Komponente proaktiver Marktgestaltung abbildet.[136] Die Mitglieder des Beirates und die stellvertretenden Mitglieder werden jeweils auf Vorschlag des Bundestages und des Bundesrates von der Bundesregierung berufen. Der Beirat hat die ihm durch die verschiedenen Regulierungsfachgesetze zugewiesenen Aufgaben (§ 7 BNetzAG), etwa nach § 120 TKG begrenzte Mitwirkungs- und weitreichende Antrags-, Stellungnahme- und Auskunftsrechte in regulierungsbehördlichen Verwaltungsverfahren (vgl. ferner § 60 EnWG). Im Bereich der Eisenbahnregulierung wird die BNetzA zudem nach § 35 AEG von einem Eisenbahninfrastrukturbeirat beraten. Die Sättigung mit Beiräten, die dem Modell der Monopolkommission (§§ 44 ff. GWB) nachempfunden sind, unterstreicht die Wissensgenerierungsfunktion der BNetzA.

43   In besonderen, gesetzlich näher geregelten Verwaltungsverfahren – ohne Sachgrund im Übrigen nicht bei der Eisenbahnregulierung[137] – entscheidet die BNetzA durch *Beschlusskammern* (vgl. § 132 TKG, § 46 PostG).[138] Beschlusskammern sind nach dem Kollegialprinzip (→ Rn. 37) mit einem Vorsitzenden und zwei Beisitzern besetzt, die allesamt die Befähigung für die Laufbahn des höheren Dienstes erworben haben müssen und von denen einer die Befähigung zum Richteramt (vgl. §§ 5 ff. DRiG) besitzen muss (§ 132 Abs. 2 TKG). In besonderen Fällen entscheidet die Beschlusskammer in Besetzung mit ihrem Präsidenten und den beiden Vizepräsidenten (§ 132 Abs. 3 TKG).

44   Im Energieregulierungsrecht besteht die Besonderheit, dass neben der BNetzA auch noch *Landesregulierungsbehörden* bestehen (§§ 54 f. EnWG; → § 12 Rn. 105 f.).[139] Um eine (rechtlich nicht bindende) Koordinierung zwischen und mit diesen Regulierungsbehörden zu gewährleisten, wurde nach § 8 BNetzAG bei der BNetzA ein *Länderausschuss* gebildet, der sich aus Vertretern der für die Wahrnehmung der Aufgaben nach § 54 EnWG zuständigen Landesregulierungsbehörden zusammensetzt.

---

[134] *Broemel*, Strategisches Verhalten, S. 278.

[135] *Gurlit*, in: Säcker, TKG, Vor § 132 Rn. 2.

[136] *Gärditz*, DVBl. 2009, 69 (70).

[137] Mit Recht kritisch *Fehling*, Das Recht der Eisenbahnregulierung, in: Lüdemann (Hrsg.), Telekommunikation, Energie, Eisenbahn, 2008, S. 118 (137); *Kühling/Ernert*, NVwZ 2006, 33 (38 f.).

[138] Siehe *Gurlit*, N&R 2004, 32 (33).

[139] Siehe hierzu im Einzelnen *Koenig/Kühling/Rasbach*, Energierecht, 2006, S. 184 ff.

c) Die Einbindung in den europäischen Regulierungsverbund

Die BNetzA tritt auf europäischer Ebene mit der Kommission und den Regulie-   45
rungsbehörden anderer Mitgliedstaaten in Kooperationsbeziehungen, die teils
rechtlich formalisiert wurden und in ihrer Zusammenschau einen filigranen europäischen Regulierungsverbund bilden.[140] Die BNetzA ist namentlich im Gremium
Europäischer Regulierungsstellen für elektronische Kommunikation (GEREK)[141]
sowie im Regulierungsrat der Europäischen Agentur für die Zusammenarbeit der
Energieregulierungsbehörden[142] vertreten und mit anderen europäischen Regulierungsbehörden verbundförmig vernetzt. GEREK ist zwar mangels Entscheidungs-
kompetenz keine europäische Regulierungsbehörde,[143] aber ein zentrales Koordina-
tionsgremium, dessen faktischer Einfluss auf die Regulierungspraxis entsprechend
hoch ist. Im Bereich der Eisenbahnregulierung arbeiten die nationalen Regulierungsbehörden durch wechselseitigen – ständigen[144] – Informationsaustausch zusammen (§ 14b Abs. 3 AEG).[145] Die Kommission kann von mitgliedstaatlichen
Regulierungsbehörden in die Prüfung von Einzelfällen einbezogen werden.[146] Para-
digmatisch für einen informationellen Kooperationsverbund sind die Bestimmungen der §§ 123a, 123b TKG, die durch das – in seiner Bedeutung bislang nicht
abschließend ausgeleuchtete[147] – Kohärenzgebot des § 123 Abs. 3 TKG materiell
ergänzt werden. Der Regulierungsverbund dient letztlich dazu, Kontingenzrisiken
dezentraler Regulierung aufzufangen: Einerseits verfügen die Regulierungsbehörden auf Grund einer geringen gesetzlichen Programmierung und der Kompetenz
zur Autoprogrammierung qua Delegation[148] über weite Spielräume, die jeweilige

---

[140] Eingehend *Britz*, EuR 2006, 46; *Herzmann*, ZNER 2005, 216; *Ladeur/C. Möllers*, DVBl. 2005, 525; *Trute*, Der europäische Regulierungsverbund in der Telekommunikation: ein neues Modell europäisierter Verwaltung, in: FS Selmer, S. 565.

[141] Art. 4 VO (EG) Nr. 1211/2009 des Europäischen Parlaments und des Rates vom 25.11.2009 zur Einrichtung des Gremiums Europäischer Regulierungsstellen für elektronische Kommunikation (GEREK) und des Büros, ABl. EU L 337/1.

[142] Art. 14 VO (EG) Nr. 713/2009 des Europäischen Parlaments und des Rates vom 13.07.2009 zur Gründung einer Agentur für die Zusammenarbeit der Energieregulierungsbehörden, ABl. EU L 211/1.

[143] *Ruffert*, in: Säcker, TKG, § 116 Rn. 30.

[144] *Gerstner*, in: Hermes/Sellner (Hrsg.), AEG, 2. Aufl. 2014, § 14b Rn. 36.

[145] Die durch VO (EG) Nr. 881/2004 des Europäischen Parlaments und des Rates vom 29.04.2004 zur Errichtung einer Europäischen Eisenbahnagentur („Agenturverordnung"), ber. ABl. EU L 220/3, errichtete Europäische Eisenbahnagentur verfügt über keine Vollzugskompetenzen, son-dern hat Konsultativfunktionen gegenüber der Kommission. Vgl. *Hermes*, in: ders./Sellner (Hrsg.), AEG, 2. Aufl. 2014, Einf. Rn. 103.

[146] Art. 31, 34 Abs. 2 RL 2001/14/EG des Europäischen Parlaments und des Rates vom 26.02.2001 über die Zuweisung von Fahrwegkapazität der Eisenbahn, die Erhebung von Entgelten für die Nut-zung von Eisenbahninfrastruktur und die Sicherheitsbescheinigung, ABl. EG L 75/29, ber. ABl. EG 2001 L 202/51 und ber. ABl. EU 2012 L 99/35.

[147] Zutreffend *Franzius*, EuR 2002, 660 (685). Vgl. offen EuGH, Rs. C-424/07, Slg. 2009, I-11431, Rn. 53 (Zit.) mit 57–59 – Kommission/Bundesrepublik Deutschland; EuG, Rs. T-109/06, Slg. 2007, II-5151, Rn. 160 – Vodafone.

[148] *Broemel*, Strategisches Verhalten, S. 336.

nationale Regulierungspraxis zu prägen. Dies schafft nicht nur Flexibilität, sondern zugleich auch das Risiko europaweiten Kohärenzverlustes, wenn die nationalen Behörden unabgestimmte oder miteinander offen inkompatible Regulierungsstrategien verfolgen. Der formalisierte Regulierungsverbund soll diese Risiken durch Koordinationsinstrumente einhegen,[149] wodurch zugleich die Schaffung einer europäischen Regulierungsbehörde (und die damit verbundene Hochzonung von Entscheidungen) vermieden wird.[150] Die Verfahrensrationalität wird durch Abschichtung von Problemkomplexen und, damit einhergehend, die sukzessive Verfeinerung der Regulierung in einem arbeitsteiligen Konkretisierungsprozess verbessert.[151] Kooperationsmechanismen werden – dem institutionellen Vorbehalt des Gesetzes entsprechend – durch konkrete Regeln eingefangen und formalisiert.[152]

d) Unabhängigkeit?

46   Weiterhin umstritten ist, inwiefern die BNetzA gegenüber der Ministerialbürokratie unabhängig ist bzw. gestellt werden darf.[153] Ungeachtet unionsrechtlicher Modifikationen (→ Rn. 30), die der deutsche Gesetzgeber bislang nicht aufgegriffen hat,[154] bleibt es nach allgemeinen Erwägungen (→ Rn. 26 ff.) dabei, dass eine Weisungsabhängigkeit grundsätzlich demokratisch erforderlich ist und nur aus verfassungsrechtlich zwingenden Gründen durchbrochen werden darf. Eine spezifische verfassungsrechtliche Sanktionierung der Unabhängigstellung fehlt.[155] Rein verwaltungspraktische Erwägungen – wie etwa die Abschirmung der regulatorischen Aufgabenerfüllung von politischen Einflüssen – lassen sich nicht verfassungsrechtlich untermauern. Zudem ist zu berücksichtigen, dass Regulierung zu einer anspruchsvollen Aufgabe der Marktgestaltung geworden ist,[156] die gesetzlich nur schwach determiniert wird. Die daraus resultierenden weiten Entscheidungsspielräume der Verwaltung lassen sich von vornherein allenfalls dann legitimieren, wenn man zumindest eine hinreichende Anbindung der regulatorisch gestaltenden Behörde an die parlamentarisch verantwortliche Regierung herstellt. Daher muss auch

---

[149] *Britz*, EuR 2006, 46 (56); *Broemel*, Strategisches Verhalten, S. 222 f., 327 f.; *Hombergs*, Europäisches Verwaltungskooperationsrecht auf dem Sektor der elektronischen Kommunikation, 2006, S. 331; *Rieckhoff*, Der Vorbehalt des Gesetzes im Europarecht, 2007, S. 246; *Schramm*, DÖV 2010, 387 (388); *Trute*, Der europäische Regulierungsverbund in der Telekommunikation: ein neues Modell europäisierter Verwaltung, in: FS Selmer, S. 565 (567 ff.).

[150] *Trute/Broemel*, ZHR 170 (2010), 706 (731).

[151] *Schneider*, in: Fehling/Ruffert, § 8 Rn. 103.

[152] Vgl. allgemein *Kahl*, Parlamentarische Steuerung der internationalen Verwaltungsvorgänge, in: Trute/Groß/Röhl/Möllers (Hrsg.), Allgemeines Verwaltungsrecht – zur Tragfähigkeit eines Konzepts, 2008, S. 71 (98).

[153] Eingehende Diskussion bei *Franzius*, DÖV 2013, 714; *Ludwigs*, Die Verwaltung 44 (2011), 41.

[154] Vgl. *Ludwigs*, EnzEuR V, § 5 Rn. 166.

[155] Anders *Oertel*, Die Unabhängigkeit der Regulierungsbehörde nach §§ 66 ff. TKG, 2000, S. 261 ff., 346.

[156] Vgl. BVerwGE 130, 39 (49); *Attendorn/Geppert*, in: Beck'scher TKG-Kommentar, § 132 Rn. 14a; *Gärditz*, EWS 2005, 490 (497); *ders.*, DVBl. 2009, 69 (69 f.); *Röhl*, Die Regulierung der Zusammenschaltung, 2002, S. 169 ff., 181 f.; *Ruffert*, AöR 124 (1999), 237 (279); *Schmidt-Aßmann*, Das allgemeine Verwaltungsrecht als Ordnungsidee, 2. Aufl. 2004, Rn. 3/50, 3/53.

die BNetzA – entgegen einer verbreiteten Ansicht[157] – den Weisungen des Ressortministers unterstehen.[158]

Das einfache Gesetzesrecht setzt die Weisungsabhängigkeit der BNetzA voraus. **47** Die einzelnen Fachgesetze bringen dies freilich durchaus unterschiedlich zum Ausdruck: § 61 EnWG fordert – dem Modell des § 52 GWB folgend – zwar nur die Veröffentlichung *allgemeiner* Weisungen der BNetzA. Nach zutreffender Ansicht untersteht die Behörde aber auch einzelfallbezogenen Weisungen, da § 61 EnWG lediglich eine Veröffentlichungspflicht konstituiert, nicht hingegen die Weisungsbefugnisse des zuständigen Ressortministers beschränkt.[159] § 117 TKG unterwirft von vornherein sämtliche, sprich: auch einzelfallbezogene, Weisungen der Veröffentlichungspflicht.[160] § 4 Abs. 1 S. 1 BEVVG legt schließlich explizit die Fachaufsicht des zuständigen Ministeriums über die BNetzA im Bereich der Eisenbahnregulierung fest, wobei auch hier allgemeine Weisungen nach Abs. 3 zu veröffentlichen sind. Die Veröffentlichungspflicht erfüllt hierbei zugleich eine andere Funktion: Gründe für Weisungen werden transparent gemacht, was einen Missbrauch des Weisungsrechts zur wettbewerblichen Diskriminierung bzw. Verfolgung materieller Eigentümerinteressen erheblich erschwert. Zudem sind zwei weitere Aspekte zu berücksichtigen: Die BNetzA ist in ihrer fallbezogenen Entscheidungspraxis schon deshalb faktisch unabhängig, weil die Exekutivspitze mangels fachbezogenen Detailwissens, das die Regulierungspraxis dominiert, zu einem Durchgriff im Einzelfall in der Regel gar nicht in der Lage ist.[161] Zu einer partiellen Unabhängigkeit qua Organisationsrecht führt zudem das kollegiale Beschlusskammerverfahren,[162] das – auch wenn die Kammern theoretisch ministeriellen Weisungen unterliegen[163] – Verantwortlichkeit kollegialisiert und damit ein Stück weit vor äußerer Einflussnahme abschirmt.

3. Selbstverwaltung der Wirtschaft

Eine Besonderheit des Wirtschaftsverwaltungsrechts ist die traditionsreiche[164] **48** Selbstverwaltung der Wirtschaft. Im Mittelpunkt steht hier das Kammerrecht, also

---

[157] Etwa *Bullinger*, DVBl. 2003, 1355 (1360); *Hermes*, Gemeinschaftsrecht, „neutrale" Entscheidungsträger und Demokratieprinzip, in: FS Zuleeg, S. 410 (418 ff.); *Oertel*, Die Unabhängigkeit der Regulierungsbehörde nach §§ 66 ff. GWB, 2000, S. 397 ff., 420; *Masing*, Soll das Recht der Regulierungsverwaltung übergreifend geregelt werden?, 2006, S. 93 ff.

[158] *Eschweiler*, K&R 2001, 238 (241); *Mayen*, DÖV 2004, 45 (51 ff.). Nach Maßgabe des Unionsrechts differenzierend *Ruffert*, in: Säcker, TKG, § 116 Rn. 15.

[159] *Eschweiler*, K&R 2001, 238 (241); *Hermes*, in: Britz/Hellermann/ders. (Hrsg.), EnWG, 2. Aufl. 2010, § 61 Rn. 14.

[160] Vgl. *Mayen*, in: Scheuerle/ders. (Hrsg.), TKG, 2. Aufl. 2008, § 117 Rn. 3; *Ruffert*, in: Säcker, TKG, § 117 Rn. 2.

[161] *C. Möllers*, in: Masing/Marcou, S. 292 (298).

[162] *Herzmann*, Konsultationen – Eine Untersuchung von Prozessen kooperativer Maßstabskonkretisierung in der Energieregulierung, 2010, S. 247; *Ruffert*, in: Säcker, TKG, § 116 Rn. 25.

[163] *Attendorn/Geppert*, in: Beck'scher TKG-Kommentar, § 132 Rn. 12.

[164] Eingehend *Will*, Selbstverwaltung der Wirtschaft, 2011, S. 249 ff.

die gesetzlich institutionalisierte Selbstverwaltung verkammerter Berufsträger durch Körperschaften, die als „wirtschaftliche und berufliche Betroffenenselbstverwaltung"[165] aus dem allgemeinen Staatsverband ausgegliedert wurden (Fall der *mittelbaren Staatsverwaltung*)[166]. Durch das spezifische Aufgabenprofil der öffentlich-rechtlich organisierten Kammern als Selbstverwaltungskörperschaften ist das Kammerrecht sowohl ein Teilgebiet des Öffentlichen Wirtschaftsrechts als auch des Verwaltungsorganisationsrechts.[167]

a) Typen und Aufgaben

49   Hoheitsträger werden zur Erfüllung von Aufgaben der Selbstverwaltung in sehr unterschiedlichen Gebieten des Wirtschaftsverwaltungsrechts geschaffen. Kammern sind als Körperschaften des öffentlichen Rechts organisiert (§ 3 Abs. 1 IHKG, §§ 53 S. 1, 90 Abs. 1 HwO, § 62 Abs. 1 BRAO, § 73 Abs. 2 S. 2 StBerG). Zu nennen ist die Errichtung von IHKen durch das IHKG, von (fakultativen) Handwerksinnungen (§§ 52 ff. HwO) und (obligatorischen) HwKen (§§ 90 ff. HwO), von Kammern der sog. freien Berufe – Rechtsanwälte (§§ 60 ff. BRAO), Steuerberater (§§ 73 ff. StBerG) sowie nach Maßgabe von Landesrecht Ärzte (z. B. § 1 HeilBerG NRW) und Architekten. Vom gängigen Aufgabenprofil weichen die auf landesrechtlicher Grundlage (etwa LandwirtschaftskammerG NRW) errichteten Landwirtschaftskammern ab.[168] Notarkammern fallen trotz der organisatorischen Parallelität aus dem System, weil sie die berufliche Verwaltung öffentlich-rechtlicher Amtsträger (§ 1 BNotO) betreffen.[169]

50   Das Kammerrecht verbindet verwaltungsorganisationsrechtlich sowohl partizipative als auch genossenschaftliche Elemente.[170] Ungeachtet der faktischen Trägheit von Traditionen beruht der institutionelle Rahmen der Selbstverwaltung hier (anders als in Bezug auf die akademische und kommunale Selbstverwaltung) auf – für den Gesetzgeber grundsätzlich disponiblem – einfachem Gesetzesrecht. Eine *grundrechtliche Einrichtungspflicht* – etwa aus Art. 12 Abs. 1 GG – besteht nicht;[171] namentlich ist die Organisation berufsspezifischer Administration als Selbstverwaltung nicht notwendig, um hinreichenden organisationsrechtlichen Grundrechtsschutz zu gewährleisten. Eine Eingliederung in die allgemeine Wirtschaftsverwaltung des Staates wäre daher möglich.

---

[165] *Kluth*, Kammerrecht als Rechtsgebiet, in: ders., § 1 Rn. 28.

[166] *Ruthig/Storr*, Rn. 193.

[167] *Kluth*, Kammerrecht als Rechtsgebiet, in: ders., § 1 Rn. 24 f.

[168] Eingehend *Perchermeier*, Landwirtschaftskammern als Modell funktionaler Selbstverwaltung, 2014.

[169] Vertiefend *Gärditz*, EWS 2012, 209; *Löwer*, DNotZ 2011, 424; *Preuß*, Zivilrechtspflege durch externe Funktionsträger, 2005.

[170] *Will*, Selbstverwaltung der Wirtschaft, 2011, S. 402.

[171] Vgl. aber Art. 59 SaarlVerf. Hieraus folgt eine objektive Aufgabenbestandsgarantie, vgl. *Elicker*, in: Wendt/Rixecker (Hrsg.), Verfassung des Saarlandes, 2009, Art. 59 Rn. 2. Eine allgemeine Selbstverwaltungsgarantie für öffentlich-rechtliche Körperschaften enthält Art. 57 Abs. 1 NdsVerf.; Art. 71 Abs. 1 S. 3 Verf. BW. Dies erfasst auch die Kammern, so *Kluth*, Verfassungsrechtliche und europarechtliche Grundlagen des Kammerrechts, in: ders., § 5 Rn. 21; *Waechter*, in: Epping u. a. (Hrsg.), Hannoverscher Kommentar zur Niedersächsischen Verfassung, 2012, Art. 57 Rn. 115.

Die verschiedenen Kammergesetze zeichnen sich allesamt durch eine auffällig **51** *geringe Regelungsdichte* auf.[172] Sie enthalten neben einigen allgemeinen Grundsätzen vor allem Organisationsregelungen, die die Mitgliedschaft und die Kreation der Organe betreffen. Damit wird vor allem der Legitimationsprozess organisiert, durch den die Kammern in eigenen Angelegenheiten im Rahmen der gesetzlichen Ermächtigung (Delegation) Satzungsrecht schaffen (*Satzungsgewalt*).[173] Die Regelung von Detailfragen wird damit bewusst dem Satzungsrecht überlassen.[174] Als ein Proprium der Selbstverwaltung, das dem Demokratie- und dem Rechtsstaatsprinzip korrespondiert,[175] stehen Selbstverwaltungsträger im Bereich des Wirtschaftsverwaltungsrechts unter Staatsaufsicht (vgl. § 11 Abs. 1 IHKG, § 62 Abs. 2 S. 1 BRAO), sprich: der Rechtsaufsicht des Staates.

Der *Aufgabenbestand* betrifft im Ausgangspunkt vor allem die Organisation der **52** Interessenvertretung der verkammerten Berufe (vgl. § 1 Abs. 1 IHKG) sowie die Wirtschaftsförderung (§ 1 Abs. 2 IHKG), darüber hinaus aber auch Hoheitsaufgaben wie etwa den Erlass von Prüfungsordnungen, Durchführung von Prüfungen (vgl. auch §§ 37 ff. BBiG), die Führung der Handwerksrolle (vgl. § 91 Abs. 1 HwO) oder den Erlass von Standesrecht (vgl. §§ 59b, 191a Abs. 2 BRAO).[176] Das Gesetz ermächtigt hier ggf. auch zu hoheitlichen Einzelentscheidungen in Bezug auf den mitgliedschaftlichen Status (z. B. Eintragung in die Handwerksrolle nach § 7 HwO, Disziplinargewalt).

b) Binnenorganisation und Legitimationsstruktur

Auch die Binnenverfassung der Kammern folgt dem gängigen Organisationsmo- **53** dell:[177] Ein unmittelbar von den Mitgliedern gewähltes sowie kollegial zusammengesetztes Hauptorgan dient als Kreationsorgan und trifft bestimmte Entscheidungen von besonderer Bedeutung (vor allem Satzungsgebung); ein Leitungsorgan (Vorstand, Präsidium usf.) vertritt die Kammer nach außen und vollzieht die Satzungen. Zur Erledigung der Aufgaben wird dem Leitungsorgan in der Regel eine Geschäftsführung zugeordnet, die als Gehilfe das Leitungsorgan unterstützt.[178] Im Bereich der IHKen ist der zu wählende Hauptgeschäftsführer Teil des Leitungsorgans und ist daher organisationsrechtlich partiell verselbstständigt (vgl. § 7 IHKG).

Das Hauptorgan wird durch *Wahlen* konstituiert, wobei das Legitimationssubjekt **54** der funktionalen Wirtschaftsselbstverwaltung aus den Mitgliedern gebildet wird.

---

[172] *Kluth*, Kammerrecht als Rechtsgebiet, in: ders., § 1 Rn. 29.

[173] *Geis*, Der Erlass von Satzungen, in: Kluth/Krings (Hrsg.), Gesetzgebung, 2014, § 25 Rn. 120 ff.; *Ruthig/Storr*, Rn. 194.

[174] *Kluth*, Kammerrecht als Rechtsgebiet, in: ders., § 1 Rn. 30.

[175] *Kahl*, Die Staatsaufsicht, 2000, S. 472 ff., 498 f.

[176] Hierzu *Brandstetter*, Der Erlaß von Berufsordnungen durch die Kammern der freien Berufe, 1971.

[177] Eingehend *Groß*, Kammerverfassungsrecht – Organisation und Verfahren, in: Kluth, § 7 Rn. 13 ff.

[178] Vgl. zur Einordnung *Groß*, Kammerverfassungsrecht – Organisation und Verfahren, in: Kluth, § 7 Rn. 42.

Die Mitglieder werden wiederum auf der Grundlage abstrakt-genereller Merkmale gesetzlich festgelegt. Insoweit besteht eine verbandskonstitutive[179] *Zwangsmitgliedschaft*, deren Verfassungskonformität[180] (→ § 2 Rn. 83) und Vereinbarkeit mit den Grundfreiheiten der EU[181] freilich umstritten ist. Beispielsweise zur IHK gehören, sofern sie zur Gewerbesteuer veranlagt sind, nach § 2 Abs. 1 IHKG natürliche Personen, Handelsgesellschaften, andere Personenmehrheiten und juristische Personen des privaten und des öffentlichen Rechts, welche im Bezirk der IHK eine Betriebsstätte unterhalten (Kammerzugehörige).

55   Bei dem Zusammenschluss von Mitgliedern zu einem Selbstverwaltungsverband zum Zwecke bereichsspezifischer Aufgabenerfüllung handelt es sich um eine Form der sog. *funktionalen Selbstverwaltung*,[182] bei der ein Legitimationssubjekt funktionsbezogen zur Erfüllung eng umgrenzter Aufgaben geschaffen wird. Ihre sachlich-inhaltliche Basislegitimation beziehen solche Verbände zunächst aus dem parlamentarischen Gesetz, das sie errichtet und Aufgaben delegiert,[183] wobei der Gesetzgeber hierbei im Interesse einer effektiven Aufgabenerfüllung weitgehende Gestaltungsmöglichkeiten haben soll.[184] Das BVerfG verlangt lediglich, dass „die Regelungen über die Organisationsstruktur der Selbstverwaltungseinheiten auch ausreichende institutionelle Vorkehrungen dafür enthalten, dass die betroffenen Interessen angemessen berücksichtigt und nicht einzelne Interessen bevorzugt werden", leitet darüber hinaus aus dem Demokratieprinzip keine weitergehenden Anforderungen an die thematische Begrenzung der delegierbaren Selbstverwaltungsaufgaben ab.[185] Die gesetzgeberische Gestaltungsfreiheit erlaube es namentlich auch, den Selbstverwaltungsträger zu verbindlichem Handeln mit Entscheidungscharakter zu ermächtigen. In diesem Fall sei es allerdings im Hinblick auf das Demokratieprinzip nach Art. 20 Abs. 2 S. 1 GG erforderlich, dass bei Maßnahmen, die von Trägern der funktionalen Selbstverwaltung erlassen werden, maßgeblicher Einfluss der demokratisch verantwortlichen Behörden sichergestellt sei. „Das erfordert, dass die Aufgaben und Handlungsbefugnisse der Organe in einem von der Volksvertretung beschlossenen Gesetz ausreichend vorherbestimmt sind und ihre Wahrnehmung der Aufsicht personell demokratisch legitimierter Amtswalter unterliegt".[186] Man kann diese gelockerten Anforderungen an die demokratische Determination des Verwal-

---

[179] *Löwer*, in: von Münch/Kunig, Art. 9 Rn. 28.

[180] Vom BVerfG bislang bejaht, siehe BVerfG-K, NVwZ 2002, 335 (337); *Ruthig/Storr*, Rn. 147. Vertiefend *Kluth*, NVwZ 2002, 298; *Löwer*, GewArch 2000, 89; *Schöbener*, VerwArch 91 (2000), 374.

[181] Der EuGH hat es jedenfalls für unvereinbar mit der Niederlassungsfreiheit angesehen, die Aufnahme der inländischen gewerblichen Tätigkeit eines im EU-Ausland ansässigen Unionsbürgers von der vorherigen Eintragung in die Handwerksrolle abhängig zu machen. So EuGH, Rs. C-58/98, Slg. 2000, I-7919, Rn. 33 ff. – Corsten.

[182] Eingehend *Kluth*, Funktionale Selbstverwaltung, 1997, S. 82 ff., 123 ff., der zwischen der Selbstverwaltung der freien Berufe und der wirtschaftlichen Selbstverwaltung differenziert.

[183] *Jestaedt*, Demokratieprinzip und Kondominialverwaltung, 1993, S. 549 f.

[184] BVerfGE 37, 1 (26); 107, 59 (93).

[185] BVerfGE 107, 59 (93).

[186] BVerfGE 107, 59 (94). Ferner *Jestaedt*, Demokratieprinzip und Kondominialverwaltung, 1993, S. 546 f.

tungshandelns wohl damit rechtfertigen, dass an die Stelle der Verantwortung der Amtswalter gegenüber der Regierung ein neuer Legitimationsstrang tritt, der von den Verbandsmitgliedern als Legitimationssubjekt ausgeht. Diese Rechtfertigung lässt es – entgegen der Auffassung des BVerfG[187] – jedoch von vornherein nicht zu, *Selbst*verwaltungskörperschaften auch zu einem Handeln gegenüber Dritten (Nichtmitgliedern) zu ermächtigen.[188]

c) Öffentliches Haftungsrecht

Es gibt keine allgemeinen Regeln, die eine Anstaltslast oder Gewährträgerhaftung **56** für juristische Personen der Selbstverwaltung begründen, sofern sich nicht ausnahmsweise aus dem Gesetz abweichende Regelungen ergeben.[189] Etwa das Recht der IHKen kennt keine Vorschriften, die die Zahlungsfähigkeit der Körperschaften des öffentlichen Rechts sicherstellen.[190] Grundsätzlich wären öffentlich-rechtliche Selbstverwaltungskörperschaften der Wirtschaftsverwaltung auch *insolvenzfähig*.[191] Die Länder haben allerdings durchweg von der Ermächtigung des § 12 Abs. 1 Nr. 2 InsO Gebrauch gemacht und Kammern vom Insolvenzverfahren befreit.[192] Demgegenüber sind Kammern unter der Aufsicht des Bundes (z. B. Bundesrechtsanwaltskammer, Anwaltskammer beim BGH, Bundesnotarkammer, Patentanwaltskammer) insolvenzfähig. Hieraus folgt jedoch im Umkehrschluss weder eine *Anstaltslast* des Staates im Innenverhältnis noch eine *Gewährträgerhaftung* gegenüber Dritten als Gläubigern einer Kammer.[193]

d) Binnenrechtsschutz

Rechtsstreitigkeiten zwischen Organen einer Kammer über Kompetenzen können **57** im *verwaltungsgerichtlichen Organstreit* ausgetragen werden,[194] weil die einzelnen Organe durch ausschließliche gesetzliche Kompetenzzuweisungen voneinander verselbstständigt und zur eigenständigen Willensbildung ermächtigt wurden.[195] Eine *Prozessstandschaft* einzelner Mitglieder für ein Organ, dem sie angehören, kennt das Kammerrecht mangels ausdrücklicher Zulassung nicht.[196] Allerdings kann ein Mitglied des Verbandes, sofern ein Organ die Verbandszuständigkeiten überschreitet (ultra vires handelt), nach herkömmlicher Auffassung den Verband

---

[187] BVerfGE 107, 59 (94); kritisch *Gärditz*, AbfallR 2004, 235; *Musil*, DÖV 2004, 116 (120).

[188] Zutreffend *Britz*, VerwArch 91 (2000), 418 (430 f., 434); *Oebbecke*, Weisungs- und unterrichtungsfreie Räume in der Verwaltung, 1986, S. 90; vgl. auch *Geis*, Der Erlass von Satzungen, in: Kluth/Krings (Hrsg.), Gesetzgebung, 2014, § 25 Rn. 17.

[189] BVerwGE 64, 248 (257).

[190] BVerwGE 64, 248 (258).

[191] Vgl. BVerwGE 64, 248 (255).

[192] Einzelnachweise bei *Rieger*, Kammerfinanzierung, in: Kluth, § 13 Rn. 264.

[193] *Von Lewinski*, Öffentlichrechtliche Insolvenz und Staatsbankrott, 2011, S. 147; *Rieger*, Kammerfinanzierung, in: Kluth, § 13 Rn. 263.

[194] Etwa OVG NRW, OVGE 28, 208 (211); *Groß*, Kammerverfassungrecht – Organisation und Verfahren in: Kluth, § 7 Rn. 48 f.

[195] Zu diesen Kriterien *Gärditz*, Hochschulorganisation, S. 533 f.

[196] Zutreffend *Groß*, Kammerverfassungrecht – Organisation und Verfahren in: Kluth, § 7 Rn. 49.

im Wege der allgemeinen Leistungsklage auf Unterlassung in Anspruch nehmen.[197] Wirklich überzeugend ist dies nicht. Eine allgemeine Ultra-vires-Lehre ist im deutschen Recht nicht anerkannt.[198] Und die Ermächtigung, gegen Handlungen ultra vires zu klagen, würde dem einzelnen Mitglied ein sektorales Recht auf rechtmäßige Verwaltung vermitteln, das der Systementscheidung für einen individuellen Verletztenrechtsschutz (vgl. § 42 Abs. 2 VwGO) zuwider läuft. Die *statthafte Klageart* richtet sich im Übrigen – wie allgemein – nach dem Rechtsschutzziel (§ 88 VwGO). In der Regel wird ein Organstreit in Form einer Feststellungsklage (§ 43 VwGO) zu führen sein (namentlich Feststellung der Rechtswidrigkeit einer Maßnahme), sofern eine Leistung (z. B. Rückgängigmachung einer Maßnahme) begehrt wird, kommt eine allgemeine Leistungsklage in Betracht.[199]

4. Privatrechtliche Organisationsformen

58 Organisationsformen des Privatrechts, namentlich des Kapitalgesellschaftsrechts (GmbHG, AktG) sind einsetzbar und werden eingesetzt, um öffentliche Verwaltungsfunktionen zu erfüllen.[200] Dies gilt nicht zuletzt für das Wirtschaftsverwaltungsrecht: Staatliche oder kommunale Kapitalgesellschaften sind Träger wirtschaftlicher Förderprogramme, erfüllen öffentliche Informationsaufträge,[201] führen als funktionale Auftraggeber (vgl. § 98 Nr. 2 GWB) Beschaffungsvorgänge durch, entwickeln oder betreiben öffentliche Infrastruktur (z. B. Häfen, Flughäfen) und erfüllen verpflichtende Aufgaben des Daseinsvorsorge[202]. Über Public-Private-Partnerships (→ § 6 Rn. 106 ff.) innerhalb teilprivatisierter öffentlicher Unternehmen in Privatrechtsform versucht die öffentliche Hand, Kooperationsregime zu etablieren und in der Privatwirtschaft vorhandenes Sonderwissen in die öffentliche Verwaltung einzubinden[203]. Betrachtet man daher die heutige Vielfalt der Organisationsformen, derer sich die Verwaltung bedient, bedarf es auch einer Einbeziehung der öffentlichen Unternehmen in das Gesamtbild des Verwaltungsorganisationsrechts.[204]

---

[197] Etwa *Kluth*, Funktionale Selbstverwaltung, 1997, S. 332.

[198] Etwa *Ehlers*, Die Lehre von der Teilrechtsfähigkeit juristischer Personen des öffentlichen Rechts und die Ultra-vires-Doktrin des öffentlichen Rechts, 2000, S. 69; *Gurlit*, Verwaltungsvertrag und Gesetz, 2000, S. 407 ff.; *Hufeld*, Die Vertretung der Behörde, 2003, S. 390; *Stelkens*, Verwaltungsprivatrecht, 2005, S. 217.

[199] Hierzu stellvertretend *Gärditz*, in: ders., VwGO, § 42 Rn. 43; *Schenke*, Verwaltungsprozessrecht, Rn. 226 ff., 338, 346, 432; *Schoch*, Jura 2008, 826.

[200] *Gärditz*, Hochschulorganisation, S. 572 ff.; *Groß*, in: Hoffmann-Riem/Schmidt-Aßmann/Voßkuhle, GVwR² I, § 13 Rn. 47; *Röhl*, in: Schoch, Kap. 1 Rn. 127; *Schulze-Fielitz*, in: Hoffmann-Riem/Schmidt-Aßmann/Voßkuhle, GVwR² I, § 12 Rn. 130.

[201] Anschaulich zum Standortmarketing *Kersten*, VerwArch 99 (2008), 30.

[202] Vgl. *Kahl*, in: Fehling/Ruffert, § 14 Rn. 15 ff.

[203] Hierzu *Voßkuhle*, in: HStR³ III, § 43 Rn. 6 ff. Zur verbleibenden Letztverantwortung der Verwaltung zutreffend *Wissmann*, in: Hoffmann-Riem/Schmidt-Aßmann/Voßkuhle, GVwR² I, § 15 Rn. 68.

[204] *Schmidt-Aßmann*, Das allgemeine Verwaltungsrecht als Ordnungsidee, 2. Aufl. 2004, S. 266 ff.

Nach nicht unbestrittener, aber zutreffender Auffassung gilt bei der Inanspruch-   **59**
nahme von Organisationsformen insbesondere der GmbH und der AG der *Vorrang
des Gesellschaftsrechts*.[205] Bedient sich die Verwaltung der Formen des Kapitalgesellschaftsrechts, muss sie sich dessen Regeln unterwerfen. Dies gilt in Sonder-
heit für die Länder, die das vorrangige Bundesrecht nicht durch abweichende Regelungen des Wirtschaftsprivatrechts unterlaufen dürfen. Zwar mag es sein, dass
die Regeln des GmbHG und des AktG (hier insbesondere die Unabhängigkeit des
Vorstandes nach § 76 Abs. 1 AktG) die Anforderungen an eine demokratische und
rechtsstaatliche Steuerung nicht hinreichend erfüllen. Dies ist jedoch kein Defizit
des Gesellschaftsrechts, das als Wirtschaftsprivatrecht keine geeigneten Organisa-
tionsstrukturen für die Erfüllung öffentlicher Verwaltungsaufgaben (im Sinne eines
öffentlichen Gesellschaftsrechts[206]) bereitstellen muss. Die Länder können, sofern
sie organisationsrechtlichen Differenzierungsbedarf sehen, eigenständige öffentlich-rechtliche Formen schaffen, was etwa mit dem kommunalen Eigenbetriebs-
oder dem öffentlichen Anstaltsrecht (→ Rn. 60) auch geschieht. Wird auf Formen
des Privatgesellschaftsrechts zurückgegriffen, wozu keine Verpflichtung besteht,
muss die Verwaltung geeignete Instrumente suchen, eine hinreichende rechtsstaatliche Kontrolle und demokratische Verantwortlichkeit sicherzustellen (Ingerenz-
pflichten).[207] Namentlich Vorgaben des kommunalen Wirtschaftsrechts modifizieren die organisationsrechtlichen Bestimmungen des GmbHG und AktG nicht,[208]
und zwar auch dann nicht, wenn die öffentliche Hand der einzige Gesellschafter
oder Mehrheitsgesellschafter ist.[209]

5. Kommunalwirtschaft

Gerade im kommunalen Bereich engagiert sich die Verwaltung häufig in Formen   **60**
wirtschaftlicher Betätigung (umfassend → § 6).[210] Voraussetzung hierfür ist nach

---

[205] *Schmidt*, ZG 1996, 345; zum Streitstand eingehend *Wahl*, Privatorganisationsrecht, S. 327 ff.

[206] Hierzu eingehend und in der Bewertung positiv *Mann*, Die öffentlich-rechtliche Gesellschaft, 2002.

[207] Siehe OLG Frankfurt a. M., WM 2010, 1790 (1792 ff.); *Burgi*, in: Erichsen/Ehlers, § 10 Rn. 35; *Gärditz*, Hochschulorganisation, S. 573 ff.; *Spannowsky*, ZG 1996, 400 (412 ff.).

[208] OLG Bamberg, WM 2009, 1082 (1086); OLG Frankfurt a. M., WM 2010, 1790 (1793); OLG Naumburg, WM 2005, 1313 (1315); LG Leipzig, Urt. v. 03.06.2013 – 7 O 595/10; LG Wupper- tal, WM 2008, 1637 (1640); LG Würzburg, ZIS 2008, 1059 (1060); *Ehlers*, Europa- und ver- fassungsrechtliche Vorgaben, in: Wurzel/Schraml/Becker (Hrsg.), Rechtspraxis der kommunalen Unternehmen, 2. Aufl. 2010, Kap. B Rn. 57; *Gärditz*, Hochschulorganisation, S. 574; *Geis*, Kom- munalrecht, 3. Aufl. 2013, § 12 Rn. 71; *Mann*, Die Verwaltung 35 (2002), 463 (473 ff.); *Schmidt*, ZG 1996, 345 (350 ff.).

[209] Klarstellend OLG Bamberg, WM 2009, 1082 (1086); OLG Frankfurt a. M., WM 2010, 1790 (1793); LG Leipzig, Urt. v. 03.06.2013 – 7 O 595/10; LG Wuppertal, WM 2008, 1637 (1640); LG Würzburg, ZIS 2008, 1059 (1060); *Bausch*, BKR 2009, 304; *Schwintek*, EWiR 2005, 661 (662).

[210] Vertiefend *Britz*, NVwZ 2001, 380; Hoppe/Uechtritz/Reck (Hrsg.), Handbuch Kommunale Unternehmen, 3. Aufl. 2012; *Lange*, Kommunalrecht, 2013, Kap. 14 Rn. 167 ff.

Maßgabe der einschlägigen Bestimmungen des Kommunalrechts[211] in der Regel,[212] dass sich die Gemeinde

- *zur Erfüllung ihrer Aufgaben* wirtschaftlich betätigt;
- ein *öffentlicher Zweck* die Betätigung erfordert;
- die Betätigung nach Art und Umfang in einem *angemessenen Verhältnis zu der Leistungsfähigkeit* der Gemeinde steht;
- teilweise zudem, dass bei einem Tätigwerden außerhalb tradierter Daseinsvorsorge der öffentliche Zweck *durch andere Unternehmen nicht besser und wirtschaftlicher erfüllt* werden kann, was richtigerweise für privatwirtschaftliche Konkurrenten drittschützend ist[213].

Bisweilen wird auch die wirtschaftliche Betätigung außerhalb des Gemeindegebiets weiteren Begrenzungen unterworfen.[214] Will eine Gemeinde zu Zwecken der wirtschaftlichen Betätigung ein Unternehmen gründen, stellt das Kommunalrecht in der Regel zusätzliche Voraussetzungen auf,[215] um eine wirtschaftliche Überforderung der Gemeinde bzw. die Belastung mit gemeinwohlunverträglichen Risiken zu verhindern. Das Kommunalrecht regelt nur die kommunalrechtliche Zulässigkeit von Unternehmensgründungen („Ob"). Soweit eine Gemeinde Gesellschaften des Privatrechts gründet, gelten für den Betrieb des Wirtschaftsunternehmens die Vorschriften des Gesellschaftsrechts (→ Rn. 57).

61   Das Kommunalrecht stellt den Gemeinden aber auch *öffentlich-rechtliche Organisationsformen zur wirtschaftlichen Betätigung* zur Verfügung, nämlich den Eigenbetrieb[216] und die Anstalt des öffentlichen Rechts[217].[218] *Eigenbetriebe* sind gemeindliche wirtschaftliche Unternehmen ohne Rechtspersönlichkeit, für die das Landesrecht besondere Bewirtschaftungsvorschriften vorsieht, die einerseits die Gemeinwohlbindung des kommunalen Wirtschaftens sicherstellen, andererseits aber der Betriebsleitung im Interesse effizienter Betriebsführung ausreichende Selbst-

---

[211] Etwa § 102 GO BW; Art. 87 BayGO; § 107 GO NRW; § 85 GO RP.

[212] Eingehend hierzu *T. I. Schmidt*, Kommunalrecht, 2011, Rn. 945 ff.; *Winnik*, Die abfallwirtschaftliche Betätigung der Gemeinden, 2009, S. 109 ff.

[213] VerfGH RP, DVBl. 2000, 992; OVG RP, ZUR 2006, 320 (321); OVG NRW, NVwZ 2003, 1520 f.; NVwZ 2008, 1031 (1032); VGH BW, NVwZ-RR 2006, 714 (715); *Gärditz*, in: ders., § 42 Rn. 87; *Lange*, Kommunalrecht, 2013, Kap. 14 Rn. 127 ff.; eingehend *Schoch*, Konkurrentenschutz im kommunalen Wirtschaftsrecht, in: FS Wahl, S. 573; differenzierend *Jungkamp*, NVwZ 2010, 546; anders noch BVerwGE 39, 329 (336).

[214] Etwa § 102 Abs. 7 GO BW; § 107 Abs. 3 GO NRW.

[215] §§ 103, 103a GO BW; Art. 92 BayGO; § 108 GO NRW; § 87 GO RP. Hierzu vertiefend *Lange*, Kommunalrecht, 2013, Kap. 14 Rn. 204 ff.

[216] Art. 88 BayGO; § 114 GO NRW; § 86 GO RP.

[217] Art. 89 BayGO; § 114a GO NRW; § 86a GO RP.

[218] Hierzu eingehend *Schneider*, Kommunalunternehmen (Anstalt des öffentlichen Rechts), in: Wurzel/Schraml/Becker (Hrsg.), Rechtspraxis der kommunalen Unternehmen, 2. Aufl. 2010, Kap. D.II. Rn. 26 ff.

ständigkeit einräumen.[219] Organisationsrechtlich sind die Eigenbetriebe Sondervermögen der Gemeinde und bleiben daher – trotz binnenorganisationsrechtlicher Ausdifferenzierung – im Außenverhältnis unselbstständiger Teil der Trägergemeinde.[220] Die Gemeinde kann aber auch durch Satzungsrecht *Anstalten des öffentlichen Rechts* gründen, die zwar verselbstständigt werden,[221] für die die Gemeinde aber in der Regel eine gesetzliche Gewährleistungsverantwortung übernimmt.[222] Anstalten verfügen dann als juristische Personen des öffentlichen Rechts über eigene Organe, und zwar in der Regel über einen kollegialen Verwaltungsrat als Hauptorgan mit Repräsentationsfunktion und einen Vorstand als ausführendes Organ.[223] Daneben ist die – in der Regel in den Gemeindeordnungen nicht gesondert geregelte – Wirtschaftsführung im sog. *Regiebetrieb* möglich, dessen Errichtung auf einem internen Organisationserlass beruht und über keine institutionell verfestigte Verselbstständigung verfügt.[224]

IV. Kontrollfragen

62

1. Welche Typen von Gesetzgebungskompetenzen des Bundes gibt es? (→ Rn. 3 ff.)
2. Was ist der wichtigste Gesetzgebungskompetenztitel für das Wirtschaftsverwaltungsrecht? (→ Rn. 5)
3. Was sind die besonderen Voraussetzungen der Inanspruchnahme einer konkurrierenden Gesetzgebungskompetenz beim Recht der Wirtschaft? (→ Rn. 10 ff.)
4. Inwiefern ist die BNetzA als Regulierungsbehörde unabhängig? (→ Rn. 46 f.)
5. Wie ist die BNetzA organisiert? (→ Rn. 41 ff.)
6. Wie legitimiert sich die wirtschaftliche Selbstverwaltung? (→ Rn. 53 ff.)
7. Was bedeutet „Vorrang des Gesellschaftsrechts"? (→ Rn. 59)
8. Welche öffentlich-rechtlichen Organisationsformen stehen einer Gemeinde zur wirtschaftlichen Betätigung zur Verfügung? (→ Rn. 61)
9. Welche Funktion erfüllt das Kollegialprinzip in der Verwaltungsorganisation? (→ Rn. 37)

---

[219] Hierzu *Lange*, Kommunalrecht, 2013, Kap. 14 Rn. 168 f.

[220] *Schneider*, in: Wurzel/Schraml/Becker (Hrsg.), Rechtspraxis der kommunalen Unternehmen, 2. Aufl. 2010, Kap. D Rn. 97 ff.

[221] Kritisch zum damit einhergehenden demokratischen Kontrollverlust *Lange*, Kommunalrecht, 2013, Kap. 14 Rn. 176.

[222] Vgl. § 114a Abs. 5 GO NRW.

[223] Vgl. Art. 90 BayGO; § 86b GO RP; *T. I. Schmidt*, Kommunalrecht, 2011, Rn. 959.

[224] Hierzu *Lange*, Kommunalrecht, 2013, Kap. 14 Rn. 167; *T. I. Schmidt*, Kommunalrecht, 2011, Rn. 957.

Literatur

Britz, Vom Europäischen Verwaltungsverbund zum Regulierungsverbund?, EuR 2006, 46

Broemel, Strategisches Verhalten in der Regulierung, 2010

Burgi, Verwaltungsorganisationsrecht, in: Erichsen/Ehlers (Hrsg.), Allgemeines Verwaltungsrecht, 14. Aufl. 2010, § 10

Gärditz, Hochschulorganisation und verwaltungsrechtliche Systembildung, 2009

Groß, Das Kollegialprinzip in der Verwaltungsorganisation, 1999

Jestaedt, Grundbegriffe des Verwaltungsorganisationsrechts, in: Hoffmann-Riem/Schmidt-Aßmann/Voßkuhle (Hrsg.), Grundlagen des Verwaltungsrechts, Bd. I: Methoden, Maßstäbe, Aufgaben, Organisation, 2. Aufl. 2012, § 14

Kluth (Hrsg.), Handbuch des Kammerrechts, 2. Aufl. 2011

Ludwigs, Die Bundesnetzagentur auf dem Weg zur Independent Agency? – Europarechtliche Anstöße und verfassungsrechtliche Grenzen, Die Verwaltung 44 (2011), 41

Masing, Die Regulierungsbehörde im Spannungsfeld von Unabhängigkeit und parlamentarischer Verantwortung, in: FS Schmidt, 2006, S. 521

Masing/Marcou (Hrsg.), Unabhängige Regulierungsbehörden, 2010

Schmidt-De Caluwe, Verwaltungsorganisationsrecht, JA 1993, 77

Wahl, Privatorganisationsrecht als Steuerungsinstrument bei der Wahrnehmung öffentlicher Aufgaben, in: Schmidt-Aßmann/Hoffmann-Riem (Hrsg.), Verwaltungsorganisationsrecht als Steuerungsressource, 1997, S. 301

§ 5 Wirtschafts- und Währungspolitik

Reiner Schmidt*

Inhaltsverzeichnis

* Für nachhaltige Unterstützung, insbesondere bei Auswahl und Entwicklung der Übersichten, danke ich Frau Annika Schmidl, Wiss. Mitarbeiterin am Lehrstuhl für Öffentliches Recht, Europarecht und Öffentliches Wirtschaftsrecht (Prof. Dr. Ferdinand Wollenschläger), Universität Augsburg, herzlich.

R. Schmidt (✉)
Juristische Fakultät, Universität Augsburg, Universitätsstr. 24,
86159 Augsburg, Deutschland
E-Mail: reiner.schmidt@jura.uni-augsburg.de

© Springer-Verlag Berlin Heidelberg 2016
R. Schmidt, F. Wollenschläger (Hrsg.), *Kompendium Öffentliches Wirtschaftsrecht*,
Springer-Lehrbuch, DOI 10.1007/978-3-662-45579-1_5

I. Die geschichtliche Entwicklung

1. Das Zeitalter des Liberalismus

1 Die industrielle Revolution in Deutschland war stark geprägt durch den Wirt-
schaftsliberalismus in England, den Ausgangspunkt der Lehren eines *Adam Smith*
und eines *David Ricardo*. Der Beginn der rechtlichen Gestaltung der *Wirtschaftspolitik* bzw. nach der damaligen Terminologie der *Wirtschaftslenkung* kann in den
Staatseingriffen des 19. Jahrhunderts gesehen werden. Diese waren entgegen den
liberalen herrschenden Vorstellungen von Staat und Gesellschaft wegen der sozialen Spannungen in Folge der wachsenden Industrialisierung notwendig geworden.
Der fortschrittlich freiheitliche Deutsche Zollverein von 1834 war ein Niederschlag
dieses Denkens. Erst nach der Reichsgründung erfuhren das Postulat der Freiheit
der Wirtschaft vom Staat und der Glaube an die Selbstregulierung der Wirtschaft

eine entscheidende Schwächung. Verstärkte Auslandskonkurrenz, nationalwirt-
schaftliche Rivalitäten und der Druck des Großgrundbesitzes zwangen Reichskanz-
ler Bismarck 1876 zur Aufgabe seiner liberalen Handelspolitik. Zunehmend setzten
sich staatswirtschaftliche Tendenzen durch: Post und Bahn, Telegraf und Telefon,
umfangreiche land- und forstwirtschaftliche Domänen und zahlreiche Bergwerke
waren in der Hand des Staates, wobei über die Hälfte seiner Einnahmen aus eigenen Wirtschaftsbetrieben kam. Den Umbruch vom Liberalismus zu einem gemä-
ßigten Staatsinterventionismus verdeutlicht die *Gewerbeordnung von 1869*[1] (→ § 9
Rn. 1). Sie bekennt sich zum Prinzip der Gewerbefreiheit, behält aber gleichzeitig dem Staat Eingriffs- und Aufsichtsbefugnisse vor. Die Rechtswissenschaft des
19. Jahrhunderts blieb trotz mancher Ansätze hinter der theoretischen Bewältigung
des Interventionismus durch die Nationalökonomie zurück. Auf der Basis der durch
einen siegreichen Liberalismus geschaffenen Rechte erkannte die Opposition aus
wirtschafts- und sozialpolitischen Erwägungen die Lenkungsproblematik. In seiner „Grundlegung der politischen Ökonomie" aus dem Jahr 1892 stellte *Adolph
Wagner* die Grundfrage, wie Freiheitssphäre und Eigentum beschaffen sein müssen,
um den Bedingungen des gesellschaftlichen und wirtschaftlichen Zusammenlebens
zu genügen. Insgesamt gesehen gab es in Deutschland bis 1914 bemerkenswerte
Ansätze für eine rechtlich eingehegte Wirtschaftspolitik. Die Sorgen der gesamten
Volkswirtschaft um sozial benachteiligte Gruppen und um den Missbrauch wirtschaftlicher Macht hatten im Zeitalter des Liberalismus durchaus ihren juristischen
Niederschlag gefunden.

2. Die Kriegswirtschaft

Mit dem Ausbruch des 1. Weltkriegs setzte eine Lenkung der Wirtschaft in großem   **2**
Umfang ein. Am 04.08.1914 war der Reichstag mit 16 Gesetzen zur Kriegswirt-
schaft übergegangen. Am folgenreichsten erwies sich das Gesetz über die Verlängerung der Fristen des Wechsel- und Scheckrechts[2], das den Bundesrat ermächtigte,
während der Zeit des Krieges diejenigen gesetzlichen Maßnahmen anzuordnen,
welche sich zur Abhilfe wirtschaftlicher Schädigungen als notwendig erweisen. Die
Rechtswissenschaft erwies sich gegenüber dieser neuen Situation als hilflos. Die
Fülle von staatlichen Eingriffen war mit polizeirechtlichen Kategorien nicht mehr
zu bewältigen. „Aber, wo nun die Grenze liegt zwischen solchen nichtpolizeilichen
Akten und denjenigen Maßregeln, die ‚Polizei' bleiben, ist bestritten und unklar."[3]

---

[1] Gewerbeordnung für den Norddeutschen Bund vom 21.06.1869, BGBl. des Norddeutschen Bundes, S. 245.

[2] Gesetz über die Ermächtigung des Bundesrats zu wirtschaftlichen Maßnahmen und über die
Verlängerung der Fristen des Wechsel- und Scheckrechts im Falle kriegerischer Ereignisse vom
04.08.1914, RGBl. 1914, S. 327.

[3] So *Hedemann*, Deutsches Wirtschaftsrecht, 1943, S. 75.

3. Weimarer Verfassung und Nationalsozialismus

3   Die *Weimarer Verfassung* enthielt zwar die traditionell liberalen Grundrechte. Der Abschnitt über das Wirtschaftsleben (Art. 151–165 WRV) brachte aber eine deutliche Begrenzung für das Wirtschaften Privater, das auf der Grundlage eines menschenwürdigen Daseins für alle (Art. 151 WRV), einer partiellen Sozialisierung (Art. 156 WRV) und mit der Garantie eines sozial gebundenen Eigentums (Art. 153, 155 WRV) die Rechte des arbeitenden Menschen schützen sollte (Art. 159–163, 165 WRV). Gemeinwirtschaftliche Vorstellungen finden sich bruchstückhaft in Art. 156 Abs. 2 WRV, der das Reich zum Zusammenschluss von Unternehmen und Verbänden ermächtigte. Der Erfolg der sozialistischen und interventionistischen Bestimmungen blieb gering. Der in Art. 165 WRV vorgesehene Reichswirtschaftsrat scheiterte an der Frage, inwieweit er eine Repräsentation des Staatsvolkes neben der im Parlament vollzogenen darstellen sollte.

4   In der folgenden Zeit des *Nationalsozialismus* kam es zu einer umfassenden Wirtschaftslenkung und -planung. Der Staat wurde zum „Herrn und Verwalter der Wirtschaft".[4] „In der überragenden Gestalt des Führers, die wie überall, so auch hier bei der Gestaltung der Wirtschaftsverhältnisse als der oberste Künder des Volkswillens erscheint, erfährt diese Zentralisation ihre höchste Krönung", so formulierte das damals führende Handbuch des Wirtschaftsrechts.[5] Durch den zweiten Vierjahresplan sollte „eine einheitliche Lenkung aller Kräfte des deutschen Volkes und die straffe Zusammenfassung aller einschlägigen Zuständigkeiten in Partei und Staat" erreicht werden.[6] Als Instrumente dienten Rechtsverordnungen, allgemeine Verwaltungsvorschriften und Weisungen, denen gleichermaßen Rechtscharakter zugebilligt wurde.[7]

4. Der Neuanfang mit dem Grundgesetz

5   Nach dem Zusammenbruch im Jahr 1945 verlagerte sich die Grundsatzdiskussion um Berechtigung und Intensität des Interventionismus auf die Frage nach der Festlegung eines bestimmten Wirtschaftssystems in der Verfassung (→ § 2 Rn. 3 ff.). „[D]ie Gesamtheit aller Bestrebungen, Handlungen und Maßnahmen, die darauf abzielen, den Ablauf des Wirtschaftsgeschehens zu einem Gebiet oder Bereich zu ordnen, zu beeinflussen oder unmittelbar festzulegen",[8] kurz die Wirtschaftspolitik, wurde in den weiten Rahmen einer „Wirtschaftsverfassung" gestellt, über den sich die h. M. bald einig geworden war, dass in ihm die soziale Marktwirtschaft nur als

---

[4] *Hedemann*, Deutsches Wirtschaftsrecht, 1943, S. 145.

[5] *Hedemann*, Deutsches Wirtschaftsrecht, 1943, S. 28.

[6] Verordnung zur Durchführung des Vierjahresplanes vom 18.10.1936, RGBl. I, S. 887.

[7] Zur Geschichte der Wirtschaftslenkungen im Ganzen siehe *R. Schmidt*, Wirtschaftspolitik, S. 43 ff.

[8] *Giersch*, Allgemeine Wirtschaftspolitik, Bd. 1, 1961, S. 17.

eines von mehreren Ordnungssystemen Platz gefunden hatte.[9] Ein bestimmtes Wirtschaftssystem wird zwar nicht garantiert, wie dies das BVerfG immer wieder betonte, allerdings gilt ein Vorrang für den freien Markt. Die Wirtschaft der Bundesrepublik ist nämlich grundsätzlich frei; eine Einschränkung der wirtschaftlichen Betätigungsfreiheit etwa durch eine Marktordnung ist nach Auffassung des Gerichts nur
zulässig, soweit sie durch überwiegende Gründe des Gemeinwohls geboten ist.[10]
In diesem weiten Rahmen konnte sich ein vitales Wirtschaftsleben entwickeln, das
auch durch die Neuausrichtung der Wirtschaftspolitik auf das gesamtwirtschaftliche
Gleichgewicht im Jahr 1967 durch Einfügung des Art. 109 Abs. 2 GG (→ Rn. 32)
nicht gebremst wurde. Die Definition des gesamtwirtschaftlichen Gleichgewichts
durch das Stabilitäts- und Wachstumsgesetz (StabG) und die dort zu findende Instrumentalisierung (→ Rn. 35 ff.) haben heute kaum mehr praktische Bedeutung.
Zum einen, weil der volkswirtschaftliche Hintergrund des Gesetzes, die Vorstellung
einer antizyklischen Fiskalpolitik im Sinne von *Keynes*, heute weitgehend als überholt gilt, zum anderen, weil sich wegen des europäischen Einigungsprozesses die
Grundlage wirtschaftspolitischen Handelns deutlich verändert hat.

5. Der Weg in die Europäische Union

Das Bemühen um eine dauerhafte Integration der Staaten Europas, das zunächst   6
politisch scheiterte, fand seinen Niederschlag in den Römischen Verträgen zur
Gründung der Europäischen Wirtschaftsgemeinschaft und der Europäischen Atomgemeinschaft, die im Jahr 1957 in Rom unterzeichnet wurden. Das Scheitern einer
politischen Integration hatte die Einsicht begünstigt, dass der Ausbau des Gemeinschaftssystems auf wirtschaftlichem Gebiet letztlich auch politische Folgen haben
würde. Kernpunkt des Einigungsprozesses war die Bildung einer Zollunion mit den
vier Marktfreiheiten, dem freien Verkehr von Waren, Personen, Dienstleistungen
und Kapital (→ § 1 Rn. 6 ff.). Weitere wesentliche Entwicklungsschritte waren die
Finanzreform der Gemeinschaften, die Direktwahl des Europäischen Parlaments
(seit 1979), die Schaffung eines Europäischen Währungssystems (seit 1978) und die
Etablierung einer europäischen politischen Zusammenarbeit (seit 1970). Eine neue
Stufe bei der Verwirklichung einer engeren Union der Völker Europas wurde durch
den *Maastrichter Vertrag* (1992)[11] erreicht. Nach kleineren Integrationsschritten
durch den *Vertrag von Amsterdam* (1997)[12] und den *Vertrag von Nizza* (2001)[13]

---

[9] Näheres bei *R. Schmidt*, in: ders., AT, S. 68 ff.

[10] BVerfGE 18, 315 (327).

[11] Vertrag über die Europäische Union, unterzeichnet zu Maastricht am 07.02.1992, ABl. EG C
191/1.

[12] Vertrag von Amsterdam zur Änderung des Vertrags über die Europäische Union, der Verträge zur Gründung der Europäischen Gemeinschaften sowie einiger damit zusammenhängender
Rechtsakte vom 02.10.1997, ABl. EG C 340/1.

[13] Vertrag von Nizza zur Änderung des Vertrags über die Europäische Union, der Verträge zur
Gründung der Europäischen Gemeinschaften sowie einiger damit zusammenhängender Rechtsakte, unterzeichnet in Nizza am 26.02.2001, ABl. EG C 80/1.

kam es schließlich zum Reformvertrag, zum *Vertrag von Lissabon* (2007)[14]. Seine wesentlichen Neuerungen, wie die Konstituierung der Europäischen Union als rechtsfähige Organisation und die Überführung der polizeilichen und justiziellen Zusammenarbeit in Strafsachen in einen vergemeinschaftlichten Politikbereich, betrafen aber nicht den Binnenmarkt. Das Regelungsgefüge des europäischen Wirtschaftsrechts, das Regime des Binnenmarktes mit den Marktfreiheiten und der Wettbewerbsordnung, blieb unverändert.

6. Der Weg in die Europäische Währungsunion

7   Die Idee einer gemeinsamen Währung wurde erstmals in einem Memorandum vom 24.10.1962[15] angesprochen. Eine Einigung über die ökonomische Notwendigkeit einer gemeinsamen Währung wurde allerdings nicht erzielt. Nach den wichtigen Stationen des *Barre-Plans* (1969)[16], des *Werner-Plans* (1970)[17] und des *Delors-Plans* (1988)[18] kam es schließlich zum *Vertrag von Maastricht*. Die Kommission, die ursprünglich die Einführung einer gemeinsamen Wirtschaftspolitik vorgeschlagen hatte, konnte sich nicht durchsetzen. Stattdessen wurde die Pflicht zu einer engen *Koordination der Wirtschaftspolitik* der Mitgliedstaaten vereinbart (Art. 3a Abs. 1 EGV, jetzt Art. 119 Abs. 1 AEUV; → Rn. 11 ff.). Neu wurden auch Vorgaben für die Schuldenpolitik (Art. 104c EGV, jetzt Art. 126 AEUV; → Rn. 30) geschaffen, außerdem wurde das Verbot einer monetären Haushaltsfinanzierung (→ Rn. 26) verankert. Seit dem Eintritt in die dritte Stufe der Wirtschafts- und Währungsunion wurde die *Währungshoheit* vollständig auf die Union übertragen (zu den drei Stufen der Wirtschafts- und Währungsunion siehe Abb. 1). Abgesehen von Ausnahmeregelungen gibt es keine Zuständigkeit der Mitgliedstaaten mehr. Unumkehrbar ist der Eintritt in die dritte Stufe der Wirtschafts- und Währungsunion allerdings nicht. Jeder Mitgliedstaat kann im Einklang mit seinen verfassungsrechtlichen Vorschriften beschließen, aus der Union auszutreten (Art. 50 EUV).

---

[14] Vertrag von Lissabon zur Änderung des Vertrags über die Europäische Union und des Vertrags zur Gründung der Europäischen Gemeinschaft, unterzeichnet in Lissabon am 13.12.2007, Abl. EG C 306/1.

[15] Memorandum der Kommission über das Aktionsprogramm der Gemeinschaft für die zweite Stufe, 1962, S. 73 ff. (sog. „Marjolin-Memorandum").

[16] Memorandum der Kommission an den Rat über die Koordinierung der Wirtschaftspolitik und die Zusammenarbeit in Währungsfragen innerhalb der Gemeinschaft vom 12.02.1969, Sonderbeilage zum Bulletin Nr. 3/1969 der EG.

[17] Bericht an Rat und Kommission über die stufenweise Verwirklichung der Wirtschafts- und Währungsunion in der Gemeinschaft vom 08.10.1970, ABl. EG C 136/1.

[18] Ausschuss zur Prüfung der Wirtschafts- und Währungsunion, Bericht über die Wirtschafts- und Währungsunion in der Europäischen Gemeinschaft vom 12.04.1989.

Die drei Stufen der Wirtschafts- und Währungsunion

Erste Stufe 1. Juli 1990	Zweite Stufe 1. Januar 1994	Dritte Stufe 1. Januar 1999
	Errichtung des EWI	Einführung des Euro: erst Buchgeld – dann Bargeld
Verstärkte Zusammenarbeit der Zentralbanken	Verbot der Gewährung von Zentralbankkrediten an öffentliche Stellen	Inkrafttreten des Stabilitäts- und Wachstumspakts
Uneingeschränkter Kapitalverkehr	Koordinierung der Geld- politik und Stärkung der wirtschaftlichen Konvergenz	Einrichtung des Wechsel- kursmechanismus II
Verbesserung der wirtschaftlichen Konvergenz	Prozess hin zur Unabhängig- keit der Zentralbanken	Durchführung einer einheitlichen Geldpolitik durch das Eurosystem

Abb. 1 Die drei Stufen der Wirtschafts- und Währungsunion [Quelle: Deutsche Bundesbank (Hrsg.), Geld und Geldpolitik, 2014, S. 127]

II. Begriffliches

1. Die Wirtschaftspolitik

Unter Wirtschaftspolitik werden alle Maßnahmen der leitenden supranationalen   8
und staatlichen Organe [u. a. des Rats der Europäischen Union, der Europäischen
Kommission, des Europäischen Systems der Zentralbanken (ESZB), der nationalen Regierungen und Parlamente] zur Verfolgung bestimmter Ziele im Bereich der
Wirtschaft verstanden. Das öffentliche Wirtschaftsrecht liefert hierzu die kompe-
tenzmäßigen Voraussetzungen sowie das rechtliche Instrumentarium und formuliert die Ziele wirtschaftspolitischen Handelns. Herkömmlicherweise wird die Wirtschaftspolitik in die großen Bereiche der Ordnungs-, Struktur- und Konjunkturpolitik eingeteilt.

a) Zur *Ordnungspolitik* zählt insbesondere die Entscheidung über das volkswirtschaftliche Lenkungssystem. Soll hierbei der private Sektor dominieren, dann muss durch entsprechende Wettbewerbspolitik wirksamer Wettbewerb hergestellt und bewahrt werden.

b) Zur *Strukturpolitik* gehören sektorale, auf Branchen bezogene, und regionale, auf Problemgebiete gerichtete, wirtschaftspolitische Maßnahmen, mit denen die sich langfristig vollziehenden Strukturwandlungen in einzelnen Wirtschaftszweigen bzw. -regionen beeinflusst werden sollen. Sektorale Strukturpolitik, entartet sie nicht zur speziellen Industriepolitik, besteht vor allem darin, die Investitionstätigkeit der öffentlichen Hand zur Verbesserung der sozialen und technischen Infrastruktur einzusetzen. Regionale Strukturpolitik ist auf Fördergebiete bezogen, im Unionsrecht ist sie als eigenständiger Politikbereich (Titel XVIII des AEUV: „Wirtschaftlicher, sozialer und territorialer Zusammenhalt") in den Art. 174 ff. AEUV ausgestaltet. Instrumente sind u. a. der Europäische Regionalfond (Art. 176 AEUV) und der Strukturfond (Art. 177 AEUV). Im nationalen Bereich geht es um die Verbesserung der regionalen Wirtschafts- (Art. 91a Abs. 1 Nr. 1 GG) und um die Agrarstruktur (Art. 91a Abs. 1 Nr. 2 GG). Beide Aufgabenbereiche werden wahrgenommen und näher ausgestaltet durch Gesetze zur jeweiligen Gemeinschaftsaufgabe.[19]

c) Jene Teile der Wirtschaftspolitik, welche unmittelbar auf die Beeinflussung der Konjunktur abzielen, werden als *Konjunkturpolitik* bezeichnet. Dem Ziel, die Entwicklung der Volkswirtschaft möglichst schwankungsfrei zu gestalten, dienen Maßnahmen der öffentlichen Haushalte, der Währungspolitik und der Kreditpolitik. Kurzfristige Konjunkturschwankungen sollen mit einer Detailsteuerung (Mikropolitik), vor allem aber mit Maßnahmen, die auf die volkswirtschaftliche Gesamtnachfrage gerichtet sind (Makropolitik), vermindert werden.

9   Auf nationaler Ebene bildet Art. 109 Abs. 2–4 GG mit seiner verfassungsrechtlichen Verpflichtung auf das gesamtwirtschaftliche Gleichgewicht zusammen mit dem StabG und dessen reichem Instrumentarium eine rechtliche Rahmenordnung (→ Rn. 32 ff.). Auf europäischer Ebene nimmt vor allem das ESZB, das in Art. 127 AEUV seine rechtliche Grundlage findet (→ Rn. 45 ff.), durch sein umfangreiches währungspolitisches Instrumentarium die prozesspolitische Steuerung wahr.

2. Die Abgrenzung zur Währungspolitik

10   Zwischen Wirtschafts- und Währungspolitik ist schon deshalb streng zu trennen, weil im Rahmen der Europäischen Union die Währungshoheit von den Mitgliedstaaten vollständig auf die Union übertragen wurde, während die Wirtschaftspolitik nach dem Prinzip der begrenzten Einzelermächtigung bei den Mitgliedstaaten verblieb. Im primären Unionsrecht wird der Begriff „Währungspolitik" in den Art. 3 Abs. 1 lit. c und Art. 127 Abs. 2 AEUV als Oberbegriff verstanden, der nicht mit

---

[19] Zum Ganzen vgl. *P. M. Huber*, in: Schoch, Kap. 3 Rn. 101 ff.

dem der Geldpolitik gleichzusetzen ist. Während der rechtliche Geldbegriff nur das wirtschaftliche Einzelphänomen des Geldes erfasst, sich also auf eine bestimmte Werteinheit bezieht, soweit sie vom Staat zu Geld erklärt wurde, stellt der Begriff „Währung" auf die gesamte staatliche Geldordnung (Geldverfassung) ab. Daneben wird umgangssprachlich mit „Währung" auch die jeweils nationale Wert- und Recheneinheit bezeichnet.[20]

III. Die allgemeinen Grundlagen der Wirtschafts- und Währungspolitik der EU

1. Die Aufteilung der Kompetenzen

Die Wirtschafts- und Währungsunion der Europäischen Union beruht auf zwei Säulen: auf der *Koordinierung der Wirtschaftspolitik* (→ Rn. 14 ff.) und auf der *Ausübung der währungspolitischen Befugnisse durch das ESZB* (→ Rn. 43 ff.). Nach dem Vertrag von Maastricht ist seit 01.11.1993 Aufgabe der Union (jetzt Art. 3 Abs. 4 EUV) die Errichtung eines Gemeinsamen Marktes und die einer Wirtschafts- und Währungsunion. Seit dem Vertrag von Lissabon ist die *soziale Marktwirtschaft* nach Art. 3 Abs. 3 S. 2 EUV Ziel der Union (→ § 1 Rn. 3 ff.). Im Gegensatz zur Währungspolitik, die vergemeinschaftet wurde (Art. 127 ff. AEUV) und der Union eine ausschließliche Zuständigkeit verleiht (Art. 3 Abs. 1 lit. c AEUV), wird die Wirtschaftspolitik der Mitgliedstaaten nur koordiniert (Art. 121 AEUV) und haushaltspolitisch überwacht (Art. 126, 136 AEUV). Im Bereich der Wirtschaftspolitik hat die Union damit weder eine ausschließliche noch eine geteilte Zuständigkeit (vgl. Art. 5 AEUV). **11**

Die sechs normativen Eckpunkte der Wirtschafts- und Währungsunion sind:
- die Koordinierung der Wirtschaftspolitiken aller Mitgliedstaaten (Art. 121 AEUV);
- der Zwang zur Haushaltsdisziplin (Art. 126, 136 AEUV);
- die Alleinhaftung jedes Mitgliedstaates für seine Verbindlichkeiten (Art. 125 AEUV);
- die Sicherung der Preisstabilität (Art. 127 Abs. 1 S. 1 AEUV);
- die Grundübereinstimmung der wirtschaftlicher Grunddaten als Voraussetzung des Beitritts zur Währungsgemeinschaft (Konvergenzlage, Art. 140 AEUV);
- die Schaffung einer unabhängigen Europäischen Zentralbank.[21]

---

[20] So *R. Schmidt*, HStR³ V, § 117 Rn. 3.
[21] So *Herdegen*, § 23 Rn. 2.

12   Kernstück der Wirtschaftsunion ist die *Koordinierung*, mit der wirtschaftliche Un-
     gleichgewichte vermieden oder abgebaut werden sollen. Art. 121 AEUV begrün-
     det keine Zuständigkeit für verbindliche Entscheidungen. Es handelt sich vielmehr
     gemäß Art. 5 AEUV um eine spezielle Zuständigkeit für die Koordinierung und
     präventive mitgliedstaatliche Haushaltsüberwachung.[22] Zu den Überwachungs-
     maßnahmen nach Art. 121 AEUV gehören Berichtspflichten der Mitgliedstaaten
     (Art. 121 Abs. 3 AEUV), Berichte der Kommission über wirtschaftliche Entwick-
     lungen, Verwarnungen, der sog. „blaue Brief" (Art. 121 Abs. 4 UAbs. 1 AEUV)
     und Empfehlungen der Kommission an den Rat. Der Rat kann diese Empfehlungen
     veröffentlichen, die Stimme der betroffenen Mitgliedstaaten bleibt unberücksichtigt
     (Art. 121 Abs. 4 UAbs. 2 AEUV).

2. Art. 3 EUV als Grundnorm des Integrationsprogramms

13   Die Koordinierung der Wirtschaftspolitik und die Ausübung der Währungspolitik
     stehen unter der Zielbestimmung des Art. 3 EUV. Unter der Zieltrias Förderung
     des Friedens, Werte der Union und *„Wohlergehen der Völker der Union"* (Abs. 1)
     interessiert in unserem Zusammenhang letzteres, das sich nur auf das ökonomische
     Wohlergehen beziehen kann.[23] Nach Art. 3 Abs. 4 EUV ist es ausdrückliches Ziel
     der Union, eine Wirtschafts- und Währungsunion, deren Währung der Euro ist,
     zu errichten. Konkretisiert wird dies auch durch Art. 3 Abs. 3 UAbs. 1 S. 1 EUV,
     wonach die Union einen Binnenmarkt mit wirtschaftlichen Grundfreiheiten und
     Wettbewerb errichtet. Zum Wohlergehen der Völker gehört als Unionsziel nach
     Art. 3 Abs. 3 UAbs. 1 S. 2 EUV die Preisstabilität im Rahmen der wirtschafts-
     verfassungsrechtlichen Grundentscheidung für die Marktwirtschaft, für welche die
     soziale Komponente stark betont wird.[24] Damit wurde aber keine Systementschei-
     dung für ein bestimmtes wirtschaftstheoretisches Konzept getroffen.[25] Art. 3 EUV
     ist eine Grundnorm des Integrationsprogramms, die in erster Linie die Unions-
     organe verpflichtet, während die Mitgliedstaaten nur mittelbar angesprochen wer-
     den. Festgelegt wurde ein nicht justitiables Finalprogramm, das praktisch vor allem
     bei Auslegung unbestimmter Rechtsbegriffe des Vertragswerks eine Rolle spielen
     dürfte.[26]

---

[22] Vgl. *Ohler*, in: Calliess/Ruffert, Art. 121 AEUV Rn. 2.

[23] Siehe *Ruffert*, in: Calliess/ders., Art. 3 EUV Rn. 21.

[24] So *Kahl*, Freiheitsprinzip und Sozialprinzip in der Europäischen Union, in: FS R. Schmidt,
S. 75 ff.

[25] Näheres bei *Ruffert*, in: Calliess/ders., Art. 3 EUV Rn. 38.

[26] So auch *Ruffert*, in: Calliess/ders., Art. 121 AEUV Rn. 9.

IV. Die Grundsätze der europäischen Wirtschaftspolitik

1. Die Grundbedingungen für die Wirtschaftspolitik in Art. 119 Abs. 3 AEUV

Für die Koordinierung der Wirtschaftspolitik der Mitgliedstaaten legt Art. 119 Abs. 3 AEUV richtungsweisende Grundsätze fest, die im Übrigen auch für die Durchführung der Währungspolitik gelten: **14**

- stabile Preise (→ Rn. 15);
- gesunde öffentliche Finanzen (→ Rn. 16);
- gesunde monetäre Rahmenbedingungen (→ Rn. 17) sowie
- eine dauerhaft finanzierbare Zahlungsbilanz (→ Rn. 18).

Art. 119 AEUV begründet weder Befugnisse noch subjektive Rechte, schafft aber Grundbedingungen für die Wirtschafts- und Währungspolitik. Eine generelle Rangfolge wurde nicht festgelegt, wobei allerdings für den Sonderbereich der Währungspolitik nach Art. 119 Abs. 2 AEUV ein absoluter Vorrang der Preisstabilität bestimmt wurde.

a) Stabile Preise

Dieser unmittelbare *Vorrang der Preisstabilität* folgt neben Art. 119 Abs. 2 AEUV **15** auch aus Art. 3 Abs. 3 UAbs. 1 S. 2 EUV als Ziel für die Tätigkeit der Union insgesamt. Speziell für die Währungspolitik wird der Vorrang der Preisstabilität in Art. 127 Abs. 1 AEUV nochmals bekräftigt (→ Rn. 58). Mit „Preisstabilität" ist die Kaufkraft des Euro gemeint, d. h. die Stabilität der Verbraucherpreise eines differenziert zusammengesetzten Warenkorbes, der im sog. Harmonischen Verbraucherpreisindex (HVPI) abgebildet wird. Gemeint ist nicht die Stabilität einzelner Preise, sondern das exakt definierte Preisniveau einer Gruppe von Gütern.[27] Die Preisstabilität ist als absolute zu verstehen.[28] Das Ziel einer dauerhaften Bewahrung der Kaufkraft war Grundlage für die Vergemeinschaftung der Währungspolitik. Ein Anstieg der Preise „von unter, aber nahe 2 %"[29] gegenüber dem Vorjahr kann aber als praktikable, mit dem Absolutheitsanspruch noch vereinbare, Lösung angesehen werden.[30]

---

[27] *Gaitanides*, Das Recht der EZB, S. 20.

[28] Zur Problematik absoluter Grenzwerte vgl. *Siekmann*, in: ders., Art. 119 AEUV Rn. 46.

[29] So *Europäische Zentralbank*, Die Geldpolitik der EZB, S. 52 f.

[30] So wohl *Herdegen*, in: Maunz/Dürig, Art. 88 Rn. 31 (Stand: 60. EL Oktober 2010).

b) Gesunde öffentliche Finanzen

16 Mit dem Begriff „gesunde öffentliche Finanzen" wird auf Referenzwerte, die sog.
Maastricht-Kriterien verwiesen.[31] Obwohl die gesunden öffentlichen Finanzen
wichtige Funktionsbedingungen der Währungsunion sind, wurde kein entsprechendes Instrumentarium geschaffen. Die Referenzwerte, die keine Grenzwerte sind,
sind inzwischen zum allgemeinen internationalen Standard geworden, können aber
keineswegs als ausschließliche Indizien für gesunde Finanzen angesehen werden[32],
weil sie Sonderprobleme wie die notwendige Finanzierung maroder Banken nicht
erfassen. Mehr an Steuerungskraft ist von der inzwischen in das GG eingefügten
sog. Schuldenbremse (Art. 109 Abs. 3 GG) zu erwarten (→ Rn. 33 f.).

c) Gesunde monetäre Rahmenbedingungen

17 Bei den neben den „gesunden öffentlichen Finanzen" genannten „monetären Rahmenbedingungen" handelt es sich um eine wenig aussagefähige Bestimmung, weil
in wenigen Artikeln des AEUV, wie in Art. 123 (Verbot von Kreditfazilitäten) und
in Art. 127 ff. (Preisstabilität), konkrete Aussagen zur Wahrung gesunder monetärer Rahmenbedingungen gemacht werden, die den Regelungsgehalt der Art. 119
Abs. 3 AEUV in ihrer Wirkung auf allgemeine Auslegungsgrundsätze bei Handhabung von Beurteilungsspielräumen, Ermessensbestimmungen und unbestimmten
Rechtsbegriffen reduzieren.[33]

d) Dauerhaft finanzierbare Zahlungsbilanz

18 Eine Zahlungsbilanz soll die wirtschaftliche Verflechtung einer Volkswirtschaft mit
dem Ausland abbilden. „Ausgeglichen" ist sie, wenn der Saldo ohne Berücksichtigung der Kreditgewährung durch das Ausland und die Veränderung der Währungsreserven betrachtet wird. Langfristig darf eine Zahlungsbilanz keine Defizite aus-
weisen, weil sie andernfalls nicht mehr finanzierbar ist.[34]

2. Offene Marktwirtschaft mit freiem Wettbewerb

19 Die Mitgliedstaaten halten sich bei ihrem wirtschaftspolitischen Handeln an die
soeben behandelten richtungweisenden Grundsätze. Diese Aktivitäten sollen in
Übereinstimmung mit dem Prinzip einer „*offenen Marktwirtschaft mit freiem Wettbewerb*" (Art. 119 Abs. 2 AEUV) stehen. Die Vertragsgeber haben dieses Prinzip
in Art. 120 AEUV wiederholt, woraus geschlossen werden kann, diese Aussage sei
ihnen besonders wichtig gewesen. Trotzdem ist dem Prinzip als solchem wenig
Konkretes zu entnehmen. Vergleichbar mit der Diskussion einer „Wirtschaftsverfassung" nach dem Grundgesetz (→ § 2 Rn. 3 ff.), sind es letztlich nur konkrete

---

[31] Siehe Art. 126 Abs. 2 AEUV sowie das Protokoll (Nr. 12) über das Verfahren bei einem übermäßigen Defizit, ABl. EU 2010 C 83/273.

[32] Vgl. *Siekmann*, in: ders., Art. 119 AEUV Rn. 56.

[33] So auch *Siekmann*, in: ders., Art. 119 AEUV Rn. 58.

[34] Zum Ganzen *Siekmann*, in: ders., Art. 119 AEUV Rn. 62 ff.

Bestimmungen wie etwa die Eigentumsfreiheit, an denen staatliche Interventionen zu messen sind, während im Übrigen nur systemändernde Maßnahmen, etwa der Versuch der Einführung einer Zentralplanwirtschaft oder die vollständige Beseitigung der wirtschaftlichen Betätigungsfreiheit des einzelnen Bürgers, eine Grenze für staatliche Interventionen sind. Einen besonderen Aspekt allerdings spricht der Gesetzgeber an, wenn er sagt, dass durch den Grundsatz einer offenen Marktwirtschaft mit freiem Wettbewerb ein „effizienter Einsatz der Ressourcen gefördert wird" (Art. 120 S. 2 AEUV). Damit ist nicht nur Hoffnung verbunden, man kann dies durchaus als einen, allerdings nicht einklagbaren, Auftrag verstehen. Auf Marktkonformität komme es hierbei nicht an.[35]

3. Der Stabilitäts- und Wachstumspakt

Bei Schaffung des Maastrichter Vertrags im Jahr 1992 waren dessen Schöpfer davon ausgegangen, dass die Währungsunion durch eine politische Union Europas ergänzt werden würde. Als sich herausstellte, dass dieses Ziel nicht erreichbar ist, wurde das Konzept eines Stabilitätspakts entwickelt, um den Regierungen und der Öffentlichkeit deutlich zu machen, dass die Übertragung der Geldpolitik auf die europäische Ebene eine teilweise Übertragung von Regierungskompetenzen in der Finanzpolitik erforderlich macht.[36]   **20**

Der in Amsterdam im Juni 1992 beschlossenen Stabilitätspakt, der das Verfahren der Haushaltsüberwachung nach Art. 126 AEUV konkretisieren und beschleunigen soll[37], ruht auf drei Säulen   **21**

- der Entschließung des Europäischen Rates über den Stabilitäts- und Wachstumspakt[38],
- der Verordnung über den Ausbau der haushaltspolitischen Überwachung und der Überwachung und Koordinierung der Wirtschaftspolitiken[39] und
- der Verordnung über die Beschleunigung und Klärung des Verfahrens bei einem übermäßigen Defizit.[40]

Er wurde im Jahr 2005 auch auf Drängen der Bundesrepublik zugunsten von Mitgliedstaaten mit einem Defizit von über 3 % des BIP aufgeweicht.[41] Die Aufweichung wurde allerdings durch ein Bündel von Maßnahmen, den sog. „Six-Pack",   **22**

---

[35] Ähnlich *Häde*, in: Calliess/Ruffert, Art. 120 AEUV Rn. 4.

[36] So *Zeitler*, Was bleibt vom Stabilitäts- und Wachstumspakt?, in: FS R. Schmidt, S. 223 ff.

[37] *Gaitanides*, in: Schulze/Zuleeg/Kadelbach, § 31 Rn. 12.

[38] Entschließung des Europäischen Rates über den Stabilitäts- und Wachstumspakt vom 17.06.1997, ABl. EG C 236/1.

[39] VO (EG) Nr. 1466/97 des Rates vom 07.07.1997, ABl. EG L 209/1.

[40] VO (EG) Nr. 1467/97 des Rates vom 07.07.1997, ABl. EG L 209/6.

[41] Nachweise bei *Herdegen*, § 23 Rn. 5.

wieder korrigiert.[42] Eine Gesamtwürdigung hat sich die Frage zu stellen, ob es sinnvoll ist, Ausnahmeregelungen zu schaffen, die umfangreicher sind als die ursprüngliche Regel als solche.

23   Zur Sicherung einer engeren Koordinierung der Wirtschaftspolitik und einer
dauerhaften Konvergenz der Wirtschaftsleistung der Mitgliedstaaten wurde ein
„Europäisches Semester" (siehe Abb. 2) eingeführt.

Dieses umfasst:
* die Bestimmung und Überwachung der Umsetzung der Grundzüge der
  Wirtschaftspolitik der Mitgliedstaaten und der Union nach Maßgabe der
  Art. 121 Abs. 2 AEUV,
* die Bestimmung und Prüfung der Umsetzung der von den Mitgliedstaaten
  nach Art. 148 Abs. 2 AEUV zu berücksichtigenden beschäftigungspoliti-
  schen Leitlinien,
* die Übermittlung und Bewertung der Stabilitäts- und Konvergenzprogram-
  me der Mitgliedstaaten,
* die Übermittlung und Bewertung der nationalen Reformprogramme der
  Mitgliedstaaten zur Unterstützung der Strategie der Union für Wachstum
  und Beschäftigung und
* die Überwachung zur Vermeidung und Korrektur makroökonomischer Un-
  gleichgewichte.[43]

Mit dem *Europäischen Semester* wurde das Verfahren der multilateralen Überwachung mit dem Verfahren der makroökonomischen Überwachung verklammert. Die
europäischen Institutionen sollen bereits vor Verabschiedung des nationalen Haus-
haltsplans Fehlentwicklungen erkennen können. Deshalb wurden kalendermäßig
festgelegte frühzeitige Berichts- und Berücksichtigungspflichten begründet.[44]

4. Der fiskalpolitische Pakt

24   Im Januar 2012 einigten sich 25 Mitgliedstaaten auf den „Vertrag über Stabilität,
Koordinierung und Steuerung in der Wirtschafts- und Währungsunion" (SKSV).[45]
Neben dem Vereinigten Königreich nimmt die Tschechische Republik nicht teil.
Es handelt sich um eine *völkerrechtliche Übereinkunft*, welche die Vertragsstaaten
„in Übereinstimmung mit den Verträgen zur Gründung der Europäischen Union"

---

[42] Nachweise für die insgesamt sechs Regelungen bei *Herdegen*, § 23 Rn. 6.

[43] Näheres in Art. 2a VO Nr. 1466/97.

[44] Vgl. *Gaitanides,* in: Siekmann, Art. 126 AEUV Rn. 48 ff.

[45] Vertrag über die Stabilität, Koordinierung und Steuerung in der Wirtschafts- und Währungsunion vom 02.03.2012, BGBl. II, S. 1008.

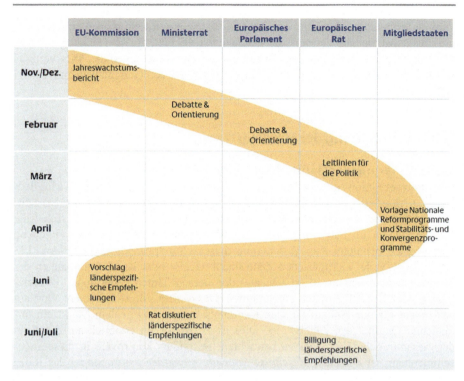

Abb. 2 Das Europäische Semester (Quelle: BMF, Monatsbericht des BMF, Februar 2013, S. 25)

bindet.[46] Ziel des Vertrags ist es, angesichts der Staatsschuldenkrise das Euro-Währungsgebiet zu stärken, die Haushaltsdisziplin zu fördern und die nationalen Währungspolitiken besser aufeinander abzustimmen.[47] Die Vertragsform wurde gewählt, da die angestrebte Änderung des Primärrechts nicht durchsetzbar war. In diesem Vorgehen kann durchaus eine Umgehung des Vertragsänderungsverfahrens des Art. 48 EUV gesehen werden.[48]

Der für die Sicherung der Haushaltsdisziplin einschlägige Teil des SKSV, der sog. **25** Fiskalpakt, verpflichtet die Vertragsstaaten, Regeln eines ausgeglichenen Haushalts und einen automatischen Korrekturmechanismus in die nationalen Rechtsvorschriften aufzunehmen. Ausdrücklich verpflichten sich die Vertragsparteien zu einem Haushalt, der ausgeglichen ist oder einen Überschuss aufweist. Die bisherige Regelung des Stabilitäts- und Wachstumspakts wurde verschärft. Das jährliche strukturelle Defizit, bei dem konjunkturell begründete Fehlbeträge nicht berücksichtigt werden, darf nicht höher als 0,5 % des BIP sein. Bei erheblichen Abweichungen

---

[46] Art. 2 Abs. 1 SKSV.

[47] *Gaitanides*, in: Siekmann, Art. 126 AEUV Rn. 169 ff.

[48] Hierzu *Schorkopf*, ZSR 2012, 1 (14 ff.).

vom länderspezifischen mittelfristigen Haushaltsziel wird ein Korrekturmechanismus ausgelöst, der die Vertragsparteien dazu verpflichtet, die Abweichungen innerhalb eines bestimmten Zeitraums zu korrigieren. Die Regelungen des SKS-Vertrags werden um einen Sanktionsmechanismus ergänzt, der den Gerichtsweg zum EuGH eröffnet.[49]

5. Die Alleinhaftung der Mitgliedstaaten

a) Die Sicherung der Haushaltsautonomie

26   Innerhalb der Union soll jede Form eines Finanztransfers zugunsten eines Mitgliedstaates verhindert werden. Nach dem Prinzip der alleinigen Haftung der EU-Mitgliedstaaten (*no bail-out*) für ihre Verbindlichkeiten (Art. 125 AEUV) sollen die Mitgliedstaaten im haushaltspolitischen Bereich ihre Autonomie so weitgehend wie möglich behalten. Zur Absicherung dieses Grundprinzips verbietet Art. 123 Abs. 1 AEUV der Europäischen Zentralbank (EZB) oder den Zentralbanken der Mitgliedstaaten, einem Mitgliedstaat oder dessen Untergliederungen Überziehungs- oder Kreditfazilitäten einzuräumen. Das Verbot gilt zwar seinem Wortlaut nach nicht für den Ankauf auf den Kapitalmärkten, weil mit dem Markt ein immanenter Qualitätstest gegeben ist. Dies ist allerdings im Hinblick auf den Sinn der Gesamtregelung genauer zu betrachten. Besonders kontrovers in diesem Zusammenhang ist der *OMT-Beschluss (outright monetary transactions)* des Rates der EZB vom 06.09.2012, gegebenenfalls ohne Beschränkung Anleihen von Euroländern aufzukaufen, die sich unter den sog. „Rettungsschirm" der Europäischen Finanzierungsstabilisierungsfazilität (EFSF) und des Europäischen Finanzstabilisierungsmechanismus (EFSM) begeben haben. Zwar „[verbieten] Art. 123 AEUV und Art. 21.1 ESZB-Satzung … den Erwerb von Staatsanleihen [nur] ‚unmittelbar' von den emittierenden Mitgliedstaaten, also den Erwerb am Primärmarkt. Darauf beschränkt sich das Verbot jedoch nicht, sondern ist Ausdruck eines umfassenderen Verbots der monetären Haushaltsfinanzierung".[50] Zu Recht grenzt das Gericht die Währungspolitik, für welche die EZB zuständig ist, von der primär den Mitgliedstaaten zustehenden Wirtschaftspolitik ab. Vorrangiges Ziel des ESZB sei es, „Preisstabilität zu gewährleisten (Art. 127 Abs. 1 Satz 1, Art. 282 Abs. 2 Satz 2 AEUV)"[51], nicht jedoch zu einer monetären Haushaltsfinanzierung überzugehen (dazu auch → Rn. 75).

b) Der freiwillige Beistand

27   Das Bail-out-Verbot des Art. 125 AEUV verbietet es allerdings nicht, den anderen Mitgliedstaaten freiwillig Beistand zu gewähren. Der Rat kann gemäß Art. 122 Abs. 2 S. 1 AEUV einen finanziellen Beistand der Union für einen Mitgliedstaat beschließen, wenn dieser „aufgrund von Naturkatastrophen oder außergewöhnlichen

---

[49] Zum Ganzen *Gaitanides,* in: Siekmann, Art. 126 AEUV Rn. 174 ff.

[50] BVerfGE 134, 366 (411).

[51] BVerfGE 134, 366 (401).

Ereignissen, die sich seiner Kontrolle entziehen, von Schwierigkeiten betroffen oder von gravierenden Schwierigkeiten ernstlich bedroht" ist. Das entscheidende Problem hierbei besteht darin, dass ein Mitgliedstaat, der selbstverschuldet in eine Finanzkrise geraten ist und seine Verpflichtungen nicht mehr erfüllen kann, auf Beistand durch die Union rechnen darf. Würde man Art. 122 Abs. 2 AEUV nicht restriktiv handhaben, dann würde das Bail-out-Verbot des Art. 125 AEUV ausgehebelt, wenn der undisziplinierte Mitgliedstaat anstelle von Aufsichtsmaßnahmen und Sanktionen nach Art. 126 AEUV mit Finanzhilfen rechnen könnte. Die Verfehlung von Defizitkriterien kann keineswegs als „außergewöhnliches Ereignis" gewertet werden.[52] Man wird wohl bei dem Zusammentreffen von autogenen und exogenen Ursachen darauf abstellen müssen, welche von beiden für die Schwierigkeiten kausal war.[53]

Art. 125 AEUV verbietet allerdings keine Haftungsübernahme der Mitglied- **28**
staaten zugunsten der Europäischen Union. Eine Haftung der Mitgliedstaaten für die Union kann nämlich nach allgemeinen völkerrechtlichen Regelungen durchaus bestehen.[54] Auf dieser Grundlage wurde zur Bewältigung der Verschuldungskrise der EFSM als rechtlich unselbständiger Nebenhaushalt der Europäischen Union geschaffen.[55] Daneben errichteten die Mitgliedstaaten die EFSF, eine Zweckgesellschaft nach Luxemburger Recht. Die Zweckgesellschaft refinanziert sich über die Kapitalmärkte und stützt sich auf die Garantien der beteiligten Mitgliedstaaten.

c) Der dauerhafte Europäische Stabilitätsmechanismus (ESM)
Neben der zeitlich befristeten EFSF ist der dauerhafte Europäische Stabilitätsme- **29**
chanismus (ESM) durch eine völkerrechtliche Vereinbarung eingerichtet worden. Eine Verstetigung des Beistands für überschuldete Eurostaaten wäre im Gegensatz zu vorübergehenden Hilfen mit dem Grundsatz der Alleinhaftung nach Art. 125 AEUV nicht mehr zu vereinbaren. Der ESM als permanenter Stabilitätsmechanismus ist deshalb auf die im Wege der vereinfachten Vertragsänderung durch einen Beschluss des Europäischen Rates nach Art. 48 Abs. 6 EUV neugeschaffene Vorschrift des Art. 136 Abs. 3 AEUV gestützt worden.[56] Diese Änderung, ebenso wie die Zustimmung zum ESM-Vertrag, bedurfte einer verfassungsändernden Mehrheit nach Art. 23 Abs. 1 S. 3 GG i. V. m. Art. 79 Abs. 2 GG. Der dauerhafte Beistandsmechanismus bedeutet eine strukturelle Änderung der Bedingungen, unter denen

---

[52] *Kämmerer*, in: Siekmann, Art. 122 AEUV Rn. 32 f.

[53] Ähnlich *Kämmerer*, in: Siekmann, Art. 122 AEUV Rn. 33.

[54] Vgl. *Ohler*, in: Siekmann, Art. 125 AEUV Rn. 11.

[55] VO (EU) Nr. 407/2010 des Rates vom 11.05.2010 zur Einführung eines europäischen Finanzstabilisierungsmechanismus, ABl. EU L 118/1.

[56] Beschluss 2011/199/EU des Europäischen Rates vom 25.03.2011 zur Änderung des Artikels 136 des Vertrages über die Arbeitsweise der Europäischen Union hinsichtlich eines Stabilitätsmechanismus für die Mitgliedstaaten, deren Währung der Euro ist, ABl. EU L 91/1. Zur Gültigkeit dieses Beschlusses, EuGH, Rs. C-370/12, EU:C:2012:756, Rn. 45 ff. – Pringle.

die Bundesrepublik dem Vertrag von Maastricht zugestimmt hat.[57] Nach Auffassung des BVerfG bedeuten zwar die Aufnahme von Art. 136 Abs. 3 AEUV und die Errichtung des Europäischen Stabilitätsmechanismus eine grundlegende Umgestaltung der ursprünglichen Wirtschafts- und Währungsunion. Die stabilitätsgerichtete Ausrichtung der Wirtschafts- und Währungsunion wird damit aber nach Ansicht des Gerichts nicht aufgegeben. Primärrechtlich wesentliche Bestandteile, wie die Unabhängigkeit der EZB, ihre Verpflichtung auf das vorrangige Ziel der Preisstabilität und das Verbot monetärer Haushaltsfinanzierung würden nicht berührt. Außerdem sei Art. 136 AEUV als Ausnahmevorschrift konzipiert.[58] Das BVerfG billigte den ESM-Vertrag auch deshalb, weil durch ihn die Gesamtverantwortung des Deutschen Bundestags nicht verletzt würde. Es müsse allerdings haushaltsrechtlich sichergestellt sein, dass die Bundesrepublik Deutschland Kapitalabrufen vollständig nachkommen könne. Die absolute Höhe der von Deutschland eingegangenen Zahlungspflichten in Höhe von 190 Mrd. Euro bedeute keine Beeinträchtigung der haushaltspolitischen Gesamtverantwortung des Bundestags.[59] Der Legitimationszusammenhang zwischen dem ESM und dem Parlament würde nicht unterbrochen, weil Entscheidungen der ESM-Organe nicht gegen die Stimme des deutschen Vertreters gefasst werden könnten.[60] Auch der EuGH befand den Abschluss und die Ratifikation einer Vereinbarung wie des ESM-Vertrags durch einen Mitgliedstaat, dessen Währung der Euro ist, für vereinbar mit dem Unionsrecht, da insbesondere kein Verstoß gegen Art. 125 AEUV vorliege. Zum einen ergebe sich aus dem Wortlaut dieser Vorschrift, dass „der Union und den Mitgliedstaaten nicht jede Form der finanziellen Unterstützung eines anderen Mitgliedstaats untersagt werden soll", sondern nur eine solche, bei der „die Union oder ein Mitgliedstaat ... für die Verbindlichkeiten eines anderen Mitgliedstaats eintritt und ... für sie haftet."[61] Dies werde durch die – nicht als Ausnahmeregelung zu Art. 125 AEUV formulierte – Vorschrift des Art. 122 Abs. 2 AEUV, wonach die Union einem Mitgliedstaat bei Naturkatastrophen etc. „finanziellen Beistand" gewähren kann, und durch die des Art. 123 Abs. 1 AEUV, der ausdrücklich Überziehungs- oder andere Kreditfazilitäten verbietet, bestätigt.[62] Die historisch-teleologische Auslegung des Art. 125 AEUV ergebe, dass „[d]as Verbot in Art. 125 AEUV gewährleistet, dass die Mitgliedstaaten bei ihrer Verschuldung der Marktlogik unterworfen bleiben, was ihnen einen Anreiz geben soll, Haushaltsdisziplin zu wahren."[63] Art. 125 AEUV verbietet es daher nicht, „dass ein oder mehrere Mitgliedstaaten einem Mitgliedstaat, der für seine eigenen Verbindlichkeiten gegenüber seinem Gläubiger haftbar bleibt, eine Finanzhilfe zu gewähren, vorausgesetzt, die daran geknüpften Auflagen sind ge-

[57] So auch *Herdegen*, § 23 Rn. 10; vgl. auch EuGH, Rs. C-370/12, EU:C:2012:756, Rn. 129 ff. – Pringle.

[58] Vgl. BVerfG, NJW 2014, 1505 (1511 f.).

[59] Vgl. BVerfG, NJW 2014, 1505 (1512).

[60] BVerfG, NJW 2014, 1505 (1513).

[61] EuGH, Rs. C-370/12, EU:C:2012:756, Rn. 130 – Pringle.

[62] EuGH, Rs. C-370/12, EU:C:2012:756, Rn. 131 f. – Pringle.

[63] EuGH, Rs. C-370/12, EU:C:2012:756, Rn. 135 – Pringle.

eignet, ihn zu einer soliden Haushaltspolitik zu bewegen."[64] Da der ESM nicht für die Verbindlichkeiten des die finanzielle Hilfe empfangenden Mitgliedstaats hafte und nicht i. S. d. Art. 125 AEUV für sie eintrete, liege kein Verstoß gegen Art. 125 AEUV vor.[65]

6. Die Verpflichtung zur Haushaltsdisziplin

Um den grundsätzlichen Anforderungen eines Verbots der Vermeidung öffentlicher **30** Defizite aus Art. 126 Abs. 1 AEUV zu genügen, wurden, wie gezeigt, eine Reihe von Institutionen wie der sog. Stabilitäts- und Wachstumspakt aus dem Jahr 1997, einschließlich seiner Reformen in den Jahren 2005 und 2011, die Vorschriften des sog. „Six-Pack" (→ Rn. 22) und das „Europäische Semester" (→ Rn. 23) geschaffen. Zentral ist die Vorschrift des Art. 126 Abs. 1 AEUV, nach der übermäßige öffentliche Defizite zu vermeiden sind und bestimmte Standards der Haushaltsdisziplin eingehalten werden müssen. Die genannten gesetzgeberischen Aktivitäten haben zu einer eigenständigen Regelungsmaterie geführt, die gekennzeichnet ist durch eine enge, kaum mehr übersehbare Verschränkung ihrer primär- und sekundärrechtlichen Teile. Charakteristisch ist die Trennung der Kompetenzen im Bereich der Geldpolitik einerseits und der allgemeinen Wirtschaftspolitik, insbesondere der Haushalts- und Finanzpolitik, andererseits.[66] Das Überwachungs- und Sanktionsregime des Art. 126 AEUV ist die wesentliche Grundlage für die Währungsunion, die für die Feststellung der Einhaltung der Haushaltsdisziplin vor allem auf das richtige Verhältnis des öffentlichen Defizits und des öffentlichen Schuldenstands zum Bruttoinlandsprodukt eines Mitgliedstaats abstellt (Art. 126 Abs. 2 AEUV). Das öffentliche Defizit darf 3 % des Bruttoinlandsprodukts und der öffentliche Schuldenstand nicht 60 % des Bruttoinlandsprodukts überschreiten. Das Überwachungsverfahren zur Vermeidung übermäßiger Defizite und zur Wahrung der Haushaltsdisziplin ist in den insgesamt 15 Absätzen des Art. 126 AEUV ungewöhnlich detailliert geregelt. Trotzdem verbleiben aber Kommission und Rat erhebliche politische Gestaltungsspielräume. Auch die Würdigung der Wirksamkeit von Abhilfemaßnahmen steht im Ermessen des Rates nach Art. 126 Abs. 9 AEUV.[67]

V. Wirtschaftspolitik im nationalen Bereich

1. Die Verpflichtung auf das gesamtwirtschaftliche Gleichgewicht

Die Konstituierung der Vertragsfreiheit durch das Grundgesetz und das Gesetz **31** gegen Wettbewerbsbeschränkungen (GWB) waren als ordnungspolitische Ent-

---

[64] EuGH, Rs. C-370/12, EU:C:2012:756, Rn. 137 – Pringle.

[65] EuGH, Rs. C-370/12, EU:C:2012:756, Rn. 138 ff. – Pringle.

[66] Ähnlich *Gaitanides*, in: Siekmann, Art. 126 AEUV Rn. 69.

[67] So ähnlich *Herdegen*, § 23 Rn. 17.

scheidungen nicht ausreichend, um die konjunkturellen Schwankungen in der Bundesrepublik auszugleichen. Insbesondere die Erfahrungen der Jahre 1965/1966 führten zur Entwicklung des Konzepts einer antizyklischen Fiskalpolitik unter dem Begriff der Globalsteuerung. Diese will i. S. d. ökonomischen Theorie von *Keynes* die Mikrogrößen dem freien Wettbewerb überlassen, versucht aber, die Makrogrößen (Volkseinkommen, Ein- und Ausfuhr, Investitionsquote) vornehmlich über den Haushalt zu steuern. Während bei guter Wirtschaftslage Kredite zurückgezahlt und staatliche Ausgaben vermindert werden (surplus saving), sollen bei lahmender Konjunktur die staatlichen Ausgaben und die Kreditaufnahme ausgeweitet werden (deficit spending). Obwohl die keynesianische Theorie heute weitgehend als überholt gilt, ist diese sowohl im Grundgesetz als auch durch das StabG intensiv instrumentalisiert.

32   Eine rechtliche Verpflichtung des Staates auf eine *globale Steuerung der Wirtschaft* in diesem Sinne wurde durch die Neufassung des Art. 109 GG[68] und die gleichzeitige Verabschiedung des StabG begründet. Die Verpflichtung von Bund und Ländern, den Erfordernissen des *gesamtwirtschaftlichen Gleichgewichts* Rechnung zu tragen, wurde durch die Föderalismusreform II des Jahres 2009[69] in den europäischen Kontext eingebunden. Der unbestimmte Verfassungsbegriff des gesamtwirtschaftlichen Gleichgewichts[70] ist unter Bezugnahme auf die ökonomische Theorie in Grenzfällen durchaus justiziabel. Inzwischen ist er im Rahmen der europarechtlichen Vorgaben auszulegen, was allerdings nicht bedeutet, dass das gesamtwirtschaftliche Gleichgewicht mit den Anforderungen der haushaltswirtschaftlichen Regelungen des Unionsrechts deckungsgleich wäre.[71] Andererseits kann der Begriff „gesamtwirtschaftlich" in Art. 109 Abs. 2 GG wegen der Verknüpfung mit Art. 126 AEUV nicht mehr ausschließlich national verstanden werden. Die wirtschaftlichen Belange der anderen Teilnehmerstaaten der Wirtschafts- und Währungsunion müssen berücksichtigt werden. Ein staatlicher Verstoß gegen zentrale haushaltswirtschaftliche Maßgaben des Unionsrechts würde auch gegen die Zielvorgabe des gesamtwirtschaftlichen Gleichgewichts verstoßen.[72] Trotz der beschränkten Justiziabilität von Art. 109 Abs. 2 GG können sich die aus ihm ergebenen Pflichten in Verbindung mit anderweitigen verfassungsrechtlichen Vorgaben zu echten Handlungspflichten verdichten.[73]

---

[68] Fünfzehntes Gesetz zur Änderung des Grundgesetzes vom 08.06.1967, BGBl. I, S. 581.

[69] Gesetz zur Änderung des Grundgesetzes (Artikel 91c, 91d, 104b, 109, 109a, 115, 143d) vom 29.07.2009, BGBl. I, S. 2248.

[70] BVerfGE 79, 311 (338).

[71] So auch *Kube*, in: Maunz/Dürig, Art. 109 Rn. 107 (Stand: 62. EL Mai 2011).

[72] So *Kube*, in: Maunz/Dürig, Art. 109 Rn. 107 (Stand: 62. EL Mai 2011).

[73] So BVerfGE 86, 148 (269); *Reimer*, in: BeckOK-GG, Art. 109 Rn. 32–38 (Stand: 21. EL Juni 2014).

2. Verschuldungsgrenze und unionskonforme Haushaltspolitik

Die Haushalte von Bund und Ländern sind nach Art. 109 Abs. 3 S. 1 GG grundsätz- **33** lich ohne Einnahmen aus Krediten auszugleichen. Die öffentliche Hand darf nur noch unter den Voraussetzungen des Art. 109 Abs. 3 S. 2–5 GG Kredite aufnehmen. Diese Regel des Art. 109 Abs. 3 GG wird in Art. 115 Abs. 2 GG unnötigerweise weitgehend wiederholt.[74] Mit Art. 109 Abs. 3 GG soll das kaum noch tragbare Volumen der Gesamtverschuldung der Gebietskörperschaften erfasst werden. Mit der Föderalismusreform II im Jahr 2009 wurde ein neuer Verschuldungsrahmen geschaffen.

Gemäß Art. 109 Abs. 3 S. 5 GG regeln die Länder die nähere Ausgestaltung der **34** Ausnahmen zum Gebot des materiellen Haushaltsausgleichs. Sie müssen dabei aber der Maßgabe folgen, dass dem Grundsatz des materiellen Haushaltsausgleichs nach Satz 1 nur dann entsprochen ist, wenn keine Einnahmen aus Krediten zugelassen werden. Allerdings müssen die Länder die Vorgaben des Art. 109 Abs. 3 S. 5 Hs. 2 GG erst im Haushaltsjahr 2020 erfüllen (Art. 143d Abs. 1 S. 4 GG).

3. Das Stabilitäts- und Wachstumsgesetz

Das StabG, im Jahr 1967 parallel zur Schaffung der verfassungsrechtlichen Grund- **35** lage erlassen, zielt darauf ab, eine antizyklische Ausgabenpolitik der öffentlichen Haushalte und den konjunkturpolitischen Einsatz steuerlicher Mittel zu gewährleisten. Die öffentliche Nachfrage soll einerseits angeregt bzw. abgeschöpft werden, andererseits wird die private Nachfrage über die Steuerpolitik reguliert. Heute haben nur noch wenige Regelungen des StabG praktische Bedeutung. Dies gilt für die Definition des gesamtwirtschaftlichen Gleichgewichts (§ 1 S. 2 StabG), die Regelungen zur Vorlage eines Jahreswirtschaftsberichts (§ 2 StabG) und eines Subventionsberichts (§ 12 Abs. 2 StabG) sowie die Regelungen über die Finanzplanung.[75]

Der Begriff des gesamtwirtschaftlichen Gleichgewichts ist ein unbestimmter **36** Verfassungsbegriff,[76] der mit Hilfe der Wirtschaftswissenschaften juristisch zu konkretisieren ist. Das nach § 1 S. 2 StabG herzustellende gesamtwirtschaftliche Gleichgewicht, das „im Rahmen der marktwirtschaftlichen Ordnung gleichzeitig zur Stabilität des Preisniveaus, zu einem hohem Beschäftigungsstand und außerwirtschaftlichem Gleichgewicht bei stetigem und angemessenem Wirtschaftswachstum beitragen" soll, wird nur in extremen Ausnahmefällen durch das BVerfG als verletzt angesehen werden können.

Zur Information und Orientierung dienen die Jahreswirtschaftsberichte (§ 2 **37** StabG) und die Subventionsberichte (§ 12 StabG) der Bundesregierung. Der *Jahreswirtschaftsbericht* ist jährlich dem Bundestag und dem Bundesrat vorzulegen. Er muss eine Stellungnahme zum Jahresgutachten des Sachverständigenrates, eine

---

[74] Vgl. *G. Kirchhof*, in: von Mangoldt/Klein/Starck, Art. 109 Abs. 3 Rn. 76.

[75] So auch *Kube*, in: Maunz/Dürig, Art. 109 Rn. 269 (Stand: 62. EL Mai 2011).

[76] BVerfGE 79, 311 (338). *Kube*, in: Maunz/Dürig, Art. 109 Rn. 98 (Stand: 62. EL Mai 2011).

Darlegung der angestrebten wirtschafts- und finanzpolitischen Ziele (Jahresprojektion) und die für das laufende Jahr geplanten wirtschafts- und finanzpolitischen Maßnahmen enthalten. Seine besondere Bedeutung liegt in der Quantifizierung der in § 1 S. 2 StabG genannten wirtschaftspolitischen Teilziele. Der im zweijährigen Turnus zu erstellende *Subventionsbericht* enthält eine zahlenmäßige Übersicht der Finanzhilfen, gegliedert nach Erhaltungs-, Anpassungs- und Förderungssubventionen, der auch die Steuervergünstigungen erfasst. Ein zeitlich festgelegter Abbauvorschlag der Bundesregierung für die Beendigung der Finanzhilfen ist in dem Bericht aufzunehmen (§ 12 Abs. 4 StabG). Im Subventionsbericht muss jeweils die Rechtsgrundlage für die Subventionsgewährung angegeben werden.

38   Die in Art. 109 Abs. 4 GG genannten Grundsätze „für eine *mehrjährige Finanzplanung*" wurden durch die §§ 9 und 14 StabG und die §§ 50 und 51 HGrG ausgestaltet. Die vorgesehene fünfjährige Finanzplanung, die mit großen Hoffnungen verbunden war, ist in der Praxis nichts anderes als eine Fortschreibung der jährlichen Haushaltsplanung. Eine nennenswerte disziplinierende oder programmatische Funktion kommt ihr nicht zu.[77]

39   Insgesamt gesehen hat das StabG nur noch Erinnerungswert. Dies liegt zum einen vor allem an der Europäisierung der Währungs- und der Haushaltspolitik, mit der der Preisstabilität Vorrang vor den anderen Zielen des „magischen Vierecks" gegeben wurde (Art. 119 Abs. 2 und Art. 127 Abs. 1 S. 1 AEUV). Zum anderen wurde die keynesianische Fiskalpolitik, die im Wesentlichen durch das StabG instrumentalisiert wird, tendenziell durch eine duale Geldpolitik abgelöst, die darauf abstellt, die monetäre Gesamtgröße an die Wachstumsentwicklung zu koppeln.

4. Die Außenwirtschaftspolitik

a) Die Zielbestimmung

40   Das Außenwirtschaftsrecht will vor allem die Erhaltung eines außenwirtschaftlichen Gleichgewichts durch die Abwehr schädigender Einflüsse von außen und die Förderung der deutschen Außenwirtschaft regeln. Rechtliche Grundlage ist insbesondere das Außenwirtschaftsgesetz (AWG),[78] das den im internationalen Vergleich ungewöhnlichen Versuch unternimmt, das Außenwirtschaftsrecht zu kodifizieren.[79] Bei Erlass des Gesetzes im Jahre 1961 konnte die Bundesrepublik noch autonom ihr Außenwirtschaftsrecht bestimmen. Inzwischen gingen die außenwirtschaftlichen Kompetenzen sowohl im Verhältnis zu den anderen Mitgliedstaaten wie zu den Drittstaaten weitgehend auf die Europäische Union über.

---

[77] Statt vieler *Nachtkamp*, Mehrjährige Finanzplanungen und mittelfristige Zielprojektionen der Bundesregierung, 1978, S. 49 ff.; *Heintzen*, HStR³ V, § 120 Rn. 82.

[78] Gesetz zur Modernisierung des Außenwirtschaftsrechts vom 06.06.2013, BGBl. I, S. 1482.

[79] So *Bryde*, in: Achterberg/Püttner/Würtenberger, § 5 Rn. 4.

b) Die Rechtsgrundlagen

Das europäische und das deutsche Außenwirtschaftsrecht folgen dem Grundsatz   **41**
des grenzüberschreitenden Waren-, Kapital- und sonstigen Wirtschaftsverkehrs.
Die allgemeine Ausfuhrverordnung der Europäischen Union, wie die allgemeine Einfuhrordnung, normieren die grundsätzliche Einfuhrfreiheit (Art. 1).[80] Der
Grundsatz ist in § 1 AWG niedergelegt, wonach

> *der Güter-, Dienstleistungs-, Kapital-, Zahlungs- und sonstige Wirtschaftsverkehr mit dem
> Ausland sowie der Verkehr mit Auslandswerten und Gold zwischen Inländern (Außenwir-
> schaftsverkehr) ... grundsätzlich frei ist.*

Das AWG ermöglicht Beschränkungen des Außenhandels, wie z. B. zur Erfüllung
völkerrechtlicher Verpflichtungen (§ 5 AWG) oder zur Abwehr schädigender Einflüsse aus fremden Wirtschaftsgebieten. Maßgebliche Rechtsquelle des Welthan-
delsrechts ist der völkerrechtliche Vertrag der World Trade Organisation (WTO),[81]
die einerseits den Freihandel verbürgt, andererseits im Einzelfall aber auch massive
Beschränkungen zulässt.

Die Außenwirtschaftspolitik Deutschlands ist insbesondere durch das Unions-   **42**
recht und die auf die Europäische Union übergegangene Außenhandelskompetenz
(Art. 3 Abs. 1 lit. e, Art. 206 f. AEUV) reguliert.[82] Ein Beispiel für die Wirkung des
Außenwirtschaftsrechts ist das Handelsembargo gegen den Irak nach der Annexion
von Kuwait im Jahre 1990. Gestützt wurde es auf § 5 AWG (Erfüllung völkerrechtlicher Verpflichtungen im Hinblick auf einen Embargobeschluss des UN-Sicher-
heitsrats) und auf die Ermächtigung des § 4 Abs. 1 Nr. 2 AWG, eine Bestimmung,
die bei „einer Störung des friedlichen Zusammenlebens der Völker" als Rechtsgrundlage für eine Verordnung zur Beschränkung des Außenwirtschaftsverkehrs
dient.[83] Zuletzt erließ die Europäische Union u. a. Einfuhrverbote für Waren und
bestimmte Dienstleistungen mit Ursprung auf der Krim in Reaktion auf die unrecht-
mäßige Eingliederung der Autonomen Republik Krim und der Stadt Sewastopol in
die Russische Föderation[84].

---

[80] Vgl. die Nachweise bei *Herdegen*, Internationales Wirtschaftsrecht, § 3 Rn. 46.

[81] Übereinkommen zur Errichtung der Welthandelsorganisation (WTO) vom 15.04.1994,
BGBl. II, S. 1625.

[82] Vgl. *P. M. Huber*, in: Schoch, Kap. 3 Rn. 123.

[83] Siehe auch BVerwG, DÖV 1992, 445 und BGH, JZ 1994, 725 mit Anm. *Herdegen*.

[84] VO (EU) Nr. 692/2014 des Rates vom 23.06.2014 über Beschränkungen für die Einfuhr von
Waren mit Ursprung auf der Krim oder in Sewastopol in die Union als Reaktion auf die rechts-
widrige Eingliederung der Krim und Sewastopols durch Annexion, ABl. EU L 183/9, und der
Beschluss 2014/512/GASP des Rates vom 31.07.2014 über restriktive Maßnahmen angesichts der
Handlungen Russlands, die die Lage in der Ukraine destabilisieren, ABl EU L 229/13. Einen Überblick über die neben den genannten Maßnahmen bestehenden weiteren Sanktionspakete der EU im
Zusammenhang mit der Entwicklung in der Ukraine gibt das Bundesamt für Wirtschaft und Ausfuhrkontrolle, http://www.ausfuhrkontrolle.info/ausfuhrkontrolle/de/embargos/russland_ukraine/
index.html (02.09.2014).

VI. Währungspolitik im Rahmen der europäischen Wirtschafts- und Währungsunion

1. Die Einführung einer gemeinsamen Währung

43   Das internationale Währungssystem war im Jahr 1944 durch die späteren Sieger-
mächte neu geordnet worden. 44 Staaten einigten sich damals auf feste Wechselkurse, der mit Gold hinterlegte US-Dollar wurde zur Leitwährung ($\rightarrow$ Rn. 84). Erst
mit dem Beginn von Wechselkursänderungen innerhalb der Gründungsmitglieder
der Europäischen Gemeinschaft Ende der 1960er Jahre endete deren Einbindung in
dieses *System fester Wechselkurse.*

44   Das ambitionierte Ziel der stufenweisen Verwirklichung einer Wirtschafts- und
Währungsunion, wie sie in der Entschließung über die stufenweise Verwirklichung
der Wirtschafts- und Währungsunion des Rates vom 22.03.1971[85] zum Ausdruck
kam, endete schließlich im Europäischen Wechselkursverbund und im Europäischen
Fonds für währungspolitische Zusammenarbeit (EFWZ). Schon damals zeigte sich
nach Ansicht der Deutschen Bundesbank, „dass ein System fester Wechselkurse auf
Dauer nur zwischen Ländern mit einer ausreichend konvergierender Wirtschaftsent-
wicklung und wirtschaftspolitischen Grundorientierung funktionieren kann".[86] Mit
der dritten und letzten Stufe der Wirtschafts- und Währungsunion ging die Währungshoheit in den EU-Mitgliedstaaten, in denen der Euro eingeführt wurde, auf
die EG über.[87] Am 01.01.1999 wurde der Euro, die gemeinsame Währung im Euro-
Währungsgebiet, zunächst beschränkt auf die elf Mitgliedstaaten der Europäischen
Gemeinschaft, die sich durch die Erfüllung der Konvergenzkriterien entsprechend
qualifiziert hatten, eingeführt. Die Verantwortung für die einheitliche Geldpolitik
nach Festlegung der Umrechnungskurse ging auf den EZB-Rat über. Entgegen
einer landläufigen Meinung war die politische Entscheidung für die gemeinsame
Währung keineswegs ökonomisch bedingt. Ein gemeinsamer Markt bedarf keiner
Einheitswährung. Die Herstellung eines unverfälschten Wettbewerbs einschließlich
eines Wettbewerbs der Währungen durch die Europäische Union wäre ausreichend,
aus heutiger Sicht vermutlich sogar die bessere Lösung gewesen.[88]

---

[85] Entschließung des Rates und der Vertreter der Regierungen der Mitgliedstaaten vom 22.03.1971
über die stufenweise Verwirklichung der Wirtschafts- und Währungsunion in der Gemeinschaft,
ABl. EG C 28/1.

[86] *Deutsche Bundesbank*, Die europäische Wirtschafts- und Währungsunion, April 2008, S. 12.
Zum Ganzen siehe *R. Schmidt*, HStR³ XI, § 252 Rn. 17 f.

[87] Die erforderlichen Regelungen sind in zwei separaten Rechtsakten ergangen: VO (EG)
Nr. 1103/97 des Rates vom 17.06.1997 über bestimmte Vorschriften im Zusammenhang mit der
Einführung des Euro, ABl. EG L 162/1 und VO (EG) Nr. 974/98 des Rates vom 03.05.1998 über
die Einführung des Euro, ABl. EGL 139/1.

[88] Dieser Abschnitt entspricht weitgehend meinem Beitrag in HStR³ XI, § 252 Rn. 19.

2. Das ESZB

a) Status und Organisation des ESZB und der EZB

Mit der europäischen Währungsunion, die durch Einführung des Eurobargeldes am **45**
01.01.2002 vollendet wurde, wurde einer der bislang größten Erfolge im Rahmen
der wirtschaftlichen Integration der Europäischen Union errungen. Auf Grundlage
der ausdrücklichen Ermächtigung des im Zuge der verfassungsrechtlichen Absicherung des Vertrages von Maastricht eingeführten Art. 88 S. 2 GG wurde die Währungshoheit der Bundesrepublik Deutschland auf das ESZB übertragen.

Das ESZB besteht aus der EZB, die nach Art. 282 Abs. 3 UAbs. 1 AEUV Rechts- **46**
persönlichkeit besitzt, und den nationalen Zentralbanken aller Mitgliedstaaten
(Art. 282 Abs. 1 S. 1 AEUV), also auch derjenigen, die den Euro nicht eingeführt
haben. Die Vertragsstaaten haben sich für ein System aus eigenständigen Zentralbanken entschieden. Allerdings handeln diese gemäß den Leitlinien und Weisungen
der EZB.[89] Sowohl das ESZB als auch die EZB selbst genießen Unabhängigkeit
gegenüber den Regierungen der Mitgliedstaaten und gegenüber den Organen und
Einrichtungen der Union. Die Mitgliedstaaten, die den Euro eingeführt haben, werden zusammen mit der EZB als „Eurosystem" bezeichnet (Art. 282 Abs. 1 S. 2
AEUV).

Die EZB besitzt nicht nur eigene Rechtspersönlichkeit, sie verfügt auch über eine **47**
eigene Rechtsetzungsbefugnis.[90] Das Kapital der EZB steht ausschließlich den nationalen Zentralbanken zu.[91] Auf die Deutsche Bundesbank entfällt seit 01.01.2014
ein Kapitalanteil in Höhe von 17,9 % bzw. 25,7 Mrd. Euro. Die einzelnen Zentralbanken können nach nationalem Recht ebenfalls eine eigene Rechtspersönlichkeit
haben. Die Deutsche Bundesbank ist beispielsweise gemäß § 2 S. 1 BBankG eine
bundesunmittelbare juristische Person des öffentlichen Rechts, die mangels Mitglieder als Anstalt zu qualifizieren ist.

Das ESZB und das Eurosystem besitzen keine eigenen Beschlussorgane. Ihre **48**
Leitung obliegt den Organen der EZB, nämlich dem EZB-Rat (Art. 283 Abs. 1
AEUV) und dem Direktorium (Art. 283 Abs. 2 AEUV). Neben sie tritt, sofern und
solange noch nicht alle Mitgliedstaaten an der Währungsunion teilnehmen, als Be-
ratungs- und Koordinierungsgremium der Erweiterte Rat (Art. 141 AEUV). In ihm
sind neben dem Präsidenten und dem Vizepräsidenten der EZB die Präsidenten aller
nationalen Zentralbanken vertreten. Nach außen tritt der Erweiterte Rat kaum in Erscheinung. Seine Aufgabe ist in den meisten Fällen auf eine Mitwirkungsbefugnis
an den Entscheidungen des EZB-Rates beschränkt.[92] Oberstes währungspolitisches
Gremium ist der EZB-Rat. Er erlässt die notwendigen Leitlinien und Entscheidungen zur Erfüllung der dem ESZB übertragenen Aufgaben und legt die Geldpolitik
der Union fest.[93]

---

[89] Art. 14.3 ESZB-Satzung.
[90] Art. 282 Abs. 4 AEUV i. V. m. Art. 127–133 AEUV.
[91] Art. 28 Nr. 2 ESZB-Satzung.
[92] Art. 46 ESZB-Satzung.
[93] Art. 12.1 ESZB-Satzung.

b) Das Rotationsprinzip

49   Der EZB-Rat setzt sich aus den Mitgliedern des Direktoriums und den Präsidenten der an der Währungsunion teilnehmenden nationalen Notenbanken zusammen.[94] Sobald aufgrund der Erweiterung des Euro-Währungsgebiets die Zahl der Zentralbankpräsidenten achtzehn übersteigt, wird ein Rotationssystem eingeführt, wonach die Zentralbankpräsidenten abhängig von der Größe der jeweiligen Volkswirtschaft eines Mitgliedstaats unterschiedlich häufig stimmberechtigt sind.[95] Das heftig umstrittene Rotationsprinzip, das mit dem Beitritt Litauens als neunzehntem Land der Währungsunion ab 2015 praktiziert werden wird, soll nach Auffassung des EZB-Rates verhindern, dass an der Entscheidungsfindung zu viele Akteure beteiligt sind. Das komplizierte System sieht vor, dass die Zentralbankpräsidenten abhängig von der Größe der jeweiligen Volkswirtschaft eines Mitgliedstaats unterschiedlich häufig stimmberechtigt sind.[96] Die Mitgliedstaaten werden nach ihrer Wirtschafts- und Finanzkraft zunächst einer von zwei Gruppen zugeordnet. Die Präsidenten der fünf finanz- und wirtschaftsstärksten Staaten bilden die erste Gruppe, die übrigen Zentralbankpräsidenten die zweite Gruppe. Der ersten Gruppe werden vier Stimmrechte, der zweiten elf zugerechnet. Dabei muss sichergestellt sein, dass die Präsidenten der ersten Gruppe nicht weniger häufig stimmberechtigt sind als die der zweiten. Werden es mehr als 22 Teilnehmer, werden die Präsidenten der nationalen Zentralbanken dann drei Gruppen zugeordnet.[97] Mit der Gruppenzugehörigkeit und der entsprechenden Stimmrechtshäufigkeit wird eine Gewichtung von Stimmen eingeführt. Die EZB-Direktoriumsmitglieder können nämlich immer, die übrigen EZB-Ratsmitglieder je nach Gruppe unterschiedlich oft abstimmen. Dadurch wird der Grundsatz „ein Mitglied, eine Stimme" missachtet.[98]

c) Die Unabhängigkeit der EZB

aa) Unabhängigkeit und Demokratieprinzip

50   Wichtige Voraussetzung für die Sicherung der Geldwertstabilität und für eine erfolgreiche Geldpolitik ist die Freiheit von politischer Einflussnahme, denn Preisstabilität als langfristiges Politikziel kollidiert regelmäßig mit dem Wiederwahlinteresse von Mandatsträgern, die auf kurzfristige Erfolge angewiesen sind. „Die Verselbständigung der meisten Aufgaben der Währungspolitik bei einer unabhängigen Zentralbank löst staatliche Hoheitsgewalt aus unmittelbarer staatlicher oder supranationaler parlamentarischer Verantwortlichkeit, um das Währungswesen dem Zugriff von … Interessengruppen zu entziehen."[99] Zwar ist dadurch das Demo-

---

[94] Art. 283 Abs. 1 AEUV.

[95] Art. 10.2 1. Spiegelstrich ESZB-Satzung.

[96] Beschluss des Rates in der Zusammensetzung der Staats- und Regierungschefs vom 21.03.2003 über eine Änderung des Artikels 10.2 der Satzung des Europäischen Systems der Zentralbanken und der Europäischen Zentralbank (2003/223/EG), ABl. EG L 83/66.

[97] Näheres hierzu übersichtlich bei *Herdegen*, § 23 Rn. 29.

[98] Näheres bei *Steven*, in: Siekmann, Art. 10 AEUV Rn. 21.

[99] BVerfGE 89, 155 (208 f.).

kratieprinzip berührt, das BVerfG hält dies aber zu Recht als eine in Art. 88 S. 2 GG vorgesehene Modifikation des Prinzips für mit Art. 79 Abs. 3 GG vereinbar. „Die im Blick auf die Europäische Union vorgenommene Ergänzung des Art. 88 GG gestattet eine Übertragung von Befugnissen der Bundesbank auf eine Europäische Zentralbank, wenn diese den strengen Kriterien des Maastrichter Vertrags und der Satzung des Europäischen Systems der Zentralbanken hinsichtlich der Unabhängigkeit der Zentralbank und der Priorität der Geldwertstabilität entspricht," so das BVerfG, das die Beschlussempfehlung aus dem Bericht des Sonderausschusses „Europäische Union" zitiert.[100] Unter Bezugnahme auf seine alte Rechtsprechung[101] hält das Gericht auch eine Modifikation des Demokratieprinzips zur Sicherung des Einlösungsvertrauens für vertretbar, weil eine unabhängige Zentralbank den Geldwert eher sichert als Hoheitsorgane, die von Geldmenge und Geldwert abhängen und auf die kurzfristige Zustimmung politischer Kräfte angewiesen sind.[102]

Auch eine Verletzung des unionsrechtlichen Demokratieprinzips ist nicht ersicht-   **51** lich, weil sich dieses in den Vorschriften der Verträge erschöpft, soweit diese eine Beteiligung des europäischen Parlaments vorsehen. Die Unabhängigkeit ist von den Schaffern des Primärrechts akzeptiert worden. Außerdem ist die Figur eines „europarechtswidrigen primären Gemeinschaftsrechts" dem Europarecht fremd.[103]

bb) Unabhängigkeit im Rahmen der Aufgaben

Der AEUV sichert mit der zentralen Bestimmung des Art. 130 AEUV (vgl. auch   **52** Art. 282 ff. AEUV) die Unabhängigkeit der EZB, der nationalen Zentralbanken und der Mitglieder ihrer Ausschussorgane bei der Wahrnehmung ihrer Aufgaben, soweit dies für die Verfolgung des Ziels der Preisstabilität erforderlich ist. Die EZB steht damit nicht grundsätzlich außerhalb der institutionellen Regelungen der Europäischen Union. Die Weisungsunabhängigkeit gilt ohne Einschränkung nur für das Handeln, das auf der Basis der primärrechtlichen Aufgabenübertragung beruht.

Die neben die institutionelle tretende funktionelle Unabhängigkeit ist weitge-   **53** hend abgesichert durch empirische Erkenntnisse über den positiven Zusammenhang zwischen der Unabhängigkeit der Zentralbank und einer erfolgreichen stabilitätsorientierten Geldpolitik. Die historische Erfahrung zeigt, dass der Staat dazu neigt, in schwierigen Zeiten seine Ausgaben über zusätzliche Geldschöpfung zu finanzieren.[104] So geht beispielsweise, wie *Otmar Issing* gezeigt hat, die schleichende Geldentwertung vor Einführung des Euro auf die Einflüsse der Politik zurück.[105]

Zur funktionellen Unabhängigkeit tritt die persönliche. Sie ist für die Mitglieder   **54** des Direktoriums durch eine Reihe von Maßnahmen abgesichert, von denen am wichtigsten die Pluralität der im Ernennungsverfahren mitwirkenden Einrichtungen (Art. 283 Abs. 2 UAbs. 2 AEUV) und die feste Amtsperiode von acht Jahren mit

---

[100] BVerfGE 89, 155 (208).

[101] BVerfGE 30, 1 (24); 84, 90 (121).

[102] BVerfGE 89, 155 (208 f.).

[103] So näher bei *Siekmann*, in: ders., Art. 130 AEUV Rn. 148 f.

[104] So *Siekmann*, in: ders., Art. 130 AEUV Rn. 33.

[105] Vgl. *O. Issing*, Der Euro, 2008, S. 51 ff.

dem Verbot einer Wiederernennung (Art. 283 Abs. 2 UAbs. 3 AEUV) sind. Für die Mitglieder des Rates sichert eine Mindestamtszeit von fünf Jahren Unabhängigkeit (Art. 14.2 UAbs. 1 ESZB-Satzung). Die Abberufung des Präsidenten einer nationalen Zentralbank ist nur bei schweren Verfehlungen oder bei Amtsunfähigkeit (Art. 14.2 UAbs. 2 ESZB-Satzung) möglich.

55 Auch die finanzielle bzw. finanzwirtschaftliche Unabhängigkeit ist durch Art. 282 Abs. 3 S. 3 und 4 AEUV gesichert. Die EZB ist in der Disposition über ihre Mittel frei. Die Prüfung des Rechnungshofs beschränkt sich auf die Effizienz der Verwaltung der EZB.[106]

56 Als allgemeines Ergebnis ist festzuhalten: Die Gewährleistung der Preisstabilität durch eine unabhängige Notenbank ist Voraussetzung für die Wahrnehmung grundrechtlicher Freiheiten.[107]

d) Die Rolle der Bundesbank im ESZB

57 Die Organisation der nationalen Zentralbanken richtet sich nach nationalem Recht, das den allgemeinen Vorgaben des Europarechts zu folgen hat. Die Deutsche Bundesbank, deren Organisation und Aufgaben im Bundesbankgesetz (BBankG)[108] geregelt sind, unterhält heute bundesweit neun Hauptverwaltungen und 47 Filialen. An der Spitze steht als Kollegialorgan der Vorstand (§ 7 BBankG), der aus dem Präsidenten, dem Vizepräsidenten und vier weiteren Mitgliedern besteht. Im Jahr 1999 hat die Deutsche Bundesbank ihre Zuständigkeit für eine eigenständige Geldpolitik an das ESZB verloren. Ursprünglich sollte sie den Geldumlauf und die Kreditversorgung der Wirtschaft mit dem Ziel regeln, die Stabilität der Währung zu sichern. Diese Aufgabe ging mit dem Beginn der Europäischen Währungsunion und mit der Einführung des Euro Anfang 1999 auf das Eurosystem über. Als Zentralbank der Bundesrepublik Deutschland ist die Deutsche Bundesbank Mitglied sowohl im ESZB als auch im Eurosystem. Ihr Präsident gehört dem EZB-Rat und dem Erweiterten Rat „ad personam" an. Im Wesentlichen hat die Deutsche Bundesbank nur noch eine *Vollzugskompetenz*. Wichtigste Aufgabe ist die Umsetzung der geldpolitischen Beschlüsse und Vorgaben des ESZB. Als integraler Bestandteil des ESZB wirkt sie an deren vorrangigem Ziel mit, die Preisstabilität zu gewährleisten, die Währungsreserven der Bundesrepublik zu verwalten und den Zahlungsverkehr im Inland und mit dem Ausland abzuwickeln und dadurch zur Stabilität des Zahlungs- und Verrechnungssystems beizutragen (§ 3 BBankG).

---

[106] Vgl. *R. Schmidt*, HStR³ XI, § 252 Rn. 35.

[107] Vgl. *Kämmerer*, Die EZB als Hüterin der Gemeinschaftswährung, in: März (Hrsg.), An den Grenzen des Rechts, 2003, S. 79 (81).

[108] Gesetz über die Deutsche Bundesbank in der Fassung der Bekanntmachung vom 22.10.1992, BGBl. I, S. 1782, zuletzt geändert durch Art. 23 des Gesetzes zur Umsetzung der RL 2011/61/EU über die Verwalter alternativer Investmentfonds (AIFM-Umsetzungsgesetz – AIFM-UmsG) vom 04.07.2013, BGBl. I, S. 1981.

3. Die Aufgaben des ESZB

a) Die Geldpolitik

aa) Das Ziel der Geldwertstabilität

Vorrangiges Ziel der Geldpolitik ist nach Art. 127 AEUV die Gewährleistung der **58** Geldwertstabilität. Dieses Ziel genießt Priorität und geht den in Art. 3 EUV aufgezählten Zielen vor. Nach den Worten des BVerfG ist die Europäische Union eine „Stabilitätsgemeinschaft".[109] Geldwertstabilität ist nach vorherrschender ökonomischer Meinung die notwendige Voraussetzung für eine reibungslos funktionierende Marktwirtschaft, für Wirtschaftswachstum, hohes Beschäftigungsniveau und die Verwirklichung weiterer wirtschaftspolitischer Ziele, während Inflation als wirtschaftsschädigend gilt.[110] Die besondere Bedeutung des Ziels der Preisstabilität wird durch die mehrfache Erwähnung des Stabilitätsziels im AEUV und im EUV deutlich. Die Erhaltung eines konstanten Preisniveaus ist deshalb keine unverbindliche Empfehlung, sondern eine rechtlich verbindliche Verpflichtung aller Organe der Union, insbesondere der Kommission und des Rats. Eine gerichtliche Durchsetzung dieser Verpflichtung wird wohl kaum möglich sein. Das Rechtsschutzsystem der Union sieht keine der deutschen Verfassungsbeschwerde vergleichbare Klagemöglichkeit vor. Die Erhebung einer Nichtigkeitsklage nach Art. 263 AEUV gegen die EZB oder einer Untätigkeitsklage nach Art. 265 Abs. 3 AEUV dürfte wegen der komplexen Zusammenhänge bei der Entwicklung des Geldwertes daran scheitern, dass es an einem zulässigen Klagegegenstand fehlt.[111]

Nebenziel der Tätigkeit der EZB ist die Unterstützung der allgemeinen Wirt- **59** schaftspolitik. Diese bleibt weiterhin Sache der Mitgliedstaaten, was in Art. 127 Abs. 1 S. 2 AEUV dadurch zum Ausdruck kommt, dass das ESZB die allgemeine Wirtschaftspolitik *in* der Union unterstützt.

bb) Die geldpolitische Strategie

Die Deutsche Bundesbank versuchte über die Steuerung der Geldmenge Geldwert- **60** stabilität zu sichern und gleichzeitig Wirtschaftswachstum zu fördern.[112] Dagegen praktiziert der EZB-Rat ein duales oder ein sog. Zwei-Säulen-System. Im Bereich der ersten Säule geht es um eine Inflationssteuerung. Die Inflationsrate soll nicht mehr als 2 % gegenüber dem Vorjahr betragen, während nach der zweiten Säule die Geldmenge eine herausragende Rolle spielt. Die Obergrenze der jährlichen Wachstumsrate der Geldmenge im Euroraum wurde mit 4,5 % festgelegt.[113] Im Ergebnis

---

[109] BVerfGE 89, 155 (205).

[110] So statt vieler *Häde*, in: BK-GG, Art. 88 Rn. 379 (Stand: 159. EL Dezember 2012). Näheres zum Begriffsinhalt der Geldwertstabilität bei *Waldhoff*, in: Siekmann, Art. 127 AEUV Rn. 9 und bei *Gaitanides*, Das Recht der EZB, S. 16 ff.

[111] So wohl auch *Waldhoff*, in: Siekmann, Art. 127 AEUV Rn. 22 m. w. N.

[112] Vgl. *R. Schmidt*, in: ders., AT, S. 384 ff.

[113] Näheres hierzu bei *Waldhoff*, in: Siekmann, Art. 127 AEUV Rn. 34 f.; *Gaitanides*, Das Recht der EZB, S. 105 ff.

berücksichtigen die EZB sowie die meisten anderen Zentralbanken „alle relevanten Faktoren".[114]

cc) Die Instrumente der Geldpolitik

61 Zum Instrumentarium der Geldpolitik gehören die Offenmarktpolitik, die Handhabung der ständigen Fazilitäten und die Mindestreserve (vgl. dazu Abb. 3).[115]

62 Wichtigstes geldpolitisches Instrument ist die *Offenmarktpolitik*, d. h. der Kauf und Verkauf von Wertpapieren durch die Zentralbank auf eigene Rechnung am offenen Markt. Mit einbezogen wird von der EZB die Kreditgewährung der Zentralbank an die Kreditinstitute, wenn es sich um Geschäfte handelt, die auf die Initiative der Zentralbank zurückgehen. Im Rahmen der Offenmarktpolitik werden sog. Hauptrefinanzierungsgeschäfte, längerfristige Refinanzierungsgeschäfte, Feinsteuerungsoperationen, strukturelle Operationen und die Zuteilung über sog. Tenderverfahren vorgenommen. Im Ganzen geht es um die Bereitstellung von Liquidität, wobei die Kreditnehmer ausreichende Sicherheiten zu stellen haben.[116]

63 Neben die Offenmarktgeschäfte treten die *ständigen Fazilitäten*. Die Spitzenrefinanzierungsfazilität bietet für einen Geschäftstag Liquidität gegen Sicherheiten. Die Einlagefazilität verschafft den Kreditinstituten die Gelegenheit, Guthaben über Nacht bei den nationalen Zentralbanken anzulegen. Die jeweiligen Zinssätze richten sich nach der Obergrenze bzw. der Untergrenze des Tagesgeldsatzes.[117]

64 Gemäß Art. 19.1 ESZB-Satzung kann die EZB von den Kreditinstituten in den Mitgliedstaaten die Unterhaltung von *Mindestreserven* bei Konten der EZB und den nationalen Zentralbanken verlangen. Dies wirkt sich auf die Liquidität der Kreditinstitute aus, d. h. der Geldmarktzins wird beeinflusst.

b) Die Aufsicht

aa) Die makroprudenzielle Aufsicht (ESRB)

65 Zur Bändigung sog. Systemrisiken wurde bei der EZB ein Europäischer Ausschuss für Systemrisiken, der ESRB (European Systemic Risk Board; → § 14 Rn. 100) geschaffen, dessen dritter Jahresbericht inzwischen vorliegt.[118] Der Begriff des Systemrisikos wird vom Verordnungsgeber sehr weit verstanden:

> Alle „*Risiken einer Beeinträchtigung des Finanzsystems, die das Potential schwerwiegender negativer Folgen für den Binnenmarkt und die Realwirtschaft beinhalten. Alle Arten von Finanzmitteln, -märkten und -infrastrukturen können potentiell in gewissem Maße von systemischer Bedeutung sein*".[119]

---

[114] Vgl. *Häde*, in: Calliess/Ruffert, Art. 127 AEUV Rn. 15.

[115] Näheres in den Art. 18 ff. ESZB-Satzung.

[116] Art. 18.1 2. Spiegelstrich ESZB-Satzung; Näheres bei *Waldhoff*, in: Siekmann, Art. 127 AEUV Rn. 39 ff.

[117] Vgl. *Häde*, in: Calliess/Ruffert, Art. 127 AEUV Rn. 20.

[118] ESRB, Europäischer Ausschuss für Systemrisiken. Europäisches Finanzaufsichtssystem, Jahresbericht 2013.

[119] Art. 2 VO (EU) Nr. 1092/2010 des Europäischen Parlaments und des Rates vom 24.11.2010 über die Finanzaufsicht der Europäischen Union auf Makroebene und zur Errichtung eines Europäischen Ausschusses für Systemrisiken, ABl. EU L 331/1.

Geldpolitische Instrumente

Geldpolitische Geschäfte	Transaktionsart		Laufzeit	Rhythmus	Verfahren
	Liquiditäts-bereit-stellung	Liquiditäts-abschöpfung			
Offenmarktgeschäfte					
Haupt-refinanzierungs-geschäfte	Befristete Transaktionen	–	eine Woche	wöchentlich	Standard-tender
Längerfristige Refinanzie-rungsgeschäfte	Befristete Transaktionen	–	drei Monate	monatlich	Standard-tender
Fein-steuerungs-operationen	– Devisen-swaps – Befristete Trans-aktionen	– Devisen-swaps – Herein-nahme von Termin-einlagen – Befristete Trans-aktionen	nicht standardisiert	unregel-mäßig	– Schnelltender – Bilaterale Geschäfte
Strukturelle Operationen	Befristete Transaktionen	Emission von Schuldver-schreibungen	standardi-siert / nicht standardisiert	regelmäßig und unregel-mäßig	Standard-tender
	Endgültige Käufe	Endgültige Verkäufe	–	unregel-mäßig	Bilaterale Geschäfte
Ständige Fazilitäten					
Spitzenrefinan-zierungsfazilität	Befristete Transaktionen	–	über Nacht	Inanspruchnahme auf Initiative der Geschäftspartner	
Einlagefazilität	–	Einlagen-annahme	über Nacht	Inanspruchnahme auf Initiative der Geschäftspartner	

Abb. 3 Geldpolitische Instrumente [Quelle: Deutsche Bundesbank (Hrsg.), Geld und Geldpolitik, 2014, S. 183]

66 Herkömmliche Finanzmarktaufsicht war akteursbezogene Mikroaufsicht, die von der Individualisierbarkeit der Risikoquellen ausging. Sie hatte erhebliche Schwachstellen: zum einen, weil die Wechselwirkung zwischen den Akteuren nicht hinreichend berücksichtigt wurde, und zum anderen, weil nicht einmal alle relevanten Akteure erfasst wurden. Die Verknüpfung von mikro- und makroprudenzieller Aufsicht geht von der Einsicht aus, dass die Aufsicht auf der Makroebene nur funktioniert, wenn sie sich in irgendeiner Form auf die Beaufsichtigung auf der Mikroebene auswirkt. Andererseits kann die Aufsicht auf der Mikroebene die Stabilität des Finanzsystems nur dann wirksam schützen, wenn sie Entwicklungen auf der Makroebene entsprechend Rechnung trägt.[120]

67 Das neue Aufsichtsnetzwerk (vgl. dazu Abb. 4) vereint die nationalen Aufsichtsbehörden der 28 EU-Mitgliedstaaten und die drei europäischen Finanzaufsichtsbehörden (European Supervisory Authorities, ESAs; → § 14 Rn. 97 ff.).[121] Während die ESAs eigene Rechtspersönlichkeit besitzen, ist der ESRB ein neuartiges europäisches Kooperationsgremium ohne eigene Rechtspersönlichkeit und ohne spezielle Durchgriffsrechte. Seine Verantwortung für die makroprudenzielle Überwachung soll durch den ständigen Erkenntnisaustausch zwischen den Beteiligten in beide Richtungen wahrgenommen werden. Der ESRB ist eng mit der EZB verbunden;[122] der Präsident der EZB führt für fünf Jahre den Vorsitz des ESRB. Diese umstrittene Lösung[123] sollte dem neuen Gremium von Anfang an die Führung durch eine hochrangige Persönlichkeit sichern. Der Vorsitzende des ESRB vertritt nach Art. 5 Abs. 8 der VO (EU) Nr. 1092/2010 das Gremium nach außen. Wichtigstes Organ des ESRB ist der Verwaltungsrat (General Board) mit 65 Mitgliedern. Er trifft seine Entscheidungen in der Regel mit einfacher Mehrheit. Nur für Empfehlungen und Warnungen ist wegen deren besonderer Bedeutung eine Zweidrittelmehrheit erforderlich. Der Verwaltungsrat stützt sich auf die Arbeit eines kleineren, schlagkräftigeren Lenkungsausschusses.[124]

68 Die neue Institution für makroprudenzielle Überwachung wird als wesentlicher Baustein der neuen Finanzarchitektur angesehen. Zwei Externalitäten soll entgegengewirkt werden: zum einen dem gleichzeitigen oder sequenziellen Ausfall von eng miteinander verflochtenen Finanzinstituten, zum anderen den sich selbst verstärkenden Rückkoppelungseffekten zwischen Finanz- und Realwirtschaft. Dem ESRB als Beratungsgremium stehen als Instrumente nur *Warnungen* und *Empfehlungen* zur Verfügung. Ein mit der Geldpolitik vergleichbares Instrumentarium konnte noch nicht geschaffen werden. Geldpolitische Instrumente werden ausdrücklich

---

[120] Vgl. EU-Kommission, Report der hochrangigen Gruppe zur Finanzaufsicht in der EU, Brüssel, 25.02.2009, S. 43, abrufbar unter: http://ec.europa.eu/internal_market/insurance/docs/2009-markt-docs/47096_de_larosiere_report_de.pdf (01.09.2014).

[121] Die Europäische Bankenaufsichtsbehörde (EBA) in London, die Europäische Aufsichtsbehörde für das Versicherungswesen und die betriebliche Altersversorgung (EIOPA) in Frankfurt a. M. und die Europäische Wertpapier- und Marktaufsichtsbehörde (ESMA) in Paris.

[122] Näheres bei *Hartig*, EuZW 2012, 775.

[123] Vgl. *Kohtamäki*, Die Reform der Bankenaufsicht in der EU, S. 123.

[124] Art. 7 Abs. 1 und 3 VO (EU) Nr. 1092/1090.

ESRB

Europäischer Ausschuss
für Systemrisiken

Aufgabe:
Analyse von Risiken, Abgabe von Warnungen & Empfehlungen

Zusammensetzung:
Vertreter der EZB, der nationalen Zentralbanken, der Kommission und
die Vorsitzenden von EBA, EIOPA und ESMA

Wirkung:
Warnungen/Empfehlungen haben keine bindende Wirkung, sie unterliegen einem sogenannten
„Handle-oder-Erkläre"-Mechanismus.

EBA	**EIOPA**	**ESMA**
Europäische Bankenaufsichtsbehörde	Europäische Aufsichtsbehörde für das Versicherungswesen & die betriebliche Altersversorgung	Europäische Wertpapier- & Marktaufsichtsbehörde
LONDON	FRANKFURT AM MAIN	PARIS

Aufsichtsbefugnisse:
• bei Verletzung von EU-Recht und in Krisenfällen
• bei Streitigkeiten zwischen nationalen Aufsehern
• Aufsicht über Ratingagenturen

Regulierende Tätigkeit:
Entwurf technischer Standards

Koordinierende Aufgaben

Nationale Aufsichtsbehörden
Tägliche Aufsicht

Abb. 4 Das europäische Finanzaufsichtssystem (Quelle: BMF, Monatsbericht des BMF, April 2011, S. 52)

nicht als makroprudenzielle Instrumente angesehen. Die Stärken des ESRB liegen in der mittel- und längerfristigen Perspektive, in der Prävention, nicht im Krisenmanagement. Ob er überhaupt Wirksamkeit entfalten wird, hängt vor allem von der Qualität seiner Warnungen und Empfehlungen ab.[125]

---

[125] Zu den jüngsten Empfehlungen vgl. ESRB, Europäischer Ausschuss für Systemrisiken. Europäisches Finanzaufsichtssystem, Jahresbericht 2013, S. 57 ff. Zum Ganzen Näheres bei *R. Schmidt*, Finanzaufsicht als Systemaufsicht oder die neue Offenheit des öffentlichen Wirtschaftsrechts, in: Stelmach/Schmidt (Hrsg.), Krakauer-Augsburger Rechtsstudien, Die Rolle des Rechts in der Zeit wirtschaftlicher Krise, 2013, S. 115 ff.

bb) Die Bankenunion

69 Die Funktionsfähigkeit der Kreditinstitute ist essentiell für den EU-Binnenmarkt. Der Plan einer sog. „Bankenunion", vorläufig über eine Bankenaufsicht teilweise verwirklicht, soll dies befördern. Mit ihr soll das Risiko gebannt werden, dass Bankenkrisen andere Wirtschaftsbereiche und die staatliche Fiskalpolitik in Schwierigkeiten bringen. Der wichtigste erste Schritt ist eine auf Art. 127 Abs. 6 AEUV gestützte Verordnung des Rates, zumal sie eine zentrale Bankenaufsicht für die Eurozone schafft.[126] Die sog. Bankenunion soll auf zwei Säulen ruhen (→ § 14 Rn. 11 mit Fn. 28). Zum einen auf einer einheitlichen Bankenaufsicht (Single Supervisory Mechanism, SSM) und zum anderen auf einem einheitlichen Regulierungsrecht (Single Rule Book).

70 Die Begründung einer Zuständigkeit der EZB für die Aufsicht über Kreditinstitute ist aus verschiedenen Gründen äußerst umstritten. Dies gilt schon für das geeignete Aufsichtsmodell, bei dem sich die Verfechter eines Konzepts durchsetzten, durch das die nationalen Aufsichtsbehörden zwar nicht jedwede Kompetenz verloren haben, aber weitgehend der EZB untergeordnet wurden.[127] Fraglich ist insbesondere, ob der für die Währungs- und Geldpolitik mit Unabhängigkeit ausgestatteten EZB überhaupt Aufsichtsfunktionen übertragen werden können und sollten. Nach der SSM-VO wurde der EZB eine umfassende Aufsicht übertragen (→ § 14 Rn. 59 ff.). Sie erstreckt sich auf die Aufsicht über die Einlagenkreditinstitute, Muttergesellschaften, Finanzholdinggesellschaften und gemischte Finanzholdinggesellschaften mit Sitz in einem Eurozonenmitgliedstaat. Zur Aufsicht gehören u. a. die Überwachung der Einhaltung von Vorschriften über Eigenmittel, Verbriefung, Kapitalpuffer, Großkredite, Liquidität und Leverage. Den nationalen Aufsichtsbehörden verbleibt wenig, etwa der Verbraucherschutz sowie die Bekämpfung der Geldwäsche und der Terrorismusfinanzierung.

71 Problematisch sind zahlreiche grundsätzliche Rechtsfragen. Die wichtigste: die SSM-VO ist nicht mehr von Art. 127 Abs. 6 AEUV gedeckt, denn selbst wenn man diese Rechtsgrundlage weit auslegte, erlaubt sie nicht die Übertragung der Bankenaufsicht „als Ganzes". Außerdem: Art. 12 ESZB-Satzung könnte den neugeschaffenen eigenen Beschlusskörper allenfalls mit dem Vorrang der Preisstabilität und der Wahrung der um ihretwillen der EZB gewährten Unabhängigkeit legitimieren.[128]

72 Die aus rechtlichen Gründen zu errichtende „chinesische Mauer" zwischen Bankenaufsicht und geldpolitischer Funktion ist allenfalls eine spanische Wand, eine vollständige Trennung wurde nicht erreicht. Es wäre durchaus denkbar, dass in Zukunft die Bankenaufsicht durch Geldpolitiker minimiert wird und dass geldpolitische durch aufsichtsrechtliche Entscheidungen beeinflusst werden.[129]

---

[126] Zum Ganzen *Wolfers/Volland*, BKR 2014, 177; *Kämmerer*, NVwZ 2013, 830; *Dinov*, EuR 2013, 593; *Schneider*, EuZW 2013, 452.

[127] Vgl. *Herdegen*, WM 2012, 1889 (1889 f.).

[128] So *Kämmerer*, NVwZ 2013, 830 (832) m. w. N.

[129] Vgl. *Herdegen*, WM 2012, 1889 (1893 f.); *Kämmerer*, NVwZ 2013, 830 (832). Zu den Aufgaben der EZB im Rahmen der Aufsicht vgl. im Einzelnen *Langner*, in: Siekmann, Art. 25 ESZB-Satzung Rn. 15 ff.

c) Die Stellung der EZB im Gewaltengefüge

Die rechtliche Beschränkung der EZB auf die Geldpolitik und die sonstigen in **73** Art. 127 Abs. 2 AEUV genannten (Neben-)Themen einerseits und die Beschränkung der Mitgliedstaaten im Bereich der Wirtschaftspolitik auf eine bloße Koordinierung im Rat (Art. 121 AEUV) andererseits, führten zu einem Vakuum, das die EZB nutzte, um zum *wichtigsten Akteur* im Bereich von Wirtschaft und Währung zu werden. Durch die Ankündigung des unbeschränkten Aufkaufs von Staatsanleihen (OMT-Programm) wagte sie sich, deutlich gegen die Grundsätze des AEUV verstoßend, auf das Gebiet der Haushaltsfinanzierung (→ Rn. 26).[130] Diese Ankündigung mag tatsächlich die Märkte beruhigt haben, sie ist aber rechtswidrig und mit großen tatsächlichen Risiken verbunden.

Nach dem AEUV ist das ESZB nur sehr beschränkt in die Wirtschafts- und Haus- **74** haltspolitik, beispielsweise bei der Anhörung im Defizitverfahren (Art. 126 Abs. 14 UAbs. 2 AEUV), eingebunden. Die Zuständigkeit für die Wirtschaftspolitik liegt bei den Mitgliedstaaten. Diese sind vor allem für die Festlegung der Ziele und die Wahl der Instrumente der Wirtschaftspolitik zuständig (Art. 5 Abs. 1, Art. 120 ff. AEUV). Das ESZB ist nur befugt, die allgemeine Wirtschaftspolitik in der Union zu unterstützen, soweit dies ohne Beeinträchtigung der Preisstabilität möglich ist (Art. 119 Abs. 2, Art. 127 Abs. 1 S. 2, Art. 282 Abs. 2 S. 3 AEUV). Diese rechtliche Ausgangslage bringt es mit sich, dass in Grau- und Grenzbereichen eine genaue Zuordnung der jeweiligen Maßnahme zur Geld- und Währungspolitik einerseits bzw. zur Wirtschaftspolitik andererseits unausweichlich wird.

Das BVerfG hat in seinem Vorlagebeschluss vom 14.01.2014[131] sehr genau be- **75** gründet, dass dem OMT-Beschluss[132] keine währungspolitische Zielsetzung zugrunde liegt, dass vielmehr der Ankauf von Staatsanleihen zur Entlastung einzelner Mitgliedstaaten in seiner Koppelung an wirtschaftspolitische Auflagen der EFSF oder des ESM letztlich eine wirtschaftspolitische Maßnahme ist. Der EZB fehlt hierfür die Kompetenz und abgesehen von dieser die parlamentarische Legitimation. Die rechtliche Einordnung der jeweiligen Maßnahme mag im Einzelfall schwierig sein, ist aber im Gegensatz zur Meinung der beiden Sondervoten (*Lübbe-Wolff* und *Gerhardt*) zum Vorlagebeschluss vom 14.01.2014 interpretatorisch lösbar.[133] Die sachkundige Erfüllung dieser hermeneutischen Aufgabe ist von größter Bedeutung, weil das gesamte Kompetenzgefüge im Bereich von Wirtschaft und Währung und die Wahrung des Demokratieprinzips auf dem Spiel stehen.

---

[130] Zum OMT-Beschluss BVerfGE 134, 366 (372). Zu den Folgen vgl. *R. Schmidt*, Wettbewerbsverfälschung als Handlungsmaxime, in: FS Köhler, S. 615.

[131] BVerfGE 134, 366.

[132] Im OMT-Beschluss ist vorgesehen, dass Staatsanleihen ausgewählter Mitgliedstaaten in unbegrenzter Höhe aufgekauft werden können, wenn und solange diese Mitgliedstaaten zugleich an einem mit der EFSF oder dem ESM vereinbarten Reformprogramm teilnehmen; so BVerfGE 134, 366 (372).

[133] Näheres bei *R. Schmidt*, Gesetzesgestaltung, Gesetzesanwendung und Geldpolitik, in: FS Hufen, S. 219.

4. Währungsaußenpolitik

76 Auch durch die Währungsaußenpolitik können Gefahren für den Geldwert entstehen. Während die Währungsinnenpolitik von den Mitgliedstaaten der Europäischen Union dem ESZB übertragen wurde, ist die Festlegung nach außen, d. h. gegenüber Drittstaaten, gemäß Art. 219 AEUV vom Rat zu treffen. Als Spezialbestimmung zur auswärtigen Gewalt der Europäischen Union konkretisiert Art. 219 AEUV zum einen die bereits in Art. 138 AEUV niedergelegte Verbandszuständigkeit der Europäischen Union in der auswärtigen Währungspolitik. Zum anderen legt er die Organzuständigkeiten beim Abschluss von Übereinkünften fest. Seine wesentliche Bedeutung liegt demnach in der Zuständigkeitsabgrenzung. Für die Außenbeziehungen der Union ist nämlich im Allgemeinen der Rat der entscheidende Akteur, im Bereich der Währungspolitik ist dies das ESZB (Art. 127 Abs. 2 AEUV) und damit die EZB (Art. 132 AEUV). Durch Art. 219 AEUV wird die EZB in die Währungsaußenpolitik eingebunden. Jedoch wird an der Letztentscheidung des Rates in auswärtigen Angelegenheiten der Union auch für Währungsfragen festgehalten. Der Rat handelt auf Empfehlungen der EZB oder der Kommission. Ganz selbstverständlich ist dies nicht, denn wegen der politischen Ausrichtung der Währungspolitik könnte die Preisstabilität speziell durch die Währungsaußenpolitik gefährdet werden. Dem stehen aber die Verfassungstradition und auch das Selbstverständnis der Staaten gegenüber, wonach die Währungspolitik ein Bestandteil der Außenpolitik ist. Die Staaten wollten dieses Politikfeld nicht einer unabhängigen Institution übertragen.

77 Ein rechtlich verbindliches Wechselkurssystem kann nur durch völkerrechtlichen Vertrag begründet werden, was in Art. 219 AEUV mit der Formulierung „förmliche Vereinbarungen" angesprochen wird. Dadurch sollte nicht etwa eine neue Kategorie von Verträgen eingeführt, sondern nur die rechtliche Bindungswirkung der Vereinbarungen hervorgehoben werden. Die politische Initiative liegt nicht beim Rat, da er nur auf Empfehlung der EZB oder der Kommission handeln kann. Das Parlament ist nur anzuhören. Zentral ist die Verpflichtung des Rates, sich darum zu bemühen, „zu einem mit dem Ziel der Preisstabilität im Einklang stehenden Konsens zu gelangen". Das Wechselkurssystem dient zwar nicht nur der Geldwertstabilität, sondern der Stabilisierung des Außenwerts. Die Einführung einer einheitlichen Währung ist aber durch Art. 119 Abs. 2 AEUV vorrangig auf das Ziel der Preisstabilität ausgerichtet worden, sodass der Rat bei Ausrichtung seiner Wechselkurspolitik diese jeweils vorrangig im Auge zu behalten hat. Im Vorfeld des jeweiligen Vertrags beschließt der Rat die Modalitäten für die Aushandlung und den Abschluss der Vereinbarungen (Art. 219 Abs. 3 AEUV). Dadurch sollte gewährleistet werden, dass die Union einen einheitlichen Standpunkt vertritt. Nicht entscheidend sollte sein, ob ein Mitgliedstaat, der Ratspräsident oder der EZB-Präsident mit der Außenvertretung betraut ist.

78 Vorläufig nur von akademischem Interesse ist die Frage, was mit den *„allgemeinen Orientierungen für die Wechselkurspolitik"* in Abs. 2 des Art. 219 AEUV rechtlich gemeint ist. Orientierungen sind Leitlinien des Rates an die Adresse des

ESZB, zu dessen grundlegenden Aufgaben die Devisenpolitik gehört (Art. 127 Abs. 2 AEUV). Diese Bestimmung räumt dem Rat ein Ermessen ein, d. h. dass er nicht tätig werden muss. Schon vor Längerem hat man sich darauf verständigt, dass die genannten Orientierungen nur unter außergewöhnlichen Umständen aufgestellt werden sollen. Solange dies nicht geschieht, handelt die EZB auf den Devisenmärkten nach eigenem Ermessen. Würden die „Orientierungen" eines Tages verabschiedet werden, dann stellt sich die Frage, inwieweit sie bindend sind. Die besseren Argumente streiten wohl für deren Rechtscharakter, weil die Pflicht der EZB darin besteht, ihre Devisenpolitik in Einklang mit Art. 219 AEUV zu betreiben.[134]

5. Rechtsschutzfragen

Die Unabhängigkeit der Zentralbank bedeutet nicht, dass sie außerhalb des Rechts **79** steht. Einmal bestehen Wechselbeziehungen zwischen den Zentralbanken und ihren Entscheidungsträgern sowie den Organen der Union und den Mitgliedstaaten. Außerdem kommen subjektiv-öffentliche Rechte gegen Maßnahmen der EZB in Betracht. Die Art. 263, 265 und 267 AEUV sehen konsequenterweise Klagemöglichkeiten gegen die EZB vor.[135] Mit einer *Nichtigkeitsklage* nach Art. 263 AEUV ist grundsätzlich jede Handlung der EZB angreifbar, soweit diese verbindliche Rechtswirkungen erzeugt und den Kläger in seiner Rechtsstellung beeinträchtigt. Neben der Nichtigkeitsklage kann, wenn die allgemeinen Voraussetzungen erfüllt sind, eine *Untätigkeitsklage* nach Art. 265 AEUV erhoben werden. Denkbar ist auch die Vorlageberechtigung bzw. -verpflichtung nationaler Gerichte im *Vorabentscheidungsverfahren* nach Art. 267 AEUV. Eine inzidente Kontrolle der Handlungen der EZB ist nach Art. 267 AEUV möglich. Im Vertrag von Lissabon wurde außerdem in Art. 340 Abs. 3 AEUV geregelt, dass sich eine Klage auf Schadensersatz nach Art. 280 AEUV aus einer außervertraglichen Rechtsverletzung durch die EZB gegen diese zu richten hat.[136]

Besonders problematisch ist das Kriterium der individuellen Betroffenheit. Seit **80** der grundlegenden Plaumann-Entscheidung des Gerichtshofs[137] entstanden hierzu zahlreiche Kontroversen.[138] Für den vorliegenden Zusammenhang ist von besonderer Bedeutung, ob und inwieweit eine Verschlechterung des Geldwerts die Eigentumsgarantie verletzt. Für die Einbeziehung des Geldes in den Schutzbereich des Art. 14 GG spricht, dass eine prinzipielle Gewährleistung des Tauschwerts gegeben wurde. Dessen Ausklammerung aus der Gewährleistungsfunktion des Art. 14 GG würde für Geld und geldwerte Forderungen, die keinen eigenständigen, vom

---

[134] Vgl. hierzu *Kadelbach*, in: Siekmann, Art. 219 AEUV Rn. 44. Zur Währungsaußenpolitik im Ganzen siehe, weitgehend mit dem obigen Text übereinstimmend, *R. Schmidt*, HStR³ XI, § 252 Rn. 52.

[135] Näher hierzu *Hahn/Häde*, ZHR 165 (2001), 30 ff.

[136] Näheres hierzu bei *Ohler/Schmidt-Wenzel*, in: Siekmann, Art. 132 AEUV Rn. 102.

[137] EuGH, Rs. C-25/62, Slg. 1963, 213 (237) – Plaumann/Kommission.

[138] Näheres bei *Cremer*, in: Calliess/Ruffert, Art. 263 AEUV Rn. 39 ff.

Tauschwert unabhängigen Nutzwert hätten, den Schutz des Art. 14 GG nicht mehr
garantieren. Das Gegenargument, wonach auch Aktienkurse und Immobilienpreise
ins Bodenlose fallen könnten, überzeugt insofern nicht, als der Wert des Geldes *ausschließlich* in dem von ihm verkörpertem Tauschwert besteht. Die grundsätzliche
objektive Verpflichtung des Staates in der Europäischen Union zur Bereitstellung
einer funktionierenden stabilen Geldordnung verdient den Vorzug.[139] Nicht ganz
eindeutig ist die Haltung des BVerfG. In der einschlägigen Passage zur Wirtschafts-
und Währungsunion[140] wird gesagt:

> *„Art. 14 Abs. 1 GG gewährleistet das Recht, Sach- und Geldeigentum zu besitzen, zu nutzen, es zu
> verwalten und über es zu verfügen.*
> *a) In der Eigentumsgarantie des Art. 14 Abs. 1 S. 1 GG gewährleistet das Grundgesetz die pri-
> vat verfügbare ökonomische Grundlage individueller Freiheit. Der Eigentumsgarantie kommt
> im Gesamtgefüge der Grundrechte die Aufgabe zu, dem Träger des Grundrechts einen Frei-
> raum im vermögensrechtlichen Bereich zu sichern und ihm dadurch eine eigenverantwortliche
> Gestaltung seines Lebens zu ermöglichen ... In der heutigen Gesellschaft sichert die große
> Mehrzahl der Staatsbürger die wirtschaftliche Grundlage ihrer Existenz und ihrer Freiheiten
> weniger durch privates Sachvermögen als durch den Arbeitsertrag und die daran anknüpfende
> solidarisch getragene Daseinsvorsorge, die historisch von jeher eng mit dem Eigentumsgedan-
> ken verknüpft war ...*
> *Dementsprechend schützt die Eigentumsgarantie nicht nur körperlich greifbare Sachen, son-
> dern auch geldwerte Forderungen, die nach Art eines Ausschließlichkeitsrechts dem Rechtsträ-
> ger privatnützig zugeordnet sind, auf Eigenleistungen beruhen und als materielle Grundlage
> persönlicher Freiheit dienen ... Eine wesentliche Freiheitsgarantie des Eigentums liegt gerade
> darin, Sachgüter und Geld gegeneinander austauschen zu können. Die Gleichwertigkeit von
> Sach- und Geldeigentum ist auch eine der Funktionsgrundlagen des Art. 14 GG. Geld ist ge-
> prägte Freiheit; es kann frei in Gegenstände eingetauscht werden.*
> *b) Allerdings ist der Geldwert in besonderer Weise gemeinschaftsbezogen und gemeinschaftsab-
> hängig. Er bildet sich im Rahmen der staatlichen Währungshoheit und Finanzpolitik wesent-
> lich auch durch das Verhalten der Grundrechtsberechtigten selbst, insbesondere über Preise,
> Löhne, Zinsen, wirtschaftliche Einschätzungen und Bewertungen. Der Außenwert des Geldes
> folgt aus der Beziehung des nationalen Geldes zu anderen Währungen und deren staatlichen,
> wirtschaftlichen und gesellschaftlichen Grundlagen. In diesen Abhängigkeiten kann der Staat
> den Geldwert nicht grundrechtlich garantieren. Wie Art. 14 Abs. 1 GG beim Sacheigentum nur
> die Verfügungsfreiheit des anbietenden Eigentümers, nicht aber die Bereitschaft des Nach-
> fragers gewährleisten kann, so kann das Grundrecht des Eigentümers auch beim Geld nur die
> institutionelle Grundlage und die individuelle Zuordnung gewährleisten."[141]*

81   Im Ergebnis ist festzuhalten, dass der *Tauschwert des Geldes* im Regelfall im Markt
gebildet wird, aber normgeprägt ist durch Vorschriften über den Nominalismus
oder durch die Verpflichtung der EZB auf die Preisstabilität. Deshalb muss auch
dessen prinzipieller Schutz grundrechtlich bzw. europarechtlich abgesichert sein.
Die Möglichkeit, die Geldwertsicherung durch die EZB mit einer Nichtigkeitsklage
nach Art. 263 AEUV oder eine Untätigkeitsklage nach Art. 265 AEUV durchzusetzen, dürfte allerdings wohl kaum erfolgreich sein, weil die geltende Währungsver-

---

[139] Näheres bei *R. Schmidt*, Geld, in: FS P. Kirchhof, § 142 Rn. 13 ff.
[140] BVerfGE 97, 350.
[141] BVerfGE 97, 350 (370 ff.).

fassung zumindest keine klare subjektiv-rechtliche Gewährleistung des Wertschutz-interesses des Individuums geschaffen hat.

Auch Klagen der nationalen Zentralbank gegen die EZB sind nur dann möglich, **82** wenn sich eine unmittelbare und individuelle Betroffenheit nachweisen ließe. Dies käme beispielsweise bei einem Kompetenzstreit in Betracht. Internen Weisungen, auch der internen Zuständigkeitsverteilung, fehlen die Außenwirkung und damit die Justiziabilität. So wäre beispielsweise ein gerichtlich durchsetzbarer Anspruch auf Beteiligung an der Geldpolitik abzulehnen.[142]

VII. Das Weltfinanzsystem

1. Der Internationale Währungsfonds

a) Allgemeines

Preisstabilität und Wachstum hängen nicht zuletzt vom Weltfinanzsystem ab. Die **83** wichtigste Institution der internationalen Währungsverfassung ist der Internationa-le Währungsfonds (IWF) (zu diesem auch → § 3 Rn. 32 ff.). Er hat heute 188 Mitglieder. Aus rechtlichen Gründen kann die Europäische Union nicht Mitglied werden, allerdings sind all ihre Mitgliedstaaten Mitglieder beim IWF. Die Bundes-republik ist dies seit 1952.[143] Die Mitglieder sind seit 1976 dazu verpflichtet, ihre Wirtschafts- und Finanzpolitik auf das Ziel eines geordneten Wirtschaftswachstums bei angemessener Preisstabilität auszurichten, nach Stabilität zu streben und dabei ein Währungssystem ohne drastische Störungen zu schaffen sowie Manipulationen an den Wechselkursen zu vermeiden.[144]

Die wesentlichen Probleme der internationalen Wirtschaftsverfassung liegen in **84** der Regelung der grenzüberschreitenden Transaktionen. Die drei Kernprobleme bestehen in der Umtauschbarkeit von Währungen, der Etablierung eines Systems zur Festlegung des Umtauschkurses und der Frage nach den Mechanismen zum Ausgleich der Transaktionsströme.[145] Entscheidendes Element des im Jahr 1944 in Bretton Woods geschaffenen Systems bildete die freie Konvertibilität von Wäh-rungen in Verbindung mit festen Wechselkursen. Die ursprüngliche Koppelung des Dollars an das Gold ließ sich vor dem Hintergrund einer zunehmenden Inflation und eines über die Goldvorräte hinaus expandierenden Dollarvolumens nicht mehr auf-rechterhalten. Im Jahr 1976 wurde die Freigabe der Wechselkurse durch Änderung des IWF-Vertrags geregelt. Den Mitgliedstaaten wurde bei Wahl des Wechselkurs-systems erheblicher Gestaltungsspielraum eingeräumt.

---

[142] So zu Recht *Häde*, in: Calliess/Ruffert, Art. 127 AEUV Rn. 32.

[143] Näheres bei *Haltern*, in: K. Ipsen, § 35 Rn. 40 ff.

[144] Art. IV Abschnitt 1 des IWF-Abkommens, zum Text insgesamt vgl. BGBl. 1978 II, S. 13. Zur zentralen Bedeutung des Abkommens über den IWF vgl. *Herdegen*, Internationales Wirtschafts-recht, S. 324 ff.

[145] Vgl. *Herrmann*, Währungshoheit, S. 245.

b) Die Organe

85   Der Gouverneursrat ist das höchste, einmal jährlich tagende Entscheidungsorgan, das Exekutivdirektorium ist mit der täglichen Geschäftsführung betraut, an der Spitze des Mitarbeiterstabes führt der geschäftsführende Direktor die Geschäfte. Die Stimmengewichtung im Gouverneursrat richtet sich nach dem Kapitalanteil der Mitglieder am Fonds bzw. nach dem wirtschaftlichen Gewicht des Mitgliedstaats.[146] Das Exekutivdirektorium, das mehrmals in der Woche tagt, entscheidet mit einfacher Mehrheit, im Ausnahmefall mit qualifizierter Mehrheit von 85 % der nach Quoten gewichteten Stimmen. Es besteht aus 24 Gouverneuren, von denen fünf von den größten Kapitaleignern des Fonds ernannt werden. Nach Umsetzung der letzten Reform werden alle Gouverneure gewählt, nicht ernannt. China wird zur drittgrößten Kraft. Die europäischen Staaten verzichten zugunsten der aufstrebenden Schwellenländer auf zwei der bisher neun Sitze. Die Bedeutung des geschäftsführenden Direktors liegt aber weniger in seinen förmlichen Kompetenzen, als darin, dass er als Vorsitzender von mehr als hunderten von Ökonomen die wirtschaftliche Diskussion im IWF und auch außerhalb wesentlich beeinflussen kann.

c) Ziele und Aufgaben

86   Der IWF erfüllt zwei wesentliche Aufgaben. Zum einen vergibt er Kredite[147], zum anderen ist er Sicherheitsinspektor[148] im Rahmen der Politiküberwachung.

87   Zentral ist die Aufgabe, bei Zahlungsbilanzdefiziten den Mitgliedstaaten finanziell zu helfen. Diese Funktion als „lender of the last resort" wurde nach dem Ausbruch der Finanzkrise im Herbst 2007 besonders wichtig. Hierbei sind die Sonderziehungsrechte[149], die 1969 zur Schaffung von Liquidität eingeführt wurden, an erster Stelle zu nennen. Diese Sonderziehungsrechte werden den Staaten in bestimmter Höhe zugeteilt. Sie müssen dafür an den Fonds Zinsen bezahlen. Es handelt sich dabei um eine künstliche Währungseinheit, die sich aus einem Korb speist, in dem sich die vier wichtigsten Währungen (US-Dollar, Euro, Yen und Pfund Sterling) befinden. Wirtschaftlich gesehen sind die Sonderziehungsrechte ein internationales Zahlungsmittel. Die Vergabe der Kredite wird von der Erfüllung bestimmter Verpflichtungen, der sog. Konditionalität, abhängig gemacht. Dies kann mit einem massiven Eingriff in die wirtschaftspolitische Souveränität des kreditnehmenden Landes verbunden sein. Der Schuldnerstaat verpflichtet sich jeweils, bestimmte wirtschaftliche Reformmaßnahmen zur Erlangung einer ausgeglichenen Zahlungsbilanz vorzunehmen. Die Einhaltung der hierfür erforderlichen Erklärung („letter of intent") ist nicht sanktionsbewehrt, aber gegebenenfalls Voraussetzung für die

---

[146] Art. XII Abschnitt 5 IWF-Abkommen.

[147] *Deutsche Bundesbank*, Weltweite Organisationen und Gremien im Bereich von Währung und Wirtschaft, S. 50 ff.

[148] *Deutsche Bundesbank*, Weltweite Organisationen und Gremien im Bereich von Währung und Wirtschaft, Surveillance, S. 42 ff.

[149] *Deutsche Bundesbank*, Weltweite Organisationen und Gremien im Bereich von Währung und Wirtschaft, S. 77 ff.

Vergabe weiterer Kredite.[150] Inzwischen sind die Risiken für den Fonds gewachsen, weil die Programmeffizienz gesunken ist und weil, der Not gehorchend, weitgehend auf Vorgaben für die wirtschaftspolitische Anpassung verzichtet wurde.[151] Der Fonds nimmt sogar hin, dass IWF-Mittel zur fiskalischen Stimulierung der inländischen Nachfrage, d. h. also konjunkturpolitisch verwendet werden.[152]

Zu den Überwachungsaufgaben gehören die Überwachung der Wechselkursregelungen der Mitgliedstaaten, Koordinierungen im Hinblick auf Devisengeschäfte und die Gewährleistung der Währungskonvertibilität. Vielfach geht es um vorbeugende Maßnahmen. Hierzu gehören Besuche, sog. Konsultationen und Bewertungen. Im zweimal jährlich herausgegebenen World Economic Outlook findet sich Überblick über die wirtschaftliche Entwicklung weltweit.[153]   **88**

2. Sonstige Akteure

Zur Regulierung der Finanzmärkte gibt es eine Vielzahl finanzrelevanter Institutio-   **89**
nen und unterschiedliche Formen der Zusammenarbeit, etwa die von Europäischer Kommission, IWF und EZB, bekannt unter dem Namen Troika. Ein System zeichnet sich noch nicht ab, weshalb es verfehlt ist, von einer Finanzarchitektur zu sprechen. Die Maßnahmen zur Bekämpfung der Finanzkrise sind bisher noch wenig koordiniert.[154] Zu nennen unter den Institutionen sind neben dem IWF die Weltbankgruppe, insbesondere die International Finance-Corporation (IFC), die WTO, die Organisation für wirtschaftliche Zusammenarbeit und Entwicklung (OECD) und die Bank für Internationalen Zahlungsausgleich (BIZ). Daneben existieren rechtlich kaum organisierte Märkte, wie beispielsweise ein grauer Kapitalmarkt, vor allem für den Handel von Anleihen mit Immobilienfonds.[155] Unter den informellen Zusammenschlüssen ist die G10-Gruppe wichtig, der entgegen ihrer Bezeichnung inzwischen die elf wichtigsten Industrieländer angehören (USA, Japan, Kanada, Deutschland, Frankreich, Großbritannien, Italien, Belgien, Niederlande, Schweiz und Schweden). Von größerer Bedeutung ist die Gruppe der 20, die den Dialog zwischen Industrie- und Schwellenländern in wichtigen Fragen des Internationalen Währungs- und Finanzsystems verbessern will. Um dessen Schwachstellen aufzuzeigen und Empfehlungen zur Förderung der Finanzstabilität aufzuzeigen, wurde

---

[150] *Herdegen*, Internationales Wirtschaftsrecht, S. 333 ff.

[151] *Deutsche Bundesbank*, Monatsbericht September 2012, S. 64 f.

[152] *Deutsche Bundesbank*, Monatsbericht September 2012, S. 68 m. w. N.

[153] Vgl. *Haltern*, in: K. Ipsen, § 35 Rn. 51. Zum Ganzen Abschnitt VII. siehe, teilweise wortgleich und vertiefend, *R. Schmidt*, HStR³ XI, § 252 Rn. 53 ff.

[154] Vgl. *Haltern*, in: K. Ipsen, § 35 Rn. 63.

[155] Vgl. *von Daniels*, Private Equity Secondary Transactions: Chancen und Grenzen des Aufbaus eines institutionalisierten Secondary Market, 2004, S. 78 ff.

im Jahr 1999 das Forum für Finanzstabilität („Financial Stability Forum", FSF) einberufen.[156]

90   Die wichtigste Institution unter den Genannten dürfte die in Basel ansässige BIZ sein. Ihre Hauptaufgabe ist die Unterstützung der Zentralbanken bei deren Bemühung um Währungs- und Finanzstabilität und zur Förderung der internationalen Zusammenarbeit. Zu diesem Zweck vergibt sie als „Bank der Zentralbanken" Kredite und verwaltet treuhänderisch Währungsreserven. Getragen wird sie weltweit von 60 Zentralbanken und Finanzorganisationen. Wichtigste Organe der BIZ sind die einmal im Jahr stattfindende Generalversammlung, in der 60 Zentralbanken Sitz und Stimme haben, und der Verwaltungsrat (Board of Directors), dem die Geschäftsführung obliegt. Weiterhin fehlt aber das seit der unkontrollierten Insolvenz von Lehmann Brothers im Jahr 2008 besonders schmerzlich vermisste internationale Regelwerk zur Überwachung und Bändigung globaler Risiken. Von einem Weltfinanz„system" kann (noch) nicht die Rede sein.

91   **VIII. Zusammenfassende Übersicht**

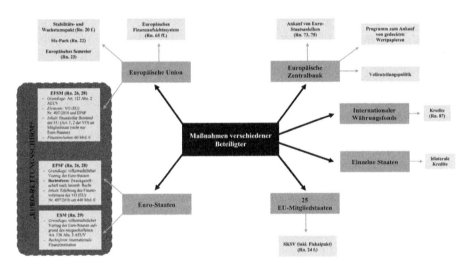

Abb. 5 Maßnahmen zur Stabilität des Finanzsystems in der Europäischen Währungsunion

---

[156] Näheres bei *R. Schmidt*, HStR[3] XI, § 252 Rn. 57 ff.

IX. Kontrollfragen   92

1. Finden sich im geltenden Recht der Europäischen Union Elemente des historischen Liberalismus? (→ Rn. 6)
2. Erläutern Sie die Begriffe der Ordnungs-, Struktur- und Konjunkturpolitik! (→ Rn. 8)
3. Wie sind die Zuständigkeiten zwischen der Europäischen Union und den Mitgliedstaaten im Bereich der Wirtschafts- und Währungspolitik aufgeteilt? (→ Rn. 11 f.)
4. Nennen Sie die normativen Eckpunkte der Wirtschafts- und Währungsunion! (→ Rn. 11)
5. Erläutern Sie die Grundbedingungen für die Wirtschaftspolitik in Art. 119 Abs. 3 AEUV! (→ Rn. 14 ff.)
6. Was ist der wesentliche Inhalt des Stabilitäts- und Wachstumspaktes? (→ Rn. 20 ff.)
7. Wie ist im AEUV der Finanztransfer von Mitgliedstaat zu Mitgliedstaat geregelt? (→ Rn. 26 ff.)
8. Wie wird im AEUV die Verpflichtung zur Haushaltsdisziplin gesichert? (→ Rn. 30)
9. Wie ist die Wirtschaftspolitik im Recht der Bundesrepublik Deutschland instrumentalisiert? (→ Rn. 31 ff.)
10. Was spricht für, was spricht gegen die Ausstattung der EZB mit Unabhängigkeit? (→ Rn. 50 ff.)
11. Welche Aufgabe hat das ESZB und mit welchen Instrumenten kann sie erfüllt werden? (→ Rn. 58 ff.)
12. Stellen Sie die wichtigsten Formen der Finanzaufsicht vor! (→ Rn. 65 ff.)
13. Was versteht man unter Währungsaußenpolitik und wer ist für diese zuständig? (→ Rn. 76 ff.)
14. Stellt die Verschlechterung des Geldwerts eine Verletzung der Eigentumsgarantie dar? (→ Rn. 80 f.)
15. Erläutern Sie die Ziele und Aufgaben des IWF! (→ Rn. 86 ff.)

Literatur

Blankart, Öffentliche Finanzen in der Demokratie, 8. Aufl. 2011
Deutsche Bundesbank, Weltweite Organisationen und Gremien im Bereich von Währung und Wirtschaft, 2013
Ehrlicher, Geldtheorie und Geldpolitik I: Einführung. Der theoretisch-politische Doppelaspekt, in: W. Albers u. a. (Hrsg.), Handwörterbuch der Wirtschaftswissenschaft (HdWW), Bd. 3: Finanzen bis Handelshemmnisse, nicht-tarifäre, 1981, S. 355 ff.
Europäische Zentralbank, Die Geldpolitik der EZB, 2004
Gaitanides, Das Recht der Europäischen Zentralbank. Unabhängigkeit und Kooperation in der Europäischen Währungsunion, 2005

Görgens/Ruckriegel/Seitz, Europäische Geldpolitik, 6. Aufl. 2013

Hahn/Häde, Währungsrecht, 2. Aufl. 2010

Herdegen, Internationales Wirtschaftsrecht, 9. Aufl. 2011

C. Herrmann, Währungshoheit, Währungsverfassung und subjektive Rechte, 2010

Issing, Einführung in die Geldtheorie, 15. Aufl. 2011

P. Kirchhof, Deutschland im Schuldensog, 2012

Kohtamäki, Die Reform der Bankenaufsicht in der Europäischen Union, 2012

B. Molitor, Wirtschaftspolitik, 7. Aufl. 2011

Schorkopf, Finanzkrisen als Herausforderung der internationalen, europäischen und nationalen Rechtssetzung, VVDStRL 71 (2012), 183

§ 6 Die wirtschaftliche Betätigung der öffentlichen Hand

Matthias Knauff

Inhaltsverzeichnis

M. Knauff (✉)
Friedrich-Schiller-Universität Jena, Carl-Zeiß-Str. 3, 07743 Jena, Deutschland
E-Mail: ls-knauff@uni-jena.de

© Springer-Verlag Berlin Heidelberg 2016
R. Schmidt, F. Wollenschläger (Hrsg.), *Kompendium Öffentliches Wirtschaftsrecht*,
Springer-Lehrbuch, DOI 10.1007/978-3-662-45579-1_6

233

I. Öffentliche Wirtschaft in Deutschland

1   Die wirtschaftliche Betätigung der öffentlichen Hand hat in Deutschland traditionell eine *große Bedeutung*. Seit jeher beschränken sich Staat und Gemeinden nicht
auf die Wahrnehmung von Hoheitsgewalt zur Erfüllung ihrer Aufgaben, sondern
nehmen auch aktiv als Anbieter von Produkten und Leistungen am Marktgeschehen
teil. Gegenstand und Umfang der staats- und kommunalwirtschaftlichen Betätigung
unterliegen jedoch in Abhängigkeit von politischen, ökonomischen und rechtlichen Rahmenbedingungen einem stetigen Wandel. Im internationalen Vergleich erscheint die wirtschaftliche Betätigung der öffentlichen Hand in Deutschland weder
als besonders ausgeprägt noch als besonders zurückhaltend.

1. Historische Entwicklung

2   Seit den Anfängen der Herausbildung des modernen Staates im 16. Jahrhundert
ist die wirtschaftliche Betätigung ein wesentlicher Bestandteil deutscher Staatlichkeit.[1] Die Gründe hierfür waren zunächst ausschließlich ökonomischer Natur: Der
Finanzbedarf der deutschen Territorialstaaten insbesondere für die Unterhaltung
stehender Heere sowie für die Hofhaltung der regierenden Fürsten überstieg die
Steuereinnahmen bei Weitem. Dieser *Finanzierungszweck öffentlicher Wirtschaft*
trat nur langsam hinter die heute weitaus bedeutsameren Ziele der Bereitstellung
bestimmter sozialstaatlich motivierter Leistungen insbesondere im Bereich der *Daseinsvorsorge* sowie der Erreichung politischer Ziele zurück, ohne von diesen jedoch völlig verdrängt zu werden. Dies gilt grundsätzlich auch für die sich erst im
19. Jahrhundert herausbildende Kommunalwirtschaft, deren frühe Anfänge ebenfalls durch die Möglichkeit der Erzielung zusätzlicher Einnahmen motiviert waren,

---

[1] Siehe zur Entwicklung ausführlich *Pohl*, in: Jeserich/Pohl/von Unruh (Hrsg.), Deutsche Ver-
waltungsgeschichte, Bd. 1, 1983, S. 215 ff.; für die Zeit seit 1871 *Ambrosius*, Der Staat als Unternehmer, 1984; zusammenfassend *Kim*, Die Verwirklichung der Staatszwecke in öffentlichen
Unternehmen unter Berücksichtigung des Wirtschaftlichkeitsprinzips nach deutschem und koreanischem Recht, 2011, S. 31 ff.; *Ronellenfitsch*, HStR³ VI, § 98 Rn. 8 ff.

die jedoch alsbald noch stärker als die staatliche Wirtschaftstätigkeit zur unmittelbaren Erreichung von Allgemeinwohlzielen diente.

a) Merkantilismus

Erste planmäßige staatswirtschaftliche Betätigungen erfolgten in Deutschland ab   3
dem *17. Jahrhundert* durch die Einrichtung von Manufakturen durch die Landes-
fürsten, die zu den auch zuvor existenten staatlichen landwirtschaftlichen und berg-
baulichen Unternehmungen hinzu traten. Diese vorindustriellen Produktionsstätten
zeichneten sich durch einen arbeitsteiligen Herstellungsprozess aus, der deutlich
effizienter als die bis dahin übliche handwerksmäßige Produktion von Gütern war.
Die staatlichen Manufakturen wie auch sonstige Unternehmen nahmen – regelmäßig im Wettbewerb mit privaten Anbietern, teils aber auch auf Grundlage von Mo-
nopolstellungen (z. B. Porzellanherstellung, Handel mit Tabak oder Kaffee) – am
allgemeinen Marktgeschehen teil und verfolgten *keine über die Erzielung von Einnahmen hinausgehenden Zwecke.* Ein spezifischer Rechtsrahmen für die staatswirtschaftliche Betätigung bestand grundsätzlich nicht.[2]

b) Intensivierung der Staats- und Herausbildung der Kommunalwirtschaft

Zahl und Bedeutung der zunächst vereinzelten staatswirtschaftlichen Betätigungen   4
nahmen im Zuge der Industrialisierung und der damit verbundenen technischen
Entwicklungen sowie vor dem Hintergrund des weiter steigenden staatlichen Fi-
nanzbedarfs zu und wurden durch eine Steuerbefreiung öffentlicher Unternehmen
privilegiert[3]. Die unternehmerische Betätigung wurde im *19. Jahrhundert* zu einem
prägenden Bestandteil des Staates. Dieser verfolgte damit zunehmend auch weitere Zwecke, wie erstmalig am Beispiel der Eisenbahn deutlich zu Tage trat. Mit
dem Eisenbahnverkehr ließen sich nicht nur erhebliche Einnahmen für den Staat
generieren; vielmehr wurde auch die strategische Bedeutung dieses Verkehrsmit-
tels alsbald erkannt. Bereits 1838 wurde daher durch das preußische Eisenbahngesetz eine Vorrangstellung der preußischen Staatsbahnen normiert, die sich de facto
als Monopol auswirkte. In den anderen deutschen Ländern kam es im Laufe des
19. Jahrhunderts zu vergleichbaren Entwicklungen.[4]

---

[2] Siehe auch *Schliesky,* S. 13 f.; *Ruthig/Storr,* Rn. 669; *Ziekow,* § 2 Rn. 7 ff.; im Kontext der öffentlichen Finanzwirtschaft *Gömmel,* Die Entwicklung der Wirtschaft im Zeitalter des Merkantilismus
1620–1800, 1998, S. 68 ff.

[3] *Püttner,* Rechtliche Vorgaben für kommunale Unternehmen: Bremse oder Wettbewerbsvorteil?,
in: Eichhorn/Reichard/Schuppert (Hrsg.), Kommunale Wirtschaft im Wandel, 2000, S. 27 (28); zu
den steuerrechtlichen Entwicklungen siehe ausführlich *Louis,* Die Besteuerung der öffentlichen
Unternehmen und Einrichtungen der Daseinsvorsorge, 1981, S. 61 ff.

[4] Näher *Püttner,* Die Ursprünge des deutschen Eisenbahnrechts, in: FS Blümel, S. 467 (473 ff.);
zu Entwicklung im Überblick *Heise,* Die Deutsche Bahn AG zwischen Wirtschaftlichkeit und
Gemeinwohlverantwortung, 2013, S. 40 ff.; *Hermes,* in: Ehlers/Fehling/Pünder, § 25 Rn. 4 ff.;
Stamm, Eisenbahnverfassung und Bahnprivatisierung, 2010, S. 32 ff.

5   Nahezu parallel dazu begann ab dem letzten Drittel des 19. Jahrhunderts die
Herausbildung einer Gemeindewirtschaft.[5] Ebenso wie für die Staatswirtschaft
existierte für diese zunächst kein spezifischer Rechtsrahmen. Das Wachstum der
Städte infolge von Landflucht und wirtschaftlichem Aufschwung stellte diese vor
neue Herausforderungen. Dies galt zunächst vor allem in finanzieller Hinsicht, da
sowohl neue Infrastrukturen errichtet werden mussten[6] als auch die Ausgaben für
die Armenfürsorge anstiegen. Eine kommunalwirtschaftliche Betätigung in lukra-
tiven Bereichen versprach Abhilfe. Folge war die *Kommunalisierung* bestehender
lokaler Unternehmen beginnend mit Wasserwerken über Schlachthäuser, Gas- und
Elektrizitätswerke, Straßenbahnen bis hin zu Teilen der Lebensmittelversorgung,[7]
also deren Überführung von privater in kommunale Trägerschaft. Hinzu kam die
Neugründung von Unternehmungen durch die Gemeinden. Schon bald wurden die
finanziellen Motive jedoch durch sozialpolitische Notwendigkeiten überlagert.[8]
Deutlich früher und stärker als im Bereich der Staatswirtschaft erfolgte daher eine
Ausrichtung der Kommunalwirtschaft unmittelbar an Gemeinwohlerfordernissen,
etwa bei der Festlegung von Tarifen oder der Erschließung neuer Siedlungsgebiete.
Ungeachtet dessen galt gegen Ende des 19. Jahrhunderts ein umfangreiches kommunales Erwerbs- und Betriebsvermögen zudem als „Ausdruck wirtschaftlicher
und sozialer Potenz", das die Bedeutung und Eigenständigkeit der kommunalen
Selbstverwaltung unterstrich.[9] Nach der ersten Dekade des 20. Jahrhunderts wies
die Kommunalwirtschaft daher bereits sowohl eine große Bedeutung als auch erhebliche Unterschiede gegenüber der Staatswirtschaft auf.

6   Der 1. Weltkrieg brachte eine deutliche Intensivierung des staatlichen Zugriffs
auf die Wirtschaft insgesamt mit sich.[10] Nach seinem Ende und den damit verbundenen Änderungen der politischen Grundlagen des deutschen Reiches scheiterten
Pläne zu umfassenden Sozialisierungen[11] ebenso wie die Verabschiedung eines
Kommunalisierungsgesetzes[12]. Gleichwohl erfolgte während der *Weimarer Repu-*

[5] *Steckert*, DfK 41 (2002), 61 (63), bezeichnet die Zeit nach 1870 als „kommunalwirtschaftliche
Gründerjahre".

[6] *Gröttrup*, Die kommunale Leistungsverwaltung, 2. Aufl. 1976, S. 11.

[7] *Ambrosius*, Die historische Entwicklung der öffentlichen Daseinsvorsorge in Deutschland unter
aktueller europäischer Perspektive, in: Hrbek/Nettesheim (Hrsg.), Europäische Union und mitgliedstaatliche Daseinsvorsorge, 2002, S. 15 (16).

[8] Dazu am Beispiel des Öffentlichen Personenverkehrs *Knauff*, Gewährleistungsstaat, S. 333 f.
m. w. N.

[9] *Ambrosius*, Der Staat als Unternehmer, 1984, S. 40.

[10] *Ruthig/Storr*, Rn. 670.

[11] Ein Sozialisierungsgesetz wurde allerdings 1919 verabschiedet, RGBl. I, S. 341; zur Frage von
Sozialisierung und Gemeinwirtschaft zu Beginn der Weimarer Republik ausführlich *Zacher*, Die
Entstehung des Wirtschaftsrechts in Deutschland, 2002, S. 101 ff.

[12] *Lindemann*, Kommunalisierung und Entkommunalisierung, in: Luther/Mitzlaff/Stein (Hrsg.),
Die Zukunftsaufgaben der deutschen Städte, 1922, S. 679 (681).

blik eine starke Ausdehnung[13] und organisatorische Verselbstständigung[14] insbesondere der Kommunalwirtschaft.[15] Durchschnittlich 10–15 % der Einnahmen der Gemeinden wurden von kommunalen Unternehmen erwirtschaftet.[16] Die ab Mitte der 1920er Jahre erlassenen Gemeindeordnungen der Länder erkannten die Berechtigung der Gemeinden zur wirtschaftlichen Betätigung grundsätzlich an; zugleich wurden aber einige Anforderungen normiert, etwa dass die Unternehmensführung nach kaufmännischen Grundsätzen und grundsätzlich in organisatorisch verselbstständigter Form zu erfolgen habe. Für die Staatswirtschaft wurden keine vergleichbaren Regelungen erlassen.

Das *Dritte Reich* zog die Wirtschaft insgesamt zur Erreichung der nationalsozialistischen Ziele heran und zeichnete sich durch eine staatswirtschaftlich geprägte Wirtschaftsordnung[17] aus. Für die Kommunalwirtschaft stellte § 67 Abs. 1 der 1935 erlassenen Deutschen Gemeindeordnung (DGO)[18] gleichwohl deutliche Grenzen auf, wenngleich diese nur für neue Unternehmen galten. Danach durfte eine „Gemeinde … wirtschaftliche Unternehmen nur errichten oder wesentlich erweitern, wenn 1. der öffentliche Zweck das Unternehmen rechtfertigt, 2. das Unternehmen nach Art und Umfang in einem angemessenen Verhältnis zu der Leistungsfähigkeit der Gemeinde und zum voraussichtlichen Bedarf steht, 3. der Zweck nicht besser und wirtschaftlicher durch einen anderen erfüllt wird oder erfüllt werden kann." Ziel war es, eine Überforderung der Gemeinden zugunsten des Staates zu verhindern und der organisatorischen Einordnung der Gemeinden in den Führerstaat zu dienen.[19] Weitere Restriktionen folgten aus der 1938 erlassenen Eigenbetriebsverordnung.[20]

Das öffentliche Wirtschaftsrecht der *frühen Bundesrepublik* knüpfte ungeachtet der grundlegenden verfassungsrechtlichen Neuausrichtung an die vorgefundene Rechtslage an und führte die bestehenden Regelungen vielfach fort. So wurde der Regelungsgehalt des § 67 DGO von den neuen Gemeindeordnungen der Länder mit Unterschieden im Detail übernommen. Spezifische Vorgaben für die Staatswirtschaft wurden auch weiterhin nicht geschaffen (→ Rn. 42 ff.). In der DDR kam es in Umsetzung der sozialistischen Ideologie zur Verstaatlichung weiter Bereiche der Wirtschaft.[21]

7

8

---

[13] *Püttner*, Rechtliche Vorgaben für kommunale Unternehmen: Bremse oder Wettbewerbsvorteil?, in: Eichhorn/Reichard/Schuppert (Hrsg.), Kommunale Wirtschaft im Wandel, 2000, S. 27 (27 f.).

[14] *Ambrosius*, Die öffentliche Wirtschaft in der Weimarer Republik, 1984, S. 66.

[15] Zur allgemeinen Ausdehnung öffentlicher Unternehmen siehe *Emmerich*, Das Wirtschaftsrecht der öffentlichen Unternehmen, 1969, S. 32.

[16] *Ambrosius*, Der Staat als Unternehmer, 1984, S. 92. Teilweise stammten bis zu 50 % der kommunalen Einnahmen aus wirtschaftlicher Betätigung, *Steckert*, DfK 41 (2002), 61 (63).

[17] *Himmelmann*, Geschichtliche Entwicklung der öffentlichen Wirtschaft, in: Brede/von Loesch (Hrsg.), Die Unternehmen der öffentlichen Wirtschaft in der Bundesrepublik Deutschland, 1986, S. 31 (47); *Pagenkopf*, GewArch 2000, 177 (179 f.).

[18] RGBl. I, S. 47.

[19] *Surén/Loschelder*, Die Deutsche Gemeindeordnung, Bd. 2, 1940, § 67 S. 89.

[20] RGBl. I, S. 1650.

[21] Dazu im Überblick *Borchardt*, in: Stolper/Häuser/ders. (Hrsg.), Deutsche Wirtschaft seit 1870, 2. Aufl. 1966, S. 344 ff.; *Wehler*, Deutsche Gesellschaftsgeschichte, Bd. 5: Bundesrepublik und DDR 1949–1990, 2009, S. 26, 91, 101 ff.

c) Privatisierungen

9   In der Bundesrepublik stieß der sich herausbildende Leistungsstaat, in dem der öffentlichen Wirtschaft eine bedeutsame Funktion zukam, *ab den 1970er Jahren* an Akzeptanz- und ökonomische Grenzen. Zugleich nahm der Einfluss der (heutigen) Europäischen Union (EU) zu, die bis zur Jahrtausendwende zunehmend anspruchsvollere Deregulierungs- und Liberalisierungsziele aufstellte. Folge dieser Gemengelage waren umfangreiche Privatisierungen vormals öffentlicher Unternehmen.[22]

10   Privatisierungen können in unterschiedlichen *Formen* erfolgen.[23] In der Frühzeit überwogen die formelle (→ Rn. 11) und die materielle Privatisierung (→ Rn. 12) öffentlicher Unternehmen. Funktionale Privatisierungen (→ Rn. 13) erfolgten vor allem seit den 1990er Jahren.

11   Eine *formelle Privatisierung* zeichnet sich dadurch aus, dass ein vormals öffentlich-rechtlich organisiertes Unternehmen bzw. eine wirtschaftlich tätige Verwaltungseinheit eine privatrechtliche Rechtsform erhält. Eine Änderung der Trägerschaft erfolgt dagegen ebenso wenig wie eine Aufgabe des spezifischen öffentlich-rechtlichen Pflichtenregimes.[24] Infolgedessen wird die formelle Privatisierung mitunter auch als unechte oder Scheinprivatisierung bezeichnet. Zahlreiche kommunale Unternehmen wurden auf diese Weise privatisiert. Exemplarisch sei auf die vielerorts bestehenden kommunalen Stadtwerke GmbHs verwiesen. Auch staatliche Unternehmen wurden jedoch teilweise nur formell privatisiert, so etwa die Deutsche Bahn AG (dazu und zum Netzregulierungsrecht als „Privatisierungsfolgenrecht" → § 12 Rn. 2). Zweck derartiger formeller Privatisierungen war regelmäßig die Steigerung der Effizienz der Aufgabenerfüllung.[25]

12   Bei einer *materiellen Privatisierung* trennt sich die öffentliche Hand dagegen von einem vormals öffentlichen Unternehmen und überführt dieses in private Trägerschaft. Damit geht zugleich ein Rückzug der öffentlichen Hand von der Erfüllung der mittels dieses Unternehmens erfüllten Aufgabe einher, sofern die Privatisierung vollständig erfolgt.[26] Das Unternehmen verliert dann zugleich seinen Charakter als öffentliches Unternehmen. Erfolgt eine materielle Privatisierung nur teilweise, etwa durch den Verkauf nicht aller Anteile, entsteht ein gemischt-wirtschaftliches Unternehmen als Ausdruck einer Öffentlich-Privaten Partnerschaft (ÖPP, → Rn. 106 ff.). Materielle Privatisierungen von staatlichen Unternehmen erfolgten bereits seit den

---

[22] Zu „Privatisierungsphasen" *Tiemann*, Privatisierung öffentlicher Unternehmen in Deutschland und Frankreich, 2009, S. 77 ff.; im Überblick siehe auch *Scheele*, Privatisierung öffentlicher Unternehmen: Theorie und Praxis, in: Blanke/Fedder (Hrsg.), Privatisierung, 2. Aufl. 2010, S. 16 ff., sektorbezogene Fallbeispiele S. 108 ff.

[23] Umfassender Überblick bei *Stober*, NJW 2008, 2301; zusammenfassend *Schoch*, Jura 2008, 672 (676 ff.).

[24] Siehe nur *Tietje*, Die Neuordnung des Rechts der wirtschaftlichen Betätigung und privatrechtlicher Beteiligung der Gemeinden, 2002, S. 36; *Weiß*, Privatisierung und Staatsaufgaben, 2002, S. 30.

[25] Zu Privatisierungsmotiven im Überblick *Kämmerer*, S. 81 m. w. N.; *ders.*, in: Ehlers/Fehling/Pünder, § 14 Rn. 36 ff.; zur Umsetzung *Fabry*, in: ders./Augsten, Unternehmen, S. 184 ff.

[26] *Gern*, Privatisierung in der Kommunalverwaltung, 1997, S. 8; *Hoffmann-Riem*, Verantwortungsteilung als Schlüsselbegriff moderner Staatlichkeit, in: FS Vogel, S. 47 (51).

1960er, insbesondere aber in den 1980er und 1990er Jahren.[27] Wichtige Beispiele für materielle Privatisierungen sind die Deutsche Lufthansa AG[28] und die Deutsche Telekom AG, die aus der Deutschen Bundespost, einem nicht rechtsfähigen Sondervermögen des Bundes, hervorging[29]. Folge war eine deutliche Reduzierung der Zahl der staatlichen Unternehmen. Eine materielle Privatisierung kommunaler Unternehmen erfolgte dagegen in deutlich geringerem Umfang.[30]

Die *funktionale Privatisierung* zeichnet sich schließlich dadurch aus, dass sich **13** die öffentliche Hand aus der Leistung zurückzieht, jedoch deren Existenz durch andere – i. d. R. private – Anbieter garantiert.[31] Sie steht in enger Verbindung zum Leitbild des Gewährleistungsstaates[32] und weist spezifische regulierungs-, beihilfe- und vergaberechtliche Problemstellungen auf.[33] Für öffentliche Unternehmen ist die funktionale Privatisierung vielfach mit dem Verlust von Betätigungsfeldern verbunden, welche ihre Fortexistenz in Frage zu stellen geeignet ist.

Privatisierungen sind nicht uneingeschränkt zulässig. Neben (wenigen) norma- **14** tiven expliziten Privatisierungsverboten, etwa bezüglich Eisenbahninfrastruktur-unternehmen nach Art. 87e Abs. 3 S. 2 und 3 GG, ist insbesondere wegen Art. 33 Abs. 4 GG die Ausübung hoheitsrechtlicher Befugnisse als ständige Aufgabe keiner Privatisierung zugänglich. Die wirtschaftliche Betätigung geht jedoch grundsätzlich nicht mit derartigen Befugnissen einher, so dass die Privatisierung öffentlicher Unternehmen kaum auf rechtliche *Grenzen* stößt.[34]

---

[27] Vgl. auch *Ruthig/Storr*, Rn. 673.

[28] Dazu *von Ruckteschell*, ZGR 1996, 364.

[29] Näher *Schwemmle*, Von der staatlichen Fernmeldebehörde zum globalen Konzern: Die Transformation der Deutschen Telekom 1995–2005, 2005, http://www.input-consulting.com/download/MS_ISW_Telekom_end.pdf (18.09.2014).

[30] Vgl. *Püttner*, ZÖR 56 (2001), 227 (230); *ders.*, DÖV 2002, 731. Als „wichtigste[n] Grund für die Privatisierung" auf kommunaler Ebene bezeichnen *Matecki/Schulten*, Zwischen Privatisierung und Rekommunalisierung: Zur Entwicklung der öffentlichen Daseinsvorsorge, in: Matecki/Schulten (Hrsg.), Zurück zur öffentlichen Hand?, 2013, S. 8 (10), dringenden Finanzbedarf.

[31] Siehe nur *Gramm*, Privatisierung und notwendige Staatsaufgaben, 2001, S. 109; *Schoch*, DVBl. 1994, 962 (963); *Schuppert*, Geändertes Staatsverständnis als Grundlage des Organisationswandels öffentlicher Aufgabenwahrnehmung, in: Budäus (Hrsg.), Organisationswandel öffentlicher Aufgabenwahrnehmung, 1998, S. 19 (23 f.); umfassend *Burgi*, Funktionale Privatisierung und Verwaltungshilfe, 1999.

[32] Im Einzelnen zur Konzeption etwa *Franzius*, VerwArch 99 (2008), 351 (351 ff.); *Knauff*, Gewährleistungsstaat, S. 59 ff.; *Schuppert*, Der Gewährleistungsstaat – modisches Label oder Leitbild sich wandelnder Staatlichkeit?, in: ders. (Hrsg.), Der Gewährleistungsstaat – ein Leitbild auf dem Prüfstand, 2005, S. 11.

[33] *Burgi*, ZSE 2007, 46 (48 ff.); zum diesbezüglichen „Privatisierungsfolgenrecht" im Überblick *Kämmerer*, in: Ehlers/Fehling/Pünder, § 14 Rn. 94 ff.; siehe auch umfassend *Inkook*, Regulierung als Erscheinungsform der Gewährleistungsverwaltung. Eine rechtsdogmatische Untersuchung zur Einordnung der Regulierung in das Staats- und Verwaltungsrecht, 2013, S. 86 ff.

[34] Dazu im Überblick *Kämmerer*, in: Ehlers/Fehling/Pünder, § 14 Rn. 54 f.; *Knauff*, Gewährleistungsstaat, S. 211 ff. jeweils m. w. N.

d) Gegenwärtige Tendenzen

15   Nachdem Privatisierungen jeder Form in erheblichem Umfang erfolgt sind, ohne
stets die damit verbundenen Erwartungen zu erfüllen, schwingt gleichsam das Pen-
del seit einigen Jahren zurück. Die frühere Privatisierungseuphorie ist verbreitet
einer erheblichen *Privatisierungsskepsis* gewichen.[35] Neben dem Abbruch von
Privatisierungsprozessen – prominent insbesondere der unterbliebene Börsengang
der Deutschen Bahn AG – wird dies insbesondere durch Rekommunalisierungen
von Unternehmen, also der Rückführung zuvor privatisierter Einrichtungen in die
Trägerschaft der Gemeinden,[36] deutlich. Im Zuge dessen gewinnen öffentliche
Unternehmen erneut an Bedeutung.

2. Tätigkeitsfelder und wirtschaftliche Bedeutung

16   Ungeachtet der erfolgten Privatisierungen werden öffentliche Unternehmen heute
in zahlreichen Bereichen als Leistungsanbieter tätig.[37] Sie leisten dabei einen bedeutenden Beitrag zur Gesamtwirtschaft.[38]

17   Das zentrale Betätigungsfeld kommunaler Unternehmen bildet die *örtliche Daseinsvorsorge*.[39] Der Begriff der Daseinsvorsorge umschreibt Leistungen, auf deren
Existenz der Einzelne in der modernen Gesellschaft angewiesen ist oder die ihm
zumindest nützlich sind, die er aber nicht selbst erbringen kann. Sie zeichnen sich
stets durch ihre Gemeinwohlorientierung aus. Herkömmlich werden etwa die Versorgung mit Wasser und Energie, der ÖPNV sowie die Abwasser- und Abfallentsorgung der Daseinsvorsorge zugerechnet.[40] Auch das kommunale Sparkassenwesen
lässt sich als (finanzielle) Daseinsvorsorge qualifizieren.[41] Staatliche Unternehmen
nehmen ebenfalls Aufgaben der Daseinsvorsorge wahr. Zu nennen ist etwa die Erbringung von Personenverkehrsleistungen durch die Deutsche Bahn AG.

---

[35] Hinzu kamen politisch für notwendig erachtete Staatsinterventionen im Zuge der Finanzkrise,
Ruthig/Storr, Rn. 674.

[36] Dazu *Brüning*, VerwArch 100 (2009), 453; *Bauer*, DÖV 2012, 329; *Burgi*, NdsVBl. 2012, 225;
Guckelberger, VerwArch 104 (2013), 161; *Leisner-Egensperger*, NVwZ 2013, 1110; in energie-
rechtlichem Kontext *Knauff*, EnWZ 2015, 51.

[37] Siehe im Überblick *Kim*, Die Verwirklichung der Staatszwecke in öffentlichen Unternehmen
unter Berücksichtigung des Wirtschaftlichkeitsprinzips nach deutschem und koreanischem Recht,
2011, S. 53 ff.; *Storr*, Staat, S. 6 ff.

[38] Das Statistische Bundesamt weist die Zahl der öffentlichen Unternehmen für das Jahr 2011 mit
15.127 aus, die Erträge von über 501 Mrd. Euro erwirtschafteten, https://www.destatis.de/DE/
ZahlenFakten/GesellschaftStaat/OeffentlicheFinanzenSteuern/OeffentlicheFinanzen/FondsEin-
richtungenUnternemen/Tabellen/Jahresabschluesse_Eigner.html;jsessionid=826E657049723152
C5C22C91E1404841.cae2 (18.09.2014).

[39] Zugleich handelt es sich damit um einen der prägenden Teilbereiche kommunaler Selbstverwaltung, vgl. BayVerfGH, DÖV 1958, 216 (217); VerfGH RP, NVwZ 2000, 801; *Badura*, DÖV 1998,
818 (820); *Franz*, Gewinnerzielung durch kommunale Daseinsvorsorge, 2005, S. 74.

[40] Grundlegend *Forsthoff*, Die Verwaltung als Leistungsträger, 1938, S. 7.

[41] A. A. *Leisner*, WiVerw 2011, 55 (71).

Neben gemeinwohlorientierten Tätigkeiten werden öffentliche Unternehmen **18** jedoch auch in erheblichem Umfang *erwerbswirtschaftlich* tätig, also primär mit dem Ziel der Erwirtschaftung von Gewinnen.[42] Dies gilt insbesondere für staatliche Unternehmen, die im Vergleich zu kommunalen Unternehmen deutlich weniger restriktiven rechtlichen Vorgaben unterliegen. Als erwerbswirtschaftlich ist etwa der Güterverkehr der Deutschen Bahn AG zu qualifizieren. Doch auch auf kommunaler Ebene sind erwerbswirtschaftliche Betätigungen öffentlicher Unternehmen anzutreffen, wobei die Grenzen des rechtlich Zulässigen mitunter überschritten werden. So bieten kommunale Unternehmen etwa Gartenbauarbeiten auf dem Markt im Wettbewerb mit privaten Unternehmen an.[43] Auch die Durchführung von Messen durch kommunale Messegesellschaften[44] und der Betrieb von Flughäfen[45] sind als erwerbswirtschaftlich anzusehen. Die Rechtmäßigkeit derartiger Unternehmungen ist jeweils im Einzelfall am Maßstab der jeweils relevanten Rechtsvorschriften und unter Berücksichtigung der damit verfolgten sonstigen Zwecke zu beurteilen.

II. Grundfragen

Für öffentliche Unternehmen enthalten das Verfassungs- und das Europarecht **19** unabhängig von ihrer staatlichen oder kommunalen Trägerschaft einige grundlegende Vorgaben. Zwar sind öffentliche Unternehmen nicht explizit deren Regelungsobjekte; die Zugehörigkeit dieser Unternehmen zur öffentlichen Hand wirft jedoch spezifische Fragen auf.

1. Verfassungsrecht

Das *Grundgesetz* steht einer öffentlichen Wirtschaft grundsätzlich *neutral* **20** gegenüber (→ § 2 Rn. 3 ff.).[46] In der Literatur unternommene Versuche, das grundgesetzliche Konzept des „Steuerstaates"[47], der sich primär durch Abgaben, nicht aber durch eine eigene Wirtschaftstätigkeit finanziert, gegen die Zulässigkeit öffentlicher Unternehmen anzuführen,[48] haben sich nicht durchzusetzen vermocht.

---

[42] Kritisch *Schliesky*, S. 182; *Stober*, ZHR 145 (1981), 565 ff.; differenzierend *Ziekow*, § 7 Rn. 29.

[43] Vgl. OLG Hamm, DVBl. 1998, 792.

[44] Dazu aus vergaberechtlicher Perspektive EuGH, verb. Rs. C-223/99 und C-260/99, Slg. 2001, I-3605 – Messe Mailand.

[45] Zu grundrechtlichen Aspekten BVerfGE 128, 226; zur kommunalrechtlichen Bewertung *Kämper*, Kommunale Flugplätze, in: Püttner/Mann, HWKP, § 57.

[46] Ausführlich zu den verfassungsrechtlichen Wertungen *Mann*, Öffentlich-rechtliche Gesellschaft, S. 16 ff.

[47] Vgl. BVerfGE 93, 319 (342).

[48] *Hösch*, WiVerw 2000, 159 (170 Anm. 70); *Kluth*, Öffentlich-rechtliche Zulässigkeit gewinnorientierter staatlicher und kommunaler Tätigkeit, in: Stober/Vogel (Hrsg.), Wirtschaftliche Betätigung der öffentlichen Hand, 2000, S. 23 (27).

Gleiches gilt für das verfassungsrechtliche Wirtschaftlichkeitsgebot[49], das (in seiner verfassungsrechtlichen Geltung zweifelhafte) Subsidiaritätsprinzip[50] sowie die (wenig konkreten) Aussagen des Grundgesetzes über die Wirtschaftsordnung[51]. Ein Gebot öffentlicher Wirtschaft ist ihm jedoch ebenso wenig zu entnehmen. Von Bedeutung für öffentliche Unternehmen sind daher vor allem einige generelle Vorgaben, die sich jedoch in besonderer Weise auf diese Unternehmen auswirken und ihr Tätigwerden beeinflussen.

a) Grundrechtsbindung und -berechtigung

21   Anders als Unternehmen in privater Trägerschaft sind *öffentliche Unternehmen grundrechtsverpflichtet* (→ § 2 Rn. 13; zu gemischt-wirtschaftlichen Unternehmen → Rn. 109). Maßgeblich hierfür ist allein ihre Zugehörigkeit zur umfassend nach Art. 1 Abs. 3 GG an die Grundrechte gebundenen öffentlichen Gewalt.[52] Infolge dessen kommt es auch nicht auf das Betätigungsfeld öffentlicher Unternehmen an. Selbst wenn diese in gleicher Weise erwerbswirtschaftlich wie private Unternehmen auf einem wettbewerblich geprägten Markt agieren, führt dies nicht zum Entfall ihrer Grundrechtsbindung.

22   Einer *Grundrechtsberechtigung* öffentlicher Unternehmen (→ § 2 Rn. 20) steht damit neben der Funktion der Grundrechte als individuelle Freiheitsrechte zugleich das Konfusionsargument entgegen, wonach eine gleichzeitige Bindung an die Grundrechte und die Berechtigung durch diese *ausgeschlossen* ist.[53] Mag es im Einzelfall durchaus dazu kommen, dass öffentliche Unternehmen sich in einer vergleichbaren Gefährdungslage gegenüber der öffentlichen Gewalt wie private Unternehmen befinden, etwa bei der beabsichtigten Enteignung eines Betriebsgrundstücks, kann dies keine abweichende grundrechtliche Wertung nach sich ziehen. Auch in einer solchen Situation und bei gegebener juristischer Eigenständigkeit sind öffentliche Unternehmen nichts anderes als eine spezifische Ausprägung deutscher Staatlichkeit, die ihre Grundlage in der Organisations- und Formenwahlfreiheit der Verwaltung findet.[54]

---

[49] *Von Arnim*, Wirtschaftlichkeit als Rechtsprinzip, 1988, S. 72 ff.; *ders.*, Rechtsfragen der Privatisierung, 1995, S. 97 ff.; zustimmend *Link*, VVDStRL 48 (1990), 7 (41); siehe dazu auch *Gersdorf*, Öffentliche Unternehmen, S. 408 ff.; *Kim*, Die Verwirklichung der Staatszwecke in öffentlichen Unternehmen unter Berücksichtigung des Wirtschaftlichkeitsprinzips nach deutschem und koreanischem Recht, 2011, S. 142 ff.; *Musil*, Wettbewerb in der staatlichen Verwaltung, 2005, S. 75 ff.

[50] *Isensee*, Subsidiaritätsprinzip und Verfassungsrecht, 1968, S. 286 ff.; zusammenfassend *Knauff*, Gewährleistungsstaat, S. 227 ff.

[51] Im Überblick dazu *Durner*, in: Ehlers/Fehling/Pünder, § 11; *Ziekow*, § 3 Rn. 7 ff.

[52] Siehe nur *Dreier*, in: ders., GG, Art. 1 Abs. 3 Rn. 68 ff.; *Gurlit*, NZG 2012, 249 (251 ff.); ausführlich *Gersdorf*, Öffentliche Unternehmen, S. 47 ff.; *Möstl*, Grundrechtsbindung, insbesondere S. 89 ff.

[53] *Kempen*, HGR II, § 54 Rn. 48 ff.; *F. Wollenschläger*, in: Kirchhof/Korte/Magen, § 6 Rn. 60; vgl. auch *Ziekow*, § 7 Rn. 32.

[54] Siehe auch *Schliesky*, S. 187.

b) Konkurrenzschutz

Beteiligen sich öffentliche Unternehmen am Wettbewerb, beschränken sie nahezu **23** unvermeidlich die Erwerbsmöglichkeiten privater Konkurrenten. Vor dem Hintergrund der Grundrechtsverpflichtung öffentlicher Unternehmen wirft dies die Frage auf, ob das Grundrecht der Berufsfreiheit, Art. 12 Abs. 1 GG, eine Schutzwirkung zugunsten der dadurch berechtigten privaten Unternehmen entfaltet.[55]

Dies hängt maßgeblich davon ab, ob das wirtschaftliche Tätigwerden der öffent- **24** lichen Hand als *Eingriff in den Schutzbereich der Berufsfreiheit* zu qualifizieren ist (allgemein → § 2 Rn. 43 ff.). Entgegen nicht wenigen Stimmen in der Literatur[56] lehnt die h. M., insbesondere die Rechtsprechung, jedoch bereits die Eröffnung des Schutzbereichs grundsätzlich ab: Art. 12 Abs. 1 GG schütze nicht vor Wettbewerb, auch nicht durch die öffentliche Hand.[57] Anderes gelte jedoch (nur), wenn dieser Wettbewerb, etwa durch qualitative oder quantitative Relevanz oder die Bevorzugung öffentlicher Unternehmen,[58] erdrückend wirke[59] und damit zugleich eine objektiv berufsregelnde Tendenz an den Tag lege.[60] Fehlt es daran, wie zumeist mangels Sonderrechten für öffentliche Unternehmen, berührt deren Wettbewerbsteilnahme die Berufsfreiheit ihrer privaten Wettbewerber nicht.[61] Anderes gilt jedoch in den Fällen eines Anschluss- und Benutzungszwangs, der zugunsten eines öffentlichen Unternehmens vorgegeben wird. Der in diesem Falle gegebene Grundrechtseingriff ist jedoch regelmäßig einer Rechtfertigung zugänglich.[62]

Ein grundrechtlich begründeter *Schutz privater Unternehmen vor der Konkur-* **25** *renz durch öffentliche Unternehmen* besteht mithin *nur in wenigen Ausnahmefällen.* Infolge dessen können diese unter Beachtung der für sie geltenden speziellen Vorgaben des einfachen Rechts sowie ihrer allgemeinen Grundrechtsbindung am Markt agieren.

c) Verpflichtung auf das Gemeinwohl

Ein in der Praxis wie auch der Wahrnehmung öffentlicher Unternehmen insbeson- **26** dere im Zuge weitgehender (formeller) Privatisierungen stark in den Hintergrund

---

[55] Ausführlich dazu *Storr*, Staat, S. 152 ff.; näher auch *F. Wollenschläger*, in: Kirchhof/Korte/ Magen, § 6 Rn. 64 ff.

[56] Siehe etwa *Krölls*, GewArch 1992, 281 (283 f.); *Tettinger*, NJW 1998, 3473 (3474); *Nierhaus*, Selbstverwaltungsgarantie und wirtschaftliche Betätigung der Kommunen, in: Püttner/Mann, HWKP, § 40 Rn. 48; *Ruthig/Storr*, Rn. 714 f.

[57] BVerwGE 71, 183 (193); BayVBl. 1973, 49 (50); BayVGH, JZ 1976, 641 (642); *Pieroth/Hartmann*, DVBl. 2002, 421 (427); *Prandl u. a.*, Art. 87 BayGO Rn. 12 (Stand: 113. EL April 2010).

[58] *Schneider*, DVBl. 2000, 1250 (1255 f.); ähnlich *Kämmerer*, S. 223; *Otting*, Neues Steuerungsmodell und rechtliche Betätigungsspielräume der Kommunen, 1997, S. 158.

[59] BVerwGE 71, 183 (191); VGH BW, VBlBW 1995, 99.

[60] VerfGH RP, NVwZ 2000, 801 (802); *Schneider*, DVBl. 2000, 1250 (1255); dahingehend auch *Pieroth/Hartmann*, DVBl. 2002, 421 (426); kritisch *Pielow*, Grundstrukturen, S. 511 ff.

[61] Siehe auch zusammenfassend *Tiemann*, Privatisierung öffentlicher Unternehmen in Deutschland und Frankreich, 2009, S. 146 ff.

[62] Vgl. für einen Anschluss- und Benutzungszwang in Bezug auf die öffentliche Fernwärmeversorgung BVerwGE 125, 68 (70 f., 74 ff.).

getretener[63] Maßstab für das Agieren öffentlicher Unternehmen ist deren auch verfassungsrechtlich begründete Verpflichtung auf das Gemeinwohl.[64] Während private Unternehmen ihr Handeln am Ziel der Maximierung von Gewinnen ausrichten können (und im Interesse ihres Bestandes zumindest in gewissem Umfang auch müssen) und dabei allein zur Beachtung der von der Rechtsordnung aufgestellten Grenzen verpflichtet sind, folgt aus der Zugehörigkeit öffentlicher Unternehmen zur öffentlichen Gewalt, dass diese denselben Bindungen wie alle anderen Organisationsformen von Staatlichkeit unterliegen. Dabei ist im vorliegenden Kontext von besonderer Bedeutung, dass jeder Staat seine *Legitimation* wesentlich dadurch erlangt, dass er auf die Verwirklichung des Allgemeinwohls abzielt.[65] Diese vorrechtliche Grundvoraussetzung für die Staatlichkeit wird durch das Verfassungsrecht konkretisiert. Neben der Grundrechtsbindung jeglicher Erscheinungsform öffentlicher Gewalt schlägt sich dies im Grundgesetz insbesondere in den Prinzipien der Rechts- und der Sozialstaatlichkeit nieder. Deren Verwirklichung obliegt – unter Berücksichtigung ihrer gesetzlichen Ausgestaltung – auch den öffentlichen Unternehmen. Hieraus lassen sich einige Handlungsmaximen für die Ausgestaltung ihrer *Geschäftspolitik*[66] ableiten, wenngleich eine abstrakte Bestimmung des Gemeinwohls kaum möglich ist.[67]

27   Jede wirtschaftliche Betätigung der öffentlichen Hand muss (zumindest mittelbar) zur *Realisierung von Gemeinwohlzwecken* beitragen. Sie muss mithin für das Gemeinwesen mit einem Mehrwert verbunden sein. Die bloße Gewinnerwirtschaftung entspricht dem nicht, obwohl sie zur Vermehrung der der öffentlichen Hand zur Verfügung stehenden finanziellen Mittel beiträgt, die diese zur Erfüllung ihrer Aufgaben verwenden kann.

28   Entsprechendes gilt auch für das Marktverhalten öffentlicher Unternehmen. Zwar gebietet der Wirtschaftlichkeitsgrundsatz, dass die durch das Leistungsangebot verursachten Kosten in der Regel durch die Einnahmen gedeckt werden.[68] Die *Hinnahme einer Kostenunterdeckung*, die – unter Beachtung des Beihilfe- und des Haushaltsrechts – einen Verlustausgleich aus Haushaltmitteln erforderlich macht, kann jedoch aus übergeordneten Gründen geboten sein. So ist etwa eine allein mittels Tarifeinnahmen kostendeckende Erbringung von Leistungen im ÖPNV aus-

---

[63] *Fehling*, Verschiedene Arten demokratischer Steuerung am Beispiel der deutschen Straßen- und Eisenbahninfrastrukturen, in: Hochhuth (Hrsg.), Rückzug des Staates und Freiheit des Einzelnen, 2012, S. 93 (103).

[64] Zutreffend *Britz*, NVwZ 2001, 380 (382); *Löwer*, VVDStRL 60 (2001), 416 (419); *Schliesky*, S. 183.

[65] Näher zur Frage der Rechtfertigung des Staates *Schöbener/Knauff*, Allgemeine Staatslehre, 2. Aufl. 2013, § 4 Rn. 17 ff.

[66] Siehe dazu etwa *Münch*, Prinzipien der Geschäftspolitik kommunaler Unternehmen, in: Püttner (Hrsg.), Handbuch der kommunalen Wissenschaft und Praxis, Bd. 5: Kommunale Wirtschaft, 2. Aufl. 1984, § 94A; *Püttner*, Verwaltungslehre, 4. Aufl. 2007, § 15 Rn. 25, spricht allerdings zu Recht von einer „Konzeptionslosigkeit" im Hinblick auf die Existenz allgemeiner Führungsgrundsätze.

[67] *Musil*, Wettbewerb in der staatlichen Verwaltung, 2005, S. 380 ff.

[68] *Von Arnim*, Wirtschaftlichkeit als Rechtsprinzip, 1988, S. 19 ff., 26 ff.

geschlossen, soll zugleich das sowohl politische als auch sozialstaatlich gebotene Ziel erreicht werden, die Mobilität weiter Teile der Bevölkerung unabhängig von eigenen motorisierten Verkehrsmitteln sicherzustellen.

Doch auch jenseits der Preissetzung kann das Angebotsverhalten öffentlicher Unternehmen durch ihre Gemeinwohlbindung beeinflusst werden. Ein Marktverhalten, welches gezielt auf die *Verdrängung privater Wettbewerber* abzielt, ist nicht nur grundrechtlich bedenklich, sondern aufgrund der Folgewirkungen auch nicht als gemeinwohlverträglich zu qualifizieren. Entsprechendes gilt für das Nachfrageverhalten öffentlicher Unternehmen.   **29**

Soweit öffentlichen Unternehmen normativ oder durch ihre gesellschaftsvertrag-   **30** liche bzw. satzungsmäßige Zweckbestimmung die Erfüllung spezifischer Aufgaben zugewiesen ist, werden sie dadurch legitimiert; zugleich begrenzen diese Zweckbestimmungen ihre Handlungsmöglichkeiten jedoch auch. Eine *Instrumentalisierung* öffentlicher Unternehmen durch ihre jeweiligen Träger, also insbesondere Bund, Länder und Kommunen, mit dem Ziel der Umgehung rechtlicher Anforderungen an das Verwaltungshandeln, ist unzulässig. Nur unter Beachtung der Rechtsbindung ihrer Träger können öffentliche Unternehmen daher insbesondere eingesetzt werden, um das Verhalten Dritter zu beeinflussen und Steuerungserfolge zu erzielen. Damit geht notwendig eine partielle Überlagerung der allgemeinen gesellschaftsrechtlichen Vorgaben durch öffentlich-rechtliche Wertungen einher.[69]

Im Verhältnis öffentlicher Unternehmen untereinander ist schließlich zu beach-   **31** ten, dass es sich dabei nicht um ein rein wettbewerblich geprägtes Verhältnis handelt. Zwar ist eine punktuelle Konkurrenz unter öffentlichen Unternehmen nicht per se ausgeschlossen. Aufgrund ihrer Zugehörigkeit zur staatlichen Exekutive sind aber sowohl die für diese geltenden *Kompetenzgrenzen* als auch die Gebote gegenseitiger Rücksichtnahme zu beachten, die für das Verwaltungshandeln generell bestehen, da diese gerade der Realisierung des (unteilbaren) Gemeinwohls dienen.

2. Europarecht

Das EU-Primärrecht enthält wenige Bestimmungen, die sich spezifisch mit öffent-   **32** lichen Unternehmen befassen. Von zentraler Bedeutung ist der in Art. 106 Abs. 1 AEUV verankerte Grundsatz der *Nichtprivilegierung*.[70] Nach dieser Vorschrift gelten die Bestimmungen der Verträge auch für öffentliche Unternehmen, so dass diese gegenüber ihren privaten Wettbewerbern nicht bevorzugt werden dürfen. Zudem erwähnt Art. 54 Abs. 2 AEUV öffentliche Unternehmen explizit als Berechtigte der

---

[69] Näher *Mann*, Kapitalgesellschaften, in: Püttner/ders., HWKP, § 46; zum umstrittenen „Verwaltungsgesellschaftsrecht" siehe zusammenfassend *Mann*, Öffentlich-rechtliche Gesellschaft, S. 269 ff.; *Peter*, Rechtliche Grenzen, S. 343 ff.; *Ruthig/Storr*, Rn. 741 ff.; ausführlich *Kraft*, Das Verwaltungsgesellschaftsrecht, 1982; vgl. auch BGHZ 91, 84 (96): „Nimmt die Verwaltung in den Formen des Privatrechts Aufgaben der öffentlichen Verwaltung wahr, so werden die Normen des Privatrechts durch Bestimmungen des öffentlichen Rechts ergänzt, überlagert und modifiziert".

[70] Zu dieser Qualifikation *Knauff*, Gewährleistungsstaat, S. 122 ff.

Niederlassungsfreiheit. Praktische Bedeutung für öffentliche Unternehmen entfalten zum einen die Grundfreiheiten (→ Rn. 33) und zum anderen die Bestimmungen über Dienstleistungen von allgemeinem wirtschaftlichem Interesse (→ Rn. 36 ff.).[71] Das EU-Sekundärrecht enthält mit der Transparenzrichtlinie (Transparenz-RL, → Rn. 40 f.) ein spezifisch auf öffentliche Unternehmen bezogenes Regelwerk.

a) Grundfreiheiten

33 Öffentliche Unternehmen unterfallen grundsätzlich den Grundfreiheiten des AEUV.[72] Diese setzen neben einer *Grenzüberschreitung* (→ § 1 Rn. 58) allein ein *wirtschaftliches Tätigwerden* voraus (→ § 1 Rn. 46 ff.). Infolge dessen können öffentliche ebenso wie private Unternehmen ihre Dienste in anderen Mitgliedstaaten anbieten und entsprechende Leistungen entgegennehmen. Beschränkungen dieser Möglichkeiten durch andere Mitgliedstaaten sind unzulässig, sofern sie nicht im Einzelfall einer Rechtfertigung durch die geschriebenen Rechtfertigungsgründe oder aus zwingenden Gründen des Allgemeininteresses zugänglich sind (→ § 1 Rn. 61 ff., 68 ff.).

34   Nicht abschließend geklärt ist jedoch, in welchem Umfang sich öffentliche Unternehmen gegenüber ihrem eigenen Mitgliedstaat auf Grundfreiheiten berufen können. Dieser Frage kommt etwa im Hinblick auf die verfassungs- und kommunalrechtliche *Beschränkung des räumlichen Tätigkeitsbereichs kommunaler Unternehmen* in Deutschland eine erhebliche praktische Bedeutung zu. Zwar ist mangels normativer Differenzierung und der Qualifikation öffentlicher Unternehmen als am Markt tätige Akteure[73] der Schutzbereich der Grundfreiheiten auch in dieser Konstellation zu ihren Gunsten eröffnet. Mitgliedstaatliche Beschränkungen ihres Angebotsverhaltens sind jedoch regelmäßig einer Rechtfertigung aus zwingenden Gründen des Allgemeinwohls zugänglich, da im Falle der Realisierung der mit einer unternehmerischen Expansion einhergehenden wirtschaftlichen Risiken die Gefahr von Rückwirkungen auf den jeweiligen Träger besteht, so dass dieser nicht mehr zu einer ordnungsgemäßen Erfüllung seiner hoheitlichen Aufgaben fähig ist. Die Funktionsfähigkeit der Mitgliedstaaten wird jedoch vom Europarecht vorausgesetzt und ist zugleich Bedingung für dessen Verwirklichung. Zudem kann in einem derartigen Fall auch die ordnungsgemäße Versorgung der Bevölkerung mit Verwaltungsleistungen in Frage stehen. Im Ergebnis haben von einem Mitgliedstaat für seine öffentlichen Unternehmen normativ vorgesehene Beschränkungen der Grundfreiheiten im Hinblick auf ihre aktiven Handlungsmöglichkeiten daher regelmäßig Bestand.[74]

---

[71] Ausführlich zum europarechtlichen Rahmen für öffentliche Unternehmen *Storr*, Staat, S. 225 ff.

[72] Siehe nur *Frenz*, Hdb. EuR I, Rn. 233 ff.; *Manthey*, Bindung und Schutz öffentlicher Unternehmen durch die Grundfreiheiten des Europäischen Gemeinschaftsrechts, 2001, S. 51 ff.; *F. Wollenschläger*, in: Kirchhof/Korte/Magen, § 6 Rn. 43 ff.

[73] *Löwer*, VVDStRL 60 (2001), 416 (448); *Weiß*, DVBl. 2003, 564 (567).

[74] Näher *Knauff*, VR 2005, 145 (147 ff.); ebenso *Peter*, Rechtliche Grenzen, S. 738 ff.; a. A. *Ehricke*, Die Vereinbarkeit des kommunalen Örtlichkeitsprinzips mit dem EG-Recht, 2009, S. 111; differenzierend *Wenzl*, Das Örtlichkeitsprinzip im europäischen Binnenmarkt, 2007, S. 119 ff.

Die Grundfreiheiten berechtigen öffentliche Unternehmen jedoch nicht nur, son-   **35**
dern *verpflichten* diese zugleich aufgrund ihrer Zugehörigkeit zu den aus europa-
rechtlicher Perspektive als Einheit anzusehenden Mitgliedstaaten (→ § 1 Rn. 18).[75]
Sie dürfen daher weder von ihren Trägern instrumentalisiert werden, um die Nutzung der Grundfreiheiten durch Dritte zu behindern, noch sich im Rahmen ihrer
eigenen Geschäftspolitik entsprechend verhalten.

b) Privilegierung von Dienstleistungen von allgemeinem wirtschaftlichem Interesse

Sofern öffentliche Unternehmen nicht erwerbswirtschaftlich tätig sind, ermöglicht   **36**
Art. 106 Abs. 2 AEUV die Inanspruchnahme von *Ausnahmen von den europarecht-*
lichen Vorgaben einschließlich des Wettbewerbsrechts. Voraussetzung ist, dass das
jeweilige Unternehmen mit einer Dienstleistung von allgemeinem wirtschaftlichem
Interesse betraut wurde. Eine solche Ausnahme kann nur insoweit in Anspruch genommen werden, als die Anwendung des Europarechts „die Erfüllung … der übertragenen besonderen Aufgabe rechtlich oder tatsächlich verhindert." Zudem darf
die Entwicklung des Handelsverkehrs nicht in einem dem europäischen Interesse
zuwiderlaufenden Maße beeinträchtigt werden, was im Rahmen einer Abwägung
festzustellen ist.[76]

Art. 106 Abs. 2 AEUV liegt ebenso wie der thematisch verwandten Unionsziel-   **37**
bestimmung des Art. 14 AEUV ein *funktionaler Ansatz* zugrunde: Entscheidend ist
der Aufgabenbezug. Auf die Trägerschaft des leistenden Unternehmens kommt es
dagegen nicht an. Dennoch wirkt sich Art. 106 Abs. 2 AEUV in erheblichem Maße
zugunsten öffentlicher, insbesondere kommunaler Unternehmen aus, da diese vielfach die Privilegierungsvoraussetzungen erfüllen.[77]

Dienstleistungen von allgemeinem wirtschaftlichem Interesse zeichnen sich   **38**
dadurch aus, dass sie sowohl marktbezogen als auch gemeinwohlorientiert sind.[78]
Es besteht mithin eine weitgehende, wenn auch nicht uneingeschränkte Übereinstimmung mit dem Begriff der Daseinsvorsorge.[79] Dementsprechend ist anerkannt,
dass die der Daseinsvorsorge zugeordneten Leistungen der Energie-, Wasser- und
Verkehrsversorgung sowie der Telekommunikation und Post als Dienstleistungen

---

[75] *Ruthig/Storr*, Rn. 750; *Ziekow*, § 7 Rn. 19; ausführlich *Manthey*, Bindung und Schutz öffentlicher Unternehmen durch die Grundfreiheiten des Europäischen Gemeinschaftsrechts, 2001,
S. 50 ff.

[76] Von Bedeutung ist dabei auch die sekundärrechtliche Ausgestaltung, vgl. in beihilferecht-
lichem Kontext zum sog. „DAWI-Paket" *Knauff*, ZG 28 (2013), 139; zum Ganzen siehe vertiefend
Knauff, in: Pache/ders., § 13.

[77] Siehe nur *Wernicke*, in: Grabitz/Hilf/Nettesheim, Art. 106 AEUV Rn. 36 (Stand: 43. EL März
2011).

[78] Vgl. KOM(96) 443 endg., S. 5; sowie KOM(2003) 270 final, S. 14.

[79] Siehe auch *Kluth*, Kommunalwirtschaftliche Aktivitäten als Dienste von allgemeinem wirtschaftlichem Interesse, in: Püttner/Mann, HWKP, § 39 Rn. 15 ff.; die EU-Kommission verwendet
die Begriffe mitunter parallel, vgl. die Mitteilung „Leistungen der Daseinsvorsorge in Europa",
KOM(2000) 580 endg.

von allgemeinem wirtschaftlichem Interesse zu qualifizieren sind.[80] Anerkannt ist
zudem eine mitgliedstaatliche Definitionsmacht, die allerdings einer europäischen
„Vertretbarkeitskontrolle"[81] unterliegt. Allein die Erbringung einer Dienstleistung
von allgemeinem wirtschaftlichem Interesse lässt jedoch selbst bei öffentlichen
Unternehmen die uneingeschränkte Geltung des Europarechts nicht entfallen. Vielmehr bedarf es zusätzlich der Betrauung eines konkreten, zumindest individuali-
sierbaren Unternehmens mit der spezifischen Aufgabe. Diese kann durch eine hoheitliche Verpflichtung zur Leistungserbringung vorgenommen werden, aber auch
im Wege einer sonstigen Überantwortung der Aufgabenerfüllung an ein Unternehmen, etwa durch Vertrag oder aus dem Gesamtzusammenhang heraus.[82]

39   Eine *Verhinderung der Aufgabenerfüllung* durch die Anwendung des Europarechts liegt nach der (sehr großzügigen) Rechtsprechung des EuGH nicht nur vor,
wenn diese unmöglich ist, sondern kann schon bei einer bloßen Gefährdung gegeben sein,[83] die bereits dann bejaht wird, wenn die Aufgabe andernfalls nicht unter
wirtschaftlich tragbaren Bedingungen wahrgenommen werden könnte.[84] Der Nachweis für die Verhinderung[85] wie auch für die Erforderlichkeit der ergriffenen Maßnahme[86] obliegt dem jeweiligen Mitgliedstaat.

c) Transparenzrichtlinie

40   Das Verhältnis zwischen Mitgliedstaaten und ihren öffentlichen Unternehmen ist
schließlich Gegenstand der auf Art. 106 Abs. 3 AEUV gestützten Transparenz-RL,
die in Deutschland durch das Transparenzrichtlinie-Gesetz (TranspRLG)[87] umgesetzt wurde. Als *öffentliches Unternehmen* gilt nach Art. 2 Abs. 1 lit. b Transparenz-
RL „jedes Unternehmen, auf das die öffentliche Hand aufgrund Eigentums, finanzieller Beteiligung, Satzung oder sonstiger Bestimmungen, die die Tätigkeit des
Unternehmens regeln, unmittelbar oder mittelbar einen beherrschenden Einfluss
ausüben kann." Entscheidend kommt es mithin auf eine Steuerungsmöglichkeit der
öffentlichen Hand unabhängig von hoheitlichen Instrumenten an.[88]

41   Ziel der Transparenz-RL ist es, *Wettbewerbsverzerrungen zugunsten öffentlicher Unternehmen zu verhindern*. Zu diesem Zweck normiert sie zum einen Offenlegungspflichten gegenüber der Kommission im Hinblick auf das finanzielle
Engagement der öffentlichen Hand in Bezug auf öffentliche Unternehmen und die

---

[80] Vgl. *Jung*, in: Calliess/Ruffert, Art. 106 AEUV Rn. 36.

[81] *Pielow*, Grundstrukturen, S. 81, bezüglich des Gesamtbegriffs „allgemeines wirtschaftliches
Interesse"; ähnlich EuG, Rs. T-289/03, Slg. 2008, II-81, Rn. 169 – BUPA; verb. Rs. T-309/04,
T-317/04, T-329/04 und T-336/04, Slg. 2008, II-2935, Rn. 102 – TV2.

[82] Näher *Jung*, in: Calliess/Ruffert, Art. 106 AEUV Rn. 40 ff.

[83] EuGH, Rs. C-157/94, Slg. 1997, I-5699, Rn. 45 – Kommission/Niederlande; verb. Rs. C-115/97
bis 117/97, Slg. 1999, I-6025, Rn. 107 – Brentjens.

[84] EuGH, Rs. C-320/91, Slg. 1993, I-2533, Rn. 16 – Corbeau; Rs. C-475/99, Slg. 2001, I-8089,
Rn. 61 – Ambulanz Glöckner.

[85] EuGH, Rs. C-157/94, Slg. 1997, I-5699, Rn. 53 – Kommission/Niederlande.

[86] EuGH, Rs. C-203/96, Slg. 1998, I-4075, Rn. 67 – Dusseldorp.

[87] BGBl. I, S. 2141; geändert durch Gesetz vom 21.12.2006, BGBl. I, S. 3364.

[88] *Jung*, in: Calliess/Ruffert, Art. 106 AEUV Rn. 13.

Verwendung öffentlicher Mittel durch diese. Zum anderen erfordert sie eine nach Geschäftsbereichen getrennte Buchführung derjenigen Unternehmen, die über besondere oder ausschließliche Rechte verfügen und mit Dienstleistungen von allgemeinem wirtschaftlichem Interesse betraut sind, aus der die jeweilige Zuordnung der Kosten und Einnahmen zu Tage tritt.

III. Staatswirtschaft

Ungeachtet der zwischenzeitlich erfolgten Privatisierungen nehmen Bund und Länder vielfach mit eigenen Unternehmen am Wirtschaftsleben teil.[89] Im Folgenden wird die Rechtsstellung der Staatswirtschaft anhand bundesrechtlicher Vorgaben dargestellt. Die Situation in den Ländern stimmt damit weithin überein.   **42**

1. Rechtsrahmen

Für staatliche Unternehmen enthält die deutsche Rechtsordnung über den vorstehend umrissenen allgemeinen Rechtsrahmen für die öffentliche Wirtschaft hinaus *nur wenige spezifische Vorgaben*. Diese unterliegen daher deutlich geringeren rechtlichen Bindungen als die Kommunalwirtschaft.   **43**

a) Spezifische verfassungsrechtliche Determinanten

Das Grundgesetz trifft *keine generellen Aussagen über staatliche Unternehmen*. Es enthält allein einige bereichsspezifische Vorgaben. Diese sind einer Verallgemeinerung nicht zugänglich.   **44**

Für den Bereich der *Eisenbahnen des Bundes* bestimmt Art. 87e Abs. 3 GG, dass diese „als Wirtschaftsunternehmen in privat-rechtlicher Form geführt [werden]. Diese stehen im Eigentum des Bundes, soweit die Tätigkeit des Wirtschaftsunternehmens den Bau, die Unterhaltung und das Betreiben von Schienenwegen umfaßt. Die Veräußerung von Anteilen des Bundes an den Unternehmen nach Satz 2 erfolgt auf Grund eines Gesetzes; die Mehrheit der Anteile an diesen Unternehmen verbleibt beim Bund ..." Die Vorschrift geht ersichtlich von der Existenz eines staatlichen Eisenbahnunternehmens aus und stellt zum einen für dessen Wirtschaftsführung und Organisation besondere Anforderungen auf. Zum anderen gibt sie die dauerhafte Existenz eines zumindest mehrheitlich vom Bund gehaltenen Eisenbahninfrastrukturunternehmens zwingend vor, so dass ihr insoweit zugleich eine (materielle) Privatisierungsschranke zu entnehmen ist. Eine grundgesetzliche   **45**

---

[89] Für das Jahr 2011 weist das Statistische Bundesamt 275 Unternehmen des Bundes sowie 1405 Unternehmen der Länder aus, https://www.destatis.de/DE/ZahlenFakten/GesellschaftStaat/OeffentlicheFinanzenSteuern/OeffentlicheFinanzen/FondsEinrichtungenUnternehmen/Tabellen/Jahresabschluesse_Eigner.html;jsessionid=807A7F1BAD5CE311D5C7EEDD02745232.cae4 (19.09.2014).

Verpflichtung zum dauerhaften Bestand eines öffentlichen Eisenbahnverkehrs-
unternehmens existiert allerdings nicht.[90]

46   Für *Telekommunikations- und Postleistungen* bestimmt Art. 87f Abs. 2 S. 1
GG zwar, dass diese (auch) „als privatwirtschaftliche Tätigkeiten durch die aus
dem Sondervermögen Deutsche Bundespost hervorgegangenen Unternehmen …
erbracht" werden. Diese vormals öffentlichen Unternehmen sind jedoch zunächst
auf Grundlage von Art. 143b GG formell und sodann mittels verfassungsrechtlich
nicht zu beanstandenden Anteilsverkäufen weitgehend[91] materiell privatisiert worden und haben im Zuge dessen ihren Status als solche verloren (zu Art. 87e und
87f GG → § 12 Rn. 8).

b) Haushaltsrecht

47   Das Haushaltsrecht des Bundes stellt einige spezifische Anforderungen an dessen
wirtschaftliche Betätigung auf. Von Bedeutung ist insbesondere § 65 Abs. 1 BHO.
Danach soll sich der Bund „an der Gründung eines *Unternehmens in einer Rechtsform des privaten Rechts* oder an einem bestehenden Unternehmen in einer solchen
Rechtsform nur beteiligen, wenn 1. ein wichtiges Interesse des Bundes vorliegt und
sich der vom Bund angestrebte Zweck nicht besser und wirtschaftlicher auf andere Weise erreichen läßt, 2. die Einzahlungsverpflichtung des Bundes auf einen
bestimmten Betrag begrenzt ist, 3. der Bund einen angemessenen Einfluß, insbesondere im Aufsichtsrat oder in einem entsprechenden Überwachungsorgan erhält,
4. gewährleistet ist, daß der Jahresabschluß und der Lagebericht, soweit nicht weitergehende gesetzliche Vorschriften gelten oder andere gesetzliche Vorschriften entgegenstehen, in entsprechender Anwendung der Vorschriften des Dritten Buchs des
Handelsgesetzbuchs für große Kapitalgesellschaften aufgestellt und geprüft werden." Ungeachtet ihrer restriktiv erscheinenden Fassung ist die Vorschrift nicht geeignet, eine unternehmerische Betätigung des Bundes in Privatrechtsform wirksam
zu begrenzen, da das normativ geforderte wichtige Interesse allein einen öffentlichen Zweck(anteil) und somit eine gewisse Gemeinwohlorientierung erfordert und
dem Bund zudem ein Beurteilungsspielraum zukommt.[92] Überdies entfaltet § 65
BHO keinen Drittschutz, ist also nicht einklagbar.

48   Für eine unternehmerische Betätigung des Bundes in der Rechtsform einer *bundesunmittelbaren juristischen Person des öffentlichen Rechts* gelten die Voraussetzungen des § 65 Abs. 1 Nr. 2 und 3 BHO nach § 112 Abs. 2 S. 1 BHO entsprechend.

---

[90] Näher *Knauff*, Gewährleistungsstaat, S. 236 ff.; *Möstl*, in: Maunz/Dürig, Art. 87e Rn. 105 ff.,
130 ff.; ausführlich zu den Verfassungsfragen der Bahnprivatisierung *Heise*, Die Deutsche Bahn
AG zwischen Wirtschaftlichkeit und Gemeinwohlverantwortung, 2013, S. 76 ff.; *Stamm*, Eisenbahnverfassung und Bahnprivatisierung, 2010, S. 66 ff.

[91] Die Bundesrepublik Deutschland war an der Deutsche Telekom AG am 30.06.2014 mit nur noch
31,7 % der Anteile unmittelbar oder mittelbar beteiligt, die übrigen Aktien befinden sich in Streu-
besitz, http://www.telekom.com/aktionaersstruktur (19.09.2014). An der Deutsche Post AG hält
die staatliche KfW-Bankengruppe 21 % der Anteile, die im Übrigen frei gehandelt werden, http://
www.dpdhl.com/de/investoren/aktie/aktionaersstruktur.html (19.09.2014).

[92] *Czaplik*, Die öffentliche Beteiligung an Gesellschaften des Privatrechts, 2013, S. 41; *Hermes-
meier*, Staatliche Beteiligungsverwaltung, 2010, S. 575; *Ronellenfitsch*, HStR[3] VI, § 98 Rn. 29.

Für deren Mehrheitsbeteiligungen an privatrechtlichen Unternehmen gelten nach § 112 Abs. 2 S. 2 BHO sämtliche Voraussetzungen des § 65 BHO entsprechend.

Der „Erwerb von *Beteiligungen* und sonstigem Kapitalvermögen, von Forderun-   **49** gen und Anteilsrechten an Unternehmen, von Wertpapieren sowie für die Herauf-setzung des Kapitals von Unternehmen" ist gemäß § 10 Abs. 3 Nr. 2 lit. d HGrG und § 13 Abs. 3 Nr. 2 lit. d BHO als Investitionsausgabe in den *Haushaltsplan* aufzunehmen. Entsprechende Verkäufe sind nach § 10 Abs. 3 Nr. 1 HGrG und § 13 Abs. 3 Nr. 1 BHO als „Einnahmen aus Vermögensveräußerungen" ebenfalls in den Haushaltsplan aufzunehmen. Für den Fall, dass dies nicht geschehen ist und „Antei-le an Unternehmen besondere Bedeutung" haben, „so dürfen sie" nach § 65 Abs. 7 S. 1 BHO „nur mit Einwilligung des Bundestages und des Bundesrates veräußert werden, soweit nicht aus zwingenden Gründen eine Ausnahme geboten ist."

Beteiligungen des Bundes an privatrechtlichen Unternehmen unterliegen einer   **50** besonderen parlamentarischen *Kontrolle* nach § 69a BHO sowie der Prüfung durch den Bundesrechnungshof nach § 44 HGrG und § 92 BHO. Dieser ist zudem nach § 102 Abs. 1 Nr. 3 BHO unverzüglich zu unterrichten, wenn „unmittelbare Betei-ligungen des Bundes oder mittelbare Beteiligungen i. S. d. § 65 Abs. 3 an Unter-nehmen begründet, wesentlich geändert oder aufgegeben werden". § 53 HGrG sieht zudem für Unternehmen mit öffentlicher Mehrheitsbeteiligung eine Erweiterung der Abschlussprüfung vor.

2. Rechtsformen

Die unternehmerische Betätigung des Staates erfolgt nicht in spezifisch hierfür   **51** geschaffenen Rechtsformen. Vielmehr können die von der Rechtsordnung in gene-reller Weise ausgestalteten Organisationsformen des öffentlichen und des privaten Rechts hierfür genutzt werden. Dies schließt grundsätzlich die Verwendung von Gesellschaftsformen aus anderen EU-Mitgliedstaaten ein.[93] Vorbehaltlich ander-weitiger spezialgesetzlicher Vorgaben schlägt sich die *Formenwahlfreiheit* der Ver-waltung auch bei der Wahl der Rechtsform für staatliche Unternehmen nieder.[94]

Öffentlich-rechtlichen Rechtsformen (für die Kommunalwirtschaft → Rn. 91 ff.)   **52** kam im Bereich der staatlichen Wirtschaft nie eine prägende Bedeutung zu und sie spielen heute keine nennenswerte Rolle mehr. Im Zuge der (zumindest formellen) Privatisierungen wurden vormals als Anstalten des öffentlichen Rechts organisierte staatliche Unternehmen in Privatrechtsform überführt.

Im Hinblick auf die Verwendung *privatrechtlicher Rechtsformen* setzt allerdings   **53** das Haushaltsrecht insoweit Grenzen für die Organisationsfreiheit, als zunächst § 65 Abs. 1 Nr. 2 BHO einer unbegrenzten Haftung des Staates entgegensteht. Grund-

---

[93] Zu den mit einem ausländischen Verwaltungssitz von öffentlichen, insbesondere kommunalen Unternehmen einhergehenden Fragen *Kronawitter*, NVwZ 2009, 936.

[94] Zu den maßgeblichen Motiven *Blessing*, Öffentlich-rechtliche Anstalten unter Beteiligung Pri-vater, 2008, S. 61 ff.

sätzlich[95] kommen daher die Rechtsformen der Gesellschaft bürgerlichen Rechts (GbR) nach §§ 705 ff. BGB sowie der Offenen Handelsgesellschaft (OHG) nach §§ 105 ff. HGB nicht in Betracht. Gleiches gilt für die Beteiligung an einer Kommanditgesellschaft (KG) nach §§ 161 ff. HGB als Komplementär.[96] Das in § 65 Abs. 1 Nr. 3 BHO verankerte Gebot der Sicherung eines angemessenen Einflusses des Bundes auf das Unternehmen steht aber auch seiner Beteiligung als Kommanditist grundsätzlich entgegen, so dass auch die KG als Rechtsform für staatliche Unternehmen tendenziell ungeeignet ist.[97]

54   Für staatliche Unternehmen stehen daher vor allem die Rechtsformen der AG sowie der GmbH zur Verfügung. Diese verfügen als *juristische Personen des Privatrechts* jeweils über eigene Rechtspersönlichkeit.

a) GmbH

55   In der Praxis sind staatliche wie auch sonstige öffentliche Unternehmen vielfach in der Rechtsform einer GmbH organisiert. Diese ist einer Steuerung durch die Gesellschafter in erheblich größerem Maße zugänglich als eine AG.[98] Im Vergleich zu dieser vermittelt sie zudem deutlich größere *Gestaltungsspielräume* im Hinblick auf ihre Organisationsstruktur, vgl. § 45 Abs. 2 GmbHG.

56   Die GmbH verfügt zwingend über eine Geschäftsführung und eine Gesellschafterversammlung. Der oder die Geschäftsführer vertritt bzw. vertreten die GmbH nach außen. Im Übrigen werden die Geschäftsführerbefugnisse im Wesentlichen durch den *Gesellschaftsvertrag* bestimmt. Die Gesellschafterversammlung ernennt, kontrolliert und entlässt die Geschäftsführung und nimmt vorbehaltlich einer anderweitigen gesellschaftsvertraglichen Ausgestaltung die weiteren in §§ 45 ff. GmbHG normierten Aufgaben wahr. Insbesondere trifft sie die wesentlichen gesellschaftsbezogenen Entscheidungen. Die Schaffung eines Aufsichtsrates ist nach § 52 GmbHG möglich und durch § 65 Abs. 1 Nr. 3 BHO grundsätzlich geboten.

57   Das *Eigentum* an der GmbH wird durch die Gesellschaftsanteile vermittelt. Dieses geht mit umfassenden Informationsrechten nach § 51a GmbHG einher, sofern diese Vorschrift nicht spezialgesetzlich überlagert wird.[99] Die Haftung jedes Gesellschafters ist auf die Höhe des auf seinen Anteil entfallenden Stammkapitals begrenzt, vgl. § 13 Abs. 2, §§ 14, 19 GmbHG. Die Einführung einer fakultativen Nachschusspflicht nach § 26 GmbHG ist bei staatlichen Unternehmen in der Rechtsform einer GmbH wegen § 65 Abs. 1 Nr. 2 BHO haushaltrechtlich unzulässig.

---

[95] Zu denkbaren Ausnahmen und ihren Voraussetzungen *Czaplik*, Die öffentliche Beteiligung an Gesellschaften des Privatrechts, 2013, S. 75 ff.

[96] *Ziekow*, § 7 Rn. 36.

[97] *Cronauge/Westermann*, Kommunale Unternehmen, Rn. 116.

[98] *Suerbaum*, in: Ehlers/Fehling/Pünder, § 13 Rn. 85; näher zu den Steuerungsmöglichkeiten *Gersdorf*, Öffentliche Unternehmen, S. 313 ff.; *Peter*, Rechtliche Grenzen, S. 371 ff.

[99] Zur Problematik des Verhältnisses zwischen den Entflechtungsvorschriften des EnWG und dem GmbH-Recht siehe etwa *Bourwieg/Miller*, RdE 2008, 230; *Ehricke*, IR 2004, 170.

b) AG

Die AG kommt als Rechtsform für staatliche Unternehmen[100] vor allem dann in Be-   **58**
tracht, wenn hinausgehend über eine formelle Privatisierung auch eine materielle
(Teil-)Privatisierung erfolgen soll. Insbesondere ermöglicht sie einen *Börsengang*
des Unternehmens und damit die erleichterte Beschaffung von zusätzlichem Eigenkapital.[101]

Das AktG sieht für jede AG unabhängig von ihrer Trägerschaft und damit auch   **59**
für staatliche Unternehmen in der Rechtsform der AG eine *zwingende Organisationsstruktur* vor. Zentraler Akteur ist der Vorstand, der die Geschäfte der AG nach
§ 76 AktG in eigener Verantwortung führt. Dieser wird vom Aufsichtsrat gemäß
§§ 84, 90, 111 AktG bestellt, kontrolliert und entlassen. Größe und Zusammensetzung des Aufsichtsrates richten sich nach Grundkapital und dem spezifischen Tätigkeitsbereich des Unternehmens und den hierfür jeweils maßgeblichen Vorgaben.
Stets gehören ihm Aktionärs- und Arbeitnehmervertreter an, vgl. §§ 95 f. AktG.
Die Gesamtheit der Aktionäre bildet die Hauptversammlung, die gemäß § 119
AktG über grundlegende Fragen der Gesellschaft, nicht aber der Geschäftsführung,
beschließt. Der besonderen Situation öffentlicher Unternehmen mit der Rechtsform
einer AG tragen allein die §§ 394 f. AktG Rechnung, welche die Verwendung von
Informationen betreffen.

Das *Eigentum* an der AG wird über die Aktien vermittelt. Diese sind grundsätzlich   **60**
frei handelbar und vermitteln ihrem Inhaber ein seinem Anteil entsprechendes
Stimmrecht in der Hauptversammlung. Die Haftung jedes Aktionärs ist auf die von
ihm gehaltenen Aktien begrenzt, so dass die Anforderungen des § 65 Abs. 1 Nr. 2
BHO erfüllt sind. Aufgrund der gesetzlichen Vorgaben verfügt eine AG allerdings
gegenüber ihren Eigentümern über eine erhebliche Unabhängigkeit. Die Instrumentalisierung einer AG durch den Staat zur Erreichung politischer Ziele ist daher
ungeachtet der demokratischen Legitimation seiner Entscheidung kaum möglich,
selbst wenn er sämtliche Aktien an dieser hält.[102] Auf die Realisierung von Gemein-
wohlzielen (→ Rn. 26 ff.) wirkt sich dies tendenziell negativ aus. Zudem lässt die
weitgehende Eigenständigkeit der AG in vergaberechtlichem Kontext die Möglichkeit einer In-house-Vergabe im Hinblick auf das diesbezügliche Erfordernis einer
Kontrolle wie über eine eigene Dienststelle fraglich erscheinen (→ § 7 Rn. 52 f.).[103]

---

[100] Ausführlich dazu *Früchtl*, Die Aktiengesellschaft als Rechtsform für die wirtschaftliche Betätigung der öffentlichen Hand, 2009.
[101] Siehe dazu *Tödtmann*, Börsengang kommunaler Unternehmen, in: Fabry/Augsten, Unternehmen, S. 783 ff.
[102] *Suerbaum*, in: Ehlers/Fehling/Pünder, § 13 Rn. 87, spricht explizit von „Steuerungsproble-
men"; ausführlich *Gersdorf*, Öffentliche Unternehmen, S. 276 ff.
[103] Vgl. *Müller-Wrede/Kaelble*, in: Müller-Wrede, GWB-Vergaberecht, 2. Aufl. 2014, § 99
Rn. 114; *Säcker/Wolf*, in: Montag/Säcker (Hrsg.), Europäisches und Deutsches Wettbewerbsrecht
(Kartellrecht), Bd. 3: Beihilfen- und Vergaberecht, 2011, § 99 GWB Rn. 61, 65.

IV. Kommunalwirtschaft

61 Die Kommunalwirtschaft wurde vom Privatisierungtrend der vergangenen
Jahrzehnte deutlich weniger stark erfasst als die Staatswirtschaft. *Vielfach* erfolgten
allein formelle Privatisierungen etwa von Stadtwerken, Immobiliengesellschaften
sowie von Einrichtungen für den Tourismus. Soweit es zu materiellen und funktionalen Privatisierungen vormals kommunaler Unternehmen kam,[104] werden diese
im Zuge der derzeitigen Rekommunalisierungstendenzen wieder in Frage gestellt.
Zugleich bildet die Kommunalwirtschaft nach dem Selbstverständnis der Gemeinden wie auch in der Praxis eine wesentliche Ausprägung kommunaler Selbstverwaltung.

1. Rechtsrahmen

62 Das wirtschaftliche Tätigwerden der Gemeinden ist in deutlich stärkerem Maße
normativ determiniert als dasjenige des Staates. Über die allgemeinen verfassungs-
und europarechtlichen Anforderungen an die öffentliche Wirtschaftstätigkeit hinaus
enthält die Rechtsordnung eine *Vielzahl spezifischer Vorgaben* für die Kommunalwirtschaft. Diese sind weithin dem Landesrecht zu entnehmen und weisen insoweit
teils bedeutsame Unterschiede auf.

a) Spezifische verfassungsrechtliche Determinanten

63 Das Grundgesetz enthält zwar keine Bestimmung, die sich spezifisch mit kommunalen Unternehmen befasst. Diese unterfallen jedoch dem Anwendungsbereich von
Art. 28 Abs. 2 GG, da die verfassungsrechtliche *Garantie der kommunalen Selbstverwaltung* umfassend angelegt ist. Für kommunale Unternehmen wirkt sich die
Norm sowohl als Grundlage wie auch als Grenze ihrer Betätigung aus. Im Einzelnen bestehen jedoch zahlreiche Streitfragen über die Wirkungsweise des Art. 28
Abs. 2 GG im Hinblick auf die Kommunalwirtschaft.

64 Art. 28 Abs. 2 S. 1 GG gewährleistet den Gemeinden das „Recht …, alle Angelegenheiten der örtlichen Gemeinschaft im Rahmen der Gesetze in eigener Verantwortung zu regeln." Ungeachtet der Formulierung handelt es sich nicht um ein
Grundrecht, sondern um eine *staatsorganisationsrechtliche Bestimmung.*[105] Es ist
anerkannt, dass die wirtschaftliche Betätigung der Gemeinden grundsätzlich als
Teilbereich der kommunalen Selbstverwaltung und Ausdruck der Formenwahlfreiheit der Verwaltung auf Gemeindeebene von Art. 28 Abs. 2 S. 1 GG erfasst wird und
somit einen verfassungsrechtlichen Schutz genießt.[106] Eine Bestands- oder Wert-

---

[104] Von einer dadurch bedingten „Sinnkrise" sprechen *Püttner*, ZÖR 56 (2001), 227 (239 f.); *Steckert*, DfK 41 (2002), 61 (64).

[105] Dazu *Mehde*, in: Maunz/Dürig, Art. 28 Abs. 2 Rn. 10 ff.; *Hösch*, Die kommunale Wirtschaftstätigkeit, 2000, S. 70 ff.

[106] Siehe nur *Nierhaus*, Selbstverwaltungsgarantie und wirtschaftliche Betätigung der Kommunen,
in: Püttner/Mann, HWKP, § 40 Rn. 22 ff.

garantie für bestehende kommunale Unternehmen geht damit jedoch ebenso wenig einher[107] wie eine Verpflichtung zum Einsatz kommunaler Unternehmen.[108] Auch vermittelt Art. 28 Abs. 2 S. 1 GG ebenso wenig einen Schutz vor privater Konkurrenz,[109] wie diese vor dem Marktzutritt öffentlicher Unternehmen durch Art. 12 Abs. 1 GG geschützt wird.

Für die Bestimmung der *Tätigkeitsfelder* kommunaler Unternehmen lassen sich **65** Art. 28 Abs. 2 S. 1 GG bei zutreffender Interpretation grundlegende Anforderungen entnehmen, deren Beachtung in der Praxis nicht stets gewährleistet war. Indem die Vorschrift die Gemeinden für alle Angelegenheiten der örtlichen Gemeinschaft für zuständig erklärt, begründet und begrenzt sie zugleich deren Möglichkeiten wirtschaftlichen Handelns.

Das zum unantastbaren Kernbereich der Selbstverwaltungsgarantie zählende[110] **66** Prinzip der *Allzuständigkeit* beinhaltet eine Kompetenz-Kompetenz auf lokaler Ebene,[111] mithin ein autonomes Aufgabenbestimmungsrecht der Gemeinde. Entsprechend der Wirkungsrichtung der Selbstverwaltungsgarantie bezieht sich diese jedoch nur auf potentiell öffentliche Aufgaben,[112] so dass die Allzuständigkeit damit nur als besondere Verwaltungsbefugnis, nämlich die Zuständigkeit für alle Verwaltungsaufgaben der Ortsstufe,[113] erscheint. Für deren Wahrnehmung können auch kommunale Unternehmen eingesetzt werden,[114] insbesondere wenn derartige Aufgaben zu einer wirtschaftlichen Wahrnehmung geeignet sind. Sofern Tätigkeiten allerdings nicht als örtliche Verwaltungsaufgaben zu qualifizieren sind, sind sie einer Wahrnehmung durch kommunale Unternehmen nicht zugänglich, so dass insoweit zugleich eine gegenständliche Beschränkung ihrer Betätigungsmöglichkeiten besteht.

Besonders bedeutsam für den Aktionsradius kommunaler Unternehmen ist das **67** aus der Bezugnahme des Art. 28 Abs. 2 S. 1 GG gerade auf die Angelegenheiten der örtlichen Gemeinschaft folgende *Örtlichkeitsprinzip*, welches im Interesse der Funktionsfähigkeit und geordneten Aufgabenerfüllung durch alle Gemeinden

---

[107] *Rennert*, Die Verwaltung 35 (2002), 319 (330).

[108] So schon *Zeiß*, DÖV 1958, 201 (202) in Bezug auf kommunale Pflichtaufgaben.

[109] *Frenz*, ZHR 166 (2002), 307 (319).

[110] VerfGH RP, NVwZ 2000, 801 (802); *Nierhaus*, in: Sachs, Art. 28 Rn. 48, 64; ähnlich *Kämmerer*, S. 182, mit dem zutreffenden Hinweis, dass dies aber nicht auch für die auf dessen Grundlage ergriffenen Aufgaben gilt.

[111] *Oebbecke*, Kommunalverfassungsrechtliche Aspekte wirtschaftlicher Betätigung der öffentlichen Hand, in: Wallerath (Hrsg.), Kommunen im Wettbewerb, 2001, S. 13 (18); *Rennert*, Die Verwaltung 35 (2002), 319 (322).

[112] VerfGH RP, NVwZ 2000, 801 (802); dahingehend auch *Löwer*, VVDStRL 60 (2001), 416 (424); *Pielow*, Grundstrukturen, S. 688 f. Zu Recht verweist *Fischerhof*, DÖV 1957, 305 (314) daher darauf, dass die Allzuständigkeit keine Generalermächtigung zu wirtschaftlicher Tätigkeit enthalte.

[113] *Löwer*, Energieversorgung zwischen Staat, Gemeinde und Wirtschaft, 1989, S. 223; dahingehend auch BVerfGE 78, 344 (348).

[114] Vgl. *Hill*, Kommunen im wirtschaftlichen Wettbewerb unter veränderten rechtlichen Rahmenbedingungen, in: ders. (Hrsg.), Kommunalwirtschaft, 1998, S. 41 (46).

im Geltungsbereich des Grundgesetzes eine territoriale Begrenzung kommunalen Handelns bedingt. Das Örtlichkeitsprinzip gilt dabei mangels verfassungsrechtlicher Unterscheidung nicht nur für hoheitliches Handeln der Gemeinde,[115] sondern für jegliches kommunales Tätigwerden und damit auch für die Kommunalwirtschaft.[116] Auch auf die gewählte Rechtsform kommt es nicht an. Bedient sich die Gemeinde in Ausübung ihrer Formenwahlfreiheit eigenständiger Rechtssubjekte in privater Rechtsform, kann sie sich dadurch ihrer spezifischen öffentlich-rechtlichen Bindungen einschließlich des Örtlichkeitsprinzips nicht entledigen. Infolgedessen ist der räumliche Tätigkeitsbereich kommunaler Unternehmen im Grundsatz auf das Gebiet ihrer Trägergemeinde beschränkt.[117] Ein darüber hinausgehendes Tätigwerden ist nur zulässig, wenn gleichwohl ein Bezug zu dieser gegeben ist[118] und – zumindest innerhalb Deutschlands[119] – das Einverständnis der davon betroffenen Kommunen vorliegt. Eine Expansion kommunaler Unternehmen ist daher nur in sehr begrenztem Maße zulässig.

68 Diese aus Art. 28 Abs. 1 S. 2 GG folgenden Vorgaben für die Gemeinden einschließlich der kommunalen Unternehmen sind ausweislich des Wortlauts der Bestimmung *auf eine gesetzliche Ausgestaltung angelegt.* Diese erfolgt vor allem landesrechtlich durch das Gemeindewirtschaftsrecht.

b) Gemeindewirtschaftsrecht

69 In Anknüpfung an §§ 67 ff. DGO enthalten die *Gemeindeordnungen* der Länder spezifische und teils voneinander abweichende Vorgaben für die Kommunalwirtschaft. Es handelt sich dabei um die zentralen rechtlichen Maßstäbe für die Zulässigkeit und das Agieren kommunaler Unternehmen, die im nachfolgenden Abschnitt im Detail dargestellt werden. Diese zielen primär darauf ab, die Gemeinden vor finanzieller und organisatorischer Überforderung zu schützen.[120] Zugleich dienen sie jedoch als Kompetenz(rahmen)bestimmungen für die kommunale Wirtschaftstätigkeit im Verhältnis zu Privaten.[121]

---

[115] So aber *Moraing*, WiVerw 1998, 233 (244 f.); *Hellermann/Wieland*, Die wirtschaftliche Betätigung der Kommunen außerhalb ihres Gebiets, in: Püttner (Hrsg.), Zur Reform des Gemeindewirtschaftsrechts, 2002, S. 117 (124 f.); ablehnend zur Geltung des Örtlichkeitprinzips im sog. „nichtwirtschaftlichen" Bereich OLG Düsseldorf, NVwZ 2000, 714 (715); *Steckert*, DfK 41 (2002), 61 (68).

[116] Siehe nur *Ehlers*, Gutachten E zum 64. DJT, 2002, S. 43; *Jarass*, Kommunale Wirtschaftsunternehmen im Wettbewerb, 2002, S. 32; *Rennert*, Die Verwaltung 35 (2002), 319 (338 f.).

[117] *Nierhaus*, Selbstverwaltungsgarantie und wirtschaftliche Betätigung der Kommunen, in: Püttner/Mann, HWKP, § 40 Rn. 24 ff.

[118] *Gern*, NJW 2002, 2593 (2594 f.); *Hösch*, GewArch 2001, 223 (230); *Rennert*, JZ 2003, 385 (391). Dies bedeutet zwar nicht eine strikte Bindung der Betätigung an die Gemeindegrenzen und steht auch grundsätzlich einem erfolgreichen Wirtschaften nicht entgegen, *Hellermann*, Örtliche Daseinsvorsorge und gemeindliche Selbstverwaltung, 2000, S. 211 f.

[119] Zur Problematik des ausländischen Engagements von Kommunen vgl. *Koehler*, VR 2000, 44 (48).

[120] Vgl. statt vieler *Henneke*, NdsVBl. 1999, 1 (5).

[121] *Löwer*, Energieversorgung zwischen Staat, Gemeinde und Wirtschaft, 1989, S. 148.

Als *grundsätzliche Erfordernisse* werden für die Aufnahme einer wirtschaftlichen   **70**
Betätigung der Gemeinden vorgesehen, dass diese der Verfolgung eines öffentlichen Zwecks dienen und in angemessenem Verhältnis zur Leistungsfähigkeit der
Gemeinde sowie zum voraussichtlichen Bedarf stehen muss. Darüber hinaus enthalten die Gemeindeordnungen Subsidiaritätsklauseln zugunsten privater Unternehmen, die jedoch sehr unterschiedlich ausgestaltet sind. Das bereits verfassungsrechtlich begründete Örtlichkeitsprinzip wird teilweise konkretisiert. Des Weiteren
enthält das Gemeindewirtschaftsrecht Vorgaben über zulässige öffentlich- und privatrechtliche Rechtsformen sowie spezifische Anforderungen an Organisation und
Wirtschaftsführung kommunaler Unternehmen. Einige Gemeindeordnungen enthalten schließlich ein grundsätzliches Veräußerungsverbot für kommunale Unternehmen.[122]

c) Sonstige relevante Regelungen

Ebenso wie diejenige des Staates ist auch die wirtschaftliche Betätigung der Kom-   **71**
munen an *haushaltsrechtliche Vorgaben* gebunden (→ Rn. 47 ff.). Die Regelungen
der Landeshaushaltsordnungen entsprechen grundsätzlich denjenigen der BHO.

Wie alle anderen Unternehmen sind auch kommunale Unternehmen an das *Wett-*   **72**
bewerbsrecht gebunden, vgl. auch § 130 Abs. 1 S. 1 GWB. Seitens privater Wettbewerber wurde vor diesem Hintergrund der Versuch unternommen, Verstöße gegen
das Gemeindewirtschaftsrecht als unlauteres Verhalten im wettbewerbsrechtlichen
Sinne zu qualifizieren und ein entsprechendes Handeln kommunaler Unternehmen
zu unterbinden. Anders als einige Oberlandesgerichte zuvor[123] lehnte der BGH es
jedoch ab, den (heutigen) § 3 UWG zur Durchsetzung der Restriktionen des Gemeindewirtschaftsrechts zu instrumentalisieren, da dieses nicht der Sicherstellung
eines lauteren Marktverhaltens kommunaler Unternehmen diene.[124] Infolge dessen
unterliegen kommunale Unternehmen zwar den allgemeinen wettbewerbsrechtlichen Vorgaben; darüber hinausgehende Verhaltenserfordernisse oder Kontroll-
maßstäbe folgen aus dem Wettbewerbsrecht für kommunale (wie auch für sonstige
öffentliche) Unternehmen jedoch nicht.[125]

2. Zulässigkeit kommunaler Wirtschaftstätigkeit

Das *Gemeindewirtschaftsrecht* stellt eine *Vielzahl spezifischer Anforderungen* auf,   **73**
deren Beachtung Voraussetzung für die Zulässigkeit einer unternehmerischen Betätigung der Gemeinden ist und die deren Möglichkeiten zugleich erheblich begrenzen.
Neben den allgemeinen Zulässigkeitsvoraussetzungen für die Kommunalwirtschaft

---

[122] § 124 Abs. 1 S. 2 HessGO; § 134 Abs. 1 KVG LSA; § 103 Abs. 1 S. 2 GO SH; gegenstandsbe-
zogen § 79 Abs. 1 S. 2 BbgKVerf; Genehmigungspflicht bei Veräußerung von Eigenbetrieben § 56
Abs. 4 Nr. 2 KV MV; § 113 SaarlKSG; unspezifisch § 106 GO BW.
[123] OLG Düsseldorf, NWVBl. 1997, 353; OLG Hamm, DVBl. 1998, 792.
[124] BGHZ 150, 343.
[125] Näher *F. Wollenschläger*, in: Kirchhof/Korte/Magen, § 6 Rn. 88 ff.

enthalten die Gemeindeordnungen besondere Vorgaben für die Beteiligung an Unternehmen und schließen einzelne Tätigkeiten generell aus.

a) Schrankentrias

74   In Anknüpfung an das historische Vorbild des § 67 DGO enthalten alle Gemeindeordnungen Vorschriften, welche die Zulässigkeit einer wirtschaftlichen Betätigung von Gemeinden mittels der Schrankentrias aus *öffentlichem Zweck, Leistungsfähigkeit der Gemeinde und Subsidiaritätsprinzip* einschränken.[126] Deren Geltungsbereich ist jedoch gegenständlich begrenzt und erstreckt sich daher nicht auf die gesamte Kommunalwirtschaft.

aa) Geltungsbereich

75   Die Mehrzahl der Gemeindeordnungen beschränkt die Anwendbarkeit der besonderen Zulässigkeitsvoraussetzungen für die Aufnahme einer unternehmerischen Betätigung durch Gemeinden auf „wirtschaftliche" Unternehmen, die zu diesem Zweck von „nichtwirtschaftlichen" Unternehmen unterschieden werden.[127] Teilweise erfolgt dies positiv durch eine Legaldefinition der *wirtschaftlichen Betätigung*.[128] Grundsätzlich handelt es sich dabei um eine Betätigung, die auch von einem Privaten mit der Absicht der Gewinnerzielung vorgenommen werden könnte.[129] Darin wird zugleich die Marktbezogenheit entsprechender Tätigkeiten deutlich. Vielfach wird die Abgrenzung jedoch negativ durch eine Aufzählung bestimmter „nichtwirtschaftlicher" Aufgaben der Daseinsvorsorge sowie durch die Bezugnahme auf Unternehmen, die von Gesetzes wegen oder zur Erfüllung gesetzlich vorgesehener Aufgaben betrieben werden, vorgenommen.[130] Kommunale Unternehmen, die in diesen Bereichen tätig werden, unterfallen nicht dem Begriff der „wirtschaftlichen Unternehmen" und damit zugleich nicht den Anforderungen der Schrankentrias.

76   Ebenso wie das historische Vorbild des § 67 DGO beziehen sich diese Beschränkungen, auch soweit sie nicht bereits wegen Nichtwirtschaftlichkeit ausgeschlossen sind, allein auf die *Errichtung, Übernahme und wesentliche Erweiterung von Unternehmen* durch die Kommunen einschließlich der Erschließung neuer Ge-

---

[126] § 102 Abs. 1 Nr. 1–3 GO BW; Art. 87 Abs. 1 S. 1 Nr. 1, 2, 4 BayGO; § 91 Abs. 2 Nr. 1, 2, Abs. 3 S. 1 BbgKVerf; § 121 Abs. 1 S. 1 Nr. 1–3 HessGO; § 68 Abs. 2 S. 1 Nr. 1–3 KV MV; § 136 Abs. 1 S. 2 Nr. 1–3 NdsKomVG; § 107 Abs. 1 S. 1 Nr. 1–3 GO NRW; § 85 Abs. 1 S. 1 Nr. 1–3 GO RP; § 108 Abs. 1 Nr. 1–3 SaarlKSVG; § 94a Abs. 1 S. 1 Nr. 1–3 SächsGO; § 128 Abs. 1 S. 1 Nr. 1–3 KVG LSA; § 101 Abs. 1 Nr. 1–3 GO SH; § 71 Abs. 2 Nr. 1, 2, 4 ThürKO.

[127] Siehe dazu *Ronellenfitsch*, Kommunalrechtlicher Begriff der privatwirtschaftlichen Betätigung der Kommunen, in: Hoppe/Uechtritz/Reck, Handbuch, § 4. Rechtspolitisch ist diese Unterscheidung stark umstritten, siehe etwa kritisch *Ehlers*, Gutachten E zum 64. DJT, 2002, S. 135 f.

[128] So in § 91 Abs. 1 BbgKVerf; § 107 Abs. 1 S. 3 GO NRW.

[129] *Cronauge*, in: Rehn u. a., GO NRW, § 107 S. 27 (Stand: 39. EL Juli 2013).

[130] § 102 Abs. 4 GO BW; § 91 Abs. 7 BbgKVerf; § 121 Abs. 2 S. 1 Nr. 1, 2 HessGO; § 136 Abs. 3 Nr. 1, 2 NdsKomVG; sehr umfassend und detailliert § 107 Abs. 2 S. 1 Nr. 2–4 GO NRW; § 85 Abs. 4 S. 1 Nr. 1–6 GO RP; § 108 Abs. 2 Nr. 1 SaarlKSVG; § 94a Abs. 3 Nr. 1, 2 SächsGO; § 101 Abs. 4 Nr. 1, 2 GO SH; unternehmensbezogen § 121 Abs. 2 S. 1 Nr. 1 HessGO; § 136 Abs. 3 Nr. 1, 2 NdsKomVG; § 107 Abs. 2 S. 1 Nr. 1 GO NRW; § 94a Abs. 3 S. 1 Nr. 1 SächsGO; § 101 Abs. 4 Nr. 1 GO SH.

schäftsbereiche, die in keinem sachlichen Zusammenhang mit bisher ausgeübten Tätigkeiten stehen.[131] Infolge dessen wirken sie sich nicht auf die bloße Fortführung bestehender kommunaler Unternehmen aus. Insbesondere ergibt sich aus der Schrankentrias auch kein Zwang zur Schließung kommunaler Unternehmen oder zu einer Änderung ihrer angestammten Geschäftsfelder, wenn diese nicht den Anforderungen der Schrankentrias entsprechen. Deren praktische Wirkung ist infolge dieser in allen Gemeindeordnungen vorhandenen Restriktionen stark begrenzt.

bb) Öffentlicher Zweck

Die erste und zugleich wichtigste Voraussetzung für die Gründung, Übernahme oder wesentliche Erweiterung eines Unternehmens durch eine Gemeinde ist, dass dieses einem öffentlichen Zweck dient.[132] Als öffentlicher Zweck gilt dabei *jede gemeinwohlorientierte, im unmittelbaren öffentlichen Interesse der Einwohner liegende Zielsetzung.*[133] Ausgeschlossen werden dadurch (de facto ausschließlich[134]) Tätigkeiten, deren einziger Zweck die Gewinnerzielung ist.[135] Dienen kommunale Unternehmen der Erfüllung von Aufgaben der Daseinsvorsorge, liegt stets ein öffentlicher Zweck vor.[136] Teilweise werden bestimmte Daseinsvorsorgebereiche explizit landesverfassungsrechtlich[137] oder einfachgesetzlich[138] besonders als öffentlicher Zweck hervorgehoben.   77

Inwieweit die Übernahme *gewinnorientierter Nebentätigkeiten* durch kommunale Unternehmen und die Ausweitung der Geschäftstätigkeit zur Erhaltung und Steigerung der rechtlich grundsätzlich geforderten Rentabilität[139] gemeindlicher   78

---

[131] *Widtmann/Grasser/Glaser*, Art. 87 BayGO Rn. 2 ff. (Stand: 20. EL Januar 2007); *Köhler*, BayVBl. 2000, 1.

[132] § 102 Abs. 1 Nr. 1 GO BW; Art. 87 Abs. 1 S. 1 Nr. 1 BayGO; § 91 Abs. 2 Nr. 1 BbgKVerf; § 121 Abs. 1 Nr. 1 HessGO; § 68 Abs. 2 S. 1 Nr. 1 KV MV; § 136 Abs. 1 S. 2 Nr. 1 NdsKomVG; § 107 Abs. 1 S. 1 Nr. 1 GO NRW; § 85 Abs. 1 S. 1 Nr. 1 GO RP; § 108 Abs. 1 Nr. 1 SaarlKSVG; § 94a Abs. 1 S. 1 Nr. 1 SächsGO; § 128 Abs. 1 S. 1 Nr. 1 KVG LSA; § 101 Abs. 1 Nr. 1 GO SH; § 71 Abs. 2 Nr. 1 ThürKO.

[133] *Cronauge*, in: Rehn u. a., GO NRW, § 107 S. 32 (Stand: 39. EL Juli 2013); näher *Zimmermann*, Überwindung, S. 25 ff.

[134] Das Erfordernis des Vorliegens eines öffentlichen Zwecks wirkt daher kaum restriktiv, vgl. *Pieroth/Hartmann*, DVBl. 2002, 421 (428).

[135] VerfGH RP, NVwZ 2000, 801; *Oebbecke*, Kommunalrechtliche Voraussetzungen der wirtschaftlichen Betätigung, in: Püttner/Mann, HWKP, § 41 Rn. 29; *Pieroth/Hartmann*, DVBl. 2002, 421 (428); *Cronauge*, in: Rehn u. a., GO NRW, § 107 S. 32 (Stand: 39. EL Juli 2013); *Widtmann/Grasser/Glaser*, Art. 87 BayGO Rn. 12 f. (Stand: 20. EL Januar 2007); ausdrücklich auch Art. 87 Abs. 1 S. 2 BayGO; § 128 Abs. 1 S. 2 KVG LSA.

[136] *Fehling*, Zu Möglichkeiten und Grenzen identischer Wettbewerbsbedingungen für öffentliche Unternehmen der Daseinsvorsorge und private Konkurrenten, in: Schwarze (Hrsg.), Daseinsvorsorge im Lichte des Wettbewerbsrechts, 2001, S. 195 (198 f.); *Pieroth/Hartmann*, DVBl. 2002, 421 (428).

[137] Vgl. Art. 83 Abs. 1 BayVerf.

[138] Art. 87 Abs. 1 S. 1 Nr. 1 BayGO; § 68 Abs. 3 Nr. 2, 4 KV MV; § 107a Abs. 1 GO NRW; § 128 Abs. 2 S. 1 KVG LSA.

[139] Explizit § 102 Abs. 3 Hs. 2 GO BW; § 91 Abs. 4 S. 1 Nr. 2 BbgKVerf; § 121 Abs. 8 HessGO; § 68 Abs. 3 S. 2 KV MV; § 109 Abs. 1 S. 2, Abs. 2 GO NRW; § 85 Abs. 3 S. 1 Hs. 2, S. 2 Nr. 1–3

Anlagen von einem öffentlichen Zweck gedeckt sind, ist im Einzelnen umstritten.[140] Wenngleich den Gemeinden diesbezüglich ein Beurteilungsspielraum zuzugestehen ist,[141] so dienen jedenfalls geplante Überkapazitäten, etwa bei einer von vornherein zu groß errichteten kommunalen Müllverbrennungsanlage, keinem öffentlichen Zweck. Erweisen sich von kommunalen Unternehmen betriebene Anlagen dagegen erst im Nachhinein und unvorhersehbar als überdimensioniert, ist eine ergänzende erwerbswirtschaftliche Nutzung der freien Kapazitäten zumindest dann nicht unzulässig, wenn dies aus technischen Gründen erforderlich ist, andernfalls ein kostendeckender Betrieb nicht möglich wäre oder die Entgelte für diejenigen Leistungen, die der Realisierung des öffentlichen Zwecks dienen und damit das Unternehmen rechtfertigen, sonst in einem für die Nutzer unzumutbarem Maße angehoben werden müssten.[142]

cc) Leistungsfähigkeit und Bedarfsgerechtigkeit

79 Neben dem öffentlichen Zweck fordern die Gemeindeordnungen, dass kommunale Unternehmen nach Art und Umfang in einem angemessenen Verhältnis zur Leistungsfähigkeit der Gemeinde und zum voraussichtlichen Bedarf stehen müssen.[143] Diese Erfordernisse sollen die *Schaffung überdimensionierter* und für die Kommunen mit erheblichen wirtschaftlichen Risiken verbundenen *Unternehmungen verhindern*.[144] In der Praxis ist ihre Steuerungskraft jedoch gering, da diese Anforderungen keinen belastbaren Maßstab zur Verfügung stellen und überdies ihre Nichterfüllung bereits das Vorliegen eines öffentlichen Zwecks in Frage zu stellen geeignet ist.[145]

dd) Subsidiarität

80 Die Gemeindeordnungen ordnen als weitere, teilweise auf Bereiche außerhalb der Daseinsvorsorge beschränkte Voraussetzung für eine kommunale wirtschaftliche Betätigung deren Subsidiarität an. Nach den *„einfachen" Subsidiaritätsklauseln* ist eine kommunalwirtschaftliche Betätigung zulässig, wenn die Aufgabe nicht von

---

GO RP; § 116 S. 2 SaarlKSVG; § 94a Abs. 4 Hs. 2 SächsGO; § 107 S. 2 GO SH; § 75 Abs. 1 ThürKO.

[140] Vgl. dazu *Köhler*, BayVBl. 2000, 1 (2 f.); *Prandl u. a.*, Art. 87 BayGO Rn. 8 (Stand: 113. EL April 2010).

[141] BVerwGE 39, 329 (334); VerfGH RP, NVwZ 2000, 801 (803).

[142] Zur Frage der Kapazitätsnutzung im Überblick *Uechtritz/Otting/Olgemöller*, Kommunalrechtliche Voraussetzungen für die wirtschaftliche Betätigung, in: Hoppe/Uechtritz/Reck, Handbuch, § 6 Rn. 94 ff.

[143] § 102 Abs. 1 Nr. 2 GO BW; Art. 87 Abs. 1 S. 1 Nr. 2 BayGO; § 91 Abs. 2 Nr. 2 BbgKVerf; § 121 Abs. 1 S. 1 Nr. 2 HessGO; § 68 Abs. 2 S. 1 Nr. 2 KV MV; § 136 Abs. 1 S. 2 Nr. 2 NdsKomVG; § 107 Abs. 1 S. 1 Nr. 2 GO NRW; § 85 Abs. 1 S. 1 Nr. 2 GO RP; § 108 Abs. 1 Nr. 2 SaarlKSVG; § 94a Abs. 1 S. 1 Nr. 2 SächsGO; § 128 Abs. 1 S. 1 Nr. 2 KVG LSA; § 101 Abs. 1 Nr. 2 GO SH; § 71 Abs. 2 Nr. 2 ThürKO.

[144] *Zimmermann*, Überwindung, S. 36.

[145] Vgl. *Oebbecke*, Kommunalrechtliche Voraussetzungen der wirtschaftlichen Betätigung, in: Püttner/Mann, HWKP, § 41 Rn. 34 ff.

der Privatwirtschaft besser erfüllt werden kann.[146] Bei *„qualifizierten" Subsidiaritätsklauseln* steht bereits eine gleich gute oder wirtschaftliche Aufgabenerfüllung durch Private einem wirtschaftlichen Tätigwerden der Gemeinde entgegen.[147] Maßstäblich sind Zuverlässigkeit, Qualität und Preis der Leistung.[148] Den Gemeinden kommt dabei ein Beurteilungsspielraum zu.[149] Im Hinblick auf die Feststellung dieser Voraussetzungen ist teilweise ein Markterkundungsverfahren vorgesehen.[150] Ergänzend ordnen einige Gemeindeordnungen an, dass kommunale Unternehmen keine wesentliche Schädigung privatwirtschaftlicher Unternehmen bewirken dürfen.[151]

Ob eine Subsidiaritätsklausel *drittschützende Wirkung* entfaltet, so dass private **81** Konkurrenten unter Berufung darauf gegen ein deren Vorgaben missachtendes kommunalwirtschaftliches Tätigwerden vorgehen können, richtet sich nach der jeweiligen landesrechtlichen Ausgestaltung und bestimmt sich anhand der Schutznormlehre.[152] Insgesamt kommt den Subsidiaritätsklauseln keine wesentliche Bedeutung neben dem Kriterium des öffentlichen Zwecks zu.

b) Örtlichkeitsprinzip

Anknüpfend an Art. 28 Abs. 2 S. 1 GG normieren die Gemeindeordnungen explizit **82** eine grundsätzliche *Begrenzung* des räumlichen Betätigungsbereichs kommunaler Unternehmen *auf das Gebiet ihrer (Träger-)Gemeinde.* Diese dürfen jenseits dessen (auf dem Territorium der Bundesrepublik Deutschland) nur tätig werden, wenn die berechtigten Interessen der betroffenen Kommunen gewahrt werden.[153] Als berechtigt gelten dabei (vorbehaltlich sektorspezifischer Sonderregeln) alle Interessen, die in deren Stellung als Träger des kommunalen Selbstverwaltungsrechts wurzeln.[154] Diese Begrenzung ist europarechtlich nicht zu beanstanden (→ Rn. 34).

Das Einverständnis einer Gemeinde zum Tätigwerden eines Unternehmens einer **83** anderen Gemeinde auf ihrem Gebiet wahrt zwar die berechtigten Interessen ersterer. Die allgemeinen verfassungs- und kommunalrechtlichen Grenzen werden dadurch

---

[146] § 91 Abs. 3 S. 1 BbgKVerf; § 107 Abs. 1 Nr. 3 GO NRW; § 128 Abs. 1 S. 1 Nr. 3 KVG LSA; § 101 Abs. 1 Nr. 3 GO SH.

[147] § 102 Abs. 1 Nr. 3 GO BW; Art. 87 Abs. 1 S. 1 Nr. 4 BayGO; § 121 Abs. 1 S. 1 Nr. 3 HessGO; § 68 Abs. 2 S. 1 Nr. 3 KV MV; § 136 Abs. 1 S. 2 Nr. 3 NdsKomVG; § 85 Abs. 1 S. 1 Nr. 3 GO RP; § 108 Abs. 1 Nr. 3 SaarlKSVG; § 94a Abs. 1 S. 1 Nr. 3 SächsGO; § 71 Abs. 2 Nr. 4 S. 1 ThürKO.

[148] *Hölzl/Hien/Huber*, Art. 87 BayGO S. 7 (Stand: 27. EL Januar 1999); *Köhler*, BayVBl. 2000, 1 (8).

[149] VerfGH RP, NVwZ 2000, 801 (803); *Prandl u. a.*, Art. 87 BayGO Rn. 12 (Stand: 113. EL April 2010).

[150] § 121 Abs. 1a S. 4, Abs. 4 S. 1 HessGO; § 71 Abs. 2 Nr. 4 S. 3 ThürKO.

[151] § 71 Abs. 3 ThürKO.

[152] Anerkannt jedenfalls für § 102 Abs. 1 Nr. 3 GO BW; § 121 Abs. 1b S. 1, 2 HessGO; § 85 Abs. 1 S. 1 Nr. 3 GO RP.

[153] § 102 Abs. 7 S. 1, 2 GO BW; Art. 87 Abs. 2 S. 1 BayGO; § 121 Abs. 5 Nr. 2 HessGO; § 107 Abs. 3 S. 1 GO NRW; § 85 Abs. 2 S. 1 GO RP; § 108 Abs. 4 Nr. 2 SaarlKSVG; § 128 Abs. 4 S. 1 KVG LSA; § 101 Abs. 2 S. 1 GO SH.

[154] Vgl. zur Problematik der Bestimmung *Zimmermann*, Überwindung, S. 39 f.

jedoch nicht überwunden. Häufig steht der *räumlichen Expansion* eines kommunalen Unternehmens bereits das Fehlen eines öffentlichen Zwecks entgegen.[155]

84   Das Örtlichkeitsprinzip steht einer überörtlichen kommunalwirtschaftlichen Betätigung jedoch dann nicht entgegen, wenn diese im Wege der *kommunalen Zusammenarbeit* erfolgt. Sein Bezugspunkt ist in diesem Falle das Gebiet aller daran beteiligten Gemeinden, das somit zulässiger Betätigungsbereich des gemeinsamen kommunalwirtschaftlichen Engagements ist.

c) Vorgaben für spezifische Märkte

85   Im Hinblick auf eine kommunalwirtschaftliche Betätigung in bestimmten Märkten bestehen teilweise über die explizite Benennung einzelner Bereiche der Daseinsvorsorge hinaus besondere Vorgaben. Grund hierfür sind marktspezifische sowie europa- und bundesrechtliche Besonderheiten.

86   Übereinstimmend verbieten die Gemeindeordnungen den Gemeinden wegen der damit einhergehenden Risiken die Errichtung von und die Beteiligung an *Bankunternehmen*.[156] Von diesen sind jedoch ungeachtet teils sich überschneidender Geschäftsbereiche die *Sparkassen* zu unterscheiden, die durch die Zurverfügungstellung von Krediten an die mittelständische Wirtschaft und die Kontenführung für jedermann Aufgaben der Daseinsvorsorge erfüllen. Für diese gelten jedoch die besonderen Regeln des Sparkassenrechts.[157]

87   Für eine kommunalwirtschaftliche Betätigung in der *Energieversorgung*[158] (→ § 13 Rn. 27) wird das Vorliegen eines öffentlichen Zwecks teilweise normativ festgestellt.[159] Auch finden sich diesbezüglich explizite Einschränkungen der Subsidiaritätsklausel[160] und Modifikationen des Örtlichkeitsprinzips insoweit, als allein nach dem Energiewirtschaftsgesetz zulässige Wettbewerbsbeschränkungen als berechtigte Interessen der betroffenen Gemeinde angesehen werden können[161].

88   Spezifische Vorgaben bestehen schließlich in einigen Gemeindeordnungen für kommunale *Telekommunikationsunternehmen*.[162] Soweit dies der Fall ist, erfolgt

---

[155] *Zimmermann*, Überwindung, S. 40; tendenziell a. A. *Ruthig/Storr*, Rn. 724.

[156] § 102 Abs. 5 S. 1 GO BW; Art. 87 Abs. 4 S. 1 BayGO; § 92 Abs. 4 S. 1 BbgKVerf; § 121 Abs. 9 S. 1 HessGO; § 68 Abs. 5 S. 1 KV MV; § 136 Abs. 5 S. 1 NdsKomVG; § 107 Abs. 4 GO NRW; § 85 Abs. 5 S. 1 GO RP; § 108 Abs. 7 S. 1 SaarlKSVG; § 94a Abs. 5 S. 1 SächsGO; § 128 Abs. 6 S. 1 KVG LSA; § 101 Abs. 4 S. 1 GO SH; § 71 Abs. 4 S. 1 ThürKO.

[157] § 102 Abs. 5 S. 2 GO BW; Art. 87 Abs. 4 S. 2 BayGO; § 92 Abs. 4 S. 2 BbgKVerf; § 121 Abs. 9 S. 2 HessGO; § 68 Abs. 5 S. 2 KV MV; § 136 Abs. 5 S. 2 NdsKomVG; § 107 Abs. 7 GO NRW; § 85 Abs. 5 S. 2 GO RP; § 116 Abs. 4 S. 2 LSA; § 108 Abs. 7 S. 2 SaarlKSVG; § 94a Abs. 5 S. 2, 3 SächsGO; § 101 Abs. 4 S. 2 GO SH; § 71 Abs. 4 S. 2 ThürKO. Ausführlich *Henneke* und *Gerlach*, Die kommunalen Sparkassen, in: Püttner/Mann, HWKP, § 53 (a und b).

[158] Näher dazu *Pielow*, Kommunale Energiewirtschaft, in: Püttner/Mann, HWKP, § 54.

[159] § 68 Abs. 2 S. 3 KV MV; § 107a Abs. 1 GO NRW; § 85 Abs. 1 S. 2 GO RP; § 128 Abs. 2 S. 1 KVG LSA; § 71 Abs. 2 Nr. 4 ThürKO.

[160] § 121 Abs. 1a S. 1 HessGO; § 136 Abs. 1 S. 1 Nr. 3 NdsKomVG; § 107a Abs. 1 GO NRW; § 85 Abs. 1, 3, 4 GO RP; § 71 Abs. 2 Nr. 4 S. 2 ThürKO.

[161] Art. 87 Abs. 2 S. 2 BayGO; § 107a Abs. 3 S. 2 GO NRW.

[162] § 136 Abs. 1 S. 1 Nr. 3 NdsKomVG; § 107 Abs. 1 S. 2 GO NRW; § 85 Abs. 1 S. 1 Nr. 3 GO RP.

eine Beschränkung des Tätigkeitsbereichs auf die Errichtung und den Betrieb von Telekommunikationsnetzen.

Kommunale *Verkehrsunternehmen* werden in einigen Gemeindeordnungen als   **89**
der Daseinsvorsorge dienende und somit zulässige Unternehmen ausdrücklich aufgeführt.[163] Wenngleich diesbezüglich keine besonderen Regelungen hinsichtlich
des Örtlichkeitsprinzips bestehen, wird dieses im Anwendungsbereich der VO über
öffentliche Personenverkehrsdienste[164] insoweit verstärkt, als ein überörtliches
Tätigwerden eines kommunalen Verkehrsunternehmens einer Direktvergabe von
öffentlichen Dienstleistungen im ÖPNV durch seine Trägergemeinde, mithin der
wettbewerbsfreien Beauftragung, entgegensteht.[165]

3. Rechtsformen

Ebenso wie staatliche Unternehmen können kommunale Unternehmen in verschie-   **90**
denen Rechtsformen organisiert werden.[166] Neben privatrechtlichen Organisationsformen, deren Nutzung vielfach an spezifische Voraussetzungen geknüpft wird,
spielen auch öffentlich-rechtliche Organisationsformen in der Praxis nach wie vor
eine bedeutsame Rolle.

a) Öffentlich-rechtliche Organisationsformen
Nach der Konzeption des Gemeindewirtschaftsrechts stellen öffentlich-rechtliche   **91**
Organisationsformen den *Regelfall* einer kommunalwirtschaftlichen Betätigung dar.
Dies steht jedoch *in deutlichem Gegensatz zur Rechtspraxis*, die infolge zahlreicher
Privatisierungen durch ein Überwiegen privatrechtlich organisierter kommunaler
Unternehmen geprägt ist. Es ist jedoch nicht auszuschließen, dass öffentlich-recht-
liche Organisationsformen im Zuge des Rekommunalisierungstrends künftig erneut
an Bedeutung gewinnen werden.[167]

aa) Rechtlich unselbstständige Ausprägungen
Alle Gemeindeordnungen sehen vor, dass eine *kommunalwirtschaftliche Betätigung*   **92**
in rechtlich unselbstständiger Form und somit *juristisch unmittelbar durch die
Gemeinde* erfolgen kann. Hierfür kommen Regie- und Eigenbetriebe in Betracht.

---

[163] § 136 Abs. 1 S. 1 Nr. 3 NdsKomVG; § 107 Abs. 1 S. 1 Nr. 3 GO NRW; § 85 Abs. 1 S. 1 Nr. 3 GO RP; § 128 Abs. 2 S. 1 KVG LSA.

[164] VO (EG) Nr. 1370/2007 des Europäischen Parlaments und des Rates vom 23.10.2007 über öffentliche Personenverkehrsdienste auf Schiene und Straße und zur Aufhebung der Verordnungen (EWG) Nr. 1191/69 und (EWG) Nr. 1107/70 des Rates, ABl. EU L 315/1.

[165] Vgl. zu den Folgen für die Entscheidung zwischen wettbewerblicher und Direktvergabe *Knauff*, DVBl. 2014, 692 (694 f.).

[166] Zur Organisationsentscheidung *Pitschas/Schoppa*, Kriterien für die Wahl der Rechtsform, in: Püttner/Mann, HWKP, § 43; siehe zum Ganzen auch *Cronauge/Westermann*, Kommunale Unter-nehmen, Rn. 86 ff.; *Fabry*, in: ders./Augsten, Unternehmen, S. 37 ff.

[167] Vereinzelt enthält die Rechtsordnung Privilegierungen derartiger Organisationsformen, vgl. § 13 Abs. 6 PBefG.

93   *Regiebetriebe*[168] sind in die allgemeine Verwaltungsstruktur der Gemeinde
eingegliederte Einheiten, die wirtschaftlich tätig werden.[169] Sie unterliegen weder
spezifischen Zulässigkeitsanforderungen noch sind ihre Organisation und Arbeitsweise abweichend von den allgemeinen kommunalrechtlichen Anforderungen
determiniert. Die Bedeutung von Regiebetrieben ist heute wegen ihrer fehlenden
Anpassung an die Markterfordernisse gering. Sie finden vor allem als Hilfsinstru-
mente bei der Erfüllung kommunaler Aufgaben Verwendung, etwa in Form eines
Bauhofes oder bei technischen Dienstleistungen.

94   *Eigenbetriebe* verfügen dagegen über eine tatsächliche organisatorische
Eigenständigkeit gegenüber der Gemeinde. Es handelt sich um „gemeindliche
Unternehmen, die außerhalb der allgemeinen Verwaltung als Sondervermögen ohne
eigene Rechtspersönlichkeit geführt werden."[170] Dies trägt den Besonderheiten der
wirtschaftlichen gegenüber der administrativen Betätigung Rechnung, ohne dass
jedoch eine juristische Ausgliederung erfolgt.[171] Die Struktur von Eigenbetrieben
wird durch die Gemeindeordnungen dahingehend bestimmt, dass diese über eine
Werkleitung und einen Werkausschuss verfügen müssen, die vom Gemeinderat bestellt werden.[172] Die Werkleitung führt die Geschäfte, nimmt gegenüber dem Personal Vorgesetztenfunktionen wahr und vertritt den Eigenbetrieb und damit auch
die Gemeinde insoweit nach außen. Der Werkausschuss ist ein beschließender Ausschuss des Gemeinderates, der alle weiteren Zuständigkeiten wahrnimmt. Der Gemeinderat ist befugt, jederzeit alle Entscheidungen an sich zu ziehen. Eine kommunalwirtschaftliche Betätigung in der Organisationsform des Eigenbetriebs erfolgt
etwa bei dem Betrieb von Kindertagesstätten, der Verwaltung und Bewirtschaftung
kommunaler Immobilien oder dem Kultur- und Tourismusmarketing.

bb) Eigenständige Rechtspersönlichkeit

95   Neben den rechtlich unselbstständigen Formen des Regie- und des Eigenbetriebs
kann eine kommunalwirtschaftliche Betätigung in öffentlich-rechtlicher Form auch
mit eigenständiger Rechtspersönlichkeit erfolgen. Das Grundmodell hierfür ist die
Anstalt des öffentlichen Rechts, die als mit Personal- und Sachmitteln ausgestattete
Organisation, die über Teil- oder Vollrechtsfähigkeit verfügt, ihre Leistungen den
Benutzern, i. d. R. den Gemeindeangehörigen, anbietet.[173]

---

[168] Art. 88 Abs. 4 S. 1 BayGO; § 129 Nr. 10 ThürKO.

[169] *Suerbaum*, in: Ehlers/Fehling/Pünder, § 13 Rn. 91; ausführlich *Brüning*, Regie- und Eigenbetriebe, in: Püttner/Mann, HWKP, § 44 Rn. 1 ff.

[170] Art. 88 Abs. 1 BayGO; § 95a Abs. 1 S. 1, 2 SächsGO; § 76 Abs. 1 S. 1 ThürKO; vgl. auch § 96
Abs. 1 Nr. 3 GO BW; § 86 Abs. 1 Nr. 1 BbgKVerf; §§ 127 Abs. 1, 115 Abs. 1 Nr. 3 HessGO; § 64
Abs. 1 S. 1 KV MV; §§ 140, 130 Abs. 1 Nr. 3 NdsKomVG; §§ 114 Abs. 1, 97 Abs. 1 Nr. 3 GO
NRW; § 86 Abs. 1 GO RP; § 109 Abs. 1 S. 1 SaarlKSVG; §§ 106, 97 Abs. 1 S. 1 GO SH. Ergän-
zend bestehen zudem Eigenbetriebsgesetze bzw. -verordnungen.

[171] *Suerbaum*, in: Ehlers/Fehling/Pünder, § 13 Rn. 92 f.; ausführlich *Brüning*, Regie- und Eigenbetriebe, in: Püttner/Mann, HWKP, § 44 Rn. 25 ff.

[172] Art. 88 Abs. 2 BayGO; § 93 Abs. 2 S. 1 BbgKVerf; § 86 Abs. 4 GO RP; § 109 Abs. 2 Hs. 1
SaarlKSVG; § 95a Abs. 2 S. 1 SächsGO; § 76 Abs. 1 S. 1 ThürKO.

[173] Im Überblick dazu *Erbguth*, Allgemeines Verwaltungsrecht, 4. Aufl. 2011, § 6 Rn. 19 f.

Dieses Grundmodell wird von den Gemeindeordnungen für die kommunalwirt- **96**
schaftliche Betätigung teils spezifisch ausgestaltet, wobei auch die Bezeichnung
„*Kommunalunternehmen*"[174] Verwendung findet. Die Gründung eines solchen
Unternehmens erfolgt durch Satzung. Dem Kommunalunternehmen können hoheitliche Befugnisse einschließlich des Rechts zum Erlass von Satzungen übertragen werden. Es wird von einem Vorstand geleitet und vertreten, der von einem
Verwaltungsrat bestellt und überwacht wird. Vorsitzender des Verwaltungsrates ist
i. d. R. der (erste) Bürgermeister der Gemeinde. Die übrigen Mitglieder des Ver-
waltungsrats werden vom Gemeinderat gewählt, dem zudem Weisungsbefugnisse
eingeräumt werden können.[175]

Anstalten des öffentlichen Rechts und hiervon abgeleitete öffentlich-rechtli- **97**
che Organisationsformen ermöglichen eine *weitgehende Verselbstständigung*
kommunalwirtschaftlicher Betätigung gegenüber der Gemeinde, ohne dass eine
Privatisierung erfolgt. In der Praxis kommt ihnen daher noch immer eine große
Bedeutung zu, etwa in der Wasserver- und Abwasserentsorgung, im Verkehrs-
bereich sowie bei dem Betrieb von Bädern, Parkhäusern, Kliniken und anderen
kommunalen Infrastrukturen.

b) Privatrechtliche Organisationsformen

Aufgrund der inhaltlich übereinstimmenden *haushaltsrechtlichen Vorgaben* unter- **98**
liegen kommunale Unternehmen hinsichtlich der Wahl einer Rechtsform des privaten Rechts denselben Einschränkungen wie staatliche Unternehmen (→ Rn. 47 ff.).
Zusätzlich enthalten die *Gemeindeordnungen* sowohl generelle Anforderungen an
das wirtschaftliche Tätigwerden in Privatrechtsform als auch spezifische Voraussetzungen für die Wahl einzelner Rechtsformen.

Zum Schutz der Gemeinden sowie im öffentlichen Interesse gestatten alle **99**
Gemeindeordnungen den Gemeinden die *Wahl privatrechtlicher Organisationsformen* für ihre wirtschaftliche Betätigung nur, wenn eine Festlegung des
Unternehmenszwecks in der Satzung auf den das Unternehmen rechtfertigenden
öffentlichen Zweck erfolgt, die Gemeinde im Aufsichtsrat oder durch ein vergleichbares Gremium einen angemessenen Einfluss auf das Unternehmen erhält und ihre
Haftung auf einen ihrer Leistungsfähigkeit angemessenen Betrag begrenzt wird.[176]

---

[174] Art. 89 Abs. 1 S. 1 BayGO; § 70 Abs. 1 KV MV; § 106a Abs. 1 S. 1 GO SH; siehe dazu *Wald-
mann*, NVwZ 2008, 284.

[175] Art. 90 Abs. 2 S. 4 BayGO; § 95 Abs. 2 S. 3 BbgKVerf; § 126a Abs. 4 S. 7 Alt. 1 HessGO; § 71
Abs. 1 S. 5, § 70a Abs. 3 S. 5 KV MV; § 145 Abs. 3 S. 5 NdsKomVG; § 114a Abs. 7 S. 4 GO NRW;
§ 76b Abs. 2 S. 5 Hs. 1 ThürKO; siehe auch BVerwGE 140, 300; *Heidel*, NZG 2012, 48 ff.; näher
Schraml, Anstalten des öffentlichen Rechts – Kommunalunternehmen, in: Püttner/Mann, HWKP,
§ 45; zu den Vor- und Nachteilen gegenüber anderen Organisationsformen *Lange*, Die Beteiligung
Privater an rechtsfähigen Anstalten des öffentlichen Rechts, 2008, S. 52 ff.

[176] § 103 Abs. 1 Nr. 2, 3, 4 GO BW; Art. 92 Abs. 1 S. 1 Nr. 1–3 BayGO; § 96 Abs. 1 S. 1 Nr. 1–3
BbgKVerf; § 122 Abs. 1 S. 1 Nr. 1–3 HessGO; § 69 Abs. 1 Nr. 3–5 KV MV; § 137 Abs. 1 Nr. 2, 5,
6 NdsKomVG; § 108 Abs. 1 S. 1 Nr. 1, 3, 5–6 GO NRW; § 87 Abs. 1 S. 1 Nr. 1–3 GO RP; § 110
Abs. 1 Nr. 2, 3 SaarlKSVG; § 96 Abs. 1 Nr. 1–3 SächsGO; § 129 Abs. 1 Nr. 2–4 KVG LSA; § 102
Abs. 3, Abs. 1 Nr. 2, 3 GO SH; § 73 Abs. 1 S. 1 Nr. 1, 2, 3–5 ThürKO.

Die Vertretung der Gemeinde in der Gesellschafterversammlung erfolgt durch den Bürgermeister. Von der Gemeinde bestellte Aufsichtsratsmitglieder unterliegen dieser gegenüber Berichtspflichten und sollen im Rahmen der gesellschaftsrechtlichen Möglichkeiten an Weisungen gebunden werden. Korrespondierend damit sind sie im Falle ihrer Inanspruchnahme von ihrer Haftung freizustellen.[177] Zusätzlich sehen einige Gemeindeordnungen einen anhand des Umsatzes zu bestimmenden Mindestgrad der Aufwandsdeckung vor.[178]

100   Für die Wahl der *GmbH* als privatrechtliche Rechtsform (→ Rn. 55 ff.) für die Kommunalwirtschaft enthalten die Gemeindeordnungen weithin keine spezifischen Anforderungen. Die GmbH-rechtlich bestehenden Ausgestaltungsspielräume sind jedoch dahingehend zu nutzen, dass die kommunalrechtlichen Vorgaben für eine wirtschaftliche Betätigung in Privatrechtsform realisiert werden.[179] Dies hat insoweit einen normativen Niederschlag gefunden, als einige Gemeindeordnungen bestimmen, dass „[z]ur Sicherstellung des öffentlichen Zwecks … im Gesellschaftsvertrag oder in der Satzung bestimmt werden [soll], dass die Gesellschafterversammlung auch über den Erwerb und die Veräußerung von Unternehmen und Beteiligungen und über den Abschluss und die Änderung von Unternehmensverträgen beschließt."[180]

101   Deutlich höher sind in einigen Ländern die kommunalrechtlichen Schranken für die Wahl der *AG* als Rechtsform (→ Rn. 58 ff.) für eine kommunalwirtschaftliche Betätigung. So dürfen Gemeinden vielfach „Unternehmen und Einrichtungen in der Rechtsform einer Aktiengesellschaft nur gründen, übernehmen, wesentlich erweitern oder sich daran beteiligen, wenn der öffentliche Zweck nicht ebenso gut in einer anderen Rechtsform erfüllt wird oder erfüllt werden kann."[181] Damit geht eine grundsätzliche Subsidiarität dieser Rechtsform gegenüber anderen öffentlich- wie auch privatrechtlichen Organisationsformen für kommunale Unternehmen einher, die ihre Begründung in der aktienrechtlich bedingten weitgehenden Eigenständigkeit des Unternehmens findet.[182] Die meisten Gemeindeordnungen sehen überdies vor, dass in der Satzung der AG ein Zustimmungserfordernis des Aufsichtsrates für

---

[177] § 104 Abs. 4 S. 2 GO BW; Art. 93 Abs. 3 S. 2 BayGO; § 97 Abs. 4 S. 2 BbgKVerf; § 125 Abs. 3 S. 2 HessGO; § 71 Abs. 3 S. 2 KV MV; § 138 Abs. 4 S. 2 NdsKomVG; § 113 Abs. 4 S. 2 GO NRW; § 88 Abs. 4 S. 2 GO RP; § 114 Abs. 5 S. 2 SaarlKSVG; § 98 Abs. 4 S. 2 SächsGO; § 74 Abs. 3 ThürKO. Zum kommunalen Aufsichtsratsmandat *Keller/Paetzelt*, KommJur 2005, 451, ausführlich *Geerlings*, Das kommunale Aufsichtsratsmandat, in: Püttner/Mann, HWKP, § 52.

[178] § 97 Abs. 7 BbgKVerf; § 125 Abs. 1, 7 HessGO; § 71 Abs. 5 S. 2 KV MV; § 138 Abs. 7 S. 1 NdsKomVG.

[179] Siehe dazu *Altmeppen*, NJW 2003, 2561.

[180] § 103a Nr. 3 GO BW; Art. 92 Abs. 1 S. 2 BayGO; § 108 Abs. 5 Nr. 1 lit. b GO NRW; § 111 Abs. 1 Nr. 2 lit. b und c SaarlKSVG; § 96a Abs. 1 Nr. 2 lit. a SächsGO; § 73 Abs. 1 S. 1 ThürKO; vgl. § 87 Abs. 3 Nr. 1 lit. b GO RP.

[181] § 103 Abs. 2 GO BW; § 96 Abs. 4 BbgKVerf; § 122 Abs. 3 HessGO; § 108 Abs. 4 GO NRW; § 87 Abs. 2 GO RP; § 96 Abs. 2 SächsGO. Nach § 68 Abs. 4 S. 2 KV MV ist die „Errichtung einer Aktiengesellschaft … ausgeschlossen."

[182] Vgl. auch *Suerbaum*, in: Ehlers/Fehling/Pünder, § 13 Rn. 86 ff.

den Erwerb und die Veräußerung von Unternehmen und Beteiligungen vorgesehen werden soll.[183]

4. Wirtschafts- und Rechnungsführung

Die Wirtschaftsführung kommunaler Unternehmen muss stets primär *auf die Erfül-* **102**
lung des öffentlichen Zwecks gerichtet sein.[184] Die Erwirtschaftung von Gewinnen wird dadurch jedoch nicht ausgeschlossen, sondern von einigen Gemeindeordnungen sogar explizit gefordert.[185] Soweit dies nicht der Fall ist, wird zumindest auf die Beachtung betriebswirtschaftlicher Grundsätze und des Grundsatzes der Sparsamkeit und Wirtschaftlichkeit verwiesen.[186] Einige Gemeindeordnungen normieren ergänzend gleichsam als „Erfolgsbremse" das Gebot, dass gemeindliche Unternehmen keine wesentliche Schädigung und keine Aufsaugung selbstständiger Betriebe in Landwirtschaft, Handwerk, Handel, Gewerbe und Industrie bewirken dürfen,[187] und greifen damit die Ratio des Subsidiaritätsprinzips nochmals auf. In der Praxis weist die Rentabilität kommunaler Unternehmen deutliche Unterschiede auf. Während etwa kommunale Energieversorgungsunternehmen häufig erhebliche Gewinne erwirtschaften, weisen kommunale Verkehrsunternehmen im Regelfall einen hohen Zuschussbedarf auf.

Unabhängig von ihrer Rechtsform und vorbehaltlich weitergehender Anforde- **103**
rungen unterliegen kommunale Unternehmen den für große Kapitalgesellschaften geltenden *Rechnungslegungsvorschriften nach §§ 264 ff. HGB.* Sie sind mithin zur Aufstellung eines Jahresabschlusses einschließlich eines Lageberichts verpflichtet, der der Prüfung durch einen Abschlussprüfer unterliegt.[188] Bei Mehrheitsbeteiligungen der Gemeinde an Unternehmen in Privatrechtsform gelten zudem die zusätzlichen Vorgaben für die Abschlussprüfung nach § 53 HGrG.[189] Des Weiteren sind die

---

[183] Art. 92 Abs. 1 S. 3 BayGO; § 73 Abs. 1 S. 3 ThürKO.

[184] § 102 Abs. 3 Hs. 1 GO BW; Art. 95 Abs. 1 S. 1 BayGO; § 91 Abs. 2 Nr. 1 BbgKVerf; § 121 Abs. 8 HessGO; § 75 Abs. 1 S. 1 KV MV; § 149 Abs. 1 NdsKomVG; § 109 Abs. 1 GO NRW; § 85 Abs. 3 S. 1 Hs. 1 GO RP; § 116 S. 1 SaarlKSVG; § 94a Abs. 4 Hs. 1 SächsGO; § 107 S. 1 GO SH.

[185] § 102 Abs. 3 Hs. 2 GO BW; § 121 Abs. 8 HessGO; § 75 Abs. 1 S. 1 KV MV; § 149 Abs. 1 NdsKomVG; § 109 Abs. 1 S. 2 GO NRW; § 85 Abs. 3 S. 1 Hs. 2, S. 2 Nr. 3 GO RP; § 116 S. 2 SaarlKSVG; § 94a Abs. 4 Hs. 2 SächsGO; § 107 S. 2 GO SH; § 75 Abs. 1 ThürKO.

[186] Art. 95 Abs. 1 S. 1 BayGO; § 68 Abs. 3 KV MV; vgl. § 91 Abs. 3 S. 1 BbgKVerf.

[187] Art. 95 Abs. 2 BayGO; § 71 Abs. 3 ThürKO.

[188] § 103 Abs. 1 Nr. 5 lit. b GO BW; Art. 91 Abs. 1 BayGO; § 122 Abs. 1 S. 1 Nr. 4 HessGO; §§ 70b Abs. 1, 73 Abs. 1 S. 1 Nr. 2 KV MV; § 108 Abs. 1 Nr. 8 GO NRW; § 87 Abs. 3 Nr. 2, Abs. 7 Nr. 1 GO RP; § 110 Abs. 1 Nr. 4 SaarlKSVG; § 96a Abs. 1 Nr. 8, Abs. 3 SächsGO; § 75 Abs. 4 S. 1 Nr. 1 ThürKO.

[189] § 105 Abs. 1 Nr. 1 GO BW; Art. 94 Abs. 1 S. 1 Nr. 3 BayGO; § 123 Abs. 1 Nr. 1 HessGO; § 73 Abs. 1 S. 1 Nr. 3 KV MV; § 112 Abs. 1 Nr. 1 GO NRW; § 89 Abs. 4 S. 1 Nr. 3 GO RP; § 111 Abs. 1 Nr. 4 lit. a SaarlKSVG; § 96a Abs. 1 Nr. 7, Abs. 3 SächsGO; § 133 Abs. 1 Nr. 3, Abs. 3 KVG LSA.

Aufstellung von Wirtschafts- und mehrjährigen Finanzplänen für alle Unternehmen vorgesehen, an denen die Gemeinde mehrheitlich beteiligt ist.[190]

5. Aufsicht

104   Auch bei wirtschaftlicher Betätigung unterliegen Gemeinden der staatlichen Kommunalaufsicht.[191] Die Gemeindeordnungen sehen hierfür spezifische *Anzeige-erfordernisse* vor. So sind (jedenfalls) die Errichtung, Übernahme und wesentliche Erweiterung sowie die Änderung der Rechtsform oder der Aufgaben gemeindlicher Unternehmen, die unmittelbare oder mittelbare Beteiligung der Gemeinde an Unternehmen, die gänzliche oder teilweise Veräußerung gemeindlicher Unternehmen oder Beteiligungen, sowie die Auflösung von Kommunalunternehmen der Rechtsaufsichtsbehörde mindestens sechs Wochen vor ihrem Vollzug vorzulegen.[192] Zudem sind den Rechnungsprüfungsbehörden die in § 54 HGrG vorgesehenen *Einsichtnahmebefugnisse* einzuräumen.[193]

105   Kommunale Unternehmen unterliegen überdies in vielfacher Hinsicht der Steuerung und Kontrolle durch ihre Trägergemeinde. Dies erfolgt durch die Wahrnehmung ihrer *Eigentümerstellung* und der damit verbundenen Rechte, darüber hinaus bei rechtlich eigenständigen Unternehmen vermittels des stets gebotenen, jedoch je nach Rechtsform unterschiedlich ausgestalteten Aufsichtsorgans der Gesellschaft. Die meisten Gemeindeordnungen enthalten insbesondere Regelungen, die eine umfassende *Information des Gemeinderats* über Angelegenheiten des kommunalen Unternehmens durch die kommunalen Aufsichtsratsmitglieder ermöglichen.[194]

---

[190] § 103 Abs. 1 Nr. 5 lit. a GO BW; Art. 94 Abs. 1 S. 1 Nr. 1 BayGO; § 73 Abs. 1 S. 1 Nr. 1 KV MV; § 108 Abs. 3 S. 1 Nr. 1 lit. b GO NRW; § 87 Abs. 1 Nr. 7 lit. a GO RP; § 111 Abs. 1 Nr. 3 SaarlKSVG.

[191] Näher *Brüning*, DÖV 2010, 553.

[192] Art. 96 Abs. 1 S. 1 BayGO; § 127a Abs. 1 HessGO; § 152 Abs. 1 S. 3 NdsKomVG; § 115 Abs. 1 S. 1 GO NRW; § 92 Abs. 4 GO RP; § 135 Abs. 2 KVG LSA; § 108 Abs. 1 S. 1 GO SH; § 72 Abs. 1 S. 1 ThürKO; abweichend § 100 BbgKVerf; § 77 KV MV; § 118 Abs. 1 SaarlKSVG; § 102 Abs. 2 SächsGO.

[193] § 103 Abs. 1 S. 1 Nr. 5 lit. d GO BW; Art. 94 Abs. 1 S. 1 Nr. 4 BayGO; § 96 Abs. 1 S. 1 Nr. 5 BbgKVerf; § 123 Abs. 1 Nr. 2 HGO; § 73 Abs. 1 S. 1 Nr. 3 KV MV; § 112 Abs. 1 Nr. 2 GO NRW; § 89 Abs. 4 S. 1 Nr. 2 GO RP; § 111 Abs. 1 Nr. 4 lit. b SaarlKSVG; § 96a Abs. 1 Nr. 12, Abs. 3 SächsGO; § 75 Abs. 4 S. 1 Nr. 4 ThürKO.

[194] Art. 93 Abs. 2 S. 2 BayGO; § 97 Abs. 7 BbgKVerf; § 125 Abs. 1 S. 5 HessGO; § 71 Abs. 4 KV MV; § 138 Abs. 4 NdsKomVG; § 113 Abs. 5 GO NRW; § 115 Abs. 1 SaarlKSVG; § 98 Abs. 3 SächsGO; § 104 Abs. 1 S. 3 GO SH.

V. Öffentlich-Private Partnerschaften

Eine besondere Form der Wahrnehmung öffentlicher Aufgaben mit wirtschaftlichem Charakter sind ÖPP (engl.: Public Private Partnership – PPP). Dieser dem Bereich der Privatisierung zugehörige Sammelbegriff[195] erfasst all diejenigen Konstellationen, in denen *öffentliche Hand und Private zur Erreichung eines Ziels zusammenwirken.*[196] Während der private Partner mit seinem Beitrag Gewinninteressen verfolgt, dient seine Einbeziehung aus Sicht des öffentlichen Partners der Nutzung seiner Fachkompetenzen und finanziellen Möglichkeiten sowie der Steigerung der Effizienz der Aufgabenerfüllung. In der Praxis sind ÖPP weit verbreitet, etwa im Zusammenhang mit öffentlichen Bauten, neuen Entwicklungen wie dem E-Government, in der Verkehrsinfrastruktur, im Strafvollzug sowie der kommunalen Daseinsvorsorge[197]. **106**

ÖPP treten in zahlreichen Erscheinungsformen auf. Grundsätzlich lassen sich *einzelvertraglich-projektbezogene und institutionalisierte ÖPP* unterscheiden,[198] die wiederum verschiedene Ausprägungen annehmen können.[199] Während sich erstere in einem zeitlich begrenzten Zusammenwirken von öffentlicher Hand und Privaten auf vertraglicher Grundlage erschöpfen, wobei eine kaum mehr überschaubare Ausprägungsvielfalt besteht, zeichnen sich letztere durch eine organisatorische Verfestigung in Form eines gemischt-wirtschaftlichen Unternehmens aus. Dieses weist grundsätzlich eine privatrechtliche Rechtsform auf, i.d.R. diejenige der GmbH oder AG.[200] **107**

Spezifische gesetzliche Vorgaben für ÖPP bestehen nur teilweise.[201] Vielmehr haben ÖPP den *Rahmen der allgemeinen Rechtsordnung* zu beachten. Dies gilt insbesondere bei ihrer Begründung. Von besonderer Bedeutung sind dabei unabhängig von der Kooperationsform das Vergabe- und das Beihilferecht. Für institutionalisierte ÖPP sind darüber hinaus die haushalts- und kommunalrechtlichen[202] Vorgaben für Beteiligungen der öffentlichen Hand an privatrechtlichen Unternehmen zu beachten. Damit geht insbesondere die Geltung der Schrankentrias in Bezug auf die Zulässigkeit einer wirtschaftlichen Betätigung von Kommunen einher. **108**

---

[195] *Dreher*, NZBau 2002, 245 (247).

[196] Ausführlich *Ziekow/Windoffer*, Public Private Partnership, 2008; *Schliesky*, Public Private Partnership, in: Püttner/Mann, HWKP, § 47; siehe auch *Kühling/Schreiner*, ZJS 2011, 112.

[197] *Bonk*, DVBl. 2004, 141 (144 f.).

[198] So die EU-Kommission, vgl. KOM(2004) 327 endg., Rn. 20.

[199] Praktiziert werden Erwerber-, Leasing-, Miet-, Inhaber-, Contracting-, Gesellschafts- und Konzessionsmodelle, vgl. näher *Schliesky*, Public Private Partnership, in: Püttner/Mann, HWKP, § 47 Rn. 7 ff.; *Ziekow*, § 8 Rn. 7.

[200] *Blessing*, Öffentlich-rechtliche Anstalten unter Beteiligung Privater, 2008, S. 113, hält darüber hinaus mittelbare Beteiligungen in Form von stillen Gesellschaften für zulässig; siehe darüber hinaus zu Beteiligungsmodellen unter Einbeziehung einer Holding *Lange*, Die Beteiligung Privater an rechtsfähigen Anstalten des öffentlichen Rechts, 2008, S. 143 ff.

[201] Zu nennen sind insbesondere das ÖPP-Beschleunigungsgesetz, BGBl. I 2005, S. 2676, und das ÖPP-Gesetz SH, GVOBl. 2007, S. 328.

[202] Spezifisch zur Subsidiaritätsprüfung *Shirvani*, DÖV 2011, 865.

109   Ob ein *gemischt-wirtschaftliches Unternehmen grundrechtsberechtigt oder -ver-pflichtet* ist, richtet sich nach seiner *Beherrschung*[203], die regelmäßig, wenn auch nicht zwingend,[204] mit den Beteiligungsanteilen von öffentlicher Hand und Privaten korrespondiert (→ § 2 Rn. 14).[205] Mehrheitsbeteiligungen der öffentlichen Hand haben grundrechtlich eine Zurechnung gemischt-wirtschaftlicher Unternehmen zur staatlichen Sphäre mit der Konsequenz einer uneingeschränkten Grundrechtsver-pflichtung zur Folge. Im entgegengesetzten Falle sind sie dagegen ebenso wie ihre privaten Mehrheitsanteilseigner grundrechtsberechtigt. Dass in der erstgenannten Konstellation die Grundrechtsberechtigung der privaten Minderheitsanteilseigner nicht auf das gemischt-wirtschaftliche Unternehmen durchschlägt, so dass diese de facto eine Grundrechtsverkürzung erfahren, findet seine Rechtfertigung darin, dass ein mehrheitlich von der öffentlichen Hand gehaltenes Unternehmen ebenso wie ein sonstiges öffentliches Unternehmen gleichsam als verselbstständigte Verwal-tungseinheit zu qualifizieren ist; es handelt sich eben gerade nicht um ein materiell privates Wirtschaftssubjekt. Die – stets freiwillige – Minderheitsbeteiligung eines Privaten hieran erfolgt in Kenntnis dieses Umstands und ist daher als partieller Grundrechtsverzicht zu qualifizieren.[206]

110   Für die Verhältnisse innerhalb des gemischt-wirtschaftlichen Unternehmens sind vor allem der *Gesellschaftsvertrag* bzw. die Unternehmenssatzung maßgeb-lich, welche durch die haushalts- und kommunalrechtlichen Anforderungen für Be-teiligungen der öffentlichen Hand an privatrechtlichen Unternehmen geprägt sind bzw. sein sollen. Darüber hinaus gilt das allgemeine Gesellschaftsrecht, dessen zwingende Bestandteile auch im Rahmen gemischt-wirtschaftlicher Unternehmen nicht überwunden werden können. Nach außen handelt das gemischt-wirtschaftli-che Unternehmen als juristische Person stets in eigenem Namen und trägt die wirt-schaftlichen Risiken. Eine wesentliche Einschränkung der Attraktivität gemischt-wirtschaftlicher Unternehmen folgt aus dem Umstand, dass diese grundsätzlich nicht seitens ihrer jeweiligen öffentlichen Anteilseigner wettbewerbsfrei im Wege der In-house-Vergabe[207] mit öffentlichen Aufträgen i. S. v. § 98 GWB beauftragt werden dürfen (→ § 7 Rn. 55).[208]

---

[203] Näher dazu *Ruthig/Storr*, Rn. 686 f.

[204] Vgl. BGHZ 69, 334; 135, 107.

[205] BVerfGE 128, 226 (246 f.); *Ziekow*, § 7 Rn. 33.

[206] Vgl. auch *Ruthig/Storr*, Rn. 706 f.; *Gurlit*, NZG 2012, 249 (254 f.).

[207] Dazu unter Berücksichtigung der EU-Vergaberechtsreform 2014 *Dabringhausen*, VergabeR 2014, 512; *Knauff*, EuZW 2014, 486.

[208] EuGH, Rs. C-26/03, Slg. 2005, I-1, Rn. 49 f. – Stadt Halle. Im Detail abweichende Vorgaben bestehen für Direktvergaben von öffentlichen Dienstleistungsaufträgen im Anwendungsbereich der VO (EG) Nr. 1370/2007 über öffentliche Personenverkehrsdienste (Fn. 170) an interne Betrei-ber, näher dazu *Knauff*, NZBau 2012, 65 (69 ff.).

VI. Rechtsschutz

Hinsichtlich des Rechtsschutzes im Zusammenhang mit dem wirtschaftlichen Tä- **111**
tigwerden der öffentlichen Hand ist zwischen verschiedenen Konstellationen zu differenzieren.[209] Verstößt die staats- oder kommunalwirtschaftliche Betätigung gegen
öffentlich-rechtliche Zulässigkeitsvoraussetzungen, können private Wettbewerber
Rechtsschutz hiergegen nur bei (selten anzunehmenden → Rn. 23 ff.) Grundrechts-
verstößen oder bei Verstößen gegen das gemeindewirtschaftsrechtliche Subsidiaritätsprinzip, sofern dieses individualschützend ausgestaltet ist (→ Rn. 81), im Wege
einer allgemeinen Leistungs- in Form einer Unterlassungs- oder Beseitigungskla-
ge[210] vor den Verwaltungsgerichten in Anspruch nehmen. Bei Verstößen gegen
andere Zulässigkeitsvoraussetzungen haben Wettbewerber mangels Drittschutzes
der betreffenden Normen keine Möglichkeit der Inanspruchnahme von Rechtsschutz. Insbesondere kann dieser auch nicht vor den Zivilgerichten erlangt werden,
da derartige Verstöße nicht zugleich als wettbewerbswidriges Verhalten i. S. v. § 3
UWG zu qualifizieren sind.[211] Verstößt ein öffentliches Unternehmen aber durch
sein *Marktverhalten* gegen wettbewerbsrechtliche Vorgaben, können Wettbewerber hiergegen auf dem Zivilrechtsweg vorgehen. Für *unternehmensinterne Streitigkeiten*, insbesondere unter Beteiligung von Gesellschaftern, hängen die Rechtsschutzmöglichkeiten von der privat- oder öffentlich-rechtlichen Rechtsform des
Unternehmens ab. Spezifische Besonderheiten bestehen aber jeweils nicht. Gegen
aufsichtliche Maßnahmen kann deren Adressat (im Falle kommunalaufsichtlicher
Anordnungen regelmäßig die Gemeinde) nach den allgemeinen Bestimmungen verwaltungsgerichtlichen Rechtsschutz in Anspruch nehmen.

VII. Kontrollfragen   **112**

1. Welche wesentlichen Erscheinungsformen der Privatisierung gibt
   es? (→ Rn. 10 ff.)
2. Sind öffentliche und gemischt-wirtschaftliche Unternehmen grundrechtsverpflichtet? (→ Rn. 21 f., 109)
3. Inwiefern berechtigen und verpflichten die Grundfreiheiten des AEUV
   öffentliche Unternehmen? (→ Rn. 33 ff.)

---

[209] Siehe auch *F. Wollenschläger*, in: Kirchhof/Korte/Magen, § 6 Rn. 97 ff.; spezifisch im Hinblick
auf die kommunalwirtschaftliche Betätigung *Wendt*, Rechtschutz privater Konkurrenten gegen
wirtschaftliche Betätigungen der Gemeinden, in: Püttner/Mann, HWKP, § 42; umfassend *Kendzi-
ur*, Neue Wege für den Rechtsschutz Privater gegen die Wirtschaftstätigkeit der öffentlichen Hand,
2009, S. 162 ff.

[210] *Wendt*, Rechtschutz privater Konkurrenten gegen wirtschaftliche Betätigung der Gemeinden,
in: Püttner/Mann, HWKP, § 42 Rn. 23.

[211] BGHZ 150, 343.

4. Unter welchen Voraussetzungen können öffentliche Unternehmen Ausnahmen vom Europarecht in Anspruch nehmen? (→ Rn. 36 ff.)
5. Welche sind die wichtigsten privatrechtlichen Rechtsformen staatlicher und kommunaler Unternehmen und welche Besonderheiten bestehen dabei? (→ Rn. 55 ff., 98 ff.)
6. Inwiefern garantiert das Grundgesetz die Gemeindewirtschaft? (→ Rn. 63 ff.)
7. Was verbirgt sich hinter dem Begriff „Schrankentrias" im kommunalen Wirtschaftsrecht? (→ Rn. 74 ff.)
8. In welchen öffentlich-rechtlichen Formen kann die Kommunalwirtschaft erfolgen? (→ Rn. 91 ff.)
9. Was sind „Öffentlich-Private Partnerschaften"? (→ Rn. 106 ff.)
10. Welche Besonderheiten bestehen im Hinblick auf den Rechtsschutz im Zusammenhang mit dem wirtschaftlichen Tätigwerden der öffentlichen Hand? (→ Rn. 111)

Literatur

Cronauge/Westermann, Kommunale Unternehmen. Eigenbetriebe – Kapitalgesellschaften – Zweckverbände, 5. Aufl. 2006

Ehlers, Empfiehlt es sich, das Recht der öffentlichen Unternehmen im Spannungsfeld von öffentlichem Auftrag und Wettbewerb national und gemeinschaftsrechtlich neu zu regeln? Gutachten E zum 64. DJT Berlin 2002, 2002

Fabry/Augsten (Hrsg.), Unternehmen der öffentlichen Hand, 2. Aufl. 2011

Gersdorf, Öffentliche Unternehmen im Spannungsfeld zwischen Demokratie- und Wirtschaftlichkeitsprinzip. Eine Studie zur verfassungsrechtlichen Legitimation der wirtschaftlichen Betätigung der öffentlichen Hand, 2000

Hoppe/Uechtritz/Reck (Hrsg.), Handbuch kommunale Unternehmen, 3. Aufl. 2012

Knauff, Der Gewährleistungsstaat: Reform der Daseinsvorsorge. Eine rechtswissenschaftliche Untersuchung unter besonderer Berücksichtigung des ÖPNV, 2004

Mann, Die öffentlich-rechtliche Gesellschaft. Zur Fortentwicklung des Rechtsformenspektrums für öffentliche Unternehmen, 2002

Peter, Rechtliche Grenzen der gemeindlichen Wirtschaftsbetätigung durch die kommunale Selbstverwaltungsgarantie im Kontext europäischer Integration, 2012

Pielow, Grundstrukturen öffentlicher Versorgung. Vorgaben des Europäischen Gemeinschaftsrechts sowie des französischen und deutschen Rechts unter besonderer Berücksichtigung der Elektrizitätswirtschaft, 2001

Püttner/Mann (Hrsg.), Handbuch der kommunalen Wissenschaft und Praxis, Bd. 2: Kommunale Wirtschaft, 3. Aufl. 2011

Storr, Der Staat als Unternehmer. Öffentliche Unternehmen in der Freiheits- und Gleichheitsdogmatik des nationalen Rechts und des Gemeinschaftsrechts, 2001

F. Wollenschläger, Wettbewerbliche Vorgaben für öffentliche Unternehmen, in: Kirchhof/Korte/Magen (Hrsg.), Öffentliches Wettbewerbsrecht, 2014, § 6

Zimmermann, Die Überwindung kommunalrechtlicher Schranken des Gemeindewirtschaftsrechts? Das Thüringer Modell, 2008

§ 7 Vergaberecht

Lars Diederichsen und Ingo Renner*

Inhaltsverzeichnis

---

* Der Beitrag beruht auf dem Beitrag von *Vollmöller* aus der Vorauflage.

L. Diederichsen (✉) · I. Renner
Haldenwang Rechtsanwälte, Wiesenau 2, 60323 Frankfurt a. M., Deutschland
E-Mail: ffm@haldenwangRAe.de

© Springer-Verlag Berlin Heidelberg 2016
R. Schmidt, F. Wollenschläger (Hrsg.), *Kompendium Öffentliches Wirtschaftsrecht*,
Springer-Lehrbuch, DOI 10.1007/978-3-662-45579-1_7

I. Einführung

1. Begriff, Zweck und Bedeutung des Vergaberechts

1 Als Vergaberecht hat das BVerfG im Jahr 2006 die Gesamtheit der Normen bezeichnet, die ein Träger öffentlicher Verwaltung bei der Beschaffung von sachlichen Mitteln und Leistungen, die er zur Erfüllung von Verwaltungsaufgaben benötigt, zu beachten hat.[1] Das Vergaberecht gilt für den Einkauf von Waren, Bau- oder Dienstleistungen durch öffentliche Auftraggeber.

Beispiel

Neubau, Renovierung oder Reinigung öffentlicher Gebäude, Kauf von Einsatzfahrzeugen für die Polizei oder Feuerwehr.

Zu den öffentlichen Auftraggebern zählen inzwischen über die Definition des BVerfG hinaus unter bestimmten Umständen auch Privatrechtssubjekte (→ Rn. 34 ff.).

2 Zweck des Vergaberechts ist eine möglichst sparsame Verwendung von Haushaltsmitteln und damit Steuergeldern. Öffentliche Auftraggeber sollen sich Leistungen Dritter zu den preiswertesten und besten Konditionen beschaffen. Sie sind daher grundsätzlich zu einer öffentlichen Ausschreibung der von ihnen benötigten

---

[1] Vgl. BVerfGE 116, 135 (136). Zur Einführung in die Materie siehe auch *Koenig/Haratsch*, NJW 2003, 2637; *Lux*, JuS 2006, 969.

Leistungen verpflichtet. Dadurch sollen zugleich Korruption und Vetternwirtschaft verhindert bzw. Wettbewerb, Gleichbehandlung und Transparenz auf dem Markt gewährleistet werden.

Dieser *funktionale Ansatz*[2] des Vergaberechts ist der Auslegung und Anwendung   **3** aller Bestimmungen zugrunde zu legen. Da die Bestimmungen des Vergaberechts ihrem Zweck entsprechend weit auszulegen sind, sollte in Zweifelsfällen immer ein förmliches Vergabeverfahren durchgeführt werden, nicht zuletzt um das *Haftungsrisiko* des Auftraggebers wegen einer nach § 101b GWB unwirksamen Direktvergabe (→ Rn. 155) auszuschließen.[3]

Öffentliche Stellen werden zwar durch das Vergaberecht nicht dazu verpflichtet,   **4** öffentliche Aufträge zu vergeben; sie können ihre im allgemeinen Interesse liegenden Aufgaben mit eigenen Mitteln erfüllen, anstatt sich an externe Einrichtungen zu wenden, die nicht zu ihren Dienststellen gehören.[4] In praxi führt jedoch häufig an einer externen Beschaffung und damit an der Anwendung des Vergaberechts kein Weg vorbei. Öffentliche Aufträge stellen heutzutage einen bedeutenden Wirtschaftsfaktor dar. Nach Schätzungen der EU-Kommission lag das Geschäftsvolumen aller öffentlichen Aufträge in der EU im Jahr 2011 bei einem Wert von jährlich rund 1500 Mrd. Euro, das entsprach rund 16 % des gesamten Bruttoinlandsprodukts der EU.[5]

2. Bisherige Entwicklung

Beim Vergaberecht handelt es sich um ein stark europarechtlich geprägtes, sehr   **5** dynamisches Rechtsgebiet, das wegen der Zielsetzung der Gewährleistung eines freien Dienstleistungsverkehrs im gesamten europäischen Binnenmarkt und eines unverfälschten Wettbewerbs in allen Mitgliedstaaten auch bei der öffentlichen Beschaffung[6] einem stetigen Anpassungsdruck an die sich permanent ändernden Marktgegebenheiten unterworfen ist und dadurch geradezu zwangsläufig von Re-

---

[2] Vgl. EuGH, Rs. 31/87, Slg. 1988, 4655, Rn. 11 – Beentjes; *Dreher*, in: Immenga/Mestmäcker, vor §§ 97 ff. GWB Rn. 70 ff.

[3] So zu Recht *Otting*, NJW 2010, 2167 (2168).

[4] EuGH, Rs. C-324/07, Slg. 2008, I-8457, Rn. 48 – Coditel Brabant; Rs. C-480/06, Slg. 2009, I-4747, Rn. 45 – Stadtreinigung Hamburg; *von Donat*, Kooperationen der öffentlichen Hand, in: Müller-Wrede, Kompendium, Kap. 9 Rn. 2.

[5] Angabe nach *Weyand*, Vergaberecht, 4. Aufl. 2013, Teil 1 Rn. 1. Zur wirtschaftlichen und wirtschaftspolitischen Bedeutung öffentlicher Aufträge siehe auch *F. Wollenschläger*, in: Terhechte, § 19 Rn. 1.

[6] Vgl. EuGH, Rs. C-26/03, Slg. 2005 I-1, Rn. 44 – Stadt Halle; Rs. C-340/94, Slg. 2006, I-4137, Rn. 58 – Carbotermo; Rs. C-454/06, Slg. 2008, I-4401, Rn. 31 – Pressetext; Rs. C-480/06, Slg. 2009, I-4747, Rn. 47 – Stadtreinigung Hamburg; Rs. C-599/10, EU:C:2012:191, Rn. 25 – SAG ELV Slovensko u. a.; BGHZ 162, 116 (128); 177, 150 (159); *F. Wollenschläger*, in: Terhechte, § 19 Rn. 7.

form zu Reform eilt.[7] Obwohl das deutsche Vergaberecht erst im Jahr 2009 „modernisiert" wurde[8], steht durch die Notwendigkeit der Umsetzung der im Jahr 2014 erlassenen, neuen EU-Vergaberichtlinien (→ Rn. 12) schon wieder die nächste Novellierung ins Haus.

6   Das deutsche Vergaberecht war ursprünglich reines Haushaltsrecht und in § 30 HGrG sowie in den Bundes-, Landes- und Gemeindehaushaltsordnungen (vgl. auf Bundesebene § 55 BHO) geregelt.[9] Auch nach dem Haushaltsrecht muss dem Abschluss von Verträgen über Lieferungen und Leistungen für Behörden schon seit jeher eine öffentliche (freilich nicht europaweite) Ausschreibung vorausgehen, sofern nicht die Natur des Geschäfts oder besondere Umstände eine Ausnahme rechtfertigen. Dieselbe Verpflichtung ergibt sich implizit auch aus dem in allen Gemeindeordnungen der Länder normierten Grundsatz der Wirtschaftlichkeit und Sparsamkeit, da eine Gemeinde nur bei einer Ausschreibung die Angebote mehrerer Bieter vergleichen und im Wege von Verhandlungen mit verschiedenen Anbietern ein optimales Preis-Leistungs-Verhältnis erzielen kann.

7   Als Bestandteil des Haushaltsrechts war das Vergaberecht klassisches Innenrecht der Verwaltung, welches keine Rechte und Pflichten für Außenstehende begründete. Bewerbern[10] und Bietern[11] um einen öffentlichen Auftrag standen daher früher im Vergabeverfahren keine subjektiven Rechte und damit auch keine Rechtsschutzmöglichkeiten zur Verfügung.[12] Auch die Geltendmachung von Schadensersatzansprüchen gegen einen öffentlichen Auftraggeber wegen Verletzung der Vergaberegeln war praktisch nicht möglich.

8   Erst durch das Europarecht wurde der deutsche Gesetzgeber gezwungen, das Vergaberecht grundlegend zu reformieren und insbesondere *Rechtsschutzmöglichkeiten* für Teilnehmer an Vergabeverfahren zu gewährleisten. Mit dem Erlass mehrerer Richtlinien zum materiellen Vergaberecht sowie zum Rechtsschutz in den Jahren 1989[13], 1992[14] und 1993[15], an deren Stelle im Jahr 2004 die Vergabeko-

---

[7] Siehe die jährlichen Berichte über die Entwicklung des Vergaberechts von *Byok* in der NJW, zuletzt NJW 2014, 1492.

[8] Siehe zum Gesetz zur Modernisierung des Vergaberechts vom 24.04.2009 (BGBl. I, S. 769) etwa *Bulla/Schneider*, VergabeR 2011, 664; *Byok*, NVwZ 2009, 551; *Egidy*, DÖV 2009, 835; *Gabriel*, NJW 2009, 2011; *Köster*, BauR 2009, 1069; *Kühling/Lemberg*, Jura 2009, 835; *Rechten/Junker*, NZBau 2009, 490 („Nach der Reform ist vor der Reform"); *Roth*, VergabeR 2009, 404.

[9] Vgl. *Otting*, JA 1998, 505; *Roebling*, Jura 2000, 453 (454).

[10] Als Bewerber bezeichnet man vergaberechtlich einen Wirtschaftsteilnehmer, der sich um eine Aufforderung zur Teilnahme an einem nichtoffenen Verfahren, einem Verhandlungsverfahren mit oder ohne vorherige Bekanntmachung, einem wettbewerblichen Dialog oder einer Innovationspartnerschaft beworben hat, vgl. Art. 2 Abs. 1 Nr. 12 VRL 2014, Art. 2 Nr. 8 SRL 2014.

[11] Bieter ist ein Wirtschaftsteilnehmer, der ein Angebot gegenüber einem öffentlichen Auftraggeber abgegeben hat, vgl. Art. 2 Abs. 1 Nr. 11 VRL 2014, Art. 2 Nr. 7 SRL 2014.

[12] Vgl. *Faber*, DÖV 1995, 403 (408); *Pache*, DVBl. 2001, 1781 (1785).

[13] RL 89/665/EWG des Rates vom 21.12.1989 zur Koordinierung der Rechts- und Verwaltungsvorschriften für die Anwendung der Nachprüfungsverfahren im Rahmen der Vergabe öffentlicher Liefer- und Bauaufträge, ABl. EG L 395/33.

[14] RL 92/50/EWG des Rates vom 18.06.1992 über die Koordinierung der Verfahren zur Vergabe öffentlicher Dienstleistungsaufträge, ABl. EG L 209/1.

[15] RL 93/37/EWG des Rates vom 14.06.1993 zur Koordinierung der Verfahren zur Vergabe öffentlicher Bauaufträge, ABl. EG L 199/54.

ordinierungsrichtlinie (*VKR*) und die Sektorenkoordinierungsrichtlinie (*SKR*) traten, strebte die EU auch im Bereich der öffentlichen Aufträge oberhalb bestimmter Schwellenwerte einen gemeinsamen Markt mit gemeinschaftsweitem Wettbewerb und einheitlichen Regeln für die Vergabe öffentlicher Aufträge in sämtlichen Mitgliedstaaten an.[16] In den letzten Jahren wurden zudem eine Richtlinie zur Vergabe bestimmter Bau-, Liefer- und Dienstleistungsaufträge in den Bereichen Verteidigung und Sicherheit[17] und zwei Verordnungen für die Bereiche des öffentlichen Personenverkehrs[18] und des Luftverkehrs[19] erlassen.

Zur Umsetzung der europäischen Vorgaben wurden die grundlegenden nationalen Vergaberechtsvorschriften im Jahr 1999 als 4. Teil in das Gesetz gegen Wettbewerbsbeschränkungen (§§ 97 ff. GWB) aufgenommen.[20] Für diese sog. „*kartellrechtliche Lösung*"[21] wurde eine Reihe von Gründen angeführt, wie die zentrale Bedeutung des Wettbewerbsprinzips, die Ähnlichkeit des neu geschaffenen Vergaberechtsschutzes mit dem Kartellrechtsschutz sowie die auf diese Weise ermöglichte Bezugnahme auf Begriffe und Verfahrensregeln des Kartellrechts.[22] **9**

Das sog. Kartellvergaberecht findet jedoch nur Anwendung, wenn bestimmte, unionsrechtlich vorgegebene Schwellenwerte (→ Rn. 89) überschritten werden. Unterhalb dieser Schwellenwerte wird die Auftragsvergabe nur durch *Landesvergabegesetze* und die sog. *Verdingungsordnungen* (→ Rn. 15) geregelt. Das Vergaberecht ist somit noch immer zweigeteilt,[23] wobei ca. 90 % aller Auftragsvergaben den Unterschwellenbereich betreffen.[24] Aus rechtsstaatlicher Sicht ist es daher zu **10**

---

[16] Vgl. *Brauser-Jung*, VergabeR 2013, 285; *Puhl*, VVDStRL 60 (2001), 456 (464 ff.); *Roebling*, Jura 2000, 453 (456 ff.). Zu Impulsen aus dem WTO-Recht vgl. *Pünder*, Völkerrechtliche Vorgaben für das öffentliche Beschaffungswesen, insbesondere im Government Procurement Agreement, in: Müller-Wrede, Kompendium, Kap. 1; *F. Wollenschläger*, in: Terhechte, § 19 Rn. 88 ff.

[17] RL 2009/81/EG des Europäischen Parlaments und des Rates vom 13.07.2009 über die Koordinierung der Verfahren zur Vergabe bestimmter Bau-, Liefer- und Dienstleistungsaufträge in den Bereichen Verteidigung und Sicherheit und zur Änderung der RL 2004/17/EG und 2004/18/EG, ABl. EU L 216/76.

[18] VO (EG) Nr. 1370/2007 des Europäischen Parlaments und des Rates vom 23.10.2007 über öffentliche Personenverkehrsdienste auf Schiene und Straße und zur Aufhebung der VO (EWG) Nr. 1191/69 und (EWG) Nr. 1107/70 des Rates, ABl. EU L 315/1; siehe dazu *Diehl*, ÖPNV und Vergaberecht, in: Müller-Wrede, Kompendium, Kap. 35 Rn. 15 ff.; *Heiß*, VerwArch 100 (2009), 113; *Saxinger*, DVBl. 2008, 688; *Ziekow*, NVwZ 2009, 865.

[19] VO (EG) Nr. 1008/2008 des Europäischen Parlaments und des Rates vom 24.09.2008 über gemeinsame Vorschriften für die Durchführung von Luftverkehrsdiensten in der Gemeinschaft (Neufassung), ABl. EU L 293/3.

[20] Gesetz zur Änderung der Rechtsgrundlagen für die Vergabe öffentlicher Aufträge vom 29.05.1998, BGBl. I, S. 2512. Vgl. dazu *Boesen*, EuZW 1998, 551; *Byok*, NJW 1998, 3475; *Dreher*, NVwZ 1997, 343; *Gröning*, ZIP 1999, 52; *Jasper*, DB 1998, 2151; *Knauff*, VR 2000, 397; *Martin-Ehlers*, EuR 1998, 648 (664 ff.); *Peus*, NJW 1998, 3474.

[21] Siehe dazu statt vieler *Niestedt/Eichler*, in: Montag/Säcker, vor §§ 97 ff. GWB Rn. 147 ff.

[22] Vgl. *Bunte*, Kartellrecht, S. 427; *Byok*, NJW 1998, 2774 (2776). Kritisch hingegen mit beachtlichen Gründen *Dreher*, NVwZ 1997, 343 (345), der für ein eigenes Vergabegesetz plädiert hatte.

[23] Vgl. *Bulla*, in: BeckOGK BGB, § 631 Rn. 33; *ders./Schneider*, VergabeR 2011, 664 (665); *Ziekow*, in: ders./Völlink, Einl. GWB Rn. 2.

[24] Vgl. *Pietzcker*, NJW 2005, 2881; *F. Wollenschläger*, Primärrechtsschutz außerhalb des Anwendungsbereichs des GWB, in: Müller-Wrede, Kompendium, Kap. 26 Rn. 1; *ders.*, in: Terhechte, § 19 Rn. 19.

begrüßen, dass sich die Rechtsprechung zunehmend darum bemüht, auch hier endlich einen effektiven Rechtsschutz der Wettbewerbsteilnehmer zu gewährleisten (→ Rn. 164 ff.).

11   Trotz seines primär wettbewerbsrechtlichen Standorts kann das Vergaberecht als *Bestandteil des öffentlichen Wirtschaftsrechts* angesehen werden, denn Ziel ist es, die öffentliche, nicht die private Nachfragemacht zu regulieren.[25] Ferner steht das Vergaberecht in engem Problemzusammenhang mit anderen Rechtsfragen des öffentlichen Wirtschaftsrechts, wie beispielsweise der Privatisierung öffentlicher Aufgaben (→ § 6 Rn. 9 ff.), und kann als Spiegelbild des Rechts der öffentlichen Unternehmen verstanden werden. Regelt Letzteres die Tätigkeit des Staates als Unternehmer auf der Angebotsseite, so betrifft Ersteres die Tätigkeit des Staates als Unternehmer auf der Nachfrageseite.

3. Änderungen durch die EU-Vergaberechtsreform 2014

12   Am 17.04.2014 sind die Richtlinie über die öffentliche Auftragsvergabe[26] (*VRL 2014*), die Richtlinie über die Vergabe von Aufträgen durch Auftraggeber im Bereich der Wasser-, Energie- und Verkehrsversorgung sowie der Postdienste[27] (*SRL 2014*), die mit Ablauf der Umsetzungsfrist am 18.04.2016 die VKR und die SKR ersetzen, und erstmalig eine Richtlinie über die Konzessionsvergabe[28] (*KRL*) in Kraft getreten, die die Vergabe von Bau- und Dienstleistungskonzessionen regelt und bezüglich letzterer den bisherigen Regelungsbereich des Vergaberechts erweitert.

13   Die Reform des EU-Vergaberechts[29] hat vor allem folgende Ziele:

- Vereinfachung und Flexibilisierung des Vergaberechts insbesondere für regionale und lokale Auftraggeber, bei sog. personenbezogenen Dienstleistungsaufträgen und bei der Konzessionsvergabe;
- schrittweise Einführung des elektronischen Vergabeverfahrens („e-Vergabe") bis zum Jahr 2018;
- Erleichterung des Zugangs zu öffentlichen Aufträgen für kleine und mittlere Unternehmen (KMU);
- stärkere Berücksichtigung umwelt-, sozial- und industriepolitischer Kriterien in den Vergabeverfahren und bei der Zuschlagsentscheidung.

---

[25] Vgl. *Boesen*, EuZW 1997, 713 (718); *Bunte*, Kartellrecht, S. 427 f.

[26] RL 2014/24/EU des Europäischen Parlaments und des Rates vom 26.02.2014 über die öffentliche Auftragsvergabe und zur Aufhebung der RL 2004/18/EG, ABl. EU L 94/65.

[27] RL 2014/25/EU des Europäischen Parlaments und des Rates vom 26.02.2014 über die Vergabe von Aufträgen durch Auftraggeber im Bereich der Wasser-, Energie- und Verkehrsversorgung sowie der Postdienste und zur Aufhebung der RL 2004/17/EG, ABl. EU L 94/243.

[28] RL 2014/23/EU des Europäischen Parlaments und des Rates vom 26.02.2014 über die Konzessionsvergabe, ABl. EU L 94/1; siehe dazu *Opitz*, NVwZ 2014, 753 (755 ff.).

[29] Siehe dazu *Bulla*, in: BeckOGK BGB, § 631 Rn. 13 ff.; *Gröning*, VergabeR 2014, 339; *Jaeger*, NZBau 2014, 259; *Opitz*, NZBau 2014, 129; *Schwab/Giesemann*, VergabeR 2014, 351.

Die öffentliche Auftragsvergabe soll künftig „in stärkerem Maße zur Unterstützung **14** gemeinsamer gesellschaftlicher Ziele" genutzt werden[30], u. a. durch „angemessene Einbeziehung ökologischer, sozialer und arbeitsrechtlicher Erfordernisse in die Verfahren zur Vergabe öffentlicher Aufträge"[31]. Zwar sind öffentliche Auftraggeber schon jetzt unter bestimmten Umständen berechtigt, bei der Auftragsvergabe auch soziale, umweltbezogene, innovative oder sonstige politische Aspekte zu berücksichtigen (→ Rn. 123). Nach den neuen EU-Richtlinien sollen diese Aspekte jedoch künftig größeres Gewicht erlangen (→ Rn. 127). Es vollzieht sich somit zunehmend eine Erweiterung der Zielsetzung des Vergaberechts von einer vorwiegend ökonomischen zu einer *nachhaltigen Beschaffung*, die sozialen und ökologischen Belangen gleichen Stellenwert einräumt.[32]

4. Aufbau des Vergaberechts

Wie andere Teilgebiete des öffentlichen Wirtschaftsrechts ist auch das Vergaberecht **15** mehrstufig aufgebaut (sog. „*Kaskadenprinzip*"[33]). Im GWB selbst sind nur die wesentlichen Grundsätze, der Anwendungsbereich und der Rechtsschutz geregelt. Durch § 97 Abs. 6 und § 127 GWB wird die Bundesregierung ermächtigt, nähere Bestimmungen über das Vergabeverfahren durch Rechtsverordnung zu regeln. Die auf dieser Grundlage erlassene Vergabeverordnung (*VgV*)[34] verpflichtet die öffentlichen Auftraggeber, bei der Vergabe von Liefer-, Bau- und Dienstleistungsaufträgen oberhalb der Schwellenwerte (→ Rn. 89) entweder die Verdingungsordnung für Leistungen (VOL/A)[35], die Vergabe- und Vertragsordnung für Bauleistungen (VOB/A)[36] oder die Verdingungsordnung für freiberufliche Leistungen (VOF)[37] anzuwenden. Durch die Verweisung erlangen diejenigen Vorschriften der VOB/A und der VOL/A, die für Vergaben oberhalb der Schwellenwerte gelten (sog. EG-Paragraphen), selbst den Rang und die Geltung einer Rechtsverordnung,[38] während es sich bei den unterhalb der Schwellenwerte geltenden sog. Basisparagraphen der VOB/A und der VOL/A nach überwiegender Meinung um Verwaltungsvorschriften ohne Außenwirkung handelt.[39]

---

[30] Siehe dazu gleichlautend Erwägungsgründe Nr. 2 der VRL 2014 und Nr. 4 der SRL 2014.

[31] Siehe gleichlautend Erwägungsgründe Nr. 37 der VRL 2014, Nr. 52 der SRL 2014 und Nr. 55 der KRL.

[32] Siehe auch *Brackmann*, VergabeR 2014, 310; *Gaus*, NZBau 2013, 401.

[33] *Bunte*, Kartellrecht, S. 428; *Ziekow*, in: ders./Völlink, Einl. GWB Rn. 18; kritisch dazu *Bulla*, in: BeckOGK BGB, § 631 Rn. 6; *Knauff*, NZBau 2010, 657 (659); *ders.*, in: Müller-Wrede, GWB-Vergaberecht, § 101 Rn. 2.

[34] Verordnung über die Vergabe öffentlicher Aufträge in der Fassung der Bekanntmachung vom 11.02.2003, BGBl. I, S. 169; siehe dazu *Höfler/Bert*, NJW 2000, 3310; *Horn*, LKV 2001, 241; *Kratzenberg*, NZBau 2001, 119.

[35] BAnz. Nr. 196a; siehe dazu *Amelung*, NZBau 2010, 727.

[36] Vergabe- und Vertragsordnung für Bauleistungen – Teil A, Abschnitt 1, BAnz. Nr. 155a vom 15.10.2009, Abschnitte 2 und 3, BAnz. Nr. 182a vom 02.12.2011; siehe dazu *Gröning*, VergabeR 2009, 117; *Lenhart*, VergabeR 2010, 336; *Werner*, VergabeR 2010, 328.

[37] BAnz. Nr. 185a.

[38] *Bulla*, in: BeckOGK BGB, § 631 Rn. 34; *Knauff*, in: Müller-Wrede, GWB-Vergaberecht, § 101 Rn. 2.

[39] *Ziekow*, in: ders./Völlink, Einl. GWB Rn. 20, 23.

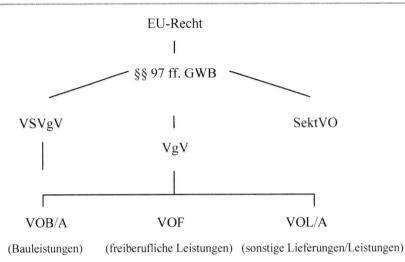

Abb. 1 Übersicht des mehrstufigen Aufbaus des Vergaberechts

16   Neben die VgV sind in den letzten Jahren in Umsetzung des Europarechts die Vergabeverordnung Verteidigung und Sicherheit (*VSVgV*)[40] und die Sektorenverordnung (*SektVO*)[41] getreten. Letztere gilt für öffentliche Auftraggeber i. S. d. § 98 Nr. 1–4 GWB (→ Rn. 23 ff.) und regelt die Vergabe öffentlicher Aufträge im Bereich des Verkehrs sowie der Trinkwasser- und Energieversorgung. Die VSVgV und die SektVO enthalten in ihrem Anwendungsbereich grundsätzlich abschließende Regelungen, so dass die „Regelungskaskade" hier nicht fortgeführt wird. Lediglich für Bauaufträge verweist die VSVgV weiter auf die Bestimmungen der VOB/A.

17   Eine Übersicht des mehrstufigen Aufbaus des Vergaberechts zeigt Abb. 1.

18   Beispielhaft wird der Aufbau der VOB/A in Abb. 2 dargestellt. Diese gliedert sich in drei Abschnitte: In Abschnitt 1 sind die sog. Basisparagraphen enthalten, die für das nationale Vergaberecht unterhalb der Schwellenwerte Wirkung entfalten. Oberhalb der Schwellenwerte findet Abschnitt 2 Anwendung (EG-Paragraphen). Abschnitt 3 trifft Vergabebestimmungen im Anwendungsbereich der VSVgV.

II. Anwendungsbereich

19   Die Anwendung des sog. Kartellvergaberechts nach §§ 97 ff. GWB setzt *kumulativ* das Vorliegen 1. eines öffentlichen Auftraggebers (§ 98 GWB) und 2. eines öffentlichen Auftrags (§ 99 GWB), ferner 3. das Überschreiten bestimmter Schwellen-

---

[40] BGBl. I, S. 1509; siehe dazu etwa *Byok*, NVwZ 2012, 70; *Rosenkötter*, VergabeR 2012, 267; *Ruff*, Vergabeverfahren in den Bereichen Verteidigung und Sicherheit, in: Müller-Wrede, Kompendium, Kap. 33; *Scherer-Leydecker*, NZBau 2012, 509.

[41] BGBl. I, S. 2570; siehe dazu *H.-P. Müller*, VergabeR 2010, 302; *Opitz*, VergabeR 2009, 689; *Ruff*, Vergaben im Sektorenbereich, in: Müller-Wrede, Kompendium, Kap. 34.

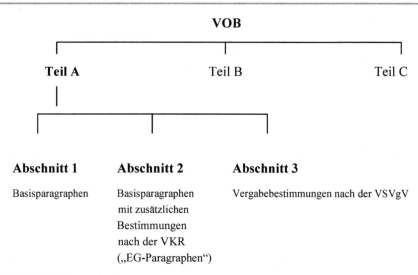

Abb. 2 Aufbau der VOB/A

werte (§ 100 Abs. 1 GWB) sowie schließlich 4. das Nichtvorliegen einer sog. Bereichsausnahme nach §§ 100 Abs. 2–8, 100a–100c GWB bzw. eines Ausnahmetatbestands nach dem europäischen Vergaberecht[42] voraus.

▶ **Beachte** Wenn Beschaffungsvorgänge nach diesen Kriterien nicht in   **20**
den Anwendungsbereich des Kartellvergaberechts fallen, hat die Vergabe eines öffentlichen Auftrags dennoch immer dann, wenn ein Unternehmen aus einem anderen Mitgliedstaat daran interessiert sein kann, im Einklang mit den im AEUV niedergelegten Grundsätzen zu erfolgen, insbesondere mit den Grundsätzen des freien Warenverkehrs, der Niederlassungsfreiheit und der Dienstleistungsfreiheit sowie mit den sich daraus ableitenden Grundsätzen der Gleichbehandlung, Nichtdiskriminierung, Verhältnismäßigkeit und Transparenz[43], durch die die Gefahr einer Günstlingswirtschaft oder willkürlicher Entscheidungen des öffentlichen Auftraggebers ausgeschlossen werden soll.[44] Hieraus folgt die Verpflichtung des Auftraggebers, zugunsten möglicher Interessenten einen Wettbewerb zu eröffnen, in dem für alle Wirtschaftsteilnehmer die reale Möglichkeit besteht, Interesse an dem Auftrag zu bekunden.[45] Hierzu bedarf es jedoch nicht zwingend einer öffentlichen Ausschreibung.

---

[42] Siehe etwa Art. 7 ff. VRL 2014, Art. 18 ff. SRL 2014.

[43] EuGH, Rs. C-573/07, Slg. 2009, I-8127, Rn. 38 – Ponte Nossa; siehe auch Erwägungsgrund Nr. 1 der VRL 2014.

[44] EuGH, Rs. C-496/99, Slg. 2004, I-3801, Rn. 111 – CAS.

[45] EuGH, Rs. C-324/98, Slg. 2000, I-10745, Rn. 60 ff. – Telaustria; Rs. C-231/03, Slg. 2005, I-7287, Rn. 15 ff. – Coname; Rs. C-458/03, Slg. 2005, I-8585, Rn. 46 ff. – Parking Brixen;

1. Öffentlicher Auftraggeber

21   Der Begriff des öffentlichen Auftraggebers ist europarechtlich vorgegeben. Hierzu zählen „der Staat, die Gebietskörperschaften, die Einrichtungen des öffentlichen Rechts und die Verbände, die aus einer oder mehreren Körperschaften oder Einrichtungen des öffentlichen Rechts bestehen"[46]. Unter „Einrichtungen des öffentlichen Rechts" versteht der europäische Gesetzgeber Einrichtungen, die zu dem besonderen Zweck gegründet wurden, im Allgemeininteresse liegende Aufgaben nicht gewerblicher Art zu erfüllen, Rechtspersönlichkeit besitzen und überwiegend öffentlich finanziert oder kontrolliert werden.[47]

22   Die nationale Begriffsbestimmung des öffentlichen Auftraggebers findet sich in § 98 GWB. Die Regelung ist abschließend. Lässt sich der Auftraggeber keiner der genannten sechs Kategorien zuordnen, so findet das Kartellvergaberecht keine Anwendung.

a) Der institutionelle Auftraggeberbegriff (§ 98 Nr. 1 GWB)

23   Öffentliche Auftraggeber sind nach § 98 Nr. 1 GWB alle Gebietskörperschaften sowie deren Sondervermögen. Zu den Gebietskörperschaften im kommunalen Bereich gehören auch rechtlich unselbstständige Regie- und Eigenbetriebe (→ § 6 Rn. 92 ff.)[48], nicht dagegen Eigengesellschaften mit eigener Rechtspersönlichkeit, die jedoch unter § 98 Nr. 2 GWB fallen können.

b) Der funktionelle Auftraggeberbegriff (§ 98 Nr. 2 GWB)

24   Öffentliche Auftraggeber gemäß § 98 Nr. 2 S. 1 GWB sind „juristische Personen des öffentlichen und des privaten Rechts, die zu dem besonderen Zweck gegründet wurden, im Allgemeininteresse liegende Aufgaben nicht gewerblicher Art zu erfüllen, wenn Stellen, die unter Nr. 1 oder 3 fallen, sie einzeln oder gemeinsam durch Beteiligung oder auf sonstige Weise überwiegend finanzieren oder über ihre Leitung die Aufsicht ausüben oder mehr als die Hälfte der Mitglieder eines ihrer zur Geschäftsführung oder zur Aufsicht berufenen Organe bestimmt haben". Gemäß § 98 Nr. 2 S. 2 GWB ist der funktionelle Auftraggeberbegriff auch erfüllt, „wenn die Stelle, die einzeln oder gemeinsam mit anderen die überwiegende Finanzierung gewährt oder die Mehrheit der Mitglieder eines zur Geschäftsführung oder Aufsicht berufenen Organs bestimmt hat, unter Satz 1 fällt". Die Tatbestandsmerkmale des § 98 Nr. 2 GWB müssen kumulativ vorliegen.[49]

25   Nach dem Zweck des § 98 Nr. 2 GWB sollen alle Einrichtungen vom Vergaberecht erfasst werden, die eine *enge Verbindung* mit öffentlichen Stellen haben,

---

Rs. C-410/04, Slg. 2006, I-3303, Rn. 21 – ANAV; Rs. C-324/07, Slg. 2008, I-8457, Rn. 25 – Coditel; Rs. 64/08, Slg. 2010, I-8219, Rn. 49 – Engelmann.

[46] Siehe Art. 2 Abs. 1 Nr. 1 VRL 2014, Art. 3 Nr. 1 SRL 2014, Art. 6 Abs. 1 KRL.

[47] Siehe Art. 2 Abs. 1 Nr. 4 VRL 2014, Art. 3 Nr. 4 SRL 2014, Art. 6 Abs. 4 KRL.

[48] *Zeiss*, in: Blaufuß/Heiermann/ders. (Hrsg.), jurisPK-VergR, 3. Aufl. 2011, § 98 GWB Rn. 13.

[49] EuGH, Rs. C-393/06, Slg. 2008, I-2339, Rn. 36 – Aigner; Rs. C-300/07, Slg. 2009, I-4779, Rn. 48 – Oymanns.

die es letzteren ermöglicht, Entscheidungen über die Vergabe öffentlicher Aufträge nach anderen als wirtschaftlichen Überlegungen zu treffen und so Hemmnisse für den freien Dienstleistungs- und Warenverkehr zu schaffen. Um bei der Vergabe öffentlicher Aufträge keine Umgehungsmöglichkeiten zu eröffnen[50], wird § 98 Nr. 2 GWB zum Teil über seinen Wortlaut hinaus angewandt.

Beispiel

Eine Gesellschaft bürgerlichen Rechts kann öffentlicher Auftraggeber sein, obwohl es sich dabei trotz ihrer vom BGH anerkannten Teilrechtsfähigkeit[51] nicht um eine juristische Person handelt.[52]

Der funktionelle Auftraggeberbegriff des § 98 Nr. 2 GWB soll verhindern, dass sich **26** Gebietskörperschaften durch die rein formelle Ausgliederung von Aufgabenbereichen auf dafür eigens gegründete und von ihnen kontrollierte Eigengesellschaften, also durch eine sog. Organisationsprivatisierung (→ § 6 Rn. 11), der Anwendung des Vergaberechts entziehen können („Flucht in das Privatrecht").[53]

Juristische Personen des öffentlichen Rechts sind rechtsfähige Körperschaften, **27** Anstalten und Stiftungen. Nicht dazu zählen nach h. M. Religionsgemeinschaften und ihre Einrichtungen wie z. B. Diözesen und Bistümer.[54]

Die juristische Person muss zu dem besonderen Zweck gegründet worden sein, **28** *im Allgemeininteresse liegende Aufgaben* nicht gewerblicher Art zu erfüllen. Grundsätzlich ist dabei auf den Gründungszweck der jeweiligen Einrichtung abzustellen, der sich regelmäßig aus deren Satzung ergibt.[55] Allerdings sind auch nachträgliche Änderungen des Zwecks beachtlich.[56] Ist der besondere Zweck nicht in der Unternehmenssatzung festgeschrieben, reicht es zur Bejahung der Auftraggebereigenschaft auch aus, wenn rein tatsächlich im Allgemeininteresse liegende Aufgaben nicht gewerblicher Art erfüllt werden.[57]

Die Tatbestandsvoraussetzung der *Nichtgewerblichkeit* ist nicht identisch mit **29** dem Gewerbebegriff der GewO (→ § 9 Rn. 7 ff.). Als nicht gewerblicher Art werden vielmehr nach ständiger Rechtsprechung des EuGH Aufgaben angesehen, die

---

[50] EuGH, Rs. C-526/11, EU:C:2013:543, Rn. 20 f. – IVD.

[51] BGH, NJW 2001, 1056.

[52] OLG Celle, VergabeR 2007, 86 (87). Siehe jetzt auch gleichlautend Erwägungsgründe Nr. 14 der VRL 2014, Nr. 17 der SRL 2014 und Nr. 49 der KRL, wonach der Begriff des „Wirtschaftsteilnehmers" weit auszulegen ist und Einrichtungen auch unabhängig davon erfasst werden, ob sie unter allen Umständen als juristische Personen gelten oder nicht.

[53] Vgl. *Bechtold*, § 98 GWB Rn. 9; *Boesen*, § 98 GWB Rn. 29; *Bunte*, Kartellrecht, S. 429.

[54] OLG Celle, VergabeR 2012, 182 (183 f.).

[55] EuGH, Rs. C-44/96, Slg. 1998, I-73, Rn. 37 ff. – Mannesmann Anlagenbau Austria; OLG Karlsruhe, VergabeR 2009, 108 (110).

[56] EuGH, Rs. C-470/99, Slg. 2002, I-11617, Rn. 56 ff. – Universale Bau; OLG Karlsruhe, VergabeR 2009, 108 (110).

[57] EuGH, Rs. C-470/99, Slg. 2002, I-11617, Rn. 56 ff. – Universale Bau; *Ziekow*, in: ders./Völlink, § 98 GWB Rn. 76 ff.

auf andere Art als durch das Angebot von Dienstleistungen auf dem Markt erfüllt werden und die der Staat aufgrund eines Allgemeininteresses selbst erfüllt oder bei denen er einen entscheidenden Einfluss erhalten möchte.[58] Es kommt entscheidend auf die Bedingungen an, unter denen die fragliche Tätigkeit ausgeübt wird. Ist ein Unternehmen einem Wettbewerb ausgesetzt und trägt es die wirtschaftlichen Risiken seiner Tätigkeit selbst, liegt grundsätzlich eine gewerbliche Tätigkeit vor, die die Anwendung des § 98 Nr. 2 GWB ausschließt.[59] Die bloße Gewinnerzielungsabsicht einer juristischen Person des Privatrechts schließt die Anwendbarkeit des § 98 Nr. 2 GWB hingegen noch nicht aus.[60]

30   § 98 Nr. 2 GWB setzt schließlich voraus, dass Gebietskörperschaften oder Verbände i. S. d. § 98 Nr. 3 GWB die Einrichtung entweder überwiegend finanzieren oder über ihre Leitung die Aufsicht ausüben oder maßgeblichen Einfluss auf die Besetzung der Geschäftsführung oder des Aufsichtsgremiums genommen haben.

31   Nicht erforderlich ist dafür, dass die Tätigkeit der fraglichen Einrichtung direkt vom Staat oder einer anderen öffentlichen Stelle finanziert wird. Eine indirekte öffentliche Finanzierung reicht aus.[61]

Beispiel

Gesetzliche Krankenkassen, deren Tätigkeit hauptsächlich durch Mitgliedsbeiträge finanziert wird, sind öffentliche Auftraggeber i. S. d. § 98 Nr. 2 GWB, weil die Festsetzung der Höhe des Beitragssatzes im Wesentlichen gesetzlich vorgegeben ist und zudem der Genehmigung durch die staatliche Aufsichtsbehörde bedarf.[62] Dagegen verfügen *Ärztekammern* nach Auffassung des EuGH[63] bei der Festlegung der Höhe der Beiträge über eine Autonomie, die eine Anwendung des funktionellen Auftraggeberbegriffs trotz im Übrigen struktureller Ähnlichkeiten mit den gesetzlichen Krankenkassen ausschließt.

32   Hinsichtlich des Kriteriums der Aufsicht über die Leitung ist erforderlich, aber auch ausreichend, dass die Leitung der Einrichtung einer Aufsicht durch die öffentliche Hand untersteht, die es dieser ermöglicht, die Entscheidungen der Einrichtung auch in Bezug auf öffentliche Aufträge zu beeinflussen. Wird die Tätigkeit einer Gesell-

---

[58] EuGH, Rs. C-18/01, Slg. 2003, I-5321, Rn. 47 ff. – Korhonen; OLG Celle, VergabeR 2007, 86 (87 f.); OLG Karlsruhe, VergabeR 2009, 108 (112).

[59] EuGH, Rs. C-360/96, Slg. 1998, I-6821, Rn. 49 – Gemeente Arnhem; Rs. C-373/00, Slg. 2003, I-1931, Rn. 60 – Truley; Rs. C-18/01, Slg. 2003, I-5321, Rn. 51 – Korhonen; Rs. C-393/06, Slg. 2008, I-2339, Rn. 41 – Fernwärme Wien GmbH.

[60] OLG Düsseldorf, NZBau 2013, 653 (654).

[61] EuGH, Rs. C-337/06, Slg. 2007, I-11173, Rn. 34, 49 – Bayerischer Rundfunk; siehe dazu *Degenhart*, JZ 2008, 568; kritisch *Wagner/Raddatz*, NZBau 2010, 731.

[62] EuGH, Rs. 300/07, Slg. 2009, I-4779, Rn. 51 ff. – Oymanns.

[63] EuGH, Rs. C-526/11, EU:C:2013:543, Rn. 26 ff. – IVD; siehe dazu *Heyne*, NVwZ 2014, 621; *Jahn*, GewArch 2013, 440.

schaft z. B. durch ihre Satzung in einem sehr engen Rahmen geregelt und sind die Regeln für die Führung der Geschäfte sehr detailliert, kann die bloße Überwachung der Einhaltung dieser Regeln für sich allein schon dazu führen, dass der öffentlichen Hand ein bedeutender Einfluss eingeräumt wird.[64]

c) Verbände, deren Mitglieder unter Nr. 1 oder 2 fallen (§ 98 Nr. 3 GWB)

Öffentliche Auftraggeber sind gemäß § 98 Nr. 3 GWB auch Verbände, deren Mit-   **33**
glieder unter Nr. 1 oder 2 fallen.

> **Beispiel**
>
> Kommunale Spitzenverbände wie Städte- und Kreistage, Verwaltungsgemein-
> schaften, Zweckverbände.

d) Sektorenauftraggeber (§ 98 Nr. 4 GWB)

Natürliche oder juristische Personen des privaten Rechts, die auf dem Gebiet der   **34**
Trinkwasser- oder Energieversorgung oder des Verkehrs (sog. *Sektorentätigkei-*
ten)[65] tätig sind, sind gemäß § 98 Nr. 4 S. 1 Hs. 1 GWB öffentliche Auftraggeber,
wenn ihre Tätigkeiten entweder auf der Grundlage von besonderen oder ausschließlichen Rechten ausgeübt werden oder wenn Auftraggeber, die unter Nr. 1–3 fallen,
einzeln oder gemeinsam einen beherrschenden Einfluss ausüben können.

Besondere oder ausschließliche Rechte sind nach § 98 Nr. 4 S. 1 Hs. 2 GWB   **35**
Rechte, die dazu führen, dass die Ausübung der Tätigkeiten einem oder mehreren Unternehmen vorbehalten und die Möglichkeit anderer Unternehmen, diese
Tätigkeiten auszuüben, erheblich beeinträchtigt wird. Die damit verbundene Ab-
schottung des Marktes rechtfertigt es, die Rechtsinhaber bei der Auftragsvergabe
dem Vergaberecht zu unterwerfen. Der Begriff des beherrschenden Einflusses ist
dabei nicht identisch mit dem Beherrschungsbegriff des § 17 AktG. Er ist vielmehr
Art. 106 Abs. 1 AEUV entlehnt.[66] Wie bei § 98 Nr. 2 GWB kann sich eine Beherrschung auch hier aus einer überwiegenden Finanzierung oder einer mehrheitlichen
Organbesetzung ergeben.[67]

Nähere Bestimmungen über die Vergabe von Aufträgen für Sektorentätigkeiten   **36**
trifft die *SektVO*. Diese gilt nicht nur für Sektorenauftraggeber i. S. d. § 98 Nr. 4

---

[64] OLG Düsseldorf, NZBau 2013, 653 (655); kritisch dazu *Roth*, NZBau 2013, 685.

[65] Diese sind im Einzelnen in der Anlage zu § 98 Nr. 4 GWB aufgeführt. Nicht mehr zu den Sektorentätigkeiten gehört seit dem Inkrafttreten des Vergaberechtsmodernisierungsgesetzes von 2009 der Post- und Telekommunikationssektor. Der deutsche Gesetzgeber hat in diesen Bereichen aufgrund der Privatisierung der ehemaligen Deutschen Bundespost und der Liberalisierung deren ehemaligen Staatsmonopols einen funktionierenden Wettbewerb als gewährleistet angesehen, vgl. *Bulla*, in: BeckOGK BGB, § 631 Rn. 222.1.

[66] OLG Düsseldorf, NZBau 2010, 649 (650).

[67] *Boesen*, § 98 GWB Rn. 111.

GWB, sondern auch für die „klassischen" öffentlichen Auftraggeber nach § 98 Nr. 1–3 GWB.

Beispiel

Der Eigenbetrieb Stadtwerke der Stadt X (= öffentlicher Auftraggeber i. S. d. § 98 Nr. 1 GWB) will einen Auftrag zum Bau von Leitungen für die Trinkwasserversorgung eines neuen Baugebiets vergeben. Er hat dabei, obwohl nicht selbst Sektorenauftraggeber, die Vorgaben der SektVO einzuhalten. Ferner sind etwa die Deutsche Bahn AG und ihre Tochtergesellschaften oder Flughafenbetreiber als öffentliche Unternehmen bei Beschaffungen im Rahmen ihrer Sektorentätigkeit an die Vorgaben der SektVO gebunden. Verfolgen sie dagegen mit einer Beschaffung sektorenfremde Zwecke, ist das allgemeine Vergaberecht anzuwenden.[68]

---

37   Vom Anwendungsbereich der SektVO ausgenommen sind nach § 1 Abs. 1 S. 3 SektVO die Vergabe von Bau- und Dienstleistungskonzessionen (→ Rn. 76 ff.).

---

38   **Hinweis**

Von großer praktischer Bedeutung ist die Abgrenzung zwischen privaten Auftraggebern, die von § 98 Nr. 2 GWB erfasst werden, und solchen, die unter § 98 Nr. 4 Hs. 2 GWB fallen, denn nur letztere haben gemäß §§ 101 Abs. 7 S. 2 GWB, 6 SektVO grundsätzlich die freie Wahl zwischen den verschiedenen Vergabearten (→ Rn. 131 ff.). Nach h. M. ist § 98 Nr. 2 GWB lex specialis.[69] § 98 Nr. 4 GWB kommt damit nur zur Anwendung, wenn eine gewerbliche Tätigkeit vorliegt.[70]

---

e) Auftraggeber bei öffentlich geförderten Projekten (§ 98 Nr. 5 GWB)

39   Nach § 98 Nr. 5 GWB sind öffentliche Auftraggeber auch natürliche oder juristische Personen des privaten Rechts sowie juristische Personen des öffentlichen Rechts, soweit sie nicht unter Nr. 2 fallen, in den Fällen, in denen sie für Tiefbaumaßnahmen, für die Errichtung von Krankenhäusern, Sport-, Erholungs- oder Freizeiteinrichtungen, Schul-, Hochschul- oder Verwaltungsgebäuden oder für damit in Verbindung stehende Dienstleistungen und Auslobungsverfahren von Stellen, die unter § 98 Nr. 1–3 GWB fallen, Mittel erhalten, mit denen diese Vorhaben zu mehr als 50 % finanziert werden. Die Vorschrift hat zur Folge, dass Rechtssubjekte, die

---

[68] EuGH, Rs. C-393/06, Slg. 2008, I-2339, Rn. 28 ff. – Aigner; *Bulla*, in: BeckOGK BGB, § 631 Rn. 226.1.

[69] *Jasper*, DB 1998, 2151 (2153); *Dreher*, DB 1998, 2579 (2584); *Gallwas*, GewArch 2000, 401 (403 f.).

[70] *Bechtold*, § 98 GWB Rn. 43.

normalerweise nicht dem Vergaberecht unterliegen, für den Zeitraum der Projekt-realisierung dem Vergaberecht unterworfen sein können.[71]

Hinweis   **40**

§ 98 Nr. 5 GWB verwendet im Unterschied zu den europarechtlichen Vorgaben zwar das Wort „finanzieren" statt „subventionieren". Daraus darf jedoch nicht geschlossen werden, dass nur Darlehensgewährungen zur Anwendung des Ver-gaberechts führen. Erfasst werden vielmehr Begünstigungen aller Art, auch z. B. Steuernachlässe.[72]

Sinn des § 98 Nr. 5 GWB ist es zu verhindern, dass sich der Staat seinen vergabe- **41** rechtlichen Verpflichtungen durch Zwischenschaltung von durch ihn subventionier-ten Auftraggebern entzieht.[73] Im Gegensatz zu § 98 Nr. 1–4 GWB knüpft daher die Eigenschaft als öffentlicher Auftraggeber bei § 98 Nr. 5 GWB (ebenso wie bei § 98 Nr. 6 GWB) nicht an die Person des Auftraggebers, sondern an ein bestimmtes Vor-haben an. Bei der 50 %-Grenze ist auf die gesamten Projektkosten, einschließlich aller damit in Verbindung stehender Dienstleistungen abzustellen.[74] Maßgeblich ist insoweit nicht der Nettoauftragswert, sondern der Bruttoauftragswert inklusive Umsatzsteuer.[75]

▶   **Beachte** Auch Personen, die keine öffentlichen Auftraggeber nach § 98   **42** Nr. 5 GWB sind, werden in aller Regel, wenn sie *Zuwendungen* für ein Vor-haben erhalten, im zugrunde liegenden Zuwendungsvertrag oder als Auflage im Zuwendungsbescheid bei Auftragsvergaben zur Einhaltung der Bestimmungen des Vergaberechts verpflichtet. Verstöße gegen die öffentliche Ausschreibungspflicht können die Aufhebung und die ver-zinsliche Rückforderung einer Zuwendung nach sich ziehen.[76]

f) Private Auftraggeber als Baukonzessionäre (§ 98 Nr. 6 GWB)

Privatpersonen werden gemäß § 98 Nr. 6 GWB auch dann zu öffentlichen Auf- **43** traggebern, wenn sie mit Stellen, die unter § 98 Nr. 1–3 GWB fallen, einen Vertrag über eine Baukonzession i. S. d. § 99 Abs. 6 GWB (→ Rn. 83 ff.) abgeschlos-

---

[71] OLG Celle, VergabeR 2012, 182 (184).

[72] EuGH, Rs. C-115/12 P, EU:C:2013:596, Rn. 46 ff. – Frankreich/Kommission.

[73] OLG München, VergabeR 2011, 205 (208); *Dreher*, in: Immenga/Mestmäcker, § 98 GWB Rn. 193; *Weyand*, Vergaberecht, 4. Aufl. 2013, § 98 GWB Rn. 167.

[74] *Boesen*, § 98 GWB Rn. 117.

[75] OLG Celle, VergabeR 2012, 182 (184 f.).

[76] Siehe dazu EuGH, C-465/10, Slg. 2011, I-14081, Rn. 37 ff. – Chambre de Commerce und d'in-dustrie de l'Indre; BVerwG, NVwZ 2013, 1082 m. Anm. *Burgi*; BGH, BauR 2012, 496; NdsOVG, Beschl. v. 03.09.2012 – 8 LA 187/11, juris; OVG NRW, NVwZ-RR 2012, 671; OVG RP, Urt. v. 25.09.2012 – 6 A 10478/12, juris; VGH BW, Urt. v. 17.10.2013 – 9 S 123/12, juris; *Kaelble*, Verhältnis zum EG-Beihilfenrecht, in: Müller-Wrede, Kompendium, Kap. 36; *Pape/Holz*, NVwZ 2011, 1231; *Schilder*, VergabeR 2013, 661.

sen haben, die Leistungen, die Gegenstand der Baukonzession sind, jedoch nicht selbst erbringen, sondern ihrerseits an Dritte vergeben. Auch mit dieser Regelung wird bezweckt, eine Flucht aus dem Vergaberecht zu verhindern. Würde der Konzessionsnehmer in der oben geschilderten Situation nicht selbst zum öffentlichen Auftraggeber, so wäre die Vergabe von Bauleistungen dem Wettbewerb entzogen; eine Anwendung des Vergaberechts rechtfertigt sich hier jedoch dadurch, dass der Konzessionsnehmer quasi als verlängerter Arm des Konzessionsgebers fungiert.[77]

44   Im vorliegenden Zusammenhang ist zwischen *zwei Stufen* der Auftragsvergabe zu unterscheiden: Auf der ersten Stufe vergibt ein öffentlicher Auftraggeber eine Baukonzession an ein privates Unternehmen. Diese erste Stufe wird nicht von § 98 Nr. 6 GWB erfasst, wird aber in der Regel nach § 98 Nr. 1–3 GWB und § 99 Abs. 6 GWB ausschreibungspflichtig sein.[78] Der Konzessionsnehmer kann die Bauleistungen entweder selbst erbringen oder auf einer zweiten Stufe durch einen Dritten. Hierfür gilt dann § 98 Nr. 6 GWB, d. h. der private Baukonzessionär wird selbst öffentlicher Auftraggeber und die Drittvergabe ist bei Überschreiten des Schwellenwerts (→ Rn. 89) ausschreibungspflichtig.[79]

---

45   **Hinweis**

§ 98 Nr. 6 GWB enthält vom Wortlaut her keinerlei Begrenzungen im Hinblick auf die Art der vom Konzessionsnehmer zu vergebenden Aufträge, sondern betrifft alle Aufträge, welche der Konzessionsnehmer seinerseits zur Erfüllung seiner Verpflichtungen aus dem Konzessionsvertrag vergibt. Aufträge, die nicht der Erfüllung der Verpflichtungen des Konzessionsnehmers aus der Baukonzession dienen, fallen dagegen nicht unter § 98 Nr. 6 GWB.[80]

---

2. Öffentlicher Auftrag

a) Begriff (§ 99 Abs. 1 GWB)

46   Nicht jeder Vertrag zwischen einem öffentlichen Auftraggeber und einem Dritten ist ein öffentlicher Auftrag i. S. d. Vergaberechts. Öffentliche Aufträge sind vielmehr gemäß § 99 Abs. 1 GWB nur *entgeltliche*[81] *Verträge über die Beschaffung von Liefer-, Bau- oder Dienstleistungen, Baukonzessionen oder Auslobungsverfahren.*[82]

---

[77] *Ziekow*, in: ders./Völlink, § 98 GWB Rn. 172.

[78] Vgl. OLG Brandenburg, NVwZ 1999, 1142 (1145).

[79] *Ziekow*, in: ders./Völlink, § 98 GWB Rn. 170.

[80] OLG München, VergabeR 2012, 634 (638); *Ziekow*, in: ders./Völlink, § 98 GWB Rn. 171.

[81] Der Begriff des Entgelts umfasst dabei jeden vom Auftraggeber gewährten vermögenswerten Vorteil, also nicht etwa nur eine Geldzahlung, vgl. EuGH, Rs. C-399/98, Slg. 2001, I-5409, Rn. 76 ff. – Milano; Rs. C-220/05, Slg. 2007, I-412, Rn. 45 – Roanne. Das weite Verständnis von Entgeltlichkeit soll öffentliche Aufträge von vergabefreien Gefälligkeitsverhältnissen oder außerrechtlichen Beziehungen abgrenzen, vgl. *Dreher*, in: Immenga/Mestmäcker, § 99 GWB Rn. 20.

[82] Der europarechtliche Begriff des öffentlichen Auftrags stellt demgegenüber nur auf „die Ausführung von Bauleistungen, die Lieferung von Waren oder die Erbringung von Dienstleistungen" ab und kennt den Begriff des Auslobungsverfahrens nicht, vgl. Art. 2 Abs. 1 Nr. 5 VRL 2014.

Unerheblich ist, ob es sich um privatrechtliche oder öffentlich-rechtliche Verträ-   **47**
ge handelt. Entscheidend ist vielmehr, ob Gegenstand eines Vertrages die *Beschaffung von Marktleistungen* oder die Ausübung hoheitlicher Gewalt ist.[83] Im letzteren
Fall findet das Vergaberecht keine Anwendung.

Das europäische Vergaberecht erkennt den Grundsatz der Organisations- und   **48**
Verwaltungsautonomie der Mitgliedstaaten ausdrücklich an. Besonders deutlich
kommt dies in Art. 2 KRL zum Ausdruck. Bund, Ländern und Gemeinden steht
es danach frei zu entscheiden, wie die Erbringung von Bau- und Dienstleistungen
am effizientesten gesteuert werden kann. Sie können wählen, ob sie die ihnen obliegenden Aufgaben von öffentlichem Interesse mit eigenen Mitteln oder in Zusammenarbeit mit anderen Körperschaften erfüllen oder ob sie private Wirtschaftsteilnehmer damit betrauen. Hoheitliche Staatsorganisation ist keine Tätigkeit am Markt
und daher nicht dem Vergaberecht unterworfen.[84] Auch ein Zwang zur Privatisierung staatlicher Leistungen ist mit dem Vergaberecht nicht verbunden.[85]

b) Ausnahmen

Nach der Rechtsprechung des EuGH fallen zwei Arten von Aufträgen, die von öf-   **49**
fentlichen Einrichtungen vergeben werden, nicht in den Anwendungsbereich des
Vergaberechts: sog. *In-House-Geschäfte*[86] und sog. *In-State-Geschäfte*[87]. In beiden
Fällen wird angenommen, dass der Leistungsaustausch innerhalb der staatlichen
Sphäre stattfindet und damit kein Beschaffungsvorgang mit Wettbewerbsrelevanz
vorliegt.

aa) In-House-Geschäfte

Bei der In-House-Vergabe ist zu unterscheiden: **50**

- Gehören Auftraggeber und Leistungserbringer zur gleichen Rechtsperson (wie
  etwa bei kommunalen Eigen- und Regiebetrieben (→ § 6 Rn. 92 ff.), liegt mangels Personenverschiedenheit schon kein Vertrag, sondern ein sog. „In-sich-Ge-
  schäft" vor, welches eindeutig nicht dem Vergaberecht unterfällt.[88]

Dies führt jedoch nicht zu einem Unterschied im Anwendungsbereich des Vergaberechts, da Auslobungsverfahren unter den Begriff „Wettbewerbe" i. S. d. Art. 2 Abs. 1 Nr. 21, Art. 78 ff. VRL
2014, Art. 2 Nr. 17, Art. 95 ff. SRL 2014 fallen, der auch in § 11 SektVO verwendet wird, und
Baukonzessionen von der neuen KRL erfasst werden.

[83] OLG Naumburg, WuW/Verg 429 (431).

[84] So jetzt klarstellend Art. 1 Abs. 6 VRL 2014, Art. 1 Abs. 4 KRL.

[85] Siehe Erwägungsgründe Nr. 31 und 33 der VRL 2014.

[86] EuGH, Rs. C-107/98, Slg. 1999, I-8121, Rn. 50 – Teckal.

[87] EuGH, Rs. C-480/06, Slg. 2009, I-4747, Rn. 37 – Stadtreinigung Hamburg; *Ziekow/Siegel*,
VerwArch 96 (2005), 119 (129).

[88] EuGH, Rs. C-107/98, Slg. 1999, I-8121, Rn. 50 – Teckal; *Egger*, In-house-Vergabe und Vergabe
an konzernverbundene Unternehmen, in: Müller-Wrede, Kompendium, Kap. 8 Rn. 1 ff.; *Krajews-
ki/Wethkamp*, DVBl. 2008, 355 (356); *Wolf*, VergabeR 2011, 27.

• Bei In-House-Geschäften im eigentlichen Sinne handelt es sich regelmäßig um Aufträge an öffentliche und gemischt-wirtschaftliche Unternehmen (→ § 6 Rn. 60, 110) wie etwa kommunale Tochtergesellschaften.

51 Nach der Rechtsprechung des EuGH[89] sowie nach Art. 12 Abs. 1 VRL 2014 ist eine öffentliche Ausschreibung in einem solchen Fall nicht erforderlich, wenn drei Voraussetzungen kumulativ erfüllt sind: *erstens* muss der öffentliche Auftraggeber über das beauftragte Unternehmen eine ähnliche Kontrolle ausüben wie über seine eigenen Dienststellen (Kontrollkriterium), *zweitens* muss das Unternehmen seine Tätigkeit im Wesentlichen für den öffentlichen Auftraggeber ausüben, der seine Anteile hält (Wesentlichkeitskriterium), und *drittens* darf keine private Kapitalbeteiligung an dem kontrollierten Unternehmen bestehen, es sei denn, diese ist gesetzlich vorgeschrieben und nicht mit Einflussmöglichkeiten verbunden (Inkompatibilitätskriterium).

52 Das *Kontroll- bzw. Beherrschungskriterium* ist erfüllt, wenn der Auftraggeber durch die satzungsgemäßen Organe des beauftragten Unternehmens sowohl auf dessen strategische Ziele als auch auf wichtige Entscheidungen ausschlaggebenden Einfluss nehmen, also eine wirksame *strukturelle und funktionelle Kontrolle* ausüben kann.[90] Dies setzt Sitz und Stimme in einem Beschlussgremium wie z. B. der Gesellschafterversammlung voraus. Bei einem von mehreren öffentlichen Stellen gemeinsam betriebenen Unternehmen ist erforderlich, dass jede Stelle sowohl am Kapital als auch an den Leitungsorganen des Unternehmens beteiligt ist; die Kontrolle wie über eine eigene Dienststelle kann dann gemeinsam ausgeübt werden.[91]

53 ▸ **Beachte** Ob im konkreten Fall das Kontrollkriterium erfüllt ist, hängt von einer Gesamtwürdigung aller Umstände ab.[92] Entscheidend ist nicht allein der Umfang der gesellschaftsrechtlichen Beteiligung des Auftraggebers an dem beauftragten Unternehmen. Selbst bei rein öffentlichen Unternehmen kann es an der Erfüllung des Kontrollkriteriums fehlen, wenn die Geschäftsführung über eine weitgehende Autonomie verfügt, wie dies etwa beim Vorstand einer AG nach § 76 Abs. 1 AktG der

---

[89] EuGH, Rs. C-107/98, Slg. 1999, I-8121, Rn. 50 – Teckal; Rs. C-26/03, Slg. 2005, I-1, Rn. 49 – Stadt Halle; Rs. C-340/94, Slg. 2006, I-4137, Rn. 33 – Carbotermo; Rs. C-295/05, Slg. 2007, I-2999, Rn. 55 – Asemfo/Tragsa; siehe dazu auch *Krajewski/Wethkamp*, DVBl. 2008, 355 (356 f.); *Polster*, NZBau 2010, 486; *Wagner/Piesbergen*, NVwZ 2012, 653.

[90] EuGH, Rs. C-458/03, Slg. 2005, I-8585, Rn. 65 – Parking Brixen; Rs. C-324/07, Slg. 2008, I-8457, Rn. 28 – Coditel Brabant; Rs. C-573/07, Slg. 2009, I-8127, Rn. 65 – Sea; Rs. C-573/07, Slg. 2009, I-8127, Rn. 90 – Ponte Nossa; Rs. C-182/11, EU:C:2012:758, Rn. 27 – Econord, m. Anm. *Schabel*, VergabeR 2013, 206.

[91] EuGH, Rs. C-182/11, EU:C:2012:758, Rn. 28 ff. – Econord, m. Anm. *Schabel*, VergabeR 2013, 206; dazu auch *Hausmann*, NVwZ 2013, 760; *Knauff*, EuZW 2013, 112.

[92] EuGH, Rs. C-458/03, Slg. 2005, I-8585, Rn. 65 – Parking Brixen; Rs. C-340/94, Slg. 2006, I-4137, Rn. 36 – Carbotermo.

Fall ist.[93] Umgekehrt kann auch eine nur ganz geringfügige Minderheitsbeteiligung des öffentlichen Auftraggebers an dem beauftragten Unternehmen eine strukturelle und funktionelle Kontrolle ermöglichen, etwa
wenn ein Beherrschungsvertrag nach § 291 Abs. 1 S. 1 AktG abgeschlossen wurde, der den Vorstand wie einen GmbH-Geschäftsführer intern an
Weisungen bindet (§ 308 AktG).[94] Eine hinreichend wirksame Kontrolle
kommt im Einzelfall selbst dann in Betracht, wenn der Auftraggeber nur
mittelbar, etwa über eine Beteiligung an einer Holdinggesellschaft, an
dem beauftragten Unternehmen beteiligt ist.[95] Dagegen schließt eine
– bestehende oder während der Laufzeit des betreffenden öffentlichen
Auftrags konkret beabsichtigte – Beteiligung eines privaten Dritten am
Stammkapital des beauftragten Unternehmens gleich welcher Größen-
ordnung aus, dass der öffentliche Auftraggeber über dieses eine ähnliche Kontrolle ausüben kann wie über seine eigenen Dienststellen.[96] Die
bloße Möglichkeit einer späteren Öffnung des Unternehmenskapitals für
private Investoren steht allerdings der Erfüllung des Kontrollkriteriums
noch nicht entgegen.[97]

Der EuGH sieht das *Wesentlichkeitskriterium* nur als erfüllt an, wenn mindestens **54**
90 % der Tätigkeit des Unternehmens für seine Anteilseigner erfolgt.[98] Dagegen
reicht nach Art. 12 Abs. 1 lit. b VRL 2014, Art. 28 Abs. 1 lit. b SRL 2014 schon
eine *Quote von 80 %* aus, was der bisher nur für Sektorenauftraggeber geltenden
Regelung des § 100b Abs. 7 GWB entspricht und öffentlichen Unternehmen auf
dem Markt einen größeren Spielraum verschafft.

Das *Inkompatibilitätskriterium* greift ungeachtet der Höhe einer privaten Ka- **55**
pitalbeteiligung am beauftragten Unternehmen ein, weil im Falle einer Auftragsvergabe ohne vorherige Ausschreibung stets von einem ungerechtfertigten Wettbewerbsvorteil des privaten Anteilseigners ausgegangen wird. Dies soll sogar dann
gelten, wenn ein privater Investor nur stiller Gesellschafter ist.[99] Danach dürfen
gemischt-wirtschaftlichen Unternehmen öffentliche Aufträge grundsätzlich nur
unter Beachtung des Vergaberechts übertragen werden.[100] Eine Ausnahme gilt jedoch nach Art. 12 Abs. 1 lit. c VRL 2014 für nicht beherrschende und nicht mit

---

[93] EuGH, Rs. C-458/03, Slg. 2005, I-8585, Rn. 68 f. – Parking Brixen; *Krajewski/Wethkamp*,
DVBl. 2008, 355 (358).

[94] Vgl. *Orlowski*, NZBau 2007, 80 (81); *Steinberg*, VergabeR 2006, 491 (492).

[95] OLG Düsseldorf, NZBau 2013, 327 (327); siehe dazu *Geitel*, NZBau 2013, 483.

[96] EuGH, Rs. C-410/04, Slg. 2006, I-3303, Rn. 30 ff. – ANAV.

[97] EuGH, Rs. C-573/07, Slg. 2009, I-8127, Rn. 50 – Sea.

[98] EuGH, Rs. C-295/05, Slg. 2007, I-2999, Rn. 63 – Asemfo/Tragsa; siehe dazu *Gruneberg/Wil-
den*, VergabeR 2012, 149; *H. Schröder*, NVwZ 2011, 776.

[99] So *Dabringhausen/Meier*, NZBau 2007, 417 (419 ff.).

[100] Vgl. *Krajewski/Wethkamp*, DVBl. 2008, 355 (357); *Müller/Brauser-Jung*, NVwZ 2007, 884
(885).

einer Sperrminorität verbundene Formen der privaten Kapitalbeteiligung, die durch nationale gesetzliche Bestimmungen vorgeschrieben sind.

56 ▶   **Beachte**   Nur eine *unmittelbare* private Beteiligung an dem zu beauftragenden Unternehmen führt zur Anwendbarkeit des Vergaberechts. Dass öffentliche Anteilseigner des Unternehmens ihrerseits private shareholder haben, hindert nach Auffassung des europäischen Gesetzgebers eine Auftragsvergabe ohne Ausschreibung nicht, da derartig mittelbare Beteiligungen den Wettbewerb zwischen privaten Wirtschaftsteilnehmern nicht nachteilig beeinflussen.[101] Dasselbe dürfte für den Fall gelten, dass an einer Tochtergesellschaft des beauftragten Unternehmens eine private Kapitalbeteiligung besteht.

bb) In-State-Geschäfte

57   Bei sog. *In-State-Vergaben* handelt es sich um Verträge, mit denen eine entgeltliche Zusammenarbeit mehrerer öffentlicher Auftraggeber bei der Erfüllung einer ihnen gemeinsam obliegenden öffentlichen Aufgabe vereinbart wird.[102]

Beispiel

Die Gemeinden X, Y und Z schließen sich vertraglich zu einem Zweckverband zusammen. Diesem wird gegen eine Vergütung die Aufgabe übertragen, ein Krankenhaus zu errichten und zu betreiben, das der medizinischen Versorgung der Bürgerinnen und Bürger aller drei Gemeinden dienen soll.[103]

58   Im Falle einer solchen *horizontalen Zusammenarbeit bzw. Kooperation zwischen verschiedenen öffentlichen Auftraggebern*[104] besteht wechselseitig keine Kontrolle wie über eigene Dienststellen, so dass die Voraussetzungen einer vergaberechtsfreien In-House-Beauftragung nicht vorliegen. Auch der Umstand, dass eine Vereinbarung nur zwischen öffentlichen Stellen abgeschlossen wird, reicht für sich ge-

---

[101] Siehe Erwägungsgrund Nr. 32 der VRL 2014; *Bulla*, in: BeckOGK BGB, § 631 Rn. 87.

[102] EuGH, Rs. C-159/11, EU:C:2012:817, Rn. 34 – Ordine degli Ingegneri della Provincia di Lecce u. a., m. Anm. *Schrotz/Ahlhaus*, NVwZ 2013, 710 (712); siehe dazu auch *von Donat*, Kooperationen der öffentlichen Hand, in: Müller-Wrede, Kompendium, Kap. 9; *Gruneberg/Wilden-Beck*, VergabeR 2014, 99; *Guckelberger*, VerwArch 104 (2013), 161 (180 f.); *Klein*, VergabeR 2013, 328; *Kunde*, NZBau 2013, 555.

[103] Siehe dazu *Bulla/Schneider*, ZMGR 2012, 406.

[104] Häufig wird in diesem Zusammenhang auch von „öffentlich-öffentlicher Zusammenarbeit" oder nur von „interkommunaler Zusammenarbeit" gesprochen. Obwohl es in der Praxis zumeist Kommunen sind, die miteinander zusammenarbeiten, gelten die vom EuGH entwickelten Kriterien jedoch in einem allgemeinen Sinne für die entgeltliche, vertragliche Zusammenarbeit mehrerer öffentlicher Auftraggeber, also nicht nur für Kommunen. Daher wird hier eine abweichende Begrifflichkeit gewählt.

nommen nicht aus, um eine Anwendung der Vergabevorschriften auszuschließen[105], weil sich auch öffentliche Stellen um öffentliche Aufträge bewerben und dabei mit privaten Wirtschaftsteilnehmern konkurrieren dürfen[106].

Nach Auffassung der EU-Kommission[107] und inzwischen gefestigter Rechtspre-   **59** chung des EuGH[108] ist jedoch die Vergabe von Aufträgen aufgrund eines Vertrages zwischen mehreren öffentlichen Auftraggebern ohne Durchführung einer europaweiten Ausschreibung zulässig, wenn

- die *Vereinbarung* über eine Zusammenarbeit ausschließlich zwischen öffentlichen Einrichtungen *ohne Beteiligung Privater* abgeschlossen wird und
- die vereinbarte Zusammenarbeit ausschließlich der *Erfüllung einer den Beteiligten gemeinsam obliegenden Aufgabe* dient und
- die Zusammenarbeit ausschließlich durch *Erwägungen des öffentlichen Interesses* und nicht durch wirtschaftliche Interessen bestimmt wird und
- kein privater Dienstleistungserbringer im Rahmen der Aufgabenerfüllung besser gestellt wird als seine Wettbewerber.

▶   **Beachte** Gemäß Art. 12 Abs. 4 lit. c VRL 2014, Art. 28 Abs. 4 lit. c SRL   **60**
    2014 ist weitere Voraussetzung, dass die am Vertragsschluss beteiligten
    öffentlichen Auftraggeber auf dem Markt weniger als 20 % der vertrags-
    gegenständlichen Tätigkeiten erbringen, ihre Geschäftstätigkeit außer-
    halb der vereinbarten Zusammenarbeit also nur relativ geringfügig ist.
    Ferner haben alle teilnehmenden Stellen sich zu verpflichten, einen
    Beitrag zur gemeinsamen Ausführung der betreffenden öffentlichen
    Dienstleistung zu leisten.[109]

Die genannten Kriterien sind jedoch als Ausnahmen vom Begriff des öffentlichen   **61** Auftrags *eng auszulegen*.[110] Die Beweislast für das tatsächliche Vorliegen der eine

---

[105] EuGH, Rs. C-84/03, Slg. 2005, I-139, Rn. 33 ff. – Kommission/Spanien; siehe auch Erwägungsgrund Nr. 31 zur VRL 2014.

[106] EuGH, Rs. C-159/11, EU:C:2012:817, Rn. 34 ff. – Ordine degli Ingegneri della Provincia di Lecce u. a., m. Anm. *Schrotz/Ahlhaus*, NVwZ 2013, 710 (712); OLG Naumburg, DVBl. 2006, 121 (123); *Ziekow/Siegel*, VerwArch 96 (2005), 119 (129).

[107] Siehe Arbeitsdokument der Kommissionsdienststellen vom 04.10.2011 über die Anwendung des EU-Vergaberechts im Fall von Beziehungen zwischen öffentlichen Auftraggebern (öffentlich-öffentliche Zusammenarbeit), SEK 2011, 1169 endg.; siehe dazu *Wagner/Piesbergen*, NVwZ 2012, 653 (657 f.).

[108] EuGH, Rs. C-480/06, Slg. 2009, I-4747, Rn. 44 ff. – Stadtreinigung Hamburg; Rs. C-159/11, EU:C:2012:817, Rn. 34 ff. – Ordine degli Ingegneri della Provincia di Lecce u. a., m. Anm. *Schrotz/Ahlhaus*, NVwZ 2013, 710 (712); Rs. C-386/11, EU:C:2013:385, Rn. 36 ff. – Piepenbrock, m. Anm. *Schrotz/Raddatz*, NVwZ 2013, 931 (933); siehe zum Ganzen auch *Brakalova*, EuZW 2013, 593; *Gabriel/Voll*, VergabeR 2013, 690; *Geitel*, NVwZ 2013, 765; *Gruneberg/Wilden-Beck*, VergabeR 2014, 99; *Kunde*, NZBau 2013, 555; *Ruffert*, JuS 2014, 87.

[109] Siehe Erwägungsgrund Nr. 33 der VRL 2014; *Bulla*, in: BeckOGK BGB, § 631 Rn. 117.

[110] EuGH, Rs. C-71/92, Slg. 1993, I-5923, Rn. 36 – Kommission/Spanien.

Ausnahme rechtfertigenden außergewöhnlichen Umstände trägt derjenige, der sich auf diese Ausnahme berufen will.[111] Daher unterliegen ohne Ausschreibung durchgeführte Kooperationen zwischen öffentlichen Auftraggebern stets der Gefahr einer nachträglichen, gerichtlichen Beanstandung.[112]

---

62 | **Hinweis**

In der Literatur wird diskutiert, ob und inwieweit die landesgesetzlich geregelten Formen der interkommunalen Zusammenarbeit mit diesen Anforderungen vereinbar sind.[113] Noch nicht geklärt ist auch die Frage, ob die beiden Ausnahmetatbestände der In-House- und der In-State-Vergabe miteinander kombiniert werden können, etwa dergestalt, dass eine kommunale Eigengesellschaft einen Vertrag mit anderen Kommunen zur Erfüllung eines bestimmten Gemeinwohlzwecks abschließt.[114]

c) Öffentlich-Private Partnerschaften

63 Dagegen findet das Vergaberecht Anwendung auf sog. *institutionalisierte öffentlich-private Partnerschaften (IÖPP)*, bei der gemischt-wirtschaftliche Unternehmen gegründet werden, die als Auftrag- oder Konzessionsnehmer fungieren. Der Beitrag des privaten Partners besteht dabei neben der Einbringung von Kapital in der aktiven Teilnahme an der Ausführung der Aufgabe, die dem gemischt-wirtschaftlichen Unternehmen übertragen wird, und/oder in der Geschäftsführung der Gesellschaft. Wegen der Beteiligung einer Privatperson liegt kein vergabefreies In-House- oder In-State-Geschäft vor. Nach Auffassung der EU-Kommission[115] ist für das komplexe Verfahren der Gründung und Übertragung eines öffentlichen Auftrags an eine IÖPP das Verfahren des Wettbewerblichen Dialogs (→ Rn. 137) besonders geeignet. Dadurch wird eine doppelte Ausschreibung sowohl zur Auswahl eines privaten Partners als auch anschließend zur Vergabe des öffentlichen Auftrags bzw. der Konzession vermieden.

64 Auch ohne Institutionalisierung durch Gründung einer selbstständigen Rechtsperson werden öffentlich-private Partnerschaften bzw. *Public-Private-Partnerships* (zu diesen → § 6 Rn. 106 ff.) nach den obigen Grundsätzen in der Regel vom Vergaberecht erfasst. Insbesondere die neue KRL ist hier einschlägig, da Schätzungen

---

[111] EuGH, Rs. C-328/92, Slg. 1994, I-1569, Rn. 15 f. – Kommission/Spanien; Rs. C-337/05, Slg. 2008, I-2174, Rn. 57 f. – Kommission/Italien; Rs. C-157/06, Slg. 2008, I-7313, Rn. 23 – Kommission/Italien.

[112] Siehe aus jüngerer Zeit OLG München, VergabeR 2013, 750 (758) m. Anm. *Trautner*; VK BW, Beschl. v. 31.01.2012 – 1 VK 66/11, juris, Rn. 38 ff.

[113] Siehe dazu *Geitel*, NVwZ 2013, 765.

[114] Dies für möglich haltend OLG Düsseldorf, NZBau 2012, 50 (52); siehe dazu *Schrotz/Ahlhaus*, NVwZ 2012, 63.

[115] Siehe Mitteilung der Kommission vom 05.02.2008 zu Auslegungsfragen in Bezug auf die Anwendung der gemeinschaftlichen Rechtsvorschriften für öffentliche Aufträge und Konzessionen auf institutionalisierte Öffentlich Private Partnerschaften (IÖPP), C(2007)6661; siehe dazu auch *Knauff*, NZBau 2005, 249.

zufolge 60% aller gängigen PPP-Modelle mit der Vergabe einer Konzession verbunden sind.[116]

d) Privatisierungen

Zwar stellen *Privatisierungsvorgänge* (→ § 6 Rn. 9 ff.) für sich genommen keinen   **65**
öffentlichen Auftrag dar, weil es insoweit an einem unmittelbaren Beschaffungscharakter fehlt und das Unionsrecht den Mitgliedstaaten keine bestimmte Rechtsform
für die Erfüllung ihrer Aufgaben vorschreibt (→ Rn. 48). Jedoch ist nach dem funktionalen Ansatz (→ Rn. 3) das Vergaberecht auch auf Privatisierungen anwendbar,
wenn damit erkennbar der Abschluss eines öffentlichen Auftrags verknüpft ist bzw.
werden soll. Dann hat die Privatisierung einen mittelbaren Beschaffungsbezug.[117]

Beispiel

Die österreichische Stadt Mödling gründete eine Eigengesellschaft und schloss
mit dieser eine Vereinbarung ab, wonach dieser die Abfallentsorgung im Stadtgebiet übertragen wurde. Zwei Wochen später beschloss der Gemeinderat, 49%
der Anteile an der Gesellschaft auf die private Saubermacher AG zu übertragen.
Der EuGH[118] entschied hierzu auf Klage der EU-Kommission, dass die Pflicht
des öffentlichen Auftraggebers, eine Ausschreibung vorzunehmen, aus Gründen
der Rechtssicherheit zwar normalerweise anhand der Bedingungen zu prüfen ist,
die zum Zeitpunkt der Vergabe des fraglichen öffentlichen Auftrags vorliegen,
jedoch die besonderen Umstände des Einzelfalls hier erforderten, die kurze Zeit
später erfolgte Anteilsveräußerung an eine Privatperson zu berücksichtigen. Er
qualifizierte daher den Gesamtvorgang als öffentlichen Dienstleistungsauftrag.

Nach der Rechtsprechung des EuGH[119] stellt die (Teil-)Privatisierung einer kom-   **66**
munalen Eigengesellschaft, die mit der Erbringung öffentlicher Dienstleistungen
beauftragt wurde, eine wesentliche Vertragsänderung dar, die eine (erneute) öffentliche Ausschreibung erfordert.

e) Auftragsarten (§ 99 Abs. 2–7 GWB)

Die einzelnen Auftragsarten werden in § 99 Abs. 2–7 GWB näher definiert. Von   **67**
der jeweiligen Auftragsart hängt ab, ob die Ausschreibung auf der Grundlage der
VOL/A, VOB/A oder VOF erfolgt. Ferner ist die Unterscheidung wegen der unterschiedlichen Schwellenwerte von erheblicher Bedeutung.

---

[116] Siehe Nr. 13 der von der EU-Kommission herausgegebenen FAQ's zur KRL vom 15.01.2014,
http://europa.eu/rapid/press-release_MEMO-14-19_en.htm (04.11.2014).

[117] *Bulla*, in: BeckOGK BGB, § 631 Rn. 126 f.; *Dreher*, NZBau 2002, 245 (248 ff.); *Jennert*,
Öffentlich-Private Partnerschaft, einschließlich Dienstleistungs- und Baukonzession, in: Müller-
Wrede, Kompendium, Kap. 10 Rn. 73 ff.; *Müller/Brauer-Jung*, NVwZ 2007, 884 (885 f.).

[118] EuGH, Rs. C-29/04, Slg. 2005, I-9705, Rn. 38 ff. – Stadt Mödling.

[119] EuGH, Rs. C-573/07, Slg. 2009, I-8127, Rn. 53 – Sea; siehe auch OLG Düsseldorf, NZBau
2012, 50 (53).

aa) Lieferaufträge

68 *Lieferaufträge* sind gemäß § 99 Abs. 2 S. 1 GWB Verträge zur Beschaffung von Waren, die insbesondere Kauf oder Ratenkauf oder Leasing, Miet- oder Pachtverhältnisse mit oder ohne Kaufoption betreffen. Dass das Eigentum an den Auftraggeber übergeht, stellt keine zwingende Voraussetzung für die Anwendung des Vergaberechts dar. Erforderlich ist nur, dass der Auftraggeber für einen längeren Zeitraum die gelieferte Ware nutzen kann.[120] Als Waren sind nach der Rechtsprechung des EuGH alle Erzeugnisse anzusehen, die einen Geldwert haben und Gegenstand von Handelsgeschäften sein können (→ § 1 Rn. 22 f.).[121]

Beispiel

Aufträge über die Lieferung von Strom und Gas, Fahrzeugen, Computern, Büromöbeln, aber auch Arzneimittelrabattverträge nach § 130a Abs. 8 SGB V[122].

Unbewegliche Gegenstände werden jedoch nach § 100 Abs. 2 lit. h GWB vom Anwendungsbereich des Kartellvergaberechts ausgenommen.

69 Nach § 99 Abs. 2 S. 2 GWB können die Verträge auch Nebenleistungen umfassen, wie z. B. das Verlegen und Anbringen. Stellt der Auftragnehmer die gelieferte Ware hingegen dem Auftrag entsprechend erst her, kann anstelle eines Lieferauftrags ein Dienstleistungsauftrag vorliegen. Die Bestimmung der Auftragsart erfolgt dann nach § 99 Abs. 10 S. 1 GWB.[123]

---

70 **Hinweis**

Neben Lieferaufträgen unterliegen auch *Rahmenvereinbarungen* dem Vergaberecht, obwohl sie in § 99 GWB nicht gesondert aufgeführt sind. Bei einer Rahmenvereinbarung handelt es sich um eine Vereinbarung zwischen einem oder mehreren öffentlichen Auftraggebern und einem oder mehreren Wirtschaftsteilnehmern, die dazu dient, die Bedingungen für öffentliche Aufträge, die in einem bestimmten Zeitraum vergeben werden, festzulegen, insbesondere in Bezug auf den Preis und ggf. die in Aussicht genommene Menge.[124] Rahmenvereinbarungen ermöglichen es dem Auftraggeber, die Bedingungen für regelmäßig wiederkehrende Beschaffungen festzulegen, um dann die Einzelaufträge ohne erneute Ausschreibung kurzfristig zu erteilen. Die Rahmenvereinbarung muss selbst nicht die Merkmale eines öffentlichen Auftrags aufweisen, um eine Ausschrei-

---

[120] Siehe Erwägungsgrund Nr. 4 der VRL 2014.

[121] St. Rspr. seit EuGH, Rs. 7/68, Slg. 1968, 634 (642) – Kommission/Italien.

[122] Siehe dazu OLG Düsseldorf, Beschl. v. 11.12.2013 – VII Verg 25/13, juris.

[123] *Klar*, NVwZ 2014, 185 (187).

[124] Vgl. die gleichlautenden Definitionen in Art. 33 Abs. 1 VRL 2014 und Art. 51 Abs. 1 SRL 2014. Siehe dazu auch *Knauff*, VergabeR 2006, 24; *ders.*, in: Müller-Wrede, GWB-Vergaberecht, § 101 Rn. 53 ff.; *Poschmann*, Rahmenvereinbarungen, in: Müller-Wrede, Kompendium, Kap. 16.

bungspflicht zu begründen. Es genügt, wenn die darin geregelten Einzelaufträge als entgeltliche Lieferungen anzusehen sind.[125]

bb) Bauaufträge

Öffentliche Bauaufträge sind nach der sperrigen Definition in § 99 Abs. 3 GWB **71** Verträge über die Ausführung oder die gleichzeitige Planung und Ausführung eines Bauvorhabens oder eines Bauwerkes für den öffentlichen Auftraggeber, das Ergebnis von Tief- oder Hochbauarbeiten ist und eine wirtschaftliche oder technische Funktion erfüllen soll, oder einer dem Auftraggeber unmittelbar wirtschaftlich zugutekommenden Bauleistung durch Dritte gemäß den vom Auftraggeber genannten Erfordernissen.

Die Frage, was unter „den vom Auftraggeber genannten Erfordernissen" zu ver-   **72** stehen ist, war lange Zeit unklar und umstritten, wurde jedoch auf einen Vorlagebeschluss des *OLG Düsseldorf*[126] durch den EuGH[127] geklärt. Danach setzt ein öffentlicher Bauauftrag voraus, dass der Auftragnehmer eine *einklagbare Bauverpflichtung* übernimmt, an der der Auftraggeber ein *unmittelbares wirtschaftliches Interesse* hat. Letzteres ist (alternativ) gegeben, wenn der Auftraggeber

- nach dem Vertrag Eigentümer des Bauwerks wird,
- über einen Rechtstitel verfügt, der die öffentliche Zweckbestimmung des Bauwerks sicherstellt,
- wirtschaftliche Vorteile aus der zukünftigen Nutzung oder Veräußerung des Bauwerks ziehen kann,
- an der Erstellung des Bauwerks finanziell beteiligt ist[128] oder
- Risiken im Fall eines wirtschaftlichen Fehlschlags des Bauwerks trägt.

Allein die Verwirklichung einer vom Auftraggeber gewünschten, städtebaulichen   **73** Entwicklung ist demgegenüber für die Bejahung eines unmittelbaren wirtschaftlichen Interesses und damit eines öffentlichen Bauauftrags nicht ausreichend. Grundstücksverkäufe durch Gemeinden unterfallen daher grundsätzlich nicht dem Vergaberecht[129], solange der Erwerber keine Bauverpflichtung gegenüber der Gemeinde übernimmt, an der diese ein unmittelbares wirtschaftliches Interesse im oben genannten Sinne hat.

---

[125] OLG Düsseldorf, VergabeR 2012, 475 (477); ZfBR 2012, 814 (816).

[126] OLG Düsseldorf, NZBau 2008, 727.

[127] EuGH, Rs. C-451/08, Slg. 2010, I-2673 – Helmut Müller; siehe dazu auch OLG München, NZBau 2012, 134; *Brakalova*, EuZW 2010, 340; *Görtz*, NZBau 2010, 293; *Haak*, VergabeR 2011, 351; *Hausmann*, VR 2011, 41; *Hertwig*, VergabeR 2010, 554; *Kühling*, NVwZ 2010, 1257; *Seidler*, NZBau 2010, 552; *Tomerius*, ZfBR 2012, 332; *Vetter/Bergmann*, NVwZ 2010, 569.

[128] Dabei kann auch der Verkauf eines Grundstücks unter dem Verkehrswert zur Annahme einer finanziellen Beteiligung des öffentlichen Auftraggebers und damit zu einem unmittelbaren wirtschaftlichen Interesse an der Bauleistung führen, vgl. OLG Düsseldorf, NZBau 2010, 580 (581).

[129] *Dreher*, in: Immenga/Mestmäcker, § 99 GWB Rn. 12.

74   Wegen der sehr unterschiedlichen Schwellenwerte (→ Rn. 89) ist die *Abgrenzung zwischen Bau- und Lieferaufträgen* von entscheidender Bedeutung für die Anwendbarkeit des Kartellvergaberechts. Die h. M. legt den Begriff der Bauleistung
bisher in dem Sinne weit aus, dass alles, was zur Herstellung eines funktionsfähigen
Bauwerks notwendig ist, vom Begriff des Bauauftrags erfasst wird.[130] Ob ein notwendiger Funktionszusammenhang besteht, richtet sich dabei nach dem Nutzungs-
zweck, den der Auftraggeber mit dem Bauwerk verwirklichen will. Auch ein fester
Einbau von Ausstattungsgegenständen in ein Gebäude ist zur Bejahung eines Bauauftrags nicht zwingend erforderlich.

> **Beispiel**
>
> Die Lieferung von Geräten und Werkbänken zur Einrichtung einer Lehrwerkstatt
> für die Ausbildung im Bereich Metalltechnik ist eine Bauleistung, da das Gebäu-
> de ohne diese Ausstattung nicht bestimmungsgemäß genutzt werden könnte.[131]
> Dagegen ist die bloße Lieferung von Baustoffen oder das bloße Vermieten von
> Baugeräten ein selbstständiger Lieferauftrag.[132]

cc) Dienstleistungsaufträge

75   Als *Dienstleistungsaufträge* i. S. d. § 99 Abs. 4 GWB gelten Verträge über Leistungen, die nicht unter Abs. 2 oder 3 fallen. Der vergaberechtliche Begriff des Dienst-
leistungsauftrages ist nicht identisch mit dem Begriff des Dienstvertrages nach
§ 611 BGB.[133] Der Auftragnehmer kann auch seinerseits ein öffentlicher Auftraggeber sein.[134]

dd) Dienstleistungskonzessionen

76   Abzugrenzen sind Dienstleistungsaufträge von *Dienstleistungskonzessionen*[135].
Diese werden nunmehr in Art. 5 Nr. 1 lit. b KRL definiert als Verträge, in denen
es um die Erbringung und die Verwaltung von Dienstleistungen geht, wobei die
Gegenleistung entweder allein in dem Recht zur Verwertung der Dienstleistungen

---

[130] OLG Dresden, VergabeR 2005, 258 (258 f.); *Boesen*, § 99 GWB Rn. 101.

[131] OLG Dresden, VergabeR 2005, 258.

[132] OLG Brandenburg, Beschl. v. 25.05.2010 – Verg W 15/09, juris, Rn. 53; OLG Düsseldorf,
VergabeR 2011, 78 (79); OLG München, VergabeR 2010, 677 (680); *Bulla*, in: BeckOGK BGB,
§ 631 Rn. 165.

[133] *Bechtold*, § 99 GWB Rn. 42.

[134] EuGH, Rs. C-107/98, Slg. 1999, I-8121, Rn. 51 – Teckal; Rs. C-159/11, EU:C:2012:817,
Rn. 34 ff. – Ordine degli Ingegneri della Provincia di Lecce u. a., m. Anm. *Schrotz/Ahlhaus*,
NVwZ 2013, 710 (712).

[135] Siehe dazu EuGH, Rs. C-221/12, EU:C:2013:736, Rn. 26 ff. – Belgacom; *Bultmann*, NVwZ
2011, 72; *Jennert*, Öffentlich-Private Partnerschaft, einschließlich Dienstleistungs- und Baukonzession, in: Müller-Wrede, Kompendium, Kap. 10 Rn. 10 ff.; *Knauff*, VergabeR 2013, 157; *Opitz*,
NVwZ 2014, 753 (754 ff.).

oder in diesem Recht zuzüglich einer Zahlung besteht. Dienstleistungskonzessionen werden häufig bei Infrastruktureinrichtungen vergeben.

Beispiel

Betrieb des ÖPNV[136], der Wasserversorgung[137] und Abwasserbeseitigung[138], Betrieb eines Weihnachtsmarktes, Betrieb öffentlicher Toiletten[139] oder von Anlagen der Außenwerbung[140].

Dienstleistungskonzessionen waren bis zum Inkrafttreten der KRL nicht vom An- **77**
wendungsbereich des europäischen Vergaberechts erfasst.[141] Nach der Rechtsprechung des BGH[142] fällt die Vergabe von Dienstleistungskonzessionen bislang auch nicht in den Anwendungsbereich des deutschen Kartellvergaberechts, da sie im Gegensatz zu Baukonzessionen in § 99 GWB nicht geregelt sind. Gleichwohl sind aber nach der Rechtsprechung des EuGH[143] bereits jetzt bei der Vergabe von Dienstleistungskonzessionen durch öffentliche Auftraggeber die Grundregeln des AEUV, das Verbot der Diskriminierung aus Gründen der Staatsangehörigkeit und der Gleichbehandlungsgrundsatz sowie die sich hieraus ergebende Transparenzpflicht zu beachten, wenn an der Vergabe einer Dienstleistungskonzession ein *eindeutiges, grenzüberschreitendes Interesse* besteht. Letzteres ist schon dann der Fall, wenn die Möglichkeit besteht, dass ein Wirtschaftsteilnehmer in einem anderen Mitgliedstaat als dem, in dem die betreffende Dienstleistungskonzession vergeben wird, an dieser interessiert sein kann; eine tatsächliche Interessensbekundung gegenüber dem Auftraggeber ist hierfür nicht erforderlich.[144] Ein grenzüberschreitendes Interesse kann sich aus der wirtschaftlichen Bedeutung der Konzession, dem Ort ihrer Durchführung oder aus technischen Merkmalen ergeben.[145]

---

[136] OLG Karlsruhe, NVwZ-RR 2007, 27.

[137] EuGH, Rs. C-196/08, Slg. 2009, I-9913 – Acoset.

[138] EuGH, Rs. C-206/08, Slg. 2009, I-8377 – Eurawasser; dazu *Byok/Bormann*, NVwZ 2010, 1262 (1264).

[139] EuGH, Rs. C-91/08, Slg. 2010, I-2815 – Wall.

[140] Dazu *Bulla/Schneider*, ZfBR 2011, 657; weitere Beispiele bei *Eschenbruch*, in: Kulartz/Kus/Portz, GWB-VergabeR, 3. Aufl. 2014, § 99 Rn. 617.

[141] EuGH, Rs. C-231/03, Slg. 2005, I-7310, Rn. 16 – Coname; Rs. C-347/06, Slg. 2008, I-5641, Rn. 57 – ASM Brescia; Rs. C-91/08, Slg. 2010, I-2815, Rn. 33 – Wall.

[142] BGHZ 188, 200 (214); VergabeR 2012, 440; einschränkend jedoch NZBau 2012, 586; a. A. *Bultmann*, NVwZ 2011, 72 (75 f.).

[143] EuGH, Rs. C-324/98, Slg. 2000, I-10745, Rn. 60 ff. – Telaustria; Rs. C-231/03, Slg. 2005, I-7310, Rn. 16 ff. – Coname; Rs. 458/03, Slg. 2005, I-8585, Rn. 46 ff. – Parking Brixen; Rs. C-410/04, Slg. 2006, I-3303, Rn. 21 – ANAV; Rs. C-91/08, Slg. 2010, I-2815, Rn. 30 ff. – Wall.

[144] EuGH, Rs. C-221/12, EU:C:2013:736, Rn. 31 – Belgacom.

[145] EuGH, Rs. C-347/06, Slg. 2008, I-5641, Rn. 62 – ASM Brescia; Rs. C-147/06, Slg. 2008, I-3565, Rn. 24 – SECAP und Santorso; Rs. C-159/11, EU:C:2012:817, Rn. 23 – Ordine degli Ingegneri della Provincia di Lecce u. a., m. Anm. *Schrotz/Ahlhaus*, NVwZ 2013, 710 (712).

78   Soweit an einer Dienstleistungskonzession ein eindeutig erkennbares grenzüberschreitendes Interesse besteht, liegt in ihrer nicht transparenten Vergabe an ein im
Mitgliedstaat des öffentlichen Auftraggebers niedergelassenes Unternehmen eine
Ungleichbehandlung zum Nachteil der in einem anderen Mitgliedstaat niedergelassenen Unternehmen, die an dieser Konzession interessiert sein könnten. Der
Ausschluss dieser Unternehmen stellt grundsätzlich eine nach Art. 49 AEUV und
56 AEUV verbotene mittelbare Diskriminierung aufgrund der Staatsangehörigkeit
dar.[146] Die Betroffenen können eine Verletzung der genannten primärrechtlichen
Vorschriften bei der Auftragsvergabe gerichtlich geltend machen.[147]

79   Ausnahmsweise kann eine solche Maßnahme aus einem der in Art. 52 AEUV genannten Gründe zulässig oder gemäß der Rechtsprechung des EuGH aus zwingenden Gründen des Allgemeininteresses gerechtfertigt sein.[148] Die Absicht der nationalen Wirtschaftsförderung wird jedoch selbst in Krisenzeiten nicht als zwingender
Grund des Allgemeininteresses zur Rechtfertigung einer Beschränkung einer durch
den AEUV gewährleisteten Grundfreiheit anerkannt.[149]

80   Bei der Dienstleistungskonzession schließt der Auftraggeber mit einem Unternehmen einen Vertrag, kraft dessen das Unternehmen anstelle einer Vergütung die
Berechtigung zur wirtschaftlichen Nutzung von Bauwerken oder Dienstleistungen
erhält. Der Konzessionsnehmer erbringt Leistungen an Dritte und erhebt dafür in
der Regel von diesen Entgelte.[150] Es handelt sich also hier gleichsam um ein Drei-
ecksverhältnis.[151]

81   Einem Konzessionsnehmer wird bei einer Dienstleistungskonzession im Gegensatz zum Auftragnehmer eines Dienstleistungsauftrags vom öffentlichen Auftraggeber das wirtschaftliche Risiko der betreffenden Dienstleistung übertragen. Dieses
sog. *Betriebsrisiko* besteht, wenn unter normalen Betriebsbedingungen nicht garantiert ist, dass die Investitionsaufwendungen oder die Kosten für die Erbringung der
Dienstleistungen, die Gegenstand der Konzession sind, vom Konzessionsnehmer
wieder erwirtschaftet werden können. Der Konzessionsnehmer muss mit anderen
Worten den Unwägbarkeiten des Marktes ausgesetzt sein[152], so dass potenzielle
Verluste nicht nur rein nominell oder vernachlässigbar sind. Für die Annahme einer

---

[146] EuGH, Rs. C-347/06, Slg. 2008, I-5641, Rn. 59 f. – ASM Brescia.

[147] Siehe dazu näher *Gabriel/Voll*, NZBau 2014, 155.

[148] EuGH, Rs. C-64/08, Slg. 2010, I-8219, Rn. 51, 57 – Engelmann; Rs. C-357/10, EU:C:2012:283,
Rn. 39 – Duomo Gpa u. a., m. Anm. *Trautner*, VergabeR 2012, 723.

[149] EuGH, Rs. C-72/10 und C-77/10, EU:C:2012:80, Rn. 58 ff. – Costa und Cifone; Rs. C-221/12,
EU:C:2013:736, Rn. 40 ff. – Belgacom; siehe auch *Kühling/Huerkamp*, NVwZ 2009, 557 (560 f.).

[150] EuGH, Rs. C-458/03, Slg. 2005, I-8585, Rn. 39 – Parking Brixen; Rs. C-206/08, Slg. 2009,
I-8377, Rn. 57 – Eurawasser; Rs. C-274/09, Slg. 2011, I-1335, Rn. 24 – Stadler; Rs. C-348/10,
Slg. 2011, I-10983, Rn. 41 – Ludza; BGHZ 188, 200 (215); OLG Brandenburg, VergabeR 2010,
699 (702).

[151] So Generalanwältin *Kokott*, Schlussanträge Rs. C-458/03, Slg. 2005, I-8612, Rn. 30 – Parking
Brixen; *Jennert*, Öffentlich-Private Partnerschaft, einschließlich Dienstleistungs- und Baukonzession, in: Müller-Wrede, Kompendium, Kap. 10 Rn. 15; *Michaels*, NVwZ 2011, 969 (971).

[152] EuGH, Rs. C-234/03, Slg. 2005, I-9315, Rn. 22 – Contse; Rs. C-300/07, Slg. 2009, I-4779,
Rn. 74 – Oymanns. Siehe auch Erwägungsgrund Nr. 20 der KRL.

Dienstleistungskonzession unschädlich ist, dass der Auftraggeber den Auftragnehmer für die Erfüllung der übertragenen Aufgabe bezuschusst, solange dies nicht faktisch zu einer Verlagerung des Betriebsrisikos auf den Auftraggeber führt.

Beispiel

Bei einem Vertrag über die Bewirtschaftung von Parkplätzen handelt es sich um eine Dienstleistungskonzession, weil der Parkflächenbetreiber mit den Parkenden abrechnet und dadurch das Betriebsrisiko trägt.[153] Dasselbe gilt für einen Vertrag zwischen der zuständigen Behörde und einem Verkehrsunternehmen, der vorsieht, dass das Unternehmen für seine Beförderungsleistungen Entgelte von den Fahrgästen erhebt und selbst vereinnahmt, auch wenn zusätzlich ein Zuschuss durch die Behörde an das Unternehmen gezahlt wird. Dagegen würde eine vertraglich vereinbarte, vollständige Verlustdeckungshaftung des Auftraggebers zur Qualifizierung als Dienstleistungsauftrag führen.

---

ee) Auslobungsverfahren
Auslobungsverfahren i. S. v. § 99 Abs. 5 GWB sollen dem Auftraggeber auf Grund **82** vergleichender Beurteilung durch ein Preisgericht mit oder ohne Verteilung von Preisen nach § 3 Abs. 8 lit. c VOL/A zu einem Plan zur Realisierung eines Projekts verhelfen. Auch insoweit handelt es sich um einen autonomen Begriff des EU-Vergaberechts, der nicht i. S. d. § 661 BGB zu verstehen ist.[154] Auslobungsverfahren dienen nach § 99 Abs. 1 GWB ausschließlich der Vorbereitung der Vergabe von Dienstleistungsaufträgen. Für andere Auftragsarten kommt ein Auslobungsverfahren daher nicht in Betracht.[155] Erfasst werden davon insbesondere Architektenwettbewerbe.

ff) Baukonzessionen
Eine *Baukonzession* i. S. d. Art. 5 Nr. 1 lit. a KRL, § 99 Abs. 1 GWB ist ein Vertrag, **83** mit dem ein oder mehrere öffentliche Auftraggeber einen oder mehrere Wirtschaftsteilnehmer mit der Erbringung von Bauleistungen beauftragen, wobei die Gegenleistung entweder allein in dem Recht zur Nutzung des vertragsgegenständlichen Bauwerks oder in diesem Recht zuzüglich einer Zahlung besteht.

Beispiel

Auftrag zum Bau eines Fernstraßenabschnitts, bei dem der Auftragnehmer vom Auftraggeber ein befristetes Nutzungsrecht sowie das Recht erhält, zur Refinanzierung der Bauleistungen eine Mautgebühr von den Nutzern zu erheben.[156]

---

[153] EuGH, Rs. C-458/03, Slg. 2005, I-8585 – Parking Brixen.
[154] *Bulla*, in: BeckOGK BGB, § 631 Rn. 162.
[155] *Klar*, NVwZ 2014, 185 (190).
[156] *Klar*, NVwZ 2014, 185 (190).

84   Nach § 99 Abs. 6 GWB fällt jedoch nur ein *befristetes* Recht auf Nutzung einer baulichen Anlage, ggf. zuzüglich der Zahlung eines Preises durch den Auftraggeber, unter den Begriff der Baukonzession. Das einschränkende Erfordernis der Befristung war eine Reaktion des Gesetzgebers auf die Rechtsprechung des *OLG Düsseldorf*[157], das in mehreren Entscheidungen Grundstücksveräußerungen durch Gemeinden, die mit dem Abschluss städtebaulicher Verträge einhergingen, in denen sich der Vertragspartner verpflichtete, bestimmte Anforderungen in Bezug auf ein auf dem Grundstück zu errichtendes Bauwerk zu erfüllen, als öffentliche Bauaufträge in Gestalt von Baukonzessionen qualifiziert und damit für ausschreibungspflichtig erklärt hatte, was vielfach als Überdehnung des Anwendungsbereichs des Vergaberechts empfunden wurde.[158] Der EuGH hat demgegenüber klargestellt, dass weder der bloße Verkauf eines Grundstücks durch eine öffentliche Stelle einen öffentlichen Bauauftrag darstellt[159] (→ Rn. 73), noch ausreichend ist, dass eine Behörde im Rahmen ihrer Zuständigkeit Bauvorlagen prüft oder Bebauungspläne aufstellt. Hierbei handelt es sich nämlich nicht um „vom Auftraggeber genannte Erfordernisse", sondern lediglich um die Ausübung städtebaulicher Regelungszuständigkeiten.[160]

85   Ob sich das in der europäischen Begriffsdefinition nicht enthaltene Befristungserfordernis aufrechterhalten lassen wird, bleibt abzuwarten.[161] Im Zusammenhang mit der *Anwendbarkeit des Vergaberechts im Städtebau*[162] bestehen nach wie vor zahlreiche Unklarheiten. Angesichts der Vielgestaltigkeit der Fallkonstellationen in der Praxis ist stets eine sorgfältige Prüfung des Einzelfalls geboten.

gg) Verteidigungs- oder sicherheitsrelevante Aufträge

86   *Verteidigungs- oder sicherheitsrelevante Aufträge* i. S. v. § 99 Abs. 7 GWB sind Aufträge, deren Gegenstand u. a. die Lieferung von Militärausrüstung i. S. d. § 99 Abs. 8 GWB oder von Bau- und Dienstleistungen speziell für militärische Zwecke umfasst. Einzelheiten hierzu sind in der *VSVgV* geregelt.

---

[157] OLG Düsseldorf, NZBau 2007, 530; NZBau 2008, 138; NZBau 2008, 271.

[158] Siehe statt vieler etwa *Burgi*, NVwZ 2008, 929; *Otting*, NJW 2010, 2167; *Ziekow*, DVBl. 2008, 137.

[159] EuGH, Rs. C-451/08, Slg. 2010, I-2673 – Helmut Müller; so auch schon zuvor BGH, BauR 2008, 1308; HessVGH, ZfBR 2006, 806.

[160] EuGH, Rs. C-451/08, Slg. 2010, I-2673 – Helmut Müller.

[161] Dies befürwortend *Bulla*, in: BeckOGK BGB, § 631 Rn. 145.

[162] Siehe dazu etwa *Birk*, Städtebauliche Verträge, 5. Aufl. 2013, S. 80 ff.; *Gartz*, NZBau 2011, 437; *Grziwotz*, in: Ernst/Zinkahn/Bielenberg/Krautzberger, BauGB, § 11 Rn. 385 ff. (Stand: 110. EL August 2013); *Otting*, VergabeR 2013, 343; *Wellens*, DVBl. 2009, 423.

f) Abgrenzung zwischen den einzelnen Auftragsarten

Die Abgrenzung zwischen den einzelnen Auftragsarten[163] richtet sich zwar nach der **87** Rechtsprechung des EuGH allein nach dem Unionsrecht[164], für *gemischte Verträge* sehen jedoch auch die § 99 Abs. 10–13 GWB Regelungen vor. Nach § 99 Abs. 10 GWB gilt ein öffentlicher Auftrag, der sowohl den Einkauf von Waren als auch die Beschaffung von Dienstleistungen zum Gegenstand hat, als Dienstleistungsauftrag, wenn der Wert der Dienstleistungen den Wert der Waren übersteigt. Auch ein öffentlicher Auftrag, der neben Dienstleistungen Bauleistungen umfasst, die im Verhältnis zum Hauptgegenstand Nebenarbeiten sind, gilt als Dienstleistungsauftrag. Für einen Auftrag zur Durchführung mehrerer Tätigkeiten gelten nach § 99 Abs. 11 GWB die Bestimmungen über die Tätigkeit, die den Hauptgegenstand darstellt (sog. *Schwerpunkttheorie*). Dabei ist nicht allein auf die Wertverhältnisse der verschiedenen Elemente abzustellen, sondern auf die wesentlichen, vertragsprägenden Verpflichtungen.[165]

Beispiel

Bei einem Auftrag für die Errichtung und den Betrieb einer Autobahnraststätte mit Tankstelle auf die Dauer von 30 Jahren handelt es sich nicht um eine Bau-, sondern eine Dienstleistungskonzession, weil der Bau im Verhältnis zum Betrieb als untergeordnet anzusehen ist.[166]

Voraussetzung für eine einheitliche Qualifizierung der ausgeschriebenen Leistun- **88** gen ist allerdings stets, dass die einzelnen Teile eines gemischten Vertrags nach der Ausschreibung untrennbar miteinander verbunden sind und somit ein unteilbares Ganzes bilden.[167] Sind die einzelnen Elemente eines öffentlichen Auftrags dagegen klar voneinander trennbar und ist dabei keines der Elemente von nur untergeordneter Bedeutung (sog. *Trennungstheorie*), so sind Parallelausschreibungen für jeden Teil zulässig.[168]

3. Schwellenwerte (§ 100 Abs. 1 GWB)

Die Vergabevorschriften der §§ 97–129 GWB finden nur Anwendung, wenn der **89** Auftragswert im konkreten Fall den jeweils geltenden Schwellenwert erreicht oder überschreitet (§ 100 Abs. 1 GWB). Die Schwellenwerte für die einzelnen Auftrags-

---

[163] Siehe dazu auch *Klar*, NVwZ 2014, 185.

[164] EuGH, Rs. C-458/03, Slg. 2005, I-8585, Rn. 40 – Parking Brixen; siehe dazu Art. 3 VRL 2014, Art. 5 f. SRL 2014, Art. 20 ff. KRL.

[165] EuGH, Rs. C-331/92, Slg. 1994, I-1329, Rn. 26 f. – Gestión Hotelera Internacional SA; Rs. C-196/08, Slg. 2009, I-9913, Rn. 49 – Acoset.

[166] OLG Karlsruhe, VergabeR 2013, 570 (574).

[167] EuGH, Rs. C-145/08, Slg. 2010, I-4165, Rn. 48 – Club Hotel Loutraki.

[168] Siehe Erwägungsgrund Nr. 12 der VRL 2014.

arten werden alle zwei Jahre von der EU-Kommission überprüft und durch VO neu festgelegt.[169] Seit dem 01.01.2014 betragen sie für Bauaufträge 5.186.000 Euro, für Liefer- und Dienstleistungsaufträge im Sektorenbereich sowie im Bereich Verteidigung und Sicherheit je 414.000 Euro und für sonstige Liefer- und Dienstleistungsaufträge grundsätzlich 207.000 Euro.[170] Nach Art. 4 lit. d VRL 2014 gilt spätestens ab dem 18.04.2016 ein gesonderter Schwellenwert von 750.000 Euro bei der Vergabe sog. personenbezogener Dienstleistungen i. S. v. Anhang XIV VRL 2014 (z. B. Dienstleistungen im Bereich öffentliche Sicherheit und Rettungsdienste, Hotel und Gaststätten); im Sektorenbereich beträgt der Schwellenwert für derartige Dienstleistungen nach Art. 15 lit. c SRL 2014 künftig sogar 1.000.000 Euro. Der Schwellenwert für die europaweite Ausschreibung von Bau- und Dienstleistungskonzessionen nach Art. 8 Abs. 1 KRL beträgt künftig wie für Bauaufträge 5.186.000 Euro.

90   Maßgeblich für die Beurteilung ist dabei in allen Fällen der vom Auftraggeber zu schätzende *Gesamtauftragswert ohne Mehrwertsteuer*.[171] Nähere Regelungen zur Schätzung der Auftragswerte, etwa bei Dauerschuldverhältnissen, enthalten Art. 5 VRL 2014, Art. 16 SRL 2014, Art. 8 Abs. 2–6 KRL sowie § 3 VgV. Unterbleibt infolge fehlerhafter Schätzung des Schwellenwerts eine europaweite Bekanntmachung einer Auftragsvergabe, können subjektive Bieterrechte beeinträchtigt sein.[172]

---

91   **Hinweis**

Für Auftragsvergaben unterhalb der europarechtlich vorgegebenen Schwellenwerte können die Länder eigene Schwellenwerte festlegen, bei deren Überschreitung eine Ausschreibung nach Maßgabe der jeweils geltenden, landesrechtlichen Vorschriften zu erfolgen hat. Beispielsweise schreibt § 9 Abs. 2 Nr. 1 HessVgG[173] vor, dass Bauleistungen im Wege einer sog. Beschränkten Ausschreibung, die vom Ablauf her im Wesentlichen dem nicht offenen Verfahren nach § 101 Abs. 3 GWB entspricht, vergeben werden müssen, wenn deren Wert pro Gewerk 1.000.000 Euro übersteigt. Ab einem Wert von 100.000 Euro ist eine sog. Freihändige Vergabe durchzuführen, die dem Verhandlungsverfahren nach § 101 Abs. 5 GWB ähnelt. Eine europaweite Ausschreibung ist jedoch nicht erforderlich. Stattdessen sind nach § 5 Abs. 1 HessVgG alle Ausschreibungen und

---

[169] Siehe zuletzt die VO (EU) Nr. 1336/2013 der Kommission vom 13.12.2013 zur Änderung der RL 2004/17/EG, 2004/18/EG und 2009/81/EG des Europäischen Parlaments und des Rates im Hinblick auf die Schwellenwerte für Auftragsvergabeverfahren, ABl. EU L 335/17. Durch die dynamische Verweisung in der VgV, der SektVO sowie der VSVgV ist eine Anpassung des deutschen Rechts bei jeder Änderung der Schwellenwerte nicht mehr erforderlich.

[170] Ausnahmen gelten für Liefer- und Dienstleistungsaufträge der obersten und oberen Bundesbehörden sowie vergleichbarer Bundeseinrichtungen. Insoweit beträgt der Schwellenwert derzeit 134.000 Euro.

[171] Näher dazu *Greb*, VergabeR 2013, 308.

[172] OLG München, VergabeR 2013, 807 (812).

[173] Hessisches Vergabegesetz, bekanntgemacht als Art. 2 des Gesetzes zur Förderung der mittelständischen Wirtschaft und zur Vergabe öffentlicher Aufträge vom 25.03.2013, HessGVBl. S. 121.

Bekanntmachungen in einer speziellen Ausschreibungsdatenbank zu veröffentlichen. Daneben können Bekanntmachungen in weiteren Medien erfolgen.

4. Bereichsausnahmen

Eingeschränkt wird der Anwendungsbereich des Kartellvergaberechts schließlich **92** durch die sog. Bereichsausnahmen in §§ 100 Abs. 2–8, 100a–100c GWB.[174] Die dort enumerativ aufgezählten Aufträge erfordern keine europaweite Ausschreibung. Dies gilt etwa nach § 100b Abs. 6 GWB für konzerninterne Vergaben im Sektorenbereich.[175] Hier können vergaberechtsfrei Beschaffungen z. B. durch Mutterunternehmen für Tochterunternehmen erfolgen.

III. Vergabegrundsätze

Die allgemeinen Grundsätze des Vergabeverfahrens[176] sind in § 97 GWB geregelt. **93** Sie waren vor Einfügung des Kartellvergaberechts in das GWB weitgehend schon in den Verdingungsordnungen enthalten, gehen diesen aber nunmehr im Konfliktfall als höherrangiges Recht vor. Auf ihre Einhaltung besteht gemäß § 97 Abs. 7 GWB ein *Rechtsanspruch der Bieter*.[177]

Hinweis	**94**

Art. 18 VRL 2014 und Art. 36 SRL 2014 ergänzen die in § 97 GWB enthaltenen Grundsätze der Auftragsvergabe um den Grundsatz der Verhältnismäßigkeit sowie eine sog. horizontale Klausel, die auf die Einhaltung von Umwelt-, Arbeits- und Sozialstandards zielt (→ Rn. 127).

1. Wettbewerb und Transparenz (§ 97 Abs. 1 GWB)

Nach § 97 Abs. 1 GWB beschaffen öffentliche Auftraggeber Waren, Bau- und **95** Dienstleistungen im Wettbewerb und im Wege transparenter Vergabeverfahren. Das *Wettbewerbsprinzip* soll eine breite Beteiligung der Wirtschaft an der Versorgung

---

[174] Zu den Ausnahmetatbeständen in §§ 100, 100a siehe *Aicher*, Die Ausnahmetatbestände, in: Müller-Wrede, Kompendium, Kap. 11.

[175] Näher *Egger*, In-house-Vergabe und Vergabe an konzernverbundene Unternehmen, in: Müller-Wrede, Kompendium, Kap. 8 Rn. 5 ff.

[176] Siehe dazu auch *Aicher*, Die Verfahrensgrundsätze des § 97 Abs. 1, 2 GWB, in: Müller-Wrede, Kompendium, Kap. 12; *Burgi*, NZBau 2008, 29; *Frenz*, VergabeR 2011, 13.

[177] Siehe dazu etwa *Knauff*, in: Müller-Wrede, GWB-Vergaberecht, § 101 Rn. 3; *F. Wollenschläger*, in: Terhechte, § 19 Rn. 65.

öffentlicher Institutionen und Unternehmen gewährleisten.[178] Ausfluss des Wettbewerbsprinzips ist der grundsätzliche Vorrang des offenen Verfahrens nach § 101
Abs. 7 S. 1 GWB (→ Rn. 131).

96   Nicht verkannt werden darf jedoch in diesem Zusammenhang, dass es jeder Vergabestelle freisteht, die auszuschreibende Leistung nach ihren individuellen Vorstellungen zu bestimmen und nur in dieser Gestalt den Wettbewerb zu eröffnen.[179]
Der Auftraggeber hat stets das *Leistungsbestimmungsrecht*. Das Vergaberecht regelt
nicht, was der öffentliche Auftraggeber zu beschaffen hat, sondern nur die Art und
Weise der Beschaffung.

97   Allerdings unterliegt auch die Bestimmungsfreiheit des Auftraggebers bezüglich des Beschaffungsgegenstands im Interesse des Wettbewerbsschutzes und der
effektiven Durchsetzung der Warenverkehrsfreiheit im europäischen Binnenmarkt
bestimmten, durch das Vergaberecht gezogenen Grenzen. So schreiben etwa § 8
Abs. 7 VOL/A-EG und § 7 Abs. 8 VOB/A-EG vor, dass der Auftraggeber grundsätzlich in technischen Anforderungen nicht auf eine bestimmte Produktion oder
Herkunft oder ein besonderes Verfahren verweisen darf, wenn dadurch Unternehmen oder Produkte ausgeschlossen oder begünstigt werden. Etwas anderes gilt aber,
soweit dies durch den Auftragsgegenstand sachlich gerechtfertigt ist, wenn vom
Auftraggeber dafür nachvollziehbare, objektive und auftragsbezogene Gründe angegeben und andere Wirtschaftsteilnehmer nicht diskriminiert werden.[180]

Beispiel

Eine Fachhochschule darf ohne vorherige Ausschreibung Verwaltungssoftware
von dem Entwickler bisher verwendeter Software beschaffen, wenn anderenfalls die bisherige Softwareinfrastruktur aufwändig angepasst oder ausgetauscht
werden müsste. Unzulässige Einschränkungen des Wettbewerbs sind dagegen
beispielsweise die Verengung der Leistungsbeschreibung auf bestimmte herstel-
ler- oder markenbezogene Produkte[181] sowie die Begrenzung auf Teilnehmer aus
einer bestimmten Region[182].

---

98   Das *Transparenzgebot* verlangt insbesondere die ausreichende Bestimmtheit der
Ausschreibung sowie die vollständige Dokumentation des Vergabeverfahrens.[183]

---

[178] Vgl. BT-Drs. 13/9340, S. 14.

[179] OLG Jena, NZBau 2006, 735 (736); NZBau 2007, 730 (731).

[180] OLG Düsseldorf, NZBau 2013, 650 (651 f.); OLG Karlsruhe, Beschl. v. 15.11.2013 – 15 Verg
5/13, juris, Rn. 104.

[181] Vgl. VÜA Bund, WuW/E Verg 63 (64 f.); VÜA Bay, WuW/E Verg 66 (67 f.).

[182] Vgl. BayObLG, WuW/E Verg 325 (328 f.).

[183] Vgl. EuGH, Rs. C-423/07, Slg. 2010, I-3429 – Autobahn A6. Zu den Dokumentations- und
Informationspflichten des Auftraggebers siehe auch *Knauff*, Dokumentations- und Informationspflichten, in: Müller-Wrede, Kompendium, Kap. 24.

Ersteres wird durch die verbindliche Vorgabe von Standardformularen für die Veröffentlichung von Vergabebekanntmachungen[184] sichergestellt.

Ausfluss des Transparenzgebots ist u. a., dass der Auftraggeber vor der Ausschreibung die sog. *Vergabe- oder Ausschreibungsreife*[185] herstellen muss. Er darf erst ausschreiben, wenn alle Vergabeunterlagen fertig gestellt und sowohl die rechtlichen als auch die tatsächlichen Voraussetzungen für den Beginn der Leistungsausführung gegeben sind, so dass innerhalb eines überschaubaren Zeitraums ein Zuschlag erfolgen und mit der Ausführung des Auftrags innerhalb der in der Ausschreibung genannten Fristen begonnen werden kann (vgl. auch § 2 Abs. 5 VOB/A-EG). Das Erfordernis der Vergabereife dient dem Schutz der Bieter davor, sich an Angebotspreise zu binden, die im Falle einer durch mangelhafte Vorbereitung des Verfahrens durch den Auftraggeber verursachten Verzögerung nicht mehr kostendeckend sind. Mehrkosten, die infolge von Verzögerungen während des laufenden Vergabeverfahrens eintreten, sind vom Auftraggeber zu tragen.[186]

Ferner hat der Auftraggeber das *Gebot der eindeutigen und erschöpfenden Leistungsbeschreibung*[187] zu beachten. Es verlangt, dass alle Bedingungen und Modalitäten des Vergabeverfahrens klar, präzise und eindeutig in der Vergabebekanntmachung formuliert werden, so dass zum einen alle gebührend informierten und mit der üblichen Sorgfalt handelnden Bieter die genaue Bedeutung dieser Bedingungen und Modalitäten verstehen und sie in gleicher Weise auslegen können und zum anderen der Auftraggeber tatsächlich überprüfen kann, ob die Angebote der Bieter die für den betreffenden Auftrag geltenden Kriterien erfüllen.[188] Eine Angebotskalkulation darf den Bietern nicht erst nach umfangreichen Vorarbeiten und Recherchen möglich sein.[189] Die Vergabeunterlagen sind nach dem objektiven Empfängerhorizont auszulegen (§§ 133, 157 BGB).[190] Widersprüche und mehrdeutige Klauseln gehen dabei zulasten der Vergabestelle und können nicht nur zur gerichtlichen Aufhebung einer Vergabeentscheidung, sondern auch zu Schadensersatzansprüchen eines übergangenen Bieters führen.[191] Den Bietern obliegt jedoch bei für sie erkennbaren Un-

99

100

---

[184] Siehe die DurchführungsVO (EU) Nr. 842/2011 der Kommission vom 19.08.2011 zur Einführung von Standardformularen für die Veröffentlichung von Vergabebekanntmachungen auf dem Gebiet der öffentlichen Aufträge und zur Aufhebung der VO (EG) Nr. 1564/2005, ABl. EU L 222/1.

[185] Siehe dazu OLG Düsseldorf, NZBau 2014, 121 (122 f.); *Niestedt/Eichler*, in: Montag/Säcker, vor §§ 97 ff. GWB Rn. 168; *Wagner-Cardenal/Scharf/Dierkes*, NZBau 2012, 74 (75 f.).

[186] Siehe zu diesem sog. Vergabeverfahrensrisiko des Auftraggebers *Leinemann*, NJW 2010, 471.

[187] Siehe etwa § 7 Abs. 1 SektVO und § 8 Abs. 1 VOL/A-EG; *Niestedt/Eichler*, in: Montag/Säcker, vor §§ 97 ff. GWB Rn. 206 ff.

[188] EuGH, Rs. C-496/99, Slg. 2004, I-3801, Rn. 111 – CAS Succhi di Frutta; Rs. C-368/10, EU:C:2012:284, Rn. 109 – Kommission/Niederlande, m. Anm. *Rosenkötter*, NVwZ 2012, 867 (874).

[189] OLG Düsseldorf, Beschl. v. 12.10.2011 – VII Verg 46/11, juris, Rn. 71; *Prieß*, in: Kulartz/Marx/Portz/ders., VOL/A, 2. Aufl. 2011, § 8 VOL/A-EG Rn. 18.

[190] BGHZ 124, 64 (67); 186, 295 (306); VergabeR 2008, 782 (783); VergabeR 2013, 208 (209); VergabeR 2013, 434 (436); VergabeR 2014, 149 (153).

[191] BGH, NZBau 2012, 513 (513); VK Bund, Beschl. v. 24.04.2012 – VK 2-169/11, juris, Rn. 134.

klarheiten in der Leistungsbeschreibung nach der Rechtsprechung eine Obliegenheit, gegenüber der Vergabestelle auf eine Klärung hinzuwirken. Die Vergabestelle ist gehalten, entsprechende Rückfragen der Bieter zu beantworten und die Antwort auch allen anderen Bietern zugänglich zu machen.[192] Ein Anspruch auf lückenlose Unterrichtung über den Verfahrensfortgang oder ein Einsichtsrecht in die auch alle anderen Angebote enthaltenden Vergabeakten lässt sich aus dem Transparenzgebot dagegen nicht herleiten.[193]

101   Um die Transparenz der Vergabeverfahren sicherzustellen, sind *Änderungen* der Bestimmungen eines öffentlichen Auftrags während seiner Geltungsdauer als ausschreibungspflichtige Neuvergabe anzusehen, wenn sie wesentlich andere Merkmale aufweisen als der ursprüngliche Auftrag und damit den Willen der Parteien zur Neuverhandlung wesentlicher Bestimmungen dieses Vertrages erkennen lassen. Dies ist nach der Rechtsprechung des EuGH[194] in drei Fällen anzunehmen:

- wenn die Änderung Bedingungen einführt, die die Zulassung anderer als der ursprünglich zugelassenen Bieter oder die Annahme eines anderen als des ursprünglich angenommenen Angebots erlaubt hätten, wenn sie Gegenstand des ursprünglichen Vergabeverfahrens gewesen wären;
- wenn sie den Auftrag in größerem Umfang auf ursprünglich nicht vorgesehene Leistungen erweitert;
- wenn sie das wirtschaftliche Gleichgewicht des Vertrages in einer im ursprünglichen Auftrag nicht vorgesehenen Weise zugunsten des Auftragnehmers ändert.

Bei einer nach diesen Maßstäben unzulässigen, nachträglichen Vertragsänderung ist diese mangels Ausschreibung nichtig und für die Änderung eine neue Ausschreibung durchzuführen.

102 ▶   **Beachte** Art. 72 VRL 2014, Art. 89 SRL 2014 und Art. 43 KRL regeln, unter welchen Umständen Auftragsänderungen ohne Durchführung eines neuen Vergabeverfahrens erfolgen können. Dies ist etwa der Fall, wenn der Wert der Änderung bei Liefer- und Dienstleistungsaufträgen 10 % bzw. bei Bauaufträgen 15 % des ursprünglichen Auftragswerts sowie den jeweils einschlägigen Schwellenwert nicht übersteigt.

---

[192] OLG Schleswig, NZBau 2011, 375 (379 f.); OLG Frankfurt a. M., VergabeR 2014, 62 (72).
[193] VK Bund, WuW/E Verg 218 (218 f.).
[194] EuGH, Rs. C-454/06, Slg. 2008, I-4401, Rn. 34 ff. – Pressetext; Rs. C-91/08, Slg. 2010, I-2815, Rn. 38 f. – Wall; siehe auch OLG Brandenburg, ZfBR 2011, 383 (387); OLG Celle, NZBau 2010, 194 (195); OLG Düsseldorf, NZBau 2012, 50 (53); *Malmendier/Wild*, VergabeR 2014, 12.

2. Gleichbehandlungsgebot (§ 97 Abs. 2 GWB)

Gemäß § 97 Abs. 2 GWB ist der öffentliche Auftraggeber dazu verpflichtet, alle **103** Teilnehmer des Vergabeverfahrens gleich zu behandeln.[195] Das Gleichbehandlungsgebot muss in allen Phasen des Vergabeverfahrens beachtet werden.[196] Es gebietet zwingend den Ausschluss von Wettbewerbern, bei denen gesetzliche Ausschlussgründe[197] vorliegen, oder den Ausschluss formal fehlerhafter Angebote aus dem Vergabeverfahren, und verbietet kehrseitig den Verzicht auf die Einhaltung der in der Leistungsbeschreibung vorgegebenen Standards gegenüber einzelnen Bietern.[198]

Ein Bieter, dessen Angebot zu Recht ausgeschlossen wird, kann auch dann in seinen **104** Rechten nach § 97 Abs. 7 GWB verletzt sein, wenn ein anderes Angebot unter Missachtung von Bestimmungen über das Vergabeverfahren nicht ausgeschlossen wird und den Zuschlag erhalten soll.[199]

3. Neutralitätsgebot

In engem Zusammenhang mit dem Wettbewerbsprinzip, dem Transparenzgebot **105** und dem Gleichbehandlungsgebot steht das *Neutralitätsgebot*[200], wonach es keine Verflechtungen und Nähebeziehungen zwischen Vergabestelle und Wettbewerbsteilnehmern geben darf. In den Vergabeverordnungen[201] ist dazu geregelt, welche Personen auf Seiten des Auftraggebers als voreingenommen gelten und daher am Vergabeverfahren nicht mitwirken dürfen, es sei denn, dass sich deren Tätigkeiten im Einzelfall nicht auf die Entscheidungen in dem Vergabeverfahren auswirken können. Zur Sicherung eines unverfälschten Wettbewerbs sind die Vorschriften weit auszulegen.[202] Das Mitwirkungsverbot gilt auch für Entscheidungen im Vorfeld eines Vergabeverfahrens, insbesondere für die Ausarbeitung der Leistungsbeschrei-

---

[195] EuGH, Rs. C-470/99, Slg. 2002, I-11617, Rn. 93 – Universale-Bau; Rs. C-213/07, Slg. 2008, I-9999, Rn. 44 f. – Michaniki; Rs. C-199/07, Slg. 2009, I-10669, Rn. 37.

[196] EuGH, Rs. C-470/99, Slg. 2002, I-11617, Rn. 93 – Universale-Bau; BGHZ 169, 131 (148).

[197] Nach §§ 21 SektVO, 6 Abs. 4 VOB/A-EG und VOL/A-EG sind Unternehmen von der Teilnahme an einem Vergabeverfahren wegen Unzuverlässigkeit auszuschließen, wenn eine Person, deren Verhalten dem Unternehmen zuzurechnen ist, rechtskräftig wegen bestimmter Straftaten, z. B. Bestechung, Betrug oder Geldwäsche, verurteilt worden ist. Nach der Reform des EU-Vergaberechts soll künftig ein Ausschluss auch auf Verstöße gegen umwelt- und sozialrechtliche Verpflichtungen oder die Nichtabführung von Steuern und Sozialversicherungsbeiträgen gestützt werden können, siehe Erwägungsgründe Nr. 100 und 101 zur VRL 2014.

[198] OLG Frankfurt a. M., VergabeR 2014, 62 (71).

[199] BGHZ 169, 131 (147 f.).

[200] So *Bechtold*, § 97 GWB Rn. 14.

[201] Vgl. § 16 VgV, § 42 VSVgV.

[202] OLG München, NZBau 2013, 661 (663).

bung, um zu verhindern, dass diese von vornherein auf einen bestimmten Bieter zugeschnitten wird.[203]

4. Mittelstandsschutz (§ 97 Abs. 3 GWB)

106   Mittelständische Interessen sind nach § 97 Abs. 3 S. 1 GWB bei der Vergabe vornehmlich zu berücksichtigen.[204] Leistungen sind nach § 97 Abs. 3 S. 2 GWB grundsätzlich in der Menge aufgeteilt (*Teillose*) und getrennt nach Art oder Fachgebiet (*Fachlose*) zu vergeben, damit sie auch durch KMU erbracht werden können. Mehrere Teil- oder Fachlose dürfen zwar nach § 97 Abs. 3 S. 3 GWB zusammen vergeben werden, wenn wirtschaftliche oder technische Gründe dies erfordern. Eine Gesamtvergabe darf jedoch nur in Ausnahmefällen stattfinden, weil grundsätzlich davon auszugehen ist, dass der Wettbewerb i. S. d. § 97 Abs. 1 GWB durch die Bildung von Losen gefördert wird.[205] Der mit einer Teil- oder Fachlosvergabe allgemein verbundene Ausschreibungs-, Prüfungs- und Koordinierungsmehraufwand sowie ein höherer Aufwand bei Gewährleistungen können eine Loslimitierung für sich allein nicht rechtfertigen. Grund für eine Gesamtvergabe kann jedoch z. B. sein, eine unwirtschaftliche Zersplitterung der Auftragsvergabe zu vermeiden.[206]

107   Da der konkrete Beschaffungsgegenstand durch den Auftraggeber bestimmt wird (→ Rn. 96), scheidet eine Losaufteilung immer dort aus, wo sie für das konkret vom Auftraggeber ins Auge gefasste Projekt z. B. aufgrund dessen Komplexität oder Umfang keinen Sinn macht.[207] Auftraggeber sind allerdings verpflichtet, den Grund für eine Gesamtvergabe nachvollziehbar zu dokumentieren.[208] Ferner haben öffentliche Auftraggeber nach § 97 Abs. 3 S. 4 GWB Auftragnehmer bei der Auftragsvergabe zu verpflichten, bei der Vergabe von Unteraufträgen ihrerseits die Anforderungen der § 97 Abs. 3 S. 1–3 GWB einzuhalten.

5. Eignungskriterien (§ 97 Abs. 4 S. 1 GWB)

108   Gemäß § 97 Abs. 4 S. 1 GWB werden Aufträge an fachkundige, leistungsfähige sowie gesetzestreue und zuverlässige Unternehmen vergeben. Bei diesen Eignungskriterien handelt es sich um unbestimmte Rechtsbegriffe, die dem Auftraggeber eine Prognose abverlangen, ob vom künftigen Auftragnehmer die ordnungsgemäße Erfüllung der vertraglichen Verpflichtungen erwartet werden kann. „Dem öffentlichen

---

[203] VK Bund, Beschl. v. 24.04.2012 – VK 2-169/11, juris, Rn. 144.

[204] Siehe dazu *Ziekow*, GewArch 2013, 417.

[205] BGHZ 188, 200 (222 f.); OLG Düsseldorf, NZBau 2011, 369 (369 f.); *Kirchner*, VergabeR 2010, 725 (730 f.).

[206] OLG Düsseldorf, VergabeR 2012, 773 (775).

[207] OLG Celle, NZBau 2010, 715 (716); OLG Düsseldorf, NZBau 2013, 329 (331 f.).

[208] Vgl. die Begründung des Gesetzesentwurfs zur Modernisierung des Vergaberechts, BT-Drs. 16/10117, S. 15.

Auftraggeber steht dabei ein *Beurteilungsspielraum* zu, der von den Nachprüfungs-
instanzen nur darauf hin überprüft werden kann, ob das vorgeschriebene Verfahren
eingehalten worden ist, ob der Auftraggeber die von ihm selbst aufgestellten Be-
wertungsvorgaben beachtet hat, der zugrunde gelegte Sachverhalt vollständig und
zutreffend ermittelt worden ist, keine sachwidrigen Erwägungen angestellt worden
sind und nicht gegen allgemeine Bewertungsgrundsätze verstoßen worden ist."[209]

Dem Auftraggeber steht es grundsätzlich frei, wie und in welcher Tiefe er die **109**
Eignungsprüfung durchführt. Grundlage der Prognose müssen jedoch gesicherte
Erkenntnisse sein. Bei der Ermittlung des Sachverhalts, der der Eignungsbeurtei-
lung zugrunde zu legen ist, muss der öffentliche Auftraggeber zunächst von den
vom Bieter selbst eingereichten Unterlagen, etwa Referenzen über die Erbringung
vergleichbarer Leistungen, ausgehen. Vergleichbar ist eine Leistung dabei bereits
dann, wenn sie der ausgeschriebenen Leistung ähnelt.[210] Die nachträgliche Änderung eines von einem Bieter erbrachten Eignungsnachweises ist in der Regel unzulässig.[211]

Der Auftraggeber ist im offenen Verfahren (→ Rn. 133) an die einmal bejahte **110**
Eignung eines Bieters nicht gebunden, sondern kann seine Beurteilung aus sachlichen Gründen revidieren. Bei den anderen Verfahrensarten ist dies dagegen nicht
möglich, weil der Auftraggeber hier die Eignung der Bewerber prüfen muss, ehe er
aus deren Kreis einige zur Angebotsabgabe auffordert. Dadurch wird ein Vertrauenstatbestand für die ausgewählten Bieter darauf begründet, dass der Auftraggeber
die Eignung nicht nachträglich trotz unveränderter tatsächlicher Grundlage anders
beurteilt und so den Aufwand für die Angebotserstellung und die Teilnahme am
Wettbewerb zunichte macht.[212]

▶   **Beachte** Will ein Bieter einen Teil der ihm obliegenden Leistung durch   **111**
    Subunternehmer ausführen lassen, ist auch für diese ein Eignungsnach-
    weis zu erbringen. Fehlen einem Bieter bestimmte Eignungskriterien, ist
    eine sog. Eignungsleihe bei einem Subunternehmer möglich.[213] Umge-
    kehrt schlagen Eignungsmängel eines angegebenen Subunternehmers
    auf den Bieter durch mit der Folge, dass sein Angebot zwingend vom
    weiteren Verfahren ausgeschlossen werden muss.[214]

Ein Bewerber ist *fachkundig*, wenn er die erforderlichen Kenntnisse, Erfahrungen **112**
und Fertigkeiten für die Ausführung der Leistungen besitzt. Bei Handwerksleistun-
gen fehlt z. B. die Fachkunde, wenn der Bieter wegen fehlender Eintragung in die

---

[209] OLG Frankfurt a. M., VergabeR 2009, 629 (636).
[210] VK Nordbayern, Beschl. v. 02.10.2013 – 21.VK-3194-36/13, juris, Rn. 95 ff.
[211] OLG München, NZBau 2012, 460 (463).
[212] BGH, VergabeR 2014, 149 (154).
[213] OLG München, Beschl. v. 09.08.2012 – Verg 10/12, Rn. 77 ff.; *Niestedt/Eichler*, in: Montag/
Säcker, vor §§ 97 ff. GWB Rn. 228 ff.
[214] OLG Düsseldorf, ZfBR 2012, 179 (181).

Handwerksrolle (→ § 10 Rn. 14 ff.) gar nicht zur Ausführung der ausgeschriebenen Leistungen fähig ist.[215]

113   Die *Leistungsfähigkeit* besteht, wenn der Bewerber zum einen über das für die fach- und fristgerechte Erbringung notwendige Personal und Gerät sowie zum anderen über die zur Auftragsausführung erforderlichen finanziellen Mittel verfügt.[216]

114   Das Eignungsmerkmal der *Gesetzestreue* wurde erst im Jahr 2009 in § 97 Abs. 4 S. 1 GWB eingefügt. Es hat nach h. M. neben dem Erfordernis der Zuverlässigkeit keine eigenständige Bedeutung.[217] Umstritten ist, ob über das Erfordernis der Gesetzestreue bzw. der Zuverlässigkeit Angebote von Bietern prinzipiell ausgeschlossen werden dürfen, die z. B. allgemeinverbindliche Tarifverträge oder das Verbot von Kinder- und Zwangsarbeit nicht einhalten.[218]

115   Der Begriff der *Zuverlässigkeit* kann in Anlehnung an die gewerberechtliche Definition (→ § 9 Rn. 50 ff.) bestimmt werden, ist damit aber nicht völlig identisch. Für die Bewertung der Zuverlässigkeit im Vergabeverfahren ist maßgebend, inwieweit die Umstände die Prognose rechtfertigen, ein Bieter werde die Leistungen, die Gegenstand des Vergabeverfahrens sind, einschließlich der Gewährleistung vertragsgerecht und reibungslos erbringen. Bei der Zuverlässigkeitsprüfung muss der Auftraggeber auch das frühere Vertragsverhalten des Unternehmens berücksichtigen, um dessen Eignung es geht. Dies gilt insbesondere dann, wenn es sich um Erfahrungen des Auftraggebers mit dem Bewerber wegen desselben Auftrages handelt. Allerdings rechtfertigt aus Gründen der Verhältnismäßigkeit nicht schon jede negative Erfahrung des Auftraggebers in der Vergangenheit die Annahme mangelnder Zuverlässigkeit eines Bewerbers. Vergleichsweise kleine gerichtliche Auseinandersetzungen über Teile eines großen durchgeführten Auftrags sind unerheblich.[219]

---

116   **Hinweis**

Öffentliche Auftraggeber können nach § 97 Abs. 4a GWB *Präqualifikationssysteme* einrichten oder zulassen, mit denen die Eignung von Unternehmen zur Ausführung bestimmter Aufträge unabhängig von einem konkreten Vergabeverfahren nachgewiesen werden kann. An öffentlichen Aufträgen interessierte Unternehmen können ihre Eignung bei einer Präqualifizierungsstelle nachweisen und werden dann in ein sog. Präqualifizierungsverzeichnis aufgenommen. Der Bund hat ein Präqualifizierungsverfahren für Bauaufträge durch Erlass des

---

[215] BayObLG, GewArch 2003, 167.

[216] Vgl. *Bechtold*, § 97 GWB Rn. 32; *Bunte*, Kartellrecht, S. 435.

[217] Vgl. dazu *Fehling*, in: Pünder/Schellenberg, VergabeR, 2011, § 97 GWB Rn. 123; *Kus*, VergabeR 2010, 321.

[218] So ausdrücklich die Begründung des Gesetzesentwurfs zur Modernisierung des Vergaberechts, BT-Drs. 16/10117, S. 9; a. A. etwa *Pünder/Klafki*, NJW 2014, 429 (430).

[219] OLG Brandenburg, VergabeR 2011, 114 (118 f.); OLG Düsseldorf, Beschl. v. 04.02.2009 – VII-Verg 65/08, juris, Rn. 24; OLG Celle, BauR 2000, 1326 (1329). Nach Erwägungsgrund Nr. 101 der VRL 2014 sollen „wiederholte Fälle kleinerer Unregelmäßigkeiten" Zweifel an der Zuverlässigkeit eines Wirtschaftsteilnehmers begründen können.

BMVBS vom 16.12.2009 verbindlich eingeführt. Für den Liefer- und Dienstleistungsbereich bieten die IHKen sowie HwKen eine Präqualifizierung von Unternehmen an.

6. Ausführungsbedingungen (§ 97 Abs. 4 S. 2 und 3 GWB)

Für die Auftragsausführung können nach § 97 Abs. 4 S. 2 GWB zusätzliche Anforderungen an Auftragnehmer gestellt werden, die insbesondere *soziale, umweltbezogene oder innovative Aspekte* betreffen, wenn sie im sachlichen Zusammenhang mit dem Auftragsgegenstand stehen und sich aus der Leistungsbeschreibung ergeben.[220]   **117**

Beispiel

Der Auftraggeber kann die Beschäftigung von Auszubildenden oder Langzeitarbeitslosen bei der Ausführung des zu vergebenden Auftrags verlangen (sozialer Aspekt) oder bei der Ausschreibung von Dienstkraftfahrzeugen vorschreiben, dass der Schadstoffausstoß auf ein bestimmtes Maß begrenzt wird (umweltbezogener Aspekt) oder dass es sich um Fahrzeuge mit Brennstoffzellentechnologie handeln muss (innovativer Aspekt).

Wegen des Erfordernisses des sachlichen Zusammenhangs mit dem Auftragsgegenstand kann der europarechtlichen Terminologie folgend[221] von *Ausführungsbedingungen* gesprochen werden. Dazu gehören alle Faktoren, die mit dem konkreten Prozess der Herstellung, Bereitstellung oder Vermarktung zusammenhängen.[222] Eine Abgrenzung zu Eignungs- und Zuschlagskriterien ist wegen der jeweils geltenden, unterschiedlichen rechtlichen Maßstäbe erforderlich.   **118**

Beispiel

Im Gegensatz zu den Eignungsvoraussetzungen nach § 97 Abs. 4 S. 1 GWB, die zwingend schon in der Vergabebekanntmachung bzw. – bei nicht offenen Verfahren – in der als Aufruf zum Wettbewerb dienenden Vorinformation genannt werden müssen[223], kann die Mitteilung von Ausführungsbedingungen durch den Auftraggeber entweder in der Bekanntmachung oder in den Vergabeunterlagen (Leistungsbeschreibung) erfolgen.[224]

---

[220] Siehe insbesondere zu den Möglichkeiten und Grenzen der Implementierung ökologischer Kriterien in die Vergabeentscheidung *Diemon/Wies*, VergabeR 2010, 317; *Gaus*, NZBau 2013, 401; *Wegener*, NZBau 2010, 273.

[221] Vgl. Art. 26 VKR, Art. 38 SKR.

[222] Siehe Erwägungsgrund Nr. 104 zur VRL 2014.

[223] Vgl. Art. 26 und 44 Abs. 2 VKR.

[224] OLG Düsseldorf, NZBau 2013, 329 (330, 332).

119   Nach § 97 Abs. 4 S. 3 GWB dürfen noch *andere oder weitergehende Anforderungen* an Auftragnehmer gestellt werden, wenn dies durch Bundes- oder Landesgesetz vorgesehen ist.

> **Beispiel**
>
> Der Bund hat in § 141 SGB IX die Möglichkeit vorgesehen, Werkstätten behinderter Menschen bei der Auftragsvergabe besonders zu berücksichtigen. Ferner schreiben § 4 Abs. 4–6 und § 6 Abs. 2–4 VgV als Bestandteil der sog. Energiewende den Auftraggebern bei der Vergabe von Liefer- und Dienstleistungsaufträgen sowie Bauleistungen vor, von Auftragnehmern die Einhaltung des höchsten Leistungsniveaus an *Energieeffizienz* und die höchste Energieeffizienzklasse zu fordern.

120   Aufgrund der Ermächtigung in § 97 Abs. 4 S. 3 GWB haben nahezu alle Bundesländer in Landesvergabegesetzen eigene Anforderungen aufgestellt, die neben die bundesrechtlichen Vorgaben treten, was die Komplexität des Vergaberechts weiter erhöht. Landesrechtlich sind insbesondere Arbeitnehmerschutzbestimmungen in Form von *Tarifbindungen*[225] und (unterschiedlich hohen) *Mindestlöhnen* vorgeschrieben, deren Nichteinhaltung zum Ausschluss vom Vergabeverfahren führt. In einigen Ländern gilt zusätzlich, dass bei der Auftragsausführung keine Waren verwendet werden dürfen, die unter Missachtung der sog. Kernarbeitsnormen der International Labour Organisation (ILO), also insbesondere durch Zwangs- und Kinderarbeit, hergestellt worden sind.[226]

121   Die Vereinbarkeit derartiger Vorschriften mit dem Unionsrecht ist einzelfallbezogen zu prüfen. Während der EuGH schon früh entschied, dass vom Auftraggeber bekanntgemachte, zusätzliche Bedingungen für die Auftragsvergabe wie z. B. die Beschäftigung von Langzeitarbeitslosen zulässig sind, wenn sie weder unmittelbar noch mittelbar zu einer Diskriminierung von Bietern aus anderen Mitgliedstaaten führen[227], erklärte er vor wenigen Jahren eine Bestimmung im niedersächsischen Landesvergabegesetz, wonach Aufträge nur an Unternehmen vergeben werden dürfen, die sich schriftlich gegenüber dem Auftraggeber verpflichten, ihren Arbeitnehmern mindestens das am Ort der Ausführung des Auftrags tarifvertraglich vorgesehene Entgelt zu bezahlen, für unwirksam, weil die Entsenderichtlinie[228] Mindestlohnvorgaben nur in Form allgemeinverbindlicher Tarifverträge oder gesetzlicher

---

[225] Siehe etwa zum am 01.05.2012 in Kraft getretenen Tariftreue- und Vergabegesetz NRW *Glaser/Kahl*, ZHR 177 (2013), 643; zu den Landesvergabegesetzen in Berlin, Brandenburg, Mecklenburg-Vorpommern, Sachsen-Anhalt und Thüringen *Redmann*, LKV 2012, 295.

[226] Überblick bei *Pünder/Klafki*, NJW 2014, 429 (430 ff.).

[227] EuGH, Rs. C-31/87, Slg. 1988, 4635, Rn. 37 – Beentjes.

[228] RL 96/71/EG des Europäischen Parlaments und des Rates vom 16.12.1996 über die Entsendung von Arbeitnehmern im Rahmen der Erbringung von Dienstleistungen, ABl. EG 1997 L 18/1.

Regelungen vorsieht.[229] Zwar kann eine gesetzliche oder tarifvertragliche Mindestlohnvorgabe europarechtlich durch das Ziel des Arbeitnehmerschutzes gerechtfertigt sein. Sie ist jedoch von vornherein ungeeignet, dieses Ziel zu erreichen, wenn
sie nur für die Vergabe öffentlicher Aufträge und nicht auch für auf dem privaten
Markt tätige Arbeitnehmer gilt.[230] Ferner steht die in Art. 56 AEUV statuierte Niederlassungsfreiheit der Anwendung einer Mindestlohnvorgabe nach der Rechtsprechung des EuGH entgegen, wenn ein Bieter beabsichtigt, einen öffentlichen Auftrag
ausschließlich unter Einsatz von Arbeitnehmern aus einem anderen Mitgliedstaat
als dem, dem der öffentliche Auftraggeber angehört, auszuführen.[231]

7. Zuschlagskriterien (§ 97 Abs. 5 GWB)

Zuschlagskriterien dienen als Grundlage für die vergleichende Bewertung der Qua-   **122**
lität von Angeboten. Nach § 97 Abs. 5 GWB wird der Zuschlag auf das *wirtschaft-
lichste Angebot* erteilt. Daher sind als Zuschlagskriterien von vornherein alle Kriterien ausgeschlossen, die nicht der Ermittlung des wirtschaftlich günstigsten Angebots dienen. Insbesondere die ggf. bessere Eignung eines Unternehmens i. S. d.
§ 97 Abs. 4 S. 1 GWB darf bei der Zuschlagsvergabe grundsätzlich[232] nicht zu Un-
gunsten eines bei wirtschaftlicher Betrachtung günstigeren Angebots berücksichtigt
werden.[233] Eignungs- und Zuschlagskriterien dürfen nicht vermischt werden.[234] Die
Abgrenzung, ob es sich bei einzelnen Wertungskriterien in den Vergabeunterlagen
um Eignungs- oder Zuschlagskriterien handelt, erfolgt danach, ob diese schwerpunktmäßig mit der Beurteilung der fachlichen Eignung der Bieter für die Ausführung des betreffenden Auftrags oder mit der Ermittlung des wirtschaftlich günstigsten Angebots zusammenhängen.[235] Als Zuschlagskriterien dürfen nur Kriterien
zur Anwendung kommen, die mit dem Gegenstand des Auftrags zusammenhängen,
d. h. sich auf die Leistung beziehen, die den Gegenstand des Auftrags bildet.[236]

---

[229] EuGH, Rs. C-346/06, Slg. 2008, I-1989, Rn. 37 – Rüffert; siehe dazu statt vieler *Becker*, JZ
2008, 891; *Klumpp*, NJW 2008, 3473; *Streinz*, JuS 2008, 823.

[230] EuGH, Rs. C-346/06, Slg. 2008, I-1989, Rn. 38 ff. – Rüffert.

[231] EuGH, Rs. C-549/13, EU:C:2014:2235 – Bundesdruckerei.

[232] Zu Ausnahmen nach §§ 4 Abs. 2 S. 2–4, 5 Abs. 1 S. 2–4 VgV bei Dienstleistungen, die für den
Binnenmarkt von nachrangiger Bedeutung sind, siehe *Conrad*, DVBl. 2014, 958 (960 ff.).

[233] EuGH, Rs. C-532/06, Slg. 2008, I-251, Rn. 26 – Lianakis; Rs. C-199/07, Slg. 2009, I-10669,
Rn. 55 – Kommission/Griechenland; OLG Düsseldorf, NZBau 2009, 269 (271 f.); NZBau 2010,
649 (652).

[234] BGH, NZBau 2008, 505 (506); BGHZ 139, 273 (276); OLG Karlsruhe, Beschl. v. 20.07.2011
– 15 Verg 6/11, juris, Rn. 37 f.; OLG Celle, NZBau 2012, 198 (199); OLG Düsseldorf, VergabeR
2012, 227 (229 f.); OLG München, VergabeR 2014, 456 (461 f.).

[235] EuGH, Rs. C-199/07, Slg. 2009, I-10669, Rn. 51 – Kommission/Griechenland; OLG Celle,
NZBau 2012, 198 (199); OLG Düsseldorf, NZBau 2013, 329 (331); OLG München, VergabeR
2014, 52 (56).

[236] EuGH, Rs. C-532/06, Slg. 2008, I-251, Rn. 26 ff. – Lianakis; OLG Celle, NZBau 2012, 198
(199); OLG Düsseldorf, NZBau 2013, 329 (331).

123   Der Auftraggeber muss die Zuschlagskriterien und ihre Gewichtung in der Rei-
henfolge ihrer Bedeutung im Anschreiben zu den Vergabeunterlagen benennen, soweit dies nicht schon in der Bekanntmachung der Ausschreibung geschehen ist.[237]
Er kann dabei den niedrigsten Preis als alleiniges Zuschlagskriterium vorgeben.
Die Wirtschaftlichkeit eines Angebotes sollte sich jedoch nach dem *besten Preis-
Leistungs-Verhältnis* bestimmen.[238] Neben dem Preis können in diesem Fall auch
auftragsbezogene Kriterien wie Lieferfrist bzw. Ausführungsdauer, Betriebskosten,
Rentabilität, Qualität, Ästhetik, Umwelteigenschaften oder technischer Wert berücksichtigt werden.[239] Auch die Energieeffizienz ist im Rahmen der Ermittlung
des wirtschaftlichsten Angebots als Zuschlagskriterium angemessen zu berücksichtigen.[240] Dasselbe gilt grundsätzlich[241] für den Energieverbrauch und die Umweltauswirkungen bei der Beschaffung von Straßenfahrzeugen.[242]

124   Der EuGH hat zugelassen, dass öffentliche Auftraggeber bei der Ermittlung des
wirtschaftlichsten Angebots Umweltschutzkriterien berücksichtigen dürfen, sofern
diese mit dem Gegenstand des Auftrags zusammenhängen, dem Auftraggeber keine unbeschränkte Entscheidungsfreiheit einräumen, ausdrücklich im Leistungsver-
zeichnis oder in der Bekanntmachung des Auftrags genannt sind und alle wesentlichen Grundsätze des Unionsrechts, insbesondere das Diskriminierungsverbot,
beachtet werden.[243]

> **Beispiel**
>
> Es ist zulässig, im Rahmen der Beurteilung des wirtschaftlich günstigsten Ange-
> bots für die Vergabe eines Auftrags über die Lieferung von Strom ein Kriterium
> festzulegen, das die Lieferung von Strom aus erneuerbaren Energieträgern ver-
> langt.[244]

125   Bei Beachtung der Bestimmungen des Unionsrechts sind die öffentlichen Auftrag-
geber nicht nur bei der Auswahl der Zuschlagskriterien frei, sondern auch bei deren
Gewichtung, sofern diese eine Gesamtwürdigung der Kriterien ermöglicht, die der
Ermittlung des wirtschaftlich günstigsten Angebots dienen.

126   Auftraggeber müssen allerdings bei Anwendung des Zuschlagskriteriums des
wirtschaftlichsten Angebots anderen Wirtschaftlichkeitsmerkmalen neben dem

---

[237] Vgl. EuGH, Rs. C-19/00, Slg. 2001, I-7725 (7755) – SIAC Construcion.

[238] Siehe Erwägungsgrund Nr. 89 der VRL 2014.

[239] Vgl. § 29 Abs. 2 SektVO, § 16 Abs. 7 VOB/A-EG, § 19 Abs. 9 VOL/A-EG, § 11 Abs. 5 VOF.

[240] Vgl. §§ 4 Abs. 6b, 6 Abs. 6 VgV.

[241] Zu Ausnahmen siehe § 4 Abs. 10 VgV.

[242] Vgl. §§ 4 Abs. 7–9 VgV, 7 Abs. 5 und 7 SektVO.

[243] EuGH, Rs. C-513/99, Slg. 2002, I-7213, Rn. 69 – Concordia Bus Finland; siehe dazu *P. M. Huber/F. Wollenschläger*, WiVerw 2005, 212.

[244] EuGH, Rs. C-448/01, Slg. 2003, I-14527, Rn. 30 ff. – EVN und Wienstrom; Rs. C-368/10, EU:C:2012:284, Rn. 91 – Kommission/Niederlande, m. Anm. *Rosenkötter*, NVwZ 2012, 867 (874).

Preis ein angemessenes Gewicht einräumen. Eine Festlegung und Gewichtung von Zuschlagskriterien, bei denen Wirtschaftlichkeitskriterien neben dem Angebotspreis nur eine marginale Rolle spielen bzw. der Preis eine übermäßige Bedeutung einnimmt, kann gegen das Wirtschaftlichkeitsprinzip nach § 97 Abs. 5 GWB verstoßen.[245]

> **Beispiel**
>
> Wenn der Auftraggeber als Zuschlagskriterium das wirtschaftlichste Angebot vorschreibt, ist eine Gewichtung des Preises mit 95 % unzulässig, weil anderen Kriterien dann nur noch eine Alibifunktion zukommt.[246] Dagegen wurde eine Gewichtung des Preises mit 90 % und des technischen Werts mit 10 % als zulässig angesehen.[247]

Art. 18 Abs. 2 VRL 2014 und Art. 36 Abs. 2 SRL 2014 begründen darüber hinaus **127** die Verpflichtung der Mitgliedstaaten, durch geeignete Maßnahmen für die Einhaltung aller am jeweiligen Ort der Ausführung des Auftrags geltenden und mit dem Unionsrecht in Einklang stehenden, umwelt-, sozial- und arbeitsrechtlichen Verpflichtungen zu sorgen (sog. *horizontale Klausel*). Die Nichteinhaltung der einschlägigen Verpflichtungen kann nach Art. 57 Abs. 4 lit. a VRL 2014, Art. 76 Abs. 6 SRL 2014 mit dem Ausschluss des betroffenen Bieters vom Verfahren sanktioniert werden. Angebote für Waren, Bau- oder Dienstleistungen, deren ungewöhnlich niedriger Preis nachweisbar auf Verstöße gegen geltende Umwelt-, Arbeitsschutz- und Sozialstandards zurückgeht, müssen nach Art. 69 Abs. 3 VRL 2014, Art. 84 Abs. 3 SRL 2014 künftig sogar zwingend ausgeschlossen werden. Ferner schreiben Art. 67 Abs. 2 VRL 2014, Art. 82 Abs. 2 SRL 2014 vor, dass das Zuschlagskriterium des wirtschaftlich günstigsten Angebots auch unter Einbeziehung umweltbezogener und/oder sozialer Aspekte, die mit dem jeweiligen Auftragsgegenstand in Verbindung stehen, zu bestimmen ist.

> **Beispiel**
>
> Eine Gemeinde, die Schulbusse erwirbt, darf ihre Zuschlagsentscheidung nach den Kriterien Kraftstoffverbrauch, Wartungsbedarf und Lebensdauer treffen, auch wenn dadurch der Zuschlag nicht auf das Angebot mit dem niedrigsten Preis erteilt wird. Ebenso zulässig ist danach die Erteilung des Zuschlags an denjenigen Bieter, der bei der Ausführung des konkreten Auftrags die meisten benachteiligten Arbeitnehmer (z. B. Schwerbehinderte oder Langzeitarbeitslose) beschäftigt oder umweltfreundliche Technologien und Substanzen verwendet.

---

[245] OLG Düsseldorf, VergabeR 2013, 599 (603).
[246] OLG Düsseldorf, NZBau 2014, 121 (124).
[247] VK Bund, Beschl. v. 14.01.2014 – VK 2 – 118/13, juris, Rn. 71 ff.

128   Öffentliche Auftraggeber haben danach u. a. die Möglichkeit, ihre Vergabeentscheidung nach den Lebenszykluskosten der angebotenen Produkte zu treffen und einem
Angebot auf dieser Grundlage den Zuschlag zu erteilen, selbst wenn das angebotene Produkt einen höheren Anschaffungspreis hat als Konkurrenzprodukte. Es muss
sich jedoch stets um Kriterien handeln, die im *sachlichen Zusammenhang mit dem
konkreten Auftragsgegenstand* stehen (vgl. § 97 Abs. 4 S. 2 GWB). Auftraggeber
dürfen Bewerbern und Bietern daher auch nach dem neuen EU-Vergaberecht keine allgemeine, auftragsunabhängige Unternehmens- und Geschäftspolitik wie z. B.
eine Frauenquote in Leitungsgremien oder die dauerhafte Beschäftigung von Langzeitarbeitslosen vorschreiben.[248]

129   Bei vom Auftraggeber vorgegebenen, qualitativen Zuschlagskriterien ist stets
darauf zu achten, dass diese dem Transparenzgebot genügen.

Beispiel

Die Bedingungen, dass Bieter die „Kriterien der Nachhaltigkeit der Einkäufe
und des gesellschaftlich verantwortlichen Verhaltens einhalten", und in ihrem
Angebot angeben, wie sie „zur Verbesserung der Nachhaltigkeit des Kaffee-
markts und einer umwelttechnisch, sozial und wirtschaftlich verantwortlichen
Kaffeeproduktion beitragen", weisen nach Ansicht des EuGH nicht das nach
dem Transparenzgebot erforderliche Maß an Klarheit, Präzision und Eindeutig-
keit auf und wurden daher als unzulässig beurteilt.[249]

IV. Vergabearten

130   Nach § 101 Abs. 1 GWB ist zwischen vier Arten der Vergabe zu unterscheiden,
nämlich offenen Verfahren (§ 101 Abs. 2 GWB), nicht offenen Verfahren (§ 101
Abs. 3 GWB), Wettbewerblichem Dialog (§ 101 Abs. 4 GWB) und Verhandlungsverfahren (§ 101 Abs. 5 GWB). Künftig hinzu kommt die europarechtlich neu eingeführte Innovationspartnerschaft.

131   Nach § 101 Abs. 7 S. 1 GWB haben öffentliche Auftraggeber grundsätzlich das
offene Verfahren anzuwenden (*Grundsatz des Vorrangs des offenen Verfahrens*),
weil dieses prinzipiell am besten geeignet ist, einen möglichst breiten Wettbewerb
zu schaffen und dadurch die sparsame und wirtschaftliche Verwendung öffentlicher Mittel sicherzustellen.[250] Sektorenauftraggeber i. S. v. § 98 Nr. 4 GWB haben dagegen gemäß § 101 Abs. 7 S. 2 GWB die freie Wahl zwischen dem offenen
Verfahren, dem nicht offenen Verfahren und dem Verhandlungsverfahren jeweils

---

[248] Siehe Erwägungsgrund Nr. 97 der VRL 2014.

[249] EuGH, Rs. C-368/10, EU:C:2012:284, Rn. 110 ff. – Kommission/Niederlande, m. Anm. *Rosenkötter*, NVwZ 2012, 867 (874).

[250] OVG RP, Urt. v. 25.09.2012 – 6 A 10478/12, juris, Rn. 40; *Knauff*, in: Müller-Wrede, GWB-
Vergaberecht, § 101 Rn. 62; *F. Wollenschläger*, in: Terhechte, § 19 Rn. 33.

mit öffentlicher Vergabebekanntmachung.[251] Ein Verhandlungsverfahren ohne Bekanntmachung ist jedoch nur in den in § 6 Abs. 2 SektVO enumerativ genannten Ausnahmefällen zulässig. Bei der Vergabe von verteidigungs- und sicherheitsrelevanten Aufträgen besteht ein Wahlrecht des Auftraggebers zwischen dem nicht offenen Verfahren und dem Verhandlungsverfahren (§ 101 Abs. 7 S. 3 GWB). Die Wahl eines unzulässigen Vergabeverfahrens durch den Auftraggeber stellt einen Verfahrensfehler dar, der von unterlegenen Bietern im Rahmen eines Nachprüfungsverfahrens (→ Rn. 150) angegriffen werden kann.[252]

Hinweis   **132**

Bei der Vergabe von Konzessionen wird den Mitgliedstaaten durch die neue KRL künftig weitgehende Flexibilität eingeräumt. Nach Art. 30 Abs. 1 KRL können Auftraggeber das Verfahren zur Auswahl eines Konzessionsnehmers frei gestalten und sind dabei lediglich an die in Art. 3 KRL kodifizierten Grundsätze der Gleichbehandlung, Nichtdiskriminierung und Transparenz gebunden.

---

1. Offene Verfahren

Offene Verfahren sind gemäß § 101 Abs. 2 GWB Verfahren, in denen eine unbe-   **133** schränkte Anzahl von Unternehmen durch eine sog. Vergabebekanntmachung öffentlich zur Abgabe von Angeboten aufgefordert wird.[253] Alle an der Auftragsvergabe interessierten Unternehmen haben das Recht, die Verdingungsunterlagen bei der Vergabestelle anzufordern und ein Angebot abzugeben. Eine Vorauswahl unter den Bewerbern durch den Auftraggeber ist nicht möglich, so dass die Zahl der eingehenden Angebote sehr hoch sein kann. Das offene Verfahren sichert in besonderem Maße die Verwirklichung der europäischen Grundfreiheiten ab, weil es den deutschen Vergabemarkt für Anbieter aus anderen EU-Mitgliedstaaten öffnet.[254]

2. Nicht offene Verfahren

Bei *nicht offenen Verfahren* wird gemäß § 101 Abs. 3 GWB zwar zunächst öffent-   **134** lich zur Teilnahme aufgefordert. Dieser sog. vorherige öffentliche Teilnahmewettbewerb dient jedoch nur der Markterkundung. Danach kann der Auftraggeber den Teilnehmerkreis begrenzen und aus dem Bewerberkreis nur eine beschränkte Anzahl von Unternehmen (mindestens jedoch fünf) zur Angebotsabgabe auffordern.

---

[251] Gewählt wird in der Regel das Verhandlungsverfahren, insbesondere wegen des geringeren Aufwandes bei der Bekanntmachung; vgl. *Bunte*, Kartellrecht, S. 439.

[252] *Niestedt/Eichler*, in: Montag/Säcker, vor §§ 97 ff. GWB Rn. 189.

[253] Zum Ablauf im Einzelnen siehe *F. Wollenschläger*, in: Terhechte, § 19 Rn. 34 ff.

[254] *Knauff*, in: Müller-Wrede, GWB-Vergaberecht, § 101 Rn. 8 ff.

135 **Hinweis**

Das nicht offene Verfahren kann z. B. für die Vergabe von Bauleistungen oberhalb des Schwellenwerts gewählt werden, wenn die Bearbeitung von Angeboten wegen der Eigenart der Leistung einen außergewöhnlich hohen Aufwand
erfordert, wenn die ausgeschriebene Leistung nach ihrer Eigenart nur von einem
beschränkten Kreis von Unternehmen ausgeführt werden kann, besonders wenn
außergewöhnliche Zuverlässigkeit oder Leistungsfähigkeit (z. B. Erfahrung,
technische Einrichtungen oder fachkundige Arbeitskräfte) erforderlich ist, oder
wenn ein offenes Verfahren aufgehoben wurde oder sich als von vornherein un-
zweckmäßig darstellt.[255]

136 Das nicht offene Verfahren kommt dem offenen Verfahren insoweit nahe, als sich
der Auftraggeber durch den Teilnahmewettbewerb einen umfassenden Überblick
über die in Betracht kommenden Bewerber verschaffen kann. Da die Beteiligung
an einem Teilnahmewettbewerb zudem für die Bewerber mit einem erheblich geringeren Aufwand verbunden ist als die Beteiligung an einem offenen Verfahren, weil
zunächst kein Angebot ausgearbeitet werden muss, kann das nicht offene Verfahren
mit vorherigem öffentlichem Teilnahmewettbewerb dazu führen, dass besonders
geeignete und günstige Anbieter, die den Aufwand eines offenen Verfahrens ge-
scheut hätten, sich am Teilnahmewettbewerb beteiligen und zur Abgabe eines Angebotes aufgefordert werden.[256] Daher wird das nicht offene Verfahren in der Praxis
von öffentlichen Auftraggebern recht häufig durchgeführt.

3. Wettbewerblicher Dialog

137 Ein *Wettbewerblicher Dialog* nach § 101 Abs. 4 GWB ist ein Verfahren zur Vergabe
besonders komplexer Aufträge, das nur Auftraggebern nach § 98 Nr. 1–3 GWB,
soweit sie nicht im Sektorenbereich tätig sind, sowie Auftraggebern nach § 98 Nr. 5
GWB zur Verfügung steht. Eine besondere Komplexität liegt vor, wenn der Auftraggeber objektiv nicht in der Lage ist, die Mittel zur Befriedigung seines Bedarfs
zu definieren oder zu beurteilen, was der Markt an technischen, finanziellen oder
rechtlichen Lösungen zu bieten hat.[257] Dies kann etwa bei innovativen Projekten,
bei der Realisierung großer, integrierter Verkehrsinfrastrukturprojekte oder bei Projekten mit einer komplex strukturierten Finanzierung der Fall sein.[258]

138 Der wesentliche Unterschied zu den anderen Vergabearten besteht darin, dass
seitens des Auftraggebers in der Ausschreibung noch keine konkrete Leistungsbeschreibung, sondern lediglich ein Bedarf vorgegeben werden kann. Die Leistungsbeschreibung wird erst in der nachfolgenden sog. Dialogphase mit den vom Auf-

---

[255] Siehe § 3 Abs. 3 VOB/A-EG.

[256] OVG RP, Urt. v. 25.09.2012 – 6 A 10478/12, juris, Rn. 41.

[257] Siehe § 3 Abs. 7 Nr. 1 VOB/A-EG, § 3 Abs. 7 VOL/A-EG.

[258] Siehe Erwägungsgrund Nr. 42 der VRL 2014.

traggeber ausgewählten Unternehmen (mindestens drei) erarbeitet, wenn feststeht, wie die Bedürfnisse des Auftraggebers am besten erfüllt werden können. Nach Abschluss der Dialogphase fordert der Auftraggeber die noch beteiligten Unternehmen auf, ihr endgültiges Angebot vorzulegen, aufgrund dessen dann der Zuschlag erteilt wird.[259]

4. Verhandlungsverfahren

Verhandlungsverfahren sind gemäß § 101 Abs. 5 GWB Verfahren, bei denen sich **139** der Auftraggeber mit oder ohne vorherige öffentliche Aufforderung zur Teilnahme an ausgewählte Unternehmen wendet, um mit einem oder mehreren über die Auftragsbedingungen zu verhandeln.[260]

Hinweis   **140**

Zulässigkeitsvoraussetzung für die Durchführung von Verhandlungsverfahren mit öffentlicher Vergabebekanntmachung ist bei Bauleistungen, dass entweder ein offenes oder nicht offenes Verfahren mangels zuschlagsfähiger Angebote aufgehoben wurde und die ursprünglichen Vergabeunterlagen nicht grundlegend geändert worden sind, oder die betroffenen Bauvorhaben nur zu Forschungs-, Versuchs- oder Entwicklungszwecken durchgeführt werden und nicht mit dem Ziel der Rentabilität oder der Deckung von Entwicklungskosten, oder im Ausnahmefall die Leistung nach Art und Umfang oder wegen der damit verbundenen Wagnisse nicht eindeutig und nicht so erschöpfend beschrieben werden kann, dass eine einwandfreie Preisermittlung zur Vereinbarung einer festen Vergütung möglich ist[261].

Das Verhandlungsverfahren gefährdet wegen seiner fehlenden Formalisierung die **141** Verwirklichung der Vergabegrundsätze (→ Rn. 93 ff.) in erheblichem Maße und ist für außervergaberechtliche Einflussnahmen besonders anfällig.[262] Gleichwohl sieht die EU-Vergaberechtsreform eine stärkere Anwendung von Verhandlungsverfahren mit vorherigem öffentlichem Teilnahmewettbewerb vor, um den grenzüberschreitenden Handel zu fördern. Die Mitgliedstaaten sollen schon dann wahlweise ein Verhandlungsverfahren oder einen wettbewerblichen Dialog durchführen dürfen, wenn aus ihrer Sicht nicht damit zu rechnen ist, dass offene oder nicht offene Verfahren ohne Verhandlungen zu einem zufriedenstellenden Ergebnis führen.[263] Der Vorrang des offenen Verfahrens wird dadurch in Zukunft deutlich relativiert und bei der

---

[259] Zu Einzelheiten siehe etwa *Otting/Olgemöller*, NVwZ 2011, 1225; *Knauff*, VergabeR 2004, 287; *ders.*, in: Müller-Wrede, GWB-Vergaberecht, § 101 Rn. 27 ff.

[260] Siehe dazu etwa *Dobmann*, VergabeR 2013, 175.

[261] Siehe § 3 Abs. 4 VOB/A-EG.

[262] *Knauff*, in: Müller-Wrede, GWB-Vergaberecht, § 101 Rn. 34.

[263] Siehe Erwägungsgrund Nr. 42 der VRL 2014.

Vergabe von Bau- und Dienstleistungskonzessionen sogar gänzlich aufgehoben.[264] Dagegen dürfen Verhandlungsverfahren ohne vorherigen Teilnahmewettbewerb nur in Ausnahmefällen (z. B. extreme Dringlichkeit wegen unvorhersehbarer und vom Auftraggeber nicht zu verantwortender Ereignisse) durchgeführt werden.[265]

---

142   **Hinweis**

Das Verhältnis zwischen Verhandlungsverfahren und wettbewerblichem Dialog ist in der Literatur umstritten. Vielfach wird bei besonders komplexen Aufträgen ein Wahlrecht des Auftraggebers zwischen beiden Vergabearten angenommen.[266] Die Gegenmeinung geht von einem Vorrang des wettbewerblichen Dialogs vor dem Verhandlungsverfahren aus.[267]

5. Elektronische Auktionen

143   § 101 Abs. 6 S. 1 GWB regelt die Zulässigkeit elektronischer Auktionen. Hierbei handelt es sich jedoch streng genommen nicht um eine eigene Vergabeart, sondern lediglich um eine besondere Form der Durchführung des offenen, des nicht offenen oder des Verhandlungsverfahrens, bei der aufgrund besonderer Spezifikation des Auftrags eine automatisierte Wertung der eingereichten Angebote möglich ist.[268]

6. Dynamische Beschaffungssysteme

144   Zur Vereinfachung der Beschaffung wiederkehrender, marktüblicher Leistungen können sich Auftraggeber schließlich *dynamischer Beschaffungssysteme* nach § 101 Abs. 6 S. 2 GWB bedienen.[269] Hierbei handelt es sich um ein zeitlich auf maximal vier Jahre befristetes, ausschließlich elektronisches Verfahren, bei dem der Auftraggeber keine spezifische Leistungsbeschreibung vorgeben muss, sondern auf die allgemein auf dem Markt verfügbaren Spezifikationen für den Ausschreibungsgegenstand verweisen kann.[270] Nach Art. 34 Abs. 2 VRL 2014, Art. 52 Abs. 2 SRL 2014 soll die Beschaffung marktüblicher Leistungen künftig im nicht offenen Ver-

---

[264] *Bulla*, in: BeckOGK BGB, § 631 Rn. 27.

[265] Siehe Erwägungsgrund Nr. 50 der VRL 2014.

[266] So etwa *Fleckenstein*, DVBl. 2006, 75 (78); *Kus*, VergabeR 2006, 851 (853); *Ollmann*, VergabeR 2005, 685 (688); *Opitz*, VergabeR 2006, 450 (452); *Schröder*, NZBau 2007, 216 (217); *Steinberg*, NVwZ 2006, 1349 (1350 f.).

[267] *Müller-Wrede/Kaelble*, Allgemeine Verfahrenstypen, in: Müller-Wrede, Kompendium, Kap. 17 Rn. 37 ff.; *Knauff*, in: Müller-Wrede, GWB-Vergaberecht, § 101 Rn. 64.

[268] Näher *Knauff*, in: Müller-Wrede, GWB-Vergaberecht, § 101 Rn. 46 ff.; *Niestedt/Eichler*, in: Montag/Säcker, vor §§ 97 ff. GWB Rn. 188.

[269] Näher *Knauff*, in: Müller-Wrede, GWB-Vergaberecht, § 101 Rn. 49 ff.

[270] Siehe dazu *Knauff*, VergabeR 2008, 615.

fahren erfolgen, um den Aufwand für die Teilnehmer zu verringern (→ Rn. 136). Auf diese Weise soll es Auftraggebern ermöglicht werden, eine besonders breite Palette von Angeboten einzuholen und damit marktübliche oder gebrauchsfertige Waren, Bau- oder Dienstleistungen so günstig wie möglich einzukaufen.[271]

7. Innovationspartnerschaften

Artikel 31 VRL 2014 und Art. 49 SRL 2014 führen als neue Vergabeart die *Innova-* **145** *tionspartnerschaften* ein. Gegenstand dieses auf eine längere Zusammenarbeit zwischen Auftraggeber und Auftragnehmer angelegten Verfahrens ist die Entwicklung innovativer Waren, Dienst- oder Bauleistungen und deren anschließender Erwerb durch den Auftraggeber aufgrund vorher festgelegter Leistungs- und Kostenanforderungen. Der Auftraggeber muss in den Auftragsunterlagen die Nachfrage nach einem bestimmten Produkt bzw. einer Dienst- oder Bauleistung angeben, das bzw. die noch nicht auf dem Markt verfügbar ist, und die Mindestanforderungen benennen. Das Verfahren soll weitgehend den Grundsätzen des Verhandlungsverfahrens folgen. Aus dem Kreis derjenigen Wirtschaftsteilnehmer, die innerhalb der vom Auftraggeber gesetzten Frist einen Teilnahmeantrag stellen, fordert der Auftraggeber mindestens drei zur Teilnahme am Verfahren auf und verhandelt mit diesen über Erst- und Folgeangebote für Forschungs- und Innovationsprojekte, die auf die Abdeckung der vom Auftraggeber genannten Bedürfnisse abzielen. Der Zuschlag erfolgt ausschließlich nach dem Kriterium des besten Preis-Leistungs-Verhältnisses, weil dieses für den Vergleich von Angeboten für innovative Lösungen am besten geeignet erscheint.[272]

V. Rechtsschutz

1. Allgemeines

Werden die Regelungen des Vergabeverfahrens vom öffentlichen Auftraggeber **146** nicht eingehalten, stellt sich die Frage, ob und unter welchen Voraussetzungen den Teilnehmern an einem Vergabeverfahren Rechtsschutz gegen die Entscheidungen der Vergabestelle zusteht. Das Bedürfnis entsteht etwa dann, wenn ein Bieter zu Unrecht vom weiteren Verfahren ausgeschlossen wurde oder der Zuschlag nicht an den Bieter mit dem wirtschaftlichsten Angebot erteilt werden soll. Hierbei ist zunächst zwischen Primär- und Sekundärrechtschutz zu unterscheiden.

Während der Bieter im Rahmen des Primärrechtsschutzes das Ziel verfolgt, **147** den Zuschlag selbst zu erhalten und hierfür zunächst verhindern muss, dass einem anderen Unternehmer der Zuschlag erteilt wird, geht es dem Bieter beim Sekundärrechtschutz ausschließlich um Schadensersatzansprüche wegen vergaberecht-

---

[271] Siehe Erwägungsgrund Nr. 63 der VRL 2014.
[272] Siehe Erwägungsgrund Nr. 49 der VRL 2014.

licher Verstöße des Auftraggebers. Weiterhin wird zwischen Vergabeverfahren mit
Auftragswerten ober- und unterhalb des jeweils einschlägigen Schwellenwertes
(→ Rn. 89) unterschieden, denn nur bei Oberschwellenvergaben gilt der 4. Teil
des GWB (§§ 97–129b) mit den gesonderten Vorschriften zum Rechtsschutz (vgl.
§ 100 GWB).

2. Primärrechtschutz oberhalb der Schwellenwerte

148   § 97 Abs. 7 GWB gewährt den Unternehmen[273] ausdrücklich einen Anspruch darauf, dass der Auftraggeber die Bestimmungen über das Vergabeverfahren einhält.
Nach der amtlichen Begründung muss eine Bestimmung, deren Verletzung geltend
gemacht wird, allerdings drittschützenden Charakter haben, also zumindest *auch*
den Schutz des übergangenen Bieters bezwecken.[274] Zur Gewährleistung eines effektiven Rechtsschutzes wird von der Rechtsprechung eher eine weite Auslegung
der von der Vorschrift umfassten „Bestimmungen über das Vergabeverfahren" vertreten.[275] Auch im Schrifttum wird darauf hingewiesen, dass das Unionsrecht Rechte
Einzelner bereits bejaht, wenn die staatliche Verpflichtung hinreichend bestimmt ist
und der Einzelne zumindest faktisch betroffen ist.[276] Außerdem ist die drittschützende Wirkung unabhängig vom unionsrechtlichen Vorverständnis für alle Regelungen zu bejahen, die der Umsetzung der Teilnahme- und Publizitätsvorschriften der
Vergaberichtlinien dienen[277], denn deren drittschützende Wirkung hat der EuGH
ausdrücklich bestätigt[278]. Letztlich ist davon auszugehen, dass der ganz überwiegende Teil der Vorschriften des Vergaberechts als bieterschützend anzusehen ist.[279]
149   Gemäß § 104 Abs. 2 S. 1 GWB können Rechte aus § 97 Abs. 7 GWB und sonstige Ansprüche gegen einen öffentlichen Auftraggeber, die auf die Vornahme oder
das Unterlassen einer Handlung in einem Vergabeverfahren gerichtet sind[280], in
zwei Instanzen geltend gemacht werden.[281]

---

[273] Der Unternehmensbegriff ist grundsätzlich weit zu fassen; erfasst sind natürliche und juristischen Personen und Personenvereinigungen, die aktiv am Wirtschaftsleben teilnehmen, vgl. *Steiff*,
in: Heuvels/Höß/Kuß/Wagner, § 107 GWB Rn. 18.

[274] Siehe die amtliche Begründung, BT-Drs. 13/9340, S. 14; vgl. auch *Gröning*, ZIP 1998, 370
(373); *Roebling*, Jura 2000, 453 (460).

[275] Vgl. u. a. OLG Brandenburg, NVwZ 1999, 1142 (1146).

[276] Vgl. *Bechtold*, § 97 GWB Rn. 60; kritisch auch *Byok*, NJW 1998, 2774 (2776 f.), der die
schwierige Differenzierung zwischen subjektiven und objektiven Vergaberegeln im Hinblick auf
die Rechtssicherheit für problematisch hält.

[277] So *Byok*, NJW 1998, 2774 (2777).

[278] EuGH, Rs. C-433/93, Slg. 1995, I-2303, Rn. 19 – Kommission/Deutschland, m. Anm. *Dreher*,
EuZW 1995, 637.

[279] Vgl. *Wagner*, in: Heuvels/Höß/Kuß/ders., § 97 GWB Rn. 155.

[280] Andere kartellrechtliche Ansprüche, etwa aus § 1 oder § 14 GWB, zählen nicht hierzu; siehe
OLG Düsseldorf, WuW/E Verg 658 (659 f.).

[281] Zum Folgenden *Bunte*, Kartellrecht, S. 322 ff.; *Dreher*, NVwZ 1997, 343; *Jasper*, DB 1998,
2151 (2155 ff.). Zum Rechtsschutz in anderen Mitgliedstaaten vgl. *Prieß/Hausmann*, EuR 1999, 203.

a) Das Verfahren vor den Vergabekammern (§§ 102 ff. GWB)

In erster Instanz wird ein sog. Nachprüfungsverfahren gemäß § 107 Abs. 2 GWB **150**
durch einen Antrag (also nicht von Amts wegen) bei der zuständigen Vergabekammer eingeleitet. Für Aufträge des Bundes bzw. Aufträge, die dem Bund zuzurechnen
sind, ist die Vergabekammer des Bundes zuständig. Bei allen anderen öffentlichen
Auftraggebern sind die Kammern des Bundeslandes zuständig, in dem der Auftraggeber seinen Sitz hat (vgl. §§ 104 Abs. 1, 106a GWB). Einrichtung, Organisation und Besetzung der Vergabekammern des Bundes sind in §§ 105 f. GWB geregelt, wobei sich der Gesetzgeber am Vorbild der Vergabeüberwachungsausschüsse
(VÜA) orientierte, die nach alter Rechtslage (allerdings erst in zweiter Instanz) für
das Nachprüfungsverfahren zuständig waren[282]. Die Länder organisieren ihre Vergabekammern gemäß § 106 Abs. 2 GWB in eigener Kompetenz.

Der Antrag bei der Vergabekammer muss eine Reihe von Zulässigkeitsvorraus- **151**
setzungen erfüllen:

- **Antragsbefugnis:** Gemäß § 107 Abs. 2 GWB muss das antragstellende Unternehmen ein Interesse am Auftrag haben, die Verletzung in eigenen Rechten nach
  § 97 Abs. 7 GWB geltend machen sowie eine Schadensgefahr darlegen. Antragsbefugt sind nur (potentielle) Teilnehmer am Vergabeverfahren, keine Vorlieferanten oder Subunternehmer, die kein unmittelbares Interesse am Auftrag haben,
  sondern nur reflexartig betroffen sind.[283] Erforderlich ist ferner, ähnlich wie bei
  § 42 Abs. 2 VwGO, dass zumindest die Möglichkeit der Verletzung in eigenen
  Rechten bzw. des Eintritts eines Schadens besteht.[284]
- **Keine Präklusion:** Gemäß § 107 Abs. 3 GWB ist der Antrag unzulässig, wenn
  der Antragsteller den behaupteten Verstoß nicht unverzüglich (d. h. ohne schuldhaftes Zögern, § 121 Abs. 1 BGB[285]) gegenüber dem Auftraggeber gerügt hat.
  Dies gilt auch für bereits in der Vergabebekanntmachung erkennbare Fehler.[286]
- **Antragsform:** Der Antrag ist gemäß § 108 Abs. 1 S. 1 GWB schriftlich bei der
  Vergabekammer einzureichen und unverzüglich zu begründen. Er muss ferner
  die in § 108 Abs. 1 und 2 GWB festgelegten inhaltlichen Anforderungen erfüllen
  (hierbei ist zwischen Muss- und Soll-Vorschriften zu unterscheiden).

Für das Verfahren vor der Vergabekammer gilt der Untersuchungs- (§ 110 Abs. 1 **152**
GWB) und Beschleunigungsgrundsatz (§ 113 GWB). Die Vergabekammer entscheidet auf Grund einer mündlichen Verhandlung (§ 112 GWB). Die Parteien
haben ein Akteneinsichtsrecht (§ 111 GWB) und bestimmte Mitwirkungspflichten
(§ 113 Abs. 2 GWB). Durch das Recht auf Einsicht in die Vergabeakte kann der

---

[282] Vgl. zur alten Rechtslage, insbesondere zur Qualifizierung des VÜA als Gericht i. S. v. Art. 177
EGV a. F., EuGH, Rs. C-54/96, Slg. 1997, I-4961 – Dorsch Consult; *Kamann/Sennekamp*, JuS
1999, 438; *Rittner*, NVwZ 1995, 313 (317 ff.).

[283] Vgl. *Byok*, NJW 1998, 2774 (2778); *Vetter*, NVwZ 2001, 745 (755).

[284] Vgl. *Bechtold*, § 107 GWB Rn. 2; OLG Jena, ZfBR 2011, 206.

[285] *Bechtold*, § 107 GWB Rn. 4; OLG München, NZBau 2012, 460.

[286] Kritisch *Boesen*, EuZW 1998, 551 (554 f.); *Vetter*, NVwZ 2001, 745 (755 f.).

Antragsteller eventuell auch weitere Vergabeverstöße des Auftraggebers feststellen, die ihm bisher nicht bekannt waren. Die Vergabekammern entscheiden durch Verwaltungsakt (§ 114 Abs. 3 S. 1 GWB). Der Verwaltungsrechtsweg ist allerdings nicht eröffnet. Vielmehr ist der Rechtsweg zu den Vergabekammern und Beschwerdegerichten in § 104 Abs. 2 GWB abschließend geregelt. Es handelt sich um eine abdrängende Sonderzuweisung i. S. v. § 40 Abs. 1 S. 1 Hs. 2 VwGO.[287]

153   Dem europa- und verfassungsrechtlichen Gebot effektiven Rechtsschutzes wird dadurch Rechnung getragen, dass der Auftraggeber gemäß § 101a Abs. 1 GWB die unterlegenen Bieter über den Namen des Bieters, dessen Angebot angenommen werden soll, über den Grund der vorgesehenen Nichtberücksichtigung und über den frühesten Zeitpunkt des Vertragsschlusses spätestens 14 Kalendertage vor Vertragsabschluss informieren muss. Ein Vertrag, der ohne Erteilung dieser Information oder unter Missachtung der Frist geschlossen wird, ist gemäß § 101b Abs. 1 Nr. 1 GWB unwirksam, wenn dies in einem Nachprüfungsverfahren festgestellt wird. Hintergrund dieser Regelung, die zunächst nahezu wortgleich in § 13 VgV zu finden war, ist die Entscheidung des EuGH in der Rechtssache Alcatel Austria[288]. Hiernach muss den Bietern eines Vergabeverfahrens wirksamer Rechtsschutz eröffnet sein.[289] Letzteres war nach Inkrafttreten des GWB fraglich, da der Zuschlag als reines Verwaltungsinternum nicht bekanntgemacht wird und ein bereits erteilter Zuschlag nach § 114 Abs. 2 S. 1 GWB auch von der Vergabekammer nicht mehr aufgehoben werden kann.[290] Durch die Informationspflicht wird unterlegenen Bietern die Möglichkeit eröffnet, noch vor Zuschlagserteilung einen Antrag auf Nachprüfung zu stellen, dem nach § 115 Abs. 1 GWB aufschiebende Wirkung zukommt (Suspensiveffekt).

▶   **Beachte** Auf Antrag kann die Vergabekammer dem Auftraggeber nach einer Interessenabwägung erlauben, den Zuschlag zu erteilen (§ 115 Abs. 2 GWB). Gegen die Entscheidung der Vergabekammer kann ein spezieller Antrag beim Beschwerdegericht gestellt werden.[291]

154   Sollte der Zuschlag bereits erteilt worden sein, so kann die Vergabekammer nur noch feststellen, dass eine Verletzung der Rechte des Bieters vorgelegen hat (vgl. § 114 Abs. 2 S. 2 GWB).[292] Nach h. M. ist ein Feststellungsantrag allerdings nicht mehr statthaft, wenn das Vergabeverfahren bereits vor Einleitung des Nachprüfungsver-

---

[287] *Malmendier*, DVBl. 2000, 963 (966).

[288] EuGH, Rs. C-81/98, Slg. 1999, I-7671 – Alcatel Austria, m. Anm. *Hausmann*, EuZW 1999, 762; dazu auch *Malmendier*, DVBl. 2000, 963.

[289] Vgl. auch VK Bund, BauR 1999, 1284, wonach auch Art. 19 Abs. 4 GG eine Informationspflicht erfordert.

[290] Vgl. *Pache*, DVBl. 2001, 1781 (1788).

[291] Vgl. zum vorläufigen Rechtsschutz *Boesen*, EuZW 1998, 551 (555 ff.); *Gröning*, ZIP 1999, 181 (182 ff.); *Vetter*, NVwZ 2001, 745 (758).

[292] Die Regelung erinnert an die Fortsetzungsfeststellungsklage nach § 113 Abs. 1 S. 4 VwGO.

fahrens beendet wurde.[293] Dies gilt jedoch dann nicht, wenn das Vergabeverfahren durch den Auftraggeber aufgehoben wurde und der Bieter die Rechtswidrigkeit der Aufhebung behauptet. Auch in diesem Fall ist der Weg zu den Vergabekammern eröffnet (keine Flucht in die Aufhebung).[294] Allerdings kann der Auftraggeber im Falle einer rechtswidrigen Aufhebung nach h. M. nicht verpflichtet werden, den Auftrag zu vergeben[295], es bestehen dann aber Schadensersatzansprüche.

Hat der öffentliche Auftraggeber einen Auftrag vergeben, ohne überhaupt ein **155** Vergabeverfahren durchgeführt zu haben, obwohl er nach den vergaberechtlichen Vorschriften hierzu verpflichtet gewesen wäre (sog. Direktvergabe oder „De-facto-Vergabe"), ist der Vertrag gemäß § 101b Abs. 1 Nr. 2 GWB von Anfang an unwirksam, wenn der Verstoß in einem Nachprüfungsverfahren gemäß § 101b Abs. 2 GWB festgestellt wurde. Diese Vorschrift ermöglicht es einem Unternehmen, das gar nicht an einem Vergabeverfahren teilnehmen konnte, im Rahmen eines Nachprüfungsverfahrens die Unwirksamkeit des Vertrages geltend zu machen und damit i. d. R. auch die Durchführung eines Vergabeverfahrens zu erzwingen. Hiermit soll verhindert werden, dass sich die Vergabestelle dadurch, dass sie erst gar kein Verfahren eröffnet oder die Vergabe bekanntmacht, einer rechtlichen Kontrolle durch Mitbewerber entzieht.

b) Das Beschwerdeverfahren (§§ 116 ff. GWB)

In zweiter Instanz kann gegen Entscheidungen der Vergabekammer[296] gemäß § 116 **156** Abs. 1 GWB sofortige Beschwerde beim Vergabesenat des jeweils zuständigen OLG (§ 116 Abs. 3 GWB) eingelegt werden. Antragsberechtigt sind gemäß § 116 Abs. 1 S. 2 GWB die im Verfahren vor der Vergabekammer Beteiligten (§ 109 GWB). Das Verfahren vor dem OLG wird durch die Verweisung in § 120 Abs. 2 GWB neben den §§ 116 ff. GWB auch durch eine Reihe von Vorschriften der ZPO geregelt.[297] Hält das OLG die Beschwerde für begründet, so hebt es gemäß § 123 S. 1 GWB die Entscheidung der Vergabekammer auf. In diesem Fall entscheidet es gemäß § 123 S. 2 GWB in der Sache selbst oder spricht die Verpflichtung der Vergabekammer aus, unter Berücksichtigung der Rechtsauffassung des Gerichts über die Sache erneut zu entscheiden. Gegen die Entscheidung des OLG ist kein Rechtsmittel eröffnet. Nur für den Fall, dass ein OLG von einer Entscheidung eines anderen OLG oder des BGH abweichen will, sieht § 124 Abs. 2 S. 1 GWB eine Vorlagepflicht zum BGH vor.[298]

---

[293] Vgl. BGH, WuW/E Verg 447 (449 f.); *Bechtold*, § 115 GWB Rn. 9; *Dreher*, in: Immenga/Mestmäcker, § 114 GWB Rn. 53; *Vetter*, NVwZ 2001, 745 (756 f.).

[294] Vgl. EuGH, Rs. C-92/00, Slg. 2002, I-5553 – Hospital Ingenieure, m. Anm. *Bauer/Kegel*, NZ-Bau 2002, 458; BGH, VergabeR 2003, 313.

[295] Es besteht kein Kontrahierungszwang: BGH, VergabeR 2010, 781.

[296] Mit Ausnahme der Entscheidung über den Suspensiveffekt, vgl. § 115 Abs. 2 S. 8 GWB.

[297] Ausführlich hierzu *Gröning*, ZIP 1999, 181.

[298] Es handelt sich um den sprichwörtlich „kurzen Prozess". Zur Verfassungsmäßigkeit vgl. *Dreher*, NVwZ 1997, 343 (344).

157 ► **Beachte** Hinsichtlich des Suspensiveffektes ist wie folgt zu unterscheiden[299]: Hat die Vergabekammer dem Antrag auf Nachprüfung durch Untersagung des Zuschlags stattgegeben, so unterbleibt dieser, solange nicht das OLG die Entscheidung durch Vorabentscheidung nach § 121 GWB oder Beschwerdeentscheidung nach § 123 GWB aufhebt (§ 118 Abs. 3 GWB). Hat die Vergabekammer dem Antrag dagegen nicht stattgegeben, so löst die sofortige Beschwerde gemäß § 118 Abs. 1 S. 1 GWB zwar den Suspensiveffekt aus. Dieser ist allerdings im Gegensatz zum Verfahren vor der Vergabekammer zeitlich beschränkt auf zwei Wochen (§ 118 Abs. 1 S. 2 GWB). Die aufschiebende Wirkung kann auf Antrag verlängert werden (§ 118 Abs. 1 S. 3 GWB).[300]

3. Sekundärrechtsschutz oberhalb der Schwellenwerte (§§ 125 f. GWB)

158   Das GWB sieht zum einen Schadensersatzansprüche für die missbräuchliche Inanspruchnahme des Vergaberechtsschutzes aus den §§ 102 ff. GWB vor (§ 125 GWB)[301] und enthält zum anderen mit § 126 S. 1 GWB eine eigene Anspruchsgrundlage für die Geltendmachung von Schadensersatzansprüchen wegen Vergabeverstößen: Nach § 126 S. 1 GWB kann ein Unternehmen Schadensersatz fordern, wenn der Auftraggeber gegen eine den Schutz von Unternehmen bezweckende Vorschrift verstoßen hat und das Unternehmen ohne diesen Verstoß bei der Wertung der Angebote eine echte Chance gehabt hätte, den Zuschlag zu erhalten.[302] Ersetzt werden die Kosten der Vorbereitung des Angebotes oder der Teilnahme am Vergabeverfahren, also der Vertrauensschaden.

159   Weiterreichende Schadensersatzansprüche (insbesondere auf entgangenen Gewinn) sind gemäß § 126 S. 2 GWB nicht ausgeschlossen. Geltend gemacht werden kann also auch ein deliktischer Schadensersatzanspruch aus § 823 Abs. 2 BGB, da den meisten Vergabenormen drittschützende Wirkung und somit Schutznormqualität zukommt.[303] In Betracht kommt ferner ein Anspruch wegen vorvertraglicher Pflichtverletzung gemäß § 241 Abs. 2, § 311 Abs. 2 Nr. 1 und § 280 Abs. 1 BGB (früher: culpa in contrahendo).[304] Zuständig für alle Ansprüche sind gemäß § 104

---

[299] Vgl. *Bechtold*, § 118 GWB Rn. 2 f.

[300] Näher hierzu *Bunte*, Kartellrecht, S. 326 f.

[301] Die praktische Relevanz dieser Vorschrift ist allerdings bisher offenbar begrenzt, vgl. *Gesterkamp*, Schadensersatzansprüche infolge eines Vergabeverfahrens, in: Müller-Wrede, Kompendium, Kap. 32 Rn. 61.

[302] Eine „echte Chance" hat ein Angebot nach BGH, WM 2008, 494 nur dann, wenn der Auftraggeber darauf im Rahmen des ihm zustehenden Wertungsspielraums den Zuschlag hätte erteilen dürfen.

[303] So die h. M., vgl. OLG Schleswig, BauR 2000, 1046; *Schneider*, in: Heuvels/Höß/Kuß/Wagner, § 126 GWB Rn. 64.

[304] *Bechtold*, § 126 GWB Rn. 5.

Abs. 3 GWB die ordentlichen Gerichte, welche allerdings gemäß § 124 Abs. 1 GWB
an die Entscheidungen von Vergabekammer und Beschwerdegericht gebunden sind.
Von der Bindungswirkung erfasst werden neben dem Tenor auch die tragenden Ent-
scheidungsgründe.[305]

4. Primärrechtsschutz unterhalb der Schwellenwerte

Unterhalb der Schwellenwerte haben juristische Personen des öffentlichen Rechts   **160**
die einschlägigen haushaltsrechtlichen Bestimmungen zu beachten, insbesondere
das Gebot der Wirtschaftlichkeit und Sparsamkeit sowie den Grundsatz des Vorrangs der öffentlichen Ausschreibung nach § 30 HGrG. Ferner können sie durch
entsprechenden Erlass oder Landesgesetze an die VOB/A, VOL/A und VOF gebunden sein. Jedoch ist eine Überprüfung derartiger Vergabeverfahren im Gegensatz
zu Verfahren oberhalb der Schwellenwerte nicht im Rahmen eines Nachprüfungsverfahrens vor den Vergabekammern gemäß §§ 102 ff. GWB möglich, denn der
4. Teil des GWB gilt gemäß § 100 GWB nur für Vergaben oberhalb des jeweiligen
Schwellenwertes.

Diese Zweigleisigkeit des deutschen Vergaberechts wird im Schrifttum zum Teil   **161**
als „Zweiklassensystem" kritisiert.[306] Zu Recht wird darauf hingewiesen, dass auch
unterhalb der Schwellenwerte die Vorschriften des primären EU-Rechts gelten, wie
insbesondere die Grundfreiheiten sowie die Diskriminierungsverbote.[307] Zu beachten ist ferner die Bindung an die Grundrechte, vor allem den Gleichheitsgrundsatz
des Art. 3 Abs. 1 GG.[308]

Ob und ggf. unter welchen Voraussetzungen gerichtlicher Primärrechtsschutz   **162**
bei Vergabeverfahren unterhalb der Schwellenwerte besteht, ist zum Teil bis heute
umstritten.[309] Das BVerfG hat in seinem Beschluss vom 13.06.2006 zunächst ausgeführt, es sei nicht zu beanstanden, dass der Rechtsschutz oberhalb des Schwellenwertes anders gestaltet sei als unterhalb und dass der Gesetzgeber dem Interesse der
Vergabestelle an einer raschen Vergabeentscheidung gegenüber dem Rechtsschutzinteresse des benachteiligten Bieters Vorrang einräumen dürfe. Für Aufträge, die
den maßgeblichen Schwellenwert nicht erreichen, bleibe das Vergaberecht Teil des
öffentlichen Haushaltsrechts und daher grundsätzlich Innenrecht der Verwaltung.
Allerdings wurde zugleich klargestellt, dass die staatlichen Vergabestellen das Verfahren oder die Kriterien der Vergabe nicht willkürlich bestimmen dürfen und eine
tatsächliche Vergabepraxis zu einer Selbstbindung der Verwaltung führen könne.

---

[305] *Knauff*, in: Müller-Wrede, GWB-Vergaberecht, § 124 Rn. 10.

[306] Vgl. *Byok*, NJW 1998, 2774 (2776); *Dreher*, DB 1998, 2579 (2588); *Faber*, DÖV 1995, 403
(413); *Pache*, DVBl. 2001, 1781 (1791); *Roebling*, Jura 2000, 453 (460).

[307] *Bechtold*, vor § 97 GWB Rn. 22; *Hermes*, JZ 1997, 909 (912); *P. M. Huber*, JZ 2000, 877
(880 f.).

[308] Vgl. OLG Stuttgart, WuW/E Verg 591 (593); *Hermes*, JZ 1997, 909 (912 ff.); *P. M. Huber*, JZ
2000, 877 (878 ff.); *Puhl*, VVDStRL 60 (2001), 456 (477 ff.).

[309] Vgl. hierzu *F. Wollenschläger*, NVwZ 2007, 388; *Burgi*, NVwZ 2011, 1217.

Weicht die Vergabestelle hiervon ab, könne dies gegen Art. 3 Abs. 1 GG verstoßen und einem übergangenen Mitbewerber einen Rechtsschutzanspruch gewähren.

163 Diese Maßstäbe zugrunde legend, hat die Rechtsprechung im unterschwelligen Bereich zunächst mehrheitlich einen Verstoß gegen Vorschriften des Vergaberechts allein für den Erfolg des Rechtsmittels eines Bieters nicht für ausreichend erachtet. Zusätzlich musste ein vorsätzliches oder zumindest willkürliches Verhalten des Auftraggebers vorliegen.[310] Der Bieter konnte nur geltend machen, dass der Auftraggeber entweder willkürlich – also ohne sachlich rechtfertigenden Grund – Vergabevorschriften verletzt hat oder vorsätzlich rechtswidrig oder sonst in unredlicher Absicht gehandelt hat.[311] Da für einen Primärrechtsschutz, der ja auf die Verhinderung der i. d. R. kurz bevorstehenden Zuschlagserteilung an ein anderes Unternehmen gerichtet ist, de facto nur ein Verfahren des einstweiligen Rechtsschutzes nach §§ 935 ff. ZPO mit eingeschränkten Beweismitteln in Frage kommt, konnten die genannten strengen Voraussetzungen nur in Ausnahmefällen von einem Bieter zur Überzeugung des Gerichts glaubhaft gemacht werden.

164 Bei den LG und OLG hat sich jedoch zwischenzeitlich eine „Trendwende" eingestellt. Die Situation, dass es den Bietern auch bei zum Teil offensichtlichen vergaberechtlichen Verstößen des Auftraggebers nur in wenigen Ausnahmefällen gelang, den Zuschlag an ein anderes Unternehmen zu verhindern, hat dazu geführt, dass die restriktive Rechtsprechung, die ein vorsätzliches oder willkürliches Verhalten des Auftraggebers voraussetzte, inzwischen überwiegend aufgegeben wurde.

165 Heute wird mehrheitlich angenommen, dass ein Unterlassungsanspruch gegen den Auftraggeber besteht, der gegen Regeln, die er bei der Auftragsvergabe einzuhalten versprochen hat, verstößt, wenn dies zu einer Beeinträchtigung der Chancen des rechtsschutzsuchenden Bieters führen kann. Ein vorsätzliches oder willkürliches Handeln des Auftraggebers ist damit nicht Anspruchsvoraussetzung.[312] Dieser Unterlassungsanspruch, der im Rahmen des einstweiligen Rechtsschutzes geltend gemacht werden kann, wird zum Teil unter Bezugnahme auf das vorvertragliche Schuldverhältnis zwischen dem Auftraggeber und dem beteiligten Unternehmen auf § 241 Abs. 2, § 311 Abs. 2 BGB gestützt[313], zum Teil auf §§ 823, 1004 BGB[314]. Dies gilt auch für den Fall, dass sich ein privater Auftraggeber freiwillig oder in Befolgung von Nebenbestimmungen zu einem Zuwendungsbescheid den Regelungen der VOB/A unterwirft.[315] Auch beim Primärrechtsschutz unterhalb der Schwellenwerte ist aber eine unverzügliche Rüge des Vergabeverstoßes Voraussetzung für die

---

[310] OLG Hamm, ZfBR 2008, 816.

[311] OLG Brandenburg, VergabeR 2012, 133 (135 f.); OLG Stuttgart, NZBau 2002, 395; LG Düsseldorf, NZBau 2009, 142 (144); LG Frankfurt (Oder), VergabeR 2008, 132 (135); LG Bad Kreuznach, NZBau 2007, 471; LG Konstanz, Urt. v. 18.09.2003 – 4 O 266/03, juris.

[312] OLG Schleswig, IBR 2013, 166; OLG Saarbrücken, NZBau 2012, 654.

[313] OLG Düsseldorf, NZBau 2010, 328.

[314] LG Leipzig, Beschl. v. 04.10.2011 – 07 O 2886/11, juris.

[315] OLG Düsseldorf, VergabeR 2012, 669; LG Berlin, Beschl. v. 05.12.2011 – 52 O 254/11, juris.

erfolgreiche Geltendmachung eines Unterlassungsanspruchs gegen den Auftraggeber.[316]

Der rechtsschutzsuchende Bieter kann stets nur die Zuschlagserteilung auf einen **166** anderen Mitbewerber unterbinden und nicht etwa die Auftragserteilung an das eigene Unternehmen erreichen.[317] Ist der Zuschlag schon an einen anderen Bieter erteilt, ist dem Vertrauensschutz des erfolgreichen Bieters der Vorrang gegenüber dem Rechtsschutzinteresse des unterlegenen Bieters einzuräumen. Den übergangenen Bieter trifft dann eine Duldungspflicht.[318]

Auch die Frage des Rechtswegs ist zwischenzeitlich überwiegend geklärt. Wur- **167** de in der Vergangenheit zum Teil eine Zuständigkeit der Verwaltungsgerichte angenommen[319], wird nach der Entscheidung des BVerwG aus dem Jahr 2007 nahezu einheitlich vertreten, dass der ordentliche Rechtsweg eröffnet ist.[320]

Trotz der überwiegenden Aufgabe der strengeren, an Art. 3 Abs. 1 GG orientier- **168** ten Rechtsprechung darf nicht übersehen werden, dass es für einen übergangenen Wettbewerbsteilnehmer im Bereich unterhalb des Schwellenwertes – nach wie vor – erheblich schwerer ist, seine Rechte gegenüber dem Auftraggeber durchzusetzen als oberhalb des Schwellenwertes. Dies liegt vor allem daran, dass es bisher keine § 101a GWB entsprechende bundesgesetzliche Verpflichtung für die öffentlichen Auftraggeber gibt, die Bieter rechtzeitig vor Zuschlagserteilung über den Mitbewerber in Kenntnis zu setzen, der den Zuschlag erhalten soll, und zu erläutern, warum das eigene Angebot ausgeschlossen oder nicht berücksichtigt wurde. Der übergangene Bieter erfährt daher häufig gar nicht rechtzeitig von seiner Nichtberücksichtigung und kann den Zuschlag an den Mitbewerber nicht mehr verhindern. Einige Bundesländer haben aber inzwischen aus diesem Grund für Vergaben innerhalb ihres Hoheitsgebiets ab einem bestimmten Auftragswert eine solche Vorabinformationspflicht in ihre Vergabegesetze aufgenommen.[321]

Eine weitere Schlechterstellung beim Primärrechtsschutz unterhalb des Schwel- **169** lenwerts ergibt sich daraus, dass dem Bieter kein vergleichbares Akteneinsichtsrecht wie nach § 111 GWB zusteht. Hier kann sich der Bieter nur auf die Informationsfreiheitsgesetze der Länder (soweit vorhanden) oder des Bundes berufen, die ihm i. d. R. nicht die gleichen Informationsmöglichkeiten über eventuelle Vergaberechtsverstöße des Auftraggebers bieten.[322] Schließlich darf auch nicht übersehen werden, dass dem Antrag eines Bieters im einstweiligen Rechtsschutzverfahren vor

---

[316] LG Wiesbaden, Beschl. v. 12.07.2012 – 4 O 17/12, juris; LG Berlin, Beschl. v. 05.12.2011 – 52 O 254/11, juris.

[317] OLG Stuttgart, VergabeR 2011, 236.

[318] OLG Frankfurt a. M., NZBau 2013, 250.

[319] OVG NRW, DVBl. 2007, 391 mit Verweis auf die Zweistufigkeit des Vergabeverfahrens und den öffentlich-rechtlichen Charakter des Vergaberechts. So auch OVG RP, NZBau 2005, 411; SächsOVG, VergabeR 2006, 348.

[320] Vgl. BVerwGE 129, 9 mit zahlreichen Fundstellen in Rechtsprechung und Literatur zu beiden Auffassungen; BGH, VergabeR 2012, 440.

[321] Vgl. z. B. § 19 Vergabegesetz LSA, § 8 SächsVergabegesetz.

[322] Vgl. hierzu *Steiff*, in: Heuvels/Höß/Kuß/Wagner, § 111 GWB Rn. 4.

den Zivilgerichten im Gegensatz zum Nachprüfungsantrag, über den die Vergabekammer den öffentlichen Auftraggeber zu informieren hat (§ 115 GWB), kein Suspensiveffekt zukommt. Der Auftraggeber kann also ggf. auch noch während eines
laufenden Gerichtsverfahrens – i. d. R. irreversibel – den Zuschlag an ein anderes
Unternehmen erteilen.[323]

5. Sekundärrechtsschutz unterhalb der Schwellenwerte

170   Ein Schadensersatzanspruch wegen rechtsmissbräuchlicher Inanspruchnahme vergaberechtlichen Rechtsschutzes aus § 125 GWB scheidet bei Auftragsvergaben
unterhalb der Schwellenwerte ebenso aus wie ein Anspruch aus § 126 GWB gegen
den öffentlichen Auftraggeber, da diese Vorschriften des 4. Teils gemäß § 100 GWB
nur für Vergaben oberhalb der Schwellenwerte gelten. Auch eine analoge Anwendung wird ganz überwiegend abgelehnt.[324]

171   Demgegenüber können Schadensersatzansprüche aus § 241 Abs. 2, § 311 Abs. 2
Nr. 1 und § 280 Abs. 1 BGB auch unterhalb der Schwellenwerte geltend gemacht
werden. Es entsteht auch hier spätestens mit Angebotsabgabe durch den Bieter, aber
wohl auch schon mit Anforderung der Ausschreibungsunterlagen[325], ein vorvertrag-
liches Schuldverhältnis, aus dem sich Rechte und Pflichten ergeben. Auf die Ausführungen unter 3. kann verwiesen werden.

---

172 ## VI. Kontrollfragen

> 1. Was sind die Hauptzwecke des Vergaberechts? (→ Rn. 2)
> 2. Erläutern Sie den kaskadenartigen Aufbau des Vergaberechts!
>   (→ Rn. 15 ff.)
> 3. Welche Voraussetzungen müssen erfüllt sein, damit das sog. Kartellver-
>   gaberecht zur Anwendung kommt? (→ Rn. 19 ff.)
> 4. Was versteht man unter einem öffentlichen Auftrag? Welche Ausnahme-
>   fälle hat der EuGH anerkannt? (→ Rn. 46 ff.)
> 5. Erläutern Sie die einzelnen Arten öffentlicher Aufträge! (→ Rn. 67 ff.)
> 6. Erläutern Sie die Vergabegrundsätze, die von öffentlichen Auftraggebern
>   zu beachten sind! (→ Rn. 93 ff.)
> 7. Nach welchen Kriterien ist das wirtschaftlichste Angebot (nicht) zu
>   bestimmen? (→ Rn. 122 ff.)

---

[323] Das OLG Düsseldorf, NZBau 2010, 328 (329 f.), hat hierzu aber bereits entschieden, dass dem
befürchteten Zuschlag während des Verfahrens im einstweiligen Rechtsschutz durch einen Antrag
auf eine Zwischenverfügung gemäß § 938 ZPO begegnet werden könne, mit der dem Auftraggeber
eine Zuschlagserteilung vor Entscheidung über den eigentlichen Antrag untersagt wird.

[324] Vgl. *Gesterkamp*, Schadensersatzansprüche infolge eines Vergabeverfahrens, in: Müller-Wrede, Kompendium, Kap. 32 Rn. 4.

[325] Vgl. BGH, BauR 2005, 1618 (1619).

8. Erläutern Sie die verschiedenen Arten und Voraussetzungen möglicher Vergabeverfahren! (→ Rn. 130 ff.)
9. Was versteht man unter einer „de-facto-Vergabe" und welche Rechtsfolgen ergeben sich hieraus? (→ Rn. 155)
10. Unter welchen Voraussetzungen ist ein Unternehmen im Nachprüfungsverfahren gemäß §§ 102 ff. GWB antragsbefugt? (→ Rn. 151)
11. Wie unterscheidet sich der Primärrechtsschutz im Bereich unterhalb des Schwellenwertes vom Rechtsschutz oberhalb des Schwellenwertes? (→ Rn. 160 ff.)
12. Welche wesentlichen Nachteile verbleiben beim Primärrechtsschutz unterhalb der Schwellenwerte gegenüber dem Verfahren vor den Vergabekammern nach §§ 102 ff. GWB? (→ Rn. 168 f.)

Literatur

Bechtold, GWB, Kartellgesetz, Kommentar, 7. Aufl. 2013

Bulla, in: Gsell/Krüger/Lorenz/Mayer (Hrsg.), beck-online.GROSSKOMMENTAR (BeckOGK BGB), § 631 BGB

Bunte, Kartellrecht. Lehrbuch für Studium und Praxis, 2. Aufl. 2008

Byok, Die Entwicklung des Vergaberechts, NJW 2008, 559; NJW 2009, 644; NJW 2010, 817; NJW 2011, 975; NJW 2012, 1124; NJW 2013, 1488; NJW 2014, 1492

Heuvels/Höß/Kuß/Wagner (Hrsg.), Vergaberecht, 2013

Immenga/Mestmäcker (Hrsg.), Wettbewerbsrecht, Bd. 2, GWB, Kommentar zum Deutschen Kartellrecht, 4. Aufl. 2007

Montag/Säcker (Hrsg.), Münchener Kommentar zum Europäischen und Deutschen Wettbewerbsrecht (Kartellrecht), Bd. 3, Beihilfen- und Vergaberecht, 2011

Müller-Wrede (Hrsg.), Kompendium des Vergaberechts, 2. Aufl. 2013

Müller-Wrede (Hrsg.), GWB-Vergaberecht, Kommentar, 2. Aufl. 2014

F. Wollenschläger, Europäisches Vergabeverwaltungsrecht, in: Terhechte (Hrsg.), Verwaltungsrecht der Europäischen Union, 2011, § 19

Ziekow/Völlink, Vergaberecht, Kommentar, 2. Aufl. 2013

§ 8 Subventions- und Beihilfenrecht

Sebastian Unger

Inhaltsverzeichnis

S. Unger (✉)
Ludwig-Maximilians-Universität München (LMU), Prof.-Huber-Platz 2, 80539
München, Deutschland
E-Mail: unger@jura.uni-muenchen.de

© Springer-Verlag Berlin Heidelberg 2016
R. Schmidt, F. Wollenschläger (Hrsg.), *Kompendium Öffentliches Wirtschaftsrecht*,
Springer-Lehrbuch, DOI 10.1007/978-3-662-45579-1_8

335

I. Gegenstand, Überblick und Prüfungsrelevanz

1 Gegenstand des folgenden Abschnitts ist die öffentliche Förderung wirtschaftlich tätiger Unternehmen durch Subventionen.[1] Der *Subventionsbegriff* ist ein Sammelbegriff für Zuwendungen, denen keine Gegenleistung gegenübersteht.[2] Traditionell wird er eng gefasst. Ähnlich wie im Strafrecht, wo als Subventionen i. S. v. § 264 Abs. 7 StGB nur direkt gewährte vermögenswerte Leistungen gelten,[3] werden auch im Verwaltungsrecht unter Subventionen häufig nur positive Leistungen verstanden.[4] Nicht erfasst sind damit Belastungsminderungen, die lediglich mittelbar zu einer Begünstigung führen. Gegen diese Engführung des Subventionsbegriffs spricht zum einen, dass es häufig lediglich eine technische Frage ist, ob eine Begünstigung unmittelbar oder mittelbar erfolgt. Zum anderen wird der unionale *Beihilfenbegriff* – das Äquivalent zum nationalen Subventionsbegriff – weit ausgelegt und umfasst in der Folge sowohl positive als auch negative Zuwendungen. Sinnvoll ist daher jedenfalls insoweit alleine eine inhaltliche Parallelführung von Subventions- und Beihilfenbegriff.[5] Eine synonyme Verwendung beider Begriffe[6] ginge indes zu weit: Während der Beihilfenbegriff ein Rechtsbegriff ist, an den Art. 107 Abs. 1 AEUV ein grundsätzliches Verbot knüpft, ist der Subventionsbegriff eher ein empirischer Sammelbegriff für öffentliche Fördermaßnahmen. Verwendete man beide Begriffe synonym, schlösse man die Möglichkeit, dass eine Subvention nicht dem unionalen Beihilfenregime unterfällt, von vornherein aus.[7] Im Folgenden findet daher in erster Linie der Subventionsbegriff Anwendung. Der Beihilfenbegriff wird nur verwendet, wenn bewusst auf das unionale Beihilfenrecht Bezug genommen wird.

---

[1] Empirischer Überblick über die Subventionspraxis des Bundes zuletzt in *BMF*, 24. Subventionsbericht, 2013, zugleich veröffentlicht als BT-Drs. 17/14621; instruktiv aus Unionssicht auch das *State Aid Scoreboard* der Kommission, das einen Überblick über die mitgliedstaatliche Subventionspraxis vermittelt, http://ec.europa.eu/competition/state_aid/scoreboard/horizontal_objectives_en.html (16.03.2015).

[2] Typologie bei *Kämmerer*, HStR³ V, § 124 Rn. 12 ff.

[3] Etwa *Perron*, in: Schönke/Schröder (Hrsg.), StGB, 29. Aufl. 2014, § 264 StGB Rn. 10.

[4] In diese Richtung etwa *Ruthig/Storr*, Rn. 746; ähnlich *P. M. Huber*, in: Schoch, Kap. 3 Rn. 239 f.: Belastungsminderungen nur wirtschaftlich, nicht aber wirtschaftsverwaltungsrechtlich gleichzustellen; siehe auch EuGH, Rs. C-387/92, Slg. 1994, I-877, Rn. 13 – Banco Exterior de España/Ayuntamiento de Valencia.

[5] Ebenso etwa *Ehlers*, DVBl. 2014, 1 (1); *Kämmerer*, HStR³ V, § 124 Rn. 11; *Kühling*, in: Ehlers/Fehling/Pünder, § 29 Rn. 6; *Schorkopf*, in: Kirchhof/Korte/Magen, § 12 Rn. 12 f.

[6] Dafür etwa *Ehlers*, DVBl. 2014, 1 (2).

[7] Kritisch auch *Kämmerer*, HStR³ V, § 124 Rn. 5.

Den rechtlichen Rahmen für öffentliche Subventionen liefert das *Subven-* **2** *tions- und Beihilfenrecht.* In seinem materiellen Teil (II.) zielt es auf einen Ausgleich zwischen der Gefahr einer Wettbewerbsverzerrung und legitimen wirtschafts- und wettbewerbspolitischen Anliegen: Einerseits wirken sich Subventionen bei ihren Empfängern kostenentlastend aus und führen daher regelmäßig zu Wettbewerbsverzerrungen. Andererseits zielen sie darauf, ein technisches Marktversagen[8] zu kompensieren[9] oder ein Marktergebnis aus sozial- oder verteilungspolitischen Gründen zu korrigieren, weil der Markt, obwohl er ökonomisch funktioniert, ein aus politischer Sicht wünschenswertes Ziel verfehlt.[10] Sie sind damit ein wichtiges Mittel der Wettbewerbs- und Wirtschaftspolitik.[11] Das materielle Subventions- und Beihilfenrecht erkennt dies zwar grundsätzlich an, versucht aber zugleich, die Verzerrung des Wettbewerbs auf ein gesamtgesellschaftlich angemessenes Maß zu begrenzen. Neben das materielle Subventions- und Beihilfenrecht treten formelle Bestimmungen (III.). Sie regeln die Vergabe von Subventionen sowie – erforderlichenfalls – ihre Rückforderung. Darüber hinaus ist der Rechtsschutz (IV.) von großer Bedeutung, insbesondere für Prüfungsarbeiten.

Prüfungsarbeiten im Subventions- und Beihilfenrecht haben – wie andere **3** öffentlich-rechtliche Prüfungsarbeiten auch – regelmäßig eine prozessuale Ausgangssituation zum Gegenstand. Klassisch ist die Anfechtungsklage eines Subventionsempfängers gegen die behördliche Rückforderung einer Subvention durch Verwaltungsakt. Möglich sind aber auch eine Leistungsklage auf Vergabe einer Subvention sowie die Klage eines Konkurrenten gegen die Bewilligung (sowie erforderlichenfalls: auf Rückforderung) einer rechtswidrigen Subvention. Im ersten Fall steht die Frage nach einem Anspruch auf Vergabe der Subvention im Mittelpunkt, im zweiten die Frage, ob die Subvention (nach nationalem Subven-

---

[8] Dazu instruktiv *Fritsch*, Marktversagen und Wirtschaftspolitik, 8. Aufl. 2011, S. 79 ff.

[9] Ein klassisches Beispiel ist die Internalisierung externer Effekte: Beihilfen zielen insoweit darauf, Anreize für unternehmerisches Verhalten zu setzen, das positive externe Effekte (also: Vorteile, die nicht dem Unternehmen selbst, sondern der Gesamtgesellschaft zugutekommen) erzeugt, daher politisch erwünscht ist, aber erst unter Berücksichtigung auch dieser externen Effekte wirtschaftlich ist und folglich ohne eine Subvention aus unternehmerischer Perspektive unterbleiben würde; dazu am Beispiel von unternehmerischen Ausbildungsmaßnahmen *Unger*, in: Birnstiel/Bungenberg/Heinrich, Kap. 1 Rn. 1871.

[10] Das wirtschaftsverwaltungsrechtliche Schrifttum spricht von „Wirtschaftslenkung", *Badura*, Rn. 178; *P. M. Huber*, in: Schoch, Kap. 3 Rn. 232. Ein Beispiel ist die Versorgung mit Breitband. Sie sichert nach den Leitlinien der EU für die Anwendung der Vorschriften über staatliche Beihilfen im Zusammenhang mit dem schnellen Breitbandausbau, ABl. EU 2013 C 25/1 (Leitlinien Breitbandausbau), Rn. 39, „den Zugang aller Mitglieder der Gesellschaft zu einem wesentlichen Instrument der Kommunikation und der Teilhabe an der Gesellschaft", ermöglicht eine „freie Meinungsäußerung" und stärkt damit den „sozialen und territorialen Zusammenhalt". Vom Markt wird sie in dünn besiedelten Gebieten nicht bereitgestellt, weil sie hier nicht rentabel ist. Erforderlich sind daher Subventionen. Allgemein zur Unterscheidung von Marktversagens- und Marktergebniskorrektur *Behrens*, in: Birnstiel/Bungenberg/Heinrich, Einl. Rn. 164 f. und 167 ff.; alternativ wird auch zwischen „ökonomischem" oder „allokativem" und „sozialem" oder „distributivem" Marktversagen unterschieden, *Jaeger*, WuW 2008, 1064 (1070 ff.); zum Ganzen auch *Unger*, in: Birnstiel/Bungenberg/Heinrich, Kap. 1 Rn. 1881 mit Fn. 1822.

[11] Ökonomische Analyse von Beihilfen etwa bei *Behrens*, in: Birnstiel/Bungenberg/Heinrich, Einl. Rn. 163 ff.

tions- oder unionalem Beihilfenrecht) rechtswidrig ist und den Kläger in eigenen
Rechten verletzt. Subventionsrecht ist insoweit tatsächlich Verwaltungsrecht, die
subventionsrechtliche Klausur eine *verwaltungsrechtliche Klausur*.[12] Seltener,
aber (insbesondere im Schwerpunktbereich) durchaus denkbar sind Klagen eines
Mitgliedstaats, des Beihilfenempfängers oder eines Konkurrenten gegen Entscheidungen der Kommission im Rahmen ihrer Aufsicht über die mitgliedstaatliche
Subventionsvergabe. Hier geht es um das unionsrechtlich geregelte Verfahren sowie um die inhaltliche Vereinbarkeit der mitgliedstaatlichen Subvention mit dem
Binnenmarkt. Die subventionsrechtliche Klausur hat dann eher den Charakter einer
europarechtlichen Klausur.

II. Materielle Vorgaben

4   Das materielle Subventions- und Beihilfenrecht zeichnet sich durch das *Nebeneinander national-, unions- und völkerrechtlicher Vorgaben* aus. Die „Führungsrolle"
hat das Unionsrecht. Das nationale Recht ist von vergleichsweise geringer Bedeutung.

1. Nationales Recht: Vorrang und Vorbehalt des Gesetzes

5   Das deutsche Verfassungs- und Verwaltungsrecht enthält *kaum materielle Vorgaben
für die Vergabe von Subventionen*. Das ist vor allem darauf zurückzuführen, dass
eine Grundrechtsrelevanz von Subventionen nur in Ausnahmefällen bejaht wird
und die Vergabe von Subventionen daher nach überwiegender Auffassung regelmäßig keinem Gesetzesvorbehalt unterliegt. In der Folge fehlt eine einfachgesetzliche
Subventionsordnung, so dass Subventionen häufig nur auf Grundlage verwaltungs-
interner Subventionsrichtlinien vergeben werden.

a) Vorbehalt des Gesetzes

6   Nach Auffassung der Rechtsprechung unterliegt die Subventionsvergabe *grundsätzlich keinem Gesetzesvorbehalt*. Sie ist daher in der Regel zulässig, ohne dass
Betrag, Zweck und Voraussetzungen in einem parlamentarischen Gesetz geregelt
sind. Zwar erkennen die Verwaltungsgerichte an, dass „die veränderte Realität des
modernen Staates und die Vielfalt der Gesetze, die nicht Eingriffe, sondern Leistungen des Staates zum Gegenstand haben, zu einer anderen Beurteilung des Gesetzes-
begriffs und seiner Funktion als Regulativ der Sozialabläufe Veranlassung geben".[13]
Sie ziehen daraus aber nicht den Schluss, dass Zuwendungen an Private stets einer
formell-gesetzlichen Grundlage bedürfen. Vielmehr genüge grundsätzlich auch
„jede andere parlamentarische Willensäußerung, insbesondere etwa die etatmäßi-
ge Bereitstellung der zur Subventionierung erforderlichen Mittel".[14] Als Rechts-

---

[12] Dazu sowie zu „Klausurkonstellationen" im Subventionsrecht instruktiv *Ebeling/Tellenbröker*,
JuS 2014, 217.

[13] BVerwGE 6, 282 (287), unter Hinweis auf *Forsthoff*, DVBl. 1957, 724.

[14] So BVerwGE 6, 282 (287); siehe aus der Folgezeit etwa 58, 45 (48); 104, 220 (222).

grundlage ausreichend ist danach im „Normalfall der Subventionierung"[15] auf Bundes- und Landesebene der nach Art. 110 Abs. 2 S. 1 GG oder entsprechenden landesverfassungsrechtlichen Vorschriften[16] durch Gesetz festgestellte *Haushaltsplan*, auf kommunaler Ebene die *Haushaltssatzung*.[17]

Anders soll dies nur sein, wenn mit einer Subvention ausnahmsweise „Eingriffe   7
in die Grundrechtssphäre von am Subventionsverhältnis nicht beteiligten Dritten" verbunden sind. Dann bedarf es über das Haushaltsrecht hinaus, das „keine Rechtswirkungen" außerhalb des Organbereichs von Parlament und Regierung hat,[18] einer *formell-gesetzlichen Grundlage*, die Betrag, Zweck und Voraussetzungen der Subvention (mithin: die wesentlichen Bedingungen für den Grundrechtseingriff) regelt.[19] Freilich liegt ein *Eingriff in Grundrechte Dritter* – einschlägig ist die durch Art. 12 Abs. 1 GG geschützte Wettbewerbsfreiheit[20] – nach Auffassung der Rechtsprechung nur in dem seltenen Fall vor, dass „die wirtschaftliche Betätigung … unmöglich gemacht oder unzumutbar eingeschränkt wird".[21] Noch verschärft wird diese traditionelle *Engführung der Wettbewerbsfreiheit* durch die neuere Rechtsprechung des BVerfG. Nach dieser schützt die Wettbewerbsfreiheit schon tatbestandlich nur „die Teilhabe am Wettbewerb nach Maßgabe seiner Funktionsbedingungen". Keine Eingriffe sind daher Maßnahmen, die den Wettbewerb erst „ermöglichen und begrenzen".[22] Subventionen fallen auf dieser Grundlage schon aus dem Schutzbereich der Wettbewerbsfreiheit hinaus (und bedürfen daher keiner Rechtfertigung),[23] sofern sie wie regelmäßig auf die Korrektur eines Marktversagens zielen (→ Rn. 2) und folglich funktionsfähigen Wettbewerb erst ermöglichen sollen.

Überzeugend ist das nicht: Die neuere Rechtsprechung des BVerfG bedeutet   8
nicht nur eine „Abkehr von der traditionellen Grundrechtsdogmatik".[24] Sie entzieht auch ein zentrales Instrument der Wirtschafts- und Wettbewerbspolitik weitgehend der grundrechtlichen Kontrolle. Wettbewerb droht in der Folge von einem Ergebnis dezentraler individueller Freiheitsrealisierung zu einer staatlich bereitgestellten

---

[15] So BVerwGE 90, 112 (126).

[16] Siehe etwa Art. 79 Abs. 2 S. 1 Verf. BW, Art. 78 Abs. 3 BayVerf. und Art. 81 Abs. 3 S. 1 Verf. NRW.

[17] Siehe etwa § 79 Abs. 1 S. 1 GO BW, Art. 63 Abs. 1 S. 1 BayGO und § 78 Abs. 1 GO NRW.

[18] So BVerwGE 104, 220 (222); aus dem Schrifttum etwa *Siekmann*, in: Sachs, Art. 110 Rn. 24.

[19] Zum Vorstehenden, wenn auch für den Schutzbereich der Religionsfreiheit, BVerwGE 90, 112 (126). Mit Blick auf das Demokratieprinzip hält neuerdings OVG Berl-Bbg, NVwZ 2012, 1265 (1266 ff.), ein formelles Gesetz für erforderlich; zustimmend für „Subventionen in außerordentlicher Höhe" *Ehlers*, DVBl. 2014, 1 (4).

[20] Dazu m. w. N. nur *F. Wollenschläger*, in: Kirchhof/Korte/Magen, § 6 Rn. 64.

[21] So, wenn auch für eine wirtschaftliche Betätigung der öffentlichen Hand, BVerwG, NJW 1995, 2938 (2939); ähnlich NJW 1978, 1539 (1539 f.); *Bungenberg/Motzkus*, WiVerw 2013, 73 (84).

[22] Grundlegend BVerfGE 105, 252 (265); fortführend 115, 205 (229 f.); 116, 135 (151 f.); zustimmend etwa *Bäcker*, Wettbewerbsfreiheit als normgeprägtes Grundrecht, 2007, S. 124; zur Kritik *Unger*, in: Kirchhof/Korte/Magen, § 8 Rn. 41 ff.

[23] Tatsächlich geht es in der Sache um eine Erweiterung wirtschafts- und wettbewerbspolitischer Handlungsspielräume im Sinne einer sozialstaatlichen Grundrechtstheorie, *Unger*, in: Kirchhof/Korte/Magen, § 8 Rn. 42 f.

[24] So *F. Wollenschläger*, VerwArch 102 (2011), 20 (38 f.).

Institution zu werden.[25] Und selbst die traditionelle Beschränkung des Gewährleistungsgehalts der Wettbewerbsfreiheit auf drastische Einschränkungen wirtschaftlicher Betätigung stößt auf *durchgreifende Einwände*. Sicher: Weil die öffentliche Subventionsvergabe sich nicht unmittelbar, sondern nur mittelbar-faktisch auf die Wettbewerbsposition anderer Marktteilnehmer auswirkt, ist die Annahme eines Grundrechtseingriffs positiv zu begründen. Zurückzugreifen ist dabei auf die *Kriterien der Finalität, der Intensität und der Unmittelbarkeit*.[26] Hilfreich ist vor allem das Kriterium der Finalität. Wenn das BVerfG in Maßnahmen der Wirtschaftslenkung, „durch die auf den wirtschaftlichen Prozeß eingewirkt werden soll, um einen wirtschafts-, sozial- oder gesellschaftspolitisch erwünschten Zustand oder Ablauf des Wirtschaftslebens herzustellen oder zu erhalten", Eingriffe in die freie unternehmerische Betätigung sieht,[27] gilt das nicht nur für die Veröffentlichung von Arzneimittel-Transparenzlisten,[28] sondern auch für die Subventionsvergabe als das klassische wirtschaftspolitische Lenkungsinstrument (→ Rn. 2).[29] Ein rechtfertigungsbedürftiger Eingriff in die Wettbewerbsfreiheit ist vor diesem Hintergrund nur dann abzulehnen, wenn die Subventionsvergabe zu keinerlei Wettbewerbsverzerrungen führt. Das ist letztlich nur dann der Fall, wenn die Subvention einen Markt betrifft (zur Abgrenzung des Marktes noch → Rn. 24 und 27), auf dem weder tatsächlicher noch potentieller Wettbewerb herrscht. Folgt man dem, unterliegt die Subventionsvergabe entsprechend allgemeiner Grundrechtsdogmatik[30] *in aller Regel einem Gesetzesvorbehalt*.[31] Eine Einstellung in den Haushalt genügt dabei mangels Außenwirkung nicht (→ Rn. 7). Erforderlich ist vielmehr ein parlamentarisches Gesetz, das Betrag, Zweck und die wesentlichen[32] Vergabevoraussetzungen regelt.[33]

---

[25] Im Einzelnen *Unger*, in: Kirchhof/Korte/Magen, § 8 Rn. 43; zum grundrechtstheoretischen Hintergrund *ders.*, in: I. Augsberg/ders. (Hrsg.), Basistexte Grundrechtstheorie, 2012, S. 377 (379 f.).

[26] So mit Blick auf eine wirtschaftliche Betätigung der öffentlichen Hand die Diskussion zusammenfassend *F. Wollenschläger*, in: Kirchhof/Korte/Magen, § 8 Rn. 71.

[27] BVerfGE 71, 183 (190).

[28] Diese war in BVerfGE 71, 183, Verfahrensgegenstand.

[29] Die Einwände gegenüber einer zu weitgehenden Anwendung der Wettbewerbsfreiheit auf eine wirtschaftliche Betätigung der öffentlichen Hand, wie sie sich etwa bei *F. Wollenschläger*, in: Kirchhof/Korte/Magen, § 8 Rn. 75, finden, lassen sich daher auf die Subventionsvergabe nicht übertragen: Während die wirtschaftliche Betätigung in aller Regel nicht auf Lenkung zielt und daher häufig alleine am Intensitätskriterium zu messen ist, zielt die Subventionsvergabe stets auf Wirtschaftslenkung. Sie ist daher primär am Finalitätskriterium zu messen.

[30] Statt vieler *Müller-Franken*, in: Schmidt-Bleibtreu/Hofmann/Henneke, Vorb. Art. 1 Rn. 50 und 57; siehe ferner *F. Wollenschläger*, Verteilungsverfahren, S. 57 ff.

[31] Ähnlich wie hier *P. M. Huber*, Konkurrenzschutz im Verwaltungsrecht, 1991, S. 497 ff.; *Kämmerer*, HStR³ V, § 124 Rn. 32; vorsichtiger *Ehlers*, DVBl. 2014, 1 (3 f.); *Kühling*, in: Ehlers/Fehling/Pünder, § 29 Rn. 13 ff.

[32] Zur Anwendung der „Wesentlichkeitstheorie" *Ehlers*, DVBl. 2014, 1 (4).

[33] Zur Gesetzgebungszuständigkeit *Bungenberg/Motzkus*, WiVerw 2013, 73 (85 f.).

b) Vorrang des Gesetzes

Auch weil die Rechtsprechung für Subventionen entgegen der hier vertretenen **9** Auffassung regelmäßig keine formell-gesetzliche Grundlage verlangt, besteht auf Bundes- und Landesebene *keine übergreifende einfachgesetzliche Subventionsordnung*.[34] Folgt man der hier vertretenen Auffassung, verlangt immerhin die Wettbewerbsfreiheit Beachtung. Sie unterstellt öffentliche Subventionsmaßnahmen dem *Verhältnismäßigkeitsgrundsatz* und nimmt eine Wettbewerbsverzerrung daher nur hin, wenn diese einem legitimen Zweck – insbesondere: der Behebung eines Marktversagens oder der Korrektur eines Marktergebnisses aus einem von der Verfassung anerkannten wirtschafts- oder sozialpolitischen Grund (→ Rn. 2) – dient und zu dessen Verwirklichung geeignet, erforderlich und angemessen ist.[35]

Unabhängig davon (und zumal: wenn eine formell-gesetzliche Regelung fehlt) **10** bestehen für die Subventionsvergabe regelmäßig *Verwaltungsvorschriften*.[36] Entsprechende „Subventionsrichtlinien", die der für die Vergabe zuständige Verwaltungsträger[37] erlässt, haben zwar keine Außenwirkung, können aber i. V. m. Art. 3 Abs. 1 GG zu einer *Selbstbindung der Verwaltung* (an eine in den Richtlinien niedergelegte Subventionspraxis) führen.[38] Freilich steht diese Bindung stets unter haushaltsrechtlichem Vorbehalt.[39] Überdies bleibt es dem Verwaltungsträger unbenommen, ein durch Verwaltungsvorschriften festgelegtes Förderprogramm aus willkürfreien (also: sachlichen) Gründen jederzeit für die Zukunft zu ändern.[40]

2. Unionsrecht: Beihilfenverbot mit Erlaubnisvorbehalt

Das Unionsrecht enthält in Art. 107 AEUV materielle Vorgaben für „staatliche oder **11** aus staatlichen Mitteln gewährte" Subventionen.[41] Zweck der Vorschrift, die danach nur für mitgliedstaatliche Subventionen gilt,[42] ist es, eine Verzerrung des Wettbe-

---

[34] Nur für einzelne Bereiche existieren auf Bundes- und Landesebene einfachgesetzliche Regelungen; dazu *Bungenberg/Motzkus*, WiVerw 2013, 73 (87 ff.). Denkbar sind auch Regelungen in Verordnungen und Satzungen.

[35] Eingehend *Kämmerer*, HStR³ V, § 124 Rn. 34 und 45 f.

[36] *Badura*, Rn. 223; *Kämmerer*, HStR³ V, § 124 Rn. 36 ff.

[37] Zur Verbandszuständigkeit *Bungenberg/Motzkus*, WiVerw 2013, 73 (86).

[38] BVerwGE 104, 220 (222 f.).

[39] *Ehlers*, DVBl. 2014, 1 (4).

[40] BVerwGE 104, 220 (223).

[41] Hilfreiche Dokumentation des geltenden Rechts, laufender Reformvorhaben sowie der Entscheidungspraxis der Kommission unter http://ec.europa.eu/competition/state_aid/overview/index_en.html (16.03.2015).

[42] Diese Einschränkung des Anwendungsbereichs ist insofern folgerichtig, als sich unionale Subventionen selbst dann, wenn sie dezentral durch die Mitgliedstaaten verwaltet werden, auf den gesamten Binnenmarkt beziehen und daher keine grenzüberschreitenden Wettbewerbsverzerrungen befürchten lassen; dazu etwa EuGH, Rs. C-298/96, Slg. 1998, I-4767, Rn. 37 – Oelmühle Hamburg und Schmidt Söhne/Bundesanstalt für Landwirtschaft und Ernährung. Welche materiellen Vorgaben für Unionsbeihilfen gelten, die nicht anders als nationale Beihilfen Wettbewerbsverzer-

werbs im Binnenmarkt durch einen Mitgliedstaat zugunsten seiner nationalen Wirtschaft zu verhindern. Die Regelung zielt damit auf *grenzüberschreitende Wettbe-
werbsgleichheit*.[43] Zugleich erkennt sie an, dass Subventionen ein klassisches Mittel der Wettbewerbs- und Wirtschaftspolitik sind (→ Rn. 2). Strukturell führt dies zu
einem *Verbot mit Erlaubnisvorbehalt*: Einerseits sind Beihilfen unter den Voraussetzungen des Art. 107 Abs. 1 AEUV verboten, andererseits sieht Art. 107 Abs. 2
und 3 AEUV Ausnahmen von diesem Verbot für bestimmte Fälle vor, in denen ein
Marktversagen kompensiert oder ein Marktergebnis korrigiert werden soll.

12   Dabei gibt die seit Inkrafttreten des Vertrags zur Gründung der Europäischen
Wirtschaftsgemeinschaft am 01.01.1958 inhaltlich weitgehend unverändert geblie-
bene *primärrechtliche Regelung in Art. 107 AEUV* alleine nur ansatzweise Auskunft
über die Zulässigkeit mitgliedstaatlicher Subventionen. Ergänzend sind stets *sekun-
där- und tertiärrechtliche Regelungen* zu berücksichtigen.[44] Insbesondere das Tertiärrecht ist von großer Bedeutung: In zahlreichen Dokumenten[45] hat die Kommission abstrakt-generelle „Verhaltensnormen"[46] für ihre eigene Entscheidungspraxis
aufgestellt.[47] Einerseits führen diese Dokumente – ähnlich wie Verwaltungsvorschriften im deutschen Recht (→ Rn. 10)[48] – unter Gleichbehandlungs- und Vertrau-
ensschutzgesichtspunkten zu einer Selbstbindung der Kommission.[49] Sie machen
damit die Anwendung des Beihilfenrechts durch die Kommission transparenter und

---

rungen – wenn auch nicht zwischen den Mitgliedstaaten, so doch immerhin zwischen begünstigten und nichtbegünstigten Unternehmen – zur Folge haben können, ist umstritten. Richtigerweise
findet Art. 107 AEUV keine Anwendung. Einschlägig ist vielmehr – entsprechend der Rechtslage
im deutschen Verfassungsrecht (→ Rn. 6 ff. und 9) – die Charta der Grundrechte der Europäischen
Union, insbesondere Art. 16 und Art. 20 f. GRCH; dazu im Einzelnen *Mestmäcker/Schweitzer*,
Europäisches Wettbewerbsrecht, 2. Aufl. 2004, § 46 Rn. 6 f.; ferner *Petzold*, in: Birnstiel/Bun-
genberg/Heinrich, Kap. 4 Rn. 17 ff.; monographisch *Cichy*, Wettbewerbsverfälschungen durch
Gemeinschaftsbeihilfen, 2002; ergänzend gelten völkerrechtliche Vorgaben (→ Rn. 44 ff.).

[43] *Kühling*, in: Ehlers/Fehling/Pünder, § 29 Rn. 30; *Petzold*, in: Birnstiel/Bungenberg/Heinrich,
Kap. 4 Rn. 2.

[44] Hervorzuheben sind die Gruppenfreistellungs-, die allgemeine De-minimis- und eine besondere De-minimis-Verordnung für Dienstleistungen von allgemeinem wirtschaftlichem Interesse (zu
den drei Rechtsakten ausführlich → Rn. 26, 35 und 39). Erlassen hat alle drei Verordnungen die
Kommission auf Grundlage einer Ermächtigung in der ihrerseits auf Art. 109 AEUV beruhenden
VO (EG) Nr. 994/98 des Rates vom 07.05.1998 über die Anwendung der Artikel 107 und 108
des Vertrags über die Arbeitsweise der Europäischen Union auf bestimmte Gruppen horizontaler
Beihilfen, ABl. EG L 142/1, geändert durch VO (EU) Nr. 733/2013 des Rates vom 22.07.2013
zur Änderung der VO (EG) Nr. 994/98 über die Anwendung der Artikel 92 und 93 des Vertrags
zur Gründung der Europäischen Gemeinschaft auf bestimmte Gruppen horizontaler Beihilfen,
ABl. EU L 204/11.

[45] Die Terminologie ist uneinheitlich und schwankt zwischen „Rahmen", „Leitlinien" und „Mitteilung"; Versuch einer Systematisierung etwa bei *Birnstiel*, in: ders./Bungenberg/Heinrich, Kap. 1
Rn. 1061.

[46] So EuGH, Rs. C-464/09 P, Slg. 2010, I-12443, Rn. 46 – Holland Malt/Kommission.

[47] Siehe für das Beihilfenrecht *Kühling*, in: Streinz, Art. 107 AEUV Rn. 110 ff.; allgemein *Brohm*,
Die „Mitteilungen" der Kommission im Europäischen Verwaltungs- und Wirtschaftsraum, 2012.

[48] Zur Vergleichbarkeit *Kreuschitz*, in: Montag/Säcker, Art. 107 AEUV Rn. 539.

[49] Etwa EuGH, Rs. C-464/09 P, Slg. 2010, I-12443, Rn. 46 f. – Holland Malt/Kommission.

vorhersehbarer.[50] Andererseits verfügt die Kommission mit ihnen über ein wirkkräftiges Instrument, um außerhalb der ordentlichen Rechtsetzungsverfahren wettbewerbspolitische Weichenstellungen vorzunehmen,[51] zumal Mitgliedstaaten und private Unternehmen wenn auch nicht rechtlich, so doch faktisch an die Aussagen in den internen Verhaltensnormen gebunden sind.[52]

Sowohl im Tertiär- als auch im Sekundärrecht, die gegenwärtig beide erneut **13** einen (bereits weitgehend abgeschlossenen) *Modernisierungsprozess* durchlaufen,[53] findet dabei seit einigen Jahren ein „Paradigmenwechsel" statt.[54] Dem kartellrechtlichen Vorbild[55] folgend sieht die Kommission auch im Beihilfenrecht anders als noch in der „Gründungsphase"[56] der Europäischen Union immer weniger Rechtsnormen, die nach Maßgabe einer juristischen Methode zu interpretieren und formal anzuwenden sind. Verfolgt wird vielmehr ein „*ökonomischerer Ansatz*".[57] Im Mittelpunkt dieses Ansatzes steht eine ökonomisch fundierte Analyse der Auswirkungen wettbewerbsrelevanten Verhaltens auf die Marktergebnisse. Sie schlägt sich beihilfenrechtlich in einem „Abwägungstest" nieder, bei dem die Kommission offen zwischen den Vorteilen (Kompensation eines Marktversagens oder politisch erwünschte Korrektur eines Marktergebnisses) und den Nachteilen (Wettbewerbsverzerrung) mitgliedstaatlicher Subventionsmaßnahmen abwägt (ausführlich → Rn. 32). Folge ist – wie stets bei Abwägungsentscheidungen – eine erhebliche Flexibilisierung der rechtlichen Bindungen.[58]

a) Voraussetzungen des Beihilfenverbots

Art. 107 Abs. 1 AEUV erklärt „staatliche oder aus staatlichen Mitteln gewährte **14** Beihilfen gleich welcher Art" für „mit dem Binnenmarkt unvereinbar", wenn sie „durch die Begünstigung bestimmter Unternehmen oder Produktionszweige den Wettbewerb verfälschen oder zu verfälschen drohen" und „soweit sie den Handel zwischen Mitgliedstaaten beeinträchtigen". Das unionsrechtliche Beihilfenverbot unterliegt damit *sechs Voraussetzungen*: Es muss *erstens* eine Begünstigung vor-

---

[50] So *Birnstiel*, in: ders./Bungenberg/Heinrich, Kap. 1 Rn. 1061.

[51] Treffend der Titel bei *Bechtold*, Faktische Rechtssätze aus Brüssel, in: FS Hirsch, S. 223.

[52] Zutreffend *Bartosch*, Art. 87 Abs. 3 EGV Rn. 6; vorsichtiger, aber letztlich ähnlich *Thomas*, EuR 2009, 423 (437 f.): „natürliche Autorität" und „Vermutung für rechtspraktische Plausibilität".

[53] Überblick zum aktuellen Stand unter http://ec.europa.eu/competition/state_aid/modernisation/index_en.html (16.03.2015); aus dem Schrifttum zum Reformprozess etwa *Ruthig*, ZG 2014, 136; *Soltész*, EuZW 2014, 89.

[54] Ausgangspunkt war Kommission, Aktionsplan Staatliche Beihilfen, KOM(2005) 107 endg.

[55] Zusammenfassend *Rittner/Dreher/Kulka*, Wettbewerbs- und Kartellrecht, 8. Aufl. 2014, Rn. 610: „ökonomische Ausrichtung", die „die Auswirkungen der konkreten Handlung in das Zentrum der Analyse stellt".

[56] Zugrunde liegt die Periodisierung bei *Weiler*, 100 Yale L. J. 2403 (1991).

[57] Überblick bei *Bartosch*, RIW 2007, 681; *Jaeger*, WuW 2008, 1064; *Jungheim*, BRZ 2010, 123 und 187; siehe ferner die Beiträge in Oberender (Hrsg.), Der „more economic approach" in der Beihilfenkontrolle, 2008.

[58] Dazu auch *Behrens*, in: Birnstiel/Bungenberg/Heinrich, Einl. Rn. 193: „Spannungsverhältnis zwischen Regelbindung (*per-se rules*) und Ermessen (*rule of reason*)".

liegen (aa). Diese Begünstigung muss sich *zweitens* an ein Unternehmen richten (bb). Sie muss *drittens* und *viertens* selektiv (cc) und staatlich (dd) sein, *fünftens* eine Wettbewerbsverfälschung im Binnenmarkt befürchten lassen (ee) und *sechstens* den grenzüberschreitenden Handel beeinträchtigen (ff).

aa) Begünstigung

15 Eine Begünstigung ist anzunehmen, wenn dem Adressaten einer mitgliedstaatlichen Maßnahme ein wirtschaftlicher Vorteil zugewendet wird (1), ohne dass diesem Vorteil eine angemessene marktmäßige Gegenleistung des Empfängers gegenübersteht (2).[59]

(1) Positive oder negative Zuwendung

16 Der Zuwendungsbegriff ist weit. Umfasst sind *sowohl positive als auch negative Zuwendungen.*[60] Die Bandbreite reicht bei positiven Zuwendungen von verlorenen Zuschüssen über Darlehen und Bürgschaften[61] zu besseren als den marktüblichen Konditionen bis hin zu tatsächlichen Leistungen wie logistischer Unterstützung oder Infrastrukturmaßnahmen.[62] Zuwendungscharakter haben auch der Verzicht auf die Durchsetzung einer Forderung[63] sowie die Veräußerung von Grundstücken und die Privatisierung von öffentlichen Unternehmen[64]. Negative Zuwendungen resultieren aus Belastungsminderungen. Umfasst sind alle Befreiungen von Abgaben, insbesondere Steuervergünstigungen.[65] Zuwendungscharakter hat auch ein Zahlungsaufschub.[66] Maßgeblich ist stets eine *objektive Betrachtungsweise*; ob die Begünstigung intendiert ist, spielt keine Rolle.[67] Besonderheiten sind bei Dienstleistungen von allgemeinem wirtschaftlichem Interesse zu beachten. Hier stellen Ausgleichszahlungen für eine vom Markt mangels Rentabilität nicht ohne weiteres bereitgestellte Dienstleistung unter bestimmten Voraussetzungen keine Begünstigungen dar (im Einzelnen → Rn. 37).[68]

---

[59] Etwa *Bartosch*, Art. 87 Abs. 1 EGV Rn. 1; *Ehlers*, DVBl. 2014, 1 (2).

[60] Zu dieser systematischen Zweiteilung *Kleine/Sühnel*, in: Birnstiel/Bungenberg/Heinrich, Kap. 1 Rn. 90; aus der Rechtsprechung EuGH, Rs. C-387/92, Slg. 1994, I-877, Rn. 13 – Banco Exterior de España/Ayuntamiento de Valencia: „positive Leistungen" und „Maßnahmen, die … Belastungen vermindern".

[61] Dazu jüngst EuGH, Rs. C-559/12 P, EU:C:2014:217, insbesondere Rn. 93 ff. – Kommission/Frankreich.

[62] Überblick bei *Kleine/Sühnel*, in: Birnstiel/Bungenberg/Heinrich, Kap. 1 Rn. 93 ff.

[63] Speziell dazu *Soltész/Makowski*, EuZW 2003, 73.

[64] Hierzu insbesondere *F. Wollenschläger*, in: Birnstiel/Bungenberg/Heinrich, Kap. 1 Rn. 469 ff.

[65] Dazu EuGH, Rs. C-222/04, Slg. 2006, I-289, Rn. 131 f. – Cassa di Risparmio di Firenze u. a.

[66] EuGH, Rs. C-222/04, Slg. 2006, I-289, Rn. 132 – Cassa di Risparmio di Firenze u. a.

[67] Etwa EuGH, Rs. C-124/10 P, EU:C:2012:318, Rn. 77 – Kommission/EDF; *Kleine/Sühnel*, in: Birnstiel/Bungenberg/Heinrich, Kap. 1 Rn. 91 ff.: „objektive Wirkung einer Maßnahme entscheidend".

[68] EuGH, Rs. C-280/00, Slg. 2003, I-7774, Rn. 87 ff. – Altmark Trans und Regierungspräsidium Magdeburg.

(2) Keine marktmäßige Gegenleistung

Während sich die Frage, ob eine Zuwendung vorliegt, noch relativ einfach beant- **17**
worten lässt, führt die Frage, ob der Zuwendung eine marktmäßige Gegenleistung
gegenübersteht, vielfach zu Problemen. Die Unionsgerichte stellen darauf ab, ob
dem potentiellen Beihilfenempfänger ein wirtschaftlicher Vorteil eingeräumt wird,
den er „unter normalen Marktbedingungen nicht erhalten hätte".[69] Operationali-
siert wird dieser Maßstab durch einen *Vergleich des tatsächlichen Verhaltens der
öffentlichen Hand mit dem hypothetischen Verhalten eines vernünftigen privaten
Marktteilnehmers* mit einem Interesse an einer angemessenen Rendite.[70] Bei einer
Kapitalzufuhr erfolgt der Vergleich in einem *Private* (auch: *Market Economy*)
Investor Test,[71] bei der Veräußerung eines Gegenstands in einem *Private Vendor
Test*,[72] beim Ankauf eines Gegenstands in einem *Private Purchaser Test* und bei
der Durchsetzung von Forderungen in einem *Private Creditor Test*.[73] Stets geht
es um die Frage, ob die öffentliche Hand sich wie ein vernünftig handelnder privater Marktteilnehmer verhält. Ist das der Fall, scheidet eine Begünstigung aus,
weil der potentielle Beihilfenempfänger die Zuwendung zu gleichen Bedingungen
auch am Markt erhalten könnte; eine Wettbewerbsverzerrung liegt nicht vor. So sah
der EuGH in einem Darlehen eine Begünstigung, weil der Empfänger in den drei
vorangegangenen Jahren stets erhebliche Verluste erlitten hatte und überdies über-
schuldet war; selbst die Aussicht auf einen relativ geringen Gewinn im Folgejahr
hätte daher „einen privaten Investor doch nicht veranlassen können, derart hohe
Beträge aufzuwenden".[74]

---

[69] EuGH, Rs. C-280/00, Slg. 2003, I-7774, Rn. 84 – Altmark Trans und Regierungspräsidium
Magdeburg.

[70] Instruktiv zum Maßstab EuGH, Rs. C-124/10 P, EU:C:2012:318, Rn. 84 – Kommission/EDF,
der fragt, ob die Zuwendung „auf wirtschaftlichen Bewertungen beruht, die mit jenen vergleichbar sind, die ein rationaler privater Kapitalgeber in einer möglichst ähnlichen Lage wie dieser
Mitgliedstaat vor dieser Kapitalanlage hätte erstellen lassen, um die künftige Rentabilität einer
solchen Kapitalanlage zu bestimmen". Die Kommission hat den Vergleichstest im Tertiärrecht und
ihrer einzelfallbezogenen Entscheidungspraxis ausbuchstabiert; siehe exemplarisch Mitteilung der
Kommission betreffend Elemente staatlicher Beihilfe bei Verkäufen von Bauten oder Grundstücken durch die öffentliche Hand, ABl. EG 1997 C 209/3.

[71] Eingehend zum Test und seiner Durchführung *Bartosch*, Art. 87 Abs. 1 EGV Rn. 2 ff.; *Giesberts/
Streit*, EuZW 2009, 484; *Kleine/Sühnel*, in: Birnstiel/Bungenberg/Heinrich, Kap. 1 Rn. 105 ff.;
Sühnel, EWS 2007, 115.

[72] Dazu *Kleine/Sühnel*, in: Birnstiel/Bungenberg/Heinrich, Kap. 1 Rn. 179 ff. Zur Ermittlung des
Marktpreises in einem offenen, transparenten und bedingungsfreien Ausschreibungsverfahren
EuGH, verb. Rs. C-214/12 P, C-215/12 P und C-223/12 P, EU:C:2013:682, Rn. 92 ff. – Land Bur-
genland u.a./Kommission; hier kann vermutet werden, dass der Marktpreis dem höchsten Angebot
entspricht, wenn dieses Angebot verpflichtend und verlässlich ist und es überdies nicht gerechtfertigt ist, andere wirtschaftliche Faktoren als den Preis zu berücksichtigen.

[73] Überblick bei *Ehlers*, DVBl. 2014, 1 (2); siehe auch *Kleine/Sühnel*, in: Birnstiel/Bungenberg/
Heinrich, Kap. 1 Rn. 108, die vom „Private Investor Test" und zugehörigen „Derivaten" sprechen.

[74] EuGH, Rs. C-261/89, Slg. 1999, I-4437, Rn. 7 ff. – Italien/Kommission.

bb) Unternehmen

18 Empfänger der Begünstigung muss ein Unternehmen oder eine (in Art. 107 Abs. 1 AEUV als „Produktionszweig" bezeichnete) Gruppe gleichartiger Unternehmen sein. Ein Unternehmen ist nach dem *rein tätigkeitsbezogenen und daher weiten unionsrechtlichen Unternehmensbegriff* „jede eine wirtschaftliche Tätigkeit ausübende Einheit unabhängig von ihrer Rechtsform und der Art ihrer Finanzierung".[75] Umfasst sind damit, wie sich auch aus Art. 106 Abs. 1 AEUV ergibt, *sowohl private als auch öffentliche Unternehmen* ($\rightarrow$ § 6 Rn. 32).[76] Eine Gewinnerzielungsabsicht ist nicht erforderlich.[77] Gewisse Grenzen ergeben sich lediglich aus dem Erfordernis einer wirtschaftlichen Tätigkeit, die nach Auffassung des EuGH nur vorliegt, wenn für die angebotenen Güter und Dienstleistungen ein Markt existiert.[78] Ausgenommen vom Beihilfenregime ist in der Folge insbesondere die Ausübung öffentlicher Befugnisse.[79] Einschränkungen bestehen ferner bei Einrichtungen, die in den Bereichen soziale Sicherheit,[80] Gesundheitsfürsorge und Bildungswesen tätig sind.[81] Wird eine Einheit sowohl wirtschaftlich als auch nichtwirtschaftlich tätig und lassen sich beide Bereiche trennen, ist die Einheit nur mit Blick auf ihre wirtschaftliche Tätigkeit als Unternehmen zu behandeln.[82]

cc) Selektivität

19 Dass Empfänger einer Begünstigung ein Unternehmen ist, genügt nicht. Die Begünstigung muss sich nach Art. 107 Abs. 1 AEUV vielmehr an „bestimmte[r] Unternehmen oder Produktionszweige" richten, weil nur dann eine Ungleichbehandlung und damit eine Wettbewerbsverzerrung vorliegt. Die Begünstigung darf folglich nicht der Wirtschaft insgesamt zugutekommen, so dass *allgemeine wirtschafts- und sozialpolitische Maßnahmen*, die einen günstigen Rahmen für alle Unternehmen eines Mitgliedstaats schaffen, nicht vom Beihilfenverbot erfasst sind. Erforderlich ist mit anderen Worten die „*Selektivität*", „*Spezifität*" oder „*Bestimmtheit*" *der Begünstigung*.[83] Um (sachlich, territorial oder zeitlich)[84] selektive von allgemeinen wirtschaftspolitischen Maßnahmen zu unterscheiden, prüft der EuGH,

---

[75] So etwa EuGH, verb. Rs. C-180/98–C-184/98, Slg. 2000, I-6451, Rn. 74 – Pavlov u. a.

[76] Dazu auch *F. Wollenschläger*, in: Kirchhof/Korte/Magen, § 6 Rn. 49.

[77] EuGH, Rs. C-244/94, Slg. 1995, I-4013, Rn. 21 – FFSA u. a./Ministère de l'Agriculture et de la Pêche.

[78] EuGH, verb. Rs. C-180/98–C-184/98, Slg. 2000, I-6451, Rn. 75 – Pavlov u. a.

[79] Dazu mit Nachweisen aus der Rechtsprechung des EuGH Mitteilung der Kommission über die Anwendung der Beihilfevorschriften der Europäischen Union auf Ausgleichsleistungen für die Erbringung von Dienstleistungen von allgemeinem wirtschaftlichem Interesse, ABl. EU 2012 C 8/4 (DAWI-Mitteilung), Rn. 16.

[80] Dazu EuGH, Rs. C-350/07, Slg. 2009, I-1513, Rn. 42 ff. – Kattner Stahlbau.

[81] Dazu mit Nachweisen aus der Rechtsprechung des EuGH DAWI-Mitteilung, Rn. 17 ff., 21 ff. und 26 ff.

[82] Dazu *Bungenberg*, in: Birnstiel/ders./Heinrich, Kap. 1 Rn. 35.

[83] *Pache/Pieper*, in: Birnstiel/Bungenberg/Heinrich, Kap. 1 Rn. 205.

[84] Im Einzelnen *Pache/Pieper*, in: Birnstiel/Bungenberg/Heinrich, Kap. 1 Rn. 215 ff.

„ob eine nationale Maßnahme im Rahmen einer bestimmten rechtlichen Regelung geeignet ist, ,bestimmte Unternehmen oder Produktionszweige' gegenüber anderen Unternehmen oder Produktionszweigen, die sich im Hinblick auf das mit der betreffenden Regelung verfolgte Ziel in einer vergleichbaren tatsächlichen und rechtlichen Situation befinden, zu begünstigen".[85] Dabei sollen Ungleichbehandlungen gerechtfertigt sein, wenn sie aus der „Natur", dem „Aufbau", der „Systematik" oder der „Logik" eines Regelungskomplexes folgen. So hält der EuGH Maßnahmen für unschädlich, die zwar eine Ausnahme vom Steuersystem darstellen, aber durch dessen Natur und inneren Aufbau gerechtfertigt sind, weil der betreffende Mitgliedstaat nachweisen kann, dass sie unmittelbar auf den Grund- oder Leitprinzipien des Steuersystems beruhen.[86] Folge ist eine *dreistufige Prüfung* der Selektivität einer Maßnahme, bei der zunächst ein tatsächlicher und rechtlicher „Bezugsrahmen" formuliert, sodann eine „Ungleichbehandlung" innerhalb dieses Bezugsrahmens festgestellt und schließlich nach einer Rechtfertigung gefragt wird.[87]

dd) Staatlichkeit

Das Beihilfenverbot gilt gemäß Art. 107 Abs. 1 AEUV nur für staatliche oder aus staatlichen Mitteln gewährte Begünstigungen.[88] Eine Beihilfe soll dabei nur vorliegen, wenn die Begünstigung sowohl dem Staat zurechenbar ist (1) als auch seinen Haushalt belastet (2).   **20**

(1) Zurechenbarkeit der Begünstigung

Art. 107 Abs. 1 AEUV verlangt zunächst, dass die Entscheidung über die Begünstigung dem Staat – das heißt: einem *Träger hoheitlicher Gewalt* und also einer juristischen Person des öffentlichen Rechts[89] – zugerechnet werden kann.[90] Geht die Entscheidung dabei auf *Organe* zurück, die über einen echten Spielraum verfügen, ist dies stets zu bejahen.[91] Erfolgt die Begünstigung hingegen durch ein *Unternehmen* – etwa: ein Finanzunternehmen – lässt es der EuGH nicht genügen,   **21**

---

[85] Etwa EuGH, Rs. C-172/03, Slg. 2005, I-1627, Rn. 40 – Heiser.

[86] EuGH, Rs. C-6/12, EU:C:2013:525, Rn. 22 – P.

[87] Dazu *Pache/Pieper*, in: Birnstiel/Bungenberg/Heinrich, Kap. 1 Rn. 213 f.

[88] Nicht anwendbar sind die Art. 107–109 AEUV daher auf Unionsbeihilfen (→ Rn. 11).

[89] Zu diesem funktionalen und daher weiten Verständnis von „Staatlichkeit" etwa *Pache/Pieper*, in: Birnstiel/Bungenberg/Heinrich, Kap. 1 Rn. 66. Instruktiv RL 2006/111/EG der Kommission vom 16.11.2006 über die Transparenz der finanziellen Beziehungen zwischen den Mitgliedstaaten und den öffentlichen Unternehmen sowie über die finanzielle Transparenz innerhalb bestimmter Unternehmen, ABl. EU L 318/17, wo mit Blick auf eine in Erwägungsgrund Nr. 7 postulierte „angemessene und wirkungsvolle Anwendung der Beihilfevorschriften des EG-Vertrags auf öffentliche und private Unternehmen" nicht auf die Mitgliedstaaten als solche, sondern auf die öffentliche Hand und ihre Beziehungen zu den öffentlichen Unternehmen abgestellt wird. Art. 2 lit. a der Richtlinie nennt insoweit neben dem Staat auch „regionale, lokale und alle anderen Gebietskörperschaften".

[90] Siehe nur *Bartosch*, Art. 87 Abs. 1 EGV Rn. 123.

[91] Ähnlich *Bartosch*, Art. 87 Abs. 1 EGV Rn. 124: „staatliche Einrichtung im engeren Sinne".

dass die öffentliche Hand das Unternehmen kontrolliert und einen beherrschenden
Einfluss auf dessen Tätigkeit ausübt. Es müssen vielmehr auch Indizien dafür vorliegen, dass seine Einrichtungen tatsächlich „in irgendeiner Weise am Erlass dieser
Maßnahmen beteiligt waren" (zum Staatsbegriff im Kontext der Marktfreiheiten
→ § 1 Rn. 18).[92]

(2) Belastung des staatlichen Haushalts

22 Nach Auffassung des EuGH genügt die Zurechenbarkeit der Begünstigung alleine
nicht. Erforderlich ist darüber hinaus stets, dass die Begünstigung unmittelbar oder
mittelbar „aus staatlichen Mitteln" gewährt wird: Die Unterscheidung zwischen
„staatlichen" und „aus staatlichen Mitteln gewährte[n]" Begünstigungen in Art. 107
Abs. 1 AEUV bedeute nicht, dass staatlich gewährte Vorteile auch dann Beihilfen
sind, wenn sie nicht aus staatlichen Mitteln finanziert werden. Ziel der Regelung sei
es vielmehr lediglich, auch solche Beihilfen der Beihilfenaufsicht zu unterstellen,
die zwar aus staatlichen Mitteln, aber nicht unmittelbar vom Staat, sondern über
eine vom Staat benannte oder errichtete öffentliche oder private Einrichtung gewährt werden.[93] Eine Beihilfe scheidet danach aus, wenn eine Begünstigung zwar
staatlich veranlasst ist, aber unmittelbar aus privaten Mitteln gewährt wird. Erforderlich ist insoweit zwar nicht, dass die Mittel dauerhaft dem Staat gehören. Die
Mittel müssen aber *ständig unter staatlicher Kontrolle* und also den zuständigen
Behörden zur Verfügung stehen.[94] Daher liegt keine Beihilfe zugunsten der Erzeuger erneuerbarer Energien vor, wenn Energieversorgungsunternehmen zur Abnahme von Strom aus erneuerbaren Energien zu einem Mindestpreis verpflichtet werden; die Mittel stehen hier zu keiner Zeit unter unmittelbarer staatlicher Kontrolle.[95]
Umgekehrt ist eine Beihilfe anzunehmen, wenn ergänzend ein öffentlich verwal-
teter und aus Abgaben der Endverbraucher gespeister Fonds besteht, aus dem die
durch die Abnahmepflicht entstehenden Mehrkosten der Energieversorgungsunternehmen ausgeglichen werden.[96] Ob eine Beihilfe vorliegt, hängt dabei eher von
der technischen Ausgestaltung einer Begünstigung als von einer wirtschaftlichen

---

[92] EuGH, Rs. C-482/99, Slg. 2002, I-4397, Rn. 52 – Frankreich/Kommission; zu den ebd.,
Rn. 55 f., genannten Indizien gehören etwa die Eingliederung des Unternehmens in die Strukturen
der öffentlichen Verwaltung, die Art seiner Tätigkeit und die Intensität der behördlichen Aufsicht
über die Unternehmensführung.

[93] EuGH, Rs. C-379/98, Slg. 2001, I-2099, Rn. 58 – PreussenElektra.

[94] So EuGH, Rs. C-262/12, EU:C:2014:851, Rn. 21 – Vent De Colère u. a.; hierzu sowie zum
Folgenden instruktiver Überblick bei *Burgi/Wolff*, EuZW 2014, 647 (650 ff.).

[95] EuGH, Rs. C-379/98, Slg. 2001, I-2099, Rn. 58 ff. – PreussenElektra; siehe auch Rs. C-677/11,
EU:C:2013:348, Rn. 35 ff. – Doux Élevage and Coopérative agricole UKL-ARREE: Pflichtab-
gabe französischer Geflügelmäster an den Branchenausschuss für französisches Geflügel keine
Beihilfe. Zur Diskussion über das Umlagesystem im EEG *Soltész*, EuZW 2014, 89 (91 f.).

[96] EuGH, Rs. C-262/12, EU:C:2014:851, Rn. 34 ff. – Vent De Colère u. a. Sehr umstritten ist vor
diesem Hintergrund, ob die deutschen Rundfunkgebühren eine Beihilfe darstellen; zum Problem
Pache/Pieper, in: Birnstiel/Bungenberg/Heinrich, Kap. 1 Rn. 72 ff.

Betrachtungsweise ab. Tatsächlich ist die *Engführung des Beihilfenverbots nicht unproblematisch*: Sie nimmt Maßnahmen von der Beihilfenkontrolle aus, die zwar nicht aus staatlichen Mitteln bestritten werden, aber auf einer wettbewerbspolitischen Entscheidung eines Mitgliedstaats beruhen und daher durchaus die Gefahr von Wettbewerbsverzerrungen im Binnenmarkt bergen.[97]

Immerhin setzt eine Begünstigung aus staatlichen Mitteln nicht voraus, dass **23** sich der Vorteil des Begünstigten und die tatsächliche Haushaltsbelastung entsprechen. Eine Beihilfe liegt daher auch vor, wenn eine *Begünstigung lediglich in Aussicht gestellt* wird, etwa um die Märkte zu beruhigen.[98] Überdies erfolgt eine Begünstigung auch dann aus staatlichen Mitteln, wenn der Staat – wie bei Steuervergünstigungen – auf Einnahmen verzichtet.[99]

ee) Wettbewerbsverfälschung

Beihilfen müssen durch die Begünstigung bestimmter Unternehmen oder Produk- **24** tionszweige den Wettbewerb verfälschen oder zu verfälschen drohen. Das ist der Fall, wenn eine Begünstigung dazu führen kann, dass die begünstigten Unternehmen im Vergleich zu nichtbegünstigten Unternehmen, die auf demselben Markt tätig sind,[100] besser gestellt werden.

(1) „Vermutung" einer Wettbewerbsverfälschung

Die Schwelle zur Wettbewerbsverfälschung ist niedrig: Erstens verlangt Art. 107 **25** Abs. 1 AEUV *keine tatsächliche Wettbewerbsverfälschung*; es genügt die bloße Gefahr.[101] Zweitens verlangt das Beihilfenrecht anders als das Kartellrecht[102] *keine spürbare Wettbewerbsverfälschung*.[103] Das Beihilfenrecht sieht in der Folge zunächst und grundsätzlich in jeder selektiven Begünstigung eine potenzielle Wettbewerbsverfälschung.[104] Anders ist dies nur, wenn auf dem relevanten Markt

---

[97] Ähnlich wie hier mit Blick auf die Abgrenzung zwischen mitgliedstaatlichen Beihilfen nach Art. 107 Abs. 1 AEUV und Unionsbeihilfen *Petzold*, in: Birnstiel/Bungenberg/Heinrich, Kap. 4 Rn. 9 ff. und 16. Kein Problem sieht *Soltész*, EuZW 1998, 747, der ebd., 753, darauf hinweist, dass zur Bewältigung staatlicher Begünstigungen ohne Haushaltsbelastung andere Instrumente wie insbesondere die Grundfreiheiten zur Verfügung stehen.

[98] EuGH, verb. Rs. C-399/10 P und C-401/10 P, EU:C:2013:175, Rn. 109 f. – Bouygues and Bouygues Télécom/Kommission u. a.: ausreichend ein „hinreichend enge[r] Zusammenhang"; treffend daher *Ehlers*, DVBl. 2014, 1 (3): „potenzielle Belastung des Haushalts" ausreichend.

[99] EuGH, Rs. C-279/08 P, Slg. 2011, I-7671, Rn. 106 – Kommission/Niederlande.

[100] Zur (insbesondere: sachlichen und räumlichen) Marktabgrenzung knapp *Koenig/Schreiber*, S. 38 ff.

[101] *Eilmansberger*, in: Birnstiel/Bungenberg/Heinrich, Kap. 1 Rn. 297.

[102] Für das Kartellverbot nach Art. 101 Abs. 1 AEUV *Koenig/Schreiber*, S. 101 ff.

[103] Anders *Terhechte*, in: Birnstiel/Bungenberg/Heinrich, Kap. 1 Rn. 390.

[104] *Ehlers*, DVBl. 2014, 1 (3); instruktiv EuG, Rs. T-55/99, Slg. 2000, II-3207, Rn. 92 – CETM/Kommission: „Gewährt der Staat einem Unternehmen einen nur geringen Vorteil, so wird der Wettbewerb zwar auch nur gering verfälscht, jedenfalls aber wird er verfälscht."

ausnahmsweise keinerlei grenzüberschreitendes Wettbewerbsverhältnis zwischen
dem Zuwendungsempfänger und anderen Unternehmen besteht.[105]

(2) Ausnahme: Beihilfen mit geringem Volumen

26 Besonderheiten sind lediglich bei Beihilfen mit geringem Volumen zu beachten.
Insoweit hat die Kommission auf Grundlage einer Ermächtigung durch den Rat[106]
eine „*De-minimis-Verordnung*"[107] (DMVO) erlassen. Nach Art. 3 Abs. 1 und 2
DMVO werden Maßnahmen mit geringem Begünstigungsvolumen – die Regelung
spricht von „De-minimis-Beihilfen" – „als Maßnahmen angesehen, die nicht alle
Tatbestandsmerkmale des Artikels 107 Absatz 1 AEUV erfüllen, und … daher von
der Anmeldepflicht nach Artikel 108 Absatz 3 AEUV ausgenommen [sind]". Voraussetzung ist, dass der Gesamtbetrag der einem Unternehmen von einem Mitgliedstaat innerhalb von drei Steuerjahren gewährten De-minimis-Beihilfen den
Betrag von 200.000 Euro (im Bereich des gewerblichen Straßengüterverkehrs:
100.000 Euro) nicht übersteigt.[108] Nach Auffassung der Kommission ist hier ty-
pisierend davon auszugehen, dass die Maßnahmen „weder Auswirkungen auf den
Handel zwischen Mitgliedstaaten haben noch den Wettbewerb verfälschen oder zu
verfälschen drohen".[109]

ff) Handelsbeeinträchtigung

27 Ähnlich wie für die Wettbewerbsverfälschung bestehen auch für die Beeinträchtigung des Handels zwischen den Mitgliedstaaten nur geringe Anforderungen.[110]
Nach Auffassung des EuGH besteht *weder eine begünstigungs- noch eine unternehmensbezogene Schwelle*, bis zu der davon ausgegangen werden kann, dass der
Handel zwischen den Mitgliedstaaten nicht beeinträchtigt wird.[111] In der Folge
können auch Beihilfen mit geringem Volumen an relativ kleine Unternehmen den

---

[105] Dazu *Eilmansberger*, in: Birnstiel/Bungenberg/Heinrich, Kap. 1 Rn. 317, der umgekehrt feststellt, dass ein entsprechendes Wettbewerbsverhältnis in der Regel die Gefahr einer Wettbewerbsverfälschung indiziert; eine genaue Marktanalyse zur Ermittlung der Auswirkungen einer Beihilfe
ist daher grundsätzlich entbehrlich.

[106] Siehe Art. 2 Abs. 1 VO (EG) Nr. 994/98. Grundlage hierfür ist Art. 109 AEUV.

[107] VO (EU) Nr. 1407/2013 der Kommission vom 18.12.2013 über die Anwendung der Artikel 107
und 108 des Vertrags über die Arbeitsweise der Europäischen Union auf De-minimis-Beihilfen,
ABl. EU L 352/1. Die Verordnung ist am 01.01.2014 in Kraft getreten und gilt bis zum 31.12.2020.
Sie löst die VO (EG) Nr. 1998/2006 der Kommission vom 15.12.2006 über die Anwendung der
Artikel 87 und 88 EG-Vertrag auf „De-minimis"-Beihilfen, ABl. EU L 379/5, ab. Eine grundsätzlich kumulativ anwendbare weitere De-minimis-Regelung besteht im Bereich der Dienstleistungen von allgemeinem wirtschaftlichem Interesse (→ Rn. 39).

[108] Zur Berechnung der Schwellenwerte Art. 3 und 4 DMVO.

[109] So Erwägungsgrund Nr. 3 zur DMVO. Zur nach wie vor offenen Frage, ob dies mit dem Primärrecht vereinbar ist, das in Art. 107 Abs. 1 AEUV gerade keine Spürbarkeit verlangt, *Bartosch*,
Art. 87 Abs. 1 EGV Rn. 132.

[110] Siehe auch *Heinrich*, in: Birnstiel/Bungenberg/ders., Kap. 1 Rn. 264: „kein Spürbarkeitserfor-
dernis".

[111] EuGH, Rs. C-280/00, Slg. 2003, I-7747, Rn. 81 – Altmark Trans und Regierungspräsidium
Magdeburg.

Handel zwischen den Mitgliedstaaten beeinträchtigen, sofern auf dem jeweiligen Markt (→ Rn. 24) nur tatsächlich Wettbewerb zwischen Anbietern aus verschiedenen Mitgliedstaaten stattfindet.[112] Dabei ist es ohne Bedeutung, ob eine geförderte Tätigkeit lediglich lokalen Charakter hat: Entscheidend ist nicht, ob der Begünstigte grenzüberschreitend tätig ist, sondern ob er auf einem Markt tätig ist, auf dem auch Anbieter aus anderen Mitgliedstaaten agieren oder zu dem sie zukünftig Zugang begehren könnten.[113] Erneut sind diese primärrechtlichen Grundsätze bei *Beihilfen mit relativ geringem Volumen* durch Art. 3 Abs. 1 und 2 DMVO eingeschränkt (→ Rn. 26).[114]

Tatbestand des Beihilfenverbots nach Art. 107 Abs. 1 AEUV im Überblick

1. *Begünstigung* = Zuwendung ohne marktmäßige Gegenleistung
2. *Unternehmen* = wirtschaftliche Tätigkeit ausübende Einheit
3. *Selektivität* = ungleiche Begünstigung innerhalb eines Bezugsrahmens
4. *Staatlichkeit* = Zurechenbarkeit und Haushaltsbelastung
5. *Wettbewerbsverfälschung* = Vermutung bei jeder selektiven Begünstigung
   ← Ausnahme: Maßnahme mit geringem Volumen nach De-minimis-Verordnung
6. *Handelsbeeinträchtigung* = Vermutung bei grenzüberschreitendem Wettbewerb
   ← Ausnahme: Maßnahme mit geringem Volumen nach De-minimis-Verordnung

---

b) Ausnahmen vom Beihilfenverbot

Das Beihilfenverbot nach Art. 107 Abs. 1 AEUV gilt nicht absolut, sondern unterliegt Ausnahmen (zum Hintergrund → Rn. 2 und 11). Geregelt sind diese in Art. 107 Abs. 2 und 3 AEUV. Bei Dienstleistungen von allgemeinem wirtschaftlichem Interesse liefert darüber hinaus Art. 106 Abs. 2 AEUV einen Rechtfertigungsgrund für eigentlich verbotene Beihilfen (im Einzelnen → Rn. 36 und 41). Das Beihilfenverbot ist vor diesem Hintergrund ein *Verbot mit Erlaubnisvorbehalt.*[115] Dabei ist zu unterscheiden: Während Art. 107 Abs. 2 AEUV *Legalausnahmen* vom Beihilfenverbot enthält, die – ungeachtet der Tatsache, dass auch hier vor Durchführung einer Subventionsmaßnahme eine Genehmigung der Kommission einzuholen

28

---

[112] EuGH, Rs. C-305/89, Slg. 1991, I-1603, Rn. 26 – Italien/Kommission.

[113] EuG, verb. Rs. T-298/97, T-313/91, T-315/97 u. a., Slg. 2000, II-2319, Rn. 91– Alzetta u. a./Kommission; zum Ganzen auch *Heinrich*, in: Birnstiel/Bungenberg/ders., Kap. 1 Rn. 266 ff. Bedenken begegnet vor diesem Hintergrund DAWI-Mitteilung, Rn. 40, die Ausnahmen für „Tätigkeiten rein lokaler Natur" postuliert.

[114] Auch hier ist auf die grundsätzlich kumulativ anwendbare weitere De-minimis-Regelung im Bereich der Dienstleistungen von allgemeinem wirtschaftlichem Interesse hinzuweisen (→ Rn. 39).

[115] *Kühling*, in: Ehlers/Fehling/Pünder, § 29 Rn. 30. Allgemein zu dieser Kategorie *Detterbeck*, Rn. 504.

ist[116] – kraft Gesetzes Anwendung finden, sofern nur die Voraussetzungen vorliegen (aa), setzen die *Ermessensausnahmen* nach Art. 107 Abs. 3 AEUV stets eine konstitutive Ermessensentscheidung der Kommission über die Vereinbarkeit mit dem Binnenmarkt voraus (bb).

aa) Legalausnahmen nach Art. 107 Abs. 2 AEUV

29 Gemäß Art. 107 Abs. 2 AEUV sind unter bestimmten Voraussetzungen insbesondere Beihilfen sozialer Art an einzelne Verbraucher und Beihilfen zur Beseitigung von Schäden, die durch Naturkatastrophen oder sonstige außergewöhnliche Ereignisse entstanden sind, mit dem Binnenmarkt vereinbar. Die *Befreiung* vom Beihilfenverbot tritt dabei anders als bei Art. 107 Abs. 3 AEUV *kraft Gesetzes* ein, sofern die Voraussetzungen erfüllt sind. Die Kommission stellt dies im Genehmigungsverfahren (→ Rn. 56 ff.) lediglich deklaratorisch fest, ohne insoweit über einen Ermessensspielraum zu verfügen.[117] Die Bedeutung der eng auszulegenden[118] Ausnahmevorschrift ist gering.[119] Das gilt vor allem für die „Deutschlandklausel" in Art. 107 Abs. 2 lit. c AEUV, deren Voraussetzungen heute kaum noch erfüllt sein können.[120]

bb) Ermessensausnahmen nach Art. 107 Abs. 3 AEUV

30 Anders als Art. 107 Abs. 2 AEUV hat Art. 107 Abs. 3 AEUV erhebliche praktische Bedeutung. Nach dieser Vorschrift „können" bestimmte Beihilfen als mit dem Binnenmarkt vereinbar angesehen werden. Zu unterscheiden sind die positive Entscheidung über die Vereinbarkeit einer konkreten Beihilfe mit dem Binnenmarkt im Einzelfall (1) und die abstrakt-generelle „Freistellung" ganzer Gruppen von Beihilfen vom Beihilfenverbot (2).

(1) Entscheidung der Kommission im Einzelfall

31 Grundsätzlich wird über die Vereinbarkeit einer Beihilfe mit dem Binnenmarkt nach Art. 107 Abs. 3 AEUV *im Einzelfall* entschieden. Zuständig ist die Kommission. Sie verfügt bei ihrer Entscheidung entsprechend dem Wortlaut des Art. 107 Abs. 3 AEUV „über ein weites Ermessen, das sie nach Maßgabe komplexer wirtschaftlicher und sozialer Wertungen ausübt".[121] Korrespondierend ist die gerichtliche Kontrolle „auf die Überprüfung der Beachtung der Verfahrens- und Begründungsvorschriften sowie auf die Kontrolle der inhaltlichen Richtigkeit der festgestellten Tatsachen und des Fehlens von Rechtsfehlern, von offensichtlichen Fehlern bei der

---

[116] *Penner*, in: Birnstiel/Bungenberg/Heinrich, Kap. 1 Rn. 997: „alleine … materielle Legalausnahme".

[117] Lediglich bei der Auslegung einzelner Tatbestandsmerkmale kann ein Beurteilungsspielraum bestehen, wie EuG, verb. Rs. T-132/96 und T-143/96, Slg. 1999, II-3663, Rn. 148 – Freistaat Sachsen und Land Sachsen-Anhalt/Kommission, annimmt; zur Problematik *Penner*, in: Birnstiel/Bungenberg/Heinrich, Kap. 1 Rn. 1015.

[118] Etwa EuGH, verb. Rs. C-346/03 und C-529/03, Slg. 2006, I-1875, Rn. 79 – Atzeni u. a.

[119] *Penner*, in: Birnstiel/Bungenberg/Heinrich, Kap. 1 Rn. 1005.

[120] *Penner*, in: Birnstiel/Bungenberg/Heinrich, Kap. 1 Rn. 1052.

[121] EuGH, Rs. C-464/09 P, Slg. 2010, I-12443, Rn. 46 – Holland Malt/Kommission.

Bewertung der Tatsachen und von Ermessensmissbrauch beschränkt".[122] Art. 107 Abs. 3 AEUV unterscheidet fünf Arten von Beihilfen. Die größte Bedeutung hat *Art. 107 Abs. 3 lit. c AEUV*.[123] Nach dieser Vorschrift können „Beihilfen zur Förderung der Entwicklung gewisser Wirtschaftszweige oder Wirtschaftsgebiete" vom Beihilfeverbot ausgenommen werden. Die Kommission genehmigt auf dieser Grundlage sowohl *horizontale* (also: an alle Wirtschaftszweige adressierte) als auch *sektorale* (also: nur an bestimmte Wirtschaftszweige adressierte) *mitgliedstaatliche Beihilfen zur Wirtschaftsförderung.*[124]

Die Prüfung der Vereinbarkeit solcher Beihilfen mit dem Binnenmarkt fragt ent-   **32** sprechend dem „*ökonomischeren Ansatz*" in der Wettbewerbspolitik (→ Rn. 13), ob „der positive Beitrag der Beihilfemaßnahme zur Erreichung eines Ziels von gemeinsamem Interesse die potenziellen negativen Auswirkungen wie Wettbewerbsverzerrungen oder Handelsbeeinträchtigungen überwiegt".[125] In der Sache handelt es sich um eine *Verhältnismäßigkeitsprüfung: Erstens* muss die Beihilfe auf die Verwirklichung eines Ziels von gemeinsamem Interesse gerichtet sein. In Betracht kommen die Kompensation eines ökonomischen Marktversagens und die Korrektur eines Marktergebnisses aus unionsrechtlich anerkannten verteilungspolitischen Gründen (→ Rn. 2 und 11). *Zweitens* muss die Beihilfe zur Verwirklichung dieses Ziels geeignet sein und insoweit einen echten Anreizeffekt haben;[126] sie darf ferner nicht über das erforderliche Maß hinausgehen. *Drittens* schließlich wägt die Kommission den positiven Beitrag einer Beihilfemaßnahme zur Erreichung des Ziels von gemeinsamem Interesse gegen die potenziellen negativen Auswirkungen ab. Die Kommission hat diese dreistufige Prüfung nicht nur in einer Vielzahl von Einzelentscheidungen durchgeführt, sondern darüber hinaus auch für bestimmte Maßnahmen der horizontalen und sektoralen Wirtschaftsförderung in abstrakt-generellen

---

[122] EuGH, Rs. C-372/97, Slg. 2004, I-3679, Rn. 83 – Italien/Kommission.

[123] Im Zusammenhang mit der Finanzkrise hat zudem der Art. 107 Abs. 3 lit. b AEUV größere Bedeutung erlangt. Die Kommission zieht diese Vorschrift als Grundlage heran, um staatliche Maßnahmen zur Unterstützung des Finanzsektors vom Beihilfeverbot freizustellen; dazu exemplarisch Mitteilung der Kommission über die Anwendung der Vorschriften für staatliche Beihilfen ab dem 01.08.2014 auf Maßnahmen zur Stützung von Banken im Kontext der Finanzkrise, ABl. EU 2014 C 216/1, Rn. 1 und öfter.

[124] Darüber hinaus werden auch regionale Beihilfen zur Wirtschaftsförderung am Maßstab des Art. 107 Abs. 3 lit. c AEUV gemessen; ergänzend wird insoweit auf Art. 107 Abs. 3 lit. a AEUV zurückgegriffen.

[125] So die Prüfung zusammenfassend Leitlinien Breitbandausbau, Rn. 32; übersichtlich zum Folgenden ferner *Bartosch*, Art. 87 Abs. 3 EGV Rn. 8 f.; *Behrens*, in: Birnstiel/Bungenberg/Heinrich, Einl. Rn. 188 ff.

[126] Der Anreizeffekt fehlt, wenn eine „kontrafaktische Analyse" ergibt, dass sich ein Unternehmen ohne Beihilfe nicht anders als mit Beihilfe verhalten hätte. Dazu am Beispiel der Förderung unternehmerischer Ausbildungsmaßnahmen *Unger*, in: Birnstiel/Bungenberg/Heinrich, Kap. 1 Rn. 1884 ff.; hier entfällt der Anreizeffekt, wenn eine Ausbildungsmaßnahme durch ein betriebliches Erfordernis veranlasst oder (etwa: aus Sicherheitsgründen) gesetzlich vorgeschrieben ist und daher auch ohne Beihilfe durchgeführt worden wäre; dazu instruktiv EuGH, Rs. C-459/10 P, Slg. 2011, I-109, Rn. 32 ff. – Freistaat Sachsen und Land Sachsen-Anhalt/Kommission.

Lcitlinien (→ Rn. 12) ausbuchstabiert.[127] Ein instruktives Beispiel betrifft die Förderung von Ausbildungsmaßnahmen in einem Autowerk, die für die Produktions-
tätigkeit weder tatsächlich noch rechtlich erforderlich sind. Die Kommission hält
sie für gemäß Art. 107 Abs. 3 lit. c AEUV mit dem Binnenmarkt vereinbar: Die
Förderung ziele erstens angesichts allgemein unzureichender Investitionen in die
Fortbildung auf die Behebung eines Marktversagens. Sie habe zweitens einen Anreizeffekt, weil das Unternehmen seinen Mitarbeitern die betrieblich nicht erforderlichen Ausbildungsmaßnahmen ohne die Förderung nicht angeboten hätte. Drittens
schließlich sei die Förderung auch verhältnismäßig in Bezug auf die veranschlagten
Kosten der Ausbildung, weil sie nur einen Teil dieser Kosten abdecke.[128]

(2) Abstrakt-generelle Gruppenfreistellung durch Verordnung

33 Die Einzelprüfung sämtlicher mitgliedstaatlicher Beihilfen würde die Kommission
überlasten und eine wirksame Beihilfenkontrolle verhindern.[129] Auch aus diesem
Grund ermächtigt der Rat die Kommission in Art. 1 VO (EG) Nr. 994/98[130] zu
„*Gruppenfreistellungen*". Die Kommission, soll „im Hinblick auf eine wirksame
Überwachung und aus Gründen der Verwaltungsvereinfachung … in den Gebieten,
auf denen sie über ausreichende Erfahrung verfügt, um allgemeine Vereinbarkeits-
kriterien festzulegen", durch Verordnung erklären, dass bestimmte Gruppen von
Beihilfen nach Art. 107 Abs. 2 und 3 AEUV mit dem Binnenmarkt vereinbar und
daher vom Anmeldeverfahren nach Art. 108 Abs. 3 AEUV freigestellt sind.[131]

34   Die Kommission hat auf dieser Grundlage „*Gruppenfreistellungsverordnungen*"
erlassen.[132] In ihnen werden bestimmte Beihilfen für mit dem Binnenmarkt vereinbar erklärt und von der Anmeldepflicht nach Art. 108 Abs. 3 S. 1 AEUV freigestellt,
sofern sie verschiedene allgemeine sowie für die einzelnen Beihilfegruppen separat
geregelte besondere Voraussetzungen erfüllen.[133] Anders als bei Beihilfen, die nach

---

[127] Zu den Fallgruppen die Beiträge in Birnstiel/Bungenberg/Heinrich, Kap. 1 Rn. 1571 ff. und
1892 ff.

[128] Exemplarisch Beschluss der Kommission vom 02.12.2009 über die staatliche Beihilfe C 39/08
(ex N 148/08), die Rumänien als Ausbildungsbeihilfe zugunsten von Ford Craiova gewähren will,
ABl. EU L 167/1, Rn. 65 ff.

[129] Überdies bedeutete sie insbesondere für kleine (zumal: kommunale) Verwaltungsträger einen
kaum zu bewältigenden Verwaltungsaufwand; zu dieser Perspektive auf das Problem auch *Soltész*,
EuZW 2014, 89 (95).

[130] Grundlage hierfür ist Art. 109 AEUV.

[131] So erläuternd Erwägungsgrund Nr. 4 zur VO (EG) Nr. 994/98.

[132] Zur „Geschichte" der Gruppenfreistellungen, die zunächst durch getrennte Verordnungen für
einzelne Beihilfegruppen und dann erstmals durch die VO (EG) Nr. 800/2008 der Kommission
vom 06.08.2008 zur Erklärung der Vereinbarkeit bestimmter Gruppen von Beihilfen mit dem Gemeinsamen Markt in Anwendung der Artikel 87 und 88 EG-Vertrag (allgemeine Gruppenfreistellungsverordnung), ABl. EU L 214/3, geändert durch VO (EU) Nr. 1224/2013 der Kommission vom 29.11.2013 zur Änderung der VO (EG) Nr. 800/2008 hinsichtlich ihrer Geltungsdauer,
ABl. EU L 320/22, in einer Verordnung erfolgten, knapp *Bartosch*, VO 800/2008 Rn. 1 f.

[133] Eine ergänzende Freistellungsregelung in Form eines Beschlusses der Kommission besteht im
Bereich der Dienstleistungen von allgemeinem wirtschaftlichem Interesse (→ Rn. 40).

Art. 107 Abs. 2 AEUV kraft Gesetzes zulässig sind (→ Rn. 29), ist hier folglich vor Durchführung einer Subventionsmaßnahme *auch keine deklaratorische Genehmigung der Kommission einzuholen*; die Kommission hat ihre Genehmigung vielmehr durch die abstrakt-generelle Freistellung der ganzen Beihilfegruppe erklärt. Subventionsgeber und Subventionsempfänger müssen infolge dieser „Umstellung vom Grundsatz der Präventivkontrolle … auf eine ex-post-Kontrolle"[134] selbst prüfen, ob eine Subventionsmaßnahme anzumelden oder von der Anmeldepflicht durch Gruppenfreistellungsverordnung freigestellt ist, weil sie nach der Verordnung mit dem Binnenmarkt vereinbar ist. Weil diese *„Selbstveranlagung"* offensichtlich mit Risiken verbunden ist,[135] soll die Gruppenfreistellung „den Mitgliedstaaten nicht die Möglichkeit [nehmen], Beihilfen anzumelden, deren Ziele den unter diese Verordnung fallenden Zielen entsprechen".[136]

Die seit dem 01.07.2014 maßgebliche *„Allgemeine* [also: alle Freistellungen **35** zusammenfassende] *Gruppenfreistellungsverordnung"*[137] (AGFVO) hat die Palette der bereits in frühere Regelungen einbezogenen Beihilfegruppen noch einmal erweitert. So sind nun etwa auch Beihilfen für Breitbandinfrastrukturen, für Kultur und die Erhaltung des kulturellen Erbes sowie für Sportinfrastrukturen und multifunktionale Freizeitinfrastrukturen erfasst.[138] Ebenso wie die anderen in Kapitel III der AGFVO berücksichtigten Beihilfen müssen diese, um von der Anmeldepflicht nach Art. 108 Abs. 3 S. 1 AEUV freigestellt zu sein, zunächst die für die jeweilige Beihilfegruppe bestehenden besonderen Freistellungsvoraussetzungen erfüllen. Darüber hinaus müssen sie gruppenübergreifenden allgemeinen Freistellungsvoraussetzungen genügen. So müssen freigestellte Beihilfen gemäß Art. 4, 5 und 6 AGFVO stets unterhalb eines (freilich sehr großzügigen) Schwellenwerts liegen, hinreichend transparent sein und einen Anreizeffekt haben. Erfüllt eine Beihilfe die allgemeinen und besonderen Freistellungsvoraussetzungen nicht, kommt alleine eine Einzelfallentscheidung über die Vereinbarkeit mit dem Binnenmarkt nach Art. 107 Abs. 3 AEUV (→ Rn. 31 f.) in Betracht.[139]

---

[134] So zutreffend *Jennert/Manz*, in: Birnstiel/Bungenberg/Heinrich, Kap. 1 Rn. 2169.

[135] Dazu *Jennert/Manz*, in: Birnstiel/Bungenberg/Heinrich, Kap. 1 Rn. 2170.

[136] So Erwägungsgrund Nr. 7 zur AGFVO; dazu auch *Unger*, in: Birnstiel/Bungenberg/Heinrich, Kap. 1 Rn. 1877.

[137] VO (EU) Nr. 651/2014 der Kommission vom 17.06.2014 zur Feststellung der Vereinbarkeit bestimmter Gruppen von Beihilfen mit dem Binnenmarkt in Anwendung der Artikel 107 und 108 des Vertrags über die Arbeitsweise der Europäischen Union, ABl. EU L 187/1.

[138] Die Kommission geht in einer Pressemitteilung vom 18.12.2013 (IP/13/1281) im Lichte dieser Erweiterung des Freistellungsregimes davon aus, dass zukünftig drei Viertel der derzeitigen staatlichen Beihilfemaßnahmen und rund zwei Drittel der Beihilfenbeträge von der Anmeldepflicht freigestellt sein könnten. Sie verspricht sich davon – vor dem Hintergrund eines sehr weiten Beihilfenbegriffs – Entlastung, *Soltész*, EuZW 2014, 89 (95).

[139] Die Schwellenwerte in Art. 4 AGFVO sollen sicherstellen, dass entsprechend Erwägungsgrund Nr. 2 zur AGFVO Beihilfen „mit besonders großen Auswirkungen auf den Binnenmarkt" einzelfallabhängig geprüft werden.

Ausnahmen vom Beihilfenverbot nach Art. 107 Abs. 2 und 3 AEUV

1. *Legalausnahmen* nach Art. 107 Abs. 2 AEUV
   - Vereinbarkeit mit Binnenmarkt liegt kraft Gesetzes vor ...
   - ... muss aber durch die Kommission im Anmeldeverfahren nach
     Art. 108 Abs. 3 AEUV *deklaratorisch* festgestellt werden.
2. *Ermessensausnahmen* nach Art. 107 Abs. 3 AEUV
   Vereinbarkeit mit Binnenmarkt wird durch Kommission konstitutiv erklärt ...
   a) ... *im Einzelfall* durch Beschluss im Anmeldeverfahren nach
      Art. 108 Abs. 3 AEUV unter Abwägung des positiven Beitrags
      zur Erreichung eines Ziels von gemeinsamem Interesse und der negati-
      ven Auswirkungen auf Wettbewerb und Handel.
   b) ... *für Gruppen von Beihilfen* durch Festlegung allgemeiner und beson-
      derer Vereinbarkeitskriterien in einer Verordnung.

c) Exkurs: Dienstleistungen von allgemeinem wirtschaftlichem Interesse

36   Besonderheiten sind bei Maßnahmen zur Förderung von „Dienstleistungen von
allgemeinem wirtschaftlichem Interesse" zu beachten. Angesprochen sind mit diesem Begriff, dem unionsrechtlichen *Gegenstück zum deutschen Begriff der „Daseinsvorsorge"*,[140] Dienstleistungen „zum Wohle der Bürger oder im Interesse der
Gesellschaft als Ganze[r]", die der Markt ohne öffentliche Zuschüsse nicht oder
jedenfalls nicht in der politisch erwünschten Form (etwa hinsichtlich: Preis, Qualität oder Kontinuität) erbringt.[141] Ein instruktives Beispiel sind wettbewerbsfähige
Breitbanddienste mit einer angemessenen Flächendeckung, die jedenfalls in dünner
besiedelten Gebieten von privaten Investoren nicht angeboten werden. Die Kommission hält sie für erforderlich, um den „Zugang aller Mitglieder der Gesellschaft
zu einem wesentlichen Instrument der Kommunikation und der Teilhabe an der
Gesellschaft" und damit eine „freie Meinungsäußerung" sicherzustellen.[142] Die
Vorschriften des unionalen Wettbewerbsrechts (mithin: die Art. 101–109 AEUV)

---

[140] Dazu grundlegend *Forsthoff*, Die Verwaltung als Leistungsträger, 1938; aus neuerer Zeit etwa
Rüfner, HStR[3] IV, § 96 Rn. 3 ff. Gleichwohl handelt es sich beim Begriff der „Dienstleistungen
von allgemeinem wirtschaftlichem Interesse" um einen autonomen Begriff des Unionsrechts, so
dass beide Begriffe nicht gleichzusetzen sind, *Storr*, in: Birnstiel/Bungenberg/Heinrich, Kap. 1
Rn. 2391.

[141] So die Begriffsbestimmung der Kommission in ihrer DAWI-Mitteilung, Rn. 47 und 50; siehe
ergänzend Art. 14 AEUV; Protokoll Nr. 26 (zum Vertrag von Lissabon) über Dienste von allgemeinem Interesse, ABl. EU 2007 C 306/158; Kommission, Ein Qualitätsrahmen für Dienstleistungen
von allgemeinem Interesse in Europa, KOM(2011) 900 endg., S. 3 f.; Rahmen der Europäischen
Union für staatliche Beihilfen in Form von Ausgleichsleistungen für die Erbringung öffentlicher
Dienstleistungen, ABl. EU 2012 C 8/15 (DAWI-Rahmen), Rn. 13; ferner *Bartosch*, Art. 86 Abs. 2
EGV Rn. 5 f.; *Storr*, in: Birnstiel/Bungenberg/Heinrich, Kap. 1 Rn. 2401 ff.

[142] Leitlinien Breitbandausbau, Rn. 39.

gelten zwar grundsätzlich auch für Unternehmen, die mit solchen Dienstleistungen betraut sind;[143] ihre Anwendung darf aber gemäß *Art. 106 Abs. 2 S. 1 AEUV* „nicht die Erfüllung der ihnen übertragenen besonderen Aufgabe rechtlich oder tatsächlich verhinder[n]".[144] Beihilfenrechtlich führt diese *sachgebietsübergreifende*[145] *wettbewerbsrechtliche Sonderregelung* dazu, dass eine öffentliche Förderung entsprechender Unternehmen (und damit der von ihnen erbrachten gemeinwohlorientierten Dienstleistungen) über die Ausnahmen vom Beihilfenverbot nach Art. 107 Abs. 2 und 3 AEUV (→ Rn. 28 ff.) hinaus zulässig ist. Angesprochen ist insbesondere die kommunale Förderung privater und öffentlicher Unternehmen, die Dienstleistungen der Daseinsvorsorge erbringen.[146] Diese war auch Gegenstand der wegweisenden Entscheidung des EuGH in der Rechtssache „Altmark Trans" (aa). Die Kommission hat die Bedeutung des Art. 106 Abs. 2 AEUV für die Förderung gemeinwohlorientierter Dienstleistungen davon ausgehend in mehreren – als „Almunia-Paket" bezeichneten[147] – Rechtsakten konkretisiert (bb).

aa) Rechtssache „Altmark Trans"
Ausgangspunkt der Rechtsentwicklung ist eine Entscheidung des EuGH aus dem Jahre 2003. In dieser verneint das Gericht mit Blick auf die kommunale Förderung eines im ÖPNV tätigen Unternehmens eine Begünstigung nach Art. 107 Abs. 1 AEUV und damit schon den Tatbestand des Beihilfenverbots, soweit die *Zuwendung lediglich „Ausgleich"* für Leistungen zur Erfüllung gemeinwirtschaftlicher Verpflichtungen ist. In diesem Fall erhalte das Unternehmen *in Wirklichkeit keinen finanziellen Vorteil*, so dass eine Wettbewerbsverfälschung nicht zu befürchten sei.[148] Im Einzelnen nennt der Gerichtshof *vier Voraussetzungen* für eine Ausnahme vom Beihilfenverbot: *Erstens* muss das begünstigte Unternehmen durch einen klar definierten Akt mit der Erfüllung bestimmter gemeinwirtschaftlicher Verpflichtungen betraut sein. *Zweitens* müssen die Parameter zur Berechnung des Ausgleichs objektiv und transparent festgelegt sein. *Drittens* darf der Ausgleich nicht über das hinausgehen, was erforderlich ist, um die Kosten der Erfüllung unter Berücksichti-

37

---

[143] Zu Ausnahmen *Pauly/Jedlitschka*, DVBl. 2012, 1269 (1270 f.).

[144] Eine Rückausnahme sieht Art. 106 Abs. 2 S. 2 AEUV für Fälle vor, in denen die Entwicklung des Handelsverkehrs in einem Ausmaß beeinträchtigt wird, das dem Interesse der Union zuwiderläuft.

[145] Die systematische Stellung legt den Schluss nahe, Art. 106 Abs. 2 AEUV finde nur auf die Art. 101–106 AEUV Anwendung. Gleichwohl wendet die Praxis die Vorschrift seit jeher auch auf das Beihilfenrecht an. Eine Grundlage findet diese Praxis in Art. 106 Abs. 1 AEUV, der sich auf die Art. 101–109 AEUV bezieht.

[146] Dazu knapp *Pauly/Jedlitschka*, DVBl. 2012, 1269 (1269). Zu betonen ist hier noch einmal (→ Rn. 18), dass das unionale Beihilfenrecht auch für die Förderung öffentlicher Unternehmen gilt.

[147] Benannt ist das Paket nach dem für seine Ausarbeitung zuständigen Kommissar für Wettbewerb *Joaquín Almunia*. Vorgänger war das nach den seinerzeit zuständigen Kommissaren *Mario Monti* und *Neelie Kroes* benannte „Monti-Kroes-Paket" aus dem Jahre 2005. Zu beiden Paketen etwa *Bühner/Sonder*, NZS 2012, 688 (691 ff.); *Deuster/Seidenspinner*, IR 2012, 52 (53 f.); *Pauly/Jedlitschka*, DVBl. 2012, 1269 (1272 ff.).

[148] EuGH, Rs. C-280/00, Slg. 2003, I-7747, Rn. 87 – Altmark Trans und Regierungspräsidium Magdeburg.

gung der dabei erzielten Einnahmen und eines angemessenen Gewinns zu decken. *Viertens* schließlich muss sich der Ausgleich an den Kosten orientieren, die einem durchschnittlichen, gut geführten Unternehmen bei Erfüllung der Verpflichtungen entstehen würden.[149]

bb) „Almunia-Paket" der Kommission

38   Die Kommission erläutert die in der Rechtssache „Altmark Trans" aufgestellten Voraussetzungen für eine tatbestandliche Engführung des Beihilfenverbots in einer Mitteilung.[150] Darüber hinaus trägt sie in drei weiteren Rechtsakten, die zusammen mit dieser Mitteilung das *„Almunia-Paket"* bilden (→ Rn. 36),[151] der Sonderstellung der Dienstleistungen von allgemeinem wirtschaftlichem Interesse i. S. v. Art. 106 Abs. 2 S. 1 AEUV Rechnung.[152]

39   *Erstens* bestimmt die Kommission in einer besonderen *De-minimis-Verordnung für Dienstleistungen von allgemeinem wirtschaftlichem Interesse*[153] (DAWI-DMVO), dass Beihilfen an Unternehmen für die Erbringung entsprechender Dienstleistungen nicht alle Tatbestandsmerkmale des Art. 107 Abs. 1 AEUV erfüllen und daher von der Anmeldepflicht nach Art. 108 Abs. 3 S. 1 AEUV befreit sind, wenn der Gesamtbetrag der De-minimis-Beihilfe, die dem Unternehmen gewährt wird, in drei Steuerjahren 500.000 Euro nicht übersteigt. Die Regelung tritt neben die grundsätzlich kumulativ anwendbare allgemeine DMVO (→ Rn. 26).[154] Wie sich aus den Erwägungsgründen ergibt, ist grundsätzlich auch hier eine klar definierte Betrauung des geförderten Unternehmens mit der Erbringung einer bestimmten Dienstleistung entsprechend der „Altmark Trans"-Rechtsprechung (→ Rn. 37) erforderlich.[155]

---

[149] Zum Ganzen EuGH, Rs. C-280/00, Slg. 2003, I-7747, Rn. 88 ff. – Altmark Trans und Regierungspräsidium Magdeburg. Die Ermittlung der Kosten eines durchschnittlichen, gut geführten Unternehmens ist entbehrlich, wenn das betraute Unternehmen in einem Verfahren zur Vergabe öffentlicher Aufträge ermittelt wird, das die Auswahl des Bewerbers sicherstellt, der die jeweiligen Dienste zu den geringsten Kosten erbringen kann.

[150] DAWI-Mitteilung, Rn. 42 ff.

[151] Siehe ergänzend noch Kommission, Ein Qualitätsrahmen für Dienstleistungen von allgemeinem Interesse in Europa, KOM(2011) 900 endg.; dazu etwa *Pauly/Jedlitschka*, DVBl. 2012, 1269 (1275).

[152] Ergänzend finden sich auch in anderen Dokumenten punktuelle Sonderbestimmungen für die Förderung von Dienstleistungen von allgemeinem wirtschaftlichem Interesse. So heißt es etwa in den Leitlinien der Kommission für staatliche Beihilfen zur Rettung und Umstrukturierung nichtfinanzieller Unternehmen in Schwierigkeiten, ABl. EU 2014 C 249/1, Rn. 99, unter Hinweis auf Art. 106 Abs. 2 AEUV, die Kommission werde bei der Würdigung von Beihilfen für Erbringer von Dienstleistungen von allgemeinem wirtschaftlichem Interesse „die besonderen Eigenschaften der Dienstleistungen von allgemeinem wirtschaftlichem Interesse" berücksichtigen.

[153] VO (EU) Nr. 360/2012 der Kommission vom 25.04.2012 über die Anwendung der Artikel 107 und 108 des Vertrags über die Arbeitsweise der Europäischen Union auf De-minimis-Beihilfen an Unternehmen, die Dienstleistungen von allgemeinem wirtschaftlichem Interesse erbringen, ABl. EU L 114/8; dazu *Pauly/Jedlitschka*, DVBl. 2012, 1269 (1274 f.). Rechtsgrundlage für die Verordnung ist Art. 2 Abs. 1 VO (EG) Nr. 994/98. Grundlage hierfür ist Art. 109 AEUV.

[154] Zur „Kumulierung" beider Verordnungen im Einzelnen Art. 5 DMVO.

[155] Im Einzelnen Erwägungsgrund Nr. 6 zur DAWI-DMVO.

Zweitens sieht die Kommission in einem abstrakt-generell formulierten „*Frei-* **40** *stellungsbeschluss*"[156] vor, dass bestimmte Ausgleichsleistungen, die weder den „Altmark Trans"-Kriterien für eine unschädliche Bezuschussung (→ Rn. 37) genügen noch unterhalb der Schwellenwerte der DAWI-DMVO liegen, mit Blick auf die Ausnahmeklausel in Art. 106 Abs. 2 AEUV als mit dem Binnenmarkt vereinbar anzusehen und demzufolge von der Anmeldepflicht nach Art. 108 Abs. 3 S. 1 AEUV freigestellt sind. Unabhängig von ihrer Höhe findet der Freistellungsbeschluss Anwendung auf Ausgleichsleistungen für die Erbringung bestimmter Sozial- und Verkehrsdienstleistungen sowie für den Betrieb kleiner Flug- und Seeverkehrshäfen, sofern insoweit nur Dienstleistungen von allgemeinem wirtschaftlichem Interesse erbracht werden.[157] Auf andere Dienstleistungen von allgemeinem wirtschaftlichem Interesse ist der Freistellungsbeschluss nur anwendbar, wenn die Ausgleichsleistungen einen Betrag von 15.000.000 Euro im Jahr nicht übersteigen.[158] Voraussetzung der Freistellung ist auch im Rahmen des Freistellungsbeschlusses ein klar definierter Betrauungsakt.[159]

Drittens schließlich regelt die Kommission in einem *Rahmen* die Prüfung von **41** Ausgleichsleistungen, die erstens den Tatbestand des Art. 107 Abs. 1 AEUV erfüllen – also: weder den „Altmark Trans"-Kriterien genügen noch der DAWI-DMVO unterfallen – und zweitens nicht durch den Freistellungsbeschluss der Kommission von der Anmeldepflicht nach Art. 108 Abs. 3 S. 1 AEUV freigestellt sind (DAWI-Rahmen). Hier bleibt die Möglichkeit, die Leistungen gemäß Art. 106 Abs. 2 AEUV – der insoweit eine echte Ausnahme vom Beihilfenverbot nach Art. 107 Abs. 1 AEUV regelt, die bei Dienstleistungen von allgemeinem wirtschaftlichem Interesse neben die Ausnahmen nach Art. 107 Abs. 2 und 3 AEUV tritt – im Verfahren der präventiven Beihilfenaufsicht für mit dem Binnenmarkt vereinbar zu erklären.[160] Voraussetzung ist erneut ein klar definierter Betrauungsakt.[161] Ferner bestehen relativ restriktive Vorgaben für die Bemessung der zulässigen Ausgleichshöhe.[162]

---

[156] Beschluss 2012/21/EU der Kommission vom 20.12.2011 über die Anwendung von Artikel 106 Absatz 2 des Vertrags über die Arbeitsweise der Europäischen Union auf staatliche Beihilfen in Form von Ausgleichsleistungen zugunsten bestimmter Unternehmen, die mit der Erbringung von Dienstleistungen von allgemeinem wirtschaftlichem Interesse betraut sind, ABl. EU L 7/3 (DAWI-Beschluss); dazu *Pauly/Jedlitschka*, DVBl. 2012, 1269 (1273 f.).

[157] Im Einzelnen Art. 2 Abs. 1 lit. b–e DAWI-Beschluss.

[158] Art. 2 Abs. 1 lit. a DAWI-Beschluss.

[159] Art. 4 DAWI-Beschluss. Gemäß Art. 2 Abs. 2 DAWI-Beschluss erfolgt eine Freistellung überdies nur, wenn der Zeitraum, für den das Unternehmen mit der Erbringung der Dienstleistung von allgemeinem wirtschaftlichem Interesse betraut ist, nicht mehr als zehn Jahre beträgt.

[160] DAWI-Rahmen, Rn. 7; zu den Voraussetzungen ebd., Rn. 11 ff.

[161] DAWI-Rahmen, Rn. 15 f.

[162] DAWI-Rahmen, Rn. 21 ff.

42   Das beihilfenrechtliche Regime für die Förderung der Daseinsvorsorge stößt
auch nach seiner Überarbeitung im „Almunia-Paket" auf *Kritik*.[163] Zwar räumt die
Kommission den Mitgliedstaaten bei der Festlegung der Dienstleistungen von allgemeinem wirtschaftlichem Interesse einen weiten Ermessensspielraum ein.[164] Die
Freistellung der Förderung vom Beihilfenverbot setzt dann aber durchweg einen
hinreichend klar definierten Betrauungsakt voraus. Dieses formale Erfordernis
stellt gerade die Kommunen vor erhebliche Probleme, nicht nur im vieldiskutierten
Fall der Privatisierung kommunaler Unternehmen,[165] sondern auch überall dort, wo
die konkrete Beauftragung eines bestimmten Unternehmens mit einer bestimmten
Dienstleistung angesichts der gewählten Begünstigungsform Schwierigkeiten bereitet. Zu Problemen führt auch die *Deckelung der zulässigen Ausgleichszahlung*
durch die Kosten, die einem durchschnittlichen und gut geführten Unternehmen
entstehen würden: Einerseits lässt sich diese Ausgleichsgrenze nur mit erheblichem
Aufwand ermitteln, andererseits können öffentliche oder im Bereich der Daseinsvorsorge tätige private Unternehmen das Kostenniveau eines durchschnittlichen
Unternehmens häufig nicht ohne weiteres erreichen.[166]

d) Rechtsfolge des Beihilfenverbots

43   Ein Verstoß gegen das Beihilfenverbot nach Art. 107 Abs. 1 AEUV führt zwar zur
materiellen Rechtswidrigkeit mitgliedstaatlicher Subventionsmaßnahmen und ist
für die Kommission Anlass zur *Einleitung des Verfahrens nach Art. 108 Abs. 2
UAbs. 1 AEUV*. Vor einem mitgliedstaatlichen Gericht kann er indes (insbesondere: durch einen Konkurrenten) zunächst nicht geltend gemacht werden, weil
Art. 107 Abs. 1 AEUV angesichts der Möglichkeit einer Ermessensausnahme nach
Art. 107 Abs. 3 AEUV *nicht unmittelbar anwendbar* ist. Erst wenn die Kommission im Verfahren nach Art. 108 Abs. 2 UAbs. 1 AEUV durch Negativentscheidung
nach Art. 13 Abs. 1 S. 1 VVO i. V. m. Art. 7 Abs. 5 VVO festgestellt hat, dass die
Maßnahme mit dem Binnenmarkt unvereinbar ist (im Einzelnen → Rn. 68), ist
diese Entscheidung für die mitgliedstaatlichen Gerichte und Behörden bindend.[167]
Freilich geht ein materieller Verstoß gegen Art. 107 Abs. 1 AEUV stets mit einem

---

[163] Zu dieser Kritik etwa *Bühner/Sonder*, NZS 2012, 688 (693 f.); *Deuster/Seidenspinner*, IR 2012, 52 (54 ff. und 57); *Pauly/Jedlitschka*, DVBl. 2012, 1269 (1275 f.).

[164] Dazu DAWI-Mitteilung, Rn. 45 ff., wo die Abhängigkeit von „sozialen und politischen Präfe-
renzen" betont wird; siehe aber auch *Storr*, in: Birnstiel/Bungenberg/Heinrich, Kap. 1 Rn. 2391:
„Spannungslage" zwischen Daseinsvorsorgepolitik der Mitgliedstaaten und unionalem Wettbewerbsrecht; strenger dann auch DAWI-Rahmen, Rn. 14, wo von den Mitgliedstaaten verlangt
wird, „dass sie den Bedarf an der öffentlichen Dienstleistung anhand einer öffentlichen Konsulta-
tion oder anhand anderer angemessener Mittel genau ermittelt haben".

[165] Dazu etwa *Deuster/Seidenspinner*, IR 2012, 52 (54 f.).

[166] Dazu *Deuster/Seidenspinner*, IR 2012, 52 (55 f.). Eine gewisse Entlastung bringt insoweit immerhin der DAWI-Beschluss, der grundsätzlich die Freistellung auch eines Vollkostenausgleichs
zulässt.

[167] Zum Ganzen EuGH, Rs. 78/76, Slg. 1977, 595, Rn. 8 – Steinicke & Weinlig; *Bungenberg*, in:
Birnstiel/ders./Heinrich, Kap. 1 Rn. 8. Entsprechendes gilt natürlich, wenn die Kommission einer
gemäß Art. 108 Abs. 3 S. 1 AEUV angemeldeten Beihilfe die Genehmigung versagt und der Mitgliedstaat die Maßnahme sodann gleichwohl durchführt.

formellen Verstoß gegen Art. 108 Abs. 3 S. 3 AEUV einher, der einem Mitgliedstaat die Durchführung einer Maßnahme untersagt, bevor die Kommission über die Maßnahme abschließend entschieden hat. Dieses „*Durchführungsverbot*" ist unmittelbar anwendbar, drittschützend und führt zur Rechtswidrigkeit vorzeitig durchgeführter Subventionsmaßnahmen (→ Rn. 72 und 75).[168] Mitgliedstaatliche Behörden und Gerichte müssen es daher schon vor einer abschließenden Entscheidung der Kommission über die materielle Binnenmarktkonformität einer Subvention beachten.

3. Völkerrecht: welthandelsrechtliches Subventionsregime

Völkerrechtliche Vorgaben für die Subventionspraxis (sowohl der Bundesrepublik   **44**
Deutschland und ihrer Untergliederungen als auch der Europäischen Union, die ebenfalls Mitglied der Welthandelsorganisation ist)[169] enthält das *Welthandelsrecht*.[170] Dieses zielt darauf, Handelsschranken und Diskriminierungen in den internationalen Handelsbeziehungen abzubauen.[171] Folgerichtig enthält es auch Regelungen über Subventionen, zunächst in Art. VI, XVI und XXIII GATT[172] sowie dem aus der Tokio-Runde hervorgegangenen Übereinkommen zur Auslegung und Anwendung der Artikel VI, XVI und XXIII des Allgemeinen Zoll- und Handelsabkommens von 1979,[173] sodann vor allem in dem auf die Uruguay-Runde zurückgehenden *Übereinkommen über Subventionen und Ausgleichsmaßnahmen* von 1994 (Agreement on Subsidies and Countervailing Measures, SCM),[174] das die anderen Regelungen wenn nicht verdrängt, so doch jedenfalls konkretisiert (zu diesem auch → § 3 Rn. 82 ff.).[175] Sein Anwendungsbereich ist auf Waren beschränkt.[176]

Das Übereinkommen unterscheidet auf Grundlage eines eigenen Subventions-   **45**
begriffs, der in den Grundzügen dem Subventionsbegriff des deutschen Rechts

---

[168] Instruktiv zum Ganzen BGH, EuZW 2003, 444 (445).

[169] Dazu *Herdegen*, § 10 Rn. 4.

[170] Einführend zum Welthandelsrecht *Terhechte*, JuS 2004, 959 und 1054.

[171] *Stoll*, in: Ehlers/Fehling/Pünder, § 5 Rn. 5 f. und 7.

[172] ABl. EG 1994 L 336/11.

[173] ABl. EG 1980 L 71/72.

[174] ABl. EG 1994 L 336/156.

[175] *Herrmann*, WiVerw 2010, 36 (45). Zu den weiteren Subventionsregelungen im Welthandelsrecht und ihrem Verhältnis zu diesem hauptsächlich maßgeblichen Übereinkommen *Hahn*, in: Birnstiel/Bungenberg/Heinrich, Kap. 6 Rn. 69 ff. Vertiefend zum welthandelsrechtlichen Subventionsregime *Grave*, Der Begriff der Subvention im WTO-Übereinkommen über Subventionen und Ausgleichsmaßnahmen, 2002; *Herdegen*, § 10 Rn. 76 ff.; *Herrmann/Weiß/Ohler*, Rn. 683 ff.; *Nowak*, in: Hilf/Oeter, § 13; siehe ferner die Beiträge in Ehlers/Wolffgang/Schröder (Hrsg.), Subventionen im WTO- und EG-Recht, 2007.

[176] Eine knappe Regelung für Dienstleistungen enthält Art. XV GATS; dazu *Herrmann*, WiVerw 2010, 36 (45).

entspricht (Art. 1 f. SCM),[177] im Sinne einer „*Subventionsampel*"[178] zwischen verbotenen Subventionen (Art. 3 f. SCM),[179] lediglich anfechtbaren (also: weder stets
verbotenen noch stets erlaubten) Subventionen (Art. 5 ff. SCM)[180] und nicht anfechtbaren (also: stets erlaubten) Subventionen (Art. 8 f. SCM, die freilich gemäß
Art. 31 SCM seit dem 01.01.2000 keine Anwendung mehr finden).

46   Sieht sich ein Mitglied nach diesen Vorschriften durch die Subvention eines
anderen Mitglieds in seinen Interessen beeinträchtigt, bestehen zwei Reaktionsmöglichkeiten: Erstens kann das beeinträchtigte Mitglied „*Ausgleichsmaßnahmen*"
treffen (im Einzelnen Art. 10 ff. SCM). Gemeint sind damit, wie sich auch aus
Art. VI Abs. 3 GATT ergibt, „Zölle", die das Einfuhrland erhebt, um eine im Aus-
fuhrland für die Herstellung, Erzeugung oder Ausfuhr eines Produkts gewährte Subvention zu neutralisieren. Sie sind zulässig, sofern sie den Betrag der Subvention
nicht übersteigen und damit keine über die Herstellung von internationaler Wettbe-
werbsgleichheit hinausgehende handelsbeschränkende Wirkung haben.[181]

47   Zweitens – und zunächst parallel zur Einleitung von Ausgleichsmaßnahmen
nach Art. 10 ff. SCM[182] – kommt die *Einleitung eines Verfahrens zur Streitbeilegung* in Betracht.[183] Für verbotene Subventionen nach Art. 3 SCM sieht Art. 4.1–
4.3 SCM insoweit zunächst Konsultationen der im Streit befindlichen Mitglieder
vor. Führen diese nicht innerhalb von 30 Tagen zu einer einvernehmlichen Lösung,
kann gemäß Art. 4.4–4.7 SCM die Einsetzung eines Untersuchungsausschusses
beantragt werden. Kommt dieser zu dem Schluss, dass eine verbotene Subvention
vorliegt,[184] muss die Subvention nach Art. 4.7 SCM zurückgenommen werden.
Ein entsprechendes Verfahren sieht Art. 7 SCM für anfechtbare Subventionen vor,
sofern schädliche Auswirkungen nach Art. 5 SCM dargelegt werden. Stellen der
Untersuchungsausschuss oder das Berufungsorgan nach erfolglosen Konsultationen fest, dass die Subvention tatsächlich schädliche Auswirkungen hat, muss der

---

[177] Dazu instruktiver Überblick bei *Hahn*, in: Birnstiel/Bungenberg/Heinrich, Kap. 6 Rn. 40 ff.

[178] Zu dieser Metapher *Hahn*, in: Birnstiel/Bungenberg/Heinrich, Kap. 6 Rn. 39 und 50.

[179] Wichtigster Fall sind Exportsubventionen, zu denen sowohl offene als auch verdeckte Exportsubventionen gehören; dazu *Hahn*, in: Birnstiel/Bungenberg/Heinrich, Kap. 6 Rn. 51.

[180] Maßgeblich ist insoweit, ob die Subventionen eines Mitglieds des Übereinkommens „nach-
teilige Auswirkungen auf die Interessen anderer Mitglieder verursachen". Als Beispiele nennt
Art. 5 SCM die „Schädigung des inländischen Wirtschaftszweiges eines anderen Mitglieds",
die „Zunichtemachung oder Schmälerung von Vorteilen, die anderen Mitgliedern gemäß dem
GATT 1994 … erwachsen", schließlich die sodann in Art. 6 SCM näher konkretisierte „ernsthafte
Schädigung der Interessen eines anderen Mitglieds".

[181] Ausführlich zu diesem „Track I" *Hahn*, in: Birnstiel/Bungenberg/Heinrich, Kap. 6 Rn. 58 ff.
Die Europäische Union regelt entsprechende Ausgleichsmaßnahmen in der VO (EG) Nr. 597/2009
des Rates vom 11.06.2009 über den Schutz gegen subventionierte Einfuhren aus nicht zur Europäischen Gemeinschaft gehörenden Ländern, ABl. EU L 188/93, zuletzt geändert durch VO
(EU) Nr. 37/2014 des Europäischen Parlaments und des Rates vom 15.01.2014 zur Änderung
bestimmter Verordnungen zur gemeinsamen Handelspolitik hinsichtlich der Verfahren für die
Annahme bestimmter Maßnahmen, ABl. EU L 18/1.

[182] Im Einzelnen zum Verhältnis beider Reaktionsmöglichkeiten Anm. 1 zu Art. 10 SCM.

[183] Ausführlich zu diesem „Track II" *Hahn*, in: Birnstiel/Bungenberg/Heinrich, Kap. 6 Rn. 66 ff.

[184] Gegen die Entscheidung kann nach Art. 4.9 SCM ein Berufungsorgan angerufen werden.

Subventionsgeber gemäß Art. 7.8 SCM die Auswirkungen abstellen oder die Subvention zurücknehmen.

III. Verfahren und Form

Neben die materiellen Vorgaben treten Vorschriften über das bei der Vergabe von **48** Subventionen (1.) und ihrer etwa erforderlichen Rückforderung (2.) zu beachtende Verfahren. Die folgende Darstellung konzentriert sich dabei auf die *Vergabe und Rückforderung von Subventionen durch deutsche Behörden nach deutschem Verwaltungsverfahrensrecht*. In der Regel geht es dabei um nationale Subventionen. Gegenstand der Vergabe und Rückforderung können aber auch unional veranlasste Subventionen sein. Entsprechende Unionsbeihilfen, die nicht von Art. 107 AEUV erfasst sind (→ Rn. 11), werden im Regelfall ebenfalls durch die Mitgliedstaaten nach ihrem Verwaltungsrecht durchgeführt. Außer Betracht bleiben hier Unionsbeihilfen, die im Wege des direkten Vollzugs von Unionsorganen verwaltet werden.[185]

1. Vergabe von Subventionen

Bei der Vergabe von Subventionen sind vor allem zwei Aspekte von Bedeutung: die **49** Wahl der Handlungsform (a) und das bei der Vergabe (b) zu beachtende Verfahren.

a) Handlungsformen

Die Form der Subventionsvergabe ist – vorbehaltlich einer für einzelne Subventionen **50** ausnahmsweise bestehenden, aber seltenen Regelung – in Deutschland nicht geregelt. Die Verwaltung[186] verfügt in der Folge grundsätzlich über *Formwahlfreiheit*.[187] Die Formen reichen dann auch tatsächlich – freilich: ohne dass sich der Verwaltungsträger durch die Wahl einer Handlungsform öffentlich-rechtlichen Bindungen entziehen könnte[188] – vom formellen Gesetz über den Verwaltungsakt und

---

[185] Ein wichtiges Beispiel ist das in der VO (EU) Nr. 1291/2013 des Europäischen Parlaments und des Rates vom 11.12.2013 über das Rahmenprogramm für Forschung und Innovation Horizont 2020 (2014–2020) und zur Aufhebung des Beschlusses Nr. 1982/2006/EG, ABl. EU L 347/104, geregelte Forschungsförderungsprogramm „Horizont 2020". Gemäß Art. 9 der Verordnung wird das Programm, das direkte und indirekte (also: auf bloße Förderung gerichtete) Maßnahmen umfasst, von der Kommission durchgeführt. Diese kann die Durchführung dabei auf Fördereinrichtungen übertragen. In beiden Fällen richtet sich wie in anderen Fällen einer Eigenverwaltung von Unionsbeihilfen sowohl deren Vergabe als auch deren Rückforderung nach Unionsrecht.

[186] Zur Verbandszuständigkeit *Bungenberg/Motzkus*, WiVerw 2013, 73 (86).

[187] Etwa *Bungenberg/Motzkus*, WiVerw 2013, 73 (97); kritisch *Ehlers*, DVBl. 2014, 1 (7).

[188] Erfüllt die Verwaltung öffentliche Zwecke in Handlungsformen des Privatrechts, gelten die allgemeinen öffentlich-rechtlichen Bindungen; die Rede ist von „Verwaltungsprivatrecht". Siehe für die Subventionsvergabe durch privatrechtlichen Vertrag *Badura*, WiVerw 1978, 137 (146); *Haverkate*, in: R. Schmidt, BT I, § 4 Rn. 55.

den öffentlich-rechtlichen Vertrag bis zum privatrechtlichen Vertrag.[189] Stets wird dabei durch den Vergabeakt ein besonderes *Subventionsverhältnis*[190] zwischen Subventionsgeber[191] und Subventionsempfänger[192] begründet.[193]

51   Denkbar ist danach zunächst eine Subventionsvergabe durch *abstrakt-generelles Gesetz*. Die Vergabe erfolgt hier unmittelbar durch Gesetz; einer Durchführungsmaßnahme im Einzelfall bedarf es nicht. Wichtigster Fall sind *Belastungsminderungen durch Steuervergünstigungen*.[194] So befreit etwa § 5 Abs. 1 Nr. 9 KStG gemeinnützige Körperschaften von der Körperschaftsteuer, ohne dass es einer die Belastungsminderung konkretisierenden Entscheidung im Einzelfall bedarf.

52   In der Regel werden Subventionen indes durch *Entscheidung im Einzelfall* vergeben. Die Vergabe kann hier *ein- oder zweistufig* erfolgen. Bei einer *einstufigen Vergabe* fallen die Bewilligung (also: die Entscheidung über das „Ob" der Vergabe) und die Durchführung (also: die Regelung des „Wie" der Vergabe) in einem Rechtsakt zusammen. Bei diesem kann es sich um einen *privatrechtlichen Vertrag*,[195] einen *öffentlich-rechtlichen Vertrag*[196] oder – das ist der Regelfall – einen *Verwaltungsakt* handeln. Erfolgt die einstufige Vergabe durch Verwaltungsakt nach § 35 S. 1 VwVfG, wird dieser – alleine schon mit Blick auf § 49 Abs. 3 S. 1 Nr. 2 VwVfG – in der Regel gemäß § 36 VwVfG mit Nebenbestimmungen (insbesonde-

---

[189] *Kühling*, in: Ehlers/Fehling/Pünder, § 29 Rn. 19.

[190] Zum Begriff und seiner Bedeutung *Badura*, WiVerw 1978, 137 (144 f.).

[191] Zum Subventionsgeber *Bungenberg/Motzkus*, WiVerw 2013, 73 (96). Subventionen werden in der Regel durch Verwaltungsträger – also: juristische Personen des öffentlichen Rechts – vergeben. Als Besonderheit hervorzuheben ist ergänzend die in § 44 Abs. 3 BHO (und entsprechenden Vorschriften der Landeshaushaltsordnungen) geregelte Möglichkeit, juristischen Personen des Privatrechts mit ihrem Einverständnis die Befugnis zu verleihen, „Verwaltungsaufgaben auf dem Gebiet der Zuwendungen im eigenen Namen und in den Handlungsformen des öffentlichen Rechts wahrzunehmen, wenn sie die Gewähr für eine sachgerechte Erfüllung der ihnen übertragenen Aufgaben bieten und die Beleihung im öffentlichen Interesse liegt".

[192] Zum Subventionsempfänger *Bungenberg/Motzkus*, WiVerw 2013, 73 (96 f.).

[193] *Kämmerer*, HStR³ V, § 124 Rn. 48.

[194] *Kämmerer*, HStR³ V, § 124 Rn. 50, spricht von „horizontalen Verschonungssubventionen"; siehe auch *Schorkopf*, in: Kirchhof/Korte/Magen, § 12 Rn. 15; *Ziekow*, § 6 Rn. 58; zur Möglichkeit einer Subventionsvergabe durch Gesetz ferner *Badura*, WiVerw 1978, 137 (144 f.).

[195] Die einstufige Vergabe durch privatrechtlichen Vertrag – früher der Regelfall – ist heute selten. Anzutreffen ist sie insbesondere noch bei der Gewährung von Sachleistungen; dazu *Ziekow*, § 6 Rn. 73; Beispiel bei *Goldmann*, Jura 2008, 275 (276): Verkauf eines gemeindlichen Grundstücks unter Marktwert. Insgesamt kritisch *H. P. Ipsen*, VVDStRL 25 (1967), 257 (297 f.); ähnlich aus neuerer Zeit *Ehlers*, DVBl. 2014, 1 (7).

[196] Zur mitunter schwierigen Abgrenzung zwischen der Vergabe durch privatrechtlichen und der Vergabe durch öffentlich-rechtlichen Vertrag *Bungenberg/Motzkus*, WiVerw 2013, 73 (97 f.).

re: einer Auflage nach § 36 Abs. 2 Nr. 4 VwVfG)[197] versehen.[198] Diese sollen – mit
der Möglichkeit der Aufhebung der Vergabeentscheidung und der Rückforderung
der Subvention bewehrt (→ Rn. 61) – sicherstellen, dass der Subventionszweck
gewahrt bleibt.

Bei der *zweistufigen Vergabe* erfolgen die Bewilligung und die Durchführung **53**
einer Subvention nach immer noch ganz überwiegender Auffassung[199] in getrennten Rechtsakten. Zunächst entscheidet der Subventionsgeber *auf einer ersten Stufe
durch Verwaltungsakt nach § 35 S. 1 VwVfG* über die Bewilligung der Subvention.
Innerhalb des so begründeten (öffentlich-rechtlichen) Subventionsverhältnisses
wird sodann *auf einer zweiten Stufe* die bewilligte Subvention durchgeführt. In Betracht kommen hier sowohl ein *privat-* als auch ein *öffentlich-rechtlicher Vertrag*.[200]
Auf der zweiten Stufe kann daher auch ein privater „Subventionsmittler" – insbesondere: ein privates Kreditinstitut, das als „Auszahlungsstelle" in Erscheinung
tritt[201] – tätig werden, der auf Grundlage der Bewilligung privatrechtlich agiert.[202]

b) Verwaltungsverfahren

Bei der Vergabe öffentlicher Subventionen sind mangels besonderer verfahrens- **54**
rechtlicher Regelungen die *allgemeinen verwaltungsverfahrensrechtlichen Grundsätze* zu beachten (aa). Ist die Subvention eine Beihilfe nach Art. 107 Abs. 1 AEUV
(→ Rn. 14 ff.), setzt ihre Vergabe eine vorherige Beteiligung der Kommission voraus (bb).

aa) Allgemeine verwaltungsverfahrensrechtliche Grundsätze

Besondere Verfahrensvorschriften für die nationale Subventionsvergabe existieren – **55**
ganz unabhängig von der kontrovers beantworteten Frage, ob die Subventionsvergabe einer formell-gesetzlichen Grundlage bedarf (ausführlich → Rn. 6 ff.) – in
Deutschland nicht. Anwendung finden daher jedenfalls dann, wenn der Subventionsgeber in den Handlungsformen des Verwaltungsakts oder des öffentlich-rechtlichen Vertrags tätig wird (→ Rn. 52 f.), die allgemeinen verwaltungsverfahrens-

---

[197] Dazu *Badura*, WiVerw 1978, 137 (144), der darauf hinweist, dass im Zweifel nicht von einer
Bedingung nach § 36 Abs. 2 Nr. 2 VwVfG, sondern von einer Auflage nach § 36 Abs. 2 Nr. 4
VwVfG auszugehen ist.

[198] Hier wird stets das VwVfG des Bundes zitiert. Handeln Landes- oder Kommunalbehörden,
finden die (bekanntlich weitgehend inhaltsgleichen) VwVfG der Länder Anwendung.

[199] Grundlegend *H. P. Ipsen*, Öffentliche Subventionierung Privater, 1956, S. 59 ff.; stellvertretend
für die Kritik an der Annahme zweier getrennter Vergabeakte *Ehlers*, DVBl. 2014, 1 (7): „Ausei-
nanderreißen eines einheitlichen Lebenssachverhalts in zwei verschiedenartige Rechtsverhältnis-
se", das „immer wieder zu großen Abgrenzungsschwierigkeiten und zu unklaren Einwirkungen
des einen Verhältnisses auf das andere [führt]".

[200] *Bungenberg/Motzkus*, WiVerw 2013, 73 (97).

[201] Dazu *Kämmerer*, HStR[3] V, § 124 Rn. 49.

[202] Abweichende Konstruktion bei *Ehlers*, DVBl. 2014, 1 (7): Ungeachtet privater Rechtsverhält-
nisse zwischen Subventionsgeber und Subventionsmittler sowie Subventionsmittler und Subventionsempfänger bestehe zwischen Subventionsgeber und Subventionsempfänger lediglich eine
öffentlich-rechtliche Beziehung.

rechtlichen Vorschriften. In der Folge ist der *Antragsteller gemäß § 28 Abs. 1 VwVfG anzuhören*, bevor sein Antrag auf Vergabe einer Subvention abgelehnt wird.[203] Entsprechendes gilt, wenn eine Subvention zwar gewährt, die Bewilligung aber mit einer belastenden Nebenbestimmung verbunden werden soll, die nicht lediglich darauf zielt, die Wahrung des Subventionszwecks sicherzustellen.[204] Eine *Anhörung Dritter* – insbesondere: etwaiger Konkurrenten des Subventionsempfängers – ist hingegen grundsätzlich nicht geboten: Weder sind diese Beteiligte nach § 13 Abs. 1 VwVfG, noch ist eine Anhörung aus allgemeinen rechtsstaatlichen Erwägungen geboten. Anders ist dies nur, wenn ausnahmsweise die Voraussetzungen für eine einfache Hinzuziehung nach § 13 Abs. 2 S. 1 VwVfG vorliegen.[205] In diesem Fall ist Dritten im Lichte des § 28 Abs. 1 VwVfG eine Beteiligtenstellung einzuräumen.[206] Sie sind dann ebenfalls anzuhören.

bb) Beteiligung der Kommission bei der Subventionsvergabe

56   Handelt es sich bei einer mitgliedstaatlichen Subvention um eine Beihilfe nach Art. 107 Abs. 1 AEUV (→ Rn. 14 ff.), darf der Mitgliedstaat die Subventionsmaßnahme nach *Art. 108 Abs. 3 S. 3 AEUV* erst durchführen, wenn die Kommission zuvor abschließend über ihre Vereinbarkeit mit dem Binnenmarkt entschieden hat.[207] Erforderlich ist daher eine *Beteiligung der Kommission am nationalen Verwaltungsverfahren*. Geregelt ist dieses Beteiligungsverfahren zum einen in Art. 108 Abs. 3 S. 1 und 2 AEUV i. V. m. Art. 108 Abs. 2 AEUV, zum anderen in einer besonderen „Verfahrensverordnung"[208] (VVO) (siehe Abb. 1).

---

[203] Allgemein zur kontrovers beantworteten Frage, ob eine Anhörung gemäß § 28 Abs. 1 VwVfG auch bei Ablehnung einer Begünstigung geboten ist, *Kopp/Ramsauer*, § 28 Rn. 26 ff.

[204] Zur Anhörung bei belastenden Nebenbestimmungen *Kopp/Ramsauer*, § 28 Rn. 26a.

[205] Das dürfte freilich im Subventionsrecht bei Konkurrenten kaum denkbar sein, wenn man mit *Sennekamp*, in: Mann/ders./Uechtritz, § 13 Rn. 24, für § 13 Abs. 2 S. 1 VwVfG unmittelbare Auswirkungen des Verfahrens auf die Rechtslage des Hinzuzuziehenden verlangt. Anders wohl *Bungenberg/Motzkus*, WiVerw 2013, 73 (99); die Verwaltung wäre damit vor kaum lösbare tatsächliche Probleme gestellt.

[206] Dazu allgemein *Engel/Pfau*, in: Mann/Sennekamp/Uechtritz, § 28 Rn. 40.

[207] Art. 3 VVO spricht von einem „Durchführungsverbot".

[208] VO (EG) Nr. 659/1999 des Rates vom 22.03.1999 über besondere Vorschriften für die Anwendung von Artikel 108 des Vertrags über die Arbeitsweise der Europäischen Union, ABl. EG L 83/1, zuletzt geändert durch VO (EU) Nr. 734/2013 des Rates vom 22.07.2013 zur Änderung der VO (EG) Nr. 659/1999 über besondere Vorschriften für die Anwendung von Artikel 93 des EG-Vertrags, ABl. EU L 204/15. Rechtsgrundlage ist Art. 109 AEUV. Ergänzende Regelungen insbesondere zu den Formalitäten der Anmeldung enthält die VO (EG) Nr. 794/2004 der Kommission vom 21.04.2004 zur Durchführung der VO (EG) Nr. 659/1999 des Rates über besondere Vorschriften für die Anwendung von Artikel 93 des EG-Vertrags, ABl. EU L 140/1, zuletzt geändert durch VO (EU) Nr. 372/2014 der Kommission vom 09.04.2014 zur Änderung der VO (EG) Nr. 794/2004 in Bezug auf die Berechnung bestimmter Fristen, die Bearbeitung von Beschwerden und die Kenntlichmachung und den Schutz vertraulicher Informationen, ABl. EU L 109/14. Zu gewissen Vereinfachungen des Verfahrens bei bestimmten Beihilfenkategorien *Petzold*, EuZW 2009, 645 (645).

System der präventiven Beihilfenkontrolle durch die Kommission

Ausgangspunkt: Anmeldung einer Subventionsmaßnahme durch den Mitgliedstaat

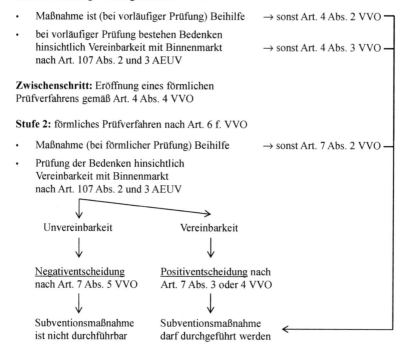

Stufe 1: vorläufige Prüfung nach Art. 4 VVO

- Maßnahme ist (bei vorläufiger Prüfung) Beihilfe → sonst Art. 4 Abs. 2 VVO
- bei vorläufiger Prüfung bestehen Bedenken hinsichtlich Vereinbarkeit mit Binnenmarkt nach Art. 107 Abs. 2 und 3 AEUV → sonst Art. 4 Abs. 3 VVO

Zwischenschritt: Eröffnung eines förmlichen Prüfverfahrens gemäß Art. 4 Abs. 4 VVO

Stufe 2: förmliches Prüfverfahren nach Art. 6 f. VVO

- Maßnahme (bei förmlicher Prüfung) Beihilfe → sonst Art. 7 Abs. 2 VVO
- Prüfung der Bedenken hinsichtlich Vereinbarkeit mit Binnenmarkt nach Art. 107 Abs. 2 und 3 AEUV

Unvereinbarkeit   Vereinbarkeit

Negativentscheidung nach Art. 7 Abs. 5 VVO   Positiventscheidung nach Art. 7 Abs. 3 oder 4 VVO

Subventionsmaßnahme ist nicht durchführbar   Subventionsmaßnahme darf durchgeführt werden

Abb. 1 System der präventiven Beihilfenkontrolle durch die Kommission

Gemäß Art. 2 VVO ist die Subventionsmaßnahme durch den Mitgliedstaat[209] **57** bei der Kommission anzumelden.[210] Im Schrifttum ist von ihrer *„Notifizierung"* die Rede.[211] Ist eine Maßnahme durch den Mitgliedstaat notifiziert, führt die Kommission gemäß Art. 4 Abs. 1 S. 1 und Abs. 5 VVO innerhalb von zwei Monaten nach Eingang der vollständigen Anmeldung eine *vorläufige Prüfung* durch.[212] Kommt sie dabei zu dem Ergebnis, dass die angemeldete Maßnahme die Voraussetzungen

---

[209] Zuständig für die Anmeldung einer Beihilfe ist in der Bundesrepublik Deutschland unabhängig davon, welcher Verwaltungsträger die Beihilfe gewährt, grundsätzlich das BMWi, http://www.bmwi.de/DE/Themen/Europa/Kompetenzzentrum-Europarecht/beihilfen.html (16.03.2015). Der die Beihilfe gewährende Verwaltungsträger gibt insoweit nur einen „Anstoß zur Notifizierung", diese selbst erfolgt dann durch das Ministerium, *Kühling*, in: Ehlers/Fehling/Pünder, § 29 Rn. 48.

[210] Zur Anmeldung Art. 2 ff. VO (EG) Nr. 794/2004; ein Standardformular enthält der dortige Anhang I.

[211] Statt vieler *Kühling*, in: Ehlers/Fehling/Pünder, § 29 Rn. 46.

[212] Wird die vorläufige Prüfung nicht innerhalb dieser Frist abgeschlossen, kann der Mitgliedstaat die dann als genehmigt geltende Maßnahme durchführen, sofern die Kommission, nachdem sie

des Art. 107 Abs. 1 AEUV (im Einzelnen → Rn. 14 ff.) nicht erfüllt und daher schon tatbestandlich nicht dem Beihilfenverbot unterfällt, stellt sie dies gemäß *Art. 4 Abs. 2 VVO* fest. Das Verfahren ist dann beendet, der Mitgliedstaat darf die Maßnahme durchführen. Kommt die Kommission umgekehrt zu dem Ergebnis, dass die angemeldete Maßnahme eine Beihilfe nach Art. 107 Abs. 1 AEUV ist, prüft sie weiter, ob diese nach Art. 107 Abs. 2 oder 3 AEUV mit dem Binnenmarkt vereinbar ist (→ Rn. 28 ff.). Lässt sich dies ohne genauere Prüfung bejahen, entscheidet die Kommission gemäß *Art. 4 Abs. 3 S. 1 VVO* noch im vorläufigen Verfahren, gegen die Maßnahme „keine Einwände zu erheben". Hält sie die Vereinbarkeit mit dem Binnenmarkt hingegen für zweifelhaft und daher eine genauere Prüfung der Maßnahme für erforderlich, trifft sie gemäß *Art. 4 Abs. 4 VVO* eine „Entscheidung über die Eröffnung des förmlichen Prüfverfahrens".

58   Im *förmlichen Prüfverfahren* holt die Kommission Stellungnahmen des betroffenen Mitgliedstaats und der anderen Beteiligten ein.[213] Abgeschlossen wird das förmliche Prüfverfahren gemäß Art. 7 Abs. 1 VVO durch eine Entscheidung der Kommission.[214] Hier bestehen *vier Entscheidungsmöglichkeiten*: Die Kommission kann *erstens* gemäß *Art. 7 Abs. 2 VVO* (wie schon im vorläufigen Verfahren) feststellen, dass die angemeldete Maßnahme keine Beihilfe nach Art. 107 Abs. 1 AEUV ist. Sie kann *zweitens* gemäß *Art. 7 Abs. 3 VVO* in einer „*Positiventscheidung*" feststellen, dass zwar eine Beihilfe vorliegt, diese aber mit dem Binnenmarkt vereinbar ist, und diese Positiventscheidung *drittens* gemäß *Art. 7 Abs. 4 VVO* „mit Bedingungen und Auflagen" verbinden. *Viertens* schließlich kann sie gemäß *Art. 7 Abs. 5 VVO* in einer „*Negativentscheidung*" feststellen, dass eine Beihilfe nicht eingeführt werden darf, weil sie weder nach Art. 107 Abs. 2 AEUV mit dem Binnenmarkt vereinbar ist noch gemäß Art. 107 Abs. 3 AEUV für mit dem Binnenmarkt vereinbar erklärt wird.

2. Rückforderung von Subventionen

59   Erhebliche praktische Bedeutung hat die Rückforderung von Subventionen durch den Subventionsgeber.[215] Auslöser ist in der Regel eine *Verfehlung des*

über die geplante Durchführung in Kenntnis gesetzt worden ist, nicht doch noch eine Entscheidung trifft; zum Ganzen Art. 4 Abs. 6 VVO.

[213] Eine Begriffsbestimmung enthält Art. 1 lit. h VVO.

[214] Vorschriften über die Dauer des förmlichen Prüfverfahrens, eine Anhörung des betroffenen Mitgliedstaats hinsichtlich der gemäß Art. 6a VVO von Dritten erlangten Auskünfte sowie den Umgang mit vertraulichen Auskünften und Geschäftsgeheimnissen enthält Art. 7 Abs. 6–10 VVO.

[215] Die Darstellung beschränkt sich auf die Rückforderung von Subventionen durch deutsche Behörden nach deutschem Verwaltungsverfahrensrecht (→ Rn. 48). Nicht näher behandelt wird im Folgenden die Rückforderung steuerrechtlicher Subventionen. Hier wird die Subvention unmittelbar durch Gesetz gewährt (→ Rn. 51). Mittelbar festgesetzt wird sie im Steuerbescheid. Die Rückforderung erfolgt dann über eine Änderung des Steuerbescheids nach den Vorschriften des Steuerverfahrensrechts (insbesondere §§ 172 ff. AO), wobei regelmäßig die Festsetzungsverjährung nach §§ 169 ff. AO Probleme bereitet. Zum Ganzen mit Blick auf das unionale Beihilfen-

Subventionszwecks durch den Subventionsempfänger oder die (verspätet erkannte oder geltend gemachte) *Rechtswidrigkeit der Subvention*. Wichtigster Fall ist insoweit ein Verstoß gegen das unionale Beihilfenrecht.

a) Allgemeines Rückforderungsregime

Für die Rückforderung einer Subvention gelten die allgemeinen verwaltungsverfah-   **60**
rensrechtlichen Grundsätze. Dabei ist zwischen einer Vergabe durch Verwaltungsakt (aa) und einer Vergabe durch privat- oder öffentlich-rechtlichen Vertrag (bb) zu
unterscheiden.

aa) Vergabe durch Verwaltungsakt

Ist eine zurückzufordernde Subvention durch Verwaltungsakt bewilligt worden, ist   **61**
dieser stets nach *§ 48 oder § 49 VwVfG* aufzuheben. Dabei ist die Aufhebungsbefug-
nis vor allem durch § 48 Abs. 2 und 4 sowie § 49 Abs. 3 VwVfG eingeschränkt. Die
Vorschriften tragen einem *schutzwürdigen Vertrauen des Begünstigten* Rechnung
und lassen die Aufhebung eines Subventionsbescheids in der Regel nur zu, wenn
der Subventionszweck verfehlt oder eine Auflage nach § 36 Abs. 2 Nr. 4 VwVfG
(→ Rn. 52) nicht erfüllt wird. Im Übrigen scheidet jedenfalls bei Subventionen, die
keine Beihilfen nach Art. 107 Abs. 1 AEUV sind, selbst die Aufhebung eines rechtswidrigen Subventionsbescheids regelmäßig aus.[216]

(1) Rückforderung bei einstufiger Vergabe

Wird ein Subventionsbescheid gemäß § 48 oder § 49 VwVfG mit Wirkung für die   **62**
Vergangenheit aufgehoben, kann die bereits ausgezahlte Subvention bei einstufiger
Vergabe (→ Rn. 52) *gemäß § 49a Abs. 1 S. 2 VwVfG durch Verwaltungsakt* zurückgefordert werden. Der Umfang der Erstattung und die Verzinsung ergeben sich dabei
aus § 49a Abs. 2–4 VwVfG. Hat der Begünstigte die Subvention bereits verbraucht
und beruft er sich auf Entreicherung, gewinnt § 49a Abs. 2 S. 2 VwVfG Bedeutung,
der eine Berufung auf den Wegfall der Bereicherung ausschließt, soweit der Begünstigte die Umstände kannte oder infolge grober Fahrlässigkeit nicht kannte, die
zur Aufhebung des Verwaltungsakts geführt haben.

---

recht *Blumenberg/Kring*, Europäisches Beihilfenrecht und Besteuerung, 2011, S. 30 ff.; *Geisen-
berger*, Der Einfluss des Europarechts auf steuerliches Verfahrensrecht, 2010, S. 71 ff.; zu einer
etwa unionsrechtlich gebotenen Unanwendbarkeit der Festsetzungsverjährung BFH, BFH/NV
2009, 857 (859 f.).

[216] § 49 Abs. 3 S. 1 VwVfG findet auf rechtswidrige Verwaltungsakte „erst recht" Anwendung,
Suerbaum, in: Mann/Sennekamp/Uechtritz, § 49 Rn. 50 ff. Über den engen Anwendungsbereich
dieser Regelung hinaus fehlt ein schutzwürdiges Vertrauen auch bei rechtswidrigen Verwaltungs-
akten gemäß § 48 Abs. 2 S. 3 VwVfG in aller Regel nur, wenn der Begünstigte den Verwaltungsakt
durch arglistige Täuschung, Drohung, Bestechung oder unrichtige oder unvollständige Angaben
erwirkt hat oder er die Rechtswidrigkeit des Verwaltungsakts kannte oder infolge grober Fahrlässigkeit nicht kannte. Im Übrigen setzt sich die Bestandskraft durch.

(2) Rückforderung bei zweistufiger Vergabe

63 Bei zweistufiger Vergabe – zur Erinnerung: die Bewilligung erfolgt hier durch Verwaltungsakt, die Durchführung durch privat- oder öffentlich-rechtlichen Vertrag (→ Rn. 53) – scheidet eine Anwendung des § 49a VwVfG hingegen aus.[217] Der Bewilligungsbescheid ist hier nicht, wie von § 49a VwVfG vorausgesetzt und bei einstufiger Subventionsvergabe der Fall, der Rechtsgrund für die Auszahlung; er begründet vielmehr nur einen Anspruch auf Abschluss eines die Subvention durchführenden Vertrags.[218] Fällt dieser Anspruch durch Aufhebung des Bescheids weg, muss zusätzlich noch der Vertrag beseitigt werden. Erst dann kann die Subvention über den privatrechtlichen Anspruch auf Herausgabe einer ungerechtfertigten Bereicherung oder den öffentlich-rechtlichen Erstattungsanspruch herausverlangt werden. Sinnvoll ist daher die Vereinfachung eines vertraglichen Kündigungsrechts bei Aufhebung des Bewilligungsbescheids oder eine andere *Geltungsverknüpfung von Bescheid und Vertrag*.[219]

bb) Vergabe durch Vertrag

64 Ist eine Subvention nicht durch Verwaltungsakt, sondern durch öffentlich-rechtlichen Vertrag vergeben worden, erfolgt die Rückforderung auf Grundlage des *öffentlich-rechtlichen Erstattungsanspruchs*.[220] Bei einer Subventionsvergabe durch privatrechtlichen Vertrag findet der privatrechtliche *Anspruch auf Herausgabe einer ungerechtfertigten Bereicherung* aus § 812 Abs. 1 S. 1 BGB Anwendung. Voraussetzung ist jeweils, dass kein Rechtsgrund für die Subvention (mehr) besteht. Der Vertrag muss mithin nichtig oder gekündigt oder aufgehoben worden sein. Bei privatrechtlichen Verträgen richtet sich die Nichtigkeit des Vertrags nach den Vorschriften des Vertragsrechts, bei öffentlich-rechtlichen Verträgen ist § 59 VwVfG maßgeblich. Hier ist überdies das besondere Kündigungsrecht nach § 60 VwVfG zu beachten. Erstattungs- und Bereicherungsanspruch können dabei nicht durch Erlass eines Verwaltungsakts, sondern nur mittels Erhebung einer Klage durchgesetzt werden (ausführlich → Rn. 76).

b) Rückforderung mitgliedstaatlicher Beihilfen

65 Modifikationen unterliegt dieses Rückforderungsregime, soweit es sich bei nationalen Subventionen um Beihilfen handelt. Das Unionsrecht unterscheidet hier zwischen bestandsgeschützten „bestehenden Beihilfen" (aa) und „neuen Beihilfen" (bb). Gewisse Besonderheiten bestehen bei letzteren, wenn sie lediglich „missbräuchlich angewendet" werden (cc).

---

[217] Zutreffend BVerwG, NJW 2006, 536 (537).

[218] Anders ist dies nur dann, wenn der Subventionsbescheid trotz zweistufiger Vergabe die unmittelbare Grundlage für die Auszahlung ist und der Vertrag nur weitere Modalitäten, nicht aber die eigentliche Durchführung regelt. Hier ist § 49a VwVfG ohne weiteres anwendbar. Siehe zu diesem Sonderfall *Ziekow*, § 6 Rn. 97.

[219] Dazu *Bungenberg/Motzkus*, WiVerw 2013, 73 (116 f.); *Ziekow*, § 6 Rn. 96.

[220] Zu diesem etwa *Detterbeck*, Rn. 1235 ff.

aa) „Zweckdienliche Maßnahmen" bei „bestehenden Beihilfen"

„Bestehende Beihilfen" i. S. v. Art. 1 lit. b VVO – das sind insbesondere Beihilfen, **66** die bereits genehmigt worden sind oder gemäß Art. 4 Abs. 6 und Art. 15 Abs. 3 VVO als genehmigt gelten – genießen *Bestandsschutz.* Ihre Unionsrechtswidrigkeit kann einem Mitgliedstaat grundsätzlich nicht entgegengehalten werden. Lediglich *bestehende Beihilferegelungen i. S. v. Art. 1 lit. d VVO*, die Grundlage für eine weitere Begünstigung von Unternehmen sein können, unterliegen gemäß Art. 108 Abs. 1 AEUV einer laufenden Überprüfung durch die Kommission. Erweisen sie sich dabei als nicht (mehr) mit dem Binnenmarkt vereinbar, sehen die *Art. 18 f. VVO* ein *spezielles Abwicklungsregime* vor. Dieses zielt auf ihre einvernehmliche Änderung oder Abschaffung durch „zweckdienliche Maßnahmen" des Mitgliedstaats.

bb) Rückforderung „neuer", aber „rechtswidriger Beihilfen"

„Neue Beihilfen" i. S. v. Art. 1 lit. c VVO sind alle Beihilfen, die keine bestehenden **67** Beihilfen sind, ferner Änderungen bestehender Beihilfen. Sie unterliegen gemäß Art. 108 Abs. 2 UAbs. 1 AEUV einer laufenden Kontrolle durch die Kommission. Werden neue Beihilfen ohne Anmeldung nach Art. 108 Abs. 3 S. 1 AEUV und daher unter Verstoß gegen Art. 108 Abs. 3 S. 3 AEUV und Art. 3 VVO eingeführt, handelt es sich gemäß *Art. 1 lit. f VVO* um *„rechtswidrige Beihilfen".*[221] Für ihre Behandlung sehen die *Art. 10 ff. VVO* ein *besonderes Verfahren* vor. In diesem führt die Kommission die bei Anmeldung einer Maßnahme vorgesehene und mangels Anmeldung unterbliebene Prüfung (→ Rn. 56 ff.) nachträglich durch (siehe Abb. 2).

Dabei kann die Kommission zunächst im *vorläufigen Verfahren* gemäß *Art. 13* **68** *Abs. 1 S. 1 VVO i. V. m. Art. 4 Abs. 2 und 3 VVO* feststellen, dass die Maßnahme keine Beihilfe darstellt oder ihre Vereinbarkeit mit dem Binnenmarkt keinen Einwänden unterliegt. Eröffnet die Kommission hingegen gemäß Art. 13 Abs. 1 S. 1 VVO i. V. m. Art. 4 Abs. 4 VVO ein *förmliches Prüfverfahren*, endet dieses gemäß *Art. 13 Abs. 1 S. 1 VVO i. V. m. Art. 7 Abs. 3–5 VVO* wie bei angemeldeten Beihilfen (→ Rn. 58) mit einer Positiv- oder Negativentscheidung. Trifft die Kommission eine Negativentscheidung, verlangt sie gemäß Art. 14 Abs. 1 S. 1 VVO zugleich, dass der Mitgliedstaat[222] die Beihilfe vom Empfänger zurückfordert, sofern nicht ausnahmsweise ein Grundsatz des Unionsrechts – insbesondere: die absolute Unmöglichkeit der Rückforderung oder ein schutzwürdiges Vertrauen des Begünstigten – entgegensteht[223] und noch keine Verjährung eingetreten ist.[224] *Art. 14 Abs. 1 S. 1 VVO* spricht insoweit von einer „Rückforderungsentscheidung". Da die Prü-

---

[221] Die Kommission erfährt von solchen Beihilfen häufig durch Beschwerden nach Art. 20 Abs. 2 VVO. Überdies kann sie nach Art. 20a VVO aus eigener Initiative Wirtschaftszweige und Beihilfeninstrumente untersuchen.

[222] Adressat ist entsprechend der „Blindheit" der Europäischen Union für den Staatsaufbau der Mitgliedstaaten nicht der beihilfegewährende Verwaltungsträger, sondern stets der Mitgliedstaat, dem das Handeln seiner Untergliederungen zugerechnet wird.

[223] Dazu *Bartosch*, Art. 14 VO 659/1999 Rn. 55 ff.

[224] Dazu Art. 15 Abs. 1 und 2 VVO. Nach Ablauf der zehnjährigen Verjährungsfrist ist gemäß Art. 15 Abs. 3 VVO von einer bestandsgeschützten „bestehenden Beihilfe" (→ Rn. 66) auszugehen.

System der repressiven Beihilfenkontrolle durch die Kommission

Ausgangspunkt: nicht angemeldete Subventionsmaßnahme eines Mitgliedstaats

Stufe 1: vorläufiges Verfahren nach Art. 13 Abs. 1 S. 1 i.V.m. Art. 4 VVO

- Maßnahme ist (bei vorläufiger Prüfung) Beihilfe   → sonst Art. 4 Abs. 2 VVO ⌐
- Bedenken (wie in Abb. 1)   → sonst Art. 4 Abs. 3 VVO ⌐

[Rückforderungsanordnung nach Art. 11 Abs. 2 VVO möglich
→ Mitgliedstaat muss Subvention vorläufig zurückfordern]

Zwischenschritt: Art. 4 Abs. 4 VVO (wie in Abb. 1)

Stufe 2: förmliches Prüfverfahren nach Art. 13 Abs. 1 S. 2 i.V.m. Art. 6 f. VVO

- Maßnahme (bei förmlicher Prüfung) Beihilfe   → sonst Art. 7 Abs. 2 VVO ⌐
- Prüfung (wie in Abb. 1)

Unvereinbarkeit   Vereinbarkeit

– Negativentscheidung nach   Positiventscheidung nach
  Art. 7 Abs. 5 VVO und   Art. 7 Abs. 4 oder 5 VVO

– Rückforderungsentscheidung
  nach Art. 14 Abs. 1 S. 1 VVO

Mitgliedstaat muss Subvention   Mitgliedstaat muss Subvention
zurückfordern (→ Rn. 70 ff.)   nicht zurückfordern, aber Zins-
                                       vorteil abschöpfen, sofern Maß- ←
                                       nahme Beihilfe ist (→ Rn. 80)

Abb. 2 System der repressiven Beihilfenkontrolle durch die Kommission

fung vor allem dann, wenn ein förmliches Prüfverfahren eröffnet wird, eine gewisse Zeit in Anspruch nimmt, eröffnet Art. 11 Abs. 2 UAbs. 1 VVO der Kommission überdies die Möglichkeit, bis zum Abschluss der Prüfung und einer endgültigen Entscheidung vom Mitgliedstaat die vorläufige Rückforderung der Beihilfe[225] zu verlangen. *Art. 11 Abs. 2 UAbs. 1 VVO* spricht insoweit von einer *„Rückforderungsanordnung"*. Voraussetzung für den Erlass einer Rückforderungsanordnung ist insbesondere, dass „hinsichtlich des Beihilfecharakters der betreffenden Maßnahme keinerlei Zweifel [bestehen]", mithin ein Verstoß gegen Art. 108 Abs. 3 S. 3 AEUV vorliegt.[226]

---

[225] Ergänzend ermöglicht Art. 11 Abs. 1 VVO eine Anordnung der vorläufigen Aussetzung von Beihilfen. Auch insoweit wird entsprechend Art. 11 Abs. 2 UAbs. 1 AEUV verlangt, dass jedenfalls eine Beihilfe und also ein Verstoß gegen Art. 108 Abs. 3 S. 3 AEUV vorliegt, *Bartosch*, Art. 11 VO 659/1999 Rn. 1.

[226] Darüber hinaus verlangt Art. 11 Abs. 2 UAbs. 1 VVO, dass ein Tätigwerden dringend geboten und ein erheblicher und nicht wiedergutzumachender Schaden für einen Konkurrenten ernsthaft

Mit Blick auf die mitgliedstaatliche Rückforderung „neuer" und „rechtswidriger **69**
Beihilfen" ist vor diesem Hintergrund zwischen Fällen zu unterscheiden, in denen
die Kommission vom Mitgliedstaat die endgültige oder vorläufige Rückforderung
der Beihilfe verlangt hat (1), und solchen, in denen ein solches Rückforderungsverlangen der Kommission (noch) fehlt (2).

(1) Rückforderung auf Verlangen der Kommission

Trifft die Kommission eine Rückforderungsentscheidung oder -anordnung nach **70**
Art. 14 Abs. 1 S. 1 oder Art. 11 Abs. 2 UAbs. 1 VVO, muss der Mitgliedstaat die
Beihilfe gemäß Art. 14 Abs. 3 S. 1 VVO[227] *„unverzüglich" zurückverlangen*, um „die
sofortige und tatsächliche Vollstreckung der Kommissionsentscheidung" zu ermög-
lichen.[228] An die Kommissionsentscheidung gebunden sind alle mitgliedstaatlichen
Organe, auch die Gerichte.[229]

Dabei erfolgt die mitgliedstaatliche Rückforderung der Beihilfe gemäß Art. 14 **71**
Abs. 3 S. 1 VVO (im Einklang mit der durch Art. 291 Abs. 1 AEUV primärrechtlich gewährleisteten mitgliedstaatlichen Verfahrensautonomie) „nach den Verfahren
des betreffenden Mitgliedstaats". Anwendung findet daher auch hier das *allgemeine
nationale Rückforderungsregime* (→ Rn. 60 ff.). Dieses ist aber im Lichte der Loyalitätspflicht nach Art. 4 Abs. 3 EUV zu modifizieren, soweit es eine unionsrechtlich
gebotene Rückforderung praktisch unmöglich macht oder übermäßig erschwert und
damit gegen das *unionsrechtliche „Effektivitätsgebot"* verstößt.[230] In der Folge sind
bei der mitgliedstaatlichen Rückforderung von Beihilfen einige Besonderheiten zu
beachten. Dabei ist zwischen Beihilfen, die durch Verwaltungsakt bewilligt worden
sind (a), und Beihilfen, die durch Vertrag vergeben werden, zu unterscheiden (b).

(a) Vergabe durch Verwaltungsakt

Eine Rückforderungsanordnung der Kommission nach Art. 11 Abs. 2 UAbs. 1 VVO **72**
setzt einen Verstoß gegen Art. 108 Abs. 3 S. 3 AEUV voraus (→ Rn. 68), eine

---

zu befürchten ist. Der Mitgliedstaat muss vor der Rückforderungsanordnung angehört werden.

[227] Art. 11 Abs. 2 UAbs. 2 S. 1 VVO verweist auf diese Vorschrift.

[228] Das gilt vorbehaltlich einer gerichtlichen Aussetzung der Rückforderungsentscheidung oder
-anordnung nach Art. 278 S. 2 AEUV selbst im Falle einer bei den Unionsgerichten anhängigen
Klage gegen die Rückforderungsentscheidung oder -anordnung (→ Rn. 91 ff.), die gemäß Art. 278
S. 1 AEUV keine aufschiebende Wirkung hat.

[229] Dazu EuGH, Rs. C-69/13, EU:C:2014:71, Rn. 18 ff. – Mediaset.

[230] Zu dieser Grenze der mitgliedstaatlichen Verfahrensautonomie allgemein und stellvertretend
für die st. Rspr. EuGH, Rs. C-34/02, Slg. 2003, I-6515, Rn. 56 und 58 – Pasquini; speziell für die
Rückforderung unionsrechtswidriger Beihilfen Rs. C-24/95, Slg. 1997, I-1591, Rn. 24 – Land
Rheinland-Pfalz/Alcan Deutschland. Daneben besteht ein „Äquivalenzgebot". Nach diesem darf
das Verfahren zur Behandlung grenzüberschreitender Sachverhalte nicht ungünstiger als das Verfahren zur Behandlung rein innerstaatlicher Sachverhalte sein. Für das Beihilfenrecht spielt dieses
Äquivalenzgebot praktisch kaum eine Rolle.

Rückforderungsentscheidung nach Art. 14 Abs. 1 S. 1 VVO überdies eine inhaltliche Unvereinbarkeit der Beihilfe mit dem Binnenmarkt nach Art. 107 AEUV. Unter beiden Gesichtspunkten ist ein *mitgliedstaatlicher Subventionsbescheid* nicht gemäß § 44 Abs. 1 VwVfG nichtig,[231] sondern *lediglich rechtswidrig*. Er ist daher zunächst gemäß § 48 VwVfG zurückzunehmen, bevor die Zuwendung selbst im Falle einer einstufigen Vergabe[232] gemäß § 49a VwVfG zurückgefordert werden kann. Beide Verwaltungsakte – also: sowohl die *Rücknahme des Beihilfenbescheids nach § 48 Abs. 1 S. 1 VwVfG* als auch die *Festsetzung der zu erstattenden Leistung nach § 49a Abs. 1 S. 2 VwVfG* – sind dabei mit Blick auf das Unionsinteresse an einer zügigen und effektiven Rückforderung der Beihilfe gemäß § 80 Abs. 2 S. 1 Nr. 4 VwGO *für sofort vollziehbar zu erklären*;[233] eine gerichtliche Wiederherstellung der aufschiebenden Wirkung nach § 80 Abs. 5 S. 1 Alt. 2 VwGO scheidet mit Blick auf das unionsrechtliche Effektivitätsgebot grundsätzlich aus.[234] Hauptproblem bei der Rückforderung ist der *Vertrauensschutz nach § 48 Abs. 2 und 4 und § 49a Abs. 2 VwVfG* (→ Rn. 61 f.). Eine effektive Rückforderung unionsrechtswidriger mitgliedstaatlicher Beihilfen droht häufig an diesen Beschränkungen zu scheitern. Der EuGH erkennt Belange des Vertrauensschutzes zwar grundsätzlich an, zieht ihrer rückforderungsbeschränkenden Wirkungskraft aber auf Ebene der mitgliedstaatlichen Umsetzung des Rückforderungsverlangens der Kommission[235] enge Grenzen:[236]

73   Weil der Mitgliedstaat bei einem Rückforderungsverlangen der Kommission zu einer Rückforderung verpflichtet ist und daher entgegen § 48 Abs. 1 S. 1 VwVfG[237] über keinerlei Spielraum verfügt, ist der Begünstigte nicht im Ungewissen darüber,

---

[231] Dazu BVerwGE 138, 322 (326 f.); allgemein für Verstöße gegen Unionsrecht *Detterbeck*, Rn. 613.

[232] Zum Sonderfall der zweistufigen Vergabe → Rn. 63. Da hier § 49a VwVfG keine Anwendung findet, muss auf der zweiten Stufe der Vertrag gekündigt oder anderweitig beseitigt werden. Folge ist ein gewisses Spannungsverhältnis zum unionalen Effektivitätsgebot, *Bungenberg/Motzkus*, WiVerw 2013, 73 (116 f.).

[233] Dazu allgemein EuGH, Rs. C-217/88, Slg. 1990, I-2879, Rn. 13 ff. – Kommission/Deutschland. Für das Beihilfenrecht *Bungenberg*, in: Birnstiel/ders./Heinrich, Kap. 2 Rn. 523.

[234] *Bungenberg*, in: Birnstiel/ders./Heinrich, Kap. 2 Rn. 523. In Betracht kommt sie im Lichte von EuGH, verb. Rs. C-143/88 und C-92/89, Slg. 1991, I-415, Rn. 23 ff. – Zuckerfabrik Süderdithmarschen und Zuckerfabrik Soest/Hauptzollamt Itzehoe und Hauptzollamt Paderborn, nur, wenn erstens erhebliche Zweifel an der Gültigkeit des Rückforderungsverlangens der Kommission bestehen und das mitgliedstaatliche Gericht die Gültigkeitsfrage dem EuGH vorlegt, zweitens die gerichtliche Entscheidung dringlich ist und dem Antragsteller ein schwerer und nicht wiedergutzumachender Schaden droht sowie drittens das Interesse der Union an der sofortigen Vollziehung angemessen berücksichtigt wird; zur Übertragung dieser Grundsätze auf das Beihilfenrecht Rs. C-527/12, EU:C:2014:2193, Rn. 57 – Kommission/Deutschland.

[235] Vertrauensschutz wird in der Folge praktisch nur auf Unionsebene gewährt. Hier begrenzt er die Zulässigkeit eines Rückforderungsverlangens der Kommission gegenüber dem Mitgliedstaat (→ Rn. 68).

[236] Zur daraus folgenden „Diskrepanz von formaler und materialer Rechtslage in Deutschland" bei der Rückforderung unionsrechtswidriger Beihilfen nach § 48 und § 49a VwVfG kritisch *Kahl*, NVwZ 2011, 449 (452).

[237] Dogmatisch handelt es sich um eine unionsrechtlich gebotene Ermessensreduzierung auf Null.

ob die Behörde einen Beihilfenbescheid tatsächlich aufhebt. Die *Jahresfrist nach § 48 Abs. 4 VwVfG*, die eine etwa bestehende Ungewissheit zeitlich begrenzt, findet daher keine Anwendung. Andernfalls hätte es der Mitgliedstaat in der Hand, die Frist verstreichen zu lassen und damit seinen Unionsrechtsverstoß zu zementieren; die Rückforderung würde so „praktisch unmöglich gemacht" und dem unionalen Beihilfenregime „jede praktische Wirksamkeit genommen".[238]

Entsprechendes gilt für den *Vertrauensschutz nach § 48 Abs. 2 und § 49a Abs. 2 VwVfG*: Wird eine Beihilfe ohne „abschließenden Beschluss" der Kommission nach Art. 108 Abs. 3 S. 3 AEUV gewährt, kann der Begünstigte nicht darauf vertrauen, die Beihilfe behalten zu dürfen. Ein „sorgfältiger Gewerbetreibender" muss grundsätzlich selbst prüfen, ob ein Anmeldeverfahren durchgeführt worden ist; unterlässt er dies, fehlt es an einem schutzwürdigen Vertrauen.[239] In der Folge kann § 48 Abs. 2 S. 1 VwVfG einer Rücknahme des Beihilfenbescheids selbst dann nicht entgegengehalten werden, wenn der Begünstigte die Subvention bereits verbraucht hat.[240] Aus den gleichen Gründen scheidet auch eine Berufung auf den Wegfall der Bereicherung nach § 49a Abs. 2 S. 1 VwVfG i. V. m. § 818 Abs. 3 BGB aus.[241] **74**

(b) Vergabe durch Vertrag

Wird eine mitgliedstaatliche Beihilfe durch privatrechtlichen Vertrag vergeben, ohne zuvor bei der Kommission angemeldet worden zu sein, ist der privatrechtliche Vertrag nach Auffassung des BGH gemäß § 134 BGB i. V. m. Art. 108 Abs. 3 S. 3 AEUV nichtig.[242] Entsprechendes gilt nach überwiegender Auffassung gemäß § 59 Abs. 1 VwVfG und § 134 BGB[243] für einen öffentlich-rechtlichen Vertrag.[244] Überzeugender erscheint demgegenüber eine neuere Auffassung.[245] Sie geht bis zu einer endgültigen Entscheidung der Kommission nach Art. 13 Abs. 1 S. 1 und 2 VVO lediglich von einer *schwebenden Unwirksamkeit des Subventionsvertrags* aus. Begründet wird **75**

---

[238] EuGH, Rs. C-24/95, Slg. 1997, I-1591, Rn. 34 ff. – Land Rheinland-Pfalz/Alcan Deutschland.

[239] EuGH, Rs. C-24/95, Slg. 1997, I-1591, Rn. 25, 30 f., 41 und 49 – Land Rheinland-Pfalz/Alcan Deutschland.

[240] EuGH, Rs. C-24/95, Slg. 1997, I-1591, Rn. 49 ff. – Land Rheinland-Pfalz/Alcan Deutschland. Dogmatisch lässt sich das damit begründen, dass ein Vertrauen auf den Bestand des Verwaltungsakts i. S. v. § 48 Abs. 2 S. 1 VwVfG gar nicht erst entstanden ist; alternativ kommen auch eine Ablehnung der Schutzwürdigkeit des Vertrauens „unter Abwägung mit dem öffentlichen [nämlich: unionalen] Interesse" an der Rückforderung und ein Ausschluss des Vertrauensschutzes nach § 48 Abs. 2 S. 3 Nr. 3 VwVfG in Betracht. Zum Ganzen auch *Ehlers*, DVBl. 2014, 1 (9), der § 48 Abs. 2 VwVfG insgesamt für nicht anwendbar hält.

[241] Dogmatisch kann dies mit grob fahrlässiger Unkenntnis der Unionsrechtswidrigkeit der Subventionsvergabe und damit ohne weiteres über § 49a Abs. 2 S. 2 VwVfG begründet werden.

[242] Siehe nur BGH, EuZW 2003, 444 (445); zur Annahme einer bloßen Teilnichtigkeit bei Verträgen, die lediglich ein „Beihilfeelement" enthalten, im Übrigen aber keine Beihilfe gewähren, BGHZ 196, 254 (260 ff.).

[243] Allgemein zur Anwendbarkeit des § 134 BGB im Rahmen des § 59 Abs. 1 VwVfG *Detterbeck*, Rn. 816 f.

[244] So etwa *Kühling*, in: Ehlers/Fehling/Pünder, § 29 Rn. 71.

[245] Zum Folgenden etwa *Detterbeck*, Rn. 818; *Finck/Gurlit*, Jura 2011, 87 (90 f. und 93); *Goldmann*, Jura 2008, 275 (276 ff.); *Kahl*, NVwZ 2011, 449 (453 f.); *Ziekow*, § 6 Rn. 112.

dies bei privatrechtlichen Verträgen über § 134 Hs. 2 BGB, bei öffentlich-rechtlichen Verträgen über eine entsprechende Anwendung von § 58 Abs. 2 VwVfG. Vorteil dieser Auffassung ist nicht nur, dass der Subventionsvertrag bei einer nachträglichen positiven Entscheidung der Kommission automatisch wirksam wird und kein neuer Vertrag abgeschlossen werden muss. Sie bietet auch eine tragfähige Grundlage für die Behandlung von Fällen, in denen die Kommission noch keine Rückforderung verlangt hat und nunmehr eine positive Entscheidung über die Vereinbarkeit mit dem Binnenmarkt trifft (→ Rn. 80). Verlangt die Kommission hingegen endgültig oder vorläufig die Rückforderung der Beihilfe, muss und kann diese auch bei Annahme schwebender Unwirksamkeit des Subventionsvertrags vom Mitgliedstaat „unverzüglich" zurückgefordert werden.[246] Nicht anders als bei der Annahme von Nichtigkeit fehlt auch hier (zunächst) der Rechtsgrund für die Zuwendung.

76   Mitgliedstaatliches Mittel der Wahl ist dabei im Falle einer *Subventionsvergabe durch öffentlich-rechtlichen Vertrag* der *öffentlich-rechtliche Erstattungsanspruch* (→ Rn. 64).[247] Da sich der Verwaltungsträger im öffentlich-rechtlichen Subventionsvertrag auf eine Ebene mit dem Bürger begeben und damit das verwaltungsakttypische Subordinationsverhältnis verlassen hat, kann er diesen allerdings nicht (wie im gesetzlich geregelten Fall des § 49a Abs. 1 S. 2 VwVfG) durch Erlass eines vollstreckbaren Verwaltungsakts durchsetzen.[248] Erforderlich ist vielmehr die *Erhebung einer allgemeinen Leistungsklage* vor den Verwaltungsgerichten. Dem Unionsinteresse an einer zügigen und effektiven Rückforderung kann dabei durch *Erlass einer einstweiligen Anordnung nach § 123 Abs. 1 VwGO* gegenüber dem zur Rückzahlung verpflichteten Beihilfenempfänger Rechnung getragen werden.[249] Bei *privatrechtlichen Verträgen* gilt grundsätzlich nichts anderes. Einschlägig ist hier der *Anspruch auf Herausgabe einer ungerechtfertigten Bereicherung* aus § 812

---

[246] Handelt es sich beim Rückforderungsverlangen um eine Rückforderungsentscheidung nach Art. 14 Abs. 1 S. 1 VVO, ergeht diese ohnehin stets mit einer Negativentscheidung. Hier steht also die inhaltliche Unvereinbarkeit mit dem Binnenmarkt bereits fest, so dass aus der schwebenden eine endgültige Unwirksamkeit wird.

[247] Dazu instruktiv OVG RP, EuZW 2013, 677 (677 f.). Auch im Rahmen dieses Anspruchs scheidet eine Berufung auf Entreicherung in aller Regel aus, *Finck/Gurlit*, Jura 2011, 87 (93).

[248] Es fehlt die „Verwaltungsaktbefugnis"; dazu allgemein *Detterbeck*, Rn. 600; mit Blick auf die Rückabwicklung von Subventionsverträgen *Ehlers*, DVBl. 2014, 1 (9); *Goldmann*, Jura 2008, 275 (280).

[249] Dazu instruktiv OVG RP, EuZW 2013, 677 (677). Dies deutet auch Art. 14 Abs. 3 S. 2 VVO an, der die mitgliedstaatlichen Gerichte verpflichtet, „alle in ihren jeweiligen Rechtsordnungen verfügbaren [und zur zügigen und effektiven Rückforderung] erforderlichen Schritte einschließlich vorläufiger Maßnahmen" zu unternehmen. Von einer einstweiligen Anordnung absehen darf das Gericht im Lichte von EuGH, Rs. C-465/93, Slg. 1995, I-3761, Rn. 23 ff. – Atlanta Fruchthandelsgesellschaft u. a./Bundesamt für Ernährung und Forstwirtschaft, nur, wenn erstens erhebliche Zweifel an der Gültigkeit des Rückforderungsverlangens der Kommission bestehen und das mitgliedstaatliche Gericht die Gültigkeitsfrage dem EuGH vorlegt, zweitens die gerichtliche Entscheidung dringlich ist und dem Antragsteller ein schwerer und nicht wiedergutzumachender Schaden droht sowie drittens das Interesse der Union an der sofortigen Vollziehung angemessen berücksichtigt wird; zur Übertragung dieser Grundsätze auf das Beihilfenrecht EuGH, Rs. C-527/12, EU:C:2014:2193, Rn. 57 – Kommission/Deutschland.

Abs. 1 S. 1 BGB (→ Rn. 64).[250] Verweigert der Beihilfenempfänger die Rückzahlung der Beihilfe, ist der *Anspruch vor den ordentlichen Gerichten durchzusetzen*. Dem Unionsinteresse an einer zügigen Rückforderung kann durch eine *einstweilige Verfügung nach § 935 ZPO* Rechnung getragen werden.[251]

Unter Druck geraten sind diese an sich klaren Grundsätze durch eine jüngere **77** oberverwaltungsgerichtliche Entscheidung. Nach dieser ist ein *Erstattungs- oder Bereicherungsanspruch durch Verwaltungsakt durchzusetzen*: Für eine „sofortige und tatsächliche Vollstreckung" der Kommissionsentscheidung i. S. d. Art. 14 Abs. 3 S. 1 VVO genüge es nicht, wenn der Mitgliedstaat eine Leistungsklage erhebe und Eilrechtsschutz beantrage; erforderlich sei vielmehr der Erlass eines sofort vollziehbaren Rückforderungsbescheids, mit dem die Verwaltung sich einen vollstreckbaren Titel verschaffe. Zwar fehle eine ausdrückliche gesetzliche Grundlage für den Erlass eines entsprechenden Verwaltungsakts. Das sei jedoch mit Blick auf Art. 14 Abs. 3 S. 1 VVO hinzunehmen.[252] Die Entscheidung ist *zu Recht überwiegend auf Kritik gestoßen*: Nicht nur bedarf die Festsetzung einer Rückzahlungsverpflichtung als Akt der Eingriffsverwaltung stets einer formell-gesetzlichen Rechtsgrundlage;[253] auch bietet der Eilrechtsschutz eine ausreichende Grundlage, um dem unionsrechtlichen Effektivitätsgebot Rechnung zu tragen, sofern sich nur die Gerichte entsprechend der Vorgabe in Art. 14 Abs. 3 S. 2 VVO an die insoweit maßgeblichen Grundsätze[254] halten und insbesondere das Unionsinteresse an einer effektiven Rückforderung der Beihilfe angemessen berücksichtigen.[255]

Der *EuGH* hat demgegenüber jüngst in einem vergleichbaren Fall zwar nicht **78** eindeutig Stellung bezogen, aber letztlich doch *wenig Respekt für eine nationale Beschränkung der Verwaltungsaktbefugnis* gezeigt: Einem Mitgliedstaat sei es zwar nicht verwehrt, die Rückforderung einer durch privatrechtlichen Vertrag gewährten Beihilfe auf dem Zivilrechtsweg zu betreiben.[256] Sei insoweit aber eine effektive Rückforderung nicht sichergestellt, könne es erforderlich sein, „eine nationale Vorschrift unangewendet zu lassen … und andere Maßnahmen zu ergreifen". Dabei könnten „Gründe, die im Zusammenhang mit der nationalen Rechtsordnung ste-

---

[250] Anders etwa *Karpenstein/Klein*, in: Montag/Säcker, Anh. zu Art. 14 VerfVO Rn. 24: auch insoweit öffentlich-rechtlicher Erstattungsanspruch anwendbar, weil Rückforderungsverlangen der Kommission das Rechtsverhältnis öffentlich-rechtlich präge.

[251] Dazu *Goldmann*, Jura 2008, 275 (279 ff.); ebd., 280, finden sich auch instruktive Hinweise zur unionsrechtlich gebotenen Auslegung der §§ 812 ff. BGB bei der Rückforderung unionsrechtswidriger Beihilfen.

[252] OVG Berl-Bbg, NVwZ 2006, 104 (105).

[253] Zutreffend ThürOVG, DVBl. 2011, 242 (244 f.).

[254] Dazu grundlegend EuGH, Rs. C-465/93, Slg. 1995, I-3761, Rn. 23 ff. – Atlanta Fruchthandelsgesellschaft u. a./Bundesamt für Ernährung und Forstwirtschaft; zur Übertragung auf das Beihilfenrecht EuGH, Rs. C-527/12, EU:C:2014:2193, Rn. 57 – Kommission/Deutschland.

[255] Zur Kritik an der Entscheidung etwa *Ehlers*, DVBl. 2014, 1 (9 f.); *Goldmann*, Jura 2008, 275 (279 ff.); *Kühling*, in: Ehlers/Fehling/Pünder, § 29 Rn. 73; der Entscheidung zustimmend hingegen m. w. N. *Karpenstein/Klein*, in: Montag/Säcker, Anh. zu Art. 14 VerfVO Rn. 28 ff.

[256] EuGH, Rs. C-527/12, EU:C:2014:2193, Rn. 44 – Kommission/Deutschland.

hen, solche Maßnahmen nicht ausschließen".[257] Die Stoßrichtung ist klar: Entweder
gelingt es den mitgliedstaatlichen Gerichten, Erstattungsansprüchen im Eilrechtsschutz zur effektiven Durchsetzung zu verhelfen, oder der Mitgliedstaat muss, will
er einer Verurteilung durch den EuGH entgehen, auf eine Festsetzung der Ansprüche durch Verwaltungsakt ausweichen. Mit der überkommenen Dogmatik ließe
sich das nur vereinbaren, wenn man entweder bereits bei der Subventionsvergabe
auf die Handlungsform des Vertrags verzichtete oder eine ausdrücklich gesetzliche
Rechtsgrundlage für die Rückforderung vertraglich gewährter Beihilfen durch Verwaltungsakt schüfe.

(2) Rückforderung ohne Verlangen der Kommission

79   Hat die Kommission bislang weder eine Rückforderungsentscheidung nach Art. 14
Abs. 1 S. 1 VVO noch eine Rückforderungsanordnung nach Art. 11 Abs. 2 UAbs. 1
VVO getroffen, obwohl eine Beihilfe unter Verstoß gegen Art. 108 Abs. 3 S. 3
AEUV gewährt worden ist, stellt sich die Frage, ob der Mitgliedstaat die Beihilfe
gleichwohl zurückfordern muss. Eine *Rückforderungspflicht* ergibt sich mangels
Rückforderungsverlangen der Kommission zwar nicht aus Art. 14 Abs. 3 S. 1 VVO,
wohl aber *aus Art. 4 Abs. 3 EUV*.[258] Dabei darf der Mitgliedstaat nicht den Abschluss eines Verfahrens nach Art. 10 ff. VVO abwarten; andernfalls würde dem
Beihilfenempfänger die Begünstigung für einen Zeitraum gewährt, in dem er bei
ordnungsgemäßer Notifizierung der Beihilfe über diese nicht hätte verfügen können.[259] Im Einzelnen finden auch hier die für die Rückforderung einer mitgliedstaatlichen Beihilfe auf Verlangen der Kommission maßgeblichen Grundsätze
(→ Rn. 70 ff.) Anwendung.

80   Besonderheiten sind zu beachten, wenn die Kommission *zwischenzeitlich* eine
nachträgliche positive Entscheidung über die Vereinbarkeit der Maßnahme mit dem
Binnenmarkt getroffen hat (→ Rn. 68). Eine Rückforderung der Beihilfe selbst ist
jetzt nicht mehr erforderlich. Abzuschöpfen bleibt aber der *Vorteil*, den der Beihilfenempfänger *durch die vorzeitige Auszahlung der Beihilfe* unter Verstoß gegen
Art. 108 Abs. 3 S. 3 AEUV erlangt hat. In der Regel handelt es sich um einen Zinsvorteil.[260] Begründen lässt sich dies bei einer Vergabe durch Verwaltungsakt über
eine entsprechende Anwendung des § 45 Abs. 1 Nr. 4 VwVfG, bei einer Vergabe
durch öffentlich-rechtlichen Vertrag über eine entsprechende Anwendung des § 58
Abs. 2 VwVfG: Beim zunächst formell rechtswidrigen Verwaltungsakt tritt durch
die nachträgliche „Mitwirkung" der Kommission Heilung ein, der zunächst schwe-
bend unwirksame öffentlich-rechtliche Vertrag (zu dieser Folge eines Verstoßes

---

[257] EuGH, Rs. C-527/12, EU:C:2014:2193, Rn. 55 – Kommission/Deutschland.

[258] Dazu auch *Goldmann*, Jura 2010, 275 (278 f.).

[259] *Ehlers*, DVBl. 2014, 1 (10).

[260] Zum Vorstehenden EuGH, Rs. C-199/06, Slg. 2008, I-469, Rn. 45 ff. – CELF und Ministre de
la Culture et de la Communication, der es den Mitgliedstaaten anheimstellt, ob sie lediglich den
Zinsvorteil für die Dauer der Rechtswidrigkeit abschöpfen oder (unbeschadet der Möglichkeit,
diese später erneut zu gewähren) die Rückzahlung der Beihilfe samt Zinsvorteil anordnen.

gegen Art. 108 Abs. 3 S. 3 AEUV schon → Rn. 75) wird durch die nachträgliche „Mitwirkung" der Kommission wirksam. Heilung und Wirksamkeit treten dabei aber nicht rückwirkend ein,[261] so dass vor der positiven Entscheidung der Kommission erlangte Vorteile abgeschöpft werden können.[262]

cc) Rückforderung „missbräuchlich angewendeter" Beihilfen

Eine Sonderstellung nehmen schließlich Beihilfen ein, die zwar unionsrechtskonform **81** vergeben worden sind, aber missbräuchlich angewendet werden. Angesprochen sind, wie sich aus Art. 1 lit. g VVO ergibt, Beihilfen, die gemäß Art. 4 Abs. 3 oder Art. 7 Abs. 3 oder 4 VVO genehmigt worden sind, aber vom Empfänger *entgegen dieser Genehmigung verwendet* werden. Auch hier kann die Kommission gemäß Art. 108 Abs. 2 UAbs. 1 AEUV den Mitgliedstaat zur Aufhebung der Beihilfe verpflichten. Art. 16 VVO verweist dazu auf die Vorschriften für das Verfahren bei „rechtswidrigen Beihilfen". Verlangt die Kommission danach die Rückforderung der Beihilfe, ist der Mitgliedstaat zur Rückforderung verpflichtet. Bei einer Vergabe durch Verwaltungsakt erfolgt dessen Aufhebung, weil die Vergabe selbst rechtmäßig war, auf Grundlage von § 49 Abs. 3 S. 1 Nr. 1 VwVfG.[263] § 48 Abs. 4 VwVfG ist dabei entgegen § 49 Abs. 3 S. 2 VwVfG auch hier mit Blick auf das Effektivitätsgebot nicht anwendbar. Für die eigentliche Rückforderung gilt § 49a VwVfG. Eine Berufung auf Entreicherung scheidet hier schon nach dem Wortlaut des § 49a Abs. 2 S. 2 VwVfG stets aus.

c) Rückforderung mitgliedstaatlich verwalteter Unionsbeihilfen

Unionsbeihilfen, die entgegen dieser üblichen Bezeichnung gerade keine Beihilfen **82** nach Art. 107 Abs. 1 AEUV sind, werden im Regelfall durch die Mitgliedstaaten nach ihrem Verwaltungsrecht durchgeführt (→ Rn. 48). Auch die Rückforderung richtet sich daher nach den nationalen allgemeinen verwaltungsverfahrensrechtlichen Grundsätzen (→ Rn. 60 ff.). Da Unionsbeihilfen ein *geringeres Potential für mitgliedstaatliche Wettbewerbsverzerrungen* haben,[264] sind dabei aber die durch das unionsrechtliche Effektivitätsgebot veranlassten *Anpassungen* des nationalen

---

[261] Dies schließt EuGH, Rs. C-199/06, Slg. 2008, I-469, Rn. 40 ff. – CELF und Ministre de la Culture et de la Communication, zu Recht aus, weil bei einer rückwirkenden Heilung der unter Verstoß gegen das Durchführungsverbot ergangenen Subventionsmaßnahmen die Missachtung des Art. 108 Abs. 3 S. 3 AEUV letztlich folgenlos bliebe und der Vorschrift damit ihre praktische Wirksamkeit genommen würde. Der EuGH verweist ebd., Rn. 50, vor allem auf die anderen Wirtschaftsteilnehmer, die sonst im Ergebnis bereits zu einem früheren als dem beihilfenrechtlich vorgesehenen Zeitpunkt den Auswirkungen der Beihilfe ausgesetzt wären.

[262] Zum Ganzen eingehend *Finck/Gurlit*, Jura 2011, 87 (91 f.); *Kahl*, NVwZ 2011, 449 (453 f.). Entsprechend für privatrechtliche Subventionsverträge *Finck/Gurlit*, Jura 2011, 87 (90); *Goldmann*, Jura 2008, 275 (278). Hier wird die schwebende Unwirksamkeit bis zu einer endgültigen Feststellung der Vereinbarkeit einer Beihilfe mit dem Binnenmarkt durch die Kommission über § 134 Hs. 2 BGB begründet (→ Rn. 75).

[263] *Ehlers*, DVBl. 2014, 1 (9).

[264] Keinen Wettbewerbsvorteil zugunsten nationaler Unternehmen sieht EuGH, Rs. C-298/96, Slg. 1998, I-4767, Rn. 37 – Oelmühle Hamburg und Schmidt Söhne/Bundesanstalt für Landwirtschaft und Ernährung.

Verwaltungsverfahrensrechts *weniger weitreichend* als bei der Rückforderung mitgliedstaatlicher Beihilfen (→ Rn. 69 ff.).[265] Dies gilt vor allem für den Einwand der Entreicherung: Weil bei Unionsbeihilfen der für mitgliedstaatliche Beihilfen typische Wettbewerbsvorteil zugunsten nationaler Unternehmen fehlt, kann anders als bei mitgliedstaatlichen Beihilfen nicht per se davon ausgegangen werden, dass der Einwand der Entreicherung eine gebotene Rückforderung praktisch unmöglich macht.[266]

IV. Rechtsschutz

83 Prüfungsarbeiten im Subventions- und Beihilfenrecht haben in aller Regel eine prozessuale Ausgangssituation zum Gegenstand (→ Rn. 3). Ihre Bewältigung verlangt daher die Kenntnis der wichtigsten Rechtsschutzkonstellationen.[267] Es sind dies: erstens der Rechtsschutz bei Verweigerung einer Subvention (1.), zweitens der Rechtsschutz bei behördlicher Rückforderung einer Subvention (2.) und drittens der Rechtsschutz bei Subventionierung eines Konkurrenten (3.). Zuständig sind in allen drei Konstellationen *in erster Linie die nationalen Gerichte.* Die *Unionsgerichte* werden nur tätig, soweit *Rechtsschutz gegen eine Entscheidung der Kommission im Rahmen ihrer Beihilfenaufsicht* begehrt oder im Rahmen eines nationalen Gerichtsverfahrens eine Frage zur Vorabentscheidung vorgelegt wird.

1. Rechtsschutz bei Verweigerung einer Subvention

84 Verweigert ein nationaler Verwaltungsträger einem Unternehmen eine Subvention, muss das Unternehmen vor den nationalen Gerichten auf Vergabe der Subvention klagen (a).[268] Ist die Verweigerung darauf zurückzuführen, dass die Subvention bei der Kommission angemeldet worden ist, diese ihre Einführung aber gemäß Art. 7 Abs. 5 VVO untersagt hat (→ Rn. 58), ist überdies gegen diese Entscheidung Rechtsschutz vor den Unionsgerichten nachzusuchen (b). Unterbleibt dies, obwohl

---

[265] Grundlegend EuGH, Rs. 205/82, Slg. 1983, 2633, Rn. 27 ff. – Deutsche Milchkontor GmbH; relativierend *Petzold*, in: Birnstiel/Bungenberg/Heinrich, Kap. 4 Rn. 25 ff.

[266] EuGH, Rs. C-298/96, Slg. 1998, I-4767, Rn. 37 – Oelmühle Hamburg und Schmidt Söhne/ Bundesanstalt für Landwirtschaft und Ernährung; dazu *Petzold*, in: Birnstiel/Bungenberg/Heinrich, Kap. 4 Rn. 26.

[267] Außer Betracht bleibt auch hier die Verwaltung von Unionsbeihilfen durch Unionsorgane; es geht alleine um Maßnahmen deutscher Behörden nach deutschem Recht (→ Rn. 48). Im Übrigen wird hier das besondere Vertragsverletzungsverfahren nach Art. 108 Abs. 2 UAbs. 2 AEUV nicht weiter verfolgt. Gleiches gilt für die Anrufung des EuGH nach Art. 12 und Art. 23 Abs. 1 VVO.

[268] Abzugrenzen sind Fälle, in denen die Subvention bereits gewährt worden ist und lediglich die Auszahlung verweigert wird. Hier bedarf es stets einer einfachen Leistungsklage. Der Anspruch ergibt sich aus dem Vergabeakt; dessen Rechtsnatur entscheidet darüber, auf welchem Rechtsweg die Klage zu erheben ist.

eine Klagemöglichkeit besteht, wird die Kommissionsentscheidung gegenüber dem potentiellen Subventionsempfänger bestandskräftig; ihre Ungültigkeit kann dann im nationalen Gerichtsverfahren nicht mehr geltend gemacht werden.

a) Nationale Ablehnungsentscheidung

Auf nationaler Ebene sind *Rechtsweg und Klageart von der Handlungsform ab-* **85** *hängig, in der die Subvention vergeben wird.* Ist diese eine Handlungsform des öffentlichen Rechts, sind gemäß § 40 Abs. 1 S. 1 VwGO die Verwaltungsgerichte zuständig. Nur dieser Fall wird hier weiterverfolgt.[269] Erfolgt die begehrte Vergabe einstufig durch Verwaltungsakt oder wird bei zweistufiger Vergabe jedenfalls über die Bewilligung durch Verwaltungsakt entschieden (→ Rn. 52 f.), ist die *Verpflichtungsklage nach § 42 Abs. 1 Alt. 2 VwGO* statthaft.[270] Erfolgt die Vergabe einstufig durch öffentlich-rechtlichen Vertrag ist eine *allgemeine Leistungsklage auf Abgabe einer Willenserklärung* durch den Verwaltungsträger zu erheben.

Im Rahmen der Begründetheit ist in beiden Fällen fraglich, ob der Kläger einen **86** *Anspruch auf die begehrte Subvention* hat. Einfachgesetzliche Regelungen fehlen in aller Regel (→ Rn. 9), Haushaltsplan und Haushaltsgesetz entfalten (ebenso wie eine kommunale Haushaltssatzung) keine Außenwirkung (→ Rn. 7). Es bleibt die Möglichkeit eines Anspruchs aus Subventionsrichtlinien (→ Rn. 10). Bei diesen handelt es sich zwar um reines Innenrecht der Verwaltung. Verfährt ein Verwaltungsträger aber tatsächlich nach ihnen, ergibt sich aus Art. 3 Abs. 1 GG ein *Anspruch auf Gleichbehandlung* weiterer Fälle.[271] Subventionsrichtlinien entfalten so über Art. 3 Abs. 1 GG mittelbar Außenwirkung und liefern in der Folge eine taugliche Anspruchsgrundlage.[272] Ob das Gericht den Verwaltungsträger dann tatsächlich durch *Vornahmeurteil* gemäß § 113 Abs. 5 S. 1 VwGO zur Vergabe der Subvention verurteilt, hängt davon ab, ob die Richtlinien einen Spielraum belassen. Ist das der Fall, kommt lediglich ein *Bescheidungsurteil* gemäß § 113 Abs. 5 S. 2 VwGO in Betracht. In diesem wird dem zuständigen Verwaltungsträger aufgegeben, ermessensfehlerfrei über die Vergabe der Subvention an den Kläger zu entscheiden, sofern dies noch nicht geschehen ist.[273]

---

[269] Bei Vergabe durch privatrechtlichen Vertrag sind die ordentlichen Gerichten zuständig, *Ziekow*, § 6 Rn. 127.

[270] Ob zunächst ein Vorverfahren durchzuführen ist, richtet sich nach § 68 Abs. 1 S. 2 und Abs. 2 VwGO. Zum Sonderfall einer „Konkurrentenklage" bei begrenzten Subventionsmitteln *Ebeling/ Tellenbröker*, JuS 2014, 217 (220). Hier sind die Subventionsbescheide an Konkurrenten grundsätzlich nicht anzugreifen; es genügt eine Verpflichtungsklage. Hat diese Erfolg, muss der Verwaltungsträger erforderlichenfalls – nämlich: bei begrenzten Mitteln – die Dritten gewährten Subventionen zurückfordern und eine Neuvergabe durchführen.

[271] Das gilt auch für eine nicht in Richtlinien niedergelegte ständige Subventionspraxis.

[272] Zum Ganzen *Kühling*, in: Ehlers/Fehling/Pünder, § 29 Rn. 28.

[273] Dazu auch *Ziekow*, § 6 Rn. 127.

b) Negativentscheidung der Kommission

87 Wird eine Subvention auf nationaler Ebene nicht gewährt, weil die Kommission im Anmeldeverfahren nach Art. 108 Abs. 3 AEUV eine *Negativentscheidung nach Art. 7 Abs. 5 AEUV* getroffen hat, kommt gegen diese Entscheidung eine *Nichtigkeitsklage des potentiellen Subventionsempfängers nach Art. 263 Abs. 4 AEUV* in Betracht.[274] Da der Subventionsempfänger nicht Adressat der Negativentscheidung ist, ist eine Klagebefugnis gemäß Art. 263 Abs. 4 AEUV nur zu bejahen, wenn er durch die nicht an ihn gerichtete Kommissionsentscheidung *unmittelbar und individuell betroffen* ist.[275] Maßgeblich ist insoweit, ob die Negativentscheidung ihn „wegen bestimmter persönlicher Eigenschaften oder besonderer, [ihn] aus dem Kreis aller übrigen Personen heraushebender Umstände berührt und daher in ähnlicher Weise individualisiert wie den Adressaten".[276] Das ist bei *Einzelbeihilfen* stets der Fall, bei *Beihilferegelungen*, auf deren Grundlage „Unternehmen, die in der Regelung in einer allgemeinen und abstrakten Weise definiert werden, ohne nähere Durchführungsmaßnahmen Einzelbeihilfen gewährt werden können",[277] hingegen grundsätzlich[278] auch dann nicht, wenn der Beihilfenempfänger „wegen seiner Zugehörigkeit zu dem fraglichen Sektor und seiner Eigenschaft als durch diese Regelung potenziell Begünstigter betroffen ist".[279] Der EuGH sieht hierin keinen Verstoß gegen das durch Art. 47 GRCh gewährleistete *Gebot effektiven gerichtlichen Rechtsschutzes*: Scheide eine Direktklage nach Art. 263 Abs. 4 AEUV mangels Klagebefugnis aus, könne der potentielle Beihilfenempfänger die Ungültigkeit der Entscheidung im Rahmen einer Klage gegen „den Verwaltungsakt …, durch den [ihm] der Vorteil … im Rahmen der fraglichen Regelung verweigert wird", vor den nationalen Gerichten geltend machen und diese dazu veranlassen, dem EuGH gemäß Art. 267 Abs. 1 lit. b AEUV i. V. m. Art. 267 Abs. 2 oder 3 AEUV die Gültigkeitsfrage zur Vorabentscheidung vorzulegen.[280]

---

[274] Klagebefugt ist gemäß Art. 263 Abs. 2 AEUV auch der subventionierende Mitgliedstaat.

[275] Ein Rechtsakt mit Verordnungscharakter, der keine Durchführungsmaßnahme nach sich zieht, liegt schon deshalb nicht vor, weil die Negativentscheidung gegenüber dem Mitgliedstaat stets auf Umsetzung durch den Mitgliedstaat gegenüber dem Beihilfenempfänger – nämlich: durch Verweigerung der Subvention – angewiesen ist; siehe dazu EuGH, Rs. C-274/12 P, EU:C:2013:852, Rn. 27 ff. – Telefónica/Kommission.

[276] So EuGH, Rs. C-274/12 P, EU:C:2013:852, Rn. 46 – Telefónica/Kommission, unter Rekurs auf die klassische Formulierung in Rs. 25/62, Slg. 1963, 213 (238 f.) – Plaumann/Kommission.

[277] So die Begriffsbestimmung in Art. 1 lit. d VVO. Sehen Beihilferegelungen hingegen, wie es Art. 1 lit. d VVO als zweite Möglichkeit erwähnt, vor, dass „einem oder mehreren Unternehmen nicht an ein bestimmtes Vorhaben gebundene Beihilfen für unbestimmte Zeit und/oder in unbestimmter Höhe gewährt werden können", ist in der Regel von einer individuellen Betroffenheit durch die Negativentscheidung auszugehen.

[278] Zu Ausnahmen *Harringa*, in: Birnstiel/Bungenberg/Heinrich, Kap. 2 Rn. 385.

[279] So EuGH, Rs. C-274/12 P, EU:C:2013:852, Rn. 49 – Telefónica/Kommission.

[280] EuGH, Rs. C-274/12 P, EU:C:2013:852, Rn. 56 ff. – Telefónica/Kommission. Kritisch *Berrisch*, EuZW 2014, 231 (231 f.), der darauf hinweist, dass der Mitgliedstaat mitunter keine anfechtbare Entscheidung mehr erlässt.

2. Rechtsschutz bei Rückforderung einer Subvention

Bei Rückforderung einer Subvention ist zu differenzieren zwischen dem Rechts- **88**
schutz gegen ein nationales Rückforderungsverlangen des Subventionsgebers (a)[281]
und dem Rechtsschutz gegen eine Entscheidung der Kommission, mit der diese
dem Mitgliedstaat die Rückforderung einer unionsrechtswidrigen Beihilfe vom
Beihilfenempfänger aufgibt (b).

a) Nationales Rückforderungsverlangen

Ist eine *Subvention durch Vertrag vergeben* worden, erfolgt die Rückforderung auf **89**
Grundlage des öffentlich-rechtlichen Erstattungs- oder des privatrechtlichen Bereicherungsanspruchs (→ Rn. 64). Beide Ansprüche können nicht durch Verwaltungsakt festgesetzt werden. Der Verwaltungsträger muss den Anspruch vielmehr gerichtlich geltend machen.[282] Handelt es sich um eine unionsrechtswidrige Beihilfe,
ist mit Blick auf das Effektivitätsgebot Eilrechtsschutz zu beantragen und durch die
Gerichte zu gewähren (→ Rn. 76).

Ist eine *Subvention durch Verwaltungsakt vergeben* worden, ergeht ein *Aufhe-* **90**
bungsbescheid, der bei einstufiger Vergabe mit einer *Festsetzung der zu erstatten-*
den Leistung verbunden wird (→ Rn. 61 f.). Gegen beide Verwaltungsakte ist die
Anfechtungsklage nach § 42 Abs. 1 Alt. 1 VwGO statthaft.[283] Sie hat Erfolg, wenn
Aufhebungs- und Rückforderungsbescheid rechtswidrig sind. Die Anfechtungsklage hat dabei *gemäß § 80 Abs. 1 S. 1 VwGO aufschiebende Wirkung*, so dass der
Empfänger die Subvention zunächst behalten darf. Die Verwaltung wird daher regelmäßig gemäß § 80 Abs. 2 S. 1 Nr. 4 VwGO die sofortige Vollziehung anordnen.
Der Empfänger ist dann auf einen *Antrag nach § 80 Abs. 5 S. 1 Alt. 2 VwGO auf*
Wiederherstellung der aufschiebenden Wirkung verwiesen. Bei der Rückforderung
einer unionsrechtswidrigen Beihilfe ist eine behördliche Sofortvollzugsanordnung
unionsrechtlich geboten. Den Gerichten ist es hier dann auch grundsätzlich verwehrt, die aufschiebende Wirkung gemäß § 80 Abs. 5 S. 1 Alt. 2 VwGO wiederher-
zustellen (→ Rn. 72).

b) Rückforderungsverlangen der Kommission

Fordert ein Mitgliedstaat eine Beihilfe zurück, dient dies regelmäßig der Umsetzung **91**
eines Rückforderungsverlangens der Kommission nach Art. 11 Abs. 2 UAbs. 1
oder Art. 14 Abs. 1 S. 1 VVO. Das Rückforderungsverlangen ist an den Mitgliedstaat gerichtet, der es gegenüber dem Beihilfenempfänger durch Erlass eines
Rückforderungsbescheids oder durch Geltendmachung eines Erstattungs- oder
Bereicherungsanspruchs umsetzt (ausführlich zum Ganzen → Rn. 70 ff.). Hält der
Beihilfenempfänger bereits dieses *Rückforderungsverlangen* für rechtswidrig, muss

---

[281] Zu sekundären Schadensersatzansprüchen *Ehlers*, DVBl. 2014, 1 (12).

[282] Dazu *Ziekow*, § 6 Rn. 121.

[283] Ob zunächst ein Vorverfahren durchzuführen ist, richtet sich nach § 68 Abs. 1 S. 2 VwGO. Bei
einer gegen Aufhebung und Festsetzung gerichteten Klage liegt eine objektive Klagenhäufung
nach § 44 VwGO vor.

er es *vor den Unionsgerichten direkt angreifen*. Unterlässt er dies, obwohl er vom Rückforderungsverlangen Kenntnis hat und eine Klagemöglichkeit besteht, kann er Mängel des dann ihm gegenüber *bestandskräftigen Rückforderungsverlangens* der Kommission in einem späteren Rechtsstreit über das mitgliedstaatliche Rückforderungsverlangen vor den nationalen Gerichten nicht mehr geltend machen.[284]

92   Einschlägig ist die *Nichtigkeitsklage nach Art. 263 Abs. 4 AEUV*.[285] Der Beihilfenempfänger ist insoweit nur klagebefugt, wenn er durch das nicht an ihn gerichtete Rückforderungsverlangen der Kommission *unmittelbar und individuell betroffen* ist.[286] Zwar ist das Rückforderungsverlangen der Kommission auf mitgliedstaatliche Umsetzung angewiesen, es besteht aber insoweit kein Spielraum, so dass der Beihilfenempfänger bei der gebotenen materiellen Betrachtungsweise unmittelbar betroffen ist.[287] Auch individuell betroffen ist er, wenn das Rückforderungsverlangen ihn „wegen bestimmter persönlicher Eigenschaften oder besonderer, [ihn] aus dem Kreis aller übrigen Personen heraushebender Umstände berührt und daher in ähnlicher Weise individualisiert wie den Adressaten".[288] Das ist bei *Einzelbeihilfen* ohne weiteres der Fall. Bei *Beihilferegelungen*, auf deren Grundlage „Unternehmen, die in der Regelung in einer allgemeinen und abstrakten Weise definiert werden, ohne nähere Durchführungsmaßnahmen Einzelbeihilfen gewährt werden können",[289] folgt es daraus, dass diejenigen, die bereits in den Genuss der Regelung gekommen sind, infolge des Rückforderungsverlangens mit einer Einziehung der erlangten Vorteile rechnen müssen. Bei diesen Begünstigten handelt es sich um einen feststehenden und beschränkten Personenkreis.[290]

93   Gemäß *Art. 278 S. 1 AEUV* hat die Nichtigkeitsklage *keine aufschiebende Wirkung*, so dass der Mitgliedstaat auch im Falle einer Klage gegen das Rückforderungsverlangen der Kommission zunächst gemäß Art. 14 Abs. 3 S. 1 VVO zur unverzüglichen Rückforderung der Beihilfe vom Beihilfenempfänger verpflichtet bleibt.[291] Der EuGH kann jedoch, wenn er dies für nötig hält, gemäß *Art. 278 S. 2*

---

[284] EuGH, Rs. C-188/92, Slg. 1994, I-833, Rn. 17 – TWD/Bundesrepublik Deutschland.

[285] Klagebefugt ist gemäß Art. 263 Abs. 2 AEUV auch der subventionierende Mitgliedstaat.

[286] Ein Rechtsakt mit Verordnungscharakter, der keine Durchführungsmaßnahme nach sich zieht, liegt schon deshalb nicht vor, weil das Rückforderungsverlangen der Kommission gegenüber dem Mitgliedstaat stets auf Umsetzung durch den Mitgliedstaat gegenüber dem Beihilfenempfänger angewiesen ist.

[287] EuG, verb. Rs. T-254/00, T-270/00 und T-277/00, Slg. 2008, II-3269, Rn. 69 – Hotel Cipriani/Kommission.

[288] So EuGH, Rs. C-274/12 P, EU:C:2013:852, Rn. 46 – Telefónica/Kommission, unter Rekurs auf die klassische Formulierung in Rs. 25/62, Slg. 1963, 213 (238 f.) – Plaumann/Kommission.

[289] So die Begriffsbestimmung in Art. 1 lit. d VVO. Sehen Beihilferegelungen hingegen, wie es Art. 1 lit. d VVO als zweite Möglichkeit erwähnt, vor, dass „einem oder mehreren Unternehmen nicht an ein bestimmtes Vorhaben gebundene Beihilfen für unbestimmte Zeit und/oder in unbestimmter Höhe gewährt werden können", ist in der Regel ebenfalls ohne weiteres von einer individuellen Betroffenheit durch das Rückforderungsverlangen auszugehen.

[290] EuGH, verb. Rs. C-71/09 P, C-73/09 P und C-76/09 P, Slg. 2011, I-4727, Rn. 51 ff. – Comitato „Venezia vuole vivere" u. a./Kommission; dazu instruktiv Soltész, EuZW 2012, 174 (179).

[291] *Kühling*, in: Ehlers/Fehling/Pünder, § 29 Rn. 81.

AEUV die *Durchführung des Rückforderungsverlangens aussetzen.* Dringlichkeit[292] liegt indes sowohl bei einer Nichtigkeitsklage des Mitgliedstaats als auch bei einer Nichtigkeitsklage des Beihilfenempfängers nur vor, wenn der Mitgliedstaat bereits verbindliche Maßnahmen zur Rückforderung der Beihilfe getroffen hat.[293]

3. Rechtsschutz bei Subventionierung eines Konkurrenten

Praktisch wichtig ist schließlich der Rechtsschutz der Konkurrenten eines Subven- **94** tionsempfängers.[294] Rechtsschutz gewähren insoweit sowohl die nationalen Gerichte (a) als auch die Unionsgerichte (b).

a) Konkurrentenschutz durch nationale Gerichte

Vor den nationalen Gerichten kann zunächst der Vergabeakt – im Falle eines Verwal- **95** tungsakts mit der *Anfechtungsklage nach § 42 Abs. 1 Alt. 1 VwGO*,[295] im Falle eines öffentlich- oder privatrechtlichen Vertrags mit der *Feststellungsklage nach § 43 VwGO oder § 256 Abs. 1 ZPO*[296] – angegriffen werden. Ergänzend kann mit einer *Leistungsklage* – bei Vergabe einer Subvention durch Verwaltungsakt ist mit Blick auf § 49a Abs. 1 S. 2 VwVfG eine Verpflichtungsklage zu erheben, bei Vergabe durch öffentlich- oder privatrechtlichen Vertrag schlicht eine Leistungsklage[297] – die Rückforderung der Beihilfe verlangt werden.[298] Freilich muss der Kläger stets eine *Verletzung in eigenen Rechten* dartun können. In rein nationalen Fällen wird ihm dies angesichts der (nicht überzeugenden) Engführung der Grundrechte im Subventionsrecht durch die überwiegende Auffassung (→ Rn. 6 ff.) nur selten gelingen.[299]

---

[292] Zu dieser Anforderung Art. 104 § 2 VerfO EuG und Art. 160 Abs. 3 VerfO EuGH.

[293] EuGH, Rs. 574/13 P (R), EU:C:2014:36, Rn. 22 ff. – Frankreich/Kommission; kritisch *Richter*, EuZW 2014, 416 (419): „[i]m schlimmsten Fall … eine Rechtsschutzverweigerung".

[294] Aus Sicht der Kommission gilt die private Durchsetzung des Beihilfenrechts (wie die private Durchsetzung des Wettbewerbsrechts allgemein) als wichtiger Hebel, um eine effektive Durchsetzung des Beihilfenrechts zu gewährleisten; grundlegend zur hintergründigen Idee einer „Mobilisierung" des Einzelnen für die Durchsetzung des Rechts *Masing*, Die Mobilisierung des Bürgers für die Durchsetzung des Rechts, 1997.

[295] Die Klagefrist wird mangels Bekanntgabe des Verwaltungsakts gegenüber dem Konkurrenten in der Regel gar nicht erst in Lauf gesetzt; siehe dazu *Ebeling/Tellenbröker*, JuS 2014, 217 (222). Erlangt der Konkurrent freilich von Existenz und Inhalt des Verwaltungsakts sichere Kenntnis oder hätte er diese erlangen müssen, läuft (wie beim Rechtsschutz des Nachbarn im Baurecht) eine Jahresfrist, BVerwGE 138, 322 (327). Nach deren Ablauf ist das Rechtsschutzbedürfnis verwirkt.

[296] Dazu BGHZ 196, 254 (257 f.).

[297] *Ehlers*, DVBl. 2014, 1 (11).

[298] Anspruchsgrundlage ist bei öffentlich-rechtlichen Subventionsverhältnissen insoweit, sofern nur eine Verletzung des Klägers in eigenen Rechten durch die Subvention anzunehmen ist, der allgemeine Folgenbeseitigungsanspruch. Zu beachten ist überdies § 113 Abs. 1 S. 2 VwGO, der die Verbindung von Anfechtungs- und Leistungsklage prozessual erleichtert.

[299] Siehe etwa *Ebeling/Tellenbröker*, JuS 2014, 217 (222); *Ziekow*, § 6 Rn. 130.

96   Handelt es sich bei der Subvention um eine Beihilfe und ist diese ohne Notifizierung gewährt worden, kann sich der Kläger hingegen stets auf einen *Verstoß
gegen Art. 108 Abs. 3 S. 3 AEUV* berufen.[300] Die Norm ist unmittelbar anwendbar,
drittschützend und führt zur Rechtswidrigkeit eines Subventionsbescheids sowie
zur schwebenden Unwirksamkeit eines Subventionsvertrags (→ Rn. 72 und 75). Sie
begründet ferner einen *Anspruch des Wettbewerbers gegen den Subventionsgeber
auf Rückforderung* der Beihilfe samt Zinsen.[301] Für die mitgliedstaatlichen Gerichte
(und den Klausurbearbeiter) bedeutet dies, dass sie die *Voraussetzungen des Art. 108
Abs. 3 S. 3 AEUV* – insbesondere: das Vorliegen einer Beihilfe – selbst prüfen müssen.[302] Dabei ist nach der neueren Rechtsprechung des EuGH zu differenzieren:
Hat die Kommission im Rahmen ihrer repressiven Beihilfenaufsicht nach Art. 108
Abs. 2 UAbs. 1 AEUV gemäß Art. 13 Abs. 1 S. 1 VVO i. V. m. Art. 4 Abs. 4 VVO
ein *förmliches Prüfverfahren eröffnet* (und damit, wie sich aus Art. 4 Abs. 2 VVO
ergibt, die mitgliedstaatliche Maßnahme vorläufig als Beihilfe qualifiziert), sind die
mitgliedstaatlichen Gerichte an diese Entscheidung gebunden. Sie dürfen die mitgliedstaatliche Maßnahme in der Folge nur dann nicht als Beihilfe behandeln, wenn
sie zuvor dem EuGH gemäß Art. 267 Abs. 2 und 3 AEUV i. V. m. Art. 267 Abs. 1
lit. b AEUV die Frage nach der Gültigkeit der Entscheidung der Kommission zur
Entscheidung vorgelegt haben.[303] Ist die Kommission hingegen noch gar nicht auf
die Subventionsmaßnahme aufmerksam geworden oder hat sie jedenfalls *noch nicht
das förmliche Prüfverfahren eröffnet*, sind die *mitgliedstaatlichen Gerichte in der
Beurteilung der mitgliedstaatlichen Maßnahme frei.*[304] Ist nach diesen Grundsätzen
ein Verstoß gegen Art. 108 Abs. 3 S. 3 AEUV anzunehmen, müssen die Gerichte
nicht nur der Klage des Konkurrenten stattgeben; sie müssen auch im Rahmen des
Eilrechtsschutzes dem Effektivitätsgebot Rechnung tragen und, soweit erforderlich,
die *einstweilige Rückforderung der Beihilfe* anordnen.[305]

97   Ergänzend hinzuweisen ist darauf, dass ein Konkurrent gegen den Subventionsgeber nach der neueren Rechtsprechung des BGH im Falle einer nicht notifizier-

---

[300] Ist die Beihilfe hingegen erfolgreich notifiziert worden, ist Rechtsschutz gegenüber der Kommissionsentscheidung nachzusuchen (→ Rn. 98). Unterbleibt dies, können Einwände gegenüber
der Kommissionsentscheidung dem nachfolgenden mitgliedstaatlichen Vergabeakt nicht mehr entgegengehalten werden.

[301] Zum Ganzen BVerwGE 138, 322 (324 ff.); siehe ferner EuGH, Rs. C-39/94, Slg. 1996, I-3547,
Rn. 67 ff. – SFEI u. a.; *Ehlers*, DVBl. 2014, 1 (11); *Kühling*, in: Ehlers/Fehling/Pünder, § 29
Rn. 74.

[302] EuGH, Rs. C-354/90, Slg. 1991, I-5505, Rn. 10 – FNCE u. a./Frankreich.

[303] EuGH, Rs. C-284/12, EU:C:2013:755, Rn. 36 ff. – Deutsche Lufthansa; bestätigend und prä-
zisierend Rs. C-27/13, EU:C:2014:240, Rn. 20 ff. und 30 ff. – Flughafen Lübeck, wo ergänzend
festgestellt wird, dass das nationale Gericht das Verfahren nicht bis zum Abschluss des förmlichen
Prüfverfahrens aussetzen darf; zur (nicht unberechtigten) Kritik an dieser Rechtsprechungslinie
nur *Soltész*, EuZW 2014, 89 (93).

[304] EuGH, Rs. C-284/12, EU:C:2013:755, Rn. 34 f. und 44 – Deutsche Lufthansa. Stößt die Beurteilung der mitgliedstaatlichen Maßnahme auf Schwierigkeiten, ist ein Vorabentscheidungsverfahren
nach Art. 267 Abs. 2 und 3 AEUV i. V. m. Art. 267 Abs. 1 lit. b AEUV angezeigt.

[305] *Ziekow*, § 6 Rn. 134. Grundlegend Bekanntmachung der Kommission über die Durchsetzung
des Beihilfenrechts durch die einzelstaatlichen Gerichte, ABl. EU 2009 C 85/1, Rn. 56 ff.

ten Beihilfe stets auch einen *Anspruch aus § 823 Abs. 2 und § 1004 BGB i. V. m. Art. 108 Abs. 3 S. 3 AEUV*[306] auf *Beseitigung* (also: Rückforderung), *Unterlassung* (einer Durchführung oder auch nur Auszahlung) und *Schadensersatz* hat.[307] Interessant ist dieser Anspruch, weil er über das verwaltungsgerichtliche Rechtsschutzregime hinaus den Weg zu Schadensersatz ebnet.[308]

b) Konkurrentenschutz durch Unionsgerichte

Handelt es sich bei einer mitgliedstaatlichen Subventionsmaßnahme um eine Beihilfe nach Art. 107 Abs. 1 AEUV, bestehen auch Rechtsschutzmöglichkeiten auf Unionsebene. Hier ist zu unterscheiden: Hat der Mitgliedstaat eine Subventionsmaßnahme angemeldet, kann der Konkurrent „*positive*" *Entscheidungen der Kommission* nach Art. 4 Abs. 2 und 3 VVO im vorläufigen Verfahren und nach Art. 7 Abs. 2, 3 und 4 VVO im förmlichen Prüfverfahren (→ Rn. 57 f.) angreifen. Da die Entscheidungen nicht an ihn gerichtet sind und es sich nicht um Rechtsakte mit Verordnungscharakter handelt, die keine Durchführungsmaßnahmen nach sich ziehen, muss er gemäß *Art. 263 Abs. 4 AEUV* eine *unmittelbare und individuelle Betroffenheit* dartun, mithin darlegen, dass ihn die Entscheidung der Kommission „wegen bestimmter persönlicher Eigenschaften oder besonderer, ihn aus dem Kreis aller übrigen Personen heraushebender Umstände berührt und ihn daher in ähnlicher Weise individualisiert wie den Adressaten".[309] Das setzt grundsätzlich voraus, dass seine *Marktstellung durch die Beihilfe spürbar beeinträchtigt* wird.[310] Unabhängig davon ist eine Klagebefugnis aber auch dann zu bejahen, wenn der Konkurrent Beteiligter nach Art. 1 lit. h VVO ist[311] und die Kommission eine Entscheidung nach Art. 4 Abs. 2 oder 3 VVO trifft. In diesem Fall sieht sie implizit von der Eröffnung eines förmlichen Prüfverfahrens gemäß Art. 4 Abs. 4 VVO ab. Beteiligte verlieren damit die *Möglichkeit, gemäß Art. 6 Abs. 1 S. 2 VVO eine Stellungnahme abzugeben.*

98

---

[306] Entsprechendes folgt aus §§ 8 f. UWG i. V. m. § 4 Nr. 11 UWG und Art. 108 Abs. 3 S. 3 AEUV.

[307] Grundlegend BGHZ 188, 326 (330 ff.); dazu etwa *Ehlers/Scholz*, JZ 2011, 585; *Soltész*, EuR 2012, 60.

[308] Siehe zu Schadensersatzansprüchen des Konkurrenten (insbesondere auch aus § 839 BGB i. V. m. Art. 34 GG) ferner *Ehlers*, DVBl. 2014, 1 (12); *Kühling*, in: Ehlers/Fehling/Pünder, § 29 Rn. 79 f.

[309] EuGH, Rs. 25/62, Slg. 1963, 213 (238 f.) – Plaumann/Kommission.

[310] EuGH, Rs. C-78/03 P, Slg. 2005, I-10737, Rn. 37 – Kommission/Aktionsgemeinschaft Recht und Eigentum.

[311] Dazu EuGH, Rs. C-78/03 P, Slg. 2005, I-10737, Rn. 36 – Kommission/Aktionsgemeinschaft Recht und Eigentum: „die durch die Gewährung einer Beihilfe eventuell in ihren Interessen verletzten Personen, Unternehmen oder Vereinigungen, d. h. insbesondere die konkurrierenden Unternehmen und die Berufsverbände". Erforderlich ist insoweit noch nicht einmal, dass ein konkretes Wettbewerbsverhältnis zwischen Beihilfenempfänger und Konkurrent besteht; es genügt, dass sich die Beihilfe auf die Situation eines Unternehmens konkret auswirken kann, Rs. C-83/09 P, Slg. 2011, I-4441, Rn. 63 ff. – Kommission/Kronoply und Kronotex.

Dieses Verfahrensrecht können sie mit der Nichtigkeitsklage verteidigen.[312] Zwar ist insoweit – anders als bei Geltendmachung einer Beeinträchtigung der eigenen Marktstellung – nicht die positive Entscheidung der Kommission über die mitgliedstaatliche Subventionsmaßname, sondern nur die Verletzung des Verfahrensrechts aus Art. 6 Abs. 1 S. 2 VVO Klagegegenstand.[313] Mit Blick auf die Voraussetzungen für die Eröffnung eines förmlichen Prüfverfahrens, können aber auch hier inhaltliche „Bedenken hinsichtlich der Vereinbarkeit der fraglichen Maßnahme mit dem Gemeinsamen Markt" vorgebracht werden.[314]

99   Hat der Mitgliedstaat eine Subventionsmaßnahme nicht angemeldet, obwohl es sich aus Sicht des Konkurrenten um eine Beihilfe nach Art. 107 Abs. 1 AEUV handelt, kann er zunächst nur gemäß Art. 20 Abs. 2 S. 1 VVO i. V. m. Art. 1 lit. h VVO der Kommission „*Mitteilung über mutmaßlich rechtswidrige Beihilfen und über eine mutmaßlich mißbräuchliche Anwendung von Beihilfen*" machen. Setzt die Kommission daraufhin ein repressives Aufsichtsverfahren in Gang, stehen gegen „positive" Entscheidungen in diesem Verfahren die gleichen Rechtsbehelfe wie gegen „positive" Entscheidungen im Anmeldeverfahren zur Verfügung (→ Rn. 98). Wird die Kommission hingegen nicht tätig, kommt eine *Untätigkeitsklage nach Art. 265 Abs. 3 AEUV* in Betracht. Der Kläger muss hier dartun, dass die Kommission einen Rechtsakt unterlassen hat, der ihn unmittelbar und individuell betroffen hätte.[315] Insoweit gelten erneut die Grundsätze für Klagen gegen „positive" Entscheidungen im Anmeldeverfahren (→ Rn. 98).[316]

100 V. Kontrollfragen

   1. Bedarf die Subventionsvergabe einer formell-gesetzlichen Grundlage? (→ Rn. 6 ff.)
   2. Welche Grenzen ziehen die Grundrechte der Subventionsvergabe? (→ Rn. 6 ff. und 9)
   3. Unter welchen Voraussetzungen verbietet das Unionsrecht nationale Subventionen? Skizzieren Sie knapp den Inhalt der einzelnen Voraussetzungen! (→ Rn. 14 ff.)
   4. Gibt es Ausnahmen vom unionsrechtlichen Beihilfenverbot? (→ Rn. 28 ff.)

---

[312] EuGH, Rs. C-78/03 P, Slg. 2005, I-10737, Rn. 35 – Kommission/Aktionsgemeinschaft Recht und Eigentum.

[313] EuGH, Rs. C-78/03 P, Slg. 2005, I-10737, Rn. 37 – Kommission/Aktionsgemeinschaft Recht und Eigentum.

[314] So EuGH, Rs. C-83/09 P, Slg. 2011, I-4441, Rn. 59 – Kommission/Kronoply und Kronotex.

[315] Zu diesem weiten Verständnis des Art. 265 Abs. 3 AEUV, das die Untätigkeitsklage auch zulässt, wenn die Maßnahme zwar nicht an den Kläger zu richten gewesen wäre, ihre Unterlassung ihn aber unmittelbar und individuell betrifft, *Thiele*, Europäisches Prozessrecht, 2. Aufl. 2014, § 8 Rn. 25 ff.

[316] EuG, Rs. T-95/96, Slg. 1998, II-3407, Rn. 57 ff. – Gestevisión Telecinco/Kommission.

5. Welche Besonderheiten sind bei der unionsrechtlichen Beurteilung der Förderung der Dienstleistungen von allgemeinem wirtschaftlichem Interesse zu beachten? (→ Rn. 36 ff.)

6. Welche Vorgaben für die Subventionsvergabe kennt das Völkerrecht? (→ Rn. 44 ff.)

7. In welchen Handlungsformen können Subventionen vergeben werden? (→ Rn. 50 ff.)

8. Wie sind Subventionen bei Zweckverfehlung oder Rechtswidrigkeit zurückzufordern, die einstufig durch Verwaltungsakt (alternativ: durch öffentlich-rechtlichen oder durch privatrechtlichen Vertrag) gewährt worden sind? (→ Rn. 61, 62 und 64)

9. Welche Besonderheiten sind bei der Rückforderung unionsrechtswidriger nationaler Subventionen zu beachten, wenn die Kommission den Mitgliedstaat (alternativ: noch nicht) zur Rückforderung aufgefordert hat? (→ Rn. 70 ff. und 79 f.)

10. Skizzieren Sie den Rechtsschutz bei a) Verweigerung einer Subvention, b) Rückforderung einer Subvention, c) Subventionierung eines Konkurrenten! Was ist zu beachten, wenn die Kommission eine Entscheidung im Rahmen der Beihilfenaufsicht getroffen hat? (→ Rn. 84 ff., 88 ff. und 94 ff.)

Literatur

Bartosch, EU-Beihilfenrecht, 2009

Beljin, Beihilfenrecht, in: Schulze/Zuleeg/Kadelbach (Hrsg.), Europarecht – Handbuch für die deutsche Rechtspraxis, 2. Aufl. 2010, § 28

Bungenberg, Europäisches Subventionsverwaltungsrecht, in: Terhechte (Hrsg.), Verwaltungsrecht der Europäischen Union, 2011, § 21

Bungenberg/Motzkus, Die Praxis des Subventions- und Beihilfenrechts in Deutschland, WiVerw 2013, 73

Carnap-Bonheim von, Einführung in das Europäische Beihilfenrecht, JuS 2013, 215

Ebeling/Tellenbröker, Subventionsrecht als Verwaltungsrecht, JuS 2014, 217

Ehlers, Rechtsfragen des Subventionsrechts, DVBl. 2014, 1

Goldmann, Rechtsfolgen des Verstoßes gegen das EG-Beihilfenrecht für privatrechtliche Verträge und ihre Rückabwicklung, Jura 2008, 275

Haverkate, Subventionsrecht, in: R. Schmidt (Hrsg.), Öffentliches Wirtschaftsrecht, Besonderer Teil 1, 1995, § 4

Heidenhain (Hrsg.), European State Aid Law, 2010

Kämmerer, Subventionen, in: Isensee/Kirchhof (Hrsg.), Handbuch des Staatsrechts, Bd. 5: Rechtsquellen, Organisation, Finanzen, 3. Aufl. 2007, § 124

Kilb, Subventionskontrolle durch europäisches Beihilferecht, JuS 2003, 1072

Koenig/Kühling/Ritter, EG-Beihilfenrecht, 2. Aufl. 2005

Kühling, Subventionsrecht, in: Ehlers/Fehling/Pünder (Hrsg.), Besonderes Verwaltungsrecht, Bd. I: Öffentliches Wirtschaftsrecht, 3. Aufl. 2012, § 29

Kühling/el-Barudi, Grundzüge des Rechts der Wirtschaftsförderung, Jura 2006, 672

Lübbig/Martín-Ehlers, Beihilfenrecht der EU, 2. Aufl. 2009

Montag/Säcker (Hrsg.), Münchener Kommentar zum Europäischen und Deutschen Wettbewerbsrecht (Kartellrecht), Bd. 3: Beihilfenrecht und Vergaberecht, 2011, Teil 2

Nowak, Subventionen, in: Hilf/Oeter (Hrsg.), WTO-Recht, 2. Aufl. 2010, § 13

Rodi, Die Subventionsrechtsordnung, 2000

Schorkopf, Subventionen, in: Kirchhof/Korte/Magen (Hrsg.), Öffentliches Wettbewerbsrecht,
   2014, § 12

§ 9 Gewerberecht

Stefan Korte

Inhaltsverzeichnis

S. Korte (✉)
Fachbereich Rechtswissenschaft, Universität Berlin, Van´t-Hoff-Str. 8,
14195 Berlin, Deutschland
e-mail: skorte@zedat.fu-berlin.de

© Springer-Verlag Berlin Heidelberg 2016
R. Schmidt, F. Wollenschläger (Hrsg.), *Kompendium Öffentliches Wirtschaftsrecht*,
Springer-Lehrbuch, DOI 10.1007/978-3-662-45579-1_9

391

1   Das Gewerberecht findet seine Basis in der Gewerbeordnung (GewO) von 1869. Sie bildet noch heute eine Art *Grundgesetz des Rechts der gewerblichen Wirtschaft*,[1] obwohl zwischenzeitlich viele ihrer Sachgebiete eigenständig kodifiziert wurden. Weitere Auslagerungen stehen unmittelbar bevor, weil die Föderalismusreform von 2006 in Art. 74 Abs. 1 Nr. 11 GG wichtige Teile der GewO wie das Recht der Messen, der Ausstellungen und der Märkte, das Spielhallenrecht sowie das Recht der Schaustellung von Personen (→ § 2 Rn. 103) den Ländern überlässt.[2] Hinzu treten unionsrechtliche Implikationen, weil das Gewerberecht seine Basis teilweise in EU-Richtlinien findet oder weil dort EU-Verordnungen unmittelbar wirken (→ § 1 Rn. 1). Aufgrund dieser Gemengelage verschiedener Normgeber und Normen wird das Gewerberecht immer unübersichtlicher und ist daher ein ideales Feld für die juristischen Examina, auch weil es Fragen aus dem allgemeinen und besonderen Verwaltungsrecht vereint sowie von hoher ökonomischer und damit auch praktischer Relevanz ist.

I. Ziele und Struktur der Gewerbeordnung

2   Die GewO sichert einerseits die Gewerbefreiheit, dient als Teil des besonderen Ordnungsrechts andererseits aber auch der Abwehr solcher Gefahren, die von der gewerblichen Wirtschaft insbesondere für die Verbraucher, aber auch für die gewerblichen Arbeitnehmer ausgehen[3]. Diese eher allgemeinen Ziele erfahren verschiedene Konkretisierungen – je nachdem, welcher der *drei Titel der GewO* greift, was von der konkreten unternehmerischen Aktivität abhängt. Ganz generell unterscheidet die GewO das stehende (Titel II, §§ 14 ff.) und das reisend betriebene Gewerbe (Titel III, §§ 64 ff.) sowie noch (→ Rn. 1) die Veranstaltung von Märkten, Messen und Ausstellungen (Titel IV, §§ 64 ff.) Diese drei Bereiche enthalten vorbehaltlich etwaiger Verweise (vgl. z. B. die §§ 61a, 71b GewO) *jeweils eigenständige Vorschriften*, die eigenen Schutzbedürfnissen gerecht werden sollen. Daher muss ein Unternehmer ggf. mehreren rechtlichen Anforderungen genügen, wenn er auf unterschiedliche Art und Weise, z. B. stehend und reisend gewerblich tätig wird.

3   Ziele und Struktur der GewO lassen sich im Überblick durch Abb. 1 darstellen.

4   Um die konkret geltenden Vorschriften zu ermitteln, ist zunächst zu bestimmen, ob die Tätigkeit reisend oder marktmäßig ausgeübt wird.[4] Ist das nicht der Fall, liegt

---

[1] *Stober/Eisenmenger*, § 45 II 2; *Ehlers*, in: ders./Fehling/Pünder, § 18 Rn. 4.

[2] *Schliesky*, S. 223.

[3] *Ehlers*, in: ders./Fehling/Pünder, § 18 Rn. 1.

[4] *Frotscher/Kramer*, Rn. 407.

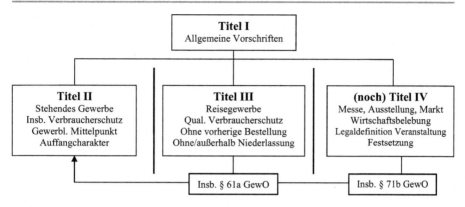

Abb. 1 Ziele und Struktur der GewO

ein stehendes Gewerbe vor (sog. Negativabgrenzung), so dass *Titel II der GewO ein Auffangcharakter* zukommt.[5] Kennzeichnend für marktmäßige Aktivitäten ist, dass eine der in den §§ 64 ff. GewO legal definierten Veranstaltungen vorliegt und sie i. S. d. § 69 GewO festgesetzt ist.[6] Für die Abgrenzung der §§ 55 ff. von den §§ 14 ff. GewO gilt: Wird der Gewerbetreibende in seiner eigenen Niederlassung (→ Rn. 47, 87) i. S. d. § 4 Abs. 3 GewO oder auf vorhergehende Bestellung (dann ggf. auch außerhalb der Niederlassung[7]) aktiv, ist der Wortlaut des § 55 Abs. 1 GewO nicht erfüllt. Fehlt eine Niederlassung, kann ebenfalls ein stehendes Gewerbe gegeben sein, wenn der Betätigung eine Bestellung vorausgeht und zumindest ein geschäftlicher Mittelpunkt i. S. e. ortsfesten, lokal radizierten Einrichtung[8] vorhanden ist. Sie ist nötig, damit die Eingriffsmechanismen des Titels II der GewO zum auch örtlich auf eine bestimmte Gefahrenquelle gerichteten Schutzbedürfnis der stehenden gewerblichen Tätigkeit (→ Rn. 3) passen. Ein Briefkasten, eine Mobilfunknummer[9] oder eine von einem Laptop aus betreute Internet-Seite sollen dieser Anforderung nicht genügen[10]. Hinreichend dürfte aber eine betriebsnotwendige Infrastruktur[11] wie ein Büro sein, soweit es sich noch nicht um eine Niederlassung i. S. d. § 4 Abs. 3 GewO handelt.

Je nachdem, welcher Titel der GewO greift, kommen *konkret* (→ Rn. 2) *folgende Ziele* zum Tragen: Die §§ 14 ff. GewO schützen vornehmlich das Vermögen, ggf. aber auch die Gesundheit oder wie im Falle des Bewachungsgewerbes (§ 34a   **5**

---

[5] *Schönleiter*, in: Landmann/Rohmer, GewO, § 55 Rn. 12 (Stand: 52. EL Mai 2008).

[6] Vgl. *Scheidler*, VR 2010, 224 (227).

[7] *Schliesky*, S. 253 ff.; *Hamdan*, JA 2007, 249 (252).

[8] Siehe dazu *Schönleiter*, in: Landmann/Rohmer, GewO, § 4 Rn. 46 (Stand: 61. EL Juni 2012).

[9] So aber *Honig/Knorr*, HwO, § 1 Rn. 23.

[10] BayVGH, GewArch 2007, 158 (159); *Heß*, in: Friauf, Vorbem. vor Titel II Rn. 18 (Stand: 276. EL März 2014).

[11] Ausführlich dazu *Calliess/Korte*, Dienstleistungsrecht, § 3 Rn. 143.

GewO) Leben, Leib und Freiheit des Konsumenten – z. B. wenn eine Entführung verhindert werden soll.[12] Da sich die §§ 55 ff. GewO speziell auf unternehmerische Aktivitäten ohne vorhergehende Bestellung des Kunden und ohne oder außerhalb einer Niederlassung i. S. d. § 4 Abs. 3 GewO beziehen, zielen sie auf einen qualifizierten Verbraucherschutz ab. Sie wollen die Marktgegenseite vor Anbieterverflüchtigung und Überrumpelung bewahren, weil der Reisegewerbetreibende den Kunden unvorbereitet treffen und nach Abschluss des Geschäfts ggf. nicht mehr auffindbar sein kann.[13] Die §§ 64 ff. GewO haben schließlich eine wirtschaftsbelebende Funktion. Die Beteiligung der Hoheitsgewalt vor allem in Form des Erlasses einer Festsetzung i. S. d. § 69 GewO dient dort dazu, die Anbieter bzw. Aussteller auf Messen, Ausstellungen und Märkten von rechtlichen Vorgaben zu befreien, zumal diese Veranstaltungen normalerweise für eine gewisse Zeit ortsfest und damit weniger gefahrgeneigt sind und mit dem Organisator jederzeit ein verantwortlicher Ansprechpartner zur Verfügung steht.[14]

II. Anwendungsbereich der Gewerbeordnung

6   Damit die Unterscheidung der einzelnen Titel der GewO relevant wird, bedarf es einer gewerblichen Tätigkeit. Liegt sie vor, ist die Bedeutung anderer Normenkomplexe zu erörtern, um den Anwendungsbereich der GewO endgültig festlegen zu können. Die damit angesprochenen Vorgaben für die Anwendbarkeit der GewO lassen sich bildlich mit Hilfe von Abb. 2 wie folgt darstellen.

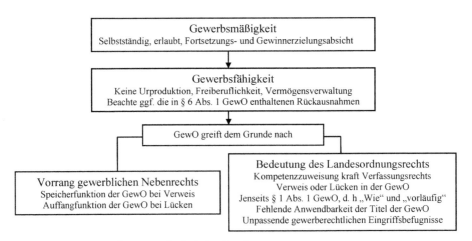

Abb. 2 Vorgaben für die Anwendbarkeit der GewO

---

[12] Vgl. z. B. *Tettinger/Wank/Ennuschat*, GewO, § 34a Rn. 9.

[13] *Korte*, in: Friauf, Vorbem. vor Titel III Rn. 36 ff. (Stand: 237. EL Oktober 2009).

[14] *Ruthig/Storr*, Rn. 357.

1. Erfordernis einer gewerblichen Tätigkeit

Eine gewerbliche Aktivität setzt gewerbsmäßiges und -fähiges Handeln, das nicht 7
nur als Bagatelle einzustufen ist, voraus. Den genauen Inhalt dieser Merkmale hat
die Verwaltungsgerichtsbarkeit entwickelt, weil es an einer Legaldefinition in der
GewO, aber auch in anderen Regelungsbereichen fehlt.[15] Maßgeblich für die Begriffsbildung sind die im jeweiligen Normenkomplex verfolgten ordnungsrechtlichen Zwecke. Daraus ergeben sich *bereichsspezifische* Definitionen. So ist insbesondere das der GewO zugrunde liegende Verständnis vom Gewerbebegriff ein
anderes als im Abgabenrecht, das keine ordnungsrechtlichen Zwecke (→ Rn. 4)
verfolgt, sondern vielmehr sicherstellen will, dass die Erfüllung hoheitlicher Aufgaben finanziert wird.[16] Ähneln sich die Ziele hingegen, kann die gewerberechtliche Terminologie Orientierung bieten – so z. B. für das Kreditwirtschaftsrecht[17]
(→ § 14 Rn. 8).

a) Gewerbsmäßigkeit

Das Merkmal der Gewerbsmäßigkeit verlangt eine selbstständige, erlaubte und auf 8
Dauer angelegte Tätigkeit, die mit Gewinnerzielungsabsicht ausgeübt wird.[18]

aa) Selbstständigkeit

Selbstständigkeit liegt vor, wenn ein Wirtschaftssubjekt nach außen hin eigenver- 9
antwortlich in eigenem Namen und für eigene Rechnung – also unter *Übernahme des Unternehmerrisikos* – aktiv ist.[19] Daher handeln Stellvertreter nicht selbstständig, weil sie zwar nach außen eigenständig auftreten und deshalb wegen § 45
GewO den für das jeweilige Gewerbe bestehenden Anforderungen (→ Rn. 50 ff.)
gerecht werden müssen, aber im Namen und auf Rechnung eines anderen tätig werden. Da Arbeitnehmer i. S. d. § 41 GewO weisungsabhängig und unter Aufsicht
operieren, agieren sie ebenfalls nicht selbstständig.[20] Im Übrigen kommt es auf den
Einzelfall an – so z. B. auf die Möglichkeit einer freien Zeiteinteilung.[21] Folglich
können Geschäftsvermittler, die Waren für Dritte verkaufen und eine erfolgsabhän-
gige Provision erhalten, selbstständig oder angestellt sein. Orientiert man sich am
Schutzzweck der GewO, sind auch Scheinselbstständige – sie werden de iure selbstständig, de facto aber arbeitnehmerähnlich tätig – Gewerbetreibende. Denn auch
deren Aktivität weckt das Bedürfnis nach effektiver Wirtschaftsüberwachung, während die Verbesserung ihres sozialen Schutzes eher eine arbeitsrechtliche Frage ist.[22]

---

[15] *Schliesky*, S. 227.

[16] *Guckelberger*, Jura 2007, 598 (599).

[17] *Ruthig/Storr*, Rn. 215.

[18] *Ziekow*, § 10 Rn. 4.

[19] *Stober/Eisenmenger*, § 45 VII 3.

[20] *Schliesky*, S. 230.

[21] *Tettinger/Wank/Ennuschat*, GewO, § 1 Rn. 28.

[22] *Arndt/Fetzer*, in: Steiner, Kap. 6 Rn. 211.

10   Juristische Personen handeln ebenfalls in eigenem Namen sowie auf eigene Rechnung und operieren damit anders als ihr Vorstand oder ihre Geschäftsführer[23] selbstständig. Diese Einschätzung bestätigt exemplarisch § 15 Abs. 2 S. 2 GewO, weil er juristische Personen adressiert und überflüssig wäre, wenn sie keine Gewerbetreibenden sein könnten.[24] Im Falle einer *Personengesellschaft* wird demgegenüber oft auf die geschäftsführungsbefugten Gesellschafter als selbstständig Handelnde und damit als Gewerbetreibende abgestellt.[25] Soweit solche Organisationen aber durch Teilname am Rechtsverkehr eigene Rechte und Pflichten begründen können,[26] was regelmäßig der Fall ist (vgl. für die OHG § 124 HGB), scheint diese Einschätzung jedoch nicht zutreffend zu sein, weil Personengesellschaften dann wie juristische oder natürliche Personen am gewerblichen Leben teilnehmen. Hinzu kommt, dass aus ordnungsrechtlicher Sicht keine Schutzlücken drohen, wenn man Personengesellschaften als selbstständig klassifiziert, weil sie sich Verfehlungen ihrer Gesellschafter bzw. Geschäftsführer zurechnen lassen müssen. Stattdessen würde diese Einordnung den gewerberechtlichen Verwaltungsaufwand deutlich reduzieren, weil das ordnungsrechtliche Instrumentarium nicht mehr auf ggf. mehrere Gesellschafter, sondern auf eine Organisation zu beziehen wäre.[27]

11   Besonderheiten bestehen schließlich für sog. *Strohmannverhältnisse*. Sie prägt, dass ein Unternehmer zwar dem äußeren Eindruck nach selbstständig agiert, insbesondere weil er selbst nach außen handelt und sich rechtlich bindet, gleichwohl aber von einem Hintermann derart gelenkt wird, dass er zu dessen Marionette wird.[28] Ein maßgeblicher Einfluss auf die Geschäftsführung genügt dabei allein noch nicht. Vielmehr müssen weitere Umstände hinzutreten, die die Absicht der Verschleierung der wahren Verhältnisse im Betrieb nach außen treten lassen. Liegt ein solches Strohmannverhältnis vor, handeln der Hintermann materiell und der Vordermann formell selbstständig. Infolgedessen sind beide Beteiligten des Strohmannverhältnisses als Gewerbetreibende einzuordnen; die Strohmannkonstellation kann im Ergebnis niemanden von gewerberechtlicher Verantwortung freistellen.[29]

bb) Gewinnerzielungsabsicht

12   Gewerbsmäßigkeit verlangt zudem Gewinnerzielungsabsicht. Sie liegt vor, wenn unternehmerisches Handeln einen *wirtschaftlichen Vorteil* nach sich ziehen soll, der zu einem Überschuss über die Aufwendungen führt.[30] Ist die Tätigkeit jedoch defizitär[31] oder wie im Falle sog. Notverkäufe z. B. von Fußballtickets vor einem

---

[23] BVerwG, NJW 1977, 1250 (1250).

[24] *Ruthig/Storr*, Rn. 263.

[25] *Ziekow*, § 10 Rn. 4; vgl. auch *Guckelberger*, Jura 2007, 598 (599).

[26] Vgl. BGHZ 146, 341 (341, 343 ff.).

[27] Ausführlich *Ruthig/Storr*, Rn. 265 ff.; ebenso *Arndt/Fetzer*, in: Steiner, Kap. 6 Rn. 219; *Ehlers*, in: ders./Fehling/Pünder, § 18 Rn. 30.

[28] *Schliesky*, S. 231.

[29] BVerwG, NVwZ 2004, 103 (104); *Ehlers*, in: ders./Fehling/Pünder, § 18 Rn. 22.

[30] OLG Hamm, NJW 1977, 399 (399); *Jarass*, S. 261.

[31] AG Radolfzell, NVwZ-RR 1998, 233 (234); VGH BW, BWGZ 2008, 235 (237).

Stadion[32] auf Kostendeckung bzw. -minderung angelegt, fehlt es an der Gewerbsmäßigkeit.[33] Entstehen hingegen Gewinne, ist unerheblich, ob sie für ideelle Zwecke verwendet werden oder nicht.[34] Da die ordnungsrechtlichen Ziele der GewO
nicht von der Motivation des Unternehmers abhängen,[35] hindert es die Gewinnerzielungsabsicht ebenfalls nicht,[36] wenn mit einer gewinnorientierten Tätigkeit
unmittelbar ideelle Zwecke verfolgt werden[37] – so z. B. beim Verkauf von Bibeln.

Anhand des Merkmals der Gewinnerzielungsabsicht ist auch die umstrittene   **13**
Frage zu beantworten, inwieweit der Staat gewerblich tätig wird, wenn ihm eine
wirtschaftliche Betätigung mit Hilfe von öffentlichen Unternehmen dem Grunde nach gestattet ist (→ § 6 Rn. 77 f.).[38] Pauschalurteile verbieten sich insoweit.
Stattdessen kommt es auf die Umstände des Einzelfalls an. Mit deren Hilfe kann
Gewinnerzielungsabsicht bejaht oder verneint werden – je nachdem, inwieweit sich
die öffentliche Hand am gemeinsamen Nutzen und am Gedanken der Kostendeckung orientiert oder Gewinnmitnahme anstrebt.[39] Entsprechendes dürfte für gemeinnützige Institutionen wie das Deutsche Rote Kreuz gelten.[40]

cc) Dauerhaftigkeit

Weiteres Merkmal der Gewerbsmäßigkeit ist die Dauerhaftigkeit. Die Tätigkeit   **14**
darf also nicht nur gelegentlich, sondern muss *der Intention nach fortgesetzt*, d. h.
also mit Wiederholungsabsicht ausgeübt werden, was anhand objektiver Indizien
zu bestimmen ist. Unterbrechungen oder saisonale Begrenzungen hindern die Gewerbsmäßigkeit daher genauso wenig[41] wie die Aufgabe einer Tätigkeit kurz nach
deren Aufnahme aufgrund Erfolglosigkeit, weil schon der erste Kundenbesuch
gewerberechtliche Schutzzwecke anspricht.[42]

dd) Erlaubte Tätigkeit

Gewerbsmäßigkeit setzt schließlich noch eine erlaubte, dem Rechtssystem entspre-   **15**
chende Aktivität voraus. Gesetzeswidrige Tätigkeiten unterliegen nicht dem Schutz
der GewO, sondern dem allgemeinen Polizei- und Ordnungsrecht.[43]

---

[32] OVG NRW, NJW 2006, 2137; *Scheidler*, GewArch 2006, 371 (372).

[33] *Stober/Eisenmenger*, § 45 VII 2.

[34] *Friauf*, in: ders., § 1 Rn. 82 (Stand: 268. EL April 2013).

[35] *Tettinger/Wank/Ennuschat*, GewO, § 1 Rn. 19.

[36] So aber *Friauf*, in: ders., § 1 Rn. 82 (Stand: 268. EL April 2013).

[37] *Ruthig/Storr*, Rn. 222.

[38] Ausführlich dazu *Stober*, Allgemeines Wirtschaftsverwaltungsrecht, § 24 V 4.

[39] Ähnlich *Ziekow*, § 10 Rn. 11; *Badura*, Rn. 316; *Ruthig/Storr*, Rn. 222; vgl. auch BGHZ 83, 382
(386 f.).

[40] Vgl. *Ehlers*, in: ders./Fehling/Pünder, § 18 Rn. 17.

[41] *Tettinger/Wank/Ennuschat*, GewO, § 1 Rn. 10.

[42] *Frotscher/Kramer*, S. 187 f.

[43] *Stober/Eisenmenger*, § 45 VII 1.

(1) Aussagen inner- und außerhalb der Gewerbeordnung

16 Soweit die GewO auf eine unternehmerische Aktivität Bezug nimmt, unterstellt sie damit zugleich deren Erlaubtheit. In diesen Fällen bedarf es also grundsätzlich (siehe aber → Rn. 23) keiner näheren Auseinandersetzung mit dieser Anforderung. Daher sind die unter die Verbote des § 56 GewO fallenden Tätigkeiten genauso erlaubt wie die in den Genehmigungsvorbehalten der §§ 30 ff. GewO angesprochenen Aktivitäten. Ferner folgt aus den §§ 14 Abs. 2, 33h, 35 Abs. 9 GewO, dass die Veranstaltung der dort genannten *Glücksspiele* und der Vertrieb von Lotterielosen sowie der Betrieb von Wettannahmestellen aller Art [unabhängig von der Einordnung des § 284 StGB als Totalverbot (→ Rn. 18)][44] erlaubt sein muss, weil diese Vorschriften eine gewerbsmäßige Tätigkeit voraussetzen.[45]

17 Hinzu treten Wertungen aus dem einfachen Recht, die sich nicht aus der GewO selbst, sondern aus anderen Normenkomplexen ableiten lassen, gleichwohl aber belegen können, dass eine Betätigung erlaubt ist: So will z. B. das Prostitutionsgesetz die rechtliche und soziale Situation der Prostituierten verbessern, wenn sie freiwillig und autonom, d. h. ohne den Zwang Dritter käufliche Liebesdienste erbringen. Dadurch zeigt dieser Rechtsakt aber zugleich auch, dass die *Prostitution* [unabhängig von deren Klassifikation als sozialschädlich (→ Rn. 19 f.)] unter den genannten Voraussetzungen dem Rechtssystem entspricht und infolgedessen als erlaubt eingestuft werden muss.[46]

(2) Gesetzliche Totalverbote

18 Finden sich derartige Aussagen im einfachen Recht nicht, setzt eine erlaubte Tätigkeit voraus, dass die Aktivität *nicht generell* – d. h. also ihrer Art nach – *untersagt* ist, so dass ein Verbot von Teilbereichen oder Modalitäten die Gewerbsmäßigkeit nicht hindert[47]. Somit ist danach zu differenzieren, ob eine Norm wie die §§ 17 f. TPG die unternehmerische Aktivität als solche generell oder wie § 184e StGB nur bestimmte Ausübungsvarianten untersagt.[48]

(3) Irrelevanz der Sozialschädlichkeit

19 Darüber hinaus sollen sog. sozialschädliche, d. h. also den allgemein anerkannten, sittlichen und moralischen, nicht aber gesetzlich positivierten Wertvorstellungen zuwider laufende[49] Tätigkeiten nicht erlaubt sein.[50] Dieser vergleichsweise unbestimmte Anknüpfungspunkt einer „*herrschenden Sozialmoral*" konfligiert jedoch

---

[44] Vgl. dazu *Ehlers*, in: ders./Fehling/Pünder, § 18 Rn. 13 sowie *Ruthig/Storr*, Rn. 217 einerseits und *Korte*, in: Friauf, § 55 Rn. 45 (Stand: 237. EL Oktober 2009) andererseits.

[45] *Friauf*, in: ders., § 1 Rn. 30 (Stand: 268. EL April 2013); *Kahl*, in: Landmann/Rohmer, GewO, Einl. Rn. 40 (Stand: 32. EL Dezember 1994); zumindest implizit auch BVerwGE 126, 149 (154 f.).

[46] *Hösch*, GewArch 2001, 112 (114 f.); *Caspar*, NVwZ 2002, 1322 (1327 f.); *Pöltl*, VBlBW 2003, 181 (187 f.); vgl. auch BVerwG, NVwZ 2009, 909 (910).

[47] *Sprenger-Richter*, in: Robinski, S. 17 (30 f.); *Hamdan*, JA 2007, 249 (251).

[48] Ähnlich *Schliesky*, S. 228; vgl. auch BVerwG, NJW 2013, 327 (327, 330).

[49] *Tettinger/Wank/Ennuschat*, GewO, § 1 Rn. 35.

[50] *Ziekow*, § 10 Rn. 8.

mit dem Gebot der Rechtsstaatlichkeit und der Berufsfreiheit (→ § 2 Rn. 38), weil
er sich nicht auf eine gesetzliche, sondern auf eine ungeschriebene Basis bezieht
und damit insoweit außerhalb des geltenden Rechts steht.[51] Dementsprechend zeigt
auch (noch) § 33a Abs. 2 Nr. 2 GewO (→ Rn. 1), dass eine sozialschädliche Tätigkeit erlaubt sein kann, weil diese Vorschrift eine gewerbliche Aktivität voraussetzt
und die Erteilung einer Erlaubnis zur Schaustellung von Personen im Falle der Sit-
tenwidrigkeit, die der Sozialschädlichkeit inhaltsverwandt ist, verbietet.[52]

Damit könnte das Kriterium der Sozialschädlichkeit allenfalls dann, wenn es an   **20**
das geltende Rechtssystem anknüpfte, die Gewerbsmäßigkeit einer Tätigkeit hindern.[53] Jedoch lässt sich auf *einfachgesetzliche Wertungen* insoweit kaum abstellen,[54]
weil die Verletzung von Rechtsnormen oftmals die Unzuverlässigkeit (→ Rn. 52 f.)
begründet. Denn hätten Vorschriften wie die §§ 180a, 181a StGB die Kraft, das Tor
zur GewO zu versperren, weil sie die Sozialschädlichkeit einer Tätigkeit und damit
deren fehlende Gewerbsmäßigkeit belegen,[55] bestünde die Gefahr, der einzelfallbezogenen (→ Rn. 60) Zuverlässigkeitsprüfung Teile ihres Anwendungsbereichs
abzuschneiden. Die Sozialschädlichkeit führt somit im Ergebnis nicht dazu, dass
eine Aktivität als nicht erlaubt einzustufen ist.

(4) Menschenwürdeverletzung als verfassungsrechtliches Totalverbot
Neben einer Verletzung einfachgesetzlicher Totalverbote kann ein Verstoß gegen   **21**
die Menschenwürde zur Folge haben, dass eine Tätigkeit nicht erlaubt ist – und
zwar im Lichte der Normenhierarchie auch dann, wenn das einfache Recht deren
Gewerbsmäßigkeit unterstellt (→ Rn. 16 f.). Denn Beeinträchtigungen der in Art. 1
Abs. 1 GG enthaltenen Garantien sind nicht rechtfertigungsfähig,[56] sie bergen also
ein verfassungsrechtliches Totalverbot. Diese absolute Grenze gewerblicher Aktivität wird vor allem bei *Show- bzw. Spielveranstaltungen* diskutiert. Zwar wird
man die in der Regel freiwillige Teilnahme als Ausdruck des individuellen, von
Art. 1 Abs. 1 GG gerade geschützten Selbstbestimmungsrechts begreifen müssen.[57]
Nicht erlaubt können solche Veranstaltungen aber sein, wenn sie der Würde des
Menschen aus einer objektiven, von der Rechtsstellung des einzelnen Grundrechtsträgers abstrahierenden Perspektive widersprechen, gewissermaßen also den Menschen als Gattungswesen ansprechen, weil dann ein überindividueller Bezugspunkt
gewählt ist. Er lässt sich aus Art. 1 Abs. 1 GG ableiten, weil dieses Grundrecht als
Basis der objektiven Werteordnung den Kern des verfassungsrechtlichen Systems
ausmacht.[58]

[51] Ähnlich *Frotscher/Kramer*, Rn. 373; *Ruthig/Storr*, Rn. 218.
[52] *Korte*, NdsVBl. 2003, 252 (254).
[53] *Ehlers*, in: ders./Fehling/Pünder, § 18 Rn. 13; *Stober/Eisenmenger*, § 45 VII 1.
[54] So aber *Arndt/Fetzer*, in: Steiner, Kap. 6 Rn. 206 f.; ähnlich *Schliesky*, S. 227.
[55] Ähnlich *Frotscher/Kramer*, Rn. 338; *Ehlers*, in: ders./Fehling/Pünder, § 18 Rn. 13.
[56] *Ruthig/Storr*, Rn. 217.
[57] Vgl. *Köhne*, GewArch 2004, 285.
[58] Vgl. dazu *Höfling*, in: Sachs, Art. 1 Rn. 50 ff.

22   Wann eine Veranstaltung diese Grenze überschreitet, ist eine Frage des Einzelfalls, wobei ein strenger Maßstab anzulegen ist, sollen die Grundrechte doch vor
allem ihre Träger schützen.[59] Gleichwohl hat die verwaltungsgerichtliche Rechtsprechung eine Verletzung des Art. 1. Abs. 1 GG für den *Zwergenweitwurf*[60] und für
Peep-Shows[61] bejaht – wenn auch systemwidrig (→ Rn. 19, 69) durch Subsumtion
unter den Versagungsgrund „sittenwidrig" in § 33a Abs. 2 Nr. 2 GewO. Hingegen
gilt für den Fall der Veranstaltung sog. *Laserdrome-*[62] *bzw. Paintball-Spiele* im Einklang mit der Omega-Rechtsprechung des BVerwG[63]: Je klarer die Spielregeln sind,
je vielschichtiger bzw. komplexer der regelkonforme Ablauf ist und je weniger das
Spiel ausschließlich Tötungshandlungen simuliert, desto mehr dominieren Fairness,
Sportlichkeit und Teamgeist, desto weniger trägt das Spiel zu einer Verharmlosung
von Gewalt bei und desto eher ist es mit Art. 1 Abs. 1 GG zu vereinbaren.[64]

b) Gewerbsfähigkeit

23   Gewerbliche Tätigkeiten müssen nicht nur gewerbsmäßig, sondern auch gewerbsfähig sein. Diese Anforderung klammert die Urproduktion, freie Berufe und die Verwaltung eigenen Vermögens aus. In Teilen finden sich diese Ausnahmen auch in § 6
Abs. 1 GewO. Diese Vorschrift erstreckt in einigen wenigen Randbereichen Teile
der GewO aber auch auf solche Tätigkeiten, die an sich nicht gewerbsfähig sind.[65]

aa) Urproduktion

24   Die Urproduktion ist gewerbsunfähig, weil maßgebliche Erfolgsfaktoren der Landwirtschaft – vor allem die klimatischen Verhältnisse – unbeeinflussbar sind.[66] Daher bedarf es *zwingend* eines *Bezugs zur Bodennutzung*, damit eine Tätigkeit zur
Urproduktion zählt.[67] Ist er gegeben, ist nicht nur die Produktgewinnung, sondern
auch die sog. erste Veredelungsstufe, d. h. also die Verarbeitung zum Zwecke des
Verkaufs, gewerbsunfähig.

25   Solange der daran anknüpfende *Produktvertrieb* der eigentlichen landwirtschaftlichen Tätigkeit i. S. e. Nebenzwecks dient und nicht den Schwerpunkt des Handelns ausmacht, zählt er ebenfalls zur Urproduktion.[68] Werden ein Hofladen oder
mehrere Verkaufsstellen unterhalten, kann diese Grenze aber überschritten sein,
insbesondere wenn sie sich der Vertriebsstruktur nach nicht von anderen Einzelhandelsgeschäften unterscheiden.[69]

---

[59] Vgl. *Frotscher/Kramer*, Rn. 390.

[60] VG Neustadt, NVwZ 1993, 98 (99).

[61] BVerwGE 64, 274 (274, 276 ff.); 84, 314 (314, 316 ff.).

[62] Vgl. dazu schon *Szczekalla*, JA 2002, 992.

[63] BVerwG, GewArch 2007, 247 (248: „durch das … angebotene Laserdrome-Spiel").

[64] BayVGH, GewArch 2013, 218 (220).

[65] Vgl. dazu *Ehlers*, in: ders./Fehling/Pünder, § 18 Rn. 28.

[66] *Arndt/Fetzer*, in: Steiner, Kap. 6 Rn. 215.

[67] *Ziekow*, § 10 Rn. 17.

[68] *Schliesky*, S. 231 f.

[69] *Ruthig/Storr*, Rn. 227.

Die Urproduktion erfasst die in § 6 Abs. 1 GewO aufgeführten Wirtschaftszwei- **26**
ge Fischerei, Bergwesen und Viehzucht, darüber hinaus aber auch die Forstwirtschaft, den Ackerbau oder die Jagd. Diese Bereiche werden zwar in *§ 55a Abs. 1*
Nr. 2 GewO teilweise als reisegewerbekartenfrei und damit als gewerbsfähig eingestuft. Überlagern sich § 6 GewO und § 55a Abs. 1 Nr. 2 GewO, bleibt es aber bei der
Gewerbsunfähigkeit, weil § 6 GewO als Vorschrift des Allgemeinen Teils Vorrang
vor § 55a Abs. 1 Nr. 2 GewO beansprucht (→ Rn. 5).[70]

bb) Freiberufliche Tätigkeiten
Gewerbsunfähig sind auch freiberufliche Tätigkeiten. Diese traditionelle Ausnahme **27**
erfasst Wissenschaft, Kunst und Schriftstellerei sowie (andere) Dienstleistungen,
die ein *höheres Erbringungsniveau* erfordern. Sie wird oft mit den dann eher ideel-
len Motiven des Unternehmers und der Dominanz persönlichen Handelns begründet,[71] obwohl auch Freiberufler gewinnorientiert arbeiten und sich ggf. von Dritten
vertreten lassen.[72]

Die Erbringung von Dienstleistungen eines höheren Niveaus setzt einen *Hoch-* **28**
schulabschluss voraus.[73] Auch insoweit nennt § 6 Abs. 1 GewO einige Fälle
wie Rechtsanwälte oder Wirtschaftsprüfer, ohne abschließend zu sein. Die Ausklammerung solcher Dienstleistungen lässt sich ordnungsrechtlich oft damit
begründen, dass das Standesrecht dieser Berufsgruppen ausreichend effektive
Überwachungsmechanismen bereithält.[74] Auch deshalb fallen Software-Entwick-
ler[75] oder Berufsbetreuer[76] unter den Gewerbebegriff.

Schriftstellerische, wissenschaftliche und künstlerische Aktivitäten sind wegen **29**
grundrechtlicher Vorgaben gewerbsunfähig – aber nicht generell. Stattdessen ist
eine *Schwerpunktbetrachtung* nötig, die danach differenziert, ob es primär um den
gewerblichen Vermarktungs- oder um den kreativen Herstellungsprozess geht.[77]

cc) Verwaltung eigenen Vermögens
Auch die Verwaltung eigenen Vermögens ist nicht gewerbsfähig, solange sie nicht **30**
über das „*Haben und Halten*" hinausgeht, weil die ordnungsrechtlichen Ziele der
GewO mangels Intensität der unternehmerischen Aktivität dann nicht berührt sind.[78]

---

[70] Ausführlich zum Ganzen *Korte*, in: Friauf, § 55 Rn. 58 (Stand: 237. EL Oktober 2009).

[71] Siehe dazu *Ehlers*, in: ders./Fehling/Pünder, § 18 Rn. 24 f.

[72] Vgl. dazu *Frotscher/Kramer*, Rn. 344; ähnlich BVerfGE 117, 163 (183).

[73] *Ruthig/Storr*, Rn. 228; NdsOVG, GewArch 2002, 293 (293).

[74] *P. M. Huber*, in: Schoch, Kap. 3 Rn. 292; vgl. *Hellwig*, AnwBl. 2004, 213 (215).

[75] NdsOVG, NdsVBl. 2012, 299 (301 f.).

[76] NdsOVG, GewArch 2008, 34 (35 f.); *Mann*, NJW 2008, 121.

[77] *Ehlers*, in: ders./Fehling/Pünder, § 18 Rn. 24; *Oberrath*, JA 2001, 991 (993); vgl. dazu auch
VG Freiburg, GewArch 2001, 246 (247) sowie *Korte*, JA 2003, 225 (230).

[78] *Frotscher/Kramer*, Rn. 346.

Wird das Vermögen hingegen mit Hilfe von Arbeitnehmern oder einer umfangreichen Werbung bzw. Infrastruktur optimiert, liegt eine gewerbliche Aktivität vor.[79]

c) Keine Bagatelltätigkeit

31 Selbst wenn eine Tätigkeit gewerbsmäßig und gewerbsfähig ist, kann sie nicht als gewerblich einzustufen sein, weil es sich um eine Bagatelle handelt. Diese Ausnahme vom Gewerbebegriff basiert (ebenfalls) auf der Annahme, dass bestimmte Aktivitäten nicht des Schutzes der GewO bedürfen, weil deren ordnungsrechtliche Ziele aufgrund der Nebensächlichkeit der Tätigkeit nicht angesprochen sind. Wegen dieses wenig trennscharfen Indikators ist die Einordnung als Bagatelle stark einzelfallabhängig und anhand einer umfassenden Betrachtung der jeweiligen Tätigkeit vorzunehmen.[80] Diese sog. *Gesamtbildlehre*[81] kann bei jedem einzelnen Merkmal der Gewerbsmäßigkeit und -fähigkeit relevant werden. Sie ist daher nicht i. S. e. eigenen dritten Prüfungsschritts zu verstehen.[82]

2. Verhältnis zum gewerblichen Nebenrecht

32 Liegt eine gewerbliche Tätigkeit vor, hängt die Anwendbarkeit der GewO noch davon ab, ob das sog. gewerbliche Nebenrecht vorrangig greift.

a) Aussagen in der Gewerbeordnung

33 Insofern werden die in *§ 6 Abs. 1 GewO* (→ Rn. 23) enthaltenen Vorbehalte zugunsten bundes- bzw. landesrechtlicher Spezialregeln relevant. Sie reichen aber nur so weit, wie es der Wortlaut des § 6 Abs. 1 GewO erlaubt. Er legt eine *Dreiteilung* in dem Sinne nahe, dass ein Bereich sachgegenständlich entweder erstens völlig (z. B. Unterrichtswesen, soweit es sich nicht um eine höhere Tätigkeit handelt) oder zweitens nur partiell (z. B. Errichtung und Verlegung von Apotheken[83]) vom Anwendungsbereich der GewO ausgenommen wird. Nach § 6 Abs. 1 S. 2 GewO gilt drittens dieser Normenkomplex nur dann, wenn er Regelungen über eine bestimmte gewerbliche Tätigkeit wie z. B. über den Verkauf von Arzneimitteln in § 14 Abs. 2 GewO[84] enthält.

34 Eine weitere Ausnahme findet sich in § 33h GewO, wonach gewerbliche (→ Rn. 16) *Glücksspielveranstaltungen* nicht unter die §§ 33c ff. GewO fallen, weil sie erhebliche Gefahren für die Gesundheit und das Vermögen des Spielers mit sich bringen. Nimmt man dieses Ziel ernst, muss § 33h GewO allerdings auf die gesamte GewO bezogen werden. Denn anderenfalls würde diese Norm dazu füh-

---

[79] Vgl. VG Braunschweig, NVwZ-RR 2001, 439 (440); VG Schleswig, GewArch 2002, 292 (293).

[80] *Stober/Eisenmenger*, § 45 VI 4; BayObLG, GewArch 1989, 340 (341).

[81] *Friauf*, in: ders., § 1 Rn. 193 ff. (Stand: 268. EL April 2013).

[82] *Ruthig/Storr*, Rn. 215.

[83] *Ziekow*, § 10 Rn. 2; vgl. zur Einordnung des Apothekers als Gewerbetreibenden *Tettinger/Wank/Ennuschat*, GewO, § 1 Rn. 68.

[84] Vgl. dazu *Repkewitz*, in: Friauf, § 6 Rn. 81 ff. (Stand: 234. EL Juli 2009).

ren, dass für die dort genannten Glücksspielveranstaltungen nicht die in den §§ 33c ff. GewO enthaltenen Genehmigungsvorbehalte, sondern nur die in den §§ 14, 35 GewO normierte Anzeigepflicht mit Untersagungsmöglichkeit (→ Rn. 75 ff.) gilt, was dem Anliegen des § 33h GewO erst recht nicht genügt.[85]

Für den *Glücksspielvertrieb* enthält die GewO hingegen viele speziell auf derartige Tätigkeiten ausgerichtete Vorschriften wie die §§ 35 Abs. 9, 14 Abs. 2 GewO, die ggf. über § 6 Abs. 1 S. 2 GewO greifen. Diese Bestimmungen finden ihre Rechtfertigung darin, dass die Sportwett- bzw. Lotterievermittlung der Veranstaltung vor- bzw. nachgelagert ist und daher nur einen schwächeren Gefahrenherd begründet. Denn das Vermögen des Spielers kann vor allem dann in Mitleidenschaft gezogen sein, wenn der Spielablauf manipuliert wird, während Suchtgefahren primär bei hoher Spielfrequenz entstehen. Auf diese Stellschrauben hat der Vermittler aber keinen Einfluss.[86]

b) Verhältnis im Übrigen

Im Übrigen folgt aus *§ 1 Abs. 1 GewO*, dass der Betrieb eines Gewerbes jedem   **36**
gestattet ist, soweit nicht durch dieses Gesetz Ausnahmen und Beschränkungen vorgesehen sind. Diese sog. *Gewerbefreiheit* ist in dieser Vorschrift zur Regel erhoben[87], findet ihre Einschränkungen allerdings nicht nur „durch dieses Gesetz", d. h. also in der GewO, sondern auch in später erlassenen und deshalb vorrangigen Spezialnormen[88] wie dem Handwerks-[89] oder Ausländerrecht.[90] Da die GewO allgemeine gewerbliche Ordnungsvorstellungen enthält, kommt den darin normierten Vorschriften allerdings eine *Speicherfunktion* zu. Sie lebt auf, wenn das gewerbliche Nebenrecht wie im Falle des § 31 GastG (→ § 11 Rn. 26) auf die GewO verweist. Falls im Nebenrecht Lücken klaffen, erfüllt die GewO hingegen eine *Auffangfunktion*. Sie greift, solange keine Umgehung spezielleren Rechts droht, was durch Auslegung zu ermitteln ist.[91]

3. Rückgriff auf das Landesordnungsrecht

Soweit die Regelung gewerblicher Tätigkeiten *verfassungsrechtlich den Landes-*   **37**
gesetzgebern überantwortet ist (→ § 2 Rn. 106), findet die GewO mangels Gesetzgebungskompetenz des Bundes keine Anwendung – so z. B. für die gewerbliche (→ Rn. 13) Tätigkeit von öffentlichen Unternehmen in Länderhand[92]. Dasselbe gilt für solche Aktivitäten, die im Zuge der Föderalismusreform von 2006 in Art. 74

---

[85] *Korte*, in: Friauf, § 55 Rn. 45 (Stand: 237. EL Oktober 2009).
[86] *Korte*, NVwZ 2009, 283 (285).
[87] *Scheidler*, VR 2010, 224 (224).
[88] *Ziekow*, § 10 Rn. 27.
[89] *P. M. Huber*, in: Schoch, Kap. 3 Rn. 295.
[90] *Frotscher/Kramer*, Rn. 328; *Guckelberger*, Jura 2007, 598 (599); *Scheidler*, VR 2010, 224 (224).
[91] Vgl. dazu *Stober/Eisenmenger*, § 45 II.
[92] *Ehlers*, in: ders./Fehling/Pünder, § 18 Rn. 34.

Abs. 1 Nr. 11 GG aus der Bundeskompetenz „Recht der Wirtschaft" ausgeklammert worden sind (→ § 2 Rn. 103), so dass namentlich die §§ 64 ff. GewO und § 33i GewO[93] wegen Art. 125a Abs. 1 GG nur noch solange Relevanz entfalten, wie die Länder für diese Wirtschaftssektoren keine eigenen Regeln treffen. Zudem bleibt dort Raum für die GewO, wo die in Art. 74 Abs. 1 Nr. 11 GG niedergelegten Ausnahmen nicht greifen, was freilich eine Auslegung dieser Verfassungsnorm nötig macht.[94]

38   Landesordnungsrecht gilt für gewerbliche Tätigkeiten wiederum dann, wenn die GewO wie in § 33b GewO für Tanzlustbarkeiten darauf *verweist oder Lücken* enthält, weil sie nicht anwendbar ist oder keine Aussagen trifft – so in Form des Glücksspielstaatsvertrages der Länder[95] für die Veranstaltung von Glücksspielen i. S. d. § 33h GewO bzw. für Teile der Sportwett- und Lotterievermittlung (→ Rn. 34 f.). Abgesehen davon ist Landesordnungsrecht dort anwendbar, wo jemand auf vorhergehende Bestellung, aber ohne gewerblichen Mittelpunkt tätig wird, um eine effektive Gefahrenabwehr zu ermöglichen. Denn in einem solchen Fall liegt zwar ein Gewerbe vor, so dass der Anwendungsbereich der GewO an sich eröffnet ist. Es ist aber keiner ihrer Titel einschlägig, weil die Ausgestaltung der dortigen Eingriffsmechanismen nicht recht zu den dann bestehenden Schutzbedürfnissen passt (→ Rn. 3 f.). Die in § 1 Abs. 1 GewO garantierte Gewerbefreiheit (→ Rn. 36) ist demnach nur auf den Betrieb eines Gewerbes i. S. d. Titel II–IV zu beziehen, so dass nicht sie, sondern allein die Berufsfreiheit als auslegungs- bzw. ermessenslenkendes Kriterium heranziehbar ist, wenn ein gewerblicher Mittelpunkt fehlt.

39   Im Übrigen entfaltet § 1 Abs. 1 GewO (→ Rn. 36) Sperrwirkung i. S. d. Art. 74 Abs. 1 Nr. 11, 72 Abs. 1 GG (→ § 2 Rn. 105) für den „Betrieb eines Gewerbes" und damit für das „Ob", nicht aber für das „Wie" einer gewerblichen Tätigkeit.[96] Somit kann nur bei Lücken im Bereich der *Gewerbeausübung* Landesordnungsrecht (so z. B. die landesrechtlichen Erlaubnisvorbehalte aus dem Straßen- und Baurecht) greifen – wegen § 1 Abs. 1 GewO aber nicht generell[97], sondern nur, solange es den Unternehmer nicht de facto zur Geschäftsaufgabe zwingt.[98] Das Polizeirecht bietet darüber hinaus – also nicht nur für das „Wie" gewerblicher Tätigkeit – insoweit eine taugliche Basis für hoheitliche Maßnahmen, als sie *eilig bzw. vorläufig*, also nicht dauerhaft sind[99]. Wegen dieser Beschränkung spielt die aus den Unternehmergrundrechten ableitbare Pflicht des Gesetzgebers, besonders eingriffsintensive Maßnahmen nur für eine Übergangszeit auf die polizeiliche Generalklausel zu stützen und möglichst bald eine bereichsspezifische Rechtsgrundlage zu schaffen, innerhalb der

---

[93] Siehe dazu z. B. OVG SH, NVwZ-RR 2013, 553.

[94] Vgl. *Höfling/Rixen*, GewArch 2008, 1.

[95] Siehe dazu den Ersten Staatsvertrag zur Änderung des Staatsvertrages zum Glücksspielwesen in Deutschland vom 15.12.2011; abgedruckt und erläutert in: Dietlein/Hecker/Ruttig (Hrsg.), Glücksspielrecht, 2. Aufl. 2013.

[96] *P. M. Huber*, in: Schoch, Kap. 3 Rn. 296; *Schliesky*, S. 234.

[97] So wohl *Arndt/Fetzer*, in: Steiner, Kap. 6 Rn. 199.

[98] *Friauf*, in: ders., § 1 Rn. 205 (Stand: 268. EL April 2013); *Badura*, Rn. 311.

[99] *Ziekow*, § 10 Rn. 28; *Stober*, Allgemeines Wirtschaftsverwaltungsrecht, § 2 VI 2.

GewO keine Rolle; sie wird aber ggf. für nicht erlaubte (→ Rn. 15 ff.) Tätigkeiten relevant.[100]

Schließlich ist ein Rückgriff auf das Landesordnungsrecht zulässig, wenn die *ge-* **40** *werberechtlichen Eingriffsgrundlagen nicht passen*, um einen Gefahrenherd einzudämmen – so wenn auf Basis der GewO nur im Falle eines persönlichen Verhaltensdefizits des Gewerbetreibenden (→ Rn. 51) eingeschritten werden darf, die Gefahr aber von der Tätigkeit selbst bzw. als solcher ausgeht, d. h. also unabhängig vom konkreten Gewerbetreibenden ist. Denn dann drohen Schutzlücken, die wegen des Erfordernisses effektiver Gefahrenabwehr über das Landesordnungsrecht geschlossen werden müssen. Diese Konstellation soll auch gegeben sein, wenn eine strafrechtlich verbotene Wettannahmestelle betrieben wird, obwohl in diesem Fall an sich auch ein unzuverlässigkeitsbegründender Normverstoß (→ Rn. 52 f.) gegeben sein dürfte, so dass die gewerberechtlichen Eingriffsgrundlagen an sich passen.[101]

III. Überwachung gewerblicher Tätigkeit

Greift die GewO, hängen die einschlägigen Kontrollmechanismen von der Gefah- **41** renintensität der jeweiligen Tätigkeit ab. Im Wesentlichen lassen sich Verbotsnormen, Genehmigungs- und Anzeigepflichten differenzieren.

1. Behördliche Zuständigkeiten

Für die Anwendung der zugehörigen Vorschriften *sachlich zuständig* sind gemäß **42** § 155 Abs. 2 GewO grundsätzlich die nach Landesrecht zuständigen Ordnungsbehörden[102]. Hinzu treten die IHKen, soweit sie in der GewO ausdrücklich mit einer bestimmten Aufgabe betraut werden – so weil sie im Rahmen eines Untersagungsverfahrens auf Basis des § 35 Abs. 4 GewO angehört werden müssen oder die Erlaubnis für die Tätigkeit als Versicherungsvermittler (§ 34d GewO) bzw. -berater (§ 34e GewO) erteilen.[103] Gewerbeaufsichtsbehörden i. S. d. § 139b GewO sind trotz der missverständlichen Bezeichnung nicht für das Gewerberecht zuständig, sondern für den Arbeitsschutz.[104]

Über die *örtliche Zuständigkeit* der Ordnungsämter finden sich in der GewO **43** oftmals ausdrückliche Vorschriften – so z. B. in den §§ 61, 35 Abs. 7 S. 1 GewO. Diese Normen knüpfen in der Regel an die Niederlassung oder den gewöhnlichen Aufenthalt an.[105] Damit stoßen sie an die Grenzen ihrer Leistungsfähigkeit, wenn ein Gewerbetreibender vom Ausland aus aktiv wird und z. B. seine Produkte über

---

[100] BVerwG, GewArch 2002, 154 (154); vgl. auch *Ruthig/Storr*, Rn. 320.

[101] Vgl. dazu BVerwGE 126, 149 (154 f.).

[102] *Guckelberger*, Jura 2007, 598 (604).

[103] *Stober/Eisenmenger*, § 46 III 9.

[104] *Tettinger/Wank/Ennuschat*, GewO, § 139b Rn. 4.

[105] *Ruthig/Storr*, Rn. 241.

Internet anbietet. Die örtliche Zuständigkeit einer deutschen Behörde ließe sich in solchen Fällen nur begründen, wenn die allgemeinen Zuständigkeitsregeln insbesondere aus § 3 Abs. 1 Nr. 4 LVwVfG[106] greifen. Da § 35 Abs. 7 S. 2 GewO eine Sonderregel enthält, wird man die Zulässigkeit eines solchen Rückgriffs zumindest in dessen Anwendungsbereich aus systematischen Gründen verneinen müssen,[107] jedenfalls aber dort, wo Polizeirecht Anwendung findet, bejahen können.[108]

2. Besonderheiten für das Verwaltungsverfahren

44   Die GewO enthält spezielle Regeln über das Verwaltungsverfahren. So erlischt eine auf Basis der §§ 30, 30a und 30i GewO erteilte Zulassung, wenn sie ein Jahr ungenutzt bleibt oder ruht. Zeitdruck besteht aber auch auf Behördenseite, weil in bestimmten Fällen nach § 6a GewO im Verbund mit § 42a LVwVfG eine Genehmigung als erteilt gilt, wenn nicht binnen drei Monaten über einen Zulassungsantrag entschieden worden ist. Diese sog. *Genehmigungsfiktion*[109] ist genauso ein Kind der Dienstleistungsrichtlinie (DLR; → § 1 Rn. 42) wie § 6b GewO. Danach können über die §§ 71a ff. LVwVfG z. B. gewerberechtliche Anzeigeverfahren mit Hilfe einer *einheitlichen Stelle* abgewickelt werden. Deren Zwischenschaltung führt zu erheblichen Erleichterungen, weil der Gewerbetreibende nicht mehr selbst mit jeder Behörde, die im Rahmen der Tätigkeitsaufnahme zuständig ist, in Kontakt treten muss. Dadurch spart er, insbesondere weil gewerberechtlichen Erlaubnissen keine Konzentrationswirkung[110] zukommt, Zeit und Geld – so im Falle eines Reisegewerbetreibenden, der auch eine landesstraßenrechtliche (→ Rn. 38) Sondernutzungserlaubnis benötigt, aber nicht mehr selbst mit der nach Straßenrecht zuständigen Behörde in Kontakt treten muss.[111]

45   Die Existenz der einheitlichen Stelle ändert freilich nichts an der materiellen Rechtslage, so dass mangels *Konzentrationswirkung* gewerberechtlicher Aufnahmeüberwachungsmechanismen sämtliche Voraussetzungen für eine zusätzlich erforderliche Genehmigung vorliegen müssen, damit sie erteilt wird. Abweichungen in Form von Erleichterungen im Anforderungsprogramm bestehen jedoch in der umgekehrten Situation, wenn eine Baugenehmigung erteilt worden ist und nun eine gewerbliche Erlaubnis begehrt wird, da dem Antragsteller dann solche raumbezogenen Einwände nicht entgegen gehalten werden dürfen, die zum Prüfungsumfang der Baubehörden zählen (vgl. zum Gaststättenrecht → § 11 Rn. 59 ff.).[112]

---

[106] Die verwaltungsverfahrensrechtlichen Vorschriften beziehen sich hier und im Folgenden auf das jeweils einschlägige Landesrecht.

[107] *Ruthig/Storr*, Rn. 241.

[108] Vgl. *Schenke*, Rn. 324.

[109] Allgemein dazu *Kluth*, JuS 2011, 1078; vgl. dazu auch *Weidemann*, DVBl. 2012, 226.

[110] *Schönleiter*, in: Landmann/Rohmer, GewO, § 55 Rn. 104 (Stand: 52. EL Mai 2008).

[111] *Korte*, in: Friauf, Vorbem. vor Titel III Rn. 147 ff. (Stand: 237. EL Oktober 2009).

[112] BayVGH, GewArch 2002, 471 (471); *Ruthig/Storr*, Rn. 312.

In solchen Fällen, in denen die Erlaubnis an objektive Umstände wie die Be-   **46**
triebsräume (vgl. § 33i Abs. 2 Nr. 2 GewO) oder -einrichtung (vgl. §§ 30 Abs. 1
S. 2 Nr. 2, 33e GewO) anknüpft, spricht man von einer Sachkonzession. Demgegenüber stellen sog. Personalkonzessionen auf persönliche Eigenschaften wie
die Zuverlässigkeit ab. Kommt beides zusammen, liegt eine gemischte Konzession
vor. Diese Unterscheidung ist insbesondere für die *Rechtsnachfolge* relevant, weil
Sachkonzessionen ohne weiteres übergehen, während Personalkonzessionen an den
Gewerbetreibenden anknüpfen. Folglich benötigt ein neuer Betriebsinhaber auch
eine neue Erlaubnis. Etwas anderes gilt nur innerhalb des § 46 GewO. Das dort
niedergelegte Hinterbliebenenprivileg zielt darauf ab, den wirtschaftlichen Wert des
Unternehmens zu erhalten, indem es nach dem Tod des Gewerbetreibenden mit Hilfe eines Stellvertreters i. S. d. § 45 GewO fortgeführt werden darf. Nach § 46 Abs. 3
GewO können die Behörden die Betriebsfortführung sogar ohne Stellvertreter für
längstens ein Jahr gestatten.[113]

3. Anwendbarkeit der GewO bei grenzüberschreitender Tätigkeit

Die Reichweite der gewerberechtlichen Kontrollmechanismen ist begrenzt, wenn   **47**
eine vorübergehende Leistungserbringung im Bundesgebiet von einem anderen
Mitgliedstaat der EU bzw. des EWR aus erfolgt, weil dann § 4 GewO in Umsetzung
des Art. 16 DLR (→ § 1 Rn. 42) bestimmte Vorschriften für nicht anwendbar erklärt. § 4 Abs. 1 GewO setzt eine Tätigkeit von einer *in einem anderen Mitgliedstaat
gelegenen Niederlassung* (→ Rn. 4, 87) i. S. d. § 4 Abs. 3 GewO – die Vorschrift
entspricht weitgehend der unionsrechtlichen Terminologie (→ § 1 Rn. 51) – voraus. Da die Art. 2 Abs. 1, 16 Abs. 1 DLR fordern, dass der Leistungserbringer in
einem anderen Mitgliedstaat niedergelassen ist,[114] darf der Gewerbetreibende also
weder von einer inländischen noch von einer in einem Drittstaat gelegenen noch
ohne Niederlassung im Binnenmarkt[115] tätig werden. Wird im Bundesgebiet eine
Zweigstelle unterhalten, greift § 4 Abs. 1 GewO nur solange, wie es sich um keine
Niederlassung handelt oder der Dienstleister von anderswo tätig wird.[116] Zudem
gelten die dortigen Privilegierungen nicht, wenn eine Umgehung i. S. d. § 4 Abs. 2
GewO gegeben ist.

Die *Rechtmäßigkeit der Tätigkeit* im Herkunftsland ist keine (ungeschriebene)   **48**
Voraussetzung des § 4 Abs. 1 GewO,[117] so dass bundesdeutsche Behörden nicht
etwa einschreiten dürfen, wenn sie ggf. nach Rücksprache mit dem Niederlassungsstaat davon ausgehen, dass der Gewerbetreibende dort nicht die rechtlichen Anforderungen erfüllt. Denn die Art. 30 f. DLR basieren für den Fall einer vorüber-

---

[113] *Frotscher/Kramer*, Rn. 378; vgl. zur Rechtsnachfolge allgemein *Zacharias*, JA 2001, 720.

[114] *Ehlers*, in: ders./Fehling/Pünder, § 18 Rn. 8.

[115] So aber *Ruthig/Storr*, Rn. 239.

[116] Ähnlich *Ruthig/Storr*, Rn. 239.

[117] So aber VG Neustadt, GewArch 2011, 117 (119).

gehenden Leistungserbringung auf dem Gedanken einer geteilten Zuständigkeit.[118] Folglich ist jeder Mitgliedstaat darauf beschränkt, die nach Art. 16 DLR noch anwendbaren Vorschriften seiner Rechtsordnung zu vollziehen (→ § 1 Rn. 53), und darf im Übrigen nur Amtshilfe leisten, um nicht die Vorstellungen des Herkunftslands über den Vollzug des eigenen Rechts zu umgehen.[119] Im Ergebnis kann somit nur der Herkunftsstaat selbst darüber befinden, ob die Dienstleistungserbringung den eigenen Rechtsvorschriften entspricht. Ausnahmen davon sieht die Richtlinie nur in seltenen Fällen vor.[120]

4. Anknüpfungspunkte eines behördlichen Einschreitens

49 Soweit die gewerberechtlichen Kontrollmechanismen anwendbar sind, basieren sie primär auf den gleichen materiell-rechtlichen Anknüpfungspunkten, so vor allem in Form des Zuverlässigkeit, aber auch der Sachkunde oder etwaiger sachgebundener Anforderungen. Nachweise, die die Einhaltung dieser Vorgaben belegen, sind im Falle einer grenzüberschreitenden Leistungserbringung nach Maßgabe des § 13b GewO[121] anzuerkennen.

a) Zuverlässigkeit

50 Am wichtigsten, weil in den meisten Tatbeständen enthalten, ist das personenbezogene (→ Rn. 46) Merkmal der Zuverlässigkeit.[122] Dieser unbestimmte Rechtsbegriff ist zwar in manchen Spezialgesetzen wie in § 3 Abs. 3 Nr. 1 GüKG, nicht aber in der GewO definiert. Gleichwohl ist man sich darüber einig, dass jemand nach dem Gesamteindruck seines Verhaltens aufgrund bestimmter Tatsachen keine Gewähr dafür bieten darf, dass er in Zukunft sein Gewerbe ordnungsgemäß ausüben wird, um unzuverlässig zu sein; auf ein Verschulden oder einen Charaktermangel kommt es nicht an[123]. Damit erfordert die Unzuverlässigkeit genauso wie die polizeirechtliche Gefahr ein *faktenbasiertes Wahrscheinlichkeitsurteil;*[124] lediglich die betroffen Schutzgüter (→ Rn. 2, 5) divergieren. Die Überprüfung der damit verbundenen Wertung führt die Verwaltungsgerichte nicht an ihre Funktionsgrenzen. Es besteht daher kein Beurteilungsspielraum zugunsten der Exekutive.[125] Im Überblick dazu Abb. 3.

---

[118] *Calliess/Korte*, Dienstleistungsrecht, § 6 Rn. 103 ff.

[119] *Shirvani*, DVBl. 2012, 1338 (1342).

[120] Siehe dazu z. B. *Calliess/Korte*, Dienstleistungsrecht, § 6 Rn. 98 ff.

[121] Siehe *Schönleiter*, GewArch 2009, 384 (387 f.).

[122] *Frotscher/Kramer*, Rn. 361.

[123] *Stober/Eisenmenger*, § 46 I 5 f.

[124] *Eifert*, JuS 2004, 565 (570); vgl. auch *Schliesky*, S. 240; allgemein dazu *Poscher/Rusteberg*, JuS 2011, 888.

[125] Vgl. dazu BVerwGE 24, 60 (63 f.); *Wolff/Bachof/Stober* I, § 31 III; siehe auch *Diegmann/Hoffmann/Ohlmann*, Praxishandbuch Spielrecht, Rn. 289.

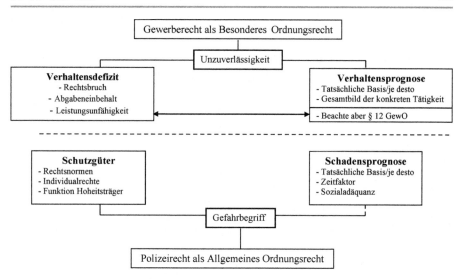

Abb. 3 Unzuverlässigkeit und Gefahrbegriff

aa) Bestehendes Verhaltensdefizit

Das zunächst nötige Verhaltensdefizit muss sich auf *Tatsachen*, also in der Ver- **51** gangenheit liegende, dem Beweis zugängliche Umstände beziehen.[126] Sie müssen nicht aus der gewerblichen Tätigkeit herrühren, solange nur Rückschlüsse auf das künftige berufliche Verhalten möglich sind.[127] Das Defizit muss wegen der Schwere der Auswirkungen einer Untersagung von einigem Gewicht sein.[128] Soweit zur Sachverhaltsermittlung auf Registereinträge zugegriffen wird, sind die zugehörigen Tilgungsvorschriften mit Ausnahmen zu beachten.[129]

(1) Rechtsverstöße

Ein Verhaltensdefizit kann sich aus der Nichtbeachtung von Rechtsvorschriften **52** ergeben – so insbesondere aus der Verletzung von *Straftatbeständen*, ohne dass es eines Schuldspruchs oder einer Verurteilung bedarf.[130] Stattdessen müssen die der Entscheidung zugrunde liegenden Umstände selbstständig gewerberechtlich gewürdigt werden.[131] Dabei ist die Behörde an bestimmte Feststellungen und Beurteilungen aus dem Strafurteil aufgrund von § 35 Abs. 3 GewO gebunden, darf davon also nicht zum Nachteil für den Gewerbetreibenden abweichen. Da diese Bindung nur für anzeigepflichtige stehende Gewerbe gilt, die naturgemäß weniger

---

[126] *Ziekow*, § 10 Rn. 43.

[127] *Ruthig/Storr*, Rn. 250.

[128] *Ehlers*, in: ders./Fehling/Pünder, § 18 Rn. 56.

[129] *Stober/Eisenmenger*, § 46 I 5 e.

[130] *Korte*, in: Friauf, § 57 Rn. 36 (Stand: 275. EL Februar 2014).

[131] *P. M. Huber*, in: Schoch, Kap. 3 Rn. 311; *Arndt/Fetzer*, in: Steiner, Kap. 6 Rn. 225.

gefahrenintensiv sind (→ Rn. 64), bestehen für genehmigungspflichtige und damit gefahrenträchtigere Tätigkeiten keine entsprechenden Bindungen.[132]

53   Abgesehen davon kann auch ein Verstoß gegen *verwaltungsrechtliche Vorschriften* sowie gegen Nebenbestimmungen zu einer erteilten Erlaubnis zur Unzuverlässigkeit des Gewerbetreibenden führen – vor allem, wenn die verletzte Vorschrift gewerbliche Bezüge aufweist. Zudem können Verstöße gegen *zivil-*, d. h. also auch gegen *wettbewerbsrechtliche Normen* ein Fehlverhalten begründen. Wegen des Grundsatzes ordnungsrechtlicher Subsidiarität, wonach die zivilrechtlichen Streitschlichtungsmechanismen regelmäßig vorrangig vor einem behördlichen Einschreiten sind[133], bedarf es dazu aber besonders nachhaltiger und wiederholter, kurz notorischer Verstöße. Denn nur dann werden Mängel sichtbar, die als spürbares Verhaltensdefizit die Annahme der Unzuverlässigkeit rechtfertigen.[134]

(2) Nichtabführung von Abgaben

54   Ein Normverstoß liegt auch im Falle der Nichtabführung von (insbesondere) steuer- oder sozialversicherungsrechtlichen Abgaben vor. Denn dann lässt der Gewerbetreibende durch sein Verhalten ebenfalls erkennen, dass er nicht gewillt ist, sich rechtskonform zu verhalten. Allerdings sind entsprechende Rückstände nur zur Begründung von Unzuverlässigkeit geeignet, wenn es sich um ein *Fehlverhalten von einigem Gewicht* handelt,[135] was wiederum von der absoluten Höhe der Rückstände, aber auch von ihrem Verhältnis zur Gesamtbelastung des Gewerbetreibenden und der zeitlichen Dimension abhängt[136].

(3) Wirtschaftliche Leistungsunfähigkeit

55   Wirtschaftliche Leistungsunfähigkeit kann ebenfalls ein Fehlverhalten begründen – so nach der geltenden Rechtslage insbesondere bei kapitalintensivem Gewerbe wie dem der Pfandleiher, das nach § 34 Abs. 1 Nr. 2 GewO nicht betrieben werden darf, wenn die dazu erforderlichen Mittel oder entsprechende Sicherheiten nicht nachgewiesen werden können.[137] Fehlt es an solchen gesetzlichen Aussagen, liegt ein Verhaltensdefizit bei wirtschaftlicher Leistungsunfähigkeit nicht generell vor, sondern dann, wenn finanzielle Mittel für die Ausübung einer gewerblichen Tätigkeit besonders wichtig sind und die *Marktgegenseite besonders schutzwürdig* ist, z. B. weil sie auf die Solvenz des Gewerbetreibenden vertraut. Diese Anforderung kann auch gewahrt sein, falls eine ausweglose wirtschaftliche Krisensituation gegeben ist, weil sie gewerbetypisches Fehlverhalten deutlich ankündigt.[138] Nötig ist dann

---

[132] *Korte*, in: Friauf, § 57 Rn. 37 (Stand: 275. EL Februar 2014); vgl. dazu NdsOVG, NVwZ-RR 2011, 895 (896).

[133] *Fröhler/Kormann*, GewO, § 35 Rn. 32.

[134] *Heß*, in: Friauf, § 35 Rn. 78 (Stand: 267. EL März 2013); *Guckelberger*, Jura 2007, 598 (603).

[135] BVerwG, EzGewR § 35 Abs. 1 GewO Nr. 33, S. 1 f.

[136] Siehe *Heß*, in: Friauf, § 35 Rn. 63 f. (Stand: 261. EL Mai 2012); BVerwG, GewArch 1988, 162 (162 f.).

[137] *Ruthig/Storr*, Rn. 257.

[138] *Tettinger/Wank/Ennuschat*, GewO, § 35 Rn. 64 ff.

aber eine lang andauernde, ausweglos erscheinende Situation[139], was zeigt, dass die wirtschaftliche Leistungsunfähigkeit genauso wie die übrigen inhaltsverwandten Untersagungsgründe (so z. B. ungeordnete Vermögensverhältnisse) Regelbeispiel der Unzuverlässigkeit ist.[140]

(4) Sonstige Verhaltensdefizite
Wenn ein Gewerbetreibender der *Unsittlichkeit* Vorschub leistet oder sich selbst   **56**
unsittlich verhält, z. B. weil er seine Kundinnen sexuell belästigt, liegt ebenfalls ein Verhaltensdefizit vor[141]. Diese und vergleichbare Fallgruppen prägt, dass sich der Gewerbetreibende außerhalb rechtlicher Sanktionsmechanismen bedenkenlos über die Bedürfnisse Dritter hinwegsetzen muss, um unzuverlässig zu werden.[142]

Abgesehen davon kann auch *mangelnde Sachkenntnis* zur Unzuverlässigkeit   **57**
führen. Insoweit ist aber wegen Art. 12 Abs. 1 GG[143] und im Umkehrschluss insbesondere zu § 34a Abs. 1 S. 2 Nr. 1 und 3 GewO Zurückhaltung angebracht, da diese Vorschrift gerade zeigt, dass Sachkunde und Zuverlässigkeit voneinander unabhängige Anforderungen sind[144]. Daher wird man sich auf den Fall zu beschränken haben, dass grundlegende Kenntnisse fehlen.[145]

bb) Verhaltensprognose
Neben einem Verhaltensdefizit bedarf es auch (→ Rn. 51) einer negativen Ver-   **58**
haltensprognose. Sie erfordert keine eingetretene oder unmittelbar bevorstehende Störung,[146] sondern verlangt, dass das Gesamtbild der Tätigkeit (und nicht nur Teile)[147] die Annahme nahe legen, dass sich der Gewerbetreibende auch *künftig nicht ordnungsgemäß* verhält. Diese Prognose kann je nach Art, Vertriebsform oder Gefahrneigung des Gewerbes[148] unterschiedlich ausfallen[149]. Relevant sind überdies die Schadenswahrscheinlichkeit, die Wiederholungsgefahr, die Frequenz und Häufigkeit des Fehlverhaltens sowie die Bedeutung der gefährdeten Rechtsgüter[150]. Daher sind an die Erwartung eines Schadens umso geringere Anforderungen zu stellen, je folgenschwerer er sein wird.[151] Drohen dem Verbraucher also erhebliche Ver-

---

[139] BVerwG, GewArch 1999, 72 (72); ThürOVG, GewArch 2006, 472 (473); *Guckelberger*, Jura 2007, 598 (603); *Eifert*, JuS 2004, 565 (569).

[140] Ähnlich *Schliesky*, S. 243.

[141] *Ruthig/Storr*, Rn. 258.

[142] *Laubinger*, VerwArch 89 (1998), 145 (156); BVerwG, EzGewR § 35 Abs. 1 GewO Nr. 27, S. 3.

[143] Vgl. BVerfG, GewArch 1972, 337 (338).

[144] *Laubinger*, VerwArch 89 (1998), 145 (154); ähnlich *P. M. Huber*, in: Schoch, Kap. 3 Rn. 311.

[145] Vgl. zu den damit verbundenen Problemen im Falle der Astrologie BVerwGE 22, 286 (297 f.).

[146] *Schönleiter*, in: Landmann/Rohmer, GewO, § 57 Rn. 6 (Stand: 62. EL Januar 2013).

[147] BVerwG, EzGewR § 57 GewO Nr. 1, S. 2; *Stober/Eisenmenger*, § 46 I 5 f.; *Ruthig/Storr*, Rn. 250.

[148] Vgl. VG Neustadt, GewArch 2012, 317 (318).

[149] *Ruthig/Storr*, Rn. 248; vgl. auch *Ziekow*, § 10 Rn. 45.

[150] Siehe dazu *Eifert*, JuS 2004, 565 (568 f.); vgl. auch VGH BW, GewArch 1994, 421 (421).

[151] Vgl. BVerwG, DÖV 1992, 30 (31).

letzungen, ist der Gewerbetreibende nur bei strikter Einhaltung der nötigen Sicherheitsanforderungen zuverlässig, selbst wenn nur statistische Risiken bestehen.[152]

59   Soweit das Verhaltensdefizit des Gewerbetreibenden auf ungeordnete Vermögensverhältnisse (→ Rn. 55) zurückzuführen ist, ist eine negative Prognose aufgrund von § 12 GewO während eines Insolvenz- oder vergleichbaren Verfahrens ausgeschlossen. Begründen lässt sich diese Ausnahme damit, dass *Insolvenzverfahren* ausweislich des § 1 InsO bezwecken sollen, die Gläubiger gemeinschaftlich zu befriedigen, so dass eine Unternehmung vorzugsweise zu erhalten ist, um etwa erzielte Überschüsse verwerten zu können. Inhaltlich bezieht sich § 12 GewO auch auf den Fall, dass in einer Norm wie in § 34b Abs. 4 GewO das Merkmal der ungeordneten Vermögensverhältnisse neben der Unzuverlässigkeit genannt ist.[153]

cc) Bezug zur konkreten Tätigkeit

60   Den maßgeblichen Bezugspunkt für die Feststellung der Unzuverlässigkeit bildet die konkrete Tätigkeit. Das Fehlverhalten des Unternehmers und die darauf basierende Verhaltensprognose müssen sich deshalb auf genau das *Gewerbe* beziehen, *dessen Ausübung verboten werden soll*.[154] Von Bedeutung kann diese Tatsache z. B. im Falle der Straffälligkeit des Gewerbetreibenden sein, wenn keine Vermögensdelikte wie Diebstahl, Betrug oder Unterschlagung, sondern Beziehungsstraftaten im Raum stehen.

b) Sachkunde

61   Manche gewerbliche Kontrollmechanismen lassen ein behördliches Einschreiten (auch) bei mangelnder Sachkunde zu. Sie fehlt, wenn bestimmte *Fertigkeiten oder Kenntnisse* nicht gegeben sind, so dass dieses Merkmal ebenfalls personenbezogen ist. Es bringt im Vergleich zur Zuverlässigkeit eine intensivere Beschränkung der gewerblichen Tätigkeit mit sich. Sie lässt sich im Lichte der Unternehmergrundrechte nur dann rechtfertigen, wenn die Eigenart des jeweiligen Gewerbes aufgrund seiner Gefahrneigung entsprechende Nachweise fordert.[155]

62   *Sachkunde* verlangt die GewO nur für bestimmte erlaubnispflichtige Gewerbe – so z. B. für Bewachungsunternehmen i. S. d. § 34a GewO. Dort wird ein Befähigungsnachweis gefordert, der nur im Falle einer bestandenen Prüfung erlangt werden kann. Die für den Betrieb eines Bewachungsgewerbes ausweislich des § 34a Abs. 1 S. 3 Nr. 3 GewO nötige *Unterrichtung* setzt demgegenüber nur eine Schulung von bestimmter Länge, nicht aber eine bestandene Prüfung voraus.[156] Der nach Teilnahme an der Unterrichtung ausgestellte Sitzschein ist infolgedessen mit einem Sachkundenachweis nicht vergleichbar.

---

[152] *Schönleiter*, in: Landmann/Rohmer, GewO, § 57 Rn. 6 (Stand: 62. EL Januar 2013); VGH BW, GewArch 1994, 421 (421).

[153] *Tettinger/Wank/Ennuschat*, GewO, § 12 Rn. 12.

[154] *Laubinger*, VerwArch 89 (1998), 145 (162); *Eifert*, JuS 2004, 565 (568).

[155] *P. M. Huber*, in: Schoch, Kap. 3 Rn. 310.

[156] *Korte*, VerwArch 102 (2011), 51 (66).

c) Sachgebundene Anforderungen

Manche Vorschriften der GewO über erlaubnispflichtige Gewerbe machen sachge- **63**
bundene Vorgaben. Sie knüpfen nicht an die Person des Gewerbetreibenden, sondern
an objektive Umstände wie die *Betriebsräume* (vgl. § 33i Abs. 2 Nr. 2 GewO)[157]
oder die *Betriebseinrichtung* (vgl. § 30 Abs. 1 S. 2 Nr. 2 GewO an. Hierher gehört
auch der Nachweis eines bestimmten *Betriebskapitals* oder einer Versicherung,[158]
nicht aber das Bestehen wirtschaftlicher Leistungsfähigkeit[159] als Regelbeispiel der
Zuverlässigkeit (→ Rn. 55).[160]

5. Formen behördlichen Einschreitens

Welche gewerberechtlichen Kontrollmechanismen greifen, hängt wegen der unter- **64**
schiedlichen Schutzbedürfnisse (→ Rn. 5) von der Art des betriebenen Gewerbes ab.

a) Stehendes Gewerbe

Die Vorschriften über das stehende Gewerbe sind je nach zeitlichem Anknüpfungs- **65**
punkt der Aufnahme- oder der Ausübungsüberwachungsmechanismen zuzuordnen.
Im Einzelnen lassen sich die bestehenden Eingriffsbefugnisse wie in Abb. 4 skizzieren.

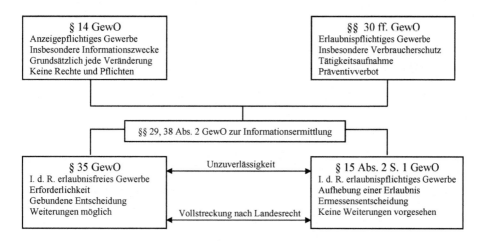

Abb. 4 Eingriffsbefugnisse

---

[157] Siehe dazu *Diegmann/Hoffmann/Ohlmann*, Praxishandbuch Spielrecht, Rn. 360.

[158] *P. M. Huber*, in: Schoch, Kap. 3 Rn. 316.

[159] So aber *Frotscher/Kramer*, Rn. 361.

[160] *Arndt/Fetzer*, in: Steiner, Kap. 6 Rn. 241.

aa) Aufnahmeüberwachung

66 Innerhalb der Aufnahmeüberwachung sind anzeige- sowie genehmigungspflichtige Tätigkeiten zu unterscheiden sowie zum sog. überwachungsbedürftigen Gewerbe und zur öffentlichen Bestellung von Sachverständigen in Beziehung zu setzen.

(1) Anzeigepflichtige Gewerbe

67 Für stehende Gewerbe besteht gemäß § 14 Abs. 1 GewO wegen der Gewerbefreiheit aus § 1 Abs. 1 GewO (→ Rn. 36) grundsätzlich keine Genehmigungs-, sondern eine Anzeigepflicht.[161] Sie bezieht sich auf den Beginn, die Verlegung, den Wechsel, die Aufgabe und die Ausdehnung des Gewerbes über das Geschäftsübliche hinaus. Ihr *Ziel* ist es, der öffentlichen Hand die *Gewerbeüberwachung zu ermöglichen*, indem die Anzeige die dazu nötigen Kenntnisse verschafft. Daher ist die Anzeige gleichzeitig, d. h. unverzüglich im Anschluss an die anmeldepflichtigen Tätigkeiten zu erstatten.[162] Da mit den angezeigten Daten wegen des Rechts auf informationelle Selbstbestimmung aus Art. 2 Abs. 1, 1 Abs. 1 GG vertraulich umzugehen ist, dürfen nur Name, betriebliche Anschrift und gemeldete Tätigkeit als sog. Grunddaten nach § 14 Abs. 5 S. 2 GewO allgemein zugänglich gemacht werden. Im Übrigen regelt § 14 Abs. 5–14 GewO den Umgang mit gewerblichen Daten.[163]

68 Die Anzeige ist nach § 15 Abs. 1 GewO innerhalb von drei Tagen nach Empfang durch Ausstellung eines sog. *Gewerbescheins* behördlich zu bestätigen; darauf besteht also grundsätzlich ein subjektiv öffentliches Recht[164]. Im Übrigen begründet die Anzeige aber keine Rechte oder Pflichten.[165] Folglich macht eine (nachhaltige) Verletzung des § 14 Abs. 1 GewO nicht unzuverlässig (→ Rn. 52 f.).[166] Allerdings soll der Gewerbetreibende zur Abgabe der Anzeige aufgefordert werden können, obwohl § 14 Abs. 1 GewO eine solche Befugnis dem Wortlaut nach an sich nicht bietet; sie soll sich aber aus Sinn und Zweck der Norm ergeben.[167] Diese Aufforderung kann dann wiederum mit Hilfe des Verwaltungszwangs durchgesetzt werden, weil es sich nicht nur um einen Hinweis auf die Rechtslage,[168] sondern um eine verbindliche Feststellung der Anzeigepflicht und damit um einen Verwaltungsakt handelt.[169]

(2) Genehmigungspflichtige Gewerbe

69 Die in den §§ 30 ff. GewO enthaltenen Arten gewerblicher Betätigung sind wegen ihres höheren Gefahrenpotenzials für die Konsumenten (→ Rn. 64) erlaub-

---

[161] *Schliesky*, S. 234.

[162] *Ziekow*, § 10 Rn. 31.

[163] *Badura*, Rn. 318; *Ruthig/Storr*, Rn. 273.

[164] *Arndt/Fetzer*, in: Steiner, Kap. 6 Rn. 224; *Schliesky*, S. 237; allgemein dazu *Ramsauer*, JuS 2012, 769.

[165] *Ziekow*, § 10 Rn. 32; *Oberrath*, JA 2001, 991 (994 f.).

[166] *Stober/Eisenmenger*, § 46 I 2 b.

[167] *Ehlers*, in: ders./Fehling/Pünder, § 18 Rn. 51.

[168] *Ruthig/Storr*, Rn. 277.

[169] *Ziekow*, § 10 Rn. 32.

nispflichtig.[170] Diese in Teilen unionsrechtlich überformten Normen beziehen sich auf verschiedene Tätigkeiten, so z. B. den Betrieb von Privatkrankenanstalten oder die Veranstaltung von Spielen. Die Erteilung einer entsprechenden Erlaubnis setzt zunächst einen Antrag voraus. Er ersetzt aber nicht die Anzeige i. S. d. § 14 Abs. 1 GewO, weil Anmeldung (Information) und Erlaubnis (Berechtigung) unterschiedlichen Zielen dienen.[171] Probleme können sich im Einzelfall bei der Subsumtion unter einzelne Genehmigungsvorbehalte ergeben – vor allem, wenn es um *Sachverhalte mit Internet-Bezug* geht.[172] Die §§ 30 ff. GewO erlauben in der Regel den ggf. auch nachträglichen – er ist freilich Teil der Ausübungsüberwachung – Erlass von Auflagen. Diese Rechtsgrundlagen sind erforderlich, weil auf die in den §§ 30 ff. GewO enthaltenen Erlaubnisse im Lichte des § 1 Abs. 1 GewO (→ Rn. 36) ein Anspruch besteht.[173] Deshalb bedarf es wegen § 36 Abs. 1 LVwVfG einer gesetzlichen Basis für den Erlass von Nebenbestimmungen, wenn sie nicht lediglich sicherstellen sollen, dass die gesetzlichen Voraussetzungen des Verwaltungsakts erfüllt werden.[174] Soweit eine erteilte Erlaubnis sittenwidrig ist (→ Rn. 19 ff.), ist sie wegen § 44 Abs. 2 Nr. 6 LVwVfG nichtig.

Für *grenzüberschreitende Aktivitäten* ergeben sich aus den §§ 13a und 13c GewO Sonderregeln, die auf Unionsrecht zurückgehen und reglementierte Tätigkeiten, die eine Berufsqualifikation verlangen (→ § 1 Rn. 42)[175], erfassen. Darunter fallen auch die vor allem, aber nicht nur (→ Rn. 88 ff.)[176] in den §§ 30 ff. GewO teilweise geforderten Sachkunde- und Unterrichtungsnachweise.[177] Konkret widmet sich § 13a GewO der Konstellation, dass die Tätigkeit in Ausübung der Dienstleistungsfreiheit vom EU- bzw. EWR-Ausland aus im Bundesgebiet ausgeübt werden soll. Inhaltlich setzt § 13a GewO in Entsprechung zu den ausdrücklichen Vorgaben des Art. 5 Abs. 1 Berufsqualifikationsrichtlinie (BQRL) anders als § 4 GewO (→ Rn. 47) eine rechtmäßige Niederlassung in einem anderen Mitgliedstaat sowie die schriftliche Anzeige der Tätigkeitsabsicht im Bundesgebiet voraus. Ist diese Anmeldung erfolgt, darf die Tätigkeit sofort erbracht werden, es sei denn, es ist spezialgesetzlich (→ Rn. 36) eine besondere Nachprüfung der Berufsqualifikation vorgeschrieben. Dann gilt der enge Kontrollzeitplan des § 13a Abs. 2 ff. GewO.[178] Für die dauerhafte Erbringung einer im Bundesgebiet reglementierten Tätigkeit greift § 13c GewO. Er macht primär Vorgaben für die Gleichwertigkeit von im EU- bzw. EWR-Ausland erworbenen Befähigungsnachweisen und stellt insoweit drei kumulativ erforderliche Anforderungen: So bedarf es erstens der Vergleichbarkeit der bis-

70

---

[170] *Schliesky*, S. 234 f.

[171] *Arndt/Fetzer*, in: Steiner, Kap. 6 Rn. 223.

[172] Vgl. dazu *Guckelberger*, Jura 2007, 598 (600); *Oberrath*, JA 2001, 991 (995 f.); siehe auch BVerwG, NVwZ 2005, 961.

[173] *Schliesky*, S. 253.

[174] *Ehlers*, in: ders./Fehling/Pünder, § 18 Rn. 43; *Arndt/Fetzer*, in: Steiner, Kap. 6 Rn. 243.

[175] *Calliess/Korte*, Dienstleistungsrecht, § 5 Rn. 81.

[176] *Korte*, in: Friauf, § 57 Rn. 67 (Stand: 275. EL Februar 2014).

[177] *Korte*, VerwArch 102 (2011), 51 (65 f.).

[178] Ausführlich zum Ganzen *Schulze-Werner*, GewArch 2009, 391 (394).

her ausgeübten und der avisierten Tätigkeit (Nr. 1), zweitens der Berechtigung des Antragstellers (Nr. 2) und drittens der inhaltlichen Ähnlichkeit der Qualifikationen (Nr. 3).[179] Fehlt es daran, verlangt § 13c Abs. 2 f. GewO i. V. m. den einschlägigen gewerberechtlichen Verordnungen eine ergänzende Unterrichtung bzw. Sachkundeprüfung, sofern belegte praktische Erfahrungen das Defizit nicht ausgleichen.[180]

(3) Überwachungsbedürftige Gewerbe

71   Eine Zwitterstellung zwischen anzeige- und genehmigungspflichtigem Gewerbe nehmen die sog. überwachungsbedürftigen Gewerbe i. S. d. § 38 GewO ein, weil die *Zuverlässigkeit* zwar nicht vorab im Rahmen des Genehmigungsverfahrens, immerhin aber *unverzüglich nach Erstattung der Gewerbeanzeige* zu überprüfen ist. Dazu hat der Gewerbetreibende ein Führungszeugnis i. S. d. § 30 Abs. 5 BZRG und einen Auszug aus dem Gewerbezentralregister[181] nach § 150 Abs. 5 GewO zur Vorlage bei einer Behörde zu beantragen.

72   Nach § 38 Abs. 1 GewO überwachungsbedürftig sind namentlich der An- und Verkauf hochwertiger Konsumgüter, sog. Auskunfteien und Detekteien, Partnervermittlungs- oder Schlüsseldienste. Der Gesetzgeber reagiert in § 38 GewO somit auf *spezifische Gefahrenlagen zulasten des Verbrauchers*, in Teilen aber auch auf das Erfordernis der Kriminalprävention und -aufklärung, insbesondere wenn Herstellung und Vertrieb spezieller diebstahlsbezogener Öffnungswerkzeuge oder Vertrieb und Einbau von Gebäudesicherungseinrichtungen in dieser Vorschrift für überwachungsbedürftig erklärt werden.[182]

(4) Öffentliche Bestellung von Gewerbetreibenden

73   Keine Frage der Aufnahmeüberwachung ist die sog. öffentliche Bestellung von besonders sachkundigen Versteigerern (§ 34b Abs. 5 GewO) bzw. von Sachverständigen (§ 36 Abs. 1 GewO). Denn in beiden Fällen geht es nicht darum, den Zugang zur jeweiligen Tätigkeit einer Präventivkontrolle zu unterwerfen, sondern vielmehr darum, dem Versteigerer oder Sachverständigen eine *besondere Qualifikation* zuzuerkennen, um der Marktgegenseite die Auswahl zu erleichtern.[183] In manchen Fällen bestimmen zudem (vornehmlich) zivilrechtliche Vorschriften, dass es einer öffentlichen Bestellung bedarf, um als Versteigerer tätig werden zu dürfen, oder dass öffentlich bestellte Sachverständige bevorzugt herangezogen werden sollen, dann aber auch zur Begutachtung verpflichtet sind.[184]

---

[179] Siehe dazu *Schönleiter*, in: Landmann/Rohmer, GewO, § 13a Rn. 11 ff. (Stand: 53. EL Januar 2009).

[180] Vgl. *Schulze-Werner*, in: Friauf, § 13a Rn. 19 ff. (Stand: 254. EL September 2011).

[181] Allgemein dazu *Wolff*, GewArch 1999, 17.

[182] *Stober/Eisenmenger*, § 46 IV 1, 3.

[183] *Ziekow*, § 10 Rn. 34.

[184] *Tettinger/Wank/Ennuschat*, GewO, § 36 Rn. 5, § 34b Rn. 30.

bb) Ausübungsüberwachung

Die Vorschriften über die Ausübungsüberwachung des stehenden Gewerbes lassen **74** sich ebenfalls danach unterscheiden, ob es sich um eine anzeige- oder genehmigungspflichtige Tätigkeit handelt. Hinzu treten Vorschriften über Auskunft und Nachschau sowie § 51 GewO.

(1) Untersagung der anzeigepflichtigen Gewerbeausübung

Für anzeigepflichtige Gewerbe entscheidet § 35 GewO darüber, ob und wenn ja in- **75** wieweit deren weitere Ausübung untersagt werden muss. Er greift, wenn tatsächlich ein Gewerbe zum Zeitpunkt der Einleitung des Untersagungsverfahrens ausgeübt wird, also nicht nur angezeigt worden ist[185]. Eine danach eintretende Betriebsaufgabe hindert wegen § 35 Abs. 1 S. 3 GewO die Verfahrensfortsetzung nicht. *§ 35 GewO gilt nach Absatz 8 nicht* für erlaubnisfreie Tätigkeiten, soweit speziellere unzuverlässigkeitsbezogene Vorschriften bestehen (→ Rn. 36), und nicht für genehmigungspflichtige Tätigkeiten, soweit die Zulassung wegen Unzuverlässigkeit aufgehoben werden kann.[186] Daher ist im Falle eines unzuverlässigen Handwerkers ein Rückgriff auf § 35 GewO möglich, weil sich die in § 16 Abs. 3 S. 1 HwO in Bezug genommenen „Vorschriften dieses Gesetzes" nicht auf die Zuverlässigkeit, sondern auf handwerksrechtliche Aspekte beziehen (→ § 10 Rn. 113).[187] Zudem greift § 35 GewO, wenn ein erlaubnispflichtiges Gewerbe ohne Genehmigung ausgeübt wird, weil dann keine Erlaubnis vorliegt, die aufgehoben werden könnte.[188]

In tatbestandlicher Hinsicht stellt § 35 GewO auf den Gewerbetreibenden ab. **76** Daher können auch *juristische Personen* (→ Rn. 10) unzuverlässig sein, soweit das Fehlverhalten objektiv in den persönlichen Verhältnissen liegt – so bei der Nichtabführung von Abgaben.[189] Sind hingegen subjektive Komponenten wie das persönliche Verhalten oder individuelle Eigenschaften relevant, ist ihnen das Verhalten ihrer Vertreter zuzurechnen.[190] Soweit man die Rechtsfähigkeit der *Personengesellschaften* auch im Gewerberecht für maßgeblich hält (→ Rn. 10), gelten diese Grundsätze entsprechend. Anderenfalls ist auf jeden Gesellschafter selbst abzustellen, ohne dass dessen Fehlverhalten andere Gesellschafter unzuverlässig macht[191] – es sei denn, sie schließen ihn nicht von der Geschäftsführung aus.[192] Falls Dritte eingeschaltet werden, ist deren Fehlverhalten relevant, wenn es sich um einen Stellvertreter (→ Rn. 9) und/oder einen Betriebsleiter (§ 35 Abs. 1 S. 1 GewO) handelt. Nur deren Verhalten wird dem Gewerbetreibenden zugerechnet, nicht hingegen das sonstiger Dritter – so eines Angestellten (§ 41 GewO). Anderenfalls umginge man den Aussagegehalt dieser Bestimmungen. Allerdings kann der Gewerbetreibende

---

[185] BVerwG, NVwZ 2004, 103 (103); *Ehlers*, in: ders./Fehling/Pünder, § 18 Rn. 51.

[186] *Frotscher/Kramer*, Rn. 356.

[187] *Stober/Eisenmenger*, § 48 XII 2.

[188] BVerwG, NVwZ 1982, 557 (558); *Guckelberger*, Jura 2007, 598 (604).

[189] *Ruthig/Storr*, Rn. 262.

[190] *Ziekow*, § 10 Rn. 55; *Ehlers*, in: ders./Fehling/Pünder, § 18 Rn. 57.

[191] *Ruthig/Storr*, Rn. 262.

[192] NdsOVG, NVwZ-RR 2009, 103 (104); *Ziekow*, § 10 Rn. 55.

selbst unzuverlässig werden, wenn er einem unzuverlässigen Dritten – so der Strohmann einem Hintermann (→ Rn. 11) – maßgeblichen Einfluss auf die Geschäftsführung einräumt und ihn gewähren lässt.[193]

77   Ist Unzuverlässigkeit gegeben, muss die Untersagung zum Schutz der Allgemeinheit oder der im Betrieb Beschäftigten *erforderlich* sein. Daher sind Abmahnungen,
Auflagen oder Teiluntersagungen als mildere Mittel im Falle gleicher Eignung einer
Untersagung vorzuziehen.[194] Zudem kann nach § 35 Abs. 2 GewO der Gewerbebetrieb durch einen zuverlässigen Stellvertreter fortgeführt werden; im Lichte des
Art. 12 Abs. 1 GG hat der Gewerbetreibende trotz des insoweit eher missverständlichen Wortlauts sogar einen Anspruch darauf.[195] Ob überdies die Untersagungsverfügung auch verhältnismäßig im engeren Sinne sein muss, ist umstritten, wird in
praxi aber kaum relevant.[196] Liegen die Anforderungen des § 35 Abs. 1 S. 1 GewO
vor, ist die Ausübung des Gewerbes zu untersagen. Die zuständige Behörde verfügt
insoweit also über keinen Ermessensspielraum. Die daran anschließende Verfügung
gilt für das gesamte Bundesgebiet und ist nach § 149 Abs. 2 GewO genauso wie alle
anderen dort aufgeführten Entscheidungen in das Gewerbezentralregister einzutragen, so dass sich der Gewerbetreibende den Rechtswirkungen der Verfügung durch
Ortswechsel nur schwer entziehen kann.[197] Weiterungen der Untersagung sind auf
Basis des § 35 Abs. 1 S. 2 GewO zulasten des Gewerbetreibenden[198] und des § 35
Abs. 7a GewO zulasten des Betriebsleiters möglich.[199]

78   Ist eine Gewerbeuntersagung auf Basis des § 35 GewO ergangen, bietet Absatz 6
dieser Vorschrift die Möglichkeit der *Wiedergestattung*. Erfolg hat der dazu nötige
Antrag aber nur, wenn die anfängliche Unzuverlässigkeit zwischenzeitlich weg-
gefallen ist[200]. Ein Wohlverhalten während eines laufenden Prozesses – so z. B. die
Nachzahlung offener Sozialabgaben – wiegt das ursprüngliche Fehlverhalten aber
nicht auf. Denn von einem Gewerbetreibenden, der gegen eine behördliche Verfügung Rechtsbehelfe einlegt, ist zu erwarten, dass er sich während dieses Verfahrens ordnungsgemäß verhält.[201] Vor Ablauf eines Jahres nach Durchführung – also
Vollzug[202] – der Untersagungsverfügung kommt eine Wiedergestattung wegen § 35
Abs. 6 S. 2 GewO nur in Betracht, wenn „besondere Gründe" sozialer oder fami-
liärer Natur vorliegen.[203] Eine verfassungskonforme Auslegung fordert im Lichte

---

[193] BVerwG, NVwZ 2004, 103 (104); allgemein dazu *Scheidler*, GewArch 2014, 238.

[194] *Schliesky*, S. 245.

[195] *Arndt/Fetzer*, in: Steiner, Kap. 6 Rn. 231.

[196] *Ruthig/Storr*, Rn. 296; vgl. aber NdsOVG, NVwZ-RR 2007, 521 (522).

[197] *Frotscher/Kramer*, Rn. 359.

[198] Vgl. dazu ausführlich *Ziekow*, § 10 Rn. 62, 64; siehe auch BVerwG, GewArch 1995, 115 (115).

[199] Vgl. dazu ausführlich *Schliesky*, S. 244 f.

[200] Vgl. *Marcks*, in: Landmann/Rohmer, GewO, § 35 Rn. 174, 179 (Stand: 48. EL Juni 2006);
allgemein zur Wiedergestattung *Scheidler*, VBlBW 2010, 270.

[201] BVerwGE 28, 202 (210); *Frotscher/Kramer*, Rn. 366.

[202] *Heß*, in: Friauf, § 35 Rn. 181 (Stand: 277. EL April 2014).

[203] *Tettinger/Wank/Ennuschat*, GewO, § 59 Rn. 8.

der Berufsfreiheit aber gleichwohl eine großzügige Betrachtungsweise[204]. Dieser
Gedanke setzt sich innerhalb des in § 35 Abs. 6 S. 2 GewO eingeräumten Ermessens
fort.[205] Ergeht eine Untersagungsverfügung auf Basis des § 35 GewO und kommt
der Gewerbetreibende dieser Maßnahme nicht nach, können Vollstreckungsmaßnahmen wie z. B. die Wegnahme der Arbeitsmittel[206] ergriffen werden. Die Zulässigkeit dieser Maßnahmen richtet sich nach dem Landesvollstreckungsrecht. Der
für den Vollzug erforderliche Grundverwaltungsakt liegt in der Untersagung selbst.
Einer separaten Schließungsverfügung bedarf es nicht mehr. [207]

(2) Verhinderung der erlaubnispflichtigen Gewerbeausübung
Für erlaubnispflichtige Gewerbe ermöglicht § 15 Abs. 2 S. 1 GewO die Verhinde-   **79**
rung der Fortsetzung des Betriebs, wenn er ohne die nötige Zulassung ausgeübt
wird. Diese Norm bezieht sich auch auf spezialgesetzliche Erlaubnisvorbehalte, solange es sich um Elemente der gewerberechtlichen Präventivkontrolle und nicht um
repressive Verbote handelt, tritt aber hinter spezielleren Normen wie § 16 Abs. 3
S. 1 HwO zurück.[208] § 15 Abs. 2 S. 1 GewO setzt eine *zulassungspflichtige Tätigkeit*, vor allem aber das Fehlen einer erteilten Genehmigung voraus (→ Rn. 75).
Wurde sie ursprünglich erteilt, ist ihre zwischenzeitliche Aufhebung zu erörtern.
Soweit keine abschließenden Spezialvorschriften wie in Teilen § 33d Abs. 4 f.
GewO greifen,[209] sind dann die §§ 48 f. LVwVfG zu prüfen.

In Betracht kommt vor allem ein Widerruf nach § 49 Abs. 2 S. 1 Nr. 3 LVwVfG,   **80**
wenn die Behörde wegen nach Erlaubniserteilung eingetretener Tatsachen von der
Unzuverlässigkeit des Gewerbetreibenden ausgehen kann und deshalb berechtigt
wäre, die ursprünglich erteilte Genehmigung nicht zu erlassen. Die außerdem nötige Gefährdung des öffentlichen Interesses lässt sich dann daraus ableiten, dass
die Teilnahme eines unzuverlässigen Gewerbetreibenden am Geschäftsleben jederzeit fremde Rechtsgüter gefährdet.[210] Liegt eine von Anfang an rechtswidrige
Erlaubnis vor, gilt § 48 Abs. 1 S. 2, Abs. 3 LVwVfG – so wenn schon vor der
Zulassungserteilung Tatsachen die Annahme der Unzuverlässigkeit rechtfertigen,
weil die Erlaubnis dann von Anfang an hätte versagt werden müssen.[211] Etwaige
Abwägungsgesichtspunkte – z. B. die Möglichkeit des Erlasses einer Auflage statt
einer *Aufhebung* als milderes, gleich geeignetes Mittel – gehen in beiden Fällen in
der Ermessensprüfung auf.

---

[204] BVerfG, GewArch 1995, 242 (243); BVerwG, GewArch 1991, 110 (111); *Ziekow*, § 10 Rn. 67.

[205] *Tettinger/Wank/Ennuschat*, GewO, § 35 Rn. 212.

[206] *P. M. Huber*, in: Schoch, Kap. 3 Rn. 314.

[207] Vgl. zum Streitstand nach früherem Recht *Schliesky*, S. 246; allgemein dazu *Dietz*, GewArch 2014, 225.

[208] Vgl. dazu VGH BW, VBlBW 2004, 306 (307); *Ziekow*, § 10 Rn. 39.

[209] *Tettinger/Wank/Ennuschat*, GewO, § 33d Rn. 34 ff.; vgl. auch *P. M. Huber*, in: Schoch, Kap. 3 Rn. 304; vgl. dazu auch *Diegmann/Hoffmann/Ohlmann*, Praxishandbuch Spielrecht, Rn. 338 ff.

[210] *Laubinger/Repkewitz*, VerwArch 89 (1998), 337 (353); 609 (614 f.); in diese Richtung auch BVerwG, GewArch 1995, 113 (114).

[211] *Schönleiter*, in: Landmann/Rohmer, GewO, § 57 Rn. 24 (Stand: 50. EL August 2007).

81   Liegt der Tatbestand des § 15 Abs. 2 S. 1 GewO vor, kann die weitere Ausübung des Gewerbes verhindert werden. Insoweit besteht also (ebenfalls) *Ermessen*, so dass ggf. eine Teilschließung als milderes, gleich geeignetes Mittel in Betracht kommt.[212] Zudem bedarf es einer Differenzierung zwischen formeller und materieller Illegalität. Im erstgenannten Fall liegen die Genehmigungsvoraussetzungen vor, im zweiten nicht. Daher ist bei formeller Illegalität der Hinweis auf die Antragsmöglichkeit gegenüber der Verhinderung ein milderes, gleich geeignetes Mittel.[213] Eine Einladung zur Außerachtlassung gewerberechtlicher Präventivkontrollmechanismen geht damit nicht einher,[214] sondern vielmehr ein im Lichte des Art. 12 Abs. 1 GG abgewogenes Behördenverhalten.[215] Soweit Verwaltungszwang nötig wird, bietet § 15 Abs. 2 S. 1 GewO eine vollstreckungsfähige, aber auch -bedürftige Basis für etwaige Vollstreckungsmaßnahmen; deren Zulässigkeit richtet sich nach Landesrecht.[216]

(3) Auskunft und Nachschau

82   § 29 GewO erlaubt es den Behörden, mittels Auskunft und Nachschau die für weitere ordnungsrechtliche Maßnahmen erforderlichen *Informationen* vom Gewerbetreibenden und in deren Geschäftsräumen zu erlangen. Diese Befugnisse lassen keine Warenkontrolle[217], sehr wohl aber die Einsicht in Geschäftsunterlagen sowie Besichtigungen und Prüfungen zu.[218] Sie sind im Lichte des Art. 13 GG nicht unproblematisch (→ § 2 Rn. 86).[219]

83   Im Zusammenhang mit Auskunftsrechten ist auch auf *§ 38 Abs. 2 GewO* hinzuweisen. Dort wird den Behörden die Möglichkeit gegeben, ein Führungszeugnis oder eine Auskunft aus dem Gewerbezentralregister einzuholen, wenn die begründete Besorgnis der Gefahr einer Verletzung wichtiger Gemeinschaftsgüter besteht. Diese Befugnis ist systematisch verfehlt platziert, weil sie auch jenseits des Betriebs eines überwachungsbedürftigen Gewerbes besteht. Sie wäre daher besser in § 29 GewO integriert worden.[220]

(4) Untersagung der Benutzung gewerblicher Anlagen

84   Eine objektbezogene Rechtsgrundlage bietet schließlich § 51 GewO. Nach dieser Norm kann die Benutzung einer gewerblichen Anlage im Falle überwiegender Nachteile und Gefahren für das Gemeinwohl jederzeit untersagt werden. Da diese Vorschrift wenn überhaupt nur jenseits des spezielleren *Bundesimmissionsschutz-*

---

[212] *Ruthig/Storr*, Rn. 316.

[213] *Schliesky*, S. 251; *P. M. Huber*, in: Schoch, Kap. 3 Rn. 307.

[214] So aber *Ziekow*, § 10 Rn. 39.

[215] *Ruthig/Storr*, Rn. 318; nach dem Gefahrenpotenzial der jeweiligen Tätigkeit differenzierend *Guckelberger*, Jura 2007, 598 (601 f.).

[216] *P. M. Huber*, in: Schoch, Kap. 3 Rn. 306; allgemein dazu *Dietz*, GewArch 2014, 225.

[217] *Ruthig/Storr*, Rn. 335.

[218] *Schliesky*, S. 235; vgl. auch *Hamdan*, JA 2007, 249 (253).

[219] Ausführlich dazu *Ennuschat*, AöR 127 (2002), 251; vgl. auch *Thiel*, GewArch 2011, 403.

[220] *Stober/Eisenmenger*, § 46 IV 4.

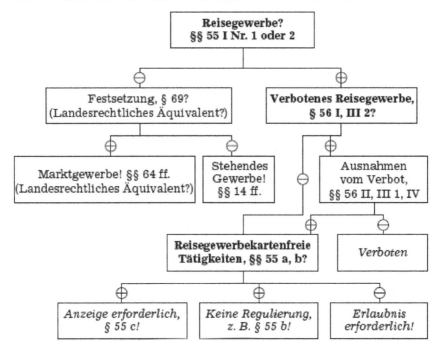

Abb. 5 Bestimmungen über die Kontrolle des Reisegewerbes [Quelle: *Korte*, in: Friauf, Vorbem. vor Titel III Rn. 46 (Stand: 276. EL März 2014)]

rechts z. B. für die Betriebsstätten von Privatkrankenanstalten i. S. d. § 30 GewO[221] einschlägig sein kann, sind die Anwendungsfälle des § 51 GewO in praxi selten, zumal wegen des enteignenden Charakters der auf Basis dieser Vorschrift ergangenen Maßnahmen Schadensersatzpflichten bestehen.[222]

b) Reisegewerbe

In den §§ 55 ff. GewO finden sich Bestimmungen über die Kontrolle des Reisege-   **85**
werbes. Sie lassen sich im Überblick wie in Abb. 5 skizzieren.

aa) Begriff des Reisegewerbes

Reisegewerblich sind nach der in § 55 Abs. 1 GewO enthaltenen Legaldefinition   **86**
die dort genannten gewerbsmäßigen (→ Rn. 8 ff.) und (trotz des an sich abweichenden Wortlauts auch) gewerbsfähigen[223] (→ Rn. 23 ff.) Aktivitäten, wenn sie ohne

---

[221] Vgl. dazu *Stollenwerk*, Praxishandbuch GewO, Rn. 441; *Schliesky*, S. 247.

[222] *Badura*, Rn. 320; *Frotscher/Kramer*, Rn. 358; vgl. auch *Sydow*, Jura 2007, 7 (10), der von einem auf Null reduzierten Anwendungsbereich spricht.

[223] Vgl. zum zugehörigen Streitstand *Korte*, in: Friauf, § 55 Rn. 54 (Stand: 237. EL Oktober 2009).

vorhergehende Bestellung und ohne oder außerhalb einer Niederlassung betrieben
werden.

(1) Definitionsmerkmale

87   Das Merkmal der *Niederlassung* ist in § 4 Abs. 3 GewO legal definiert (→ Rn. 4,
47) und knüpft dort anders als nach der früheren Rechtslage an das unionsrechtliche
Begriffsverständnis (→ § 1 Rn. 51) an. Es stellt folglich auf die Integrationsdichte –
sie indiziert z. B. die Existenz spezifischer Betriebsmittel[224] – und nicht wie früher
auf gefahrenabwehrrechtliche Gesichtspunkte in Form der Anbieterverflüchtigung
ab (→ Rn. 5), was zumindest in Randbereichen zu Unterschieden führen kann.[225]
Sie lassen sich insbesondere daran festmachen, dass betriebsnotwendige Infrastruktur wie z. B. ein Büro nach der unionsgerichtlichen Rechtsprechung nicht als Niederlassung einzuordnen ist – eine Einschätzung, die auf Basis des früher die GewO
beherrschenden Verständnisses kaum hätte begründet werden können.[226]

88   Das *Fehlen einer vorherigen Bestellung* verlangt, dass der Reisende zum Kunden
kommt und nicht wie an sich üblich der Nachfrager zum Anbieter. Es ist damit Ausdruck der dem Reisegewerbe eigenen Überrumpelungsgefahr (→ Rn. 5). Deshalb
greifen die §§ 55 ff. GewO vor allem, wenn der Gewerbetreibende die Vertrags-
verhandlungen initiiert oder provoziert und sein Gegenüber damit unvorbereitet
trifft.[227] Hinzu sollen Fälle besonderer Schutzbedürftigkeit des Verbrauchers
kommen – so beim vorübergehenden Ankauf wertvoller Gegenstände.[228] Handelt
der Unternehmer hingegen aufgrund einer insbesondere in puncto Vertragsgegen-
stand und -umfeld, Kontaktaufnahme und Person des Verbrauchers konkretisierten
Absprache, ist eine Bestellung gegeben und Titel III greift nicht.[229]

89   Zu diesen allgemeinen kommen die *besonderen Merkmale reisegewerblicher
Tätigkeit* hinzu. Sie müssen nicht kumulativ, sondern alternativ vorliegen: So erfasst
§ 55 Abs. 1 Nr. 1 GewO zum einen den Ankauf und das Feilbieten von Waren sowie
das Anbieten von Dienstleistungen und damit Konstellationen einer sofortigen Er-
füllungsbereitschaft, zum anderen aber auch das Aufsuchen von Bestellungen, wo
Akquisition und Erfüllung auseinanderfallen. § 55 Abs. 1 Nr. 2 GewO bezieht sich
hingegen auf unterhaltende Tätigkeiten als Schausteller oder nach Schaustellerart
z. B. auf Volksfesten i. S. d. § 60b GewO. Diese Variante setzt damit ein belustigen-
des, dem Zeitvertreib dienendes Moment voraus.[230]

---

[224] ThürOVG, GewArch 2011, 127 (127 f.); VG München, GewArch 2011, 312 (313).

[225] *Korte*, in: Friauf, § 4 Rn. 54 (Stand: 247. EL November 2010); *Schönleiter*, in: Landmann/
Rohmer, GewO, § 4 Rn. 45 (Stand: 61. EL Juni 2012).

[226] Ausführlich dazu *Korte*, in: Friauf, § 55 Rn. 73 ff. (Stand: 237. EL Oktober 2009).

[227] Siehe *Tettinger/Wank/Ennuschat*, GewO, § 55 Rn. 15 ff.

[228] Vgl. dazu NdsOVG, NVwZ-RR 2010, 971 (971); HmbOVG, NVwZ-RR 2007, 170 (170).

[229] *Schönleiter*, in: Landmann/Rohmer, GewO, § 55 Rn. 30 ff. (Stand: 42. EL Juli 2002); allgemein
dazu *Ratzke*, GewArch 2014, 71.

[230] *Korte*, in: Friauf, Vorbem. vor Titel III Rn. 40 (Stand: 237. EL Oktober 2009).

Fehlt es an den Vorgaben des § 55 Abs. 1 Nr. 2 GewO, greifen die §§ 14 ff. **90**
GewO (→ Rn. 4) – und zwar nach der Gesetzesbegründung[231] auch dann, wenn
eine unterhaltende Tätigkeit nicht schaustellerisch i. S. d. § 55 Abs. 1 Nr. 2 GewO
erfolgt, aber unter Nr. 1 dieser Vorschrift fällt, weil *unterhaltende Tätigkeiten dort
abschließend* geregelt sein sollen.[232] Hingegen finden, solange der mobile Unternehmer ohne vorhergehende Bestellung tätig wird, die §§ 55 ff. GewO Anwendung,
wenn der Gewerbetreibende nicht von einer Niederlassung i. S. d. § 4 Abs. 3 GewO
aus tätig wird, zugleich aber keine Anbieterverflüchtigung droht, weil betriebsnotwendige Infrastruktur gegeben ist (→ Rn. 4).

(2) Einordnung des Reisehandwerks

Die Unterscheidung von stehendem und reisendem Gewerbe ist wichtig, um die **91**
Titel II und III abzugrenzen (→ Rn. 4). Zuordnungsprobleme bestehen aber auch,
wenn ein Handwerk reisend betrieben wird, weil dann Handwerksrecht und Titel III
der GewO mit je unterschiedlichen Rechtsfolgen greifen können. Insoweit gilt im
Grundsatz, dass der *sofort erfüllungsbereite Reisehandwerker* unter die §§ 55 ff.
GewO fällt, weil handwerkliche und reisende Tätigkeit verschmelzen. Denn dann
bleibt für die Normen über das stehende Handwerk, da auch ihm eine Auffangfunktion zukommt (→ § 10 Rn. 18), kein Raum.[233]

Schwierigkeiten bestehen jedoch, wenn Akquisition und Leistungserbringung **92**
auseinanderfallen, der reisende Handwerker also *nicht sofort erfüllungsbereit* ist.
Für diesem Fall ließe sich nämlich behaupten, dass zwar die Bestellung im Reisegewerbe eingeworben wurde, die spätere Erledigung jedoch auf Basis des ambulant
erlangten Auftrags und daher nicht „ohne vorhergehende Bestellung" i. S. d. § 55
Abs. 1 Nr. 1 GewO erfolgt. Im Lichte dieser Annahme läge im Hinblick auf den Er-
füllungsvorgang ein stehendes Gewerbe vor, so dass Handwerksrecht und Titel III
je nach Tätigkeit nebeneinander gelten würden.[234]

Gegen die damit verbundene Trennbarkeit von Akquisitions- und Erfüllungs- **93**
vorgang spricht jedoch, dass das Aufsuchen von Bestellungen und deren Erfüllung
untrennbar zusammengehören, weil es dem Wesen jeder Akquisition entspricht,
dass die Erledigung der eingegangenen Verpflichtung nicht sofort, sondern später
erfolgt.[235] Diese Lesart des § 55 Abs. 1 GewO liegt auch die *Rechtsprechung des
BVerfG* zugrunde, die im Sinne eines Marginalvorbehalts eine grundrechtsfreund-
liche, auf das Erfordernis eines handwerklichen Befähigungsnachweises verzich-
tende Auslegung im Lichte des Art. 12 Abs. 1 GG anmahnt, weil es in der Regel um
Handreichungen geringeren Ausmaßes gehe.[236]

Da sich beide Lesarten des § 55 Abs. 1 GewO mit dessen Wortlaut vereinbaren **94**
lassen, bietet es sich *vermittelnd* an, die Ziele des Handwerksrechts insbesondere

---

[231] BT-Drs. 10/1125, S. 18.

[232] *Korte*, in: Friauf, Vorbem. vor Titel III Rn. 40 (Stand: 237. EL Oktober 2009).

[233] *Korte*, GewArch 2010, 265 (268).

[234] *Stollenwerk*, Praxishandbuch GewO, S. 153.

[235] *Steib*, GewArch 2001, 57 (57); *Laubinger*, Reisehandwerk, in: FS Frotscher, S. 497 (506).

[236] BVerfG, GewArch 2000, 480 (481 f.); GewArch 2007, 294 (295).

in Form eines auf die körperliche Unversehrtheit bezogenen Verbraucherschutzes
(→ § 10 Rn. 9) zu betonen. Daher müssen Titel III der GewO sowie die HwO
nebeneinander gelten, wenn die reisehandwerkliche Tätigkeit nicht nur Überrum-
pelungs- und Anbieterverflüchtigungsgefahren birgt, sondern auch Leib und Leben Dritter erheblich beeinträchtigen kann. Wann diese Schwelle überschritten
ist, ist eine Frage des Einzelfalls, wobei vor allem die Gefahrenpotenziale und die
Betriebsstättenabhängigkeit der Tätigkeit relevant werden.[237]

bb) Aufnahmeüberwachung

95   Die Aufnahmeüberwachung ist in den §§ 55 ff. GewO wegen des Misstrauens des
Gesetzgebers gegenüber dem ambulanten Vertrieb intensiver als in den §§ 14 ff.
GewO.[238]

(1) Verbotstatbestände

96   So können zunächst die in *§ 56 Abs. 1, Abs. 3 S. 2 GewO* enthaltenen Verbote greifen. Liegen die dortigen Voraussetzungen vor, ist die Tätigkeit im Reisegewerbe
untersagt – es sei denn, der Betroffene fungiert als Handels- bzw. Firmenvertreter
(§ 56 Abs. 3 S. 1 i. V. m. § 55b Abs. 1 GewO), tätigt in bestimmter Form Geldge-
schäfte (§ 56 Abs. 4 GewO) oder es wurden generell bzw. individuell ansetzende
Ausnahmen vom Verbotstatbestand des § 56 Abs. 1 GewO auf Basis der Ermächtigungsnorm des § 56 Abs. 2 GewO[239] festgelegt.

97   Zudem sind *Wanderauktionen* – sie werden außerhalb einer Niederlassung oder
ohne eine solche durchgeführt – ausweislich des § 57 Abs. 3 GewO verboten. Denn
danach ist die reisende Ausübung des Versteigerergewerbes „nur", d. h. also ausschließlich zulässig, falls eine Erlaubnis für die Veranstaltung von Auktionen im
stehenden Gewerbe nach § 34b Abs. 1 GewO besteht. Damit wird ein Unternehmen,
das im Bundesgebiet Wanderversteigerungen anbieten will, de iure verpflichtet, dort
eine Niederlassung zu gründen, zumindest aber einen gewerblichen Mittelpunkt zu
unterhalten, was auch jenseits des § 4 Abs. 1 S. 2 GewO (→ Rn. 47 f.) im Lichte der
Dienstleistungsfreiheit (→ § 1 Rn. 40 ff.) bedenklich erscheint.[240]

(2) Erlaubnis- und Anzeigevorbehalte

98   Greifen die §§ 56, 57 Abs. 3 GewO nicht, folgt aus § 55 Abs. 2 GewO die sog.
Reisegewerbekartenpflicht mobiler Aktivitäten i. S. d. § 55 Abs. 1 GewO. Diese
Form der Genehmigung kann nach Maßgabe des § 55 Abs. 3 GewO (→ Rn. 69) mit
Nebenbestimmungen – im Falle von Auflagen ggf. auch nachträglich – versehen
werden und ist nach § 57 Abs. 1 GewO bei Unzuverlässigkeit zu versagen. Manche
reisegewerbliche Tätigkeiten werden allerdings in den §§ 55a, 55b GewO von der
aus 55 Abs. 2 GewO folgenden Erlaubnispflicht befreit. Sie sind wegen § 55c
GewO *anzeigepflichtig* oder unterliegen wie im Falle des § 55b GewO keinem Auf-
nahmeüberwachungsmechanismus.

---

[237] Ausführlich dazu *Korte*, GewArch 2010, 265 (268 ff.).

[238] *Schliesky*, S. 254.

[239] *Frotscher/Kramer*, Rn. 375.

[240] *Korte*, in: Friauf, § 57 Rn. 23 ff. (Stand: 275. EL Februar 2014).

In den §§ 55 ff. GewO finden sich ferner Spezialnormen, die die darin enthal- **99**
tenen allgemeinen Vorgaben der Vorabkontrolle bei (an sich) reisegewerbekarten-
pflichtigen Aktivitäten verdrängen oder andere Anzeige- bzw. Erlaubnisvorbehalte
hinzutreten lassen. So führt § 55a Abs. 1 Nr. 7 GewO zur *Reisegewerbekarten-
freiheit*, wenn ein reisendes und ein ggf. auch nach Landesrecht erlaubnispflichtiges[241] stehendes Gewerbe gleichzeitig betrieben werden. Damit unterliegen z. B.
ausschließlich ambulant tätige Bewachungsunternehmer oder Makler § 55 Abs. 2
GewO.[242] Für die reisend betriebene Veranstaltung von Spielen kommen nach § 60a
GewO ggf. weitere Zulassungen zur Reisegewerbekarte hinzu. § 55 Abs. 1 Nr. 7
GewO greift nicht, da diese Erlaubnisse nicht zuverlässigkeitsbezogen sind.[243]

cc) Ausübungsüberwachung
Neben den Aufnahmeüberwachungsmechanismen enthalten die §§ 55 ff. GewO **100**
Vorschriften, die die Ausübung mobiler Tätigkeiten betreffen. Für die behördliche
Auskunft und Nachschau gilt § 29 GewO wegen § 61a Abs. 1 GewO entsprechend.

(1) Verhinderung reisegewerbekartenpflichtiger Tätigkeit
Behördliche Eingriffsgrundlagen finden sich für reisegewerbekartenpflichtige Tä- **101**
tigkeiten vor allem in *§ 60d GewO*, der die Verhinderung der weiteren Durchführung eines Reisegewerbes zulässt, wenn eine der darin aufgeführten Normen nicht
eingehalten ist. Werden andere als die dortigen Vorschriften wiederholt verletzt,
kann sich daraus ggf. die Unzuverlässigkeit ergeben. In diesem Falle könnte dann
nach Maßgabe des § 49 Abs. 2 S. 1 Nr. 3 LVwVfG eine ggf. auf Basis des § 55
Abs. 2 GewO erteilte Erlaubnis aufgehoben und die weitere Ausübung der Tätigkeit
nach § 60d GewO [ähnlich wie im Falle des § 15 Abs. 2 S. 1 GewO (→ Rn. 79 ff.)]
verhindert werden. Der Vollzug einer etwaigen Verhinderungsverfügung folgt
(ebenfalls) den zu § 15 Abs. 2 GewO erarbeiteten Grundsätzen.[244]

(2) Untersagung reisegewerbekartenfreier Tätigkeit
Für reisegewerbekartenfreie Tätigkeiten wird vor allem *§ 59 GewO* relevant. Diese **102**
Norm ermächtigt zur Untersagung ambulanter Tätigkeiten, wenn die Voraussetzungen des § 57 GewO vorliegen, d. h. insbesondere Unzuverlässigkeit gegeben ist.
Seiner Struktur nach ähnelt § 59 S. 1 GewO dem für das stehende Gewerbe geltenden § 35 GewO. Aus diesem Grund verweist dessen Absatz 2 auf einige Absätze
des § 35 GewO. Allerdings räumt § 59 GewO den Behörden Ermessen ein, was sich
mit dem geringen Gefahrenpotenzial der von dieser Norm erfassten reisegewerbe-
kartenfreien Tätigkeiten begründen lässt.[245]

---

[241] *Ruthig/Storr*, Rn. 348.
[242] *Schönleiter*, in: Landmann/Rohmer, GewO, § 55a Rn. 41 (Stand: 52. EL Mai 2008).
[243] Siehe dazu *Stober/Korte*, in: Friauf, § 60a Rn. 59 ff. (Stand: 227. EL Juni 2008).
[244] *Schliesky*, S. 256.
[245] *Ehlers*, in: ders./Fehling/Pünder, § 18 Rn. 72; ausführlich dazu *Stober/Korte*, in: Friauf, § 59
Rn. 20 (Stand: 219. EL September 2007).

(3) Einstellung bis zur Herbeischaffung der Reisegewerbekarte

103 Zudem kann nach § 60c Abs. 1 S. 1 a. E. GewO die Behörde dafür sorgen, dass der Umherziehende seine Tätigkeit bis zur Herbeischaffung der Reisegewerbekarte einstellt.

(4) Untersagung der Beschäftigung unzuverlässiger Personen

104 Hinzu kommt *§ 60 GewO*, wonach Reisegewerbetreibenden die Fortbeschäftigung von umherziehenden Angestellten im Falle ihrer Unzuverlässigkeit untersagt werden darf.[246]

(5) Umgang mit Wanderlagern

105 Für Wanderlager – sie werden von einer standfesten, mit einer gewissen Infrastruktur ausgestatteten Verkaufsstätte aus vorübergehend[247] durchgeführt – bestehen gemäß § 56a GewO je Veranstaltung gesonderte *Anzeigepflichten*[248] neben der Reisegewerbekartenpflicht[249]. Voraussetzung dafür ist, dass sie mittels öffentlicher Ankündigung – deren Ausgestaltung wird in dessen Absatz 1 näher beschrieben – beworben werden.

106   Erfasst von § 56a GewO werden insbesondere sog. Kaffeefahrten, bei denen der Produktvertrieb mit einem Busausflug gekoppelt wird. Die dortigen Anzeigepflichten reagieren damit auf die *besonderen Überrumpelungsgefahren* solcher Veranstaltungen, bei denen die Teilnehmer dem Veranstalter fernab der Heimat oft hilflos ausgeliefert sind.[250] Die Untersagung solcher Wanderlager richtet sich nach § 56a Abs. 2 GewO. Diese Vorschrift knüpft an die Anzeigepflicht bzw. an die Modalitäten der öffentlichen Ankündigung an.

c) Marktgewerbe

107 Das Recht der Märkte, Messen und Ausstellungen ist noch (→ Rn. 1) in Titel IV der GewO niedergelegt. Die §§ 64 ff. GewO richten sich im Wesentlichen[251] an Veranstalter und Anbieter bzw. Aussteller, die jedenfalls dem Grunde nach alle gleichermaßen in unterschiedlicher Ausprägung Gewerbefreiheit in Form von Marktfreiheit genießen. Die Struktur des Titels IV der GewO veranschaulicht Abb. 6.

aa) Veranstalterbezogene Vorschriften

108 Die zugunsten des Veranstalters bestehende Marktfreiheit verleiht ihm das Recht der *Marktgestaltung* – und zwar unabhängig davon, ob er privat und dann ggf. gewerblich[252] (→ Rn. 7 ff.) tätig wird oder insbesondere als Kommune Teil der öffentlichen Hand[253] ist. Erfüllt er eine der in den §§ 64–68 GewO legaldefinierten For-

---

[246] Siehe dazu *Lenski*, GewArch 2008, 388.

[247] OVG LSA, NVwZ-RR 2011, 472 (472); *Scheidler*, GewArch 2012, 392 (393 f.).

[248] *Stober/Eisenmenger*, § 46 V 8.

[249] *Ehlers*, in: ders./Fehling/Pünder, § 18 Rn. 76.

[250] *Korte*, in: Friauf, § 56a Rn. 12 (Stand: 273. EL November 2013).

[251] Hinzu kommen die Besucher; vgl. dazu *Hilderscheidt*, GewArch 2011, 11 (16).

[252] Vgl. *Ehlers*, in: ders./Fehling/Pünder, § 18 Rn. 40, 77.

[253] *Ziekow*, § 10 Rn. 78.

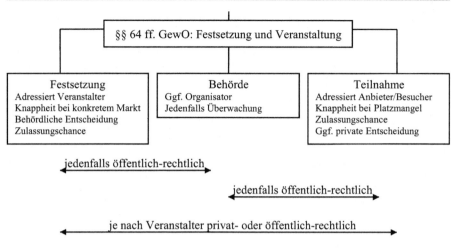

Abb. 6 Struktur des Titels IV der GewO

men einer Messe, einer Ausstellung oder eines Marktes, ist Titel IV der GewO ange-sprochen. Die dort aufgeführten Veranstaltungen haben zwar gemein, dass sie außer im Falle eines Großmarktes zeitlich begrenzt sind. Zudem treten dort jeweils viele Aussteller bzw. Anbieter auf, die jedenfalls überwiegend Gewerbetreibende sein müssen, damit die GewO anwendbar (→ Rn. 7 ff.) ist.[254] Allerdings unterscheiden sich die in den §§ 64 ff. GewO aufgeführten Veranstaltungen durch die angebotenen Waren, die Vertriebsform und die Frequenz der Durchführung.[255] Soweit etwaige Marktangebote hauptsächlich[256] der Unterhaltung dienen, liegt demgegenüber ein Volksfest i. S. d. § 60b GewO vor und es greift zumindest grundsätzlich (vgl. § 60b Abs. 2 GewO) Titel III, nicht aber Titel IV. Die Differenzierung dieser verschiede-nen Veranstaltungen ist wichtig, weil manche der in den §§ 64 ff. GewO enthaltenen Normen in ihrem Geltungsbereich beschränkt sind – so z. B. § 71 GewO, der die Ein-trittsgelder nur auf Volksfesten, Wochen- und Jahrmärkten verbietet.[257]

Ist eine der in den §§ 64 ff. GewO genannten Veranstaltungen oder ein Volksfest **109** i. S. d. § 60b GewO gegeben, hat der Veranstalter aufgrund von § 69 GewO (ggf. i. V. m. § 60b Abs. 2 Hs. 1 GewO) die *Möglichkeit der behördlichen Festsetzung.* Sie ist ihm nach § 69 GewO zu gewähren, wenn keine Ablehnungsgründe i. S. d. § 69a Abs. 1 GewO vorliegen – namentlich Zuverlässigkeit gegeben ist und keine Störungen der öffentlichen Sicherheit und Ordnung zu befürchten sind. Ggf. ist eine Auswahl zu treffen, soweit mehrere potenzielle Organisatoren um die Durch-führung einer bestimmten festzusetzenden Veranstaltung konkurrieren.[258] Etwaige

---

[254] *Ehlers*, in: ders./Fehling/Pünder, § 18 Rn. 40.

[255] Vgl. *Frotscher/Kramer*, Rn. 423, 428.

[256] *Schönleiter*, in: Landmann/Rohmer, GewO, § 60b Rn. 19 (Stand: 43. EL Februar 2003); vgl. auch *Badura*, Rn. 321.

[257] *Ziekow*, § 10 Rn. 80.

[258] BVerwG, GewArch 2006, 164 (165); *Guckelberger*, Jura 2007, 598 (605).

Nebenbestimmungen können, da ein Anspruch auf die Festsetzung besteht,[259] wegen § 36 Abs. 1 LVwVfG grundsätzlich (→ Rn. 69) nur auf Basis des § 69a Abs. 2 GewO, ggf. auch nachträglich, beigefügt werden. An eine einmal erteilte Festsetzung mitsamt der darin getroffenen Festlegungen über Gegenstand, Zeit, Öffnungszeiten und Platz ist die zuständige Behörde vorbehaltlich der in § 69b GewO niedergelegten Änderungs- und Aufhebungsmöglichkeiten gebunden. Die dortigen Gründe sind abschließend zu verstehen, so dass auf die §§ 48 ff. LVwVfG nur jenseits ihres Anwendungsbereichs zurückgegriffen werden darf.[260] Der Veranstalter ist im Falle einer Festsetzung zur Durchführung nicht nur berechtigt, sondern in den in § 69 Abs. 2 GewO genannten Fällen auch verpflichtet (sog. Einstandspflicht).

110   Ihrer Rechtsfolge nach bringt die Festsetzung eine Besserstellung mit sich, weil sie die sog. *Marktprivilegien* aufleben lässt, was die Attraktivität der Veranstaltung deutlich erhöht.[261] So gelten insbesondere Titel III und ggf. auch Titel II der GewO wegen der kategorischen Trennung der Vertriebsformen in der GewO (→ Rn. 3) nur noch insoweit, als die §§ 70a, 71b GewO entsprechende Verweise – so auf § 29 GewO – enthalten oder es Titel IV wie in § 68 Abs. 3 Hs. 2 GewO selbst vorschreibt.[262] Hinzu treten Sonderregeln, die vor allem Arbeitsschutzvorschriften, in Teilen aber auch das Gaststättenrecht (vgl. § 68a GewO) suspendieren.[263] Im Falle der Veranstaltung eines Volksfestes gelten die §§ 55 ff. GewO ausweislich des § 60b Abs. 2 Hs. 2 GewO hingegen fort; die Marktprivilegien beziehen sich dann daher nur auf spezialgesetzliche Regeln[264]. Soweit der Veranstalter auf die Festsetzung verzichtet, bestehen keine Privilegien, weil dann ein Privatmarkt vorliegt.[265]

bb) Anbieter- bzw. ausstellerbezogene Vorschriften
111   Die Marktfreiheit der Aussteller und Anbieter folgt aus § 70 Abs. 1 GewO.

(1) Existenz eines Teilnahmeanspruchs
112   Der dort normierte Teilnahmeanspruch greift nur nach Maßgabe der für alle geltenden Bestimmungen und hängt zudem davon ab, ob der Veranstalter den Teilnehmerkreis auf bestimmte Aussteller- und Anbietergruppen beschränkt hat. Dazu ist er nach § 70 Abs. 2 GewO befugt, wenn es erforderlich ist, um den Zweck der Veranstaltung zu erreichen. Soweit der Veranstalter eine juristische Person des öffentlichen Rechts wie z. B. eine Kommune ist, führt der in § 70 Abs. 1 GewO normierte Teilnahmeanspruch zu einem subjektiv öffentlichen Recht.[266] Übersteigt die Zahl der zugangswilligen Aussteller bzw. Anbieter wie regelmäßig die räumlichen

---

[259] *Arndt/Fetzer*, in: Steiner, Kap. 6 Rn. 254.

[260] *Ehlers*, in: ders./Fehling/Pünder, § 18 Rn. 92; *Laubinger/Repkewitz*, VerwArch 89 (1998), 609 (626).

[261] *Schliesky*, S. 259.

[262] *Wagner*, in: Friauf, § 68 Rn. 35 (Stand: 245. EL Oktober 2010).

[263] *Frotscher/Kramer*, Rn. 425 f.

[264] *Tettinger/Wank/Ennuschat*, GewO, § 60b Rn. 11.

[265] *Badura*, Rn. 322.

[266] *Ziekow*, § 10 Rn. 89.

Kapazitäten der Veranstaltung, folgt daraus aber kein unbedingter Teilnahmean-spruch und auch kein Anspruch auf Kapazitätserweiterung, sondern nur auf ermes-sensfehlerfreie Auswahl zwischen den interessierten Anbietern bzw. Ausstellern[267]. Insbesondere ist der Veranstalter dabei gemäß § 70 Abs. 3 GewO befugt, einzelne Teilnahmewillige bei *Platzmangel* auszuschließen. Er muss im Falle eines solchen Bewerberüberhangs aber wegen der Art. 12 Abs. 1, 3 Abs. 1 GG und daran anknüp-fend wegen § 70 Abs. 1, 3 GewO eine den Freiheits- und Gleichheitsgrundrechten entsprechende Auswahl treffen (zum Teilhabeanspruch → § 2 Rn. 10).[268] Diese Ver-pflichtung kann im Falle einer marktbeherrschenden Stellung auch bei einer nicht festgesetzten Veranstaltung aufgrund von § 20 Abs. 2 GWB bestehen.[269]

(2) Anforderungen an die Auswahlkriterien

Die verwendeten Auswahlkriterien müssen transparent, d. h. vorab den Anbietern   **113**
und Ausstellern bekannt, und allgemein zugänglich sowie sachgerecht sein.[270]
Ihnen darf also insbesondere nicht der Bezug zur Veranstaltung fehlen. Anderen-falls wäre die aus dem Grundsatz der Marktfreiheit ableitbare *Zulassungschance für jedermann* nicht gewahrt.[271] Diese Zulassungschance drängt zudem darauf, bei der isolierten Anwendung einzelner Auswahlkriterien aus verfassungsrechtli-chen Gründen[272] Vorsicht walten zu lassen und sie eher als kumulativ, sich gegen-seitig stützend zu verstehen – jedenfalls soweit anderenfalls die Gefahr besteht, bestimmte Anbieter bzw. Aussteller zu übergehen oder den Inhalt ihres Angebots nicht hinreichend zu würdigen.[273] Daran anknüpfend wird oftmals ein Vorrang der sog. materiellen (inhaltlichen) vor formellen (nicht inhaltlichen) Kriterien postu-liert.[274] Jedenfalls verlangt die Marktfreiheit der Anbieter aber nach Verfahrens-vorkehrungen, die sich im Vergabevorfeld als Vergabekonzept bis hin zu einer Ausschreibung, aber auch nach der Vergabeentscheidung in Form einer Pflicht zur Begründung manifestieren.[275]

Im Einzelnen haben sich zeitliche Prioritäten i. S. e. „Neu vor Alt" bzw. „Alt   **114**
vor Neu" als unzulässig erwiesen, weil damit je einer Gruppe ihre Zulassungschan-ce genommen wird.[276] Deshalb, aber auch im Lichte des Unionsrechts kommt die Ortsansässigkeit ebenfalls nicht als ermessenslenkendes Auswahlkriterium in Be-tracht – es sei denn nur dadurch kann die Attraktivität der Veranstaltung gewahrt

---

[267] *Schliesky*, S. 260 f.; *Arndt/Fetzer*, in: Steiner, Kap. 6 Rn. 255.

[268] *Windoffer*, GewArch 2013, 265 (265).

[269] *Frotscher/Kramer*, Rn. 433 f.; *F. Wollenschläger*, Verteilungsverfahren, S. 183 ff., 327.

[270] Vgl. *Ehlers*, in: ders./Fehling/Pünder, § 18 Rn. 84 ff.; *F. Wollenschläger*, Verteilungsverfahren, S. 324 ff.

[271] BVerwG, NVwZ 1984, 585 (586).

[272] Ausführlich dazu *Frotscher/Kramer*, Rn. 447 ff.

[273] Zur Kriterienfrage auch *F. Wollenschläger*, Verteilungsverfahren, S. 331 ff., 553 ff.

[274] Siehe dazu *Windoffer*, GewArch 2013, 265 (266 f.).

[275] *Ruthig/Storr*, Rn. 377 f.; vgl. dazu auch *F. Wollenschläger*, Verteilungsverfahren, S. 335 ff.

[276] BVerwG, NVwZ 1984, 585 (586).

werden.[277] Zudem sind ehe- oder familienbezogene Ausschlussgründe z. B. in Form der Ausklammerung von Zweitbewerbungen durch einen Ehegatten unzulässig.[278] Rechtlich nicht beanstandet werden hingegen Losentscheidungen zwischen vergleichbaren Bewerbern,[279] zeitliche Prioritäten im Sinne eines Windhundprinzips (jedenfalls für den Fall eines chancengleichen Anmeldeverfahrens)[280] oder Rotationen im Sinne einer im Turnus abwechselnden Zulassung, soweit der Bewerberkreis bei den Folgeveranstaltungen identisch bleibt.[281] Ein Vorrang bekannter und bewährter Anbieter ist ebenfalls möglich, sofern Neubewerber eine reale Zulassungschance haben, z. B. weil ihnen Standplätze vorbehalten bleiben.[282] Die Angebotsattraktivität ist trotz des damit verbundenen Beurteilungsspielraums ebenfalls ein zulässiges Auswahlkriterium, wenn es auf das Gesamtkonzept der Veranstaltung bezogen ist und nicht als qualitative Zusatzanforderung missbraucht wird, um eine Anbietergruppe wie Neubewerber auszugrenzen.[283]

(3) Erfordernis der Zuverlässigkeit

115 Die zur Veranstaltung zugelassenen Anbieter bzw. Aussteller unterliegen einer behördlichen Kontrolle. So bestimmt § 70a Abs. 1 GewO, dass deren Tätigkeit zu untersagen ist, wenn Tatsachen die Annahme der Unzuverlässigkeit rechtfertigen. Für die in § 70a Abs. 2 GewO niedergelegten Tätigkeiten kommen darüber hinaus bestimmte aus Titel II der GewO bekannte Anforderungen hinzu. Schließlich folgt aus § 70a Abs. 3 GewO, dass das Versteigerergewerbe auf Veranstaltungen i. S. d. §§ 64 ff. GewO nur ausgeübt werden darf, wenn eine Erlaubnis für das stehende Versteigerergewerbe vorhanden ist. Diese Norm begegnet den schon oben zu § 57 Abs. 3 GewO (→ Rn. 97) angesprochenen Bedenken.

cc) Verhältnis zum Kommunalrecht

116 Soweit eine Gemeinde einen Markt veranstaltet, kann es sich auch um eine öffentliche Einrichtung i. S. d. Kommunalrechts handeln – jedenfalls solange er dem Wortsinn entsprechend nicht einmalig, sondern regelmäßig oder hinreichend dauerhaft ist. In solchen Fällen kommen *Widmung und Festsetzung gleichermaßen* in Betracht, um den Markt ins Leben zu rufen.[284] Es ist folglich eine Frage der Auslegung der hoheitlichen Maßnahme, ob Kommunal- oder Gewerberecht greift. Einer Entscheidung in die eine oder andere Richtung bedarf es aber, weil die Teilnahmevoraussetzungen erhebliche Unterschiede aufweisen.[285] Liegt eine festgesetzte Veranstaltung

---

[277] *Ehlers*, in: ders./Fehling/Pünder, § 18 Rn. 86; VG Neustadt, GewArch 2010, 39 (41).

[278] BVerwG, NVwZ 1984, 585 (586).

[279] BVerwG, NVwZ-RR 2006, 786 (786).

[280] BayVGH, GewArch 1982, 236 (236 f.).

[281] HmbOVG, GewArch 1987, 303 (304 f.).

[282] NdsOVG, NJW 2003, 531 (531 ff.).

[283] Vgl. dazu VGH BW, DÖV 2006, 837 (837); siehe allgemein *Windoffer*, GewArch 2013, 265; *F. Wollenschläger*, Verteilungsverfahren, S. 332 f., 555 f.

[284] *Frotscher/Kramer*, Rn. 460.

[285] Vgl. *Tettinger/Wank/Ennuschat*, GewO, § 69 Rn. 3 ff.; *Windoffer*, GewArch 2013, 265 (265).

i. S. d. §§ 64 ff. GewO vor und findet sie auf einer als öffentliche Einrichtung gewidmeten Fläche statt, muss sie sich innerhalb dieser Widmung halten.[286] Inwieweit ein Markt privatisiert werden darf, ist demgegenüber eine kommunalrechtliche Frage.[287]

d) Ordnungswidrigkeiten- und Strafrecht

Abgesehen von den Vorschriften, die ein behördliches Einschreiten ermöglichen, **117** finden sich in den §§ 143 ff. GewO Normen, die eine repressiv ansetzende Sanktionierung der Verletzung des Gewerberechts als Ordnungswidrigkeit oder Straftat zulassen. Diese *vergangenheitsgerichtete Pönalisierung von Verwaltungsunrecht*[288] wirkt zumindest reflexartig auch disziplinierend in die Zukunft, weil sie die Gewerbetreibenden davon abhält, weitere Verstöße zu begehen, und Dritte abschreckt. Etwa eingeleitete Bußgeld- bzw. Strafverfahren hindern die Behörden aber nicht, zugleich präventiv wirkende Verwaltungsmaßnahmen zu ergreifen und so künftigen Rechtsverstößen unmittelbar entgegenzutreten[289].

IV. Rechtsschutz

Die in Betracht kommenden Rechtsschutzmöglichkeiten hängen ebenfalls davon **118** ab, welcher Titel der GewO Anwendung findet.

1. Stehendes und Reisegewerbe

Liegt ein stehendes bzw. reisend betriebenes Gewerbe vor, ist danach zu differen- **119** zieren, ob es um Rechtsschutzmöglichkeiten des Gewerbetreibenden oder eines Dritten geht.

a) Rechtsbehelfsmöglichkeiten des Gewerbetreibenden selbst

Im Falle eines Vorgehens des Gewerbetreibenden ist vor allem zu erörtern, welche **120** Verfahren statthaft sein können und welche Tatsachen berücksichtigt werden dürfen.

aa) Statthafte Verfahren

Verwaltungsrechtsschutz kommt in Betracht, wenn die Reichweite der in den **121** §§ 14 ff. GewO bzw. in den §§ 55 ff. GewO enthaltenen *Genehmigungsvorbehalte* in Streit steht. So können Gewerbetreibende je nach Landesrecht zunächst Verpflichtungswiderspruch gemäß § 68 Abs. 2 VwGO auf Erlaubniserteilung und (ggf. danach) eine Verpflichtungsklage nach § 42 Abs. 1 Alt. 2 VwGO erheben, wenn ihnen keine Zulassung erteilt worden ist. Denn begehrt wird dann der Erlass eines

---

[286] *Ruthig/Storr*, Rn. 361.
[287] BVerwG, NVwZ 2009, 1305.
[288] BayVGH, DÖV 1982, 251 (251).
[289] *Kahl*, in: Landmann/Rohmer, GewO, § 144 Rn. 1 (Stand: 30. EL August 1993), § 148 Rn. 10 (Stand: 45. EL Februar 2004); BayVGH, DÖV 1982, 251 (251).

Verwaltungsakts i. S. d. § 35 S. 1 LVwVfG. In manchen Fällen ist gleichzeitig einstweiliger Rechtsschutz auf Basis des § 123 VwGO zu suchen – so z. B. bei einer versagten Ausnahmebewilligung i. S. d. § 61a Abs. 2 S. 2 GewO.

122   Soll gegen die zwischenzeitliche Aufhebung einer Genehmigung vorgegangen werden, ist erneut ggf. zunächst gemäß § 68 Abs. 1 VwGO Anfechtungswiderspruch und danach (oder aber sofort) Anfechtungsklage nach § 42 Abs. 1 Alt. 1 VwGO zu erheben. Dies gilt auch für andere *Maßnahmen der Eingriffsverwaltung* wie Verhinderungs- bzw. Untersagungsverfügungen. Weil derartige Bescheide oft mit einer Anordnung der sofortigen Vollziehung versehen werden, kann zudem vorläufiger Rechtsschutz nach § 80 Abs. 5 VwGO nötig sein[290]. Soll eine Nebenbestimmung angegriffen werden, gelten (ebenfalls) die allgemeinen Grundsätze, so dass in der Regel Anfechtungs- und seltener Verpflichtungsrechtsbehelfe angezeigt sind.[291]

123   Wird ein Gewerbeschein i. S. d. § 15 Abs. 1 GewO (→ Rn. 68) begehrt, ist grundsätzlich die *allgemeine Leistungsklage* statthaft, weil es sich um eine Bestätigung handelt, der es am für einen Verwaltungsakt erforderlichen Regelungscharakter fehlt.[292] Soweit dessen Erteilung abgelehnt worden ist, kann jedoch gleichzeitig eine Anfechtungsklage erforderlich werden, wenn diese Ablehnung ihrerseits als Verwaltungsakt[293] ergeht, um zu verhindern, dass Bestandskraft eintritt.[294] Soweit die zuständige Behörde zu erkennen gibt, dass sich aus dem Fehlen des Gewerbescheins keine nachteiligen Auswirkungen zulasten des Gewerbetreibenden ergeben, kann es am Rechtsschutzbedürfnis mangeln.[295]

bb) Berücksichtigungsfähige Tatsachen

124   Falls während des Untersagungsverfahrens bzw. des anschließenden Prozesses neue z. B. für die Bewertung der Zuverlässigkeit relevante Tatsachen eintreten, stellt sich die Frage nach ihrer Bedeutung. Deren Beantwortung hängt von der prozessualen Konstellation ab.

(1) Anfechtungssituation

125   Für den Fall einer Anfechtungssituation ist grundsätzlich davon auszugehen, dass die Kassation einer behördlichen Entscheidung begehrt wird und sie daher den maßgeblichen Verfahrensgegenstand bildet. Daher ist auf die Bekanntgabe des Verwaltungsakts ggf. in Form des Widerspruchsbescheids abzustellen. Eine Ausnahme ist für Dauerverwaltungsakte zu machen, weil deren Regelungsinhalt nicht auf einen bestimmten Zeitpunkt bezogen ist, sondern sich laufend aktualisiert und

---

[290] *Stollenwerk*, Praxishandbuch GewO, S. 177.

[291] Siehe dazu *Hufen*, § 14 Rn. 46 ff.

[292] *Frotscher/Kramer*, Rn. 350.

[293] Vgl. zur strittigen Rechtsnatur der Ablehnung des Gewerbescheins *Ehlers*, in: ders./Fehling/Pünder, § 18 Rn. 52 einerseits und *Tettinger/Wank/Ennuschat*, GewO, § 15 Rn. 8 andererseits sowie die Parallele zur Ablehnung einer behördlichen Auskunft bei *Guckelberger*, Jura 2007, 598 (602).

[294] *Ziekow*, § 10 Rn. 33.

[295] *Ruthig/Storr*, Rn. 280.

sich daher an der aktuellen Sach- und Rechtslage orientieren muss.[296] Da sowohl die Gewerbeuntersagung bzw. -verhinderung als auch die Erteilung einer gewerblichen Erlaubnis nicht auf einen bestimmten Zeitpunkt bezogen sind, sondern ein künftiges Verhalten unterbinden bzw. legitimieren sollen, handelt es sich um solche Dauerverwaltungsakte[297]. Infolgedessen wirken sich gerichtliche Entscheidungen über diese Maßnahmen nicht nur in der Gegenwart, sondern auch auf die Zukunft aus, so dass z. B. im Rahmen eines Verhinderungsverfahrens nach den §§ 15 Abs. 2 S. 1, 60d GewO auf die Sach- und Rechtslage im *Zeitpunkt der letzten mündlichen Verhandlung* abzustellen ist.[298]

Diese Grundsätze gelten nicht, wenn das materielle Recht eine abweichende Beurteilung gebietet, weil das Prozessrecht dienenden Charakter hat.[299] Sie könnte sich aus § 35 Abs. 6 GewO (→ Rn. 78) ergeben, wenn ein (echter) Wiedergestattungsantrag gestellt wird.[300] Teile der Literatur sehen diesen Zusammenhang allerdings nicht, weil dieses Verfahren ein im Lichte der Berufsfreiheit unzumutbarer Formalismus sei und auch aus Gründen der Verfahrensökonomie auf den Zeitpunkt der letzten mündlichen Verhandlung abgestellt werden müsse.[301] Insbesondere die Rechtsprechung[302] geht indes davon aus, dass sich aus § 35 Abs. 6 GewO die Pflicht ergibt, ein Verwaltungsverfahren durchzuführen, bevor die Wiedergestattung erfolgt. Es würde aber umgangen werden, wenn man im Rahmen der Anfechtungsklage zwischenzeitlich eingetretene Umstände berücksichtigen müsste, so dass insoweit auf den *Zeitpunkt der letzten Behördenentscheidung* abzustellen sei.[303] Für den Eintritt ungünstiger Tatsachen bleibt es hingegen nach der Rechtsprechung mangels Anwendbarkeit des § 35 Abs. 6 GewO bei den allgemeinen Regeln für Dauerverwaltungsakte[304]. Auch diese Einschätzung wird in der Literatur kritisiert, weil sie dem Grundsatz der Waffengleichheit widerspreche.[305]

126

(2) Verpflichtungssituation

Im Falle einer anfänglichen Versagung der gewerblichen Erlaubnis ist aufgrund der dann zu untersuchenden Frage nach dem Bestehen einer behördlichen Verpflichtung auf die Sach- und Rechtslage im *Zeitpunkt der letzten mündlichen Verhandlung* abzustellen. Denn falls sich nach Durchführung des (Vor-)verfahrens nachträglich herausstellen sollte, dass doch keine Unzuverlässigkeit vorliegt, hätte die Behörde dem potentiellen Gewerbetreibenden sofort seine Zulassung zu erteilen, so

127

---

[296] *Hufen*, § 24 Rn. 9.

[297] BVerwG, EzGewR § 35 Abs. 1 GewO Nr. 8, S. 7 f.

[298] *Ziekow*, § 10 Rn. 40.

[299] *Hufen*, § 24 Rn. 7.

[300] BVerwGE 65, 1 (1 ff.); *Guckelberger*, Jura 2007, 598 (604).

[301] *Frotscher/Kramer*, Rn. 365.

[302] BVerwG, NVwZ 1991, 372 (372 f.).

[303] *Guckelberger*, Jura 2007, 598 (604).

[304] *Ruthig/Storr*, Rn. 295; *Laubinger*, VerwArch 89 (1998), 145 (169).

[305] *Mager*, NVwZ 1996, 134 (135); ähnlich *Ehlers*, in: ders./Fehling/Pünder, § 18 Rn. 67.

dass ein Urteil des befassten Gerichts auf Basis der ursprünglichen Tatsachen ein bloßer Formalismus wäre.[306]

b) Rechtsbehelfsmöglichkeiten Dritter

128 Etwa betroffene Dritte – d. h. also Konsumenten oder Konkurrenten – können grundsätzlich keine Verhinderungs- bzw. Untersagungsverfügung erwirken[307] oder auf den Entzug der Erlaubnis eines Dritten drängen. Denn ihnen stünde nach der sog. *Schutznormlehre* ein Anspruch auf Einschreiten bzw. auf fehlerfreie Ermessensausübung gegen die zuständige Behörde nur zu, wenn die streitentscheidenden Normen zumindest auch dem Schutz eines Dritten als Teil eines abgrenzbaren Personenkreises zu dienen bestimmt sind[308].

129 Diese Voraussetzung erfüllen die Bestimmungen des Titels II und III jedoch grundsätzlich nicht. Denn sie sollen prinzipiell alle (d. h. also nicht nur – wie nach der Schutznormlehre an sich nötig – bestimmte) Verbraucher vor unzuverlässigen Gewerbetreibenden schützen (→ Rn. 5). Ein etwaiger *Drittschutz* kann sich daher nur ausnahmsweise ergeben, wenn in die gewerberechtliche Prüfung Vorschriften einbezogen werden, die nicht nur dem öffentlichen Interesse dienen sollen,[309] sondern auch Dritten wie den konkret im Betrieb Beschäftigten.[310] Da eine Untersagung aber deren Interessen regelmäßig zuwiderläuft, ist dann das Rechtsschutzbedürfnis fraglich.[311]

2. Besonderheiten des Marktgewerbes

130 Die Rechtsschutzmöglichkeiten im Anwendungsbereich des Titels IV der GewO hängen vor allem davon ab, welche Maßnahme in Streit steht. In Betracht kommt die Festsetzung, aber auch die Zulassung zur festgesetzten Veranstaltung.

a) Festsetzung

131 Je nach Begehr sind in Bezug auf die Festsetzung Anfechtungs- oder Verpflichtungswiderspruch bzw. -klage statthaft, weil es sich jedenfalls gegenüber dem Veranstalter nach allgemeiner Ansicht um einen *Verwaltungsakt* handelt.[312] Das soll auch dann gelten, wenn eine Kommune als Organisator auftritt und zugleich für die Erteilung der Festsetzung zuständig ist,[313] obwohl dann die Außenwirkung fehlen

---

[306] Siehe dazu BVerwG, NJW 1989, 3233 (3234); *Korte*, in: Friauf, § 57 Rn. 74 (Stand: 275. EL Februar 2014).

[307] So im Ergebnis auch *Schönleiter*, in: Landmann/Rohmer, GewO, § 60d Rn. 10 (Stand: 43. EL Februar 2003).

[308] Vgl. VGH BW, GewArch 1975, 374 (374); *Kopp/Schenke*, VwGO, § 42 Rn. 83.

[309] *Ziekow*, § 10 Rn. 68.

[310] *Ruthig/Storr*, Rn. 285.

[311] *Ziekow*, § 10 Rn. 68.

[312] *Frotscher/Kramer*, Rn. 427.

[313] HessVGH, GewArch 2003, 426 (426); *Steinweg*, GewArch 2004, 101 (106 f.).

dürfte.[314] Gegenüber Dritten wird demgegenüber oftmals von einem bloßen Organisationsakt[315] oder einer Allgemeinverfügung[316] ausgegangen, obwohl die Rechtsnatur behördlicher Maßnahmen an sich absolut zu bestimmen ist, weil es keinen relativen, je nach Betroffenheit unterschiedlich wirkenden Verwaltungsakt[317] gibt und die Festsetzung deren Rechtskreis nicht unmittelbar berührt.[318]

Die allein auf den Veranstalter bezogene Rechtswirkung der Festsetzung hindert aber jedenfalls die *Klagebefugnis* etwaiger Konkurrenten sowie der Anbieter oder Aussteller. Denn § 69 GewO bezweckt nicht deren Schutz, so dass er kein subjektiv öffentliches Recht zu deren Gunsten vermittelt.[319] Drittschutz kommt daher nur im Anwendungsbereich des § 69a Abs. 1 Nr. 3 GewO in Betracht – so wenn dort über das Merkmal der öffentlichen Sicherheit und Ordnung drittschützende Normen z. B. zugunsten der Nachbarn einbezogen werden.[320]   **132**

b) Zulassung zur festgesetzten Veranstaltung

Soweit es um die Zulassung zu einer festgesetzten Veranstaltung geht, beginnen die Probleme bereits bei der Auswahl des richtigen *Rechtswegs*. Für den Fall, dass ein Markt in öffentlich-rechtlicher Trägerschaft durchgeführt werden soll, ist der Verwaltungsrechtsweg einschlägig, weil § 70 Abs. 2 GewO dann die öffentliche Hand in spezifischer Weise berechtigt bzw. verpflichtet. Für den Fall eines privaten Veranstalters wendet sich jedoch das Blatt, so dass dann der ordentliche Rechtsweg einzuschlagen ist. Handelt die öffentliche Hand hingegen in Privatrechtsform, gilt nach überwiegender Ansicht die Zweistufenlehre.[321]   **133**

Auf Basis der *Begehr* des übergangenen Anbieters kommen als statthafte Verfahrensarten Verpflichtungswiderspruch bzw. -klage in Betracht. Wenn die öffentliche Hand aber eine Privatperson als Veranstalter einsetzt, geht es nicht mehr um einen Teilnahme-, sondern um einen Einwirkungsanspruch, solange sie auf deren Verhalten einen maßgeblichen Einfluss hat. Soweit eine Klage gegen den Organisator einen einfacheren Weg der Rechtsverfolgung bietet, kann es allerdings oftmals am Rechtsschutzbedürfnis fehlen.[322]   **134**

Da die Zulassung zum Markt im Ermessen des Veranstalters steht, kann im Falle eines Bewerberüberhangs nicht mehr als eine ermessensfehlerfreie Entscheidung und damit ein *Bescheidungsurteil* verlangt werden. Ein Zulassungsanspruch scheitert an der Marktfreiheit des Veranstalters, weil er es ist, der über den Teilnehmerkreis zu entscheiden hat.[323] Ob *stattdessen* auch eine *Anfechtungsklage oder ein Widerspruch*   **135**

---

[314] So auch *Ehlers*, in: ders./Fehling/Pünder, § 18 Rn. 78.

[315] *Fuchs*, in: Robinski, S. 195 (201).

[316] So *Tettinger/Wank/Ennuschat*, GewO, § 69 Rn. 25.

[317] Siehe dazu *Voßkuhle*, SächsVBl. 1995, 54.

[318] *Ehlers*, in: ders./Fehling/Pünder, § 18 Rn. 78; *Ziekow*, § 10 Rn. 68.

[319] *Arndt/Fetzer*, in: Steiner, Kap. 6 Rn. 254.

[320] *Ziekow*, § 10 Rn. 86; *Ehlers*, in: ders./Fehling/Pünder, § 18 Rn. 81.

[321] Ausführlich dazu *Weißenberger*, GewArch 2009, 417 (418 ff.).

[322] *Badura*, Rn. 322; *Ehlers*, in: ders./Fehling/Pünder, § 18 Rn. 87.

[323] *Ziekow*, § 10 Rn. 91.

gegen den Ablehnungsbescheid erhoben werden kann, hängt im Lichte des erforderlichen Rechtsschutzbedürfnisses davon ab, ob mit der Verpflichtungsklage eine weitergehende Entscheidung erreicht werden kann, ob also Spruchreife vorliegt.[324]

136   Abgesehen davon werden oft *zusätzlich* zur Verpflichtungsklage *Anfechtungswidersprüche bzw. -klagen* gegen die Bescheide zugunsten der zugelassenen Bewerber gefordert.[325] Ein derartiges Rechtsschutzersuchen des Übergangenen scheitert jedoch regelmäßig an der Widerspruchs- bzw. Klagebefugnis, weil er durch den Zulassungsbescheid zugunsten eines Dritten nicht rechtlich, sondern nur tatsächlich belastet wird[326] und er die begünstigten Bewerber normalerweise nicht kennt.[327] Etwas anderes kann allenfalls gelten, wenn sie ihm namentlich mitgeteilt werden, weil dann eine Anfechtung nötig sein kann, um den Eintritt der Bestandskraft zu verhindern.[328] Im Übrigen ist der Veranstalter verpflichtet, im Anschluss an die Neuauswahl der Bewerber die den nunmehr nicht berücksichtigten Anbietern bzw. Ausstellern ursprünglich erteilte Genehmigung aufzuheben.[329]

137   ## V. Kontrollfragen

> 1. Welche Bedeutung hat die in der GewO vorgesehene Trennung nach Titeln für die juristische Fallanalyse? (→ Rn. 2–5)
> 2. Wie lässt sich das stehende vom reisend betriebenen Gewerbe abgrenzen? (→ Rn. 4)
> 3. Welche Vorgaben macht der Begriff des Gewerbes i. S. d. GewO und ist die Veranstaltung von Paintball-Spielen erlaubt? (→ Rn. 7 f., 21 f.)
> 4. Inwieweit gilt innerhalb des Gewerberechts das Landesordnungsrecht? (→ Rn. 38–40)
> 5. Wie ist der Begriff der Niederlassung in § 4 Abs. 3 GewO zu definieren? (→ Rn. 47)
> 6. Setzt § 4 Abs. 1 GewO eine rechtmäßige Tätigkeit im Herkunftsstaat voraus? (→ Rn. 48)
> 7. Welche Parallelen lassen sich zwischen der gewerblichen Unzuverlässigkeit und der polizeirechtlichen Gefahr ziehen? (→ Rn. 50)

---

[324] NdsOVG, NVwZ-RR 2012, 594 (595); vgl. auch *Frotscher/Kramer*, Rn. 438.

[325] *Badura*, Rn. 322; *Ehlers*, in: ders./Fehling/Pünder, § 18 Rn. 87, 89; OVG LSA, DVBl. 1996, 162 (162 f.); kritisch dazu z. B. *Schenke*, DVBl. 1996, 387 (388 f.).

[326] BVerwGE 80, 270 (272 f.); *Arndt/Fetzer*, in: Steiner, Kap. 6 Rn. 256.

[327] Siehe dazu *Windoffer*, GewArch 2013, 265 (269).

[328] *Ruthig/Storr*, Rn. 382. Siehe insgesamt auch *F. Wollenschläger*, Verteilungsverfahren, S. 349 ff., 634 ff.

[329] *Ziekow*, § 10 Rn. 91.

8. Welche Eingriffsbefugnisse bieten die Vorschriften über das stehende Gewerbe und wie lassen sie sich voneinander abgrenzen? (→ Rn. 65 ff.)
9. Welche Konsequenzen ergeben sich, wenn ein Gewerbetreibender die Anzeige seines Gewerbes verweigert? Was kann die Behörde in diesem Falle tun? (→ Rn. 68)
10. Unter welchen Voraussetzungen kann eine erteilte gewerbliche Erlaubnis aufgehoben werden? (→ Rn. 80, 101)
11. Welchen Vorschriften unterliegt das sog. Reisehandwerk? (→ Rn. 91–94)
12. Was sind Wanderlager und wie werden sie in Titel III behandelt? (→ Rn. 105 ff.)
13. Welche Konsequenzen hat der Grundsatz der Marktfreiheit für die Anbieter bzw. Aussteller und wie können sie sich gerichtlich zur Wehr setzen, wenn sie nicht zu einem Markt zugelassen werden? (→ Rn. 112 ff., 130 ff.)
14. Ist die Festsetzung eines Marktes auch gegenüber den Anbietern und gegenüber einer Kommune, soweit sie zugleich Veranstalter des Marktes ist, als Verwaltungsakt einzustufen? (→ Rn. 131)
15. Inwieweit sind nach Klageerhebung eingetretene Tatsachenänderungen im verwaltungsprozessualen Verfahren noch berücksichtigungsfähig, falls ein stehendes Gewerbe untersagt bzw. verhindert worden ist und sich der betroffene Gewerbetreibende dagegen zur Wehr setzen will? (→ Rn. 124 ff.)

Literatur

Calliess/Korte, Dienstleistungsrecht in der EU, 2011
Diegmann/Hoffmann/Ohlmann, Praxishandbuch für das gesamte Spielrecht, 2008
Dietz, Abwägungslinien bei sofort vollziehbaren Gewerbeuntersagungen, GewArch 2014, 225
Eifert, Zuverlässigkeit als persönliche Tätigkeitsvoraussetzung im Besonderen Verwaltungsrecht, JuS 2004, 565
Guckelberger, Einführung in das Gewerberecht, Jura 2007, 598
Hamdan, Grundzüge des Gewerberechts, JA 2007, 249
Laubinger, Die gewerbliche Unzuverlässigkeit und ihre Folgen, Teil 1, VerwArch 89 (1998), 145
ders./Repkewitz, Die gewerbliche Unzuverlässigkeit und ihre Folgen, Teil 2, VerwArch 89 (1998), 337
ders./Repkewitz, Die gewerbliche Unzuverlässigkeit und ihre Folgen, Teil 3, VerwArch 89 (1998), 609
Oberrath, Ausgewählte Grundfragen des Gewerberechts, JA 2001, 991
Scheidler, Einführung in das Gewerberecht, VR 2010, 224
Stollenwerk, Praxishandbuch zur Gewerbeordnung, 2. Aufl. 2002
Windoffer, Die Vergabe von Standplätzen auf gemeindlichen Märkten und Volksfesten – Bewährte Lösung bekannter Probleme, GewArch 2013, 265

§ 10 Handwerksrecht

Simon Bulla

Inhaltsverzeichnis

S. Bulla (✉)
Kanzlei Scheidle & Partner, Grottenau 6, 86150 Augsburg, Deutschland
E-Mail: s.bulla@scheidle.eu

© Springer-Verlag Berlin Heidelberg 2016
R. Schmidt, F. Wollenschläger (Hrsg.), *Kompendium Öffentliches Wirtschaftsrecht,*
Springer-Lehrbuch, DOI 10.1007/978-3-662-45579-1_10

I. Grundlagen

1. Entwicklung des Handwerksrechts[1]

1   Das Handwerksrecht ist eines der traditionellen Referenzgebiete des Öffentlichen Wirtschaftsrechts, dessen Wurzeln bis in das mittelalterliche Zunftwesen zurückreichen. Nicht zuletzt aufgrund seiner wiederholt wechselnden Gesetzesbegründung – vom Standesrecht zum Gefahrenabwehrrecht und zurück – lohnt sich ein Blick in die Vergangenheit.

a) Vom Zunftzwang zur Gewerbefreiheit

2   Die Ursprünge des Handwerksrechts gehen bis zum Mittelalter zurück. Ab dem 12. Jahrhundert schlossen sich die Handwerker zunächst freiwillig, bald aber als zwingende Voraussetzung der selbstständigen Handwerksausübung in den jeweiligen Zünften ihres Gewerks zusammen. Dem *Zunftzwang* folgte der *Meisterzwang*: In die Zünfte wurden nur mehr Gesellen aufgenommen, die nach einer Wanderzeit und dem Nachweis ihrer freien, echten und deutschen Geburt auch ihre handwerklichen Fertigkeiten durch ein Meisterstück belegt hatten.

3   Um einer Erstarrung des Handwerks entgegenzuwirken, ist mit den *Stein-Hardenbergschen-Reformen* in den Jahren 1807/1810 in Preußen erstmals die Berufs- und Gewerbefreiheit proklamiert worden. Die Ausübung des Gewerbes war – mit Ausnahme besonders gefahrgeneigter Handwerke[2] – nur noch von einem Gewerbeschein abhängig, auf dessen Erteilung einen Anspruch hatte, wer seine persönliche Redlichkeit (= Zuverlässigkeit) nachgewiesen und die Gewerbesteuer für ein Jahr vorausbezahlt hatte.[3] Es hatte die Geburtsstunde des modernen Öffentlichen Wirtschaftsrechts geschlagen. Nicht mehr berufsständische Interessen, sondern nur die Gefahrenabwehr sollte eine Beschränkung des Berufszugangs rechtfertigen. Diese

---

[1] Dazu ausführlich *Bulla*, Freiheit der Berufswahl, S. 29 ff. m. w. N.

[2] § 21 des Gewerbesteueredikts.

[3] § 19 i. V. m. § 27 Abs. 2 des Gewerbesteueredikts vom 02.11.1810, PreußGS 1810–1811, S. 79 ff. Hierzu auch *Ziekow*, GewArch 1985, 313 (315).

Regelung wurde landesweit mit § 26 PreußGewO 1845 in Preußen und reichsweit mit den § 1 und § 14 GewO 1869/71 Gesetz.

Der Grundsatz der Gewerbefreiheit (§ 1 GewO 1869/1871), die Anzeigepflicht **4** in § 14 GewO 1869/1871 und die Gewerbeuntersagung wegen Unzuverlässigkeit in § 35 GewO 1869/1871 entsprachen nahezu wörtlich den heutigen Regelungen in §§ 1, 14 und 35 GewO.[4] Im Handwerk galt Gewerbefreiheit.[5]

In den Folgejahren schlug das Regulierungspendel wieder um: 1897 wurden die **5** Handwerkskammern (HwK) als überörtliche und berufsübergreifende Gesamtvertretungen des Handwerks eingerichtet.[6] 1908 wurde der Meistertitel zur Voraussetzung, um Lehrlinge ausbilden zu dürfen (sog. *Kleiner Befähigungsnachweis*).[7] 1929 wurde die Handwerksrolle eingeführt, in die jeder selbstständige Betrieb (und Nebenbetrieb) eines Handwerks im stehenden Gewerbe einzutragen war.[8] Die Eintragung wirkte freilich nicht konstitutiv, war also (noch) keine Voraussetzung für die selbstständige Ausübung eines Handwerks.[9]

b) Von der Gewerbefreiheit zum Meisterzwang

Der Gedanke der Selbstverwaltung der Wirtschaft war mit dem Führerprinzip des **6** NS-Regimes unvereinbar. Die Gleichschaltung des gesamten politischen Lebens und der Wirtschaft machte auch vor dem Handwerk nicht halt. Neben der Einrichtung von *Zwangsinnungen* und *Kreishandwerkerschaften* als überfachlichem Zusammenschluss der Innungen auf Bezirksebene (1. NS-HwVO) hat die 3. NS-HwVO den *Großen Befähigungsnachweis* eingeführt, um das Führerprinzip auch im einzelnen Betrieb zu verankern: Der selbstständige Betrieb eines Handwerks als stehendes Gewerbe war nur den in der Handwerksrolle eingetragenen natürlichen und juristischen Personen gestattet (§ 1) und in die Handwerksrolle wurde nur eingetragen, wer die Meisterprüfung für das betriebene oder ein diesem verwandtes Handwerk bestanden hatte oder wer die Ausbildungsberechtigung für Lehrlinge besaß (§ 3).[10]

Nach dem Ende des Dritten Reiches wurden in der amerikanischen Zone im **7** November 1948 das NS-Handwerksrecht zunächst außer Kraft gesetzt und die Gewerbefreiheit eingeführt. Schon im Jahr 1953 verabschiedete der Deutsche Bundestag jedoch den Entwurf einer Handwerksordnung, der die Regelungen der 3. NS-HwVO nahezu identisch übernahm, nun aber damit rechtfertigte, Leistungsfähigkeit und Leistungsstand sowie die besondere Ausbildungsleistung des

---

[4] Hierzu *Britsch*, GewArch 1972, 173; *Bulla*, Freiheit der Berufswahl, S. 53.

[5] Ein fachlicher Befähigungsnachweis musste nur für die Tätigkeit als Seeschiffer, Steuermann, Lotse, Arzt oder Apotheker erbracht werden, vgl. §§ 29, 31 GewO 1869/1871.

[6] §§ 103 ff. GewO 1897, RGBl. 1897, S. 663.

[7] § 129 Abs. 1 GewO 1908, RGBl. 1908, S. 356.

[8] § 104o GewO 1929, RGBl. 1929 I, S. 21.

[9] Zum Ganzen ausführlich *Bulla*, Freiheit der Berufswahl, S. 29 ff.

[10] 3. NS-HwVO vom 18.01.1935, RGBl. I, S. 15.

deutschen Handwerks zu erhalten.[11] Die HwO 1953 verfolgte erkennbar (erneut) berufsständische Interessen.

c) Vom Standesrecht zum Gefahrenabwehrrecht

8   Für 50 Jahre ist der Große Befähigungsnachweis, bestätigt durch eine Grundsatzentscheidung des BVerfG aus dem Jahr 1961, primär mit dem Zweck, Leistungsstand und Leistungsfähigkeit des deutschen Handwerks zu erhalten, und sekundär mit der Sicherung der besonderen Ausbildungsleistung gerechtfertigt worden. Das Handwerksrecht diente dem Schutz des Mittelstandes; ihm wurde eine ordnungspolitische Leitfunktion zugeschrieben.[12]

9   Angesichts zunehmender Zweifel an der verfassungsrechtlichen Legitimationsfähigkeit des Großen Befähigungsnachweises mit berufsständischen Interessen, die schließlich auch vom BVerfG geteilt wurden[13], angesichts sinkender Beschäftigungszahlen und einer „Strukturkrise im Handwerk"[14] sowie nicht zuletzt unter dem Eindruck der vom EU-Recht erzwungenen Teilliberalisierung des deutschen Handwerksrechts für EU-Handwerker entschloss sich der Gesetzgeber Ende 2003 zu einem (halbherzig ausgeführten) Paradigmenwechsel: Die HwO 2004 soll seither wieder vorrangig den Schutz von Gesundheit und Leben Dritter und sekundär den Erhalt seiner besonderen Ausbildungsleistung gewährleisten; der Große Befähigungsnachweis ist (vorgeblich) auf die besonders gefahrgeneigten bzw. ausbildungsrelevanten Handwerke beschränkt worden.[15] Ob die HwO 2004 eine verfassungsfeste Grundlage für die Beschränkung des Berufszugangs im Handwerk gefunden hat, bleibt indes fraglich (→ Rn. 117 ff.).

2. Volkswirtschaftliche Bedeutung

10   Der Sonderweg, den Deutschland mit der HwO beschreitet – nur noch in Luxemburg findet sich ein vergleichbar restriktives Berufszulassungsregime im Handwerk –, erklärt sich ein Stück weit mit der besonderen volkswirtschaftlichen Bedeutung des deutschen Handwerks: Im Jahr 2012 waren 1.004.232 Handwerksbetriebe in die Handwerksrolle eingetragen, die einen Gesamtumsatz von 508 Mrd. Euro erwirtschaftet haben, es waren im Handwerk 5.346.000 Beschäftigte tätig und wurden 401.819 Lehrlinge ausgebildet.[16]

11   Diese beeindruckenden volkswirtschaftlichen Kennzahlen dürfen aber nicht darüber hinwegtäuschen, dass die Beschäftigtenzahlen und insbesondere die Ausbildungsleistung im Handwerk deutlich nachgelassen haben. Im Jahr 1994 waren

---

[11] BT-Drs. 1/1428, S. 17 f.

[12] *Ziekow*, § 11 Rn. 1. Siehe auch BVerfGE 13, 97 (111).

[13] BVerfG, GewArch 2006, 71 (73).

[14] BT-Drs. 15/1206, S. 20.

[15] Siehe BT-Drs. 15/1206, S. 21 ff., 41 sowie BT-Drs. 15/2138, S. 1 f.

[16] Kennzahlen siehe http://www.zdh.de/daten-und-fakten/das-handwerk/kennzahlen-des-handwerks/kennzahlen-des-handwerks-2012.html (31.08.2014).

noch 6.085.000 Beschäftigte (Rückgang seither: −12,1%) und 588.246 Lehrlinge
(−31,6%) im Handwerk tätig.[17] Längst haben Industrie und Handel das Handwerk,
in dem in den 1960er Jahren noch ca. 2/3 aller Lehrlinge in der gewerblichen Wirtschaft ausgebildet worden waren, als *Ausbildungsstätte der Nation* abgelöst.[18]

3. Rechtsgrundlagen

Das Recht des Handwerks ist im Wesentlichen abschließend in der HwO geregelt.   **12**
Mit ihr hat der Bund von seiner *konkurrierenden Gesetzgebungskompetenz* aus
Art. 74 Abs. 1 Nr. 11 GG abschließend Gebrauch gemacht. Dieser Kompetenztitel umfasst „jeden einzelnen Zweig des Handwerks entsprechend seiner Eigenart
in vollem Umfang"[19]; die Länder können lediglich ergänzende Vorschriften, insbesondere hinsichtlich der Zuständigkeiten, erlassen.[20] Wenn eine Regelungslücke
besteht – etwa für den Fall der nachträglichen Gewerbuntersagung wegen Unzuverlässigkeit (§ 35 GewO) –, kann ergänzend auf die subsidiäre, da allgemeinere
GewO zurückgegriffen werden.[21]

Neben dem nationalen Recht spielen für EU-Handwerker noch die EU/EWR-   **13**
HwV und die zugrunde liegenden EU-Sekundärrechtsakte, namentlich die Berufsqualifikationsrichtlinie (BQRL) und die Dienstleistungsrichtlinie (DLR) eine Rolle.

II. Die Reglementierung des Berufszugangs im zulassungspflichtigen Handwerk

Seit der Handwerksnovelle 2004 unterscheidet das deutsche Handwerksrecht zwi-   **14**
schen den zulassungspflichtigen Handwerken (§§ 1 ff. i. V. m. Anlage A zur HwO),
den zulassungsfreien Handwerken (§ 18 Abs. 2 S. 1 i. V. m. Anlage B 1 zur HwO)
und den handwerksähnlichen Gewerben (§ 18 Abs. 2 S. 2 i. V. m. Anlage B 2 zur
HwO). Während die beiden letzteren ohne Genehmigung betrieben werden dürfen,
bedarf die selbstständige Ausübung eines zulassungspflichtigen Handwerks grundsätzlich der Eintragung in die Handwerksrolle als Eröffnungskontrolle.

Nach § 1 Abs. 1 HwO ist der selbstständige Betrieb eines zulassungspflichtigen   **15**
Handwerks als stehendes Gewerbe nur natürlichen und juristischen Personen gestattet, die in der Handwerksrolle eingetragen sind. Eingetragen wird, wer selbst
bzw. wessen Betriebsinhaber die Meisterprüfung bestanden hat, über einen gleich-

---

[17] *ZDH*, Entwicklung des Lehrlingsbestandes im Bundesgebiet 1990 bis 2012, http://www.zdh-statistik.de/ (31.08.2014); *Statistisches Bundesamt*, Handwerkszählung 1994, 1995.

[18] Hierzu eingehend *Bulla*, Freiheit der Berufswahl, S. 267 ff., 535 f. Ferner *Czybulka*, NVwZ 1995, 538 („gravierender Rückgang") und NVwZ 2003, 164 (164, Fn. 9 f.).

[19] BVerfGE 1, 264 (272).

[20] *Ehlers*, in: ders./Fehling/Pünder, § 19 Rn. 2 f.

[21] So unausgesprochen NdsOVG, DVBl. 1963, 266; OVG Berl-Bbg, Urt. v. 26.06.2007 – OVG 1 B 14.05, juris, Rn. 14. Ferner *Frotscher/Kramer*, § 18 Rn. 532; *Detterbeck*, HwO, § 13 Rn. 5.

gestellten Abschluss verfügt oder wer eine Ausnahmebewilligung oder Ausübungsberechtigung vorweisen kann (§ 7 HwO). Man spricht vom sog. *Großen Befähigungsnachweis* (ungenau auch: Meisterzwang).

16   Der Grundsatz der Gewerbefreiheit (Art. 12 Abs. 1 GG, § 1 GewO) wird im Bereich des (zulassungspflichtigen) Handwerks durch ein *präventives Verbot mit Erlaubnisvorbehalt* eingeschränkt; die Erlaubnis wird in Gestalt der konstitutiv wirkenden Eintragung in die Handwerksrolle erteilt. Wie regelmäßig bei der Prüfung
öffentlich-rechtlicher Erlaubnisse und Genehmigungen sind die Fragen der Eintragungsbedürftigkeit und der Eintragsfähigkeit zu unterscheiden.

1. Eintragungsbedürftigkeit → Rn. 18 ff.
   a. Selbstständiger Betrieb eines stehenden Gewerbes (Abs. 1 S. 1)
      → Rn. 19 ff. (Ausnahme: Reisegewerbe; Kunst),
   b. das *handwerksmäßig* betrieben wird (Abs. 2 S. 1 Alt. 1) → Rn. 25 ff.
      (Ausnahme: Industriebetrieb),
   c. *handwerksfähig* ist, d. h. ein Gewerbe der Anlage A vollständig oder
      zumindest in wesentlichen Tätigkeiten umfasst (Abs. 2 S. 1 Alt. 2)
      → Rn. 29 ff. (Ausnahme: Kleinhandwerk – Abs. 2 S. 2) *und*
   d. nicht nur unerheblicher Nebenbetrieb oder Hilfsbetrieb ist (§ 3 HwO)
      → Rn. 42 ff.
2. Eintragungsfähigkeit → Rn. 52 ff.
   a. Meistertitel oder gleichgestellte Abschlüsse → Rn. 57 ff. (Betriebsinha-
      ber *oder* Betriebsleiter)
   b. Ausnahmebewilligungen nach § 8 oder § 9 HwO → Rn. 62 ff.
   c. Ausübungsberechtigung nach § 7a und § 7b HwO → Rn. 80 ff.

17   Neben der Eintragung, welche die Berechtigung zur Handwerksausübung feststellt,
bleibt eine *Gewerbeanzeige nach § 14 Abs. 1 GewO* erforderlich.[22] Sie soll den
zuständigen Behörden Kenntnis von der Betriebsaufnahme verschaffen und eine
wirksame Überwachung ermöglichen.

1. Eintragungsbedürftigkeit

18   Der Begriff des zulassungspflichtigen Handwerks ergibt sich aus § 1 Abs. 1 i. V. m.
Abs. 2 HwO. Es muss ein stehendes Gewerbe selbständig (a) und handwerksmäßig
(b) betrieben werden sowie handwerksfähig sein (c). Einige besondere Betriebsfor-
men sind unter Umständen nicht eintragungspflichtig (d).

---

[22] BVerwG, GewArch 1988, 96; *Marcks*, in: Landmann/Rohmer, GewO, § 14 Rn. 9 (Stand: 57. EL
Juli 2010).

a) Selbstständiger Betrieb eines stehenden Gewerbes
aa) Stehendes Gewerbe

Nach § 1 Abs. 1 S. 1 HwO muss zunächst ein *Gewerbe selbstständig* ausgeübt wer- **19** den. Es gilt der Gewerbebegriff der GewO, der bereits eine selbstständige Tätigkeit voraussetzt (im Einzelnen → § 9 Rn. 7 ff.).[23] Hieran wird nochmals deutlich, dass das Handwerksrecht besonderes Gewerberecht ist.[24] Die Nennung der Selbstständigkeit ist rein deklaratorisch.

Beispiel

Die *Gewinnerzielungsabsicht* kann bei Gefängnis- oder Behindertenwerkstätten fehlen, wenn sich deren Zweck in einer Beschäftigungstherapie erschöpft.[25]

Kein Gewerbe übt der *freiberufliche Künstler* aus. Die Abgrenzung ist schwierig.[26] **20** Nicht selten berufen sich Handwerkstreibende auf ihren künstlerischen Anspruch, um einer Eintragung in die Handwerksrolle samt (beitragspflichtiger) Pflichtmitgliedschaft in der HwK zu entgehen. Auch ein Kunsthandwerk wird jedoch in der Regel ein Handwerk bleiben,[27] da seine Ausübung in der Regel der Einnahmeerzielung dient und auf Bestellung und nach den Vorgaben des Kunden erfolgt. In der Regel wird die künstlerische Gestaltungshöhe als Ausdruck individueller Schaffenskraft fehlen. Die meisten Kunsthandwerke (z. B. Gold- und Silberschmiede, Fotografen, Keramiker) sind inzwischen freilich zulassungsfreie Handwerke (Anlage B 1 zur HwO), die nicht mehr dem Meisterzwang unterliegen.[28]

bb) Sonderfall: Handwerk im Reisegewerbe

Vom Anwendungsbereich der HwO und des Großen Befähigungsnachweises wird **21** nur das *stehende Gewerbe* erfasst, in dem der Handwerker seine Leistungen *auf vorhergehende Bestellung* beim Kunden erbringt. Nicht eintragungspflichtig ist demgegenüber das *Reisegewerbe*, in dem der Handwerker (unangemeldet) potentielle Kunden aufsucht. Hier gelten die §§ 55 ff. GewO (→ § 9 Rn. 85 ff.). Für die Abgrenzung ist auch im Bereich des Handwerks allein maßgebend, von wem die Initiative ausgeht.[29]

---

[23] BayObLG, DVBl. 1999, 1060; *Ehlers*, in: ders./Fehling/Pünder, § 19 Rn. 16 ff.
[24] So auch *Frotscher/Kramer*, § 18 Rn. 543.
[25] Vgl. *Honig/Knörr*, HwO, § 1 Rn. 13; *Ruthig/Storr*, Rn. 472.
[26] Vgl. *Korte*, JA 2003, 225 (226 ff.); *Rüth*, GewArch 1995, 363 (364 ff.).
[27] So auch *Ehlers*, in: ders./Fehling/Pünder, § 19 Rn. 16.
[28] *Honig/Knörr*, HwO, § 1 Rn. 17; *Ruthig/Storr*, Rn. 472.
[29] BVerfG, NVwZ 2001, 189 (190); *Bulla*, GewArch 2012, 470 (473).

22   Diese Differenzierung passt nicht in das System der GewO und HwO.[30] Die
§§ 55 ff. GewO wollen die Anforderungen an die Ausübung eines Reisegewerbes
aufgrund der mit diesem verbundenen besonderen Gefahren gegenüber stehenden
Gewerben (bei denen eine Anzeige nach § 14 GewO genügt) verschärfen (→ § 9
Rn. 5, 95). Im Bereich des zulassungspflichtigen Handwerks führen die Vorschriften des Reisegewerbes demgegenüber zu einer Privilegierung. Während ein zulassungspflichtiges Handwerk im stehenden Gewerbe nur ausüben darf, wer seine
fachtheoretischen und praktischen Kenntnisse und Fertigkeiten nachgewiesen hat,
kann ein Reisegewerbe betreiben, wer eine Reisegewerbekarte hat. Diese ist freilich
schon dann zu erteilen, wenn der Gewerbetreibende – unabhängig von seiner Fachkunde – persönlich zuverlässig ist (§ 57 GewO).

23   Durch ein gezieltes Hausieren von Aufträgen (= die Initiative geht vom Reisegewerbetreibenden aus) kann ein Handwerk – ungeachtet dessen, ob der Handwerker in seiner Niederlassung wesentliche Vorarbeiten für die Auftragsausführung
erbringt – als Reisegewerbe ohne den Großen Befähigungsnachweis erbracht werden.[31]

Beispiel

Ein Zimmerer schließt ohne vorhergehende Bestellung mit Hausbesitzern Verträge über den Ausbau ihrer Dachstühle ab, die er aufgrund der notwendigen
Vorbereitungsarbeiten (Zurechtschneiden der Dachbalken in einem Sägewerk)
erst mit zeitlicher Verzögerung erfüllt. Hierfür genügt eine Reisegewerbekarte.[32]

---

24 Diese Umgehungsmöglichkeit kann auch nicht dadurch ausgeschlossen werden, für
ein Reisegewerbe die *Bereitschaft und Fähigkeit zur sofortigen Ausführung* eines
Auftrages zu fordern.[33] Nach dem BVerfG ist diese Einschränkung mit der Berufsfreiheit nicht zu vereinbaren. Auch wenn sich ein Reisegewerbe häufig auf Reparaturen und kleinere Handreichungen an Ort und Stelle beim Kunden beschränken
und somit ein Kleinhandwerk (→ Rn. 36 ff.) darstellen wird, können in ihm voll-
handwerkliche Leistungen mit der vollen Kunstfertigkeit eines zulassungspflichtigen Handwerks erbracht werden. Auch ein Vergleich des Wortlauts von § 55 Abs. 1
Nr. 2 Var. 4 GewO („wer … Bestellungen auf Leistungen aufsucht") mit Var. 3
(„Leistungen anbietet") impliziert eine gewisse zeitliche Verzögerung zwischen
Vertragsschluss und Leistungserbringung.[34]

---

[30] So auch *Detterbeck*, HwO, § 1 Rn. 28; *Ehlers*, in: ders./Fehling/Pünder, § 19 Rn. 18. *Dürr*,
GewArch 2011, 8; *Hüpers*, GewArch 2004, 230 (232 f.) spricht von einem „nicht mehr tolerier-
baren Systembruch".

[31] *Honig/Knörr*, HwO, § 1 Rn. 27; *Ruthig/Storr*, Rn. 473.

[32] OVG NRW, GewArch 2004, 32. Zum Begriff der vorherigen Bestellung *Ratzke*, GewArch
2014, 71.

[33] So noch VGH BW, NVwZ-RR 1995, 261; OVG NRW, GewArch 1999, 32.

[34] BVerfG, NVwZ 2001, 189; GewArch 2007, 294 (295); OVG NRW, GewArch 2004, 32;
BayVGH, GewArch 2006, 34. Dies verkennt BVerwGE 140, 276.

b) Handwerksmäßigkeit

Der unbestimmte Rechtsbegriff der Handwerksmäßigkeit (§ 1 Abs. 2 S. 1 HwO) **25** dient der *Abgrenzung zum Industriebetrieb*. Was noch handwerksmäßig und was schon industriell ist, entzieht sich einer starren Beurteilung anhand fester Kriterien, etwa allein nach der Größe des Unternehmens; auch der subjektive Wille des Betriebsinhabers ist irrelevant. Die Handwerksmäßigkeit ist vielmehr in einem dynamischen System verschiedener Kriterien nach dem Gesamtbild des einzelnen Betriebes und unter Berücksichtigung der Besonderheiten des jeweiligen Handwerkszweiges zu beurteilen (sog. *dynamischer Handwerksbegriff*).[35]

Bewusst hat der Gesetzgeber die Auslegung und Konkretisierung dieses unbe- **26** stimmten Rechtsbegriffes der Rechtsprechung und Literatur überlassen und die notwendige Entwicklungsoffenheit des Handwerksbegriffs gewahrt. Ausgehend von Wortlaut und Wesen des *Hand*werks[36] ist eine Reihe von Unterscheidungsmerkmalen entwickelt worden.[37] Für die Handwerksmäßigkeit sprechen nach dem *Gesamtbild des Betriebs* als Indizien:

- die *überschaubare Größe* (Zahl der Beschäftigten, Umsatz, räumliche Ausdehnung) und ein *geringerer Kapitaleinsatz* des Betriebs;[38]
- der *Einsatz* und die *Ausbildung fachlich qualifizierter Mitarbeiter*, die im Wesentlichen alle im Betrieb anfallenden Arbeiten ausführen können;
- ein geringer Grad an *Arbeitsteilung*. Während in Handwerksbetrieben häufig die Mitarbeiter in alle Phasen der Herstellung einbezogen werden, ist die industrielle Produktion durch eng begrenzte, wiederkehrende Arbeitsschritte gekennzeichnet;
- eine *Einzelfertigung* auf individuelle Bestellung im Gegensatz zu einer *Massenfertigung* für den Markt.

Dagegen schließt der *Einsatz von Maschinen und technischen Hilfsmitteln* aufgrund **27** der fortschreitenden Technisierung, die zunehmend auch die Handwerksbetriebe ergriffen hat, die Handwerksmäßigkeit nicht generell aus. Es kommt entscheidend darauf an, ob die Maschinen die Handarbeit erleichtern und beschleunigen (Unterstützungsfunktion) oder diese vollkommen ersetzen sollen (Substitutionsfunktion). Neben der maschinellen Bedienung muss Raum für die Entfaltung von Handfertigkeit verbleiben.[39] Auch die *persönliche Mitarbeit* des Betriebsinhabers und die Möglichkeit seiner *entscheidenden Einflussnahme* auf den Betriebsablauf ist seit der Aufgabe des Inhaberprinzips (→ Rn. 54 ff.) nicht mehr ausschlaggebend. Es ist

---

[35] BVerwGE 17, 230 (232); 18, 226 (232 f.); 20, 263 (264); 58, 217 (223 f.).

[36] In Abgrenzung zum „Maschinen"werk, vgl. *Frotscher/Kramer*, § 18 Rn. 547.

[37] BVerwGE 18, 226 (230 ff.); 58, 217 (223 f.); *Honig/Knörr*, HwO, § 1 Rn. 64 ff.; *Ehlers*, in: ders./Fehling/Pünder, § 19 Rn. 25 f.; *Frotscher/Kramer*, § 18 Rn. 546 ff.

[38] Nach BVerwG, GewArch 2003, 79, müssen aber selbst bei einem Betrieb mit über 550 Mitarbeitern weitere Abgrenzungskriterien geprüft werden. Kritisch auch *Ruthig/Storr*, Rn. 479.

[39] BVerwGE 17, 230 (233); 18, 226 (232); GewArch 1979, 262; *Frotscher/Kramer*, § 18 Rn. 547.

nunmehr konsequent auf den befähigten Betriebsleiter, in dessen Person die Eintragungsvoraussetzungen vorliegen müssen (§ 7 Abs. 1 HwO), abzustellen.[40]

Beispiel

Der Betrieb einer Express-Schuhbar (z. B. Mister Minit) ist nicht handwerksmäßig, soweit Schuhe unter Einsatz von Maschinen ohne Fachkenntnisse und mit einfachen Arbeitsschritten repariert werden. Nach dem Gesamtbild des Betriebs tritt die qualifizierte Handarbeit hinter die Bedienung der Maschine zurück.[41] Das Backen von Semmeln und Brot in der Nacht mit selbst hergestellten Teigsorten, die tagsüber frisch und unverpackt verkauft werden, ist demgegenüber ein starkes Indiz für einen handwerksmäßigen Bäckerbetrieb.[42]

---

28   Die Abgrenzung bleibt freilich schwierig. Zu Recht hat das BAG in seiner Stellungnahme auf eine Anfrage des BVerfG hin festgestellt, dass es „immer schwerer [falle], verlässliche, vorhersehbare Kriterien für die Abgrenzung von Industrie und Handwerk zu finden. Den Gerichten wird hierbei ein Beurteilungsspielraum zugebilligt, der... zu keiner verlässlichen Judikatur führt".[43]

c) Handwerksfähigkeit

29   Handwerksfähig ist nach § 1 Abs. 2 S. 1 HwO nur ein solcher Betrieb, der ein in der Anlage A aufgeführtes Gewerbe vollständig oder zumindest in wesentlichen Tätigkeiten umfasst.

aa) Gewerbe im Sinne der Anlage A

30   Die Positivliste der Anlage A regelt als Bestandteil der HwO und damit im Rang eines formellen Gesetzes abschließend die 41 zulassungspflichtigen Handwerke.[44] Mit der Handwerksnovelle von 2004 ist deren Zahl von 94 auf 41 sog. gefahrengeneigte und besonders ausbildungsrelevante Gewerke, insbesondere des Bau- und Ausbau-, des Elektro- und Metallgewerbes und der Gesundheitshandwerke, beschränkt worden.

31   Die Anlage A kann, soweit es die technische und wirtschaftliche Entwicklung erfordert, *durch Rechtsverordnung* des BMWi mit Zustimmung des Bundesrates

---

[40] Kritisch aufgrund des „unsicher[en]" subjektiven Willenselements BVerwG, GewArch 2004, 488; *Ziekow*, § 11 Rn. 18.

[41] BVerwGE 17, 230; 25, 66. Seit 2004 ist das Schuhmacherhandwerk zulassungsfrei (Nr. 25 der Anlage B 1 zur HwO).

[42] VG Halle, GewArch 2001, 421 (422).

[43] BAG, Stellungnahme v. 09.05.2003 zur Anfrage des BVerfG v. 31.01.2003 (Az. 721 E 2 Nr. 1/03). Zur Abgrenzung auch *Günther*, GewArch 2012, 16 und 62.

[44] *Ruthig/Storr*, Rn. 474. Die Positivliste geht zurück auf die Liste handwerksfähiger Gewerbe, die im Jahr 1934 auf der Grundlage von § 1 S. 1 der 1. NS-HwVO erlassen worden ist. Hierzu *Bulla*, Freiheit der Berufswahl, S. 97 f.

geändert werden (§ 1 Abs. 3 HwO),[45] um eine rasche Anpassung an die veränderten Wirtschaftsbedingungen zu ermöglichen. Ausweislich des Wortlauts von § 1 Abs. 3 HwO können durch Rechtsverordnung die aufgezählten Gewerbe aber nur gestrichen, zusammengefasst oder getrennt sowie umbenannt werden. Eine *Erweiterung* der Anlage A (und B) bleibt als Berufszulassungsbeschränkung dem parlamentarischen Gesetzgeber vorbehalten.[46]

bb) Wesentliche Teiltätigkeit

Handwerksfähig ist nicht nur ein Betrieb, der ein Gewerbe der Anlage A vollständig   **32**
umfasst; es genügt bereits die Ausübung von Tätigkeiten, die für dieses Gewerbe wesentlich sind (§ 1 Abs. 2 S. 1 HwO). Wesentlich sind nach der sog. *Kernbereichsrechtsprechung des BVerwG* Tätigkeiten, die „nicht nur fachlich zu dem betreffenden Handwerk gehören, sondern gerade den Kernbereich dieses Handwerks ausmachen und ihm sein essentielles Gepräge geben".[47]

Auf die subjektive Selbsteinschätzung und -bezeichnung des Betriebsinhabers   **33**
kommt es dabei ebenso wenig an wie auf die in den *Ausbildungs-* und *Meisterprüfungsverordnungen* typisierten Berufsbilder.[48] Letztere können allenfalls – was in der verwaltungsgerichtlichen Rechtsprechung immer wieder übersehen wird – indizielle Bedeutung haben,[49] da sie über die wesentlichen und gefahrengeneigten Kerntätigkeiten hinaus einen Überschuss an Ausbildungsinhalten, einfache Tätigkeiten und Tätigkeiten anderer (auch zulassungsfreier) Handwerke, beinhalten.[50]

Beispiele

Die Errichtung von Dachstühlen ist eine wesentliche Tätigkeit des Zimmerers.[51] Eine wesentliche Tätigkeit kann auch mehreren Handwerken zuzuordnen sein. So zählt die Lackierung von Kraftfahrzeugen zu den wesentlichen Tätigkeiten des Malers und Lackierers, des Karosserie- und Fahrzeugbauers und des Kraftfahrzeugtechnikers.[52]

---

[45] Mit dieser Ermächtigungsgrundlage verfolgt der Reformgesetzgeber die Idee eines „atmenden Handwerks", BT-Drs. 15/1206, S. 42.

[46] BVerwG, GewArch 1994, 199 (200); *Ehlers*, in: ders./Fehling/Pünder, § 19 Rn. 19; *Detterbeck*, HwO, § 1 Rn. 65.

[47] BVerwGE 87, 191 (194); GewArch 1993, 249 (250). Siehe auch die Gesetzesbegründung, BT-Drs. 15/1089, S. 6.

[48] Siehe auch § 25 Abs. 1 und § 45 Abs. 1 HwO.

[49] BVerwGE 25, 66 (67); 58, 217 (219 f.); NdsOVG, NVwZ-RR 2010, 639 (640). Siehe auch BT-Drs. 15/1206, S. 41; *Detterbeck*, HwO, § 1 Rn. 64, 70.

[50] Gesetzesbegründung, BT-Drs. 13/9388, S. 20 f. und Vollzugshinweise des Bund-Länder-Ausschusses Handwerksrecht in den sog. Leipziger Beschlüssen, GewArch 2001, 123. Ferner *Bulla*, Freiheit der Berufswahl, S. 99.

[51] NdsOVG, GewArch 2005, 381.

[52] Vgl. § 1 Abs. 3 des Übergangsgesetzes vom 25.03.1998, BGBl. I, S. 596, abdruckt als Fußnote zur Anlage A der HwO.

34 *Quantitativ* kann die Verrichtung *einer* wesentlichen Teiltätigkeit genügen, um die Handwerksfähigkeit eines Gewerbes zu bejahen. Soweit § 1 Abs. 2 S. 1 HwO von „Tätigkeit*en*" spricht, wird allein die wiederholte Ausübung einer Teiltätigkeit verlangt, nicht aber von mehreren (verschiedenen) Teiltätigkeiten.[53]

35 Eine Tätigkeit, die zumindest auch einem zulassungsfreien Handwerk der Anlage B 1 oder einem handwerksähnlichen Gewerbe der Anlage B 2 zur HwO zuzuordnen ist, kann nicht zugleich wesentliche Tätigkeit eines zulassungspflichtigen Handwerks sein.[54] Der Große Befähigungsnachweis dient primär der Gefahrenabwehr für Leben und Gesundheit Dritter. Wenn eine Tätigkeit jedoch in einem anderen Handwerk zulassungsfrei, also ohne Befähigungsnachweis erbracht werden darf, kann dieselbe Tätigkeit in anderem Zusammenhang keine Beschränkung des Berufszugangs rechtfertigen.

Beispiele

Ein Fotograf, der vor einem Fotoshooting seinen Kunden das Hochstecken und Frisieren (ohne Schneiden) von Haaren anbietet, übt keine wesentliche Tätigkeit des Friseurhandwerks aus, da diese Tätigkeiten auch vom Maskenbildner als handwerksähnlichem Gewerbe (Nr. 49 der Anlage B 2 zur HwO) zulassungsfrei ausgeübt werden dürfen[55]. Das Anlegen von befahrbaren Wegen und (Park-)Plätzen *im Zusammenhang mit (landschafts)gärtnerisch geprägten Anlagen* gehört zum Kernbereich des nicht-handwerklichen Gewerbes des Garten- und Landschaftsbauers und kann nicht zugleich als wesentliche Tätigkeit dem zulassungspflichtigen Straßenbauer-Handwerk (Nr. 5 der Anlage A zur HwO) zugeordnet werden.[56]

---

cc) Ausnahme: Kleinhandwerk

36 Von wesentlichen Tätigkeiten eines zulassungspflichtigen Handwerks grenzt sich das sog. Kleinhandwerk (auch: Minderhandwerk) ab. Schon aus Gründen der Verhältnismäßigkeit muss sich die Zulassungspflicht als Berufszugangsbeschränkung auf solche Gewerbe beschränken, in denen es für eine einwandfreie fachgerechte Ausführung überhaupt auf handwerkliche Fertigkeiten und Kenntnisse ankommt.[57]

37 Nach der Kernbereichsrechtsprechung des BVerwG liegt ein solches Minderhandwerk vor, wenn die Arbeitsvorgänge keine qualifizierten Kenntnisse und Fertigkeiten erfordern und aus der Sicht des vollhandwerklich arbeitenden Betriebes als untergeordnet erscheinen, also lediglich einen *Randbereich* des betreffenden

---

[53] BayObLG, DÖV 1994, 75; *Ehlers*, in: ders./Fehling/Pünder, § 19 Rn. 22; *Detterbeck*, HwO, § 1 Rn. 68.

[54] BVerwG, GewArch 1992, 107; GewArch 1993, 329; *Detterbeck*, HwO, § 1 Rn. 71; *Honig/ Knörr*, HwO, § 1 Rn. 55.

[55] Vgl. § 3 Nr. 15 der VO über die Berufsausbildung zum Maskenbildner/zur Maskenbildnerin.

[56] BVerwG, GewArch 1993, 329.

[57] *Czybulka*, in: R. Schmidt, BT I, § 2 Rn. 22.

Handwerks erfassen.[58] Für diese Kleingewerbe gelten die allgemeinen Voraussetzungen der GewO, insbesondere die Anzeigepflicht des § 14 GewO.

Der Gesetzgeber definiert als nicht-wesentlich in § 1 Abs. 2 S. 2 HwO solche   **38**
Tätigkeiten, die

- in einem Zeitraum von bis zu drei Monaten erlernt werden können (Nr. 1),
- zwar eine längere Anlernzeit verlangen, aber für das Gesamtbild des betreffenden zulassungspflichtigen Handwerks nebensächlich sind und deswegen nicht
  die Fertigkeiten und Kenntnisse erfordern, auf die die Ausbildung in diesem
  Handwerk hauptsächlich ausgerichtet ist (Nr. 2), *oder*
- nicht aus einem zulassungspflichtigen Handwerk entstanden sind (Nr. 3).

Als klassischen Fall eines Minderhandwerks sieht der Gesetzgeber solche Tätigkei   **39**
ten an, die innerhalb einer Anlernzeit von höchstens drei Monaten erlernt werden
können (§ 1 Abs. 2 S. 2 Nr. 1 HwO). Teilweise wird gefordert, die jeweilige Tätigkeit nicht völlig isoliert zu betrachten (welche einzelne Tätigkeit ließe sich isoliert
betrachtet nicht binnen dreier Monate lernen?), sondern auch die Anlernzeit gewisser Grundkenntnisse mit zu berücksichtigen.[59] Nach zutreffender Auffassung wollte
der Gesetzgeber mit seiner Kodifizierung des Minderhandwerks die Zulassungspflicht aber nicht auf bisher zulassungsfreie Minderhandwerke ausdehnen, sondern
diese im Gegenteil privilegieren.[60] Die Eintragungspflicht kann nicht dadurch umgangen werden, die einzelnen Handwerkstätigkeiten „im Drei-Monats-Rhythmus"
abschnittsweise zu erlernen (sog. *Kumulationsverbot*). Werden mehrere Tätigkeiten
i. S. d. § 1 Abs. 2 Nr. 1 und 2 HwO ausgeübt, ist deren Wesentlichkeit gemäß § 1
Abs. 2 S. 3 HwO anhand einer *Gesamtbetrachtung* zu beurteilen.

Beispiele

Montagetätigkeiten, die in wenigen einfachen Arbeitsschritten auszuführen und
in kurzer Zeit zu erlernen sind, etwa die Installation von zuvor verkauften Satelliten-Empfängern, Lampen oder Waschmaschinen (kein Elektrotechniker bzw.
Installateur);[61] die Reparatur eines PCs durch einfaches, auch dem Laien mögliches Austauschen von Hardwarekomponenten;[62] das Backen von Dönerfladenbrot (kein Bäcker).[63]

---

[58] BVerwGE 58, 217 (221); 67, 273 (277); 87, 191 (193 f.). Zur verfassungsgerichtlichen Billigung
dieser Rspr. siehe BVerfG, NVwZ 2001, 187 und NVwZ 2001, 189.

[59] BayVGH, GewArch 2007, 125.

[60] NdsOVG, NVwZ-RR 2010, 639; VGH BW, GewArch 2006, 126 (128). Hierzu auch *Ruthig/
Storr*, Rn. 477; *Bulla*, Freiheit der Berufswahl, S. 359 ff.

[61] BVerfG, NVwZ 2001, 187 (188) unter Verweis auf BVerwG, NVwZ-RR 1992, 547 f.; *Frotscher/Kramer*, § 18 Rn. 554.

[62] LG Karlsruhe, NVwZ-RR 1998, 751.

[63] Zutreffend OVG RP, GewArch 1995, 161; a. A. VG Saarlouis, GewArch 2005, 157.

40   § 1 Abs. 2 S. 2 Nr. 2 HwO stellt seit der großen Handwerksrechtsnovelle 2004 einen
Fremdkörper im System der HwO dar. Für den Zweck einer effektiven Gefahrenabwehr kann es nicht ausschlaggebend sein, ob eine Tätigkeit für das Gesamtbild
eines zulassungspflichtigen Handwerks hauptsächlich oder nebensächlich ist – hier
schimmert noch der berufsständische Gedanke der HwO 1953 durch (→ Rn. 8);
maßgebend kann bei teleologischer Reduktion des § 1 Abs. 2 S. 2 Nr. 2 HwO alleine
die Gefährlichkeit einer Tätigkeit sein.[64]

Beispiel

Das Aufstellen eines vorgefertigten Grabsteins auf einem Friedhof ist keine wesentliche Tätigkeit des Steinmetzes und Steinbildhauers (Nr. 8 der Anlage A zur
HwO).[65]

---

41   § 1 Abs. 2 S. 2 Nr. 3 HwO soll verhindern, dass der dynamische Handwerksbegriff,
der es dem Handwerk möglich macht, sich an neuere technische Entwicklungen
anzupassen und diese zunutze zu machen, ohne seine Handwerkseigenschaft zu
verlieren, zu einer schleichenden Ausweitung des Vorbehaltsbereichs der HwO
führt. Tätigkeiten, die im „freien Handwerk" entstanden sind, können nicht dem
zulassungspflichtigen Handwerk exklusiv zugeordnet werden. Dies kann nur der
Gesetzgeber.[66]

Hinweis

In der Praxis reklamieren einige HwKen jedoch auch Tätigkeiten für sich, die
zunächst nicht im zulassungspflichtigen Handwerk entstanden sind (z. B. biolo-
gische Hausdämmung als [nicht-]wesentliche Tätigkeit des Wärme-, Kälte- und
Schallschutzisolierers, Nr. 6 der Anlage A zur HwO).

---

d) Betriebsformen

42   Eintragungspflichtig ist nicht nur die selbstständige Ausübung eines Handwerks in
einem Hauptbetrieb, sondern grundsätzlich auch in einem handwerklichen Nebenbetrieb, der mit einem Unternehmen eines (anderen) zulassungspflichtigen Handwerks, der Industrie, des Handels, der Landwirtschaft oder sonstiger Wirtschafts-
und Berufszweige verbunden ist (§ 2 Nr. 3 HwO; dazu aa). Ausgenommen werden
demgegenüber gemäß § 3 HwO unerhebliche Neben- (bb) und Hilfsbetriebe (cc).
Ebenso wenig eintragungspflichtig sind unselbstständige Zweigstellen (dd).

---

[64] So auch *Ruthig/Storr*, Rn. 477; *Kormann/Hüpers*, GewArch 2004, 353 (355). Kritisch *Baumeis-
ter*, GewArch 2007, 310; a. A. NdsOVG, NVwZ-RR 2010, 639 (640).
[65] NdsOVG, NVwZ-RR 2010, 639.
[66] Gesetzesbegründung, BT-Drs. 15/1089, S. 8.

aa) Eintragungspflichtiger Nebenbetrieb

Ein handwerklicher *Neben*betrieb setzt voraus, dass er mit einem *Haupt*betrieb   **43**
verbunden ist (§ 2 Nr. 3 HwO). Ohne eine hinreichende Verbindung liegen zwei
voneinander unabhängige (Haupt-)Betriebe vor, die jeweils nach den einschlägigen
Vorschriften zu bewerten sind.[67]

- *Fachlich* muss der Nebenbetrieb aus ökonomischer und Kundensicht das Leistungsangebot des Hauptbetriebs sinnvoll ergänzen und erweitern. Beide Betriebe
  müssen einen wechselseitigen Zusammenhang aufweisen.[68]
- *Wirtschaftlich* verbunden ist ein Nebenbetrieb nur, wenn er dem Hauptbetrieb
  untergeordnet ist und dessen wirtschaftlich-unternehmerischen Zwecken dient,
  indem er Effizienz oder Gewinn steigert.[69] Im Hauptbetrieb muss der Schwerpunkt der unternehmerischen Tätigkeit liegen, der das Bild des Unternehmens
  (noch) prägt.[70]
- *Organisatorisch* müssen die inneren Geschäftsbetriebe aufeinander abgestimmt
  sein,[71] es können gemeinsame Einrichtungen (z. B. zur Auftragsannahme oder
  Inkassotätigkeit) vorhanden sein. Zum Teil wird darüber hinaus eine (wirtschaftliche) Identität der Inhaber gefordert.[72]

Beispiel

Eine KfZ-Werkstatt kann als Nebenbetrieb mit einer Tankstelle (oder einem Ge-
brauchtwagenhandel) als Hauptbetrieb verbunden sein. Reparaturen an Ort und
Stelle können das Leistungsangebot der Tankstelle sinnvoll ergänzen und dazu
beitragen, Stammkunden zu gewinnen (*fachliche Verbundenheit*). Die Werkstatt
muss eine untergeordnete, dienende Funktion haben und darf nicht völlig unabhängig zur Tankstelle betrieben werden (*wirtschaftliche Verbundenheit*).[73]

In nur scheinbarem Widerspruch zum Merkmal der Verbundenheit erfordert ein   **44**
Neben*betrieb* zugleich ein gewisses Maß an *Eigenständigkeit*, das ihn vom unselbstständigen Hilfsbetrieb (§ 3 Abs. 1 Hs. 2, Abs. 3 HwO) abgrenzt.[74] Die wohl
h. M. stellt unter Hinweis auf den Wortlaut des § 3 Abs. 1 HwO („Absatz *an Dritte*", „Leistungen *für Dritte*") entscheidend darauf ab, ob der Nebentrieb über einen

---

[67] Vgl. *Stober/Eisenmenger*, § 48 IX 1.
[68] BVerwGE 67, 273 (279); NVwZ 1987, 132 (133); *Ehlers*, in: ders./Fehling/Pünder, § 19 Rn. 32.
[69] BVerwGE 67, 273 (278); NVwZ 1987, 132 (133); *Frotscher/Kramer*, § 18 Rn. 566.
[70] Siehe *Czybulka*, in: R. Schmidt, BT I, § 2 Rn. 30; *Honig/Knörr*, HwO, § 3 Rn. 4.
[71] Vgl. *Czybulka*, in: R. Schmidt, BT I, § 2 Rn. 30; *Ehlers*, in: ders./Fehling/Pünder, § 19 Rn. 32.
[72] OLG Stuttgart, NVwZ 1986, 155; *Honig/Knörr*, HwO, § 3 Rn. 3; *Detterbeck*, HwO, § 3 Rn. 3.
[73] BVerwG, NVwZ 1987, 132; OLG Stuttgart, NVwZ 1986, 154.
[74] BVerwGE 67, 273 (278 f.); *Honig/Knörr*, HwO, § 3 Rn. 8.

eigenen Zugang zum Markt verfügt.[75] Die rechtliche Selbstständigkeit des Betriebs ist demgegenüber irrelevant.[76]

Beispiel

Den Kauf von Elektrogeräten in Einzelhandelsgeschäften machen Kunden häufig von einer anschließenden Installation und Reparatur abhängig. Hier liegt ein *einheitlicher, nicht aufspaltbarer Lebenssachverhalt* vor; die handwerkliche Tätigkeit ist fester und existenznotwendiger Teil des Handelsgewerbes und mangels Eigenständigkeit kein Nebenbetrieb.[77] Ein unmittelbarer Marktzugang wäre hingegen zu bejahen, wenn auch *Fremdgeräte* installiert und repariert würden.

---

45 Begründet wird das Kriterium des Marktzugangs bislang damit, dass nur ein Nebenbetrieb, der am Wirtschaftsverkehr unmittelbar teilnimmt und in Wettbewerb zu selbstständigen Handwerksbetrieben tritt, diesen gleichgestellt werden und den Anforderungen der HwO genügen soll.[78] Dieses Argument ist im Hinblick auf den (vorgeblichen) Paradigmenwechsel der HwO zum modernen Sicherheitsrecht fraglich. Gefahr bleibt Gefahr, unabhängig von der Frage, ob ein Betrieb in Konkurrenz zu handwerklichen Vollbetrieben tritt. Entscheidender ist die Erwägung, dass der reine „Zulieferbetrieb" unmittelbar keine Gefahr begründet. Die Verantwortung für die Produktsicherheit trägt letztlich der Hauptbetrieb, der am Markt auftritt.

bb) Unerheblicher Nebenbetrieb

46 Von der Eintragungspflicht und dem Großen Befähigungsnachweis als Eröffnungskontrolle ausgenommen ist ein sog. unerheblicher Nebenbetrieb, der die durchschnittliche Jahresarbeitszeit eines Ein-Mann-Betriebes des betreffenden Handwerkszweiges unterschreitet. Er ist nach § 3 Abs. 1 Hs. 2 und Abs. 2 HwO nicht eintragungspflichtig und unterliegt nur dem allgemeinen Anzeigevorbehalt des § 14 GewO.[79]

47 Diese Privilegierung ist im Hinblick auf das primäre Ziel der Gefahrenabwehr kritisch zu hinterfragen: Gehen von einem „Feierabend-" oder „Wochenendhandwerker" weniger Gefahren aus denn von einem vollhandwerklichen Betrieb?[80]

---

[75] BVerwGE 58, 93 (98); *Ziekow*, § 11 Rn. 22; *Ehlers*, in: ders./Fehling/Pünder, § 19 Rn. 33; a. A. *Detterbeck*, HwO, § 3 Rn. 9.

[76] VG Augsburg, GewArch 1995, 162 (163); *Detterbeck*, HwO, § 3 Rn. 3; *Ziekow*, § 11 Rn. 22. A. A. *Honig/Knörr*, HwO, § 3 Rn. 3.

[77] BVerwGE 67, 273 (278 f.); BayObLG, NVwZ 1984, 268 (269); *Frotscher/Kramer*, § 18 Rn. 561.

[78] Zu diesem handwerksrechtlichen Gleichbehandlungsgrundsatz BVerwGE 58, 93 (98); ferner *Czybulka*, in: R. Schmidt, BT I, § 2 Rn. 31; *Stober/Eisenmenger*, § 48 IX 1.

[79] *Czybulka*, in: R. Schmidt, BT I, § 2 Rn. 33; *Ehlers*, in: ders./Fehling/Pünder, § 19 Rn. 34.

[80] Kritisch *Bulla*, GewArch 2012, 470 (474).

cc) Hilfsbetrieb

Auf den handwerklichen Hilfsbetrieb findet das Handwerksrecht ebenfalls keine **48** Anwendung (§ 3 Abs. 1 Hs. 2 und Abs. 3 HwO). Ein solcher Hilfsbetrieb ist zum einen jeder unselbstständige, der wirtschaftlichen Zweckbestimmung des Hauptbetriebs dienende Handwerksbetrieb, der *ohne unmittelbaren Marktzugang* ausgeübt wird (§ 3 Abs. 3 Nr. 1 HwO).[81]

Zum anderen können in einem Hilfsbetrieb in den engen Grenzen des § 3 Abs. 3 **49** Nr. 2 HwO auch *Leistungen an Dritte* erbracht werden, wenn diese alternativ

a. als handwerkliche Arbeiten untergeordneter Art zur gebrauchsfertigen Überlassung üblich sind,

b. in *unentgeltlichen* Pflege-, Installations-, Instandhaltungs- oder Instandsetzungsarbeiten <u>oder</u>

c. in *entgeltlichen* Pflege-, Installations-, Instandhaltungs- oder Instandsetzungsarbeiten an solchen Gegenständen bestehen, die in einem Hauptbetrieb selbst hergestellt worden sind oder für die der Hauptbetrieb als Hersteller i. S. d. Produkthaftungsgesetzes gilt.

Beispiele

Die Herstellung von Fleisch und Wurst, wenn sie ausschließlich für die eigene Gaststätte als Hauptbetrieb erfolgt (Nr. 1).[82] Die Installation verkaufter Elektrogeräte ist *als handwerkliche Arbeit untergeordneter Art zur gebrauchsfertigen Überlassung üblich* (Nr. 2 lit. a).[83] Die in Nr. 2 lit. b und c genannten (un-) entgeltlichen Pflege-, Installations- und Instandhaltungs- bzw. Instandsetzungsarbeiten sollen eine Servicetätigkeiten „aus einer Hand" ermöglichen.[84]

Gerechtfertigt wurde diese Privilegierung von Hilfsbetrieben mit derselben zwei- **50** felhaften Argumentation einer fehlenden Konkurrenzsituation zu selbstständigen (Voll-)Handwerkern (siehe oben). Die Gefährlichkeit einer Tätigkeit entfällt jedoch ersichtlich weder deshalb, weil zwischen Handwerker und Kunden noch ein Verkäufer zwischengeschaltet ist (§ 3 Abs. 3 Nr. 1 HwO), noch weil die Kunden sie erwarten (Nr. 2 lit. a), sie unentgeltlich (Nr. 2 lit. b) oder entgeltlich vom Hersteller (i. S. d. ProdHaftG) erbracht werden (Nr. 2 lit. c).[85]

dd) Zweigstelle

Nicht eintragungspflichtig sind unselbstständige Zweigstellen als Untergliederun- **51** gen eines Hauptbetriebs. Auch ein Handwerksbetrieb mit mehreren Zweigstellen

---

[81] *Honig/Knörr*, HwO, § 3 Rn. 23 („Hilfsbetrieb im engeren Sinn"); *Detterbeck*, HwO, § 3 Rn. 19.

[82] OVG RP, GewArch 1981, 14.

[83] Vgl. *Frotscher/Kramer*, § 18 Rn. 562. Genauer *Honig/Knörr*, HwO, § 3 Rn. 27.

[84] Siehe die Gesetzesbegründung, BT-Drs. 15/1206, S. 25; zu diesen auch *Honig/Knörr*, HwO, § 3 Rn. 28 ff.

[85] Kritisch *Bulla*, GewArch 2012, 470 (474).

bedarf nur *einer* Eintragung in die Handwerksrolle, wenn die Zweigstellen im Bezirk derselben HwK liegen. Liegen die Zweigstellen in verschiedenen HwK-Bezirken, sind diese jedenfalls dann gesondert eintragungspflichtig, wenn sie eine gewisse Eigenständigkeit aufweisen.[86]

2. Eintragungsfähigkeit

52 Nach § 7 Abs. 1 HwO wird als Inhaber eines zulassungspflichtigen Handwerksbetriebs eine natürliche oder juristische Person bzw. Personengesellschaft in die Handwerksrolle eingetragen, wenn der Betriebsleiter die Eintragungsvoraussetzungen der § 7 Abs. 1a–9 HwO erfüllt. In diesem Fall besteht ein *Anspruch auf Eintragung* (§ 7 Abs. 1 HwO: „wird eingetragen"). Die HwK hat weder einen Ermessens- noch einen Beurteilungsspielraum.[87]

53 Eingetragen wird der Betriebsinhaber als natürliche oder juristische Person. Als Folge der (Teil-)Rechtsfähigkeit von *Personengesellschaften* werden auch bei einer GbR, OHG oder KG nicht mehr deren haftende Gesellschafter, sondern die Gesellschaften als solche eingetragen.[88]

a) Betriebsleiterprinzip

54 Die Eintragungsvoraussetzungen müssen – anders als bis zur Handwerksnovelle 2004 – nicht zwingend in Person des Betriebsinhabers selbst (sog. Inhaberprinzip), sondern können auch in Person eines angestellten Betriebsleiters vorliegen (sog. *Betriebsleiterprinzip*). Zu Recht hat der Gesetzgeber das Leitbild des inhabergeführten Handwerksbetriebes zugunsten einer rechtsformneutralen und nachfolgefreundlichen Regelung aufgegeben.[89]

55 *Betriebsleiter* ist, wer für den Handwerksbetrieb in seiner fachlichen Ausgestaltung und in seinem technischen Ablauf verantwortlich ist. Er muss den gleichen Einfluss haben wie ein das Handwerk selbstständig betreibender Handwerksmeister. In rechtlicher Hinsicht setzt dies voraus, dass der Betriebsleiter zum Vorgesetzten der übrigen Mitarbeiter des Betriebs bestellt wird und diesen (und ggf. dem mitarbeitenden Betriebsinhaber) gegenüber ein *fachlich-technisches Weisungsrecht* ausüben kann;[90] in tatsächlicher Hinsicht muss er seine Leitungsfunktion auch praktisch wahrnehmen können, also zumindest in Eilfällen *jederzeit und kurzfristig er-*

---

[86] BVerwGE 95, 363 (Leitsatz 1); VGH BW, NVwZ-RR 2002, 113 (114). Hierzu *Ehlers*, in: ders./Fehling/Pünder, § 19 Rn. 30; *Ziekow*, § 11 Rn. 19.

[87] *Detterbeck*, HwO, § 7 Rn. 10.

[88] Vgl. Anlage D Ziff. I. 3. lit. a zur HwO; VGH BW, GewArch 2002, 81. Hierzu *Ruthig/Storr*, Rn. 484; i. E. ebenso *Marcks*, in: Landmann/Rohmer, GewO, § 14 Rn. 55a (Stand: 57. EL Juli 2010).

[89] So schon BVerwGE 88, 122 (124 f.); 102, 204 (208 f.). Siehe die Gesetzesbegründung, BT-Drs. 15/1206, S. 26. Hierzu auch *Müller*, NVwZ 2004, 403 (405); *Stober/Eisenmenger*, § 48 X 2.

[90] BVerwG, GewArch 1997, 481 (482); NdsOVG, GewArch 2012, 167 (168); BayVGH, GewArch 1997, 75.

reichbar sein und den Arbeitsablauf leiten, kontrollieren und überwachen.[91] Eine Präsenzpflicht kann demgegenüber nicht gefordert werden.[92] Selbstverständlich kann der Betriebsinhaber zugleich Betriebsleiter sein.[93]

Beispiel

Eine Entfernung von über 100 km zwischen zwei Betrieben bei einer wöchentlichen Arbeitszeit von 20 Stunden schließt eine tatsächliche Leitungsfunktion in der Regel aus.[94] Bei Augenoptikern, Orthopädie- und Zahntechnikern wird aufgrund der hohen Gesundheitsgefahren sogar eine ständige Meisterpräsenz gefordert.[95]

Scheidet ein Betriebsleiter aus, muss der Betriebsinhaber unverzüglich für die Einsetzung eines anderen Betriebsleiters sorgen (§ 4 Abs. 2 HwO).   **56**

b) Regel: Meistertitel

Die Regelvoraussetzung für die Eintragung in die Handwerksrolle ist sowohl nach   **57**
der Systematik der HwO als auch in der Praxis weiterhin eine bestandene Meisterprüfung. Es genügt der Meistertitel in einem *verwandten zulassungspflichtigen Handwerk* (§ 7 Abs. 1a HwO). Welche Handwerke einander so nahe stehen, dass die Beherrschung des einen auch die gefahrfreie Ausübung des anderen Handwerks sicherstellt, ist durch Verordnung[96] abschließend festgelegt worden.[97]

Beispiele

Wechselseitig verwandt sind etwa die Bäcker und Konditoren, die Elektrotechniker und Elektromaschinenbauer oder die Maler/Lackierer und die Stuckateure.

In der Meisterprüfung hat ein Prüfling in vier selbstständigen Prüfungsteilen nach-   **58**
zuweisen, dass er wesentliche Tätigkeiten seines Handwerks praktisch meisterhaft verrichten kann (Teil I) und dass er die erforderlichen fachtheoretischen Kenntnisse (Teil II), die erforderlichen betriebswirtschaftlichen, kaufmännischen und rechtli-

---

[91] NdsOVG, GewArch 2012, 167 (168). Zum Ganzen auch *Ziekow*, § 11 Rn. 27.

[92] BayVGH, NVwZ 1983, 691 (691). Dies verkennt OLG München, GewArch 2013, 165.

[93] Begründung zum Gesetzesentwurf, BT-Drs. 15/1206, S. 26; *Honig/Knörr*, HwO, § 7 Rn. 4.

[94] VG Greifswald, Urt. v. 15.05.1997 – 4 A 1627/96, juris; ähnlich BVerwG, NVwZ-RR 1995, 325 (326); NdsOVG, GewArch 1994, 171 (171 f.) und GewArch 1994, 67 (Rn. 7); BayVGH, GewArch 1997, 75 (76); ähnlich BVerwGE 102, 204 (209 f.) hinsichtlich einer durch die Ableistung des Grundwehrdienstes bedingten zehnmonatigen Abwesenheitszeit des einzigen Betriebsleiters.

[95] VG Göttingen, GewArch 1994, 423; *Karsten*, in: Schwannecke, HwO, § 7 Rn. 41 (Stand: 47. EL Mai 2013).

[96] Siehe auch die hierzu ergangene VO über den Erlass und die Änderung handwerksrechtlicher Verordnungen vom 22.06.2004, BGBl. I, S. 1314.

[97] BVerwG, GewArch 1994, 115.

chen Kenntnisse (Teil III) sowie die erforderlichen berufs- und arbeitspädagogischen Kenntnisse (Teil IV) besitzt.

59 Die Meisterprüfung ist in ihrer derzeitigen Gestalt, insbesondere mit ihren Anforderungen an betriebswirtschaftliche, kaufmännische und rechtliche Kenntnisse, nicht (mehr) am primären Gesetzeszweck der HwO, nämlich der Abwehr von Gefahren für Leben und Gesundheit, ausgerichtet (zu den verfassungsrechtlichen Bedenken → Rn. 117 ff.).

c) Gleichgestellte Abschlüsse

60 Dem Meistertitel gleichgestellt werden Ingenieure, Absolventen von technischen Hochschulen und von staatlichen oder staatlich anerkannten Fachschulen für Technik und Gestaltung mit einschlägigen Studienabschlüssen (§ 7 Abs. 2 S. 1–3 HwO), ohne dass wie nach alter Rechtslage zusätzlich eine Gesellenprüfung oder eine vorherige dreijährige praktische Tätigkeit erforderlich wäre. Gleiches gilt für Hochschuldiplome aus einem anderen EU/EWR-Mitgliedsstaat (§ 7 Abs. 2 S. 4 HwO).

61 Im Hinblick auf die Rechtfertigung des Großen Befähigungsnachweises, der eine gefahrfreie Handwerksausübung und die Ausbildungsleistung des Handwerks durch den Zweiklang von umfassenden fachtheoretischen Kenntnissen *und* praktischer Befähigung sicherstellen will, ist diese Gleichstellung systemwidrig. Was nutzt der beste Hochschulabschluss, wenn ein Absolvent mit zwei linken Händen und ohne jede praktische Berufserfahrung gefahrgeneigte Tätigkeiten ausübt?

d) Ausnahmebewilligung

62 Einen Anspruch auf Eintragung hat ferner, wer eine Ausnahmebewilligung nach den §§ 8, 9 Abs. 1 HwO oder eine Gleichwertigkeitsfeststellung nach § 50b HwO besitzt (§ 7 Abs. 3 HwO).

aa) Ausnahmebewilligung nach § 8 HwO

63 Eine Ausnahmebewilligung wird gemäß § 8 Abs. 1 S. 1 und Abs. 3 HwO auf Antrag des Gewerbetreibenden von der höheren Verwaltungsbehörde nach Anhörung der HwK erteilt, wenn ein Ausnahmefall vorliegt und die notwendigen Kenntnisse und Fertigkeiten nachgewiesen sind. Diese Zuständigkeit ist in den einzelnen Ländern auf der Grundlage des § 124b HwO in der Regel auf die HwKen übertragen worden.[98]

---

[98] So in Baden-Württemberg (§ 3 Abs. 1 Nr. 3 HwOZustV BW), Bayern (§ 1 BayHwOZustV), Berlin (§ 1 der 2. HWZustUeVO Bln), Brandenburg (§ 1 HwO§12bV Bbg), Bremen (§ 1 Nr. 3 BremHwO§§7auaZustV), Hamburg (III Abs. 2 HwOZustAnO Hmb), Hessen (§ 1 HessHWZG), Mecklenburg-Vorpommern (§ 3 Nr. 3 HwOZustAnO MV), Niedersachsen (Ziff. 3.1.1.2 der Anlage zur ZustVO-Wirtschaft Nds), Nordrhein-Westfalen (§ 1 Abs. 2 HwOZustV NRW), Rheinland-Pfalz (§ 1 Nr. 2 HwO/SchwarzArbGZustV RP), Saarland (§ 1 Nr. 3 HWOZustV LSA), Sachsen (§ 3 Nr. 2 SächsHwAusfVO), Sachsen-Anhalt (Ziff. 3.3.4 der Anlage 1 zur ZustVO GewAIR SA), Schleswig-Holstein (§ 1 HwOzustBehV SH) und Thüringen (§ 5 Abs. 1 S. 4 ThürZustErmGeVO).

Die Ausnahmebewilligung kann – und *muss* als milderes Mittel gegenüber einer **64** Versagung – mit Auflagen und Bedingungen versehen, befristet oder auf ein Teilhandwerk beschränkt erteilt werden (§ 8 Abs. 2 HwO).

Beispiel

In der Praxis wird nicht selten eine befristete Ausnahmebewilligung unter Widerrufsvorbehalt erteilt, um einem Handwerker das vorübergehende Führen eines Betriebes zu ermöglichen, während er sich um den Erwerb des Meistertitels bemüht.

Erste Voraussetzung für die Erteilung einer Ausnahmebewilligung ist, dass der Be- **65** triebsinhaber oder sein Betriebsleiter die „notwendigen Kenntnisse und Fertigkeiten" nachweist. Im Hinblick auf die Berufsfreiheit und den Grundsatz der Verhältnismäßigkeit darf § 8 HwO nicht zu engherzig ausgelegt werden.[99] Die Forderung nach einer „meisterlichen" oder „meistergleichen" Befähigung geht zu weit;[100] es genügt, *in etwa* bzw. *im Wesentlichen* die praktischen Fertigkeiten und die fachtheoretischen, betriebswirtschaftlichen, kaufmännischen und rechtlichen Kenntnisse eines Handwerksmeisters vorzuweisen.[101] Die zuständige Behörde hat die Qualifikation des Antragstellers *von Amts wegen zu ermitteln* (§ bzw. Art. 24 LVwVfG) und dabei die bisherigen beruflichen Erfahrungen und Tätigkeiten zu berücksichtigen (§ 8 Abs. 1 S. 1 Hs. 2 HwO). Ein förmlicher, der Meisterprüfung angenäherter Eignungstest kann nur ultima ratio sein.[102]

Als zweite Voraussetzung muss ein *Ausnahmefall* vorliegen, der es dem Betrof- **66** fenen zum Zeitpunkt der Antragsstellung oder danach[103] unzumutbar macht, die Meisterprüfung abzulegen (§ 8 Abs. 1 S. 2 HwO). Eine übermäßige Beschwer für den Antragsteller kann sich unter Berücksichtigung aller Umstände des Einzelfalls insbesondere aus der *Art und Weise der Meisterprüfung*, etwa der mehrjährigen Ausbildung oder dem Vorbereitungsaufwand ergeben.[104] Abzustellen ist insbesondere auf die Sozialdaten des Betroffenen (Alter, Gesundheit, beruflicher Werde-

---

[99] BVerfG, DVBl. 2006, 244 (246); E 13, 97 (120 f.).

[100] So aber OVG NRW, DÖV 2013, 653.

[101] VGH BW, GewArch 2013, 213; BayVGH, Beschl. v. 09.05.2011 – 22 ZB 09.3156, juris, Rn. 6 f. Ferner *Czybulka*, in: R. Schmidt, BT I, § 2 Rn. 51; *Detterbeck*, HwO, § 8 Rn. 15; *Honig/ Knörr*, HwO § 8 Rn. 8; *Ziekow*, § 11 Rn. 29; a. A. BayVGH, GewArch 2004, 259 (260).

[102] Siehe die Gesetzesbegründung, BT-Drs. 12/5918, S. 18; *Ehlers*, in: ders./Fehling/Pünder, § 19 Rn. 52; *Czybulka*, in: R. Schmidt, BT I, § 2 Rn. 51. A. A. *Honig/Knörr*, HwO, § 8 Rn. 17 f.

[103] Dem Betroffenen kann damit nicht mehr vorgehalten werden, die Meisterprüfung nicht zu einem früheren Zeitpunkt abgelegt zu haben; so aber noch BVerwG, NVwZ 1991, 1191 und NVwZ 1992, 791 (792). Vgl. *Honig/Knörr*, HwO, § 8 Rn. 28 m. w. N.; Ziff. 2.3. der Leipziger Beschlüsse des Bund-Länder-Ausschusses Handwerksrecht, GewArch 2001, 123 ff.

[104] BVerfGE 13, 97 (120 f.); BVerwGE 115, 70 (75); *Ehlers*, in: ders./Fehling/Pünder, § 19 Rn. 51; *Detterbeck*, HwO, § 8 Rn. 30 ff.

gang, Unterhaltspflichten für Angehörige etc.).[105] Eine Auslegungshilfe geben die sog. Leipziger Beschlüsse des Bund-Länder-Ausschusses Handwerksrecht.[106]

Beispiele

Einen *Ausnahmefall* begründet, ohne dass eine Berücksichtigung weiterer Umstände erforderlich ist, etwa die drohende Arbeitslosigkeit eines langjährig angestellten Handwerkers wegen Outsourcings (Ziff. 2.6. der Leipziger Beschlüsse), unzumutbar lange Wartezeiten von zwei Jahren oder mehr auf die Ablegung der Meisterprüfung (Ziff. 2.7.), gesundheitliche Gründe oder körperliche Behinderungen, wenn die Nachteile nicht durch eine Gestaltung des Prüfverfahrens kompensiert werden können (Ziff. 2.8.), die Gelegenheit zur Betriebsübernahme (befristete Ausnahmebewilligung, um Meisterprüfung zu ermöglichen – Ziff. 2.10.), die Ausübung einer begrenzten Spezialtätigkeit (Ziff. 2.11.) und insbesondere ein fortgeschrittenes Lebensalter von 47 Jahren (Ziff. 2.12.).

Keinen Ausnahmefall sollen finanzielle Belastungen begründen, die durch staatliche Förderung (Meister-BaföG) ausgeglichen werden können.[107]

---

67   Der Ausnahmefall muss sich vom Normalfall eines typischen Meisteranwärters abheben. Keine individuelle übermäßige Beschwer begründen die Kosten und die zeitliche Belastung, die zwar mit der Meisterprüfung verbunden sind, aber als typische Lasten alle Bewerber gleichermaßen treffen.[108] Ein Ausnahmefall liegt bei einer Familie mit sechs minderjährigen Kindern vor, deren Unterhalt nur mit Überstunden gesichert werden kann.[109]

68   Eine Vergangenheitsforschung soll ausgeschlossen sein. Es kommt alleine auf die Unzumutbarkeit des Ablegens der Meisterprüfung zum Zeitpunkt der Antragstellung oder danach an. Eine Ausnahmebewilligung kann selbst dann erteilt werden, wenn die Meisterprüfung in einem bestimmten Handwerk wegen viermaligen Nichtbestehens endgültig nicht mehr abgelegt werden kann.[110]

bb) Ausnahmebewilligung nach § 9 Abs. 1 HwO

69   Das Handwerksrecht ist eines der Referenzgebiete für die Überformung des nationalen Öffentlichen Wirtschaftsrechts durch die EU-Grundfreiheiten (→ § 1 Rn. 6 ff.) und das einschlägige Sekundärrecht. Wiederholt ist der deutsche Gesetzgeber

---

[105] BVerfGE 13, 97 (121); BVerwGE 115, 70 (75). Siehe auch *Ehlers*, in: ders./Fehling/Pünder, § 19 Rn. 51; *Honig/Knörr*, HwO, § 8 Rn. 29 ff.

[106] Veröffentlicht in GewArch 2001, 123 ff.

[107] OVG NRW, DÖV 2013, 653.

[108] BVerwGE 102, 204 (211); 115, 70 (75 f.). Zu restriktiv aber VG Köln, GewArch 2011, 444.

[109] BVerwGE 115, 70 (76).

[110] BVerwGE 115, 70 (Leitsatz 2); OVG NRW, GewArch 2000, 75 (76). Siehe auch die Gesetzesbegründung, BT-Drs. 15/1206, S. 29; *Müller*, NVwZ 2004, 403 (406); *Kormann/Hüpers*, GewArch 2004, 353 (358); a. A hinsichtlich mehrfachen Versagens in der Meisterprüfung *Honig/Knörr*, HwO, § 8 Rn. 25; VG Stuttgart, GewArch 2004, 35.

durch Entscheidungen des EuGH, insbesondere in den Rechtssachen *Corsten* und *Schnitzer*,[111] oder durch EU-Richtlinien, namentlich die BQRL und die DLR, gezwungen worden, die Berufszugangsbeschränkungen für Handwerker aus dem EU/EWR-Ausland zu liberalisieren[112]. Die Umsetzung der europarechtlichen Vorgaben erfolgt durch die auf der Grundlage des § 9 Abs. 1 HwO erlassene EU/EWR-HwV.

Die EU/EWR-HwV knüpft allein an den Ausbildungsort an und setzt einen   **70**
grenzüberschreitenden Sachverhalt voraus. Auch Deutsche, die im EU/EWR-Ausland tätig waren, können als *Ausbildungsausländer* einen Anspruch auf Ausnahmebewilligung haben,[113] nicht aber EU/EWR-Staatsangehörige, die ihre Befähigung im Inland erworben haben.[114] Die Bewilligungsvoraussetzungen können durch Bescheinigungen der zuständigen Stellen des Herkunftslandes bewiesen werden, an welche die deutschen Behörden gebunden sind.[115] Das Anerkennungsverfahren regelt § 6 EU/EWR-HwV.

Anspruch auf Erteilung einer Ausnahmebewilligung kraft *Anerkennung seiner*   **71**
(praktischen) Berufserfahrung – ausgenommen die Gesundheitshandwerke nach Anlage A Nr. 33–37[116] – hat nach § 2 EU/EWR-HwV, wer
1. mindestens sechs Jahre ununterbrochen als Selbständiger/Betriebsverantwortlicher,
2. mindestens drei Jahre ununterbrochen als Selbständiger/Betriebsverantwortlicher nach einer mindestens dreijährigen Ausbildung,
3. mindestens vier Jahre ununterbrochen als Selbständiger/Betriebsverantwortlicher nach einer mindestens zweijährigen Ausbildung,
4. mindestens drei Jahre ununterbrochen als Selbständiger und mindestens fünf Jahre als Arbeitnehmer *oder* (alternativ)
5. mindestens fünf Jahre ununterbrochen in einer leitenden Stellung eines Unternehmens, hiervon mindestens drei Jahre mit technischen Aufgaben und mit der Verantwortung für mindestens eine Abteilung des Unternehmens, nach einer mindestens dreijährigen Ausbildung (ausgenommen das Friseur-Handwerk)
tätig war.

Alternativ gibt § 3 EU/EWR-HwV einen Anspruch auf *Anerkennung von Ausbil-*   **72**
dungs- und Befähigungsnachweisen, die

---

[111] EuGH, Rs. C-58/98, Slg. 2000, I-7919 (7920) – Corsten; Rs. C-215/01, Slg. 2003, I-14847 (14849) – Schnitzer.

[112] Zum europarechtlichen Einfluss auf das deutsche Handwerksrecht *Krimphove*, WiVerw 2014, 234 ff.

[113] § 1 Abs. 1 EU/EWR-HwV: „in einem *anderen* Mitgliedstaat". Vgl. BVerwG, GewArch 1998, 470; VGH BW, GewArch 1993, 252. Ferner *Detterbeck*, HwO, § 9 Rn. 9.

[114] NdsOVG, GewArch 1999, 79; *Honig/Knörr*, HwO, § 9 Rn. 9.

[115] § 3 Abs. 1 S. 2 EU/EWR-HwV; *Stork*, in: Schwannecke, HwO, § 9 Rn. 34 (Stand: 42. EL Dezember 2008). Die Bindungswirkung entfällt nur bei offensichtlichen Anhaltspunkten für eine Unrichtigkeit, EuGH, Rs. C-130/88, Slg. 1989, 3057 – Van de Bijl/Staatssecretaris van Economische Zaken.

[116] Siehe auch Art. 16 f. BQRL.

- im Herkunftsland Voraussetzung für die Ausübung zumindest einer wesentlichen Tätigkeit des betreffenden Handwerks ist,
- der in Deutschland erforderlichen Qualifikation gleichwertig ist und
- mindestens der zweiten Qualifikationsstufe i. S. d. BQRL entspricht (siehe hierzu § 3 Abs. 2 EU/EWR-HwV).

73   Bei wesentlichen Unterschieden, insbesondere in Dauer und inhaltlichem Umfang der Ausbildung, kann die zuständige Behörde nach Maßgabe des § 5 EU/EWR-HwV die Teilnahme an einem Anpassungslehrgang oder eine Eignungsprüfung verlangen.

cc) Sonderfall: Grenzüberschreitende Dienstleistungen ohne Niederlassung

74   Bereits die Entscheidungen des EuGH in den Rechtssachen *Corsten* und *Schnitzer* haben den deutschen Gesetzgeber gezwungen, das deutsche Handwerksrecht für EU/EWR-Handwerker, die nur vorübergehend in Deutschland handwerkliche Dienstleistungen erbringen, ohne sich dauerhaft niederzulassen, zu liberalisieren. Sie dürfen durch eine Eintragung in die Handwerksrolle nicht verzögert, erschwert oder verteuert werden. Art. 5 Abs. 1 BQRL wird mit § 7 EU/EWR-HwV umgesetzt.[117]

75   Einem Staatsangehörigen eines EU/EWR-Mitgliedstaates (auch einem Deutschen!) ist nach § 7 Abs. 1 S. 1 EU/EWR-HwV die vorübergehende und gelegentliche Erbringung auch von vollhandwerklichen Dienstleistungen gestattet, wenn er in einem anderen EU/EWR-Mitgliedstaat rechtmäßig niedergelassen ist (*Herkunftslandprinzip*). Ist der Beruf im Herkunftsland nicht reglementiert, setzt der Niederlassungsstaat also für die Ausübung der betreffenden Tätigkeiten keine bestimmte berufliche Qualifikation voraus, und gibt es dort auch keine staatlich geregelte Ausbildung für diese Tätigkeit, muss der Handwerker die Tätigkeit zusätzlich während der letzten zehn Jahre zumindest zwei Jahre lang im Niederlassungsstaat ausgeübt haben.[118]

76   Eine *vorübergehende* Dienstleistungserbringung (vgl. auch Art. 57 UAbs. 3 AEUV) grenzt sich von einer (dauerhaften) Niederlassung danach ab, ob der Wirtschaftsteilnehmer über eine Infrastruktur verfügt, die es ihm ermöglicht, in *stabiler und kontinuierlicher Weise einer Erwerbstätigkeit* nachzugehen, und von der aus er sich an die Nachfrager des jeweiligen Mitgliedsstaates wenden kann (→ § 1 Rn. 50). Auch ein langjähriger Großauftrag und das Unterhalten eines Büros im Bestimmungsland lassen nicht zwingend auf eine Niederlassung schließen.[119]

77   Der Dienstleistungserbringer muss lediglich der zuständigen Behörde die beabsichtigte Erbringung der Dienstleistung unter Nachweis der oben genannten Vo-

---

[117] Zur Novellierung der BQRL *Stork*, GewArch 2013, 338.
[118] § 7 Abs. 1 S. 2 EU/EWR-HwV. Durch die Änderungs-RL 2013/55/EU wird diese Frist auf eine einjährige Tätigkeit in den letzten zehn Jahren verkürzt. Die RL ist bis zum 18.01.2016 in nationales Recht umzusetzen (Art. 3 Abs. 1 RL 2013/55/EU).
[119] EuGH, Rs. C-58/98, Slg. 2003, I-14847 – Schnitzer. Siehe auch Art. 5 Abs. 2 UAbs. 2 BQRL. Hierzu *Ziekow*, § 11 Rn. 10.

raussetzungen vor dem erstmaligen Tätigwerden *anzeigen* und darf die Tätigkeit sofort nach der Anzeige erbringen (§ 8 Abs. 1 und 2 EU/EWR-HwV). Sonderregelungen einschließlich eines eingeschränkten Nachprüfungsrechts bestehen für das Schornsteinfeger- und die Gesundheitshandwerke.[120] Die zwingenden Vorgaben des Europarechts degenerieren den Großen Befähigungsnachweis als präventives Verbot mit Erlaubnisvorbehalt – trotz der identischen Gefahrenlage – zu einem schlichten Anzeigevorbehalt.

dd) Gleichwertigkeitsfeststellung nach § 50b HwO

Als systematischer Unterfall der Ausnahmebewilligungen ist im Jahr 2011 in § 7 **78** Abs. 3 HwO die Feststellung der Gleichwertigkeit ausländischer Ausbildungsnachweise nach § 50b HwO als Eintragungsvoraussetzung eingefügt worden. Die Gleichwertigkeitsfeststellung ist nicht auf Abschlüsse aus dem EU- oder EWR-Ausland beschränkt. Nach § 50b Abs. 2 HwO ist ein Ausbildungsnachweis als gleichwertig anzusehen, sofern

1. der im Ausland erworbene Ausbildungsnachweis, bezogen auf die Meisterprüfung, die Befähigung zu vergleichbaren beruflichen Tätigkeiten belegt (*formale Gleichwertigkeit*),
2. der Antragsteller im Ausbildungsstaat zur Ausübung des zu betreibenden zulassungspflichtigen Handwerks berechtigt ist oder die Berechtigung nur aus Gründen verwehrt wird, die der Ausübung in Deutschland nicht entgegenstehen (*funktionelle Gleichwertigkeit*), und
3. zwischen der nachgewiesenen Befähigung und der einschlägigen Meisterprüfung keine wesentlichen Unterschiede bestehen (*materielle Gleichwertigkeit*).[121]

Ergibt die Gleichwertigkeitsprüfung wesentliche Unterschiede, insbesondere im **79** Hinblick auf die für Ausbildungsinländer geforderten Fertigkeiten und Kenntnisse (näher hierzu § 50b Abs. 3 HwO), und können diese auch nicht durch sonstige Befähigungsnachweis oder Berufserfahrung ausgeglichen werden (§ 50b Abs. 3 Nr. 3 HwO), so kann die zuständige HwK die Teilnahme an einem Anpassungslehrgang oder eine Eignungsprüfung verlangen (§ 50b Abs. 5 HwO).

e) Ausübungsberechtigung

In die Handwerksrolle wird ferner eingetragen, wer eine Ausübungsberechtigung **80** für das zu betreibende (oder ihm verwandte) Handwerk besitzt (§ 7 Abs. 7 HwO).

aa) Ausübungsberechtigung für andere Handwerke nach § 7a HwO

Wer schon mit einem anderen zulassungspflichtigen Handwerk nach § 1 HwO in **81** die Handwerksrolle eingetragen ist, erhält auch für ein weiteres Handwerksgewerbe nach Anlage A eine Ausübungsberechtigung, wenn die hierfür erforderlichen praktischen und fachtheoretischen Kenntnisse und Fertigkeiten nachgewiesen sind (§ 7a

---

[120] § 7 Abs. 2 und § 8 Abs. 2 S. 2 EU/EWR-HwV.
[121] *Ehlers*, in: ders./Fehling/Pünder, § 19 Rn. 45.

Abs. 1 HwO).[122] Diese Regelung will dem Handwerk „Leistungen aus einer Hand" und eine Anpassung an die Bedürfnisse des Marktes ermöglichen.[123] Das andere Handwerk darf isoliert, d. h. ohne fachlichen Zusammenhang mit dem „Stammhandwerk", ausgeübt und beworben werden.[124]

82   Die erforderliche Qualifikation ist von Amts wegen zu ermitteln (§ bzw. Art. 24 LVwVfG), wobei die bisherigen beruflichen Erfahrungen und Tätigkeiten zu berücksichtigen sind (§ 7a Abs. 1 Hs. 2 HwO). Für Verfahren und Inhalt der Ausübungsberechtigung gilt § 8 Abs. 2–4 HwO entsprechend (§ 7a Abs. 2 HwO).

bb) Altgesellenregelung nach § 7b HwO

83   Mit der (sehr umstrittenen) Einführung der Altgesellenregelung durch die Handwerksnovelle 2004 war der Gesetzgeber offensichtlich bemüht, die Inländerdiskriminierung deutscher Handwerker gegenüber ihren Kollegen aus dem EU/EWR-Ausland zu beseitigen, die unter den erleichterten Bedingungen des § 9 HwO eine Ausnahmebewilligung beantragen konnten (allgemein zur Inländerdiskriminierung → § 1 Rn. 82 f.).[125]

84   Nach § 7b Abs. 1 HwO hat einen *Anspruch auf Ausübungsberechtigung* für ein zulassungspflichtiges Handwerk (ausgenommen das Schornsteinfeger- und die Gesundheitshandwerke), wer kumulativ

1. die Gesellenprüfung in dem zu betreibenden (oder ihm verwandten) Handwerk bzw. eine gleichwertige Abschlussprüfung bestanden hat (Nr. 1) und
2. in diesen Handwerken eine Tätigkeit als Geselle[126] von insgesamt[127] sechs Jahren ausgeübt hat, davon vier Jahre in leitender Stellung (Nr. 2),
3. wenn diese Beschäftigung zumindest eine wesentliche Tätigkeit des zu betreibenden Handwerks umfasst hat (Nr. 3).

85   Die entscheidende Voraussetzung (die in der Praxis häufig zu einer Ablehnung der Altgesellenregelung führt) ist eine vierjährige Tätigkeit in *leitender Stellung*. Eine leitende Stellung liegt nach § 7b Abs. 1 Nr. 2 S. 2 HwO vor, wenn dem Gesellen *eigenverantwortliche Entscheidungsbefugnisse* übertragen worden sind. Eine Weisungsbefugnis gegenüber untergeordneten Mitarbeitern ist nicht notwendig,[128] aber ein starkes Indiz für eine leitende Stellung. Der qualifizierte Geselle muss in einem wesentlichen Betriebsteil selbstständig agieren können. Der Nachweis der leiten-

---

[122] Die betriebswirtschaftlichen, kaufmännischen und rechtlichen Kenntnisse sind bereits durch die Ablegung der Meisterprüfung im Haupthandwerk nachgewiesen (§ 46 Abs. 1 S. 2 HwO); vgl. *Czybulka*, in: R. Schmidt, BT I, § 2 Rn. 38.

[123] Gesetzesbegründung, BT-Drs. 12/5918, S. 17.

[124] *Ehlers*, in: ders./Fehling/Pünder, § 19 Rn. 47.

[125] Hierzu *Bulla*, Freiheit der Berufswahl, S. 142 f.; *ders.*, GewArch 2012, 470 (471).

[126] Ausbildungszeiten vor der Gesellenprüfung bleiben damit außer Betracht, BayVGH, NVwZ 2002, 341 f.; vgl. *Sydow*, GewArch 2005, 456 (457).

[127] Diese Formulierung stellt sicher, dass Unterbrechungen etwa aufgrund Fortbildung, Krankheit, Schwangerschaft nicht anzurechnen sind, vgl. BT-Drs. 15/1206, S. 28.

[128] VG Köln, GewArch 2006, 168.

den Stellung kann durch Arbeitszeugnisse, Stellenbeschreibungen oder in anderer Weise erbracht werden (§ 7b Abs. 1 Nr. 2 S. 3 HwO). Ein weiteres Indiz ist eine überdurchschnittliche Entlohnung.[129]

Beispiele

Ein Vorarbeiter oder Polier ist regelmäßig in leitender Stellung tätig; ebenso ein Kundendiensttechniker, der selbstständig Termine vereinbart, seine Arbeitszeit einteilt und Kalkulationen (Preisnachlässe, Garantie- und Kulanzfälle) vornimmt.[130]

Nach dem ausdrücklichen Willen des Gesetzgebers soll eine leitende Stellung auch **86** durch Zeiten *„illegaler" Handwerksausübung* ohne Handwerksrolleneintragung nachgewiesen werden können. Der Gesetzgeber wollte bewusst diese Handwerker in die Legalität führen.[131] Ebenso genügen Tätigkeiten im unerheblichen Nebenbetrieb, Hilfsbetrieb oder im Reisegewerbe.[132] Eine Teilzeittätigkeit kann wohl jedoch nur anteilig auf die geforderten vier Jahre leitender Stellung angerechnet werden.[133]

Weiterhin muss eine leitende Stellung mit Blick auf den Gesetzeszweck (Gefa- **87** renabwehr!) von *fachlich-technischen Aufgaben* geprägt sein, wenn ihre langjährige Ausübung sicherstellen soll, dass dem Gesellen die selbstständige Handwerkstätigkeit erlaubt werden kann, ohne dass Gefahren für Gesundheit oder Leben Dritter zu befürchten sind.[134] Eine überwiegend betriebswirtschaftliche, kaufmännische oder organisatorische Tätigkeit genügt nach Sinn und Zweck des Großen Befähigungsnachweises nicht. Der unbestimmte Rechtsbegriff der leitenden Stellung ist teleologisch zu reduzieren.[135]

Die für die selbstständige Handwerksausübung erforderlichen *betriebswirt-* **88** *schaftlichen, kaufmännischen und rechtlichen Kenntnisse* werden aufgrund der insgesamt sechsjährigen Berufserfahrung gemäß § 7b Abs. 1a S. 1 HwO widerleglich vermutet („gelten in der Regel").

Die Ausübungsberechtigung wird auf Antrag des Gewerbetreibenden nach An- **89** hörung der HwK von der höheren Verwaltungsbehörde erteilt (§ 7b Abs. 2 S. 1 HwO), sofern die Zuständigkeiten nicht (wie in der Regel) an die HwK übertragen

---

[129] *Detterbeck*, HwO, § 7b Rn. 23; *Ehlers*, in: ders./Fehling/Pünder, § 19 Rn. 48.

[130] VG Köln, GewArch 2006, 168. Ferner *Schwannecke/Heck*, GewArch 2004, 129 (133).

[131] BT-Drs. 15/1206, S. 28. Dies verkennt BayVGH, Urt. v. 19.03.2014 – 22 B 13.2021, juris, Rn. 21.

[132] *Detterbeck*, HwO, § 7b Rn. 25 f.; *Sydow*, GewArch 2005, 456 (457 f.); *Bulla*, Freiheit der Berufswahl, S. 331 f.

[133] BayVGH, GewArch 2012, 367.

[134] NdsOVG, GewArch 2011, 494. Vgl. die Gesetzesbegründung, BT-Drs. 15/1206, S. 29; *Sydow*, GewArch 2005, 456 (458).

[135] A. A. wohl *Ehlers*, in: ders./Fehling/Pünder, § 19 Rn. 48, der einen Nachweis über qualifizierte Verrichtungstätigkeit für entbehrlich hält.

worden sind (→ Rn. 63).[136] „Teilausübungsberechtigungen", Befristungen und Auflagen sind mangels eines Verweises auf § 8 Abs. 2 HwO nicht zulässig.[137]

f) Sonderfall: Hinüberarbeiten in andere Handwerke

90   Eine Durchbrechung des Großen Befähigungsnachweises enthält § 5 HwO, der
einem eingetragenen Handwerker auch ohne eine zusätzliche Ausnahmebewilligung
oder Ausübungsberechtigung Arbeiten in anderen zulassungspflichtigen Handwerken gestattet, wenn sie einen *technischen oder fachlichen Zusammenhang* mit dem
Hauptgewerbe aufweisen oder *dieses wirtschaftlich ergänzen*. Diese Arbeiten müssen einen Bezug zu einem konkreten Auftrag („hierbei") und ihren Schwerpunkt
in dem eingetragenen Handwerk haben.[138] Ein Verbot handwerksfremder Arbeiten
müsste zu einem wirtschaftlich unvernünftigen Ergebnis führen.[139] Wie auch § 7a
HwO will § 5 HwO Leistungen aus einer Hand ermöglichen.[140]

Beispiel

Ein Elektrotechniker, der neue Kabel verlegt, kann die notwendigen Putzarbeiten
miterledigen, ohne einen Stuckateur hinzuzuziehen.

---

g) Sonderfall: Fortführung des Betriebs durch Ehegatten und Erben

91   Stirbt ein Betriebsinhaber, dürfen sein Ehegatte bzw. eingetragener Lebenspartner,
der Erbe, Testamentsvollstrecker, Nachlassverwalter, Nachlassinsolvenzverwalter
oder Nachlasspfleger nach § 4 Abs. 1 HwO den Betrieb fortführen, ohne die Voraussetzungen für die Eintragung in die Handwerksrolle zu erfüllen. Sie haben allerdings dafür Sorge zu tragen, dass unverzüglich, d. h. ohne schuldhaftes Zögern, ein
Betriebsleiter bestellt wird. Die HwK kann in Härtefällen eine angemessene Frist
setzen, wenn eine ordnungsgemäße Führung des Betriebs gewährleistet ist.

3. Eintragung in die Handwerksrolle

92   Die Eintragung in die Handwerksrolle ist nicht betriebs-, sondern personenbezogen.
Wer die Eintragungsvoraussetzungen erfüllt und beabsichtigt, ein Handwerk selbstständig zu betreiben, wird auf Antrag binnen dreier Monate oder von Amts wegen in

---

[136] Vgl. § 7b Abs. 2 S. 2, § 8 Abs. 3 S. 4 bzw. § 124b HwO.

[137] Arg. e contr. § 7b Abs. 2 S. 2 HwO. *Detterbeck*, HwO, § 7b Rn. 9. So auch *Peifer*, in: Schwannecke, HwO, § 7b Rn. 33 (Stand: 48. EL März 2014) und *Günther*, GewArch 2011, 189 mit insgesamt
kritischer Sicht des § 7b HwO.

[138] BT-Drs. 12/5918, S. 16.

[139] *Detterbeck*, HwO, § 5 Rn. 10; *Ehlers*, in: ders./Fehling/Pünder, § 19 Rn. 36.

[140] *Honig/Knörr*, HwO, § 5 Rn. 10.

die Handwerksrolle eingetragen (§ 10 Abs. 1 HwO). Der HwK steht hierbei kein Ermessen und kein Prognosespielraum zu (§ 7 Abs. 1 HwO: „wird... eingetragen").[141]

Das *Eintragungsverfahren* ist grundsätzlich *zweistufig* ausgestaltet. Die HwK **93** hat dem Gewerbetreibenden zunächst die beabsichtigte Eintragung *mitzuteilen* (§ 11 Hs. 1 HwO). Gehört er der IHK an, muss auch dieser gegenüber eine Mitteilung ergehen (Hs. 2). Hat der Gewerbetreibende die Eintragung beantragt (und ist er kein Mitglied der IHK), ist diese Mitteilung mangels schutzwürdiger Interessen entbehrlich.[142] Die Mitteilung regelt die rechtsverbindliche Entscheidung über die Eintragungsbedürftigkeit und ist ein selbstständig angreifbarer *Verwaltungsakt* der HwK als Körperschaft des öffentlichen Rechts (§ 90 Abs. 1 HwO). Hierfür spricht auch die erforderliche Empfangsbestätigung, die nur in Hinblick auf eine Rechtsbehelfsfrist Sinn macht.[143]

Anschließend erfolgt die *eigentliche Eintragung*, über die eine Bescheinigung, **94** die sog. Handwerkskarte, auszustellen ist (§ 10 Abs. 2 S. 1 HwO). Sie vollzieht nicht nur die Mitteilung,[144] sondern ist ein *konstitutiver Verwaltungsakt*, dessen Regelungswirkung in der Gestattung des selbstständigen Handwerksbetriebs liegt.[145] Wird eine Eintragung ohne die erforderliche Mitteilung vorgenommen, ist sie zwar rechtswidrig und durch Anfechtungsklage aufhebbar, aber nicht nichtig.[146]

Folge der Eintragung ist die *Pflichtmitgliedschaft* in der HwK (§ 90 Abs. 2 HwO **95** → § 2 Rn. 83), die ihrerseits eine Beitragspflicht nach sich sieht (§ 113 Abs. 1 HwO). Für Existenzgründer sieht § 113 Abs. 2 S. 4–6 HwO eine Beitragsbefreiung bzw. -reduzierung vor.

III. Zulassungsfreie Handwerke und handwerksähnliche Gewerbe

Für zulassungsfreie Handwerke und handwerksähnliche Gewerbe gilt der *Grund-* **96** *satz der Gewerbefreiheit* (§ 1 GewO), sie können auch ohne Eröffnungskontrolle in Gestalt der Eintragung in die Handwerksrolle ausgeübt werden. Beginn und Ende des Gewerbebetriebs sind lediglich der örtlich zuständigen HwK unverzüglich *anzuzeigen* (§ 18 Abs. 1 HwO).[147] Als „Gütesiegel" kann eine freiwillige Meisterprüfung abgelegt werden, soweit dies in einer Ausbildungsordnung vorgesehen ist (§ 51a HwO).

---

[141] BVerwG, NVwZ-RR 1995, 325; *Ehlers*, in: ders./Fehling/Pünder, § 19 Rn. 61.

[142] Vgl. *Detterbeck*, HwO, § 11 Rn. 2; *Honig/Knörr*, HwO, § 11 Rn. 4. A. A. *Ehlers*, in: ders./ Fehling/Pünder, § 19 Rn. 66.

[143] BVerwGE 12, 75 (75 f.); 88, 122 (123); GewArch 1994, 248; *Honig/Knörr*, HwO, § 11 Rn. 1, § 12 Rn. 3; *Taubert*, in: Schwannecke, HwO, § 11 Rn. 11 (Stand: 37. EL März 2006).

[144] So *Taubert*, in: Schwannecke, HwO, § 11 Rn. 12 (Stand: 37. EL März 2006), der den Verwaltungsaktscharakter der Eintragung ablehnt.

[145] Vgl. § 1 Abs. 1 S. 1 HwO. *Ehlers*, in: ders./Fehling/Pünder, § 19 Rn. 67; *Detterbeck*, HwO, § 6 Rn. 5 ff.

[146] Vgl. *Czybulka*, in: R. Schmidt, BT I, § 2 Rn. 81; *Ehlers*, in: ders./Fehling/Pünder, § 19 Rn. 67.

[147] Hiervon unabhängig ist eine Gewerbeanzeige nach § 14 GewO erforderlich.

97   Ein *zulassungsfreies Handwerk* ist ein Gewerbe, das handwerksmäßig betrieben wird und in der Anlage B 1 zur HwO aufgeführt ist (§ 18 Abs. 2 S. 1 HwO). Diese zählt 53 Handwerksberufe auf, denen im Zuge der Handwerksnovelle 2004 eine Gefahrgeneigtheit oder bedeutende Ausbildungsleistung abgesprochen wurde und für die kein Großer Befähigungsnachweis mehr erforderlich ist.

> **Beispiel**
>
> Beim Parkettlegen (Anlage B Abschn. 1 Nr. 12) besteht nach der Gesetzes-begründung nur eine geringfügige Verletzungs- und Gesundheitsgefahr durch Holzsplitter und Ausdünstungen eines Überzugs, die eine Zulassungspflicht nicht rechtfertigen kann.[148]

98   Zu den *handwerksähnlichen Gewerben* zählen die 57 in der Anlage B 2 zur HwO enumerierten Gewerbe, wenn sie handwerksähnlich betrieben werden (§ 18 Abs. 2 S. 2 HwO). Das Merkmal der Handwerksmäßigkeit bzw. -ähnlichkeit dient wie beim zulassungspflichtigen Handwerk der Abgrenzung zum Industriebetrieb, es finden dieselben Abgrenzungskriterien Anwendung (→ Rn. 25 ff.).[149]

99   Mit der Anzeige erfolgt eine *Eintragung* in das Verzeichnis zulassungsfreier Handwerke oder handwerksähnlicher Betriebe (§ 19 S. 1 HwO). Für das Verfahren von Eintragung und Löschung gelten die Bestimmungen der zulassungspflichtigen Handwerke entsprechend (§ 20 S. 1 HwO). Die Eintragung wirkt aber *nicht kons-titutiv*; zulassungsfreie Handwerke und handwerksähnliche Gewerbe dürfen auch ohne sie ausgeübt werden.[150]

100   Folge der Eintragung ist eine beitragspflichtige *Zwangsmitgliedschaft* in der HwK (§ 90 Abs. 2, § 113 HwO). Mit dieser nach h. M. verfassungskonformen Pflichtmitgliedschaft (→ § 2 Rn. 83) soll eine qualifizierte fachliche Betreuung und Beratung durch die im Vergleich zur IHK sachnähere HwK gewährleistet wer-den.[151] Neben- und Hilfsbetriebe (§§ 2 f. HwO) werden nicht in dieses Verzeichnis eingetragen, um eine zersplitterte Kammerzugehörigkeit zu vermeiden.[152]

101   Auf die Betriebsuntersagung nach § 16 Abs. 3 HwO wird in § 20 S. 1 HwO ebenfalls nicht verwiesen, da zulassungsfreie Handwerke und handwerksähnliche Gewerbe gerade keinen Nachweis der fachlichen Qualifikation voraussetzen. Eine *Untersagung* kann nur auf eine persönliche Unzuverlässigkeit gestützt werden (§ 35 Abs. 1 GewO).[153]

---

[148] BT-Drs. 15/1206, S. 41.

[149] HmbOVG, NVwZ-RR 1993, 185; vgl. *Honig/Knörr*, HwO, § 18 Rn. 6.

[150] OVG NRW, GewArch 1997, 40; *Ehlers*, in: ders./Fehling/Pünder, § 19 Rn. 85; *Honig/Knörr*, HwO, § 19 Rn. 2.

[151] BVerwG, NVwZ-RR 1998, 169 (170). Vgl. *Detterbeck*, HwO, § 18 Rn. 2.

[152] Arg. e contr. § 20 S. 1 HwO. BVerwG, GewArch 1994, 248; *Honig/Knörr*, HwO, § 19 Rn. 4.

[153] *Honig/Knörr*, HwO, § 19 Rn. 2; *Ehlers*, in: ders./Fehling/Pünder, § 19 Rn. 85.

IV. Überwachung, Untersagung und Löschung

Den HwKen und zuständigen Behörden stehen verschiedene Instrumente zur Ver- **102**
fügung, die formell und materiell rechtmäßige Ausübung zulassungspflichtiger
Handwerke zu kontrollieren und gegebenenfalls gegen einen handwerksrechtswidrigen Betrieb einzuschreiten.

> *Übersicht über gewerbeaufsichtliche Maßnahmen im weiteren Sinne*
> a. Überwachung → Rn. 103 ff.
> b. Betriebsuntersagung und Betriebsschließung → Rn. 106 ff.
> c. Mitteilung über Löschung und Löschung der Eintragung → Rn. 110 ff.
> d. Untersagung wegen Unzuverlässigkeit nach § 35 GewO → Rn. 113 f.
> e. Ordnungswidrigkeitsverfahren → Rn. 115
> f. Wettbewerbsrechtliche Abmahnungen nach UWG → Rn. 116

1. Überwachung

Die HwK kann zunächst *Auskunft* über Art und Umfang des Betriebs, der Beschäf- **103**
tigten, die Qualifikation des Betriebsinhabers bzw. -leiters sowie über die vertragliche und praktische Ausgestaltung des Betriebsleiterverhältnisses verlangen (§ 17
Abs. 1 S. 1 HwO). Das Auskunftsverlangen ist ein Verwaltungsakt.[154] Der Gewerbetreibende kann sich auf ein *Auskunftsverweigerungsrecht* berufen, soweit er sich
selbst oder seine Angehörigen der Gefahr eines Straf- oder Ordnungswidrigkeits-
verfahrens aussetzen würde (§ 17 Abs. 3 HwO).

Die HwKen und ihre Beauftragten sind zu diesem Zweck befugt, das Grundstück **104**
und die Geschäftsräume des Gewerbetreibenden zu betreten und dort Prüfungen
vorzunehmen (§ 17 Abs. 2 HwO). Der Auskunftspflichtige hat dies zu dulden, nicht
aber aktiv zu unterstützen. Auf § 17 Abs. 1 und 2 HwO lässt sich daher *keine Verpflichtung zur Vorlage von Unterlagen* stützen.[155]

Das BVerfG hat in den vergangenen Jahren wiederholt Hausdurchsuchungen **105**
für verfassungswidrig erklärt. Für eine Durchsuchung müssen zunächst Verdachts-
gründe vorliegen, die über vage Anhaltspunkte und bloße Vermutungen hinausrei-
chen; sie muss in angemessenem Verhältnis zu der Schwere der Ordnungswidrigkeit und dem Grad des Tatverdachts stehen.[156] Auch dann, wenn bereits feststeht,
dass die persönlichen Eintragungsvoraussetzungen unzweifelhaft nicht vorliegen,
bestehen bei verfassungskonformer Auslegung des § 17 HwO keine Auskunfts- und
Betretungsrechte der HwK (etwa zur Beschaffung von Informationen über eine

---

[154] HessVGH, GewArch 2009, 247 (247 f.). *Ehlers*, in: ders./Fehling/Pünder, § 19 Rn. 70.
[155] Arg. e contr. § 111 Abs. 1 Alt. 2 HwO; NdsOVG, NVwZ-RR 1996, 261; OVG RP, GewArch
1986, 136 (137); *Ziekow*, § 11 Rn. 42.
[156] BVerfG, NJW 2004, 3171 (3172); GewArch 2007, 294.

unerlaubte Handwerkstätigkeit, um diese zu sanktionieren). Eine solche Durchsuchung, die von § 17 Abs. 2 HwO nicht mehr gedeckt ist, ist nur unter den strengen Anforderungen des Art. 13 Abs. 2 GG auf der Grundlage einer richterlichen Durchsuchungsanordnung zulässig.[157]

2. Betriebsuntersagung und -schließung

106   Wird der selbstständige Betrieb eines zulassungspflichtigen Handwerks als stehendes Gewerbe *entgegen den Vorschriften dieses Gesetzes* ausgeübt, so kann die nach Landesrecht zuständige Behörde[158] die Fortsetzung des Betriebs untersagen (§ 16 Abs. 3 HwO) und die weitere Ausübung verhindern (§ 16 Abs. 9 HwO). § 15 Abs. 2 GewO wird durch diese spezialgesetzlichen Vorschriften verdrängt.[159]

107   Die *Untersagung* steht nach dem Wortlaut des § 16 Abs. 3 HwO im (pflichtgemäßen) *Ermessen* der zuständigen Behörde; dieses ist jedoch in mehrfacher Hinsicht beschränkt:

- Die Behörde ist an eine *bestehende Eintragung* in die Handwerksrolle *gebunden*, auch wenn diese ohne Vorliegen der Eintragungsvoraussetzungen erfolgt sein sollte;[160]
- wird ein Handwerk ohne die erforderliche Eintragung ausgeübt (formelle Illegalität), liegen aber die materiellen Eintragungsvoraussetzungen vor, wäre eine Untersagung unverhältnismäßig, die (bei der HwK anzuregende) *Eintragung von Amts wegen ist milderes Mittel* (§ 10 Abs. 1 Alt. 2 HwO);[161]
- fehlen zusätzlich zur formellen Illegalität auch die sachlichen Voraussetzungen für die Eintragung (*materielle Illegalität*), wird also der Betrieb nicht ordnungsgemäß geleitet, ist das *Ermessen* der Behörde nach Sinn und Zweck des Großen Befähigungsnachweises (Gefahrenabwehr) in der Regel *auf Null reduziert*.[162]

108   Das *Verfahren* der Untersagung, insbesondere die Beteiligung der HwK und IHK regelt § 16 Abs. 4–7 HwO. Inhaltlich kann nur die Fortsetzung des konkreten Hand-

---

[157] BVerfG, GewArch 2007, 206; NVwZ 2007, 1049 (1050 f.); BVerwG, GewArch 2011, 163; *Ehlers*, in: ders./Fehling/Pünder, § 19 Rn. 70; *Schmitz*, GewArch 2009, 237; *Hüpers*, GewArch 2014, 190 (191).

[158] Vgl. etwa § 2 BayHwOZustV (Kreisverwaltungsbehörde), § 2 HessHWZG (in den Landkreisen der Kreisausschuss, in den kreisfreien Städten der Magistrat), § 1 Nr. 1 HwOZuVO FWM BW (untere Verwaltungsbehörde), § 2 Abs. 1 HwOZustV NRW (Ordnungsbehörden der Großen kreisangehörigen Städte, im Übrigen die Kreisordnungsbehörden), § 1 Abs. 2 HwO/SchwarzArbGZustV RP (Gemeindeverwaltung der verbandsfreien Gemeinde, Verbandsgemeindeverwaltung sowie in kreisfreien und großen kreisangehörigen Städten die Stadtverwaltung).

[159] *Marcks*, in: Landmann/Rohmer, GewO, § 15 Rn. 13 (Stand: 51. EL November 2007).

[160] VGH BW, GewArch 1987, 28 (29). Ferner *Ziekow*, § 11 Rn. 43.

[161] *Detterbeck*, HwO, § 16 Rn. 26; *Ziekow*, § 11 Rn. 44.

[162] BVerwG, NVwZ 1987, 132 (133).

werksbetriebs, nicht aber des Handwerks schlechthin untersagt werden (anders § 35 Abs. 1 S. 2 GewO).[163] Mit der förmlichen und ausdrücklichen Untersagung ist die weitere Handwerksausübung verboten. § 16 Abs. 8 HwO ermöglicht eine *vorläufige Untersagung* bei Gefahr in Verzug.

Ist ein Handwerk untersagt worden, kann seine weitere Ausübung nach § 16 Abs. 9 HwO durch eine *Betriebsschließung* oder andere geeignete Maßnahmen (z. B. Verhängung eines Zwangsgelds) verhindert werden. Da erst diese Verfügung die konkreten Maßnahmen festsetzt, die im Wege des Verwaltungszwanges nach den einschlägigen landesrechtlichen Vorschriften zu vollstrecken sind, stellt sie einen eigenständigen, vollstreckungsfähigen und -bedürftigen Verwaltungsakt dar.[164] **109**

3. Löschung der Eintragung

Die Eintragung in der Handwerksrolle wird *auf Antrag* oder *von Amts wegen* gelöscht, wenn die Voraussetzungen für die Eintragung nicht oder nicht mehr vorliegen (§ 13 Abs. 1 HwO). Antragsberechtigt sind der Gewerbetreibende und – nur für den Fall, dass das Gewerbe nicht (mehr) handwerksmäßig betrieben wird – auch die IHK (§ 13 Abs. 2 HwO). Die HwK ist verpflichtet, die Eintragung *von Amts wegen* zu löschen, wenn die Eintragungsvoraussetzungen entfallen sind. Die HwK hat kein Ermessen.[165] **110**

Beispiele

Betriebseinstellung, Übergang von handwerksmäßiger zu industrieller Produktion, Ablauf einer befristeten Ausnahmebewilligung nach § 8 Abs. 2 HwO, Ausscheiden des qualifizierten Betriebsleiters, Untersagungsverfügung nach § 16 Abs. 3 HwO oder § 35 GewO.

Die Löschung erfolgt wie die Eintragung in einem *zweistufigen Verfahren*. Die beabsichtigte Löschung ist dem Gewerbetreibenden gegen Empfangsbescheinigung vorab *mitzuteilen* (§ 13 Abs. 3 HwO). Diese Mitteilung stellt (ähnlich der Mitteilung der beabsichtigen Eintragung nach § 11 HwO) einen anfechtbaren Verwaltungsakt dar (→ Rn. 93) und ist *entbehrlich*, wenn sie auf Antrag des Eingetragenen erfolgt.[166] Die *Löschung* selbst ist ebenfalls ein konstitutiver Verwaltungsakt, der das **111**

---

[163] BVerwG, GewArch 1971, 260; GewArch 1993, 117; vgl. *Czybulka*, in: R. Schmidt, BT I, § 2 Rn. 96. Eine generelle Untersagung der Handwerksausübung kann aber auf § 35 GewO gestützt werden.

[164] So auch *Czybulka*, in: R. Schmidt, BT I, § 2 Rn. 96; *Honig/Knörr*, HwO, § 16 Rn. 36. A. A. *Ehlers*, in: ders./Fehling/Pünder, § 19 Rn. 75, und wohl auch *Ruthig/Storr*, Rn. 502 f., die von einem reinen Vollstreckungsakt ausgehen.

[165] BVerwGE 22, 73 (77 f.); *Ehlers*, in: ders./Fehling/Pünder, § 19 Rn. 76.

[166] BVerwGE 88, 122 (123); VGH BW, NVwZ 2002, 113; *Honig/Knörr*, HwO, § 13 Rn. 14.

präventive Verbot des § 1 Abs. 1 S. 1 HwO wiederaufleben lässt.[167] Nach erfolgter Löschung ist die Handwerkskarte an die HwK zurückzugeben (§ 13 Abs. 4 HwO).

112   § 14 HwO, wonach der Gewerbetreibende eine Löschung erst nach Ablauf eines Jahres seit Unanfechtbarkeit der Eintragung und nur bei einer wesentlichen Änderung der Umstände verlangen kann, lässt sich im Hinblick auf die mit der Eintragung in die Handwerksrolle verbundene Zwangsmitgliedschaft in der HwK verfassungsrechtlich nicht – auch nicht mit dem Interesse einer gewissen Kontinuität[168] – rechtfertigen. Auch die Sperrfrist des § 15 HwO nach Ablehnung einer Eintragung schränkt den Berufszugang unverhältnismäßig ein.[169]

4. Untersagung nach § 35 GewO

113   Die HwO kennt keine Untersagung wegen persönlicher Unzuverlässigkeit des Handwerkers. Aufgrund dieser Regelungslücke kann auf die allgemeine *Gewerbeuntersagung nach § 35 Abs. 1 GewO* zurückgegriffen werden, wenn ein Betriebsinhaber oder sein Betriebsleiter *unzuverlässig* ist, er also keine Gewähr dafür bietet, das Gewerbe in Zukunft ordnungsgemäß auszuüben (→ § 9 Rn. 75 ff.).[170]

114   Die Gewerbeuntersagung führt zwingend zu einer Löschung in der Handwerksrolle: § 6 und § 7 Abs. 1 S. 1 HwO setzen den (tatsächlichen oder alsbald bevorstehenden) „*Betrieb* eines Handwerks" voraus, der durch die Gewerbeuntersagung rechtlich unmöglich wird. Zudem soll die Handwerksrolle jederzeit Auskunft über die Betriebe geben können, die berechtigt sind, ein Handwerk gewerblich auszuüben.[171] Nach Wiedergestattung des Gewerbes (§ 35 Abs. 6 GewO) ist der Betreffende wieder in die Handwerksrolle einzutragen.

5. Ordnungswidrigkeitsverfahren

115   Die unberechtigte Handwerksausübung stellt eine OWi nach § 117 Abs. 1 Nr. 1 HwO und – bei erheblichem Umfang – nach § 1 Abs. 2 Nr. 5 und § 8 Abs. 1 Nr. 1 lit. e SchwarzArbG dar.[172] Die verbale Gleichstellung eines formell nicht eingetragenen Handwerksbetriebs mit einem Betriebsinhaber, der Steuern oder Sozialversicherungsabgaben hinterzieht, ist rechtspolitisch scharf zu kritisieren.

---

[167] Vgl. *Czybulka*, in: R. Schmidt, BT I, § 2 Rn. 99; *Ruthig/Storr*, Rn. 498.

[168] So aber *Honig/Knörr*, HwO, § 14 Rn. 1.

[169] *Czybulka*, in: R. Schmidt, BT I, § 2 Rn. 100 und 72; *Ehlers*, in: ders./Fehling/Pünder, § 19 Rn. 64 und 78.

[170] Vgl. § 35 Abs. 8 S. 1 GewO; BVerwG, NVwZ-RR 1992, 547; *Ziekow*, § 11 Rn. 43.

[171] BVerwGE 34, 56 (60 ff.); NVwZ-RR 1992, 547; *Honig/Knörr*, HwO, § 13 Rn. 9; *Marcks*, in: Landmann/Rohmer, GewO, § 35 Rn. 113 (Stand: 48. EL Juni 2006).

[172] Hierzu auch *Hüpers*, GewArch 2014, 190 (190 f.).

6. Wettbewerbsrechtliche Unterlassungsklagen

Schließlich droht einem nicht eingetragenen Handwerker eine wettbewerbsrechtli- **116** che Abmahnung und *Unterlassungsklage* durch Konkurrenten, Innungen oder Wettbewerbszentralen. Anknüpfungspunkt ist ein Verstoß gegen die nicht nur marktzutritts-, sondern auch marktverhaltensrelevanten Vorschriften der §§ 1, 7 HwO (§ 4 Nr. 11 UWG)[173] und der Vorwurf unlauterer und irreführender Werbung (§ 5 Abs. 1 S. 2 Nr. 3 UWG), wenn beim Verbraucher der irreführende Eindruck eines eingetragenen Handwerksbetriebs erweckt wird.[174]

V. Verfassungsmäßigkeit des Großen Befähigungsnachweises?

Die (noch) h. M. hält den Großen Befähigungsnachweis der HwO für verfassungs- **117** konform. Zuletzt hat sich das BVerwG im Jahr 2011 ausführlich mit dem Meisterzwang als Berufszulassungsbeschränkung (Art. 12 Abs. 1 GG) und den mit ihm verbundenen Ungleichbehandlungen (Art. 3 Abs. 1 GG) beschäftigt.[175] Die gegen die Entscheidung eingelegte Verfassungsbeschwerde ist nicht zur Entscheidung angenommen worden.

1. Berufsfreiheit

Ursprünglich ist der Große Befähigungsnachweis der HwO 1953 primär mit dem **118** Erhalt von Leistungsstand und Leistungsfähigkeit des Handwerks gerechtfertigt worden. Das BVerfG billigte in seiner Handwerkerentscheidung aus dem Jahr 1961 das gesetzgeberische „Interesse an der Erhaltung und Förderung eines gesunden, leistungsfähigen Handwerksstandes als Ganzen".[176] Die Kritik an dieser Rechtfertigung des Grundrechtseingriffs mit berufsständischen Interessen, verstärkt durch die vom EU-Recht oktroyierte Teil-Liberalisierung der HwO für Ausbildungsausländer, führte Ende 2005 zu einem Umdenken der Karlsruher Richter: „Mit Blick auf die Veränderung der wirtschaftlichen und rechtlichen Umstände sind Zweifel daran angebracht, ob die bis Ende des Jahre 2003 geltenden Regelungen über die Ausgestaltung des Meisterzwangs (§ 1 Abs. 1 S. 1 i. V. m. § 7 HwO a. F.) dem Grundsatz

---

[173] OLG Frankfurt a. M., GRUR 2005, 695. Siehe auch schon BGH, GRUR 1989, 432; GRUR 1992, 123. Zum Ganzen auch *Köhler*, in: ders./Bornkamm, UWG, 32. Aufl. 2014, § 4 Rn. 11.79.
[174] OLG Nürnberg, GRUR-RR 2007, 45; LG Frankfurt a. M., WRP 2012, 757. Grundlegend *Hüpers*, GewArch 2014, 190; kritisch *Bulla*, GB 2012, 257.
[175] BVerwGE 140, 267 und 140, 276. Siehe auch VGH BW, GewArch 2013, 213; OVG NRW, DÖV 2013, 653; OVG RP, GewArch 2013, 126. *Kramer*, GewArch 2013, 105 ff.
[176] BVerfGE 13, 97 (110); GewArch 2000, 240 (241); BVerwGE 115, 70 (73); GewArch 2004, 488 (488 f.).

der Verhältnismäßigkeit in dem hier maßgeblichen Zeitraum noch gerecht werden konnten".[177]

119   Der Reformgesetzgeber hatte mit der HwO-Novelle 2004 im vorauseilenden Gehorsam die Gesetzesbegründung ersetzt: Der Große Befähigungsnachweis dient seither primär der Abwehr von Gefahren für Leben und Gesundheit Dritter und sekundär der Sicherung der besonderen Ausbildungsleistung (→ Rn. 8 f.). Rechtsprechung und Literatur sehen die Gesetzeszwecke, Gefahren für Gesundheit und Leben Dritter abzuwehren und die besondere Ausbildungsleistung des Handwerks zu fördern, überwiegend als wichtige Gemeinwohlbelange, die den Meisterzwang als subjektive Berufswahlbeschränkung rechtfertigen können. Der Große Befähigungsnachweis sei insbesondere deshalb auch verhältnismäßig, da mit der sog. Altgesellenregelung (§ 7b HwO) eine gleichrangige Eintragungsalternative geschaffen worden sei. Der Gesetzgeber habe mit der Zuordnung der 41 zulassungspflichtigen Gewerke zur Anlage A der HwO seinen verfassungsrechtlichen Einschätzungsspielraum nicht überschritten.[178]

120   Tatsächlich bestehen hieran berechtigte Zweifel. Zwar sind mit der Handwerknovelle 2004 nominell 53 Handwerksberufe liberalisiert worden; tatsächlich vereinigen diese freilich 90 % aller Handwerksbetriebe, 83 % aller Beschäftigten und 90 % aller Auszubildenden auf sich.[179] Obwohl der Reformgesetzgeber ausweislich seiner Gesetzesbegründung erkannt hatte, dass für jedes einzelne der in der Anlage A zur HwO verbleibenden 41 Gewerken eine besondere Gefahrgeneigtheit oder besondere Ausbildungsleistung zu ermitteln gewesen wären, erschöpft sich seine Gesetzesbegründung in Allgemeinplätzen.[180] Die gesetzgeberische Einschätzungsprärogative wird in den Worten des BVerfG indes fraglich, „wenn zur Begründung von Gesetzesänderungen Gefährdungspotentiale herangezogen werden, die eine intensivere Beschränkung der Berufsfreiheit plausibel machen sollen, obwohl dafür tatsächliche Erkenntnisse fehlen".[181]

121   Auch die vorgebliche *besondere Ausbildungsleistung* des Handwerks kann die Berufszugangsbeschränkung nach der hier vertretenen Meinung nicht mehr länger tragen. Hat in den 1960er Jahren das Handwerk noch ca. 2/3 aller gewerblichen Ausbildungsplätze bereitgestellt, ist seine Ausbildungsquote seither auf unter 30 % gefallen.[182] Auch insoweit gilt, dass nicht die Ausbildungsleistung des *gesamten* Handwerks, sondern allenfalls des betreffenden Gewerks eine Berufszugangsbeschränkung rechtfertigen könnte. Die Kausalität des Großen Befähigungsnachweises für eine besondere Ausbildungsleistung ist fraglich; als milderes Mittel würde

---

[177] BVerfG, GewArch 2006, 71 (72 f.).

[178] BVerwGE 140, 267 und 140, 276 (281 ff.).

[179] *Kormann/Hüpers*, Das neue Handwerksrecht, S. 20 (Fn. 34); *Beaucamp*, DVBl. 2004, 1458 (1458); *Bulla*, Freiheit der Berufswahl, S. 280.

[180] BT-Drs. 15/1206, S. 41 f.

[181] BVerfGE 107, 186 (197). Zur in Teilen willkürlichen Zuordnung einzelner Gewerke zur Anlage A der HwO *Bulla*, GewArch 2012, 470 (473). Kritisch auch *M. Müller*, GewArch 2007, 361 ff.

[182] Antwort der Bundesregierung auf eine Kleine Anfrage, BT-Drs. 17/3373, S. 28; *K. Müller*, Göttinger handwerkswirtschaftliche Studien, Bd. 74 (2006), S. 113; *Bulla*, Freiheit der Berufswahl, S. 535.

jedenfalls der sog. Kleine Befähigungsnachweis genügen, der das Recht zur Ausbildung an eine bestandene Meisterprüfung (oder gleichwertige Prüfung) knüpft.[183]

Nicht zuletzt die zahlreichen Systembrüche (→ Rn. 124 ff.) und die Tatsache, **122** dass neben Deutschland nur noch Luxemburg eine vergleichbar strenge Reglementierung des Berufszugangs kennt, erschüttert die gesetzgeberische Annahme, der Große Befähigungsnachweis sei erforderlich, um Gefahren für Leben und Gesundheit Dritter abzuwehren.[184]

Die Meisterprüfung ist jedenfalls *in ihrer konkreten Ausgestaltung* unverhältnis- **123** mäßig. Während die notwendigen praktischen (Teil I), fachtheoretischen (Teil II) und berufs- und arbeitspädagogischen Kenntnisse (Teil IV der Meisterprüfung[185]) noch den gesetzgeberischen Zielen dienen mögen, lässt sich Teil III der Meisterprüfung zu den betriebswirtschaftlichen, kaufmännischen und rechtlichen Kenntnissen, die u. a. Fragen der Unternehmensnachfolge sowie des Erb-, Familien- und Steuerrechts umfassen, nicht mehr länger rechtfertigen. Die Inhalte der Meisterprüfung dürfen (anders als nach der HwO 1953) nicht mehr den Erhalt eines leistungsfähigen und gesunden Handwerksstandes, sondern ausschließlich die Abwehr von Gefahren für Leben und Gesundheit sowie eine Ausbildungseignung sichern wollen.[186]

2. Gleichheitssatz

Der Große Befähigungsnachweis der HwO wird von zahlreichen Ausnahmen **124** durchbrochen, die sich nicht (mehr) dem primären gesetzgeberischen Ziel der Gefahrenabwehr unterordnen. Sie stellen nicht nur die Eignung der Meisterpflicht zur Erreichung dieses Ziels in Frage, sondern sind auch vor dem allgemeinen Gleichheitssatz (Art. 3 Abs. 1 GG) problematisch. Die Wertungswidersprüche können nur angerissen werden:

- Eintragung von Hochschulabsolventen ohne jede praktische Erfahrung (§ 7 Abs. 2 HwO), während der Antragsteller einer Ausnahmebewilligung nach § 8 HwO meistergleiche fachtheoretische Kenntnisse und praktische Fertigkeiten nachweisen muss;
- Privilegierung des Reisegewerbes trotz Ausübung vollhandwerklicher Tätigkeiten (→ Rn. 21 ff.);
- Privilegierung industrieller Betriebe trotz schwieriger Abgrenzung und gleichgelagerter Tätigkeiten (→ Rn. 25 ff.);
- Ausnahme von unerheblichen Nebenbetrieben (= deren durchschnittliche Jahresarbeitszeit unter der eines durchschnittlichen Ein-Mann-Betriebs liegt) und von Hilfsbetrieben (§ 3 Abs. 2 und 3 HwO) sowie für Leistungen aus einer Hand (§ 5 HwO).

---

[183] *Ziekow*, § 11 Rn. 6.

[184] A. A. *Leisner*, WiVerw 2014, 229 ff.; der weiterhin von einer Verfassungsmäßigkeit der Meisterpflicht ausgeht.

[185] § 45 Abs. 3 HwO.

[186] *Bulla*, GewArch 2012, 470 (475) m. w. N.

125   Diesen Ausnahmen ist gemein, dass sie solche Tätigkeiten aus dem Vorbehaltsbe-
      reich der HwO ausnehmen, die nicht in ernsthafte Konkurrenz zu einem handwerk-
      lichen Vollbetrieb treten. Für den neuen Gesetzeszweck der Gefahrenabwehr kann
      dieses Kriterium jedoch keine Rolle mehr spielen: Gefahr ist Gefahr, gleichgültig,
      ob sie von einem vollhandwerklichen Betrieb, von einem Industriebetrieb, einem
      Reisegewerbetreibenden oder einem Feierabendhandwerker verursacht wird.[187]

126   Vor dem allgemeinen Gleichheitssatz wird auch das Phänomen der *Inländer-*
      diskriminierung virulent (allgemein → § 1 Rn. 82 f.). Während Handwerker, die
      ihre Berufsqualifikation oder -erfahrung im EU/EWR-Ausland gewonnen haben,
      sich unter spürbar flexibleren Bedingungen der §§ 2, 3 EU/EWR-HwV in Deutsch-
      land niederlassen können und eine vorübergehende und gelegentliche Dienstleis-
      tungserbringung sogar nur anzeigen müssen (§ 7 EU/EWR-HwV → Rn. 74 ff.),
      bleibt der Ausbildungsinländer an die strengeren Vorgaben der HwO gebunden. Die
      (noch) h. M. will die Inländerdiskriminierung damit sachlich vor Art. 3 Abs. 1 GG
      rechtfertigen, dass der deutsche Gesetzgeber durch den Anwendungsvorrang des
      Unionsrechts und insbesondere der BQRL im Hinblick auf die EU/EWR-Handwer-
      ker sachlich gebunden ist, während er für rein innerstaatliche Sachverhalte (auf die
      mangels grenzüberschreitenden Bezugs das EU-Recht keinen Anwendung finden
      kann) in seiner Regelung frei bleiben muss.[188]

127   Bemerkenswert ist, dass das BVerwG in seinen jüngsten Grundsatzentscheidun-
      gen zur HwO die Inländerdiskriminierung an Art. 3 Abs. 1 GG gemessen hat. Es
      hat eine Ungleichbehandlung letztlich mit dem wenig überzeugenden Argument ge-
      rechtfertigt, dass der deutsche Gesetzgeber das „Unionsmodell" für deutsche Hand-
      werker schon deshalb nicht übernehmen konnte, weil dieses regelmäßig eine Tätig-
      keit als Selbstständiger oder Betriebsleiter voraussetzt, die einem im Inland ausge-
      bildeten Gesellen regelmäßig nicht offenstehe.[189] Die Inländerdiskriminierung wird
      mit diesem argumentativen Zirkelschluss mit sich selbst gerechtfertigt.

128   Die Zweifel an der Verfassungsmäßigkeit des Großen Befähigungsnachweises
      bestärken zwei Entscheidungen des ÖVerfGH. Bis zu seinen Grundsatzentschei-
      dungen aus den Jahren 1992 und 1999 war das österreichische Handwerksrecht
      der deutschen HwO im Wesentlichen vergleichbar geregelt. Voraussetzung für die
      selbstständige Handwerksausübung war ein förmlicher Befähigungsnachweis in
      Gestalt der Meisterprüfung. In Ausnahmefällen konnte hiervon eine sog. Nachsicht
      erteilt werden. Mit Entscheidung aus dem Jahr 1992 beanstandete der ÖVerfGH
      zunächst das Erfordernis eines Ausnahmefalls für eine Nachsichterteilung als Ver-
      stoß gegen die Erwerbsausübungsfreiheit (Art. 6 StGG) und die Berufsausbildungs-
      freiheit (Art. 18 StGG). Könne die volle Befähigung nachgewiesen werden, dürfe
      nicht zusätzlich ein Ausnahmefall verlangt werden.[190] In einer zweiten Entschei-
      dung aus dem Jahr 1999 beurteilte er die Inländerdiskriminierung gegenüber EU/

---

[187] *Bulla*, GewArch 2012, 470 (473 f.). Ähnlich auch *Ziekow*, § 11 Rn. 5 f.; *M. Müller*, GewArch
2007, 361 ff.; *Hüpers*, GewArch 2014, 190 (194).

[188] So *Kormann/Hüpers*, GewArch 2008, 273; *Kramer*, GewArch 2013, 105 (111).

[189] BVerwGE 140, 276 (287 f.).

[190] ÖVerfGH, VfSlg. 13.094/1992.

EWR-Handwerkern als Verstoß gegen das Grundrecht auf Erwerbsausübungsfreiheit und das Gleichheitsgebot, da er keine sachliche Rechtfertigung für eine unterschiedliche Behandlung erkennen konnte.[191] Diese Rechtsprechung ließe sich auf die deutsche Rechtslage ohne Weiteres übertragen.

VI. Rechtsschutz

Für Klagen von Handwerkern, Konkurrenten und Kammern ist der Verwaltungsrechtsweg eröffnet. Die HwO zählt als besonderes Gewerberecht zum Kernbestand des Öffentlichen Wirtschaftsrechts. Sind ihre Normen streitentscheidend, liegt eine öffentlich-rechtliche Streitigkeit i. S. d. § 40 Abs. 1 S. 1 VwGO vor (vgl. § 12 HwO). **129**

1. Entscheidung über die Eintragung

Sowohl die *Mitteilung* der Eintragung als auch die *Eintragung* selbst sind Verwaltungsakte i. S. d. § bzw. Art. 35 LVwVfG (→ Rn. 93 f.) und damit isoliert im Wege des Widerspruchs (soweit in den Bundesländern noch fakultativ oder zwingend vorgesehen[192]) und der *Anfechtungsklage* angreifbar (§ 42 Abs. 1 Alt. 1 VwGO).[193] **130**

Die Eintragung kann regelmäßig nur so lange angefochten werden, wie die *Mitteilung*, mit der bereits rechtsverbindlich über die Eintragungsbedürftigkeit entschieden wurde, nicht bereits unanfechtbar geworden ist. In diesem Fall fehlt dem Gewerbetreibenden in der Regel die Klagebefugnis bzw. das Rechtsschutzbedürfnis.[194] Somit muss – eine ordnungsgemäße Rechtsbehelfsbelehrung vorausgesetzt (§ 70 Abs. 2, § 58 VwGO) – binnen eines Monats nach Zustellung der Mitteilung Widerspruch bzw. Klage erhoben werden, § 70 Abs. 1 bzw. § 74 Abs. 1 VwGO. **131**

Vertiefungshinweis

Nach Bestandskraft der Mitteilung können gegen die Eintragung nur solche Tatsachen und Einwendungen vorgebracht werden, die *nach Eintritt der Unanfechtbarkeit der Mitteilung entstanden* (nicht nur bekanntgeworden) sind, also von deren Bestandskraft nicht erfasst werden können. Nach Bestandskraft der Mitteilung, aber vor Eintragung kann eine vorbeugende Unterlassungs- oder

---

[191] ÖVerfGH, VfSlg. 15.683/1999. Zustimmend *Früh*, GewArch 2001, 58 (59); *Huber-Wilhelm*, EuZW 2001, 223 (223 f.). Zur Rechtsentwicklung in Österreich auch *Bulla*, Freiheit der Berufswahl, S. 485 ff.

[192] Siehe etwa Art. 15 BayAGVwGO, mit dem das Widerspruchsverfahren in Bayern weitgehend abgeschafft worden ist.

[193] Grundlegend BVerwGE 12, 75 (76 f.). A. A. *Detterbeck*, HwO, § 12 Rn. 9 (Eintragung als Realakt, deren Löschung über Annexantrag nach § 113 Abs. 1 S. 2 VwGO geltend zu machen ist); siehe aber auch § 11 Rn. 8.

[194] BVerwGE 12, 75 (76). *Ehlers*, in: ders./Fehling/Pünder, § 19 Rn. 68.

Feststellungsklage erhoben werden. Die von der a. A. vertretene Vollstreckungs-
gegenklage nach § 767 ZPO analog ist abzulehnen. Für eine Analogie ist mangels Regelungslücke kein Raum.[195] Nach erfolgter Eintragung (Verwaltungsakt!)
kann diese mit Widerspruch (soweit noch statthaft) und Anfechtungsklage angefochten werden.[196] *Passivlegitimiert* ist die HwK, welche die Handwerksrolle
führt (§ 6 Abs. 1 HwO).

132 Auch die *Ablehnung* der beantragten Eintragung ist eine „Entscheidung über die
Eintragung" i. S. d. § 12 HwO. Gegen sie kann mit einem Verpflichtungswiderspruch (so noch statthaft) und einer *Verpflichtungsklage* vorgegangen werden. Passivlegitimiert ist die HwK.

133 Schließlich ist auch gegen die Versagung einer Ausnahmebewilligung oder Ausübungsberechtigung die Verpflichtungsklage (bzw. der Verpflichtungswiderspruch)
statthaft, eine isolierte Anfechtung des Versagungsbescheides scheitert am fehlenden Rechtsschutzbedürfnis.[197] Passivlegitimiert ist der Rechtsträger der zuständigen Behörde, bei Delegation der Zuständigkeit auf die HwK die HwK selbst.

2. Handwerksaufsichtliche Maßnahmen

134 Die Untersagung nach § 16 Abs. 3 HwO ist ein mit der Anfechtungsklage (und
dem Anfechtungswiderspruch, soweit noch statthaft) angreifbarer *Verwaltungsakt
mit Dauerwirkung*. Für die Beurteilung seiner Rechtmäßigkeit ist nach h. M. der
Zeitpunkt der letzten mündlichen Verhandlung in der letzten Tatsacheninstanz entscheidend.[198] Auch die Betriebsschließung gemäß § 16 Abs. 9 HwO ist ein voll-
streckungsfähiger und -bedürftiger Verwaltungsakt (→ Rn. 109) und damit selbst
anfechtbar.

135 Insbesondere in Fällen, in denen ein Gewerbetreibender sich darauf beruft, dass
seine Tätigkeit nicht dem Vorbehaltsbereich des Großen Befähigungsnachweises
unterliegt (z. B. ein unerheblicher Nebenbetrieb oder ein Kleinhandwerk vorliegt),
kann er dem Erlass einer Untersagungsverfügung auch mit einer Unterlassungsklage (Leistungsklage) oder einer Feststellungsklage vorbeugen.

Vertiefungshinweis

Das hierfür notwendige qualifizierte Rechtsschutzbedürfnis kann insbesondere
damit begründet werden, dass ein Gewerbetreibender sich bei Fortführung sei-

---

[195] *Detterbeck*, HwO, § 12 Rn. 15, verweist zu Recht auf den Vorrang der VwGO (§ 173 VwGO).
[196] VGH BW, NVwZ-RR 1992, 473 (474); *Ehlers*, in: ders./Fehling/Pünder, § 19 Rn. 68; *Detter-beck*, HwO, § 11 Rn. 9 ff.
[197] BayVGH, GewArch 1990, 101.
[198] VGH BW, GewArch 1989, 194; *Detterbeck*, HwO, § 16 Rn. 32; a. A. *Ehlers*, in: ders./Fehling/
Pünder, § 19 Rn. 73, der analog § 36 Abs. 6 GewO auf den Zeitpunkt der letzten mündlichen Behördenentscheidung abstellen will.

nes Betriebs der Gefahr eines OWi-Verfahrens aussetzt und es ihm unzumutbar ist, verwaltungsrechtliche Zweifelsfragen von der Anklagebank aus klären zu müssen bzw. das Ergebnis eines Bußgeld- (→ Rn. 115) oder Untersagungsverfahrens abzuwarten und hiergegen nachträglichen Rechtsschutz zu suchen. Es genügt die Androhung eines Bußgeld- oder Untersagungsverfahrens, auch wenn ein solches tatsächlich nicht eingeleitet wird.[199]

3. Löschung aus der Handwerksrolle

Die Mitteilung der Löschung und die Löschung als solche stellen ebenfalls zwei eigenständige Verwaltungsakte dar (→ Rn. 111). Der Sinn und Zweck dieses zweistufigen Verfahrens besteht darin, Rechtsstreitigkeiten schon im Vorfeld der Löschung auszutragen und fehlerhafte Löschungen zu vermeiden, um dadurch die Verlässlichkeit der Handwerksrolle als öffentliches Register zu gewährleisten.[200] **136**

Aus diesem Grund steht (wie auch bei der Eintragung) die *Bestandskraft der Mitteilung* grundsätzlich einer Anfechtung der Löschung entgegen.[201] **137**

Vertiefungshinweis

Nach Bestandskraft der Mitteilung *neu entstandene Tatsachen* können der drohenden Löschung mit einer vorbeugenden Unterlassungs- bzw. Feststellungsklage entgegengesetzt (→ Rn. 131) und nach erfolgter Löschung mit einer Verpflichtungsklage auf Wiedereintragung geltend gemacht werden.[202]

---

4. Konkurrentenklage

Eine (negative) Konkurrentenklage, mit der ein eingetragener Handwerker gegen die Zulassung eines Konkurrenten vorgehen oder eine Untersagung des Betriebs erzwingen will, ist in der Regel mangels Klagebefugnis unzulässig, aber jedenfalls unbegründet, da er keine Verletzung eines drittschützenden Rechts geltend machen kann.[203] Drittschützend ist eine Norm, wenn sie zumindest auch dem Schutz von Individualinteressen zu dienen bestimmt ist (sog. *Schutznormtheorie*).[204] **138**

---

[199] BVerwGE 16, 92; 39, 247 (248 f.); BVerfG, NVwZ 2003, 856 (857); Gesetzesbegründung, BT-Drs. 15/1206, S. 32; *Ruthig/Storr*, Rn. 491.

[200] BVerwG, NVwZ 1983, 673; NVwZ 1991, 1189; VGH BW, NVwZ-RR 1992, 473 (474); *Ruthig/Storr*, Rn. 497.

[201] *Detterbeck*, HwO, § 13 Rn. 12.

[202] *Detterbeck*, HwO, § 13 Rn. 13.

[203] BVerwG, GewArch 1984, 30; VG Frankfurt, GewArch 2011, 84. *Detterbeck*, HwO, § 8 Rn. 78.

[204] BVerwGE 1, 83; 27, 30 (31 f.); 92, 313 (317).

Vertiefungshinweis

Das Berufszulassungsregime der HwO mit seinem Meistervorbehalt als Regel und den Ausübungsberechtigungen und Ausnahmebewilligungen als Ausnahmen ist weder reiner Selbstzweck noch ein Mittel zum Schutz vor unerwünschter Konkurrenz; es will Gefahren für Leben und Gesundheit Dritter vorbeugen und gewährleisten, dass ein zulassungspflichtiges Handwerk nur von fachlich qualifizierten Gewerbetreibenden selbstständig ausgeübt werden kann.[205]

139   Auch eine Grundrechtsverletzung scheidet im Ergebnis aus. Art. 14 Abs. 1 GG schützt vermögenswerte Güter, nicht aber die Stellung am Markt, Wettbewerbschancen oder bloße Expektanzen (→ § 2 Rn. 72). Die Berufsfreiheit aus Art. 12 Abs. 1 GG steht nur berufs- und gewerbe*spezifischen* Eingriffen entgegen, nicht aber hoheitlichem Handeln, das anderen gestattet, ebenfalls am Wettbewerb teilzunehmen (→ § 2 Rn. 42).[206] Auch die Wettbewerbsfreiheit (Art. 2 Abs. 1 GG) bietet vor einer nachteiligen Veränderung der Marktbedingungen keinen Schutz, sofern sie nicht in unerträglichem Maße eingeschränkt oder der Betroffene unzumutbar geschädigt wird.[207] Die Art. 2, 12, 14 GG treffen im Gegenteil eine *Grundentscheidung für den Wettbewerb*.[208]

5. Rechtsschutz der Kammern

140   Gegen Entscheidungen über die Eintragung hat auch die IHK ein eigenes Anfechtungsrecht, wenn der Gewerbetreibende ihr angehört (§ 12 Alt. 2 HwO). Wird die beantragte Eintragung hingegen abgelehnt, fehlt es an einer eigenen Rechtsverletzung der IHK.

141   Auch der HwK steht grundsätzlich gegen die Entscheidung über eine Ausnahmebewilligung oder eine Ausübungsberechtigung gemäß § 8 Abs. 4 HwO (i. V. m. § 7a Abs. 2, § 7b Abs. 2 S. 2 bzw. § 9 Abs. 1 S. 2 Hs. 2 HwO) der Rechtsweg offen. Diese Klageberechtigung läuft freilich dort leer, wo der HwK die Zuständigkeit übertragen worden ist (→ Rn. 63).

142   Entgegen der früheren Gesetzeslage kann eine HwK hingegen nicht mehr eine Betriebsschließung beantragen und gegen eine ablehnende Entscheidung den Verwaltungsrechtsweg beschreiten. Mit der Handwerksnovelle 2004 ist den HwKen bewusst das Klagerecht entzogen worden. Die Ermessensentscheidung der Verwaltungsbehörde nach § 16 Abs. 3 S. 1 HwO dient nach dem ausdrücklichen Willen des

---

[205] BVerwG, NVwZ 1982, 680; NVwZ 1984, 306 (307).

[206] BVerfGE 34, 252 (256); 55, 261 (269); BVerwGE 10, 122 (123); 65, 167 (173); NVwZ 1984, 306 (307).

[207] BVerwGE 30, 191 (198); 39, 329 (336 f.); 65, 167 (173 f.).

[208] *Czybulka*, in: R. Schmidt, BT I, § 2 Rn. 62; *Ehlers*, in: ders./Fehling/Pünder, § 19 Rn. 68.

Gesetzgebers allein dem öffentlichen Interesse am Schutz vor fachlich ungeeigneten Handwerkern.[209]

Auch den Handwerksinnungen, die als freiwillige Zusammenschlüsse gleicher **143** bzw. sich zumindest fachlich oder wirtschaftlich nahestehender Handwerke oder handwerksähnlicher Gewerbe der gemeinsamen Interessenwahrnehmung dienen (vgl. § 52 Abs. 1 HwO), fehlt eine Klagebefugnis.[210]

VII. Kontrollfragen   **144**

1. Welche Gesetzeszwecke verfolgt die HwO? (→ Rn. 9)
2. Ist die GewO neben der HwO anwendbar? (→ Rn. 12)
3. Wann liegt ein zulassungspflichtiges Handwerk vor? (→ Rn. 18 ff.)
4. Welcher Abgrenzung dient die Handwerksmäßigkeit, wonach ist sie zu beurteilen? (→ Rn. 25 ff.)
5. Woran bemisst sich die Handwerksfähigkeit? (→ Rn. 29 ff.)
6. Wie grenzt sich ein Kleinhandwerk (Minderhandwerk) vom Vollhandwerk ab? (→ Rn. 36 ff.)
7. Was ist ein Reisegewerbe und welche Anforderungen stellt die HwO an seine Ausübung? (→ Rn. 21 ff.)
8. Was ist ein Nebenbetrieb? Ist dieser eintragungspflichtig? (→ Rn. 43 ff.)
9. Erklären Sie das Betriebsleiterprinzip! (→ Rn. 54 ff.)
10. Unter welchen Voraussetzungen erhält ein Handwerker eine Ausnahmebewilligung nach § 8 HwO? (→ Rn. 63 ff.)
11. Unter welchen Anforderungen kann eine Ausübungsberechtigung nach § 7b HwO erteilt werden? (→ Rn. 83 ff.)
12. Welche Anforderungen gelten für EU-Handwerker? Worauf ist hierbei zu achten? (→ Rn. 69 ff.)
13. Erläutern Sie das Phänomen der Inländerdiskriminierung und bewerten Sie dieses verfassungsrechtlich! (→ Rn. 126 ff.)
14. Ist das Erfordernis des Großen Befähigungsnachweises verfassungskonform? (→ Rn. 117 ff.)
15. Wie kann gegen einen handwerksrechtswidrigen Betrieb vorgegangen werden? (→ Rn. 102 ff.)
16. Wie ist das Eintragungsverfahren ausgestaltet und welche Folgen hat dies für den Rechtsschutz? (→ Rn. 93 f.)
17. Welche Anforderungen gelten für zulassungsfreie Handwerke und handwerksähnliche Gewerbe? (→ Rn. 96 ff.)

---

[209] Gesetzesbegründung, BT-Drs. 15/1206, S. 31 f.
[210] BVerwG, NVwZ 1982, 680 (680 f.); *Honig/Knörr*, HwO, § 12 Rn. 8 und § 8 Rn. 72.

Literatur

Bulla, Ist das Berufszulassungsregime der Handwerksordnung noch verfassungsgemäß?, Gew-Arch 2012, 470

Bulla, Freiheit der Berufswahl. Verfassungs- und gemeinschaftsrechtliche Determinanten des Berufszugangs am Beispiel des Handwerksrechts, 2009

Dürr, Kuriosum Reisegewerbe im Handwerk, GewArch 2011, 8

Hüpers, Der Schutz handwerksrechtlicher Strukturprinzipien durch das Wettbewerbsrecht, Gew-Arch 2014, 190

Kramer, Die Meisterpflicht im Handwerk – Relikt oder Weg in die Zukunft?, GewArch 2013, 105

Krimphove, Europas Meister – Der Konflikt nationaler Berufsstandsregelungen mit europäischen Grundfreiheiten, WiVerw 2014, 234

Leisner, Der „Meister" und sein Richter – Die handwerksrechtliche Berufs(de)regulierung der Meisterpflicht im Lichte der Rechtsprechung von EuGH und BVerfG, WiVerw 2014, 229

M. Müller, Meisterpflicht und Gefahrgeneigtheit – zum Grundverständnis der Handwerksordnung nach der Novelle 2004, GewArch 2007, 361

Ratzke, Zum Begriff der „vorherigen Bestellung" im Reisegewerbe, GewArch 2014, 71

Rieger, Europäischer Binnenmarkt noch nicht vollendet, GewArch 2012, 477

Sydow, Auslegung des § 7b der Handwerksordnung, GewArch 2005, 456

§ 11 Gaststättenrecht

Jan Henrik Klement

Inhaltsverzeichnis

J. H. Klement (✉)
Lehrstuhl für Staats- und Verwaltungsrecht, Universität des Saarlandes, Campus,
Gebäude B41, 66123 Saarbrücken, Deutschland
E-Mail: janhenrik.klement@uni-saarland.de

© Springer-Verlag Berlin Heidelberg 2016
R. Schmidt, F. Wollenschläger (Hrsg.), *Kompendium Öffentliches Wirtschaftsrecht*,
Springer-Lehrbuch, DOI 10.1007/978-3-662-45579-1_11

I. Grundlagen

1. Sinn und Zweck des Gaststättenrechts

1 Gaststättenrecht ist *besonderes Gewerberecht*. Es dient der Abwehr von Gefahren, die mit der kommerziellen Verabreichung von Speisen und Getränken an einen offenen oder nicht überschaubaren Personenkreis in der Öffentlichkeit verbunden sind (Gaststättengefahren). Auch wenn dem legitimen Erwerbsstreben der Gastwirte sicherlich schon im privatautonomen Aushandlungsprozess durch die Interessen der Gäste und der Arbeitnehmer gewisse Grenzen gesetzt werden, ist auf den flankierenden Schutz des Öffentlichen Rechts nicht zu verzichten. Das hat vor allem zwei Gründe:

2 • Der vertragliche Mechanismus der Interessenkoordination bedarf speziell im Gaststättengewerbe der Begrenzung, Steuerung und Ergänzung durch Öffentliches Recht. Sicherheit und Gesundheit der im Betrieb Beschäftigten sind wegen der persönlichen Abhängigkeit der Angestellten vom Gastwirt auf eine nicht dispositive Mindestsicherung angewiesen; das Gaststättenrecht ist insoweit verzahnt mit dem *Arbeits(schutz)recht*, dem es zusätzliche Rechtsdurchsetzungsinstrumente an die Hand gibt. Auch der Gast kann seine Interessen nicht optimal durchsetzen und ist deshalb auf die Arbeit der Gaststättenbehörden angewiesen. Er hat z. B. meistens kaum *Informationen* über die Sauberkeit der Küche, und von der persönlichen Zuverlässigkeit des Gastwirts gewinnt er ebenfalls nur einen oberflächlichen Eindruck. Darüber hinaus kann die Fähigkeit der Gäste zur verantwortlichen Selbstbestimmung eingeschränkt sein, liegt doch gerade in einer berauschenden Wirkung eine individuelle und gesellschaftliche Funktion des Alkohols und damit auch vieler Gaststättenbesuche. Um „echte" Selbstbestimmung zu erhalten, schützt das Gaststättenrecht vor allem jugendliche oder aus anderem Grund unerfahrene Gäste vor übermäßigem Alkoholkonsum und Ausbeutung.

3 • Der Betrieb einer Gaststätte berührt oft die *Interessen Dritter*, beispielsweise der vom Lärm einer Tanzveranstaltung in ihrer Nachtruhe gestörten Nachbarn. Das Gaststättenrecht ist in dieser Hinsicht „besonderes Immissionsschutzrecht". Negatorische privatrechtliche Ansprüche würden nicht ausreichen, weil das Ruhebedürfnis unabhängig von Eigentum (§ 1004 BGB i. V. m. § 906 BGB) oder Besitz (§ 862 Abs. 1 i. V. m. § 858 Abs. 1 BGB) an einem Grundstück und auch unterhalb der Schwelle zur schuldhaften Gesundheitsverletzung (§ 823 Abs. 1 BGB) schutzwürdig ist und weil die individuelle Betroffenheit oft zu schwach, diffus und flüchtig ist, als dass ein hinreichendes Interesse an der Führung eines Zivilprozesses besteht.

Wirtschafts-, sozial- und gesellschaftspolitische Ziele jenseits der Gefahrenabwehr   **4** spielen im Gaststättenrecht typischerweise keine Rolle. Das Gaststättenrecht ist insbesondere *kein wettbewerbsregulierendes Recht*, das es zur Aufgabe hätte, die Allgemeinheit oder gar die schon bestehenden Gaststätten vor einer für schädlich gehaltenen Konkurrenz in diesem Wirtschaftszweig zu schützen[1] oder den Gästen umgekehrt Wahlfreiheit zwischen verschiedenen Angeboten zu eröffnen.

2. Gesetzgebungskompetenzen

a) Recht der Gaststätten im stehenden Gewerbe

Das Gaststättenrecht ist als besonderes Gewerberecht ein Teilgebiet des *Rechts der*   **5** *Wirtschaft* (Art. 74 Abs. 1 Nr. 11 GG). Bis zum Jahr 2006 war es damit – begrenzt nur durch die Erforderlichkeitsklausel des Art. 72 Abs. 2 GG – Gegenstand der konkurrierenden Gesetzgebungskompetenz. Im Zuge der Föderalismusreform wurden zur Stärkung der Zuständigkeiten der Länder Sachbereiche ausgewählt, die nach den Vorstellungen der federführenden Föderalismuskommission einen „stark lokalen Bezug" haben.[2] Auf dem Gebiet des Wirtschaftsrechts, das wegen des politisch und rechtlich fest gefügten Ziels eines freien und unverfälschten Wettbewerbs notorisch zur Einheitlichkeit auf möglichst hoher Normierungsstufe strebt, schien die Rückkehr zur regionalen Zuständigkeit noch am ehesten im Gaststättenrecht und den anderen in Art. 74 Abs. 1 Nr. 11 GG nunmehr nach dem Klammerzusatz aufgeführten Materien vertretbar. Maßgeblich dafür waren die typischerweise geringere Mobilität und Kompetitivität des Gaststättengewerbes und wohl auch die Tatsache, dass das GastG zur Berücksichtigung der örtlichen Verhältnisse schon vor der Föderalismusreform Öffnungsklauseln für landesrechtliche Konkretisierungen und Abweichungen enthielt (§ 4 Abs. 3, §§ 14, 18, 21 Abs. 2, §§ 26, 32 GastG).

Der neue Art. 74 Abs. 1 Nr. 11 GG löst das Gaststättenrecht mit Hilfe der Rege-   **6** lungstechnik der „ausgrenzenden Zusätze"[3] aus der Gesetzgebungskompetenz des Bundes für das Recht der Wirtschaft und setzt damit die *Grundregel der Art. 30, 70 Abs. 1 GG* wieder in Kraft (zur Fortgeltung des GastG → Rn. 11). Während ein einheitliches Gaststättenrecht früher als zur Vermeidung von „Mißverständnissen und Fehlinvestitionen der Gewerbetreibenden" geboten angesehen wurde,[4] wird die

---

[1] Siehe schon BVerwGE 1, 48 (52 ff.).

[2] Siehe die sog. Münchener Erklärung vom 18.10.2004, in: Kommission von Bundestag und Bundesrat zur Modernisierung der bundesstaatlichen Ordnung, Komm.-Drs. 83, S. 2.

[3] *Höfling/Rixen*, GewArch 2008, 1 (2).

[4] BT-Drs. 4/3147, S. 11.

Materie heute nur noch über die gemeinsame Rechtstradition und die Vorgaben der Verfassung und des Unionsrechts föderal verklammert.

7   Der zuvor ohne normativen Anspruch verwandte Begriff des „*Rechts der Gaststätten*" hat durch die Grundgesetzänderung verfassungsrechtliche Bedeutung erhalten und bedarf deshalb der Präzisierung. Es genügt nicht, dass sich eine Vorschrift (auch) an Gaststättengewerbetreibende richtet. Zunächst ist das Gaststättenrecht unbeschadet der Lösung aus der Bundeskompetenz weiterhin ein Teil des Rechts der Wirtschaft.[5] Der Kompetenz unterfällt also nur das Angebot von Speisen und Getränken in Ausübung eines Gewerbes. Angesichts der Weite des Begriffs der Wirtschaft[6] genügt außerdem nicht jede wirtschaftlich relevante Wirkung, um eine Norm kompetenzrechtlich zu „Wirtschaftsrecht" zu machen. Das BVerfG verlangt, dass der objektive Regelungsgegenstand und -gehalt „in seinem Gesamtzusammenhang ein im Schwerpunkt wirtschaftsrechtlicher" ist.[7] Auf diese Weise ist das Gaststättenrecht sowohl von anderen Länderkompetenzen (z. B. für das Bauordnungsrecht) als auch von Bundeskompetenzen wie etwa Art. 74 Abs. 1 Nr. 7, 20 GG abzugrenzen. Einzelne Rechtsgebiete, die an sich unter den Begriff des Wirtschaftsrechts zu subsumieren wären, werden vom Grundgesetz zudem speziell geregelt (z. B. Art. 74 Abs. 1 Nr. 12, 16, 24 GG) und damit dem Anwendungsbereich von Art. 74 Abs. 1 Nr. 11 GG herausgenommen.[8]

8   Das Gaststättenrecht ist schließlich im Binnenverhältnis des Art. 74 Abs. 1 Nr. 11 GG vom übrigen Recht der Wirtschaft abzugrenzen. Zunächst ist zu unterscheiden zwischen spezifisch auf den Betrieb eines Gaststättengewerbes bezogenen und allgemeinen, für alle Gewerbetreibenden und damit *auch* für Gaststätten geltenden Vorschriften. Die allgemeinen Normen können auch weiterhin vom Bund erlassen werden (Art. 72 Abs. 1, Art. 74 Abs. 1 Nr. 11 GG). Eine vom allgemeinen Gewerberecht abweichende, spezifisch gaststättenrechtliche und damit auf die speziellere Kompetenznorm gestützte Vorschrift des Landesrechts ist allerdings vorrangig. Zu dem eher formellen Kriterium des begrenzten Anwendungsbereichs tritt ein materielles Kriterium hinzu: Eine gaststättenrechtliche Vorschrift dient begrifflich der Abwehr von Gefahren, die aus dem Zusammentreffen von gewerblicher Gewinnerzielungsabsicht und öffentlicher Verabreichung von Lebensmitteln und insbesondere von Alkohol herrühren und damit *spezifische Gaststättengefahren* sind (→ Rn. 1 ff.).[9] Nur diese inhaltliche Besonderheit des Regelungsgegenstands vermag die verfassungsrechtliche Herauslösung des Gaststättenrechts aus dem Verbund des Wirtschaftsrechts sachlich zu rechtfertigen. Vorschriften, die nicht in einem derartigen inneren Bezug zum Regelungsgegenstand „Gaststätte" stehen, sind nicht von der Kompetenz gedeckt.

---

[5] *Friedrich*, Recht der Wirtschaft, in: Holtschneider/Schön (Hrsg.), Die Reform des Bundesstaates, 2007, S. 239 (244 f.); *Höfling/Rixen*, GewArch 2008, 1 (5).

[6] BVerfG, EuGRZ 2014, 98 (109 f.). Kritisch *Kunig*, in: von Münch/ders., Art. 74 Rn. 37 f.

[7] BVerfG, EuGRZ 2014, 98 (110).

[8] Vgl. *Kunig*, in: von Münch/ders., Art. 74 Rn. 38.

[9] Kritisch ist deshalb der Verzicht auf das Merkmal der Öffentlichkeit in § 1 Abs. 1 GastG LSA zu beurteilen.

b) Recht der Gaststätten im Reisegewerbe

Der Gesetzgebung des Bundes liegt die Ansicht zugrunde, dass die Länderkompe- **9**
tenz für das Gaststättenrecht nur für das stehende Gewerbe gilt.[10] Für Gaststätten
im Reisegewerbe sei – nach Maßgabe des Art. 72 Abs. 2 GG – weiterhin der Bund
zuständig. „Reisegaststätten" seien typischerweise (!?) länderübergreifend tätig
und deshalb mangels lokalen Bezugs keine Gaststätten „im eigentlichen Sinn".[11]
Mit dieser Argumentation werden die politischen Erwägungen, die bei der Auswahl der auf die Länder bei der Föderalismusreform übertragenen Gesetzgebungskompetenzen maßgeblich waren (→ Rn. 5), zu einer teleologischen Reduktion des
grundgesetzlichen Gaststättenbegriffs genutzt. Demgegenüber sprechen der Gedanke des Sachzusammenhangs und die Erforderlichkeit einer klaren, aus sich heraus
verständlichen Kompetenzabgrenzung dafür, die Verfassung beim Wort zu nehmen und das Reisegaststättengewerbe der *Länderkompetenz* zuzuweisen (zu den
Konsequenzen → Rn. 82 f.). Auch Gaststätten im stehenden Gewerbe können eine
länderübergreifende Bedeutung haben (z. B. Systemgastronomie), ohne dass die
Länder deshalb ihre Zuständigkeit verlören. Außerdem ist die Verfassungsänderung
im Wege der objektiv-historischen Auslegung vor dem Hintergrund der zu ihrer Zeit
geltenden einfachgesetzlichen Definition des Gaststättengewerbes in § 1 GastG zu
interpretieren,[12] die wesentliche Teile des Reisegaststättengewerbes einbezog.

3. Gesetzliche Grundlagen

In der 1872 als Reichsgesetz in Kraft getretenen GewO waren die „Gastwirthschaft" **10**
und die „Schankwirthschaft" als – abweichend vom Grundsatz der Gewerbefreiheit
– erlaubnispflichtige Gewerbe in § 33 geregelt.[13] Wie etwa auch das Handwerksrecht und das Verkehrsgewerberecht ist die Materie später aus der GewO „herausge-
wachsen". Das erste eigenständige Gaststättengesetz wurde vom Reichstag im Jahr
1930 verabschiedet. Nachdem es in den Ländern nach 1945 zunächst unterschiedliche Vorschriften gegeben hatte, stellte das Gaststättengesetz vom 05.05.1970[14] die
Rechtseinheit wieder her. Das heute geltende *Gaststättengesetz des Bundes* in der
Fassung der Bekanntmachung vom 20.11.1998[15] (GastG) geht im Wesentlichen darauf zurück. Die letzte größere Änderung trat am 01.07.2005 in Kraft.[16] Sie brachte

---

[10] BT-Drs. 16/11622, S. 7; zustimmend *Rengeling/Szczekalla*, in: BK-GG, Art. 74 Abs. 1 Nr. 11
Rn. 146 (Stand: 131. EL September 2007); *Höfling/Rixen*, GewArch 2008, 1 (7); *Lehmann*, Gew-
Arch 2009, 291 (292 f.); a. A. *Dürr*, GewArch 2009, 286.

[11] BT-Drs. 16/11622, S. 7.

[12] *Degenhart*, in: Sachs, Art. 74 Rn. 47; a. A. *Rengeling/Szczekalla*, in: BK-GG, Art. 74 Abs. 1
Nr. 11 Rn. 146 (Stand: 131. EL September 2007).

[13] BGBl. des Norddeutschen Bundes 1869, S. 245 (254). Zuvor in Preußen § 55 Allgemeine Gewerbeordnung, Gesetz-Sammlung für die Königlichen Preußischen Staaten 1845, S. 41 (52).

[14] BGBl. I, S. 465 und S. 1298.

[15] BGBl. I, S. 3418.

[16] BGBl. I, S. 1666.

eine Lockerung der präventiven Kontrolle des Gaststättengewerbes, ohne aber den Grundsatz der Erlaubnispflichtigkeit aufzugeben (→ Rn. 32 f.).

11   Seit der Neuordnung der Gesetzgebungskompetenzen durch die Föderalismusreform 2006 (→ Rn. 5 und § 2 Rn. 103) ist die Bedeutung des *Landesrechts* gewachsen. Eigene Gaststättengesetze gibt es in den Ländern Brandenburg (BbgGastG), Bremen (BremGastG), Hessen (HessGastG), Niedersachsen (NdsGastG), Saarland (SaarlGastG), Sachsen (SächsGastG), Sachsen-Anhalt (GastG LSA) und Thüringen (ThürGastG). Es handelt sich um Vollregelungen, die das GastG vollständig ersetzen (Art. 125a Abs. 1 S. 2 GG; ausdrücklich § 13 BbgGastG; § 18 HessGastG; § 1 Abs. 1 S. 2 NdsGastG; § 18 Abs. 1 S. 2 SaarlGastG; § 14 SächsGastG). Das Gaststättengesetz für Baden-Württemberg (LGastG BW) vom 10.11.2009[17] setzt durch einen statischen Verweis auf das Bundes-GastG dessen Inhalte als Landesrecht in Kraft (§ 1 LGastG BW). Solange und soweit die übrigen Länder keine eigenen Vorschriften erlassen haben, gilt das GastG als Bundesrecht fort (Art. 125a Abs. 1 S. 1 GG). Umstritten ist, ob der Bund befugt ist, das bestehende GastG „fortzuschreiben", wenn veränderte Verhältnisse eine Anpassung erforderlich machen.[18]

4. Anwendungsbereich der Gesetze

a) Begriff des Gaststättengewerbes

12   Der Begriff des Gaststättengewerbes bestimmt den Anwendungsbereich der Gaststättengesetze und ist dementsprechend oft das Eingangstor der Fallbearbeitung. Er ist außerdem bei der Anwendung der Landesnichtraucherschutzgesetze (→ Rn. 106) und bei der Konkretisierung des verfassungsrechtlichen Begriffs des Gaststättenrechts von Bedeutung (→ Rn. 7 ff.).

13   Nach § 1 Abs. 1 GastG ist ein Gaststättengewerbe eine im stehenden Gewerbe betriebene Schank- oder Speisewirtschaft, die jedermann oder bestimmten Personenkreisen zugänglich ist. Das Gesetz geht damit über den umgangssprachlichen Gaststättenbegriff hinaus. Auch Tankstellen oder Bäckereien mit Verzehrmöglichkeit, Kinos und Nachtclubs können im Rechtssinne Gaststätten sein.

aa) Gewerbebegriff

14   Das Gesetz erfasst nur Gaststätten, die „*im Gewerbe*" betrieben werden. Da es an einer eigenen gaststättenrechtlichen Bestimmung des Gewerbebegriffs fehlt, ist im Ausgangspunkt auf die zu § 1 Abs. 1 GewO anerkannte Definition zurückzugreifen (→ § 9 Rn. 8 ff.). Gewerbsmäßig[19] ist hiernach eine Tätigkeit, die (1) selbstständig,

---

[17] GBl. BW, S. 628.

[18] Vgl. *Stelkens*, BayVBl. 2007, 263 (267); *Weißenberger*, DÖV 2012, 385 (386 ff.). Der Bund hat eine Fortschreibungskompetenz im Jahr 2007 mit der Aufhebung mehrerer Vorschriften des GastG beansprucht, BGBl. I, S. 2246.

[19] Nur ausnahmsweise kann es an der Gewerbs*fähigkeit* fehlen, etwa bei der Abgabe von Wein durch den Winzer (Urproduktion), vgl. *Michel/Kienzle/Pauly*, GastG, § 1 Rn. 31.

(2) mit Gewinnerzielungsabsicht und (3) nachhaltig betrieben wird sowie (4) zumindest nicht generell verboten ist.[20]

(1) Selbstständigkeit
Über das Merkmal der *Selbstständigkeit* wird die das Gewerbe betreibende Person 15 bestimmt. Damit werden auch die Verantwortlichkeit für die meisten gaststättenrechtlichen Pflichten und der Bezugspunkt personenbezogener Tatbestandsmerkmale (→ Rn. 39) geklärt. Selbstständig ist jedenfalls, wer nach außen auf eigene Rechnung im eigenen Namen auftritt und nach innen im Hinblick auf die in Rede stehende Tätigkeit weder einem (arbeits-)vertraglichen Weisungsrecht unterliegt noch in anderer Weise von einer anderen Person persönlich abhängig ist.[21] Die Selbstständigkeit ist auch gegeben, wenn der Patron die Führung der Geschäfte einem Stellvertreter überlassen hat, der rechtsgeschäftlich in seinem Namen und wirtschaftlich auf seine Rechnung handelt, mag es auch im Innenverhältnis kein Weisungsrecht geben (arg. ex § 9 GastG; zum gewerberechtlichen Stellvertreterbegriff → § 9 Rn. 9). Wird ein „Strohmann" eingeschaltet, der nach außen unter Verschleierung der wahren Machtverhältnisse wie ein Selbstständiger auftritt und rechtsgeschäftlich dementsprechend selbst gebunden wird (§ 164 Abs. 2 BGB), nach innen aber den Weisungen des Hintermannes untersteht und auf dessen Rechnung handelt, sind beide Akteure (!) als selbstständig anzusehen.[22]

Auch eine *juristische Person* kann vermittelt durch die Zurechnung des Handelns natürlicher Personen Gewerbetreibende sein. Sie ist dann als solche Adressatin der Pflichten und Anknüpfungspunkt für die Beurteilung personeller Rechtmäßigkeitsvoraussetzungen (z. B. der Zuverlässigkeit). Personengesellschaften kommen hingegen mangels eigener Rechtspersönlichkeit nicht als Gewerbetreibende in Betracht.[23] Die „Zurechnungsendpunkte" sind hier alle zur Geschäftsführung und Vertretung befugten Gesellschafter.[24] Dessen unbeschadet ermöglichen das GastG und einige Landesgaststättengesetze (LGastG) auch nicht rechtsfähigen Vereinen den Betrieb eines Gaststättengewerbes (§ 2 Abs. 1 S. 2 GastG; § 2 Abs. 1 S. 3 BbgGastG; § 3 Abs. 1 S. 2 HessGastG;[25] § 4 Abs. 5 SaarlGastG; § 2 Abs. 3 SächsGastG), was im Hinblick auf die körperschaftliche Verfassung und die Unabhängigkeit der Vereine vom Wechsel der Mitglieder gerechtfertigt ist.

(2) Gewinnerzielungsabsicht
Eine *Gewinnerzielungsabsicht* besteht, wenn der Betrieb der Gaststätte nach den 17 getroffenen Vorkehrungen darauf angelegt ist, dauerhaft die Betriebskosten übersteigende Einnahmen zu erzielen. Nicht entscheidend ist, zu welchem Zweck die

---

[20] Vgl. BVerwG, NVwZ 1995, 473 (474).
[21] *Friauf*, in: ders., GewO, § 1 Rn. 103 (Stand: 268. EL April 2013).
[22] BVerwG, NVwZ 2004, 103 (104).
[23] BVerwGE 91, 186 (190 f.); HessVGH, GewArch 1991, 343.
[24] BVerwGE 91, 186 (189 f.); *Metzner*, GastG, § 1 Rn. 29 f.; *Pielow*, in: BeckOK GewO, § 1 Rn. 187.
[25] *Weidtmann-Neuer*, HessGastG, 2013, § 3 Rn. 18; a. A. *Heß*, GewArch 2012, 236 (239).

Gewinne eingesetzt werden.[26] So handelt etwa ein gemeinnütziger Verein selbst dann gewerbsmäßig, wenn er die Gewinne seiner Gaststätte in die gemeinnützige Jugendarbeit investiert. Ob dem Gewerbetreibenden die Gewinnerzielung erlaubt ist oder nicht, spielt ebenfalls keine Rolle.

(3) Nachhaltigkeit

18 Mit dem Merkmal der Nachhaltigkeit werden Tätigkeiten ausgeschieden, die lediglich einmalig oder aber in loser, nicht geplanter Folge ausgeübt werden und dabei auch nach ihrem sachlichen Umfang eine nur untergeordnete Bedeutung für den Handelnden haben.[27] Es kommt dabei nicht allein auf die zeitliche Dauer an. Aus § 12 Abs. 1 GastG (siehe auch etwa § 2 Abs. 1 S. 1 NdsGastG; § 3 Abs. 4 S. 1 Saarl-GastG) ergibt sich, dass es auch kurzfristig betriebene Gaststätten geben kann. Es ist auch nicht ersichtlich, weshalb gerade „flüchtige", vielleicht spontan eröffnete Betriebe von vornherein weniger gefährlich als dauerhafte Einrichtungen sein sollten. Richtigerweise dürfte das Merkmal der Nachhaltigkeit daher nur als Hilfsmerkmal für die Feststellung einer hinreichenden Gewinnerzielungsabsicht von Bedeutung sein.[28] Entscheidend ist, ob das Erzielen von Einnahmen nach Lage der Dinge von so erheblicher Bedeutung für den Lebensunterhalt des Gastwirts ist, dass die beschriebenen Gaststättengefahren (→ Rn. 1 ff.) hierdurch spürbar verstärkt werden und die Inpflichtnahme des Gastwirts einen im Schwerpunkt wirtschaftsrechtlichen Charakter erhält (zu den Gesetzgebungskompetenzen → Rn. 7).

(4) „Nicht generell verbotene Tätigkeit"

19 Auch das Merkmal der *„nicht generell verbotenen Tätigkeit"*, das Wertungswidersprüche zwischen dem Gewerberecht und der übrigen Rechtsordnung vermeiden oder abmildern soll,[29] ist zumindest im Gaststättenrecht mit Vorsicht zu handhaben oder sogar verzichtbar. Die hoheitlichen Befugnisse sollten nämlich nicht ausgerechnet gegenüber „generell verbotenen" Betriebsarten wie z. B. einer Peep-Show[30] eingeschränkt werden.[31] Zumindest verdeutlicht § 4 Abs. 1 S. 1 Nr. 1 GastG, dass selbst die Verwirklichung von Straftatbeständen im betrieblichen Zusammenhang der Gewerbsmäßigkeit nicht von vornherein entgegensteht. Eine Gastwirtschaft, die der Anbahnung von Kontakten von Freiern und Prostituierten dient,[32] und auch ein „Swingerclub"[33] können also Gaststättengewerbe sein, denn beide lassen sich – wie wohl (fast) jede Art von Gaststätte – jedenfalls *prinzipiell* auf erlaubte Weise betreiben.

---

[26] HessVGH, GewArch 1991, 343 (344).

[27] Siehe näher *Pielow*, in: BeckOK GewO, § 1 Rn. 143 ff.

[28] In diesem Sinne wohl auch *Friauf*, in: ders., GewO, § 1 Rn. 99 f. (Stand: 268. EL April 2013); ähnlich *Michel/Kienzle/Pauly*, GastG, § 1 Rn. 13.

[29] Kritisch auch insoweit *Friauf*, in: ders., GewO, § 1 Rn. 118 ff. (Stand: 268. EL April 2013).

[30] Vgl. BVerwGE 64, 274.

[31] Zutreffend BVerwGE 64, 274 (275 f.): Peep-Show ist Gewerbe, aber nicht erlaubt.

[32] VG Stuttgart, GewArch 2005, 431 (432).

[33] BVerwG, GewArch 2003, 122 (123).

bb) Stehendes Gewerbe und Reisegewerbe

§ 1 Abs. 1 GastG definiert das Gaststättengewerbe als stehendes Gewerbe. Den da- **20**
mit bewirkten *Ausschluss des Reisegewerbes* (zum Begriff → § 9 Rn. 86 ff.) macht
allerdings schon § 1 Abs. 2 GastG weitgehend wieder rückgängig: Ein Gaststättengewerbe betreibt auch, wer im Reisegewerbe[34] von einer „für die Dauer der Veranstaltung ortsfesten Betriebsstätte aus" agiert. *Ortsfest* ist eine Betriebsstätte, wenn
sie zumindest während der Bewirtung mit Grund und Boden verbunden ist (z. B.
Bierzelt) oder jedenfalls ortsfest benutzt wird (z. B. auf Volksfestplatz geparkter
Eiswagen)[35] und damit dem stehenden Gewerbe ähnlich ist. Wird das Gewerbe hingegen „in Bewegung" betrieben (der Eiswagen hält überall dort, wo von Passanten
Abnahmebereitschaft signalisiert wird), ist der Anwendungsbereich des GastG verlassen (→ Rn. 81). Im Unterschied zum Bundesrecht beziehen fast alle LGastG das
gesamte Reisegewerbe in den Gaststättengewerbebegriff ein (§ 1 Abs. 1 BbgGastG;
§ 1 BremGastG; § 1 Abs. 2 HessGastG; § 1 Abs. 3 NdsGastG; § 1 Abs. 1, Abs. 3
SaarlGastG; § 1 Abs. 1 S. 1 SächsGastG; § 1 Abs. 1 ThürGastG; anders § 1 Abs. 1
GastG LSA).

cc) Betriebstyp

Der Gewerbebetrieb muss mindestens eine der beiden in § 1 Abs. 1 Nr. 1, 2 GastG **21**
definierten Betriebstypen – eine Schankwirtschaft oder Speisewirtschaft – zum
Gegenstand haben. Reine Beherbergungsbetriebe unterfallen dem Gaststättenbegriff seit 2005 nicht mehr. Während in einer Schankwirtschaft Getränke verabreicht
werden, bietet eine Speisewirtschaft *„zubereitete Speisen"* an. Zubereitet ist eine
Speise, die zum alsbaldigen Verzehr essfertig gemacht worden ist. Rohes unge-
schältes Obst ist von Natur aus essfertig und damit nicht zubereitet.[36]

Der Gastwirt *„verabreicht"* Speisen und Getränke, wenn er sie den Gästen tat- **22**
sächlich zur Verfügung stellt[37] oder Dritte dazu veranlasst, dies zu tun.[38] Nicht ge-
nügend ist das bloße Bereitstellen von Zutaten, die von den Gästen noch im Wesentlichen selbst zur Speise zubereitet werden müssen. Das Erfordernis eines Verzehrs *„an Ort und Stelle"* grenzt Gaststätten von einfachen Verkaufsstellen ab. Mit
Blick auf den Zweck des GastG, eine besondere rechtliche Verantwortlichkeit des
Gastwirts (auch) für das Verhalten seiner Gäste zu begründen, muss der Verzehr in
seinem Einflussbereich erfolgen. Eine zivilrechtliche Verfügungsbefugnis über den
Raum oder das Grundstück ist nicht zu verlangen,[39] wohl aber ein enger räumlicher Zusammenhang zwischen Abgabe- und Verzehrort,[40] der die Inanspruchnahme

---

[34] Der Zusatz „als selbstständiger Gewerbetreibender" ist seit der Neufassung von § 55 Abs. 1
Nr. 1 GewO zum 14.09.2007 überflüssig, da es unselbstständige Reisegewerbetreibende nicht
mehr gibt.

[35] *Ehlers*, in: ders./Fehling/Pünder, § 20 Rn. 13.

[36] VG Berlin, Urt. v. 29.11.2013 – 4 K 357.12, juris, Rn. 56.

[37] Vgl. OLG Karlsruhe, GewArch 2003, 428 (429).

[38] Bemerkenswerter Sachverhalt bei OVG RP, GewArch 1978, 135.

[39] *Michel/Kienzle/Pauly*, GastG, § 1 Rn. 45, § 3 Rn. 23.

[40] *Metzner*, GastG, § 1 Rn. 51.

des Wirtes auch verfassungsrechtlich rechtfertigt. Innerhalb des umbauten Raums bereitet die Abgrenzung meistens keine Schwierigkeiten; anders kann es sich bei Imbisswagen oder anderen Einrichtungen unter freiem Himmel verhalten. Der Ausdruck „*zum Verzehr*" macht deutlich, dass der im Zeitpunkt der Abgabe zu erwartende Ort des Verzehrs entscheidend ist. Für die Prognose kommt es nicht direkt auf die (vorgeblichen) Vorstellungen des Gastwirts, sondern auf die tatsächlichen, von ihm mitgestalteten und genutzten Umstände an. Ein Supermarkt wird nicht allein deshalb zur Gaststätte, weil die dort erhältlichen Getränke an Ort und Stelle geöffnet und getrunken werden können,[41] solange der Supermarktbetreiber dieses Verhalten nicht beispielsweise durch die Einrichtung von Sitzgelegenheiten oder besondere Vorrichtungen zum Öffnen von Flaschen fördert.

dd) Öffentlichkeit

23   Der Betrieb müsste *jedermann* oder zumindest *bestimmten Personenkreisen* (faktisch) zugänglich sein (anders § 1 Abs. 1 GastG LSA). Dies ist nur dann nicht der Fall, wenn sämtliche zugelassenen Personen in jedem Zeitpunkt individualisiert sind und der „Gastgeber" auch in der Lage ist, den Kreis der Berechtigten zu überschauen und einzuschränken (sog. geschlossene Gesellschaft, z. B. Geburtstagsfeier für geladene Gäste, → Rn. 109). Demgegenüber liegt bei der Feier eines in seiner Mitgliederzahl nicht beschränkten, auf Mitgliederzuwachs angelegten Vereins grundsätzlich eine Zugänglichkeit für einen bestimmten Personenkreis i. S. d. § 1 GastG und damit Öffentlichkeit vor.[42]

b) Erweiterung durch § 23 GastG

24   Die Vorschriften des GastG über den Ausschank alkoholischer Getränke finden nach § 23 Abs. 1 Hs. 1 GastG auch auf *Vereine und Gesellschaften* Anwendung, die – mangels Gewinnerzielungsabsicht – kein Gewerbe betreiben. Nach § 23 Abs. 1 Hs. 2 GastG bleibt der Ausschank alkoholischer Getränke an die eigenen Arbeitnehmer des Vereins oder der Gesellschaft (z. B. bei einer Weihnachtsfeier) allerdings unbeschränkt zulässig. Außerdem enthält § 23 Abs. 2 GastG Einschränkungen, deren Sinngehalt sich wohl nur erschließt, wenn man im Blick behält, dass der Gesetzgeber mit § 23 GastG nicht das „gewachsene Vereinsleben" beeinträchtigen, sondern nur einer Umgehung der Vorschriften des GastG durch die Gründung eines Vereins oder einer Gesellschaft entgegenwirken wollte.[43] Die „Anwendungserweiterung" des § 23 löst das GastG von der Gesetzgebungskompetenz für das Recht der Wirtschaft (Art. 74 Abs. 1 Nr. 11 GG). Es ist insoweit nicht Gewerberecht, sondern allgemeines Gefahrenabwehrrecht zur Kontrolle des Alkoholkonsums.[44] Dementsprechend wurde die Gesetzgebungskompetenz des Bundes für diese Vorschrift vor der Föderalismusreform nur mit dem Gedanken des Sachzusammenhangs mit dem

---

[41] *Metzner*, GastG, § 1 Rn. 49.

[42] VG Ansbach, Urt. v. 04.02.2014 – AN 4 K 13.01549, AN 4 K 14.00159, juris, Rn. 40; *Guckelberger/Heimpel*, LKRZ 2013, 1 (2).

[43] Begründung zum Gesetzentwurf der Bundesregierung, BT-Drs. 4/3147, S. 19.

[44] Stellungnahme des Bundesrates, BT-Drs. 4/3147, S. 26.

Gaststättenrecht begründet, dessen Umgehung zu verhindern sei.[45] Das ist zweifelhaft, denn der Ausschank alkoholischer Getränke ist erheblich weniger gefährlich, wenn er ohne Gewinnerzielungsabsicht erfolgt.

Alle LGastG außer dem von Niedersachsen enthalten § 23 GastG ähnliche Vorschriften (§ 8 BbgGastG; § 10 BremGastG; § 1 Abs. 3 HessGastG; § 14 SaarlGastG; § 1 Abs. 2 SächsGastG; § 4 GastG LSA; § 1 Abs. 2 ThürGastG). Kompetenzrechtliche Zweifel gibt es hier wegen der Zuständigkeit der Länder für das allgemeine Gefahrenabwehrrecht nicht (Art. 30, 70 Abs. 1 GG). **25**

5. Verhältnis zur Gewerbeordnung

Dem Charakter des Gaststättenrechts als besonderes Gewerberecht entsprechend ist **26** die GewO ergänzend anwendbar, soweit das GastG nicht besondere Bestimmungen enthält (§ 31 Hs. 1 GastG). Ähnliche Verweisungen enthalten auch die LGastG (§ 1 Abs. 2 BbgGastG; § 8 Abs. 1 BremGastG; § 2 HessGastG; § 1 Abs. 2 NdsGastG; § 1 Abs. 2 SaarlGastG; § 13 Abs. 1 SächsGastG; § 1 Abs. 3 GastG LSA; § 9 Abs. 1 ThürGastG). Ihre Bedeutung dürfte sich in der interpretationsleitenden Aussage erschöpfen, dass das jeweilige Land von seiner Kompetenz aus Art. 74 Abs. 1 Nr. 11 GG nicht abschließend Gebrauch gemacht hat. Das Landesrecht ersetzt zwar vollständig das GastG (→ Rn. 11), nur teilweise aber auch die GewO. Die verbleibenden Vorschriften der GewO gelten also nicht etwa fortan als Landesrecht (kraft der Verweisungsnorm), sondern aus eigener Kraft *als Bundesrecht* auf der Grundlage der unbeschadet der Föderalismusreform fortbestehenden Bundeskompetenz für den Erlass allgemeiner gewerberechtlicher Vorschriften nach Art. 74 Abs. 1 Nr. 11 GG.[46] Es ist nicht davon auszugehen, dass die Landesgesetzgeber für vom Bundesgesetzgeber geschaffene Regeln die politische und rechtliche Verantwortung übernehmen wollten.[47] Dies gilt insbesondere dann, wenn das Landesgesetz – wie es im Saarland der Fall ist – einen dynamischen Verweis auf die GewO enthält, das heißt blindlings auf die jeweils geltende Fassung der GewO Bezug nimmt.

II. Gaststättenrechtliche Erlaubnisse

1. Präventive Verbote mit Erlaubnisvorbehalt (Übersicht)

Das Gaststättenrecht enthält verschiedene präventive Verbote mit Erlaubnisvorbe- **27** halt. Der wichtigste Fall ist die für den Betrieb eines Gaststättengewerbes erforderliche *Gaststättenerlaubnis* (§ 2 Abs. 1 S. 1 GastG). Die Erlaubnispflicht ist ein Ins-

---

[45] *Metzner*, GastG, § 23 Rn. 3.

[46] A. A. *Guckelberger/Heimpel*, LKRZ 2013, 1 (2); *Heß*, GewArch 2012, 236 (238 f.).

[47] In der Begründung zum Entwurf des HessGastG, HessLT-Drs. 18/4098, S. 18, heißt es dementsprechend nur, durch die Regelung des § 2 HessGastG werde „klargestellt", dass die GewO ergänzend zur Anwendung komme.

trument zur Durchsetzung verschiedener personeller und sachbezogener Anforderungen des Öffentlichen Rechts, nicht nur des Gaststättenrechts selbst. An die Stelle der Gaststättenerlaubnis kann in bestimmten Fällen eine (befristete) vorläufige Erlaubnis (§ 11 GastG) oder eine Gestattung (§ 12 GastG → Rn. 79) treten. Neben (!) der Erlaubnis für den Betrieb der Gaststätte ist eine Stellvertretererlaubnis nach § 9 GastG erforderlich, wenn der Betrieb durch einen Stellvertreter geführt werden soll. Für den Betrieb einer Reisegaststätte kann eine besondere Genehmigung in Form der *Reisegewerbekarte* (§ 55 Abs. 2 GewO) erforderlich sein (→ Rn. 81 ff.).

28   In den meisten *Ländern mit eigenem Gaststättengesetz* ist für das stehende Gewerbe weder eine Gaststättenerlaubnis noch eine Stellvertretererlaubnis erforderlich. Eine Ausnahme bildet neben Baden-Württemberg nur Bremen (§ 2 Abs. 1 BremGastG).

2. Gaststättenerlaubnis

a) Unionsrechtliche und verfassungsrechtliche Aspekte

29   Der gaststättenrechtliche Erlaubnisvorbehalt greift tief in die wirtschaftliche Betätigungsfreiheit ein. Bis zur Erteilung einer entsprechenden Erlaubnis ist der Betrieb eines Gaststättengewerbes *formell rechtswidrig* und nach § 28 Abs. 1 Nr. 1 GastG, § 12 Abs. 1 Nr. 1 BremGastG sogar eine *Ordnungswidrigkeit*. Den Gewerbetreibenden trifft die Obliegenheit, die Erlaubnis zu beantragen (§ 22 S. 2 Nr. 1 Var. 2, Nr. 2 LVwVfG i. V. m. § 3 Abs. 2, § 4 Abs. 1 S. 1 Nr. 1, 4 GastG) und zu diesem Zweck die für die Beurteilung der Genehmigungsvoraussetzungen erforderlichen Informationen zusammenzutragen und an die Behörde zu übermitteln. Wird der Antrag rechtswidrig abgelehnt, muss der Antragsteller mit der Eröffnung der Gaststätte regelmäßig bis zum Erfolg des Widerspruchs oder dem Erlass der Gaststättenerlaubnis nach erfolgreicher Verpflichtungsklage warten (→ Rn. 73).

30   Ob das Erlaubnismodell einen angemessenen Ausgleich zwischen dem privaten und dem öffentlichen Interesse gewährleistet, steht politisch und rechtlich in Streit. Rechtlich werden vor allem Zweifel an der Vereinbarkeit der Erlaubnispflicht mit Art. 9 Abs. 1 lit. b, c *Dienstleistungsrichtlinie* (DLR) geäußert.[48] Die Richtlinie erlaubt mitgliedstaatliche Genehmigungspflichten für Dienstleistungen, die unter Inanspruchnahme der unionsrechtlichen Niederlassungsfreiheit (Art. 56 Abs. 1 AEUV) erbracht werden sollen, nur unter bestimmten Voraussetzungen. Zwar ist die Abwehr gaststättenrechtlicher Gefahren unter dem Gesichtspunkt des Schutzes der öffentlichen Gesundheit zumindest im Kern ein zwingender Grund des Allgemeininteresses i. S. v. Art. 9 Abs. 1 lit. b i. V. m. Art. 4 Nr. 8 Fall 4 DLR. Angesichts der Geltung und Bewährung „erlaubnisfreier" LGastG stellt sich aber doch die Frage, ob das angestrebte Ziel nicht auch durch repressive Aufsicht als ein

---

[48] *Ziekow*, GewArch 2007, 217 (217 f.); *Cornils*, in: Schlachter/Ohler (Hrsg.), Europäische Dienstleistungsrichtlinie, 2008, Art. 9 Rn. 46; *Hissnauer*, Auswirkungen der Dienstleistungsrichtlinie auf das deutsche Genehmigungsverfahrensrecht, 2009, S. 292 ff.; *Glaser*, GewArch 2013, 1; a. A. *Stober*, WiVerw 2008, 139 (148 f.).

milderes Mittel erreicht werden kann (Art. 9 Abs. 1 lit. c DLR). Es ist also nicht die „Inkohärenz" des deutschen Gaststättenrechts als solche, welche die Erlaubnispflicht unter Druck setzt,[49] sondern die empirisch belegte Möglichkeit einer dem öffentlichen Interesse ohne Genehmigungspflicht Rechnung tragenden Gestaltung. Ob die landesrechtlichen Anzeigepflichten, die bei Alkoholausschank ebenfalls mit einer präventiven Kontrolle verbunden sind und zudem bestimmte Fristen vorsehen, allerdings tatsächlich als mildere Mittel angesehen werden können, ist eine andere Frage. Unionsrechtlich fragwürdig ist aber zumindest die teilweise Dopplung der Prüfung des Baurechts und des Immissionsschutzrechts bei Gaststätten- und Bauaufsichtsbehörde (→ Rn. 60).[50]

Die Diskussion über die unionsrechtliche Rechtfertigung der Erlaubnispflicht **31** eröffnet auch neue Perspektiven auf ihre Beurteilung am *Maßstab der Berufsfreiheit* (Art. 12 Abs. 1 S. 1 GG; eventuell auch Art. 15 ff. GRCH). Wiederum ist allerdings davor zu warnen, die Erforderlichkeit der Erlaubnispflicht vorschnell zu verneinen. Die zeitlichen Vorteile für den Gaststättenbetreiber sind in einem Anzeigesystem mit präventiver Prüfung nur gering, dafür erlangt er keine Genehmigung, welche die Rechtmäßigkeit des Gewerbes feststellt und ihn als Grundrechtsträger vor behördlicher Intervention schützt.

b) Erlaubnisbedürftigkeit

Die Erlaubnispflicht des § 2 Abs. 1 S. 1 GastG knüpft sachlich an den Betrieb eines **32** Gaststättengewerbes (→ Rn. 12 ff.) an. In personeller Hinsicht ist erlaubnispflichtig, wer die Gaststätte (selbstständig) betreibt (→ Rn. 15 f.). Der bloße Wille, ein Gaststättengewerbe zu betreiben, löst die Erlaubnispflicht entgegen dem Gesetzeswortlaut nicht aus. Die Erlaubnis muss bei *Beginn des Gewerbebetriebs* vorliegen. Angesichts der unionsrechtlichen und verfassungsrechtlichen Vorgaben kommt es hierfür auf die Eröffnung der Gaststätte an, weil erst dann – und nicht schon bei vorbereitenden Tätigkeiten – gaststättenspezifische Gefahren entstehen können.

Ausnahmen von der Erlaubnispflicht enthält § 2 Abs. 2 GastG. Seit einer zum **33** 01.07.2005 in Kraft getretenen Gesetzesänderung sind die Verabreichung alkoholfreier Getränke und zubereiteter Speisen ohne Einschränkung erlaubnisfrei gestellt (Nr. 1, Nr. 3). Erlaubnisfrei ist nach Nr. 2 außerdem die Verabreichung unentgeltlicher Kostproben (etwa bei einem Probierstand in einem Supermarkt) sowie nach Nr. 4 die Verabreichung von Nahrungsmitteln an Beherbergungsgäste. Das Landesrecht kann gemäß § 14 GastG durch Verordnung Ausnahmen für sog. Straußwirtschaften vorsehen.[51]

Die Erlaubnispflicht nach dem *BremGastG* greift von vornherein nur bei Ausschank **34** alkoholischer Getränke (§ 2 Abs. 1 S. 1 BremGastG). Die Erlaubnispflicht entfällt, wenn der Gewerbetreibende für den Betrieb eines Gaststättengewerbes in einem anderen Bundesland über eine Erlaubnis verfügt und bei der Erteilung dieser

---

[49] Zur Rücksichtnahme des Unionsrechts auf bundesstaatliche Strukturen EuGH, Rs. C-156/13, EU:C:2014:1756, Rn. 33 f. – Digibet und Albers; BGH, GewArch 2013, 205 (206).

[50] *Ziekow*, GewArch 2007, 217 (217 f.).

[51] Siehe etwa §§ 10–15 GastVO RP.

Erlaubnis seine Zuverlässigkeit geprüft wurde (S. 2). Bedenklich ist im Hinblick
auf Art. 9 Abs. 1 lit. a, Art. 16 Abs. 1 UAbs. 3 lit. a, Abs. 2 lit. b DLR, dass diese
Erleichterung nicht auch für in einem anderen EU-Mitgliedstaat oder EWR-Staat
niedergelassene Gastwirte gilt.

c) Rechtsnatur, Form und Inhalt der Erlaubnis

35   Die Gaststättenerlaubnis ist ein *Verwaltungsakt* i. S. v. § 35 S. 1 LVwVfG. Ihr
Regelungsgehalt besteht in der Aufhebung des gesetzlichen präventiven Verbots
des Betriebs von nicht erlaubnisfrei gestellten Gaststättengewerben. Die Freistellung wirkt nur gegenüber der durch den Bescheid adressierten Person im Hinblick
auf eine bestimmte Betriebsart und eine bestimmte Räumlichkeit (vgl. § 3 Abs. 1
GastG). Außerdem stellt die Erlaubnis die Vereinbarkeit des durch die Verbindung
von Person, Betrieb und Raum definierten Gewerbes mit den von der Behörde im
Verfahren geprüften öffentlich-rechtlichen Vorschriften fest (feststellender Verwaltungsakt). Die Erlaubnis nach dem GastG ist mithin sowohl *Personal- als auch
Sachkonzession*. Das BremGastG sieht eine reine Personalkonzession vor, deren
Erteilung folgerichtig nur von der Zuverlässigkeit des Gewerbetreibenden abhängt
(§ 2 Abs. 2 S. 1 BremGastG).

36   Der *Grundtyp der Betriebsart* gemäß § 3 Abs. 1 S. 2 Hs. 2 GastG ist eine Schank-
oder Speisewirtschaft ohne besondere Betriebseigentümlichkeit. Wenn eine Gaststätte vom Grundtyp in einer Weise abweicht, die unter dem Gesichtspunkt der
Erlaubnisvoraussetzungen (§ 4 Abs. 1 GastG) ins Gewicht fällt, weist sie eine besondere Betriebsart auf.[52] So ist eine Gaststätte, in welcher an den Wochenenden
regelmäßig Tanzveranstaltungen mit überdurchschnittlich lauter Musik bis in die
Nachtstunden stattfinden und deren Betrieb deshalb immissionsschutzrechtliche
Fragen aufwirft (§ 4 Abs. 1 S. 1 Nr. 3 GastG), als Tanzlokal oder Diskothek anzusehen.[53] Betriebe besonderer Art sind beispielsweise auch Swingerclubs[54], Eiscafés
und Schnellrestaurants. Einen gesetzlichen Numerus clausus der Betriebsarten gibt
es nicht, jedoch ist bei der Festsetzung das Bestimmtheitsgebot zu beachten (§ 37
Abs. 1 LVwVfG). Wie § 3 Abs. 1 S. 2 Hs. 2 GastG besagt, kann die Gaststättenerlaubnis auch Einschränkungen hinsichtlich der Betriebszeit enthalten. Weicht der
Erlaubnisinhalt vom Antrag des Gewerbetreibenden ab, liegt eine *modifizierende
Gewährung* vor, bei einer Verkürzung der Betriebszeiten eine teilweise Versagung
der beantragten Gaststättenerlaubnis.[55] Will der Erlaubnisinhaber die Betriebsart
nachträglich ändern oder andere Räume für die Gaststätte nutzen, bedarf er hierfür
einer neuen Erlaubnis – ohne eine solche ist der geänderte Betrieb formell rechtswidrig und kann untersagt werden (→ Rn. 103).

37   Die Erlaubnis wird grundsätzlich *unbefristet* erteilt. Auf Zeit darf sie nur erteilt
werden, soweit das GastG dies zulässt (zu § 12 GastG → Rn. 79) oder der Antragsteller es beantragt (§ 3 Abs. 2 GastG). Aus § 3 Abs. 1 S. 2 Hs. 1 GastG ergibt sich,

---

[52] BVerwG, GewArch 1988, 387; HessVGH, Beschl. v. 12.07.2011 – 6 B 333/11, juris, Rn. 17.

[53] Vgl. BVerwG, GewArch 1988, 387.

[54] BayVGH, GewArch 2002, 296.

[55] BayVGH, GewArch 2013, 132.

dass die Gaststättenerlaubnis schriftlich erteilt werden muss (sonst Nichtigkeit gemäß § 44 Abs. 1 LVwVfG[56]).

d) Materielle Rechtmäßigkeit der Erlaubnis

Eine Erlaubnis ist materiell rechtmäßig, wenn im Zeitpunkt ihres Erlasses keine **38** Versagungsgründe nach § 4 Abs. 1 GastG bestanden. Das Gesetz ist aus grundrechtlichen Gründen (Art. 12 Abs. 1 GG) so zu interpretieren, dass die Behörde verpflichtet ist, eine beantragte Erlaubnis bei Nichtvorliegen der Versagungsgründe zu erteilen (kein Ermessen). Der Antragsteller hat dann auch ein *subjektives Recht* auf die Erlaubnis.[57] Die Auslegung der unbestimmten Rechtsbegriffe des § 4 Abs. 1 GastG und der Subsumtionsschluss sind gerichtlich voll überprüfbar.

aa) Persönliche Versagungsgründe

Persönliche Versagungsgründe sind die *fehlende Zuverlässigkeit* des Gewerbetrei- **39** benden (§ 4 Abs. 1 S. 1 Nr. 1 GastG; § 2 Abs. 2 S. 1 BremGastG) sowie das Fehlen des erforderlichen Unterrichtungsnachweises (§ 4 Abs. 1 S. 1 Nr. 4 GastG).

Unzuverlässig ist, wer nicht die Gewähr dafür bietet, das Gewerbe in Zukunft **40** ordnungsgemäß auszuüben (→ § 9 Rn. 50 ff.). Nicht ordnungsgemäß ist eine – schuldhaft oder schuldlos – gegen öffentlich-rechtliche Vorschriften verstoßende Gewerbeausübung. In der Vergangenheit begangene Pflichtverletzungen dienen (nur) als Tatsachengrundlage für die erforderliche Prognose des zukünftigen Verhaltens. Die Prognose der Rechtsverletzung muss sich auf Tatsachen stützen, beispielsweise auf die mangelnde wirtschaftliche Leistungsfähigkeit, die fehlende Sachkunde oder Mängel an Eigenverantwortlichkeit (Trunksucht, Rauschgiftsucht usw.). Entscheidend ist nicht, ob sich der Gastwirt insgesamt rechtstreu verhalten wird, sondern nur, ob er das Gewerbe, und zwar speziell das Gaststättengewerbe (ausdrücklich § 2 Abs. 2 S. 1 BremGastG; vgl. § 35 Abs. 1 S. 1 GewO: „dieses" Gewerbe) in der von ihm gewählten Betriebsart (→ Rn. 35 f.) rechtskonform betreiben wird. Wenn Unzuverlässigkeit gegeben ist, muss die Erlaubnis – ohne Ermessen und Verhältnismäßigkeitsprüfung – versagt werden. Dementsprechend sind schon bei der Auslegung und der Subsumtion auf der Tatbestandsseite nach Möglichkeit die verfassungs- und unionsrechtlichen Grenzen des nationalen Gesetzesrechts zu berücksichtigen (→ Rn. 30 f.). Aus einem einmaligen „kleineren" Gesetzesverstoß darf noch nicht auf die Unzuverlässigkeit des Gaststättenbetreibers geschlossen werden.[58]

§ 4 Abs. 1 S. 1 Nr. 1 GastG benennt die wichtigsten Unzuverlässigkeitsgründe **41** für das Gaststättengewerbe ausdrücklich, ohne in dieser Hinsicht abschließend zu sein („insbesondere"). Ein Gastwirt ist demnach unzuverlässig, wenn er dem Trunke ergeben ist. Unzuverlässig ist er auch dann, wenn er dem *Alkoholmissbrauch*, dem verbotenen Glücksspiel (§ 284 StGB) oder der Hehlerei (§ 259 StGB) Vorschub leisten wird – sei es durch eigene Täterschaft, durch Begünstigungshandlungen

---

[56] *Kopp/Ramsauer*, VwVfG, § 44 Rn. 25.

[57] *Steinberg*, DÖV 1991, 354 (356).

[58] Anders bei wiederholter Sperrzeitverletzung VGH BW, NVwZ-RR 1990, 186 (187).

oder das Unterlassen möglicher und zumutbarer Abwehrmaßnahmen.[59] Die Unzuverlässigkeit kann außerdem in der Nichteinhaltung von Vorschriften des Gesund-
heits- oder Lebensmittelrechts (z. B. LFGB, IfSG) sowie des Arbeits- oder Jugend-
schutzes (z. B. ArbZG, ArbSchG, JuSchG) offenkundig werden. Hingegen ist ein
Gastwirt nicht schon deshalb unzuverlässig, weil in seiner Gaststätte – von ihm
geduldet – Angehörige der „rechten Szene" verkehren und Angehörige der „linken
Szene" hierdurch zu Gewalttaten veranlasst werden.[60]

42   Besonderen Schutz lässt das GastG nicht (vollständig) eigenverantwortlich handelnden Personen angedeihen. Ein Gastwirt ist unzuverlässig, wenn er befürchten
lässt, dass er *Unerfahrene, Leichtsinnige oder Willensschwache* ausbeuten wird (§ 4
Abs. 1 S. 1 Nr. 1 GastG). Unerfahren und leichtsinnig sind insbesondere Kinder, Jugendliche und Heranwachsende (§ 1 Abs. 2 JGG). Eine Willensschwäche ist bei Be-
trunkenen und Drogensüchtigen anzunehmen. Eine „Ausbeutung" ist die bewusste
(!) Ausnutzung des Mangels an Eigenverantwortlichkeit. Auch unter Berücksichtigung der verfassungsrechtlich über Art. 12 Abs. 1 GG geschützten Vertragsfreiheit
des Gastwirts ist der Tatbestand z. B. erfüllt, wenn an Minderjährige Kredite gewährt werden, damit diese den Getränkekonsum fortsetzen können.[61]

43   Nach § 4 Abs. 1 S. 1 Nr. 1 GastG hat die Behörde schließlich auch zu untersuchen, ob der Gastwirt der *Unsittlichkeit* Vorschub leisten wird. Diese Unzuver-
lässigkeitsvariante wird heute zu Recht eng gehandhabt. Die grundrechtliche Freiheit ist auf eine selbstbestimmte Entfaltung der Person in Interaktion mit anderen
Personen und der Umwelt angelegt. Das gilt nicht nur für geistige Kommunikation,
sondern auch für selbstbestimmte körperliche Kontakte aller Art. Eine als „An-
bahnungsstätte" für ein Bordell dienende Gaststätte erfüllt den Tatbestand des § 4
Abs. 1 S. 1 Nr. 1 GastG deshalb grundsätzlich nicht.[62] Grenzen sind aber erreicht,
wenn die Selbstbestimmung aller Beteiligten bei sexuellen Kontakten nicht gewahrt
ist (insbesondere bei Verwirklichung eines Tatbestands der §§ 174 ff. StGB) oder
wenn Personen gegen oder ohne ihren Willen mit Verhaltensweisen konfrontiert
werden, die zumindest bei öffentlicher Darstellung wegen ihrer Wirkungen auf
Unbeteiligte einem sozialethischen Unwerturteil unterliegen und insbesondere mit
Strafe oder Bußgeld (z. B. §§ 119 f. OWiG) bedroht sind.[63] Nur in extremen Fällen
kann ein freiverantwortliches Verhalten der Würdeträger „gegenüber sich selbst"
die Menschenwürde (Art. 1 Abs. 1 S. 1 GG) verletzen[64] und hierdurch das Unsitt-
lichkeitsurteil rechtfertigen.

---

[59] Zu einer Obliegenheit des Gastwirts, in Zusammenarbeit mit der Polizei den Umgang
mit Betäubungsmitteln und damit strafbare Handlungen in seiner Gaststätte zu unterbinden,
vgl. BVerwGE 56, 205.

[60] VGH BW, NVwZ-RR 2006, 180 (180).

[61] *Barthel/Kalmer/Weidemann*, NdsGastG, § 4 Ziff. 3.1.

[62] BVerwG, GewArch 2009, 255; anders noch BVerwG, NVwZ 1991, 373 (374) – sog. Anbah-
nungsrechtsprechung. Zum Einfluss des Prostitutionsgesetzes auf die Wertungen des Gaststättenrechts *Pöltl*, VBlBW 2003, 181; *Renzikowski*, GewArch 2008, 432 (434).

[63] BVerwG, GewArch 2003, 122 (123).

[64] *Herdegen*, in: Maunz/Dürig, Art. 1 Abs. 1 Rn. 79 (Stand: 55. EL Mai 2009).

bb) Sachbezogene Versagungsgründe

Der Versagungsgrund des § 4 Abs. 1 S. 1 Nr. 2 GastG erfasst Gefahren, die auf die 44
Lage, Beschaffenheit, Ausstattung oder Einteilung der für den Betrieb der Gaststätte bestimmten Räume zurückzuführen sind. Gefahrenquelle sind hier *Eigenschaften des Betriebsobjekts*, nicht wie bei Nr. 1 die fehlende Normbefolgungsbereitschaft oder Normbefolgungskompetenz des Gewerbetreibenden. Es handelt sich deshalb um einen sachbezogenen Versagungsgrund. Des Weiteren geht es um die Abwehr von Störungen *innerhalb des Betriebs* selbst (innere Gefahren) und nicht um die von Nr. 3 erfassten Konflikte der Gaststätte mit der Nachbarschaft.[65] Das Gesetz nennt ausdrücklich den Schutz der Gäste und Beschäftigten gegen Gefahren für Leben, Gesundheit oder Sittlichkeit und ferner die „sonst zur Aufrechterhaltung der öffentlichen Sicherheit oder Ordnung notwendigen Anforderungen". Welche raumbezogenen Vorkehrungen im Einzelnen zu treffen sind, ergibt sich sowohl aus Landes- als auch aus Bundesrecht. § 4 Abs. 3 S. 1 GastG enthält eine einschlägige Verordnungsermächtigung zugunsten der Landesregierungen. Ergänzend gelten nicht spezifisch gaststättenrechtliche Gesetze wie die LBO und das ArbSchG sowie das jeweilige Verordnungsrecht (z. B. Arbeitsstättenverordnung).

Mit dem Erfordernis der *Barrierefreiheit* (§ 4 Abs. 1 S. 1 Nr. 2a GastG) soll 45
Menschen mit Behinderung der Zugang zur Öffentlichkeit geebnet und faktischen Nachteilen gegenüber Nichtbehinderten entgegengewirkt werden (vgl. § 1 Behindertengleichstellungsgesetz, BGG). Es handelt sich um den einzigen Versagungsgrund, der nicht auf die Abwehr gaststättenspezifischer Gefahren, sondern eine gesellschaftspolitisch motivierte Gestaltung gerichtet ist. Die Anforderung gilt nur für neuere Gebäude, für die nach dem 01.11.2002 eine Baugenehmigung erteilt wurde oder die – wenn keine Genehmigung erforderlich ist – nach dem 01.05.2002 fertiggestellt wurden. Wenn eine behindertengerechte Gestaltung nicht möglich oder nur mit (wirtschaftlich) unzumutbarem Aufwand zu erreichen ist (§ 4 Abs. 1 S. 2 GastG), steht es im – wegen § 40 LVwVfG i. V. m. Art. 12 Abs. 1 S. 1 GG allerdings wohl meist auf Null reduzierten – Ermessen der Gaststättenbehörde, ob sie die Erlaubnis erteilt.

§ 4 Abs. 1 S. 1 Nr. 3 GastG dient der Vermeidung von Konflikten des Gaststät- 46
tengewerbes mit seiner Umgebung (*äußere Konflikte*).[66] Die Erlaubnis ist zu versagen, wenn der „Gewerbebetrieb im Hinblick auf seine örtliche Lage oder die Verwendung der Räume dem öffentlichen Interesse widerspricht". Das Gesetz selbst konkretisiert diese unbestimmte Wendung beispielhaft („insbesondere") mit einem Verweis auf das BImSchG. Die Gaststätte darf nicht voraussichtlich[67] *schädliche Umwelteinwirkungen* i. S. d. § 3 Abs. 1 BImSchG hervorrufen. Schädliche Umwelteinwirkungen sind erhebliche Immissionen (§ 3 Abs. 2 BImSchG). Zu denken ist hier vor allem an Lärm, aber auch an Luftverunreinigungen durch Geruchsstoffe (§ 3 Abs. 4 BImSchG). Die Immission ist erheblich i. S. v. § 3 Abs. 1 BImSchG,

---

[65] *Ehlers*, in: ders./Fehling/Pünder, § 20 Rn. 28.

[66] *Metzner*, GastG, § 4 Rn. 218.

[67] Zum prognostischen Charakter der Prüfung BayVGH, GewArch 2013, 132.

wenn sie aus der Sicht eines „verständigen Durchschnittsmenschen"[68] die Zumutbarkeitsschwelle überschreitet.[69] Bei der Beurteilung sind alle Immissionen zu berücksichtigen, die der Gaststätte als Anlage i. S. v. § 3 Abs. 5 Nr. 1 BImSchG zurechenbar sind. Dazu gehört auch der Verkehrslärm, der einen unmittelbaren Bezug zum Gaststättenbetrieb aufweist und (noch) nicht in den „allgemeinen Straßenverkehr" eingefügt ist[70] – einschließlich des Rufens und Singens von Kneipenbesuchern auf dem Nachhauseweg.[71]

47   Die Zumutbarkeitsschwelle wird teilweise durch die zum BImSchG erlassenen *Rechtsverordnungen* und *(normkonkretisierenden) Verwaltungsvorschriften* näher bestimmt[72] (z. B. § 23 Abs. 2 BImSchG i. V. m. Bayerische BiergartenVO[73]; § 48 BImSchG i. V. m. TA-Lärm). Anlagenbezogene Immissionsschutzvorschriften in formellen Landesgesetzen sind wegen der Sperrwirkung des Bundesrechts (Art. 72 Abs. 1, Art. 74 Abs. 1 Nr. 24 GG) nur zulässig, wenn sie einen weitergehenden Schutz gewährleisten (§ 22 Abs. 2 BImSchG).[74] Seit der Föderalismusreform dürfte allerdings die Landeskompetenz für das Gaststättenrecht aus Art. 74 Abs. 1 Nr. 11 GG die Bundeskompetenz aus Nr. 24 insoweit verdrängen, als die Länder spezifisch auf Gaststätten bezogene Lärmschutzvorschriften erlassen dürfen.[75]

48   Auch im Gaststättenrecht ist zu beachten, dass das BImSchG schädliche Umwelteinwirkungen nicht schlechthin, sondern – bei immissionsschutzrechtlich nicht genehmigungsbedürftigen Anlagen – nur nach Maßgabe des § 22 BImSchG verbietet. Die Gaststättenerlaubnis ist also unbeschadet einer zwar schädlichen, aber entsprechend dem *Stand der Technik* auf ein Mindestmaß beschränkten Umwelteinwirkung zu erteilen (§ 22 Abs. 1 S. 1 Nr. 2 BImSchG).[76] Bei einer konkreten Gefahr für Leben und Gesundheit ist allerdings stets eine das „Mindestmaß" überschreitende Immission anzunehmen.[77] Im Übrigen ist daran zu denken, dass eine wirksame Baugenehmigung die Vereinbarkeit der Anlage mit § 15 Abs. 1 S. 2 BauNVO, § 22 BImSchG und insoweit auch das Nichtvorliegen eines Versagungsgrunds feststellt, sog. Legalisierungswirkung (→ Rn. 61).

49   Zur Versagung der Erlaubnis nach § 4 Abs. 1 S. 1 Nr. 3 GastG führen nur *raumbezogene schädliche Umwelteinwirkungen*, d. h. solche, die sich bei einer antragsgemäßen Verwirklichung des anhand der Merkmale des § 3 Abs. 1 GastG definierten

---

[68] BVerwGE 101, 157 (161 f.).

[69] In einer gaststättenrechtlichen Falllösung *Richers*, Jura 2011, 139 (141 f.).

[70] BVerwGE 101, 157 (165 f.); NVwZ 1999, 523 (526 f.).

[71] BVerwG, GewArch 2003, 300.

[72] BVerwG, GewArch 1996, 385.

[73] Zur Nichtigkeit der Vorgängerregelung BVerwG, NVwZ 1999, 651.

[74] Vgl. zu § 9 Abs. 2 S. 1 Nr. 2 LImSchG NRW OVG NRW, NVwZ-RR 2014, 38 (40).

[75] A. A. *Sannwald*, in: Schmidt-Bleibtreu/Hofmann/Henneke, Art. 74 Rn. 137.

[76] SaarlOVG, NVwZ-RR 2007, 598 (599); wohl auch BVerwG, GewArch 1999, 210 (211); a. A. BayVGH, NVwZ 1996, 483 (485); *Dietlein*, in: Landmann/Rohmer, UmweltR, § 2 BImSchG Rn. 32 (Stand: 67. EL November 2012); *Steinberg*, DÖV 1991, 354 (357); offenlassend BVerwGE 101, 157 (162 f.).

[77] Näher *Jarass*, BImSchG, § 22 Rn. 38.

Vorhabens weder durch technische Vorrichtungen (z. B. Einbau von Lärmschutzfenstern) noch durch ein bestimmtes Verhalten (z. B. Schließen der Fenster) vermeiden lassen. Dabei steht der faktischen die rechtliche Unvermeidbarkeit gleich, d. h. eine Immission ist auch dann auf die örtliche Lage zurückzuführen, wenn eine betriebsbezogene Schutzanordnung nach § 5 Abs. 1 Nr. 3 GastG, § 24 BImSchG etwa wegen Unverhältnismäßigkeit oder wegen Unvermeidbarkeit i. S. v. § 22 Abs. 1 S. 1 Nr. 2 BImSchG rechtswidrig wäre. Eine nicht auf die örtliche Lage zurückzuführende (verhaltensbedingte) Immission kann nur die Unzuverlässigkeit des Gewerbetreibenden nach § 4 Abs. 1 S. 1 Nr. 1 GastG begründen oder den Erlass einer Auflage nach § 5 Abs. 1 Nr. 3 GastG rechtfertigen (→ Rn. 54).

Nach dem zweiten Zusatz des § 4 Abs. 1 S. 1 Nr. 3 GastG widerspricht der **50** Gaststättenbetrieb auch dann dem öffentlichen Interesse, wenn „sonst" erhebliche Nachteile, Gefahren (i. S. v. Schäden[78]) oder Belästigungen für die Allgemeinheit zu befürchten sind. Diese Generalklausel transformiert sämtliche auf die Lage und die Nutzung (auch) von Gaststätten bezogenen, im weitesten Sinne dem *Schutz der Umwelt dienenden Normen* des Öffentlichen Rechts (z. B. auch das Straßenverkehrsrecht) in Versagungsgründe. Die Begriffe „Nachteile" und „Belästigungen" verweisen allerdings auf erhebliche Beeinträchtigungen auch unterhalb der Schwelle eines Schadens im polizeirechtlichen Sinne. Die (zumeist ältere) Rechtsprechung hat deshalb auch in Fällen, in denen öffentlich-rechtliche Vorschriften nicht verletzt waren, einen Widerspruch zum öffentlichen Interesse angenommen. So darf eine Gaststätte nicht so dicht am Eingang eines Krankenhauses für Tuberkulosekranke liegen, dass sie Patienten zum Alkoholgenuss verführt und damit ihre Genesung gefährdet.[79] Eine Freiluftgaststätte darf mit ihrem Lärm und ihren Gerüchen nicht das religiöse Empfinden der Besucher eines Friedhofs stören.[80]

Auch jenseits der benannten Fälle kann ein Widerspruch zum öffentlichen Inte **51** resse gegeben sein. Hier geht es insbesondere um Normen, deren öffentlicher Zweck zu langfristig und mittelbar angelegt ist, als dass ein Normverstoß immer zugleich einen Schaden, eine Belästigung oder einen Nachteil im vorstehend erläuterten Sinne nach sich ziehen müsste. Die örtliche Lage einer Gaststätte widerspricht insbesondere dann dem öffentlichen Interesse, wenn die zum Zwecke ihres Betriebs erforderliche Nutzung einer baulichen Anlage *bauplanungsrechtlich unzulässig* ist (§§ 29–37 BauGB).[81] Dabei steht die Möglichkeit einer Befreiung (§ 31 Abs. 2 BauGB) allerdings auch der Gaststättenbehörde im Rahmen ihrer Entscheidungsbefugnisse offen.[82] Soweit die Zulässigkeit der Nutzung der baulichen Anlage für einen Gaststättenbetrieb der in Rede stehenden Art durch eine wirksame Baugenehmigung festgestellt wird, ist die Gaststättenbehörde daran gebunden (→ Rn. 61).

---

[78] *Jarass*, BImSchG, § 3 Rn. 23.

[79] BVerwG, GewArch 1957, 61 – eine Entscheidung, die heute wohl kaum noch einmal so ergehen würde.

[80] BayVGH, GewArch 1994, 341.

[81] BVerwGE 84, 11 (13); OVG Berl-Bbg, OVGE BE 32, 127 (130 f.).

[82] OVG Berl-Bbg, OVGE BE 32, 127 (137 f.).

e) Nebenbestimmungen

52 Weil auf ihre Erteilung bei Nichtvorliegen eines Versagungsgrunds ein Anspruch besteht (→ Rn. 38), darf die Gaststättenerlaubnis nur dann mit Nebenbestimmungen versehen werden, wenn eine besondere Rechtsvorschrift dies erlaubt oder die Nebenbestimmung der Erfüllung der gesetzlichen Genehmigungsvoraussetzungen dient (§ 36 Abs. 1 LVwVfG).

aa) Auflagen

53 § 5 Abs. 1 GastG (§ 2 Abs. 2 S. 2 BremGastG) erlaubt die Erteilung von Auflagen i. S. v. § 36 Abs. 2 Nr. 4 LVwVfG.[83] Eine Auflage ist ein der Erlaubnis beigefügtes *Verhaltensgebot*, dessen Wirksamkeit von der Wirksamkeit der Erlaubnis abhängt.[84] Das Nichtbefolgen der Auflage führt zwar nicht zur Unwirksamkeit der Gaststättenerlaubnis, es eröffnet aber den Widerrufsgrund des § 15 Abs. 3 Nr. 2 GastG. Nach § 5 Abs. 1 GastG (sinngleich § 2 Abs. 2 S. 2 Hs. 2 BremGastG) kann eine Auflage in Abweichung von der allgemeinen Regel[85] „jederzeit" erlassen werden. Damit ist der nachträgliche Erlass einer Auflage auch dann zulässig, wenn die Gaststättenerlaubnis nicht mit einem Auflagenvorbehalt verbunden wurde (§ 36 Abs. 2 Nr. 5 LVwVfG).

54 § 5 Abs. 1 Nr. 1, 2 GastG ermöglicht *Auflagen zum Schutz von Leben, Gesundheit oder Sittlichkeit*[86] der Gäste und der Beschäftigten. Die Gäste, und zwar nicht nur die unerfahrenen und leichtsinnigen, können außerdem vor Ausbeutung bewahrt werden (z. B. durch ein Verbot der Kreditgewährung). Erfasst sind also wie bei § 4 Abs. 1 S. 1 Nr. 2 GastG (→ Rn. 44) nur *innere Gaststättengefahren*. Im Unterschied zu dem Erlaubnisversagungsgrund geht es aber nicht allein um raumbezogene Gefahren. Eine Gefahr für die Gesundheit der Gäste (§ 5 Abs. 1 Nr. 1 Var. 3 GastG) liegt jedenfalls[87] dann vor, wenn der Gastwirt i. S. v. § 4 Abs. 1 S. 1 Nr. 1 GastG dem Alkoholmissbrauch Vorschub leistet[88] und damit zugleich der Widerrufsgrund des § 15 Abs. 2 GastG gegeben ist. Anhaltspunkte dafür sind alkoholbedingte Schlägereien, Gewalttaten oder sonstige Ereignisse, die polizei- oder ordnungsbehördliche Maßnahmen erforderlich gemacht haben.[89] In jüngerer Zeit gab es wiederholt Verfügungen, mit denen die Abgabe alkoholischer Getränke zu Pauschalpreisen (sog. Flatrate-Partys) untersagt wurde. Bedeutung hat § 5 Abs. 1 Nr. 1 Var. 3 GastG auch beim Vollzug der Nichtraucherschutzgesetze (→ Rn. 106).

55 § 5 Abs. 1 Nr. 3 GastG erlaubt die Abwehr *äußerer Gefahren* in Gestalt von schädlichen Umwelteinwirkungen (→ Rn. 46 ff.) und sonst erheblichen Nachteilen, Gefahren oder Belästigungen für die Bewohner des Betriebsgrundstücks oder der Nachbargrundstücke sowie der Allgemeinheit. Dem Immissionsschutz kann auch

---

[83] Näher *F. Wollenschläger/Lippstreu*, BayVBl. 2009, 56 (57).

[84] *Henneke*, in: Knack/ders., § 36 Rn. 41.

[85] VGH BW, NVwZ-RR 2008, 751; *Stelkens*, in: ders./Bonk/Sachs, § 36 Rn. 41.

[86] Ein Klassiker des Sittlichkeitsschutzes ist das Verbot der sog. Klingelbar: BVerwG, GewArch 1984, 35.

[87] OVG RP, NVwZ-RR 2011, 441 (442).

[88] BayVGH, NVwZ-RR 2008, 26 (27).

[89] HessVGH, GewArch 2009, 253 (254).

eine Auflage zur Begrenzung der Besucherzahl dienen.[90] Eine Änderung des Regelungsgehalts der Erlaubnis ist allerdings nur nach den Vorschriften über die Aufhebung der Erlaubnis möglich (→ Rn. 65 ff.). Eine Auflage darf mithin nicht in Widerspruch zum Regelungsgehalt der Erlaubnis stehen,[91] also beispielsweise nicht das Abspielen von Musik in einer genehmigten Diskothek verbieten (siehe auch § 36 Abs. 3 LVwVfG).[92]

Gegenüber einer Versagung der Gaststättenerlaubnis ist die Auflage das *mildere* **56** *Mittel*. Vor dem Hintergrund von Art. 12 Abs. 1 S. 1, Art. 2 Abs. 1 GG sind die Versagungsgründe des § 4 Abs. 1 S. 1 GastG deshalb so zu interpretieren, dass die Behörde die Erlaubnis nicht versagen darf, wenn die zu besorgende Gefahr durch eine Auflage gebannt werden kann.[93]

bb) Unselbstständige Nebenbestimmungen

Die *Befristung* einer Gaststättenerlaubnis (§ 36 Abs. 2 Nr. 1 LVwVfG) erlaubt das **57** Gesetz in verschiedenen Vorschriften. Stets geht es dabei um Fälle, in denen mit einer alsbaldigen Veränderung der Sachlage zu rechnen ist oder sonst ein Bedürfnis nach abermaliger behördlicher Prüfung besteht (§ 3 Abs. 2, § 9 S. 1 Hs. 2, § 11 Abs. 1 S. 2, § 12 Abs. 1 GastG; § 2 Abs. 2 S. 2, Abs. 3 BremGastG). Eine *auflösende Bedingung* (§ 36 Abs. 2 Nr. 2 Var. 2 LVwVfG) ist dagegen nirgends vorgesehen; der Nichtbeginn und das Ruhenlassen des Betriebs führen nach § 8 GastG schon kraft gesetzlicher Anordnung zum Erlöschen der Erlaubnis.[94] *Widerrufsvorbehalte* (§ 36 Abs. 2 Nr. 3 LVwVfG) sind von §§ 11, 12 GastG (§ 2 Abs. 3 BremGastG) gedeckt. Darüber hinaus ist an unselbstständige Nebenbestimmungen zur Sicherstellung der gesetzlichen Voraussetzungen des Verwaltungsakts zu denken (§ 36 Abs. 1 Var. 2 LVwVfG), beispielsweise an eine Erlaubniserteilung unter der aufschiebenden Bedingung der Beseitigung bestimmter, den Versagungsgrund des § 4 Abs. 1 S. 1 Nr. 2 GastG erfüllender baulicher Mängel (Abgrenzung zur Auflage erforderlich!).[95]

f) Genehmigungsfiktion

Nach Art. 13 Abs. 4 DLR muss das mitgliedstaatliche Recht vorsehen, dass für **58** die Erbringung von Dienstleistungen von Unternehmen aus einem anderen Mitgliedstaat erforderliche Genehmigungen nach Ablauf einer vom Mitgliedstaat vorab bestimmten Frist ab Antragstellung als erteilt gelten, wenn der Antrag nicht zuvor beschieden wurde. Die GewO trägt dem mit der Regelung zur *Genehmigungsfiktion* nach Ablauf von drei Monaten ab Eingang der vollständigen Unterlagen in § 6a GewO (i. V. m. § 42a LVwVfG)[96] Rechnung, die auch für Verfahren nach dem

---

[90] BVerwG, GewArch 1990, 179 f.

[91] BVerwGE 90, 53 (54).

[92] Vgl. *Ziekow*, § 12 Rn. 37.

[93] BVerwG, NVwZ-RR 1997, 222; *Steinberg*, DÖV 1991, 354 (356).

[94] Von einer Nebenbestimmung ausgehend *Ruthig/Storr*, Rn. 444.

[95] *Ruthig/Storr*, Rn. 443.

[96] Hierzu *Guckelberger*, DÖV 2010, 109.

GastG gilt (§ 6a Abs. 2 GewO).[97] Eine eigene Regelung – allerdings mit einer Viermonatsfrist – enthält § 9 Abs. 3 BremGastG. Auch der fingierte Verwaltungsakt ist ein Verwaltungsakt, so dass er nach den allgemeinen Vorschriften aufgehoben und insbesondere auch gerichtlich angegriffen werden kann (wohl nur deklaratorisch daher § 42a Abs. 1 S. 2 LVwVfG).

g) Verhältnis zur Baugenehmigung

59 Für den Betrieb einer Gaststätte in einer baulichen Anlage ist in vielen Fällen auch eine Baugenehmigung erforderlich. Gaststättenrechtliche Erlaubnis und Baugenehmigung stehen nebeneinander und ersetzen sich gegenseitig nicht (*keine sog. Konzentrationswirkung* wie etwa bei § 13 BImSchG; vgl. § 75 Abs. 3 S. 2 BauO NRW).[98]

60 Die *Prüfungsprogramm*e von Gaststättenbehörde und Bauaufsichtsbehörde überschneiden sich im Anwendungsbereich der sachbezogenen Versagungsgründe des § 4 Abs. 1 S. 1 Nr. 2–3 GastG. Besonders deutlich ist das hinsichtlich des Bauplanungsrechts und Bauordnungsrechts (→ Rn. 51). Doch prüft die Bauaufsichtsbehörde grundsätzlich das gesamte vorhabenbezogene (!) Öffentliche Recht[99] und damit etwa auch das raumbezogene Arbeitsschutzrecht (§ 4 Abs. 1 S. 1 Nr. 2 GastG) und das Immissionsschutzrecht (§ 4 Abs. 1 S. 1 Nr. 3 GastG). Das gaststättenrechtliche Erlaubnisverfahren, das in Bezug auf die sachbezogenen Versagungsgründe eine „Querschnittsfunktion" hat, die weit über das Gaststättenrecht im engeren Sinne hinausgeht, bewirkt auch keine fachgesetzliche Verengung des Prüfungsumfangs der Bauaufsichtsbehörde nach dem Lex-specialis-Grundsatz,[100] ebenso wie umgekehrt die gaststättenrechtlichen Versagungsgründe autonom bestimmt werden.

61 Hinsichtlich der Frage, ob und in welchem Umfang die Bauaufsichtsbehörde und die Gaststättenbehörde wechselseitig an eine bereits erteilte Gaststättenerlaubnis oder Baugenehmigung gebunden sind, enthält das hierfür maßgebliche Landesrecht keine ausdrückliche Regelung. Während eine Bindung der Bauaufsichtsbehörde an die Gaststättenerlaubnis in Rechtsprechung und Lehre stets verneint wird,[101] ist umgekehrt eine erhebliche *Bindungskraft der Baugenehmigung* für das gaststättenrechtliche Erlaubnisverfahren anerkannt. Nach Ansicht des BVerwG steht aufgrund der Baugenehmigung auch für das gaststättenrechtliche Verfahren verbindlich fest, dass dem Gaststättenbetrieb die von der Bauaufsichtsbehörde geprüften (!)

---

[97] Da es sich nicht um eine gaststättenspezifische Regelung handelt, war der Bund zum Erlass der Vorschrift nach Art. 74 Abs. 1 Nr. 11 GG befugt, a. A. *Weißenberger*, DÖV 2012, 385 (386 ff.).

[98] § 67 Abs. 1 S. 2 BbgBO und § 72 Abs. 2 S. 1 HessBauO beziehen sich nur auf rein anlagenbezogene Genehmigungen.

[99] Vgl. § 58 Abs. 1 S. 1, 2 LBO BW; Art. 68 Abs. 1 S. 1 Hs. 1 BayBO; § 64 Abs. 1 HmbBO; § 75 Abs. 1 S. 1 BauO NRW; § 70 Abs. 1 S. 1 i. V. m. § 2 Abs. 16 NdsBauO; § 65 Abs. 1, § 73 Abs. 1 S. 1 SaarlLBO.

[100] Grundsätzlich zu dieser Möglichkeit BVerwG, RdE 1988, 194 (196); BayVGH, NVwZ 1994, 304 (305); OVG NRW, BauR 2002, 451 (453 f.); VGH BW, BauR 2003, 492 (494); OVG RP, NJOZ 2007, 5313 (5315).

[101] BVerwGE 84, 11 (17); *Ziekow*, § 12 Rn. 28; *Ehlers*, in: ders./Fehling/Pünder, § 20 Rn. 36.

bauplanungs- und bauordnungsrechtlichen[102] Vorschriften nicht entgegenstehen.[103] Die Beurteilung von Rechtsfragen des Öffentlichen Baurechts falle nämlich in die originäre Regelungskompetenz der (organisatorisch und verfahrensrechtlich entsprechend eingerichteten) Bauaufsichtsbehörde oder habe zu ihr zumindest den stärkeren Bezug.[104] Auch die *immissionsschutzrechtliche Zulässigkeit* werde von der Bauaufsichtsbehörde verbindlich festgestellt, soweit es um „typischerweise" mit der bestimmungsgemäßen Nutzung einer Gaststätte in einer konkreten baulichen Umgebung verbundene Immissionen geht und mithin ein enger Bezug zu den baurechtlichen Fragen gegeben ist.[105] Keine Bindungswirkung besteht insoweit, wie die gaststättenrechtlichen von den baurechtlichen Maßstäben abweichen oder sie ergänzen,[106] so etwa im Hinblick auf Immissionen, die auf „atypischen Betriebseigentümlichkeiten" beruhen,[107] oder im Hinblick auf typischerweise im Schwerpunkt vom Gewerberecht geschützte Interessen wie den Schutz der Jugend vor sittlicher Gefährdung.[108] Soweit schädliche Umwelteinwirkungen auf die fehlende Normbefolgungsbereitschaft oder Normbefolgungskompetenz des Gastwirts zurückzuführen sind (§ 4 Abs. 1 S. 1 Nr. 1 GastG), kommt eine Bindungswirkung der rein sachbezogenen Baugenehmigung von vornherein nicht in Betracht.[109] Außerdem ist die Bindungswirkung auf den behördlich beurteilten Sachverhalt beschränkt. Sie entfällt deshalb bei einer erheblichen Veränderung der tatsächlichen Verhältnisse.[110]

Wird die *Baugenehmigung abgelehnt*, soll dies nach weit verbreiteter Ansicht   62
für die Gaststättenbehörde folgenlos sein. Der Ablehnungsbescheid stelle nicht zugleich die tragenden Gründe der Versagung fest, äußere sich also nicht zur Vereinbarkeit des Vorhabens mit (bestimmten) öffentlich-rechtlichen Vorschriften.[111] Das BVerwG hat bisher, soweit ersichtlich, nur entschieden, dass diese Interpretation des Landesrechts nicht gegen Bundesrecht verstößt.[112]

Nach der sog. *Schlusspunkttheorie* darf die Baugenehmigung erst erteilt wer-   63
den, wenn alle anderen öffentlich-rechtlichen Gestattungen vorliegen, die für das Vorhaben außerdem noch erforderlich sind.[113] Diese „Theorie" wird jedenfalls für das Verhältnis von Baugenehmigung und Gaststättengenehmigung soweit ersicht-

---

[102] *Ehlers*, in: ders./Fehling/Pünder, § 20 Rn. 34.

[103] BVerwGE 80, 259 (261 f.); 84, 11 (14); a. A. *Berger*, VerwArch 100 (2009), 342 (360 f.).

[104] BVerwGE 80, 259 (261 f.); 84, 11 (13 f., 16 f.); *Ziekow*, § 12 Rn. 27.

[105] BVerwGE 80, 259 (261 f.); GewArch 2012, 45; a. A. *Steinberg*, DÖV 1991, 354 (360).

[106] Siehe auch *Czybulka*, in: R. Schmidt, BT I, § 2 Rn. 229.

[107] BVerwGE 80, 259 (262); kritisch *Berger*, VerwArch 100 (2009), 342 (351 f.).

[108] VGH BW, GewArch 2001, 432 (433).

[109] VGH BW, GewArch 2001, 432 (432 f.).

[110] *Metzner*, GastG, § 4 Rn. 355.

[111] *Ortloff*, NJW 1987, 1665 (1670); a. A. *Ehlers*, DÖV 1991, 480; *Czybulka*, in: R. Schmidt, BT I, § 2 Rn. 231.

[112] BVerwGE 84, 11 (14); außerhalb des Gaststättenrechts bejaht eine negative Feststellungswirkung eines ablehnenden Bescheids BVerwG, DÖV 1993, 1094 (1095 f.).

[113] *Mampel*, BauR 2002, 719 (720).

lich für kein Landesrecht mehr vertreten.[114] Die Reihenfolge der Genehmigungsentscheidungen ist mithin nicht gesetzlich bestimmt. Angesichts der beschriebenen
Bindungswirkungen ist es allerdings in der Regel zweckmäßig, dass zunächst die
Bauaufsichtsbehörde entscheidet.[115] Ohnehin hat es keine erkennbare Funktion, die
Gaststättenbehörde mit einer rechtlichen Prüfung von Fragen zu betrauen, für deren Beantwortung es ihr – wenn zusätzlich eine Baugenehmigung erforderlich ist
– ohnehin an der Letztentscheidungskompetenz fehlt. Auch vor dem Hintergrund
der Vorgaben der DLR und des Verfassungsrechts (Art. 12 Abs. 1 S. 1 GG) ist insoweit eine Korrektur notwendig. Solange eine gesetzliche Abschichtung der Prü-
fungsprogramme nicht gelungen ist, sollte es der Gaststättenbehörde aus diesem
Grund jedenfalls erlaubt sein, die Erlaubnis unter der aufschiebenden Bedingung
der Erteilung der Baugenehmigung zu erlassen.[116]

h) Erledigung der Erlaubnis

64   Eine bekannt gegebene (§ 43 Abs. 1 LVwVfG), nicht nichtige (§ 43 Abs. 3, § 44
LVwVfG) Gaststättenerlaubnis bleibt wirksam, solange und soweit sie nicht zurückgenommen, widerrufen, anderweitig aufgehoben oder durch Zeitablauf oder
auf andere Weise erledigt ist (§ 43 Abs. 2 LVwVfG).

aa) Rücknahme

65   Wird bekannt, dass bei ihrer Erteilung der Versagungsgrund der Unzuverlässigkeit
(§ 4 Abs. 1 S. 1 Nr. 1 GastG) vorlag, ist die Erlaubnis mit Wirkung ex nunc zurückzunehmen. Die einschlägige Ermächtigungsgrundlage des § 15 Abs. 1 GastG ist
eine *Spezialvorschrift* gegenüber § 48 LVwVfG.[117] Die Unterschiede sind markant:
Das GastG kennt keine Vertrauensschutztatbestände wie § 48 Abs. 2–4 LVwVfG
und räumt der Behörde kein Rücknahmeermessen ein. Diese Strenge findet Grund
und Rechtfertigung darin, dass der Gastwirt für seine Unzuverlässigkeit – anders
als für sachbezogene Versagungsgründe – uneingeschränkt selbst verantwortlich ist.
Eine Gaststättenerlaubnis, die wegen eines anderen Versagungsgrunds als dem der
Unzuverlässigkeit nicht hätte erlassen werden dürfen, kann nur nach § 48 LVwVfG
zurückgenommen werden.[118] Das Bemühen mancher Behörde, von § 4 Abs. 1 S. 1
Nr. 2, 3 GastG erfasste Rechtsverstöße auch unter Nr. 1 zu subsumieren,[119] wird vor
diesem Hintergrund verständlich. Doch rechtfertigt eine allein aus der räumlichen

---

[114] Generelle Ablehnung bei BayVGH, NVwZ 1994, 304 (305); für das Verhältnis von Gaststättenerlaubnis und Baugenehmigung ebenso OVG NRW, NuR 2004, 253 (254). In Rheinland-Pfalz und
Schleswig-Holstein kann zugunsten der Schlusspunkttheorie mit den Verfahrensvorschriften des
§ 65 Abs. 5 LBauO RP und des § 67 Abs. 5 S. 1 LBO SH argumentiert werden (OVG RP, BauR
2007, 1857 f.). Die Gaststättenerlaubnis ist wegen ihres primär personalen Bezugs aber keine Entscheidung über ein „Vorhaben" bzw. eine „Anlage" i. S. dieser Vorschriften.

[115] *Ehlers*, in: ders./Fehling/Pünder, § 20 Rn. 33.

[116] Offengelassen von BVerwGE 84, 11 (16).

[117] Das BremGastG enthält keine Sonderregelungen; hier ist auf die §§ 48, 49 BremVwVfG zurückzugreifen.

[118] *Ruthig/Storr*, Rn. 451; *Glaser*, in: ders./Klement, Fall 3 Rn. 32.

[119] Siehe die Falllösung bei *Schoberth*, JuS 2011, 730 (732).

Lage der Gaststätte eben resultierende schädliche Umwelteinwirkung eben nur Auflagen nach § 5 Abs. 1 Nr. 3 GastG, nicht den Widerruf der Gaststättenerlaubnis.

§ 15 Abs. 1 GastG verlangt, dass objektiv schon bei Erlaubniserteilung verwirklichte Versagungsgründe der Behörde erst *nachträglich bekannt werden*. Wusste die Behörde hingegen von Anfang an von den Versagungsgründen, setzt sie mit der Genehmigungserteilung typischerweise einen Vertrauenstatbestand. Deshalb ist die „weichere" allgemeine Regel des § 48 LVwVfG anzuwenden. Bekannt sind der Behörde die Versagungsgründe schon dann, wenn sie Kenntnis von den das Unzuverlässigkeitsurteil tragenden Tatsachen hatte.[120] Auch hier wird im Normalfall ein bei der Ermessensausübung zu berücksichtigender Vertrauenstatbestand gesetzt, denn der Betroffene kann die Fehlerhaftigkeit der behördlichen Rechtsanwendung sogar noch schlechter erkennen als Fehler bei der Sachverhaltsermittlung. **66**

Wenn der ursprünglich vorhandene, der Behörde nachträglich bekannt gewordene Versagungsgrund im Zeitpunkt der Rücknahmeentscheidung nicht mehr vorliegt (z. B. weil eine Alkoholsucht zwischenzeitlich erfolgreich therapiert wurde), schließt Art. 12 Abs. 1 S. 1 GG eine Anwendung des § 15 Abs. 1 GastG aus. Ein den Grundrechtseingriff rechtfertigendes öffentliches Interesse an einer Rücknahme mit Wirkung für die Zukunft besteht hier nämlich nicht.[121] Ebenfalls nur mit einer grundrechtsunmittelbaren Einschränkung des einfachen Gesetzesrechts ist zu erklären, dass trotz der gesetzlichen Gebundenheit der Rücknahmeentscheidung nach verbreiteter Ansicht[122] die *Verhältnismäßigkeit* der Rücknahme zu prüfen ist.[123] Angesichts der verfassungsrechtlich grundsätzlich unbedenklichen Typisierung des Gesetzgebers kommt eine Korrektur der Rücknahmeentscheidung aber allenfalls „in ganz extremen Ausnahmefällen"[124] in Betracht. Dem Erfordernis der Verhältnismäßigkeit ist vielmehr schon bei der Auslegung des Unzuverlässigkeitsbegriffs Rechnung zu tragen. **67**

bb) Widerruf

Anders als hinsichtlich der Rücknahme enthält das GastG bezüglich der *Aufhebung rechtmäßiger Erlaubnisse* (Widerruf) eine abschließende, § 49 LVwVfG sperrende Regelung.[125] Zu unterscheiden sind der zwingende Widerruf nach § 15 Abs. 2 und der fakultative Widerruf nach § 15 Abs. 3 GastG. **68**

Treten nach dem Erlass der Gaststättenerlaubnis Tatsachen ein, die (bei hypothetischer abermaliger Antragstellung) eine Versagung wegen Unzuverlässigkeit recht- **69**

---

[120] *Metzner*, GastG, § 15 Rn. 4, 40; *Ehlers*, in: ders./Fehling/Pünder, § 20 Rn. 57; a. A. VG München, Beschl. v. 17.06.2004 – M 16 S 04.2829, juris, Rn. 37; *Michel/Kienzle/Pauly*, GastG, § 15 Rn. 1; zum heutigen § 45 WaffG BVerwGE 71, 248 (250).

[121] Siehe VG München, Beschl. v. 17.06.2004 – M 16 S 04.2829, juris, Rn. 39, unter Hinweis auf BVerwG, GewArch 1974, 333 (337).

[122] *Metzner*, GastG, § 15 Rn. 50; *Ehlers*, in: ders./Fehling/Pünder, § 20 Rn. 59.

[123] Allgemein kritisch *Mehde*, DÖV 2014, 541.

[124] Vgl. zu § 35 GewO BVerwG, GewArch 1982, 303 (304).

[125] BVerwG, GewArch 1998, 254 (255); *Ruthig/Storr*, Rn. 451. Siehe zum klausurrelevanten Widerruf einer Gaststättenerlaubnis die Falllösung bei *Glaser*, in: ders./Klement, Fall 3 Rn. 23 ff.

fertigen würden, ist die *Erlaubnis zu widerrufen* (§ 15 Abs. 2 GastG). Wie schon die Rücknahme nach § 15 Abs. 1 GastG beruht auch dieser Aufhebungstatbestand auf dem Gedanken, dass Gaststätten unter keinen Umständen durch unzuverlässige Gewerbetreibende geführt werden sollen und dieser Personengruppe bei typisierender Betrachtung Vertrauensschutz nicht zuzubilligen ist. Eine einzelfallbezogene Korrektur der gesetzlichen Rechtsfolge über den Grundsatz der Verhältnismäßigkeit ist nicht angezeigt, wiederum sind die verfassungsrechtlichen Anforderungen aber bei der Auslegung der Tatbestandsmerkmale zu berücksichtigen.[126] Genügt beispielsweise schon eine Abmahnung des Gewerbetreibenden, um für die Zukunft einen ordnungsgemäßen Gewerbebetrieb sicherzustellen, fehlt es an der Unzuverlässigkeit.[127]

70   Weitere Widerrufsgründe enthält § 15 Abs. 3 GastG. Hier räumt das Gesetz der Behörde *Ermessen* ein. Insbesondere kann die Erlaubnis widerrufen werden, wenn der Gewerbetreibende oder sein Stellvertreter Auflagen nach § 5 Abs. 1 GastG nicht fristgerecht erfüllt (Nr. 2). Auch eine zwar rechtswidrige, aber im Zeitpunkt des Widerrufs wirksame Auflage kann einen Widerrufsgrund begründen.[128]

cc) Sonstige Erledigungstatbestände

71   „*Anderweitig aufgehoben*" (§ 43 Abs. 2 Var. 3 LVwVfG) wird die Gaststättenerlaubnis bei einer gerichtlichen Aufhebung nach § 113 Abs. 1 S. 1 VwGO (→ Rn. 74) und im Falle des Erlöschens wegen der Nichtaufnahme oder Beendigung des Betriebs (§ 8 GastG). Dabei kann eine Nichtausübung auch darin liegen, dass der Erlaubnisinhaber ein anderes Gaststättengewerbe als das erlaubte betreibt.[129]

72   „*Durch Zeitablauf*" (§ 43 Abs. 2 Var. 4 LVwVfG) erledigt sich eine befristete Gaststättenerlaubnis (→ Rn. 57). Eine Erledigung in anderer Weise (§ 43 Abs. 2 Var. 5 LVwVfG) ist anzunehmen, wenn eine formalisierte Aufhebung der Erlaubnis sinnlos geworden ist, weil die Erlaubnis keine rechtliche Wirkung hat, auch nicht vermittelt durch andere, an sie anknüpfende Rechtsvorschriften.[130] Da die Gaststättenerlaubnis (auch) eine Personalkonzession ist (→ Rn. 35), kann der Tod des Erlaubnisinhabers zur Erledigung führen[131] (siehe aber § 10 GastG). Bei der raumbezogenen Erlaubnis nach dem GastG tritt Erledigung auch beim endgültigen (!) Untergang der genutzten Räume ein[132] (anders bei einer Personalkonzession nach dem BremGastG).

---

[126] VGH BW, NVwZ-RR 1996, 327 (328); wohl auch BVerwGE 49, 160 (168 f.).

[127] Vgl. BVerwG, GewArch 1992, 24.

[128] Näher *Klement*, JuS 2010, 1088 (1091 ff.).

[129] VG Berlin, Beschl. v. 25.03.2014 – 4 L 57.14, juris, Rn. 15.

[130] Vgl. BVerwGE 139, 337 (340 f.).

[131] SächsOVG, Urt. v. 23.05.2014 – 3 A 257/12, juris, Rn. 6.

[132] VG Berlin, Beschl. v. 25.03.2014 – 4 L 57.14, juris, Rn. 16 f.

i) Rechtsschutz
aa) Erlaubnis

Der Gewerbetreibende kann den Anspruch auf die Erteilung der Gaststättenerlaub- **73** nis (→ Rn. 38) mit *Verpflichtungswiderspruch* (§ 68 Abs. 2 VwGO, soweit nicht landesrechtlich ausgeschlossen) und *Verpflichtungsklage* (§ 42 Abs. 1 Var. 2 VwGO) durchsetzen. Eine Untätigkeitsklage nach § 75 VwGO kommt seit Einführung der Genehmigungsfiktion durch § 6a Abs. 2 GewO (→ Rn. 58) wegen der Dreimonats- frist regelmäßig (außer in den Fällen des § 75 S. 2 a. E. VwGO sowie bei Anwen- dung des § 9 Abs. 3 BremGastG) nicht in Betracht. Das Gericht legt der Entschei- dung über eine Verpflichtungsklage die Sach- und Rechtslage bei Schluss der letzten mündlichen Verhandlung zugrunde. Ein *Antrag auf einstweiligen Rechtsschutz* nach § 123 Abs. 1 S. 2 VwGO durch die (vorläufige) Erteilung einer Gaststättenerlaubnis wird regelmäßig am Verbot der Vorwegnahme der Hauptsache scheitern.[133]

Auch die *Nachbarn der Gaststätte* – die an den Grundstücken im Einwirkungs- **74** bereich der Gaststätte dinglich berechtigten oder sich regelmäßig dort aufhaltenden Personen – können unter bestimmten Umständen nicht nur gegen die Baugenehmi- gung, sondern auch die Gaststättenerlaubnis vorgehen. Macht ein Nachbar geltend, dass die Gaststättenerlaubnis entgegen § 4 Abs. 1 S. 1 GastG erlassen wurde, stehen ihm die Rechtsbehelfe des Anfechtungswiderspruchs (§ 68 Abs. 1 VwGO, soweit nicht landesrechtlich ausgeschlossen) und der Anfechtungsklage (§ 42 Abs. 1 Var. 1 VwGO) zu. Der zuerst im Prüfungspunkt der Klagebefugnis zu erörternde *dritt- schützende Gehalt* der Versagungsgründe ist allerdings differenziert zu beurteilen. § 4 Abs. 1 S. 1 Nr. 1–2a und Nr. 4 GastG, § 2 Abs. 1 Nr. 1 BremGastG ist ein aus- schließlich objektiv-rechtlicher Charakter zuzusprechen,[134] und zwar auch insoweit, als durch § 4 Abs. 1 S. 1 Nr. 2 GastG für sich genommen drittschützende öffentlich- rechtliche Normen in den Rang gaststättenrechtlicher Versagungsgründe erhoben werden. Auch § 4 Abs. 1 S. 1 Nr. 3 GastG enthält rein objektives Recht, denn der Versagungsgrund schützt ausweislich des Gesetzeswortlauts die widersprechenden öffentlichen (!) Interessen.[135] Das gilt auch insoweit, als eine Verletzung von an sich drittschützenden Vorschriften des Bauplanungsrechts in Rede steht. Eine Ausnahme machen die Gerichte aber dann, wenn schädliche Umwelteinwirkungen zu befürch- ten sind. Insoweit sei der Nachbar klagebefugt, denn die Definition der schädlichen Umwelteinwirkung in § 3 Abs. 1 BImSchG nehme ausdrücklich auf die Nachbar- schaft Bezug.[136] Diese Interpretation liegt wegen der „Einbettung" des Immissions- schutzrechts in eine auf öffentliche Interessen bezogene Vorschrift auf den ersten

[133] BayVGH, Beschl. v. 16.09.2011 – 22 CE 11.2174, juris, Rn. 3; vgl. aber auch VG Würzburg, ZInsO 2013, 2063. Näher *F. Wollenschläger*, in: Gärditz, § 123 Rn. 121 ff.

[134] *Metzner*, GastG, § 4 Rn. 347; zu Nr. 1 BVerwGE 80, 259 (260). § 4 Abs. 1 S. 1 Nr. 2a GastG kann allerdings im Wege der Verbandsklage nach § 13 Abs. 1 S. 1 Nr. 2 BGG durchgesetzt werden.

[135] OVG RP, GewArch 1998, 209 (210).

[136] HessVGH, GewArch 1997, 162; OVG NRW, GewArch 1993, 254 (255); OVG RP, GewArch 1998, 209 f.; *Steinberg*, DÖV 1991, 354 (355 f.); *Ehlers*, in: ders./Fehling/Pünder, § 20 Rn. 32; a. A. *von Ebner*, GewArch 1975, 108 ff.; *Stober/Eisenmenger*, § 47 IV 2 b; offengelassen von BVerwGE 80, 259 (260).

Blick nicht unbedingt nahe. Für sie spricht aber, dass der (nachträgliche) Erlass von Auflagen nach der – drittschützenden – Vorschrift des § 5 Abs. 1 Nr. 3 GastG für den Schutz der Nachbarn allein nicht genügt, weil sich gerade die lage- und raumbezogenen Immissionen, um die es bei § 4 Abs. 1 S. 1 Nr. 3 GastG geht, damit nicht immer vermeiden lassen.[137]

75   Entsprechend der für *Verwaltungsakte mit Dauerwirkung* geltenden Zweifelsregel[138] berücksichtigt das Gericht bei der Drittanfechtungsklage etwaige Änderungen der Sach- und Rechtslage bis zum Schluss der mündlichen Verhandlung. Der einstweilige Rechtsschutz des Nachbarn richtet sich nach § 80a Abs. 1 Nr. 2, Abs. 3 VwGO.

bb) Nebenbestimmungen

76   Die Statthaftigkeit von Widerspruch und Anfechtungsklage gegen gaststättenrechtliche Nebenbestimmungen aller Art – nicht nur Auflagen, sondern auch unselbständige Nebenbestimmunge – steht heute weitgehend außer Streit.[139] Zweifelhaft kann aber die *materielle Teilbarkeit* von Erlaubnis und Nebenbestimmung sein. Die Erlaubnis darf durch die Abtrennung der Nebenbestimmung nicht rechtswidrig werden und sie muss auch ohne diese sinnvollerweise bestehen bleiben können. Die materielle Teilbarkeit ist eine – direkt aus den verfassungsrechtlichen Grundsätzen der Rechtsstaatlichkeit und der Gewaltenteilung hergeleitete – Begründetheitsvoraussetzung, die nach vorherrschender Ansicht zusätzlich zu den Voraussetzungen des § 113 Abs. 1 S. 1 VwGO zu prüfen ist.[140] Bei offensichtlich fehlender materieller Teilbarkeit ist schon die Klagebefugnis[141] oder das allgemeine Rechtsschutzbedürfnis[142] und damit die Zulässigkeit der Klage zu verneinen. Verspricht eine Anfechtungsklage hiernach keinen Erfolg, bleibt dem von einer Nebenbestimmung beschwerten Gastwirt nur eine Verpflichtungsklage auf Erteilung einer nebenbestimmungsfreien Erlaubnis. Prozesstaktisch kann es sinnvoll sein, mit dem Hauptantrag die Anfechtungsklage und hilfsweise die Verpflichtungsklage zu erheben. Widerspruch und Anfechtungsklage gegen eine Auflage entfalten – vorbehaltlich einer Anordnung nach § 80 Abs. 2 S. 1 Nr. 4 VwGO – aufschiebende Wirkung nach § 80 Abs. 1 VwGO.

77   Der *Nachbar* hat ein subjektives Recht auf eine *ermessensfehlerfreie behördliche Entscheidung* über die Erteilung einer der Vermeidung von schädlichen Um-

---

[137] Vgl. OVG NRW, GewArch 1993, 254 (256).

[138] BVerwG, NJW 1993, 1729 (1730).

[139] Siehe zuletzt etwa VG Neustadt, Urt. v. 13.06.2013 – 4 K 1091/12.NW, juris, Rn. 25; ausführlich *F. Wollenschläger/Lippstreu*, BayVBl. 2009, 56 (57 f.) m. w. N. Siehe allgemein zum Rechtsschutz gegen Nebenbestimmungen *Schenke*, Verwaltungsprozessrecht, Rn. 294 ff.; *Maurer*, § 12 Rn. 25. Gegen eine Anfechtbarkeit unselbständiger Nebenbestimmungen *Axer*, Jura 2001, 748 (752).

[140] Vgl. BVerwGE 81, 185 (186); 112, 221 (224); *Ehlers*, Jura 2004, 30 (32); *Schenke*, Verwaltungsprozessrecht, Rn. 296; *Maurer*, § 12 Rn. 25.

[141] *Detterbeck*, Rn. 669.

[142] *Maurer*, § 12 Rn. 26.

welteinwirkungen dienenden Auflage nach § 5 Abs. 1 Nr. 3 GastG.[143] Dieses Recht kann mit Verpflichtungswiderspruch und Verpflichtungsklage (ggf. in der Form der Bescheidungsklage) geltend gemacht werden. Zur Anfechtung ist der Nachbar befugt, wenn eine bestehende nachbarschützende Auflage durch einen neuen Verwaltungsakt aufgehoben oder zu seinem Nachteil abgeändert wird.[144]

cc) Rücknahme und Widerruf

Gegen eine behördliche Aufhebung der Gaststättenerlaubnis wehrt sich der Gewerbetreibende mit *Widerspruch und Anfechtungsklage*.[145] Das subjektive Recht folgt direkt aus Art. 12 Abs. 1 S. 1 GG und subsidiär aus Art. 2 Abs. 1 GG, weil durch die Aufhebung der Erlaubnis das präventive Verbot mit Erlaubnisvorbehalt (→ Rn. 27 f.) wieder in Geltung gesetzt wird. Maßgeblich für das Gericht ist die Sach- und Rechtslage im Zeitpunkt der letzten Behördenentscheidung.[146] Soweit der Behörde ein Ermessen eingeräumt ist (etwa von § 15 Abs. 3 GastG), überprüft das Gericht auch, ob die Behörde ermessensfehlerhaft gehandelt hat (§ 114 S. 1 VwGO, § 40 LVwVfG).

78

3. Gestattung

„Aus besonderem Anlass" kann die Gaststättenerlaubnis durch eine Gestattung ersetzt werden (§ 12 GastG). Die Gestattung ist eine sowohl befristete (§ 36 Abs. 2 Nr. 1 LVwVfG) als auch mit einem Widerrufsvorbehalt (§ 36 Abs. 2 Nr. 3 LVwVfG) versehene, im Übrigen aber voll wirksame Erlaubnis. Ein *besonderer Anlass* ist ein außerhalb der gastronomischen Tätigkeit selbst liegendes, kurzfristiges und nicht häufig auftretendes Ereignis[147] (z. B. eine Kirchweih[148], Karnevalsveranstaltungen[149] und selbst das sehr von gastronomischen Angeboten geprägte Oktoberfest[150]). Im Hinblick auf den begrenzten Geltungsanspruch der Erlaubnis und auch wegen des öffentlichen Interesses an einer gastronomischen „Begleitung" besonderer Anlässe erlaubt das Gesetz, die Gestattung unter – gegenüber § 4 Abs. 1 GastG – „erleichterten Voraussetzungen" zu erteilen. Bei der Prüfung der Versagungsgründe des § 4 Abs. 1 S. 1 GastG ist mithin die Besonderheit des Anlasses des Gaststättenbetriebs zu berücksichtigen.[151] Das kann beispielsweise in der Weise geschehen, dass die Seltenheit und besondere Sozialadäquanz einer Veranstaltung in die Beurteilung der immissionsschutzrechtlichen Zumutbarkeit des von ihr ausgehenden

79

---

[143] BVerwGE 101, 157 (164).

[144] OVG NRW, NVwZ-RR 2014, 38.

[145] Dazu und zum einstweiligen Rechtsschutz *Glaser*, in: ders./Klement, Fall 3.

[146] BVerwG, GewArch 1995, 121.

[147] BVerwGE 82, 189 (191 ff.).

[148] VG Bayreuth, Urt. v. 02.02.2012 – B 2 K 11.482, juris, Rn. 24.

[149] OVG RP, GewArch 2004, 217 (218).

[150] Siehe aber BayVGH, Beschl. v. 16.09.2011 – 22 CE 11.2174, juris, Rn. 4: Oktoberfest rechtfertigt nicht die Gestattung von Gaststätten auch in der Umgebung der Theresienwiese.

[151] VG Bayreuth, Urt. v. 02.02.2012 – B 2 K 11.482, juris, Rn. 23.

Lärms einfließt (→ Rn. 46 f.). § 12 GastG gewährt also einen gewissen Nachlass auf die Anforderungen des Gesetzes, gibt der Behörde aber keineswegs die Freiheit, die Versagungsgründe selbst zu bestimmen.

4. Gewerberechtliche Erlaubnisse

80   Zusätzlich zur gaststättenrechtlichen Erlaubnis kann für den Betrieb einer Gaststätte im stehenden Gewerbe eine *weitere gewerberechtliche Erlaubnis* erforderlich sein. Zu denken ist z. B. an eine Erlaubnis nach § 33a Abs. 1 S. 1 GewO für die (geschlechtsbezogene) Schaustellung von Personen (z. B. Peep-Shows, Striptease-Veranstaltungen), eine Erlaubnis für das Aufstellen von Spielgeräten (§ 33c Abs. 1 S. 1 GewO) oder eine Spielhallenerlaubnis (§ 33i Abs. 1 S. 1 GewO).

81   Bei einem Reisegewerbe kann die *Reisegewerbekarte* (§ 55 Abs. 2 GewO) an die Stelle der Gaststättenerlaubnis treten. Nach § 1 Abs. 2 GastG ist hierbei wie folgt zu differenzieren:

- Für *Reisegaststätten mit ortsfester Betriebsstätte* (→ Rn. 20) gilt das GastG. Soweit sie nach § 2 GastG einer Erlaubnis bedürfen, ist eine zusätzliche Reisegewerbekarte nicht erforderlich (§ 55a Abs. 1 Nr. 7 GewO). Besteht keine Erlaubnispflicht, ist eine Reisegewerbekarte vonnöten.
- Auf *Reisegaststätten ohne ortsfeste Betriebsstätte* finden die Vorschriften des GastG keine Anwendung. Es ist nach § 55 Abs. 1 Nr. 1, Abs. 2 GewO eine Reisegewerbekarte einzuholen. Nach § 56 Abs. 1 Nr. 3 lit. b Hs. 1 GewO darf diese nicht erteilt werden für das Feilbieten von alkoholischen Getränken; zuzulassen ist aber nach Hs. 2 das Angebot von Bier und Wein in fest verschlossenen Behältnissen sowie von alkoholischen Getränken i. S. v. § 67 Abs. 1 Nr. 1 Hs. 2 und 3 GewO.
- Für beide Arten von Reisegaststätten gelten nach Maßgabe des § 31 Hs. 1 GastG bzw. der landesrechtlichen Verweisungsnormen die *materiell-rechtlichen Anforderungen* des Titels III der GewO (ggf. *neben* den Vorschriften des GastG).[152]

82   Die *LGastG* unterscheiden nicht zwischen Reisegaststätten mit und ohne ortsfeste Betriebsstätte. In ihrer Mehrzahl verweisen sie für beide Arten auf die Vorschriften der GewO zum Reisegewerbe (§ 2 Abs. 7 S. 1, 2 BbgGastG; § 1 Abs. 4 HessGastG; § 1 Abs. 3 SaarlGastG; § 1 Abs. 1 S. 2 SächsGastG; implizit § 5 Abs. 2 NdsGastG). Weil der am 25.03.2009 in Reaktion auf die ersten LGastG in Kraft getretene § 56 Abs. 1 Nr. 3 lit. b Hs. 2 Var. 3 GewO für Reisegaststätten mit ortsfester Betriebsstätte ohne weitere Einschränkung auch die Verabreichung alkoholischer Getränke zum Verzehr an Ort und Stelle erlaubt, besteht auf den ersten Blick kein Unterschied zu der unter dem GastG geltenden Rechtslage. Jedoch fehlte dem Bund für diese spezifisch auf (Reise-)Gaststätten bezogene Vorschrift nach hier vertretener Ansicht die Gesetzgebungskompetenz (→ Rn. 9), weshalb die Verweisung ins Leere greift.

---

[152] *Rossi*, in: BeckOK GewO, § 55 vor Rn. 1.

Auch von einer Transformation des § 56 Abs. 1 Nr. 3 lit. b Hs. 2 Var. 3 GewO in Landesrecht ist nicht auszugehen (→ Rn. 26). In der Folge ist in einer Reihe von Ländern der Alkoholausschank im Reisegewerbe derzeit nur in den Grenzen des § 56 Abs. 1 Nr. 3 lit. b Hs. 2 Var. 1, 2 GewO erlaubt.

Anders verhält es sich in *Brandenburg*, wo der Gesetzgeber zwar auf die GewO **83** verweist, den Verbotstatbestand des § 56 Abs. 1 Nr. 3 lit. b GewO aber unter Inanspruchnahme seiner Kompetenz für das Reisegaststättengewerbe von der Verweisung ausnimmt (§ 2 Abs. 7 S. 2 BbgGastG). *Bremen* und *Thüringen* unterscheiden nicht zwischen Gaststätten im stehenden Gewerbe und Reisegaststätten und beziehen beide Unterarten in den Anwendungsbereich ihrer Gaststättengesetze ein. Dabei statuiert Bremen als einziges Land eine Erlaubnispflicht, die auch für das Reisegaststättengewerbe gilt, soweit dort alkoholische Getränke ausgeschenkt werden (§ 2 Abs. 1 S. 1 BremGastG). Da das BremGastG mithin eine eigene Regelung enthält, ist die GewO nicht anwendbar (§ 8 Abs. 1 BremGastG) und eine Reisegewerbekarte nicht erforderlich. In Thüringen gibt es eine Anzeigepflicht, die wegen der ausdrücklichen Bezugnahme auf § 14 Abs. 1 GewO jedoch nur für das stehende Gewerbe gilt (§ 2 Abs. 1 ThürGastG), so dass ergänzend die Reisegewerbekartenpflicht der GewO eingreifen dürfte (§ 9 Abs. 1 ThürGastG).

III. Gaststättenrechtliche Anzeigepflichten

1. Inhalte

Die Länder mit eigenen Gaststättengesetzen haben sich, mit Ausnahme von Baden- **84** Württemberg und Bremen, gegen eine Erlaubnispflicht für Gaststätten entschieden. Politisch wurde dafür mit den Schlagwörtern der *Liberalisierung* und *Entbürokratisierung* geworben. An die Stelle der Erlaubnisbedürftigkeit ist entsprechend dem Grundmodell des § 14 Abs. 1 GewO eine Anzeigepflicht getreten. Die Behörde soll dadurch Kenntnis vom Gaststättenbetrieb erhalten und prüfen können, ob sie von ihren Eingriffsbefugnissen zur Abwehr von Gefahren Gebrauch macht (vgl. § 14 Abs. 5 S. 1 Var. 1 GewO). Der Beginn des Betriebs einer Gaststätte ist „angezeigt", wenn die Behörde auf Veranlassung des Gewerbetreibenden Kenntnis von der diesbezüglichen Absicht erlangt hat. Hat die Behörde auf andere Weise Kenntnis erlangt und liegen ihr alle mit der Anzeige zu übermittelnden Informationen vor, entfällt die Anzeigepflicht wegen der Erreichung des der gesetzlichen Regelung zugrunde liegenden Zwecks.

Die Anzeigepflichten sind in den Ländern unterschiedlich ausgestaltet. Verbrei- **85** tet nehmen die Gesetze auf die *allgemeine gewerberechtliche Anzeigepflicht* des § 14 Abs. 1 S. 1 GewO Bezug, konkretisieren und ergänzen diese dann allerdings (§ 2 Abs. 1 BbgGastG; § 3 Abs. 1 HessGastG; § 3 Abs. 1 SaarlGastG; § 2 Abs. 1 SächsGastG; § 2 Abs. 1 GastG LSA; § 2 Abs. 1 ThürGastG). Mit der Bezugnahme auf § 14 GewO ist gesagt, dass die Anzeigepflicht nur für das stehende Gewerbe gilt. Die Konkretisierungen betreffen vor allem den Zeitpunkt, zu dem die Anzeige zu erstatten ist; als Normalfall hat sich hier eine Frist von vier Wochen vor Inbetriebnahme der Gaststätte herauskristallisiert (anders in Hessen: sechs Wochen). Die Rückwärtsfrist berechnet sich analog § 31 LVwVfG i. V. m. §§ 187 Abs. 1, 188 Abs. 2 BGB.[153] Eine eigenständige Anzeigepflicht normieren § 2 Abs. 1 S. 1 NdsGastG und § 2 Abs. 1 GastG LSA.[154] In Hessen gilt die Anzeigepflicht des § 3 Abs. 1 S. 1 HessGastG ausschließlich für Gaststätten mit Ausschank alkoholischer Getränke; im Übrigen greift aber direkt § 14 Abs. 1 S. 1 GewO ein (arg. ex. § 4 Abs. 2 HessGastG).

86   Dem Vorbild des § 4 Abs. 1 S. 2 GewO folgend nehmen einige LGastG im Hinblick auf die Anforderungen von Art. 16 Abs. 1 UAbs. 3 lit. b, c, Abs. 2 lit. b, g, Art. 19 DLR *Reisegewerbetreibende* mit Niederlassung in einem EU-Mitgliedstaat oder einem anderen EWR-Staat von den Anzeigepflichten aus (§ 15 HessGastG; § 10 Abs. 2 SächsGastG; § 6 Abs. 2 GastG LSA), während andere dies nicht für erforderlich halten.[155]

87   Die Anzeigepflicht ist in vielen Fällen mit *Informationsübermittlungspflichten* gekoppelt, die einen gegenüber der Beantragung einer Erlaubnis nicht wesentlich geringeren Aufwand verursachen können. Strenge Anforderungen sehen die Landesgesetze vor allem in Bezug auf Gaststätten mit Ausschank alkoholischer Getränke vor (§ 3 Abs. 1 S. 2 BbgGastG; § 3 Abs. 1 S. 1 HessGastG; § 3 Abs. 1 S. 2 NdsGastG; § 4 Abs. 1 S. 2 SaarlGastG; § 4 Abs. 1 S. 2 SächsGastG; § 8 Abs. 1 S. 2 GastG LSA; § 2 Abs. 2, 3, 7 ThürGastG).

2. Sanktionierung

88   Eine Verletzung der Anzeigepflicht ist als *Ordnungswidrigkeit* sanktioniert (§ 10 Abs. 1 Nr. 1–3 BbgGastG; § 12 Abs. 1 Nr. 1 HessGastG, in Hessen aus den oben → Rn. 85 genannten Gründen außerdem § 14 Abs. 1 S. 1 GewO i. V. m. § 146 Abs. 2 Nr. 2 GewO; § 11 Abs. 1 Nr. 1–4 NdsGastG; § 16 Abs. 1 Nr. 1–4 SaarlGastG; § 12 Abs. 1 Nr. 1 SächsGastG; § 10 Abs. 1 Nr. 1 ThürGastG). In Sachsen-Anhalt genügt die Verletzung der Anzeigepflicht als solche nicht; das Gaststättengewerbe muss außerdem auch betrieben worden sein (§ 13 Abs. 1 Nr. 1 GastG LSA). Bußgeldbewehrt ist auch die nicht ordnungsgemäße, weil nicht die verlangten Informationen enthaltende Anzeige. Eine Möglichkeit zur *zwangsweisen Durchsetzung der Anzeigepflicht* und der flankierenden Informationspflichten enthalten die Landesgesetze hingegen nicht. Aus der gesetzlichen Pflicht zur Anzeigeerstattung kann nicht auf die Befugnis der Behörde zum Erlass eines die Verpflichtung feststellenden und aktualisierenden Verwaltungsakts geschlossen werden (zu § 14 GewO → § 9 Rn. 67 f.).

89   Die meisten LGastG ermächtigen allerdings unter bestimmten Voraussetzungen dazu, das Gaststättengewerbe bei einer Verletzung der Anzeigepflicht zu *untersagen* (§ 2 Abs. 5, § 3 Abs. 2 S. 1 BbgGastG; § 4 Abs. 2 HessGastG; § 4 Abs. 2 S. 1

---

[153] Vgl. *Klement*, in: Schmehl, GK-KrWG, § 18 Rn. 16 m. w. N.

[154] Nach *Barthel/Kalmer/Weidemann*, NdsGastG, § 2 Ziff. 3.3, tritt die landesrechtliche Anzeigepflicht neben (!) § 14 Abs. 1 S. 1 GewO (zweifelhaft).

[155] Zur Anwendbarkeit der DLR auf Anzeigepflichten *Mann*, GewArch 2010, 93 (95 f.).

SaarlGastG; § 4 Abs. 4 S. 1 SächsGastG; § 11 Abs. 2 S. 1 GastG LSA; § 2 Abs. 4 S. 3 ThürGastG). Zumeist gilt die Untersagungsbefugnis nur für Gaststätten mit Alkoholausschank; in Brandenburg und Thüringen gilt sie für alle Betriebsarten. Zur Untersagung berechtigt im Regelfall nicht nur das gänzliche Unterlassen einer gebotenen Anzeige, sondern auch die nicht rechtzeitige, nicht wahrheitsgemäße oder nicht vollständige Anzeige. Im Saarland knüpft das Gesetz sogar ausschließlich an die Verletzung der Informationspflicht des § 4 Abs. 1 S. 2 SaarlGastG an, woraus sich allerdings im praktischen Ergebnis kaum Unterschiede ergeben dürften. Auf der Rechtsfolgenseite ist danach zu unterscheiden, ob nur der Ausschank von Alkohol (§ 3 Abs. 2 S. 1 BbgGastG; § 4 Abs. 2 S. 1 SaarlGastG; § 4 Abs. 4 S. 1 Sächs-GastG; § 11 Abs. 3 S. 1 GastG LSA) oder das Gaststättengewerbe insgesamt (§ 2 Abs. 5 BbgGastG; § 4 Abs. 2 HessGastG; § 2 Abs. 4 S. 3 ThürGastG; § 11 Abs. 2 S. 1 GastG LSA) untersagt werden kann.

In *Niedersachsen* fehlt es an einer Untersagungsbefugnis. Hier kann bei einer **90** beharrlichen Verletzung der Anzeigepflicht allenfalls an eine Untersagung wegen Unzuverlässigkeit nach § 35 Abs. 1 S. 1 GewO gedacht werden.[156] In *Thüringen* ist die Untersagungsbefugnis nur lückenhaft geregelt. Nach § 2 Abs. 4 S. 3 Thür-GastG kann die Fortsetzung des Betriebs untersagt werden, wenn der Gewerbetreibende den Betrieb vor Ablauf der Frist nach Abs. 1 („spätestens vier Wochen vor Eröffnung des Betriebs") ohne die Bestätigung einer Fristverkürzung durch die zuständige Behörde beginnt. Gemeint ist damit der Fall, dass der Gaststättenbetrieb vor Ablauf von vier Wochen ab dem Eingang der vollständigen Unterlagen aufgenommen wird (siehe auch § 2 Abs. 4 S. 1 ThürGastG). Die unterbliebene oder nicht ordnungsgemäße Anzeige ist davon nicht erfasst; auch insoweit bleibt wohl nur der durch § 9 Abs. 1 ThürGastG gestattete Rückgriff auf § 35 Abs. 1 S. 1 GewO.

3. Präventive Kontrolle

Soweit der Ausschank von Alkohol beabsichtigt ist, ordnen die Landesgesetze – **91** nach dem Vorbild des § 38 Abs. 1 S. 1 GewO – eine *präventive Prüfung der Zuverlässigkeit des Gastwirts* an (§ 3 Abs. 1 S. 1 BbgGastG; § 3 Abs. 3 HessGastG; § 3 Abs. 1 S. 1 NdsGastG; § 4 Abs. 1 S. 1 SaarlGastG; § 4 Abs. 1 S. 1 SächsGastG; § 8 Abs. 1 S. 2 GastG LSA). In Thüringen besteht die Kontrollpflicht auch bei Gaststätten ohne Alkoholausschank (§ 3 ThürGastG). Der Unterschied zu einem präventiven Verbot mit Erlaubnisvorbehalt ist zum Teil nur graduell. Eine weitere Annäherung ist erreicht, wenn die Behörden verpflichtet sind, dem Gewerbetreibenden das Ergebnis der Zuverlässigkeitsprüfung auf Antrag zu bescheinigen (§ 3 Abs. 3 HessGastG; § 3 Abs. 1 S. 4 NdsGastG; § 4 Abs. 6 S. 1 SaarlGastG; § 4 Abs. 1 S. 4 SächsGastG; § 8 Abs. 1 S. 4 GastG LSA). Regelmäßig dürfte es sich dabei um einen

---

[156] Vgl. zur Anzeigepflicht des § 18 KrWG VGH BW, UPR 2014, 33 (35); OVG NRW, NVwZ-RR 2014, 386.

die Zuverlässigkeit feststellenden Verwaltungsakt und nicht bloß eine tatsächliche Auskunft über die Ermittlungsergebnisse handeln.[157]

92   Stellen die Behörden die Unzuverlässigkeit fest, sind sie aus § 35 Abs. 1 S. 1 GewO oder seinem landesrechtlichen Pendant zur *Untersagung* nicht nur berechtigt, sondern verpflichtet (→ Rn. 104). Ausdrücklich ordnen einige Gesetze die Anwendbarkeit der Untersagungsbefugnis schon vor Beginn des Betriebs des Gewerbes an (z. B. § 4 Abs. 1 HessGastG; § 3 Abs. 1 S. 4 BbgGastG). Mitunter finden sich Regeln zur Anerkennung von Zuverlässigkeitsprüfungen, die in anderen Bundesländern erfolgt sind (z. B. § 10 Abs. 1 SächsGastG). Damit sollen „grenzüberschreitende" Betätigungen erleichtert und die Nachteile der neuen Regionalisierung von Teilen des deutschen Wirtschaftsrechts im Zaum gehalten werden.

IV. Der Betrieb einer Gaststätte

1. Gesetzliche Anforderungen, insbesondere Sperrzeit

93   Die Gaststättengesetze statuieren *Betriebspflichten*, die unmittelbar gelten und mithin keiner Konkretisierung durch Verwaltungsakt bedürfen (z. B. §§ 6, 20 GastG). Normverstöße sind bußgeldbewehrt (z. B. § 28 Abs. 1 Nr. 8, 9, Abs. 2 Nr. 1 GastG). Besteht eine Erlaubnispflicht, muss sich der Gewerbetreibende zudem im Rahmen der ihm erteilten Erlaubnis halten (→ Rn. 36). Weitere Betriebspflichten ergeben sich aus den Gaststättenverordnungen der Länder. Außerdem sind die einschlägigen Vorschriften des Baurechts, des Arbeitsschutzrechts, des Immissionsschutzrechts, des Umweltschutzrechts sowie des Hygiene- und Lebensmittelrechts zu beachten.

94   Von Klausurbedeutung sind die Regelungen zu den *Sperrzeiten* (früher sog. Polizeistunde). Während der Sperrzeit dürfen in allen Schank- und Speisewirtschaften sowie in öffentlichen Vergnügungsstätten keine Leistungen erbracht und keine Gäste geduldet werden.[158] Diese zeitliche Beschränkung der Berufsausübung dient – ähnlich wie die §§ 4 f. GastG – so unterschiedlichen Interessen wie dem Schutz der Nachtruhe, der Volksgesundheit, der Bekämpfung des Alkoholmissbrauchs und dem Arbeitsschutz.[159] Das GastG setzt selbst keine Sperrzeiten fest, ermächtigt aber die Landesregierungen im Einklang mit den Vorgaben des Art. 80 Abs. 1 S. 2 GG[160] dazu, dies durch Rechtsverordnung zu tun (§ 18 S. 1 GastG). Nach dem Wortlaut des Gesetzes muss die Festsetzung „allgemein" sein, das heißt, der Adressatenkreis der Regelung muss anhand überindividueller Merkmale bestimmt sein. Die Allgemeinheit der Festsetzung unterscheidet die Sperrzeit von der für einen einzelnen Betrieb auch in der Gaststättenerlaubnis möglichen Betriebszeitregelung (→ Rn. 36). Differenzierungen nach der anhand allgemeiner Merkmale bestimmten

---

[157] Anders für § 4 Abs. 6 SaarlGastG *Guckelberger/Heimpel*, LKRZ 2013, 1 (4); für § 3 Abs. 1 S. 4 NdsGastG *Barthel/Kalmer/Weidemann*, NdsGastG, § 3 Ziff. 1 (S. 64).

[158] VGH BW, GewArch 1995, 285 (285 f.); *Ehlers*, in: ders./Fehling/Pünder, § 20 Rn. 52.

[159] BVerwG, DÖV 1977, 405.

[160] BVerwG, GewArch 1995, 155.

Art der Betriebe sind hierdurch allerdings nicht ausgeschlossen (z. B. Gaststätten mit und ohne Spielgeräte).[161] Außerdem sind die Landesregierungen, wenn sie von der Verordnungsermächtigung Gebrauch machen, gemäß § 18 S. 2 GastG verpflichtet, eine *Flexibilisierung der Sperrzeit* auf der Ebene der Normanwendung zu ermöglichen: Um öffentlichen Bedürfnissen (z. B. erhebliche Nachfrage nach Gaststätten an Silvester, Bekämpfung der Betäubungsmittelkriminalität[162]) oder besonderen örtlichen Verhältnissen (z. B. besondere Störempfindlichkeit der Umgebung in einem Kurort; große Zahl von Gaststätten mit Nachtbetrieb in einer Innenstadt[163]; Verunreinigung der öffentlichen Verkehrsflächen[164]) Rechnung zu tragen, soll die Sperrzeit allgemein oder für einzelne Betriebe verlängert, verkürzt oder aufgehoben werden können. Grenzen einer Sperrzeitverlängerung können sich aus dem Grundrecht der Berufsfreiheit der Gastwirte i. V. m. dem Verhältnismäßigkeitsgrundsatz ergeben (Art. 12 Abs. 1, Art. 2 Abs. 1 GG).[165]

In den meisten Ländern, in denen das GastG Anwendung findet, gelten für Gast- **95** stätten nach wie vor Sperrzeiten (nicht in Schleswig-Holstein und Mecklenburg-Vorpommern). Die Regelungen sind aber liberaler als noch vor einigen Jahren. In manchen Ländern umfasst die Sperrzeit nur noch die sog. *Putzstunde* von fünf bis sechs Uhr morgens oder sie entfällt (am Wochenende) sogar ganz [§ 17 GastVO RP; vgl. ferner § 8 Abs. 1 BayGastV; § 3 Abs. 3 Gewerberechtsverordnung (GewRV) NRW]. Teilweise wird zwar landesrechtlich ein Standard definiert, den Kommunen aber – was nach § 18 S. 3 GastG zulässig ist – das Recht zur Festsetzung einer abweichenden allgemeinen Sperrzeit eingeräumt (z. B. § 3 Abs. 2 GewRV NRW). Die vom GastG vorgesehene Abweichungsmöglichkeit bei einem öffentlichen Bedürfnis oder bei besonderen örtlichen Verhältnissen (§ 18 S. 2 GastG) wird typischerweise durch ein *Zwei-Stufen-Modell* verwirklicht (z. B. § 3 Abs. 5, 6 GewRV NRW). Erstens ermächtigt die Landesrechtsverordnung eine ortsnähere Stelle (z. B. die Gemeinde oder die örtliche Ordnungsbehörde) zur Festsetzung *allgemeiner* Sperrzeitverlängerungen oder -verkürzungen in einer weiteren Rechtsverordnung. Zweitens wird einer Behörde die Befugnis übertragen, die Sperrzeit in Bezug auf *einzelne Betriebe* durch Verwaltungsakt zu modifizieren. Auf dieser Ebene kommen Sperrzeitverlängerungen auch als Alternativmittel zu einer Auflage oder Anordnung nach § 5 Abs. 1 Nr. 3, Abs. 2 GastG zum Zwecke des Immissionsschutzes in Betracht.[166] Wichtig ist, dass der Rechtsanwender bei der Prüfung, ob die Abweichung tatsächlich einem „öffentlichen Bedürfnis" oder „besonderen örtlichen Verhältnissen" Rechnung trägt, auch gegenläufige Interessen zu berücksichti-

---

[161] VGH BW, ZfWG 2012, 423 (425).

[162] BayVGH, BayVBl. 2014, 244 (245).

[163] BayVGH, NVwZ-RR 2010, 514 (515).

[164] BayVGH, NVwZ-RR 2010, 514 (517 f.).

[165] BayVGH, NVwZ-RR 2010, 514 (516 f.).

[166] Vgl. BayVGH, GewArch 1995, 253 (256); UPR 2013, 316; *Michel/Kienzle/Pauly*, GastG, § 5 Rn. 4.

gen hat. Eine Sperrzeitverkürzung, die schädliche Umwelteinwirkungen hervorruft, entspricht keinem öffentlichen Bedürfnis und ist deshalb rechtswidrig.[167]

96   Auch die *LGastG* enthalten verschiedene Sperrzeitenregelungen und Verordnungsermächtigungen (§ 6 BremGastG; § 9 HessGastG; § 10 NdsGastG; § 11 SaarlGastG; § 9 SächsGastG; § 5 ThürGastG). Das BbgGastG hat die Sperrzeiten ganz abgeschafft. In einem gewissen Widerspruch zu der neuen Liberalität des Sperrzeitenrechts stehen die in jüngerer Zeit verstärkten Bemühungen zur Bekämpfung des Alkoholmissbrauchs etwa durch Alkoholverkaufsverbote in den Ladenöffnungsgesetzen der Länder. Das BVerfG hält die *Privilegierung der Gaststätten* wegen ihrer im Vergleich zu bloßen Verkaufsstellen geringeren Anonymität und besseren Kontrollierbarkeit für gerechtfertigt.[168] Dessen unbeschadet scheint inzwischen zumindest auf der Ebene der kommunalen Rechtsetzung eine Trendwende hin zu wieder strengeren Regelungen erreicht zu sein.[169] In Sachsen-Anhalt ist die neue Ermächtigungsgrundlage für den Erlass von Sperrzeitverordnungen in eine umfassendere Regelung zur Bekämpfung von Alkoholgefahren im Gesetz über die öffentliche Sicherheit und Ordnung eingebettet (§ 94a Abs. 1 SOG LSA). Eine Sperrzeit soll hier nicht nur bei einer abstrakten Gefahr für die öffentliche Sicherheit und Ordnung, sondern – grundrechtlich problematisch – auch zur bloßen „Gefahrenvorsorge" zulässig sein.

97   Gegen eine *Verlängerung der Sperrzeit* durch Rechtsverordnung oder Verwaltungsakt können betroffene Gewerbetreibende mit einem Normenkontrollantrag oder mit Widerspruch und Anfechtungsklage vorgehen.[170] Spiegelbildlich sind die Nachbarn gegen eine *Sperrzeitverkürzung* antrags- bzw. klagebefugt, wenn sie geltend machen, dass ihr rechtlich geschütztes Interesse das Interesse an einem verlängerten Gaststättenangebot überwiegt und deshalb kein „öffentliches Interesse" i. S. v. § 18 S. 2 GastG gegeben ist (z. B. bei Erzeugung schädlicher Umwelteinwirkungen[171]). Auch auf Art. 3 Abs. 1 GG gestützte Konkurrentenklagen gegen Sperrzeitverkürzungen können zulässig sein.[172]

2. Behördliche Verfügungen

a) Überblick über die behördlichen Eingriffsbefugnisse

98   Die Pflichten des Gewerbetreibenden beim Betrieb der Gaststätte können auch – wie soeben am Beispiel der „untersten Stufe" des Sperrzeitenrechts gesehen – im Einzelfall durch behördliche Verfügungen festgelegt werden. Die Gesetze enthalten Befugnisse zur *Informationserhebung*, die der Vorbereitung zweckmäßigen repres-

---

[167] BVerwGE 101, 157 (161); *Michel/Kienzle/Pauly*, GastG, § 18 Rn. 15.

[168] BVerfG, GewArch 2010, 489 (490 f.).

[169] Näher *Dietz*, GewArch 2013, 292.

[170] Zu § 47 Abs. 2 S. 1 VwGO VGH BW, ZfWG 2012, 423 (424 f.).

[171] BVerwGE 101, 157 (163 ff.).

[172] *Ehlers*, in: ders./Fehling/Pünder, § 20 Rn. 54, hält auch Art. 12 Abs. 1, Art. 14 Abs. 1 GG für einschlägig.

siven Handelns dienen (Auskunft und Nachschau gemäß § 22 GastG und z. B. § 8 HessGastG). Des Weiteren gibt es die *Beschäftigungsuntersagung* in Bezug auf unzuverlässige Personen – eine Art öffentlich-rechtliches Arbeitsrecht zum Zwecke der (indirekten) Gefahrenabwehr (§ 21 GastG und z. B. § 10 Abs. 1 HessGastG), das durch landesrechtliche Verordnungen ausgestaltet werden kann (§ 21 Abs. 2 GastG). Eine dritte Kategorie bilden die inzwischen zahlreichen Befugnisse zur behördlichen *Gefahrenabwehr durch Information.* Ihre Bedeutung für das Gaststättengewerbe ist groß, wie die im Internet veröffentlichten Ekelwarnungen vor unhygienischen Zuständen in Gaststätten (vgl. hierzu § 40 Abs. 1 und 1a LFGB sowie § 6 Abs. 1 S. 3 VIG) und die zahlreichen damit verbundenen Rechtsstreitigkeiten[173] zeigen. Die vierte Kategorie, die im Folgenden näher zu behandeln ist, sind die eigentlichen *betriebsregelnden Verfügungen*, die das rechtliche Dürfen des Gewerbetreibenden in Bezug auf die Art und Weise der Betriebsführung beschränken. Diese Verfügungen dienen teilweise nur der Durchsetzung von sich schon unmittelbar aus dem Gesetz ergebenden Anforderungen, oft begründen sie aber auch neue Pflichten.

b) Betriebsregelnde Verfügungen

Von der Auflage (§ 5 Abs. 1 GastG), mit der die gaststättenrechtliche Erlaubnis auch nachträglich versehen werden kann, war schon die Rede (→ Rn. 53 ff.). Bei nicht erlaubnisbedürftigen Gaststätten kommen nur selbstständige Verfügungen in Betracht. Das GastG spricht insoweit von „*Anordnungen*" (§ 5 Abs. 2 GastG) und verweist im Übrigen auf die schon erläuterten Voraussetzungen des § 5 Abs. 1 GastG. Die LGastG enthalten ebenfalls Ermächtigungsgrundlagen, die zwar zumeist § 5 GastG nachempfunden sind, in den Einzelheiten aber doch abweichen (§ 6 Abs. 1 BbgGastG; § 2 Abs. 2 S. 2, 3 BremGastG; § 10 Abs. 2 HessGastG; § 5 Abs. 1, 2 NdsGastG; § 9 Abs. 1 SaarlGastG; § 5 Abs. 1 SächsGastG; § 10 GastG LSA). Das ThürGastG geht einen eigenen Weg und lässt für eine Anordnung nach dem Vorbild der polizeilichen Befugnisgeneralklausel jede Art von (gaststättenspezifischer!) Gefahr für die öffentliche Sicherheit und Ordnung genügen (§ 7 Abs. 1).

Des Weiteren kann das Recht zum Betrieb von Gaststätten durch ein örtlich radiziertes *Verbot des (gewerbsmäßigen) Ausschanks alkoholischer Getränke* nach § 19 GastG (§ 6 Abs. 2 BbgGastG; § 4 Abs. 2 BremGastG; § 11 Abs. 5 GastG LSA; § 7 Abs. 2 ThürGastG) eingeschränkt werden. Der Rechtsform nach handelt es sich bei einem solchen Verbot wegen seines nach allgemeinen Merkmalen bestimmbaren Adressatenkreises und des konkreten Regelungsanlasses (noch) um eine Allgemeinverfügung i. S. v. § 35 S. 2 LVwVfG. Tatbestandlich setzt die Verfügung einen „besonderen Anlass" (z. B. Demonstration, Fußballspiel, Weinfest) sowie eine konkrete Gefahr für die öffentliche Sicherheit und Ordnung voraus.[174] Eine große Menschenansammlung allein indiziert die Gefahr noch nicht.

99

100

---

[173] Exemplarisch OVG NRW, NVwZ-RR 2013, 627; NdsOVG, NVwZ-RR 2013, 831; in einer Klausur *Peters*, Jura 2013, 752. Allgemein ferner *F. Wollenschläger*, VerwArch 102 (2011), 20; *Möstl*, GewArch 2015, 1.

[174] *Guckelberger*, LKV 2008, 385 (386).

c) Ermächtigungsgrundlagen außerhalb des GastG

101   Da das Gaststättenrecht dem besonderen Schutz von Gästen, Beschäftigten und
Dritten vor gaststättenspezifischen Gefahren dient und nicht eine Privilegierung der
Gastwirte bezweckt, sind die Ermächtigungsgrundlagen des allgemeinen *Polizei-
und Ordnungsrechts* und des *Baurechts* im Grundsatz neben den gaststättenrechtlichen Befugnissen anwendbar. Dabei ist die Bauaufsichtsbehörde (anders als die
Polizeibehörde) in bau- und immissionsschutzrechtlichen Fragen nicht an die Feststellungswirkung einer erteilten Gaststättenerlaubnis gebunden (→ Rn. 61). Auch
die Ermächtigungsgrundlage des § 24 BImSchG für immissionsschutzrechtliche
Anordnungen ist richtigerweise neben § 5 Abs. 1 S. 1 Nr. 3 GastG anwendbar,[175]
was etwa im Hinblick auf die oft unterschiedlichen behördlichen Zuständigkeiten
von Bedeutung ist. Ebenso wenig wie durch gaststättenrechtliche Auflagen und Anordnungen (→ Rn. 55) darf dem Gewerbetreibenden allerdings auch auf der Grundlage von Befugnissen außerhalb des GastG der Betrieb einer Gaststätte zur Abwehr
gaststättenspezifischer Gefahren untersagt oder faktisch unmöglich gemacht werden. Die Zulässigkeit des Betriebs trotz seines Gefahrenpotentials wird durch das
GastG abschließend geregelt.[176]

102   Einige LGastG lassen eine Tendenz zur „*Entflechtung*" *von Gaststättenrecht und
„Fachrecht*" erkennen. Sie nehmen beispielsweise den Schutz der Beschäftigten
(§ 6 Abs. 1 BbgGastG; § 10 Abs. 2 HessGastG; § 5 Abs. 1 NdsGastG; § 9 Saarl-
GastG; § 5 Abs. 1 SächsGastG; wohl auch § 2 Abs. 2 S. 2, 3 BremGastG) oder der
Nachbarschaft (§ 6 Abs. 1 BbgGastG; § 5 Abs. 1 NdsGastG; § 5 Abs. 1 SächsGastG)
aus dem Anwendungsbereich der gaststättenrechtlichen Ermächtigungsgrundlagen
heraus und verweisen insoweit – ausdrücklich oder stillschweigend – auf die im
Arbeitsschutzrecht oder Immissionsschutzrecht normierten Befugnisse.

V. Behördliche Beendigung eines Gaststättengewerbes

103   Verfügt der Gewerbetreibende nicht über die erforderliche Gaststättenerlaubnis,
kann die Fortsetzung des Betriebs von der Behörde durch Erlass einer (ihrerseits
nach den Vorschriften des LVwVG vollstreckbaren) *Schließungsverfügung* verhindert werden (§ 31 GastG/§ 8 Abs. 1 BremGastG i. V. m. § 15 Abs. 2 S. 1 GewO;
→ § 9 Rn. 79 ff.). Das gilt auch, wenn sich eine ursprünglich erteilte Erlaubnis
zwischenzeitlich durch Aufhebung nach § 15 GastG oder in sonstiger Weise erledigt hat (→ Rn. 64 ff.). Im Einzelfall kann eine Schließungsverfügung konkludent
eine Rücknahme oder einen Widerruf der Erlaubnis enthalten. Nach dem Grundsatz
der Erforderlichkeit kommt eine Schließungsverfügung nicht in Betracht, wenn die
Voraussetzungen für die Erteilung der Erlaubnis vorliegen.[177]

---

[175] *Jarass*, BImSchG, § 24 Rn. 2; a. A. *Dietlein*, in: Landmann/Rohmer, UmweltR, § 2 BImSchG
Rn. 32 (Stand: 67. EL November 2012).

[176] Allgemein zum Verhältnis von Gewerberecht und Ordnungsrecht *Ziekow*, § 10 Rn. 28.

[177] *P. M. Huber*, in: Schoch, Kap. 3 Rn. 314.

Nicht erlaubnispflichtige Gaststättengewerbe dürfen solange betrieben werden, **104**
wie sie nicht wirksam verboten sind. Rechtsgrundlage für eine *Untersagungsver-*
fügung ist im Anwendungsbereich des Bundesrechts § 31 GastG i. V. m. § 35 Abs. 1
S. 1 GewO (→ § 9 Rn. 75 ff.). Drei der eigenständigen Landesgesetze verweisen
auf diese Ermächtigungsgrundlage (§ 8 Abs. 1 BremGastG; § 1 Abs. 2 NdsGastG;
§ 9 Abs. 1 ThürGastG), während § 4 Abs. 1 HessGastG eine eigene Befugnisnorm
enthält (unklar in dieser Hinsicht § 4 Abs. 4 S. 1, 2 SaarlGastG). Manche Landesgesetze ordnen eine „entsprechende" Anwendung des § 35 GewO an und übersetzen
damit die bundesrechtliche Regelung in Landesrecht (§ 3 Abs. 1 S. 4 BbgGastG; § 4
Abs. 1 S. 6, Abs. 3 SächsGastG; § 11 Abs. 1 GastG LSA).

VI. Annex: Nichtraucherschutz

Tabakrauch enthält 90 Inhaltsstoffe, die von der medizinischen Forschung als *krebs-* **105**
erzeugend oder möglicherweise krebserzeugend eingestuft werden.[178] Außerdem
erhöht das Rauchen die Wahrscheinlichkeit von Krankheiten wie der chronischen
Bronchitis und verschiedener Formen chronisch-obstruktiver Lungenerkrankungen
(im Volksmund: „Raucherlunge") sowie von Kalkeinlagerungen in den Arterien.
Weil die chemische Zusammensetzung des Tabakrauchs in der Raumluft qualitativ derjenigen des von den Rauchern selbst inhalierten Tabakrauchs gleicht, sind
auch die sog. *Passivraucher* gefährdet.[179] Seit dem Jahr 2007 haben deshalb alle
deutschen Länder Gesetze zum Schutz von Nichtrauchern in der Öffentlichkeit[180]

---

[178] Deutsches Krebsforschungszentrum (Hrsg.), Schutz der Familie vor Tabakrauch, 2010, S. 6 ff.

[179] Deutsches Krebsforschungszentrum (Hrsg.), Schutz der Familie vor Tabakrauch, 2010, S. 29.

[180] *BW:* Landesnichtraucherschutzgesetz BW (LNRSchG BW) v. 25.07.2007, GBl., S. 337, zuletzt geändert durch Gesetz v. 03.03.2009, GBl., S. 81; *Bay:* Gesetz zum Schutz der Gesundheit v. 23.07.2010 (BayGSG), GVBl., S. 314; *Berl:* Gesetz zum Schutz vor den Gefahren des
Passivrauchens in der Öffentlichkeit v. 16.11.2007, GVBl., 578, zuletzt geändert durch Gesetz
v. 03.06.2010, GVBl., S. 285; *Bbg:* Gesetz zum Schutz vor den Gefahren des Passivrauchens
in der Öffentlichkeit v. 18.12.2007, GVBl., S. 346, zuletzt geändert durch Gesetz v. 15.07.2010,
GVBl., S. 3; *Bremisches* Nichtraucherschutzgesetz v. 18.12.2007, GBl., S. 515, zuletzt geändert
durch Gesetz v. 25.06.2013, GBl., S. 297; *Hamburgisches* Gesetz zum Schutz vor den Gefahren
des Passivrauchens in der Öffentlichkeit v. 11.07.2007, GVBl., S. 211, zuletzt geändert durch
Gesetz v. 19.06.2012, GVBl., S. 264, und Hamburgische Verordnung über die Einrichtung von
Raucherräumen in Gaststätten v. 11.09.2012, GVBl., S. 416; *Hess:* Gesetz zum Schutz vor den
Gefahren des Passivrauchens v. 06.09.2007, GVBl. I, S. 568, zuletzt geändert durch Gesetz v.
27.09.2012, GVBl., S. 290; Nichtraucherschutzgesetz *Mecklenburg-Vorpommern* v. 12.07.2007,
GVOBl., S. 239, zuletzt geändert durch Gesetz v. 04.07.2014, GVOBl., S. 315; *Niedersächsi-*
sches Nichtraucherschutzgesetz v. 12.07.2007, GVBl., S. 337, zuletzt geändert durch Gesetz v.
10.12.2008, GVBl., S. 380; Gesetz zum Schutz von Nichtraucherinnen und Nichtrauchern in
Nordrhein-Westfalen v. 20.12.2007 (NiSchG NRW), GV., S. 742, zuletzt geändert durch Gesetz v.
04.12.2012, GV., S. 635; Nichtraucherschutzgesetz *Rheinland-Pfalz* v. 05.10.2007 (NRauchSchG
RP), GVBl., S. 188, zuletzt geändert durch Gesetz v. 26.05.2009, GVBl., S. 205; *Saarl:* Gesetz
zum Schutz vor den Gefahren des Passivrauchens v. 21.11.2007, ABl. 2008, S. 75, zuletzt geändert
durch Gesetz v. 10.02.2010, ABl., S. 25; Gesetz zum Schutz von Nichtrauchern im Freistaat *Sach-*
sen v. 26.10.2007, GVBl., S. 495, zuletzt geändert durch Gesetz v. 14.06.2012, GVBl., S. 270, 273;

erlassen. Auch wenn Gaststätten als Orte öffentlichen geselligen Zusammenseins naturgemäß einen wichtigen Anwendungsbereich dieser Gesetze bilden, geht der gesetzliche Nichtraucherschutz doch weit darüber hinaus und deckt die Innenräume verschiedener öffentlicher Einrichtungen und privater Einrichtungen mit öffentlicher Funktion ab – beispielsweise Behörden- und Schulgebäude, Krankenhäuser und Pflegeeinrichtungen. Besonders streng sind die Regelungen in Bezug auf Einrichtungen, in denen sich typischerweise auch oder sogar vornehmlich Kinder und Jugendliche aufhalten. Das Rauchen in Privaträumen bleibt hingegen öffentlich-rechtlich nach wie vor grundsätzlich unbeschränkt.

106   Soweit Gaststätten in Rede stehen, bewirken die Nichtraucherschutzgesetze einen *Schutz der Gäste und der Beschäftigten* vor den Gefahren des Passivrauchens in den Innenräumen. Einige Landesgesetze erlauben mit unterschiedlichen Kautelen das Rauchen in sog. Eckkneipen (Gaststätten mit geringer Gastfläche) oder in abgetrennten „Raucherräumen" (§ 7 Abs. 2, 3 LNRSchG BW). In anderen Ländern wird das Rauchverbot hingegen streng verwirklicht. Typischerweise nehmen die Gesetze nicht nur die Gäste in die Pflicht, indem sie ihnen das Rauchen verbieten, sondern auch die Gastwirte. Die Gastwirte dürfen nicht nur selbst nicht rauchen, sondern werden auch dazu verpflichtet, das Rauchverbot gegenüber ihren Gästen durch aktives Tun durchzusetzen (z. B. § 8 Abs. 2 S. 1 LNRSchG BW; Art. 7 Abs. 1 Nr. 3, Abs. 2 BayGSG; § 4 NiSchG NRW). Dem Gesetz kann sogar das Verbot zu entnehmen sein, rauchende Gäste zu bewirten.[181] Die Rechtspflichten der Gastwirte sind bußgeldbewehrt. Sie können außerdem mit *gaststättenrechtlichen Auflagen oder Anordnungen* (etwa nach § 5 Abs. 1 Nr. 1, Abs. 2 GastG) durchgesetzt werden,[182] sofern das jeweilige Nichtraucherschutzgesetz keine eigene, abschließende Ermächtigungsgrundlage enthält (z. B. § 10 Abs. 2 NRauchSchG RP).

107   Auch soweit die Nichtraucherschutzgesetze spezifisch auf Gaststätten abgestimmte Regelungen enthalten (z. B. § 7 LNRSchG BW), sind sie nach ihrem Regelungsgegenstand und -zweck nicht auf die *Gesetzgebungskompetenz für das Gaststättenrecht* zu stützen. Die Gesetze dienen dem Schutz vor Gesundheitsbeeinträchtigungen durch den von anderen Gästen erzeugten Rauch, nicht der Abwehr von Gefahren, die dem Gewerbebetrieb zuzurechnen sind und spezifisch auf der Gewerbsmäßigkeit beruhen.[183] Rechtlich gesteuert wird in erster Linie das Verhalten der Gäste und nicht der Gewerbetreibenden, die lediglich zur Unterstützung der Verwaltung in Dienst genommen werden und als Privatpersonen ebenfalls Adressaten des Rauchverbots sind. Ob die Materie Art. 70 Abs. 1 GG und damit der Landeszuständigkeit oder den konkurrierenden Gesetzgebungskompetenzen des

---

Gesetz zur Wahrung des Nichtraucherschutzes im Land *Sachsen-Anhalt* v. 19.12.2007, GVBl., S. 464, zuletzt geändert durch Gesetz v. 18.12.2013, GVBl., S. 554; *SH:* Gesetz zum Schutz vor den Gefahren des Passivrauchens v. 10.12.2007, GVOBl., S. 485, zuletzt geändert durch Gesetz v. 25.04.2009, GVOBl., S. 222; *Thüringer* Gesetz zum Schutz vor den Gefahren des Passivrauchens v. 20.12.2007, GVBl., S. 257, zuletzt geändert durch Gesetz v. 26.06.2010, GVBl., S. 250.

[181] Insoweit zutreffend BVerfGE 121, 317 (345 f.).

[182] HessVGH, LKRZ 2012, 244 (244 f.); VGH BW, GewArch 2013, 217 (218).

[183] Zutreffend *Rossi/Lenski*, NJW 2006, 2657 (2659 f.); a. A. Landesregierung NRW, Gesetzentwurf, LT-Drs. 14/4834, S. 16.

Bundes insbesondere aus Art. 74 Abs. 1 Nr. 7, 12, 19, 20, 24 GG unterfällt, musste
bislang nicht entschieden werden, da der Bund auf den Erlass eines umfassenden
Nichtraucherschutzgesetzes verzichtet hat und zugunsten der Länder somit jedenfalls Art. 72 Abs. 1 GG eingreift.[184] Die bundesrechtlichen Vorschriften zum Schutz
der nicht rauchenden Beschäftigten (vgl. § 5 ArbStättV) stehen den Nichtraucher-
schutzgesetzen, die auf den Schutz der gesamten Bevölkerung ausgerichtet sind und
den Arbeitsschutz nur reflexartig betreffen, nicht entgegen.

Sowohl das BVerfG als auch die Verfassungsgerichte der Länder waren in mehre-   **108**
ren Verfahren mit der Grundrechtskonformität der Nichtraucherschutzgesetze befasst.
Die Entscheidungen finden noch immer Widerhall in den juristischen Prüfungen. Nach
Ansicht des BVerfG greifen die Rauchverbote nicht nur in die *allgemeine Handlungsfreiheit* der Raucher als Verbotsadressaten ein, sondern auch in die *Berufsfreiheit* des
Gastwirts. Diesem werde durch das Verbot nämlich die Möglichkeit genommen, selbst
zu bestimmen, ob das Rauchen in seinem Lokal gestattet oder untersagt ist.[185] Dem ist
nicht zu folgen. Art. 12 Abs. 1 GG gewährt das Recht auf eine freie Wahl und Ausübung
des Berufs, schützt hingegen nicht das Interesse des Eigentümers oder Pächters einer
Lokalität daran, dass seine Besucher nur den eigenen zivilrechtlichen Ausschließungs-
befugnissen und nicht auch hoheitlichen Verhaltensgeboten unterworfen sind. Noch
weniger ist das rein ökonomische Interesse daran geschützt, mit Durst und Hunger von
Rauchern Geld zu verdienen.[186] Richtig ist allerdings, dass die Nichtraucherschutzgesetze insoweit in Art. 12 Abs. 1 S. 1 GG eingreifen, als die Gastwirte zur Durchsetzung
des Rauchverbots gegenüber ihren Gästen verpflichtet werden (→ Rn. 106).

Im Ergebnis hält das BVerfG sogar ein ausnahmsloses Rauchverbot in Gast-   **109**
stätten für gerechtfertigt.[187] Es gehe bei den Rauchverboten nicht um einen gesetzlich aufgedrängten Schutz vor Selbstgefährdung, sondern ausschließlich um einen
Schutz Dritter.[188] In der Prüfung der Verhältnismäßigkeit im engeren Sinne verweist
das Gericht hierzu auf die grundrechtliche *Schutzpflicht für Leben und Gesundheit*
aus Art. 2 Abs. 2 S. 1 GG, die auch eine staatliche Risikovorsorge gegen Gesund-
heitsgefährdungen umfasse.[189] Verfassungsrechtlich beanstandet hat das BVerfG
allerdings in mehrfacher Hinsicht die Folgerichtigkeit (Kohärenz) der gesetzlichen
Regelungen. Wenn der Gesetzgeber, wozu er verfassungsrechtlich nicht verpflichtet sei, Ausnahmen vom Nichtraucherschutz zulasse (etwa das Rauchen in abgetrennten Nebenräumen), dann vermindere er dadurch selbst das verfassungsrechtliche Gewicht des Gesundheitsschutzes in der freiheitsgrundrechtlichen Abwägung
mit den Interessen der Gastwirte.[190] Er müsse dann auch für die Einraumgastro-
nomie Ausnahmen zulassen, die abgetrennte Raucherräume von vornherein nicht

---

[184] BVerfGE 121, 317 (347).

[185] BVerfGE 121, 317 (344); 130, 131 (141 f.).

[186] Vgl. die abweichende Meinung des Richters *Masing* BVerfGE 121, 317 (383).

[187] Jüngst bestätigt durch BVerfG, GewArch 2015, 73 (Rn. 16); überzeugende Kritik im Sonder-
votum des Richters *Masing* BVerfGE 121, 317 (385 ff.).

[188] BVerfGE 121, 317 (359); 130, 131 (145).

[189] BVerfGE 121, 317 (356 ff.).

[190] BVerfGE 121, 317 (363).

einrichten könne.[191] In der Sache ist das keine freiheitsgrundrechtliche, sondern eine *gleichheitsgrundrechtliche Argumentation.*[192] Das BVerfG benennt selbst – allerdings erst mitten in der Prüfung – „Art. 12 Abs. 1 i. V. m. Art. 3 Abs. 1 GG" als Prüfungsmaßstab.[193] Nach einer neueren Entscheidung ist der Gleichheitssatz (wiederum i. V. m. Art. 12 Abs. 1 GG) auch dann verletzt, wenn als Ausnahme von einem gesetzlichen Rauchverbot in Gaststätten abgeschlossene Raucherräume für Schankwirtschaften zugelassen, für Speisewirtschaften jedoch untersagt werden.[194] Sehr weitgehend halten der BayVerfGH und nunmehr auch das BVerfG das Verbot des Rauchens in nur für Vereinsmitglieder und damit nicht öffentlich zugänglichen Rauchervereinen und Raucherclubs in Gaststätten für gerechtfertigt, obwohl sich die nichtrauchenden Vereinsmitglieder dort dem Rauch aufgrund einer bewussten und eigenverantwortlichen Entscheidung aussetzen.[195] Dahinter steht wohl letztlich die Überlegung, dass der einzelne Grundrechtsträger eines staatlichen Schutzes davor bedürfte, sich auf Kosten seiner Gesundheit den Zutritt zu einer von ihm als angenehm empfundenen Gesellschaft zu „erkaufen". Dass dieser Schutz vor dem eigenen Willen ein legitimer Zweck im Sinne der Verhältnismäßigkeitsprüfung ist, darf mit Blick auf das freiheitsgrundrechtliche Kernziel der Persönlichkeitsentfaltung bezweifelt werden. Prüfungsmaßstab des Verbots des Rauchens in Raucherclubs ist dabei allein Art. 2 Abs. 1 GG, nicht auch Art. 9 Abs. 1 GG.[196] Zulässig bleibt auch in Bayern das Rauchen in echten geschlossenen Gesellschaften (Zutritt nur auf individuelle Einladung aus bestimmtem Anlass), weil insoweit der Gaststättengewerbebegriff des § 1 GastG (→ Rn. 12 ff.) nicht erfüllt ist, auf den Art. 2 Nr. 8 BayGSG verweist.[197]

110   VII. Kontrollfragen

1. Welche Zwecke verfolgt und welche Interessen schützt das Gaststättenrecht? (→ Rn. 1–4)
2. Anhand welcher Merkmale ist das „Recht der Gaststätten" zu bestimmen und vom übrigen Recht der Wirtschaft i. S. d. Art. 74 Abs. 1 Nr. 11 GG abzugrenzen? (→ Rn. 7–8)
3. An welcher Stelle erlangt der Begriff des Gaststättengewerbes in der Fallbearbeitung eine Bedeutung? (→ Rn. 12)

---

[191] BVerfGE 121, 317 (365 ff.).
[192] Zutreffend *Bäcker*, DVBl. 2008, 1180 (1182 f.).
[193] BVerfGE 121, 317 (358).
[194] BVerfGE 130, 131 (143 ff.).
[195] BayVerfGH, BayVBl. 2012, 596 (598); BVerfG, GewArch 2015, 73.
[196] Insoweit zutreffend BVerfG, GewArch 2015, 73 (Rn. 12 ff.).
[197] Siehe zur Rechtslage in Bayern näher *Gietl*, GewArch 2010, 344.

4. Wann wird eine Gaststätte mit Gewinnerzielungsabsicht betrieben? (→ Rn. 17)

5. Kann ein „Swinger-Club" eine Gaststätte im Rechtssinne sein? Welches Merkmal des Gaststättenbegriffs ist insoweit zu diskutieren? (→ Rn. 19)

6. Unter welchen Voraussetzungen unterfällt eine Vereinsfeier dem Anwendungsbereich des Gaststättengesetzes? (→ Rn. 23, 109)

7. Welchen Zwecken dient die europäische DLR? Inwiefern könnte die gaststättenrechtliche Erlaubnispflicht gegen Bestimmungen dieser Richtlinie verstoßen? (→ Rn. 30)?

8. Welchen Regelungsinhalt hat die Gaststättenerlaubnis nach § 2 Abs. 1, § 3 GastG? (→ Rn. 35–37)

9. Erläutern Sie bitte die Unterschiede zwischen der Erlaubnispflicht, wie sie im GastG des Bundes enthalten ist, und einer bloßen Anzeigepflicht für den Betrieb eines Gaststättengewerbes. Inwieweit ist es Ihrer Ansicht nach gerechtfertigt, die Ersetzung einer Erlaubnispflicht durch eine Anzeigepflicht als „Liberalisierung" des Gaststättenrechts zu bezeichnen? (→ Rn. 27, 84–92)

10. Definieren Sie den Unzuverlässigkeitsbegriff des § 4 Abs. 1 S. 1 Nr. 1 GastG! Wie ist das Merkmal „der Unsittlichkeit Vorschub leisten" auszulegen? (→ Rn. 40, 43)

11. Wie ist zu bestimmen, ob eine schädliche Umwelteinwirkung nach § 4 Abs. 1 S. 1 Nr. 3 GastG vorliegt? Erfüllen rein verhaltensbedingte Immissionen diesen Versagungsgrund? Begründen Sie Ihre Ansicht! (→ Rn. 46–49)

12. Weshalb ist eine Auflage nach § 5 Abs. 1 GastG gegenüber einer Versagung der Gaststättenerlaubnis das mildere Mittel? (→ Rn. 56)

13. In welcher Hinsicht überschneidet sich der behördliche Prüfungsumfang im bauaufsichtlichen Genehmigungsverfahren und im gaststättenrechtlichen Erlaubnisverfahren? (→ Rn. 51, 59–63, 101)

14. Wie unterscheiden sich die Aufhebungsvorschriften des § 15 GastG von den allgemeinen Vorschriften der §§ 48, 49 LVwVfG? Inwieweit sind die allgemeinen Vorschriften in gaststättenrechtlichen Fällen subsidiär anwendbar? (→ Rn. 65–70)

15. Welche Rechtsschutzmöglichkeiten stehen einem Nachbarn gegenüber der Erteilung einer Gaststättenerlaubnis zu? Welche gaststättenrechtlichen Versagungsgründe sind drittschützend i. S. d. § 42 Abs. 2 VwGO? Welches subjektiv-öffentliche Recht kann der Gaststättenbetreiber gegenüber der Aufhebung der Gaststättenerlaubnis geltend machen? (→ Rn. 74, 77 f.)

16. Darf ein Gaststättengewerbe bei einer Verletzung der Anzeigepflicht in Ihrem Bundesland untersagt werden? (→ Rn. 89 f.)

17. Was ist unter dem Begriff der Sperrzeit zu verstehen? Welchen Interessen darf eine Sperrzeitregelung dienen? (→ Rn. 94)

18. Nennen Sie bitte die wichtigsten Eingriffsbefugnisse des in Ihrem Bundesland geltenden Gaststättengesetzes! Sind Ermächtigungsgrundlagen des allgemeinen Polizei- und Ordnungsrechts und des Baurechts in gaststättenrechtlichen Fällen grundsätzlich anwendbar? (→ Rn. 98–102)
19. Auf welcher Rechtsgrundlage darf eine Schließungsverfügung ergehen, wenn ein Gaststättenbetrieb ohne die erforderliche Erlaubnis betrieben wird? Auf welcher Rechtsgrundlage dürfen nicht erlaubnispflichtige Gaststättenbetriebe untersagt werden? (→ Rn. 103 f.)
20. In welche Grundrechte greift ein für Gaststättenbesucher geltendes Rauchverbot ein? Sind die Eingriffe verfassungsrechtlich gerechtfertigt? (→ Rn. 108, 109)

Literatur

Czybulka, Gewerbenebenrecht: Handwerksrecht und Gaststättenrecht, in: R. Schmidt, (Hrsg.), Öffentliches Wirtschaftsrecht, Besonderer Teil 1, 1995, § 2

Ebert, Raucherclub versus Nichtraucherschutz, NVwZ 2010, 26

Ehlers, Gaststättenrecht, in: ders./Fehling/Pünder (Hrsg.), Besonderes Verwaltungsrecht, Bd. 1: Öffentliches Wirtschaftsrecht, 3. Aufl. 2012, § 20

Engel, Außengastronomie auf innerstädtischem Straßenraum – Zum Verhältnis von Baugenehmigung, gaststättenrechtlicher Genehmigung und straßenrechtlicher Sondernutzungserlaubnis, VBlBW 2008, 41

Frotscher/Kramer, Gaststättenrecht, in: *dies.*, Wirtschaftsverfassungs- und Wirtschaftsverwaltungsrecht, 6. Aufl. 2013, § 17

Glaser, Fall 3: „Ende einer Gaststätte – Schwarzenbergers lauter Laden", in: *ders./Klement*, Öffentliches Wirtschaftsrecht, 2009

Glaser, Gaststättenrecht im Wandel: Zwischen föderaler Vielfalt und rechtsstaatlichen Herausforderungen, GewArch 2013, 1

Gottwald, Widerruf einer Gaststättenerlaubnis wegen Unzuverlässigkeit des Betreibers, VR 2013, 304

Guckelberger, Flatrate- und Billigalkoholpartys aus gaststättenrechtlicher Perspektive, LKV 2008, 385

Guckelberger, Der Übergang vom relativen zum absoluten Rauchverbot, GewArch 2011, 329

Lehmann, Prostitution und gaststättenrechtliche Unsittlichkeit im Wandel der Zeit, NVwZ 2009, 888

Pieroth/Barczak, Dürfen die Länder Tabakwarenautomaten verbieten?, DÖV 2014, 66

Ruthig, Das Gaststättenrecht, in: *ders./Storr*, Öffentliches Wirtschaftsrecht, 3. Aufl. 2011, § 4

Schröder/Führ, Zulässigkeit von „Flatrate"-Parties, NVwZ 2008, 145

Stober/Eisenmenger, Gaststättenrecht, in: *dies.*, Besonderes Wirtschaftsverwaltungsrecht, 15. Aufl. 2011, § 47

Stollenwerk, Der Umgang mit „Reisegaststätten", GewArch 2011, 186

Weißenberger, Gaststättenrechtliche Genehmigungsfiktion durch Bundesgesetz?, DÖV 2012, 385

Wettling, Ordnungsmaßnahmen im Gaststättenrecht, KommJur 2005, 215

F. Wollenschläger/Lippstreu, Examensklausur „Flatrate-Partys", BayVBl. 2009, 30 (Aufgabe) und 56 (Lösung)

Ziekow, Gaststättenrecht, in: *ders.*, Öffentliches Wirtschaftsrecht, 3. Aufl. 2013, § 12

§ 12 Netzregulierungsrecht (mit Schwerpunkt TKG)

Markus Ludwigs

Inhaltsverzeichnis

M. Ludwigs (✉)
Universität Würzburg, Domerschulstraße 16, 97070 Würzburg, Deutschland
E-Mail: ludwigs@jura.uni-wuerzburg.de

© Springer-Verlag Berlin Heidelberg 2016
R. Schmidt, F. Wollenschläger (Hrsg.), *Kompendium Öffentliches Wirtschaftsrecht*,
Springer-Lehrbuch, DOI 10.1007/978-3-662-45579-1_12

I. Grundlagen der Netzregulierung

1. Begriff der Regulierung und des Netzregulierungsrechts

1 Der Regulierungsbegriff ist schillernd und zeichnet sich durch eine verwirrende Bedeutungsvielfalt aus.[1] Im *Öffentlichen Wirtschaftsrecht* wird vielfach ein enges Verständnis zugrunde gelegt, wonach Regulierung *netzbezogen*[2] zu begreifen und institutionell auf diejenigen Bereiche bezogen ist, für die eine Zuständigkeit der Bundesnetzagentur (BNetzA) besteht.[3] Hierbei handelt es sich namentlich um die Sektoren Telekommunikation, Energie, Post und Eisenbahnen. Von anderen Teilen der Literatur wird dieses Verständnis indes als zu restriktiv erachtet und dafür plädiert, insbesondere die *Aufsicht über Finanzdienstleistungen* (→ § 14) in den Regulierungsbegriff einzubeziehen.[4] Bei einer Würdigung dieser Kontroverse ist zu bedenken, dass der Begriffsbestimmung keine eigenständige rechtliche Bedeutung, sondern eine Systematisierungs- und Ordnungsfunktion zukommt.[5] Dies gilt umso mehr, als der Gesetzgeber den noch in § 3 Nr. 13 TKG 1996[6] unternommenen Versuch einer Legaldefinition nicht ausgeführt hat. Einen instruktiven, die unterschiedlichen Ansätze aufnehmenden und daher auch hier zugrunde gelegten Systematisierungsvorschlag hat jüngst *M. Schmidt-Preuß* entwickelt. Danach können *drei Bedeutungsdimensionen* unterschieden werden: Die vorliegend im Fokus stehende netzbezogene „Regulierung I", die auf den „systemisch-infrastrukturellen Ordnungsrahmen einer Volkswirtschaft" bezogene „Regulierung II" und die „jeden staatlichen Eingriff in das Marktgeschehen zur Erreichung von social-goals" erfassende „Regulierung III".[7]

Übersicht 1: Regulierungstypen

- **Regulierung I**: Netzindustrien Telekommunikation, Energie, Post und Eisenbahnen, die durch das Vorliegen natürlicher Monopole gekennzeichnet sind.
- **Regulierung II**: Fundamentale Sektoren (Banken, Versicherungen und andere Finanzdienstleister oder Börsen), die Querschnittsfunktionen erfüllen und als Geschäftsgrundlage für eine Volkswirtschaft ordnungsrelevante Breitenwirkung entfalten.

---

[1] *Ruffert*, AöR 124 (1999), 237 (241); siehe auch *Ogus*, Regulation, 2004, S. 1: „bewildering variety of meanings".

[2] Zum Netzbegriff *Kühling*, Sektorspezifische Regulierung in den Netzwirtschaften, S. 40 ff., der hierunter „besondere, komplexe und raumübergreifend angelegte Systeme" versteht (S. 44), zu denen auch die Postnetze als Dienstleistungsnetze zählen.

[3] In diese Richtung z. B. *Badura*, Rn. 217; *P. M. Huber*, in: Schoch, Kap. 3 Rn. 187 f.

[4] *Ruthig/Storr*, Rn. 25.

[5] Ähnlich *Burgi*, Regulierung: Inhalt und Grenzen eines Handlungskonzepts der Verwaltung, in: FS Battis, S. 329: „systembildende Funktion".

[6] BGBl. I, S. 1120.

[7] *Schmidt-Preuß*, Das Regulierungsrecht als interdisziplinäre Disziplin, in: FS Kühne, S. 329 (330).

- **Regulierung III**: Jeder staatliche Eingriff in das Marktgeschehen zur Verwirklichung sozialer Ziele (z. B. Arbeitnehmer-, Verbraucher- und Umweltschutz).

Im Schrifttum wird das Netzregulierungsrecht vielfach als *Privatisierungsfolgen-* **2** *recht* gekennzeichnet.[8] Hieran ist richtig, dass es durch die Regulierung – jedenfalls in den Netzindustrien Telekommunikation, Post und Eisenbahnen[9] – zum Aufbrechen vormals staatlicher Monopole gekommen ist. In der Literatur ist allerdings zu Recht darauf hingewiesen worden, dass man es in der Netzregulierung nicht mit Privatisierungen im eigentlichen Sinne (→ § 6 Rn. 9 ff.) zu tun hat. Private können zwar mittlerweile *neben* dem Staat agieren; zur vollständigen Übertragung bisher staatlich wahrgenommener Aufgaben ist es aber nicht gekommen. Die früheren Monopolisten wurden nicht aufgelöst, sondern stehen in Gestalt der Deutschen Telekom AG, der Deutschen Post AG und der Deutschen Bahn AG im Wettbewerb mit den privatwirtschaftlichen Anbietern bzw. mit öffentlichen Unternehmen aus anderen Mitgliedstaaten.[10] Die Rolle des Staates ist „aufgesplittet" in die Wahrnehmung von Unternehmensfunktionen aus fortbestehenden Eigentumsrechten einerseits und der hoheitlichen Regulierung des durch Liberalisierung und Privatisierung entstandenen Marktgeschehens andererseits.[11]

Unmittelbar verknüpft mit der Privatisierungsdiskussion ist das *Konzept des Ge-* **3** *währleistungsstaats.*[12] Dahinter steht die Erkenntnis, dass den Staat im Falle der Wahrnehmung öffentlicher Aufgaben durch Private die Verpflichtung trifft, zu gewährleisten, dass die im Gemeinwohlinteresse bestehende Aufgabe auch tatsächlich erfüllt wird. In Bezug auf die Netzregulierung bedeutet dies, dass eine flächendeckende Versorgung mit bestimmten Angeboten und Leistungen auch im Wettbewerb sicherzustellen ist. Für die Netzindustrien Telekommunikation und Post sowie Eisenbahnen ist dies in Art. 87f Abs. 1 bzw. Art. 87e Abs. 4 S. 1 GG sogar explizit in der Verfassung festgeschrieben.[13] Im Energiesektor wird Gleiches aus einem Zusammenspiel des objektiven Gehalts der Grundrechte mit dem Sozialstaatsprinzip und denjenigen Verfassungsbestimmungen abgeleitet, die die Herstellung gleichwertiger Lebensverhältnisse im Bundesgebiet (Art. 72 Abs. 2, 104b Abs. 1 Nr. 2 GG) regeln.[14]

---

[8] Vgl. z. B. *Säcker*, AöR 130 (2005), 180 (186); kritisch jüngst *Fetzer*, Staat und Wettbewerb, S. 16 f.

[9] Zur Sonderrolle der Energieversorgung, die in Deutschland niemals Gegenstand eines (staatlichen) Monopols gewesen ist *Henneke/Ritgen*, Kommunales Energierecht, 2. Aufl. 2013, S. 77.

[10] *Burgi*, Regulierung: Inhalt und Grenzen eines Handlungskonzepts der Verwaltung, in: FS Battis, S. 329 (333).

[11] Ibid.

[12] Hierzu *Schmidt-Aßmann*, Das allgemeine Verwaltungsrecht als Ordnungsidee, 2. Aufl. 2006, Kap. 3 Tz. 114 ff.

[13] Zur strittigen Reichweite von Art. 87e Abs. 4 S. 1 GG *Möstl*, in: Maunz/Dürig, Art. 87e Rn. 180 ff. m. w. N. (Stand: 48. EL November 2006).

[14] *Henneke/Ritgen*, Kommunales Energierecht, 2. Aufl. 2013, S. 77.

2. Ökonomische Grundlagen des Netzregulierungsrechts

4   Mit Blick auf die ökonomischen Grundlagen des Netzregulierungsrechts als *interdisziplinärer Disziplin*[15] ist im Ausgangspunkt festzuhalten, dass die Regulierung ihre Legitimation schwerpunktmäßig aus dem natürlichen Monopol von Netzen bezieht, das eines Korrektivs bedarf.[16] Beim *natürlichen Monopol* handelt es sich um eine extreme Abweichung vom wohlfahrtsökonomischen Idealtypus der vollkommenen Konkurrenz.[17] Dieser „perfekte Wettbewerb" zeichnet sich gerade durch eine Marktstruktur mit einer Vielzahl von Anbietern und Nachfragern aus. Voraussetzung für die Annahme eines *natürlichen Monopols* ist, dass ein einzelnes Unternehmen einen bestimmten Leistungsumfang zu geringeren Kosten bereitstellen kann als zwei oder mehr Unternehmen.[18] Hiervon ist auszugehen, wenn sich die Kostenfunktion des monopolistischen Unternehmens im relevanten Bereich durch *strikte Subadditivität* auszeichnet.[19] *Subadditivität* wiederum liegt vor, wenn „die Gesamtkosten für die Produktion von Teilmengen eines Gutes (oder mehrerer Güter) höher sind als bei der Produktion der gesamten Menge ‚in einer Hand'".[20] Eine typische Ursache hierfür bilden sinkende Durchschnittskosten aufgrund steigender Skalenerträge (Größenvorteile).[21]

5   Das *Vorliegen* eines natürlichen Monopols bedeutet indes noch nicht zwangsläufig, dass auch ein Bedürfnis nach hoheitlicher Regulierung besteht. Als weitere Bedingung für ein Monopolverhalten müssen erhebliche *irreversible Kosten* hinzutreten. Unter solchen *sunk costs* sind Ausgaben zu verstehen, die beim Markteintritt getätigt wurden und beim Marktaustritt nicht mehr rückgängig gemacht werden können.[22] Erst die Verbindung von *Subadditivität* und *Irreversibilität* führt zur Monopolresistenz (*sustainability*) beim Marktbeherrscher, d. h. zu einer mangelnden Bestreitbarkeit des Marktes durch potenziellen Wettbewerb.[23] Weithin anerkannte Beispiele für derartige regulierungsbedürftige natürliche Monopole[24] bilden die Teilnehmeranschlussleitung (TAL) in der Telekommunikation, die Transport- und Verteilnetze in der Energiewirtschaft sowie die Schienennetze im Eisenbahnsektor.

---

[15] Begriff von *Schmidt-Preuß*, Das Regulierungsrecht als interdisziplinäre Disziplin, in: FS Kühne, S. 329.

[16] *Ludwigs*, NVwZ 2008, 954; siehe auch *Schmidt-Preuß*, Das Regulierungsrecht als interdisziplinäre Disziplin, in: FS Kühne, S. 329 (330 f.).

[17] Zu den weiteren Kriterien *Fritsch*, Marktversagen und Wirtschaftspolitik, 9. Aufl. 2014, S. 25 ff.

[18] *Baldwin/Cave/Lodge*, Understanding Regulation, S. 444 ff.; *Leschke*, in: Fehling/Ruffert, § 6 Rn. 54.

[19] *Haucap/Uhde*, ORDO 59 (2008), 237 (242).

[20] Statt vieler *Fritsch*, Marktversagen und Wirtschaftspolitik, 9. Aufl. 2014, S. 164.

[21] Haucap/Uhde, ORDO 59 (2008), 237 (242); instruktiv zu Skalen-, Verbund- und Dichtevorteilen am Beispiel der Telekommunikationswirtschaft *Kühling/Schall/Biendl*, Telekommunikationsrecht, Rn. 85 ff.

[22] *Pindyck/Rubinfeld*, Mikroökonomie, 7. Aufl. 2009, S. 300.

[23] *Haucap/Uhde*, ORDO 59 (2008), 237 (242).

[24] Instruktive Übersicht bei *Knieps*, Netzökonomie, 2007, S. 166.

Mit Blick auf den richtigen *Umfang der Regulierung* hat sich in der Praxis der   6
disaggregierte Regulierungsansatz[25] als wirkmächtig erwiesen. Seine Grundidee
besteht darin, die Regulierung in den Netzindustrien auf die *monopolistischen
Bottlenecks* zu beschränken. Dem liegt die Erkenntnis zugrunde, dass nicht von
vornherein ein umfassendes Wettbewerbsversagen postuliert werden kann. Der disaggregierte Ansatz ist darauf ausgerichtet, die vor- und nachgelagerten Wertschöpfungsstufen der *monopolistischen Bottlenecks* wettbewerblich zu organisieren. Un-
abdingbar hierfür ist die Gewährleistung eines diskriminierungsfreien Zugangs zu
den Engpasseinrichtungen für alle aktuellen und potenziellen Anbieter von Netzdiensten. Um dabei überhöhte Entgeltforderungen des Netzbetreibers auszuschließen, wird für eine gezielte Regulierung der Zugangsentgelte plädiert, während die
vom Endnutzer zu zahlenden Entgelte allein der kartellrechtlichen Missbrauchsaufsicht unterworfen werden sollen.[26]

Das Herzstück der Zugangs- und Entgeltregulierung bildet die damit geforder-   7
te Bestimmung des Entgeltmaßstabs. Im Ausgangspunkt erfolgt hier in den Netzwirtschaften ein Rückgriff auf das Konzept des *Als-ob-Wettbewerbs*.[27] Dieses beruht auf der Annahme, dass die Aufgabe der staatlichen Monopolaufsicht darin
besteht, Preis und Ausbringung auf einen Stand zu bringen, „*als ob* freie Konkurrenz bestünde".[28] Die Aussagekraft des Ansatzes erweist sich allerdings deshalb als gering, weil das Als-ob-Konzept letztlich ein bloßes *Verfahren* darstellt.
Dessen Resultate hängen entscheidend vom zugrundegelegten Referenzpunkt ab.
Maßgeblich ist daher die *inhaltliche Gestaltung* des als „vorbildlich" simulierten Wettbewerbs. Ein Blick in die Wettbewerbstheorie zeigt nun aber, dass die
Vorstellungen vom „vorbildlichen" Wettbewerb höchst disparat sind.[29] Abhängig
vom zugrundegelegten wettbewerbstheoretischen Leitbild muss dann auch die
Antwort auf die Frage nach dem *Als-ob-Wettbewerbspreis* variieren: Während
auf Basis des effizienzorientierten *Idealmodells* der *vollkommenen Konkurrenz*
der Preis im Marktgleichgewicht den Grenzkosten entspricht[30], muss bei einer
stärkeren Betonung der Wettbewerbsfreiheit jede Aussage zum Als-ob-Wettbewerbspreis a priori als „Anmaßung von Wissen"[31] ausscheiden. Angesichts dieses disparaten Befundes erklärt sich auch, weshalb weder der europäische noch
der nationale Gesetzgeber dem Netzregulierungsrecht ein wettbewerbspolitisches
Leitbild eingepflanzt haben.[32] Der Gedanke des *Als-ob-Wettbewerbs* bildet daher

---

[25] Eingehend *Knieps*, Wettbewerbsökonomie, 3. Aufl. 2008, S. 95 ff.; *Leschke*, in: Fehling/Ruffert,
§ 6 Rn. 99.

[26] Statt vieler *Dewenter/Haucap*, Access Pricing: An Introduction, in: dies. (Hrsg.), Access Pricing, 2007, S. 1 (2, 8); *Knieps*, Netzökonomie, 2007, S. 168.

[27] Grundlegend *Miksch*, Wettbewerb als Aufgabe, 2. Aufl. 1947, S. 101 f.; zur weiteren Ausdifferenzierung der ökonomischen Ansätze sowie zur Rezeption im Kartell- und Regulierungsrecht
Ludwigs, Unternehmensbezogene Effizienzanforderungen, S. 134 ff., 180 ff.

[28] *Miksch*, Wettbewerb als Aufgabe, 2. Aufl. 1947, S. 101 (Hervorhebung im Original).

[29] Instruktiv *A. Schmidt*, ORDO 59 (2008), 209 (217 ff.).

[30] Unter den „Grenzkosten" sind die Kosten für eine zusätzliche im Gesamtsystem entstehende
Einheit zu verstehen; statt vieler *Pindyck/Rubinfeld*, Mikroökonomie, 7. Aufl. 2009, S. 510.

[31] *Von Hayek*, ORDO 26 (1975), 12 (14, 16).

[32] Zur Aufgabe des noch im TKG 1996 (dort § 2 Abs. 2 Nr. 2) zugrunde gelegten Konzepts des
funktionsfähigen Wettbewerbs Spoerr, Der Einfluss ökonomischer Modellbildung auf rechtliche

für sich genommen noch keine hinreichende Grundlage für die positive Bestimmung des regulierungsrechtlichen Entgeltmaßstabs.[33] Das Als-ob-Wettbewerbskonzept ist vielmehr auf eine Präzisierung durch den Gesetzgeber angewiesen (→ Rn. 70 ff.).

3. Rechtsquellen des Netzregulierungsrechts

8   Versucht man einen Überblick über die Rechtsquellen des Netzregulierungsrechts zu gewinnen, so ist ein Dreifaches hervorzuheben: *Erstens* handelt es sich um ein typisches *Mehrebenenrecht*, das durch die Verzahnung von unionsrechtlichen und nationalen Vorschriften geprägt wird.[34] *Zweitens* ist das Handlungskonzept der Regulierung in den Sektoren Telekommunikation, Post und Eisenbahnen Mitte der 1990er Jahre unmittelbar durch das Verfassungsrecht eingeführt worden.[35] So wurde mit den Art. 87e und 87f GG die Beseitigung der vormaligen Monopole vorangetrieben, der Rahmen für die Privatisierung der früheren Staatsunternehmen abgesteckt, die Gewährleistungsverantwortung des Bundes fixiert und eine Zuteilung der Verwaltungskompetenzen vorgenommen. *Drittens* finden sich zu allen vier Netzindustrien weiterhin sektorspezifische Regelungen. Das kontrovers diskutierte[36] Plädoyer von *J. Masing*, dem Gutachter des 66. Deutschen Juristentags, für ein übergreifendes „Netzregulierungsgesetz des Bundes"[37] hat bislang keinen legislatorischen Widerhall gefunden.

a) Überblick zu den einzelnen Netzsektoren
aa) Telekommunikation
9   Im *Telekommunikationssektor* wird der aktuelle Regelungsrahmen vor allem durch eine Vielzahl von EU-Rechtsakten gestaltet.

Maßstäbe der Regulierung, in: Trute/Groß/Röhl/Möllers (Hrsg.), Allgemeines Verwaltungsrecht – zur Tragfähigkeit eines Konzepts, 2008, S. 613 (618 ff., 623 ff.).

[33] *Ludwigs*, Unternehmensbezogene Effizienzanforderungen, S. 191 f.; a. A. insbesondere *Säcker*, WiVerw 2010, 101 (108 f.), der das sog. KeL-Konzept (→ Rn. 70 ff.) unmittelbar aus dem Als-ob-Wettbewerbsmaßstab ableitet; wohl auch BVerwG, NVwZ-RR 2009, 918 (919).

[34] Ebenso *Ruthig/Storr*, Rn. 510, die von „systembildenden europäischen Einflüsse[n]" sprechen.

[35] *Burgi*, Regulierung: Inhalt und Grenzen eines Handlungskonzepts der Verwaltung, in: FS Battis, S. 329 (333).

[36] Kritisch z. B. *Burgi*, NJW 2006, 2439 (2443 f.); *Ruthig/Storr*, Rn. 526.

[37] *Masing*, Gutachten D zum 66. DJT, 2006, D 192 (insbesondere These 7).

Übersicht 2: Unionsrechtlicher Regelungsrahmen im TK-Sektor

- *Rahmenrichtlinie 2002/21/EG*[38], in der die Regulierungsziele und -grundsätze formuliert, das Marktregulierungsverfahren ausgestaltet sowie die institutionelle Ausgestaltung der nationalen Regulierungsbehörden geregelt werden.
- *Genehmigungsrichtlinie 2002/20/EG*[39], die auf eine Deregulierung der Genehmigungsvorschriften für elektronische Kommunikationsnetze und -dienste abzielt.
- *Zugangsrichtlinie 2002/19/EG*[40], in der die zentral bedeutsame Regulierung des Netzzugangs durch Wettbewerber verankert ist.
- *Universaldienstrichtlinie 2002/22/EG*[41], die neben Vorgaben zur Marktregulierung im Endkundenbereich insbesondere Regeln zum Universaldienst (→ Rn. 82) umfasst.
- *Datenschutzrichtlinie für elektronische Kommunikation 2002/58/EG*[42], die einen Ausgleich zwischen dem Schutz der Privatsphäre einerseits und des freien Verkehrs von Daten sowie von elektronischen Kommunikationsgeräten und -diensten in der EU andererseits anstrebt.
- *GEREK-Verordnung (EG) Nr. 1211/2009*[43], die zur Einrichtung des Gremiums Europäischer Regulierungsstellen für elektronische Kommunikation (GEREK) als Kooperationsinstanz geführt hat.
- *Roaming-Verordnung (EU) Nr. 531/2012*[44], in der Preishöchstgrenzen für Roaminganrufe, SMS-Roamingnachrichten und Datenroamingdienste fixiert werden.

---

[38] RL 2002/21/EG des Europäischen Parlaments und des Rates vom 07.03.2002 über einen gemeinsamen Rechtsrahmen für elektronische Kommunikationsnetze und -dienste, ABl. EG L 108/33.

[39] RL 2002/20/EG des Europäischen Parlaments und des Rates vom 07.03.2002 über die Genehmigung elektronischer Telekommunikationsnetze und -dienste, ABl. EG L 108/21.

[40] RL 2002/19/EG des Europäischen Parlaments und des Rates vom 07.03.2002 über den Zugang zu elektronischen Kommunikationsnetzen und zugehörigen Einrichtungen sowie deren Zusammenschaltung, ABl. EG L 108/7.

[41] RL 2002/22/EG des Europäischen Parlaments und des Rates vom 07.03.2002 über den Universaldienst und Nutzerrechte bei elektronischen Kommunikationsnetzen und -diensten, ABl. EG L 108/51.

[42] RL 2002/58/EG des Europäischen Parlaments und des Rates vom 12.07.2002 über die Verarbeitung personenbezogener Daten und den Schutz der Privatsphäre in der elektronischen Kommunikation, ABl. EG L 201/37.

[43] VO (EG) Nr. 1211/2009 des Europäischen Parlaments und des Rates vom 25.11.2009 zur Einrichtung des Gremiums Europäischer Regulierungsstellen für elektronische Kommunikation (GEREK) und des Büros, ABl. EU L 337/1.

[44] VO (EU) Nr. 531/2012 des Europäischen Parlaments und des Rates vom 13.06.2012 über das Roaming in öffentlichen Mobilfunknetzen in der Union, ABl. EU L 172/10.

Hinweis: Die jüngste Novellierung des Richtlinienpakets von 2002 erfolgte Ende 2009 mit den Änderungsrichtlinien 2009/136/EG[45] und 2009/140/EG.[46] Aktuell wird eine erneute Reform diskutiert.[47] Im Zentrum steht dabei der am 11.09.2013 von der Kommission vorgelegte Entwurf „zum vernetzten Kontinent".[48] Dieser ist u. a. auf eine Vertiefung des europäischen Regulierungsverbunds (→ Rn. 26) ausgerichtet und enthält Änderungen an der Rahmenrichtlinie, der Genehmigungsrichtlinie, der Universaldienstrichtlinie, der GEREK-Verordnung und der Roaming-Verordnung.

10   Die Umsetzung auf nationaler Ebene erfolgt durch das zuletzt im Jahr 2012 grundlegend novellierte Telekommunikationsgesetz (TKG) vom 22.06.2004.[49] Hinzu treten mehrere Rechtsverordnungen[50], die aber – anders als in den Netzsektoren Energie, Eisenbahnen und Post – nicht den zentral bedeutsamen Bereich der *Marktregulierung* erfassen.

bb) Energie

11   Die Regulierung im *Energiesektor* wird auf Unionsebene durch das aus fünf Rechtsakten bestehende *Dritte Binnenmarktpaket* vom 13.07.2009 geprägt.

---

[45] RL 2009/136/EG des Europäischen Parlaments und des Rates vom 25.11.2009 zur Änderung der RL 2002/22/EG über den Universaldienst und Nutzerrechte bei elektronischen Kommunikationsnetzen und -diensten, der RL 2002/58/EG über die Verbreitung personenbezogener Daten und den Schutz der Privatsphäre in der elektronischen Kommunikation und der VO (EG) Nr. 2006/2004 über die Zusammenarbeit im Verbraucherschutz, ABl. EU L 337/11.

[46] RL 2009/140/EG des Europäischen Parlaments und des Rates vom 25.11.2009 zur Änderung der RL 2002/21/EG über einen gemeinsamen Rechtsrahmen für elektronische Kommunikationsnetze und -dienste, der RL 2002/19/EG über den Zugang zu elektronischen Kommunikationsnetzen und zugehörigen Einrichtungen sowie deren Zusammenschaltung und der RL 2002/20/EG über die Genehmigung elektronischer Kommunikationsnetze und -dienste, ABl. EU L 337/37.

[47] Jüngst erlassen wurde die RL 2014/61/EU des Europäischen Parlaments und des Rates vom 15.05.2014 über Maßnahmen zur Reduzierung der Kosten des Ausbaus von Hochgeschwindigkeitsnetzen für die elektronische Kommunikation, ABl. EU L 155/1.

[48] Vorschlag für eine VO des Europäischen Parlaments und des Rates über Maßnahmen zum europäischen Binnenmarkt der elektronischen Kommunikation und zur Verwirklichung des vernetzten Kontinents und zur Änderung der RL 2002/20/EG, 2002/21/EG und 2002/22/EG und der VO (EG) Nr. 1211/2009 und (EU) Nr. 531/2012, COM(2013) 627 endg.

[49] BGBl. I, S. 1190, zuletzt geändert durch Gesetz vom 25.07.2014, BGBl. I, S. 1266.

[50] Auflistung bei *Ziekow*, § 14 Rn. 6.

Übersicht 3: Unionsrechtlicher Regelungsrahmen im Energiesektor

- *Strom-Richtlinie 2009/72/EG*[51], in der u. a. Vorgaben zur Entflechtung vertikal integrierter Energieversorgungsunternehmen sowie zur Netzzugangs- und Entgeltregulierung getroffen werden und die Rolle der nationalen Regulierer vordefiniert wird.
- *Gas-Richtlinie 2009/73/EG*[52], als Pendant zur Strom-Richtlinie.
- *Stromhandelsverordnung (EG) Nr. 714/2009*[53], in der neben Bestimmungen über die Netzzugangsbedingungen für den grenzüberschreitenden Stromhandel die Gründung eines europäischen Netzes der Stromübertragungsnetzbetreiber (ENTSO-E) vorgesehen ist.
- *Erdgaszugangsverordnung (EG) Nr. 715/2009*[54], als Pendant zur Stromhandelsverordnung, in der neben Vorgaben über den Zugang zu den Erdgasfernleitungsnetzen die Gründung eines europäischen Netzes der Gasfernleitungsnetzbetreiber (ENTSOG) fixiert ist.
- *Agentur-Verordnung (EG) Nr. 713/2009*[55], die zur Errichtung der mit eigener Rechtspersönlichkeit und (begrenzten) Entscheidungsbefugnissen ausgestatteten Agentur für die Zusammenarbeit der Energie-Regulierungsbehörden (ACER) geführt hat.

Die Umsetzung des Dritten Binnenmarktpakets erfolgt im nationalen Recht durch das zuletzt 2011 und 2012 grundlegend novellierte Energiewirtschaftsgesetz vom 07.07.2005.[56] Neben das EnWG tritt eine kaum noch überschaubare Vielzahl von **12**

---

[51] RL 2009/72/EG des Europäischen Parlaments und des Rates vom 13.07.2009 über gemeinsame Vorschriften für den Elektrizitätsbinnenmarkt und zur Aufhebung der RL 2003/54/EG, ABl. EU L 211/55.

[52] RL 2009/73/EG des Europäischen Parlaments und des Rates vom 13.07.2009 über gemeinsame Vorschriften für den Erdgasbinnenmarkt und zur Aufhebung der RL 2003/55/EG, ABl. EU L 211/94.

[53] VO (EG) Nr. 714/2009 des Europäischen Parlaments und des Rates vom 13.07.2009 über die Netzzugangsbedingungen für den grenzüberschreitenden Stromhandel und zur Aufhebung der VO (EG) Nr. 1228/2003, ABl. EU L 211/15, zuletzt geändert durch VO (EU) Nr. 543/2013 der Kommission vom 14.06.2013 über die Übermittlung und die Veröffentlichung von Daten in Strommärkten und zur Änderung des Anhangs I der VO (EG) Nr. 714/2009 des Europäischen Parlaments und des Rates, ABl. EU L 163/1.

[54] VO (EG) Nr. 715/2009 des Europäischen Parlaments und des Rates vom 13.07.2009 über die Bedingungen für den Zugang zu den Erdgasfernleitungsnetzen und zur Aufhebung der VO (EG) Nr. 1775/2005, ABl. EU L 211/36, zuletzt geändert durch VO (EU) Nr. 347/2013 des Europäischen Parlaments und des Rates vom 17.04.2013 zu Leitlinien für die transeuropäische Energieinfrastruktur und zur Aufhebung der Entscheidung Nr. 1364/2006/EG und zur Änderung der VO (EG) Nr. 713/2009, (EG) Nr. 714/2009 und (EG) Nr. 715/2009, ABl. EU L 115/39.

[55] VO (EG) Nr. 713/2009 des Europäischen Parlaments und des Rates vom 13.07.2009 zur Gründung einer Agentur für die Zusammenarbeit der Energieregulierungsbehörden, ABl. EU L 211/1, zuletzt geändert durch VO (EU) Nr. 347/2013 des Europäischen Parlaments und des Rates vom 17.04.2013 zu Leitlinien für die transeuropäische Energieinfrastruktur und zur Aufhebung der Entscheidung Nr. 1364/2006/EG und zur Änderung der VO (EG) Nr. 713/2009, (EG) Nr. 714/2009 und (EG) Nr. 715/2009, ABl. EU L 115/39.

[56] BGBl. I, S. 1970, 3621, zuletzt geändert durch Gesetz vom 21.07.2014, BGBl. I, S. 1066.

Rechtsverordnungen.[57] Diese betreffen anders als im TK-Bereich auch das Herzstück der Zugangs- und Entgeltregulierung. Zentrale Bedeutung kommt hier neben
der Anreizregulierungsverordnung (ARegV)[58] vor allem den Zugangs- und Entgelt-
verordnungen im Strom-[59] und Gassektor[60] zu.

cc) Eisenbahnen und Post

13   Im Bereich der *Eisenbahnregulierung* ist die RL 2012/34/EU zur Schaffung eines
einheitlichen europäischen Eisenbahnraums[61] hervorzuheben. Durch sie wurden die
drei Richtlinien des ersten Eisenbahnpakets von 2001 neu gefasst und verschmol-
zen, darunter auch die für den Bereich der Netzregulierung elementare Eisenbahn-
zugangsrichtlinie 2001/14/EG.[62] Auf nationaler Ebene erfolgte die Umsetzung im
mehrfach novellierten Allgemeinen Eisenbahngesetz (AEG) vom 27.12.1993.[63]
Eine ergänzende Rolle für den Zugang zur Eisenbahninfrastruktur spielt die Eisen-
bahninfrastruktur-Benutzungsverordnung.[64] Eine Reform dieses älteren Regelungsrahmens wird zwar bereits seit Längerem diskutiert.[65] Der jüngste Gesetzentwurf
der Bundesregierung für ein modernes „Eisenbahnregulierungsgesetz"[66] mit einer
verschärften Zugangs- und Entgeltregulierung ist aber in der 17. Legislaturperiode
an der erforderlichen Zustimmung des Bundesrats gescheitert. Dessen ungeachtet
steht das Projekt weiterhin auf der politischen Agenda.[67]

14   Die geringste Dynamik der Rechtsentwicklung ist im *Postsektor* zu verzeichnen. Hier wird der Regulierungsrahmen noch immer durch die zuletzt im Jahr 2008

---

[57] Auflistung bei *Ziekow*, § 15 Rn. 7.

[58] ARegV vom 29.10.2007, BGBl. I, S. 2529, zuletzt geändert durch Gesetz vom 21.07.2014,
BGBl. I, S. 1066.

[59] StromNZV vom 25.07.2005, BGBl. I, S. 2243, zuletzt geändert durch Gesetz vom 21.07.2014,
BGBl. I, S. 1066; StromNEV vom 25.07.2005, BGBl. I, S. 2225, zuletzt geändert durch Gesetz
vom 21.07.2014, BGBl. I, S. 1066.

[60] GasNZV vom 03.09.2010, BGBl. I, S. 1261, zuletzt geändert durch Gesetz vom 21.07.2014,
BGBl. I, S. 1066; GasNEV vom 25.07.2005, BGBl. I, S. 2197, zuletzt geändert durch Verordnung
vom 14.08.2013, BGBl. I, S. 3250.

[61] RL 2012/34/EU des Europäischen Parlaments und des Rates vom 21.11.2012 zur Schaffung
eines einheitlichen europäischen Eisenbahnraums, ABl. EU L 343/32; hierzu *Lerche*, N&R 2013,
27.

[62] RL 2001/14/EG des Europäischen Parlaments und des Rates vom 26.02.2001 über die Zuweisung von Fahrwegkapazität der Eisenbahn, die Erhebung von Entgelten für die Nutzung von Eisenbahninfrastruktur und die Sicherheitsbescheinigung, ABl. EG L 75/29.

[63] BGBl. I, S. 2378, 2396; I, 1994, S. 2439, zuletzt geändert durch Gesetz vom 07.08.2013,
BGBl. I, S. 3154.

[64] EIBV vom 03.06.2005, BGBl. I, S. 1566, zuletzt geändert durch Gesetz vom 22.12.2011,
BGBl. I, S. 3044.

[65] Vgl. insbesondere BNetzA, Abschlussbericht zur Einführung einer Anreizregulierung im Eisenbahnsektor, 2008.

[66] BR-Drs. 559/10 bzw. BT-Drs. 17/12726.

[67] Vgl. z. B. die Ausführungen im Koalitionsvertrag vom 27.11.2013 zwischen CDU, CSU und
SPD, S. 31; für eine aktuelle Bestandsaufnahme vgl. *Gersdorf*, Entgeltregulierung im Eisenbahnsektor, 2015, S. 14 ff.

novellierte RL 97/67/EG[68] geprägt. Umgesetzt werden die unionsrechtlichen Vorgaben im mehrfach novellierten Postgesetz (PostG) vom 22.12.1997.[69] Eine Ergänzungsfunktion entfaltet im Bereich der Entgeltregulierung die Post-Entgeltregulierungsverordnung.[70] Wie im Eisenbahnsektor ist eine substantielle Reform des Regulierungsrahmens in der 17. Legislaturperiode am Bundesrat[71] gescheitert.

b) Normierende vs. administrative Regulierung

Fragt man nach stilbildenden Divergenzen und Gemeinsamkeiten der Regelungskonzepte in den einzelnen Netzindustrien, so gerät der grundlegende Unterschied zwischen normierender und administrativer Regulierung in den Fokus.   **15**

Im *TK-Bereich* ist mit dem Richtlinienpaket des Jahres 2002 ein Wechsel im   **16**
Steuerungskonzept erfolgt: Waren die Verpflichtungen der marktmächtigen Unternehmen zuvor im Gesetz selbst normiert, wie es für den *Postsektor* noch heute der Fall ist, sind seither die nationalen Regulierungsbehörden für die Marktregulierung zuständig.[72] Dieser Wandel von einer *normierenden* (sich des formellen bzw. materiellen Gesetzes bedienenden) *Regulierung* hin zu einem *Konzept der administrativen Regulierung* ist durch den EuGH und die EU-Kommission weiter beschleunigt worden. So stellte der Gerichtshof in einer Entscheidung zur Regulierungsfreistellung neuer Märkte gemäß § 9a TKG a. F. („Regulierungsferien") vom 03.12.2009 klar, dass die Frage der Regulierungsbedürftigkeit von Märkten nicht durch den Umsetzungsgesetzgeber, sondern durch die nationalen Behörden zu beantworten ist.[73] Noch darüber hinausgehend hat die Kommission sogar wiederholt deutlich gemacht, dass sie im Bereich der Marktregulierung grundsätzlich jede über die Richtlinienvorgaben hinausweisende normative Vorstrukturierung des regulierungsbehördlichen Handelns kritisch bewertet.[74] Die Konsequenz ist ein unionsrechtlich vorausgesetztes Höchstmaß an Gestaltungsfreiheit der nationalen Regulierungsbehörde. Diesem Desiderat hat der deutsche Gesetzgeber zuletzt im Rahmen der TKG-Novelle 2012[75] umfassend Rechnung getragen und notwendige Anpassungen vorgenommen.

---

[68] RL 97/67/EG des Europäischen Parlaments und des Rates vom 15.12.1997 über gemeinsame Vorschriften für die Entwicklung des Binnenmarktes der Postdienste der Gemeinschaft und die Verbesserung der Dienstequalität, ABl. EG 1998 L 15/14, zuletzt geändert durch RL 2008/6/EG des Europäischen Parlaments und des Rates vom 20.02.2008 zur Änderung der RL 97/67/EG im Hinblick auf die Vollendung des Binnenmarktes der Postdienste der Gemeinschaft, ABl. EU L 52/3.

[69] BGBl. I, S. 3294, zuletzt geändert durch Gesetz vom 07.08.2013, BGBl. I, S. 3154.

[70] PEntGV vom 22.11.1999, BGBl. I, S. 2386.

[71] BR-Drs. 627/13 (B).

[72] Prägnant EuGH, Rs. C-262/06, Slg. 2007, I-10057, Rn. 28 – Deutsche Telekom.

[73] EuGH, Rs. C-424/07, Slg. 2009, I-11431, Rn. 53 ff. – Kommission/Deutschland.

[74] Nachweise bei *Ludwigs*, Die Verwaltung 44 (2011), 41 (58 f. mit Fn. 111).

[75] BGBl. I, S. 958.

17   Im Gegensatz zum TK-Sektor weist der im *Energierecht* verfolgte Ansatz stärker in Richtung eines Konzepts der *normierenden Regulierung*.[76] Prägend hierfür
ist das deutlich höhere Maß an gesetzlicher Ausdifferenzierung im EnWG und in
der Vielzahl zugehöriger Begleitverordnungen. Auf diesem Wege erfolgt eine –
von EuGH und Kommission bislang nicht gerügte – intensivere normative Steuerung des regulierungsbehördlichen Handelns. Wiederum ein anderer Akzent prägt
schließlich das *Eisenbahnregulierungsrecht*. Den europarechtlichen Vorgaben liegt
dort im Bereich der Entgeltkontrolle ein Konzept der *unabhängigkeitswahrenden
Regulierung* zugrunde. Kennzeichnend hierfür ist, dass nicht den nationalen Regulierungsstellen, sondern den regulierten Infrastrukturbetreibern ein Gestaltungsspielraum eingeräumt wird.[77]

4. Bundesnetzagentur als Regulierungsbehörde

a) Rechtsform und Organisation

18   Eine eigene Regulierungsstelle entstand erstmals zum 01.01.1998 mit der Regulierungsbehörde für Telekommunikation und Post. Die RegTP ging aus dem Bundesministerium für Post und Telekommunikation und dem Bundesamt für Post und
Telekommunikation hervor. Parallel zur Ausdehnung der Tätigkeit auf weitere Re-
gulierungsfelder erfolgte im Jahr 2005 die Umbenennung in Bundesnetzagentur für
Elektrizität, Gas, Telekommunikation, Post und Eisenbahnen. Die BNetzA stellt
gemäß § 1 S. 2 BEGTPG[78] eine selbstständige Bundesoberbehörde im Geschäftsbereich des BMWi dar und hat ihren Sitz in Bonn. Sie wird gemäß § 3 Abs. 1 S. 1
BEGTPG von einem Präsidenten bzw. einer Präsidentin geleitet, der/die gemäß § 3
Abs. 2 BEGTPG durch zwei Vizepräsidenten oder -präsidentinnen unterstützt wird.

19   Die BNetzA entscheidet – nach dem Vorbild der Beschlussabteilungen des
BKartA – über alle wichtigen Fragen in justizähnlich ausgestalteten Verwaltungsverfahren durch Beschlusskammern (§ 132 TKG, § 59 EnWG und § 46 PostG).
Etwas anderes gilt, ohne erkennbaren Grund, nur für den Eisenbahnsektor.[79] Die mit
besonderer fachlicher Kompetenz ausgestatteten Beschlusskammern treffen ihre
Entscheidungen nach dem Kollegialprinzip in der Besetzung aus einem oder einer
Vorsitzenden sowie zwei beisitzenden Mitgliedern (→ § 4 Rn. 38). Im TK- und
im Postsektor ist in besonderen Fällen eine Entscheidung der Präsidentenkammer
vorgesehen (vgl. § 132 Abs. 3 und Abs. 4 S. 2 TKG bzw. § 46 Abs. 2 S. 1 PostG).

---

[76] Näher *Schmidt-Preuß*, in: Säcker (Hrsg.), Berliner Kommentar zum Energierecht, Bd. 1, 3. Aufl.
2014, Einl. C Rn. 182.

[77] Siehe insbesondere Art. 29 Abs. 1 RL 2012/34/EU (Art. 4 Abs. 1 RL 2001/14/EG); EuGH,
Rs. C-483/10, EU:C:2013:114, Rn. 49 – Kommission/Spanien; *Leitzke*, N&R 2013, 70; *Ludwigs*,
EWS 2013, 409 (410 f.).

[78] Gesetz über die Bundesnetzagentur für Elektrizität, Gas, Telekommunikation, Post und Eisenbahnen vom 07.07.2005, BGBl. I, S. 1970, 2009, zuletzt geändert durch Gesetz vom 26.07.2011,
BGBl. I, S. 1554.

[79] Kritisch auch *Gärditz* (→ § 4 Rn. 43).

Hinzuweisen ist noch auf zwei signifikante Besonderheiten bei der Organisa-   **20**
tion der Regulierungsverwaltung in den Netzindustrien *Energie* und *Eisenbahnen*.[80]
Im *Energiesektor* existieren neben der BNetzA auch *Landesregulierungsbehörden*
(§§ 54 f. EnWG). Diesen sind Regulierungszuständigkeiten für „kleine", nicht über
das Gebiet eines Landes hinausreichende Elektrizitäts- oder Gasverteilernetze mit
weniger als 100.000 Kunden zugewiesen.[81] Die Länder können die BNetzA allerdings im Wege einer *Organleihe* mit der Regulierung betrauen. Von dieser Möglichkeit haben Berlin, Brandenburg, Bremen, Mecklenburg-Vorpommern, Schleswig-
Holstein und Thüringen Gebrauch gemacht.[82]

Im *Eisenbahnsektor* findet eine kritikwürdige Aufteilung der Regulierungsauf-   **21**
gaben zwischen der BNetzA und den Eisenbahnaufsichtsbehörden von Bund und
Ländern statt. Die BNetzA ist gemäß § 2 Abs. 1 Nr. 4 BEGTPG nach Maßgabe des
Bundeseisenbahnverkehrsverwaltungsgesetzes[83] zuständig für das Recht des Zugangs zur Eisenbahninfrastruktur als Kernstück der Regulierung. Demgegenüber
obliegt die regulatorische Aufgabe einer Überwachung der Entflechtungsanforde-
rungen (§§ 9, 9a AEG) gemäß § 5a Abs. 1 S. 1 i. V. m. § 5 Abs. 1 Nr. 1, Abs. 1a AEG
den Eisenbahnaufsichtsbehörden von Bund und Ländern.[84] Die Rolle als Aufsichtsbehörde für die Eisenbahnen des Bundes wird dabei in § 5 Abs. 1a Nr. 1 lit. a/b,
Abs. 2 S. 1 AEG i. V. m. § 3 Abs. 1 S. 1 Nr. 2 BEVVG dem Eisenbahn-Bundesamt
(EBA) zugewiesen.

b) Unabhängigkeit

Zu den meistdiskutierten organisationsrechtlichen Fragen der Netzregulierung zählt   **22**
die Reichweite der regulierungsbehördlichen Unabhängigkeit. Während die *funktionelle Unabhängigkeit* der BNetzA von den regulierten Unternehmen anerkannt
ist[85], wird das Ausmaß ihrer politischen Unabhängigkeit kontrovers erörtert (→ § 4
Rn. 46 f.). Angestoßen wurde die Diskussion durch die jüngste Überarbeitung des
europarechtlichen Regelungsrahmens. Die Forderung nach politischer Unabhängigkeit findet sich aktuell sowohl in Art. 3 Abs. 3a der TK-Rahmenrichtlinie 2002/21/
EG als auch in Art. 35 Abs. 4 S. 2 lit. b der Strom-Richtlinie 2009/72/EG bzw.
Art. 39 Abs. 4 S. 2 lit. b der Gas-Richtlinie 2009/73/EG sowie in Art. 55 Abs. 3
UAbs. 4 der Eisenbahnrichtlinie 2012/34/EU. In allen genannten Vorschriften wer-
den Weisungen von staatlichen oder öffentlichen Stellen gegenüber den nationalen

---

[80] Vgl. daneben noch zu den Beiräten der BNetzA *Gärditz* (→ § 4 Rn. 42).

[81] Zum Länderausschuss (§ 60a Abs. 1 EnWG, § 8 BEGTPG) als Kooperationsinstanz vgl. *Gärditz*
(→ § 4 Rn. 44).

[82] Näher *Koenig/Kühling/Rasbach*, Energierecht, Kap. 10 Rn. 13.

[83] BEVVG vom 27.12.1993, BGBl. I, S. 2378, 2394, zuletzt geändert durch Gesetz vom
07.08.2013, BGBl. I, S. 3154.

[84] Hierzu *Schmitt/Staebe*, Einführung in das Eisenbahn-Regulierungsrecht, Rn. 610, dort auch zur
von der Mehrheit der Länder wahrgenommenen Möglichkeit der Übertragung der Eisenbahnauf-
sicht auf das EBA (siehe § 5 Abs. 2 S. 2 AEG).

[85] Instruktiv für den TK-Sektor *Ruffert/Schmidt*, in: Säcker, TKG, § 116 Rn. 13 f., die u. a. auf
Art. 3 Abs. 2 RL 2002/21/EG und Art. 87f Abs. 2 S. 2 GG verweisen.

Regulierungsstellen für unzulässig erklärt.[86] Allein im Postsektor fehlt eine entsprechende Regelung, was indes darauf zurückzuführen sein dürfte, dass die RL 97/67/EG älteren Datums ist und eine Reform aussteht.

23   Ungeachtet dieses unionsrechtlichen Befunds hat der deutsche Gesetzgeber bislang keinen Anlass gesehen, die überkommenen, ein umfassendes ministerielles Weisungsrecht voraussetzenden Regelungen in § 61 EnWG und § 117 TKG (→ § 4 Rn. 47) anzupassen.[87] Hierin liegt ein Umsetzungsdefizit[88], das im Lichte einer rein objektiven unmittelbaren Wirkung der hinreichend genauen und unbedingten Richtlinienbestimmungen zu korrigieren ist.[89]

24   Eine Erklärung für die Untätigkeit des Umsetzungsgesetzgebers könnte in der scharfen Kritik liegen, die der unionsrechtlich geforderten Ministerialfreiheit der nationalen Regulierungsbehörden entgegengebracht wird. Stein des Anstoßes ist ein möglicher Verstoß gegen das nationale Demokratieprinzip.[90] Dieses knüpft die Ausübung von Hoheitsgewalt im Bereich der unmittelbaren Staatsverwaltung an eine *personelle* und eine *sachlich-inhaltliche Legitimation*[91]: Zum einen muss sich die Bestellung der Amtsträger auf das Staatsvolk zurückführen lassen. Zum anderen müssen die Amtsträger im Auftrag und nach Weisung der Regierung handeln. Letzteres bedingt ein ministerielles Weisungsrecht und wird durch die richtlinienrechtlich geforderte „völlige Unabhängigkeit"[92] der Regulierungsbehörden infrage gestellt.

25   Das entstehende Defizit an sachlich-inhaltlicher Legitimation würdigen Teile der Literatur als Verstoß gegen das integrationsfeste (vgl. Art. 23 Abs. 1 S. 3 i. V. m.

---

[86] Soweit im Sekundärrecht auf die fortbestehende Möglichkeit einer Aufsicht „im Einklang mit dem nationalen Verfassungsrecht" verwiesen wird (vgl. z. B. Erwägungsgrund Nr. 11 und Art. 3 Abs. 3a UAbs. 1 S. 2 RL 2002/21/EG), ist hiermit allein eine gerichtliche bzw. (unmittelbare) parlamentarische Kontrolle angesprochen; näher *Ludwigs*, Die Verwaltung 44 (2011), 41 (44 ff., 46 ff.); a. A. *Kühling*, EnzEuR V, § 4 Rn. 56: „nationale Reserveklausel".

[87] Im Eisenbahnsektor läuft die Umsetzungsfrist bis zum 16.06.2015; aktuell ergibt sich das ministerielle Weisungsrecht aus § 4 Abs. 1 S. 1 BEVVG (Fachaufsicht des BMVI) sowie dem Rückschluss aus § 4 Abs. 3 BEVVG.

[88] Kritisch zu § 117 TKG *Eifert*, in: Ehlers/Fehling/Pünder, § 23 Rn. 136; zu § 61 EnWG *Ludwigs*, EnzEuR V, § 5 Rn. 166; mustergültig ist die Umsetzung dagegen z. B. in § 2 des Landesgesetzes zur Einrichtung einer Regulierungskammer Rheinland-Pfalz (RegKG RP) vom 08.10.2013, GVBl. RP, S. 355.

[89] Vgl. zu dieser Figur *Schroeder*, in: Streinz, Art. 288 AEUV Rn. 123 f. m. w. N.; aus der Rspr. EuGH, Rs. C-431/92, Slg. 1995, I-2189 Rn. 24 ff. – Großkrotzenburg; für eine europarechtskonforme Auslegung von § 117 TKG *Eifert*, in: Ehlers/Fehling/Pünder, § 23 Rn. 136.

[90] *Durner*, VVDStRL 70 (2011), 398 (436 ff.); *Gärditz*, AöR 135 (2010), 251 (275 ff., 285); *Kahl*, Der Staat 50 (2011), 353 (381).

[91] BVerfGE 93, 37 (67 f.); 107, 59 (87 f.); grundlegend Böckenförde, HStR³ II, § 24 Rn. 14 ff.

[92] Erwägungsgründe Nr. 33, 34 S. 1 RL 2009/72/EG bzw. Erwägungsgründe Nr. 29, 30 S. 1 RL 2009/73/EG.

Art. 79 Abs. 3 GG[93]) Demokratieprinzip.[94] Zugleich wird eine akzessorische Verletzung des unionsrechtlichen Gebots zur Achtung der nationalen Identität (Art. 4 Abs. 2 S. 1 EUV) diagnostiziert.[95] Dieser Kritik wird von anderen Stimmen entgegengehalten, dass sich das ministerielle Weisungsrecht den abgeschirmten Sachbereichen des Art. 79 Abs. 3 GG „kaum zuordnen [lässt]".[96] Ein vermittelnder Ansatz rekurriert auf die Rechtsprechung des BVerfG, wonach es lediglich eines „bestimmten Legitimationsniveaus" bedarf.[97] Dieses lasse sich durch die Etablierung eines ergänzenden sachlich-inhaltlichen Legitimationsstrangs in Form einer verstärkten direkten parlamentarischen Kontrolle der BNetzA (z. B. durch einen Bundestagsausschuss) realisieren.[98]

c) Einbindung in einen europäischen Regulierungsverbund

Den Unionsrechtsakten in den unterschiedlichen Netzsektoren liegt in vielfältiger **26** Weise die Annahme zugrunde, dass die isolierte Schaffung von Regulierungsstrukturen in den einzelnen Mitgliedstaaten nicht ausreicht, um ein effektives Funktionieren des Binnenmarktes zu gewährleisten. In den Netzindustrien Telekommunikation und Energie hat sich das festzustellende Ausmaß von Vollzugsteilung und -verflechtung[99] zu einem *europäischen Regulierungsverbund*[100] verdichtet. Kennzeichnend hierfür sind vor allem drei Elemente.[101] *Erstens* wurden neue Regulierungsinstanzen geschaffen. Für den *Energiesektor* ist diesbezüglich vor allem auf die mit eigener Rechtspersönlichkeit und (begrenzten) Entscheidungsbefugnissen ausgestattete Agentur für die Zusammenarbeit der Energie-Regulierungsbehörden (ACER) zu verweisen (→ Rn. 11 mit Fn. 55).[102] Im TK-Sektor wurde das Gremium Europäischer Regulierungsstellen für elektronische Kommunikation (GEREK) geschaffen, dem eine Beratungs- und Unterstützungsfunktion zukommt und das Stellungnahmen zu Maßnahmen der nationalen Regulierungsbehörden bzw.

---

[93] BVerfGE 89, 155 (182); 123, 267 (343).

[94] *Gärditz*, Regulierungsrechtliche Grundfragen des Legislativpakets für die europäischen Strom- und Gasbinnenmärkte, in: Löwer (Hrsg.), Neuere europäische Vorgaben für den Energiebinnenmarkt, 2010, S. 23 (50); *Kahl*, Kooperative Rechtsangleichung, in: FS Spellenberg, S. 697 (711).

[95] *Gärditz*, Regulierungsrechtliche Grundfragen des Legislativpakets für die europäischen Strom- und Gasbinnenmärkte, in: Löwer (Hrsg.), Neuere europäische Vorgaben für den Energiebinnenmarkt, 2010, S. 23 (52 ff.); *Kahl*, Grundzüge des Verwaltungsrechts in gemeineuropäischer Perspektive: Deutschland, in: von Bogdandy/Cassese/Huber (Hrsg.), Handbuch Ius Publicum Europaeum, Bd. 5, 2014, § 74 Rn. 44.

[96] *Ruffert*, Die neue Unabhängigkeit: Zur demokratischen Legitimation von Agenturen im europäischen Verwaltungsrecht, in: FS Scheuing, S. 399 (413 f.).

[97] BVerfGE 83, 70 (72); 89, 155 (182); 91, 228 (244); 93, 37 (67); 107, 59 (87); 130, 76 (124).

[98] Näher *Ludwigs*, Die Verwaltung 44 (2011), 41 (52 ff.); ähnlich *Kersten*, DVBl. 2011, 585 (590 f.).

[99] Zu diesen beiden „Grundelementen" der Verbundverwaltung *Britz*, EuR 2006, 46 (47 f.).

[100] Grundlegend zum Regulierungsverbund *Schneider*, ZWeR 2003, 381 (404 ff.).

[101] Für den Energiesektor bereits *Ludwigs*, DVBl. 2011, 41 (41 f.).

[102] Näher *Ludwigs*, EnzEuR V, § 5 Rn. 125 ff.

der Kommission abgibt (→ Rn. 9 mit Fn. 43).[103] *Zweitens* ist ein schleichender
Machtzuwachs der EU-Kommission zu verzeichnen, der in normativen Steuerungs-
befugnissen, Vetorechten und originären Entscheidungsbefugnissen zum Ausdruck
kommt.[104] Ein prägnantes Beispiel bilden für den Energiesektor die umfänglichen
Befugnisse der Kommission zum Erlass bindender Leitlinien[105]; im TK-Sektor ist
z. B. auf das Vetorecht bei der Marktabgrenzung und Feststellung von Marktbe-
herrschungsverhältnissen zu verweisen (→ Rn. 47). *Drittens* hat die aufgewertete
Stellung der EU-Kommission im institutionellen Gefüge auch zwangsläufig Auswirkungen auf die nationalen Regulierungsbehörden. Diesen wird eine stärker auf
die Unionsebene ausgerichtete Rolle zugewiesen. Die hiermit verbundene Europäisierung der Regulierungsverwaltung stellt im Zusammenspiel mit der durch die
politische Unabhängigkeit bedingten Herauslösung der Regulierungsbehörden aus
der nationalen Einflusssphäre (→ Rn. 22 ff.) eine fundamentale Herausforderung
für die mitgliedstaatliche Verfahrensautonomie dar.[106]

5. Instrumente der Marktregulierung

27   Wendet man sich in einem nächsten Schritt den Instrumenten zu, die von der Regulierungsbehörde eingesetzt werden, so kann zwischen klassischen Mitteln der
Wirtschaftsaufsicht und spezifischen Instrumenten der Regulierung differenziert
werden.[107]

a) Klassische Instrumente der Wirtschaftsaufsicht

28   Exemplarisch für das traditionelle Instrumentarium steht zum einen die Pflicht, vor
Aufnahme einer bestimmten Tätigkeit (z. B. des Netzbetriebs) eine Genehmigung
einzuholen (§ 4 EnWG, § 6 AEG, §§ 5 ff. PostG) bzw. die Tätigkeit zu melden (§ 6
TKG). Zum anderen enthalten die Regulierungsgesetze auch allgemeine Befugnisnormen zur Abstellung rechtswidrigen Handelns (§ 126 TKG, § 65 EnWG, § 14c
Abs. 1 AEG, § 44 S. 2 PostG i. V. m § 126 TKG[108]), zur Einholung von Auskünften
(§ 127 Abs. 1–3 TKG, § 69 Abs. 1 EnWG, § 14c Abs. 3 AEG, § 45 Abs. 1 und 2
PostG) sowie zum Betreten und Durchsuchen von Betriebs- und Geschäftsräumen
(§ 127 Abs. 4–6 TKG, § 69 Abs. 2–4 EnWG, § 14c Abs. 2 AEG, § 45 Abs. 4 PostG

---

[103] Siehe auch den Erwägungsgrund Nr. 6 der VO (EG) Nr. 1211/2009, wonach GEREK „weder
eine Gemeinschaftsagentur sein noch Rechtspersönlichkeit haben [sollte]“.

[104] Eingehend zum Energiesektor *Ludwigs*, in: Baur/Salje/Schmidt-Preuß, Kap. 39 Rn. 3 ff.; zum
TK-Sektor *Kühling*, EnzEuR V, § 4 Rn. 64 ff.

[105] Hierzu *Haller*, Der Verwaltungsverbund in der Energieregulierung, 2013, S. 162 ff.

[106] Pointierte Kritik bei *Gärditz*, AöR 135 (2010), 251 (268 f.).

[107] *Ziekow*, § 13 Rn. 18.

[108] Vgl. zur verwaltungsgerichtlichen Judikatur [z. B. BVerwG, NVwZ-RR 2006, 580 (581)], wonach sich § 44 S. 2 PostG auf die Regelungen des TKG 2004 nur insoweit erstreckt, als diese den in
der Verweisungsnorm aufgeführten Vorschriften des TKG 1996 inhaltlich entsprechen: *Ludwigs*,
in: Gärditz, §§ 137–139 TKG Rn. 74.

i. V. m. § 127 Abs. 4–6 TKG[109]). Spezialgesetzliche Ausprägungen zur kartellrechtlichen Missbrauchsaufsicht gemäß § 32 GWB[110] finden sich in § 42 TKG, den
§§ 30 f. EnWG sowie in § 32 PostG. Parallelregelungen zur Vorteilsabschöpfung
durch die Kartellbehörde gemäß § 34 GWB sind für die Regulierungsbehörde in
§ 43 TKG und § 33 EnWG enthalten.

b) Spezifische Regulierungsinstrumente

Zu den *spezifischen Regulierungsinstrumenten* zählen zuvörderst die Vorschriften   **29**
über die Eröffnung des *Netzzugangs*. Hierdurch soll wirksamer Wettbewerb auf
denjenigen Wertschöpfungsstufen ermöglicht werden, die dem Netz als *monopolis-
tischem Bottleneck* vor- bzw. nachgelagert sind. Die einschlägigen Regelungen
finden sich in den §§ 16 ff. TKG, §§ 20 ff. EnWG, § 14 AEG bzw. §§ 28 und 29
PostG. In den Sektoren Energie und Eisenbahnen kommt überdies den flankierenden Rechtsverordnungen (StromNZV, GasNZV, EIBV) eine wichtige Konkretisie-
rungsfunktion zu.

Um überhöhte Entgeltforderungen des Netzbetreibers auszuschließen, erfolgt   **30**
auf einer zweiten Stufe eine Regulierung der Zugangsentgelte. Die einschlägigen
Regelungen finden sich in den §§ 30 ff. TKG, §§ 21 ff. EnWG, § 14 AEG sowie in
§§ 29, 28 Abs. 2 und 3 i. V. m. §§ 19 und 20 PostG. Daneben ergeben sich auch hier
Präzisierungen aus einer Vielzahl von Begleitverordnungen (ARegV, StromNEV,
GasNEV, EIBV und PEntgV).

Entsprechend der Logik des *disaggregierten Regulierungsansatzes* (→ Rn. 6)   **31**
lassen sich in den Sektoren Telekommunikation, Energie und Eisenbahnen nur ganz
vereinzelt und nur praktisch nahezu bedeutungslose Vorschriften zur Kontrolle der
Endkundenentgelte nachweisen (§ 39 TKG, § 39 EnWG, § 12 AEG). Eine Ausnahme macht allein der Postsektor. Dort bedürfen gemäß § 19 S. 1 PostG grundsätzlich alle Entgelte, die ein marktbeherrschender Lizenznehmer auf einem Markt für
lizenzpflichtige Postdienstleistungen (§ 5 Abs. 1 PostG) erhebt, einer Genehmigung
durch die BNetzA.

Eine flankierende Funktion kommt dem Instrument der *Entflechtung* vertikal   **32**
integrierter Unternehmen zu. Unter einem solchen *Unbundling* ist die Separierung
der *monopolistischen Bottlenecks* (z. B. des Schienennetzes) von den wettbewerblich organisierten Bereichen (z. B. den Eisenbahnverkehrsleistungen) zu verstehen.
Hierdurch sollen Diskriminierungsanreize beim Netzzugang reduziert und Quer-
subventionierungen vermieden werden. Einschlägige Bestimmungen finden sich in
allen Netzindustrien. Die Intensität der Entflechtungsvorgaben reicht von der getrennten Rechnungslegung (§ 6b EnWG, § 9 Abs. 1 und 1a AEG, § 24 TKG; siehe
auch § 10 Abs. 2 PostG) und einem informationellen Unbundling (§ 6a EnWG[111])

---

[109] Vgl. (sinngemäß) den Hinweis in Fn. 108.

[110] Für eine Zuordnung der Kartellaufsicht zur Wirtschaftsaufsicht auch *Hecker*, Marktoptimierende Wirtschaftsaufsicht, 2007, S. 78; *Ruffert*, in: Ehlers/Fehling/Pünder, § 21 Rn. 25.

[111] Zur Herleitung einer informationellen Entflechtung im Eisenbahnsektor aus § 5 Abs. 2 EIBV
und § 14 Abs. 1 S. 1 AEG *Schmitt/Staebe*, Einführung in das Eisenbahn-Regulierungsrecht,
Rn. 229 ff.; ähnlich für den TK-Sektor *Mohr*, in: Säcker, TKG, § 40 Rn. 38 ff., unter Verweis auf
§ 40 TKG.

über die operationelle Management-Entflechtung (§ 7a EnWG, § 9 Abs. 1c bzw.
§ 9a Abs. 1 S. 1 und S. 2 Nr. 2–5 AEG; § 40 TKG; siehe auch § 10 Abs. 1 PostG)
bis hin zum gesellschaftsrechtlichen Unbundling (§ 7 EnWG, § 9a Abs. 1 S. 1 und
S. 2 Nr. 1 und 6 AEG; § 40 TKG[112]; siehe auch § 10 Abs. 1 PostG). Noch in keinem
Sektor wird dagegen eine vollständige eigentumsrechtliche Trennung von Netz und
Diensteebene verbindlich vorgegeben. Zwar wurde ein solches *ownership unbundling* im Kontext des Dritten Energiebinnenmarktpakets (→ Rn. 11) für die Transportnetzbetreiber diskutiert. Infolge des deutsch-französischen Widerstands kam es
aber letztlich zu einer Aufweichung in drei gleichberechtigte Entflechtungsvarian-
ten.[113] Diese werden nunmehr im EnWG den Transportnetzbetreibern zur Auswahl
gestellt und beinhalten als eigentumsrechtlich mildeste Variante die bloße Einrichtung eines unabhängigen Stromübertragungs-/Gasfernleitungsnetzbetreibers (sog.
Independent Transmission Operator) gemäß §§ 10 ff. EnWG.

33   Dem Konzept des Gewährleistungsstaats (→ Rn. 3) entsprechend finden sich in
den Regulierungsgesetzen schließlich auch Vorschriften zur Gewährleistung eines
Mindestniveaus an Versorgungsleistungen. In den Sektoren Telekommunikation
und Post sind insoweit die Regelungen über den *Universaldienst* gemäß §§ 78 ff.
TKG bzw. §§ 11 ff. PostG i. V. m. der Post-Universaldienstverordnung (PUDLV)[114]
einschlägig. Für den Energiesektor ist vor allem auf die Regelungen zur *Grundversorgung* in den §§ 36 ff. EnWG zu verweisen, die durch zwei Rechtsverordnungen[115] ergänzt werden.[116]

6. Rechtsschutz im Regulierungsrecht

34   Mit Blick auf den Rechtsschutz gegen regulierungsbehördliche Entscheidungen[117]
ist festzuhalten, dass es sich um öffentlich-rechtliche Streitigkeiten handelt, für
die in den Sektoren *Telekommunikation, Post und Eisenbahnen* gemäß § 40 Abs. 1
VwGO der Verwaltungsrechtsweg eröffnet ist. Es gelten hier daher die allgemeinen

---

[112] Zur Frage, ob sich die Anordnungsbefugnis der BNetzA aus § 40 TKG auch auf eine gesell-
schaftsrechtliche Entflechtung erstreckt, vgl. bejahend: *Mohr*, in: Säcker, TKG, § 40 Rn. 6, 22;
verneinend (unter Rekurs auf den Wortlaut) *Körber*, MMR 2011, 215 (218).

[113] Instruktiv *Schmidt-Preuß*, et 9/2009, 82.

[114] PUDLV vom 15.12.1999, BGBl. I, S. 2418, zuletzt geändert durch Gesetz vom 07.07.2005,
BGBl. I, S. 1970.

[115] Stromgrundversorgungsverordnung (StromGVV) vom 26.10.2006, BGBl. I, S. 2391, zuletzt
geändert durch Verordnung vom 22.10.2014, BGBl. I, S. 1631; Gasgrundversorgungsverordnung
(GasGVV) vom 26.10.2006, BGBl. I, S. 2391, 2396, zuletzt geändert durch Verordnung vom
22.10.2014, BGBl. I, S. 1631.

[116] Für den Eisenbahnsektor vgl. *Kühling*, Sektorspezifische Regulierung in den Netzwirtschaften,
S. 355, wonach in der Transportwirtschaft das System der gemeinwirtschaftlichen Leistungen dem
Universaldienstmechanismus der Post- und Telekommunikationsordnung entspricht.

[117] Eingehend *Ludwigs*, in: Gärditz, §§ 137–139 TKG (mit Einführung zum Verwaltungsrechtsschutz im Regulierungsrecht); siehe auch *Ruthig/Storr*, Rn. 532 ff.; *Schneider*, in: Fehling/Ruffert,
§ 22.

Vorschriften der VwGO, soweit diese nicht durch sektorbezogene Sonderregelungen (§§ 137 f. TKG, § 44 S. 2 PostG sowie § 37 AEG) überlagert werden. Sachlich und örtlich zuständiges Gericht ist aufgrund des Sitzes der BNetzA in Bonn das VG Köln (§§ 45, 52 Nr. 2 S. 1 VwGO i. V. m. § 17 Nr. 5 JustG NRW). Sektorenübergreifende Übereinstimmung besteht auch dahingehend, dass Rechtsbehelfe gegen Entscheidungen der BNetzA keinen *Suspensiveffekt* entfalten, was aus § 137 Abs. 1 TKG (i. V. m. § 44 S. 2 PostG) bzw. § 37 AEG folgt. Ein *verwaltungsbehördliches Vorverfahren* (§§ 68 ff. VwGO) findet vollumfänglich nur noch im Eisenbahnsektor statt, während es in den Netzindustrien Telekommunikation und Post gemäß § 137 Abs. 2 TKG (i. V. m. § 44 S. 2 PostG) gegen Beschlusskammerentscheidungen ausgeschlossen ist. Mit Blick auf den *Instanzenzug* gelten für die Sektoren Post und Eisenbahnen schließlich keine Besonderheiten, während im TK-Sektor eine Verkürzung des traditionellen dreizügigen Instanzenzugs erfolgt. Konkret wird für verwaltungsgerichtliche Verfahren gegen Beschlusskammerentscheidungen nach § 132 TKG die Berufung gegen ein Urteil und die Beschwerde gegen eine andere Entscheidung des im ersten Rechtszug entscheidenden VG ausgeschlossen (§ 137 Abs. 3 TKG).[118] Die Folge ist, dass das VG Köln im Hauptsacheverfahren die einzige Tatsacheninstanz bildet. Gegen seine Urteile steht den Beteiligten nur die Revision an das BVerwG zu (§ 135 S. 1 VwGO). Mit Blick auf den vorläufigen Rechtsschutz ergibt sich sogar, dass dieser allein beim VG Köln konzentriert ist.

Einen Sonderweg hat der Gesetzgeber im *Energiesektor* beschritten. Der Rechtsschutz gegen Entscheidungen der BNetzA bzw. der Landesregulierungsbehörden (§ 54 EnWG) wird hier durch die abdrängende Sonderzuweisung in §§ 75 Abs. 4, 86 Abs. 1 EnWG den zivilen Kartellgerichten zugewiesen. Nach dem Vorbild des GWB erfolgt eine Untergliederung in die Rechtsmittel der Beschwerde zum OLG (§§ 75–85 EnWG)[119] und der Rechtsbeschwerde zum BGH (§§ 86–88 EnWG).[120] Hiergegen bestehen aufgrund des gesetzgeberischen Gestaltungsspielraums zwar keine rechtlichen Bedenken. De *lege ferenda* erscheint mit Blick auf die „Kohärenz der regulierungsrechtlichen Dogmatik" aber eine Rechtswegvereinheitlichung wünschenswert.[121] Für die Zuständigkeit der Verwaltungsgerichtsbarkeit kann dabei vor allem angeführt werden, dass es sich materiell um Streitigkeiten in Verwaltungsrechtssachen handelt, für die die Verwaltungsgerichte typischerweise am besten gerüstet sind.[122]   **35**

---

[118] Zu den in § 137 Abs. 3 S. 2 TKG geregelten Ausnahmen vom Ausschluss der Beschwerde *Ludwigs*, in: Gärditz, §§ 137–139 TKG Rn. 19.

[119] Örtlich zuständig ist gemäß § 75 Abs. 4 EnWG das für den Sitz der Regulierungsbehörde zuständige OLG. Für die BNetzA besteht die örtliche Zuständigkeit des OLG Düsseldorf (§ 106 Abs. 2 EnWG i. V. m. § 92 Abs. 1 GWB bzw. § 2 der Kartellgerichte-Bildungs-VO vom 30.08.2011, GVBl. NRW, S. 469). Im Falle der Organleihe (→ Rn. 20) bestimmt sich die örtliche Zuständigkeit nach dem Sitz der entleihenden Behörde [BGHZ 176, 256 (258 ff.)].

[120] Für den prinzipiellen Ausschluss einer aufschiebenden Wirkung der Beschwerde vgl. § 76 Abs. 1 EnWG.

[121] *Schneider*, in: Fehling/Ruffert, § 22 Rn. 6; ausführlich *Gärditz*, Die Verwaltung 43 (2010), 309 (322 f.).

[122] Statt vieler *Schmidt-Aßmann*, In-camera-Verfahren, in: FS Schenke, S. 1147 (1154).

7. Abgrenzung zum Kartellrecht

36 Schwierige und im Einzelnen umstrittene Abgrenzungsfragen wirft schließlich das Verhältnis zwischen Kartellrecht und Regulierungsrecht auf.[123] Während das EnWG in § 111 Abs. 1 und 2 die Anwendbarkeit der §§ 19, 20 und 29 GWB insbesondere für die zentralen Bereiche des Netzzugangs und der Entgeltregulierung ausschließt, beschränken sich PostG und AEG auf die vage Feststellung, dass das GWB (§ 2 Abs. 3 PostG) bzw. die Aufgaben und Zuständigkeiten der Kartellbehörden nach dem GWB (§ 14b Abs. 2 S. 1 AEG) „unberührt" bleiben. Für den TK-Sektor stellt § 2 Abs. 4 S. 1 TKG zwar „klar", dass die Vorschriften des GWB Anwendung finden, „soweit nicht durch dieses Gesetz ausdrücklich abschließende Regelungen getroffen werden …". Der *Soweit-Satz* ist bei einer strikten Wortlautauslegung freilich sinnlos, weil sich aktuell keine einzige Bestimmung des TKG explizit für abschließend erklärt. Vor diesem Hintergrund erscheint es vorzugswürdig, nach dem Zweck des Gesetzes zu fragen und das Merkmal „ausdrücklich" im Sinne von „klar" und „eindeutig" bzw. „zweifelsfrei" zu interpretieren.[124] Zu bedenken ist insoweit, dass es teleologisch nicht überzeugt, neben den sektorspezifischen, wettbewerbsorientierten Verhaltenskontrollen zusätzlich § 19 GWB durch das BKartA anzuwenden.[125] Vor diesem Hintergrund spricht sowohl im TK-Sektor als auch in den Netzindustrien Post und Eisenbahnen viel für einen partiellen Vorrang des *sektorspezifischen Rechts*. Hiervon umfasst sind insbesondere die Vorschriften über die Zugangs- und Entgeltregulierung. Auf dieser Grundlage erscheint auch eine hinreichend trennscharfe und rechtsstaatlichen Grundsätzen entsprechende Zuständigkeitsabgrenzung zwischen Regulierungs- und Kartellbehörden möglich. Dessen ungeachtet wäre aus Gründen der Rechtssicherheit eine präzise Abgrenzungsregel wünschenswert, die sich am Vorbild der enumerativen Aufzählung abschließender Regelungen in § 111 Abs. 2 EnWG orientieren könnte. Nicht zur Disposition des nationalen Gesetzgebers steht im Übrigen das Missbrauchsverbot des Art. 102 AEUV. Unstreitig auch in den Netzwirtschaften anwendbar sind schließlich die beiden anderen Säulen des Kartellrechts, das Kartellverbot und die Fusionskontrolle.

II. Einführung in das Telekommunikationsrecht

1. Regulierungsziele, Gegenstand und Entwicklungsgeschichte[126]

37 Der TK-Sektor stellt neben der Energiewirtschaft das dynamischste Referenzgebiet der netzbezogenen Regulierung dar. Die drei übergreifenden Regulierungsziele bestehen in der Wettbewerbsförderung, der Gewährleistung flächendeckend ange-

---

[123] Eingehend *Ludwigs*, WuW 2008, 534 (534 ff., 537 ff., 542 ff., 545 ff.) m. w. N.; siehe auch *Kersten*, VVDStRL 69 (2010), 288 (326).

[124] *Säcker*, in: ders., TKG, § 2 Rn. 28.

[125] *Säcker*, in: ders., TKG, § 2 Rn. 26; siehe auch *Cornils*, in: Beck'scher TKG-Kommentar, § 2 Rn. 98.

[126] Vgl. zu den Rechtsquellen des TK-Rechts bereits → Rn. 9 f.

messener und ausreichender Dienstleistungen sowie der Förderung leistungsfähiger TK-Infrastrukturen. Während die beiden ersten Ziele auch verfassungsrechtlich (in Art. 87f Abs. 1 GG) abgestützt sind, wird Letzteres allein in § 1 TKG fixiert. Dass hiermit keine mindere Bedeutung für die Entwicklung des TK-Sektors verbunden ist, zeigt die am 20.08.2014 vom Bundeskabinett angenommene Digitale Agenda, in der einer „flächendeckende[n] Breitbandinfrastruktur" bis 2018 zentrale Bedeutung beigemessen wird.[127]

Der Begriff der Telekommunikation wurde 1994 im Zuge der Postreform II **38** (→ Rn. 39) in der Gesetzgebungskompetenz des Art. 73 Abs. 1 Nr. 7 Alt. 2 sowie in Art. 87f GG verfassungsrechtlich verankert und ersetzte den älteren (inhaltsgleichen) Terminus des „Fernmeldewesens". Einfachrechtlich knüpft § 3 Nr. 22 TKG an das vom BVerfG geprägte enge technische Begriffsverständnis an.[128] Nach der Legaldefinition handelt es sich bei der Telekommunikation um den „... technische[n] Vorgang des Aussendens, Übermittelns und Empfangens von Signalen mittels Telekommunikationsanlagen". Davon abzugrenzen sind vor allem die übermittelten Inhalte. Einschlägige Regelungen hierzu finden sich im Telemediengesetz[129] und im Rundfunkstaatsvertrag.[130]

Mit Blick auf die Entwicklungsgeschichte des TK-Rechts ist festzuhalten, dass **39** sich der Liberalisierungs- und Privatisierungsprozess in drei grundlegenden Schritten vollzogen hat.[131] Den Anfang machte 1989 die europarechtlich veranlasste[132] *Postreform I*. Hierdurch erfolgte eine Untergliederung der Deutschen Bundespost (DBP) in drei selbstständige öffentliche Unternehmen für Telekommunikation, Postdienste und Postbank. Diese neu gegründeten Unternehmen waren für das operative Geschäft zuständig, während die Wahrnehmung der Hoheitsaufgaben und der Aufsicht dem neu strukturierten Bundesministerium für Post und Telekommunikation (BMPT) oblagen. Eine Marktöffnung für andere Anbieter erfolgte dagegen zunächst im Wesentlichen allein in den Bereichen der Endgeräte und der Firmennetze. Die im Jahr 1994 folgende *Postreform II* war durch grundlegende Verfassungsänderungen geprägt. Im Zentrum stand neben der Herausnahme der Bundespost aus der bundeseigenen Verwaltung (Art. 87 Abs. 1 S. 1 GG) vor allem der neu ins Grundgesetz eingeführte Art. 87f GG (mit Übergangsrecht in Art. 143b GG). Darin enthalten sind ein Verfassungsauftrag zur (Aufgaben-)Privatisierung (Abs. 2 S. 2), die Anerkennung des Wettbewerbsprinzips (Abs. 2: „...und durch andere private Anbieter"), die Festschreibung der staatlichen Gewährleistungsverantwortung für ein Mindestniveau an Versorgungsleistungen (Abs. 1) sowie die Regelung der Verwaltungskompetenzen im Bundesstaat (Abs. 2 S. 2, Abs. 3). In der Folge wurden

---

[127] Bundesregierung, Digitale Agenda 2014–2017, 2014, S. 9.

[128] Zuletzt BVerfGE 130, 151 (185); grundlegend E 12, 205 (226).

[129] TMG vom 26.02.2007, BGBl. I, S. 179, zuletzt geändert durch Gesetz vom 31.05.2010, BGBl. I, S. 692.

[130] Staatsvertrag für Rundfunk und Telemedien (RStV) vom 31.08.1991, zuletzt geändert durch den fünfzehnten Staatsvertrag zur Änderung rundfunkrechtlicher Staatsverträge vom 15./21.12.2010.

[131] Instruktiv zum Folgenden *Holznagel/Enaux/Nienhaus*, Rn. 25 ff.

[132] Näher *Kühling/Schall/Biendl*, Telekommunikationsrecht, Rn. 5.

die drei öffentlichen Unternehmen „DBP Postdienst", „DBP Postbank" und „DBP Telekom" in AGs umgewandelt und sukzessive an die Börse gebracht.[133] Den entscheidenden letzten Schritt hin zur vollständigen Öffnung der TK-Märkte stellte das im Zuge der *Postreform III* erlassene TKG vom 25.07.1996[134] dar. Darin wurde das Ende des Monopols für den Sprachtelefondienst zum 01.01.1998 fixiert. In organisationsrechtlicher Hinsicht kam es zur Schaffung der RegTP als Vorgängerin der heutigen BNetzA (→ Rn. 18). Das derart aus der Taufe gehobene TKG 1996 wurde sodann im Jahr 2004 in Umsetzung des Richtlinienpakets der EG von 2002 neu gefasst. Acht Jahre später erfolgte eine, wiederum europarechtlich veranlasste, grundlegende Novellierung des Gesetzes (→ Rn. 9 f.).

2. Meldepflichten

40   Die Bereitstellung elektronischer Kommunikationsnetze oder -dienste darf gemäß Art. 3 Abs. 2 der Genehmigungsrichtlinie 2002/20/EG grundsätzlich nicht von einer ausdrücklichen Entscheidung oder einem anderen Verwaltungsakt der nationalen Regulierungsbehörde abhängig gemacht werden. Das vor Inkrafttreten des TKG 2004 geltende Lizenzregime musste vor diesem Hintergrund aufgegeben und durch ein Allgemeingenehmigungsregime (im Sinne einer generellen gesetzlichen Gestattung der Tätigkeit) ersetzt werden.[135] Nunmehr bestimmt § 6 Abs. 1 und 2 TKG – in Anlehnung an § 14 GewO –, dass die Aufnahme, Änderung oder Beendigung des gewerblichen Betriebs eines öffentlichen Telekommunikationsnetzes (§ 3 Nr. 27 TKG) unverzüglich und schriftlich bei der BNetzA zu melden ist. Gleiches gilt für die gewerbliche Erbringung von Telekommunikationsdiensten (§ 3 Nr. 24 TKG) für die Öffentlichkeit. Als *gewerblich* ist dabei jede Tätigkeit zu qualifizieren, die zumindest mit Kostendeckungsabsicht der Öffentlichkeit angeboten wird. Der im Gewerberecht konstitutiven Gewinnerzielungsabsicht (→ § 9 Rn. 12 f.) bedarf es im Hinblick auf das Bedürfnis nach umfassender Marktbeobachtung nicht.[136] *Öffentlich* meint einen unbestimmten Personenkreis; von der Meldepflicht u. U. ausgenommen sind daher Netze oder Dienste, die einen bestimmten eingeschränkten Nutzerkreis adressieren (z. B. *Corporate Network*).[137]

---

[133] *Kühling/Schall/Biendl*, Telekommunikationsrecht, Rn. 51; aktuell (Stand: Mitte 2014) hält der Bund (zum Teil über die KfW) noch 31,7 % der Anteile an der Deutschen Telekom AG sowie 21 % an der Deutschen Post AG. Zur Grundrechtsfähigkeit der beiden gemischt-wirtschaftlichen Unternehmen vgl. bejahend (explizit für die seinerzeit sogar noch in mehrheitlichem Staatsbesitz befindliche Deutsche Telekom AG) BVerfGE 115, 205 (227 f.); näher *Ludwigs*, Unternehmensbezogene Effizienzanforderungen, S. 217 ff.

[134] BGBl. I, S. 1120.

[135] *Schliesky*, S. 308 f.; näher *Tornow*, in: Säcker, TKG, § 6 Rn. 2.

[136] *Tornow*, in: Säcker, TKG, § 6 Rn. 25; *Ziekow*, § 14 Rn. 9 f.

[137] *Tornow*, in: Säcker, TKG, § 6 Rn. 26; *Ziekow*, § 14 Rn. 9 f.

3. Vergabe von Frequenzen, Nummern und Wegerechten

Die BNetzA ist im Weiteren auch für die *Frequenzvergabe* im TK-Sektor zustän- **41**
dig.[138] Frequenzen[139] werden in technischer Hinsicht[140] benötigt, um funkgestützte
TK-Netze aufzubauen und zu betreiben.[141] Zur Sicherstellung einer effizienten und
störungsfreien Frequenznutzung und unter Berücksichtigung der allgemeinen Regulierungsziele des § 2 TKG wird in den §§ 52 ff. TKG eine völker- und europarechtlich vorgeprägte[142] Frequenzordnung etabliert. Deren Herzstück bildet das mehrstu-
fige, auf fortschreitende Konkretisierung hin angelegte *Verfahren der Frequenzvergabe.* Dieses umfasst gemäß § 52 Abs. 1 TKG die Zuweisung der Frequenzbereiche
und ihre Aufteilung in Frequenznutzungen sowie die Zuteilung der Frequenzen
und die nachgelagerte Überwachung der Frequenznutzungen.[143] Hinsichtlich der
eigentlichen *Frequenzzuteilung* besteht ein Regel-Ausnahme-Verhältnis zwischen
Allgemeinzuteilung und Einzelzuteilung. Grundsätzlich werden Frequenzen von
Amts wegen als Allgemeinzuteilungen durch die BNetzA zugeteilt (§ 55 Abs. 2
TKG). Wer die abstrakten Kriterien der Allgemeinzuteilung erfüllt, darf die in ihren
Anwendungsbereich fallenden Tätigkeiten ohne Weiteres aufnehmen. Eine Einzelzuteilung gemäß § 55 Abs. 3 TKG erfolgt demgegenüber nur, wenn eine Allgemeinzuteilung (§ 35 S. 2 VwVfG) nicht möglich ist. Hiervon ist vor allem dann auszugehen, wenn eine Gefahr von funktechnischen Störungen nicht anders ausgeschlossen
werden kann oder wenn dies zur Sicherstellung einer effizienten Frequenznutzung
notwendig ist. Bei bestehender *Frequenzknappheit* ist die BNetzA regelmäßig verpflichtet, ein Vergabeverfahren nach § 61 TKG anzuordnen.[144] Mit einer solchen
Vergabeanordnung gemäß § 55 Abs. 10 S. 1 TKG verwandelt sich der Anspruch auf
Einzelzuteilung von Frequenzen (§§ 55 Abs. 3 S. 1, Abs. 5 S. 1 TKG) in einen Anspruch auf chancengleiche Teilnahme am Vergabeverfahren.[145] Der Regulierungsbehörde stehen dabei mit dem grundsätzlich vorrangigen Versteigerungsverfahren
gemäß § 61 Abs. 1, Abs. 2 S. 1 i. V. m. Abs. 4 TKG und dem Ausschreibungsverfahren nach § 61 Abs. 1 i. V. m. Abs. 5 TKG zwei Varianten zur Auswahl. Das überein-
stimmende Ziel beider Vergabearten ist die Ermittlung des oder der Antragsteller,

---

[138] Zu Rechtsschutzfragen im Kontext der Frequenzvergabe vgl. *Ludwigs*, in: Gärditz, §§ 137–139
TKG Rn. 37 (Drittschutz), 44 (Kontrolldichte) m. w. N.; siehe auch *Bier*, in: Säcker, TKG, Vor
§ 137 Rn. 16 ff.

[139] Als „Frequenz" wird die Anzahl der in Hertz gemessenen Schwingungen einer elektromagneti-
schen Welle pro Sekunde bezeichnet (*Riegner/Kühn/Korehnke*, in: Beck'scher TKG-Kommentar,
Vor §§ 52 ff. Rn. 49).

[140] Für eine Einführung zu den technischen Hintergründen der TK-Regulierung *Kühling/Schall/
Biendl*, Telekommunikationsrecht, Rn. 92 ff.

[141] *Sörries*, in: Säcker, TKG, § 52 Rn. 2 f.

[142] Vgl. den Überblick bei *Ludwigs*, Unternehmensbezogene Effizienzanforderungen, S. 358 ff.

[143] Eingehend zuletzt *F. Wollenschläger*, Verteilungsverfahren, S. 429 ff.

[144] BVerwGE 139, 226 (235) unter Rekurs u. a. auf die Bindung an Art. 12 Abs. 1 und Art. 3 Abs. 1
GG.

[145] BVerwGE 139, 226 (230).

„die am besten geeignet sind, die zu vergebenden Frequenzen effizient zu nutzen" (§ 61 Abs. 3 S. 1 TKG).[146]

42   Neben der Frequenzzuteilung nimmt die BNetzA nach Maßgabe der §§ 66 und 67 TKG[147] auch die Aufgabe der *Nummernverwaltung* wahr. Der Regulierungsbehörde obliegt nach § 66 Abs. 1 S. 2 TKG insbesondere die Strukturierung und Ausgestaltung des Nummernraumes. Darüber hinaus teilt die Regulierungsbehörde gemäß § 66 Abs. 1 S. 3 TKG Nummern an Betreiber von TK-Netzen, Anbieter von TK-Diensten und Endnutzer zu.

43   Die Vergabe knapper Ressourcen bildet auch den Hintergrund der telekommunikationsrechtlichen Spezialregelungen über die Vergabe von Wegerechten. Diese sind zwingende Voraussetzung für die Etablierung von TK-Netzen, deren Aufbau und Erweiterung zwangsläufig mit der Einbeziehung und Nutzung fremder Grundstücksflächen verbunden ist.[148] Die Vorschriften zu den Wegerechten (§§ 68–77e TKG) statuieren hierzu ein System von Rechten und Pflichten sowohl der Nutzungsberechtigten als auch der Verpflichteten.

4. Marktregulierung im TK-Sektor

a) Marktregulierungsverfahren

44   Kennzeichnend für die Marktregulierung im TK-Sektor ist die verfahrensrechtliche Einbettung in das durch die TK-Rahmenrichtlinie 2002/21/EG vorgeprägte Marktdefinitions- und Marktanalyseverfahren gemäß §§ 10–12 TKG.[149] Danach werden von vornherein nur solche Unternehmen den regulatorischen Verpflichtungen aus Teil 2 des TKG unterworfen, die gemäß § 11 TKG über beträchtliche Marktmacht auf Märkten verfügen, welche nach dem Ergebnis der Marktdefinition gemäß § 10 TKG für eine sektorspezifische Regulierung in Betracht kommen. Zuständig für die Durchführung des Verfahrens ist die BNetzA im Zusammenwirken mit der Kommission, den anderen nationalen Regulierungsbehörden sowie dem GEREK. Die Entscheidung, ob es überhaupt zu einer sektorspezifischen Regulierung oder nur zur Anwendung des (von vornherein auf eine *ex-post*-Missbrauchsaufsicht beschränkten) Kartellrechts kommt, wird mithin auf *administrativer Ebene* getroffen und nicht durch den Gesetzgeber vorgegeben. Das derart weichenstellende Marktregulierungsverfahren vollzieht sich dabei in einem Dreischritt aus Marktdefinition, Marktanalyse und Verpflichtungsentscheidung.

---

[146] Zur Effizienz der Frequenznutzung als Auswahlkriterium *Ludwigs*, Unternehmensbezogene Effizienzanforderungen, S. 373 ff.

[147] Vgl. ergänzend die Telekommunikations-Nummerierungsverordnung (TNV) vom 05.02.2008, BGBl. I, S. 141, zuletzt geändert durch Gesetz vom 07.08.2013, BGBl. I, S. 3154.

[148] *Kühling/Schall/Biendl*, Telekommunikationsrecht, Rn. 569.

[149] Eingehend *Kühling/Schall/Biendl*, Telekommunikationsrecht, Rn. 150 ff.; *Neumann/Koch*, Telekommunikationsrecht, Kap. 3 Rn. 10 ff.

aa) Marktdefinition

Der Marktregulierung unterliegen gemäß § 9 Abs. 1 TKG nur solche Märkte, bei　**45**
denen die Voraussetzungen des § 10 TKG vorliegen. § 10 Abs. 1 TKG weist der
BNetzA die Aufgabe zu, die – nach kartellrechtlichen Grundsätzen abzugrenzenden
– sachlich und räumlich relevanten TK-Märkte festzulegen, die für eine Regulierung in Betracht kommen. Maßgebliche Bedeutung kommt dem sog. Drei-Kriterien-Test des § 10 Abs. 2 S. 1 TKG zu. Danach kommen nur solche Märkte für eine
Regulierung in Betracht, die kumulativ *erstens* durch beträchtliche und anhaltende
strukturell oder rechtlich bedingte Marktzutrittsschranken gekennzeichnet sind,
zweitens längerfristig nicht zu wirksamem Wettbewerb tendieren und auf denen
drittens die Anwendung des allgemeinen Wettbewerbsrechts allein nicht ausreicht,
um dem betreffenden Marktversagen entgegenzuwirken. Bei der Bestimmung der
Märkte hat die BNetzA gemäß § 10 Abs. 2 S. 3 TKG insbesondere die aufgrund von
Art. 15 Abs. 1 der TK-Rahmenrichtlinie 2002/21/EG veröffentlichte Kommissionsempfehlung 2014/710/EU[150] „weitestgehend" zu berücksichtigen. Die Pflicht zur
„weitestgehenden" Berücksichtigung schließt es zwar nicht aus, dass die BNetzA
über die im Anhang der Empfehlung aufgelisteten vier (früher sieben bzw. 18) TK-
Märkte hinaus zusätzliche Märkte definiert oder aber empfohlene Märkte weiter
oder enger abgrenzt als empfohlen.[151] Das BVerwG entnimmt Art. 15 Abs. 1, 3 der
TK-Rahmenrichtlinie 2002/21/EG i. V. m. § 10 Abs. 2 S. 3 TKG aber immerhin
eine gesetzliche Vermutung dafür, „dass die in der Märkte-Empfehlung aufgeführten Märkte auch in Deutschland potentiell ... regulierungsbedürftig sind".[152] Der
BNetzA obliege insoweit eine „„nachvollziehende Bewertung', die einerseits die
von der Vermutung ausgehende Vorprägung, andererseits auch und insbesondere
vom europäischen Standard abweichende nationale Besonderheiten angemessen
berücksichtigt".[153] Eine eigenständige Prüfung und Begründung bleibt daher freilich auch dann unverzichtbar, wenn sich die Regulierungsbehörde der Empfehlung
im Ergebnis anschließt.

Im Rahmen der Marktdefinition, für die nach § 132 Abs. 4 S. 2 TKG die Präsi-　**46**
dentenkammer zuständig ist, sind vielfältige Formen der Verfahrensbeteiligung vorgesehen. Auf nationaler Ebene verlangt zum einen § 123 Abs. 1 TKG die Erteilung
des Einvernehmens (im Sinne einer Zustimmung) durch das BKartA. Zum anderen
muss die BNetzA ihre Entwürfe in das *nationale Konsultationsverfahren* gemäß

---

[150] Empfehlung der Kommission vom 09.10.2014 über relevante Produkt- und Dienstmärkte des
elektronischen Kommunikationssektors, die aufgrund der RL 2002/21/EG des Europäischen Parlaments und des Rates über einen gemeinsamen Rechtsrahmen für elektronische Kommunikationsnetze und -dienste für eine Vorabregulierung in Betracht kommen, ABl. EU L 295/79.

[151] BVerwGE 131, 41 (49).

[152] BVerwGE 131, 41 (49); NVwZ 2011, 563 (564).

[153] BVerwGE 148, 48 (68 f.); NVwZ 2011, 563 (564).

§ 12 Abs. 1 TKG einbringen. Dort erhalten alle „interessierten Parteien"[154] die Gelegenheit, binnen einer festgesetzten (regelmäßig einmonatigen) Frist zum Entwurf
der Ergebnisse nach § 10 TKG Stellung zu nehmen.

47   Weitaus komplexer gestaltet sich das Zusammenwirken im europäischen Re-
gulierungsverbund (→ Rn. 26): Hat die Marktdefinition – was regelmäßig ohne
nähere Begründung bejaht wird[155] – Auswirkungen auf den Handel zwischen den
EU-Mitgliedstaaten, ist gemäß § 10 Abs. 3 TKG im Anschluss an das nationale
Konsultationsverfahren das *unionsweite Konsolidierungsverfahren* gemäß § 12
Abs. 2 TKG durchzuführen.[156] Der BNetzA-Entwurf ist hier der Kommission, dem
GEREK und den Regulierungsbehörden der anderen Mitgliedstaaten (bei gleich-
zeitiger Unterrichtung) zur Verfügung zu stellen und deren Stellungnahmen „weitestgehend Rechnung zu tragen" (Nr. 1 und 2).[157] Weicht die BNetzA in ihrem Entwurf von der Märkte-Empfehlung 2014/710/EU ab, kann die Kommission innerhalb der Monatsfrist des § 12 Abs. 2 Nr. 1 S. 3 TKG im Vetoverfahren nach § 12
Abs. 2 Nr. 3 TKG gegen den von der BNetzA erstellten Entwurf der Marktdefinition vorgehen.[158] Konkret ist die Kommission zunächst befugt, einen Aufschub der
Marktfestlegung um zwei Monate zu erwirken. Innerhalb dieses Zeitraums kann
sie beschließen, die Regulierungsbehörde aufzufordern, den notifizierten Entwurf
zurückzuziehen. Die BNetzA hat dann nur die Möglichkeit, den Entwurf entweder
innerhalb von sechs Monaten zu ändern oder ihn zurückzuziehen. Entscheidet sie
sich für die erstgenannte Option, führt die Regulierungsbehörde zum geänderten
Entwurf erneut das Konsultationsverfahren gemäß § 12 Abs. 1 TKG durch und legt
ihn der Kommission nach § 12 Abs. 2 TKG vor (§ 12 Abs. 2 Nr. 3 S. 3 TKG). Zieht
die BNetzA den Entwurf zurück, hat sie das BMWi über den Beschluss der Kommission zu unterrichten (§ 12 Abs. 2 Nr. 3 S. 4 TKG).

Übersicht 4: Märkte der Kommissionsempfehlung 2014/710/EU (Anhang)[159]

Markt 1: Anrufzustellung auf der Vorleistungsebene in einzelnen öffentlichen
         Telefonnetzen an festen Standorten

Markt 2: Anrufzustellung auf der Vorleistungsebene in einzelnen Mobilfunk-
         netzen

Markt 3: a) Auf der Vorleistungsebene an festen Standorten lokal bereitge-
            stellter Zugang

---

[154] Näher zum Begriff der – jedenfalls die Beteiligten i. S. v. § 134 Abs. 2 TKG umfassenden –
„interessierten Parteien" *Korehnke/Ufer*, in: Beck'scher TKG-Kommentar, § 12 Rn. 10.

[155] Darauf hinweisend *Kühling/Schall/Biendl*, Telekommunikationsrecht, Rn. 230.

[156] Zur Unanwendbarkeit beider Verfahren in Eilfällen gemäß § 12 Abs. 3 TKG *Kühling/Schall/
Biendl*, Telekommunikationsrecht, Rn. 236 f.

[157] *Ziekow*, § 14 Rn. 24.

[158] Für Einzelheiten vgl. *Kühling/Schall/Biendl*, Telekommunikationsrecht, Rn. 232.

[159] Instruktiv zu den vordefinierten Märkten *Kühling/Schall/Biendl*, Telekommunikationsrecht,
Rn. 176 ff., noch zur sieben Märkte umfassenden Empfehlung 2007/879/EG.

b) Für Massenmarktprodukte auf der Vorleistungsebene an festen
Standorten zentral bereitgestellter Zugang
Markt 4: Auf der Vorleistungsebene an festen Standorten bereitgestellter
Zugang zu Teilnehmeranschlüssen von hoher Qualität

bb) Marktanalyse

Im Hinblick auf die nach § 10 TKG festgelegten, potentiell regulierungsbedürftigen **48**
Märkte prüft die BNetzA gemäß § 11 Abs. 1 S. 1 TKG auf einer *zweiten Stufe* im
Marktanalyseverfahren, ob auf dem untersuchten Markt *wirksamer Wettbewerb* besteht. Dies ist gemäß § 3 Nr. 31 und § 11 Abs. 1 S. 2 TKG dann *nicht* der Fall, wenn
ein oder mehrere Unternehmen auf diesem Markt über beträchtliche Marktmacht verfügen. Das Kriterium der *beträchtlichen Marktmacht* gilt dann als erfüllt, wenn ein
Unternehmen entweder allein oder gemeinsam mit anderen eine der Beherrschung
gleichkommende Stellung einnimmt. Hiervon wiederum ist dann auszugehen, wenn
das Unternehmen eine wirtschaftlich starke Stellung innehat, die es ihm erlaubt, sich in
beträchtlichem Umfang unabhängig von Wettbewerbern und Endnutzern zu verhalten.

Die BNetzA hat gemäß § 11 Abs. 3 TKG die im Jahr 2002 von der EU-Kommis- **49**
sion aufgestellten Leitlinien zur Marktanalyse und Ermittlung beträchtlicher Marktmacht[160] „weitestgehend" zu berücksichtigen. Danach bildet vor allem der Marktanteil einen wichtigen Indikator für die Dominanz eines Unternehmens. Die Kommission verweist insoweit z. B. explizit auf die *AKZO*-Rechtsprechung des EuGH[161] und
betont, dass „besonders hohe Marktanteile – über 50 % – ohne Weiteres, von außergewöhnlichen Umständen abgesehen – den Beweis für das Vorliegen einer beherrschenden Stellung [liefern]".[162] Neben dem Marktanteilskriterium werden aber auch diverse weitere (nicht abschließende) Kriterien (z. B. die Gesamtgröße des Unternehmens
oder die Kontrolle über nicht leicht zu duplizierende Infrastruktur) aufgezählt.[163] Die
Leitlinien enthalten schließlich auch Konkretisierungen sowohl zur Feststellung einer
gemeinsamen Dominanz mehrerer Unternehmen gemäß § 11 Abs. 1 S. 2 TKG als auch
zur *Marktmachtübertragung auf Nachbarmärkte* gemäß § 11 Abs. 1 S. 4 TKG.[164]

Im Hinblick auf die Verfahrensbeteiligungen behördlicher und nichtbehördlicher **50**
Akteure auf nationaler und europäischer Ebene finden ausweislich von § 123 Abs. 1
TKG bzw. § 11 Abs. 4 und § 12 TKG die gleichen Grundsätze Anwendung wie im
Rahmen der Marktdefinition (→ Rn. 47). Vor diesem Hintergrund erklärt sich auch,

---

[160] Leitlinien der Kommission zur Marktanalyse und Ermittlung beträchtlicher Marktmacht nach
dem gemeinsamen Rechtsrahmen für elektronische Kommunikationsnetze und -dienste, ABl. EG
2002 C 165/6; zur Berücksichtigungspflicht auch bei der Marktdefinition vgl. § 10 Abs. 2 S. 3
TKG.

[161] EuGH, Rs. C-62/86, Slg. 1991, I-3359, Rn. 60 – AKZO/Kommission.

[162] Tz. 75 der Leitlinien, wo zudem darauf hingewiesen wird, dass bei einem Marktanteil unter
25 % keine Marktbeherrschung anzunehmen sein dürfte, wohl aber regelmäßig bei über 40 %.

[163] Tz. 78 der Leitlinien.

[164] Tz. 86–106 bzw. 83–85 der Leitlinien.

weshalb Marktdefinition und Marktanalyse in der Praxis stets gemeinsam durchgeführt werden.[165]

cc) Verpflichtungsebene (Regulierungsverfügung)

51   Bei festgestellter Regulierungsbedürftigkeit steht es gemäß §§ 9 Abs. 2, 13 Abs. 1 TKG auf einer *dritten Stufe* im (Auswahl-)Ermessen der BNetzA, den Unternehmen mit beträchtlicher Marktmacht in einer Regulierungsverfügung eine oder mehrere Verpflichtungen nach den §§ 19, 20, 21, 23, 24, 30, 39 oder § 42 Abs. 4 S. 3 TKG aufzuerlegen bzw. diese zu ändern, beizubehalten oder zu widerrufen. Für den in § 9 Abs. 3 i. V. m. § 18 TKG geregelten Spezialfall, dass ein Unternehmen *ohne* beträchtliche Marktmacht den Zugang zu Endnutzern kontrolliert, bestimmt § 13 Abs. 1 S. 5 TKG, dass die Regulierungsverfügung auch Verpflichtungen nach § 18 TKG enthalten kann.[166]

52   Hervorzuheben ist, dass die Abhilfemaßnahmen dem Regulierungsadressaten in *abstrakter Form* auferlegt werden. Eine Konkretisierung erfolgt entweder auf privatautonomem Wege oder ist Gegenstand eigenständiger Verwaltungsverfahren (wie der Zugangsanordnung gemäß § 25 TKG oder der Entgeltgenehmigung nach § 31 Abs. 1 S. 1 Nr. 1 TKG).[167]

53   Die Regulierungsverfügung ergeht gemäß §§ 13 Abs. 5, 132 Abs. 1 TKG im Beschlusskammerverfahren zusammen mit den Ergebnissen von Marktdefinition und Marktanalyse als *einheitlicher Verwaltungsakt* i. S. d. § 35 S. 1 VwVfG. Sie soll eine abschließende Gesamtregelung aller Fragen bewirken, die die Regulierungsbedürftigkeit des von der BNetzA nach den §§ 10 und 11 TKG definierten und analysierten Marktes aufwirft.[168]

54   Im Hinblick auf die Verfahrensbeteiligungen gelten im Vergleich zur Marktdefinition und Marktanalyse einige Besonderheiten. Zum einen muss die BNetzA dem BKartA vor Abschluss des Verfahrens nur Gelegenheit zur Stellungnahme bezüglich der vorgesehenen Abhilfemaßnahmen geben (§ 123 Abs. 1 S. 2 TKG). Ein Einvernehmen ist nicht erforderlich. Zum anderen hat die BNetzA gemäß § 13 Abs. 1 und 4 TKG zwar auch vor Erlass einer Regulierungsverfügung regelmäßig ein Konsultations- und Konsolidierungsverfahren durchzuführen. Ein zentraler Unterschied zum Marktdefinitions- und -analyseverfahren besteht aber darin, dass der Kommission im Rahmen der Regulierungsverfügung *kein Vetorecht* zukommt. Dies folgt aus dem fehlenden Verweis auf § 12 Abs. 2 Nr. 3 TKG in § 13 Abs. 1 S. 2 TKG. Das Letztentscheidungsrecht über die zu treffenden Maßnahmen liegt mithin bei der BNetzA. Hieran ändert auch das im Zuge der TKG-Novelle 2012 eingeführte Aufschubverfahren gemäß § 13 Abs. 4 TKG nichts, wird der Kommission hier doch letztlich „nur" die Möglichkeit zur Auslösung einer dreimonatigen Sperrfrist eröffnet.[169]

---

[165] Darauf hinweisend *Neumann/Koch*, Telekommunikationsrecht, Kap. 3 Rn. 97.

[166] *Kühling/Schall/Biendl*, Telekommunikationsrecht, Rn. 242.

[167] Ibid; zur Konsolidierungspflicht von konkreten Regulierungsmaßnahmen der BNetzA vgl. die EuGH-Vorlage des BVerwG vom 25.06.2014, NVwZ 2014, 1586.

[168] BVerwGE 130, 39 (46 f.).

[169] Für Einzelheiten vgl. *Kühling/Schall/Biendl*, Telekommunikationsrecht, Rn. 249 f.

Übersicht 5: Dreistufiges Marktregulierungsverfahren

Stufen	Stufe 1: Marktdefinition	Stufe 2: Marktanalyse	Stufe 3: Verpflichtungsentscheidung
Norm	§ 10 TKG	§ 11 TKG	Regulierungsverfügung gemäß § 13 Abs. 1 TKG
Inhalt	Ermittlung der potentiell regulierungsbedürftigen Märkte *Unterstufe 1:* Marktabgrenzung (Abs. 1) *Unterstufe 2:* Anwendung des Drei-Kriterien-Tests (Abs. 2)	Untersuchung auf das Bestehen wirksamen Wettbewerbs (Identifizierung eines oder mehrerer Unternehmen mit beträchtlicher Marktmacht)	Auferlegung, Änderung, Beibehaltung oder Widerruf von Verpflichtungen aus den Abschnitten 2–5 des TKG *Beachte:* Erlass der Regulierungsverfügung als einheitlichem VA mit den Ergebnissen von Marktdefinition und Marktanalyse
Zuständigkeit	Präsidentenkammer, § 132 Abs. 4 S. 2 TKG	Präsidentenkammer, § 132 Abs. 4 S. 2 TKG	Beschlusskammer, § 132 Abs. 1 S. 1 TKG
Verfahrensbeteiligung	Zusammenarbeit mit BKartA (§ 123 Abs. 1 TKG) sowie Durchführung des nationalen Konsultationsverfahrens und des unionsweiten Konsolidierungsverfahrens (§ 12 TKG) *Beachte:* Vetorecht der Kommission nur in Bezug auf Marktdefinition und -analyse!		
Intervall	*Grundsatz:* Überprüfung im Drei-Jahres-Rhythmus (§ 14 Abs. 2 S. 1 TKG) – *Ausnahmen:* § 14 Abs. 1 TKG		
Kontrolldichte	Beurteilungsspielraum	Beurteilungsspielraum	Regulierungsermessen

dd) Rechtsschutzfragen

In der Rechtsschutzperspektive ist zu beachten, dass die Ergebnisse des Marktde- **55**
finitions- und Marktanalyseverfahrens nicht isoliert vor den Verwaltungsgerichten
angegriffen werden können. Rechtsschutz ist allein über eine inzidente Prüfung der
Regulierungsverfügung als „einheitlichem Verwaltungsakt" zu erlangen (vgl. § 13
Abs. 5 TKG).[170] Klagebefugt ist im Wege der Anfechtungsklage nach § 42 Abs. 1
Alt. 1 VwGO zum einen das marktmächtige Unternehmen, dem durch die Regulierungsverfügung bestimmte Verpflichtungen auferlegt werden.[171] Zum anderen

---

[170] BVerwG, NVwZ-RR 2009, 653 (654); siehe auch *Ziekow*, § 14 Rn. 25.
[171] Zur Möglichkeit der Teilanfechtung vgl. BVerwG, MMR 2012, 628 (631).

können auch Wettbewerber Klage auf Erlass einer Regulierungsverfügung erheben, soweit sie drittschützende Vorschriften geltend machen. Ein solches konkurrenten-schützendes Recht hat das BVerwG für die Verpflichtungen zur Zugangsgewährung (§ 21 TKG), Herstellung von Transparenz (§ 20 TKG), getrennten Rechnungsfüh-rung (§ 24 TKG) sowie zur Gleichbehandlung (§ 19 TKG) anerkannt.[172] Im Gegen-satz dazu erfolgen Marktdefinition und Marktanalyse (§§ 10 und 11 TKG) allein im öffentlichen Interesse.[173] Voraussetzung für die Zulässigkeit einer Verpflichtungs-klage gemäß § 42 Abs. 1 Alt. 2 VwGO ist im Übrigen, dass vom Konkurrenzunter-nehmen zuvor ein entsprechender Antrag an die BNetzA gerichtet wird.[174]

56   Mit Blick auf die *gerichtliche Kontrolldichte* ist hervorzuheben, dass der BNetzA in § 10 Abs. 2 S. 2 TKG explizit ein gerichtlich nur eingeschränkt überprüfbarer Beurteilungsspielraum zugewiesen wird. Die derart eingeräumte Entscheidungs-prärogative erstreckt sich nicht nur auf den Drei-Kriterien-Test in § 10 Abs. 2 S. 1 TKG.[175] Vielmehr werden aufgrund der integrativen Systematik der §§ 10 und 11 TKG auch die Marktabgrenzung gemäß § 10 Abs. 1 TKG sowie die Prüfung der tatsächlichen Regulierungsbedürftigkeit des Marktes im Rahmen der Marktanalyse nach § 11 TKG erfasst.[176] Bei der Auferlegung von Verpflichtungen durch die Regu-lierungsverfügung gemäß §§ 9 Abs. 2, 13 Abs. 1 TKG hat das BVerwG schließlich ein – dem Planungsermessen angenähertes – *Regulierungsermessen* der BNetzA anerkannt. Konkret haben die Leipziger Richter dies bei der Auferlegung von Zu-gangsverpflichtungen nach § 21 TKG[177] ebenso wie bei der Entscheidung zwischen der Anordnung einer Entgeltgenehmigungspflicht oder einer bloßen nachträglichen Entgeltkontrolle gemäß § 30 Abs. 1 TKG anerkannt.[178] Gleiches gilt für die Auf-erlegung der nachträglichen Endnutzerentgeltregulierung nach § 39 Abs. 3 TKG[179] sowie für die Anordnung der Verpflichtung, ein Standardangebot gemäß § 23 Abs. 1 TKG zu veröffentlichen.[180] Die Formulierungen in mehreren Urteilen aus jüngerer Zeit stützen sogar die Annahme, dass ein Regulierungsermessen der BNetzA bei der Auferlegung aller in § 13 TKG vorgesehenen Verpflichtungen besteht.[181] Zur Begründung rekurriert das BVerwG u. a. darauf, dass die durch zahlreiche unbe-stimmte Rechtsbegriffe gesteuerte tatbestandliche Abwägung nicht von einer daran erst anschließenden Ermessensbetätigung bei der Auferlegung von Regulierungs-

---

[172] BVerwGE 130, 39 (41 ff.); NVwZ 2014, 942 (946); siehe auch schon NVwZ-RR 2011, 600 (601); *Windthorst*, WiVerw 2011, 196.

[173] Vgl. zur Marktdefinition BVerwGE 130, 39 (44 f.).

[174] BVerwGE 130, 39 (47).

[175] So aber *Mayen*, in: Scheurle/ders. (Hrsg.), TKG, 2. Aufl. 2008, § 13 Rn. 50 f., 52.

[176] BVerwGE 131, 41 (43 ff.); bestätigend BVerfG, NVwZ 2012, 694 (695 ff.); vgl. aus der Litera-tur *Eifert*, ZHR 174 (2010), 449 (476); *Ludwigs*, RdE 2013, 297 (301 f.).

[177] BVerwGE 130, 39 (48 f.); NVwZ 2010, 1359 (1361).

[178] BVerwGE 131, 41 (65); NVwZ-RR 2012, 192 (194 f.).

[179] BVerwG, MMR 2009, 460 (465 f.).

[180] BVerwG, MMR 2012, 628 (632).

[181] BVerwG, NVwZ 2014, 942 (949); NVwZ 2013, 1352 (1356); Beschl. v. 23.10.2013 – 6 B 16/13, juris, Rn. 5; NVwZ 2014, 1034 (1035 f.); *Bier*, in: Säcker, TKG, Vor § 137 Rn. 10 ff.

verpflichtungen getrennt werden könne.[182] Für die Entwicklung einer Fehlerlehre des Regulierungsermessens nehmen die Leipziger Richter ausdrücklich Bezug auf die Abwägungsfehlerlehre im Planungsrecht.[183] Eine fehlerhafte Ausübung des Regulierungsermessens ist demnach im Falle eines Abwägungsausfalls, eines Abwägungsdefizits, einer Abwägungsfehleinschätzung oder einer Abwägungsdisproportionalität anzunehmen.[184]

b) Zugangsregulierung

Der Zugang zu den öffentlichen TK-Netzen ist unabdingbare Voraussetzung für die   **57**
Entstehung eines wirksamen Dienstewettbewerbs auf der nachgelagerten Endnutzerebene. Dem Rechnung tragend hat der TKG-Gesetzgeber in den §§ 16–26 TKG ein ausdifferenziertes System geschaffen.[185] Regelmäßig knüpft die Zugangsregulierung an die Ergebnisse von Marktdefinition und -analyse an und ist folglich an Unternehmen mit beträchtlicher Marktmacht adressiert (§§ 19 ff. TKG). Daneben kennt das TKG aber auch Verpflichtungen, die marktmachtunabhängig sind, d. h. ohne vorherige Durchführung eines Marktregulierungsverfahrens von Gesetzes wegen gelten (§ 16 TKG) oder durch die BNetzA auferlegt werden können (§ 18 TKG).

aa) Marktmachtabhängige Verpflichtungen

(1) § 21 TKG als Zentralnorm

Zentrale Rechtsgrundlage für die Auferlegung von Zugangsverpflichtungen[186]   **58**
gegenüber marktmächtigen Betreibern öffentlicher TK-Netze ist § 21 TKG. Kennzeichen der Vorschrift ist die Verknüpfung unbestimmter Rechtsbegriffe mit einer Ermessensermächtigung der Regulierungsbehörde. In den Kategorien des Allgemeinen Verwaltungsrechts handelt es sich um eine sog. Koppelungsvorschrift.[187] Zum einen hat die BNetzA bei der Prüfung, ob die Zugangsverpflichtung gerechtfertigt ist (siehe auch die Kriterien in Abs. 1 S. 1) und in einem angemessenen Verhältnis zu den Regulierungszielen nach § 2 TKG steht, die nicht-abschließenden Abwägungsdirektiven aus § 21 Abs. 1 S. 2 Nr. 1–7 TKG zu „berücksichtigen". Zum anderen wird ihr in § 21 Abs. 1 S. 1 TKG ein Entschließungs- und Auswahlermessen bei der Auferlegung von Zugangsverpflichtungen nach § 21 TKG eingeräumt. Das BVerwG hat aus dieser Normstruktur auf ein einheitliches „Regulierungsermessen" der BNetzA (→ Rn. 56) geschlossen.

Mit Blick auf den Katalog in § 21 Abs. 1 S. 2 Nr. 1–7 TKG ist festzuhalten, dass   **59**
die dortigen Abwägungsdirektiven sowohl allgemeine Regulierungsziele (wie die langfristige Sicherung des Wettbewerbs in Nr. 4) adressieren als auch darauf abzie-

---

[182] BVerwGE 130, 39 (48 f.) zu § 21 TKG; NVwZ 2014, 1034 (1036); vgl. allgemein zu derartigen Koppelungsvorschriften *Maurer*, § 7 Rn. 48 ff.

[183] BVerwGE 131, 41 (62, 72 f.).

[184] Grundlegend BVerwGE 131, 41 (62); siehe jüngst NVwZ 2014, 942 (951 f.), wonach „wie bei jeder planungsrechtlichen Abwägung das Gebot der Konfliktbewältigung zu beachten [ist]".

[185] Näher *Kühling/Schall/Biendl*, Telekommunikationsrecht, Rn. 267 ff.

[186] Vgl. auch die Legaldefinition des „Zugang[s]" in § 3 Nr. 32 TKG.

[187] Vgl. den Nachweis in Fn. 182.

len, die Verhältnismäßigkeit des mit der Zugangsregulierung verbundenen Eingriffs gegenüber dem Netzbetreiber zu wahren.[188] Exemplarisch für den letztgenannten Fall steht vor allem das Kriterium in Nr. 2. Danach erfolgt die Zugangsgewährung im Rahmen der „verfügbaren Kapazität". In diesem Lichte erscheint die Auferlegung einer Pflicht zum Ausbau der bereits bestehenden, aber kapazitär erschöpften Infrastruktur allenfalls in singulären, durch andere Abwägungsdirektiven getragenen Ausnahmefällen möglich.[189]

60   Eine weitere Konkretisierung erfährt die behördliche Auferlegung von Zugangsverpflichtungen durch das System der Kann- und Sollvorgaben in § 21 Abs. 2 bzw. 3 TKG. Die Auferlegung der Verpflichtungen nach § 21 Abs. 2 TKG steht vollumfänglich im Ermessen („kann") der BNetzA. Demgegenüber erfolgt in Abs. 3 eine legislative Vorstrukturierung dahingehend, dass die in Nr. 1–6 abschließend aufgeführten Verpflichtungen auferlegt werden „sollen". Nimmt man den Wortlaut ernst, bedeutet dies in Abweichung von Abs. 2, dass von einer Auferlegung nur in atypischen Sonderfällen abgesehen werden kann. Inwieweit diese normative Verengung des behördlichen Regulierungsermessens mit dem *administrativen Ansatz* der EU-Kommission (→ Rn. 15 ff.) im Einklang steht, erscheint indes fragwürdig. Die Regulierungsbehörde geht daher bisweilen auch bei § 21 Abs. 3 TKG von einer uneingeschränkten, an den Kriterien des § 21 Abs. 1 TKG ausgerichteten Ermessensentscheidung aus.[190]

61   Hat die BNetzA einem Netzbetreiber mit beträchtlicher Marktmacht eine Zugangsverpflichtung auferlegt, ist dieser gemäß § 22 Abs. 1 TKG gehalten, ein Zugangsangebot abzugeben. Kommt eine Zugangsvereinbarung nach § 22 Abs. 1 TKG nicht zustande, erfolgt subsidiär die Anordnung des Zugangs durch die BNetzA gemäß § 25 Abs. 1 S. 1 TKG. Gegenstand der Anordnung können alle Bedingungen einer Zugangsvereinbarung sowie die Entgelte sein (Abs. 5 S. 1).

(2) Begleitverpflichtungen

62   In Ergänzung zur Auferlegung einer Zugangsverpflichtung gemäß § 21 TKG sieht das TKG eine Reihe von Begleitverpflichtungen vor, die dem Anbieter mit beträchtlicher Marktmacht in der Regulierungsverfügung nach § 13 TKG auferlegt werden können. Im Einzelnen handelt es sich hierbei um das Diskriminierungsverbot des § 19 TKG, die Transparenzverpflichtung gemäß § 20 TKG, die Verpflichtung zur Abgabe eines Standardangebots nach § 23 TKG und die Verpflichtung zur getrennten Rechnungsführung in § 24 TKG.[191]

---

[188] *Kühling/Schall/Biendl*, Telekommunikationsrecht, Rn. 276.

[189] In diese Richtung *Kühling/Schall/Biendl*, Telekommunikationsrecht, Rn. 278, unter Verweis auf die Gesetzesbegründung zum TKG 2004, BT-Drs. 15/2316, S. 65; strikt ablehnend dagegen VG Köln, MMR 2007, 198 (199 f.).

[190] *Neumann/Thomaschki*, in: Säcker, TKG, § 21 Rn. 201 m. w. N.

[191] Für Einzelheiten vgl. *Kühling/Schall/Biendl*, Telekommunikationsrecht, Rn. 288 ff.

bb) Marktmachtunabhängige Verpflichtungen

Marktmachtunabhängige Zugangsverpflichtungen greifen entweder bereits kraft **63** Gesetzes oder werden von der BNetzA auferlegt. Ersteres gilt für die in § 16 TKG wurzelnde Verpflichtung jedes Betreibers eines öffentlichen TK-Netzes, anderen Netzbetreibern auf Verlangen ein Angebot auf Zusammenschaltung zu unterbreiten. Hierdurch soll die netzübergreifende, interoperable Kommunikation in einem liberalisierten TK-Markt sichergestellt werden.[192] Eine behördliche Ermächtigung zur Auferlegung von Zugangsverpflichtungen (insbesondere die Netzzusammenschaltung) enthält demgegenüber § 18 TKG. Der BNetzA werden dort die notwendigen Befugnisse eingeräumt, um zu gewährleisten, dass alle Endnutzer uneingeschränkt und netzübergreifend miteinander kommunizieren können.

c) Entgeltregulierung

Ein regulatorischer Eingriff, der nur den Zugang Dritter zum Netz garantiert, reicht **64** für die Etablierung wirksamen Wettbewerbs auf der nachgelagerten Endnutzerebene grundsätzlich nicht aus. Weitere Voraussetzung ist, dass der Zugang diskriminierungsfrei und zu Wettbewerbspreisen gewährt wird. Dies bedingt eine gezielte Regulierung der Netznutzungsentgelte.[193] In diesem Sinne setzt die Entgeltregulierung gemäß §§ 27 ff., 30 ff. TKG auf der Zugangsregulierung auf und sichert ihre praktische Wirksamkeit.[194]

aa) Zugangs- und Endnutzerentgeltregulierung

Im Ausgangspunkt ist zu betonen, dass die Entgeltregulierung nicht a priori auf den **65** Bereich des Netzzugangs beschränkt bleibt. Vielmehr unterscheidet das TKG grundlegend zwischen der Regulierung von Entgelten für Zugangsleistungen (§§ 30–38 TKG) einerseits und Endnutzerleistungen (§ 39 TKG) andererseits. Eine nähere Betrachtung zeigt indes, dass der regulatorische Fokus erkennbar auf der Vorleistungsentgeltregulierung liegt. Beleg hierfür liefert schon der Umstand, dass nach der Märkteempfehlung 2007/879/EG der Kommission überhaupt nur noch ein Endkundenmarkt für eine sektorspezifische Regulierung in Frage kommt (→ Rn. 47).

bb) Ex-ante- und Ex-post-Regulierung

Hinsichtlich des Zeitpunkts der Entgeltregulierung ist zwischen einer präventi- **66** ven (*ex-ante*) Kontrolle und einer nachträglichen (*ex-post*) Regulierung zu differenzieren. Die Auswahlentscheidung wird nicht im Gesetz getroffen, sondern ist im Rahmen der Regulierungsverfügung nach §§ 9 Abs. 2, 13 Abs. 1 TKG Sache der BNetzA. Den Maßstab bildet § 30 TKG, der ergebnisoffen gestaltet ist und damit dem unionsrechtlich geforderten, *administrativen Regulierungsansatz* (→ Rn. 15 ff.) entspricht. Eine gewisse Einschränkung des behördlichen Regulierungsermessens (→ Rn. 56) ergibt sich allein für den Bereich der Endnutzerent-

---

[192] Näher zum Folgenden *Kühling/Schall/Biendl*, Telekommunikationsrecht, Rn. 295 ff.

[193] Statt vieler *Dewenter/Haucap*, Access Pricing: An Introduction, in: dies. (Hrsg.), Access Pricing, 2007, S. 1 (8); *Knieps*, Netzökonomie, 2007, S. 168.

[194] *Kühling*, WiVerw 2010, 135 (137); *Ludwigs*, NVwZ 2008, 954 (958).

gelte. Insoweit bestimmt § 39 Abs. 1 TKG, dass eine *ex-ante*-Regulierung nur als *ultima ratio* in Betracht kommt, wenn Tatsachen die Annahme rechtfertigen, dass die Verpflichtungen im Zugangsbereich nicht zur Erreichung der Regulierungsziele nach § 2 TKG führen würden.

67   Im Falle einer *ex-ante*-Regulierung werden die Entgelte gemäß § 31 Abs. 1 S. 1 TKG grundsätzlich entweder im Wege der Einzelentgeltgenehmigung (Nr. 1) oder im Rahmen des Price-Cap-Verfahrens nach § 33 TKG (Nr. 2) genehmigt.[195] Die Auswahlentscheidung trifft wiederum die Regulierungsbehörde. Bei der Einzelgenehmigung nach § 31 S. 1 Nr. 1 TKG prüft die BNetzA gemäß § 35 Abs. 2 S. 1 TKG für jedes einzelne Entgelt die Einhaltung der Maßgaben nach den §§ 28 und 31 Abs. 1 S. 2 TKG. Liegen die Voraussetzungen vor, besteht ein Anspruch des regulierten Unternehmens auf Erteilung der Entgeltgenehmigung nach § 35 Abs. 3 S. 1 TKG.[196] Das komplexere *Price-Cap-Verfahren* gemäß § 31 S. 1 Nr. 2 i. V. m. § 33 TKG stellt demgegenüber eine Form der *Anreizregulierung* durch Festlegung von Preisobergrenzen dar. Im TK-Sektor ist es aber (anders als in den Netzindustrien Energie und Post)[197] praktisch bedeutungslos und bleibt daher im Weiteren ausgeblendet.

68   Im Falle einer *ex-post*-Regulierung der Entgelte ist § 38 TKG (ggf. i. V. m. § 39 Abs. 2, Abs. 3 S. 1 TKG) einschlägig. Dort erfolgt eine weitere Ausdifferenzierung zwischen dem Anzeigeverfahren nach § 38 Abs. 1 TKG, in dem die Entgelte zwei Monate vor ihrem geplanten Inkrafttreten der BNetzA vorgelegt und von dieser auf einen offenkundigen Verstoß gegen § 28 TKG geprüft werden, und dem „echten" *ex-post*-Verfahren nach § 38 Abs. 2–4 TKG.

69   Die Entscheidung für eine *ex-ante*- oder *ex-post*-Regulierung hat im Übrigen nicht nur verfahrensrechtliche Konsequenzen. Sie wirkt sich auch auf den anwendbaren Entgeltmaßstab aus.[198] Während im Rahmen der nachträglichen Regulierung allein der Missbrauchstatbestand des § 28 TKG (→ Rn. 74 f.) gilt[199], bilden bei der zentral bedeutsamen Einzelentgeltgenehmigung nach § 31 Abs. 1 Nr. 1 TKG vor allem die strikten „Kosten der *effizienten* Leistungsbereitstellung" (→ Rn. 70 ff.) den Maßstab.

---

[195] Zu den in § 31 Abs. 2 TKG geregelten Ausnahmen vom Regelfall des § 31 Abs. 1 TKG *Groebel*, in: Säcker, TKG, § 31 Rn. 4 ff.; *Ludwigs*, Unternehmensbezogene Effizienzanforderungen, S. 275 ff.

[196] Zu allen Einzelheiten des Verfahrens der Entgeltgenehmigung *Kühling/Schall/Biendl*, Telekommunikationsrecht, Rn. 372 ff.

[197] Näher *Hardach*, Die Anreizregulierung der Energieversorgungsnetze, 2010, S. 72 ff., 79 ff., 197 ff.

[198] BVerwG, MMR 2010, 719 (720); *Groebel*, in: Säcker, TKG, § 28 Rn. 22 ff.; anders *Säcker*, WiVerw 2010, 101 (102 f.).

[199] Zum im Rahmen des Preishöhenmissbrauchs nach § 28 Abs. 1 S. 2 Nr. 1 TKG anzusetzenden Erheblichkeitszuschlag *Ludwigs*, Unternehmensbezogene Effizienzanforderungen, S. 265 f.

cc) Maßstäbe der Entgeltregulierung

(1) Kosten der effizienten Leistungsbereitstellung

Der die *ex-ante*-Regulierung prägende KeL-Maßstab setzt sich nach der Legalde-   70
finition in § 32 Abs. 1 TKG aus mehreren Elementen zusammen. Was zunächst die
„langfristigen zusätzlichen Kosten der Leistungsbereitstellung" betrifft, so werden
hierdurch die mit der betrachteten Leistung (z. B. dem Zugang zur TAL) in ursäch-
lichem Zusammenhang stehenden Einzelkosten (z. B. Kapital-, Betriebs- und Miet-
kosten) erfasst.[200] Dazu zählen alle Kosten für Produktionsfaktoren, die einem Kos-
tenträger (Produkt) direkt zugerechnet werden können (vgl. § 34 Abs. 2 S. 1 TKG).

Soll eine Gesamtkostendeckung gewährleistet und ein Defizit des Netzbetrei-   71
bers vermieden werden, müssen aber auch seine *Gemeinkosten* erfasst werden.[201]
Der Gesetzgeber hat sich hier in § 32 Abs. 1 TKG für den pragmatischen Ansatz
eines „angemessenen Zuschlag[s] für leistungsmengenneutrale Gemeinkosten" entschieden. Dabei sind *Gemeinkosten* gemäß § 34 Abs. 2 S. 1 TKG dadurch gekennzeichnet, dass sie sich – anders als die *langfristigen zusätzlichen Kosten* – „nicht
unmittelbar zuordnen lassen", den einzelnen Bezugsobjekten also nur anteilig zurechenbar sind (z. B. Vorstandsgehälter).[202] Sie sind „leistungsmengenneutral", wenn
sie von der tatsächlichen Ausbringungsmenge in einer Periode unabhängig sind.[203]

Was schließlich die „angemessene Verzinsung des eingesetzten Kapitals" an-   72
geht, so wird hiermit der Einsatz des Faktors Kapital entlohnt.[204] Erfasst werden im
Rahmen eines gewichteten durchschnittlichen Kapitalkostensatzes[205] sowohl das
von den Kreditgebern befristet bereitgestellte Fremdkapital als auch das dem Unternehmen von seinen Eigentümern bzw. Anteilseignern unbefristet zur Verfügung ge-
stellte Eigenkapital. Im Näheren formuliert § 32 Abs. 3 TKG eine Reihe nicht abschließender („insbesondere") Prüfkriterien, die von der Regulierungsbehörde bei
Festlegung der angemessenen Kapitalverzinsung zu berücksichtigen sind.[206]

Eine gewisse Relativierung des strengen KeL-Maßstabs, der nur die zur Leis-   73
tungserbringung unverzichtbaren und daher effizienten Kosten anerkennt[207], ergibt

---

[200] *Hölscher/Lünenburger*, in: Scheurle/Mayen (Hrsg.), TKG, 2. Aufl. 2008, § 31 Rn. 17 f.; *Kühling*, K&R 2009, 243 (246).

[201] Kritisch zu würdigen ist vor diesem Hintergrund das von der EU-Kommission im Bereich
der Festnetz- und Mobilfunkterminierungsentgelte propagierte Konzept der „reinen" langfristigen
Zusatzkosten (Empfehlung 2009/396/EG der Kommission vom 07.05.2009 über die Regulierung
der Festnetz und Mobilfunk-Zustellungsentgelte in der EU, ABl. EU L 124/67; hierzu *Ludwigs*,
Unternehmensbezogene Effizienzanforderungen, S. 199 ff. m. w. N.).

[202] *Hölscher/Lünenburger*, in: Scheurle/Mayen (Hrsg.), TKG, 2. Aufl. 2008, § 31 Rn. 24.

[203] *Werkmeister*, Die Kapitalverzinsung im Rahmen der Entgeltregulierung gemäß § 31 TKG,
2011, S. 58.

[204] *Groebel*, in: Säcker, TKG, § 31 Rn. 34.

[205] Zu diesem WACC (Weighted Average Cost of Capital)-Ansatz *Ludwigs*, Unternehmensbezogene Effizienzanforderungen, S. 246 ff. m. w. N.

[206] *Groebel*, in: Säcker, TKG, § 32 Rn. 34, 45 ff.

[207] Eingehend zum Effizienzkriterium des KeL-Maßstabs *Ludwigs*, Unternehmensbezogene Effizienzanforderungen, S. 254 ff.; vgl. auch *Säcker*, Zur Methode der Ermittlung missbräuchlich
überhöhter Preise mit Hilfe des Effizienzkostenprinzips und zur Befugnis der Kartellbehörden zur

sich aus § 32 Abs. 2 TKG. Dort wird den regulierten Unternehmen die Möglichkeit eröffnet, sog. neutrale (d. h. ihrer Beeinflussung entzogene) Aufwendungen geltend zu machen.[208] Mit dieser eng auszulegenden Abweichung vom KeL-Maßstab sollen etwaige „Altlasten" der Deutschen Telekom AG aus der Monopolzeit ausgeglichen werden.[209]

(2) Missbrauchstatbestand des § 28 TKG

74   Bei der *ex-ante*-Einzelgenehmigung nach § 31 Abs. 1 S. 1 Nr. 1 TKG sind neben dem zentralen KeL-Maßstab auch die Vorgaben des § 28 TKG *kumulativ* zu prüfen (vgl. § 35 Abs. 2 S. 1 bzw. Abs. 3 S. 1 TKG).[210] Im Rahmen der *ex-post*-Regulierung gemäß § 38 TKG bildet der an § 19 GWB orientierte Missbrauchstatbestand sogar den *alleinigen Maßstab*.

75   In inhaltlicher Hinsicht enthält § 28 TKG zunächst in Abs. 1 S. 1 TKG ein generalklauselartiges Missbrauchsverbot. Dessen Konkretisierung anhand nicht abschließender („insbesondere") Regelbeispiele erfolgt durch § 28 Abs. 1 S. 2 TKG. Vereinfacht formuliert dürfen Entgelte danach grundsätzlich „nicht zu hoch [Nr. 1], zu niedrig [Nr. 2] oder diskriminierend [Nr. 3] sein …".[211] Der Behinderungsmissbrauch des § 28 Abs. 1 S. 2 Nr. 2 TKG wird in § 28 Abs. 2 TKG schließlich noch durch drei widerlegliche Vermutungstatbestände konturiert. Hierbei handelt es sich um die Dumpingschwelle (Nr. 1), die Preis-Kosten-Schere (Nr. 2) und die ungerechtfertigte Bündelung (Nr. 3).

dd) Methoden der Entgeltregulierung

76   Während sich der regulatorische Entgelt*maßstab* auf die insgesamt berücksichtigungsfähigen Kosten bezieht, stellt die *Methode* das zur regulatorischen Entgeltbestimmung anzuwendende Ermittlungsverfahren dar.[212] Bei der am KeL-Maßstab ausgerichteten *ex-ante*-Einzelgenehmigung nach § 31 Abs. 1 S. 1 Nr. 1 TKG wird die BNetzA durch § 35 Abs. 1 TKG ermächtigt, neben einer Kostennachweisprüfung auch eine ergänzende (S. 1) bzw. gegebenenfalls sogar eine alleinige (S. 2) Vergleichsmarktbetrachtung (Nr. 1) oder unabhängige Kostenrechnung (Nr. 2) durchzuführen. Die *Kostennachweisprüfung* stützt sich in erster Linie auf die vom regulierten Unternehmen gemäß § 34 Abs. 1 TKG vorgelegten Unterlagen. Eine Effizienzprüfung kann hier freilich an Erkenntnisgrenzen stoßen. Dann ist es angezeigt, den Aussagegehalt der vorgelegten Kostenunterlagen unter Heranziehung

---

vergleichsweisen Beendigung von Preismissbrauchsverfahren, in: FS Bornkamm, S. 275 (282 ff.); *ders.*, Der wettbewerbsanaloge Preis als Kontrollmaßstab im Wettbewerbs- und Regulierungsrecht, in: Bien/Ludwigs, S. 81 (85 ff.).

[208] *Groebel*, in: Säcker, TKG, § 32 Rn. 42.

[209] *Hölscher/Lünenburger*, in: Scheurle/Mayen (Hrsg.), TKG, 2. Aufl. 2008, § 31 Rn. 62.

[210] Zum Anwendungsbereich des Missbrauchsverbots neben dem strengen KeL-Maßstab vgl. *Radtke*, Materielle Maßstäbe der telekommunikationsrechtlichen ex ante Vorleistungsentgeltkontrolle, 2013, S. 127 ff.

[211] Siehe insoweit die Gesetzesbegründung zum TKG 2004, BT-Drs. 15/2316, S. 67.

[212] *Koenig/Senger*, MMR 2007, 290 (290).

weiterer Methoden zu kontrollieren.[213] Im Vordergrund steht zunächst das *Vergleichsmarktverfahren* nach § 35 Abs. 1 S. 1 Nr. 1 TKG. Dieses ist allerdings auf eine hinreichende Vergleichsbasis angewiesen und beschränkt sich zudem auf eine Einschätzung der *relativen* Effizienz einzelner Unternehmen im Vergleich zu anderen Unternehmen. Eine Aussage über die *absolute* Effizienz der Unternehmen im Vergleich zu einem fiktiven Idealunternehmen wird nicht getroffen. Um auch insoweit verbleibende Effizienzpotenziale aufzudecken, ist an die Heranziehung unabhängiger Kostenrechnungen (sog. analytischer Kostenmodelle) zu denken. Hierbei handelt es sich um idealtypische Berechnungsmodelle, die auf der Basis eines Modellnetzes die effizienten Kosten ermitteln und die zu genehmigenden Entgelte hieran messen.[214]

Für die allein am Missbrauchstatbestand des § 28 TKG orientierte nachträgliche   77
Entgeltregulierung sieht § 38 Abs. 2 S. 3 TKG primär eine Überprüfung nach dem Vergleichsmarktverfahren vor. Die Vorlage von Kostenunterlagen kann nur subsidiär gefordert werden.[215] Die Heranziehung analytischer Kostenmodelle ist angesichts des klaren Wortlauts von § 38 Abs. 2 S. 3 TKG gänzlich ausgeschlossen.[216]

ee) Rechtsschutzfragen

In der Rechtsschutzperspektive stehen auch bei der Entgeltregulierung Fragen   78
des Drittschutzes und der gerichtlichen Kontrolldichte im Zentrum.[217] Die Frage nach dem drittschützenden Charakter der Entgeltvorschriften (§§ 27 ff. TKG) ist vor allem bei Klagen von Wettbewerbern gegen Genehmigungsentscheidungen der BNetzA relevant. Anerkannt ist in der BVerwG-Rechtsprechung allerdings bislang allein der konkurrentenschützende Charakter der entgeltbezogenen Missbrauchstatbestände in § 28 Abs. 1 S. 2 Nr. 2 und 3 TKG.[218] Für Drittschutz spricht der Umstand, dass die Regelungen explizit „ander[e] Unternehmen" (siehe § 28 Abs. 1 S. 2 Nr. 2 TKG) bzw. „ander[e] Nachfrager" (§ 28 Abs. 1 S. 2 Nr. 3 TKG) als Verbotsbegünstigte ansprechen.[219] Noch nicht abschließend geklärt ist hingegen, ob auch das Verbot des Preishöhenmissbrauchs nach § 28 Abs. 1 S. 2 Nr. 1 TKG und insbe-

---

[213] Vgl. auch die Begründung zum Gesetzentwurf der Bundesregierung zum TKG 2004, BT-Drs. 15/2316, S. 69.

[214] Ausführlich *Kühling*, Sektorspezifische Regulierung in den Netzwirtschaften, S. 315 ff.; *Ludwigs*, Unternehmensbezogene Effizienzanforderungen, S. 171 f., 175, 256 ff., dort auch zur rechtlich geforderten Berücksichtigung von Pfadabhängigkeiten.

[215] BVerwG, MMR 2010, 719 (720).

[216] Ebenso *Berger-Kögler/Cornils*, in: Beck'scher TKG-Kommentar, § 35 Rn. 24.

[217] Vgl. daneben noch BVerwG, Beschl. v. 26.02.2014 – 6 C 3/13, juris, wo dem BVerfG die Frage vorgelegt (Art. 100 Abs. 1 GG) wird, ob die in § 35 Abs. 5 S. 2 und 3 TKG getroffene Regelung zur (eingeschränkten) Rückwirkung telekommunikationsrechtlicher Entgeltgenehmigungen der BNetzA mit den Grundrechten des regulierten Unternehmens aus Art. 19 Abs. 4 S. 1 und Art. 12 Abs. 1 GG vereinbar ist.

[218] BVerwG, NVwZ 2011, 623 (624); aus der Literatur *Schmidt-Preuß*, Kollidierende Privatinteressen, 2. Aufl. 2005, S. 758 ff.; zur besonderen Missbrauchsaufsicht gemäß § 42 Abs. 1 S. 1 TKG siehe noch BVerwGE 128, 305 (306 f.).

[219] BVerwGE 128, 305 (306); NVwZ 2011, 623 (624).

sondere der zentrale KeL-Maßstab aus § 32 Abs. 1 TKG konkurrentenschützenden Charakter haben. Nach Maßgabe der Schutznormtheorie spricht hiergegen allerdings das Fehlen individualisierender Tatbestandsmerkmale in den einschlägigen Normen.[220]

79   Mit Blick auf die Kontrolldichte hat das BVerwG für den KeL-Maßstab nach § 32 Abs. 1 TKG entschieden, dass „bei der Überprüfung von Kostenpositionen auf Richtigkeit und Erforderlichkeit … die Anerkennung eines nur eingeschränkt überprüfbaren Beurteilungsspielraums … allenfalls in Bezug auf abgrenzbare Teilaspekte angezeigt ist …".[221] Als ein solcher Teilaspekt wurde seither auch „nur" die Auswahl der Methode für die Berechnung des Anlagevermögens als Grundlage für die Ermittlung von Zinsen und Abschreibungen anerkannt.[222] Die Grundaussage zugunsten einer vollen gerichtlichen Überprüfbarkeit der KeL bleibt davon unberührt.[223] Sie macht deutlich, dass auch das BVerwG administrative Letztentscheidungsbefugnisse nicht zur „Grundausstattung" der BNetzA zählt, sondern differenziert vorgeht.[224] Dies bestätigt auch der Blick auf das Missbrauchsverbot des § 28 TKG. Der Fokus liegt hier nicht auf der Schaffung von Wettbewerb, sondern auf einer Verhinderung missbräuchlichen Verhaltens. Parallel zum Kartellrecht (§ 19 GWB) ist daher von der vollen gerichtlichen Überprüfbarkeit der im Bereich von § 28 TKG getroffenen regulierungsbehördlichen Entscheidungen auszugehen.[225]

d) Sonstige Verpflichtungen und besondere Missbrauchsaufsicht

80   Neben den zentralen Vorschriften über die Zugangs- und Entgeltregulierung verfügt das TKG über diverse weitere Instrumente, um Diskriminierungen zu verhindern und Wettbewerb auf den TK-Märkten zu stärken.[226] Angesprochen sind hiermit zunächst die Bestimmungen über eine Separierungsregulierung (§§ 40 f. TKG) und die Netzneutralität (§ 41a TKG). Insoweit ist zum einen hervorzuheben, dass die behördlich auferlegte Entflechtung („funktionelle Trennung") vertikal integrierter Unternehmen gemäß § 41 Abs. 1 TKG eine „außerordentliche Maßnahme" darstellt, die nur als ultima ratio zulässig und von einer Genehmigung der EU-Kommission abhängig ist. Zum anderen stellt die Vorschrift zur Netzneutralität in § 41a TKG eine – bislang ungenutzte – Ermächtigungsnorm zum Erlass einer Rechtsverordnung mit grundsätzlichen Anforderungen für eine diskriminierungsfreie Daten-

---

[220] A. A. *Kühling/Winzer*, in: Beck'scher TKG-Kommentar, § 32 Rn. 62, unter Rekurs auf EuGH, Rs. C-55/06, Slg. 2008, I-2931, Rn. 176 – Arcor und Rs. C-426/05, Slg. 2008, I-685, Rn. 39 – Tele 2; dagegen aber *Ludwigs*, in: Gärditz, §§ 137–139 TKG Rn. 36.

[221] BVerwG, Beschl. v. 30.06.2010 – 6 B 7/10, juris, Rn. 4, unter Bezugnahme auf MMR 2010, 207 (208 f.); E 146, 325 (334 f.) zum Postsektor; näher *Säcker/Mengering*, N&R 2014, 72 (79 ff.).

[222] BVerwG, NVwZ 2014, 589 (590 f.); zuvor bereits NVwZ 2012, 1047 (1050 f.).

[223] A. A. *Werkmeister*, K&R 2012, 226 (227).

[224] *Ludwigs*, RdE 2013, 297 (302).

[225] *Ludwigs*, JZ 2009, 290 (297).

[226] *Kühling/Schall/Biendl*, Telekommunikationsrecht, Rn. 400.

übermittlung und einen diskriminierungsfreien Zugang zu Inhalten und Anwendungen dar.[227]

Weitergehend ist auf die Vorschriften über die besondere Missbrauchsaufsicht in § 42 TKG (als lex specialis zu § 126 TKG) und die Vorteilsabschöpfung gemäß § 43 TKG zu verweisen. Die *besondere Missbrauchsaufsicht* tritt als flankierendes Instrument neben die speziellen Missbrauchsvorschriften der Zugangs- und Entgeltregulierung und soll diejenigen Verhaltensweisen unterbinden, die geeignet sind, die Regulierungsziele zu konterkarieren.[228] Die Regelung zur *Vorteilsabschöpfung* knüpft nach dem Vorbild des § 34 GWB unmittelbar an einen Missbrauch an und ermächtigt die BNetzA, den durch einen Verstoß gegen eine behördliche Verfügung nach § 42 Abs. 4 TKG oder durch einen (schuldhaften) Verstoß gegen eine sonstige Norm des TKG entstandenen wirtschaftlichen Vorteil abzuschöpfen.[229]

81

5. Universaldienst

Die von Art. 87f Abs. 1 GG geforderte flächendeckend angemessene und ausreichende Versorgung der Bevölkerung mit TK-Dienstleistungen wird durch das Universaldienstregime in den §§ 78 ff. TKG sichergestellt.[230] Hiermit hat der TKG-Gesetzgeber der staatlichen Gewährleistungsverantwortung Rechnung getragen. Im Näheren sieht § 80 TKG vor, dass Unternehmen, die auf einem räumlich relevanten Markt über beträchtliche Marktmacht verfügen oder mindestens 4 % des Gesamtumsatzes auf dem (jeweiligen) deutschen Telekommunikationsmarkt erzielen, in einem förmlichen Verfahren nach § 81 TKG verpflichtet werden können, Universaldienstleistungen i. S. d. § 78 Abs. 1 und 2 TKG zu erbringen. Das konkret verpflichtete Unternehmen erhält einen verhältnismäßigkeitswahrenden finanziellen Ausgleich nach § 82 TKG, zu dem alle anderen abstrakt Verpflichteten durch die Universaldienstleistungsabgabe des § 83 TKG beitragen. Praktische Bedeutung hat dieses filigrane und in Teilen umstrittene System[231] allerdings bislang nicht erlangt. Der Grund hierfür ist, dass die Universaldienste bis auf weiteres umfassend von der Deutschen Telekom AG erbracht werden (siehe § 150 Abs. 9 TKG).

82

[227] *Nolden*, in: Beck'scher TKG-Kommentar, § 41a Rn. 3; siehe auch *Mengering*, in: Säcker, TKG, § 41a Rn. 1.

[228] *Schütz*, in: Beck'scher TKG-Kommentar, § 42 Rn. 40.

[229] *Kühling/Schall/Biendl*, Telekommunikationsrecht, Rn. 428 ff.; *Neumann/Koch*, Telekommunikationsrecht, Kap. 3 Rn. 403 ff.

[230] Näher *Kühling/Schall/Biendl*, Telekommunikationsrecht, Rn. 608 ff.; *Schliesky*, S. 326.

[231] Instruktiv *Ziekow*, § 14 Rn. 54; zur Diskussion um die Einordnung der Universaldienstabgabe als verfassungswidrige Sonderabgabe vgl. *Cornils*, in: Beck'scher TKG-Kommentar, § 78 Rn. 8 ff. m. w. N.

83 III. Kontrollfragen

1. Wie wird der Begriff der Regulierung definiert und welche Sektoren bilden das Netzregulierungsrecht? (→ Rn. 1)

2. Was versteht man unter einem natürlichen Monopol, dem disaggregierten Regulierungsansatz und dem Konzept des Als-Ob-Wettbewerbs? (→ Rn. 4–7)

3. Worin besteht der Unterschied zwischen einer normierenden und einer administrativen Regulierung? (→ Rn. 15–17)

4. Handelt es sich bei der BNetzA um eine ministerialfreie Behörde? (→ Rn. 22–25)

5. Was ist unter dem europäischen Regulierungsverbund zu verstehen? (→ Rn. 26)

6. Welche spezifischen Regulierungsinstrumente kommen in allen Netzsektoren zum Einsatz? (→ Rn. 29–33)

7. Welcher Rechtsweg ist für Rechtsstreitigkeiten im Regulierungsrecht einschlägig? (→ Rn. 34 f.)

8. In welchem Verhältnis steht das sektorspezifische Regulierungsrecht zum Kartellrecht? (→ Rn. 36)

9. Ist der Betrieb eines öffentlichen Telekommunikationsnetzes bzw. die Erbringung von Telekommunikationsdiensten für die Öffentlichkeit genehmigungspflichtig? (→ Rn. 40)

10. Nach welchen Grundsätzen erfolgt die Vergabe von Funkfrequenzen? (→ Rn. 41)

11. Wie gestaltet sich der Ablauf des Marktregulierungsverfahrens? (→ Rn. 44–54)

12. Was kennzeichnet die Figur des Regulierungsermessens? (→ Rn. 56, 58)

13. Worin besteht der Unterschied zwischen den „Kann-" und den „Soll-Vorgaben" des § 21 TKG? (→ Rn. 60)

14. Wieso bedarf es neben der Zugangsregulierung noch einer Entgeltregulierung? (→ Rn. 6, 64)

15. Was ist der Unterschied zwischen einer Regulierung der Vorleistungsentgelte einerseits und der Endnutzerentgelte andererseits? (→ Rn. 6, 65)

16. Worin besteht der Unterschied zwischen einer *ex-post*- und einer *ex-ante*-Entgeltregulierung im TK-Sektor? (→ Rn. 66–69)

17. Welche Methoden der Entgeltregulierung sind im TK-Sektor anwendbar und wie ist ihr Verhältnis zum Entgeltmaßstab? (→ Rn. 76 f.)

18. Aus welchen Elementen setzt sich der sog. KeL-Maßstab zusammen? (→ Rn. 70–73)

Literatur

Baldwin/Cave/Lodge, Understanding Regulation, 2. Aufl. 2012

Bien/Ludwigs (Hrsg.), Das europäische Kartell- und Regulierungsrecht der Netzindustrien, 2015

Burgi, Regulierung: Inhalt und Grenzen eines Handlungskonzepts der Verwaltung, in: FS Battis, 2014, S. 329

Fetzer, Staat und Wettbewerb in dynamischen Märkten, 2013

Gärditz, Europäisches Regulierungsverwaltungsrecht auf Abwegen, AöR 135 (2010), 251

Haucap/Uhde, Regulierung und Wettbewerb in liberalisierten Netzindustrien aus institutionenökonomischer Perspektive, ORDO 59 (2008), 237

Kersten, Herstellung von Wettbewerb als Verwaltungsaufgabe, VVDStRL 69 (2010), 288

Koenig/Kühling/Rasbach, Energierecht, 3. Aufl. 2013

Kühling, Sektorspezifische Regulierung in den Netzwirtschaften, 2004

ders./Schall/Biendl, Telekommunikationsrecht, 2. Aufl. 2014

Ludwigs, Unternehmensbezogene Effizienzanforderungen im Öffentlichen Recht, 2013

ders., Die Bundesnetzagentur auf dem Weg zur Independent Agency? – Europarechtliche Anstöße und verfassungsrechtliche Grenzen, Die Verwaltung 44 (2011), 41

Neumann/Koch, Telekommunikationsrecht, 2. Aufl. 2013

Schmidt-Preuß, Das Regulierungsrecht als interdisziplinäre Disziplin – am Beispiel des Energierechts, in: FS Kühne, 2009, S. 329

Schmitt/Staebe, Einführung in das Eisenbahn-Regulierungsrecht, 2010

§ 13 Energierecht

Martin Kment

Inhaltsverzeichnis

M. Kment (✉)
Juristische Fakultät, Universität Augsburg, Universitätsstr. 24,
86159 Augsburg, Deutschland
E-Mail: martin.kment@jura.uni-augsburg.de

© Springer-Verlag Berlin Heidelberg 2016
R. Schmidt, F. Wollenschläger (Hrsg.), *Kompendium Öffentliches Wirtschaftsrecht,*
Springer-Lehrbuch, DOI 10.1007/978-3-662-45579-1_13

I. Einleitung

1   Die Versorgung mit Energie stellt eines der Grundbedürfnisse der modernen Gesellschaft dar. Nicht nur die Wirtschaft, sondern jeder Einzelne ist existenziell hierauf angewiesen. Es wundert daher nicht, dass das BVerfG die Energieversorgung der öffentlichen Daseinsvorsorge zugeordnet hat[1] und der Gesetzgeber die sichere, also die individuelle wie auch kollektive angemessene und störungsfreie Belieferung mit Energie, wie auch die preisgünstige, d. h. für jedermann erschwingliche, Energieversorgung an die Spitze des Energiewirtschaftsrechts gestellt hat.[2] Weiter stellt die Umweltverträglichkeit ein Anliegen des Energierechts dar. Im Anschluss an das Energiekonzept der Bundesregierung aus dem Jahr 2010[3] und an die mit dem Atomausstieg bis 2022[4] eingeleitete Energiewende strebt die Bundesregierung zum einen eine Änderung des Energiemixes an, konkret eine schrittweise Erhöhung

---

[1] BVerfGE 91, 186 (206); NJW 1990, 1783 (1783).

[2] Vgl. § 1 Abs. 1 EnWG; siehe dazu *Kment*, in: ders., EnWG, § 1 Rn. 3 f.

[3] Energiekonzept für eine umweltschonende, zuverlässige und bezahlbare Energieversorgung, vgl. BT-Drs. 17/3049, S. 2 ff.

[4] Vgl. hierzu *Sellner/Fellenberg*, NVwZ 2011, 1025.

des Anteils erneuerbarer Energien bis 2050 auf 80 %,[5] und versucht zum anderen, eine Rückführung des Primärenergieverbrauchs bis 2020 um 20 %, eine Steigerung der Energieeffizienz sowie eine Reduktion der Treibhausgasemissionen bis 2020 um 40 % durchzusetzen.[6] Die aktuellen praktischen Schwierigkeiten bei der Realisierung dieser ambitionierten Ziele, namentlich die einer Versorgungssicherheit abträgliche Volatilität erneuerbarer Energien und die Umstellung der Stromnetze auf eine dezentrale Infrastruktur[7] wie auch der verbraucherbelastende Anstieg des Fördergeldvolumens für erneuerbare Energien und Kraft-Wärme-Kopplung,[8] zeigen, dass die Leitvorstellungen des Energierechts durchaus konträre Stoßrichtungen aufweisen können.[9] Sie bedürfen daher des Ausgleichs im konkreten Anwendungsfall,[10] wobei keiner Ausprägung ein abstrakter Vorrang zukommt.[11]

Die normative Realisierung der energiepolitischen Zielsetzungen lässt sich   **2** nur durch eine Vielzahl von normativen Ansätzen gewährleisten. Schon lange beschränkt sich das Energierecht nicht mehr nur auf das EnWG als sein Stammgesetz und die dort große Bedeutung einnehmende Regulierung der Energienetze.[12] Das Energierecht ist vielmehr zu einem *normativen Schmelztiegel* avanciert, der über das öffentliche Wirtschaftsrecht hinaus Anknüpfungen im Völker-, Europa- und Verfassungsrecht hat. Zudem zeigen sich Verbindungslinien zum Umwelt-, Planungs- und Kommunalrecht, dem allgemeinen und besonderen Zivilrecht, insbesondere dem Handels-, Gesellschafts- und Wettbewerbsrecht, wie auch dem Strafrecht.

II. Europäisches Energierecht

Die energierechtlichen Inhalte des Unionsrechts sind zersplittert und vielschichtig.   **3** Sie finden sowohl im Primär- als auch im Sekundärrecht der Europäischen Union ihren Niederschlag.

1. Primärrecht

a) Energiepolitische Anfänge
Bereits von Beginn an spielte die Verfolgung von energiepolitischen Interessen   **4** eine zentrale Rolle im *europäischen Einigungsprozess*. Mit dem am 23.07.2002

---

[5] Vgl. § 1 EEG.

[6] BT-Drs. 17/3049, S. 2 f.

[7] *Kment*, ZNER 2011, 225.

[8] *Kment*, Netzintegration Erneuerbarer Energien als Baustein der Energiewende, in: Brinktrine/ Ludwigs/Seidel (Hrsg.), Energieumweltrecht in Zeiten von Europäisierung und Energiewende, 2014, S. 43 (43).

[9] *Von Lewinski*, EnWZ 2013, 439 (441).

[10] *Wirtz*, in: Rosin u. a., Praxiskommentar EnWG, § 1 Rn. 6 (Stand: 2. EL April 2012).

[11] BT-Drs. 13/7274, S. 13; *Büdenbender*, DVBl. 2005, 1161 (1164); a. A. *Kloepfer*, § 3 Rn. 14.

[12] Vgl. zum Regulierungsrecht allgemein *Ruffert*, in: Ehlers/Fehling/Pünder, § 21 Rn. 1 ff.; *Eekhoff/Vossler*, in: Baur/Salje/Schmidt-Preuß, Kap. 1 ff.

außer Kraft getretenen Vertrag über die Gründung der Europäischen Gemeinschaft
für Kohle und Stahl (EGKSV) von 1951[13] und dem weiter in Kraft befindlichen
Vertrag zur Gründung der Europäischen Atomgesellschaft (Euratom) von 1957[14]
waren gleich zwei Gründungsverträge energiepolitisch motiviert. Im Gegensatz
dazu wies jedoch der Vertrag zur Gründung der Europäischen Wirtschaftsgemeinschaft (EWG)[15] keine ausdrückliche Behandlung der Energie auf. Dies änderte sich
zwar durch den Vertrag zur Gründung der Europäischen Gemeinschaft (EGV) von
1992,[16] in welchem der Bereich Energie in Art. 3 lit. u EGV aufgelistet wurde; jedoch handelte es sich dabei nur um eine Tätigkeitsnorm, welche keine Kompetenz
der EG in diesem Bereich begründete.[17]

5   Die kompetenzrechtlichen Grundlagen für ein Tätigwerden der EU-Organe im
Bereich Energie bildeten vielmehr die *allgemeinen Befugnisnormen* des EGV, die
auch nach Inkrafttreten des jetzigen AEUV nicht an Bedeutung verloren haben.[18]
Bis heute sind daher die folgenden Kompetenzen von Relevanz:

- Wettbewerbsregeln einschließlich des Verbots staatlicher Beihilfen: Art. 101 ff.
  AEUV[19];
- Vorschriften zur Rechtsangleichung zwecks der Verwirklichung des Binnen-
  marktes bzw. der Grundfreiheiten: Art. 114 i. V. m. Art. 26 ff. AEUV[20];
- Kompetenzen im Bereich der Umweltpolitik: Art. 191 ff. AEUV[21];
- Vertragsabrundungskompetenz: Art. 352 AEUV[22];
- finanzielle Förderung transeuropäischer Netze ohne Rechtssetzungs- oder Pla-
  nungsbefugnisse der EU: Art. 170 ff. AEUV[23].

---

[13] BGBl. II, S. 447, zuletzt geändert durch Art. 4 Nizza-Vertrag vom 26.02.2001, ABl. EG C 80/36,
ber. ABl. EG C 96/27.

[14] BGBl. II, S. 1014, ber. S. 1678; ber. BGBl. II, S. 1024, zuletzt geändert durch Art. 11, 14 Abs. 2
EU-Beitrittsakte 2013 vom 09.12.2011, ABl. EU 2012 L 112/21.

[15] Vertrag zur Gründung der Europäischen Wirtschaftsgemeinschaft vom 25.03.1957, BGBl. II,
S. 766.

[16] Vertrag zur Gründung der Europäischen Gemeinschaft in der Fassung bis 30.11.2009 vom
25.03.1957, zuletzt geändert durch Art. 2 Vertrag von Lissabon vom 13.12.2007, ABl. EU C 306/1.

[17] *Von Bogdandy*, in: Grabitz/Hilf (Hrsg.), Kommentar zur Europäischen Union, Art. 3 EGV Rn. 3
(Stand: 15. EL Januar 2000).

[18] *Bings*, in: Streinz, Art. 194 AEUV Rn. 3 ff.

[19] Vgl. etwa EuGH, Rs. C-379/98, Slg. I-2001, 2099 – PreussenElektra; *Eilmansberger*, in: Streinz,
vor Art. 101 AEUV Rn. 1 ff. und *Kühling*, in: Streinz, Art. 107 AEUV Rn. 1 ff.

[20] *Lecheler/Recknagel*, in: Dauses, Kap. M Rn. 33 ff. (Stand: 30. EL Februar 2012); zur Rechtsangleichung vgl. auch *Tietje*, in: Grabitz/Hilf/Nettesheim, Art. 114 AEUV Rn. 1 ff. (Stand: 43. EL
März 2011).

[21] *Nettesheim*, in: Grabitz/Hilf/ders., Art. 191 AEUV Rn. 49 ff. (Stand: 44. EL Mai 2011).

[22] Vgl. *Winkler*, in: Grabitz/Hilf/Nettesheim, Art. 352 AEUV Rn. 1 ff. (Stand: 46. EL Oktober
2011).

[23] *Epiney/Heuck/Schleiss*, in: Dauses, Kap. L Rn. 441 ff. (Stand: 33. EL September 2013); vgl.
dazu auch *Ritter*, Europäische Raumentwicklungspolitik, 2009.

b) Eigener Tätigkeitsbereich und Art. 194 AEUV als Energie-Kompetenztitel

Eine eigenständige Behandlung wurde der europäischen Energiepolitik auf der 6
Ebene des Primärrechts erst durch das Inkrafttreten des Vertrages von Lissabon
zum 01.12.2009[24] zuteil. Mit dem Vertrag von Lissabon ist der Bereich der Energie
außerdem gemäß Art. 4 Abs. 2 lit. i AEUV nunmehr als *eigener Tätigkeitsbereich*
im Rahmen einer geteilten Zuständigkeit von Union und Mitgliedstaaten verankert.
Dies hat gemäß Art. 2 Abs. 2 AEUV für die Mitgliedstaaten zur Folge, dass sie im
Bereich der Energie grundsätzlich nur gesetzgeberisch tätig werden können, sofern
und soweit die Union ihre Zuständigkeit nicht ausübt.[25] So wurde in Art. 194 AEUV
erstmals ein *spezifischer Kompetenztitel* „Energie" in den AEUV eingeführt, um
damit das zersplitterte Kompetenzgefüge zu vereinheitlichen. Ob und inwieweit die
Einführung des Art. 194 AEUV zu einer Erweiterung der bisherigen Kompetenz-
standards der Union auf dem Sektor der Energie führt, ist jedoch noch nicht abschließend geklärt.[26]

Art. 194 AEUV stellt die zentrale Norm in der europäischen Energiepolitik dar. 7
Gemäß Art. 194 Abs. 1 AEUV verfolgt die Union ihre *energiepolitischen Ziele* anhand der Leitprinzipien der Solidarität, des Binnenmarktes und des Umweltschutzes. Zu den energiepolitischen Zielen der EU zählen dabei die Sicherstellung des
Funktionierens des Energiemarktes (lit. a), die Gewährleistung der Energieversorgung in der Union (lit. b), die Förderung der Energieeffizienz und die Entwicklung neuer und erneuerbarer Energiequellen (lit. c) sowie die Förderung der Inter-
konnektion der Energienetze (lit. d). Die eigentliche *Ermächtigungsgrundlage* zur
Realisierung der energiepolitischen Ziele aus Abs. 1 findet sich in Art. 194 Abs. 2
AEUV.[27] Danach haben das Europäische Parlament und der Rat das Recht, im
sog. ordentlichen Gesetzgebungsverfahren gemäß Art. 289 Abs. 1 i. V. m. Art. 294
AEUV alle Maßnahmen zu erlassen, die erforderlich sind, um die Ziele nach Abs. 1
zu verwirklichen. Eine bedeutende Einschränkung dieser Handlungsermächtigung
folgt allerdings aus dem *Souveränitätsvorbehalt* in Art. 194 Abs. 2 UAbs. 2 AEUV.
Danach wird unbeschadet des Art. 192 Abs. 2 lit. c AEUV jedem Mitgliedstaat das
Recht zuerkannt, die Bedingungen für die Nutzung seiner Energieressourcen, seine Wahl zwischen verschiedenen Energiequellen und die allgemeine Struktur der
Energieversorgung zu bestimmen.[28] Zu beachten bleibt schließlich die einstimmi-
ge Beschlussfassung des Rates bei Maßnahmen überwiegend *steuerlicher* Art nach
Art. 194 Abs. 3 AEUV.

---

[24] ABl. EU C 306/1.

[25] *Däuper*, in: Danner/Theobald, Energierecht, Einführung I.a) Rn. 18 (Stand: 67. EL Oktober
2010); *Calliess*, in: ders./Ruffert, Art. 194 AEUV Rn. 23.

[26] Siehe dazu ablehnend *Kahl*, EuR 2009, 601 (609 f.); befürwortend mit der Folge einer restriktiven Auslegung der Vorbehaltsregel des Art. 194 Abs. 2 UAbs. 2 AEUV, *Pielow*, in: Ehlers/Fehling/
Pünder, § 22 Rn. 20.

[27] *Calliess*, in: ders./Ruffert, Art. 194 AEUV Rn. 18.

[28] *Nettesheim*, in: Grabitz/Hilf/ders., Art. 194 AEUV Rn. 30 ff. (Stand: 44. EL Mai 2011); *Calliess*,
in: ders./Ruffert, Art. 194 AEUV Rn. 28.

8 Die Kompetenz des Art. 194 Abs. 2 AEUV unterliegt neben den speziell energierechtlichen Grenzen auch *allgemeinen Kompetenzausübungsschranken*. In den Fokus rücken hier zum einen Art. 106 Abs. 2 i. V. m. Art. 14 AEUV für sog. Dienste von allgemeinem wirtschaftlichem Interesse[29] sowie zum anderen die Charta der Grundrechte der Europäischen Union (GRCH), welche nach Art. 6 Abs. 1 EUV rechtsverbindliche Wirkung entfaltet.[30] Bezüglich Letzterer sind insbesondere die Art. 15 ff. GRCH zu beachten, welche gegebenenfalls von betroffenen Versorgungsunternehmen gegenüber belastenden Maßnahmen der EU-Energiepolitik in Stellung gebracht werden können (→ § 1 Rn. 95 ff.).[31]

2. Sekundärrecht

9 Auf der Grundlage der primärrechtlichen Prämissen versucht die EU mit Hilfe von Rechtsakten des Sekundärrechts nach Art. 288 AEUV eine gemeinsame Energiepolitik innerhalb der Unionsgrenzen durchzusetzen. Dabei kann zwischen energiepolitischen Maßnahmen zur Realisierung eines Energiebinnenmarktes, eines Energieumweltrechts sowie eines Energiesteuerrechts unterschieden werden.

a) Realisierung eines Energiebinnenmarktes

10 Die Verwirklichung eines gemeinsamen Energiebinnenmarktes beruhte von Beginn an auf *drei Kernelementen*, die sich teilweise ergänzen bzw. überschneiden:

- Ermöglichung bzw. Erzwingung eines diskriminierungsfreien Zugangs Dritter zu den Transport- und Verteilernetzen;
- Entflechtung des Netzbetriebs von der Erbringung der iegentlichen Versorgungsdienstleistungen;
- Regulierung des Netzzugangs.

11 Um diese Ziele zu erreichen, wurden verschiedene Sekundärrechtsakte erlassen, wobei das sog. *erste Binnenmarktpaket* den wesentlichen Ausgangspunkt dafür bildete. Dieses stützte sich auf die Richtlinien bezüglich gemeinsamer Vorschriften für den Elektrizitäts- bzw. den Erdgasbinnenmarkt.[32] Zentrales Anliegen war die Überwindung der Netzmonopole. Diesbezüglich wurde ein diskriminierungsfreier Netzzugang gefordert, wobei den Mitgliedstaaten hinsichtlich der inhaltlichen Ausgestaltung noch die Wahl zwischen den Modellen des „verhandelten" und des

---

[29] Vgl. dazu *Wernicke*, in: Grabitz/Hilf/Nettesheim, Art. 106 AEUV Rn. 37 ff. (Stand: 43. EL März 2011); *Jung*, in: Calliess/Ruffert, Art. 106 AEUV Rn. 36 ff.

[30] *Jarass*, GRCH, Einl. Rn. 6.

[31] *Jarass/Kment*, EU-Grundrechte, i. E., § 20 Rn. 1 ff.

[32] RL 96/92/EG des Europäischen Parlaments und des Rates vom 19.12.1996 betreffend gemeinsame Vorschriften für den Elektrizitätsbinnenmarkt, ABl. EG L 27/20 bzw. RL 98/30/EG des Europäischen Parlaments und des Rates vom 22.06.1998 betreffend gemeinsame Vorschriften für den Erdgasbinnenmarkt, ABl. EG L 204/1.

„regulierten" Netzzugangs eingeräumt wurde.[33] Darüber hinaus enthielten diese Richtlinien auch erste Ansätze für eine Entflechtung integrierter Energieversorgungsunternehmen, verlangten jedoch nur eine „buchhalterische" Entflechtung.[34]

Um weiter bestehende Defizite aufgrund der unterschiedlichen Marktöffnung in den einzelnen Mitgliedstaaten zu beseitigen, wurde im Juni 2003 das sog. *zweite Binnenmarktpaket* mit den Beschleunigungsrichtlinien Strom und Gas erlassen.[35] Diese umfassten drei inhaltliche Schwerpunkte: Zum einen wurden die Mitgliedstaaten sowohl zu einer rechtlichen als auch zu einer weitergehenden die operationellen Abläufe betreffenden Entflechtung der Netze verpflichtet. Zum anderen wurde das Modell des regulierten Netzzugangs als allein mögliches System festgeschrieben. Letztlich sollte die Regulierung von Netzbetrieb und Netzzugang nur noch durch staatliche Regulierungsbehörden durchgeführt werden. Flankierend dazu wurden die Stromhandelsverordnung Nr. 1228/2003[36] und die Erdgaszugangsverordnung Nr. 1775/2005[37] erlassen.

12

Aufgrund der schleppenden Umsetzung der oben genannten Richtlinien wurde 2009 ein *drittes Binnenmarktpaket* verabschiedet, welches sich sowohl aus neuen Binnenmarktrichtlinien[38] als auch aus neuen Verordnungen über den Zugang zu den Erdgasfernleitungsnetzen[39] und über den grenzüberschreitenden Stromhandel[40] sowie letztlich aus einer Verordnung zur Gründung einer europäischen Agentur für die Zusammenarbeit der Energieregulierungsbehörden (ACER)[41] zusammengesetzt.

13

---

[33] Zur Entwicklung des Netzzugangs vgl. *Theobald*, in: Danner/ders., Energierecht, Einführung EnWG Rn. 18 ff. (Stand: 51. EL Oktober 2005).

[34] *Lüdtke-Handjery*, in: Danner/Theobald, Energierecht, § 20 Abs. 1a EnWG Rn. 26 (Stand: 62. EL Dezember 2008).

[35] RL 2003/54/EG des Europäischen Parlaments und des Rates vom 26.06.2003 über gemeinsame Vorschriften für den Elektrizitätsbinnenmarkt und zur Aufhebung der RL 96/92/EG, ABl. EU L 176/37 und RL 2003/55/EG des Europäischen Parlaments und des Rates vom 26.06.2003 über gemeinsame Vorschriften für den Erdgasbinnenmarkt und zur Aufhebung der RL 98/30/EG, ABl. EU L 176/57, ber. ABl. EU L 2/55, ABl. EU L 16/74.

[36] VO (EG) Nr. 1228/2003 des Europäischen Parlaments und des Rates vom 26.06.2003 über die Netzzugangsbedingungen für den grenzüberschreitenden Stromhandel, ABl. EU L 176/1.

[37] VO (EG) Nr. 1775/2005 des Europäischen Parlaments und des Rates vom 28.09.2005 über die Bedingungen für den Zugang zu den Erdgasfernleitungsnetzen, ABl. EU L 289/1.

[38] RL 2009/72/EG des Europäischen Parlaments und des Rates vom 13.07.2009 über gemeinsame Vorschriften für den Elektrizitätsbinnenmarkt und zur Aufhebung der RL 2003/54/EG, ABl. EU L 211/55 und RL 2009/73/EG des Europäischen Parlaments und des Rates vom 13.07.2009 über gemeinsame Vorschriften für den Erdgasbinnenmarkt und zur Aufhebung der RL 2003/55/EG, ABl. EU L 211/94.

[39] VO (EG) Nr. 715/2009 des Europäischen Parlaments und des Rates vom 13.07.2009 über die Bedingungen für den Zugang zu den Erdgasfernleitungsnetzen und zur Aufhebung der VO (EG) Nr. 1775/2005, ABl. EU L 211/36, ber. ABl. EU L 229/29 und ABl. EU L 309/87.

[40] VO (EG) Nr. 714/2009 des Europäischen Parlaments und des Rates vom 13.07.2009 über die Netzzugangsbedingungen für den grenzüberschreitenden Stromhandel und zur Aufhebung der VO (EG) Nr. 1228/2003, ABl. EU L 211/15, zuletzt geändert durch Art. 19 ÄndVO (EU) 543/2013 vom 14.06.2013, ABl. EU L 163/1.

[41] VO (EG) Nr. 713/2009 des Europäischen Parlaments und des Rates vom 13.07.2009 zur Gründung einer Agentur für die Zusammenarbeit der Energieregulierungsbehörden, ABl. L 211/1, zuletzt geändert durch Art. 20 ÄndVO (EU) Nr. 347/2013 vom 17.04.2013, ABl. EU L 115/39.

Kernelemente dieses Pakets sind zunächst die eigentumsrechtliche Entflechtung der Transportnetzbetreiber und die Erleichterungen des grenzüberschreitenden Energiehandels insbesondere mithilfe der ACER, der institutionellen Kooperation der Übertragungs- und Fernleitungsnetzbetreiber (ENTSO-E bzw. ENTSO-G) und eines zehnjährigen Netzentwicklungsplans.[42] Hinzu kommen Regelungen zum Verbraucherschutz, insbesondere bezüglich des Versorgerwechsels und der Kundeninformation, wie auch Vorgaben zur Stärkung der nationalen Regulierungsbehörden hinsichtlich ihrer Unabhängigkeit (→ § 4 Rn. 46 f.; § 12 Rn. 22 ff.) gegenüber sonstigen staatlichen Stellen sowie ihrer Aufgaben und Befugnisse.[43] Und schließlich wird auch die Energiesolidarität zwischen den Mitgliedstaaten gefördert.

14   Da aufgrund zögernder Umsetzung des EU-Rechts sowie fortbestehender mitgliedstaatlicher *Systemunterschiede* hinsichtlich der Wahl der Energiequelle weiterhin deutliche Hindernisse bestehen, ist die Verwirklichung eines gemeinsamen Energiebinnenmarktes noch lange nicht abgeschlossen.[44]

b) Energieumweltrecht

15   Auf Grundlage des Kompetenztitels der Umweltpolitik, eingeführt durch die Einheitliche Europäische Akte von 1986, entwickelte sich ein europäisches Energieumweltrecht. Es umfasst dabei insbesondere Regelungen zur Steigerung der Energieeffizienz bzw. Energieeinsparung sowie zur Förderung erneuerbarer Energien. Ausgangspunkt dafür bildeten die vom Europäischen Rat bereits im Jahr 2007 vorgegebenen *energie- und klimapolitischen Ziele für 2020*.[45] Danach sollen die Energieeffizienz um 20 % verbessert, der Anteil erneuerbarer Energieträger am Energieverbrauch auf 20 % ausgebaut und die Treibhausgasemissionen um 20 % gesenkt werden. Langfristig soll zudem die CO_2-Belastung deutlich zurückgeführt werden; bis 2050 ist eine Reduktion von mindestens 60–80 % gegenüber dem Stand von 1990 angestrebt.[46]

aa) Energieeffizienz

16   Einen wichtigen Faktor im Rahmen der europäischen Energiepolitik bildet die Steigerung der Energieeffizienz insbesondere auf dem *Gebäude- und Verkehrssektor*. Um dieses Ziel zu erreichen, wurden auch in diesem Bereich verschiedene Sekundärrechtsakte erlassen. Beispielhaft zu nennen sind die sog. Ökodesign-Rahmenrichtlinie,[47] welche auf die Gesamtenergieeffizienz von Produktkreisläufen abzielt,

---

[42] Vgl. jeweils Art. 22 RL 2009/72/EG und RL 2009/73/EG.

[43] Siehe im Einzelnen Art. 35 ff. RL 2009/72/EG und Art. 39 ff. RL 2009/73/EG.

[44] *Pielow*, in: Ehlers/Fehling/Pünder, § 22 Rn. 27.

[45] Vgl. die Schlussfolgerungen des Vorsitzes des Europäischen Rates vom 08./09.03.2007, 7224/1/07 REV 1.

[46] Ebd., S. 12; vgl. auch die Mitteilung der Kommission, KOM(2010) 639 endg., S. 2 f.

[47] RL 2005/32/EG des Europäischen Parlaments und des Rates vom 06.07.2005 zur Schaffung eines Rahmens für die Festlegung von Anforderungen an die umweltgerechte Gestaltung energiebetriebener Produkte und zur Änderung der RL 92/42/EWG des Rates sowie der RL 96/57/EG

und die Energiedienstleistungsrichtlinie,[48] welche die Grundlagen für die Entwicklung und Förderung eines Marktes für Energiedienstleistungen schaffen soll. Da voraussichtlich nur die Hälfte der vorgegebenen 20 %-Marke erreicht wird[49], wurde eine *neue Energieeffizienzrichtlinie*[50] erlassen.

Die Richtlinie gibt den Mitgliedstaaten zwar keine verbindlichen Einsparziele **17** vor, fordert sie allerdings zur Umsetzung weitergehender *Energieeffizienzmaßnahmen* auf.[51] Dazu gehören beispielsweise die Etablierung eines nationalen Systems von Energieeinsparungsverpflichtungen für die Energiewirtschaft sowie neue Vorgaben für die Beschaffung möglichst energieeffizienter Dienstleistungen durch öffentliche Einrichtungen.[52]

bb) Förderung erneuerbarer Energien

Im Bereich der Förderung erneuerbarer Energien enthielten weder die Ökostrom- **18** richtlinie[53] noch die Biokraftstoffrichtlinie[54] verbindliche Vorgaben oder Bezugswerte, was zu einer unterschiedlich starken Förderung von erneuerbaren Energien in den einzelnen Mitgliedstaaten führte. Als Reaktion darauf wurde 2009 die *Richtlinie zur Förderung der Nutzung von Energie aus erneuerbaren Quellen (EERL)* verabschiedet.[55] Wesentliches Ziel ist es, einen Anteil erneuerbarer Energien am Gesamtenergieverbrauch von 20 % und von 10 % im Verkehrssektor bis zum Jahr 2020 zu erreichen. Zwar bleibt die Wahl der Mittel zur Verwirklichung dieser Ziele jedem einzelnen Mitgliedstaat überlassen, jedoch haben die Mitgliedstaaten gemäß Art. 4 EERL die bis zum Jahr 2020 zu ergreifenden Maßnahmen in einem Aktionsplan festzuschreiben.

---

und 2000/55/EG des Europäischen Parlaments und des Rates, ABl. EU L 191/29, zuletzt geändert durch Art. 24 Abs. 1 ÄndRL 2009/125/EG vom 21.10.2009, ABl. EU L 285/10.

[48] RL 2006/32/EG des Europäischen Parlaments und des Rates vom 05.04.2006 über Endenergieeffizienz und Energiedienstleistungen und zur Aufhebung der RL 93/76/EWG des Rates, ABl. EU L 114/64, zuletzt geändert durch Art. 27 Abs. 1 ÄndRL 2012/27/EU vom 25.10.2012, ABl. EU L 315/1.

[49] Vgl. KOM(2011) 109 endg., S. 2.

[50] RL 2012/27/EU des Europäischen Parlaments und des Rates vom 25.10.2012 zur Energieeffizienz, zur Änderung der RL 2009/125/EG und 2010/30/EU und zur Aufhebung der RL 2004/8/EG und 2006/32/EG, ABl. EU L 315/1, zuletzt geändert durch Art. 1 ÄndRL 2013/12/EU vom 13.05.2013, ABl. EU 141/28.

[51] Die Mitgliedstaaten mussten der Umsetzung bis zum 05.06.2014 nachkommen, vgl. Art. 28 Abs. 1 RL 2012/27/EU.

[52] Vgl. Art. 6 und 7 RL 2012/27/EU.

[53] RL 2001/77/EG des Europäischen Parlaments und des Rates vom 27.09.2001 zur Förderung der Stromerzeugung aus erneuerbaren Energiequellen im Elektrizitätsbinnenmarkt, ABl. EU L 283/33, zuletzt geändert durch RL 2009/28/EG des Europäischen Parlaments und des Rates vom 23.04.2009, ABl. EU L 140/16.

[54] RL 2003/30/EG des Europäischen Parlaments und des Rates vom 08.05.2003 zur Förderung der Verwendung von Biokraftstoffen oder anderen erneuerbaren Kraftstoffen im Verkehrssektor, ABl. EU L 123/42, zuletzt geändert durch Art. 26 Abs. 3 ÄndRL 2009/28/EG.

[55] Vgl. die Erwägungsgründe Nr. 7 ff. sowie Art. 1 EERL: „verbindliche nationale Ziele".

c) Energiesteuern

19 Die europäische Energiepolitik wird durch die *Energiesteuerrichtlinie (EnStRL)*[56] abgerundet. Gemäß Art. 1 und 4 Abs. 2 EnStRL i. V. m. Anhang I sind die Mitgliedstaaten bislang zu einer (Mindest-)Besteuerung von elektrischem Strom und Energieerzeugnissen angehalten. Im April 2011 legte die EU-Kommission einen Vorschlag zur Änderung der EnStRL[57] vor, welcher sich stärker an den Energiezielen orientiert und nicht mehr an die Menge der verbrauchten Energieerzeugnisse, sondern an deren tatsächlichen Energiegehalt anknüpft. Alternativ soll auch eine Berücksichtigung der CO_2-Emissionen in Betracht kommen.

III. Energieverfassungsrecht

1. Energieversorgung als Gegenstand der öffentlichen Daseinsvorsorge

20 Das Grundgesetz enthält nur wenige Aussagen zur Energieversorgung. Das BVerfG bezeichnet die Sicherstellung der Energieversorgung als ein *„Gemeinschaftsinteresse höchsten Ranges"*[58]. Danach gehört die Energieversorgung zur öffentlichen Daseinsvorsorge[59] und bildet eine wesentliche Voraussetzung für eine funktionierende Wirtschaft.

21 Aus der Betonung der Energieversorgung als „Gemeinschaftsinteresse" folgt nicht zwangsläufig die Existenz eines diesbezüglichen originären und alleinigen Aufgabenbereichs des Staates. Vielmehr ist die leitungsgebundene Energieversorgung seit jeher unabhängig von einem bestimmten Träger oder einer konkreten Organisationsform ausgestaltet;[60] demgemäß sind nach § 3 Nr. 18 EnWG bis heute Energieversorgungsunternehmen alle natürlichen und juristischen Personen, die andere mit Energie beliefern oder ein Energieversorgungsnetz betreiben. Trotzdem ist der Staat nicht von jeglicher Verpflichtung freigestellt: Die staatliche Verantwortung im Bereich der Energieversorgung besteht in erster Linie in der *Gewährleistung einer rechtlichen Grundordnung*, welche eine an den Zielen der Energiewirtschaft (§ 1 EnWG) ausgerichtete, insbesondere sichere, preisgünstige und umweltfreundliche Energiebereitstellung (→ Rn. 1) einfordert. Die hiervon adressierte Energieversorgung als solche obliegt dann den im Wettbewerb stehenden privaten, öffentlichen sowie gemischt-wirtschaftlichen Unternehmen, die allerdings

[56] RL 2003/96/EG des Rates vom 27.10.2003 zur Restrukturierung der gemeinschaftlichen Rahmenvorschriften zur Besteuerung von Energieerzeugnissen und elektrischem Strom, ABl. L 283/51, zuletzt geändert durch Art. 1 RL 2004/75/EG vom 29.04.2004, ABl. EU L 195/31.

[57] Vgl. Vorschlag für eine RL des Rates zur Änderung der RL 2003/96/EG zur Restrukturierung der gemeinschaftlichen Rahmenvorschriften zur Besteuerung von Energieerzeugnissen und elektrischem Strom, KOM(2011) 169 endg., S. 3.

[58] BVerfGE 25, 1 (16), Hervorhebung nicht im Original.

[59] BVerfGE 66, 248 (258).

[60] *Pielow*, in: Ehlers/Fehling/Pünder, § 22 Rn. 39.

auch nicht über § 2 Abs. 1 EnWG zu einer lückenlosen Vollversorgung angehalten werden;[61] selbst eine Grundversorgungsverpflichtung steht unter dem Vorbehalt der Zumutbarkeit, wie § 36 Abs. 1 S. 2 EnWG entnommen werden kann.[62] Aufgabe des Staates ist es, unter diesen Rahmenbedingungen vorrangig den Wettbewerb zu überwachen bzw. zu steuern und eine gewisse Regulierungsverantwortung wahrzunehmen.[63] Erst wenn die Energieversorgung durch die Unternehmen nicht bzw. nicht hinreichend betrieben wird, muss der Staat die auftretende Versorgungslücke schließen; ihn trifft dann eine subsidiäre Basisverantwortung.

2. Gesetzgebungskompetenzen im Bereich der Energieversorgung

Gemäß 74 Abs. 1 Nr. 11 GG unterfällt der *Bereich der Energiewirtschaft* der *kon-*   **22**
kurrierenden Gesetzgebungskompetenz: Dabei muss die Gesetzgebung des Bundes die Anforderungen des Art. 72 Abs. 2 GG erfüllen, also insbesondere „erforderlich" sein.[64] Die Gesetzgebungsaktivität beschränkt sich hinsichtlich ihrer kompetenzrechtlichen Absicherung nicht notwendig auf das Recht der Wirtschaft. Darüber hinaus sind im Bereich der Energieversorgung auch weitere Titel des Art. 74 Abs. 1 GG einschlägig – beispielsweise Nr. 14 (Enteignung für Zwecke der Energieversorgung), Nr. 17 (Landwirtschaft im Bereich von Bioenergie), Nr. 22 f. (bzgl. Energieversorgung im Straßen- und Schienenverkehr, Elektromobilität) sowie Nr. 18 und 31 (Städtebau und Raumordnung). Eine *ausschließliche Gesetzgebungskompetenz* des Bundes besteht zudem hinsichtlich der friedlichen Nutzung von Kernenergie, vgl. Art. 71, 73 Abs. 1 Nr. 14 GG.

3. Verwaltungskompetenzen im Bereich der Energieversorgung

Obwohl energiebezogene Bundesgesetze grundsätzlich ebenfalls gemäß Art. 83   **23**
und 84 GG in *landeseigener Verwaltung* vollzogen werden, ist dennoch auf einige Besonderheiten hinzuweisen. Abgesehen vom Vollzug des Atomgesetzes durch die Länder *im Auftrag des Bundes* nach Art. 85 GG i. V. m. Art. 87c GG, § 24 Abs. 1 AtG, kommt auf dem Gebiet der Energieversorgung der *bundeseigenen Verwaltung* i. S. v. Art. 87 Abs. 3 GG immer größere Bedeutung zu. Es existieren in diesem Bereich neben dem Bundeskartellamt (BKartA) das Bundesamt für Ausfuhrkontrolle, das Bundesumweltamt sowie die Bundesnetzagentur (BNetzA).[65]

---

[61] *Kment*, in: ders., EnWG, § 2 Rn. 5; *Theobald*, in: Danner/ders., Energierecht, § 2 EnWG Rn. 10 (Stand: 78. EL Dezember 2013).

[62] *Hellermann*, in: Britz/ders./Hermes, EnWG, § 36 Rn. 29 ff.; *de Wyl*, in: Schneider/Theobald, Energiewirtschaft, § 14 Rn. 101 ff.

[63] *Pielow*, in: Baur/Salje/Schmidt-Preuß, Kap. 56 Rn. 4.

[64] *Pieroth*, in: Jarass/ders., Art. 72 Rn. 17 ff.

[65] *Schmidt-Preuß*, in: Säcker, Energierecht, Einl. C Rn. 189.

24   Diese starke Ausprägung der bundeseigenen Verwaltung im Bereich der Energieversorgung mündet zusehends in eine verfassungsrechtliche Problemlage, da
die Exekutiveinheiten mit zunehmenden Rechtssetzungsbefugnissen ausgestattet
werden und es so zu einer *horizontalen Kompetenzverlagerung* von der gesetzge-
benden zur ausführenden Gewalt kommt.[66] Zwar sprechen praktische Erwägungen
insbesondere im Bereich der Energienetzregulierung für eine zeitlich wie inhaltlich
flexible Steuerung durch Behörden auch mithilfe abstrakt-genereller Rechtsetzung;
die verfassungsrechtlichen Verbürgungen der sog. Wesentlichkeitstheorie[67] wie
auch die Vorgaben des Art. 80 GG müssen gleichwohl geachtet bleiben. Besonders
kritisch ist daher § 29 EnWG zu sehen, der den Regulierungsbehörden die Befugnis einräumt, sog. *Festlegungen* gegenüber einem Netzbetreiber, einer Gruppe von
oder allen Netzbetreibern zu erlassen.[68] Die Festlegungen sollen zwar nach Ansicht
des BGH lediglich einen Verwaltungsakt in Form einer Allgemeinverfügung i. S. d.
§ 35 S. 2 VwVfG[69] darstellen; werden jedoch alle Netzbetreiber adressiert, ist die
Abgrenzung zu einer unzulässigen abstrakt-generellen Normensetzung durch Exekutiveinheiten kaum noch möglich.

4. Grundrechtsrelevanz der Energieversorgung

25   Im Bereich der Energieversorgung spielen Grundrechte sowohl für Energieunternehmen als auch für die von hoheitlichen Entscheidungen betroffenen Bürger eine
große Rolle. Aus Sicht der *Energieversorgungsunternehmen* sind insbesondere die
Eigentumsgewährleistung nach Art. 14 GG, einschließlich des Rechts am eingerichteten und ausgeübten Gewerbebetrieb[70], wie auch die Berufsfreiheit nach
Art. 12 GG Ankerpunkte des grundgesetzlichen Schutzes. Für *Nachbarn* von Ener-
gieanlagen oder -leitungen besitzen insbesondere die Grundrechte des Art. 2 Abs. 2
und Art. 14 GG im Rahmen einer Drittanfechtungsklage gegen behördliche Genehmigungsentscheidungen große Bedeutung.

26   Nicht zuletzt wegen der häufig anzutreffenden Beteiligung von Kommunen an
Energieversorgungsunternehmen[71] stellt sich bei letztgenannten die Frage nach ihrer
Grundrechtsträgerschaft. Dabei ist zu unterscheiden: Von der öffentlichen Hand
beherrschte Energieunternehmen können sich nicht auf Grundrechte berufen,[72] da
sie letztlich Bestandteil der staatlichen Verwaltung und somit grundrechtsverpflich-

---

[66] Dazu *Pielow*, in: Ehlers/Fehling/Pünder, § 22 Rn. 43.

[67] BVerfGE 116, 24 (58); *Jarass*, in: ders./Pieroth, Art. 20 Rn. 47.

[68] Vgl. zur Festlegungsentscheidung *Attendorn*, RdE 2009, 87; *Schmidt-Preuß*, in: Säcker, Energierecht, § 29 Rn. 24 ff.

[69] BGH, NVwZ 2009, 195 (195); *Pielow*, in: Baur/Salje/Schmidt-Preuß, Kap. 42 Rn. 32 ff.

[70] *Papier*, in: Maunz/Dürig, Art. 14 Rn. 95 ff. (Stand: 59. EL Juli 2010); differenzierend *Jarass*,
in: ders./Pieroth, Art. 14 Rn. 10.

[71] Vgl. etwa *Grünewald*, in: Danner/Theobald, Energierecht, Einführung XII. Rn. 1 ff. (Stand:
75. EL Oktober 2012).

[72] BVerfG, NJW 2011, 1201 (1203).

tet sind (→ § 2 Rn. 13, 20; § 6 Rn. 21 f.).[73] Bei gemischt-wirtschaftlichen Energieunternehmen, an denen die öffentliche Hand nur eine Minderheitsbeteiligung hält, ist eine Grundrechtsträgerschaft hingegen nicht von vornherein ausgeschlossen; so hat das BVerfG etwa die Grundrechtsträgerschaft für die Deutsche Telekom AG anerkannt (→ § 2 Rn. 14, 20).[74] Private Netzbetreiber sind grundsätzlich grundrechtsfähig, selbst wenn sie über eine privilegierte (Monopol-)Stellung verfügen. Allerdings ist bei hoheitlichen Eingriffen in Art. 12 oder Art. 14 GG eine monopolartige Stellung sowie das Angewiesensein der Marktteilnehmer auf dieses Monopol im Rahmen der Verhältnismäßigkeit bzw. bei der Sozialbindung des Eigentums zu beachten[75].

5. Kommunale Energieversorgung

Bedingt durch die europaweite Marktöffnung im Energiesektor verstärkte sich auch im gemeindlichen Bereich das kommunalwirtschaftliche Engagement und geht deutlich über die Ausfallverantwortung zur Gewährleistung der öffentlichen Daseinsvorsorge hinaus (→ Rn. 20 f.). Gerade die *räumliche Ausweitung* des Aktionsraums über die Gemeindegrenzen hinweg bis zur Betätigung im Ausland wirft verfassungsrechtliche Fragen auf, denn das in Art. 28 Abs. 2 S. 1 GG festgeschriebene kommunale Selbstverwaltungsrecht erfasst lediglich „Angelegenheiten der örtlichen Gemeinschaft". Den Gemeinden treten deshalb häufig die Gemeindeordnungen der Länder zur Seite,[76] die teilweise *Sonderregelungen* für die Zulässigkeit einer überörtlichen Betätigung von kommunalen Energieversorgungsunternehmen enthalten und die kommunalen Energieversorgungsunternehmen sowohl vom Prinzip der Örtlichkeit als auch von den sonstigen Vorgaben eines wirtschaftlichen Tätigwerdens von Gemeinden entbinden.[77]   **27**

IV. Recht der Energiewirtschaft

Das Energiewirtschaftsgesetz (EnWG) ist das *zentrale Element* der Regelungen zur leitungsgebundenen Versorgung der Allgemeinheit mit Elektrizität und Gas. Daneben finden sich auch in weiteren Bundesgesetzen Vorschriften, die Einfluss auf das Recht der Energiewirtschaft haben. Einschlägige Regelungen enthalten beispielsweise das Erneuerbare-Energien-Gesetz (EEG), das Kraft-Wärme-Kopplungs-Gesetz (KWKG) oder das Erneuerbare-Energien-Wärmegesetz (EEWärmeG)   **28**

---

[73] A. A. *Schmidt-Preuß*, in: Säcker, Energierecht, Einl. C Rn. 209.

[74] BVerfGE 115, 205 (227 f.).

[75] Grundsätzlich zu diesem Ansatz etwa *Papier*, Verfassungsfragen der Durchleitung, in: FS Baur, S. 209 (209 ff.); *Kment*, ZVglRWiss 112 (2013), 123 (134 f.).

[76] *Jarass*, DÖV 2002, 489; *Burgi*, Neuer Ordnungsrahmen für die energiewirtschaftliche Betätigung der Kommunen, 2010, S. 30 ff.

[77] Vgl. diesbezüglich insbesondere § 107a GO NRW.

(→ Rn. 110 ff.). Da das EnWG und die weiteren Bundesgesetze den gleichen Rang einnehmen, müssen *Kollisionsfälle* und *Wertungswidersprüche* schonend aufgelöst und zu einer praktischen Konkordanz gebracht werden. Darüber hinaus bestehende Konkurrenzen müssen mit den allgemeinen Methoden behoben werden.[78] Neben den Bundesgesetzen existieren zahlreiche Rechtsverordnungen,[79] die zu einer weiteren Konkretisierung und näheren inhaltlichen Ausgestaltung beitragen.

1. Marktzutritt – Anzeige und Genehmigung

a) Akteure

29   Bei den Akteuren der Energiewirtschaft ist zwischen Energieerzeugern, Energielieferanten und Energienetzbetreibern zu differenzieren. Die *Energieerzeuger* spielen im EnWG lediglich eine untergeordnete Rolle, während sie im Energieanlagenrecht, das mit Ausnahme der Energienetzplanung und -zulassung (→ Rn. 83 ff.) überwiegend den allgemeinen umwelt- und planungsrechtlichen Regeln unterworfen ist, dafür im Mittelpunkt stehen. Das EnWG äußert sich im Wesentlichen zu den *Energielieferanten* (Energieversorgungsunternehmen, § 3 Nr. 18 EnWG) und den *Energienetzbetreibern* (Netzbetreiber, § 3 Nr. 27 EnWG), unabhängig davon, ob sie in privater, öffentlicher oder gemischter Hand sind (siehe § 109 Abs. 1 EnWG).

b) Anzeige-, Genehmigungs- und Zertifizierungspflicht

30   Hinsichtlich der erstmaligen Aufnahme und der vollumfänglichen Beendigung der Belieferung von Haushaltskunden (siehe § 3 Nr. 22 EnWG) mit Energie unterliegen die Energieversorgungsunternehmen ausschließlich einer *Anzeigepflicht* gegenüber der Regulierungsbehörde (BNetzA), die in § 5 EnWG festgelegt und näher ausgestaltet ist; Gleiches gilt bei einer Änderung der Firma. Mit Anzeige der Tätigkeitsaufnahme muss das Energieversorgungsunternehmen nach § 5 S. 3 EnWG das Vorliegen der personellen, technischen und wirtschaftlichen Leistungsfähigkeit sowie der Zuverlässigkeit der Geschäftsleitung darlegen. Ist diese Eignung nicht oder nicht mehr gewährleistet, so kann die Regulierungsbehörde die Ausübung der Tätigkeit ganz oder teilweise untersagen (§ 5 S. 4 EnWG).[80]

31   Die Aufnahme des Betriebs eines Energieversorgungsnetzes[81] (siehe § 3 Nr. 16 EnWG) ist hingegen *genehmigungspflichtig*. Zu beantragen ist die Genehmigung gemäß § 4 Abs. 1 S. 1 EnWG nicht bei der Regulierungsbehörde, sondern bei der nach Landesrecht zuständigen Genehmigungsbehörde. Bringt der Antragsteller die personelle, technische und wirtschaftliche Leistungsfähigkeit mit und besitzt er zu-

---

[78] Am wichtigsten ist der Lex-specialis-Grundsatz.

[79] Vgl. z. B. die Gasnetzzugangsverordnung (GasNZV) und die Stromnetzzugangsverordnung (StromNZV).

[80] Zur Untersagungsverfügung vgl. *Rauch*, IR 2011, 26; *Hermes*, in: Britz/Hellermann/ders., EnWG, § 5 Rn. 30 ff.; *Koenig/Kühling/Rasbach*, Energierecht, S. 51 Rn. 21.

[81] Zu den Energieversorgungsnetzen zählen nicht Direktleitungen i. S. v. § 3 Nr. 12 EnWG und Kundenanlagen i. S. v. § 3 Nr. 24a, 24b.

dem die erforderliche Zuverlässigkeit, so hat er gemäß § 4 Abs. 2 S. 1 EnWG einen Rechtsanspruch auf Genehmigungserteilung („darf nur versagt werden, wenn"). § 4 Abs. 2 S. 1 EnWG stellt ein präventives Verbot mit Erlaubnisvorbehalt dar,[82] das nicht die Betätigung der Netzbetreiber behindern soll, wenn es die Betriebsaufnahme an Kriterien knüpft, sondern eine Missbrauchs- und Gefahrenabwehr zum Ziel hat.[83] Die Genehmigung ist somit ein gebundener und begünstigender Verwaltungsakt, sodass im Falle einer rechtswidrigen Verweigerung die Verpflichtungsklage nach § 42 Abs. 1 Alt. 2 VwGO den notwendigen Rechtsschutz bereithält.[84] Den Übergang der Genehmigung auf den Rechtsnachfolger regelt § 4 Abs. 3 EnWG.[85] Die Grundlage des energiewirtschaftlichen Eingriffsinstrumentariums ist in § 4 Abs. 4 EnWG verankert und gestattet der nach Landesrecht zuständigen Behörde im Extremfall die Untersagung des weiteren Netzbetriebs.[86]

Für den Betrieb eines Transportnetzes (hierzu zählen gemäß § 3 Nr. 31d EnWG **32** alle Übertragungs-[87] und Fernleitungsnetze[88]) verlangen die neu eingefügten Bestimmungen der §§ 4a–4d EnWG eine *Zertifizierung* durch die BNetzA. Ziel des Zertifizierungsverfahrens ist die Sicherstellung der Vorgaben zur Netzentflechtung[89], wofür bereits § 4a Abs. 3 EnWG einen Anhaltspunkt bietet.[90] Eine *besondere Zertifizierungspflicht* gilt zusätzlich gemäß § 4b EnWG für Transportnetzbetreiber, die von einer Person aus sog. Drittstaaten kontrolliert werden. Die in diesem Rahmen vorgesehene Beteiligung der Europäischen Kommission und des BMWi verfolgt das Ziel, die Sicherheit der Elektrizitäts- und Gasversorgung der Bundesrepublik Deutschland und der Europäischen Union zu gewährleisten.[91]

2. Regulierung des Netzbetriebs

Der dritte Teil des EnWG behandelt die Regulierung des Netzbetriebs. Er ist in **33** vier Abschnitte unterteilt, die die Aufgaben der Netzbetreiber (§§ 11 ff. EnWG), den Netzanschluss (§§ 17 ff. EnWG), den Netzzugang (§§ 20 ff. EnWG) und die

---

[82] *Becker*, RdE 2000, 7 (8); *Kment*, in: ders., EnWG, § 4 Rn. 10; *Pielow*, in: Ehlers/Fehling/Pünder, § 22 Rn. 77.

[83] *Hermes*, in: Britz/Hellermann/ders., EnWG, § 4 Rn. 17; *Franke*, in: Schneider/Theobald, Energiewirtschaft, § 3 Rn. 19.

[84] *Koenig/Kühling/Rasbach*, Energierecht, S. 50 Rn. 20; *Säcker*, in: ders., Energierecht, § 4 Rn. 79; *Franke*, in: Schneider/Theobald, Energiewirtschaft, § 3 Rn. 27.

[85] Vgl. dazu *Kment*, in: ders., EnWG, § 4 Rn. 17 ff.; *Hermes*, in: Britz/Hellermann/ders., EnWG, § 4 Rn. 36 ff.

[86] *Koenig/Kühling/Rasbach*, Energierecht, S. 50 Rn. 17; vgl. auch *Kment*, in: ders., EnWG, § 4 Rn. 22 ff.

[87] Vgl. § 3 Nr. 32 EnWG.

[88] Vgl. § 3 Nr. 19 EnWG.

[89] *Gundel/Germelmann*, EuZW 2009, 763 (768).

[90] Siehe auch BR-Drs. 343/11, S. 128 f.

[91] *Harjes*, in: Säcker, Energierecht, § 4b Rn. 2; *Franke*, in: Kment, EnWG, § 4b Rn. 2 ff.

Befugnisse sowie Sanktionen der Regulierungsbehörde (§§ 29 ff. EnWG) regeln. *Ziel der staatlichen Regulierung* der Elektrizitäts- und Gasversorgungsnetze ist die Sicherstellung eines wirksamen und unverfälschten Wettbewerbs bei der Versorgung mit Elektrizität und Gas sowie die Gewährleistung eines langfristig angelegten leistungsfähigen und zuverlässigen Betriebs von Energieversorgungsnetzen (→ Rn. 1, 20 f.).

a) Aufgaben der Netzbetreiber

34   Um Energieversorgungssicherheit gewährleisten zu können, bedarf es stabiler und funktionstüchtiger Netze. Auf den Bestand und die Funktionsfähigkeit der Energieversorgungsnetze sind die Marktteilnehmer angewiesen; sie treffen insofern auf ein „natürliches Monopol"[92]. Aus diesem Grund stellt der Gesetzgeber für die Netzbetreiber zahlreiche Pflichten auf: Eine *grundlegende Verpflichtung* enthält § 11 Abs. 1 S. 1 EnWG. Hiernach sind die Energieversorgungsnetzbetreiber angehalten, ein sicheres, zuverlässiges und leistungsfähiges Energieversorgungsnetz diskriminierungsfrei zu betreiben, zu warten und bedarfsgerecht zu optimieren, zu verstärken und auszubauen, soweit es wirtschaftlich zumutbar ist. Eine nähere *Konkretisierung* dieser allgemeinen Pflicht erfolgt durch die §§ 12–16a EnWG, wobei sich die §§ 12–14a EnWG auf Elektrizitätsnetze[93] und die §§ 15–16a EnWG auf Gasnetze[94] beziehen. Neu eingefügt wurden Vorschriften zur Netzentwicklungs- und Bedarfsplanung (§§ 12a–12 f. EnWG) (→ ausführlich Rn. 86 ff.) sowie zum Störungsschutz bezüglich besonders bedeutsamer, sog. kritischer Anlagen (§§ 11 Abs. 1a, 12g EnWG).

35   Die Übertragungs- und Fernleitungsnetzbetreiber haben außerdem eine besondere *Systemverantwortung*: Sie sind nach den §§ 12 Abs. 1, 15 Abs. 1 EnWG verpflichtet, die Energieübertragung durch das Netz unter Berücksichtigung des Austauschs mit anderen Verbundnetzen zu regeln und mit der Bereitstellung und dem Betrieb ihrer Übertragungsnetze im nationalen und internationalen Verbund zu einem sicheren und zuverlässigen Elektrizitäts- bzw. Gasversorgungssystem in ihrer Regelzone und damit zu einer sicheren Energieversorgung beizutragen (Regelverantwortung). Die Versorgungssicherheit erfasst zum einen die technische Sicherheit im Hinblick auf Erzeugungs-, Transport- und Verteilungsanlagen.[95] Zum anderen geht es um eine fortgesetzte und auf Dauer gewährleistete Zurverfügungstellung von Energie.[96] Demgemäß ist die Versorgungssicherheit zugleich ein Bestandteil der Versorgungszuverlässigkeit, die auf eine nahtlose und ununter-

---

[92] *Pielow*, in: Ehlers/Fehling/Pünder, § 22 Rn. 89; vgl. auch BT-Drs. 15/2327, S. 35.

[93] Dabei haben die §§ 12 und 13 EnWG die Übertragungsnetze und die §§ 14 und 14a EnWG die Verteilernetze im Blick.

[94] Für die Fernleitungsnetze sind die §§ 15 und 16 EnWG einschlägig. Für die Verteilernetze erklärt § 16a EnWG die §§ 15 und 16 EnWG weitgehend für entsprechend anwendbar.

[95] BT-Drs. 13/7274, S. 14.

[96] *Kment*, in: ders., EnWG, § 1 Rn. 4; *Theobald*, in: Danner/ders., Energierecht, § 12 EnWG Rn. 13 (Stand: 60. EL Juni 2008).

brochene Verfügbarkeit von Energie in gleich hoher Qualität abzielt.[97] Damit einher geht die Verpflichtung der Netzbetreiber, dauerhaft die Fähigkeit des Netzes sicherzustellen, die Nachfrage nach Übertragung von Elektrizität und Gas zu befriedigen und insbesondere durch entsprechende Übertragungskapazität und Zuverlässigkeit des Netzes zur Versorgungssicherheit beizutragen (vgl. §§ 12 Abs. 3, 15 Abs. 3 EnWG). Im Falle einer Gefährdung oder gar Störung der Sicherheit und Zuverlässigkeit des Versorgungssystems tragen die Netzbetreiber nach §§ 13, 16 EnWG die Systemverantwortung. In Erfüllung ihrer Systemverantwortung sind die Netzbetreiber nach § 13 Abs. 1 EnWG berechtigt und verpflichtet, die Gefährdung oder Störung durch netzbezogene (Nr. 1) oder marktbezogene Maßnahmen (Nr. 2) zu beseitigen.[98] Netzbezogene Maßnahmen sind vor allem Netzschaltungen (siehe §§ 13 Abs. 1 Nr. 1, 16 Abs. 1 Nr. 1 EnWG) aber auch alle sonstigen technischen Hilfsmaßnahmen. Marktbezogene Maßnahmen verlangen demgegenüber die Beteiligung der Netznutzer, die durch Vertragsabschlüsse einbezogen werden können.[99] Mit dem Einsatz von Regelenergie, vertraglich vereinbarten abschaltbaren und zuschaltbaren Lasten, der Information über Engpässe und dem Management von Engpässen sowie der Mobilisierung zusätzlicher Reserven enthält § 13 Abs. 1 Nr. 2 EnWG eine nicht abschließende Aufzählung marktbezogener Maßnahmen für den Elektrizitätsbereich. Eine vergleichbare Aufzählung für den Gassektor ist § 16 Abs. 1 Nr. 2 EnWG zu entnehmen. Führen die netz- bzw. marktbezogenen Maßnahmen nicht zum Erfolg, so können und müssen die Netzbetreiber die erforderlichen Notfallmaßnahmen einleiten (vgl. §§ 13 Abs. 2, 16 Abs. 2 EnWG).[100] Hierzu zählen vor allem die Anpassung (oder das Verlangen der Anpassung von den betroffenen Netznutzern) sämtlicher Stromeinspeisungen, Stromtransite und Stromabnahmen in den jeweiligen Regelzonen bzw. sämtlicher Gaseinspeisungen, Gastransporte und Gasausspeisungen in den jeweiligen Netzen an die Erfordernisse eines sicheren und zuverlässigen Netzbetriebs.[101] Die Einleitung von Notfallmaßnahmen führt zum Ruhen von Leistungspflichten und zum Ausschluss einer Haftung für Vermögensschäden (§§ 13 Abs. 4, 16 Abs. 3 EnWG). Ergänzend ordnen die §§ 13 Abs. 7, 16 Abs. 5 EnWG an, dass die Netzbetreiber jährlich (Gassektor) bzw. alle zwei Jahre (Stromsektor) eine Schwachstellenanalyse erarbeiten müssen. Aus der Schwachstellenanalyse ersichtlich gewordene Defizite müssen sie durch entsprechend geeignete Maßnahmen, wie beispielsweise die Netzverstärkung oder den Netzausbau, beheben.[102]

---

[97] *Bourwieg*, in: Britz/Hellermann/Hermes, EnWG, § 12 Rn. 23 f.

[98] *Kment*, ZNER 2011, 225 (227).

[99] *Altrock/Vollprecht*, ZNER 2011, 231 (232).

[100] Zum Zusammenspiel mit dem EEG und KWKG siehe *Pielow*, in: Ehlers/Fehling/Pünder, § 22 Rn. 92.

[101] Vgl. *Tüngler*, in: Kment, EnWG, § 13 Rn. 43 ff.

[102] BT-Drs. 15/3917, S. 57; *Theobald*, in: Danner/ders., Energierecht, § 13 EnWG Rn. 73 f. (Stand: 60. EL Juni 2008); *König*, in: Säcker, Energierecht, § 13 Rn. 141 ff.

b) Netzanschluss

36   Um die leitungsgebundene Energieversorgung sowohl in technisch-physikalischer
als auch in rechtlicher Hinsicht zu ermöglichen, bedarf es eines Netzanschlusses des
Netznutzers. Ohne einen Netzanschluss kommt eine Netznutzung nicht in Betracht.
Deshalb hat der Gesetzgeber in § 17 Abs. 1 EnWG eine *allgemeine Anschlusspflicht*
für Energieversorgungsnetzbetreiber etabliert, die einen Kontrahierungszwang zur
Folge hat.[103] Korrespondierend damit steht den Netznutzern ein gesetzlicher Anspruch auf Netzanschluss zu, der von den Energieversorgungsnetzbetreibern gemäß
§ 17 Abs. 2 S. 1 EnWG nur dann verweigert werden darf, wenn ihnen die Gewährung des Netzanschlusses aus betriebsbedingten oder sonstigen wirtschaftlichen
oder technischen Gründen nicht möglich oder nicht zumutbar ist.[104] Schon gar nicht
in den Anwendungsbereich des § 17 EnWG fallen jedoch Betreiber von Direktleitungen sowie von Kundenanlagen gemäß § 3 Nr. 24a, 24b EnWG.

37   Den *Umfang der Anschlusspflicht* umreißt § 17 Abs. 1 EnWG. Danach haben
Betreiber von Energieversorgungsnetzen Letztverbraucher, gleich- oder nachgelagerte Elektrizitäts- und Gasversorgungsnetze sowie -leitungen, Erzeugungs- und
Speicheranlagen sowie Anlagen zur Speicherung elektrischer Energie zu technischen und wirtschaftlichen Bedingungen an ihr Netz anzuschließen, die angemessen, diskriminierungsfrei, transparent und nicht ungünstiger sind, als sie von den
Betreibern der Energieversorgungsnetze in vergleichbaren Fällen für Leistungen innerhalb ihres Unternehmens oder gegenüber verbundenen oder assoziierten Unternehmen angewendet werden. Diese Rahmenvorgaben werden durch die *Kraftwerks-
Netzanschlussverordnung* (KraftNAV) weiter ausgestaltet. Diese konkretisierende
Verordnung konnte aufgrund der Ermächtigung in § 17 Abs. 3 EnWG erlassen werden und gibt detailliertere Vorgaben zum Netzanschluss von Kraftwerken.

38   In einer eigenen Vorschrift ist die allgemeine Anschlusspflicht für Netzbetreiber, die auf *Gemeindegebietsebene* Energieversorgungsnetze der *allgemeinen Versorgung* von Letztverbrauchern (vgl. § 3 Nr. 17 EnWG) betreiben, geregelt. § 18
Abs. 1 S. 1 EnWG verpflichtet sie, jedermann an ihr Energieversorgungsnetz anzuschließen und die Nutzung des Anschlusses zur Entnahme von Energie zu gestatten. Erneut können die Energieversorgungsnetzbetreiber den Anschluss und die
Anschlussnutzung nur im Falle einer wirtschaftlichen Unzumutbarkeit verweigern
(§ 18 Abs. 1 S. 2 EnWG); die Beweislast liegt beim Netzbetreiber.[105] Anders als
bei der allgemeinen Anschlusspflicht aus § 17 Abs. 1 EnWG hat der Gesetzgeber
bewusst darauf verzichtet, den Netzbetreibern auch eine Verweigerungsmöglich-
keit für Fälle der technischen Unmöglichkeit einzuräumen. Im Gemeindegebiet

---

[103] *Gerstner*, in: Kment, EnWG, § 17 Rn. 2, 9; *Theobald/Zenke/Dessau*, in: Schneider/Theobald,
Energiewirtschaft, § 15 Rn. 32, 37.

[104] *Koenig/Kühling/Rasbach*, Energierecht, S. 66 Rn. 17 ff.; *Hartmann*, in: Danner/Theobald,
Energierecht, § 17 EnWG Rn. 123 (Stand: 64. EL August 2009); *Bourwieg*, in: Britz/Hellermann/
Hermes, EnWG, § 17 Rn. 26, 35.

[105] Vgl. *Gerstner*, in: Kment, EnWG, § 18 Rn. 52; *Koenig/Kühling/Rasbach*, Energierecht, S. 75
Rn. 42.

soll der Netzanschluss gerade für „jedermann" geschaffen werden.[106] Außerdem haben die Netzbetreiber gemäß § 18 Abs. 1 S. 1 EnWG „Allgemeine Bedingungen für den Netzanschluss und dessen Nutzung" aufzustellen und zu veröffentlichen. Nähere Einzelheiten der Ausgestaltung schreiben die *Niederspannungsanschlussverordnung* (NAV) und die *Niederdruckanschlussverordnung* (NDAV) vor, die als Rechtsverordnungen aufgrund der Ermächtigung in § 18 Abs. 3 EnWG erlassen worden sind und kraft Gesetzes Inhalt des Netzanschluss- bzw. Anschlussnutzungsvertrags werden.[107] Aus Gründen der Netzentflechtung beziehen sich sowohl die NAV als auch die NDAV aber nur auf das Netzanschlussverhältnis (vgl. § 2 NAV, § 2 NDAV) und die Nutzung des Anschlusses zur Energieentnahme, das sog. Anschlussnutzungsverhältnis (vgl. § 3 NAV, § 3 NDAV). Die Energiebelieferung mit Strom bzw. Gas wird in der NAV und der NDAV hingegen nicht adressiert.

c) Netzzugangsanspruch

aa) Allgemeines

Mit dem Netzanschluss wird die notwendige Grundlage geschaffen, um die Versorgung und den Handel mit Energie zu öffnen. Die Netznutzung, d. h. die Einspeisung und Entnahme von Energie, setzt aber weiterhin voraus, dass ein Zugang zu den Energieversorgungsnetzen gestattet wird. Hiermit befasst sich der 3. Abschnitt des 3. Teils des EnWG. Der Netzzugang ist in *§ 20 EnWG* abgesichert und näher ausgestaltet (*Grundpflicht*). Eine weitere Konkretisierung und Ergänzung erfolgt durch mehrere Rechtsverordnungen, die aufgrund der Ermächtigung in § 24 EnWG erlassen werden konnten. Allen voran sind die *Stromnetzzugangsverordnung* (StromNZV)[108] und die *Gasnetzzugangsverordnung* (GasNZV)[109] zu nennen. **39**

Nach § 20 Abs. 1 EnWG müssen Energieversorgungsnetzbetreiber „*jedermann*", d. h. allen sog. „Netznutzern"[110], die entweder Energie in das Netz einspeisen und/oder daraus beziehen wollen (nachgelagerte Netzbetreiber, Erzeuger, Letztverbraucher sowie Lieferanten)[111], nach sachlich gerechtfertigten Kriterien *diskriminie-* **40**

---

[106] *Theobald/Zenke/Dessau*, in: Schneider/Theobald, Energiewirtschaft, § 15 Rn. 60; *Pielow*, in: Ehlers/Fehling/Pünder, § 22 Rn. 96; differenzierend *Bourwieg*, in: Britz/Hellermann/Hermes, EnWG, § 18 Rn. 14.

[107] *Hartmann*, in: Danner/Theobald, Energierecht, § 18 EnWG Rn. 37 f. (Stand: 64. EL August 2009); *Koenig/Kühling/Rasbach*, Energierecht, S. 76 Rn. 45; *Theobald/Zenke/Dessau*, in: Schneider/Theobald, Energiewirtschaft, § 15 Rn. 61.

[108] VO über den Zugang zu Elektrizitätsversorgungsnetzen (Stromnetzzugangsverordnung – StromNZV) vom 25.07.2005, BGBl. I, S. 2243, zuletzt geändert durch Art. 8 des Gesetzes zur grundlegenden Reform des Erneuerbare-Energien-Gesetzes und zur Änderung weiterer Bestimmungen des Energiewirtschaftsrechts vom 21.07.2014, BGBl. I, S. 1066.

[109] VO über den Zugang zu Gasversorgungsnetzen (Gasnetzzugangsverordnung – GasNZV) vom 03.09.2010, BGBl. I, S. 1261, zuletzt geändert durch Art. 4 des Gesetzes zur grundlegenden Reform des Erneuerbare-Energien-Gesetzes und zur Änderung weiterer Bestimmungen des Energiewirtschaftsrechts vom 21.07.2014, BGBl. I, S. 1066.

[110] Die Begrifflichkeiten „Jedermann" in § 20 Abs. 1 S. 1 EnWG und „Netznutzer", letztere legaldefiniert in § 3 Nr. 28 EnWG, sind synonym zu verstehen.

[111] *Hartmann*, in: Danner/Theobald, Energierecht, § 20 EnWG Rn. 20 (Stand: 65. EL Januar 2010).

rungsfrei Netzzugang gewähren. Zudem müssen die dem Netzzugang zugrunde-
liegenden Bedingungen im Internet veröffentlicht werden (§ 20 Abs. 1 S. 1 EnWG).
Damit konstituiert § 20 Abs. 1 EnWG einen grundsätzlichen Anspruch auf Zugang
zu Elektrizitäts- und Gasnetzen. Der Anspruch umfasst neben den Energieversor-
gungsnetzen auch die mit diesen zusammenhängenden Einrichtungen, wie etwa
Umspann- und Speicheranlagen oder vorgelagerte Rohrleitungsnetze.[112] Neben
Übertragungs- und Fernleitungsnetzen gilt der Anspruch auch für Verteilernetze.
Auf eine gewisse Spannungs- oder Druckstufe kommt es nicht an.

41   Dem allgemeinen Anspruch auf Netzzugang liegt ein *gesetzliches Schuldverhältnis* zugrunde, das durch einen zivilrechtlich auszuhandelnden Vertrag umgesetzt wird.[113] Dabei entsteht der Zugangsanspruch („Ob") unmittelbar mit Beantragung und kraft Gesetzes.[114] Die nähere Ausgestaltung der Vertragsbedingungen,
das „Wie", ist dann gemäß der Vorgaben des § 20 EnWG zwischen den Parteien zu
vereinbaren. Der Netzzugang stellt demnach ein zweistufiges System dar mit der
Folge, dass auch bei Streitigkeiten über die genaue Ausgestaltung des Zugangs dieser vom Betreiber nicht verweigert werden darf, solange kein Fall des § 20 Abs. 2
EnWG vorliegt. Eine *Verweigerung des Netzzugangs* ist nach § 20 Abs. 2 EnWG
nur dann zulässig, wenn die Gewährung des Netzzugangs aus betriebsbedingten
oder sonstigen Gründen unter Berücksichtigung der Ziele des § 1 EnWG nicht möglich oder nicht zumutbar ist.[115]

42   Die Abwicklung des Netzzugangsanspruchs ist in § 20 Abs. 1a und 1b EnWG
i. V. m. den Netzzugangsverordnungen für den Strom- (Abs. 1a i. V. m. der
StromNZV) und Gassektor (Abs. 1b i. V. m. der GasNZV) *unterschiedlich ausgestaltet.* Neben den physikalischen und netzorganisatorischen Unterschieden beruht
die getrennte Regelungssystematik vor allem auf der abweichenden historischen
Entwicklung.[116]

bb) Netzzugang zu den Elektrizitätsversorgungsnetzen

43   In § 20 Abs. 1a EnWG werden im Wesentlichen die erforderlichen *Vertragsverhält-
nisse* aufgeführt, mit Hilfe derer das Recht auf Netzzugang verwirklicht wird. Dabei
handelt es sich um den Netznutzungsvertrag (§ 20 Abs. 1a S. 1 EnWG), den Lieferantenrahmenvertrag (§ 20 Abs. 1a S. 2 EnWG) und den Bilanzkreisvertrag (§ 20
Abs. 1a S. 5 EnWG „vertraglich begründetes Bilanzkreissystem"). Die recht *lü-
ckenhaften Grundsatzregelungen* werden durch die StromNZV und hinsichtlich der
Preisgestaltung durch die StromNEV ergänzt (zur Preisgestaltung → Rn. 59 ff.).

---

[112] *Kment*, in: ders., EnWG, § 20 Rn. 12; *Schmidt-Schlaeger*, in: Rosin u. a., Praxiskommentar
EnWG, § 20 Abs. 1, 1a, 2 Rn. 9 (Stand: 2. EL April 2012).

[113] *Kühling/el-Barudi*, DVBl. 2005, 1470 (1474 f.); *Theobald/Zenke/Dessau*, in: Schneider/Theo-
bald, Energiewirtschaft, § 15 Rn. 92; *Lüdtke-Handjery*, in: Danner/Theobald, Energierecht, § 20
Abs. 1a EnWG Rn. 3 (Stand: 62. EL Dezember 2008); *Ahnis/Kirschnick*, EnWZ 2013, 352 (353).

[114] *Säcker/Boesche*, in: Säcker, Energierecht, § 20 Rn. 62.

[115] Dazu ausführlich *Kment*, in: ders., EnWG, § 20 Rn. 23 ff.; *Arndt*, in: Britz/Hellermann/Hermes,
EnWG, § 20 Rn. 200 ff.

[116] *Kment*, in: ders., EnWG, § 20 Rn. 35 ff., 61 ff.

Eine noch weitergehende Konkretisierung erfolgt in der Praxis zum Teil über Ver-
bändevereinbarungen, die allerdings einer individualvertraglichen Einbeziehung
bedürfen.[117]

Grundlegend für die Verwirklichung des Netzzugangs ist der in § 20 Abs. 1a   **44**
S. 1 EnWG legaldefinierte *Netznutzungsvertrag*. Hiernach schließen Letztverbraucher von Elektrizität oder Lieferanten zur Ausgestaltung des Rechts auf Zugang zu
Elektrizitätsversorgungsnetzen Verträge mit denjenigen Energieversorgungsunternehmen, aus deren Netzen die Entnahme und in deren Netze die Einspeisung von
Elektrizität erfolgen soll. *Vertragspartner* sind auf Seiten der Netzzugangsberech-
tigten ein Letztverbraucher oder Lieferant und ein Energieversorgungsunternehmen
auf der anderen Seite. Letztverbraucher sind gemäß § 3 Nr. 25 EnWG natürliche
oder juristische Personen, die Energie für den eigenen Verbrauch kaufen. Dabei
kann es sich sowohl um Verbraucher (§ 13 BGB) als auch Unternehmer (§ 14 BGB)
handeln.[118] Der Begriff des Lieferanten wird lediglich in § 2 Nr. 5 StromNZV aufgegriffen. Demnach ist ein Lieferant gemäß § 2 Nr. 5 StromNZV ein Unternehmen,
dessen Geschäftätigkeit auf den Vertrieb von Elektrizität gerichtet ist. Unter Energieversorgungsunternehmen versteht § 3 Nr. 18 EnWG natürliche oder juristische
Personen, die Energie an andere liefern, ein Energieversorgungsnetz betreiben oder
an einem Energieversorgungsnetz als Eigentümer Verfügungsbefugnis besitzen.

§ 20 Abs. 1a EnWG eröffnet zwei mögliche *Vertragskonstellationen*, denen   **45**
zugrunde liegt, dass zwischen Netznutzung und Stromlieferung streng zu unterscheiden ist.[119] Die Versorgung des Kunden kann demzufolge entweder durch einen
integrierten Stromliefervertrag (All-inclusive-Vertrag) oder einen reinen Stromliefervertrag erfolgen.[120] Beim All-inclusive-Vertrag schließt der Kunde ausschließlich einen Vertrag mit seinem Stromlieferanten, der sowohl die Stromlieferung als
auch die erforderliche Nutzung der Netze schuldet. Bei einem reinen Stromliefervertrag zwischen Kunde und Stromlieferant verpflichtet sich der Stromlieferant nur
zur Stromlieferung. Für die Netznutzung hat der Kunde Sorge zu tragen, indem er
mit dem Netzbetreiber einen eigenen Netznutzungsvertrag abschließt.

Die abgeschlossenen Verträge begründen bestimmte *Vertragspflichten*: Auf-   **46**
grund eines Netznutzungsvertrags schuldet der Netzbetreiber die Zurverfügungstellung der für die Stromlieferung notwendigen Netzinfrastruktur und die Ausführung
von erforderlichen Netzdiensten.[121] Im Gegenzug hat der Netzzugangsberechtigte
das vereinbarte Netznutzungsentgelt zu zahlen. Die Höhe des Entgelts ist reguliert
(vgl. §§ 21a, 23a EnWG) (→ Rn. 59 ff.).

In § 20 Abs. 1a S. 2 EnWG ist mit dem *Lieferantenrahmenvertrag* ein spezieller   **47**
Fall des Netznutzungsvertrags geregelt. Nach der Legaldefinition des § 20 Abs. 1a
S. 2 EnWG ist ein Lieferantenrahmenvertrag ein Netznutzungsvertrag, der mit
einem Lieferanten geschlossen wird und sich nicht auf bestimmte Entnahmestel-

[117] *De Wyl/Thole/Bartsch*, in: Schneider/Theobald, Energiewirtschaft, § 16 Rn. 251.
[118] *Säcker/Boesche*, in: Säcker, Energierecht, § 20 Rn. 77.
[119] *De Wyl/Thole/Bartsch*, in: Schneider/Theobald, Energiewirtschaft, § 16 Rn. 326.
[120] Dazu *Kment*, in: ders., EnWG, § 20 Rn. 38.
[121] *Herzmann*, RdE 2007, 76 (78); *Britz*, in: ders./Hellermann/Hermes, EnWG, § 20 Rn. 63.

len zu beziehen braucht. In der Praxis ist ein nach § 20 Abs. 1a S. 1 Alt. 2 EnWG abgeschlossener Netznutzungsvertrag mit einem Lieferanten nahezu ausschließlich ein Lieferantenrahmenvertrag, auch wenn dies nicht absolut zwingend ist.[122] Eine nähere Ausgestaltung erfährt der Lieferantenrahmenvertrag in § 25 StromNZV.

48   Dass der Netznutzungsvertrag und der Lieferantenrahmenvertrag den *Zugang zum gesamten Elektrizitätsversorgungsnetz* vermitteln, ist in § 20 Abs. 1a S. 3 EnWG klargestellt, dessen Wortlaut eins zu eins in § 3 Abs. 1 S. 1 StromNZV übernommen wurde. Zur Verwirklichung des Netzzugangs ist demnach nur ein einziger Vertrag erforderlich, obwohl in physikalischer Hinsicht unter Umständen mehrere Netze in Anspruch genommen werden müssen.[123] Irrelevant ist, wo die Einspeise- und Entnahmestellen liegen. Nicht ausschlaggebend ist auch die Entfernung zwischen diesen beiden Punkten; eine „Punkt-zu-Punkt-Betrachtung", aus der sich ein fiktiver Transportpfad ergibt, spielt demnach keine Rolle.[124] Aus diesem Grund wird das System als sog. *transaktionsunabhängiges Punktmodell*[125] bezeichnet.

49   Um den Netzzugang für jedermann sicherzustellen, müssen die *Netzbetreiber* eng *zusammenarbeiten*. § 20 Abs. 1a S. 4 EnWG verpflichtet daher alle Betreiber von Elektrizitätsversorgungsnetzen, in dem Ausmaß zusammenzuarbeiten, das erforderlich ist, damit durch den Betreiber von Elektrizitätsversorgungsnetzen, der den Netznutzungs- oder Lieferantenrahmenvertrag abgeschlossen hat, der Zugang zum gesamten Elektrizitätsversorgungsnetz gewährleistet werden kann. In § 20 Abs. 1a S. 4 EnWG werden nur das Ziel (jeder Netzbetreiber kann Zugang zum gesamten Elektrizitätsversorgungsnetz gewährleisten) und das Ausmaß („in dem Ausmaß, das erforderlich ist") der Zusammenarbeit genannt. Der Weg und die einzelnen Mittel, auf und mit denen das Ziel durch die Netzbetreiber zu erreichen ist, bleiben aber offen.[126] Lediglich der Verordnungsgeber hat mit § 16 StromNZV die allgemeinen Zusammenarbeitspflichten ein wenig präzisiert. Die Zusammenarbeit in der Praxis der deutschen Elektrizitätswirtschaft erfolgt zurzeit vor allem über den Bundesverband der Energie- und Wasserwirtschaft e. V. (BDEW), der für zahlreiche Regelwerke verantwortlich zeichnet (z. B. TransmissionCode 2007, DistributionCode 2007 und die VDE-Anwendungsregel AR-N 4400, Messwesen Strom – MeteringCode),[127] die zwar keine Gesetzes- oder Verordnungskraft besitzen[128],

---

[122] *Britz*, in: ders./Hellermann/Hermes, EnWG, § 20 Rn. 82.

[123] *Kment*, in: ders., EnWG, § 20 Rn. 48 ff.

[124] *Lüdtke-Handjery*, in: Danner/Theobald, Energierecht, § 20 Abs. 1a EnWG Rn. 8 (Stand: 62. EL Dezember 2008).

[125] *Böwing*, in: Baur/Salje/Schmidt-Preuß, Kap. 68 Rn. 34 f.; *Schmidt-Schlaeger*, in: Rosin u. a., Praxiskommentar EnWG, § 20 Abs. 1, 1a, 2 Rn. 76 f. (Stand: 1. EL Juli 2011); der Begriff wird auch in § 15 Abs. 1 S. 1 StromNEV verwendet.

[126] *Kment*, in: ders., EnWG, § 20 Rn. 53.

[127] Einen guten Überblick zum Inhalt der Regelwerke bieten *de Wyl/Thole/Bartsch*, in: Schneider/Theobald, Energiewirtschaft, § 16 Rn. 251 ff.

[128] *Britz*, ZNER 2006, 91 (93).

aber häufig über eine vertragliche Einbeziehung in den Netznutzungs-, Lieferanten-
rahmen- und Bilanzkreisvertrag zur Anwendung kommen.[129]

Weiterhin setzt der Netzzugang durch die Letztverbraucher und Lieferanten vo-   **50**
raus, dass über einen *Bilanzkreis*, der in ein vertraglich begründetes *Bilanzkreissystem* nach Maßgabe einer Rechtsverordnung über den Zugang zu Elektrizitätsversorgungsnetzen einbezogen ist, ein Ausgleich zwischen Einspeisung und Entnahme
stattfindet (§ 20 Abs. 1a S. 5 EnWG i. V. m. § 3 Abs. 2 StromNZV). Diese Regelung
ist darin begründet, dass Einspeise- und Entnahmemengen zu jedem bestimmten
Zeitpunkt nicht voll deckungsgleich sind und daher eines Ausgleichs bedürfen.
Wesentlich für das Bilanzkreismodell ist der Bilanzkreisvertrag, der gemäß § 26
Abs. 1 StromNZV zwischen dem Bilanzkreisverantwortlichen und dem Betreiber
von Übertragungsnetzen, der auch Bilanzkoordinator genannt wird[130], geschlossen
wird.

cc) Zugang zu den Gasversorgungsnetzen (§ 20 Abs. 1b EnWG)

§ 20 Abs. 1b EnWG gestaltet den *Anspruch auf Zugang* zu den Gasnetzen näher   **51**
aus und betrifft – ebenso wie Abs. 1a für den Stromsektor – das „Wie" des Netzzugangs.[131] Aber auch Abs. 1b gibt das Modell des Netzzugangs und die vertragliche Ausgestaltung nur bruchstückhaft vor. Eine nähere *Konkretisierung* übernimmt
die GasNZV sowie die Kooperationsvereinbarung der Fernleitungsnetzbetreiber
(KoV VII)[132].

§ 20 Abs. 1b S. 1 EnWG verpflichtet die Netzbetreiber („müssen"), Ein- und   **52**
Ausspeisekapazitäten anzubieten. Der Netzzugang verwirklicht sich durch die Buchung der entsprechenden Ein- und Ausspeisekapazitäten. Daher ist auch von dem
sog. *Entry/Exit-Modell* die Rede.[133] Vertraglich vollzieht sich die Buchung der Kapazitäten durch den Abschluss von Ein- und Ausspeiseverträgen. Die gebuchten
Kapazitäten müssen den Netzzugang *transportpfadunabhängig* ermöglichen (vgl.
auch § 8 Abs. 1 S. 1 GasNZV). Dies bedeutet, dass die gebuchten Ein- und Ausspeisekapazitäten ohne streckenbezogene Festlegung eines bestimmten Transport-
pfades genutzt werden können.[134] Der Netzzugang besteht damit völlig unabhängig
vom tatsächlichen physischen Gastransport.[135] Außerdem muss eine *Transaktions-*

---

[129] *De Wyl/Thole/Bartsch*, in: Schneider/Theobald, Energiewirtschaft, § 16 Rn. 252; *Kment*, in:
ders., EnWG, § 20 Rn. 54.

[130] *Schmidt-Schlaeger*, in: Rosin u. a., Praxiskommentar EnWG, § 20 Abs. 1, 1a, 2 Rn. 51 (Stand:
1. EL Juli 2011).

[131] *Scholz/Sieberg*, in: Rosin u. a., Praxiskommentar EnWG, § 20 Abs. 1b Rn. 33 (Stand: 3. EL
August 2012); *Kment*, in: ders., EnWG, § 20 Rn. 61.

[132] Seit 01.10.2014 in der 7. Änderungsfassung in Kraft; zur Entwicklung der KoV siehe *de Wyl/
Thole/Bartsch*, in: Schneider/Theobald, Energiewirtschaft, § 16 Rn. 442 ff. Allgemein zu den Ko-
operationsvereinbarungen Gas *Thole/Böhnk*, IR 2012, 220.

[133] *Arndt*, in: Britz/Hellermann/Hermes, EnWG, § 20 Abs. 1b Rn. 131; *Koenig/Kühling/Rasbach*,
Energierecht, S. 95 ff.

[134] *Kment*, in: ders., EnWG, § 20 Rn. 64; *de Wyl/Thole/Bartsch*, in: Schneider/Theobald, Energiewirtschaft, § 16 Rn. 284.

[135] *De Wyl/Thole/Bartsch*, in: Schneider/Theobald, Energiewirtschaft, § 16 Rn. 285.

unabhängigkeit bestehen, d. h. der Netzzugang erfolgt nicht durch einzelne „Transaktionen", sondern alle Buchungen werden kumulativ abgerechnet, sodass nicht mehr für jede einzelne Lieferung ein eigenständiger Vertrag abgeschlossen werden muss.[136] Zudem müssen die Ein- und Ausspeisekapazitäten *unabhängig voneinander nutzbar und handelbar* sein.[137]

53   Kernbestandteil des Netzzugangs sind der Ein- und Ausspeisevertrag, die den inzwischen allgemein anerkannten Grundsatz des „*Zweivertragsmodells*" umsetzen.[138] Nach dem Zweivertragsmodell muss der Transportkunde lediglich einen Ein- sowie einen Ausspeisevertrag abschließen. Zusätzliche Verträge, etwa mit weiteren Netzbetreibern, deren Netze beim physischen Gastransport in Anspruch genommen werden, sind nicht erforderlich.[139] Die *rechtliche Grundlage* der Ein- und Ausspeiseverträge findet sich in § 20 Abs. 1b S. 2 bzw. S. 3 EnWG, die durch die §§ 3, 4 Abs. 1 GasNZV und Anlage 1 zur KoV VII (Geschäftsbedingungen für den Ein- und Ausspeisevertrag – Entry/Exit-System) ergänzt wird. Einer vereinfachten Belieferung dient der *Lieferantenrahmenvertrag*, der in § 20 Abs. 1b S. 4 EnWG, § 3 Abs. 4 GasNZV verankert ist.

54   Ebenso wie im Bereich der Stromnetze, gibt es auch im Gassektor den *Bilanzkreisvertrag* (§ 3 Abs. 2 GasNZV),[140] der zwischen dem Bilanzkreisverantwortlichen (§ 2 Nr. 5 GasNZV) und dem Bilanzkreisnetzbetreiber geschlossen wird. Der Bilanzkreisvertrag regelt den Ausgleich und die Abrechnung von Differenzen zwischen den ein- und ausgespeisten Gasmengen, die dem im jeweiligen Vertrag geregelten Bilanzkreis zugeordnet werden (vgl. § 1 Nr. 1 der Anlage 4 zur KoV VII).[141] Die §§ 22 ff. GasNZV enthalten dabei nähere Vorgaben zur Bilanzierung.[142]

55   Da der physikalische Gastransport die Nutzung mehrerer Netze erforderlich machen kann, ein Vertrag aber nur mit dem Ein- und Ausspeisenetzbetreiber, nicht aber mit den unter Umständen dazwischengeschalteten Netzbetreibern geschlossen wird, werden Netze in Anspruch genommen, zu dessen Betreibern die Transportkunden in keinerlei vertraglicher Beziehung stehen. Um dennoch einen vollumfänglichen Netzzugang zu gewährleisten, müssen die Netzbetreiber eng und umfassend zusammenarbeiten. Eine diesbezügliche *Pflicht zur Kooperation* statuiert § 20 Abs. 1b S. 5 EnWG, wobei dort auch zugleich deren Grenzen festlegt sind. Aus § 20 Abs. 1b S. 6, 7 EnWG ergeben sich die Reichweite und in Grundzügen der

---

[136] *Neveling*, in: Danner/Theobald, Energierecht, § 20 Abs. 1b EnWG Rn. 42 (Stand: 72. EL Oktober 2011); *Kment*, in: ders., EnWG, § 20 Rn. 65.

[137] *Kment*, in: ders., EnWG, § 20 Rn. 66 ff.

[138] *Neveling*, in: Danner/Theobald, Energierecht, § 20 Abs. 1b EnWG Rn. 52 (Stand: 72. EL Oktober 2011); im Kontrast zum Zweivertragsmodell steht das Einzelbuchungsmodell, bei dem der Transportkunde mit jedem einzelnen Netzbetreiber, dessen Netz er in Anspruch nehmen möchte, eigenständige Ein- und Ausspeiseverträge schließen muss, vgl. *Däuper*, ZNER 2006, 211 (213 f.).

[139] *Kment*, in: ders., EnWG, § 20 Rn. 69.

[140] Vgl. dazu auch *Koenig/Kühling/Rasbach*, Energierecht, S. 100 Rn. 100.

[141] *Kreinbrock/Güth*, in: Baur/Salje/Schmidt-Preuß, Kap. 69 Rn. 120.

[142] Näher zu den Einzelheiten siehe *Scholz/Sieberg*, in: Rosin u. a., Praxiskommentar EnWG, § 20 Abs. 1b Rn. 178 ff. (Stand: 3. EL August 2012).

Umfang der Kooperationspflicht.[143] Eine Präzisierung erfolgt in der GasNZV und vor allem durch die von den Netzbetreibern abgeschlossene KoV VII. Dabei wird der netzübergreifende Gastransport insbesondere durch den Abschluss von Netzkopplungsverträgen sichergestellt (vgl. § 7 Abs. 1 S. 1 GasNZV). § 20 Abs. 1b S. 6 EnWG konkretisiert die Kooperationspflicht dahingehend, dass die Netzbetreiber bei der Berechnung und dem Angebot von Kapazitäten, der Erbringung von Systemdienstleistungen und der Kosten- oder Entgeltwälzung eng zusammenarbeiten müssen. Demgegenüber verlangt § 20 Abs. 1b S. 7 EnWG von den Netzbetreibern die Entwicklung gemeinsamer Vertragsstandards für den Netzzugang. Dieser Verpflichtung sind die Netzbetreiber durch die Verabschiedung gemeinsamer Musterverträge, die sich in den Anlagen 1–7 der KoV VII wiederfinden, nachgekommen. Außerdem verpflichtet § 20 Abs. 1b S. 7 EnWG die Netzbetreiber unter Ausschöpfung aller Kooperationsmöglichkeiten, die Zahl der Netze oder Teilnetze sowie der Bilanzzonen möglichst gering zu halten.[144] Nach mehrfachen Zusammenschlüssen gibt es inzwischen nur noch die beiden Marktgebiete (zum Begriff siehe § 2 Nr. 10 GasNZV) NetConnect Germany (NCG) und GASPOOL.

In § 20 Abs. 1b S. 9 EnWG ist das sog. *„Rucksackprinzip"*[145] verankert, das auch **56** in § 42 GasNZV aufgenommen worden ist. Diese Metapher rührt daher, dass nach der Regelung des § 20 Abs. 1b S. 9 EnWG der Kunde und nicht der bisherige Lieferant die für die Belieferung gebuchten Ein- und Ausspeisekapazitäten wie einen Rucksack auf seinen Rücken geschnallt hat. In Umsetzung von Art. 3 Abs. 3 S. 5 der RL über den Binnenmarkt für Gas[146] hat der Gesetzgeber in § 20 Abs. 1b S. 9 EnWG angeordnet, dass bei einem *Lieferantenwechsel*[147] der neue Lieferant vom bisherigen Lieferanten[148] die Übertragung der für die Versorgung des Kunden erforderlichen, vom bisherigen Lieferanten gebuchten Ein- und Ausspeisekapazitäten verlangen kann, wenn ihm die Versorgung des Kunden ansonsten nicht möglich ist und er dies gegenüber dem bisherigen Lieferanten begründet. Anstatt die freien Kapazitäten anderweitig nutzen zu können (z. B. zum Befüllen eines Gasspeichers), muss der Altlieferant die erforderlichen Kapazitäten an den Neulieferanten übertragen.[149] Ziel des Rucksackprinzips ist es, den Lieferantenwechsel zu erleichtern und den Wettbewerb zu beleben.[150]

---

[143] *Arndt*, in: Britz/Hellermann/Hermes, EnWG, § 20 Rn. 166.

[144] *Kment*, in: ders., EnWG, § 20 Rn. 86.

[145] Siehe die Überschrift zu § 42 GasNZV.

[146] RL 2003/55/EG, ABl. EU L 176/57, ber. ABl. EU L 2/55, ABl. EU L 16/74, zuletzt geändert durch Art. 53 ÄndRL 2009/73/EG, ABl. EU L 211/94.

[147] *Breuer/Kreienbrock/Seidewinkel/von Kopp-Colomb*, RdE 2006, 264 (268).

[148] Dem Wortlaut nach auch nur von dem bisherigen Lieferanten und nicht von weiteren Vorlieferanten, *Scholz/Sieberg*, in: Rosin u. a., Praxiskommentar EnWG, § 20 Abs. 1b Rn. 225 ff. (Stand: 3. EL August 2012).

[149] *Kühling/el-Barudi*, DVBl. 2005, 1470 (1476).

[150] *Neveling*, in: Danner/Theobald, Energierecht, § 20 Abs. 1b EnWG Rn. 95 (Stand: 72. EL Oktober 2011); *Kment*, in: ders., EnWG, § 20 Rn. 90.

57   § 20 Abs. 1b S. 10 EnWG bezieht sich auf das innere System des Netzzugangs
auf der Ebene der Fernleitungen und enthält eine Legaldefinition des *Entry/Exit-Systems*. Hiernach sind die Fernleitungsnetzbetreiber verpflichtet, die Rechte an gebuchten Kapazitäten so auszugestalten, dass sie den Transportkunden berechtigen,
Gas an jedem Einspeisepunkt für die Ausspeisung an jedem Ausspeisepunkt ihres
Netzes oder, bei dauerhaften Engpässen, eines Teilnetzes bereitzustellen.[151] Darüber hinaus garantiert Satz 10, dass alle Ausspeisepunkte von allen Einspeisepunkten
in einem Netz erreichbar sind und auch genutzt werden können.[152]

58   Die Spezialregelung des § 20 Abs. 1b S. 11 EnWG für *örtliche Verteilernetze*
schließt die Regelung zum Gasnetzzugang ab. Zudem finden sich besondere Vorschriften zur *Einspeisung von Biogas* in den §§ 31 ff. GasNZV. Diese haben zum
Ziel, die Biogaseinspeisung zu fördern, sodass bis 2020 Mengen in Höhe von sechs
Mrd. Kubikmetern bzw. bis 2030 zehn Mrd. Kubikmetern erreicht werden.[153]

d) Zugangs- und Entgeltregulierung

59   Die Regulierung des Netzzugangs stellt das Zentrum der Netzregulierung des dritten Teils des EnWG dar und weist den Regulierungsbehörden von Bund und Ländern die *Aufgabe* zu, das Agieren der Marktteilnehmer vorausschauend zu steuern.
Mit der Netzzugangsregulierung können die wichtigsten Weichen gestellt werden,
um die Zielsetzung des § 1 Abs. 2 EnWG, einen wirksamen und unverfälschten
Wettbewerb bei der Versorgung mit Elektrizität und Gas sicherzustellen (→ Rn. 1),
erreichen zu können. Zudem soll die Regulierung, insbesondere die Entgeltregulierung, den Wettbewerb anregen, den Marktteilnehmern eine Netznutzung zu geringen Preisen ermöglichen und eine preisgünstige Energieversorgung der Allgemeinheit (vgl. § 1 Abs. 1 EnWG) gewährleisten (→ Rn. 21).

60   Die Zugangs- und Entgeltregulierungsvorschriften folgen nachstehender *gesetzlicher Systematik*: Neben den §§ 21, 21a und 23a EnWG enthalten auch die
StromNZV/GasNZV sowie die Stromnetzentgeltverordnung (StromNEV)[154] bzw.
die Gasnetzentgeltverordnung (GasNEV)[155] zusätzliche Regelungen. Auf der
Grundlage von § 21a Abs. 6 EnWG wurde zudem eine Anreizregulierungsverord-

---

[151] *Kment*, in: ders., EnWG, § 20 Rn. 93; *de Wyl/Thole/Bartsch*, in: Schneider/Theobald, Energiewirtschaft, § 16 Rn. 286.

[152] *Neveling*, in: Danner/Theobald, Energierecht, § 20 Abs. 1b EnWG Rn. 114 (Stand: 72. EL
Oktober 2011).

[153] Näher hierzu *Pielow/Schimansky*, Rechtsfragen der Einspeisung von Biogas in die Erdgasnet-
ze, 2009.

[154] VO über die Entgelte für den Zugang zu Elektrizitätsversorgungsnetzen (Stromnetzentgeltverordnung – StromNEV) vom 25.07.2005, BGBl. I, S. 2225, zuletzt geändert durch Art. 7 des Gesetzes zur grundlegenden Reform des Erneuerbare-Energien-Gesetzes und zur Änderung weiterer
Bestimmungen des Energiewirtschaftsrechts vom 21.07.2014, BGBl. I, S. 1066.

[155] VO über die Entgelte für den Zugang zu Gasversorgungsnetzen (Gasnetzentgeltverordnung –
GasNEV) vom 25.07.2005, BGBl. I, S. 2197, zuletzt geändert durch Art. 3 VO zur Änd. von VO
auf dem Gebiet des Energiewirtschaftsrechts vom 14.08.2013, BGBl. I, S. 3250.

nung (ARegV)[156] zur Regulierung der Netzentgelte geschaffen. Die Bedingungen und Entgelte für den Netzzugang müssen nach der Ausgangsnorm des § 21 EnWG *angemessen, diskriminierungsfrei und transparent* sein. Mittels dieser vorgegebenen Kriterien greift der deutsche Gesetzgeber zur sog. Methodenregulierung und überlässt die exakte Ausgestaltung den Netzbetreibern, die selbstregulatorisch tätig werden.[157] Um die Voraussetzung der Diskriminierungsfreiheit zu erfüllen, dürfen die Bedingungen und Entgelte für Wettbewerber nicht ungünstiger sein als für eigene, verbundene oder assoziierte Unternehmen. Das Merkmal der Transparenz verlangt eine Veröffentlichung der Bedingungen und Preise, insbesondere über das Medium des Internets.[158] Die Angemessenheit der Netznutzungsentgelte wird in § 21 Abs. 2 EnWG näher präzisiert. Nach dieser Regelung sind die Entgelte auf der Grundlage der Kosten einer Betriebsführung, die denen eines effizienten und strukturell vergleichbaren Netzbetreibers entsprechen müssen, unter Berücksichtigung von Anreizen für eine effiziente Leistungserbringung und einer angemessenen, wettbewerbsfähigen und risikoangepassten Verzinsung des eingesetzten Kapitals zu bilden.[159] Die geforderten Anreize für eine effiziente Leistungserbringung werden in § 21 Abs. 2–4 EnWG näher beschrieben. Es geht allerdings nicht nur um einen Netzzugang zu einem möglichst niedrigen Preis, sondern daneben auch um die Erzeugung von Anreizen für sinnvolle Investitionen in die Strom- und Gasnetze mit dem Ziel, diese sicherer und weniger störungsanfällig zu bekommen.[160]

Der Gesetzgeber hatte sich mit § 23a EnWG zunächst für eine Einzelgenehmigung der Entgelte für den Netzzugang zu jedem einzelnen Elektrizitäts- bzw. Gasversorgungsnetz entschieden. Nicht zuletzt wegen des erheblichen Genehmigungsaufwands machte der Verordnungsgeber von der Abweichungsmöglichkeit aus § 23a Abs. 1 Hs. 2 i. V. m. § 21a Abs. 6 EnWG Gebrauch und schuf mit der ARegV die *Anreizregulierung* von Netzentgelten, die ab dem 01.01.2009 zur Anwendung kommt (vgl. § 1 Abs. 1 S. 1 ARegV)[161]. Dies führte zu einer weitgehenden Entkoppelung der Netzentgelte vom Kostenaufwand der Netzbetreiber.[162] Ausschließlich zu Beginn der fünfjährigen Regulierungsperiode (§ 21a Abs. 3 EnWG i. V. m. § 3 Abs. 2 ARegV) wird für die Bestimmung der Erlösobergrenzen durch die Regulierungsbehörde das Ausgangsniveau anhand einer Kostenprüfung ermittelt (§ 6 ARegV). Diese sog. Obergrenzen (§ 21a Abs. 2 EnWG) werden für jedes Kalender-

61

[156] VO über die Anreizregulierung der Energieversorgungsnetze (Anreizregulierungsverordnung – ARegV) vom 29.10.2007, BGBl. I, S. 2529, zuletzt geändert durch Art. 9 des Gesetzes zur grundlegenden Reform des Erneuerbare-Energien-Gesetzes und zur Änderung weiterer Bestimmungen des Energiewirtschaftsrechts vom 21.07.2014, BGBl. I, S. 1066.

[157] *Pielow*, in: Ehlers/Fehling/Pünder, § 22 Rn. 106.

[158] *Koenig/Kühling/Rasbach*, Energierecht, S. 117 Rn. 13.

[159] *Schütte*, in: Kment, EnWG, § 21 Rn. 64 ff.; *Missling*, in: Danner/Theobald, Energierecht, § 21 EnWG Rn. 41 (Stand: 60. EL Juni 2008).

[160] *Missling*, in: Danner/Theobald, Energierecht, § 21 EnWG Rn. 6 (Stand: 60. EL Juni 2008); zur Funktion der Entgeltregulierung vgl. *Koenig/Kühling/Rasbach*, Energierecht, S. 113 Rn. 1 f.

[161] *Franke*, in: Kment, EnWG, § 23a Rn. 4.

[162] *Säcker/Meinzenbach*, RdE 2009, 1 (14); *Ludwigs*, NVwZ 2008, 954.

jahr der Regulierungsperiode festgelegt und beziehen sich gemäß § 4 ARegV auf
die zulässigen Gesamterlöse eines Netzbetreibers aus den Netzentgelten (revenue
cap). Die genaue Berechnung erfolgt in Anwendung der Regulierungsformel aus
§ 7 ARegV i. V. m. Anlage 1.[163] Ausschlaggebend sind in diesem Kontext die Effizienzvorgaben, die mittels eines Effizienzvergleichs unter den Voraussetzungen des
§ 21a Abs. 5 EnWG i. V. m. §§ 8 ff. ARegV Eingang in die Ermittlung finden. Die
Effizienzvorgaben müssen allerdings so gestaltet sein, dass die betroffenen Netzbetreiber die Vorgaben erreichen und sogar übertreffen können (vgl. § 21a Abs. 5 S. 4
EnWG).[164] Die exakten Netzzugangsentgelte werden dann von den Netzbetreibern
gemäß § 17 EnWG i. V. m. §§ 12 ff. StromNEV bzw. §§ 11 ff. GasNEV bestimmt.
Bei allem Bestreben der Kostenminimierung durch die Anreizregulierung darf diese
aber nicht dazu führen, dass in puncto Netzsicherheit und -zuverlässigkeit sowie
hinsichtlich der notwendigen Netzinvestitionen und -innovationen negative Effekte
auftreten; daher gibt es Qualitätsvorgaben gemäß §§ 18 ff. ARegV und Investitions-
regelungen nach §§ 23, 25 ARegV.[165]

62   Für das dargestellte System der Netzregulierung bestehen *Ausnahmen*. Allen
voran bestehen Sonderregelungen für die sog. Geschlossenen Verteilernetze nach
§ 110 EnWG. *Geschlossene Verteilernetze* sind Versorgungsnetze, die in geogra-
phisch begrenzten Gebieten (z. B. Industriegebiet) ausschließlich der Versorgung
eines abgeschlossenen Kundenkreises (z. B. verbundene Unternehmen), nicht aber
der Versorgung sonstiger Dritter (z. B. Haushaltskunden) dienen und nur auf Antrag
des Netzbetreibers von der Regulierungsbehörde in diese Kategorie eingeordnet
werden.[166] Für diese Netze kommen nach § 110 Abs. 1 EnWG insbesondere die
Vorschriften zur Netzanschlusspflicht (§§ 18 f. EnWG) sowie zur Netzentgeltregulierung (§§ 21a, 23a EnWG) nicht zur Anwendung. Stattdessen sieht § 110 Abs. 4
EnWG eine fakultative („kann") Überprüfungsmöglichkeit vor.[167] Eine weitere
Ausnahme betrifft die *Kundenanlagen* i. S. d. § 3 Nr. 24a EnWG, die gemäß § 3
Nr. 16 EnWG nicht zu den Elektrizitätsversorgungsnetzen gezählt werden und daher nicht der Zugangs- und Entgeltregulierung unterfallen.[168] Tatbestandlich setzen
Kundenanlagen nach § 3 Nr. 24a EnWG voraus,[169] dass sie sich auf einem räumlich
zusammengehörenden Gebiet befinden und mit einem Energieversorgungsnetz oder
mit einer Erzeugungsanlage verbunden sind. Außerdem kann eine Kundenanlage
nur angenommen werden, wenn die betreffende Anlage für die Sicherstellung eines

---

[163] Vgl. dazu *Hummel*, in: Danner/Theobald, Energierecht, § 7 ARegV Rn. 1 ff. (Stand: 60. EL
Juni 2008).

[164] *Groebel*, in: Britz/Hellermann/Hermes, EnWG, § 21a Rn. 47 ff.; *Müller-Kirchenbauer*, in:
Danner/Theobald, Energierecht, § 21a EnWG Rn. 86 ff. (Stand: 55. EL Januar 2007).

[165] Vgl. dazu *Hummel*, in: Danner/Theobald, Energierecht, § 18 ff. ARegV (Stand: 75. EL Oktober
2012); *Finger/Ufer*, IR 2010, 253.

[166] Ausführlich zu geschlossenen Verteilernetzen siehe *Wolf*, in: Säcker, Energierecht, § 110
Rn. 1 ff.

[167] Vgl. *Schex*, in: Kment, EnWG, § 110 Rn. 57 f.; *Wolf*, in: Säcker, Energierecht, § 110 Rn. 189.

[168] Zur Kundenanlage vgl. *Rüger*, IR 2012, 338; *Vogt*, RdE 2012, 95.

[169] Vgl. auch die nicht unberechtigte Kritik von *Schwintowski*, EWeRK 2012, 43 (45 ff.).

wirksamen und unverfälschten Wettbewerbs bei der Versorgung mit Elektrizität und Gas unbedeutend ist. Und schließlich fordert der Gesetzgeber, dass sie jedermann zum Zwecke der Belieferung der angeschlossenen Letztverbraucher im Wege der Durchleitung unabhängig von der Wahl des Energielieferanten diskriminierungsfrei und unentgeltlich zur Verfügung gestellt wird. Neben den geschlossenen Verteilernetzen und der Kundenanlage bestehen im Gassektor schließlich noch Spezialregelungen für *Fernleitungsnetze*, die sich auf verordnungsrechtlicher Ebene in den §§ 3 Abs. 2, 19, 26 GasNEV finden lassen.

e) Repressive Aufsicht

Zusätzlich zu den bisher dargestellten Instrumenten (→ Rn. 28 ff.) nimmt die Regulierungsbehörde auch eine repressive Aufsicht wahr. Im Fall *missbräuchlichen Verhaltens* kann die Regulierungsbehörde nach § 30 Abs. 2 EnWG vorgehen und die Energieversorgungsnetzbetreiber verpflichten, Zuwiderhandlungen abzustellen.[170] Zahlreiche Regelbeispiele für einen Missbrauch nennt der Gesetzgeber in § 30 Abs. 1 S. 2 EnWG. Die Etablierung eines besonderen Missbrauchsverfahrens in § 31 EnWG dient dem Schutz von Personen und Personenvereinigungen, deren Interessen durch das Verhalten eines Energieversorgungsnetzbetreibers erheblich berührt werden. Daneben drohen dem betroffenen Netzbetreiber Unterlassungs- und Schadensersatzansprüche nach § 32 EnWG.[171] Für den Fall eines schuldhaften Verstoßes sieht § 33 EnWG eine Vorteilsabschöpfung durch die Regulierungsbehörde vor. Um die einzelnen Anordnungen durchzusetzen, steht der Regulierungsbehörde der Verwaltungszwang zur Verfügung (vgl. § 94 EnWG). Darüber hinaus können Ordnungswidrigkeiten mit einem Bußgeld nach § 95 EnWG geahndet werden.[172]

3. Entflechtung

Die in den §§ 6–10e EnWG umfänglich geregelte Entflechtung (sog. Unbundling) ist Endpunkt einer mehrfachen Umgestaltung als Reaktion auf *europarechtliche Vorgaben* in RL zum Energiebinnenmarkt.[173] So enthält das EnWG heute im Bereich der Entflechtungsregeln gemeinsame Vorschriften für Verteiler- und Transportnetzbetreiber (§§ 6–6d EnWG) sowie Vorschriften zur Entflechtung von Verteilernetzbetreibern und Betreibern von Speicheranlagen (§§ 7–7b EnWG) und besondere Vorgaben zur Entflechtung der Transportnetzbetreiber (§§ 8–10e EnWG). Die Entflechtung setzt bei vertikal integrierten Energieversorgungsunternehmen (siehe § 3 Nr. 38 EnWG) und rechtlich selbstständigen Betreibern von Elektrizitäts- und

63

64

---

[170] *Wahlhäuser*, in: Kment, EnWG, § 30 Rn. 68 f.

[171] Vgl. dazu *Ackermann/Petzold*, in: Baur/Salje/Schmidt-Preuß, Kap. 66 Rn. 11 ff.; *Wahlhäuser*, in: Kment, EnWG, § 32 Rn. 1 ff.

[172] Die Höhe des Bußgeldes bestimmt sich gemäß § 95 Abs. 2 EnWG nach der Schwere des Gesetzesverstoßes. Der Höchstbetrag des Bußgeldes liegt bei fünf Mio. Euro.

[173] Zur Entwicklung der Entflechtungsvorgaben vgl. *Säcker/Schönborn*, in: Säcker, Energierecht, § 6 Rn. 4 ff.; *Knauff*, in: Kment, EnWG, § 6 Rn. 2.

Gasversorgungsnetzen an, die i. S. d. § 3 Nr. 38 EnWG mit einem vertikal integrierten Energieversorgungsunternehmen verbunden sind.[174] Sie hat zum *Ziel*, einen weitgehend unabhängigen Betrieb von Transport- und Verteilernetzen zu gewährleisten.[175] Wie § 6 Abs. 1 EnWG vorgibt, soll damit ein transparent sowie diskriminierungsfrei ausgestalteter Netzbetrieb sichergestellt werden. Denn der Verbund vertikal integrierter Unternehmen birgt die Gefahr in sich, dass die eigenen erzeugten und gehandelten Energieressourcen bevorzugt werden oder verdeckte Quersubventionen den Wettbewerb verzerren.[176]

a) Gemeinsame Vorschriften für Verteiler- und Transportnetzbetreiber

65 Die sog. *„informatorische Entflechtung"* greift § 6a Abs. 1 EnWG auf und ordnet an, dass die betroffenen Unternehmen die Vertraulichkeit wirtschaftlich sensibler Informationen zu wahren haben. Zu den sensiblen Informationen zählen vor allem Kundendaten von Anlagen- und Netznutzern.[177] Für Informationen über die eigenen Tätigkeiten, die wirtschaftliche Vorteile bringen können, gilt demgegenüber eine Pflicht zur *diskriminierungsfreien Offenlegung* (vgl. § 6a Abs. 2 EnWG). Dies bedeutet, dass die Netz- bzw. Anlagenbetreiber die einschlägigen Informationen für alle Marktteilnehmer in gleicher Art und Weise veröffentlichen müssen (z. B. durch eine Meldung im Internet).[178]

66 Darüber hinaus regelt § 6b EnWG die sog. *„buchhalterische Entflechtung"*. § 6b Abs. 3 S. 1 EnWG schreibt vor, dass die Unternehmen nach Abs. 1 S. 1 zur Vermeidung von Diskriminierung und Quersubventionierung in ihrer Rechnungslegung in den Bereichen der Elektrizitätsübertragung, -verteilung, Gasfernleitung, -verteilung, Gasspeicherung und des Betriebs von LNG-Anlagen jeweils getrennte Konten für jede ihrer Tätigkeiten so führen müssen, wie dies erforderlich wäre, wenn diese Tätigkeiten von rechtlich selbständigen Unternehmen ausgeführt würden. Die detaillierten Vorgaben der Abs. 2–7, die sich auf eine zweifelsfreie und klare Aufschlüsselung der Kosten beziehen, sollen die Erreichung der Ziele von Abs. 3 S. 1 absichern.[179] Flankierend hat der Gesetzgeber mit § 6c EnWG eine Ordnungsgeldvorschrift eingefügt, die eine entsprechende Anwendung der §§ 335–335b HGB bestimmt.

---

[174] *Knauff*, in: Kment, EnWG, § 6 Rn. 5 f.; *de Wyl/Finke*, in: Schneider/Theobald, Energiewirtschaft, § 4 Rn. 28.

[175] *Säcker/Schönborn*, in: Säcker, Energierecht, § 6 Rn. 2; *de Wyl/Finke*, in: Schneider/Theobald, Energiewirtschaft, § 4 Rn. 32 ff.

[176] Hinsichtlich näherer Einzelheiten siehe *Koenig/Kühling/Rasbach*, RdE 2003, 221.

[177] *De Wyl/Finke*, in: Schneider/Theobald, Energiewirtschaft, § 4 Rn. 44 ff.

[178] *Knauff*, in: Kment, EnWG, § 6a Rn. 18; *de Wyl/Finke*, in: Schneider/Theobald, Energiewirtschaft, § 4 Rn. 57.

[179] Zur Systematik und dem Normzweck vgl. *de Wyl/Finke*, in: Schneider/Theobald, Energiewirtschaft, § 4 Rn. 71 ff.

b) Vorschriften zur Entflechtung von Verteilernetzbetreibern und Betreibern von Speicheranlagen

Neben den gemeinsamen Vorschriften zur Entflechtung sind für Verteilernetzbe-   **67**
treiber die speziellen §§ 7–7b EnWG einschlägig, die zusätzlich eine rechtliche
und operationelle Entflechtung vorsehen. § 7b EnWG erweitert diese Pflicht auf
Transportnetzeigentümer (soweit sie als Unabhängige Systembetreiber[180] operieren) sowie einen näher bestimmten Kreis von Speicheranlagen. Sog. *De-minimis-
Regelungen* enthalten die §§ 7 Abs. 2, 7a Abs. 7 EnWG, die vertikal integrierte
Energieversorgungsunternehmen, an deren Elektrizitäts- oder Gasverteilernetz weniger als 100.000 Kunden angeschlossen sind, von den Verpflichtungen ausnehmen.
Der Grund für die *tatbestandliche Begrenzung* der Entflechtungsregelungen durch
De-minimis-Regelungen liegt in dem niedrigeren Diskriminierungspotential, das
von kleineren Netzbetreibern ausgeht.[181] Darüber hinaus würden sie von den Vorgaben zur rechtlichen und operationellen Entflechtung mit einem hohen administrativen und kostenintensiven Aufwand getroffen werden, der ihnen angesichts des
geringeren Gefährdungspotentials nicht zugemutet werden soll.[182]

Nach § 7 Abs. 1 EnWG fordert die *rechtliche Entflechtung*, dass vertikal integ-   **68**
rierte Energieversorgungsunternehmen hinsichtlich ihrer Rechtsform von mit ihnen
verbundenen Verteilernetzbetreibern unabhängig sind. Dies zwingt zu einer rechtlichen Selbstständigkeit des Netzbetriebs gegenüber anderen Unternehmensberei-
chen (Produktion, Vertrieb, Belieferung des Letztverbrauchers). Da allein die Unabhängigkeit in der Rechtsform nicht ausreicht, um einen unabhängigen Netzbetrieb
zu gewährleisten, kommen Vorgaben zur *operationellen Entflechtung* hinzu. Daher
ergibt sich aus § 7a Abs. 1 EnWG für die Unternehmen die Pflicht, die Unabhängigkeit ihrer verbundenen Verteilernetzbetreiber hinsichtlich der Organisation, der
Entscheidungsgewalt und der Ausübung des Netzgeschäfts sicherzustellen. Ergänzt
wird die Grundsatzregelung des § 7a Abs. 1 EnWG durch nähere Vorgaben der
Abs. 2–6, die u. a. eine personelle Unabhängigkeit von Entscheidungsträgern, eigene Entscheidungsbefugnisse in Bezug auf die für den Betrieb, die Wartung und den
Ausbau des Netzes erforderlichen Vermögenswerte, eine angemessene materielle,
personelle, technische und finanzielle Ausstattung sowie ein Gleichbehandlungs-
programm für Mitarbeiter zum Gegenstand haben.[183]

c) Besondere Entflechtungsvorgaben für Transportnetzbetreiber

Abschnitt 3 der energiewirtschaftlichen Entflechtungsregelungen beruht auf euro-   **69**
parechtlichen Vorgaben, die eine besonders starke Entflechtung der Transportnetze
im Fokus hatten. In Deutschland wurden alle von dem EU-Gesetzgeber *zur Auswahl gestellten Entflechtungsoptionen* aufgegriffen und als mögliche Alternativen
(vgl. die Wahlregelung in § 8 Abs. 1 EnWG) der Ausgestaltung in den §§ 8–10e

---

[180] Zum Begriff vgl. *Säcker/Schönborn*, in: Säcker, Energierecht, § 9 Rn. 9 f.

[181] BT-Drs. 15/3917, S. 52 f.; *Eder*, in: Danner/Theobald, Energierecht, § 7 EnWG Rn. 39 (Stand:
53. EL April 2006).

[182] *De Wyl/Finke*, in: Schneider/Theobald, Energiewirtschaft, § 4 Rn. 133.

[183] Ausführlich dazu *Knauff*, in: Kment, EnWG, § 7a Rn. 3 ff.

EnWG zur Verfügung gestellt.[184] Es handelt sich namentlich um die eigentumsrechtliche Entflechtung (Ownership Unbundling – OU), die Entflechtung mittels
eines unabhängigen Systembetreibers (Independent System Operator – ISO) und
die Entflechtung mittels eines unabhängigen Transportnetzbetreibers (Independent
Transmission Operator – ITO).

70   Bei der *eigentumsrechtlichen Entflechtung* muss der Transportnetzbetreiber gemäß § 8 Abs. 2 EnWG unmittelbar oder vermittelt durch Beteiligungen Eigentümer
des Transportnetzes sein. Alleineigentum ist aber bereits schon deshalb nicht erforderlich, da ansonsten notwendige Finanzierungsmodelle ausscheiden müssten.[185]
Neben den eigentumsrechtlichen Voraussetzungen bestehen weitere Vorgaben in
Bezug auf die personelle (§ 8 Abs. 2 S. 2 ff. EnWG) und informatorische (§ 8 Abs. 3
EnWG) Entflechtung.[186]

71   Bei der Benennung eines *Unabhängigen Systembetreibers* nach § 9 EnWG verbleibt das Netzeigentum zwar im vertikal integrierten Unternehmensverbund, die
Macht, über das Netz inklusive der materiellen, finanziellen, technischen und personellen Mittel zu verfügen, steht allerdings allein dem Netzbetreiber zu.[187] Dafür
sorgen die strikten Regelungen des § 8 Abs. 2 S. 2–5 EnWG, die über einen Verweis in § 9 Abs. 2 S. 1 EnWG zur Anwendung kommen. Der Eigentümer ist trotz
fehlender Verfügungsgewalt zur Unterstützung und Finanzierung (insbesondere
beim Netzausbau) verpflichtet. Aus diesem Grund und aufgrund bestehender verfassungsrechtlicher Zweifel im Hinblick auf Art. 14 Abs. 1 GG[188] wird diese Ge-
staltungsvariante kaum gewählt.[189]

72   Die dritte Möglichkeit – das Modell des *Unabhängigen Transportnetzbetreibers*
– wird in Deutschland hingegen häufiger umgesetzt. Mit der Bestimmung eines
unabhängigen Transportnetzbetreibers können die Unternehmen die Aufgabe ihrer
Konzernstruktur umgehen, müssen im Gegenzug aber die strengen und äußerst detaillierten Vorgaben zur Entflechtung aus den §§ 10–10e EnWG einhalten.[190]

4. Energielieferung an Letztverbraucher

73   Der Energielieferung an Letztverbraucher widmet sich der 4. Teil des EnWG
(§§ 36–42). Die verfassungsrechtlich vorgegebene staatliche *Gewährleistungsver-*

---

[184] Vgl. *Säcker/Mohr*, in: Säcker, Energierecht, § 8 Rn. 1 ff.

[185] Vgl. BR-Drs. 343/11, S. 144 f.; *Knauff*, in: Kment, EnWG, § 8 Rn. 3 f.

[186] *Knauff*, in: Kment, EnWG, § 8 Rn. 6 ff. und 15 f.; zur eigentumsrechtlichen Entflechtung vgl.
auch *de Wyl/Finke*, in: Schneider/Theobald, Energiewirtschaft, § 4 Rn. 229.

[187] *Säcker/Mohr*, in: Säcker, Energierecht, § 9 Rn. 28 f.; *Koenig/Kühling/Rasbach*, Energierecht,
S. 172 Rn. 110.

[188] Zu den verfassungsrechtlichen Bedenken vgl. *Schmidt-Preuß*, EuR 2006, 463; *Storr*, EuZW
2007, 232 (235 f.).

[189] *Scholtka/Helmes*, NJW 2011, 3185 (3189); *Koenig/Kühling/Rasbach*, Energierecht, S. 172
Rn. 113.

[190] Vgl. dazu *Knauff*, in: Kment, EnWG, § 10 Rn. 1 ff.

antwortung (→ Rn. 21) findet hier ihren einfachgesetzlichen Niederschlag. Sie sichert eine für jedermann zugängliche und preiswerte Energieversorgung.

a) Versorgung

§ 36 EnWG ergänzt mit der *Grundversorgungspflicht* die allgemeine Anschluss-   **74**
pflicht aus § 18 EnWG.[191] Energieversorgungsunternehmen, die die Grundversorgung von Haushaltskunden (zum Begriff § 3 Nr. 22 EnWG) durchführen, haben nach § 36 Abs. 1 EnWG Allgemeine Bedingungen und Allgemeine Preise für die Versorgung öffentlich bekannt zu geben und im Internet zu veröffentlichen sowie zu diesen Bedingungen und Preisen jeden Haushaltskunden zu versorgen. Details zu den allgemeinen Versorgungsbedingungen enthalten die StromGVV und die GasGVV, die auf der Grundlage von § 39 Abs. 2 EnWG erlassen worden sind.[192] *Grundversorger* ist nach § 36 Abs. 2–4 EnWG das Energieversorgungsunternehmen, das die meisten Haushaltskunden in einem Netzgebiet der allgemeinen Versorgung beliefert, wobei die Festlegung alle drei Jahre neu erfolgt.[193]

Um die Grundversorgung zu erhalten, muss der Haushaltskunde mit dem Grund-   **75**
versorger einen *privatrechtlichen Vertrag* abschließen (Kontrahierungszwang[194]), der nicht selten konkludent durch die tatsächliche Energielieferung zustande kommt und lediglich in Textform bestätigt wird (vgl. § 2 Abs. 1, 2 StromGVV/GasNVV). Allerdings ist der Grundversorger nach § 36 Abs. 1 S. 2 EnWG berechtigt, die Versorgung zu verweigern, wenn sie ihm aus wirtschaftlichen Gründen *unzumutbar* ist.[195] Häufigster Anwendungsfall der Unzumutbarkeit ist die Pflichtverletzung durch den Strom- bzw. Gaskunden.

Weiterhin ist vom Anspruch auf Grundversorgung ausgeschlossen, wer gemäß   **76**
§ 37 Abs. 1 S. 1 EnWG zur Deckung des *Eigenbedarfs* eine Anlage zur Erzeugung von Energie betreibt oder sich von einem Dritten versorgen lässt. Verlangen kann er aber auch in diesem Fall eine Grundversorgung im Umfang und zu Bedingungen, die für den Grundversorger zumutbar sind, wenn er den eigenen Bedarf durch die Selbsterzeugung oder die Drittversorgung nicht abdecken kann (vgl. § 37 Abs. 1 S. 2, Abs. 2 EnWG). Diese sog. *Reserveversorgung* nach § 37 Abs. 1, 2 EnWG[196] entfaltet aber kaum praktische Relevanz, da Eigenerzeuger regelmäßig besondere Sonderkundenverträge mit dem Grundversorger abschließen, um sich vor eintretenden Versorgungslücken zu schützen und bei der Drittversorgung nahezu nie eine

---

[191] *Hellermann*, in: Britz/ders./Hermes, EnWG, § 36 Rn. 5, 24a; *Koenig/Kühling/Rasbach*, Energierecht, S. 184 f. Rn. 7 f.

[192] *Busche*, in: Säcker, Energierecht, § 39 Rn. 7; *Koenig/Kühling/Rasbach*, Energierecht, S. 186 ff. Rn. 14 ff.

[193] Zu verfassungsrechtlichen Bedenken vgl. *Hampel*, ZNER 2004, 117 (125 ff.); *de Wyl*, in: Schneider/Theobald, Energiewirtschaft, § 14 Rn. 7 f.

[194] *Eder*, in: Danner/Theobald, Energierecht, § 36 EnWG Rn. 6 ff. (Stand: 60. EL Juni 2008); *Rasbach*, in: Kment, EnWG, § 36 Rn. 10 ff.

[195] *Hellermann*, in: Britz/ders./Hermes, EnWG, § 36 Rn. 29; *de Wyl*, in: Schneider/Theobald, Energiewirtschaft, § 14 Rn. 101.

[196] *Busche*, in: Säcker, Energierecht, § 37 Rn. 3, 19 ff.; *Eder*, in: Danner/Theobald, Energierecht, § 37 EnWG Rn. 7 (Stand: 60. EL Juni 2008).

zusätzliche Absicherung der Grundversorgung notwendig wird.[197] Wird Energie von einem Letztverbraucher aus einem Netz entnommen, ohne dass ein Energielieferungsvertrag existiert, so wird diese sog. *Ersatzversorgung* über ein gesetzliches Schuldverhältnis nach § 38 EnWG abgewickelt;[198] zeitlich ist sie auf drei Monate begrenzt, ohne dass es hierzu einer Kündigung bedarf.[199]

77   Für die *restlichen verbleibenden Versorgungsverhältnisse*, insbesondere von Haushaltskunden außerhalb der Grundversorgung sowie von gewerblichen Kunden und Energieversorgungsunternehmen, die eine weitere Verteilung vornehmen, existiert grundsätzlich vertragliche Gestaltungsfreiheit. In der Regel kommt es daher zum Abschluss von individuellen Verträgen, die im Einzelfall zwischen Lieferanten und Verbrauchern ausgehandelt werden.[200] Die Privatautonomie ist in diesem Zusammenhang nur durch die allgemeinen bürgerlich-rechtlichen Vorschriften begrenzt. Allen voran setzen die Vorschriften zu den allgemeinen Geschäftsbedingungen der §§ 305 ff. BGB Begrenzungsmaßstäbe.[201] Für Verträge mit Haushaltskunden greift zudem die verbraucherschutzrechtliche Spezialvorschrift des § 41 EnWG.[202]

b) Rechnungsstellung für Energielieferungen; Stromkennzeichnung

78   § 40 Abs. 1 S. 1 EnWG gibt vor, dass Rechnungen für Energielieferungen an Letztverbraucher *einfach* und *verständlich* sein müssen. Konkret bedeutet dies, dass bei Abrechnungen der Energieversorgungsunternehmen die zwingenden Vorgaben der §§ 40 Abs. 2–7, 41 EnWG einzuhalten sind.[203] Einzelne Regelungen, wie etwa die Stromkennzeichnung, verfolgen dabei auch klimapolitische Ziele (vgl. § 40 Abs. 5, § 42 EnWG).

c) Mess- und Zählerwesen

79   Für eine korrekte Abrechnung bedarf es einer möglichst exakten Messung des Verbrauchs an der Entnahmestelle beim Letztverbraucher. Aus diesem Grund sind im EnWG in den §§ 21b–21i EnWG *ausdifferenzierte Regelungen* zum Messwesen niedergelegt, die durch die §§ 18 ff. StromNZV und die §§ 43 ff. GasNVZ sowie die Messzugangsverordnung (MessZV) flankiert werden. Diese umfangreichen Vorschriften haben zum Ziel, intelligente Energienetze bzw. Messsysteme (sog. *smart grids/smart metering*) zu implementieren und den Datenschutz sowie die Daten-

---

[197] *Eder*, in: Danner/Theobald, Energierecht, § 37 EnWG Rn. 2 (Stand: 60. EL Juni 2008).

[198] *De Wyl*, in: Schneider/Theobald, Energiewirtschaft, § 14 Rn. 115.

[199] *Rasbach*, in: Kment, EnWG, § 38 Rn. 10; *Hellermann*, in: Britz/ders./Hermes, EnWG, § 38 Rn. 20, 22; *Koenig/Kühling/Rasbach*, Energierecht, S. 190 Rn. 23.

[200] *De Wyl/Soetbeer*, in: Schneider/Theobald, Energiewirtschaft, § 11 Rn. 54.

[201] Vgl. dazu *de Wyl/Soetbeer*, in: Schneider/Theobald, Energiewirtschaft, § 11 Rn. 129 ff.

[202] Ausführlich dazu *Rasbach*, in: Kment, EnWG, § 41 Rn. 1 ff.; *Bruhn*, in: Säcker, Energierecht, § 41 Rn. 1 ff.; *Koenig/Kühling/Rasbach*, Energierecht, S. 194 Rn. 36.

[203] *De Wyl/Soetbeer*, in: Schneider/Theobald, Energiewirtschaft, § 11 Rn. 74 ff.

sicherheit zu stärken.[204] Wegen dieser Multifunktionalität wird dem Messwesen inzwischen eine Schlüsselfunktion beigemessen.[205]

Den Betreibern von Energieversorgungsunternehmen kommt gemäß § 21b   **80**
Abs. 1 EnWG die Aufgabe des Messstellenbetriebs (§ 3 Nr. 26a, 26b EnWG) zu, es sei denn, der betroffene Anschlussnutzer sorgt für eine Durchführung durch einen vertraglich gebundenen Dritten (§ 21b Abs. 2 EnWG). Dieses *Auswahlrecht*[206] steht nach § 21b Abs. 5 EnWG auch dem Anschlussnehmer zu, solange und soweit der Anschlussnutzer seine ausdrückliche Einwilligung erteilt. Ohne Unterschied kann der Messstellenbetreiber aber in jedem Fall den Einbau von in seinem Eigentum stehenden Messeinrichtungen oder Messsystemen, die den eichrechtlichen Vorschriften entsprechen und den technischen Mindestanforderungen genügen, beanspruchen.[207] Nicht nur das Recht, sondern auch die Pflicht zum *Einbau* von Messsystemen (allerdings nur soweit technisch möglich), die den Anforderungen der §§ 21d, 21e EnWG gerecht werden müssen, trifft Messstellenbetreiber in Fällen des § 21c EnWG. Hierunter fallen vor allem neu angeschlossene und umfangreich renovierte Gebäude (vgl. § 21c Abs. 1 lit. a EnWG[208]). Zusätzlich enthält § 21f EnWG eine Sonderregelung für *Messeinrichtungen für Gas*. Die Schutzvorschrift des § 21g EnWG enthält umfangreiche Vorgaben zur Erhebung, Verarbeitung und Nutzung personenbezogener Daten, um den Energiekunden vor einem *Datenmissbrauch* zu bewahren.[209] Die Informationspflicht des Messstellenbetreibers aus § 21h EnWG und die weitreichende Ermächtigungsnorm des § 21i EnWG zum Erlass von Rechtsverordnungen, die für die Zukunft eine noch detailliertere Ausgestaltung des Messwesens erwarten lässt, runden den Regelungskomplex ab.[210]

d) Lieferantenwechsel

Ein einfacher und schneller Lieferantenwechsel trägt maßgeblich zur Sicherstellung   **81**
eines wirksamen und unverfälschten Wettbewerbs i. S. d. § 1 Abs. 2 EnWG bei
(→ Rn. 56). Wurde von der Möglichkeit des Lieferantenwechsels in der Vergangenheit nur sehr zurückhaltend Gebrauch gemacht, haben die Regulierungsbehörden und die zunehmende Preissteigerung durch den Atomausstieg sowie den erweiterten Ausbau der Nutzung erneuerbarer Energien dazu beigetragen, dass die Lieferantenwechsel in ihrer *Häufigkeit stetig zunehmen*, auch wenn prominente Pleiten von Energielieferanten das Vertrauen in den Markt etwas geschwächt haben.[211]

---

[204] Vgl. dazu etwa *Guckelberger*, DÖV 2012, 613; *Eder/vom Wege/Weise*, ZNER 2012, 59.

[205] *Pielow*, in: Ehlers/Fehling/Pünder, § 22 Rn. 126.

[206] Vgl. dazu *Thiel*, in: Kment, EnWG, § 21b Rn. 20 ff.; *Drozella*, in: Säcker, Energierecht, § 21b Rn. 95 ff.

[207] *Thiel*, in: Kment, EnWG, § 21b Rn. 35 f.

[208] Zu den weiteren Fällen vgl. *Thiel*, in: Kment, EnWG, § 21c Rn. 12 ff.; *Drozella*, in: Säcker, Energierecht, § 21c Rn. 13 ff.

[209] *Lorenz/Raabe*, in: Säcker, Energierecht, § 21g Rn. 1 ff.; *Thiel*, in: Kment, EnWG, § 21g Rn. 1 f.

[210] Vgl. dazu *Thiel*, in: Kment, EnWG, § 21h Rn. 1 ff. und § 21i Rn. 1 ff.

[211] *Pielow*, in: Ehlers/Fehling/Pünder, § 22 Rn. 128.

82   Einen schnellen und kostenfreien Lieferantenwechsel zugunsten des *Letztver-brauchers* sichert § 20a EnWG ab, der für den Fall der zeitlichen Behinderung sogar einen Schadensersatzanspruch vorsieht (vgl. § 20a Abs. 4 EnWG).[212] Die nähere Ausgestaltung der Wechselmodalitäten erfolgt durch § 14 StromNZV bzw. die §§ 41 f. GasNZV sowie die aufgrund von § 29 EnWG erlassenen Festlegungen der BNetzA (→ Rn. 24).

5. Energieversorgungsnetze

83   Das EnWG setzt sich detailliert mit der Planung (§§ 12a ff., §§ 17a ff. EnWG) und Planfeststellung (§§ 43 ff. EnWG) von Energieversorgungsnetzen i. S. d. § 3 Nr. 16, 17 EnWG auseinander. Flankiert werden diese Regelungen durch Vorgaben des Gesetzes zum Ausbau von Energieleitungen vom 21.08.2009 (EnLAG)[213] und des Netzausbaubeschleunigungsgesetzes vom 28.07.2011 (NABEG)[214]. Dabei geht der Planungsimpuls häufig unmittelbar von der europäischen Ebene aus.

a) Transeuropäische Infrastruktur

84   Um die transeuropäischen Energienetze weiter auszubauen und zu modernisieren, ist die gegenseitige Anbindung der Energienetze der Mitgliedstaaten unentbehrlich sowie eine nahtlose Zusammenarbeit der nationalen Behörden erforderlich. Diesem Ziel widmet sich die *VO (EU) Nr. 347/2013* zu Leitlinien für die transeuropäische Energieinfrastruktur (TEN-E VO).[215] Bestimmt wird die VO von dem Leitgedanken, vorzugswürdige und strategisch wichtige Energieinfrastrukturvorhaben zu ermitteln und deren Verwirklichung durch gezielte Förderung zu beschleunigen.[216] So gibt Art. 1 Abs. 1 i. V. m. Anhang I TEN-E VO zunächst zwölf vorrangige Energieinfrastrukturkorridore und -gebiete vor, in denen Vorhaben von gemeinsamem Interesse (*VGI-Projekte*) gesucht werden sollen. Die VGI-Projekte werden durch die Bedarfsermittlung, welche in zwei Verfahrensschritte untergliedert ist, bestimmt: Auf erster Stufe identifizieren regionale Gruppen gemäß Art. 3 Abs. 1 und 3 i. V. m. Anhang III TEN-E VO die notwendigen VGI-Projekte für den jeweils in ihren Zuständigkeitsbereich fallenden Infrastrukturkorridor. Auf Grundlage dieses Vorschlags obliegt es auf der zweiten Stufe der Europäischen Kommission, aus den

---

[212] *Siegel*, in: Kment, EnWG, § 20a Rn. 5, 15 ff.; *Dörmer/Hampel*, in: Säcker, Energierecht, § 20a Rn. 42 ff.

[213] BGBl. I, S. 2870, zuletzt geändert durch Art. 3 Zweites Gesetz über Maßnahmen zur Beschleunigung des Netzausbaus Elektrizitätsnetze vom 23.07.2013, BGBl. I, S. 2543.

[214] BGBl. I, S. 1690, zuletzt geändert durch Art. 4 Drittes Gesetz zur Neuregelung energiewirtschaftsrechtlicher Vorschriften vom 20.12.2012, BGBl. I, S. 2730.

[215] VO (EU) Nr. 347/2013 des Europäischen Parlaments und des Rates vom 17.04.2013 zu Leitlinien für die transeuropäische Energieinfrastruktur und zur Aufhebung der Entscheidung Nr. 1364/2006/EG und zur Änderung der VO (EG) Nr. 713/2009, (EG) Nr. 714/2009 und (EG) Nr. 715/2009, ABl. EU L 115/39.

[216] *Kment*, UPR 2014, 81 (82 f.).

vorgeschlagenen VGI-Projekten eine verbindliche Unionsliste der Vorhaben von gemeinsamem Interesse nach Art. 3 Abs. 4 TEN-E VO zu erlassen.[217]

Um den Status eines förderungsfähigen VGI-Projekts zu erlangen, müssen die **85** in *Art. 4 TEN-E VO vorgegebenen Anforderungen* kumulativ vorliegen. Hiernach muss das Projekt zur Realisierung der vorrangigen Energieinfrastrukturkorridore und -gebiete erforderlich sein, wobei der Gesamtnutzen die langfristig anfallenden Kosten übersteigen muss. Zudem muss das Vorhaben einen grenzüberschreitenden Bezug aufweisen, welcher auch schon bei ausschließlich nationalen Ausbauvorhaben vorliegen kann.[218] Mit der Einordnung als VGI-Projekt kommen dem Vorhaben gegenüber anderen vergleichbaren Vorhaben *Privilegien* zu, die allesamt auf eine rasche Umsetzung des Projekts abzielen.[219] Außerdem gibt es gemäß Art. 14 und 15 TEN-E VO eine *finanzielle Förderung*, die sich derzeit auf (lediglich) 5,12 Mrd. € beläuft.

b) Nationale Bedarfsfeststellung Onshore

Die Ursprünge einer Bedarfsplanung auf nationaler Ebene liegen im *EnLAG*. Letzt- **86** genanntes stellt erstmals für 23 ausgewählte Vorhaben im Bereich der Höchstspannungsnetze die energiewirtschaftliche Notwendigkeit und den vordringlichen Bedarf verbindlich fest.[220] Allerdings werden nur Anfangs- und Endpunkte der in Bezug genommenen Projekte definiert.[221] Zudem enthält das EnLAG keine Verpflichtung der Energienetzbetreiber, den Netzausbau auch tatsächlich voranzutreiben.[222]

Von anderer Qualität ist demgegenüber das mit der EnWG-Novelle von 2011 **87** aufgenommene *Bedarfsfeststellungsverfahren der §§ 12 a ff. EnWG*. In drei Etappen nähert man sich dort dem Ziel, eine verbindliche Bedarfsfestschreibung zu erzielen. Diese kann zusätzlich eine Grundlage sein, um Netzbetreiber etwa nach § 65 Abs. 2a EnWG zur Realisierung konkreter Vorhaben anzuhalten.[223]

An erster Stelle der Bedarfsplanung erarbeiten die Übertragungsnetzbetreiber **88** jährlich nach § 12a Abs. 1 S. 1 EnWG einen Entwurf des *Szenariorahmens*. Dieser Entwurf ist der BNetzA als der gemäß § 54 Abs. 1 EnWG zuständigen Regulierungsbehörde vorzulegen. Sie genehmigt daraufhin nach (erfolgreich) durchgeführter Öffentlichkeitsbeteiligung den Szenariorahmen nach § 12a Abs. 3 EnWG.[224] Dieser dient in der Folge der Aufstellung des Netzentwicklungsplans nach § 12b EnWG wie auch des Offshore-Netzentwicklungsplans (→ Rn. 93 ff.) nach § 17b

---

[217] *Kment*, UPR 2014, 81 (82).

[218] *Giesberts/Tiedge*, NVwZ 2013, 836 (837).

[219] *Linßen/Aubel*, DVBl. 2013, 965 (966); *Kment*, UPR 2014, 81 (82 f.).

[220] *Elspaß/Schwoon*, NVwZ 2012, 1066 (1067).

[221] *Weyer*, ZNER 2009, 210 (211).

[222] *Scherer*, NVwZ 2010, 1321 (1324); *Kment*, RdE 2011, 341 (344).

[223] *Kment*, ZVglRWiss 112 (2013), 123 (132 f.).

[224] Ausführlich zu der Öffentlichkeitsbeteiligung beim Netzausbau allgemein und zum Szenariorahmen im Speziellen vgl. *Guckelberger*, Öffentlichkeit und Netzausbau – zwischen Verfahrenspartizipation und Gewinnbeteiligung, in: Kment (Hrsg.), Netzausbau zugunsten erneuerbarer Energien, 2013, S. 59 (66).

EnWG. Der Szenariorahmen hat gemäß § 12a Abs. 1 S. 2 EnWG mindestens drei Entwicklungspfade (sog. Szenarien) zu umfassen, von denen sich mindestens eines der Szenarien auf einen Zeitraum von zwanzig Jahren beziehen muss;[225] die übrigen zwei Szenarien bilden die Entwicklung von zehn Jahren ab. Inhaltlich müssen die Szenarien die Bandbreite der wahrscheinlichen Entwicklungen abdecken, wobei die Zielsetzungen der mittel- und langfristigen energiepolitischen Ziele der Bundesregierung zugrunde gelegt werden.[226]

89   Auf dem Szenariorahmen aufbauend entwickeln die Netzbetreiber gemäß § 12b Abs. 1 S. 1 EnWG jährlich einen Entwurf des *Netzentwicklungsplans*. Im Gegensatz zum Szenariorahmen sind die Netzbetreiber gemäß § 12b Abs. 3 EnWG selbst dazu verpflichtet, die Öffentlichkeit in der vorgeschriebenen Weise über den Entwurf zu informieren. Erst im Anschluss daran ist der Entwurf des Netzentwicklungsplans – mitsamt den Ergebnissen der ersten Öffentlichkeitsbeteiligung – der BNetzA gemäß § 12b Abs. 4 und 5 EnWG zur Bestätigung vorzulegen. Diese bestätigt nach § 12c EnWG den Entwurf der Netzbetreiber unter nochmaliger Beteiligung der Öffentlichkeit und den in ihrem Aufgabenbereich berührten Behörden. Da der Plan Gegenstand einer umfangreichen Öffentlichkeitsbeteiligung ist, ermöglicht es § 12d S. 1 EnWG bei bloßen Änderungen des Szenariorahmens bzw. des Netzentwicklungsplans, die erneute Öffentlichkeitsbeteiligung auf den Änderungsgegenstand zu beschränken.[227] Ein vollständiges Verfahren muss jedoch in jedem Fall gemäß § 12d S. 2 EnWG in einem Drei-Jahres-Zyklus durchgeführt werden. Durch die Bestätigung der BNetzA wird der Netzentwicklungsplan verbindlich und bildet den Investitionsrahmen für den weiteren Stromausbau.[228] Inhaltlich gibt er Auskunft über alle wirksamen Maßnahmen zur bedarfsgerechten Optimierung, Verstärkung und zum Ausbau des Netzes, die in den nächsten zehn bzw. zwanzig Jahren – insbesondere mit Blick auf die Zunahmen erneuerbarer Energien – für einen sicheren und zuverlässigen Netzbetrieb erforderlich sind.[229]

90   An letzter Stelle – nach Szenariorahmen und Netzentwicklungsplan – folgt der *Bundesbedarfsplan* nach § 12e EnWG, der vom Bundesgesetzgeber erlassen wird.[230] Der Bundesbedarfsplan fußt zwar auf den beiden vorgelagerten Planwerken. Aufgrund der Souveränität des Gesetzgebers ist dieser aber an keine planerischen Vorgaben gebunden.[231] Der Bundesbedarfsplan stellt die energiewirtschaftliche Notwendigkeit und den vordringlichen Bedarf der in ihm enthaltenen Vorhaben fest. Diese Feststellungen sind gemäß § 12e Abs. 4 EnWG für nachfolgende

---

[225] Der Wortlaut der Norm fordert drei Szenarien. Eines „der" Szenarien (§ 12a Abs. 1 S. 3 EnWG) muss auf zwanzig Jahre fortgeschrieben werden; a. A. *Grigoleit/Weisensee*, UPR 2011, 401 (401), die von vier Szenarien ausgehen.

[226] *Guckelberger*, Öffentlichkeit und Netzausbau – zwischen Verfahrenspartizipation und Gewinnbeteiligung, in: Kment (Hrsg.), Netzausbau zugunsten erneuerbarer Energien, 2013, S. 59 (66).

[227] *Kment*, UPR 2014, 81 (84).

[228] *Kment*, ZVglRWiss 112 (2013), 123 (130).

[229] *Moench/Ruttloff*, NVwZ 2011, 1040 (1042).

[230] Vgl. dazu *Schirmer/Seiferth*, ZUR 2013, 515 (517 f.); *Posser*, in: Kment, EnWG, § 12e Rn. 1 ff.

[231] *Appel*, UPR 2011, 406 (408); *Moench/Ruttloff*, NVwZ 2011, 1040 (1042).

Planfeststellungsverfahren und Plangenehmigungsverfahren nach dem EnWG oder dem NABEG verbindlich. Die Bindungswirkungen erfassen aber auch die Übertragungsnetzbetreiber,[232] die gemäß § 65 Abs. 2a EnWG zwangsweise zur Realisierung der Netzleitungen angehalten werden können.

c) Besondere Bundesfachplanung nach dem NABEG

Sollen länderübergreifende oder grenzüberschreitende Höchstspannungsleitungen **91** zur Integration erneuerbarer Energien errichtet werden, kann sich an die energiewirtschaftliche Bedarfsplanung ausnahmsweise die *Anwendung* des NABEG anschließen, wenn die entsprechenden Leitungen gemäß § 2 Abs. 1 NABEG in einem Gesetz über den Bundesbedarfsplan nach § 12e Abs. 4 S. 1 EnWG als solche gekennzeichnet sind.[233] Im Übrigen erstreckt sich das NABEG auf den Neubau von Hochspannungsleitungen mit einer Nennspannung von mindestens 110 kV. Dies setzt allerdings gemäß § 2 Abs. 3 NABEG voraus, dass diese Leitungen zusammen mit einer qualifizierten Höchstspannungsleitung auf einem Mehrfachgestänge geführt werden können und die Einbeziehung ohne wesentliche Verfahrensverzögerung für die Bundesfachplanung oder die Planfeststellung möglich ist. Für eine Vielzahl von Vorhaben gilt das NABEG gleichwohl nicht, auch nicht für die 23 EnLAG-Vorhaben (→ Rn. 86), die gemäß § 2 Abs. 4 NABEG ausdrücklich vom Anwendungsbereich des Gesetzes ausgenommen wurden.[234]

Die Regelungen des NABEG sehen für die Zulassung von Netzvorhaben ein **92** *zweistufiges Verfahren* vor. So wird auf erster Stufe eine grobe Planung durch die Vorschriften zur Bundesfachplanung gemäß §§ 4 ff. NABEG gewährleistet. Erst im Anschluss daran soll auf der Stufe der Planfeststellung gemäß §§ 18 ff. NABEG die Zulassung einzelner Vorhaben ermöglicht werden. Auf dem Bundesbedarfsplan nach § 12e Abs. 4 S. 1 EnWG aufbauend, dient die Bundesfachplanung der *Bestimmung von Trassenkorridoren* für länder- oder grenzüberschreitende Höchstspannungsleitungen. Durch den Bundesbedarfsplan soll der bis dato abstrakt festgelegte Ausbaubedarf in räumlicher Hinsicht konkretisiert werden;[235] die Bundesfachplanung stellt also eine vorhabenbezogene Planung dar.[236] Sie erfolgt nunmehr ausschließlich auf Bundesebene und benennt gemäß § 12 Abs. 2 NABEG u. a. den Verlauf eines raumverträglichen Trassenkorridors, der Teil des Bundesnetzplans wird, sowie die an Landesgrenzen gelegenen Länderübergangspunkte einschließlich der Prüfung diesbezüglicher Alternativen.[237] Die Bundesfachplanung ersetzt

---

[232] *Faßbender/Becker*, in: Posser/Faßbender (Hrsg.), Praxishandbuch Netzplanung und Netzausbau, 2013, Kap. 2 Rn. 26; *Kment*, UPR 2014, 81 (84).

[233] *Erbguth*, Planerische Rechtsfragen des Netzausbaus. EnWG und NABEG im Zusammenspiel mit der Gesamtplanung, in: Kment (Hrsg.), Netzausbau zugunsten erneuerbarer Energien, 2013, S. 17 (23).

[234] *Kment*, UPR 2014, 81 (85).

[235] *Willbrand*, in: Posser/Faßbender (Hrsg.), Praxishandbuch Netzplanung und Netzausbau, 2013, Kap. 4 Rn. 1.

[236] *Schirmer/Seiferth*, ZUR 2013, 515 (520).

[237] *Kment*, UPR 2014, 81 (86).

überdies gemäß § 28 NABEG sogar das Raumordnungsverfahren der Länder und ist nach § 15 Abs. 1 NABEG für anschließende Planfeststellungsverfahren *verbindlich*; dies gilt auch gegenüber den Landesplanungen, also der Raumordnung. Hinsichtlich außenstehender Dritter gibt § 15 Abs. 3 NABEG außerdem vor, dass die Bundesfachplanung keine unmittelbare Außenwirkung besitze und sie nur im Rechtsbehelfsverfahren gegen die Zulassungsentscheidung überprüft werden kann. Dass dieser gesetzlichen Anordnung Allgemeingültigkeit zukommt, kann zu Recht bezweifelt werden. Bereits der mögliche Eingriff in den Rechtskreis von Ländern und Gemeinden rechtfertigt eine andere Einordnung.[238] Liegt überdies eine offensichtliche und konkrete Rechtsbeeinträchtigung schon auf der Stufe der Fachplanung vor,[239] dürfte es zudem nicht notwendig sein, die Zulassungsentscheidung auf der Ebene der Planfeststellung abzuwarten. Gerichtlicher Rechtsschutz sollte zumindest dann vor Abschluss der Planfeststellung möglich sein, wenn die komplexen Verfahrensstufen erst nach vielen Jahren abgeschlossen werden und aufgrund der zwischenzeitlich getroffenen Festlegungen eine Korrektur der Bundesfachplanung faktisch nicht mehr in substanzieller Weise möglich ist.[240]

d) Offshoreplanungen

93   Die Planung von Energieleitungen in der *Ausschließlichen Wirtschaftszone* wird zum einen durch den Bundesfachplan Offshore nach § 17a EnWG und zum anderen durch den Offshore-Netzentwicklungsplan nach § 17b EnWG geleistet. Die Umsetzung des Netzentwicklungsplans folgt dabei den Vorgaben des § 17d EnWG.

94   Der *Bundesfachplan Offshore* wird gemäß § 17a Abs. 1 S. 1 EnWG jährlich vom Bundesamt für Seeschifffahrt und Hydrographie (BSH) im Einvernehmen mit der BNetzA und in Abstimmung mit dem Bundesamt für Naturschutz erstellt. Im Unterschied zu der Regelungssystematik Onshore (→ Rn. 86 ff.) ist der Bundesfachplan Offshore dem Offshore-Netzenwicklungsplan nach § 17b EnWG vorgelagert. Dies ist der Tatsache geschuldet, dass der Netzausbau Offshore auf den zukünftigen Ausbau ausgerichtet ist, im Gegensatz zum Ausbau auf dem Land aber keine vorhandenen Netzstrukturen zur Verfügung stehen.[241] Der Bundesfachplan Offshore enthält gemäß § 17a Abs. 1 S. 2 Nr. 1–7 EnWG u. a. Festlegungen zu Standorten, Trassen, technischen Vorgaben und Planungsgrundsätzen. Wie die BNetzA beim Bundesfachplan Onshore hat auch das BSH hier einen speziellen Prüfungsmaßstab (§ 17a Abs. 1 S. 3 und 4 Nr. 1–3 EnWG) zu beachten. Dieser ist stark an den des § 5 NABEG angelehnt, wodurch eine wesentliche Parallele zur Bundesfachplanung Onshore deutlich wird.[242] Ebenso soll die Fachplanung gemäß § 17a Abs. 5 S. 1 EnWG keine Außenwirkung entfalten, gleichwohl aber nach § 17a Abs. 5 S. 2

---

[238] *Kment*, RdE 2011, 341 (344).

[239] Vgl. *Sellner/Fellenberg*, NVwZ 2011, 1025 (1032).

[240] BVerfG, NVwZ 2014, 211 (221). Weitergehender *Moench/Ruttloff*, NVwZ 2011, 1040 (1043); kritisch auch *Wagner*, DVBl. 2011, 1453 (1457 f.); vgl. auch *Schmitz/Jornitz*, NVwZ 2012, 332 (335).

[241] *Hermes*, in: Schneider/Theobald, Energiewirtschaft, § 7 Rn. 71, 86; *Kment*, UPR 2014, 81 (87).

[242] *Broemel*, ZUR 2013, 408 (410); *Schink*, in: Kment, EnWG, § 17d Rn. 1 ff.

EnWG für das Planfeststellungs- und Genehmigungsverfahren nach der SeeAnlV[243] verbindlich sein. Diese Kumulation gesetzlich angeordneter Rechtswirkungen lässt sich jedoch kaum durchhalten, denn die Bindungswirkung in der Planfeststellung bzw. im Genehmigungsverfahren betrifft unmittelbar den Rechtskreis der Beteiligten.[244]

Die Betreiber der Übertragungsnetze sind gemäß § 17b Abs. 1 S. 1 EnWG jähr- **95** lich dazu verpflichtet, der BNetzA einen *Offshore-Netzentwicklungsplan* vorzulegen. Dieser basiert auf dem Szenariorahmen nach § 12a EnWG und dem Bundesfachplan. Inhaltlich umfasst er alle erforderlichen Maßnahmen, die zum Ausbau und Betrieb der Anbindungsleitungen erforderlich sind. Um die Beschleunigung des Netzausbaus Offshore zu fördern, werden über die Vorgaben des § 12b Abs. 1 und 2 EnWG hinaus gemäß § 17b Abs. 2 S. 1 und 3 EnWG auch Angaben zum geplanten Zeitpunkt der Fertigstellung und verbindliche Termine für den Beginn der Umsetzung verlangt. Über die Verweisung in § 17b Abs. 3 EnWG sind beim Offshore-Netzenwicklungsplan zusätzlich die Verfahrensvorschriften gemäß § 12b Abs. 3–5 EnWG einzuhalten.[245] Die Umsetzung des Netzentwicklungsplans ist in § 17d EnWG normiert und geht über die Bestimmungen der §§ 12b ff. EnWG hinaus.[246] So werden etwa durch die Regelung in § 17d EnWG die auf dem Gebiet des geplanten Ausbaus tätigen Übertragungsnetzbetreiber zum Ausbau verpflichtet; korrespondierend dazu wird den Betreibern von Windenergieanlagen auf See ab diesem Zeitpunkt ein Recht auf Netzanbindung gewährt.[247] Aufgrund der Regelung des § 17e EnWG soll einer möglichen Entschädigung der Windkraftanlagenbetreiber im Falle von Störungen oder Verzögerungen bei der Anbindung somit die Tür geöffnet werden.[248] Diese Stärkung der Investitionssicherheit soll sich positiv auf die Bereitschaft von Investoren zum Bau von Windenergieanlagen auf See auswirken und so auch der Beschleunigung des Ausbaus zugutekommen.

e) Planfeststellung und Plangenehmigung

An die Planungsebene knüpft die konkrete Vorhabenzulassung an. Für bestimmte **96** Vorhaben ist hierzu nach § 43 EnWG eine Planfeststellung vorgesehen, wobei sich der *Anwendungsbereich* des § 43 EnWG an Land in jedem Fall auf Leitungen von 110 kV und mehr begrenzt.[249] Für Erdkabel gilt, dass diese auch bei Überschreiten der 110 kV-Grenze nicht zwangsläufig der Planfeststellung unterliegen, sofern sie nicht zugleich in den Anwendungsbereich der § 43 S. 1 Nr. 3–5 EnWG fallen oder vom NABEG erfasst werden.[250] Dessen ungeachtet ist die Durchführung eines fa-

---

[243] VO über Anlagen seewärts der Begrenzung des deutschen Küstenmeeres (Seeanlagenverordnung – SeeAnlV) vom 23.01.1997, BGBl. I, S. 57, zuletzt geändert durch Art. 1 Zweite ÄndVO vom 29.08.2013, BAnz AT 30.08.2013 V1; ber. 16.12.2013.

[244] *Kment*, UPR 2014, 81 (87).

[245] *Kment*, UPR 2014, 81 (87).

[246] Vgl. dazu *Broemel*, ZUR 2013, 408 (412).

[247] *Schink*, in: Kment, EnWG, § 17d Rn. 1 f.

[248] Ausführlich zu möglichen Entschädigungen *Broemel*, ZUR 2013, 408 (412 ff.).

[249] *Schirmer/Seiferth*, ZUR 2013, 515 (524).

[250] *Elspaß/Schwoon*, NVwZ 2012, 1066 (1068); *Kment*, in: ders., EnWG, § 43 Rn. 17 ff.

kultativen Planfeststellungsverfahrens gemäß § 43 S. 4 und 7 EnWG möglich.[251] Die Entscheidung darüber, ob ein solches Verfahren durchgeführt werden soll, steht zwar grundsätzlich dem Vorhabenträger zu;[252] im Gegensatz zu § 43 S. 7 EnWG wird jedoch ein „Antrag des Trägers des Vorhabens" zur Einleitung des Verfahrens in § 43 S. 4 EnWG nicht ausdrücklich gefordert. Insofern steht es bei § 43 S. 4 EnWG auch im Ermessen der Behörde, ein fakultatives Planfeststellungsverfahren einzuleiten und durchzuführen.[253]

97   Qualitativ führt die Planfeststellung nach § 43 EnWG dazu, dass die in Bezug genommenen Energieleitungsvorhaben rechtlich den Straßen-, Schienen- und anderen Infrastrukturprojekten gleichgestellt werden.[254] Der *Planfeststellungsbeschluss* besitzt zunächst ganz allgemein eine Freigabewirkung, die auch notwendige Folgemaßnahmen erfasst. Überdies weist die Planfeststellung eine Gestaltungs-, Duldungs- wie auch eine Konzentrationswirkung auf und zeigt eine enteignungsrechtliche Vorwirkung.[255] Die tradierten Inhalte, welche die Rechtsprechung und Literatur in Bezug hierauf über die Jahre geliefert haben, können deshalb auf den Leitungsausbau angewandt werden.[256]

98   Bei der Errichtung oder Änderung von länderübergreifenden oder grenzüberschreitenden Höchstspannungsleitungen gemäß § 2 Abs. 1 NABEG finden die speziellen Regelungen zur Planfeststellung der *§§ 18 ff. NABEG* Anwendung.[257]

f) Energieleitungszulassung nach der SeeAnlV im Offshore-Bereich

99   Die Errichtung und der Betrieb von Anlagen zur Übertragung von Energie aus Wasser, Strömung und Wind unterliegt auf dem offenen Meer gemäß § 2 Abs. 1 i. V. m. § 1 Abs. 2 S. 1 Nr. 1, 2 SeeAnlV der *Planfeststellung*. Hierzu gehören insbesondere auch Seekabel, unabhängig von ihrer jeweiligen Netzspannung.[258] Die mit dem Planfeststellungsbeschluss verbundene Konzentrationswirkung gemäß § 2 Abs. 3 S. 1 SeeAnlV i. V. m. § 75 Abs. 1 VwVfG macht das Einholen weiterer Genehmigungen überflüssig. Es kommt also zu einer Bündelung aller erforderlichen Genehmigungen in einem Verfahren bei dem dafür zuständigen BSH.[259] Mit der Überführung des Genehmigungs- in ein Planfeststellungsverfahren hat der Gesetzgeber dem BSH zugleich einen planerischen Gestaltungsspielraum eingeräumt.[260] Jedoch dürfen weder Sicherheit und Leichtigkeit des Verkehrs bzw. die Sicherheit der Landes- und Bündnisverteidigung noch die Meeresumwelt gefährdet werden.

---

[251] *Herbold/Pleiner*, UPR 2013, 258 (261); *Kment*, UPR 2014, 81 (86).

[252] Vgl. *Schneller*, DVBl. 2007, 529 (535); *Schütte*, RdE 2007, 300 (304).

[253] *Schirmer/Seiferth*, ZUR 2013, 515 (524); *Hermes*, in: Britz/Hellermann/ders., EnWG, § 43 Rn. 12.

[254] *Hermes*, in: Britz/Hellermann/ders., EnWG, § 43 Rn. 1; *Kment*, in: ders., EnWG, § 43 Rn. 1 ff.

[255] Ausführlich dazu *Neumann*, in: Stelkens/Bonk/Sachs, § 75 Rn. 6 ff.

[256] Vgl. nur *Kment*, in: ders., EnWG, § 43 Rn. 50 ff.

[257] *Schirmer/Seifert*, ZUR 2013, 515 (521 ff.).

[258] *Büllesfeld/Koch/von Stackelberg*, ZUR 2012, 274 (275).

[259] *Kment*, UPR 2014, 81 (87).

[260] BVerwGE 48, 56 (59); *Wickel*, ZUR 2011, 115 (118).

6. Wegenutzung und Konzessionsverfahren

Vor allem bei Energieverteilernetzen wird ein Großteil der Leitungen unter öffent-   **100**
lichen Straßen und Wegen verlegt. Für die Verlegung und den Betrieb der Leitungen räumen die Gemeinden mittels zivilrechtlicher Wegenutzungsverträge den
Netzbetreibern die erforderlichen Wegenutzungsrechte ein.[261] Nach § 46 Abs. 1
S. 1 EnWG sind sie sogar dazu verpflichtet, ihre öffentlichen Verkehrswege diskriminierungsfrei durch Vertrag zur Verfügung zu stellen. Dabei betrifft § 46 Abs. 1
EnWG nur die Einräumung des Wegenutzungsrechts für einzelne Straßenabschnitte
und Direktleitungen (vgl. § 3 Nr. 12 EnWG).[262] In der Konsequenz ist von der
sog. *„einfachen"* Wegenutzung die Rede.[263] Davon zu unterscheiden ist die sog.
„qualifizierte" Wegenutzung nach § 46 Abs. 2 EnWG, bei der sich der Wegenutzungsvertrag auf das der allgemeinen Versorgung dienende Energieversorgungsnetz
im gesamten Gemeindegebiet bezieht.[264] Regelmäßig wird in diesem Zusammenhang der Begriff Konzessionsvertrag verwendet, der allerdings fälschlicherweise
einen hoheitlichen Bezug nahelegt.[265] Eine diskriminierungsfreie Vergabe muss
auch bei der qualifizierten Wegenutzung erfolgen. Zudem ist sie – im Gegensatz zu
einfachen Wegenutzungsverträgen – zeitlich auf maximal 20 Jahre befristet (§ 46
Abs. 2 S. 1 EnWG).[266] Zusätzlich sieht § 46 Abs. 3 EnWG ein verpflichtendes Ausschreibungsverfahren vor, das spätestens zwei Jahre vor Ablauf eines Konzessions-
vertrags durchzuführen ist.[267] Auf diese Weise entsteht ein fortgesetzter und sich
stetig wiederholender *Wettbewerb um das örtliche Energieversorgungsnetz*.[268] Das
gesetzgeberisch gewählte Modell hat *Kritik* auf sich gezogen: Von Seiten der kommunalen Ebene und auch von Seiten der privaten Energieversorgungsunternehmen
wird argumentiert, dass der Wettbewerb um die Wegekonzessionen das Selbstverwaltungsrecht der Gemeinden aus Art. 28 Abs. 2 GG[269] wie auch die Grundrechte
der privaten Verteilernetzbetreiber aus Art. 12 Abs. 1, 14 Abs. 1 GG verletze.[270]

---

[261] *Hellermann*, in: Britz/ders./Hermes, EnWG, § 46 Rn. 42; *Albrecht*, in: Schneider/Theobald,
Energiewirtschaft, § 9 Rn. 12, 30.

[262] *N. Huber*, in: Kment, EnWG, § 46 Rn. 13.

[263] *Albrecht*, in: Schneider/Theobald, Energiewirtschaft, § 9 Rn. 57 f.; *N. Huber*, in: Kment,
EnWG, § 46 Rn. 3.

[264] *Theobald*, in: Danner/ders., Energierecht, § 46 EnWG Rn. 34 (Stand: 78. EL September 2013).

[265] Ausführlich hierzu *Kermel*, in: ders. (Hrsg.), Praxishandbuch der Konzessionsverträge und der
Konzessionsabgaben, 2012, S. 18 ff.

[266] *N. Huber*, in: Kment, EnWG, § 46 Rn. 30; *Koenig/Kühling/Rasbach*, Energierecht, S. 214
Rn. 11; *Albrecht*, in: Schneider/Theobald, Energiewirtschaft, § 9 Rn. 61, 66.

[267] *Theobald*, in: Danner/ders., Energierecht, § 46 EnWG Rn. 116 (Stand: 78. EL September 2013);
N. Huber, in: Kment, EnWG, § 46 Rn. 75; *Koenig/Kühling/Rasbach*, Energierecht, S. 215 Rn. 12.

[268] Dieser Wettbewerb war vom Gesetzgeber auch beabsichtigt: BR-Drs. 343/11, S. 222 „Wettbewerb um die Vergabe der Konzession".

[269] Näher hierzu *Hellermann*, in: Britz/ders./Hermes, EnWG, § 46 Rn. 30.

[270] *Jacob*, RdE 2011, 212 (213); *Pippke/Gaßner*, RdE 2006, 33 (38); *Gersemann/Trunit*, DVBl.
2000, 1101 (1108 ff.).

Davon abgesehen sei das Instrument ohnehin systematisch verfehlt bzw. nicht er-forderlich.[271]

101   Der Abschluss eines qualifizierten Wegenutzungsvertrags erfolgt innerhalb eines gesetzlichen Gerüsts: Zunächst steht die Gemeinde bei der *Auswahl* des Vertrags-partners nach § 46 Abs. 3 S. 5 EnWG zumindest in der Pflicht, ihre Entscheidung anhand der Ziele des § 1 EnWG (→ Rn. 21) zu treffen.[272] Allein haushaltsrechtliche Gründe der Gemeinde dürfen nicht den Ausschlag geben.[273]

102   Hauptbestandteil des *Konzessionsverfahrens* ist gemäß § 46 Abs. 3 EnWG die öffentliche Bekanntmachung der Gemeinde, die auf den auslaufenden Konzessions-vertrag hinweist und im Falle eines Netzanschlusses von mehr als 100.000 Kunden zusätzlich im Amtsblatt der Europäischen Union erfolgen muss. Korrespondierend dazu trifft den bisherigen Konzessionsinhaber schon ein Jahr vor der Bekanntma-chung der Gemeinde die Pflicht, diejenigen Informationen über die technische und wirtschaftliche Situation des Netzes zur Verfügung zu stellen, die für eine Bewer-tung des Netzes im Rahmen einer Bewerbung um den Abschluss eines Vertrages erforderlich sind (vgl. § 46 Abs. 2 S. 4, 5 EnWG).[274] Die Auswahlentscheidung der Gemeinde unterliegt aufgrund des gemeindlichen Wegemonopols einer kartell-rechtlichen Überprüfung.[275] Das allgemeine Vergaberecht kommt allerdings nicht zur Anwendung, da die §§ 97 ff. GWB einen öffentlichen Auftrag voraussetzen, die Vergabe des Wegenutzungsrechts aber nicht hierunter zu fassen ist.[276] Verein-zelt wird die Übertragung der Wegekonzession als „Dienstleistungskonzession"[277] betrachtet, sodass das europarechtliche Transparenzgebot und Diskriminierungs-verbot („Vergaberecht light"[278]) beachtet werden müssten.[279] Inwiefern nach Er-lass der neuen Richtlinie über die Konzessionsvergabe[280] deren sekundärrechtliche Anforderungen auch für Wegenutzungsverträge Anwendung finden werden, bleibt abzuwarten.[281]

---

[271] *Wegner*, in: Säcker, Energierecht, § 46 Rn. 5 f. m. w. N.

[272] Vgl. jüngst NdsOVG, EnWZ 2013, 570 (572); *Kment*, in: ders., EnWG, § 1 Rn. 2 m. w. N.

[273] *Albrecht*, in: Schneider/Theobald, Energiewirtschaft, § 9 Rn. 92.

[274] *N. Huber*, in: Kment, EnWG, § 46 Rn. 49.

[275] *Wolf*, BB 2011, 648 (649).

[276] OLG Düsseldorf, RdE 2008, 287 (288); *Pippke/Gaßner*, RdE 2006, 33 (36).

[277] *Hofmann*, NZBau 2012, 11 (12); zur Dienstleistungskonzession vgl. auch *Ruthig/Storr*, Rn. 1033 f.

[278] *Pielow*, in: Ehlers/Fehling/Pünder, § 22 Rn. 132.

[279] *Byok/Dierkes*, RdE 2011, 394 (396 ff.).

[280] RL 2014/23/EU des Europäischen Parlaments und des Rates vom 26.02.2014 über die Konzes-sionsvergabe, ABl. EU L 94/1.

[281] Fraglich erscheint, ob Wegenutzungsverträge unter den Begriff der „Dienstleistungskonzes-sion" nach Art. 5 Abs. 1 lit. b RL 2014/23/EU fallen. Dieser Annahme könnte der Erwägungsgrund Nr. 16 der RL 2014/23/EU entgegenstehen, nach dem „Vereinbarungen über die Gewährung von Wegerechten hinsichtlich der Nutzung öffentlicher Liegenschaften für die Bereitstellung oder den Betrieb fester Leitungen oder Netze, über die eine Dienstleistung für die Allgemeinheit erbracht werden soll, ebenfalls nicht als Konzession im Sinne dieser Richtlinie gelten …".

Führt ein Konzessionsverfahren dazu, dass ein bestehender Vertrag nicht ver- **103** längert wird, weil ein anderer Netzbetreiber die neue Konzession erhält, so muss der bisherige Netzbetreiber gemäß § 46 Abs. 2 S. 2 EnWG seine für den Betrieb der Netze der allgemeinen Versorgung im Gemeindegebiet notwendigen *Verteilungsanlagen* dem neuen Netzbetreiber gegen Zahlung einer wirtschaftlich angemessenen Vergütung *übereignen*.[282]

Sowohl für die Gewährung qualifizierter als auch einfacher Wegenutzungsrech- **104** te werden in den Konzessionsverträgen *Konzessionsabgaben* vereinbart, zu denen sich in den § 46 Abs. 1 S. 2, § 48 EnWG i. V. m. der KAV (Konzessionsabgabenverordnung[283]) nähere Vorgaben finden.[284] Hierzu gehört auch die Definition der Konzessionsabgaben als Entgelte, die Energieversorgungsunternehmen für die Einräumung des Rechts zur Benutzung öffentlicher Verkehrswege für die Verlegung und den Betrieb von Leitungen, die der unmittelbaren Versorgung von Letztverbrauchern im Gemeindegebiet mit Energie dienen, entrichten. Diese Konzessionsabgaben können gemäß § 7 KAV nicht nur Gemeinden, sondern unter Umständen auch Landkreise erhalten. Die Netzbetreiber können die Konzessionsabgaben in ihre Netzentgelte einkalkulieren, da es sich um Kosten des Netzbetriebs handelt (§ 21a Abs. 4 S. 2 Hs. 2 EnWG);[285] die Netznutzer wälzen diese Kosten wiederum auf die Letztverbraucher ab (§ 40 Abs. 2 Nr. 7 EnWG).[286] Um eine möglichst preisgünstige Energieversorgung – so wie es § 1 Abs. 1 EnWG vorschreibt (→ Rn. 21) – zu gewährleisten, begrenzt § 2 KAV die zulässige Höhe der Konzessionsabgaben, die nach Gemeindegröße gestaffelt ist.[287] Zugleich differenziert § 2 KAV auch zwischen den verschiedenen Belieferungsarten.[288]

V. Regulierungsverfahren und Rechtsschutz

1. Zuständigkeiten und Organisation der Regulierungsbehörden

Die Regulierung des Energiesektors liegt nach § 54 Abs. 1 EnWG in der Hand der **105** BNetzA und der Landesregulierungsbehörden. Die konkrete Abgrenzung der *Kompetenzen* zwischen Bundes- und Landesbehörden erfolgt auf Grundlage des § 54

[282] *N. Huber*, in: Kment, EnWG, § 46 Rn. 9; *Theobald*, in: Danner/ders., Energierecht, § 46 EnWG Rn. 35 (Stand: 78. EL September 2013).

[283] VO über Konzessionsabgaben für Strom und Gas (Konzessionsabgabenverordnung – KAV) vom 09.01.1992, BGBl. I, S. 12, ber. S. 407, zuletzt geändert durch Art. 3 Abs. 4 VO zum Erlass von Regelungen des Netzanschlusses von Letztverbrauchern in Niederspannung und Niederdruck vom 01.11.2006, BGBl. I, S. 2477.

[284] *Theobald*, in: Danner/ders., Energierecht, § 46 EnWG Rn. 30 (Stand: 78. EL September 2013) und § 48 EnWG Rn. 1 ff. (Stand: 73. EL Januar 2012); *N. Huber*, in: Kment, EnWG, § 48 Rn. 1 ff.

[285] *Nill-Theobald/Theobald*, IR 2005, 175 (176).

[286] *Bruhn*, in: Säcker, Energierecht, § 40 Rn. 36.

[287] *Pielow*, in: Ehlers/Fehling/Pünder, § 22 Rn. 133.

[288] Vgl. *Schütte/Horstkotte/Veihelmann*, LKV 2012, 454 (455).

Abs. 2, 3 EnWG. Danach ist den *Landesbehörden* ein eng umgrenzter, abschließender Aufgabenbereich in § 54 Abs. 2 EnWG zugewiesen. Sie haben sich etwa mit der Genehmigung oder Festlegung im Rahmen der Bestimmung der Entgelte für den Netzzugang im Wege einer Anreizregulierung nach § 21a EnWG zu befassen (§ 54 Abs. 2 S. 1 Nr. 2 EnWG) oder gewährleisten die Überwachung der Vorschriften zur Entflechtung nach § 6 Abs. 1 EnWG i. V. m. §§ 6a–7a EnWG (§ 54 Abs. 2 S. 1 Nr. 4 EnWG).[289] Allerdings stehen die den Landesregulierungsbehörden zugewiesenen Kompetenzen nach § 54 Abs. 2 S. 1 a. E. EnWG unter dem Vorbehalt, dass keine Energieversorgungsunternehmen betroffen sind, an deren Elektrizitäts- oder Gasverteilernetz mehr als 100.000 Kunden unmittelbar oder mittelbar angeschlossen sind. Außerdem darf sich gemäß § 54 Abs. 2 S. 2 EnWG ein von der behördlichen Maßnahme betroffenes Elektrizitäts- oder Gasverteilernetz nicht über das Gebiet eines Landes hinaus erstrecken. Geht es um den Anschluss von Biogasanlagen, erfahren die Kompetenzen des § 54 Abs. 2 S. 1 Nr. 6–8 EnWG noch weitere Einschränkungen (§ 54 Abs. 2 S. 3 EnWG).[290]

106   Außerhalb des abschließend definierten Kompetenzrahmens der Landesregulierungsbehörden, also etwa bei Überschreitung der Grenze von 100.000 Kunden oder bei grenzüberschreitenden Anliegen, wird die *BNetzA* aktiv. Eine Auffangzuständigkeit nach § 54 Abs. 3 S. 1 EnWG stellt dies sicher.[291] Haben Bundesländer auf eine Errichtung von Landesregulierungsbehörden verzichtet,[292] nimmt die BNetzA die Kompetenzen der Länder im Wege der Organleihe war.[293] Die Frage der Zuständigkeit kann nach § 66a EnWG von Verfahrensbeteiligten gerügt werden und einer gerichtlichen Klärung zugeführt werden, wenn die jeweilige verfahrensführende Regulierungsbehörde ihre Zuständigkeit bejaht.[294]

107   Die BNetzA ist eine selbstständige Bundesoberbehörde, die im Geschäftsbereich des BMWi agiert (zu Rechtsform und Organisation auch → § 4 Rn. 41 ff.; § 12 Rn. 18 ff.).[295] Ihre *Organisation* richtet sich nach den §§ 59 ff. EnWG. Besondere Organe der BNetzA sind die Beschlusskammern nach § 59 EnWG, die die Entscheidungen der BNetzA treffen.[296] Der Beirat hat gemäß § 60 EnWG die Aufgabe, die BNetzA bei der Erstellung der Tätigkeits- und Zusammenarbeitsberichte nach

[289] Zu den weiteren Kompetenzbereichen siehe *Görisch*, in: Kment, EnWG, § 54 Rn. 6 f.
[290] *Görisch*, in: Kment, EnWG, § 54 Rn. 6.
[291] *Schmidt-Preuß*, in: Säcker, Energierecht, § 54 Rn. 19; *Görisch*, in: Kment, EnWG, § 54 Rn. 8.
[292] Keine Landesregulierungsbehörden gibt es in Berlin, Bremen, Mecklenburg-Vorpommern, Niedersachsen, Schleswig-Holstein und Thüringen.
[293] *Franke*, in: Schneider/Theobald, Energiewirtschaft, § 19 Rn. 5 m. w. N.
[294] *Theobald/Werk*, in: Danner/Theobald, Energierecht, § 66a EnWG Rn. 9 (Stand: 66. EL Mai 2010).
[295] § 1 S. 2 BEGTPG.
[296] *Wahlhäuser*, in: Kment, EnWG, § 59 Rn. 4; *Franke*, in: Schneider/Theobald, Energiewirtschaft, § 19 Rn. 18.

§ 63 Abs. 3 EnWG zu beraten. Er ist gegenüber der BNetzA außerdem berechtigt, Auskünfte und Stellungnahmen einzuholen.[297]

2. Verfahrensvorgaben für Regulierungsbehörden

Die Regulierungsbehörden finden im EnWG ein eigenes Verfahrensrecht vor, wel-   **108**
ches sich im Verhältnis der *Spezialität* zum VwVfG befindet.[298] In den §§ 55, 65–74
EnWG sind die einzelnen Verfahrensschritte normiert: So steht am Anfang des Re-
gulierungsverfahrens gemäß § 66 Abs. 1 EnWG die *Einleitung* des Verfahrens von
Amts wegen oder auf Antrag, wobei sich für Verbraucher vorrangig der Weg zur
Verbraucherbeschwerde nach § 111a EnWG eröffnet.[299] *Beteiligte* des Verfahrens
sind nach § 66 Abs. 2 EnWG zunächst ein möglicher Antragssteller (Nr. 1) sowie die Betroffenen, gegen die sich das Verfahren richtet (Nr. 2). Ähnlich wie im
Kartellrecht[300] können auch Drittbetroffene sowie Verbraucherzentralen und Ver-
braucherverbände am Verfahren beteiligt werden (Nr. 3). Bei Verbraucherzentralen und öffentlich geförderten Verbraucherverbänden wird dies insbesondere der
Fall sein, wenn sich die Entscheidung der Regulierungsbehörde auf eine Vielzahl
von Verbrauchern auswirken und dadurch die Interessen der Verbraucher insgesamt
erheblich berührt werden dürften.[301] Schließlich ist die BNetzA nach § 66 Abs. 3
EnWG zu beteiligen, wenn das Verfahren von einer Landesregulierungsbehörde
geführt wird.[302] Die Beteiligten haben nach § 67 Abs. 1 EnWG die Möglichkeit
der *Stellungnahme*; Vertretern berührter Wirtschaftskreise kann (Ermessen)[303] die
Regulierungsbehörde dieses Verfahrensrecht gemäß § 67 Abs. 2 EnWG ergänzend
einräumen. Das Verfahren wird grundsätzlich nicht öffentlich geführt, außer die zuständige Behörde entschließt sich, auf Antrag eines Beteiligten oder von Amts wegen eine öffentliche mündliche Verhandlung durchzuführen.[304] Die Öffentlichkeit
kann aber nicht hergestellt werden, wenn hiermit eine Gefährdung der öffentlichen
Ordnung, insbesondere der Sicherheit des Staates, oder die Gefährdung eines wichtigen Betriebs- oder Geschäftsgeheimnisses zu befürchten ist. Die aus dem allgemeinen Verwaltungsverfahren (§ 24 VwVfG) bekannte *Amtsermittlungspflicht* gilt

---

[297] *Schmidt-Preuß*, in: Säcker, Energierecht, § 60 Rn. 5 f.; *Wahlhäuser*, in: Kment, EnWG, § 60
Rn. 6.
[298] *Britz*, N&R 2006, 6; *Hanebeck*, in: Britz/Hellermann/Hermes, EnWG, Vorb §§ 65 ff. Rn. 6.
[299] Vgl. zur Verbraucherbeschwerde *Wagner/Probst*, IR 2011, 174.
[300] Vgl. § 54 Abs. 2 Nr. 3 GWB.
[301] *Turiaux*, in: Kment, EnWG, § 66 Rn. 16; *Franke*, in: Schneider/Theobald, Energiewirtschaft,
§ 19 Rn. 28.
[302] BGH, ZNER 2008, 100; *Bayer/Segnitz*, RdE 2008, 134.
[303] *Turiaux*, in: Kment, EnWG, § 67 Rn. 10; *Theobald/Werk*, in: Danner/Theobald, Energierecht,
§ 67 EnWG Rn. 13 (Stand: 66. EL Mai 2010).
[304] Kritisch hierzu *Hanebeck*, in: Britz/Hellermann/Hermes, EnWG, § 67 Rn. 13; *Wende*, in: Säcker, Energierecht, § 67 Rn. 24 ff.

auch im behördlichen Regulierungsverfahren.[305] So hat die Regulierungsbehörde nach § 68 Abs. 1 EnWG die Befugnis, alle Ermittlungen zu führen und alle Beweise zu erheben, die erforderlich sind, etwa die Vernehmung von Zeugen oder Sachverständigen (vgl. auch § 68 Abs. 2 EnWG). Eine Haft kann nach § 68 Abs. 2 EnWG nicht angeordnet werden, wohl aber darf die Regulierungsbehörde nach § 69 EnWG Auskunft und die Herausgabe von Unterlagen verlangen sowie Räumlichkeiten betreten.[306] Eine Beschlagnahmebefugnis besteht nach § 70 EnWG. Ist das Verfahren abgeschlossen, hat die Regulierungsbehörde nach § 73 Abs. 1 EnWG ihre *Entscheidungen* zu begründen und mit einer Belehrung über das zulässige Rechtsmittel den Beteiligten nach den Vorschriften des Verwaltungszustellungsgesetzes zuzustellen; eine Benachrichtigung anderer Regulierungsbehörden ist gegebenenfalls nach § 55 EnWG auch erforderlich.[307] Bestimmte Verfahrenseinleitungen und -abschlüsse sind außerdem nach § 74 S. 1 EnWG auf der Internetseite und im Amtsblatt der Regulierungsbehörde zu veröffentlichen; im Übrigen kann (Ermessen)[308] sich die Regulierungsbehörde zu einer solchen Veröffentlichung entscheiden, muss aber die Interessen des betroffenen Unternehmens an der Geheimhaltung von Betriebs- und Geschäftsgeheimnissen im Auge behalten.[309] Nimmt die endgültige Entscheidung noch Zeit in Anspruch, sind auch vorübergehende Anordnungen nach § 72 EnWG möglich, um Rechtsfrieden und Rechtssicherheit für einen Übergangszeitraum zu sichern.[310] Schließlich eröffnet § 94 EnWG die Möglichkeit der Zwangsvollstreckung.

3. Gerichtlicher Rechtsschutz

109 Obschon es sich bei der Tätigkeit der Regulierungsbehörden um eine öffentlich-rechtliche Angelegenheit handelt,[311] hat sich der Gesetzgeber dazu entschieden, es nicht bei der naheliegenden Zuständigkeit der Verwaltungsgerichte nach § 40 Abs. 1 VwGO zu belassen. Vielmehr ordnet er im Wege der *abdrängenden Sonderzuweisung* gemäß § 75 Abs. 4 EnWG die ausschließliche Zuständigkeit der Zivilgerichte für Rechtbehelfe gegen Entscheidungen der Regulierungsbehörden an.[312]

---

[305] *Franke*, in: Schneider/Theobald, Energiewirtschaft, § 19 Rn. 34; *Hanebeck*, in: Britz/Hellermann/Hermes, EnWG, § 68 Rn. 3.

[306] Vgl. dazu *Turiaux*, in: Kment, EnWG, § 69 Rn. 1 ff.; *Franke*, in: Schneider/Theobald, Energiewirtschaft, § 19 Rn. 39 ff.

[307] *Schmidt-Preuß*, in: Säcker, Energierecht, § 55 Rn. 9; *Goerisch*, in: Kment, EnWG, § 55 Rn. 5.

[308] *Hanebeck*, in: Britz/Hellermann/Hermes, EnWG, § 74 Rn. 2; *Turiaux*, in: Kment, EnWG, § 74 Rn. 3.

[309] *Theobald/Werk*, in: Danner/Theobald, Energierecht, § 74 EnWG Rn. 5 f. (Stand: 66. EL Mai 2010).

[310] *Bruhn*, in: Säcker, Energierecht, § 72 Rn. 1 f.; *Turiaux*, in: Kment, EnWG, § 72 Rn. 1.

[311] *Pielow*, in: Ehlers/Fehling/Pünder, § 22 Rn. 139.

[312] Siehe dazu etwa *Ehlers*, in: Schoch/Schneider/Bier, § 40 Rn. 582 f. (Stand: 9. EL September 2003) zur Parallelvorschrift des § 62 GWB.

Statthaftes Rechtsmittel gegen Entscheidungen der Regulierungsbehörden ist gemäß § 75 Abs. 1 EnWG die *Beschwerde* vor dem gemäß § 75 Abs. 4 EnWG zuständigen Oberlandesgericht; die Einzelheiten des gerichtlichen Verfahrens richten sich nach den §§ 76 ff. EnWG.[313] In zweiter Instanz kann gemäß § 86 EnWG der BGH mit der *Rechtsbeschwerde* angerufen werden, wenn das Oberlandesgericht dies zugelassen hat; gegen eine Nichtzulassung kann nach § 87 EnWG Beschwerde erhoben werden. Die weiteren Besonderheiten des § 88 EnWG sind zu beachten.[314] Insbesondere haben weder die Beschwerde vor dem Oberlandesgericht noch die Rechtsbeschwerde vor dem BGH aufschiebende Wirkung;[315] Ausnahmen gelten nur für Verpflichtungen nach den §§ 7–7b und 8–10d EnWG (→ Rn. 64, 67 ff.).

VI. Energiesonderrecht

1. EEG

Das EEG 2014[316] beinhaltet wohl das bedeutsamste materielle Energierecht, das **110** außerhalb des EnWG geregelt ist. Gemäß § 1 Abs. 1 EEG will das EEG 2014 im Interesse des Klima- und Umweltschutzes eine nachhaltige Entwicklung der Energieversorgung ermöglichen, die volkswirtschaftlichen Kosten der Energieversorgung auch durch die Einbeziehung langfristiger externer Effekte verringern, fossile Energieressourcen schonen und die Weiterentwicklung von Technologien zur Erzeugung von Strom aus erneuerbaren Energien fördern. Hierzu soll der *Anteil erneuerbarer Energien* am deutschen Energiemix in den kommenden Jahren signifikant *steigen*. Gesetzgeberisches Programm ist ein Anteil erneuerbarer Energien an der Stromversorgung von mindestens 40 % bis zum Jahr 2025, von mindestens 55 % bis zum Jahr 2035 und schließlich von mindestens 80 % bis spätestens 2050. Der Anteil erneuerbarer Energien am gesamten Bruttoendenergieverbrauch soll bis zum Jahr 2020 auf mindestens 18 % erhöht werden.

Das ambitionierte Ziel kann nur durch eine erfolgreiche Marktintegration er- **111** neuerbarer Energien gelingen, was wiederum auf Seiten potenzieller Investoren *Planungs- und Investitionssicherheit* voraussetzt.[317] Um letztgenannte zu gewährleisten, wird den Betreibern von Windkraft-, Photovoltaik- oder Biomasseverwertungsanlagen gemäß §§ 19 ff. EEG ein fester *Abnahmepreis* über einen längerfris-

---

[313] *Theobald/Zenke/Lange*, in: Schneider/Theobald, Energiewirtschaft, § 20 Rn. 1; *N. Huber*, in: Kment, EnWG, § 75 Rn. 1.

[314] Vgl. dazu *Schex*, in: Kment, EnWG, § 88 Rn. 1 ff.; *Hanebeck*, in: Britz/Hellermann/Hermes, EnWG, § 88 Rn. 1 ff.

[315] Vgl. § 76 EnWG bzw. § 88 Abs. 5 S. 1 i. V. m. § 76 EnWG.

[316] Gesetz für den Ausbau erneuerbarer Energien (Erneuerbare-Energien-Gesetz – EEG 2014) vom 21.07.2014, BGBl. I, S. 1066, zuletzt geändert durch Art. 4 des Gesetzes zur Bekämpfung von Zahlungsverzug im Geschäftsverkehr und zur Änderung des Erneuerbare-Energien-Gesetzes vom 22.07.2014, BGBl. I, S. 1218.

[317] Vgl. BT-Drs. 16/8148, S. 35; *Koenig/Kühling/Rasbach*, Energierecht, S. 226 Rn. 2; *Oschmann*, in: Danner/Theobald, Energierecht, § 1 EEG Rn. 8 (Stand: 74. EL April 2012).

tigen Zeitraum garantiert.[318] Die Anlagenbetreiber können sich aber auch alternativ für eine Direktvermarktung ihrer Energien entschließen; hier sind die §§ 34–36 EEG zu beachten. Die Veräußerung der Energie setzt allerdings stets voraus, dass die erzeugte Energie überhaupt in die Energienetze eingespeist und zu potenziellen Kunden transportiert werden kann. Deshalb statuiert § 8 EEG eine entsprechende *Anschlusspflicht*, ergänzt durch die in § 11 EEG verankerte Pflicht zur *Abnahme, Übertragung* und *Verteilung*.[319] Verfassungsrechtlich sahen weder das BVerfG[320] noch der BGH[321] Anlass für eine Beanstandung des EEG; insbesondere sei die Berufsfreiheit des Art. 12 Abs. 1 GG nicht verletzt.[322] Auch unionsrechtlich ist die Rechtslage nunmehr abschließend geklärt. Der EuGH hatte das EEG schon in seinem *PreussenElektra*-Urteil nicht ausdrücklich beanstandet.[323] In seiner aktuellen Entscheidung vom 01.07.2014 stellt der Gerichtshof nunmehr explizit fest, dass den Förderregelungen des EEG entsprechende schwedische Vorschriften nicht gegen Art. 34 AEUV verstoßen.[324] Zwar liegt nach Ansicht des EuGH eine Beeinträchtigung der Warenverkehrsfreiheit vor.[325] Eine solche ist jedoch aufgrund zwingender Erfordernisse des Umweltschutzes gerichtfertigt; auch dient sie dem Gesundheitsschutz und dem Schutz des Lebens von Menschen, Tieren und Pflanzen.[326]

2. KWKG

112   Das KWKG[327] ist vergleichbar dem EEG ausgerichtet und setzt zudem auf ähnliche Instrumente (→ Rn. 110 f.). Regelungsgegenstand ist die *Kraft-Wärme-Kopplung*, welche das Gesetz in § 3 Abs. 1 KWKG als gleichzeitige Umwandlung von eingesetzter Energie in elektrische Energie und in Nutzwärme in einer ortsfesten technischen Anlage umschreibt. Gemeint ist dabei üblicherweise die Nutzbarmachung von Abwärme, die beim Betrieb von Wärmekraftwerken während der Stromproduktion anfällt.[328] Die anfallende Abwärme wird nicht in die Umgebung abge-

---

[318] *Schneider*, in: ders./Theobald, Energiewirtschaft, § 21 Rn. 77, 84.

[319] Vgl. dazu *Schneider*, in: ders./Theobald, Energiewirtschaft, § 21 Rn. 106 f.

[320] BVerfG, NJW 1997, 573.

[321] BGHZ 134, 1 (13); NVwZ 2003, 1143.

[322] BGH, NVwZ 2003, 1143 (1144); allerdings werden aus finanzverfassungsrechtlichen Gründen Vorbehalte geäußert, vgl. *Manssen*, DÖV 2012, 499.

[323] EuGH, Rs. C-379/98, Slg. I-2001, 2099 – PreussenElektra.

[324] EuGH, Rs. C-573/12, EU:C:2014:2037 – Ålands Vindkraft; vgl. dazu auch EuZW 2014, 620 (m. Anm. *Ludwigs*); NVwZ 2014, 1073 (m. Anm. *Ehrmann*); vgl. demgegenüber die Schlussanträge von Generalanwalt *Bot*, Rs. C-573/12, EU:C:2014:37.

[325] EuGH, Rs. C-573/12, EU:C:2014:2037, Rn. 65 ff. – Ålands Vindkraft.

[326] EuGH, Rs. C-573/12, EU:C:2014:2037, Rn. 76 ff. – Ålands Vindkraft.

[327] Gesetz für die Erhaltung, die Modernisierung und den Ausbau der Kraft-Wärme-Kopplung (Kraft-Wärme-Kopplungsgesetz) vom 19.03.2002, BGBl. I, S. 1092, zuletzt geändert durch Art. 13 des Gesetzes zur grundlegenden Reform des Erneuerbare-Energien-Gesetzes und zur Änderung weiterer Bestimmungen des Energiewirtschaftsrechts vom 21.07.2014, BGBl. I, S. 1066.

[328] *Schneider*, in: ders./Theobald, Energiewirtschaft, § 21 Rn. 159.

geben, sondern als Nutzwärme eingesetzt bzw. zur Energieerzeugung verwandt.[329] Es geht also weniger um die Erschließung einer neuen Energiequelle als vielmehr um die *Steigerung des Effizienzgrades der Energiequellenausbeute.* Ähnlich wie das EEG kennt auch das KWKG einen vorgeschriebenen Ausbau dieser Ressource, hier gemäß § 1 KWKG eine Erhöhung des Anteils der Stromerzeugung aus Kraft-Wärme-Kopplung auf *25 % bis zum Jahr 2020.* Ebenso gibt es gemäß § 4 KWKG Anschuss- und Abnahmepflichten von Netzbetreibern sowie besondere Regelungen zur Vergütung.[330]

3. EEWärmeG

Zum Schutz des Klimas, zur Schonung fossiler Ressourcen und zur Reduzierung   113
der Abhängigkeit von Energieimporten verfolgt das EEWärmeG[331] das *Ziel,* den Anteil erneuerbarer Energien am Endenergieverbrauch für Wärme und Kälte bis zum Jahr 2020 auf 14 % zu erhöhen (vgl. § 1 EEWärmeG). Hierzu verpflichtet § 3 i. V. m. §§ 5, 6 EEWärmeG Eigentümer von neu errichteten Gebäuden, einen Teil ihres *Wärme- und Kältebedarfs aus erneuerbaren Energien zu decken.*[332] Gleiches gilt gemäß § 3 EEWärmG für die öffentliche Hand, wenn diese Gebäude im In- oder Ausland neu errichtet oder grundlegend renoviert. In dieser umfassenden Pflicht manifestiert sich die Vorbildfunktion öffentlich-rechtlicher Stellen nach § 1a EE-WärmG.[333] Ob diese Regelungen künftig auch auf Private übertragen werden,[334] erscheint fraglich, da diese einer Ausweitung der Pflichten des EEWärmeG auf den privaten Gebäudebestand wohl grundrechtliche Abwehransprüche aus Art. 14 GG entgegensetzen könnten.

---

[329] *Koenig/Kühling/Rasbach,* Energierecht, S. 234 Rn. 17; *Jacobshagen/Kachel,* in: Danner/Theobald, Energierecht, § 3 KWKG Rn. 2 (Stand: 66. EL Mai 2010).

[330] Vgl. dazu *Jacobshagen/Kachel,* in: Danner/Theobald, Energierecht, § 4 KWKG Rn. 4 ff. (Stand: 66. EL Mai 2010); *Schneider,* in: ders./Theobald, Energiewirtschaft, § 21 Rn. 167 ff.

[331] Gesetz zur Förderung Erneuerbarer Energien im Wärmebereich (Erneuerbare-Energien-Wärmegesetz – EEWärmeG) vom 07.08.2008, BGBl. I, S. 1658, zuletzt geändert durch Art. 14 des Gesetzes zur grundlegenden Reform des Erneuerbare-Energien-Gesetzes und zur Änderung weiterer Bestimmungen des Energiewirtschaftsrechts vom 21.07.2014, BGBl. I, S. 1066.

[332] *Wustlich,* in: Danner/Theobald, Energierecht, § 3 EEWärmeG Rn. 1 (Stand: 78. EL September 2013); vgl. auch *Brüning,* KommJur 2014, 121 (123).

[333] Vgl. dazu *Wustlich,* in: Danner/Theobald, Energierecht, § 1a EEWärmeG Rn. 1 ff. (Stand: 76. EL September 2012).

[334] So *Wiggers,* NJW-Spezial 2011, 364 (365); vgl. auch *Böhm/Schwarz,* NVwZ 2012, 129.

114   **VII. Kontrollfragen**

1. Welchen Stellenwert misst das BVerfG der Energieversorgung bei? Welche Zwecke verfolgen die Regelungen des EnWG? (→ Rn. 1, 20 f.)
2. Welche allgemeinen Befugnisnormen und spezifischen Kompetenztitel lassen sich im Primärrecht der Europäischen Union auffinden? (→ Rn. 4 ff.)
3. Auf welchen Kernelementen beruht die Verwirklichung des europäischen Energiebinnenmarktes? (→ Rn. 10)
4. Skizzieren Sie die Grundrechtsrelevanz der Energieversorgung! (→ Rn. 25 f.)
5. Welche Ziele verfolgt die Regulierung des Netzbetriebes? Skizzieren Sie die einzelnen Regelungsinstitute des EnWG! (→ Rn. 33 ff.)
6. Welche Bedeutung kommt der Regulierung des Netzzuganges zu? (→ Rn. 59 ff.)
7. Welche Ziele verfolgen die Vorschriften zur Entflechtung? Stellen Sie die zentralen Regelungen dar! (→ Rn. 64 ff.)
8. Wie kommt der Staat seiner „Gewährleistungsverantwortung" hinsichtlich der Energielieferung gegenüber dem Letztverbraucher nach? (→ Rn. 73 ff.)
9. In welchen Gesetzen lassen sich Regelungen zur Planung und Planfeststellung von Energieversorgungsnetzen auffinden? Gibt es unionsrechtliche Vorgaben? (→ Rn. 83 ff.)
10. Skizzieren Sie die nationale Bedarfsfeststellung Onshore! (→ Rn. 86 ff.)
11. Inwiefern sind Unterschiede zu Offshoreplanungen festzustellen? (→ Rn. 93 ff.)
12. Was verstehen Sie unter einem Wegenutzungsvertrag? Skizzieren Sie den Ablauf eines Konzessionsverfahrens! (→ Rn. 100 ff.)
13. Welche Behörden sind für die Regulierung im Energiesektor zuständig? (→ Rn. 105 ff.)
14. Beschreiben Sie die Verfahrensvorgaben für die Regulierungsbehörden! Vor welchen Gerichten kann Rechtsschutz gegen Entscheidungen der Regulierungsbehörden begehrt werden? (→ Rn. 108 ff.)
15. Was versteht man unter „Energiesonderrecht"? (→ Rn. 110 ff.)

Literatur

Britz/Hellermann/Hermes (Hrsg.), EnWG, Energiewirtschaftsgesetz, 2. Aufl. 2010
Danner/Theobald (Hrsg.), Energierecht (Stand: 78. EL September 2013)
Kment, Rechts vor links? Überlegungen zur Vereinfachung der rechtlichen Vorfahrtsregeln im deutschen Stromnetz, ZNER 2011, 225
ders., Vorbote der Energiewende in der Bundesrepublik Deutschland: das Netzausbaubeschleunigungsgesetz, RdE 2011, 341

ders., Regulierungsrecht – Zukunfts- oder Auslaufmodell?, ZVglRWiss 2013, 112
ders. (Hrsg.), Netzausbau zugunsten erneuerbarer Energien, 2013
ders., Grundstrukturen der Netzintegration Erneuerbarer Energien, UPR 2014, 81
ders. (Hrsg.), Energiewirtschaftsgesetz, 2015
Koenig/Kühling/Rasbach, Energierecht, 3. Aufl. 2013
Rosin/Pohlmann/Gentzsch/Metzenthin/Böwing (Hrsg.), Praxiskommentar zum EnWG: Gesetz und Verordnungen (Stand: 4. EL Dezember 2012)
Säcker (Hrsg.), Berliner Kommentar zum Energierecht, 3. Aufl. 2014
Schneider/Theobald (Hrsg.), Recht der Energiewirtschaft, Praxishandbuch, 4. Aufl. 2013

§ 14 Finanz- und Börsenaufsicht

Ann-Katrin Kaufhold

Inhaltsverzeichnis

A.-K. Kaufhold (✉)
Lehrstuhl für Öffentliches Recht, insbesondere Verfassungsrecht, und Rechtsphilosophie,
Humboldt-Universität zu Berlin, Unter den Linden 6, 10099 Berlin, Deutschland
E-Mail: ann-katrin.kaufhold@rewi.hu-berlin.de

© Springer-Verlag Berlin Heidelberg 2016
R. Schmidt, F. Wollenschläger (Hrsg.), *Kompendium Öffentliches Wirtschaftsrecht*,
Springer-Lehrbuch, DOI 10.1007/978-3-662-45579-1_14

623

I. Einführung

1   Als Finanz- und Börsenaufsicht wird im Folgenden die staatliche Aufsicht über
Finanzunternehmen, Kapitalmärkte und Börsen bezeichnet,[1] die von europäischen
und nationalen Behörden im Verbund[2] ausgeübt wird. Sie soll Einleger und Anleger
schützen und die Funktionsfähigkeit des Finanzsystems sichern, an deren Gewährleistung angesichts der volkswirtschaftlichen Bedeutung von Finanzinstituten und
-märkten ein erhebliches öffentliches Interesse besteht.

---

[1] Die Begriffe Aufsicht, Kontrolle und Überwachung werden in der Verwaltungsrechtswissen-
schaft sehr unterschiedlich verwendet, teils synonym, teils strikt voneinander unterschieden, siehe
für einen Überblick über die Begriffstraditionen und -verwendungen etwa *Gröschner*, Das Über-
wachungsrechtsverhältnis, 1992, S. 46 ff., 119 ff.; *Kahl*, in: Hoffmann-Riem/Schmidt-Aßmann/
Voßkuhle, GVwR² III, § 47 Rn. 1 ff. Im Finanzbereich wird der Vorgang des Beobachtens und
Abgleichens eines Ist-Zustandes mit einem Soll-Zustand einschließlich der Möglichkeit, den Ist-
Zustand zu korrigieren, wie hier traditionell und auch vom Gesetzgeber als „Aufsicht" bezeichnet,
vgl. kritisch dazu *P. M. Huber*, in: Hoffmann-Riem/Schmidt-Aßmann/Voßkuhle, GVwR² III, § 45
Rn. 1 ff., 11 ff. „Überwachung" und „Kontrolle" werden im Folgenden als Synonyme für „Auf-
sicht" verwandt.

[2] Grundlegend zum Europäischen Verwaltungsverbund *Schmidt-Aßmann*, Europäische Verwal-
tung zwischen Kooperation und Hierarchie, in: FS Steinberger, S. 1375 ff.; Schöndorf-Haubold
(Hrsg.), Der Europäische Verwaltungsverbund, 2005; allgemeiner zum Verbund als Begriff und
Perspektive auf das Verwaltungsrecht *Burgi*, in: Hoffmann-Riem/Schmidt-Aßmann/Voßkuhle,
GVwR² I, § 18 Rn. 34 ff.

1. Volkswirtschaftliche Funktionen des Finanzsystems

Das Finanzsystem erfüllt vor allem drei Funktionen, aus denen sich seine Bedeu-   **2**
tung für die volkswirtschaftliche Entwicklung eines Staates bzw. einer Staatengemeinschaft ergibt:[3]

a) Vermittlungs- und Allokationsfunktion

Die Einrichtungen des Finanzsystems vermitteln zwischen Kapitalgebern und Ka-   **3**
pitalnehmern. Kapitalgeber stellen gegen ein Entgelt (z. B. in der Gestalt von Zinsen) Finanzmittel zur Verfügung. Über Finanzinstitute und Kapitalmärkte werden
diese Mittel weitergereicht an Kapitalnehmer, die bereit sind, dieses Entgelt zu bezahlen, weil sie mit den zusätzlichen Mitteln Investitionen tätigen und Ausgaben
finanzieren können, von denen sie sich eine Gewinnsteigerung versprechen. Über
die Einrichtungen des Finanzsystems werden Gelder mithin im Prinzip so verteilt,
dass sie möglichst gewinnbringend eingesetzt werden können. Ob Unternehmen
der Realwirtschaft ihren Geschäftsbetrieb erweitern oder modernisieren können, ist
nicht zuletzt davon abhängig, dass das Finanzsystem sie mit Investoren zusammen-
führt.

b) Transformationsfunktion

Finanzinstitute und -märkte führen Kapitalnehmer und -geber nicht nur zusammen,   **4**
sie ermöglichen zudem Modifikationen insbesondere von Betrag, Laufzeit und
räumlicher Verteilung der vermittelten Gelder sowie der mit ihrer Verwendung verbundenen Risiken.[4] Banken etwa können die Einlagen, die sie annehmen, bündeln
oder aufteilen. Sie können mehrere kurzfristige Anlagen zu einem langfristigen
Kredit zusammenführen und diesen an Unternehmen im näheren geographischen
Umkreis oder mit Sitz im Ausland, mit konservativen oder hoch risikobehafteten
Geschäftsstrategien vergeben.

c) Zahlungsverkehrsfunktion

Finanzinstitute stellen zudem Mechanismen (wie etwa Scheck- und Kreditkarten   **5**
oder Überweisungsmöglichkeiten) bereit, mit denen bargeldlose Zahlungen getätigt
werden können.[5] Das macht es möglich, Verpflichtungen ohne persönlichen Kontakt und damit schnell abzuwickeln. Systeme für die unbare Zahlung zählen zu den
Funktionsvoraussetzungen moderner Volkswirtschaften.

---

[3] Zum Folgenden ausführlich *Pilbeam*, S. 25 ff.; *Hellwig*, in: Obst/Hintner, S. 3 ff., und aus rechts-
wissenschaftlicher Perspektive zuletzt *Thiele*, Finanzaufsicht, S. 109 ff.

[4] *Ohler*, in: Ehlers/Fehling/Pünder, § 32 Rn. 21; *Fabozzi/Modigliani/Jones*, Foundations of Financial Markets, 4. Aufl. 2010, S. 22 ff.

[5] Vgl. *Pilbeam*, S. 30; *Ohler*, EnzEuR V, § 10 Rn. 40 und anschaulich *Klein/Palazzo*, Kulturge-
schichte des Geldflusses, 2003.

2. Eigenheiten von Finanzgeschäften

6   Finanzgeschäfte zeichnen sich dadurch aus, dass sie in besonderer Weise vom *Vertrauen* der Geschäftspartner abhängig[6] und infolgedessen besonders *labil* sind[7]. Anleger und Versicherungsnehmer erhalten zunächst keinen realen Gegenwert für die von ihnen eingebrachten Gelder, sondern nur das *Versprechen* einer Leistung in der Zukunft: Banken versprechen ihren Kunden die Rückzahlung der Einlagen nebst Zinsen, Versicherungen die Leistung im Schadensfall und Wertpapiere verbriefen ebenfalls „nur" ein Recht auf eine Leistung. Ob diese Versprechen erfüllt und Zahlungsansprüche befriedigt werden können, hängt vor allem davon ab, ob die Finanzinstitute solide wirtschaften und die Leistungsfähigkeit der realwirtschaftlichen Unternehmen, an die sie Gelder weitergeben, richtig einschätzen. Hierauf müssen An- und Einleger vertrauen. Verlieren viele Kapitalgeber gleichzeitig dieses Vertrauen in die Solidität und Lauterkeit der Finanzunternehmen und ziehen daher ihre Investitionen ab, kollabiert das Finanzsystem. Angesichts seiner zentralen volkswirtschaftlichen Stellung gehören *Einbrüche in anderen Wirtschaftszweigen* dann regelmäßig zu den Folgen.[8]

3. Finanz- und Börsenaufsicht als besondere Gewerbeaufsicht

7   Bei der Finanz- und Börsenaufsicht handelt es sich um spezielle Formen der Gewerbeaufsicht.[9] Wie die allgemeine Gewerbeaufsicht (→ § 9 Rn. 3 ff.) dienen sie der *Abwehr von Gefahren und Risiken*[10], die von Wirtschaftsteilnehmern ausgehen. Das Finanzaufsichtsrecht kennt zudem die klassischen Instrumente der Wirtschaftsaufsicht wie etwa die Erlaubnispflicht. Im Unterschied zum allgemeinen Recht der Wirtschaftsaufsicht gestattet es Eingriffe jedoch in vielen Fällen schon *weit im Vorfeld einer Gefahr* und häufig sogar ohne konkreten Anlass.[11] Angesichts der Komplexität der zu kontrollierenden Gegenstände sowie ihrer schnellen Wandelbarkeit besteht zudem nicht nur im Vorfeld, sondern auch im Anschluss an die Aufnahme des Geschäftsbetriebs ein *intensiver Informationsaustausch* zwischen Aufsichtsbe-

---

[6] Vgl. BVerfGE 124, 235 (246); *Ohler*, EnzEuR V, § 10 Rn. 15; zum Vertrauensschutz als Rechts- und inhaltlichem Leitprinzip des Kapitalmarktrechts *Bumke*, DV 41 (2008), 227 (232 f.).

[7] Siehe *Röhl*, in: Fehling/Ruffert, § 18 Rn. 7, 9.

[8] Vgl. zu den Zusammenhängen zwischen Finanzsystem und Wirtschaftswachstum etwa den Überblick von *Levine*, Finance and Growth: Theory and Evidence, in: Aghion/Durlauf (Hrsg.), Handbook of Economic Growth, 2005, S. 865 ff.

[9] Siehe *Ohler*, in: Ehlers/Fehling/Pünder, § 32 Rn. 10; *Röhl*, in: Fehling/Ruffert, § 18 Rn. 86 ff.; *Kaulbach/Pohlmann*, in: Fahr/Kaulbach/Bähr/Pohlmann, Vor § 1 Rn. 1 ff., sowie ausführlich *Thiele*, Finanzaufsicht, S. 63 ff.

[10] Vgl. *Calliess*, VVDStRL 71 (2012), 113 (139), der vorschlägt, das Finanzmarktrecht deshalb „zumindest teilweise als Risikorecht zu verstehen und dementsprechend stärker am Vorsorgeprinzip auszurichten".

[11] Siehe z. B. § 44 Abs. 1 KWG, § 83 Abs. 1 Nr. 2 VAG.

hörden und Instituten.[12] Nicht die präventive Kontrolle, sondern die *laufende Über-wachung* der Geschäftsbetriebe bildet den Schwerpunkt der aufsichtlichen Tätig-keiten.[13] Das zeigt sich etwa in den umfangreichen Prüfungsbefugnissen und den weitreichenden Rechten der Aufsicht zum Eingriff in Betrieb und Organisation der Institute, aber auch darin, dass eine Betriebserlaubnis versagt werden kann, wenn zu befürchten steht, dass die nachfolgenden Kontrollen beeinträchtigt werden[14]. Schließlich haben Finanz- und Börsenaufsicht anders als die allgemeine Gewer-beaufsicht nicht den Schutz individueller Rechtsgüter zum Ziel, sondern erfolgen allein im öffentlichen Interesse (→ Rn. 28–30 und 106 f.).[15]

Nur soweit sie als Gefahrenabwehrrecht ausgestaltet sind, kann daher bei der   **8** Anwendung der finanzaufsichtlichen Regelungen auf die allgemeinen Grundsätze des Polizei- und Gewerberechts zurückgegriffen werden. Das gilt etwa für die Aus-legung des Gefahrenbegriffs z. B. in § 8 Abs. 7 und § 35 Abs. 2 Nr. 4 KWG und für die Auswahl der Adressaten von Finanzaufsichtsmaßnahmen, die sich grundsätzlich an der Störerdogmatik orientieren kann,[16] sowie für die Definition des Zuverlässig-keitskriteriums (zu diesem → § 9 Rn. 7, 50 ff.).

4. Historische Entwicklung des Finanz- und Börsenaufsichtsrechts

Finanz- und Börsenaufsichtsrecht sind *Krisenrecht*. Sie wurden und werden ganz   **9** überwiegend in Reaktion auf Krisen und Missstände im Finanzsystem entwickelt. Den ältesten Teilbereich bildet das Börsenrecht. Seine zentrale Kodifikation, das Börsengesetz (BörsG), stammt aus dem Jahr 1896 und ist als Antwort vor allem auf unlautere Geschäftspraktiken im Terminhandel zu verstehen.[17] Die Regelungen wurden mehrfach neu gefasst, haben aber im Kern bis heute Bestand. Eine Aufsicht über private Versicherungen wurde erstmals 1901 eingeführt, nachdem die Bedeu-tung einer funktionsfähigen Versicherungswirtschaft für die Gesellschaft offenkun-dig geworden war.[18] Das im Kaiserreich erlassene, zwischenzeitlich freilich viel-fach geänderte „Gesetz über die privaten Versicherungsunternehmen"[19] bildet bis heute die Grundlage für die Tätigkeit der Versicherungsaufsicht.[20] Banken unter-

---

[12] Siehe *Röhl*, in: Fehling/Ruffert, § 18 Rn. 53 ff.

[13] Zumindest die Intensität der laufenden Kontrolle dürfte die Finanz- von der allgemeinen Wirt-schaftsaufsicht unterscheiden, siehe *Thiele*, Finanzaufsicht, S. 211; *Röhl*, in: Fehling/Ruffert, § 18 Rn. 49.

[14] § 33 Abs. 2 KWG, § 8 Abs. 1 S. 2 VAG.

[15] Siehe § 4 Abs. 4 FinDAG.

[16] Siehe *Ohler*, in: Ehlers/Fehling/Pünder, § 32 Rn. 10; a. A. z. B. *Habetha/Schwennicke*, in: Schwennicke/Auerbach, § 6 Rn. 15.

[17] *Schwark*, in: ders./Zimmer, BörsG, Einl. Rn. 1.

[18] Siehe *Michael*, in: Ehlers/Fehling/Pünder, § 33 Rn. 1, sowie *Kaulbach/Pohlmann*, in: Fahr/Kaulbach/Bähr/Pohlmann, Vor § 1 Rn. 18 ff.

[19] RGBl. I, S. 139.

[20] *Michael*, in: Ehlers/Fehling/Pünder, § 33 Rn. 1.

standen demgegenüber bis in die 1930er Jahre im Grundsatz allein der allgemeinen Gewerbeaufsicht. Erst die verheerenden Folgen der ersten Weltwirtschaftskrise
gaben den Anstoß zum Erlass eigenständiger Regeln für Kreditinstitute.[21] 1934 trat
das Reichsgesetz über das Kreditwesen in Kraft.[22] Es galt bis in die Bundesrepublik
fort und wurde 1961 im jetzigen KWG neu gefasst. Für den außerbörslichen Handel
mit Wertpapieren wurde erst 1994 mit Erlass des WpHG eine umfassende Aufsicht
eingerichtet.[23]

10   Zahlreiche Änderungen in allen Bereichen des Finanz- und Börsenaufsichtsrechts sind seit den 1970er Jahren insbesondere durch die europäische Einigung,
die fortschreitende Integration des europäischen Binnenmarktes und die Globalisierung vieler Finanzaktivitäten angestoßen worden.[24] Heute erhält das Finanzaufsichtsrecht seine wesentliche Prägung durch internationale Vereinbarungen[25] und
vor allem durch europäische Vorgaben.

11   Um die zunehmend grenzüberschreitenden Tätigkeiten der Finanzinstitute zu erleichtern, hat man in Europa zunächst vor allem die materiellen Aufsichtsanforderungen harmonisiert und die nach nationalem Organisations- und Verfahrensrecht
handelnden mitgliedstaatlichen Aufsichtsbehörden zur Kooperation verpflichtet.
Die *Finanzkrise der Jahre 2008/2009* hat dann nicht nur den Anlass gegeben, die
materiell-rechtlichen Vorschriften einer grundlegenden Revision zu unterziehen.[26]
Als Reaktion auf die Krise hat man überdies die Organisation der Aufsichtsbehörden und das Aufsichtsverfahren in der Union vereinheitlicht.[27] Erstmals hat man
zudem europäischen Behörden, die zuvor ausschließlich für die Koordinierung
der mitgliedstaatlichen Aufsichtsverfahren zuständig waren, das Recht verliehen,
in Ausnahmefällen selbst Aufsichtsmaßnahmen unmittelbar gegenüber Finanzinstituten zu erlassen (→ Rn. 97–99). Noch einen deutlichen Schritt weiter sind die

---

[21] Zur Entwicklung des Bankenaufsichtsrechts z. B. *Gramlich*, in: R. Schmidt, BT I, § 5 Rn. 26 ff.;
Möschel, Bankenrecht im Wandel, 2010; *Fischer*, in: Boos/ders./Schulte-Mattler, Einf. Rn. 1 ff.

[22] RGBl. I, S. 1203.

[23] Siehe *S. Augsberg*, in: Ehlers/Fehling/Pünder, § 34 Rn. 4 f.; *Schwark*, in: ders./Zimmer, WpHG,
Einl. Rn. 1.

[24] Zur Entwicklung des europäischen Finanzmarktrechts z. B. *van Aaken*, Transnationales Ko-
operationsrecht nationaler Aufsichtsbehörden als Antwort auf die Herausforderung globalisierter
Finanzmärkte, in: C. Möllers/Voßkuhle/Walter (Hrsg.), Internationales Verwaltungsrecht, 2007,
S. 219 (237 ff.); *Ohler*, EnzEuR V, § 10 Rn. 1, 32 ff.

[25] Die mit Abstand größte Bedeutung besitzen insoweit die sog. Baseler Abkommen, die seit Ende
der 1980er Jahre zum Zwecke der internationalen Koordinierung der Bankenregulierung vom Baseler Ausschuss für Bankenaufsicht erlassen werden, siehe hierzu z. B. *Emmenegger*, The Basel
Committee on Banking Supervision – a secretive club of giants?, in: Grote/Marauhn (Hrsg.), The
Regulation of International Financial Markets, 2006, S. 224 ff. Sie sind rechtlich unverbindlich,
werden aber gleichwohl regelmäßig und detailgenau in europäische bzw. nationale Rechtsakte
übernommen, zu den Hintergründen etwa *Ohler*, in: Derleder/Knops/Bamberger, § 76 Rn. 1; allgemein zur europarechtlichen Prägung des Finanzdienstleistungsrechts ferner z. B. *Jung*, in: Schul-
ze/Zuleeg/Kadelbach, § 20 Abschnitt 2.

[26] Auch die Basler Abkommen wurden überarbeitet und mit dem „Basel III"-Übereinkommen reformiert.

[27] Siehe die Capital Requirements Directive IV (CRD IV-RL) sowie hierzu z. B. *Kirchhartz*, GWR
2013, 395.

Mitgliedstaaten gegangen, die an der so genannten *Europäischen Bankenunion*[28] teilnehmen. Sie haben einen zentralen Teil der Finanzaufsichtsbefugnisse von der mitgliedstaatlichen Ebene auf europäische Behörden übertragen. Als Elemente der kriseninduzierten Reformen wurden auf nationaler und europäischer Ebene schließlich eigenständige *makroprudentielle Aufsichtsgremien* geschaffen, deren alleinige oder zumindest primäre Aufgabe in der Abwehr systemischer Risiken besteht und die zu diesem Zweck nicht einzelne Institute kontrollieren, sondern das System als ganzes und seine Entwicklung überwachen.

II. Rechtliche Grundlagen

1. Finanzaufsicht

a) Aufsichtsbehörden, -gegenstände und -befugnisse

Die Aufsicht (zur Übersicht über Rechtsgrundlagen der Finanz- und Börsenaufsicht siehe Abb. 1) über Kreditinstitute wird heute im Rahmen des Einheitlichen Aufsichtsmechanismus in wesentlichen Bereichen unmittelbar von der EZB ausgeübt. Rechtsgrundlage ist die Single Supervisory Mechanism-Verordnung (SSM-VO). Sie gilt nicht unionsweit, sondern nur in den Staaten des Euroraumes sowie in jenen Mitgliedstaaten, die eine „enge Zusammenarbeit" mit der EZB eingehen.[29]   **12**

Für die Abwicklung von Instituten, die von der EZB beaufsichtigt werden, ist grundsätzlich der europäische „Ausschuss für die einheitliche Abwicklung" zuständig. Seine Tätigkeit wird durch die Single Resolution Mechanism-Verordnung (SRM-VO) geregelt.   **13**

	EZB	BaFin	Europ. AbwicklA	Nat. AbwicklungsB	ESA	ESRB	AFS	BörsA
Organisation der Aufsichtsbehörde	SSM-VO	FinDAG	SRM-VO	SAG + FMSASatz 2011		ESRB-VO	FinStabG	BörsG
Aufsichtsgegenstände	SSM-VO i. V. m. CRR	Sektorale Vorschriften (insbes. KWG, VAG, WpHG)	SRM-VO i.V.m. SSM-VO	SAG	EBA-VO EIOPA-VO ESMA-VO			
Aufsichtsbefugnisse	SSM-VO		SRM-VO					
Aufsichtsmaßstab	UnionsR inkl. nat. R zur RL-Umsetzung	Sektorale Vorschriften (insbes. CRR, KWG, VAG, WpHG)			EBA-VO EIOPA-VO ESMA-VO + sonstiges UnionsR			BörsG + Konkretisierung durch BörsO und VAe

Abb. 1 Rechtsgrundlagen der Finanz- und Börsenaufsicht

---

[28] Die Europäische Bankenunion besteht aus drei Elementen: dem sog. Single Rule Book (i. e. den harmonisierten Aufsichtsanforderungen), dem Einheitlichen Aufsichtsmechanismus und dem Einheitlichen Abwicklungsmechanismus, siehe zur Einführung etwa *Peters*, WM 2014, 396; *Ferran*, European Banking Union: Imperfect, But It Can Work, University of Cambridge Faculty of Law Research Paper Nr. 30/2014; *Waldhoff/Dieterich*, EWS 2013, 72; *Binder*, ZBB 2013, 297. Von dem ursprünglich zusätzlich geplanten europäischen Einlagensicherungssystem hat die Kommission einstweilen Abstand genommen.

[29] Siehe Art. 2 Nr. 1, Art. 7 SSM-VO.

14   Die den Mitgliedstaaten verbliebenen Finanzaufsichtsbefugnisse werden in
Deutschland in erster Linie von der BaFin (in Zusammenarbeit mit der Bundesbank) ausgeübt. Organisation und Finanzierung der BaFin regelt das FinDAG. Ihre
Aufgaben und Befugnisse sind gemäß § 4 Abs. 1 FinDAG den (nationalen und
europäischen) sektoralen Vorschriften für die verschiedenen Bereiche des Finanzsystems, insbesondere dem KWG, VAG und WpHG, zu entnehmen.

15   Die Bank Recovery and Resolution Directive (BRRD) harmonisiert die Voraussetzungen, die Organisation und das Verfahren der Sanierung und Abwicklung von
Finanzinstituten auf nationaler Ebene. Sie ist in Deutschland mit dem SAG umgesetzt worden, das an die Stelle der §§ 47 ff., 48a ff. KWG getreten ist. Die Aufgaben der nationalen Sanierungs- und Abwicklungsbehörde übernimmt danach die
Bundesanstalt für Finanzmarktstabilisierung (FMSA), deren Organisation in der
FMSASatz[30] geregelt ist.

16   Organisation, Aufgaben und Befugnisse der drei neu geschaffenen Europäischen
Aufsichtsbehörden sowie des ebenfalls neu errichteten Europäischen Systemrisiko-
ausschusses werden für jede Instanz gesondert in je einer Verordnung bestimmt.[31]

b) Anforderungen an Finanzinstitute und -märkte

aa) Kredit- und Wertpapierinstitute

17   Kreditinstitute bilden nach wie vor den Kern des Finanzsystems, wenngleich sie
seit Anfang der 1990er Jahre an Bedeutung verlieren.[32] Die wesentlichen materiellen Vorschriften für Kreditinstitute sind in der *Capital Requirements Regulation
(CRR)* geregelt. Diese ist unmittelbar anwendbar und folgt dem Prinzip der *Maxi-
malharmonisierung*, d. h. in ihrem Anwendungsbereich sind abweichende nationale
Vorschriften nicht zulässig, gleich ob sie strengere oder niedrigere Anforderungen
festschreiben.[33] Der Anwendungsbereich der CRR ist in ihrem Art. 1 definiert. Danach regeln die Verordnung und die sie konkretisierenden Durchführungsrechtsakte
abschließend die Eigenmittelanforderungen, die Begrenzung von Großkrediten, die
Liquiditätsanforderungen sowie die Berichts- und Offenlegungspflichten der Institute. Sie gelten nicht nur für Banken, sondern auch für Wertpapierfirmen.[34]

18   Das *KWG* tritt ergänzend neben die europäischen Vorgaben. Insbesondere das
Aufsichtsverfahren und die Aufsichtsinstrumente, die von der BaFin in ihrem Zuständigkeitsbereich angewendet werden können, sind im KWG geregelt.[35]

---

[30] Satzung der Bundesanstalt für Finanzmarktstabilisierung vom 21.02.2011, BGBl. I, S. 272.

[31] Siehe EBA-VO, EIOPA-VO, ESMA-VO, ESRB-VO. Die Verordnungen über die Europäischen
Aufsichtsbehörden sind alle in gleicher Weise strukturiert und enthalten überwiegend wortgleiche
Regelungen.

[32] Zu den strukturellen Veränderungen der nationalen und internationalen Finanzmärkte in den
1990er und 2000er Jahren *Cohen/Crockett*, Finanzmärkte und Systemrisiko in Europa, in: Hum-
mel/Breuer (Hrsg.), Handbuch Europäischer Kapitalmarkt, 2001, S. 33.

[33] Zu den unterschiedlichen Harmonisierungsstrategien der EU und ihren Sperrwirkungen zuletzt
Bauerschmidt, EuR 2014, 277.

[34] Siehe Art. 1 CRR i. V. m. Art. 2 Abs. 1, Art. 3 Abs. 1 Nr. 3 CRD IV-RL i. V. m. Art. 4 Abs. 1
Nr. 3 CRR.

[35] Auch insoweit ist das nationale Recht freilich durch das europäische Richtlinienrecht geprägt.

Sowohl die Regelungen der CRR als auch jene des KWG werden durch zahl- **19** reiche europäische Durchführungsrechtsakte und nationale Verordnungen konkretisiert, die sich durch einen erheblichen Umfang, Technizität und sehr detaillierte Regelungen auszeichnen.[36]

Neben CRR und KWG treten Spezialvorschriften, die ergänzende Anforderun- **20** gen allgemein für Kredit- und Wertpapierinstitute normieren (wie z. B. das Einlagensicherungs- und Anlegerentschädigungsgesetz und das Geldwäschegesetz) oder zusätzliche Anforderungen für Institute mit spezifischen Geschäftsfeldern festschreiben (wie beispielsweise das Zahlungsdiensteaufsichtsgesetz, das Pfandbriefgesetz und das Bausparkassengesetz).

Die Finanzkrise hat einmal mehr deutlich gemacht, dass die Insolvenz einzelner **21** Institute zu einer Krise des gesamten Finanzsystems führen kann.[37] Der Gesetzgeber hat darauf u. a. mit der Einführung von *Sanierungs- und Abwicklungsverfahren* für Finanzinstitute reagiert, die eine Alternative zum klassischen Insolvenzverfahren darstellen und eine Reorganisation oder Auflösung der Unternehmen ohne systemische Folgeschäden ermöglichen sollen. Sie sind in der SRM-VO und im SAG geregelt.

Der Betrieb der *öffentlich-rechtlichen Kreditinstitute* erfährt in den Landesgeset- **22** zen über Sparkassen, Landes- und Förderbanken eine gesonderte und zusätzliche Regelung.

bb) Versicherungsunternehmen

Versicherungen garantieren ihren Kunden im Austausch für die Zahlung der Versi- **23** cherungsprämie eine Leistung für den Fall, dass ein bestimmtes ungewisses Ereignis in der Zukunft eintritt.[38] Damit machen sie die Ausübung vieler wirtschaftlicher Tätigkeiten faktisch erst möglich.[39]

Die materiellen Anforderungen an Versicherungsunternehmen sind im *VAG* nor- **24** miert. Eine grundlegende Umgestaltung dieser Vorschriften wird im Zuge der Umsetzung der europäischen Solvency II-Richtlinie[40] erforderlich werden, die bis zum 31.03.2015 erfolgen soll.[41]

cc) Handel auf den Kapitalmärkten

Der staatlich regulierte Handel mit Wertpapieren wird üblicherweise als Kapital- **25** markt im engeren Sinne bezeichnet. Die wesentlichen Anforderungen an den Han-

---

[36] Eindrücklich sind insoweit z. B. die Solvabilitätsverordnung und die Technischen Regulierungsstandards der Kommission zur Konkretisierung der CRR.

[37] Das ist im Prinzip freilich spätestens seit der Weltwirtschaftskrise Anfang der 1930er Jahre bekannt und zählt zu den wesentlichen Gründen für die Einführung einer staatlichen Finanzmarktaufsicht, anschaulich hierzu *Burghof/Rudolph*, Bankenaufsicht, 1996, S. 17 ff.

[38] Siehe zu den Merkmalen eines Versicherungsgeschäfts BVerwGE 3, 220 (221); 75, 155 (159 f.).

[39] Zu dieser und weiterer volkswirtschaftlichen Funktionen von Versicherungen *Thiele*, Finanzaufsicht, S. 133 ff.

[40] RL 2009/138/EG des Europäischen Parlaments und des Rates vom 25.11.2009 betreffend die Aufnahme und Ausübung der Versicherungs- und der Rückversicherungstätigkeit (Solvabilität II), ABl. EU L 335/1.

[41] Informationen zur entsprechenden Einigung sind auf den Internetseiten der BaFin abrufbar unter http://www.bafin.de/DE/Aufsicht/VersichererPensionsfonds/AufbauSolvencyII/aufbau_solvency2_node.html (18.03.2015).

del mit Wertpapieren auf den Kapitalmärkten in diesem engen Sinne sind im *WpHG* festgeschrieben. Die Kapitalmärkte im weiteren Sinne, auch „graue Kapitalmärkte" genannt, unterliegen demgegenüber keiner staatlichen Regulierung und Kontrolle. Auf ihnen werden Produkte gehandelt, die (wie etwa Anteile an Publikumspersonengesellschaften) nicht als Wertpapiere verbrieft werden können.[42]

2. Börsenaufsicht

a) Aufsichtsbehörden, -gegenstände und -befugnisse

26   Die Börsenaufsicht wird von den zuständigen obersten Landesbehörden ausgeübt. Das ergibt sich aus dem *BörsG*, das zudem die Durchsetzungsbefugnisse der Börsenaufsicht normiert. Über die Behördenorganisation entscheidet der Landesgesetzgeber.

b) Anforderungen an Börse, Börsenträger und Börsenhandel

27   Das BörsG regelt auch die materiellen Kernanforderungen an den börslichen Wertpapierhandel, an die Börse und den Börsenträger. Die von den Börsen selbst als Satzungen erlassenen *Börsenordnungen* gemäß § 16 BörsG konkretisieren diese Vorschriften.

III. Finanzaufsicht

1. Ziele der Finanzaufsicht

28   Die Finanzaufsicht verfolgt zwei Hauptziele, die sich wechselseitig bedingen und verstärken: Sie soll die *Stabilität und Funktionsfähigkeit des Finanzsystems* sichern[43] sowie die *(Vermögens-)Interessen der Finanzkunden* schützen.[44] Zu diesem Zweck sucht die Finanzaufsicht in erster Linie, die Zahlungsfähigkeit von Finanzinstituten und die Zuverlässigkeit der Anbieter von Finanzdienstleistungen zu gewährleisten.[45] Denn nur wenn Anleger und Versicherungsnehmer darauf vertrauen können, dass Finanzunternehmen ihre Verträge ordnungsgemäß erfüllen werden

---

[42] Siehe *Buck-Heeb*, Kapitalmarktrecht, Rn. 1 ff., 66 ff.; für einen Überblick über verschiedene Kapitalmärkte *Veil*, in: ders., § 7 Rn. 1 ff. Auf den „grauen Kapitalmärkten" werden so heterogene Produkte wie Diamanten, Investitionen zur Finanzierung von Filmen oder Anteile an Rinderherden gehandelt, siehe für diese und weitere Beispiele *Lenenbach*, Kapitalmarktrecht und kapitalmarktrelevantes Gesellschaftsrecht, § 12 Rn. 1 ff.

[43] Zum Begriff der „Finanzsystemstabilität" etwa *Ohler*, Staatliche Aufsicht über Hedgefonds und Private Equity?, in: Leible/Lehmann (Hrsg.), Hedgefonds und Private Equity – Fluch oder Segen?, 2009, S. 139 (150 f.) und *Möller*, Kapitalmarktaufsicht, 2006, S. 101 ff.

[44] Statt vieler *Fischer*, in: Boos/ders./Schulte-Mattler, Einf. Rn. 120 ff.; *Wiss. Beirat*, Gutachten, S. 10 ff.; *Michael*, in: Ehlers/Fehling/Pünder, § 33 Rn. 7; *S. Augsberg*, Rechtsetzung zwischen Staat und Gesellschaft, 2003, S. 38 ff.

[45] Vgl. *Röhl*, in: Fehling/Ruffert, § 18 Rn. 17 ff.; *Fischer*, in: Boos/ders./Schulte-Mattler, Einf. Rn. 130; *Michael*, in: Ehlers/Fehling/Pünder, § 33 Rn. 9 ff.

und das ihnen überlassene Geld zurückzahlen können, werden sie bereit sein, Finanzgeschäfte abzuschließen und Mittel zu investieren.[46] Diese Bereitschaft aber ist Voraussetzung für die Funktionsfähigkeit der Finanzwirtschaft, die ihrerseits wiederum Gewähr dafür bietet, dass anvertraute Einlagen auf Anforderung ausgezahlt und vertragliche Zusagen eingehalten werden können.[47]

In jüngerer Zeit sind zu den Hauptfunktionen der Finanzaufsicht die Ziele der **29** *Bekämpfung von Geldwäsche und Terrorismusfinanzierung* hinzugekommen.[48] Sie verlangen nach strukturell anderen Instrumenten und Maßnahmen, die neben die Instrumente zur Sicherung der Leistungsfähigkeit treten.

Dem Schutz individueller Belange dient die Finanzaufsicht nicht. Das kann den **30** einzelnen Regelungen im Wege der Auslegung entnommen werden und ist für die BaFin in § 4 Abs. 4 FinDAG überdies ausdrücklich geregelt. Die Aufsichtsbehörden werden *allein im öffentlichen Interesse* tätig (zu den Konsequenzen → Rn. 106 f.).

2. Zentrale Anforderungen an Finanzinstitute und -märkte

Die Anforderungen an Finanzinstitute und -märkte, die von den Aufsichtsbehörden **31** kontrolliert und durchgesetzt werden, variieren mit den Instituts- und Geschäftstypen und sind im Einzelnen sehr detailliert und ausdifferenziert. Gleichwohl lassen sich einige Kernanforderungen identifizieren. Dabei können instituts- von marktbezogenen Regelungen unterschieden werden (siehe auch Abb. 2).

Abb. 2 Anforderungen an Finanzinstitute und -märkte

---

[46] Zur Vertrauensabhängigkeit von Finanzgeschäften oben Rn. 6 und ferner z. B. *Fischer*, in: Boos/ders./Schulte-Mattler, Einf. Rn. 122.

[47] Systemfunktions- und Anlegerschutz werden in den verschiedenen Bereichen des Finanzaufsichtsrechts unterschiedlich gewichtet, siehe *Röhl*, in: Fehling/Ruffert, § 18 Rn. 29.

[48] Siehe §§ 6a, 24c KWG; §§ 80c ff. VAG.

a) Institutsbezogene Anforderungen

32   Die institutsbezogenen Anforderungen sollen die *Leistungsfähigkeit* der Finanzinstitute sichern.

aa) Solvabilität

33   Den Kern der materiellen Anforderungen an Finanzinstitute und das zentrale Element der Finanzmarktregulierung bilden die Eigenkapitalvorschriften.[49] Sie sollen die Zahlungsfähigkeit der Finanzinstitute gewährleisten. Ein Institut gilt als solvent, wenn es über *ausreichende Eigenmittel* verfügt.

34   Als Eigenmittel oder Eigenkapital bezeichnet man allgemein diejenigen Vermögenswerte eines Unternehmens, die (wie beispielsweise Gewinne oder Rücklagen) unbelastet sind und dem Finanzinstitut uneingeschränkt und sofort für den Ausgleich von Verlusten zur Verfügung stehen.[50] Vereinfachend kann das Eigenkapital als Notreserve oder Sicherheitspuffer bezeichnet werden. Die Eigenkapitalregelungen sollen die Institutsgläubiger, insbesondere die Einleger, vor Verlusten schützen und ihr Vertrauen auf die Kreditwürdigkeit des Instituts stärken, indem sie eine Haftungsmasse garantieren, aus der Forderungen beglichen werden können.[51] Gleichzeitig wirken sie als Begrenzung des Geschäftsumfangs von Finanzinstituten, weil sie in Abhängigkeit von den eingegangenen Geschäftsrisiken berechnet werden.[52]

35   Welche Vermögenswerte einem Finanzinstitut als Eigenmittel angerechnet werden können, ist detailliert in Art. 25 ff. CRR sowie § 53c Abs. 3 VAG geregelt. In welchem Umfang Eigenmittel vorgehalten werden müssen, ist in Art. 92 ff. CRR normiert. Kredit- und Finanzdienstleistungsinstitute mit Sitz in Deutschland müssen zudem die in §§ 10c ff. KWG normierten Kapitalpuffer bereitstellen, die der Entstehung und Verbreitung systemischer Risiken vorbeugen sollen. Die Anforderungen an die Kapitalausstattung von Versicherungen ergeben sich aus § 53c Abs. 1 VAG.

36   Alle Eigenkapitalvorschriften machen die erforderliche Eigenmittelausstattung von im Wesentlichen zwei Größen abhängig: dem *Umfang* der Risiken, die ein Institut eingegangen ist, und der *Wahrscheinlichkeit*, dass sich diese Risiken realisieren. Während die eingegangenen Risiken vergleichsweise einfach aufgelistet werden können, ist die Bestimmung der Wahrscheinlichkeit einer Risikorealisierung, die so genannte Risikokalibrierung, mit erheblichen Schwierigkeiten und Unsicherheiten verbunden. Viele Finanzinstitute machen von der ihnen gesetzlich eingeräumten Möglichkeit Gebrauch, selbst Verfahren für die Risikokalibrierung zu entwickeln

---

[49] Insoweit handelt es sich in der Regel um die rechtliche Umsetzung der Baseler Abkommen, die prägend sind für die Eigenkapitalregulierung, siehe hierzu oben Fn. 25. Zur zentralen Stellung der Eigenkapitalvorschriften auch nach Einführung der ergänzenden qualitativen Aufsicht z. B. *Wiss. Beirat*, Gutachten, S. 17 ff.

[50] *Boos*, in: ders./Fischer/Schulte-Mattler, § 10 Rn. 40.

[51] *Ohler*, in: Ehlers/Fehling/Pünder, § 32 Rn. 48.

[52] Zu den verschiedenen Zielen der Eigenkapitalregulierung und ihrer (defizitären) Umsetzung *Wiss. Beirat*, Gutachten, S. 20 f.

und anzuwenden.[53] Die Finanzaufsicht kontrolliert dann lediglich diese institutsinternen Verfahren am Maßstab der Art. 142 ff. CRR, nicht aber die damit generierten Ergebnisse. Alternativ werden die Risikopositionen gesetzlich definierten Risikoklassen und Bonitätsstufen zugewiesen, die nach Schuldnern differenzieren und für die der Gesetzgeber jeweils die Wahrscheinlichkeit eines Forderungsausfalls festgesetzt hat.[54]

bb) Liquidität

Während die Fähigkeit eines Instituts, Zahlungsforderungen überhaupt zu irgendeinem Zeitpunkt zu begleichen, als Solvabilität bezeichnet wird, verweist die Liquidität auf die Fähigkeit, berechtigte Zahlungsansprüche *jederzeit* erfüllen zu können.[55] Insbesondere langfristig gebundene Vermögenswerte können daher zwar zur Sicherung der Solvabilität beitragen, nicht aber zur Gewährleistung der Liquidität. In der jüngsten Finanzkrise hat sich gezeigt, dass auch die Liquidität von Finanzinstituten von erheblicher Bedeutung für die Stabilität des Gesamtsystems ist. Institute, die nicht liquide sind, müssen Vermögensgegenstände veräußern, und wenn eine Vielzahl von Finanzunternehmen gleichzeitig zu Verkäufen gezwungen ist, drohen Markteinbrüche.[56]   **37**

In Art. 412 ff. CRR sind die Anforderungen an die liquiden Aktiva von Kreditinstituten und Wertpapierfirmen normiert. Sie müssen insbesondere so umfangreich sein, dass das Institut auch unter sog. Stressbedingungen, d. h. wenn erwartete Zahlungen ausbleiben oder verspätet geleistet werden, während 30 Tagen seine Verpflichtungen erfüllen kann. Versicherungsinstitute müssen in ihrem Geschäftsplan, der gemäß § 5 Abs. 2 VAG Grundlage für die Erlaubnis zum Geschäftsbetrieb ist, darlegen, wie sie die jederzeitige Erfüllbarkeit der Verpflichtungen aus ihren Versicherungsverträgen gewährleisten wollen, § 5 Abs. 4 VAG. Überdies dürfen sie ihr Vermögen nur so anlegen, dass die jederzeitige Liquidität gesichert ist, § 54 Abs. 1 VAG.   **38**

cc) Großkredite

In der Regel kontrolliert die Finanzaufsicht nicht die einzelnen Geschäfte der ihr unterstellten Banken. Eine Ausnahme insoweit bildet insbesondere die Vergabe von Großkrediten. Um einen Großkredit handelt es sich, wenn der Wert der Forderung 10 % der Eigenmittel des Instituts erreicht oder überschreitet, Art. 392 CRR. Großkredite müssen der Aufsicht gemeldet werden, Art. 394 CRR, sie dürfen bestimmte Obergrenzen nicht überschreiten, Art. 395 CRR, und nach deutschem Recht dürfen sie zudem nur aufgrund eines einstimmigen Beschlusses sämtlicher Geschäftsleiter   **39**

---

[53] Sog. Internal Ratings Based Approach (IRB-Ansatz), siehe Art. 142 ff. CRR und hierzu *Kaufhold*, Transfer und Transformation ökonomischen Wissens im Recht der Bankenaufsicht, in: I. Augsberg (Hrsg.), Extrajuridisches Wissen im Verwaltungsrecht, 2013, S. 151 (169 f.).

[54] Sog. Standardansatz, siehe Art. 111 ff. CRR.

[55] Siehe § 11 Abs. 1 KWG.

[56] Siehe zu diesem Mechanismus z. B. *Brunnermeier/Crockett/Goodhart*, The Fundamental Principles of Financial Regulation, 2009, S. 11 ff.

vergeben werden, § 13 Abs. 2 KWG.[57] Die Begrenzung der Großkreditvergabe soll zur *Risikodiversifizierung* der Institute und auf diesem Weg zum Schutz der Finanzstabilität sowie der An- und Einleger beitragen.[58]

dd) Institutsinterne Organisation

40 Zum Zweck der Risikoabwehr werden den Finanzinstituten nicht allein materielle Vorgaben gemacht, sondern auch Organisations- und Verfahrenspflichten auferlegt, die üblicherweise als *Compliance- oder Governance-Regelungen* bezeichnet werden.[59] Sie sollen sicherstellen, dass die Institute kaufmännisch verantwortlich geführt werden, und auf diese Weise zugleich dazu beitragen, dass den materiellen Anforderungen Genüge getan wird.[60]

(1) Kreditinstitute

41 Nach § 25a Abs. 1 S. 1 KWG, der zentralen Organisationsvorgabe im Bankenaufsichtsrecht, müssen die Institute über eine *„ordnungsgemäße Geschäftsorganisation"* verfügen, welche die Einhaltung der vom Institut zu beachtenden gesetzlichen Bestimmungen und betriebswirtschaftlichen Notwendigkeiten gewährleistet. Diese ordnungsgemäße Geschäftsorganisation muss gemäß § 25a Abs. 1 S. 3 KWG insbesondere ein *„angemessenes und wirksames Risikomanagement"* umfassen, das sich nach § 25a Abs. 1 S. 4 KWG an Art, Umfang, Komplexität und Risikogehalt der Tätigkeiten eines Instituts zu orientieren hat.

42 Wie das angemessene Risikomanagement im Einzelnen auszusehen hat, wird von der BaFin in Verwaltungsrundschreiben, den so genannten *„Mindestanforderungen an das Risikomanagement"* (*MaRisk*), konkretisiert.[61] Insoweit handelt es sich um Verwaltungsvorschriften zur Sicherung einer kohärenten, gleichheitsgerechten Aufsichtstätigkeit. Rechtliche Außenwirkung kommt ihnen nicht zu.[62] Gleichwohl dienen sie den Instituten als Orientierung dafür, was von der BaFin verlangt und gegebenenfalls mit hoheitlichen Instrumenten durchgesetzt wird,[63]

---

[57] Ausnahmen sieht die Großkredit- und Millionenkreditverordnung vom 06.12.2013, BGBl. I, S. 4183, vor.

[58] *Ohler*, in: Ehlers/Fehling/Pünder, § 32 Rn. 59.

[59] Vgl. hierzu *Rothenhöfer*, in: Kümpel/Wittig, § 3 Rn. 301 ff.; *Wiss. Beirat*, Gutachten, S. 28 ff. Wie die Eigenkapitalvorschriften gehen auch die Vorgaben für die interne Organisation von Finanzinstituten auf die Abkommen des Baseler Ausschusses zurück.

[60] Siehe zum Folgenden ausführlich *Wundenberg*, in: Veil, §§ 28 f.; *Juncker*, Gewährleistungsaufsicht über Wertpapierdienstleistungsunternehmen, 2003.

[61] Die Rundschreiben werden von der BaFin auf ihrer Homepage (www.bafin.de) veröffentlicht; für einen Überblick über ihren Inhalt siehe *Braun/Wolfgarten*, in: Boos/Fischer/Schulte-Mattler, § 25a Rn. 110 ff.; *Schelm*, in: Kümpel/Wittig, § 2 Rn. 218 ff.

[62] Vgl. *Langen*, in: Schwennicke/Auerbach, § 25a Rn. 8.

[63] Siehe § 25 Abs. 2 S. 2 KWG sowie § 45b Abs. 1 KWG, wonach die BaFin Anordnungen gegenüber den Instituten erlassen kann, um sicherzustellen, dass ihre Geschäftsorganisation ordnungsgemäß ist.

und entfalten deshalb eine faktische Bindungswirkung auch gegenüber den Aufsichtsunterworfenen.[64]

(2) Versicherungen
Die Organisationspflichten von Versicherungsunternehmen sind in vergleichbarer **43** Weise in § 64a VAG geregelt. Auch Versicherungen müssen danach für eine Geschäftsorganisation einschließlich eines angemessenen Risikomanagements sorgen, die gewährleistet, dass die gesetzlichen Anforderungen erfüllt werden. Um eine Besonderheit des Versicherungsaufsichtsrechts handelt es sich bei dem zusätzlichen Erfordernis, einen *Aktuar* als privaten Sachverständigen zu bestellen.[65] Seine Aufgabe ist es vor allem, auf die Einhaltung der Solvabilitäts- und Liquiditätsvorschriften durch das Versicherungsunternehmen zu achten, § 11a Abs. 3 Nr. 1 VAG. Über drohende Missstände oder Verstöße muss er immer den Vorstand des Unternehmens und gegebenenfalls zudem die Aufsichtsbehörde informieren, § 11a Abs. 3 Nr. 3 VAG.

(3) Wertpapierdienstleistungsinstitute
Für Institute, die neben Kredit- und Finanzdienstleistungen auch Wertpapierdienst- **44** leistungen i. S. d. § 2 Abs. 3 WpHG erbringen, sind in § 33 WpHG ergänzend spezifische Organisationsvorgaben normiert. Sie verpflichten zur Einrichtung unternehmensinterner Mechanismen, die insbesondere Insiderhandel verhindern und der Entstehung von Interessenkonflikten vorbeugen sollen.[66] Die Organisationspflichten des WpHG werden durch die auf der Grundlage von § 33 Abs. 4 WpHG vom BMF erlassene WpDVerOV konkretisiert. Zur weiteren Ausfüllung der Regelungen veröffentlicht die BaFin ein Rundschreiben zu den *Mindestanforderungen an die Compliance-Funktion* (MaComp),[67] das wie die MaRisk zwar keine rechtliche Bindungswirkung entfaltet, aber von erheblicher praktischer Bedeutung für die Institute ist.

ee) Zuverlässigkeit von Geschäftsführern, Inhabern und Anteilseignern
Soweit Finanzinstitute der Aufsicht unterstellt sind, prüft diese auch die Zuverläs- **45** sigkeit und die fachliche Eignung der Geschäftsleiter,[68] der Mitglieder in Verwaltungs- und Aufsichtsorganen[69] sowie der Inhaber bedeutender Beteiligungen.[70] Unzuverlässigkeit oder fehlende Eignung rechtfertigen die Versagung der Erlaubnis

---

[64] *Röhl*, in: Fehling/Ruffert, § 18 Rn. 66.

[65] Siehe §§ 11a, 11d, 11e, 12 Abs. 2, 3 VAG.

[66] Siehe § 33 Abs. 1 S. 2 Nr. 1, 3 WpHG i. V. m. §§ 12, 13 WpDVerOV, sowie *Fett*, in: Schwark/Zimmer, WpHG, § 33 Rn. 1, und *Juncker*, Gewährleistungsaufsicht über Wertpapierdienstleistungsunternehmen, 2003, S. 107 ff.

[67] Hierzu *Zingel/Foshag*, Die Compliance-Funktion in den MaComp, in: Renz/Hense (Hrsg.), Wertpapier-Compliance, 2010, S. 181, sowie Krimphove/Kruse (Hrsg.), MaComp, 2013.

[68] § 25c Abs. 1 KWG, § 7a Abs. 1 VAG.

[69] § 25d Abs. 1 KWG, § 7a Abs. 4 VAG.

[70] § 2c Abs. 1 S. 2 KWG, § 7a Abs. 2 VAG.

zum Geschäftsbetrieb, § 33 Abs. 1 Nr. 2–4 KWG, § 8 Abs. 1 Nr. 1, 2 VAG. Das entspricht dem gewerberechtlichen Ursprung der Finanzaufsicht. Die Anforderung der Zuverlässigkeit ist daher *wie im allgemeinen Gewerberecht* zu verstehen (→ § 9 Rn. 50 ff.). Die betreffenden Personen müssen mithin nach dem Gesamteindruck ihres Verhaltens die Gewähr dafür bieten, dass sie ihre Tätigkeit ordnungsgemäß ausüben werden.[71] Die Voraussetzung der fachlichen Eignung ist mit Blick auf die Geschäftsart und die Größe des betreffenden Instituts zu konkretisieren. Ob sie von den verantwortlichen Personen erfüllt wird, ist insbesondere mit Blick auf Ausbildung und bisherige berufliche Tätigkeiten zu entscheiden.[72]

ff) Offenlegung

46   Der indirekten Verhaltenssteuerung über den Markt dienen die den Instituten auferlegten Pflichten zur Offenlegung von Informationen über ihre interne Organisation und ihre Vermögenslage.[73] Sie sind zusätzlich zu den Rechnungslegungsvorschriften zu erfüllen. Der Zwang zur Preisgabe von Daten, die für die Positionierung am Markt und die Erfolgsaussichten eines Unternehmens von Bedeutung sind, soll disziplinierend auf die Institute wirken und sie zu verantwortungsvollem Handeln veranlassen.[74] Gleichzeitig soll es den Marktteilnehmern ermöglicht werden, die Risikolage eines Instituts einzuschätzen.

gg) Sanierungsplanung

47   Für die Stabilität des Finanzsystems können einzelne Institute entscheidend sein. Die systemische Bedeutung kann sich z. B. aus der Größe eines Finanzinstituts ergeben, aber etwa auch aus seiner Vernetzung im System, der Komplexität seiner Geschäftsorganisation oder der Tatsache, dass es nur schwer durch Konkurrenten ersetzbar ist.[75] Weil die Insolvenz *systemrelevanter Institute* mit erheblichen volkswirtschaftlichen Kosten verbunden wäre, werden sie vielfach mit staatlichen Mitteln unterstützt.[76] Das belastet nicht nur den staatlichen Haushalt erheblich. Wenn ein Unternehmen davon ausgehen kann, dass der Staat im Krisenfall einspringt,

---

[71] Siehe für das Finanzmarktrecht *Fischer*, in: Boos/ders./Schulte-Mattler, § 33 Rn. 35; *Laars*, VAG, 2. Aufl. 2013, § 7a Rn. 1.

[72] Vgl. *Fischer*, in: Boos/ders./Schulte-Mattler, § 33 Rn. 45, sowie § 7a Abs. 1 S. 2 VAG.

[73] Siehe z. B. Art. 431 ff. CRR, § 26a KWG. Die Offenlegungspflichten stehen den marktbezogenen Vorschriften nahe, haben aber anders als diese in erster Linie die disziplinierende Wirkung auf die Verpflichteten selbst und nicht die Bereitstellung gleicher Informationen für alle Marktteilnehmer zum Ziel.

[74] Siehe z. B. Erwägungsgründe Nr. 68 und 76 zur CRR. Die Offenlegungspflichten bilden die dritte Säule der Baseler Übereinkommen, vgl. *Ohler*, in: Derleder/Knops/Bamberger, § 76 Rn. 74.

[75] Vgl. § 48b Abs. 2 S. 2 KWG; eine Auswertung der von Zentralbanken genutzten Indikatoren für Systemrelevanz findet sich in *Financial Stability Board*, Guidance to Assess the Systemic Importance of Financial Institutions, Markets and Instruments, 2009, S. 10.

[76] Sog. too big to fail-Problem, siehe hierzu aus der Vielzahl der Beiträge z. B. *Lastra*, CMLJ 2011, 197 (198 ff.); *Zhou*, IJCB 2010, 205.

sinkt zudem der Anreiz, verantwortungsvoll zu wirtschaften, Risiken angemessen zu kalkulieren und ausreichende Eigenmittel vorzuhalten.[77]

Im Nachgang der Finanzkrise hat man daher auf nationaler und europäischer **48** Ebene eine Reihe von Regelungen geschaffen, die es der Finanzaufsicht erlauben sollen, Institute zu sanieren oder abzuwickeln, ohne dabei staatliche Finanzmittel einsetzen zu müssen.[78]

Insbesondere potentiell systemgefährdende Kreditinstitute müssen Sanierungs- **49** pläne aufstellen und der Aufsicht vorlegen.[79] In ihren *Sanierungsplänen* müssen sie darlegen, welche Maßnahmen sie im Fall einer drohenden Insolvenz zur Bestandssicherung ergreifen werden.[80]Auf dieser Grundlage kann die Aufsicht bewerten, ob das Institut im Krisenfall voraussichtlich in der Lage sein wird, sich selbstständig zu retten. Ist sie hiervon nicht überzeugt, kann sie Maßnahmen anordnen, um die Sanierungsfähigkeit herzustellen.[81]

b) Marktbezogene Ge- und Verbote

Die Funktionsfähigkeit und Effizienz von Kapitalmärkten ist von der *Marktinte-* **50** *grität* und dem *Vertrauen der Marktteilnehmer* abhängig. Marktintegrität besteht, wenn die Preise für gehandelte Finanzinstrumente die Einschätzungen ihres Wertes durch die Marktteilnehmer reflektieren. Sie setzt Markttransparenz voraus. Alle Marktteilnehmer müssen im Prinzip Zugang zu denselben Informationen haben. Am Markt muss Chancengleichheit bestehen und die Preisbildung darf nicht dadurch verzerrt werden, dass einzelne Akteure über privilegiertes Wissen verfügen. Die gleiche Verteilung der preisrelevanten Informationen ist zudem Bedingung dafür, dass Marktteilnehmer eigenen oder für sie getroffenen Anlageentscheidungen vertrauen können und überhaupt bereit sind, Finanzgeschäfte zu tätigen.[82] Das WpHG normiert daher eine Reihe von Verboten und Pflichten zur Sicherung der Markttransparenz und des gleichen Informationszugangs, deren Durchsetzung gemäß § 4 WpHG der BaFin obliegt.

aa) Verbot des Insiderhandels

Nach § 14 Abs. 1 WpHG dürfen Insiderinformationen weder beim Abschluss von **51** Finanzgeschäften noch bei der Formulierung von Anlageempfehlungen verwendet

---

[77] Sog. moral hazard.

[78] Siehe §§ 12 ff. SAG. Alle Kreditinstitute haben zudem unabhängig von ihrer systemischen Bedeutung die Möglichkeit, ein Sanierungsverfahren nach §§ 2 ff. KredReorgG einzuleiten.

[79] § 12 Abs. 1 S. 1 SAG; siehe zu den Indizien für die potentiell systemgefährdende Bedeutung eines Instituts § 67 Abs. 2 SAG. Während Sanierungspläne von den Kreditinstituten erstellt werden, obliegt die Ausarbeitung von Abwicklungsplänen der Aufsicht (→ Rn. 95 f.). Sanierungspläne dienen der Bestandssicherung. Abwicklungspläne sollen es demgegenüber ermöglichen, Institute in die Insolvenz zu führen, ohne dass dadurch die Finanzstabilität gefährdet wird.

[80] § 12 Abs. 1 S. 2 SAG.

[81] § 16 SAG.

[82] Vgl. *Schwark/Zimmer*, in: dies., WpHG, Vorb. § 14 Rn. 12.

und darüber hinaus auch keinen weiteren Personen zugänglich gemacht werden.[83]
Als Insiderinformationen sind nach § 13 Abs. 1 S. 1 WpHG i. V. m. § 12 S. 1 WpHG
insbesondere solche konkreten Informationen über nicht öffentlich bekannte Umstände zu qualifizieren, die sich auf die Vermögens-, Finanz- oder Ertragslage, den
allgemeinen Geschäftsverlauf, die personelle oder organisatorische Struktur des
Emittenten eines Finanzinstruments beziehen und zudem die Kurs- bzw. Preisent-
wicklung beeinflussen können wie etwa Entscheidungen über Unternehmensüber-
nahmen.[84]

bb) Verbot von Marktmanipulationen

52   § 20a Abs. 1 WpHG verbietet die Manipulation von Preisen durch die Verbreitung
oder das Vorenthalten von Informationen z. B. über vermeintliche Zentralbankbe-
schlüsse oder die Vornahme von Handlungen, die zu kursrelevanten Täuschungen
führen können.[85]

cc) Publizitätspflichten

53   § 15 Abs. 1 WpHG normiert die Pflicht zur sog. Ad hoc-Publizität. Wer Finanzinstrumente ausgibt und an den Kapitalmärkten platziert, muss danach grundsätzlich
all jene nicht bereits öffentlich bekannten Umstände publizieren, die den Börsen-
oder Marktpreis beeinflussen können. Unrichtige Informationen sind zu korrigieren, § 15 Abs. 2 S. 2 WpHG. Die Ad hoc-Publizität ergänzt die regelmäßigen Ver-
öffentlichungspflichten wie etwa die Pflicht zum Jahresabschluss nach § 26 KWG,
§§ 242 ff. HGB.

54   Nach § 21 WpHG sind zudem Anleger, die durch den Erwerb oder den Verkauf von Beteiligungen an börsennotierten Finanzinstituten Stimmrechte erwerben
oder verlieren, verpflichtet, das betreffende Finanzinstitut und die BaFin über diese Stimmrechtsänderung zu informieren. Das Unternehmen muss sie anschließend
nach § 26 WpHG allgemein bekannt machen.

dd) Verhaltens- und Informationspflichten

55   Wertpapierdienstleistungsinstitute sind verpflichtet, alle ihre Geschäfte sachkundig,
sorgfältig und gewissenhaft auszuführen und ihre Gestaltung an den individuellen
Kundeninteressen auszurichten, § 31 Abs. 1 Nr. 1 WpHG. Maßgeblich ist nicht ein
vermuteter objektivierter Kundenwunsch, sondern das tatsächliche Interesse eines
konkreten Anlegers in einer bestimmten Situation.[86] Eventuelle Interessenkonflikte
(zwischen Institut und Kunde oder zwischen verschiedenen Kunden) müssen den
Kunden gegenüber offengelegt werden, § 31 Abs. 1 Nr. 2 WpHG. Außerdem sind

---

[83] Ob die Regelungen zur Verhinderung von Insiderhandel auch Individualinteressen einzelner
Marktteilnehmer schützen sollen oder, wie man überwiegend annimmt, nur öffentlichen Interessen
dienen, ist umstritten. Einen Überblick über den Meinungsstand geben z. B. *Schwark/Kruse*, in:
Schwark/Zimmer, WpHG, § 14 Rn. 5, und *Buck-Heeb*, Kapitalmarktrecht, Rn. 295.

[84] Näher hierzu *Veil*, in: ders., § 13 Rn. 38 ff.; *Rothenhöfer*, in: Kümpel/Wittig, § 3 Rn. 475 ff.

[85] Nach § 38 Abs. 2 WpHG ist eine vorsätzliche Marktmanipulation strafbar.

[86] Sog. „know-your-own-customer"-Prinzip, siehe *Buck-Heeb*, Kapitalmarktrecht, Rn. 541.

den Kunden alle für die Anlageentscheidung relevanten Informationen über angebotene Finanzinstrumente bzw. Wertpapierdienstleistungen zur Verfügung zu stellen, § 31 Abs. 3 WpHG.[87]

3. Aufsichtsbehörden, -gegenstände und -befugnisse

Bis zur jüngsten Finanzkrise haben ausschließlich nationale Behörden Aufsichts-   **56**
maßnahmen gegenüber Finanzinstituten erlassen. Die an der Finanzaufsicht beteiligten europäischen Einrichtungen hatten allein die Aufgabe, die Tätigkeit der mitgliedstaatlichen Stellen durch rechtlich unverbindliche Leitlinien zu koordinieren. Eine einheitliche Aufsichtspraxis wurde auf diesem Weg jedoch nicht erreicht. Auch in den Bereichen, in denen das materielle Recht harmonisiert worden war, sahen sich Finanzinstitute in den verschiedenen Mitgliedstaaten in der Praxis unterschiedlichen Anforderungen gegenüber. Das hat nicht nur die Entwicklung eines einheitlichen europäischen Marktes für Finanzdienstleistungen behindert. Abweichende Vorgaben begründen zudem die Gefahr der *Aufsichtsarbitrage*: Institute verlagern ihren Sitz in den Mitgliedstaat, in dem faktisch die niedrigsten Anforderungen gestellt werden. Mitgliedstaaten haben damit einen Anreiz, die Aufsichtätigkeit zu vernachlässigen, wodurch die Wirksamkeit des Finanzmarktrechts beeinträchtigt wird.

Ende 2010 hat man daher zunächst die europäischen Koordinierungsgremien   **57**
durch neu geschaffene Europäische Aufsichtsbehörden mit erweiterten Kompetenzen ersetzt. Innerhalb der Europäischen Bankenunion wird heute zudem insbesondere die Aufsicht über alle bedeutenden Kreditinstitute direkt von der EZB ausgeübt,[88] und der europäische Abwicklungsausschuss steuert für diese Institute ein gegebenenfalls erforderliches Abwicklungsverfahren. Nachdem die nationalen und europäischen Regeln für den Finanzmarkt in Deutschland bis 2010 praktisch ausschließlich von der BaFin durchgesetzt wurden, ist mit den krisenbedingten Reformen somit ein komplexer *Aufsichtsverbund* geschaffen worden, in dem die im Folgenden vorgestellten europäischen und nationalen Behörden zusammenwirken.

Nicht alle finanzbezogenen Unternehmen oder Geschäfte unterliegen dabei als   **58**
einzelne der Finanzaufsicht.[89] Ebenso wenig wie das Finanzmarktrecht Generalklauseln kennt, die pauschal Pflichten für alle im Finanzsystem tätigen Akteure

---

[87] Eine standardisierte Informationserteilung ist möglich, § 31 Abs. 3 S. 2 WpHG. Neben die Aufklärungs- und Beratungspflichten aufgrund des WpHG können (konkludent) vertraglich vereinbarte Beratungspflichten treten, siehe hierzu z. B. *Lenenbach*, Kapitalmarktrecht und kapitalmarktrelevantes Gesellschaftsrecht, 2. Aufl. 2010, § 5 Rn. 140 ff., § 11 Rn. 137 ff.

[88] Zu den verbreiteten Zweifeln an der Primärrechtskonformität der SSM-VO etwa *Peters*, WM 2014, 396 (401 ff.); *Waldhoff/Dieterich*, EWS 2013, 72 (74 ff.); *Kämmerer*, NVwZ 2013, 830 (833 ff.); *Sacarcelik*, BKR 2013, 353 (356 ff.), jeweils m. w. N. auch der a. A., die z. B. *Tröger*, ZBB 2013, 373 (379) vertritt.

[89] Auch Elemente des Finanzsystems, die keiner Mikroaufsicht unterstehen, tragen jedoch zu systemischen Entwicklungen bei und werden daher von den Makroaufsichtsinstanzen beobachtet, vgl. Art. 3 Abs. 1 i. V. m. Art. 2 lit. a, b ESRB-VO.

normieren würden, enthält das Aufsichtsrecht generelle Befugnisse. Vielmehr sind die Gegenstände der Aufsicht und die Kontrollrechte je *gesondert* und *abschließend* für die verschiedenen Sektoren des Finanzsystems und die jeweils zuständigen Behörden gesetzlich bestimmt.[90]

> Die Finanzaufsicht über Finanzinstitute und -märkte in Deutschland wird von EZB, BaFin, ESAs, europäischem Abwicklungsausschuss, FMSA, ESRB und AFS im Verbund ausgeübt.

a) EZB

aa) Organisation

59   Um zu gewährleisten, dass die EZB (zu Status und Organisation der EZB → § 5 Rn. 45 ff.) ihre geldpolitischen und ihre Aufsichtsaufgaben jeweils unabhängig und unabhängig voneinander ausführen kann,[91] hat man innerhalb der EZB ein neues *Gremium für die Bankenaufsicht* geschaffen, das die Aufsichtsmaßnahmen und -entscheidungen plant und vorbereitet, Art. 26 Abs. 1, 8 S. 1 SSM-VO. Für die abschließende Beschlussfassung ist jedoch nach Art. 26 Abs. 8 S. 2 SSM-VO auch im Bereich der Aufsicht der EZB-Rat zuständig, der gemäß Art. 12.1 ESZB-Satzung zugleich die Geldpolitik der Union festlegt. Die Gefahr eines Konflikts zwischen geldpolitischen und aufsichtlichen Interessen wurde mithin jedenfalls nicht vollständig ausgeräumt (→ § 5 Rn. 70 ff.).[92]

bb) Aufsichtsgegenstände

60   In den Mitgliedstaaten, die sich wie die Bundesrepublik an der Europäischen Bankenunion und ihrem Einheitlichen Aufsichtsmechanismus beteiligen (→ Rn. 12 mit Fn. 29), werden „*bedeutende*" *Kreditinstitute* seit November 2014 *direkt* von der EZB beaufsichtigt, Art. 4 Abs. 1, 2, Art. 6 Abs. 4 SSM-VO. Als bedeutend gelten insbesondere jene Banken, deren Aktiva einen Wert von über 30 Mrd. Euro oder 20 % des Bruttoinlandsprodukts des Sitzstaates besitzen, sowie jene, die finanzielle Unterstützung aus dem Europäischen Stabilitätsmechanismus erhalten, Art. 6 Abs. 4 SSM-VO.[93] Die EZB kann darüber hinaus die direkte Aufsicht über einzelne Institute an sich ziehen, wenn sie dies für erforderlich hält, um die kohärente Anwendung hoher Aufsichtsstandards zu gewährleisten, Art. 6 Abs. 5 lit. b SSM-VO. Mindestens jedoch werden die drei bedeutendsten Kreditinstitute in jedem teilnehmenden Mitgliedstaat von der EZB überwacht, Art. 6 Abs. 4 UAbs. 5 SSM-VO.

---

[90] Vgl. *S. Augsberg*, in: Ehlers/Fehling/Pünder, § 34 Rn. 7; *Ruthig/Storr*, Rn. 510.

[91] Das Unabhängigkeitserfordernis ergibt sich für die Aufsichtsaufgaben aus Art. 25 Abs. 2 SSM-VO, für die Aufgabe der Geldpolitik aus Art. 130 AEUV.

[92] Kritisch zur Ausgestaltung von Organisation und Verfahren der Bankenaufsicht durch die EZB z. B. *Peters*, WM 2014, 396 (399 f.); *Sacarcelik*, BKR 2013, 353 (355).

[93] Eine Liste der direkt von der EZB überwachten Banken ist abrufbar unter https://www.banking-supervision.europa.eu/banking/list/who/html/index.en.html (18.03.2015).

Die direkte Aufsicht über alle anderen Banken wird im Prinzip weiterhin von den **61** mitgliedstaatlichen Behörden ausgeübt, in Deutschland also von der BaFin, Art. 6 Abs. 6 SSM-VO. Auch für diese „weniger bedeutenden" Banken trifft die EZB jedoch die Entscheidung über die Zulassung und den eventuellen Entzug der Erlaubnis, Art. 6 Abs. 4 UAbs. 1 S. 1, Art. 4 Abs. 1 lit. a SSM-VO. Zudem verfügt sie über weitreichende Rechte zur Steuerung der nationalen Aufsichtsverfahren einschließlich eines Selbsteintrittsrechts und übt damit also eine *indirekte* Aufsicht aus.[94]

Als Kreditinstitute i. S. d. SSM-VO gelten gemäß Art. 2 Nr. 3 SSM-VO alle **62** Kreditinstitute gemäß Art. 4 Abs. 1 Nr. 1 CRR. Nicht zu den Aufsichtsobjekten der EZB zählen hingegen die Wertpapierfirmen i. S. d. CRR.

Nach Art. 4 Abs. 1 Nr. 1 CRR sind solche Unternehmen als „Kreditinstitute" **63** zu qualifizieren, deren Tätigkeit darin besteht, Einlagen oder andere rückzahlbare Gelder des Publikums entgegenzunehmen und Kredite für eigene Rechnung zu gewähren, die also sowohl das Einlagen- als auch das Kreditgeschäft betreiben. Auf den Umfang des Betriebs und seine Gewerbsmäßigkeit kommt es nicht an.

Was unter einer „*Einlage*" oder „anderen rückzahlbaren Geldern des Publikums" **64** zu verstehen ist, definiert die Verordnung nicht. Die Begriffe sind daher in Anlehnung an das bankwirtschaftliche Verständnis zu bestimmen.[95] Danach sind Einlagen grundsätzlich „Zahlungsmittel[n] aus dem Nichtbankenbereich, die bei Banken deponiert werden".[96] Einlagengeschäfte sind von den Interbankengeschäften zu differenzieren, zu denen der Austausch von Zahlungsmitteln zwischen Kreditinstituten gehört. Drei wesentliche Einlagenarten sind zu unterscheiden: Sicht-, Termin- und Spareinlagen. Sichteinlagen, auch Giroeinlagen genannt, zeichnen sich dadurch aus, dass für sie keine Laufzeit vereinbart wurde und ihre Rückzahlung ohne vorherige Kündigung fällig ist. Termineinlagen wie insbesondere Festgelder sind befristet und erst nach Ende der verabredeten Laufzeit fällig. Sie sind regelmäßig höher verzinst als Sichteinlagen. Spareinlagen können im Unterschied zu Termineinlagen auch in kleinsten Beträgen eingezahlt werden. Sie werden erst nach Ablauf einer Kündigungsfrist fällig.[97] Der Zweck der Entgegennahme von Einlagen besteht aus Sicht der Banken darin, Kapital zu sammeln, um dieses dann im Rahmen des Aktivgeschäfts als verzinsten Kredit an Dritte weiterzugeben.[98]

cc) Aufsichtsbefugnisse

(1) Zulassung

Der gewerbsmäßige Betrieb von Bankgeschäften ist erlaubnispflichtig. § 32 **65** Abs. 1 S. 1 KWG i. V. m. § 1 Abs. 1 S. 2, Abs. 1a S. 2 KWG normieren ein *präventives Verbot mit Erlaubnisvorbehalt*.

---

[94] Die *direkten* Aufsichtskompetenzen sind zwischen EZB und nationalen Aufsichtsbehörden aufgeteilt. Die EZB übt darüber hinaus jedoch über sämtliche Kreditinstitute der an der Bankenunion teilnehmenden Mitgliedstaaten eine *indirekte* Aufsicht aus, d. h. sie hat die Möglichkeit, die nationalen Aufsichtsverfahren zu steuern.

[95] Für die Interpretation des Einlagenbegriffs im KWG BGHZ 129, 90 (92 ff.).

[96] *Von Stein*, in: Obst/Hintner, S. 555 (559).

[97] Vgl. BGHZ 129, 90 (94 f.); *von Stein*, in: Obst/Hintner, S. 555 (562 ff.).

[98] *Von Stein*, in: Obst/Hintner, S. 555 (559).

66   Die EZB entscheidet in den Mitgliedstaaten, die an der Bankenunion teil-
      nehmen, über die Zulassung sämtlicher Kreditinstitute i. S. v. Art. 4 Abs. 1 Nr. 1
      CRR, der „bedeutenden" ebenso wie der „weniger bedeutenden", Art. 6 Abs. 4
      UAbs. 1 i. V. m. Art. 4 Abs. 1 lit. a SSM-VO.

67   Die mitgliedstaatlichen Aufsichtsbehörden sind in das Entscheidungsverfahren
      einbezogen: Der Antrag auf eine Erlaubnis ist gemäß Art. 14 Abs. 1 SSM-VO bei
      ihnen zu stellen. Sie prüfen, ob alle formalen und materiellen Anforderungen des
      nationalen Rechts erfüllt sind und erlassen gegebenenfalls einen Beschlussentwurf,
      mit dem der EZB die Erteilung der Erlaubnis vorgeschlagen wird, Art. 14 Abs. 2
      SSM-VO. Der vorgeschlagene Beschluss gilt als erlassen, wenn die EZB nicht in-
      nerhalb einer Frist von grundsätzlich 10 Tagen widerspricht. Hierzu ist sie nur be-
      rechtigt, wenn die einschlägigen *unionsrechtlichen* Voraussetzungen nicht erfüllt
      sind, Art. 14 Abs. 3 SSM-VO. Zum Unionsrecht in diesem Sinne zählen nach Art. 4
      Abs. 3 SSM-VO allerdings auch die nationalen Gesetze, soweit sie europäische
      Richtlinien umsetzen.[99]

68   Kommen die mitgliedstaatlichen Behörden zu der Überzeugung, dass der An-
      tragssteller die nationalen Vorschriften nicht erfüllt, lehnen sie die Zulassung ab.
      Die EZB kann sich über diese Entscheidung nicht hinwegsetzen.

(2) Laufende Überwachung

69   Die laufende Überwachung wird von der EZB unmittelbar nur für „bedeutende"
      Kreditinstitute ausgeübt. Nach Art. 6 Abs. 4 UAbs. 1 i. V. m. Art. 4 Abs. 1 SSM-VO
      überwacht sie nur bei diesen die dauerhafte und auch nur die Einhaltung der unions-
      rechtlichen Vorschriften i. S. v. Art. 4 Abs. 3 SSM-VO.[100]

(a) Auskunfts- und Prüfungsbefugnisse

70   Mit Art. 9 ff. SSM-VO hat man der EZB zu diesem Zweck zahlreiche Aufsichts-
      und Prüfungsbefugnisse eingeräumt. Sie kann die Vorlage aller für die Aufsicht be-
      nötigten Informationen verlangen, Art. 10 Abs. 1 SSM-VO, Unterlagen einsehen,
      Mitarbeiter befragen und sonstige Untersuchungen sowie Prüfungen vor Ort in den
      Geschäftsräumen der Institute durchführen, Art. 11 Abs. 1, Art. 12 Abs. 1, 2 SSM-
      VO.

(b) Anordnungsbefugnisse

71   Stellt die EZB einen Verstoß gegen europäische Vorgaben fest oder ist ein solcher
      Verstoß zu erwarten, kann sie gegenüber den Kreditinstituten all jene Anordnungen
      erlassen, die erforderlich sind, um die Rechtsverletzungen zu beseitigen bzw. zu
      verhindern, Art. 16 Abs. 1 SSM-VO. Sie hat überdies das Recht, die Unternehmen
      zu Maßnahmen zu verpflichten, die über die gesetzlichen Regelanforderungen hi-
      nausgehen. Sie kann also etwa das Anlegen zusätzlicher Liquiditätsreserven ver-

---

[99] Kritisch zu dieser neuen Form des Vollzugs von mitgliedstaatlichem Recht *Peuker*, JZ 2014,
764.

[100] Die nationalen Behörden kontrollieren die „bedeutenden" Institute am Maßstab des nationalen
Rechts, soweit dieses nicht der Umsetzung von EU-Richtlinien dient, vgl. Erwägungsgrund Nr. 28
zur SSM-VO; siehe zu den aus diesem Nebeneinander der Kontrollen resultierenden Schwierigkeiten z. B. *Schneider*, EuZW 2013, 452 (455 f.).

langen, soweit dies erforderlich ist, um die Einhaltung der gesetzlichen Vorschriften sicherzustellen oder um der Entwicklung systemischer Risiken entgegenzuwirken, Art. 16 Abs. 2 SSM-VO.

b) BaFin

Soweit die Finanzaufsicht auf mitgliedstaatlicher Ebene durchgeführt wird, liegt sie   72
in Deutschland in erster Linie in den Händen der BaFin.

aa) Organisation

Die BaFin wurde auf der Grundlage von Art. 87 Abs. 3 GG als bundesunmittelbare   73
Anstalt des öffentliche Rechts gegründet, § 1 Abs. 1 FinDAG (→ § 4 Rn. 24, 38).
Sie ist 2002 als *Allfinanzaufsichtsbehörde* an die Stelle der drei vormals getrennten
Bundesämter für das Kreditwesen, für das Versicherungswesen und für den Wertpapierhandel getreten.[101] Die BaFin untersteht der Rechts- und Fachaufsicht des
BMF, § 2 FinDAG.[102]

Das Grundgesetz erlaubt es grundsätzlich nicht, bundesunmittelbare Anstalten   74
mit einem eigenen Verwaltungsunterbau auszustatten, Art. 87 Abs. 3 S. 1, 2 GG.
Die BaFin verfügt daher nicht über ein Netz von ihr unterstellten mittleren und
unteren Verwaltungsbehörden, die vor Ort Prüfungen durchführen und Informationen erheben könnten. Stattdessen arbeitet sie gemäß § 7 KWG eng mit der *Bundesbank* zusammen und nutzt dabei deren Hauptverwaltungen und Filialnetze. Die
Bundesbank übernimmt nach § 7 Abs. 1 S. 2 KWG die laufende Überwachung der
Institute. Sie wertet insbesondere die eingereichten Unterlagen aus und prüft die
Eigenmittelausstattung sowie die Risikosteuerungsverfahren, § 7 Abs. 1 S. 3 KWG.
Ihre Aufsichtätigkeit wird angeleitet durch Aufsichtsrichtlinien, die von BaFin
und Bundesbank gemeinsam ausgearbeitet werden, § 7 Abs. 2 KWG, zu deren abschließendem Erlass aber die BaFin allein befugt ist, § 7 Abs. 2 S. 3 KWG.

bb) Aufsichtsgegenstände

Nach § 4 Abs. 1 FinDAG ergeben sich die Aufsichtsgegenstände der BaFin aus den   75
sektoralen Finanzvorschriften, d. h. in erster Linie aus KWG, VAG und WpHG.[103]

(1) Aufsichtsgegenstände nach dem KWG

Gemäß § 6 Abs. 1, 1a KWG übt die BaFin die Aufsicht über alle „Institute" i. S. d.   76
§ 1 Abs. 1b KWG aus, d. h. über alle Kredit- und Finanzdienstleistungsinstitute
nach § 1 Abs. 1, 1a KWG, sowie über Kredit- und Wertpapierinstitute i. S. d. CRR,
soweit sie nicht durch die SSM-VO der Kontrolle durch die EZB unterstellt werden.

---

[101] Zu den fortbestehenden Hindernissen für die Zusammenführung der Aufsichtsbereiche in der
Praxis z. B. *Heun*, JZ 2012, 235 (239).

[102] Das BMF übt seine Weisungsbefugnisse in der Praxis jedoch nur sehr zurückhaltend aus, siehe
zu den Hintergründen *Röhl*, in: Fehling/Ruffert, § 18 Rn. 92 ff.

[103] Die Rechtsgrundlagen sind daher trotz Einführung der Allfinanzaufsicht „extrem unübersichtlich" (*Ruthig/Storr*, Rn. 510).

(a) Kreditinstitute gemäß § 6 Abs. 1 KWG i. V. m. § 1 Abs. 1 KWG

77   Als Kreditinstitute i. S. d. § 1 Abs. 1 S. 1 KWG sind Unternehmen zu qualifizieren, die Bankgeschäfte gewerbsmäßig oder in einem Umfang betreiben, der einen in kaufmännischer Weise eingerichteten Gewerbebetrieb erfordert. Als Bankgeschäfte sind nach § 1 Abs. 1 S. 2 KWG neben dem Einlagen- und Kreditgeschäft (§ 1 Abs. 1 S. 2 Nr. 1, 2 KWG) eine Reihe weiterer Tätigkeiten zu bewerten, so etwa Geschäfte mit Pfandbriefen (§ 1 Abs. 1 S. 2 Nr. 1a KWG), die Anschaffung und Veräußerung von Finanzinstrumenten im eigenen Namen für fremde Rechnung (§ 1 Abs. 1 S. 2 Nr. 4 KWG) und die Verwahrung und Verwaltung von Wertpapieren (§ 1 Abs. 1 S. 2 Nr. 5 KWG).

78   Als gewerbsmäßig ist der Betrieb von Bankgeschäften wie allgemein jener eines Gewerbes zu bewerten, wenn er auf eine gewisse Dauer angelegt ist und mit Gewinnerzielungsabsicht ausgeführt wird. Diese Voraussetzungen können auch schon Kleinstbetriebe erfüllen.[104] Die Notwendigkeit, einen Betrieb in kaufmännischer Weise einzurichten, ergibt sich demgegenüber regelmäßig erst ab einem größeren Geschäftsumfang. Ihr kommt daher als Definitionsmerkmal kaum eigenständige Bedeutung zu.[105]

(b) Finanzdienstleistungsinstitute nach § 6 Abs. 1 KWG i. V. m. § 1 Abs. 1a KWG

79   Finanzdienstleistungsinstitute sind gemäß § 1 Abs. 1a KWG solche Unternehmen, die Finanzdienstleistungen gewerbsmäßig oder in einem Umfang erbringen, der einen in kaufmännischer Weise eingerichteten Geschäftsbetrieb erfordert. In § 1 Abs. 1a Nr. 1 ff. KWG sind verschiedene Formen von Finanzdienstleistungen aufgeführt. Ihnen ist gemeinsam, dass sie für die anbietenden Unternehmen typischerweise zwar kein Kreditrisiko begründen, wie es mit Bankgeschäften regelmäßig einhergeht, wohl aber sonstige finanzielle Risiken, die eine Aufsicht rechtfertigen.[106]

(c) CRR-Institute nach § 6 Abs. 1 KWG i. V. m. Art. 1, 4 Abs. 1 Nr. 1, 2 CRR

80   Der Kreditinstitutsbegriff des KWG reicht weiter als jener der CRR. Alle nicht von der EZB überwachten Banken sind daher bereits nach § 6 Abs. 1 i. V. m. § 1 Abs. 1 KWG der Aufsicht durch die BaFin unterstellt.[107] Zudem werden gemäß § 6 Abs. 1 KWG auch alle Wertpapierfirmen i. S. v. Art. 4 Abs. 1 Nr. 2 CRR von der BaFin beaufsichtigt. Dazu gehört gemäß Art. 4 Abs. 1 Nr. 1 MiFID jede juristische Person, „die im Rahmen ihrer üblichen beruflichen oder gewerblichen Tätigkeit gewerbsmäßig eine oder mehrere Wertpapierdienstleistungen für Dritte erbringt und/oder eine oder mehrere Anlagetätigkeiten ausübt".

(2) Aufsichtsgegenstände nach dem VAG

81   Neben Kredit- und Finanzinstituten beaufsichtigt die BaFin gemäß § 1 Abs. 1 VAG i. V. m. § 146 VAG auch alle *Versicherungsunternehmen*, Pensionsfonds i. S. d. § 112 Abs. 1 VAG und Versicherungs-Zweckgesellschaften i. S. d. § 121g Abs. 1

---

[104] Siehe BVerwGE 133, 358 (363); *Schäfer*, in: Boos/Fischer/Schulte-Mattler, § 1 Rn. 17.

[105] *Ohler*, in: Ehlers/Fehling/Pünder, § 32 Rn. 41.

[106] Siehe *Ohler*, in: Ehlers/Fehling/Pünder, § 32 Rn. 23; *Schwennicke*, in: ders./Auerbach, § 1 Rn. 78 ff.

[107] Vgl. *Kirchhartz*, GWR 2013, 395 (396).

VAG. Als Versicherungsunternehmen ist ein Institut zu qualifizieren, das Versicherungsgeschäfte betreibt, aber keine Sozialversicherung ist, § 1 Abs. 1 Nr. 1 VAG. Ob das Unternehmen als privates oder öffentlich-rechtliches geführt wird, ist nicht von Bedeutung, vgl. § 146 Abs. 1 Nr. 1, 3 VAG.[108]

Ein *Versicherungsgeschäft* zeichnet sich dadurch aus, dass „gegen Entgelt eine   **82** bestimmte Leistung für den Fall des Eintritts eines ungewissen Ereignisses" versprochen wird, „wobei dieses Risiko auf eine Mehrzahl durch die gleiche Gefahr bedrohter Personen verteilt wird, und der Risikoübernahme eine auf dem Gesetz der großen Zahl beruhende Kalkulation zugrunde liegt"[109]. Die Versicherungsleistung muss nicht in einer Geldzahlung bestehen. Der Anwendungsbereich des VAG ist weit zu fassen.[110] Ob ein Unternehmen der Aufsicht untersteht, wird gemäß § 2 VAG von der BaFin in einem feststellenden Verwaltungsakt entschieden.

(3) Aufsichtsgegenstände nach dem WpHG

Nach § 2 Abs. 4 WpHG handelt es sich bei Kreditinstituten und Finanzdienstleis-   **83** tungsinstituten i. S. d. KWG[111] immer dann um *Wertpapierdienstleistungsunternehmen* i. S. d. WpHG, wenn sie Dienstleistungen i. S. d. § 2 Abs. 3, 3a WpHG erbringen. Das WpHG erweitert mithin nicht den Kreis der Finanzakteure, die der Aufsicht durch die BaFin unterstellt sind, sondern es normiert zusätzliche materielle Anforderungen an die Organisation und die Tätigkeiten einer bestimmten Gruppe von Kredit- oder Finanzdienstleistungsinstituten. Sein Anwendungsbereich wird handels- und produktorientiert bestimmt. Nach § 4 Abs. 1, 2 WpHG kontrolliert die BaFin den (börslichen und außerbörslichen) Handel mit Finanzinstrumenten am Maßstab des WpHG, überwacht also einzelne Tätigkeiten, Geschäfte und Verhaltensweise und prüft, ob sie den Vorgaben des WpHG genügen.

(4) Sonstige spezialgesetzlich geregelte Aufsichtsgegenstände

Eine Reihe von Spezialgesetzen erstreckt die Kontrolle der BaFin auf weitere Ins-   **84** titute, die finanzbezogene Tätigkeiten ausüben. Dazu zählt insbesondere auch das ZAG, das die große Gruppe der *Zahlungsdienstleister*, zu der beispielsweise die Betreiber von Systemen für Lastschriftverfahren gehören, der Finanzaufsicht unterwirft.[112]

cc) Aufsichtsbefugnisse

(1) Zulassung

Außerhalb der Zuständigkeiten der EZB übt die BaFin die präventive Kontrolle   **85** über Finanzinstitute mit Sitz in Deutschland aus und entscheidet über die Erteilung

---

[108] Öffentlich-rechtliche Unternehmen werden jedoch nur von der BaFin überwacht, soweit sie länderübergreifend tätig sind, § 146 Abs. 1 Nr. 3 VAG. Im Übrigen bestimmt das Landesrecht die zuständige Aufsichtsbehörde.

[109] BVerwGE 3, 220 (221); 75, 155 (159 f.); 77, 253 (254).

[110] *Michael*, in: Ehlers/Fehling/Pünder, § 33 Rn. 15.

[111] § 2 Abs. 4 WpHG verweist auf das KWG, der Wortlaut ist insoweit freilich nicht ganz eindeutig, siehe *Kumpan*, in: Schwark/Zimmer, WpHG, § 2 Rn. 114.

[112] Siehe § 3 Abs. 1 i. V. m. § 1 Abs. 2a ZAG.

einer Betriebserlaubnis gemäß § 32 Abs. 1 S. 1 KWG, § 5 Abs. 1 VAG. Der notwendige Inhalt eines Erlaubnisantrags ist in § 32 Abs. 1 S. 2 KWG, § 5 Abs. 2–5 VAG normiert. Die Zulassung ist zu erteilen, wenn diese formalen Anforderungen erfüllt wurden und keiner der in § 33 KWG, § 8 VAG abschließend geregelten[113] Versagungsgründe besteht. Der Antragsteller hat ein *subjektiv öffentliches Recht* auf die Erteilung der Erlaubnis.

86   Die von den nationalen Aufsichtsbehörden in einem Staat des EWR[114] erteilten Erlaubnisse wirken europaweit. Finanzinstitute, die von den Behörden eines Mitgliedstaats zugelassen wurden, dürfen im gesamten Gebiet des EWR ihre Geschäfte ausüben, ohne für jeden Staat einzeln eine Betriebserlaubnis beantragen zu müssen, § 53b KWG, § 6 Abs. 1 VAG. Die Erlaubnis wird daher auch als *„Europäischer Pass"* bezeichnet.[115] Gleichsam als „Kompensation" für den Verzicht auf je eigene Kontrollen und zugleich als Reaktion auf die grenzüberschreitende Tätigkeit vieler Finanzinstitute hat man die Aufsichtsbehörden der Mitgliedstaaten im EWR zu einer engen Zusammenarbeit und einem intensiven Informationsaustausch verpflichtet.[116]

87   Werden Finanzinstitute ohne Erlaubnis betrieben, kann die BaFin gemäß § 37 Abs. 1 KWG, § 81f Abs. 1 VAG die *sofortige Einstellung des Geschäftsbetriebs* und die unverzügliche Abwicklung der Geschäfte anordnen. Erteilte Erlaubnisse können im Anwendungsbereich des KWG auf der Grundlage von § 35 Abs. 2 Hs. 2 Nr. 1–8, Abs. 2a KWG und ergänzend auch nach § 35 Abs. 2 Hs. 1 KWG i. V. m. §§ 48, 49 VwVfG aufgehoben werden. Die Erlaubnis zum Betrieb eines Versicherungsunternehmens kann nach § 87 Abs. 1–4 VAG widerrufen und nach § 48 VwVfG zurückgenommen werden.

(2) Laufende Überwachung

88   Für die laufende Überwachung der Finanzinstitute ist die Aufsichtsbehörde des Herkunftsmitgliedstaates zuständig, also die Behörde desjenigen Staates, in dem die Erlaubnis erteilt wurde, vgl. § 24a KWG, § 85 VAG. Die BaFin kontrolliert die von ihr zugelassenen Institute mithin auch, wenn sie grenzüberschreitend tätig werden, und überwacht – in Zusammenarbeit mit den zuständigen ausländischen Stellen, § 8 Abs. 3 KWG, § 85 S. 2 VAG – auch den in anderen Mitgliedstaaten des EWR ausgeübten Geschäftsbetrieb.

(a) Auskunfts- und Prüfungsbefugnisse

89   Wie die EZB verfügt auch die BaFin über umfangreiche Auskunfts- und Untersuchungsrechte. Unabhängig davon, ob der konkrete Verdacht eines Rechtsverstoßes besteht, kann sie nach § 44 Abs. 1 KWG, § 83 Abs. 1 VAG Auskünfte über alle Geschäftsangelegenheiten und die Vorlage aller erforderlichen Unterlagen verlan-

---

[113] § 33 Abs. 3 KWG, § 8 Abs. 4 VAG.

[114] Nach § 1 Abs. 5a KWG, § 6 Abs. 1 S. 2 VAG umfasst der EWR die Mitgliedstaaten der EU sowie die anderen Vertragsstaaten des Abkommens über den Europäischen Wirtschaftsraum.

[115] Zu diesem und den dahinter stehenden Prinzipien der Herkunftslandkontrolle und der gegenseitigen Anerkennung z. B. *Ohler*, EnzEuR V, § 10 Rn. 61; *Schelm*, in: Kümpel/Wittig, § 2 Rn. 119.

[116] Vgl. z. B. § 8 Abs. 3–9, § 33b, § 44a KWG, § 5a VAG, sowie dazu *Röhl*, in: Fehling/Ruffert, § 18 Rn. 103.

gen, Prüfungen vor Ort durchführen und dazu die Geschäftsräume betreten.[117] Auskunfts- und Prüfungsverlangen nach § 4 Abs. 2 WpHG sind demgegenüber nur auf Grund von Anhaltspunkten zulässig, können dafür aber an jedermann, nicht nur an Finanzinstitute und ihre Mitarbeiter gerichtet werden.

(b) Anordnungsbefugnisse

Die Generalklauseln des Finanzaufsichtsrechts gestatten der BaFin ein Eingreifen **90** bei *Verstößen gegen aufsichtsrechtliche Bestimmungen* sowie bei *„Missständen"*, § 6 Abs. 3 KWG[118], § 81 Abs. 2 VAG, § 4 Abs. 1, 2 WpHG. Für den Bereich der Versicherungsaufsicht ist der Begriff des Missstands in § 81 Abs. 2 S. 2 VAG legal definiert als Verhalten, das den Aufsichtszielen zuwiderläuft, also die Belange der Versicherten insgesamt gefährdet[119] oder gegen gesetzliche Regeln verstößt. Auch für die anderen Bereiche der Finanzaufsicht sind die Voraussetzungen der Generalklauseln mit Blick auf die Aufsichtsziele zu konkretisieren.[120] Als Missstände i. S. d. § 6 Abs. 3 S. 1 KWG sind danach Verhaltensweisen der Aufsichtsunterworfenen zu qualifizieren, die Vermögensinteressen von An- oder Einlegern oder die Stabilität des Finanzsystems gefährden. Missstände i. S. d. § 4 Abs. 1 WpHG werden durch ein Verhalten begründet, das Nachteile für die Stabilität der Finanzmärkte bewirken oder das Vertrauen in ihre Funktionsfähigkeit erschüttern kann.[121] Das Verhalten muss als solches nicht gesetzeswidrig sein.[122] Das ergibt sich daraus, dass Maßnahmen zur Verhinderung von Rechtsverletzungen neben und unabhängig von Anordnungen zur Abwehr von Missständen zulässig sind, § 6 Abs. 3 S. 1 KWG, § 4 Abs. 1 S. 3, Abs. 2 S. 1 WpHG. Die BaFin soll Missstände „verhindern oder beseitigen", sie kann also bereits bei drohenden Nachteilen tätig werden.

Neben Eingriffsrechten aufgrund der Generalklauseln steht der BaFin nach **91** §§ 45 ff. KWG eine Reihe von Spezialbefugnissen zur Verfügung, die ihr Anordnungen mit zunehmender Eingriffstiefe ermöglichen. Vergleichbare Regelungen finden sich für die Aufsicht über Versicherungsunternehmen in §§ 81a ff. VAG.

---

[117] In der Regel findet zumindest einmal jährlich ein sog. Aufsichtsgespräch statt, das gemäß der Aufsichtsrichtlinien typischerweise Mitarbeiter der Bundesbank mit den Instituten führen, siehe *Lindemann*, in: Boos/Fischer/Schulte-Mattler, § 7 Rn. 54c.

[118] § 6 Abs. 2 KWG hingegen kann als bloße Aufgabenregelung keine Rechtsgrundlage für belastende Maßnahmen bilden.

[119] Eingriffe ausschließlich zugunsten Einzelner sind unzulässig, es müssen stets Belange der Versicherten insgesamt betroffen sein, siehe *Michael*, in: Ehlers/Fehling/Pünder, § 33 Rn. 40.

[120] Im Einzelnen ist insoweit vieles noch ungeklärt, vgl. für einen Überblick *Schäfer*, in: Boos/Fischer/Schulte-Mattler, § 6 Rn. 35 ff.

[121] Vgl. § 4a Abs. 1 WpHG.

[122] Der Widerspruch zu einem von der BaFin erlassenen Verwaltungsrundschreiben allein kann als solcher auch keinen Missstand begründen, maßgeblich muss die Gefährdung der Schutzgüter sein, so mit Recht *Schäfer*, in: Boos/Fischer/Schulte-Mattler, § 6 Rn. 47 f.; *Schlette/Bouchon*, in: Fuchs (Hrsg.), WpHG, 2009, § 4 Rn. 21; str., a. A. z. B. *S. Augsberg*, in: Ehlers/Fehling/Pünder, § 34 Rn. 17; differenzierend *Zetzsche*, in: Schwark/Zimmer, WpHG, § 4 Rn. 22.

c) Europäischer Abwicklungsausschuss

92   Im Verlauf der Finanzkrise der Jahre 2008/2009 sahen sich viele Staaten gezwungen, Finanzinstitute mit finanziellen Mitteln zu unterstützen. Die Rekapitalisierung der Finanzunternehmen hat zu einer erheblichen Erhöhung der Staatsverschuldung beigetragen. Daraus sind wiederum neue Probleme speziell für jene Finanzinstitute erwachsen, die in großem Umfang Staatsanleihen hielten. Um diesen Kreislauf zu durchbrechen, hat man 2014 mit der SRM-VO auf europäischer Ebene einen *europäischen Abwicklungsmechanismus* einschließlich eines europäischen Fonds eingerichtet, aus dem Stützungsmaßnahmen finanziert werden können. Die SRM-VO tritt 2016 in Kraft und gilt in den Mitgliedstaaten, die sich an der Bankenunion beteiligen (→ Rn. 12).

93   Der Abwicklungsmechanismus besteht aus zwei Elementen: dem *einheitlichen Abwicklungsfonds* und dem als Agentur ausgestalteten[123] *Ausschuss für die einheitliche Abwicklung.*[124] Aus dem Abwicklungsfonds sollen zukünftig im Notfall und nach der grundsätzlich vorrangigen Inanspruchnahme von Anteilseignern und Gläubigern Stützungsmaßnahmen für Finanzinstitute finanziert werden.

94   Der direkten Kontrolle durch den europäischen Abwicklungsausschuss unterstehen all jene Kreditinstitute, die von der EZB überwacht werden, Art. 2, 7 Abs. 2 SRM-VO.

95   Der Abwicklungsausschuss erstellt grundsätzlich für alle seiner Aufsicht unterstellten Finanzinstitute *Abwicklungspläne.*[125] In diesen Plänen wird geregelt, welche Maßnahmen ergriffen werden können und sollen, falls ein Institut in finanzielle Schwierigkeiten gerät. Der Abwicklungsausschuss soll eine schnelle und effiziente Restrukturierung bzw. Liquidation innerhalb weniger Tage, möglichst an einem Wochenende sicherstellen.[126] Man hat ihm dazu *Auskunfts-, Untersuchungs- und Prüfungsbefugnisse* eingeräumt.[127] Er kann Maßnahmen zur Gewährleistung der *Abwicklungsfähigkeit* anordnen, beispielsweise Mindestanforderungen an die Eigenmittelausstattung definieren.[128] Schließlich und vor allem schlägt er (in Zusammenarbeit mit der EZB) eine *Abwicklungsentscheidung* einschließlich eines Abwicklungskonzepts vor, über die Rat und Kommission befinden. Anschließend sichert er die Umsetzung des beschlossenen *Abwicklungskonzepts.*[129] Dabei können insbesondere die Anteilseigner und Gläubiger des Instituts zur Beteiligung an den Abwicklungskosten verpflichtet werden (sog. *bail-in*), das Unternehmen kann in

---

[123] Art. 42 Abs. 1 SRM-VO.

[124] Art. 1 UAbs. 2 SRM-VO.

[125] Art. 7 Abs. 2, 8 SRM-VO.

[126] Vgl. die Erwägungsgründe Nr. 26, 31, 53 zur SRM-VO sowie die Fristenregelungen für die an der Abwicklung Beteiligten in Art. 18 SRM-VO; kritisch zum komplizierten Entscheidungsverfahren angesichts des Ziels einer schnellen Restrukturierung bzw. Liquidation z. B. *Peters*, WM 2014, 396 (402).

[127] Art. 34 ff. SRM-VO.

[128] Art. 12 SRM-VO.

[129] Art. 18 SRM-VO.

Gänze oder in Teilen veräußert oder auf ein Brückeninstitut übertragen und gegebenenfalls der Einsatz von Mitteln aus dem Abwicklungsfonds beschlossen werden.[130]

d) Nationale Abwicklungsbehörde

Die BRRD verpflichtet alle Mitgliedstaaten, eine nationale Sanierungs- und Abwicklungsbehörde zu benennen.[131] In Deutschland wird diese Aufgabe von der *FMSA* übernommen,[132] einer bundesunmittelbaren Anstalt des öffentlichen Rechts, deren Hauptaufgabe bisher in der Verwaltung des nationalen Finanzmarktstabilisierungs- und des Restrukturierungsfonds bestand. Ihr werden künftig die Planung und Durchführung der Sanierung und Abwicklung von grundsätzlich allen Kreditinstituten und Wertpapierfirmen i. S. d. CRR obliegen[133]. Dazu wird sie mit Befugnissen ausgestattet, die jenen des europäischen Abwicklungsausschusses im Wesentlichen entsprechen.[134] Nach dem Inkrafttreten der SRM-VO im Jahr 2016 tritt der europäische Abwicklungsausschuss in den Mitgliedstaaten, die sich an der Bankenunion beteiligen, bei der Ausübung der ihm zugewiesenen Zuständigkeiten an die Stelle der nationalen Abwicklungsbehörden, Art. 5 Abs. 1 SRM-VO.

96

e) Europäische Aufsichtsbehörden (European Supervisory Authorities, ESAs)

Die drei neu geschaffenen Europäischen Aufsichtsbehörden (→ § 5 Rn. 67)[135] – die Europäische Bankenaufsichtsbehörde (EBA), die Europäische Aufsichtsbehörde für das Versicherungswesen und die betriebliche Altersversorgung (EIOPA) sowie die Europäische Wertpapier- und Marktaufsichtsbehörde (ESMA) – sind als *unabhängige Agenturen* mit eigener Rechtspersönlichkeit ausgestaltet.[136] Ihre Hauptaufgabe besteht darin, die Aufsichtstätigkeiten der nationalen Behörden zu *koordinieren*, sodass die europäischen Regeln für Finanzinstitute und -märkte in den verschiedenen Mitgliedstaaten auch tatsächlich einheitlich angewendet und durchgesetzt werden.[137] Die sektorübergreifende Abstimmung der Tätigkeiten von EBA, EIOPA und ESMA ist Aufgabe des „Gemeinsamen Ausschusses der Europäischen Aufsichtsbehörden".[138]

97

Originäre Befugnisse zum Erlass verbindlicher Anordnungen gegenüber Finanzmarktteilnehmern besitzt als einzige der drei Behörden die ESMA. Sie übt die Auf-

98

---

[130] Art. 21 ff. SRM-VO.

[131] Art. 3 Abs. 1 BRRD.

[132] § 3 Abs. 1 SAG.

[133] Vgl. § 1 SAG.

[134] Siehe §§ 36 ff., 77 ff. SAG.

[135] Hierzu einführend statt vieler z. B. *Kämmerer*, NVwZ 2011, 1281; *Lehmann/Manger-Nestler*, ZBB 2011, 1.

[136] Siehe jeweils Art. 5 sowie Art. 42, 46, 49, 52, 59 der EBA-, EIOPA- sowie ESMA-VO. Zu den aus dieser Ausgestaltung erwachsenden demokratischen und rechtsstaatlichen Bedenken z. B. *Häde*, EuZW 2011, 662.

[137] Siehe jeweils Art. 2 Abs. 1 der EBA-, der EIOPA- sowie ESMA-VO.

[138] Siehe etwa Art. 54 ff. EBA-VO.

sicht über *Ratingagenturen* aus[139] und entscheidet insbesondere über ihre Registrierung, die Voraussetzung für die öffentliche Bekanntmachung oder Weitergabe von
Ratings an Kunden ist.[140]

99   Im Übrigen stehen den ESAs gegenüber Finanzakteuren nur in Ausnahmefällen
und lediglich *subsidiäre Aufsichtsbefugnisse* zu. Wenn die nationalen Aufsichtsbehörden europäische Vorgaben nicht beachten, obwohl sie auf die Verstöße hingewiesen und zur Abhilfe aufgefordert wurden, kann sich die zuständige ESA unmittelbar
an die Finanzinstitute wenden und Maßnahmen zur Beseitigung der Rechtsverletzungen erlassen, die dann Vorrang vor den Regelungen der mitgliedstaatlichen Behörden genießen.[141] Entstehen zwischen den nationalen Finanzaufsichtsbehörden
Meinungsverschiedenheiten über die Auslegung europäischer Regelungen, können
die ESAs zudem per Beschluss entscheiden, welche Maßnahmen auf mitgliedstaatlicher Ebene zu treffen sind.[142] Schließlich hat man ihnen eine Reihe von Instrumenten zur Ermittlung und Abwehr systemischer Risiken an die Hand gegeben. Die
ESAs können etwa Stresstests durchführen,[143] bestimmte Finanztätigkeiten vorübergehend verbieten[144] und, wenn der Rat der EU eine Krisensituation festgestellt
hat, die Tätigkeit der mitgliedstaatlichen Aufsichtsbehörden durch rechtsverbindliche Anordnungen dirigieren[145].

f) Europäischer Ausschuss für Systemrisiken (European Systemic Risk Board, ESRB)

100   Der ebenfalls neu eingerichtete Europäische Systemrisikoausschuss hat keinen Vor-
gänger in der europäischen Aufsichtsarchitektur (→ § 5 Rn. 65 ff.). Er ist mit der
Makroaufsicht über das Finanzsystem der Union betraut. Der ESRB überwacht also
keine einzelnen Finanzunternehmen oder Finanzmärkte, sondern *Entwicklungen* im
System.[146] Seine Aufgabe besteht in der Abwehr systemischer Risiken (z. B. in der
Gestalt von Kreditblasen), die sich aus dem Zusammenspiel vieler Institute und
Märkte ergeben.[147] Der ESRB ist bei der EZB angesiedelt und besitzt keine eigene
Rechtspersönlichkeit.[148] Er kann keine rechtsverbindlichen Anordnungen erlassen,
aber *Warnungen* und *Empfehlungen* an Union, Mitgliedstaaten, europäische und

---

[139] Art. 14 ff. Rating-VO i. V. m. Art. 8 Abs. 1 lit. l ESMA-VO.

[140] Siehe zur Entwicklung der Regulierung von Ratingagenturen und zu ihrer Beaufsichtigung
durch die ESMA *Veil/Teigelack*, in: Veil, § 27 Rn. 9, 55 ff.

[141] Siehe z. B. Art. 17 Abs. 6, 18 Abs. 4, 19 Abs. 4 EBA-VO, und erläuternd dazu *Kämmerer*,
NVwZ 2011, 1281 (1284 ff.).

[142] Siehe z. B. Art. 19 Abs. 3 EBA-VO.

[143] Siehe z. B. Art. 21 Abs. 2 lit. b, 32 Abs. 2 EBA-VO.

[144] Siehe z. B. Art. 9 Abs. 5 EBA-VO.

[145] Siehe z. B. Art. 18 Abs. 4 EBA-VO.

[146] Zur Ausgestaltung des ESRB und seiner Qualifikation als Ausprägung einer neuen Aufsichts-
form, der Systemaufsicht, *Kaufhold*, DV 46 (2013), 21.

[147] Art. 3 Abs. 1 ESRB-VO.

[148] Siehe Erwägungsgrund Nr. 15 zur ESRB-VO.

nationale Aufsichtsbehörden richten, wenn er signifikante Risiken für die Finanzstabilität erkennt.[149]

g) Ausschuss für Finanzstabilität

Der Ausschuss für Finanzstabilität (AFS) übernimmt in Zusammenarbeit mit der   **101**
Bundesbank die makroprudentielle Aufsicht über das deutsche Finanzsystem.[150] Er
ist als nationales *Äquivalent des ESRB* konzipiert, beim BMF angesiedelt und soll
die Stabilität des Finanzsystems sichern sowie die Zusammenarbeit der an der Finanzaufsicht beteiligten Behörden stärken.[151] Wie sein europäisches Vorbild kann
auch der AFS Warnungen und Empfehlungen abgeben, die zwar keine Rechtsverbindlichkeit besitzen, die Adressaten aber zur Stellungnahme verpflichten.[152]

4. Sonderaufsicht über Sparkassen, Landes- und Förderbanken

Sparkassen, Landes- und Förderbanken werden in der Regel als *Anstalten des öf-*   **102**
fentlichen Rechts und überwiegend in der Hand der Kommunen bzw. der Länder geführt.[153] Der rechtliche Rahmen für ihre Tätigkeit wird durch die landesrechtlichen
Regelungen der *Sparkassen- und Landesbankgesetze* abgesteckt.

Alle öffentlich-rechtlichen Kreditinstitute haben einen gesetzlich näher definier-   **103**
ten *Gemeinwohlauftrag*. Sparkassen und Landesbanken sollen typischerweise auf
dem Gebiet ihres Trägers ein flächendeckendes Angebot von Bankdienstleistungen
gewährleisten, insbesondere angemessene und ausreichende Kredit- und Anlagemöglichkeiten für die Bevölkerung wie für die Wirtschaft eröffnen.[154] Dementsprechend ist ihre Tätigkeit in der Regel auf das Gebiet der Kommune bzw. des Landes
begrenzt, die bzw. das sie errichtet hat, oder soll dort zumindest ihren Schwerpunkt
haben (sog. *Regionalprinzip*).[155] Förderbanken gewähren Kredite für Projekte in bestimmten, im Gesetz als förderungswürdig eingestuften Bereichen, etwa im Bereich
der staatlichen Wohnraumförderung oder des Umweltschutzes.[156]

---

[149] Art. 17 ESRB-VO. Warnungen und Empfehlungen verpflichten lediglich zur Stellungnahme,
sog. act-or-explain-Prinzip.

[150] Er wurde mit dem Finanzstabilitätsgesetz vom 28.11.2012, BGBl. I, S. 2369, gegründet.

[151] § 2 FinStabG. Zu den entsprechenden US-amerikanischen und britischen Einrichtungen *Kaufhold*, WM 2013, 1877 (1879 ff.).

[152] § 3 FinStabG.

[153] Der Bund trägt zwei Förderbanken, die KfW Bankengruppe und die Landwirtschaftliche Rentenbank.

[154] Siehe z. B. § 6 Abs. 1 SparkassenG BW; § 2 Abs. 1 SparkassenG NRW; § 2 Abs. 2 LandesbankG BW. Sparkassen sind daher beispielsweise überwiegend zumindest im Grundsatz dazu verpflichtet, für Personen aus dem Trägergebiet auf Antrag ein Girokonto einzurichten und zu führen,
siehe z. B. § 5 Abs. 2 SparkassenG NRW; anders aber etwa das SparkassenG BW.

[155] Siehe z. B. § 6 Abs. 1 SparkassenG BW; § 3 SparkassenG NRW; Art. 2 Abs. 1 BayLandesbankenG; anders etwa § 2 Abs. 3 LandesbankG BW.

[156] Siehe etwa § 3 Abs. 2 LKredBkG BW.

104 *Sparkassen, Landes- und Förderbanken* weisen regelmäßig alle Merkmale eines Kreditinstituts nach § 1 Abs. 1 S. 1 KWG und Art. 2 Nr. 3 SSM-VO auf. Sie müssen daher allen materiellen Anforderungen an Kreditinstitute genügen und werden insoweit durch BaFin bzw. EZB kontrolliert, § 52 KWG. Hinzu tritt für sie eine *Sonderaufsicht*, die von Behörden der Landesverwaltungen (in der Regel durch die Bezirksregierungen oder Finanzministerien der Länder) ausgeübt wird. Diese überwachen die Einhaltung der ergänzend geltenden landesrechtlichen Vorschriften.[157]

> Öffentlich-rechtliche Kreditinstitute müssen einen *Gemeinwohlauftrag* erfüllen. Sie unterliegen der allgemeinen Finanzaufsicht und zusätzlich einer staatlichen *Sonderaufsicht*, die über die Einhaltung der Vorschriften in den Sparkassen- und Landesbankgesetzen der Länder wacht.

5. Rechtsschutz[158]

105 Entscheidungen, die von der EZB als Bankenaufsichtsbehörde getroffen werden, können von den Betroffenen mit der *Nichtigkeitsklage* gemäß Art. 263 UAbs. 4 AEUV angefochten werden. Wird die BaFin im Auftrag der EZB tätig, richtet sich der Rechtsschutz nach der VwGO. Noch unklar und umstritten sind die Rechtsschutzmöglichkeiten, wenn die EZB gemäß Art. 4 Abs. 3 SSM-VO nationales Umsetzungsrecht anwendet.[159]

106 Anordnungen der BaFin können von den Adressaten grundsätzlich mit der *Anfechtungsklage* angegriffen oder mit der *Verpflichtungsklage* erzwungen werden. Da Maßnahmen der Finanzaufsicht nach § 4 Abs. 4 FinDAG ausschließlich öffentlichen Interessen dienen, haben Dritte keinen Anspruch auf ein aufsichtliches Einschreiten der BaFin gegenüber anderen Instituten und sie können an andere Institute gerichtete Anordnungen auch nicht gerichtlich angreifen. Entsprechendes dürfte für aufsichtliche Maßnahmen der EZB gelten. Verpflichtungs- und Anfechtungsklage wären mangels Klagebefugnis unzulässig. Außerdem können (ergriffene oder unterlassene) Maßnahmen der BaFin keinen Amtshaftungsanspruch Dritter begründen. Kunden von Finanzinstituten etwa haben keinen gegen den Staat gerichteten Anspruch auf Ersatz des Schadens, der ihnen als Folge einer rechtswidrigen Entscheidung der BaFin entstanden ist.[160]

---

[157] Siehe z. B. §§ 48 ff. SparkassenG BW; §§ 39 ff. SparkassenG NRW.

[158] Insgesamt kommt es im Bereich der Finanzaufsicht und speziell der Banken- und Versicherungsaufsicht angesichts des intensiven Austauschs im Rahmen der laufenden Überwachung deutlich seltener zu gerichtlichen Auseinandersetzungen als in anderen Bereichen der Gewerbeaufsicht. Siehe hierzu und zu den damit verbundenen Problemen *Röhl*, in: Fehling/Ruffert, § 18 Rn. 129 f.

[159] Siehe hierzu z. B. *Schneider*, EuZW 2013, 452 (456); *Carr*, JIBL 2013, 69; allgemeiner zu den mit dem SSM verbundenen Rechtsschutzproblemen z. B. *Herdegen*, WM 2012, 1889 (1896 f.). Nicht eindeutig sind angesichts von Art. 4 Abs. 4 SSM-VO etwa auch Klagegegner und Passivlegitimation bei Rechtsmitteln gegen die Versagung der Zulassung eines Kreditinstituts.

[160] Vgl. BGHZ 162, 49, und hierzu *Wieland*, DV 43 (2010), 83 (87 f.).

Der *Ausschluss der Drittwirkung* soll den Grenzen der Leistungsfähigkeit von   **107**
Aufsichtsbehörden Rechnung tragen und einer Überlastung der Haushalte vorbeugen. Die Verfassungsmäßigkeit von § 4 Abs. 4 FinDAG ist nach wie vor umstritten. Insbesondere entnehmen Teile der Literatur Art. 14 Abs. 1 GG eine staatliche
Pflicht zum Schutz von Finanzkunden, die angesichts der existentiellen Bedeutung,
die An- und Einlagen vielfach besäßen, angesichts ihrer strukturellen Unterlegen-
heit gegenüber Finanzinstituten und mit Blick schließlich auf die Komplexität von
Finanzgeschäften besonders schutzbedürftig seien.[161] Mit dieser grundrechtlichen
Schutzpflicht soll ein vollständiger Ausschluss jeder Drittwirkung unvereinbar sein.

Gegen Beschlüsse des europäischen Abwicklungsausschusses kann gemäß   **108**
Art. 85 f. SRM-VO Klage vor dem EuGH erhoben werden, wenn zuvor ein *Be-*
schwerdeverfahren vor dem Beschwerdeausschuss durchgeführt wurde, den der
Abwicklungsausschuss einrichten muss.

Die Möglichkeiten des Rechtsschutzes gegen Sanierungs- und Abwicklungs-   **109**
maßnahmen der FMSA richten sich grundsätzlich nach den allgemeinen verwaltungsprozessualen Regelungen. Rechtsbehelfe gegen Abwicklungsmaßnahmen entfalten jedoch *keine aufschiebende Wirkung*.[162]

Adressaten von Maßnahmen der ESAs – Finanzinstitute ebenso wie nationale   **110**
Aufsichtsbehörden – können Beschwerde bei einem für alle ESAs gemeinsam eingerichteten Beschwerdeausschuss[163] einlegen.[164] Wird der Beschwerde nicht abge-
holfen oder besteht gar keine Beschwerdemöglichkeit, ist der Weg zum EuGH über
die Nichtig- oder die Untätigkeitsklage eröffnet, siehe z. B. Art. 61 EBA-VO i. V. m.
Art. 263, 265 AEUV.

IV. Insbesondere: Börsenaufsicht

Auch die Börsenaufsicht wird üblicherweise als eine Form der Finanzaufsicht ver-   **111**
standen. Anders als die Banken-, Versicherungs- und Kapitalmarktaufsicht hat sie
aber nicht nur private Unternehmen oder Geschäfte, sondern *auch Träger hoheit-*
licher Befugnisse und ihre Handlungen zum Gegenstand und ist daher von den anderen Bereichen der Finanzkontrolle deutlich zu unterscheiden.[165]

---

[161] Hierzu sowie zu den weiteren Argumenten für die Verfassungswidrigkeit statt vieler aus jüngerer Zeit z. B. *Böhme*, Staatshaftung für fehlerhafte Bankenaufsicht nach deutschem und euro-
päischem Recht, 2009, insbesondere S. 76 ff.; *Benighaus*, Staatshaftung für fehlerhafte Aufsicht
im Bereich des Kapitalmarkts, 2009, insbesondere S. 29 ff.; *Ruffert*, NJW 2009, 2093 (2095);
Calliess, VVDStRL 71 (2012), 113 (139 f.).
[162] § 150 SAG.
[163] Siehe z. B. Art. 58 f. EBA-VO.
[164] Siehe z. B. Art. 60 EBA-VO.
[165] Vgl. *S. Augsberg*, in: Ehlers/Fehling/Pünder, § 35 Rn. 1.

1. Ziele der Börsenaufsicht

112   Die Börsenaufsicht soll wie die Finanzaufsicht allein im öffentlichen Interesse (§ 3 Abs. 3 BörsG) ein funktionsfähiges Finanzsystem und den kollektiven Anlegerschutz gewährleisten. Mit den Börsen soll eine *Infrastruktur* bereitgestellt werden, die einen schnellen, zuverlässigen, transparenten und daher für die Anleger mit *geringen (Informations-)Kosten* verbundenen Handel mit Wirtschaftsgütern und Rechten ermöglicht.[166]

2. Aufsichtsbehörden

113   Die Aufsicht über die Börse, den Börsenträger und den Handel an den Börsen wird von der obersten Landesbehörde (regelmäßig dem Wirtschaftsministerium) desjenigen Landes ausgeübt, in dem die Börse ihren rechtlichen Sitz hat, vgl. § 3 Abs. 1 BörsG.

3. Aufsichtsgegenstände

a) Börse

114   Der Rechtsaufsicht durch die oberste Landesbehörde sind zunächst die Börsen unterstellt, § 3 Abs. 1 S. 1 BörsG. Börsen sind in § 2 Abs. 1 BörsG legaldefiniert als *teilrechtsfähige Anstalten des öffentlichen Rechts* (→ § 4 Rn. 38), die multilaterale Systeme regeln und überwachen, welche die Interessen einer Vielzahl von Personen am Kauf und Verkauf von dort zum Handel zugelassenen Wirtschaftsgütern und Rechten innerhalb des Systems nach festgelegten Bestimmungen in einer Weise zusammenbringen oder das Zusammenbringen fördern, die zu einem Vertrag über den Kauf dieser Handelsobjekte führen. Börsen haben eine öffentlich-rechtliche Organisationsstruktur und sind Teil der mittelbaren Staatsverwaltung. Sie nehmen die ihnen übertragenen Aufgaben eigenverantwortlich und grundsätzlich autonom, d. h. frei von Weisungen wahr, und gehören damit zum Bereich der funktionalen Selbstverwaltung.

115   Die Aufzählung der Börsenorgane in § 3 Abs. 1 S. 2 BörsG erweitert den Aufsichtsbereich nicht, sie hat allein deklaratorische Bedeutung.[167]

b) Börsenträger

116   Von der Börse ist der Börsenträger zu unterscheiden. Jede Anstalt des öffentlichen Rechts, auch die Börse, bedarf eines *Anstaltsträgers*.[168] Als solcher wird diejenige juristische Person bezeichnet, die die Anstalt errichtet und mit den für die Aufga-

---

[166] Vgl. *Christoph*, Börsenkooperationen und Börsenfusionen, 2006, S. 83 ff.

[167] Hierzu sowie zur Bedeutung der Einbeziehung von „Einrichtungen, die sich auf den Börsenverkehr … beziehen" und des „Freiverkehrs" näher *Beck*, in: Schwark/Zimmer, BörsG, § 3 Rn. 7.

[168] Ausführlich zur Unterscheidung von Börse und Börsenträger, ihrer Bedeutung und ihren Konsequenzen *Burgi*, WM 2009, 2337.

benerfüllung benötigten personellen, finanziellen und sachlichen Mitteln ausstattet.[169] Als Börsenträger kommen Bund und Länder, aber auch juristische Personen des Privatrechts in Betracht, wenn sie beliehen werden, der Staat ihnen also hoheitliche Handlungsbefugnisse überträgt.[170] Auch die Börsenträger werden von der Börsenaufsicht kontrolliert, § 3 Abs. 1 S. 2 BörsG.

c) Börsenhandel und Handelsteilnehmer

Nach § 3 Abs. 1 S. 3 BörsG zählen schließlich auch der Handel an der Börse sowie die daran beteiligten Handelsteilnehmer zu den Aufsichtsgegenständen. Neben der gemäß § 7 Abs. 1 BörsG von der Börse selbst einzurichtenden Handelsüberwachungsstelle übt auch die Börsenaufsicht eine Marktaufsicht aus.[171] **117**

Börsen sind teilrechtsfähige Anstalten des öffentlichen Rechts. Von der Börse ist der Börsenträger zu unterscheiden. *Börsenträger* kann eine juristische Person des öffentlichen Rechts oder eine beliehene Privatperson sein.

4. Zentrale Anforderungen an Börsen, Börsenträger und Börsenhandel

Börse bzw. Börsenträger müssen in erster Linie einer Reihe von *Organisationsvorgaben* genügen, die das BörsG aufstellt. Sie haben zunächst die Pflicht, die Börsenorgane i. S. d. § 3 Abs. 1 S. 2 BörsG einzurichten und mit den Selbstverwaltungsaufgaben zu betrauen: Sie müssen einen Börsenrat schaffen, § 12 BörsG, der insbesondere für den Erlass der Börsenordnung gemäß § 16 BörsG zuständig ist und damit über den Geschäftszweig der Börse, ihre innere Organisation und die Handelsarten zu entscheiden hat. Sie müssen eine Börsengeschäftsführung einsetzen, der die Leitung der Börse obliegt und die den allgemeinen gewerberechtlichen Anforderungen an Zuverlässigkeit und fachliche Eignung genügen muss, § 15 BörsG. Es muss eine Handelsüberwachungsstelle als internes Marktkontrollorgan geschaffen werden, § 7 BörsG, und, soweit von der zuständigen Landesregierung vorgesehen, zusätzlich noch ein Sanktionsausschuss i. S. d. § 22 BörsG, der Verstöße von Handelsteilnehmern gegen börsenrechtliche Vorschriften sanktionieren kann. **118**

Handelsteilnehmer und Wertpapiere bedürfen einer *Zulassung*, um an der Börse handeln zu können bzw. gehandelt werden zu dürfen. Sie müssen dafür die im BörsG und den konkretisierenden Zulassungsordnungen normierten Voraussetzun- **119**

---

[169] *Burgi*, WM 2009, 2337 (2340); *S. Augsberg*, in: Ehlers/Fehling/Pünder, § 35 Rn. 11.

[170] Um einen beliehenen Börsenträger in diesem Sinne handelt es sich etwa bei der Deutsche Börse AG.

[171] Ihren Maßstab bilden dabei die börsenspezifischen Vorschriften; die Einhaltung der Vorschriften des WpHG kontrolliert hingegen die BaFin.

gen erfüllen.[172] Die spezifischen Bedingungen für den Handel an der Börse ergeben sich dann aus den Börsenordnungen,[173] die von der Börse in der Regel durch Allgemeinverfügungen weiter konkretisiert werden.[174] Wesentliche Bedeutung kommt darüber hinaus jenen börsenrechtlichen Vorschriften zu, die eine *ordnungsgemäße Preisbildung* in einem fairen Wettbewerb gewährleisten sollen und zu diesem Zweck Anforderungen an die Marktteilnehmer wie etwa Transparenzpflichten[175] und vor allem Regelungen für die Preisermittlung[176] normieren.

5. Aufsichtsinstrumente

120   Die Börsenaufsicht übt sowohl über die Börse als auch über den Börsenträger[177] *ausschließlich eine Rechts-, keine Fachaufsicht* aus, sie kontrolliert also nur die Recht-, nicht die Zweckmäßigkeit von Entscheidungen. Das entspricht der Beauftragung von Börse und Börsenträger mit Aufgaben und Befugnissen der funktionalen Selbstverwaltung.[178]

a) Erlaubnispflicht und Genehmigungsvorbehalte

121   Die präventive Kontrolle wird vor allem in den Verfahren zur Erteilung der Errichtungserlaubnis und zur Genehmigung von Satzungen ausgeübt.

122   Nach § 4 Abs. 1 BörsG bedarf der Börsenträger zur Errichtung einer Börse einer Erlaubnis. Mögliche Versagungsgründe sind in § 4 Abs. 3 BörsG geregelt. Die Aufzählung ist nicht abschließend. Antragsteller haben lediglich einen Anspruch auf eine ermessensfehlerfreie Entscheidung.[179]

123   Eine Erlaubnis nach § 4 BörsG entfaltet eine *vierfache Wirkung*:[180] Sie *berechtigt* nicht nur zur Errichtung der Börse, sondern *verpflichtet* den Börsenträger überdies hierzu, § 5 Abs. 1 BörsG. Die Erlaubnis ist ferner ein *konstitutives Element* der Einrichtung einer Börse. Fehlt es an einer Erlaubnis, führt dies nicht zur Rechts-

---

[172] Für Handelsteilnehmer: § 19 BörsG i. V. m. den Zulassungsordnungen der einzelnen Börsen; für Wertpapiere: §§ 32 ff. BörsG i. V. m. §§ 1 ff. Börsenzulassungsverordnung des Bundes.

[173] § 16 Abs. 1 Nr. 3 BörsG.

[174] Siehe *Beck*, in: Schwark/Zimmer, BörsG, § 3 Rn. 16.

[175] Siehe z. B. §§ 30 f. BörsG.

[176] Diese sind in der Regel in den Börsenordnungen enthalten, siehe z. B. §§ 83 ff. BörsO FWB, siehe http://www.deutsche-boerse.com (18.03.2015); §§ 28 f. BörsO für die Börse München, siehe http://www.boerse-muenchen.de (18.03.2015).

[177] Mit Blick auf die Börsenträger ist das nicht eindeutig, siehe hierzu näher *S. Augsberg*, in: Ehlers/Fehling/Pünder, § 35 Rn. 33.

[178] Siehe hierzu und zu den zum Teil abweichenden Ansichten in der Literatur, die weitergehend für eine Rechts- und Fachaufsicht plädieren, *Beck*, in: Schwark/Zimmer, BörsG, § 3 Rn. 19. Angesichts des weit gefassten Rechtmäßigkeitsmaßstabs kommt der Diskussion praktisch nur geringe Bedeutung zu, siehe *Burgi*, WM 2009, 2337 (2343).

[179] Str., zum Meinungsstand *Beck*, in: Schwark/Zimmer, BörsG, § 4 Rn. 4; *Groß*, Kapitalmarktrecht, BörsG, § 4 Rn. 7.

[180] Siehe *Burgi*, WM 2009, 2337 (2341 f.); *S. Augsberg*, in: Ehlers/Fehling/Pünder, § 35 Rn. 14 f.

widrigkeit der Börse, vielmehr existiert letztere gar nicht. Schließlich wird ein privater Unternehmer mit der Erteilung der Erlaubnis zum *Beliehenen* und damit zum Träger hoheitlicher Befugnisse. Er erhält das Recht zur Regelung durch Verwaltungsakt und zum Erlass von Satzungen, speziell der Börsen-, Gebühren- und Zulassungsordnungen.[181] Letztere werden jedoch von der Börsenaufsicht kontrolliert und bedürfen ihrer Genehmigung, §§ 16 Abs. 3, 17 Abs. 2, 19 Abs. 6 BörsG. Die Genehmigung gehört zu den Rechtmäßigkeits- und damit Wirksamkeitsvoraussetzungen der Satzungen. Sie ist zu erteilen, wenn die Börsenordnung den Anforderungen des BörsG entspricht.

b) Laufende Überwachung

Die Börsenaufsicht verfügt – wie alle Finanzaufsichtsbehörden – über eine Reihe   **124**
von Auskunftsrechten und Prüfungsbefugnissen, die ihr die laufende Überwachung ermöglichen sollen und die sie sowohl gegenüber der Börse und dem Börsenträger als auch gegenüber den Teilnehmern am Börsenhandel ausüben kann, § 3 Abs. 2, 4 BörsG. Wenn Verstöße gegen börsenrechtliche Vorschriften drohen oder der ordnungsgemäße Handel an der Börse auf andere Weise beeinträchtigt wird, kann sie zudem gegenüber Börse, Börsenträger und den Handelsteilnehmern alle Anordnungen erlassen, die erforderlich sind, um diese Verstöße zu verhindern oder Missstände zu beseitigen. § 3 Abs. 5 BörsG verleiht ihr weitreichende Eingriffsbefugnisse. Sie kann jede erforderliche Maßnahme ergreifen, um die ordnungsgemäße Erfüllung der Betriebspflichten einer Börse sicherzustellen.[182] Daneben treten Spezialbefugnisse wie etwa das Weisungsrecht gegenüber der Handelsüberwachungsstelle, § 7 Abs. 1 S. 4 BörsG.

6. Rechtsschutz

Der Rechtsschutz von Börsen, Börsenträger und Handelsteilnehmern gegenüber   **125**
Maßnahmen der Börsenaufsicht richtet sich nach den allgemeinen verwaltungsprozessualen Regeln. Auch die an Börse und Börsenträger gerichteten Anordnungen der Börsenaufsicht besitzen *Außenwirkung* und sind als *Verwaltungsakte* zu qualifizieren, da sie den Bereich des verfügenden Verwaltungsträgers verlassen und andere Verwaltungsträger in ihrem eigenen Rechtskreis betreffen. Widerspruch und Anfechtungsklage gegen Anordnungen nach § 3 Abs. 4, 5 BörsG entfalten jedoch gemäß § 3 Abs. 9 BörsG keine aufschiebende Wirkung.

---

[181] Dass diese Regelungen in der Rechtsform der Satzung (und nicht, wie früher teilweise angenommen, als Rechtsverordnungen) erlassen werden, ergibt sich aus § 12 Abs. 2 Nr. 1 BörsG.

[182] Näher hierzu z. B. *Beck*, in: Schwark/Zimmer, BörsG, § 3 Rn. 52 ff.

126   V. Kontrollfragen

1. Auf welche Weise tragen Finanzinstitute zur volkswirtschaftlichen Entwicklung bei? (→ Rn. 2–5)
2. Warum und worauf müssen Finanzmarktteilnehmer vertrauen, damit ein Finanzsystem funktionsfähig ist? (→ Rn. 6)
3. Schildern Sie die wesentlichen Entwicklungsschritte des Finanz- und Börsenaufsichtsrechts! (→ Rn. 9–11)
4. Welche Behörden sind an der Aufsicht über Finanzinstitute und -märkte in Deutschland beteiligt? (→ Rn. 12–16, 58)
5. Wie sind die Zuständigkeiten zwischen EZB und BaFin verteilt? (→ Rn. 60–63, 75–84)
6. Warum und in welchem Umfang werden Finanzinstitute verpflichtet, Eigenmittel vorzuhalten? (→ Rn. 33–36)
7. Welches sind die wichtigsten organisatorischen Pflichten, die Finanzinstitute erfüllen müssen, und wo sind sie geregelt? (→ Rn. 40–44)
8. Welche Ziele verfolgen die Regelungen über die Sanierung und Abwicklung von Finanzinstituten? (→ Rn. 21, 47 f., 92)
9. Welche Aufgaben haben öffentlich-rechtliche Kreditinstitute? (→ Rn. 103)
10. Wer beaufsichtigt sie? (→ Rn. 104)
11. Erklären sie die Unterscheidung zwischen Börse und Börsenträger! (→ Rn. 114–116)
12. Können Private eine Börse einrichten? (→ Rn. 116)
13. Welche Wirkungen entfaltet eine Börsenerlaubnis? (→ Rn. 123)
14. Können Finanzinstitute verlangen, dass die BaFin Maßnahmen gegenüber ihren Konkurrenten ergreift, wenn diese gegen Eigenmittelvorschriften verstoßen? (→ Rn. 106)

Literatur

S. Augsberg, Wertpapieraufsicht, in: Ehlers/Fehling/Pünder (Hrsg.), Besonderes Verwaltungsrecht, Bd. I: Öffentliches Wirtschaftsrecht, 3. Aufl. 2012, § 34
S. Augsberg, Börsenaufsicht, in: Ehlers/Fehling/Pünder (Hrsg.), Besonderes Verwaltungsrecht, Bd. I: Öffentliches Wirtschaftsrecht, 3. Aufl. 2012, § 35
Boos/Fischer/Schulte-Mattler (Hrsg.), Kreditwesengesetz, 4. Aufl. 2012
Buck-Heeb, Kapitalmarktrecht, 6. Aufl. 2013
Fahr/Kaulbach/Bähr/Pohlmann (Hrsg.), VAG, 5. Aufl. 2012
Groß, Kapitalmarktrecht, 5. Aufl. 2012
Ohler, Bankenaufsichtsrecht, in: Ehlers/Fehling/Pünder (Hrsg.), Besonderes Verwaltungsrecht, Bd. I: Öffentliches Wirtschaftsrecht, 3. Aufl. 2012, § 32
Ohler, Finanzmarktregulierung und -aufsicht, in: Ruffert (Hrsg.), Enzyklopädie Europarecht, Bd. 5: Europäisches Sektorales Wirtschaftsrecht, 2013, § 10
Röhl, Finanzmarktaufsicht, in: Fehling/Ruffert (Hrsg.), Regulierungsrecht, 2010, § 18
Schwark/Zimmer (Hrsg.), Kapitalmarktrechtskommentar, 4. Aufl. 2010
Schwennicke/Auerbach (Hrsg.), KWG, 2. Aufl. 2013
Thiele, Finanzaufsicht. Der Staat und seine Finanzmärkte, 2014
Veil (Hrsg.), Europäisches Kapitalmarktrecht, 2. Aufl. 2014

Literatur

Achterberg, Norbert/Püttner, Günter/Würtenberger, Thomas (Hrsg.), Öffentliches Wirtschaftsrecht, Bd. I, 2. Aufl., Heidelberg (2000) (zit.: *Bearbeiter*, in: Achterberg/Püttner/Würtenber-
ger).

Badura, Peter, Wirtschaftsverfassung und Wirtschaftsverwaltung, 4. Aufl., Tübingen (2011).

Barthel, Torsten F./Kalmer, Aloys/Weidemann, Holger, Niedersächsisches Gaststättengesetz,
Wiesbaden (2012).

Baur, Jürgen F./Salje, Peter/Schmidt-Preuß, Matthias (Hrsg.), Regulierung in der Energiewirtschaft, Köln (2011) (zit.: *Bearbeiter*, in: Baur/Salje/Schmidt-Preuß).

Bechtold, Rainer, Gesetz gegen Wettbewerbsbeschränkungen, GWB, Kartellgesetz, 7. Aufl., München (2013).

Bieber, Roland/Epiney, Astrid/Haag, Marcel, Die Europäische Union, 11. Aufl., Baden-Baden
(2014).

Birnstiel, Alexander/Bungenberg, Marc/Heinrich, Helge (Hrsg.), Europäisches Beihilfenrecht, Baden-Baden (2013) (zit.: *Bearbeiter*, in: Birnstiel/Bungenberg/Heinrich).

Boesen, Arnold, Vergaberecht. Kommentar zum 4. Teil des GWB, Köln (2000).

Bogdandy, Armin von/Bast, Jürgen (Hrsg.), Europäisches Verfassungsrecht. Theoretische und
dogmatische Grundzüge, 2. Aufl., Berlin u. a. (2009) (zit.: *Bearbeiter*, in: von Bogdandy/Bast).

Bunte, Hermann-Josef, Kartellrecht. Lehrbuch für Studium und Praxis (mit neuem Vergaberecht),
2. Aufl., München (2008).

Burgi, Martin, Funktionale Privatisierung und Verwaltungshilfe: Staatsaufgabendogmatik, Phäno-
menologie, Verfassungsrecht, Tübingen (1999).

Calliess, Christian/Ruffert, Matthias (Hrsg.), EUV/AEUV, 4. Aufl., München (2011) (zit.: *Bearbeiter*, in: Calliess/Ruffert).

Dauses, Manfred A. (Hrsg.), Handbuch des EG-Wirtschaftsrechts, München (Loseblatt) (zit.: *Bearbeiter*, in: Dauses).

Degenhart, Christoph, Staatsrecht I, 29. Aufl., Heidelberg (2013).

Derleder, Peter/Knops, Kai-Oliver/Bamberger, Heinz G. (Hrsg.), Handbuch zum deutschen und
europäischen Bankrecht, 2. Aufl., Berlin (2009) (zit.: *Bearbeiter*, in: Derleder/Knops/Bam-
berger).

Detterbeck, Steffen, Allgemeines Verwaltungsrecht mit Verwaltungsprozessrecht, 12. Aufl., München (2014).

Detterbeck, Steffen, Handwerksordnung: HwO, Kommentar, 4. Aufl., München (2008).

Dreier, Horst (Hrsg.), Grundgesetz, Kommentar, Bd. I, 3. Aufl., Tübingen (2013) (zit.: *Bearbeiter*,
in: Dreier).

Dreier, Horst (Hrsg.), Grundgesetz, Kommentar, Bd. II, 2. Aufl., Tübingen (2006).

Dreier, Horst (Hrsg.), Grundgesetz, Kommentar, Bd. III, 2. Aufl., Tübingen (2008).

Erichsen, Hans-Uwe/Ehlers, Dirk (Hrsg.), Allgemeines Verwaltungsrecht, 14. Aufl., Berlin u. a.
(2010) (zit.: *Bearbeiter*, in: Erichsen/Ehlers).

© Springer-Verlag Berlin Heidelberg 2016   661
R. Schmidt, F. Wollenschläger (Hrsg.), *Kompendium Öffentliches Wirtschaftsrecht*,
Springer-Lehrbuch, DOI 10.1007/978-3-662-45579-1

Fehling, Michael/Ruffert, Matthias (Hrsg.), Regulierungsrecht, Tübingen (2010) (zit.: *Bearbeiter*, in: Fehling/Ruffert).

Fehling, Michael/Kastner, Berthold/Störmer, Rainer (Hrsg.), Verwaltungsrecht. VwVfG, VwGO. Handkommentar, 3. Aufl., Baden-Baden (2013) (zit.: *Bearbeiter*, in: Fehling/Kastner/Störmer).

Frenz, Walter, Handbuch Europarecht, Bd. 1, Europäische Grundfreiheiten, 2. Aufl., Berlin u. a. (2012).

Frenz, Walter, Handbuch Europarecht, Bd. 4, Europäische Grundrechte, Berlin u. a. (2009).

Friauf, Karl Heinrich (Hrsg.), Kommentar zur Gewerbeordnung, GewO. Gewerberechtlicher Teil, Neuwied (Loseblatt) (zit.: *Bearbeiter*, in: Friauf).

Fröhler, Ludwig/Kormann, Joachim, Kommentar zur Gewerbeordnung, Heidelberg (1978).

Frotscher, Werner/Kramer, Urs, Wirtschaftsverfassungs- und Wirtschaftsverwaltungsrecht, 6. Aufl., München (2013).

Gallwas, Hans-Ullrich, Faktische Beeinträchtigung im Bereich der Grundrechte, Berlin (1970).

Gärditz, Klaus Ferdinand (Hrsg.), Verwaltungsgerichtsordnung mit Nebengesetzen, Großkommentar, 1. Aufl., Köln (2013) (zit.: *Bearbeiter*, in: Gärditz).

Geppert, Martin/Piepenbrock Hermann-Josef/Schütz, Raimund/Schuster, Fabian (Hrsg.), Beck'scher Telekommunikationsgesetz Kommentar, 4. Aufl., München (2013) (zit.: *Bearbeiter*, in: Beck'scher TKG-Kommentar).

Glaser, Andreas/Klement, Jan Henrik, Öffentliches Wirtschaftsrecht mit Regulierungsrecht, München (2009).

Görgens, Egon/Ruckriegel, Karlheinz/Seitz, Franz, Europäische Geldpolitik. Theorie, Empirie, Praxis, 6. Aufl., Düsseldorf (2013).

Grabenwarter, Christoph/Pabel, Katharina, Europäische Menschenrechtskonvention, 5. Aufl., München (2012).

Groeben, Hans von der/Schwarze, Jürgen/Hatje, Armin (Hrsg.), Europäisches Unionsrecht. Vertrag über die Europäische Union – Vertrag über die Arbeitsweise der Europäischen Union – Charta der Grundrechte der Europäischen Union, 7. Aufl., Baden-Baden (2015) (zit.: *Bearbeiter*, in: G/S/H).

Grabitz, Eberhard/Hilf, Meinhard/Nettesheim, Martin (Hrsg.), Kommentar zur Europäischen Union, München (Loseblatt) (zit.: *Bearbeiter*, in: Grabitz/Hilf/Nettesheim).

Gsell, Beate/Krüger, Wolfgang/Lorenz, Stephan/Mayer, Jörg (Hrsg.), beck-online. GROSSKOMMENTAR (Stand: i. E.) (zit.: *Bearbeiter*, in: BeckOGK BGB).

Hagen, Jürgen von/Stein, Johann Heinrich von (Hrsg.), Obst/Hintner. Geld-, Bank- und Börsenwesen, 40. Aufl., Stuttgart (2000) (zit.: *Bearbeiter*, in: Obst/Hintner).

Hahn, Hugo J./Häde, Ulrich, Währungsrecht, 2. Aufl., München (2010).

Hatje, Armin/Müller-Graff, Peter-Christian, Enzyklopädie Europarecht, Baden-Baden, 10 Bde. (2013 ff.) (zit.: *Bearbeiter*, EnzEuR I–X).

Herdegen, Matthias, Europarecht, 16. Aufl., München (2014).

Herdegen, Matthias, Internationales Wirtschaftsrecht, 10. Aufl., München (2014).

Herrmann, Christoph/Weiß, Wolfgang/Ohler, Christoph, Welthandelsrecht, 2. Aufl., München (2007).

Hesse, Konrad, Grundzüge des Verfassungsrechts der Bundesrepublik Deutschland, 20. Aufl., Heidelberg Nachdruck (1999).

Hilf, Meinhard/Oeter, Stefan (Hrsg.), WTO-Recht, 2. Aufl., Baden-Baden (2010) (zit.: *Bearbeiter*, in: Hilf/Oeter).

Hoffmann-Riem, Wolfgang/Schmidt-Aßmann, Eberhard/Voßkuhle, Andreas (Hrsg.), Grundlagen des Verwaltungsrechts, Bd. I, Methoden, Maßstäbe, Aufgaben, Organisation, 2. Aufl., München (2012) (zit.: *Bearbeiter*, in: Hoffmann-Riem/Schmidt-Aßmann/Voßkuhle, GVwR[2] I).

Hoffmann-Riem, Wolfgang/Schmidt-Aßmann, Eberhard/Voßkuhle, Andreas (Hrsg.), Grundlagen des Verwaltungsrechts, Bd. III, Personal, Finanzen, Kontrolle, Sanktionen, Staatliche Einstandspflichten, 2. Aufl., München (2013) (zit.: *Bearbeiter*, in: Hoffmann-Riem/Schmidt-Aßmann/Voßkuhle, GVwR[2] III).

Holznagel, Bernd/Enaux, Christoph/Nienhaus, Christian, Telekommunikationsrecht, 2. Aufl., München (2006).

Hölzl, Josef/Hien, Eckart/Huber, Thomas, Gemeindeordnung mit Verwaltungsgemeinschaftsordnung, Landkreisordnung und Bezirksordnung für den Freistaat Bayern, München (Loseblatt).

Honig, Gerhart/Knörr, Matthias, Handwerksordnung, Kommentar, 4. Aufl., München (2008).

Huber, Peter Michael, Recht der europäischen Integration, 2. Aufl., München (2002).

Hufen, Friedhelm, Verwaltungsprozessrecht, 9. Aufl., München (2013).

Immenga, Ulrich/Mestmäcker, Ernst-Joachim (Hrsg.), GWB, Kommentar zum Kartellgesetz, 5. Aufl., München (2012) (zit.: *Bearbeiter*, in: Immenga/Mestmäcker).

Ipsen, Hans Peter, Europäisches Gemeinschaftsrecht, Tübingen (1972).

Ipsen, Knut, Völkerrecht, 6. Aufl., München (2014) (zit.: *Bearbeiter*, in: K. Ipsen).

Isensee, Josef/Kirchhof, Paul (Hrsg.), Handbuch des Staatsrechts, 1–3. Aufl. München (1987 ff.) (zit.: *Bearbeiter*, HStR$^{1-3}$ I ff.).

Jarass, Hans D., BImSchG, 10. Aufl., München (2013).

Jarass, Hans D., Charta der Grundrechte der Europäischen Union, Kommentar, 2. Aufl., München (2013).

Jarass, Hans D./Pieroth, Bodo, Grundgesetz, 13. Aufl., München (2014).

Jarass, Hans D., Wirtschaftsverwaltungsrecht mit Wirtschaftsverfassungsrecht, 3. Aufl., Frankfurt am Main (1997).

Kämmerer, Jörn Axel, Privatisierung, Tübingen (2001).

Kirchhof, Gregor/Korte, Stefan/Magen, Stefan (Hrsg.), Öffentliches Wettbewerbsrecht, Heidelberg (2014) (zit.: *Bearbeiter*, in: Kirchhof/Korte/Magen).

Kloepfer, Michael, Umweltrecht, 3. Aufl., München (2004).

Knack, Hans-Joachim/Henneke, Hans-Günter (Hrsg.), Verwaltungsverfahrensgesetz, VwVfG, 9. Aufl., Köln u. a. (2009) (zit.: *Bearbeiter*, in: Knack/Henneke).

Koenig, Christian/Kühling, Jürgen/Ritter, Nicolai, EG-Beihilfenrecht, 2. Aufl., Frankfurt am Main (2005).

Koenig, Christian/Schreiber, Kristina, Europäisches Wettbewerbsrecht, Tübingen (2010).

Kopp, Ferdinand O./Ramsauer, Ulrich, VwVfG, 15. Aufl., München (2014).

Kopp, Ferdinand O./Schenke, Wolf-Rüdiger, VwGO, 20. Aufl., München (2014).

Kommentar zum Bonner Grundgesetz (Bonner Kommentar), Hamburg (Loseblatt) (zit.: *Bearbeiter*, in: BK-GG).

Krajewski, Markus, Wirtschaftsvölkerrecht, 3. Aufl., Heidelberg u. a. (2012).

Kümpel, Siegfried/Wittig, Arne (Hrsg.), Bank- und Kapitalmarktrecht, 4. Aufl., Köln (2011) (zit.: *Bearbeiter*, in: Kümpel/Wittig).

Landmann, Robert/Rohmer, Gustav, Gewerbeordnung und ergänzende Vorschriften, Bd. I, Gewerbeordnung, München (Loseblatt) (zit.: *Bearbeiter*, in: Landmann/Rohmer, GewO).

Landmann, Robert/Rohmer, Gustav, Umweltrecht, München (Loseblatt) (zit.: *Bearbeiter*, in: Landmann/Rohmer, UmweltR).

Lübbig, Thomas/Martin-Ehlers, Andrés, Beihilfenrecht der EU. Das Recht der Wettbewerbsaufsicht über staatliche Beihilfen in der Europäischen Union, 2. Aufl., München (2009).

Mangoldt, Hermann von/Klein, Friedrich/Starck, Christian (Hrsg.), Das Bonner Grundgesetz, 6. Aufl., München (2010) (zit.: *Bearbeiter*, in: von Mangoldt/Klein/Starck).

Mann, Thomas/Sennekamp, Christoph/Uechtritz, Michael (Hrsg.), Verwaltungsverfahrensgesetz, Baden-Baden (2014) (zit.: *Bearbeiter*, in: Mann/Sennekamp/Uechtritz).

Maunz, Theodor/Dürig, Günter, u. a., Grundgesetz, GG, Kommentar, München (Loseblatt) (zit.: *Bearbeiter*, in: Maunz/Dürig).

Maurer, Hartmut, Allgemeines Verwaltungsrecht, 18. Aufl., München (2011).

Meder, Theodor/Brechmann, Winfried (Hrsg.), Die Verfassung des Freistaates Bayern, 5. Aufl., Stuttgart u. a. (2014) (zit.: *Bearbeiter*, in: Meder/Brechmann, BV).

Merten, Detlef/Papier, Hans-Jürgen (Hrsg.), Handbuch der Grundrechte in Deutschland und Europa, 12 Bände, Heidelberg u. a. (2004 ff.) (zit.: *Bearbeiter*, in: HGR I ff.).

Metzner, Richard, Gaststättengesetz, 6. Aufl., München (2002).

Meyer, Jürgen (Hrsg.), Charta der Grundrechte der Europäischen Union, Kommentar, 4. Aufl., Baden-Baden (2014) (zit.: *Bearbeiter*, in: Meyer).

Michel, Elmar/Kienzle, Werner/Pauly, Renate, Das Gaststättengesetz, 14. Aufl., Köln u. a. (2003).

Montag, Frank/Säcker, Franz Jürgen (Hrsg.), Münchener Kommentar zum Europäischen und Deutschen Wettbewerbsrecht (Kartellrecht), Bd. 3, Beihilfenrecht und Vergaberecht, München (2011) (zit.: *Bearbeiter*, in: Montag/Säcker).

Möstl, Markus, Grundrechtsbindung öffentlicher Wirtschaftstätigkeit, München (1999).

Münch, Ingo von/Kunig, Philip, Grundgesetz-Kommentar, 6. Aufl., München (2012) (zit.: *Bearbeiter*, in: von Münch/Kunig).

Nicolaysen, Gert, Europarecht I, 2. Aufl., Baden-Baden (2002).

Nipperdey, Hans, Carl, Soziale Marktwirtschaft und Grundgesetz, 3. Aufl., Köln (1965).

Oppermann, Thomas/Classen, Claus Dieter/Nettesheim, Martin, Europarecht, 6. Aufl., München (2014).

Pache, Eckhard/Knauff, Matthias, Fallhandbuch Europäisches Wirtschaftsrecht, 2. Aufl., Stuttgart (2010).

Pielow, Johann-Christian (Hrsg.), Beck'scher Online-Kommentar Gewerberecht (Stand: 27. EL Juli 2014) (zit.: *Bearbeiter*, in: BeckOK GewO).

Pielow, Johann-Christian (Hrsg.), Gewerberecht, Beck'scher Online-Kommentar, München (Stand: 26. EL März 2014) (zit.: *Bearbeiter*, in: BeckOK GewO).

Pieroth, Bodo/Schlink, Bernhard/Poscher, Ralf/Kingreen, Thorsten, Grundrechte, Staatsrecht II, 30. Aufl., Heidelberg (2014).

Pilbeam, Keith, Finance and Financial Marktes, 3. Aufl., Basingstoke u. a. (2010).

Prandl, Josef/Zimmermann, Hans/Büchner, Hermann/Pahlke, Michael (Hrsg.), Kommunalrecht in Bayern, Köln (Loseblatt).

Prieß, Hans-Joachim/Berrisch, Georg M. (Hrsg.), WTO-Handbuch, München (2003) (zit.: *Bearbeiter*, in: Prieß/Berrisch).

Pünder Ehlers, Dirk/Fehling, Michael/Pünder, Hermann (Hrsg.), Besonderes Verwaltungsrecht, Bd. I: Öffentliches Wirtschaftsrecht, 3. Aufl., Heidelberg u. a. (2012) (zit.: *Bearbeiter*, in: Ehlers/Fehling/Pünder).

Rehn, Erich/Cronauge, Ulrich/Lennep, Hans Gerd von/Knirsch, Hanspeter, Gemeindeordnung Nordrhein-Westfalen, Siegburg (Loseblatt).

Robinski, Severin (Begr.), Gewerberecht, herausgegeben von Sprenger-Richter, Bernhard, 2. Aufl., München (2002) (zit.: *Bearbeiter*, in: Robinski).

Ruthig, Josef/Storr, Stefan, Öffentliches Wirtschaftsrecht, 3. Aufl., Heidelberg (2011).

Sachs, Michael (Hrsg.), Grundgesetz, GG, 7. Aufl., München (2014) (zit.: *Bearbeiter*, in: Sachs).

Säcker, Franz Jürgen, Berliner Kommentar zum TKG, 3. Aufl., Frankfurt am Main (2013).

Schenke, Wolf-Rüdiger, Polizei- und Ordnungsrecht, 8. Aufl., Heidelberg u. a. (2013).

Schenke, Wolf-Rüdiger, Verwaltungsprozessrecht, 14. Aufl., Heidelberg (2014).

Schliesky, Utz, Öffentliches Wirtschaftsrecht, 4. Aufl., Heidelberg (2012).

Schmehl, Arndt (Hrsg.), Gemeinschaftskommentar zum Kreislaufwirtschaftsgesetz, 1. Aufl., Köln (2013) (zit.: *Bearbeiter*, in: Schmehl, GK-KrWG).

Schmidt-Bleibtreu, Bruno/Hofmann, Hans/Henneke, Hans-Günter, Kommentar zum Grundgesetz, 13. Aufl., Köln (2014) (zit.: *Bearbeiter*, in: Schmidt-Bleibtreu/Hofmann/Henneke).

Schmidt, Reiner, Öffentliches Wirtschaftsrecht, Allgemeiner Teil, Berlin u. a. (1990) (zit.: *Bearbeiter*, in: R. Schmidt, AT).

Schmidt, Reiner (Hrsg.), Öffentliches Wirtschaftsrecht, Besonderer Teil I, Berlin u. a. (1995) (zit.: *Bearbeiter*, in: R. Schmidt, BT I).

Schmidt, Reiner, Wirtschaftspolitik und Verfassung, Baden-Baden (1971).

Schoch, Friedrich (Hrsg.), Besonderes Verwaltungsrecht, 15. Aufl., Berlin (2013) (zit.: *Bearbeiter*, in: Schoch).

Schoch, Friedrich/Schneider, Jens-Peter/Bier, Wolfgang, Verwaltungsgerichtsordnung, Kommentar, München (Loseblatt) (zit.: *Bearbeiter*, in: Schoch/Schnei-der/Bier).

Schulze, Reiner/Zuleeg, Manfred/Kadelbach, Stefan (Hrsg.), Europarecht – Handbuch für die deutsche Rechtspraxis, 2. Aufl., Baden-Baden (2010) (zit.: *Bearbeiter*, in: Schulze/Zuleeg/Kadelbach).

Schwannecke, Jürgen (Hrsg.), Die Deutsche Handwerksordnung, Kommentar, Berlin (Loseblatt) (zit.: *Bearbeiter*, in: Schwannecke, HwO).

Schwark, Eberhard/Zimmer, Daniel, Kapitalmarktrechts-Kommentar, 4. Aufl., München (2010).

Schwarze, Jürgen/Becker, Ulrich/Hatje, Armin/Schoo, Johann (Hrsg.), EU-Kommentar, 3. Aufl., Baden-Baden (2012) (zit.: *Bearbeiter*, in: Schwarze/Becker/Hatje/Schoo).

Siekmann, Helmut (Hrsg.), EWU. Kommentar zur Europäischen Wirtschafts- und Währungsunion, Tübingen (2013) (zit.: *Bearbeiter*, in: Siekmann).

Sparwasser, Reinhard/Engel, Rüdiger/Voßkuhle, Andreas, Umweltrecht, 5. Aufl., Heidelberg (2003).

Steiner, Udo (Hrsg.), Besonderes Verwaltungsrecht, 8. Aufl., Heidelberg (2006) (zit.: *Bearbeiter*, in: Steiner).

Stern, Klaus, Das Staatsrecht der Bundesrepublik Deutschland, Bd. III/1, Allgemeine Lehren der Grundrechte, München (1988).

Stober, Rolf, Allgemeines Wirtschaftsverwaltungsrecht, Grundlagen des Wirtschaftsverfassung- und Wirtschaftsverwaltungsrechts, des Weltwirtschafts- und Binnenmarktrechts, 18. Aufl., Stuttgart u. a. (2014).

Stober, Rolf/Paschke, Marian, Deutsches und Internationales Wirtschaftsrecht, 2. Aufl., Stuttgart (2012).

Stober, Rolf/Eisenmenger, Sven, Besonderes Wirtschaftsverwaltungsrecht, Gewerbe- und Medienwirtschaftsrecht, Stoffwirtschafts- und Subventionsrecht, 15. Aufl., Stuttgart u. a. (2011).

Stoll, Peter-Tobias/Schorkopf, Frank, WTO, Köln (2002).

Streinz, Rudolf, Europarecht, 9. Aufl., Heidelberg (2012).

Streinz, Rudolf (Hrsg.), Kommentar zum EUV/AEUV, 2. Aufl., München (2012) (zit.: *Bearbeiter*, in: Streinz).

Terhechte, Jörg Philipp (Hrsg.), Verwaltungsrecht der Europäischen Union, Baden-Baden (2011) (zit.: *Bearbeiter*, in: Terhechte).

Tettinger, Peter J./Stern, Klaus (Hrsg.), Kölner Gemeinschaftskommentar zur Europäischen Grundrechte-Charta, München (2006) (zit.: *Bearbeiter*, in: Tettinger/Stern).

Tettinger, Peter J./Wank, Rolf/Ennuschat, Jörg, Gewerbeordnung, 8. Aufl., München (2011).

Umbach, Dieter C./Clemens, Thomas (Hrsg.), Grundgesetz, Mitarbeiterkommentar und Handbuch, Heidelberg (2002) (zit.: *Bearbeiter*, in: Umbach/Clemens).

VwVfG Stelkens, Paul/Bonk, Heinz Joachim/Sachs, Michael (Hrsg.), Verwaltungsverfahrensgesetz, VwVfG, 8. Aufl., München (2014) (*Bearbeiter*, in: Stelkens/Bonk/Sachs).

Widtmann, Julius/Grasser, Walter/Glaser, Erhard, Bayerische Gemeindeordnung mit Verwaltungsgemeinschaftsordnung, Landkreisordnung und Gesetz über die kommunale Zusammenarbeit, München (Loseblatt).

Wollenschläger, Ferdinand, Verteilungsverfahren. Die staatliche Verteilung knapper Güter: Verfassungs- und unionsrechtlicher Rahmen, Verfahren im Fachrecht, bereichsspezifische verwaltungsrechtliche Typen- und Systembildung, Tübingen (2010).

Wolff, Hans J./Bachof, Otto/Stober, Rolf, Verwaltungsrecht I, 12. Aufl., München (2007).

Ziekow, Jan, Öffentliches Wirtschaftsrecht, 3. Aufl., München (2013).

Sachverzeichnis